9th edition

DEVELOPMENTAL **PSYCHOLOGY**
: Childhood And Adolescence

발달
심리학

David R. Shaffer & Katherine Kipp 공저
송길연/이지연/장유경/정윤경 공역

Cengage

박영story

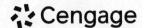

Developmental Psychology: Childhood and Adolescence, **Ninth Edition**

David R. Shaffer
Katherine Kipp

Original edition © 2014 Wadsworth, a part of Cengage Learning.
Developmental Psychology: Childhood and Adolescence, 9th Edition by David Shaffer and Katherine Kipp
ISBN: 9781133492306

ISBN: 979-11-952242-1-0

Cengage Learning Korea Ltd.
14F YTN Newsquare 76 Sangamsan-ro
Mapo-gu Seoul 03926 Korea

Cengage is a leading provider of customized learning solutions with employees residing in nearly 40 different countries and sales in more than 125 countries around the world. Find your local representative at: **www.cengage.com**.

To learn more about Cengage Solutions, visit **www.cengageasia.com**.

Every effort has been made to trace all sources and copyright holders of news articles, figures and information in this book before publication, but if any have been inadvertently overlooked, the publisher will ensure that full credit is given at the earliest opportunity.

Printed in Korea
Print Number: 05   Print Year: 2023

발달심리학

DEVELOPMENTAL PSYCHOLOGY: CHILDHOOD AND ADOLESCENCE

-제9판-

DAVID R. SHAFFER, KATHERINE KIPP 공저

송길연 · 장유경 · 이지연 · 정윤경 공역

Australia · Brazil · Canada · Mexico · Singapore · United Kingdom · United States

역자 약력

송길연

성신여자대학교 강사
아이캔!인지학습발달센터 소장
중앙대학교 대학원 심리학 박사
세종대학교 겸임교수 역임
서울대, 한양대, 중앙대 강사 역임

이지연

프로이드 수석 연구원
중앙대학교 대학원 심리학 박사
서울대학교 사회과학연구소 연구원 역임

장유경

세종대, 성균관대 강사
발달심리전문가, 라이프코치
UCLA 발달심리학 박사
이화여대, 중앙대 겸임교수 역임
한솔교육문화연구원 원장 역임
성균관대학교 인재개발학과 연구교수 역임

정윤경

가톨릭대학교 심리학과 교수
서울대학교 심리학과 학사 및 석사
University of Chicago Ph.D

발달심리학 제9판

Developmental Psychology: Childhood and Adolescence, 9th Edition

제9판 1쇄 발행 | 2014년 3월 3일
제9판 2쇄 발행 | 2015년 9월 30일
제9판 3쇄 발행 | 2017년 9월 10일
제9판 4쇄 발행 | 2020년 2월 20일
제9판 5쇄 발행 | 2023년 2월 1일

공 저 자 | David R. Shaffer, Katherine Kipp
공 역 자 | 송길연, 장유경, 이지연, 정윤경

발 행 인 | 노   현
발 행 처 | (주) 피와이메이트

　　　　　　서울특별시 금천구 가산디지털2로 53 한라시그마밸리 210호(가산동)
　　　　　　등록   2014. 2. 12. 제2018-000080호
전   화 | 02)733-6771
팩   스 | 02)736-4818
이 메 일 | pys@pybook.co.kr
홈페이지 | www.pybook.co.kr

정가 39,000원　　　　　　　ISBN 979-11-952242-1-0   (93180)

박영스토리는 박영사와 함께하는 브랜드입니다.

역자 서문

    Shaffer의 발달심리학을 처음 번역한 때로부터 10년 이상이 흘렀습니다. 이번에 번역을 하면서 9판이 참 많이 좋아졌다는 생각이 들었습니다. 우선 불필요한 부분들은 빠지고 중요한 연결고리가 되는 연구들이 새로이 또는 좀 더 자세히 기술되어서 전체적으로 전보다 멋진(?) 모습이 되었습니다. 그래서 몸은 힘들었지만 번역은 기쁜 일이 되었습니다.

    Shaffer의 발달심리학은 균형을 잃지 않으면서 중요한 발달의 이론과 연구를 담은 발달심리학의 표준이 될 만한 책입니다. 내용이 많지만 그 중 중요하지 않은 것은 어느 것도 없습니다. 이 책을 번역해온 오랜 기간 동안 역자는 발달의 내용들을 더 많이 몸으로 경험하게 되었습니다. 그 동안 많은 아이들을 만나고 부모님들을 만났지요. 아이를 키우며 겪었던 여러 경험과 이 책의 내용들은 그들을 만날 때마다 든든한 자원이 되었습니다. 아마도 이 책을 읽게 될 분들도 같은 경험을 하시게 되리라 생각합니다.

    이 책은 중요한 발달관련 이론과 연구들, 그리고 실제적인 주제들을 친절하고 자세하게 소개하고 있기 때문에 아동과 청소년을 만나는 전공과 관련된 공부를 하는 분들뿐만 아니라 학교 선생님과 부모님들에게도 좋은 자료가 될 것입니다. 또한 아동 청소년 교육 현장과 아동 청소년을 양육하는 가정, 그리고 아동 청소년 임상 현장에서 쓰이는 기법을 아는 것도 중요하지만 그러한 기법들의 배경이론과 지식을 알고 있어야 유연한 적용을 할 수 있을 것입니다.

    이 책의 중요한 특징과 새로운 점들은 저자 서문에 구체적으로 소개되어 있습니다. 꼭 읽어 보시길 바랍니다. 독자 여러분께서 보내주시는 피드백은 더 좋은 책을 만드는 데 잘 사용하겠습니다. 끝으로 우리 아이들이 건강하게 발달하도록 돕는 데 이 책이 기여할 수 있길 바랍니다.

    아울러 좋은 책이 되도록 애쓰신 박영사 편집부 여러분께 감사드립니다.

역자 대표

서문

우리가 이 책을 쓴 목적은 발달학자들이 제공하는 최상의 이론, 연구 및 실제적 조언을 반영하는 아동과 청소년 발달에 관한 포괄적인 개관을 하는 것이다. 우리의 목적은 개론 수업을 듣는 학생들이 쉽게 이해할 수 있는 흥미롭고 정확하고 최신의 그리고 명확하고 정확한 언어로 쓰인 독립된 발달 교재이다. 좋은 교재란 독자들 "에게" 말하는 것이 아니라 독자들 "과" 말하는 것으로, 독자들의 흥미, 의문 및 관심을 예측하고, 독자를 학습과정의 능동적 참여자로 여겨야 한다. 발달심리학 영역에서 좋은 교재는 학생들이 발달의 원인과 복잡성에 대한 확고한 이해를 갖고 과정을 떠날 수 있도록 발달적 변화 밑에 깔려있는 과정을 강조해야 한다. 끝으로, 좋은 교재는 실생활과 관련된 교재이다. 즉 학생들이 소화해야 하는 이론과 연구가 많은 실생활 장면에 적용되는 방법을 보여주는 교재이다.

이 책은 이런 목적들 모두를 이루려는 우리의 시도를 보여준다. 우리는 학생들이 발달심리학의 놀라운 과정에 대해 생각하고, 역동적인 학문에 대한 흥분을 공유하며, 발달원리 지식을 습득하도록 하는 엄밀하면서도 응용적인 책을 쓰려고 했다. 이것은 부모, 교사, 간호사, 보육시설 종사자, 소아과 의사, 심리학자로서의 역할에 혹은 언젠가 발달 중인 사람의 삶에 영향을 줄 수 있는 다른 능력들을 갖추는 데 도움을 줄 것이다.

▌철학

발달심리학과 같은 광범위한 영역을 체계적으로 다루는 일은 철학적 관점 위에서 이루어진다. 우리의 철학은 다음과 같이 요약할 수 있다.

이론적 절충주의

발달에 관해 우리가 알게 된 것에 기여한 많은 이론이 있다. 이론적 다양성은 약점이 아닌 강점이다. 비록 어떤 이론이 특정 발달측면을 설명하는데 다른 이론보다 더 나을지라도, 우리는 서로 다른 이론들은 발달의 서로 다른 측면을 강조하고 있으며, 발달의 과정과 복잡성을 설명하기 위해 많은 이론들에 관한 지식이 필요하다는 것을 되풀이해서 보게 될 것이다. 따라서 이 책은 독자들에게 어떤 한 가지 이론적 관점이 "최선"이라는 확신을 주려고 시도하지 않는다. 정신분석적, 행동주의적, 인지발달적, 생태학적, 사회문화적, 사회인지적, 정보처리적, 동물행동학적, 행동유전학적 관점이 모두 고려되었다.(발달의 특정 측면만을 설명하는 몇몇 덜 포괄적인 이론들도 포함)

인간발달에 대한 가장 좋은 정보는 체계적 연구로부터 나온다

이 과정을 효과적으로 가르치기 위해, 우리는 학생들이 이론과 체계적 연구의 가치를 확신하도록 만들어야 한다고 믿는다. 비록 이 목적을 달성하는 방식은 여러 가지일지라도, 우리는 많은 방법론적 접근에 대해 논의하고 설명해야 한다. 우리는 발달하는 아동과 청소년에 대한 이론을 검증하고 중요한 질문들에 답하기 위해 연구자들이 어떻게 과학을 사용하는지를 살펴본다. 우리는 발달을 연구하는 "최상의 방법"이 존재하지 않는 이유를 설명하고, 가장 신뢰할 만한 발견은 다양한 방법을 사용해서 반복 검증될 수 있는 것들임을 반복해서 강조했다.

강력한 "과정" 지향

많은 발달 교재들에 대한 주요 불만은 발달이 일어나는 이유를 충분히 설명하지 않고 발달을 기술한다는 것이다. 최근 몇 년 동안, 연구자들은 점점 더 변화를 유발하는 생물학적 요인과 환경적 요인과 같은 발달과정을 확인하고 이해하는 것에 관심을 갖게 되었고, 이 책은 분명하게 이 점을 반영한다. 우리의 과정지향은 만약 학생들이 이런 발달들이 일어나는 이유에 관해 알고 이해하게 되면 학생들은 무엇이 그리고 언제 발달하는지를 더 잘 기억할 것이라는 믿음에 기초하고 있다.

강력한 "맥락" 조직

발달학자들이 알게 된 보다 중요한 교훈 중 하나는 아동과 청소년들은 발달의 모든 측면에 영향을 주는 역사적 연대와 사회문화적 맥락 내에서 살고 있다는 것이다. 문화간 비교는 책 전반에 걸쳐 논의되었다. 학생들이 다른 문화와 다양한 민족의 하위문화권 사람들의 발달에 대해 학습하는 것을 즐길 뿐만 아니라, 비교문화 연구들은 인류가 얼마나 서로 유사하고 동시에 얼마나 서로 다른지를 아는데 도움이 된다. 우리의 맥락적 강조는 5부, 즉 발달의 맥락에서 조명된다.

인간발달은 총체적 과정이다

비록 개별 연구자들이 신체발달, 인지발달, 도덕적 추론 발달과 같은 특정 주제에 집중한다할지라도, 발달은 단편적이 아니라 총체적이다. 인류는 신체적이고, 인지적이고, 사회적이고, 정서적인 창조물이다. 그리고 부분적으로 이런 "자기(self)" 요소들 각각은 다른 발달영역에서 일어나고 있는 변화들에 의존한다. 총체적 관점은 현대 발달과학의 중심주제이다. 그리고 이것은 교재 전반에 걸쳐 강조된다.

조직

인간발달을 보여주는 두 가지 전통적인 방법이 있다. 연대별, 혹은 "연령 혹은 단계" 접근에서 그 범위는 수정에서 시작되어 전 생애에 걸쳐 진행된다. 여기서 연령 혹은 연대기적 기간은 조직하는 원리로서 사용된다. 주제별 접근은 발달의 영역들을 중심으로 조직되고 각 주제는 그 기원부터 성숙한 형태로 진행된다. 이 제시방법 각각은 장점과 단점이 있다.

우리는 이 책을 의도적으로 발달과정에 초점을 맞추고 각 발달영역 내에서 아동과 청소년이 경험하는 변화를 연속적인 순서 관점으로 학생들에게 제공하도록 주제별로 조직하였다. 이런 주제별 접근은 독자가 발달의 흐름을 가장 잘 이해하게 해 준다. 즉, 발달은 아동기와 청소년기 동안 발생하는 체계적이고 때로 극적인 변형일 뿐 아니라, 각 개인은 과거 자신을 반영하는 발달적 연속선이다. 동시에, 우리는 발달하는 사람의 총체적인 초상을 그리는 것이 본질적 요소라고 생각한다. 이 목적을 달성하기 위해, 발달의 모든 측면들에서 생물학적, 인지적, 사회적, 문화적 영향 간의 기본적인 상호작용을 강조했다. 따라서 비록 이 책이 주제별로 조직되었을지라도, 학생들은 전인(whole person)의 관점과 발달의 총체적 특성에 대한 관점을 잃지 않을 것이다.

9판의 새로운 점

이번 9판은 보다 많은 청중들에게 더 많이 접근할 수 있는 교재를 만들기 위해, 7판과 8판에서 채택되었던 신선한 접근을 지속할 뿐만 아니라, 끊임없이 변하는 발달심리학을 반영하기 위해 새로운 자료들로 철저하게 갱신되고 수정되었다. 한 학기 과정으로 더 잘 맞도록 책을 간소화하고 장들은 압축되었다. 이전 판들의 2장에서 논의되었던 이론들은 각 이론들과 관련된 장들 속으로 이동되었다. 이것은 학생들이 가장 관련이 있을 때 그리고 반복하지 않고 이론들을 경험할 수 있게 한다. 7판의 조직화 도식으로 되돌아가서, 발달의 맥락은 가족과 발달을 다룬 한 개의 장에 원격의 맥락적 영향을 다룬 한 개의 장을 더해 조직화 되었다. 다양한 사례, 방법, 연구, 의견을 사용함으로써, 다양성과 비교문화 발달의 주제들에 대해 지속적으로 강조하고 주목하였다. 또한 9판은 읽기 쉽고, 학생들이 친숙하게 보고 느낄 수 있도록 많은 새로운 사진, 그림 및 갱신된 디자인을 포함하고 있다.

이런 일반적인 변화와 함께, 각 장에서 많은 변화가 있었다. 다음은 몇 가지 예이다.

제1장

- 14장에 합쳐진 가족에 대한 절과 표를 삭제
- 지루한 수다를 줄이기 위해 전반적으로 표현을 간소화
- 8판의 2장의 마지막 절(인간발달 연구의 주제들)을 1장의 끝으로 이동. 개념체크, 그림 1개, 표 1개, 핵심 용어들을 포함
- 명료성을 위해 사진을 변경
- 그림 1.6을 갱신
- 아동의 권리에 대한 표 1.5를 간소화

제2장

- 오늘날 대학생과 보다 관련되도록 사례들을 갱신
- 연구 초점: 감수분열 동안의 교차와 염색체 분리 상자 간소화
- 윤리적 이슈에 대한 당신의 삶에 연구 적용하기 상자 축소
- "부모 효과 혹은 아동 효과?" 절을 삭제
- "동물행동학적, 진화적 관점" 절 첨가
- 장 전체에 많은 참고문헌 첨가

제3장

- 연구초점: 태아 프로그래밍 이론 상자 삭제
- 보다 흥미롭고 관련있는 이미지들로 만화와 그림 대체

제4장

- 당신의 삶에 연구 적용하기: 떼 부리는 아기를 달래는 방법 상자 삭제
- 8판 2장으로부터 연구 초점: 관찰학습 사례들 상자의 갱신된 버전을 추가
- 장 전체에 15개 새로운 참고문헌 첨가

제5장

- 전체적 길이를 줄이고 새로운 흐름을 만들기 위해 사춘기의 심리학적 영향 절을 삭제

제6장

- 연구초점: 비교문화적 렌즈를 통해 Piaget 평가하기 상자를 첨가
- 당신의 삶에 연구 적용하기: 인지발달과 아동의 유머 상자 갱신
- 상자를 포함한 장 전체의 절을 간소화. 모든 절을 포함하지만 전체적 길이는 축소
- 장 전체에 29개 새로운 참고문헌 첨가

제7장

- ADHD과 교육적 응용에 대한 상자 삭제
- "목격자로서 아동" 절 삭제
- 당신의 삶에 연구 적용하기: 우리의 아동초기 기억에 무슨 일이 일어났는가? 상자 간소화
- 장 전체에 많은 참고문헌 첨가

제8장

- "건강, 적응, 삶의 만족에 대한 예측인으로서 IQ" 절 간소화
- 개념체크 갱신
- 이제 14장에서 다루는 가족생활 절 삭제
- 장 전체에 많은 참고문헌 첨가

제9장

- 통사론에 새로운 예 첨가
- B. F. Skinner와 학습 조망에 대한 설명 갱신
- 장 전체에 24개 새로운 참고문헌 첨가

제10장

- 정서표현, 초기 기질 파일 및 보육을 포함해서 장을 간소화
- 아버지와 애착 절 갱신
- 애착의 장기 상관물 절 갱신
- 장 전체에 23개 새로운 참고문헌 첨가

제11장

- 읽기 쉽도록 자기개념 절 축소
- 당신의 삶에 연구 적용하기: 온라인 세상에서 정체성 탐색하기 상자 삭제
- 민족적 자기확인에 대한 표 11.4 삭제
- "사회인지적 발달 이론들" 절 간소화
- 장 전체에 7개 새로운 참고문헌 첨가

제12장

- 연구초점: 성고정관념은 아동의 기억에 영향을 미치는가? 상자 삭제
- "미디어 영향" 절 삭제
- 성유형화 절들 재조직
- "심리적 양성성" 절 삭제

제13장

- 연구초점: 여아들이 남아들보다 어떻게 더 공격적인가? 상자를 당신의 삶에 연구 적용하기: 어린 아동의 공격성을 통제하는 방법들로 대체
- "도덕발달의 정서적 요소" 절 갱신
- "Kohlberg의 도덕발달 이론" 절 갱신과 간소화

제14장

- 발달맥락으로서 가족에 대한 새로운 장
- 포함된 절들
  - 생태학체계적 관점
  - 가족 이해하기
  - 아동기와 청소년기 동안 부모의 사회화
  - 형제와 형제 관계의 영향
  - 가족 삶의 다양성
  - 가족 삶, 양육 및 형제에 발달 주제 적용하기
- 포함된 새로운 상자들
  - 연구초점: 양육유형과 발달적 결과
  - 당신의 삶에 연구 적용하기: 청소년기 동안 부모-자녀 관계를 재타협하기
  - 연구초점: 풍족한 부모들이 가져온 예상밖의 발달결과

제15장

- 이제 14장에서 다루는 발달에 대한 가족의 영향에 대한 절 삭제
- 놀이발달에 대한 문화적 영향에 대한 절 추가
- "학령전기 아동의 가장놀이의 발달적 중요성" 절 추가
- "학교교육과 인지발달" 절 추가
- "효과적인 학교교육에 기여하는 요인들" 절의 재조직, 갱신 및 간소화
- 아동발달에 대한 미디어의 효과에 대한 여러 절들을 갱신

▌서술양식

우리의 목표는 독자에게 직접적으로 말하고, 독자를 진행중인 토론에 적극적으로 참여하는 사람으로 대우하는 책을 쓰려고 했다. 우리는 서술 양식을 상대적으로 비형식적이고 현실적인 것이 되고, 학생들의 흥미와 개입을 자극하는 질문, 사고 문제, 개념 점검 및 많은 연습들에 크게 의존하려고 했다. 대부분의 장들은 우리의 학생들에게 "사전 검증"되었는데, 이들은 분명하지 않은 것에 표시를 해 주고 몇 가지 구체적인 사례, 유추 및 일화들을 제안했는데, 이것들은 복잡한 아이디어들을 소개하고 설명할 때 사용되었다. 우리 학생들의 가치 있는 비평 덕분으로, 우리는 실제적이고 도전적이지만, 독자가 백과사전이 아닌 대화나 이야기처럼 읽을 수 있는 책을 준비하려고 했다.

▌독특한 특징들

9판에서는 교재의 교육적 특징들이 크게 확장되었다. 학생들의 흥미와 몰입을 촉진하고 재료들을 보다 쉽게 만드는 중요한 특징들은 다음과 같다.

- **4색 디자인**: 매력적인 4색 디자인이 책을 빛나게 만들고, 사진, 그림, 삽화들이 생동감 있게 만든다.
- **개요와 장 요약**: 각 장의 서두에서 개요와 간단한 소개 절은 학생들에게 진행될 내용을 사전검토하게 한다. 각 장의 주요 하위 영역에 따라 조직되고, 주요 용어를 강조하는 광범위한 요약으로 결론을 맺는데, 이것은 장의 주요 주제를 빠르게 개관할 수 있도록 한다.
- **소제목들**: 소제목은 자료를 잘 조직하고 각 내용을 다룰 수 있는 조각들로 나눌 수 있도록 자주 사용되었다.
- **어휘/주요 용어**: 600개 이상의 주요 용어들이 진하게 되어 있어서 학생들에게 이것이 학습할 중요 개념이라는 것을 알려준다.
- **연속적으로 제시되는 용어 해설, 주요용어 목록, 종합적인 책 말미의 용어 해설**: 각 페이지에 있는 용어 해설은 본문에 있는 굵은 글씨체의 중요용어를 즉석에서 정의한다. 각 장의 끝에는 중요용어 목록이 있다. 이것은 각 용어가 정의된 페이지 번호와 함께 이야기식으로 제시된다. 전체 글에 대한 완벽한 주요용어 해설은 책의 말미에 있다.
- **상자**: 각 장에는 중요한 아이디어, 과정, 논쟁 및 응용에 관한 2~3개의 상자가 있다.

이 상자들의 목적은 독자가 의문, 논쟁, 실습 및 현재 정책에 대해 생각하도록 자극하면서 선택된 주제들에 대해 보다 자세하고 개별적인 탐색을 하도록 한다. 상자는 두 가지 범주이다. 연구의 초점에는 발달의 원인들을 조명하는데 큰 영향력이 있는 고전적 연구나 최근 연구에 대해 논의한다. 그리고 당신의 삶에 연구 적용하기는 발달적 결과를 가장 효과적으로 활용하기 위해 우리가 알고 있는 것을 응용하는데 초점을 둔다. 이 모든 상자들은 주의 깊게 장(chapter) 내러티브로 엮이고 교재의 핵심 주제들을 강화하도록 선택되었다.

- **도해설명**: 사진, 표, 그림이 폭넓게 사용된다. 비록 도해설명이 부분적으로 시각적 편안함을 제공하고 학생의 흥미를 유지하기 위해 고안되었을지라도, 단순한 치장은 아니다. 몇 가지 만화를 포함한 모든 시각적 보조물들은 중요 원리와 개념을 설명하고, 그로써 교육적 목표의 달성을 촉진하기 위한 것이다.

- **개념체크**: 4판에서 소개된 개념체크는 즉시적인 힌트이다. 많은 학생의 논평은 이 간단한 연습들(각 장당 3~4개)이 중요한 개념들과 발달적 과정들의 숙달에 대한 적극적 평가에 참여하고, 도전하고, 허용하는 의도된 효과가 있음을 보여준다. 몇몇 학생들은 분명하게 개념체크가 다른 교재들에 있는 전형적인 "짧은 요약" 절(이것은 너무 짧고 너무 일반적이라고 지각된다) 보다 훨씬 더 도움이 되었다고 말했다. 개념체크는 학생들에게 가장 유용한 종류의 질문들을 통합하고 이 판에 포함된 새로운 개념들과 이해를 반영하도록 쓰여지거나 개정되었다. 모든 개념체크에 대한 답은 책의 뒤쪽에 있는 부록에 있다.

- **각 장 끝에 있는 연습문제**: 각 장 끝에 있는 연습문제는 학생들이 장의 지식을 체크하게 한다. 각 문제는 상자에서 소개된 개념들을 포함하여, 장 전체의 주요 개념들을 시험하는 10개의 선다형 질문들이다. 질문들은 난이도와 양식이 다양하다. 어떤 것은 상대적으로 쉬운 정의를 하는 질문이고 다른 것은 학생들이 단순히 기억하는 것이 아니라 장에 나온 자료들을 통합해야 하는 보다 어려운 응용과 비판적 사고를 필요로 하는 질문이다. 모든 개념 체크에 대한 답은 책의 뒤쪽에 있는 부록에 있다.

- **주제 아이콘**: 새로운 아이콘들은 교재의 4가지 핵심 주제들을 시각적으로 강조하는 데 도움이 된다. 천성 대 육성, 능동적 대 수동적 아동, 질적 변화 대 양적 변화, 그리고 발달의 총체적 본질이다.

▍감사의 말

이처럼 방대하고 장기적인 프로젝트의 경우 항상 그렇듯이, 많은 사람들이 책을 기획하고 출판하는데 매우 귀중한 도움을 주었다. 인간발달에 관련된 책의 질은 대부분 세계 도처의 발달학자들로부터 나온 출판 전 비평에 달려있다. 많은 동료들(흥미를 갖고 무보수로 일한 많은 자원봉사자들을 포함)은 유용한 제안, 참고문헌, 많은 격려뿐 아니라 건설적 비판을 통해 이 책에 영향을 주었다. 각 전문가들이 최종 결과물을 더 낫게 만드는 데 도움을 주었고 그들 모두에게 감사한다.

이번 판에서 비평을 해 준 사람들은 Shirley Hensch, University of Wisconsin Colleges; Shaziela Ishak, Ramapo College of New Jersey; Lois Muir, University of Montana; Gregory Reynolds, University of Tennessee; Jessica Snowden Patel,

Loyola University Chicago; and Christia Spears Brown, University of Kentucky이다.

초판에서 비평을 해 준 사람들은 Martin Banks, University of California at Berkeley; Don Baucum, Birmingham-Southern College; Jay Belsky, Pennsylvania State University; Keith Berg, University of Florida; Marvin Berkowitz, Marquette University; Dana Birnbaum, University of Maine at Orono; Kathryn Black, Purdue University; Robert Bohlander, Wilkes College; Cathryn Booth, University of Washington; Yvonne Brackbill, University of Florida; Cheryl Bradley, Central Virginia Community College; John Condry, Cornell University; David Crowell, University of Hawaii; Connie Hamm Duncanson, Northern Michigan University; Mary Ellen Durrett, University of Texas at Austin; Beverly Eubank, Lansing Community College; Beverly Fagot, University of Oregon; Larry Fenson, San Diego State University; Harold Goldsmith, University of Oregon; Charles Halverson, University of Georgia; Lillian Hix, Houston Community College; Frank Laycock, Oberlin College; Patricia Leonhard, University of Illinois at Champaign-Urbana; Mark Lepper, Stanford University; John Ludeman, Stephens College; Phillip J. Mohan, University of Idaho; Robert Plomin, Pennsylvania State University; Judith Powell, University of Wyoming; Daniel Richards, Houston Community College; Peter Scharf, University of Seattle; and Rob Woodson, University of Texas이다.

2판에서 비평을 해 준 사람들은 Kathryn Black, Purdue University; Thomas J. Brendt, Purdue University; Mary Courage, Memorial University of Newfoundland; Donald N. Cousins, Rhode Island College; Mark L. Howe, Memorial University of Newfoundland; Gerald L. Larson, Kent State University; David Liberman, University of Houston; Sharon Nelson-Le Gall, University of Pittsburgh; Richard Newman, University of California at Riverside; Scott Paris, University of Michigan; Thomas S. Parish, Kansas State University; Frederick M. Schwantes, Northern Illinois University; Renuka R. Sethi, California State College at Bakersfield; Faye B. Steuer, College of Charleston; Donald Tyrell, Franklin and Marshall College; and Joachim K. Wohlwill, Pennsylvania State University.

3판에서 비평을 해 준 사람들은 David K. Carson, University of Wyoming; Marcia Z. Lippman, Western Washington University; Philip J. Mohan, University of Idaho; Gary Novak, California State University, Stanislaus; Elizabeth Rider, Elizabethtown College; James O. Rust, Middle Tennessee State University; Mark Shatz, Ohio University; and Linda K. Swindell, University of Mississippi이다.

4판에서 비평을 해 준 사람들은 M. Kay Alderman, University of Akron; Peggy A. DeCooke, Purchase College, State University of New York; David Dodd, University of Utah; Beverly Fagot, University of Oregon; Rebecca Glover, University of Arkansas; Paul A. Miller, Arizona State University; Amy Needam, Duke University; Spencer Thompson, University of Texas of the Permian Basin; and Albert Yonas, University of Minnesota이다.

5판에서 비평을 해 준 사람들은 Mark Alcorn, University of Northern Colorado; AnnJanette Alejano-Steele, Metropolitan State College of Denver; Cynthia Berg,

University of Utah; Kathleen Brown, California State University, Fullerton; Gary Creasey, Illinois State University; Teresa Davis, Middle Tennessee State University; Laurie Dickson, Northern Arizona University; Daniel Fasko, Morehead State University; John Felton, University of Evansville; Cynthia Frosch, University of North Carolina; John Gaa, University of Houston; Judith Hudson, Rutgers University; Kimberly Kinsler, Hunter College; Lacy Barnes-Mileham, Reedley College; Sandra Pipp-Siegel, University of Colorado at Boulder; Robert Russell, University of Michigan Flint; and Frank Sinkavich, York College이다.

6판에서 비평을 해 준 사람들은 Mark Alcorn, University of Northern Colorado; AnnJanette Alejano-Steele, Metropolitan State College of Denver; Cynthia Berg, University of Utah; Kathleen Brown, California State University, Fullerton; Mari Clements, Pennsylvania State University; Gary Creasey, Illinois State University; Teresa Davis, Middle Tennessee State University; Laurie Dickson, Northern Arizona University; William Fabricius, Arizona State University; Daniel Fasko, Morehead State University; John Felton, University of Evansville; Cynthia Frosh, University of Illinois; John Gaa, University of Houston; Harvey Ginsburg, Southwest Texas State University; Judith Hudson, Rutgers University; Kevin Keating, Broward Community College; Wallace Kennedy, Florida State University; Kimberly Kinsler, Hunter College; Kristen Kirby-Merritte, Tulane University; Carmelita Lomeo, Mohawk Valley Community College; Lacy Mileham, Kings River Community College; Derek Montgomery, Bradley University; Richard Passman, University of Wisconsin-Milwaukee; Sandra Pipp-Siegel, University of Colorado at Boulder; Frank Sinkavich, York College; Kathy H. Trotter, Chattanooga State; Suzanne Valentine-French, College of Lake County; and Gretchen Van de Walle, Rutgers University.

7판에서 비평을 해 준 사람들은 Elizabeth M. Blunk, Southwest Texas State University; Adam Brown, St. Bonaventure University; Robert Cohen, University of Memphis; K. Laurie Dickson, Northern Arizona University; Rebecca Foushee Eaton, The University of Alabama in Huntsville; William Fabricius, Arizona State University; Jody S. Fournier, Capital University; Fred Grote, Western Washington University; Catherine L. Harris, Boston University; Marite Rodriguez Haynes, Clarion University; Joseph Horton, Grove City College; Gloria Karin, State University of New York at New Paltz; Marianna Footo Linz, Marshall University; Lori N. Marks, University of Maryland; Claire Novosad, Southern Connecticut State University; Lauretta Reeves, University of Texas at Austin; Cosby Steele Rogers, Virginia Polytechnic Institute and State University; and Spencer K. Thompson, University of Texas of the Permian Basin이다.

8판에서 비평을 해 준 사람들은 Margaret Bierly, California State University, Chico; Peter Cosme, Union County College, Cranford; Melissa Ghera, Saint John Fisher College; Peter Green, Barton College; Janett Naylor, Fort Hays State University; Susan O'Donnell, George Fox University; John Otey, Southern Arkansas University; Dongxiao Qin, Western New England College; Spencer Thompson, University of Texas, Permian Basin; and Maria Wong, Idaho State University. David F. Bjorklund, of Florida Atlantic University이다.

저자 소개

David R. Shaffer는 조지아 대학교의 심리학 교수이고, 사회심리학 프로그램의 위원장이며 전생애 발달심리학 프로그램의 전 위원장이다. 그는 조지아 대학교에서 지난 36년간 학부학생과 대학원생들에게 인간발달 과정을 가르쳐왔다. 그의 많은 연구 논문들은 이타성, 태도와 설득, 도덕발달, 성역할과 사회적 행동, 자기공개, 사회심리학과 법 같은 주제들과 관련이 있다. 그는 또한 Journal of Personality and Social Psychology, Personality and Social Bulletin, 그리고 Journal of Personality의 공동편집자로 일해왔다. 1990년에 Shaffer 박사는 뛰어난 교수법으로 조지아 대학교의 가장 권위있는 교수법 명예인 Josiah Meigs 상을 받았다.

Katherine Kipp은 북조지아 대학교의 심리학 교수이다. 이전에는 조지아 대학교의 전생애 발달심리학 프로그램 및 인지/실험심리학 프로그램에서 조교수로 있었다. 그녀는 조지아 대학교에서 지난 16년간 학부학생과 대학원생들에게 발달심리학 과정을 가르쳤다. 그녀의 연구 논문들은 주로 기억발달, 인지억제, 주의 등과 같은 인지발달이 주제이며; 아동들의 주의결핍/과잉행동 장애와 영재성 등과 같은 인지발달에서의 개인차; 심리학 교수법에 관한 연구 등이 있다. 그녀는 아동발달 연구협회, 미국 심리학회, 미국 심리학 협회, 심리학 강의협회 등의 회원이다. 그녀는 조지아 대학교에서 강의와 멘토링 등으로 많은 상을 받았다. 그녀는 또한 그녀와 함께 발달의 여정을 함께 한 27세 쌍둥이 딸의 어머니이기도 하다.

요약 차례

차례

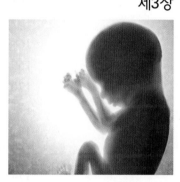

제7장

인지발달: 정보처리 관점   276

제8장

지능: 정신적 수행의 측정   318

제9장   **언어와 의사소통 기술의 발달**   **360**

제4부

제10장

사회성 발달과 성격 발달　407

정서발달, 기질 그리고 애착　408

▌제5부 | 발달의 맥락   583

제14장

발달의 맥락 I: 가족   584

제 1 부 발달심리학 소개

제1장 발달심리학과 발달심리학의 연구전략에 대한 소개

1 발달심리학과 발달심리학의 연구전략에 대한 소개

2 5마일 떨어진 산까지 자전거를 타고 간 후 집으로 돌아오던 어느 날 오후에 나는 레모네이드를 파는 노점을 발견했다. 그곳에는 여러 명의 아이들과 성인 한 커플이 모여 있었다. 나는 레모네이드를 먹기 위해 멈출까 말까를 결정하는 과정에 있었는데, 그때 4살 정도 된 작은 소년이 내게 소리쳤다. "레모네이드! 50센트!"

　그의 판매기법에 설득된 나는 멈춰 섰다. 그 소년과 함께 9살 혹은 10살쯤 된 그 애의 누나가 내게 다가왔다. "레모네이드를 좀 살거야" 나는 그들에게 말했다. 4살짜리 소년이 내게 아주 가까이 걸어와서 그 애를 내려다보느라 나는 거의 자빠질 지경이었다. 그는 빈 컵을 흔들며 내게 다시 소리쳤다. 나는 그의 말을 못 알아들어서 다시 말해 달라고 했다. 나는 "분홍 아니면 노랑"이라는 그의 말을 알아들었고 그 소년이 좋다고 생각하는 걸 달라고 했다. 그는 망설이지 않고 "분홍"이라고 답했다. 나는 그의 추천을 받아들이겠다고 말했다. 한 마디 말도 없던 그 애의 누나는 바로 내 잔에 레모네이드를 따랐다. 그러는 동안 나는 4살짜리에게 1달러를 주며 "두 잔 마실거야" 라고 말했다.

　4살짜리는 내 돈을 재빨리 가져갔다. 그 애 누나는 레모네이드를 가지고 왔다. 나는 컵을 들어 마셨다. 그 애 누나는 내 앞에 계속 서 있다가 내가 자기 행동을 이해 못한다는 걸 깨닫고 아주 공손하게 손을 내밀었다. "아" 나는 4살짜리를 가리키며 말했다. "벌써 쟤한테 줬어."

　그 소녀는 웃으며 주전자, 컵, 돈상자가 올려진 테이블로 뛰어 갔다. 돈상자를 채운 돈의 짤랑거리는 소리는 그녀를 아주 흥분되게 만들었다. 그러나 그녀는 마음을 가라앉히고 테이블 뒤의 자기 자리에 서 있으려고 돌아갔다.

　나는 레모네이드를 마시면서 다른 아이들이 있는 걸 보았다. 옷차림과 태도로 보아 아동기 중기 이후의 단계로 보이는 두 소년이 인도 옆에 있는 잔디위에 대자로 드러누워 조용한 목소리로 얘기하고 있었다. 그 소년들보다는 더 크지만 프리틴으로 보이는 두 소녀가 그 노점 뒤에 몇 발자국 떨어져서 서있었다. 그 소녀들은 머리를 맞대고 서서 잡담을 하며 킥킥 웃고 있었다. 현재는 그 일을 무시하고 있다 하더라도, 그들은 적어도 레모네이드 사업을 도울 의도를 암시하는 위치를 선택했다. 실제로 4살짜리 판매원, 그의 더 수줍어하는 누나, 그 애들의 어머니로 보이는 성인 여성 이렇게 세 사람만이 레모네이드 프로젝트에 적극적으로 참여하고 있었다.

그 소동 저쪽에 한 남자가 밝게 웃으며 잔디위에 서 있었다. 그는 분명히 전체 사건을 즐기고 있다가 나와 대화를 나누기 시작했다. 내가 추측한대로 그는 아버지였다. 4살짜리는 큰 소리로 잠재 고객을 부르러 벌써 거리로 돌아갔다. "저애는 우리의 가장 뛰어난 세일즈맨이에요." 아버지가 말했다. "레모네이드 노점을 하는 이유가 뭡니까?" 내가 물었다. "그 돈을 어디에 쓰실겁니까?" 친절하고 사교적인 아버지는 내게 대답하려다가 말을 멈추고 부지런한 9살짜리 딸에게 질문을 던졌다. "메간, 우리가 무얼 하고 있는지 설명해 주겠니?" 여전히 판매대 뒤에 공손히 서있던 그의 딸은 그 돈으로 도와줄 사람들에 대해 말했다. 그 돈은 집없는 피난민들에게 세면용품을 제공하는 데 쓰일 것이라고 했다. 나는 그 딸의 태도가 남동생과 너무도 다른 데에 놀랐다. 나는 그들의 노력을 칭찬하고 집을 향해 페달을 밟았다.

레모네이드 판매대에서 내가 경험한 것은 인간행동의 종류 및 개인과 연령집단의 현저한 차이 사이의 상호작용을 상기시키는 것이었다. 그것은 인간발달에 대한 질문을 촉발시켰다. 흥분한 4세 아동과 부지런한 9세 아동을 자기 자신에게 몰입하는 프리틴으로 바꾸는 것은 어떤 과정일까? 왜 소년들은 죄책감 없이 그들의 책임을 던져버릴 수 있는 반면, 소녀들은 적어도 도우려는 자세는 보이는가? 형제 간의 기질 차이는 연령, 유전자, 아니면 동성 역할모델의 영향에 따른 것인가? 어른들이 걸음마기 아기의 재잘거림을 알아들을 수 있게 될 때 그 아이의 말 표현법이 향상되는 이유는 무엇인가? 부모는 자녀의 이타성과 모험심을 길러줄 수 있는가? 어린 아이들은 언제 수 대응 개념을 이해할 수 있는가(나는 두 번째 레모네이드 컵을 받지 못했다)? 빈곤한 지역에 살고 있는 아동들은 더 건강한 지역에서 사는 아동들과 마찬가지로 동일한 사회적·발달적 이정표를 거치는가? 어떤 이유 때문에, 왜 50살이 다 되어가는 여성이 자전거를 타고 25마일이나 떨어진 곳의 언덕을 오르는가?

▌발달심리학에 대한 소개

이 책의 목표는 현대 발달과학의 이론, 방법, 발견 그리고 많은 실용적인 성과들을 검토함으로써 발달중인 개인들에 관한 많은 매혹적인 질문에 답하고자 하는 것이다. 도입부분에 해당되는 이 1장은 인간발달의 본질 및 발달에 대한 지식을 얻게 되는 방법에 대한 중요한 문제들을 언급함으로써 이 책의 나머지 부분에 대한 토대를 제공한다. 사람은 시간이 지나면서 "발달한다"는 말은 무슨 의미인가? 여러분의 발달경험이 지난 시대나 다른 문화권 사람들의 발달과 어떻게 다른가? 인간발달에 관한 과학적 연구가 왜 필요한가? 그리고 과학자들은 아동과 청소년들의 발달을 연구하기 위해 어떤 전략이나 연구방법들을 사용할까? 발달의 본질에 대해 생각하면서 시작해보자.

발달
(development)
한 개인에게서 전생애에 걸쳐 일어나는 체계적인 연속성과 변화.

발달이란 무엇인가?

발달이란 수정(아버지의 정자가 어머니의 난자를 뚫고 새로운 유기체를 만들어 낼 때)에서부터 죽을 때까지 일어나는 개인의 체계적인 연속성(continuities)과 변화(changes)

를 말한다. 변화가 "체계적이다"라고 말한 것은 변화에는 어떤 순서가 있고(orderly), 패턴이 있으며(patterned) 비교적 지속적(enduring)이라는 것을 뜻한다. 그러므로 일시적인 기분변화나 외모, 생각, 행동에서의 일시적인 변화들은 제외된다. 우리는 또한 **"발달의 연속성"** 또는 과거와 동일하게 남아 있거나 과거를 계속 반영하는 방식들에도 관심이 있다.

만약 발달이 한 개인이 "자궁에서 무덤까지" 경험하는 연속성과 변화를 나타낸다면, 발달과학은 그런 현상을 연구하는 학문이라고 할 수 있다. 사실상, 발달과학은 다학문적 사업(multidisciplinary enterprise)이라고 할 수 있다. 비록 **발달심리학**이 그런 학문들 중 가장 큰 영역일지라도 많은 생물학자, 사회학자, 인류학자, 교육학자, 의사, 신경과학자, 심지어는 역사학자들까지도 발달의 연속성과 변화에 대한 관심을 공유하고 있으며 인간발달과 동물발달의 이해에 중요한 방식으로 공헌해왔다. 발달과학은 다학문적이므로, 전공분야에 관계없이 발달과정을 이해하려는 학자들을 우리는 **발달학자**라고 부른다.

무엇이 발달을 일어나게 하는가?

발달의 의미를 알기 위해서 우리는 발달적 변화의 기초가 되는 두 개의 중요한 과정인 성숙과 학습을 이해해야 한다. **성숙**은 종특유의 생물학적 유전과 개인의 생물학적 유전에 따라 일어나는 생물학적 전개를 말한다. 인간 성숙(종특유의) 프로그램에 의해 우리는 1세경이 되면 걷고 의미있는 첫 단어들을 말하고 11세에서 15세경에 성적으로 성숙하며 계속하여 비슷한 스케줄에 따라 나이가 들고 죽게 된다. 성숙은 집중력, 문제해결력, 타인의 사고나 감정에 대한 이해력의 증가와 같은 심리적 변화의 부분적인 원인이 된다. 우리 인간이 많은 면에서 비슷한 하나의 이유는 인간이 공통적으로 갖고 있는 "종유전"(species heredity)이 우리들 모두를 인생의 같은 시점에서 동일한 발달변화를 많이 경험하도록 만들기 때문이다.

두 번째 중요한 발달과정은 **학습**(learning)이다. 학습은 우리의 경험이 우리의 느낌, 생각 그리고 행동에 비교적 영속적인 변화를 만들어내는 과정을 말한다. 간단한 예를 들어보자. 초등학교 아동이 농구에서 드리블을 아주 능숙하게 하기 위해서는 어느 정도의 신체적 성숙이 이루어져야 하겠지만 이 아이가 프로 농구선수처럼 공을 잘 다루는 기술을 가지려면 세심한 지도와 많은 시간의 연습이 필수적이다. 많은 우리의 능력과 습관은 단순히 성숙의 부분으로서 시간이 되면 전개되는 것이 아니다. 우리는 종종 우리가 경험하는 사건들뿐만 아니라 부모, 선생님, 그리고 다른 중요한 사람들과의 상호작용과 그들을 관찰하는 것으로부터 새로운 방식으로 느끼고 생각하고 행동하는 것을 배운다. 이것은 우리의 환경에 대한 반응 특히 우리 주변 사람들의 행동과 반응에 대한 우리의 반응이 변화한다는 걸 의미한다. 물론 대부분의 발달적 변화는 성숙과 학습의 산물이다. 그리고 우리가 이 책 전체를 통해 보게 되겠지만, 인간발달에 관해 더욱 생생한 논쟁들 중의 일부는 이 과정들 중 어떤 것이 특정한 발달변화에 가장 많이 공헌하는가에 대한 논의들이다.

발달연속성
(developmental continuity)
우리가 시간이 흘러도 안정적으로 있거나 우리의 과거를 계속해서 반영하는 방식.

발달심리학
(developmental psychology)
심리학의 한 분야로 한 개인이 시간이 흐름에 따라 보여주는 연속성과 변화를 확인하고 설명하는 데 힘쓴다.

발달학자
(developmentalist)
전공학문과 상관없이 발달과정을 이해하려고 하는 학자 모두를 말함(예: 심리학자, 생물학자, 사회학자, 신경과학자, 인류학자, 교육학자).

성숙
(maturation)
학습, 손상, 질병, 또는 다른 생활경험보다는 나이드는 과정의 결과로 신체나 행동에서 나타나는 발달적 변화를 말한다.

학습
(learning)
경험이나 연습에 의해서 만들어진 행동(또는 행동 잠재력)의 비교적 영속적인 변화.

발달심리학은 학습장애 아동들의 학업을 돕는 데 사용될 수 있는 방법들(예, 소규모 학급, 개인적으로 주의를 기울임, 특수 컴퓨터 프로그램)을 확인하는 연구를 제공해왔다.

발달학자들이 추구하는 목표는 무엇인가?

발달과학의 세 가지 주요 목표는 발달을 기술하고 설명하고 최적화(optimize)하는 것이다(Baltes, Rees, & Lipsitt, 1980). 인간발달을 기술하는 목표를 수행하기 위해서, 인간발달학자들은 시간이 경과함에 따라 인간이 어떻게 변하는지를 명시하려고 나이가 서로 다른 사람들의 행동을 주의 깊게 관찰한다. 비록 모든 사람들이 거치는 전형적인 발달경로가 있을지라도, 어떤 사람도 완전히 똑같을 수는 없다. 심지어 같은 가정에서 성장한 아동들일지라도 그들은 종종 매우 다른 관심, 다른 가치, 다른 능력과 다른 행동을 보인다. 따라서 발달을 적절히 기술하려면, 전형적인 변화패턴(혹은 **규준적 발달**, normative development)과 변화패턴에서의 개인적 변산(혹은 **개별적 발달**, ideographic development) 모두에 초점을 둘 필요가 있다. 그렇게 함으로써 발달학자들은 발달하고 있는 인간들이 서로 닮게 되는 중요한 방식과 인생을 통과해 가면서 서로 달라지는 방식을 이해하려고 한다.

적절한 기술은 우리에게 발달에 관한 '사실'을 제공한다. 그러나 그것은 단지 출발점일 뿐이다. 발달학자들은 궁극적으로 그들이 관찰해왔던 변화를 설명하고자 한다. 인간발달을 설명하는 목표를 수행하기 위해서 과학자들은 왜 사람들이 전형적인 패턴으로 발달하고 또 어떤 사람들은 왜 다른 사람들과 다르게 발달하는지를 결정하려고 한다. 설명은 개인 안에서 일어나는 규준적인 변화와 발달의 개인차 둘 다에 초점을 둔다. 앞으로 이 책을 통해 보게 되겠지만, 발달을 기술하는 것은 발달이 어떻게 발생하는지를 결론적으로 설명하는 것보다는 쉽다.

마지막으로 발달학자들은 인간이 긍정적인 방향으로 발달하는 것을 돕기 위해 그들이 알게 된 것을 적용하여 발달을 최적화하고자 한다. 이것이 다음과 같은 획기적인 진전을 이끈 인간발달 연구의 실제적인 측면이다.

- 혼돈스럽고 무반응적인 영아와 좌절한 부모들 사이에 강한 정서적 유대를 증진시킨다.
- 학습장애 아동이 학교에서 성공하도록 돕는다.
- 사회적으로 미숙한 아동과 청소년들이 친한 친구가 없거나 또래들에 의해 거부당하는 데에서 오는 정서적 어려움을 피할 수 있도록 돕는다.

발달학자들이 실제의 문제해결과 그들의 연구결과가 갖는 시사점을 대중과 정책입안자에게 알리는 데 더 큰 관심을 보임에 따라서(APA 회장의 증거에 기반한 실천대책위원회, 2006; Kratochwill, 2007; McCall & Groark, 2000; Schoenwald et al., 2008), 그러한 최적화 목표는 21세기의 연구일정에 더욱 더 영향을 줄 것이라고 많은 사람들이 믿는다(Fabes et al., 2000; Lerner, Fisher, & Weinberg, 2000). 그러나 적용문제를 더 강조하는 것이 기술목표와 설명목표가 중요하지 않음을 시사하는 것은 절대로 아니다. 왜냐하면 연구자들이 규준적 발달경로와 개별적 발달경로를 적절히 기술하기 전까지는 최적화 목표들은 성취될 수 없기 때문이다(Schwebel, Plumert, & Pick, 2000).

발달의 특성에 대한 기본적 관찰

우리는 이제 발달을 정의했고 발달학자들이 추구하는 목표에 관해 간단히 알아봤다. 그러면 발달의 특성에 대해 발달학자들이 이끌어낸 몇 가지 결론들을 살펴보자.

규준적 발달
(normative development)
종의 대부분의 구성원이나 모든 구성원을 특징짓는 발달적 변화, 전형적인 발달 패턴.

개별적 발달
(ideographic development)
발달속도, 정도, 또는 방향에서의 개인적 변산.

연속적인 누적 과정 비록 아동기에 대한 가장 자세한 조사를 통해서 조차 성인기가 무엇을 보유하고 있는지를 명확하게 구체화시킬 수는 없겠지만, 발달학자들은 생후 초기 12년 동안이 청소년기와 성인기에 대한 준비를 하는 생애에서 매우 중요한 부분이라는 걸 알았다. 또한 청소년과 성인으로서의 우리가 어떤 사람인지는 이후 인생에서 우리가 갖게 되는 경험에 따라 달라진다. 현재의 여러분은 10살 혹은 15살 때의 여러분과 분명히 같지 않을 것이다. 여러분은 아마도 좀 더 성장했고, 새로운 학업기술을 획득했을 것이고 5학년이나 혹은 고등학교 2학년 때 갖고 있던 것과는 매우 다른 흥미와 열망을 갖게 되었을 것이다. 그러한 발달적 변화과정은 중년기 이후까지 계속되어 우리가 죽을 때 생기는 마지막 변화에서 완결된다. 요컨대 인간발달을 가장 잘 기술한 것은 '연속적이고 누적적인 과정'이라는 말이다. 단 하나 불변하는 것은 변화이며 인생의 각 중요한 단계마다 발생하는 변화는 미래에 대해 중요한 시사점을 가지게 된다.

발달학자들은 생의 초기 1년을 *영아기*라고 한다.

표 1.1은 발달학자가 본 생애의 연대적 조망(chronological overview)을 나타낸다. 이 책에서 우리는 생후 초기 5단계 즉 태내발달, 영아기와 걸음마기, 학령전기, 아동중기, 청소년기 동안의 발달에 초점을 맞춘다. 임신된 순간부터 청소년기까지 아동들이 어떻게 발달해 가는지를 알아봄으로써 우리는 우리 자신에 대해서 그리고 우리 행동을 결정하는 요인들에 대해서 배우게 될 것이다. 또한 우리의 조사 연구는 왜 완전히 같은 두 사람이 없는지에 대한 어떤 통찰을 제공할 것이다. 우리의 조사 연구는 여러분이 발달중인 아동들과 청소년에 대해 갖고 있을지도 모르는 모든 중요한 질문에 대한 답을 주지는 못할 것이다. 인간발달에 관한 연구는 여전히 해결되지 않은 문제들을 많이 갖고 있는 비교적 젊은 학문이다. 그러나 책을 계속 읽어감에 따라 발달학자들이 어린 사람들에 대한 매우 실용적인 정보를 많이 제공해 왔다는 것이 더욱 명백해질 것이다. 이 정보들

표 1.1	인간발달의 연대적(chronological) 조망
삶의 주기	**대략적인 연령 범위**
1. 태내기(prenatal period)	수정에서 출생까지
2. 영아기(infancy)	출생에서 18개월까지
3. 걸음마기(toddlerhood)	18개월에서 3세까지
4. 학령전기(preschool period)	3세에서 5세까지
5. 아동중기(middle childhood)	5세에서 12세 혹은 그 즈음까지(사춘기 시작 전까지)
6. 청소년기(adolescence)	12세에서 20세까지(많은 발달학자들은 청소년기의 끝을 개인이 일을 시작하고 부모의 허락을 받지 않게 되는 시점으로 정의한다)
7. 성인초기(young adulthood)	20세에서 40세까지
8. 중년기(middle age)	40세에서 65세까지
9. 노년기(old age)	65세 이상

주: 여기에 기록된 연령 범위는 근사치이므로 어떤 특별한 개인에게는 적용되지 않을 수도 있다. 예를 들어, 사춘기를 경험한 몇몇 10대 아이들은 아마도 청소년으로 분류될 것이다. 완전히 자급자족 능력이 있고, 자녀가 있는 일부 10대들은 성인초기로 분류될 수 있다.

발달학자들은 18개월에서 3세 사이의 아이들을 *걸음마 기 아동*이라고 한다.

발달학자들은 3세에서 5세 사이의 아이들을 *유아*라고 한다.

은 우리가 보다 나은 교육자, 아동 및 청소년 전문가, 부모가 되도록 돕는다.

총체적 과정 발달학자들을 세 분야로 나누는 것이 한때 유행이었다. (1) 신체변화와 운동기술의 발달순서를 포함한 **신체적 성장**과 발달을 연구하는 사람들; (2) 지각, 언어, 학습, 사고를 포함한 발달의 인지적 측면을 연구하는 사람들; (3) 정서, 성격, 대인관계의 성장을 포함한 발달의 심리사회적 측면을 연구하는 사람들이다. 오늘날 우리는 이 분류가 잘못된 것임을 안다. 왜냐하면 이들 영역 중 어떤 분야에서 일하든 연구자들은 한 측면에서의 발달적 변화가 다른 측면의 발달에 중요한 시사점을 갖는다는 것을 발견했기 때문이다. 하나의 예를 들어 생각해 보자.

무엇이 또래에서의 인기도를 결정하는가? 만약 여러분이 사회적 기술이 중요하다고 말한다면 맞는 답이다. 따뜻함, 친절함, 자발적 협조와 같은 사회적 기술은 인기 있는 아이들이 전형적으로 보여주는 특성들이다. 그러나 인기를 얻는 데에는 눈에 보이는 것보다 더 많은 요소들이 있을 수 있다. 신체발달에 있어서 중요한 이정표인 사춘기에 도달하는 연령이 사회생활에 영향을 준다는 지적이 일부 있다. 예를 들어 사춘기에 일찍 도달한 소년들은 늦게 도달한 소년들보다 또래와의 관계를 더 잘 즐긴다(Livson& Peskin, 1980). 학교생활을 잘 하는 아동들은 잘하지 못하는 아동들보다 또래들에게 인기도 더 많은 경향이 있다.

이에서 우리는 사회적 기술의 성장뿐만 아니라 인지발달과 신체발달 양쪽의 다양한 측면이 인기에 영향을 준다는 것을 알 수 있다. 앞의 예에서 보여주는 것처럼 발달이란 부분적인 것이 아니라 **총체적**인 것이다. 다시 말해서, 인간은 신체적, 인지적, 사회적 존재이다. 그리고 자기(self)를 이루는 이런 요소들 각각은 다른 발달영역에서 일어나는 변화에 따라 부분적으로 달라진다. 많은 연구자들이 이런 **총체적 관점**을 그들의 이론과 연구에 포함시키고 있으며(예, Halpern et al., 2007), 이 책 또한 그런 관점에서 구성되었다.

총체적 관점
(holistic perspective)
발달과정의 통합된 입장으로 신체적 · 정신적 · 사회적 · 정서적 인간발달 측면의 중요한 상호관련성을 강조한다.

가소성
(plasticity)
변화에 대한 역량, 경험에 의해서 만들어지는 잠재력을 갖는 발달상태.

가소성 가소성(plasticity)은 긍정적이거나 부정적인 삶의 경험에 반응하여 변화하는 능력을 말한다. 우리가 발달을 연속적이고 누적적인 과정으로 기술하고 과거의 사건이 종종 미래에 대한 시사점을 갖는다는 데 주목한다 해도, 만약 생의 중요한 측면들이 변한다면 때때로 발달과정이 갑작스럽게 변할 수 있다는 것을 발달학자들은 알고 있다. 예를 들어 시설이 좋지 않고 손이 모자라는 고아원에서 살고 있는 음울한 아기들이 사회적 자극을 주는 입양가정에 입양되어 가면 종종 매우 명랑하고 다정해진다(Rutter, 1981). 또래들이 싫어하는 매우 공격적인 아동들은 인기 있는 아동들이 보여주는 사회적 기술을 학습하고 실천한 후에 그들의 사회적 지위를 향상시킨다(Mize & Ladd, 1990; Shure, 1989). 인간발달이 그렇게 유연한 것은 정말 다행이다. 왜냐하면 출발이 좋지 않은 어린이들이 결함을 극복하도록 도움을 받을 수 있기 때문이다.

발달학자들은 사춘기 시작부터 20세까지의 기간을 *청소년기*라고 한다.

발달학자들은 5세에서 사춘기 시작 전까지의 기간을 *아동중기*라고 한다.

역사적/문화적 맥락　모든 문화, 사회계층, 혹은 인종집단과 민족집단에 정확하게 맞는 발달에 대한 단 하나의 그림은 없다. 각각의 문화, 하위문화, 사회계층은 특정한 패턴의 신념, 가치, 관습, 기술을 젊은 세대에게 전한다. 그리고 이 문화적 사회화의 내용은 개인이 보여주는 태도와 능력에 큰 영향을 미친다. 사회적 변화 또한 발달에 영향을 준다. 예를 들어 전쟁 같은 역사적 사건들, 인터넷의 발달과 같은 기술적 혁신, 게이와 레즈비언 인권운동과 같은 사회적 원인들이 그것이다. 각 세대는 자기 자신의 방식으로 발전하며 뒤따라오는 세대를 위해 세계를 변화시킨다.

그래서 우리는 북미나 유럽 아동들(가장 빈번하게 연구되는 전집들)에게서 관찰된 발달패턴이 최적이라거나 심지어는 그것이 다른 시대나 다른 문화 환경 속에서 발달중인 사람을 특성화한다고 가정하면 안 된다(Laboratory of Comparative Human Cognition, 1983). 오로지 역사적/문화적 관점을 채택해야만이, 우리는 인간발달의 풍부함과 다양함을 완전히 이해할 수 있다.

이 장의 다음 부분에서 우리는 발달학자들이 아동과 청소년 발달을 더 잘 이해하기 위해 사용하는 연구방법에 초점을 맞출 것이다.

발달심리학의 역사와 과학성에 대해 여러분이 이해한 바를 다음 질문에 답함으로써 체크하라. 정답은 부록에 있다.

선다형: 각각의 질문에서 가장 옳은 답을 골라라.

_____ 1. 발달학자들에 따르면, 발달적 변화의 주요 원인은 _____이다.
   a. 성숙
   b. 학습
   c. 경험
   d. 성숙과 학습 둘 다의 산물
   e. 학습과 경험 둘 다의 산물

_____ 2. 다음 중 "발달학자"로 간주되지 않는 사람은?
   a. 사회학자
   b. 인류학자
   c. 역사학자
   d. 위의 모두
   e. 위의 모두 아니다

_____ 3. 이 책에서 언급된 발달과학의 목표는 _____이다.
   a. 발달의 서술
   b. 발달의 설명
   c. 발달의 최적화
   d. 위의 모두

_____ 4. Enrique는 발달심리학자다. 그는 부모의 이혼과 재혼 후의 아동 적응을 연구한다. 부모의 이혼 후에 위축되고 고립된 침울한 아동은 놀이치료를 통해 더 행복해지고 사교적이 되는 것을 발견했다. 발달적 변화의 어떤 측면이 Enrique의 연구를 가장잘 반영하는가?
   a. 발달은 연속적이고 누적적인 과정이다
   b. 발달은 가소성이 있다
   c. 발달은 총체적 과정이다
   d. 발달은 그것이 일어나는 역사적/문화적 맥락에 따라 달라진다

빈칸 채우기: 아래 빈칸에 알맞는 말을 써넣어라.

5. 발달과학에서는 전형적인 변화 패턴을_____이라 하고, 변화 패턴에서의 개인적 변산은_____이라 한다.

짝짓기: 아래에서 발달과학 영역과 그것이 연구되는 특정 발달 측면을 짝지어라.

발달과학 영역	발달 측면
6. 인지적	a. 신체변화와 운동기술의 순서
7. 신체 성장	b. 정서, 성격, 관계
8. 심리사회적	c. 지각, 언어, 학습, 사고

단답형: 아래 질문에 간단하게 답하라.

9. 성숙과 학습의 차이를 설명하라.

논술형: 아래 질문에 상세하게 대답하라.

10. 여러분 세대와 부모세대 간의 역사적/문화적 맥락의 차이를 기술하라. 그러한 차이가 여러분 부모와 비교할 때 여러분의 발달에 어떻게 영향을 주었는가?

연구전략: 기본적인 방법과 설계

탐정이 해결해야 될 사건을 맡게 될 때, 그들은 일단 사실을 모으고 예감을 만들고 그 다음 예감 중 하나가 사실이라는 것을 입증할 때까지 단서를 통해 예감을 거르거나 혹은 부가적인 정보를 모은다. 발달의 신비를 푸는 것은 여러 면에서 이와 비슷한 노력이 든다. 연구자들은 연구대상을 주의깊게 관찰해야 하며, 그들이 모은 정보를 분석해야 하고, 사람들이 발달하는 방식에 대한 결론을 끌어내기 위해 그런 정보를 이용해야 한다. 이 접근에 대해 좀 더 자세히 알아보자.

아동과 청소년 발달에서의 조사방법

이 부분에서 우리의 관심은 연구자들이 발달중인 아동들과 청소년들에 대한 정보를 얻기 위해 사용하는 방법들에 집중된다. 우리의 첫 번째 과제는 왜 발달학자들이 모든 사실들을 수집하는 데 연구방법이 절대적으로 중요하다고 생각하는지를 이해하는 것이다. 우리는 그 다음 서로 다른 사실−발견 전략(fact-finding strategies)인 자기보고방법, 체계적 관찰, 사례연구, 기술(記述)민족학, 그리고 정신생리학적 방법들의 장단점을 논의할 것이다. 마지막으로 우리는 연령에 따른 아동들의 감정, 사고, 능력, 행동변화를 찾고

설명하기 위해 발달학자들이 연구를 설계하는 방식들을 생각해 볼 것이다.

과학적 방법

현대의 발달심리학은 과학적 사업이라고 불리워진다. 왜냐하면 발달을 연구하는 사람들은 **과학적 방법**을 선택했기 때문이다. 과학적 방법은 발달을 이해하려는 연구자들의 시도를 과학적으로 이끈다. 과학적 방법에 대해 신비로운 것은 아무 것도 없다. 그것은 이론이나 가설을 검증하기 위해 자료를 수집하는 데 객관적이고 반복가능한 방법을 사용하는 걸 의미한다. **객관적**이라는 것은 그 자료를 보는 사람은 누구나 동일한 결론에 도달한다는 것을 의미한다. **반복가능**하다는 것은 그 방법이 사용될 때마다 동일한 자료와 결론을 얻는 것을 의미한다. 그러므로 과학적 방법은 무엇보다도 연구자들이 객관적이어야 하고 그 방법으로 얻은 자료가 연구자들의 생각의 옳고 그름을 결정하도록 해야 한다고 말한다.

초기에 사람들은 "훌륭한 정신은 항상 훌륭한 통찰을 한다"고 여겼다. 전문가나 공통적인 신념이 자녀양육을 주도했다(예를 들면, "매를 아끼면 아이를 망친다", "아이들은 들은 대로 하지 않고 본 대로 한다", "우는 아이를 안아주지 마라"). 아직 과학적인 방법이 지식을 평가하기 위해 널리 수용되는 기준이 아니었기 때문에 유명 학자들의 말이나 보편적 지식에 의문을 제기하는 사람들은 거의 없었다.

과학적 방법
(scientific method)
이론이나 가설을 검증하기 위해 자료를 수집하는 데 객관적이고 반복가능한 방법을 사용하는 것. 무엇보다도 연구자들은 객관적이고 자료가 그들 생각의 장점을 결정하게 해야만 한다고 말한다.

여기서 초기 발달학자들과 부모들을 비판하려는 게 아니다. 그러나 만약 그들의 생각에서의 오류가 무비판적으로 수용되고 인간이 다루어지는 방식에 영향을 준다면 훌륭한 정신은 아마도 경우에 따라 크게 해로울 수 있는 형편없는 생각을 만들어 낼지도 모른다. 과학적 방법은 잘못된 추리로부터 과학계와 사회를 보호하는 귀중한 보호막이다(Machado & Silva, 2007). 보호는 단순히 이론가의 학문적, 정치적, 혹은 사회적 신용에 의존하기보다 다양한 이론적 주장들의 장점을 객관적인 기록에 근거해 평가하는 실천을 통하여 얻어지는 것이다. 물론 자신의 생각이 평가되는 이론가도 똑같이 객관적이어야만 하고 자신의 의견에 반하는 증거가 나타났을 때 자기의 지론도 기꺼이 버릴 수 있어야 한다는 것을 의미한다.

오늘날 발달학자들은 발달에 대한 결론을 내리기 위해 과학적 방법을 사용한다. 그러나 이것이 의견의 차이를 마술적으로 해결해 주지는 않는다. 예를 들면, 여성과 남성의 심리적 차이가 주로 생물학적 원인 때문이라고 믿는 모든 "전문가"들에 대해서 남아와 여아의 차이는 다르게 양육되었기 때문이라고 단호하게 주장하는 다른 "전문가"들이 있게 된다. (그런 논쟁의 현대적인 예를 보기 위해서는 Burchinal & Clarke-Stewart, 2007을 참조하라.) 우리는 누구를 믿어야 하나? 가장 성적인 학습과 가장 비성적인 학습경험이 여아와 남아의 흥미, 활동, 성격에 주는 영향에 대한 연구결과와 같은 자료를 믿는 것이 과학적 방법의 정신이다.

과학적 방법은 개념을 만들고 연구관찰을 통해서 그 개념들을 검증하는 과정을 포함한다. 종종 인과적 관찰이 과학자에게 출발점을 제공한다. 예를 들어 Sigmund Freud는 그가 치료하고 있던 심리적 장애가 있는 성인들을 면밀히 관찰했다. 그리고 그 환자들이 갖고 있는 문제의 많은 것들이 초기 아동기 경험에서 기인된 것이라고 믿기 시작했다. 결국 그는 이 관찰들을 그의 **정신분석적 발달이론**을 만드는 데 사용했다.

이론
(theory)

기존의 관찰 세트를 조직화하고, 기술하고, 설명하기 위해 고안된 개념과 명제의 세트.

가설
(hypothesis)

어떤 경험 측면에 대한 이론적 예언.

신뢰성
(reliability)

측정도구가 시간이 흐르거나 관찰자가 달라도 일관된 결과를 만드는 정도.

타당성
(validity)

측정도구가 연구자가 재려고 한 것을 정확하게 반영하는 정도.

이론은 경험의 어떤 측면들을 기술하고 설명하기 위한 개념과 명제의 세트일 뿐이다. 심리학 영역에서 이론들은 다양한 행동패턴을 기술하고 그런 행동들이 일어난 이유를 설명하도록 돕는다. 이론들은 구체적인 예언 또는 **가설**을 만든다. 그 예언이나 가설은 만약 우리가 관심있어 하는 현상을 관찰한다면 사실이 될 것들이다. 예를 들어 심리적 성차가 부모와 다른 성인들이 남아와 여아를 다르게 다룬다는 사실에 의해서 주로 생기는 것이라고 말하는 이론을 생각해 보라. 이 이론에 근거해 한 연구자는 만약 부모가 여아와 남아에게 같은 자유를 준다면 남아와 여아 모두 비슷한 정도로 독립적이 되겠지만 부모가 여아에게는 금지하는 많은 일들을 남아에게는 허락한다면 남아가 여아보다 더 독립적이 될 것이라고 가정할 수 있다. 하지만 이 가설을 검증한 연구가 부모가 남아와 여아를 다루는 방식에 상관없이 남아는 여아보다 더 독립적이라는 것을 보여준다고 가정하라. 그러면 그 가설은 연구 자료에 의해서 증명되지 못한다. 그리고 연구자는 성 관련 차이에 대한 이 이론을 재고하려 할 것이다. 만약 이 이론에 근거한 다른 가설들도 사실과 일치하지 않는다면 더 나은 이론을 만들기 위해 그 이론은 크게 개정되거나 완전히 폐기되어야 한다.

과학적 방법의 핵심은 개념들을 검증하고, 세심하게 수집된 자료들이 지지하는 개념들을 유지하고, 세심하게 수집한 자료와 배치되는 개념들은 버리는 지속적인 노력이다. 이론은 행동관찰을 통해서 검증된 가설들을 만든다. 그리고 새로운 관찰은 그 이론이 계속될 만한 가치가 있다는 걸 보여준다(그림 1.1 참조) 이제 연구자들이 발달을 연구하는 더 구체적인 방식인 그들이 수집한 자료의 유형, 연령에 따라 어떻게 변화가 일어나는지를 기술하는 데 사용한 기법들, 발달을 설명하는 데 사용한 방법을 살펴보자.

자료수집하기: 기본적인 사실-발견 전략

연구하고자 하는 것이 발달의 어떤 측면이든지—예를 들어 신생아의 지각능력, 학령기 아동 간 우정의 성장, 혹은 일부 청소년들이 약물을 사용하기 시작하는 이유 등—우리가 관심있어 하는 것을 측정할 방법을 찾아야 한다. 오늘날 연구자들은 다행스럽게도 행동을 측정하고 인간발달에 관한 자신들의 가설을 검증하는 데 사용할 수 있는 이미 유효성이 증명된 절차를 많이 가지고 있다. 그러나 사용하는 기법이 무엇이든지 유용한 과학적 측정이란 항상 두 가지 중요한 성질, 즉 **신뢰성**과 **타당성**을 보여주어야 한다.

만약 반복하여 또 여러 관찰자들을 통해서 일관적인 정보가 나왔다면 그 측정은 신뢰로운 것이다. 예를 들어 당신이 교실로 들어가 아이들이 다른 아이들에게 공격적으로 행동하는 빈도수를 기록하려 하지만 같은 연구 설계를 가지고 같은 아동들을 관찰하고 있는 당신의 실험 보조자가 측정방법에는 동의하지 않는다고 생각해 보라. 혹은 당신이 어떤 주에 각 아동들의 공격성을 측정했는데 일주일 뒤에 같은 아동들에

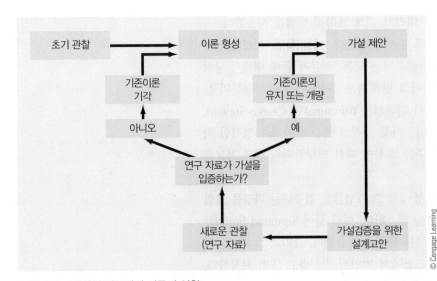

그림 1.1 과학적 연구에서 이론의 역할.

게 같은 측정을 했는데 앞에서와는 매우 다른 공격점수를 얻었다고 생각해 보라. 분명히 공격성에 관한 당신의 관측은 그것이 매우 비일관적인 정보를 보여주기 때문에 **신뢰롭지** 않다. 당신의 측정이 신뢰로워서 과학적 목적에 유용해지려면 다른 관찰자들이 측정한 아동들의 공격성 측정값과 당신의 측정값이 비슷해야 하며(평정자 간 신뢰도 *inter-rater reliability*), 한 실험과 잠시 후의 다른 실험에서 아동들의 점수가 비슷하게 나와야 한다(시간 안정성 temporal stability).

만약 측정도구가 측정하고자 하는 것을 측정한다면 그 도구는 **타당성**이 있다. 도구는 타당해질 수 있기 이전에 신뢰성이 있어야 한다. 그러나 신뢰성은 그 자체가 타당성을 보증하지는 못한다(Creasey, 2006). 예를 들어 아동의 공격성을 측정하기 위한 매우 신뢰로운 관찰 방법일지라도 만약 관찰자가 모든 육체적 힘을 사용한 행동을 단순히 공격성의 예로 분류한다면 매우 과장된 측정값이 나올 수 있다. 그 연구자는 많은 격렬한 행동이 단지 해를 주거나 공격하려는 의도가 없는 즐거운 거친 놀이의 형태를 나타낼 수도 있다는 것을 인식하지 못한 것이다. 연구자들은 그들이 모은 정보나 도달한 결론을 우리가 믿을 수 있게 하려면 그들이 측정하고자 하는 속성을 제대로 측정하고 있음을 보여주어야 한다.

측정의 신뢰성과 타당성 확립의 중요성을 명심하면서 인간발달의 측면들을 측정하는 여러 방법들을 살펴보도록 하자.

자기보고법 발달학자들이 정보를 수집하고 가설을 검증하기 위해 사용하는 세 가지의 일반적 절차들은 면접법, 질문지법(심리검사 포함), 임상법(clinical method)이다. 이 접근들은 연구자의 질문에 참가자가 답한다는 점에서는 비슷하지만, 연구자가 참가한 사람을 얼마나 똑같이 다루느냐는 정도에서 다르다.

면접과 질문지 면접법과 질문지법을 선택하는 연구자들은 아동들이나 부모들에게 아동의 행동, 감정, 신념, 혹은 특징적인 사고방식과 같은 발달측면을 포함하는 일련의 질문을 할 것이다. 질문지(그리고 대부분의 심리검사들)를 통한 자료수집은 단순히 종이 위에 질문을 쓰고 참가자들에게 응답을 쓰라고 하는 것이며, 반면에 면접은 참가자들이 연구자의 질문에 말로 응답하는 것이다. 만약 절차가 **구조화된 면접**이나 **구조화된 질문지**라면 연구에 참가하는 모든 사람이 같은 질문을 같은 순서로 받을 것이다. 이렇게 형식을 표준화하고 구조화시키는 목적은 모든 사람들을 평등하게 다루어 여러 참가자들이 한 반응을 서로 비교할 수 있도록 하기 위한 것이다.

면접법을 사용한 흥미로운 연구는 유치원, 2학년, 그리고 4학년 어린이들이 남성과 여성에 대한 사회적 고정관념에 대한 지식을 평가하기 위한 24개 문항의 질문들에 응답했던 연구 프로젝트이다(Williams, Bennett, & Best, 1975). 각 질문은 남성을 기술하는 고정관념적 형용사(예를 들어 공격적인, 강압적인, 거친)나 혹은 여성을 기술하는 고정관념적 형용사(예를 들어 감정적인, 흥분하는)로 주인공이 묘사된 짧은 이야기에 응답하게 되어 있었다. 아동들에게 주어진 과제는 각 이야기 속의 인물이 여성인지 남성인지를 말하는 것이었다. Williams와 동료들은 유치원 아이들조차도 보통 이야기가 남자를 언급하는지 혹은 여자를 언급하는지 말할 수 있다는 것을 발견하였다. 달리 말하면, 비록 아동들의 생각이 유치원에서 2학년이 되는 사이에 더욱 더 정형화되기는 하지만 이 5세 아동들은 성 고정관념에 대해 매우 잘 알고 있었다. 이런 결과들이 시사하는 것 중 하

구조화된 면접 또는 구조화된 질문지
(structured interview or structured questionnaire)
서로 다른 참가자들의 반응이 비교될 수 있도록 모든 참가자들에게 같은 순서로 같은 질문을 묻는 기법.

나는 만약 유치원 아동들이 이미 정형화된 방향으로 생각한다면 매우 일찍부터 성에 관한 고정관념이 시작되는 것이 틀림없다는 것이다.(우리는 11장에서 아동들의 성발달과 성에 대한 생각의 발달에 대해 더 많이 학습할 것이다.)

면접법과 질문지법을 매우 창의적으로 사용한 것을 소위 **일기 연구**(diary study)라고 한다. 이것은 참가자들(보통 청소년이나 젊은 성인)이 특정 시간(예를 들어 하루 일과가 끝날 때) 또는 페이저로 알려줄 때마다 일기나 노트에 하나 이상의 표준화된 질문에 대한 자신의 반응을 적는 방법이다. 일기 연구는 다른 방법으로 연구하기 어려운 많은 이슈들을 조사하는 데 매우 좋은 방법임이 입증되었다. 이런 이슈에는 아동이 청소년이 되어감에 따라 쓸쓸한 기분과 부정성이 커지는 것(Larson, Moneta, Richards, & Wilson, 2002)이나 또는 남자 청소년과 여자 청소년에게서 일상의 스트레스 요인들과 우울증 간의 관계같은 것이 있다(Hankin, Mermelstein, & Roesch, 2007).

그럼에도 불구하고 면접과 질문지는 실제적인 약점을 일부 갖고 있다. 어린 아동들을 위해 얼마간 조정을 하긴 했지만(숫자나 단어 대신에 평가척도로 만화식의 웃는 얼굴 그림을 변형한 것들을 사용하는 것과 같이(Egan, Santos, & Bloom, 2007), 글을 읽지 못하고 말을 잘 이해할 수 없는 아주 어린 아동들에게는 둘 다 사용할 수 없다. 연구자들은 그들이 얻은 대답이 정직하고 정확한 것이며 자신에게 유리한 방식이나 사회적으로 바람직한 방향으로 그들 자신을 표현하려는 반응자들의 시도가 아니기를 바란다. 예를 들어 많은 청소년들은 학교공부에서 부정행위를 저지르고, 마리화나를 피우고, 상점을 터는 것을 즐기는 걸 기꺼이 자백하고 싶지 않을 것이다. 정확하지 않고 정직하지 않은 반응들은 분명히 잘못된 결론으로 이끌 것이다. 또한 연구자들은 모든 연령의 참가자들이 같은 방법으로 질문을 해석하는 걸 보장하기 위해 조심해야만 한다. 그렇지 않으면 연구에서 관찰된 연령에 따른 경향이 그들의 감정이나 사고, 혹은 행동에 일어난 실제적인 근원적 변화를 나타내기보다 오히려 이해력과 대화능력에 있어서의 아동들의 차이점을 반영할 수도 있기 때문이다. 마지막으로, 발달중인 아동들이나 그 아동들의 부모(혹은 교사)를 면접하는 연구자들은 아동들의 자신의 행동에 대한 묘사가 다른 정보제공자들의 묘사와 다를 때 어떤 보고가 보다 더 정확한지를 결정하기 어려울지도 모른다(Hussong, Zucker, Wong, Fitzgerald, & Puttler, 2005).

이런 잠재적인 약점에도 불구하고, 구조화된 면접법과 질문지법은 짧은 시간에 많은 양의 유용한 정보를 얻기에 매우 훌륭한 방법이 될 수 있다. 두 접근법 모두 연구자가 참가자에게 그들의 반응이 비밀에 붙여질 것이라는 것을 강조하고 참가자가 아는 것을 정확히 보고하라고 자극을 주어 정직하거나 정확하게 답할 확률을 최대화할 때 특히 유용하다. 예를 들어 성 고정관념화 연구에서 어린 참가자들은 각 질문을 아마도 해결해야 할 개인적 도전이나 혹은 문제로 생각할 수 있다. 그래서 정확하게 답하려고 하며 남자와 여자에 대해 그들이 아는 것을 정확하게 표현하려고 할지도 모른다. 그 상황에서 구조화된 면접은 아동의 성에 대한 지각을 평가하는 훌륭한 방법이다.

© David J. Green-lifestyle themes/Alamy

청소년들은 연구자에게 잘 보이고 싶어서 자신의 실제 행동을 감추려 할 수도 있기 때문에 그들의 자기보고는 때로 부정확할 수도 있다.

임상법 임상법(clinical method)은 면접법과 매우 비슷하다. 연구자는 보통 참가자에게 어떤 종류의 과제나 자극을 제시하고 반응을 하게 해서 가설을 검증하는 데 관심이 있다. 참가자의 반응 후 연구자는 두 번째 질문을 하거나 피험자의 처음 답변을 명확하게 하기 위해 새로운 과제를 제시한다. 피험자들이 처음에는 종종 같은 질문을 받지만 각 피험자의 대답에 따라 다음 질문이 결정된다. 따라서 임상법은 각 피험자를 독특한 사람으로 간주하는 유연한 접근이다.

6장에서 더 많이 배우게 될 Jean Piaget는 아동들의 도덕추리와 지적발달을 연구하기 위해 임상법을 많이 사용하였다. Piaget의 연구자료는 주로 그와 각 아동들과의 상호작용의 프로토콜 기록이다. 여기에 도덕추리 발달에 관한 Piaget 연구(1932/1965, p.140)의 작은 예가 있다. 그것은 이 어린 아동이 거짓말을 하는 것에 대해 어른과 매우 다른 방식으로 생각하고 있는 것을 보여준다:

무엇이 거짓말인지 아니? —사실이 아닌 것을 말하는 것이에요. —2+2=5라고 말하는 것은 거짓말이니? —예, 거짓말이에요. —왜? —왜냐하면 그것은 옳지 않기 때문이지요. —2 더하기 2가 5라고 말한 그 소년이 그가 옳지 않다는 것을 알았을까 아니면 그가 실수를 한 걸까? —그 애가 실수를 했어요. —그 애가 실수를 했다면, 그는 거짓말을 한 거니 아니니? —그는 거짓말을 했어요.

임상법
(clinical method)

일련의 계속되는 질문(문제)에 대한 참가자의 반응이 연구자가 다음에 물을 질문(문제)을 결정하는 인터뷰 유형.

구조화된 면접처럼 임상법도 상대적으로 짧은 시간에 많은 양의 정보를 얻는 데 유용하다. 전략의 융통성 또한 장점이다. 피험자의 원래 답변에 맞춘 추후의 질문을 통해(위의 예에서 Piaget가 한 것처럼) 그런 답변들의 의미를 충분히 이해할 수 있게 된다. 그러나 임상법의 융통성이 잠재적 약점이 되기도 한다. 불가능하지는 않더라도 다른 질문을 받는 피험자들의 대답을 직접적으로 비교하기는 어렵다. 게다가 참가자의 반응에 맞춘 질문을 하는 것은 연구자가 갖는 기존의 이론적 편향이 특정한 추후 질문과 제공될 해석에 영향을 미칠 가능성을 증가시킨다. 임상법으로 나온 결론은 부분적으로 연구자의 주관적 해석에 의존하기 때문에 항상 다른 조사 기법을 사용하여 임상법으로 알게 된 것을 확인하는 것이 바람직하다.

임상법을 사용하고 있는 연구자. 모든 연구 참가자는 처음에는 동일한 질문을 받는다. 그러나 이 첫 번째 질문에 대한 각 참가자의 대답이 연구자가 다음에 물어볼 질문을 결정한다.

관찰법 종종 연구자들은 질문을 하기보다 직접 관찰을 통해 사람들의 행동을 관찰하는 걸 더 선호한다. 많은 발달학자들이 선호하는 방법 중의 하나가 **자연관찰법**(naturalistic observation)인데 이는 일상적인(예: 자연스러운) 환경에서 사람들을 관찰하는 것이다 (Pellegrini, 1996). 이것은 보통 아이들을 관찰하기 위해 가정이나, 학교, 혹은 공원과 운동장에 가서 그들의 행동을 주의 깊게 기록하는 것을 의미한다. 연구자가 발생하는 모든 사건을 기록하려 하는 건 아니다. 보통 연구자들은 특히 협동이나 공격성 같은 한 유형의 행동에 대한 특정 가설을 검증하고 있으며 그런 종류의 행동에만 관심을 두고 자료

자연 관찰법
(naturalistic observation)

자연스러운 주거환경(예: 가정, 학교, 또는 운동장)에서 사람들이 일상적인 활동을 하고 있을 때 과학자가 사람들을 관찰하여 가설을 검증하는 방법.

수집을 할 것이다. 자연관찰법의 한 가지 장점은 언어적 기술이 필요한 방법으로는 연구할 수 없는 영아와 걸음마기 아동에게 쉽게 적용할 수 있다는 점이다. 자연관찰법의 두 번째 장점은, 자기보고에 의존할 필요 없이, 사람들이 일상생활에서 실제로 어떻게 행동하는지를 보여준다는 점이다(Willems & Alexander, 1982).

그러나, 자연관찰법도 제한점을 갖고 있다. 첫째, 어떤 행동들(예: 영웅적 구출행위)은 좀처럼 발생하기 어렵거나 사회적으로 매우 바람직하지 않은 행동들(예: 범죄행위나 도덕적으로 비난받는 행동)이어서 그 행동이 일어날 것에 대해 모르고 있는 관찰자는 자연스러운 환경 속에서 쉽게 목격하기 어렵다. 둘째, 자연스러운 상황 속에서는 보통 많은 일들이 동시에 발생하며 그것들 중 어떤 것이(혹은 어떤 일들의 결합이) 사람들의 행동에 영향을 준다. 이것이 참가자 행동이나 어떤 행동발달 경향의 원인을 알아내기 어렵게 만든다. 마지막으로, 관찰자의 존재만으로도 사람들은 관찰자가 없을 때와는 다른 행동을 할 수도 있다. 아이들은 청중이 있을 때 그들의 행동을 과장할 수 있으며, 반면에 부모들은 그들이 평소에는 나쁜 짓을 하는 아이들을 찰싹 때리는 일을 하지만, 관찰될 때는 그런 일을 아주 싫어하는 것처럼 꾸미면서 자기가 할 수 있는 최선의 행동을 보여줄 것이다. 이런 이유 때문에 연구자들은 다음과 같은 방법으로 **관찰자 영향**을 최소화하려고 노력한다. 첫째, 숨겨진 장소에서 참가자들의 행동을 비디오로 촬영한다. 둘째, 관찰자가 "실제" 자료를 수집하기 전에 그 세팅에서 참가자들과 함께 시간을 보내어 관찰되고 있는 참가자들이 관찰자의 존재에 점차 익숙해져 더 자연스럽게 행동하도록 한다.

자연환경에서 쉽게 관찰할 수 없는 이상하거나 바람직하지 않은 행동들을 관찰 연구자들은 어떻게 연구할까? 하나의 방법은 실험실에서 **구조화된 관찰**을 하는 것이다. 구조화된 관찰 연구에서는 알아보고자 하는 행동을 촉발할 수 있는 상황에 각 참가자를 처하게 만들며 참가자가 그 행동을 하는지를 알아보기 위해 관찰자는 숨겨진 카메라나 일방경을 통해 비밀리에 관찰한다. 예를 들어, Leon Kuczynski(1983)는 아이들에게 그의 지루한 일을 도와 줄 것을 약속하게 하고 아이의 관심을 끄는 장난감이 있는 방에서 혼자 일하게 남겨놓고 방을 떠났다. 이 절차를 통해 약속위반 행동을 지켜볼 사람이 아무도 없다고 생각할 때의 아이들이 일하기로 한 약속을 깨는지 여부를 알아낼 수 있었다. Kuczynski는 일부 아동들은 일하기로 한 약속을 깨지만(그 장난감을 가지고 놀기 위해서), 다른 아동들은 아무도 보고 있지 않다고 생각할 때도 그 일을 계속한다는 것을 발견했다.

구조화된 관찰은 자연환경에서 자주 일어나지 않거나 공개적으로 보여지지 않는 행동을 연구하기 위한 가장 용이한 방법임과 동시에 표본의 모든 참가자들이 동일한 유발 자극에 노출되며 목표행동을 수행할 기회를 동등하게 갖는다는 것을 보장한다. 이런 상황들은 자연스러운 환경에서는 항상 그대로 이루어지는 건 아니다. 물론 구조화된 관찰의 주요 약점은 피험자가 그들이 일상생활에서 하듯이 인위적인 실험실 상황에서도 항상 그렇게 반응을 하지는 않는다는 것이다.

한 흥미있는 구조적 관찰의 예에서, Tronick 등(2005)은 4개월 된 아기와 어머니 사이의 상호작용을 연구했다. 구체적인 관심은 태내에서 코카인에 노출된 아기와 노출되지 않은 아기의 어머니-영아 상호작용 방식을 비교하는 것이다. 사실을 알아내기 위해 그들은 어머니-영아 695쌍을 실험실 상황에 데려 왔다. 그들 중 236명은 태내기에 코

관찰자 영향
(observer influence)
참가자들이 관찰자의 존재에 대해 여느때와 다른 방식으로 행동하는 반응 경향성.

구조화된 관찰
(structured observation)
실험실에서 연구자가 관심있는 행동의 시작 신호를 보내고 참가자들의 반응을 관찰하는 관찰법.

카인에 노출되었다. 카메라는 2분씩 3번 영아의 얼굴과 어머니의 얼굴 모두를 찍을 수 있는 위치에 설치되었다. 처음 2분 동안 어머니와 자녀는 정상적인 상호작용을 하도록 했다. 두 번째 기간 동안에 어머니는 영아에게 "무표정한 얼굴"을 보이도록 지시받았다. 즉 어머니는 웃거나, 미소짓거나, 영아에게 말하거나 만지지 말라는 말을 들었다. 세 번째 기간 동안 어머니는 자녀와 정상적인 상호작용을 다시 시작했다. 이 면대면 무표정 절차(face to face still-face procedure)는 695개의 여러 가정을 방문하고 그 행동들이 일어나길 여러 시간 기다리는 대신에 연구자가 6분 동안 관심있는 상호작용을 약간 관찰하도록 해준다.

Tronick과 동료들이 생각했듯이, 코카인에 노출된 어머니-영아 쌍의 상호작용 패턴은 코카인에 노출되지 않은 쌍의 패턴과 달랐다. 대체로 코카인에 노출된 영아와 어머니들은 이후의 사회적 발달과 인지발달을 촉진시키는 종류의 사회적 상호작용을 하지 않는 것으로 나타났다. 전반적으로, 코카인에 가장 많이 노출된 영아들은 노출되지 않은 영아나 덜 노출된 영아 둘 다보다 더 수동적이고 태도가 냉담했다. 그러나 이런 차이에도 불구하고 어머니가 무표정한 얼굴을 보여주었을 때, 코카인에 노출된 4개월 된 영아들은 노출되지 않은 영아들과 같은 식으로 행동했다: 그들은 어머니가 그들에게 관여할 거라고 기대했다. 무표정한 얼굴은 놀랍고, 좌절스럽고, 심지어 스트레스를 주기 때문이다. Tronick와 동료들은 무표정한 얼굴을 보여주는 동안 코카인에 노출된 영아들의 행동은 그 영아들이 양육자와 상호작용하고 관계를 맺는 능력을 갖고 있다는 걸 보여주었다. 그 영아들의 행동은 또한 그들의 어머니들이 어느 정도의 사회적 상호작용을 제공하고 있으며, 그것은 중재전략이 코카인에 노출된 아기들의 발달적 결과를 향상시킬 수 있다는 희망을 준다는 걸 시사했다.

자연관찰법을 사용할 때 연구자가 반드시 극복해야만 하는 문제 중의 하나는 관찰자의 존재가 아동수행에 미치는 영향이다.

사례연구   우리가 논의했던 어떤 방법이나 혹은 모든 방법—구조화된 면접, 질문지법, 임상법, 행동관찰—이 **사례연구**(case study) 방법을 통해 한 개인의 발달에 관한 자세한 그림을 만드는 데 사용될 수 있다. 개인별 기록 또는 "사례"를 준비하면서, 연구자는 전형적으로 가정환경, 사회경제적 지위, 건강기록, 학력이나 업무경력, 심리검사에서의 수행과 같은 참가자에 대한 많은 정보를 얻고자 한다. 어떤 사례사든 사례사에 포함된 정보 중 많은 부분은 그 사람에 대한 면접과 관찰을 통해 얻어진다. 이때 사용한 질문과 관찰은 일반적으로 표준화되지 않고 사례마다 상당히 다를 수 있다.

사례연구는 집단을 기술하는 데 사용되기도 하는데, 이를 **집단 사례연구**라 한다. 예를 들면, Michael Bamberg(2004)는 10세, 12세, 15세 남아들의 정체감 발달을 조사하는 프로젝트를 수행했다. 프로젝트를 수행하는 동안 일지 기재, 구어 설명, 개방형 일대일 면접, 집단토의를 통해 정보를 수집한다. 수집된 정보로부터, Bamberg는 순간순간

사례연구
(case study)
연구자가 한 개인의 삶에 대한 광범위한 정보를 모으고 그 사람의 생활사의 사건들을 분석하여 발달적 가설을 검증하는 연구방법.

의 대화과정 안에서 남자 청소년들이 정체감을 구축하는 방법을 보여주기 위해 하나의 대화 부분에서 인용문을 발췌한다. 대화하는 동안 5명의 9학년(15세) 남아들은 그들이 이전 학년에서 들었던 소문을 토론했다. 그 소문은 자기가 임신했다고 편지에서 밝혔던 성적으로 적극적인 학급 여학생에 관한 이야기였다. 그 토론집단의 9학년 학생 하나는 그 편지를 읽었으며, 그 편지는 학교에서 여러 소년들이 돌려가며 읽었다고 주장했다. Bamberg는 토론이 진행되면서 그 소녀가 점점 더 무책임하고, 관심을 추구하며, 성적으로 문란하게 그려지는 것을 목격했다. 소년들은 그 여학생이 많은 소년들과 섹스를 했는데 "단지 섹스 이상의 것"이었다고 말했다. 그들은 그 여학생이 그 편지가 "우연히" 나쁜 사람의 수중에 들어가 많은 학생들이 읽길 원했던 것처럼 묘사했다. 이는 그 편지를 읽었다고 주장한 소년이 사적인 권리를 침범하지 않았다는 걸 시사하는 것이다.

Bamberg는 사람들이 자신과 다른 사람에 대한 의견을 만드는 방식들 중 하나는 사회적으로 상호작용하는 대화를 통해서라고 주장한다. 그는 소년들이 그 여학생에 대한 소문을 토론할 때 자신들의 위치가 더 높은 도덕적 입장에 있다는 걸 보여주기 위해 그 여학생의 특성을 사용하는 걸 알았다. Bamberg는 그 집단이 그 여학생의 성격을 암살한 일은 그 소년들로 하여금 자신들의 정체성이 그 소녀보다 더 도덕적으로 낮고 어른스러운 것으로 해석하게 만들었고, 또한 그 소년들이 얼마나 미묘하게 소년에 비해 소녀들에게 고정관념적인 이중기준을 적용하는지도 보여준다는 걸 발견했다. 그러므로 그 소년들의 대화는 그 여학생의 특성에 대한 것보다 그 토론의 성인 사회자가 보려고 하는 소년 자신들에 대한 정보를 더 많이 밝혀준다. 토론의 분석은 또한 집단으로서의 청소년기 소년들이 자신과 청소년기 소년 모두에게 해로운 영향을 주는 태도를 발달시키고 유지하는 방식에 대한 통찰을 제공한다. 그 소년들은 대화 안에서 그들의 정체성과 자기표상(self-presentation)을 보호하고 발달시켰기 때문에, 이 집단 사례연구는 개인의 사례연구에서 얻을 수 있는 것과는 다른 정보를 밝혀준다.

기술민족학 연구자들은 공동체 안에서 함께 살고 공동체 생활의 모든 측면에 참가하여 문화적 영향을 이해하려고 한다.

많은 발달학자들이 사례연구를 매우 훌륭하게 사용했지만, 이 접근에는 큰 결점들이 있다. 예컨대 다른 질문을 받고, 다른 심리검사를 받고, 다른 환경 속에서 관찰된 사례들을 직접 비교하기는 어렵다. 사례연구는 또한 **일반화 가능성**이 희박하다. 즉 연구한 적은 수의 사람들의 경험으로부터 이끌어낸 결론을 대부분의 사람들에게 적용하기엔 무리가 있다. 예를 들어, Bamberg의 토론집단 9학년 소년들은 모두 미국 동부에 있는 대도시 출신이었다. 이론들은 그들의 토론을 분석한 결과가 핀란드나 동남아시아 소년들에게 적용되지는 않을 것으로 단정했다. 이런 이유 때문에 사례연구를 통해 얻어진 결론은 다른 연구기법을 사용해서 입증되어야 한다.

기술(記述)민족학 기술민족학(ethnography)—인류학 분야에서 주로 사용되는 참여관찰의 한 형태—은 발달중인 아이들과 청소년에게 문화가 주는 영향을 이해하려는 연구자들 사이에서 점차적으로 인기를 얻고 있다. 자료를 얻기 위해, 기술민족학자들은 종종 몇 달이나 심지어 몇 년 동안 그들이 연구하고자 하는 문화나 하위문화 공동체 속에서 생활한다. 그들이 수집한 자료는 다양하고 광범위하다. 그것은 주로 자연관찰이나 그 문

기술민족학 (ethnography)

그 문화의 구성원들과 함께 살며 광범위한 관찰과 메모를 함으로써 연구자가 한 문화나 하위문화의 고유한 가치, 전통, 사회적 과정을 이해하려는 방법.

화의 구성원과의 대화를 통해 만들어진 노트, 그리고 그런 사건들에 대한 해석으로 이루어진다. 이 자료들은 결국 문화 공동체의 자세한 초상화를 만들고 공동체의 독특한 가치와 전통이 아이와 청소년들의 발달 측면들에 어떻게 영향을 미치는지에 대한 결론을 얻는 데 사용된다.

공동체 구성원들과의 가깝고 지속적인 접촉으로 만들어진 문화나 하위문화에 대한 자세한 기술민족학적 초상화는 확실히 이방인이 제한된 관찰과 적은 회수의 면접만을 할 수 있는 몇 번 안 되는 방문을 통해서 얻는 자료보다 공동체의 전통과 가치를 더 많이 이해하게 해준다(LeVine et al., 1994). 사실 문화나 하위문화의 이런 광범위한 기술(記述)은 다양한 복합문화 사회 안에서 소수민족 아동과 청소년들이 직면한 문화적 갈등과 다른 발달적 도전을 이해하려는 연구자들에게 특히 유용하다(Segal, 1991; Patel, Power, & Bhavnagai, 1996 참조). 그러나 이런 명확한 강점에도 불구하고 기술민족학은 연구자 자신의 문화적 가치와 이론적 편향이 그들이 경험한 것들을 잘못 해석하게 만들 수 있기 때문에 매우 주관적인 방법이다. 게다가 기술민족학적 결론은 단지 연구되어진 문화나 하위문화에만 적합하며 다른 맥락이나 사회집단에 일반화할 수 없다.

기술민족학적 연구의 예는 Gregory Bryant와 Clark Barrett(Bryant & Barrett, 2007)의 연구를 들 수 있다. 그들은 Shuar족을 방문해서 상호작용을 했다. Shuar족은 남아메리카의 우림에서 사냥꾼-원예가 생활을 하는 문화로 산업국가에서 온 사람들(화자 speaker)을 만난 적이 없었다. Bryant & Barrett는 Shuar의 성인들이 이전에 전혀 들어 본 적이 없는 영아에게(infant-directed) 영어로 하는 말을 인식할 수 있었고, 심지어 영어로 하는 말의 다양한 의도의 차이(예: 금지, 주의, 인정)를 구별할 수 있었다. 이런 놀라운 발견은 영아를 향한 말의 보편성을 보여준다. 이것은 이전에 이루어진 모든 연구들이 산업국가에서 온 화자들에 의해 실시되었기 때문에 알려지지 않았던 것이다.

정신생리학적 방법 최근에 발달학자들은 아이들의 지각, 인지, 정서반응의 생물학적 기초를 연구하기 위해 **정신생리학적 방법**(psychophysiological methods)—생리적 반응과 행동 사이의 관계를 측정하는 기법—을 사용해왔다. 정신생리학적 방법은 정신적, 정서적 사건을 언어적으로 보고할 수 없는 영아와 걸음마기 아동의 정신적, 정서적 경험을 해석하는 데 특히 유용하다(Bornstein, 1992).

심장 박동률은 사람들의 심리적 경험에 따라 대단히 민감하게 변하는 불수의적 생리 반응이다. 정상적 휴식수준 또는 기저선(baseline)과 비교했을 때, 흥미 있는 자극에 몰두하여 집중하고 있는 아이는 심장 박동률이 감소하는 반면, 자극에 관심이 없는 아이의 심장 박동률은 변함이 없으며, 자극을 두려워하거나 자극에 화가 난 아이의 심장 박동률은 증가하는 것으로 나타났다(Campos, Bertenthal, & Kermoian, 1992; Fox & Fitzgerald, 1990).

두뇌기능의 측정도 심리적 상태를 평가하는 데 유용하다. 예를 들어 뇌파활동의 EEG(electroencephalogram) 기록은 두개골에 전극을 붙여서 얻어낸다. 다른 패턴의 EEG 활동은 자거나 졸리거나 정신을 바짝 차린 것과 같은 각기 다른 각성상태의 특성을 나타내기 때문에, 연구자들은 그런 패턴을 추적하여 연령에 따라 수면주기와 다른 각성상태가 어떻게 변화하는지를 결정할 수 있다. 새로운 자극이나 사건도 EEG 활동에서 단기적인 변화를 만들어낼 수 있다. 그래서 영아의 감각능력의 한계를 검사하고자 하는 연구자들은 새로운 광경이나 소리를 제시하여 이들 자극이 감지되었는지 혹은 심지

정신생리학적 방법
(psychophysiological methods)

생리적 반응과 아동의 신체적·인지적·사회적·정서적 행동과 발달 측면들 사이의 관계를 측정하는 방법.

변별되었는지를 결정하기 위해 뇌파의 변화(사건관련전위 혹은 ERPs라 부른다)를 찾는다. 왜냐하면 "다르게" 감지된 두 개의 자극은 다른 패턴의 두뇌활동을 만들어 낼 것이기 때문이다(Bornstein, 1992). 연구자들은 ERPs를 다른 사람들이 나타내는 정서에 대한 영아반응을 알아보는 데 사용했다. 그들은 7개월 된 영아는 긍정적(또는 중립적) 정서보다 부정적 정서에 더 집중하며(Leppanen, Moulson, Vogel-Farley, & Nelson, 2007), 12개월 된 영아는 불명확한 새로운 상황에서 어떤 감정을 느끼고 어떻게 행동해야 하는지에 대한 지침으로 긍정적(또는 중립적) 얼굴표정보다 부정적 얼굴표정을 더 사용하는 경향이 있는 것을 발견했다(Carver & Vaccaro, 2007).

부모의 정신생리적 상태도 아동발달연구에서 검사할 수 있다. 예를 들면, 옥시토신 호르몬은 인간 애착과 사회적 관계에서 중요한 역할을 하는 것으로 생각된다. 최근에 Feldman과 동료들은 임신한 여성에게서 임신 중과 출산 후에 옥시토신 수준을 측정했다(Feldman, Weller, Zagoory-Sharon, & Levine, 2007). 그들은 임신 중의 호르몬 수준이 실제로 출산 후 어머니와 아기 사이에 이루어진 긴밀한 유대를 나타내는 행동 측정치를 예언한다는 것을 발견했다. 발달을 평가하기 위해서 더 나이든 아동 청소년에게 정신생리적 측정을 할 수도 있다. 하나의 예로, 혈압과 코티솔 수준은 청소년의 만성적 스트레스를 정확하게 측정한다는 것이 발견되었다. 실험에 의하면, 청소년기 만성적 스트레스는 오랜 아동기 빈곤과 실제로 관련된다(Evans & Kim, 2007)!

정신생리적 반응은 매우 유용하지만 심리적 상태를 완벽하게 알려주지는 못한다. 비록 영아의 심장 박동률이나 뇌파활동이 그 아이가 자극에 주목하고 있다는 것을 알려주기는 하지만 자극의 어떤 측면(모양, 색 등)이 주의를 끌었는지를 정확하게 결정하기 어렵다. 게다가 생리적 반응의 변화는 종종 아동의 자극에 대한 주의집중 혹은 그것에 대한 정서반응의 변화를 나타내기보다 오히려 기분변화, 피곤함, 배고픔, 심지어는 생리적 기록장치에 대한 부정적 반응을 반영한다. 이런 이유 때문에, 생리적 반응은 참가자들(특히 매우 어릴 경우)이 처음에 갖는 안정되고, 경계하고, 만족스러웠을 때의 심리적 경험에 대한 타당한 지표가 되기 쉽다.

표 1.2는 우리가 이제까지 조사한 자료수집방법에 관한 간단한 개관이다. 다음 부분에서 우리는 연구자들이 가설을 검증하고 발달의 연속성 및 변화를 알아내기 위해 어떻게 연구를 설계하는지에 대해 살펴 볼 것이다.

관계 찾기: 상관 설계, 실험 설계, 비교문화 설계

연구자들이 일단 연구하려 하는 것을 결정하면, 그들은 사건과 행동 간의 관계를 확인하고 그 관계의 원인을 밝히기 위해 연구 계획을 세우거나 또는 연구설계를 해야 한다. 여기서 우리는 연구자들이 사용하는 세 가지의 일반적인 연구 설계인 상관설계, 실험설계, 비교문화 설계를 살펴볼 것이다.

상관 설계

상관 설계(correlational design)에서는 관심 있는 두 개 이상의 변인들이 서로 의미있게 관련되는지를 결정하기 위해 정보를 수집한다. 만약 연구자가 (예비 기술 연구나 혹은 탐색 연구가 아니라) 특수한 가설을 검증하는 것이라면, 그는 가설이 상술하는 것처럼 변인들이 서로 관련되어 있는지를 알아봐야 할 것이다. 상관 설계는 어떤 방식으로든 피

상관 설계
(correlational design)
변인들 간의 연결강도를 보여주는 연구 설계 유형; 상관된 변인들이 체계적으로 관련되어짐에도 불구하고 그런 관계가 반드시 인과적인 것은 아니다.

표 1.2	흔히 쓰는 7가지 연구방법의 강점과 약점	
방법	강점	약점
자기보고법 면접과 질문지법	· 상대적으로 빠르게 많은 정보를 얻는 방법. 표준화된 형식은 연구자들이 서로 다른 참가자들이 제공한 자료를 직접 비교할 수 있게 해준다.	· 수집된 자료는 부정확하거나 정직한 자료가 아닐 수 있으며 응답자의 언어기술과 질문이해능력에서의 차이를 반영할 수도 있다.
임상법	· 피험자들을 독특한 개인으로 대하는 융통성있는 방법. 조사(probe)의 자유는 피험자가 질문의 의미를 이해한다는 걸 보장하는 보조물이 될 수 있다.	· 모두 동일하게 다루어지지 않은 참가자들에게서 얻은 결론은 믿을 수 없다. 융통성있는 조사는 부분적으로 참가자 반응에 대한 연구자의 주관적인 해석에 의존한다. 언어능력이 높은 참가자들에게만 사용할 수 있다.
체계적 관찰 자연관찰	· 자연스러운 환경에서 실제로 발생하는 행동을 연구할 수 있게 해준다.	· 관찰된 행동이 관찰자의 존재에 의해 영향 받을 수 있다. 이상거나 바람직하지 않은 행동들을 관찰 시기 동안에 관찰하기 어렵다.
구조화된 관찰	· 모든 아동들에게 목표행동을 수행할 기회를 제공하는 표준화된 환경이 주어진다. 빈번하게 발생하지 않거나 사회적으로 바람직하지 않은 행동을 관찰할 수 있는 좋은 방법이다.	· 인위적인 관찰은 아이들이 자연스러운 환경에서 행동하는 방식을 언제나 알아낼 수는 없다.
사례연구	· 개별 참가자에 대한 추론과 결론을 이끌어낼 때 많은 출처로부터 얻은 자료를 고려하는 매우 광범위한 연구방법이다.	· 수집된 자료의 종류는 종종 사례마다 다르고 부정확하거나 정직하지 않을 수 있다. 개별사례를 통해 이끌어낸 결론은 주관적이어서 다른 사람들에게 적용할 수 없다.
기술민족학	· 짧은 관찰연구나 면접연구가 할 수 있는 것보다 문화적 신념, 가치, 전통에 대해 더 풍부한 기술을 제공한다.	· 결론이 연구자의 가치관과 이론적 입장에 의해 왜곡될 수 있다. 결과가 연구집단과 연구상황 밖으로 일반화될 수 없다.
정신생리학적 방법	· 발달의 생물학적 기초를 알아내고 언어로 보고할 수 없는 영아와 걸음마기 아동의 지각, 사고, 정서를 확인하는 데 유용하다.	· 참가자가 감지하거나 느낀 것을 정확하게 나타낼 수 없다. 연구된 것 이외에 많은 요소들이 비슷한 생리적 반응을 만들어 낼 수 있다.

험자의 환경을 구조화하거나 조작하려고 시도하지 않는다. 대신에 상관관계 연구자들은 이미 자연스러운 생활경험에 의해 "조작되어진" 사람을 대상으로 사람들의 생활경험 속 변인들이 사람들의 행동이나 발달패턴의 차이와 관련이 있는지를 결정하려고 한다.

가설검증에 대한 상관관계 접근을 보여주기 위해, 아이들이 TV 시청을 통해 많은 것을 배우며 그들이 본 등장인물의 행동을 모방하기 쉽다는 간결한 이론을 가지고 이야기해 보자. 이 이론으로부터 우리는 아마도 "아이들이 폭력적이고 공격적인 행동을 하는 TV 등장인물을 자주 볼수록 놀이친구들에게 더욱 더 공격적으로 행동하는 경향이 있을 것이다"라는 가설을 이끌어 낼 수 있다. 우리의 가설을 검증하기 위해서 아동들을 표집한 뒤에 해야 할 다음 단계는 관련된다고 생각하는 두 가지 변인들을 측정하는 것이다. 폭력적인 TV 주제에 대한 아이들의 노출을 측정하기 위해 우리는 면접이나 자연관찰법을 사용하여 각 아이들이 시청하는 프로그램을 알아내고, 그 다음 이 프로그램 안에서 발생하는 공격행동의 수를 셀 수 있다. 아동들의 또래에 대한 공격행동의 빈도를 측정하기 위해 우리는 아동표집을 운동장에서 관찰하여 얼마나 자주 아동들이 놀이친구에게 적대적이고 공격적으로 행동했는지를 기록할 수 있다. 그리고나서 수집된 자료를 갖고 가설을 검증한다.

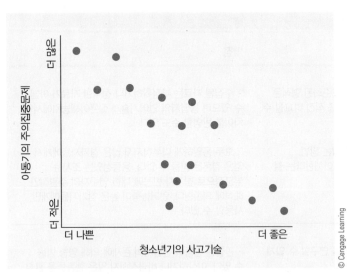

그림 1.2 아동기의 주의집중문제와 후기 청소년기의 사고기술 사이의 가설적 부적 상관의 분포도. 각각의 점은 아동기에 더 많거나 더 적은 주의집중문제를 가졌고(수직축) 청소년기에 더 좋거나 더 미숙한 사고기술을 가진(수평축) 특정 아동을 나타낸다. 상관이 덜 완벽하기는 하나, 아동기에 더 많은 주의집중문제를 가지는 것이 청소년기의 사고기술과 관련있다는 것을 알 수 있다.

상관계수
(correlation coefficient)
두 변인 사이의 관계의 강도와 방향을 보여주는 수치로 −1.00에서 +1.00의 범위를 갖는다.

변인들 간에 관련이 있고 없음은 **상관계수**(r로 표시된다)를 얻어내는 통계절차로 자료를 처리하여 결정할 수 있다. 이 통계는 두 변인 간 관계의 강도와 방향의 수적 측정값을 제공한다. 값의 범위는 +1에서 −1까지이다. r의 절대값(r의 부호와 상관없이)은 관계의 강도를 말한다. 그래서 상관계수 −.70과 +.70은 똑같은 강도를 나타내며 둘 다 중간 정도의 상관인 .30보다 강하다. 상관계수 .00은 두 변인들이 서로 체계적인 관련이 없음을 나타낸다. 상관계수의 부호는 관계의 방향을 나타낸다. 만약 부호가 +이면 한 변인이 증가하면 다른 변인도 증가한다는 것을 의미한다. 예를 들어 키와 몸무게는 정적 상관을 갖는다. 즉 아동들은 키가 더 커질수록 몸무게가 더 무거워지는 경향이 있다(Tanner, 1990). 그러나 부적 상관은 역관계를 나타낸다. 즉 한 변인이 증가할 때 다른 변인은 감소한다. 예를 들어 Friedman과 동료들은 아동들을 대상으로 주의집중을 조사해서 어릴 때 주의집중 문제를 더 많이 가질수록 청소년 후기가 되었을 때 사고기술이 더 미숙하다는 걸 발견했다(Friedman et al., 2007; 그림 1.2 참조).

이제 앞에서 우리가 생각했던 TV에서 방영되는 폭력과 아동들의 공격행동 간의 가정된 정적 관계로 돌아가 보자. 많은 연구자들이 우리가 설계했던 것과 비슷한 상관관계 연구를 해왔으며 그 결과(Liebert & Sprafkin, 1988에서 개관됨)는 두 변인 간에 중간 정도의 정적 상관(.30~50)을 보여준다. 폭력적인 프로그램을 많이 본 아동들은 적게 시청한 아이들보다 놀이친구에게 더 공격적으로 행동하는 경향이 있다(그림 1.3 참조).

이런 상관관계 연구들은 폭력적 TV 프로그램에의 노출이 아동들로 하여금 보다 더 공격적으로 행동하도록 했다는 사실을 입증하는가? 그렇지 않다. 비록 우리가 TV에 방영되는 폭력에의 노출과 아동들의 공격적 행동 간의 관계를 찾아냈을지라도 이 설계로는 관계의 인과방향이 전혀 나타나지 않는다. 상대적으로 공격적인 아이들이 더욱 더 폭력적인 프로그램을 선호하는 경향이 있다는 설명도 마찬가지로 가능하다. TV 시청과 공격적 행동 간의 관계성은 사실상 우리가 측정하지 않은 제 3의 변인에 의해 야기되었을 가능성도 있다. 예를 들어, 아마도 집에서 많이 싸우는 부모들(측정되지 않은 변인)이 자녀들로 하여금 보다 더 공격적이 되게 하고 또 공격적인 TV 프로그램을 좋아하게 만들었을 수 있다. 만약 이것이 사실이라면, 비록 서로 간의 관계가 원인과 결과의 관계는 아닐지라도 나중의 두 변인(아동들의 공격적인 행동과 공격

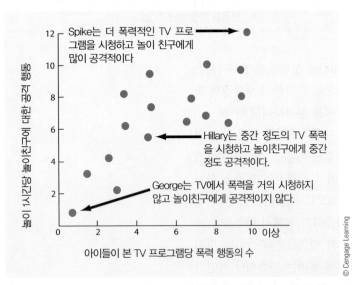

그림 1.3 아이들의 TV에서 시청한 공격의 양과 아이들이 보여준 공격적 반응의 가설적 정적 상관의 분포도. 각각의 점은 특정 수준의 TV 공격을 시청하고(수평축) 특정 수의 공격적 행동을 한(수직축) 특정한 아동을 나타낸다. 상관이 덜 완벽하기는 하지만, TV에서 더 많은 폭력 행동을 볼수록 아동은 또래에게 더 공격적으로 행동하는 경향이 높다는 것을 알 수 있다.

적인 TV 프로그램의 선호)들이 서로 상관이 있을 수 있다.

종합해 보면, 상관 설계는 우리가 관심을 두고 측정할 수 있는 두 개 이상 변인들 간의 체계적인 관계를 찾을 수 있는 용도가 넓은 접근법이다. 그러나 큰 한계는 인과관계를 분명히 보여줄 수 없다는 것이다. 그러면 연구자는 다양한 행동이나 인간발달의 다른 측면들의 기저에 있는 원인을 어떻게 입증할 수 있을까? 한 가지 해결책은 실험을 하는 것이다.

실험 설계

상관 설계와는 반대로, **실험 설계**(experimental design)는 두 변인 간에 존재하는 인과관계에 대한 정확한 평가를 가능하게 한다. 폭력적인 TV 프로그램 시청이 아이들을 더 공격적인 경향을 갖게 만드는 원인이 되는지에 대한 문제로 돌아가 보자. 이 가설(혹은 어떠한 가설이나)을 검증하기 위해 실험실 연구를 할 때 우리는 실험실로 참가자를 데려다가 그들에게 각기 다른 처치를 한다. 그리고 이들 처치에 대한 참가자 반응을 자료로 기록한다.

참가자들이 받게 되는 서로 다른 처치는 실험의 **독립변인**을 나타낸다. 우리가 제안한 가설을 검증하려면 독립변인(혹은 처치)은 참가자들이 시청한 TV 프로그램의 유형이 되어야 한다. 참가한 아동들을 두 집단으로 나누어 한 집단은 주인공이 다른 사람에게 폭력적이거나 공격적인 방식으로 행동하는 TV 프로그램을 시청하고 나머지 한 집단은 전혀 폭력적이지 않은 TV 프로그램을 시청하게 할 수 있다.

우리 실험에서는 TV 쇼에 대해 아동들이 보인 반응이 자료 또는 종속변인이 된다. 우리의 가설이 아동의 공격성에 초점을 맞추었으므로 우리는 각 유형의 TV 쇼를 보고 난 후 아동들이 얼마나 공격적으로 행동하는지를 (우리의 종속변인으로) 측정하려고 할 것이다. 종속변인은 그 값이 독립변인에 따라 다르므로 "종속적"이라 불려진다. 이 사례에서 우리는 미래의 공격성(종속변인)이 비폭력적 프로그램(독립변인의 제 2수준)을 시청한 아이들보다 폭력적 프로그램(독립변인의 제 1수준)을 시청한 아이들에게서 더 높게 나타날 것이라고 가설을 설정했다. 만약 우리가 주의 깊은 실험자이며 아이들의 공격성에 영향을 미칠지도 모르는 모든 다른 요소들을 정확히 통제한다면, 예측되는 결과 패턴은 "폭력적 TV 프로그램 시청이 아이들을 더 공격적으로 행동하게 한다"라는 강력한 결론을 이끌어 내게 해 줄 것이다.

우리가 제안했던 연구와 비슷한 연구가 실제로 행해졌다(Liebert & Baron, 1972). 5세에서 9세 사이의 아동을 대상으로 실행된 이 연구에서 아이들 중 1/2은 폭력적인 영화 "언터쳐블" 중에서 두 번의 주먹싸움, 두 번의 총쏘기, 그리고 한 번의 찌르기를 보여주는 3분 분량의 편집된 영화를 보았고, 나머지 1/2의 아이들은 비폭력적이지만 흥분되는 3분짜리 육상경기 영화를 보았다. 여기서 **독립변인**은 시청 프로그램의 유형이었다. 그 다음 각 아동들은 또 다른 방으로 안내되어 옆방으로 연결된 전선이 달린 패널 앞에 앉았다. 그 패널 위에는 HELP라고 쓰여진 녹색 버튼과 HURT라고 쓰여진 붉은 버튼이 있었고 그 버튼들 사이엔 흰색 불이 있었다. 실험자는 옆방에 있는 아동들이 곧 흰색 불을 밝히는 핸들 돌리기 게임을 할 것이라고 아동들에게 말했다. 참가자는 불이 켜질 때 버튼을 눌러 핸들을 돌리기 쉽게 하여 다른 아이를 도와줄 수 있거나 혹은 핸들을 매우 뜨겁게 하여 다른 아이를 다치게 할 수도 있다는 말을 들었다. 참가자들이 그 지시를 분명히 이해했을 때 연구자는 그 방을 나갔고 다음 몇 분 동안 불이 20번 켜졌다. 그래서

실험 설계
(experimental design)

연구자가 참가자의 환경에 어떤 변화를 주고 그 변화가 참가자의 행동에 주는 효과를 측정하는 연구설계.

독립변인
(independent variable)

환경 변화가 행동에 주는 영향을 측정하기 위해서 실험자가 변화시키거나 조종하는 환경의 측면.

종속변인
(dependent variable)

실험에서 측정되어지며 독립변인의 통제하에 있는 것으로 추정되는 행동의 측면.

각 참가자는 다른 아동을 돕거나 다치게 할 20번의 기회를 가졌다. 각 피험자가 HURT 버튼을 누르면서 보낸 횟수의 양이 피험자의 공격성 즉 이 연구의 **종속변인** 측정치로 사용되었다.

결과는 명백했다. 대안인 도와주는 반응을 할 수 있었음에도 불구하고 폭력적인 프로그램을 본 소년, 소녀들은 HURT 버튼을 훨씬 더 많이 누르는 경향이 있었다. 그래서 비록 TV에서 본 공격 행동과 아이들 자신의 공격 행동이 비슷하지는 않을지라도 단지 3분 동안의 TV로 방영된 폭력에의 노출이 아동들이 또래에게 보다 더 공격적으로 행동하도록 만든 것으로 나타났다.

수업시간에 이 실험에 대해 토론할 때, 항상 어떤 학생들은 이런 결과 해석에 도전한다. 예를 들어, 최근에 한 학생이 "폭력적인 영화를 보았던 아이들이 육상경기대회 영화를 보았던 아이들보다 선천적으로 더 공격적일 수 있을 것이다"라는 다른 해석을 내놓았다. 다시 말해서 **혼입변인**(confounding variable)(아이들의 기존 공격성 수준)이 친구를 기꺼이 다치게 하도록 만든 것이지 독립변인(TV 프로그램 유형)은 전혀 아무런 영향을 미치지 않았다는 것이다! 과연 그가 옳다고 할 수 있을까? 우리는 두 실험 조건 속의 아이들이 친구를 기꺼이 다치게 하는 성향에 영향을 미칠 수 있는 중요한 면에서 차이가 없다는 것을 어떻게 알 수 있을까?

이 질문은 우리를 **실험통제**라는 중요한 문제로 데려간다. 독립변인이 종속변인에 인과적으로 관련된다는 결론을 내리기 위해 실험자는 종속변인에 영향을 줄 수 있는 모든 다른 혼입변인이 확실히 통제되었음을 보장해야만 한다. 즉 혼입변인의 영향이 각 실험조건마다 같다는 것을 보장해야 한다. 이 관계없는 요인들을 실험조건마다 같게 하는 한 가지 방법은 Liebert와 Baron(1972)이 시행했던 것과 같이 각 실험처치에 아동들을 무선적으로 할당하는 것이다. **무선화**(randomizaton) 혹은 **무선할당**(random assignment)의 개념은 각각의 연구 참가자들이 각 실험처치나 조건에 노출될 가능성을 같게 하는 것을 의미한다. 각 개별 참가자들을 특정한 처치에 할당하는 것은 동전 던지기와 같이 편파적이지 않은 절차에 의해 이루어진다. 만약 할당이 정말 무선적으로 이루어진다면 두 개(또는 그 이상)의 다른 실험 조건에 할당된 참가자들이 종속변인에 영향을 미칠 수 있는 어떠한 특성에 있어서나 차이가 있을 가능성은 매우 희박하다. 이 모든 혼입변인들이 무선적으로 각각의 조건에 분산될 것이며, 서로 다른 각 처치조건에서도 똑같을 것이다. Liebert와 Baron은 실험조건에 피험자들을 무선적으로 할당했기 때문에 폭력적 TV 프로그램을 시청한 아동들이 비폭력적인 TV 프로그램을 시청한 아동들보다 선천적으로 더 공격적이지 않다는 것을 상당히 확신할 수 있었다. 그러므로 Liebert와 Baron이 폭력적 TV 프로그램을 시청한 아동집단은 폭력과 공격이 중심이 되는 TV 프로그램을 보았기 때문에 더 공격적이라고 결론짓는 것은 타당하다.

실험법의 가장 큰 강점은 하나가 다른 하나의 원인이 된다는 것을 분명하게 입증해주는 능력이다. 그러나 실험실 실험의 비판자들은 엄격하게 통제된 실험실 환경은 종종 부자연스럽고 인위적이어서 아동들은 그런 환경 속에서는 자연스러운 환경에서 하는 것과는 다르게 행동하기 쉽다고 주장한다. Urie Bronfenbrenner(1977)는 연구자들이 실험실 실험에 많이 의존하는 점이 발달심리학을 "낯선 환경에서 낯선 어른들과 함께 하는 아이들의 낯선 행동에 대한 과학"이 되게 만들었다고 비난했다(p.19). Robert McCall(1977)도 실험은 무엇이 발달적 변화를 야기하는지를 말해줄 수 있지만 자연환경에서 그런 변화를 실제로 야기시키는 요소를 반드시 정확하게 말해주는 것은 아니라

혼입변인
(confounding variable)

독립변인 이외의 어떤 요인으로서 만약 실험자가 통제하지 않으면 종속변인에 대한 참가자 수행에서의 처치조건들 간의 어떤 차이를 이 요인이 설명할 수 있다.

실험통제
(experimental control)

종속변인에 영향을 줄 수 있는 모든 가외변인들이 대략 각 실험조건마다 동등하다는 것을 실험자가 보장하기 위해 실험자가 취하는 단계들; 관찰된 종속변인의 변화가 독립변인의 조종에 의해서 생긴 것임을 정당하게 확신할 수 있기 전에 실험자는 이런 예방책을 실시해야만 한다.

무선할당
(random assignment)

각 집단의 구성원들이 서로 체계적으로 다르지 않게 하기 위해서 공평한 절차에 따라 참가자가 실험조건에 할당되는 통제기법.

는 점을 지적한다. 결과적으로, 실험실 실험의 결론이 실제 세상에 항상 적용되는 것은 아닐 수 있다는 것이다. 과학자들이 이런 비판에 대처하고 실험실 결과의 **생태학적 타당도**를 평가하기 위해 취하는 하나의 조치는 **현장실험**을 수행하는 것이다.

현장실험 실험실 실험에서 내린 결론이 실제 세계에도 적용된다는 것을 더 확신할 수 있는 방법은 무엇일까? 자연스러운 상황에서 비슷한 실험, 즉 현장실험을 실시해서 실험실에서 나온 결론에 수렴하는 증거를 찾는 게 한 가지 방법이다. 이 접근은 자연관찰의 모든 이점과 실험이 허용하는 더 엄격한 통제를 결합한다. 더욱이 참가자들은 전형적으로 "낯선" 실험에 참가하는 것에 대해 걱정하지 않는다. 왜냐하면 그들이 하는 행동 모두가 일상적 활동이기 때문이다. 심지어 그들은 실험에 참가하고 있다는 것을 인식하지 못한다.

매체 폭력에 대한 과도한 노출은 시청자들이 더 공격적이 되게 만들 수 있다는 가설을 검증하기 위한 현장실험(Leyens et al., 1975)을 생각해 보자. 피험자는 벨기에 비행청소년들이다. 그들은 청소년을 위한 최소 보호시설의 코타지(그 시설의 작은 집)에서 함께 살았다. 실험 시작 전 실험자들은 조사표본에 있는 소년들의 공격수준을 측정하기 위해 각 소년들을 관찰했다. 이런 초기 평가는 미래의 공격성 증가가 측정될 수 있는 기저선(baseline)이 된다. 이 기저선 관찰은 그 시설에 있는 4개 코타지들을 상대적으로 공격적인 피수용자들이 거주하는 두 개의 코타지와 덜 공격적인 또래들이 사는 두 개의 코타지로 구성된 두 개의 하위집단으로 나눌 수 있음을 보여주었다. 그 다음에 실험이 시작되었다. 1주일 동안, 각 하위집단에 속한 두 개의 코타지 중 하나에서는 폭력적인 영화(Bonnie and Clyde와 The Dirty Dozen과 같은)가 매일 저녁 상영되었고 다른 코타지에서는 중립적인 영화(Daddy's Fiancée와 La Belle Americaine 같은)를 매일 저녁 보여주었다. 영화가 상영된 일주일 동안 각 코타지에 살고 있는 청소년들 사이의 신체적이고 언어적 공격성의 사례들을 하루에 두 번(점심시간과 영화를 보고 난 뒤인 저녁시간에) 기록했고 처치기간 이후의 1주일 동안에는 하루에 한번(점심시간) 기록했다.

이 현장실험의 가장 놀라운 결과는 폭력적 영화조건에 할당된 두 코타지에 살고 있는 소년들 사이에서 저녁에 발생하는 신체적 공격이 크게 증가한 것이다. 폭력영화가 많은 신체적 공격 사건들을 포함하고 있기 때문에 그것들을 보았던 소년들로부터 비슷한 반응을 유발한 것으로 보인다. 그러나 그림 1.4에서 보듯이, 폭력영화는 이미 상대적으로 높은 공격성을 갖고 있는 소년들 사이에서 더 큰 공격행동 증가를 가져왔다. 게다가 폭력영화에의 노출은 공격성이 높은 소년들이 신체적인 것과 마찬가지로 언어적으로도 매우 공격적이 되도록 만들었다. 그것은 이 소년들이 영화 상영주간과 처치 후의 일주일 동안에도 계속 보여준 결과이다.

벨기에 현장실험의 결과는 대중매체 폭력에의 노출이 실제로 공격행동을 부추긴다고 말한 Liebert와 Baron의 실험실 연구와 일치한다. 그러나 그것은 또한 자연적 환경 속에서 대중매체 폭력의 부추김 효과는 더 공격적인 시청자들에게서 더 강력하고 더 오래 지속된다고 시사함으로써 실험실 연구결과를 보강하기도 한다.

자연(유사)실험 실험 설계가 적용될 수 없거나 윤리적인 이유 때문에 사용되어서는 안 되는 문제가 많이 있다. 예를 들어, 영아기의 사회적 박탈이 아동의 지적 발달에 주는 효과를 연구하려 한다고 가정해 보자. 필요한 자료를 수집할 수 있도록 한 집단의 부모들에게 영아를 2년 동안 사회적 박탈을 하라고 요청할 수는 분명히 없다. 아동의 신체적

생태학적 타당도
(ecological validity)

한 연구자의 연구 결과가 자연환경에서 일어나는 과정을 정확하게 나타내는 일의 상태.

현장실험
(field experiment)

가정, 학교, 또는 운동장과 같은 자연적인 상황에서 이루어지는 실험.

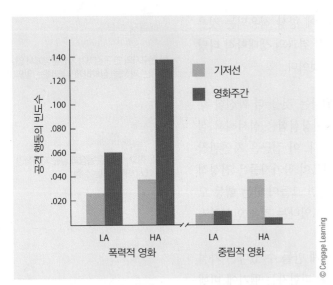

그림 1.4 기저선 조건과 폭력적이거나 중립적인 영화시청 후에 공격성이 높은 소년(HA)과 공격성이 낮은 소년(LA)이 저녁에 보인 신체 공격의 평균점수.

출처: *"Effects of Movie Violence on Aggression in a Field Setting as a Function of Group Dominance and Cohesion,"* by J. P. Leyens, R. D. Parke, L. Camino, & L. Berkowitz, 1975, Journal of Perception and Social Psychology, 1, p. 346–360. Copyright © 1975 by the American Psychological Association.

자연(혹은 유사)실험
(natural(or quasi-) experiment)
사람들의 생활에 영향을 준다고 추정되는 어떤 자연발생적 사건들의 영향을 측정하는 연구.

심리적인 안녕에 불리한 영향을 줄 수 있는 어떤 실험적 처치를 아동들에게 하는 것은 비윤리적이다.

그러나 우리는 피험자들이 경험했던 자연적 사건의 결과를 관찰하는 **자연(유사)실험**(Natural(or Quasi) Experiment)을 통해 연구목적을 달성할 수 있다. 그래서 만약 우리가 보모와 매우 제한된 접촉을 갖는 좋지 않은 시설에서 생후 첫 2년간 양육되어 왔던 아동집단을 찾을 수 있다면 우리는 그들의 지적 발달과 가족과 함께 가정에서 자란 아이들의 지적 발달을 비교할 수 있을 것이다. 이런 비교는 초기의 사회적 박탈이 아이들의 지적 발달에 줄 수 있음직한 영향에 대한 가치 있는 정보를 제공해줄 것이다. 자연실험에서 "독립변인"은 피험자가 경험하는 "사건"이다(우리의 예에서는 시설에 수용된 영아들이 경험한 사회적 박탈). "종속변인"은 연구자가 연구를 위해 선택한 결과 측정치를 말한다(우리의 예에서는 지적 발달).

그러나 자연실험을 수행하는 연구자는 독립변인을 통제하지 않을 뿐만 아니라 실험조건들에 참가자들을 무선적으로 할당하지도 않는다는 점에 주목하자. 대신에 그들은 단지 자연적으로 발생한 사건의 눈에 보이는 결과들을 관찰하고 기록할 뿐이다. 그리고 엄격한 실험적 통제가 없기 때문에 정확하게 어떤 요인이 발견된 집단 간 차이에 영향을 미쳤는지를 결정하기 어렵다. 예를 들어, 사회적으로 박탈된 시설의 아동들은 가정에서 자란 아동들보다 더 미숙한 지적 패턴을 보였음을 가정해보라. 시설에서 자란 아동들이 경험한 사회적 박탈이 이 차이(지적 수준의 차이)를 가져온 요인일까? 아니면 시설의 아동들이 다른 면에서(예를 들어, 더 병약한 영아, 부족한 영양섭취, 혹은 단지 지적 잠재능력이 적어서) 가정에서 양육된 아동들과 다른 것일까? 참가자들을 처치에 무선할당하지 않고 처치에 따라 다를 수 있는 다른 요소(예: 영양공급)들을 통제하지 않고는 우리는 사회적 박탈이 시설에서 자란 아이들이 보여준 빈약한 지적 결과를 가져온 요인이라는 확신을 가질 수 없다.

원인과 결과에 대한 정확한 진술을 하지 못함에도 불구하고, 자연실험은 유용하다. 왜냐하면 자연적 사건이 그것을 경험하는 사람에게 영향을 주었는지 여부를 말해줄 수 있고 그래서 원인과 결과에 대한 어떤 의미있는 단서를 제공할 수 있기 때문이다.

표 1.3은 우리가 논의해왔던 전반적인 연구 설계의 강점과 제한점을 요약한 것이다. 구체적인 발달연구 설계를 알아보기 전에 이론과 가설의 일반화 가능성을 입증하기 위해서 과학자들이 사용하는 연구전략을 하나 더 알아보자. 그것은 비교문화 설계이다.

비교문화 설계

과학자들은 종종 그들의 "발견"이 믿을 만하다고 결정내릴 수 있을 만큼 충분한 사람들을 연구할 때까지 새로운 발견이나 결론을 발표하기를 꺼린다. 그러나 그들의 결론은 빈번히 하나의 특정 문화나 하위문화 내에서 한 시점에 살고 있는 참가자들에 근거하기 때문에 이들 결론이 미래 세대나 심지어 같은 시대의 다른 사회나 하위문화 속에 사는 아이들에게 적용할 수 있는 것인지 알기는 어렵다(Lerner, 1991). 오늘날 연구된 표본이나

표 1.3	일반적 연구설계의 강점과 제한점		
설계	절차	강점	제한점
상관	연구자의 개입 없이 두 개 이상의 변인들에 관한 정보를 모은다.	자연환경 속에 있는 변인들 간 관계의 강도와 방향을 추정한다.	변인들 간의 인과관계를 결정할 수 없다.
실험실 실험	참가자들 환경 중 일부측면(독립변인)을 조작한다. 그리고 조작된 환경이 참가자의 행동(종속변인)에 미친 영향을 측정한다.	변인들 간 인과관계를 결정할 수 있다.	인위적인 실험실 환경에서 얻어진 자료는 실제 세계에 적용하는 일반화 가능성이 낮다.
현장 실험	자연적 상황 속에서 독립변인을 조작하여 종속변인에 미치는 영향을 측정한다.	인과관계를 결정할 수 있으며 결과를 실제 세계에 일반화시킬 수 있다.	자연환경에서 주어진 실험 처치는 효과가 적으며 통제가 더 어렵다.
자연 (유사) 실험	자신의 환경이 실제로(자연적으로) 조작되었던 경험을 한 사람들의 행동에 대한 정보를 모은다.	실험에서 만들어 내기 어렵거나 불가능한 자연적 사건의 영향에 대한 연구가 가능하다: 인과관계에 대한 강력한 단서를 제공한다.	자연적 사건이나 참가자의 자연적 사건에 대한 노출을 정확히 통제하는 것이 부족하여 명확한 인과관계를 알아내기 어렵다.

상황을 넘어서 결과를 일반화할 수 있는가가 중요한 문제가 되었다. 왜냐하면 많은 이론가들은 인간발달에 "보편성"—모든 아이들이 영아기부터 성인기까지 그들이 성장하는 과정에서 함께 공유하는 사건이나 결과들—이 있다고 시사해왔기 때문이다.

비교문화 연구(cross-cultural studies)는 다른 문화나 하위문화 배경을 가진 참가자들을 하나 이상의 발달측면에 대해 관찰하고 검사하고 비교하는 연구이다. 이런 종류의 연구들은 많은 목적에 사용된다. 예를 들어, 이 연구들은 연구자들이 한 사회맥락(미국의 중류층 백인아동 같은)에서 도출한 아동발달에 대한 결론이 다른 사회에서 성장한 아동들 심지어는 같은 사회 속의 다른 인종이나 혹은 다른 사회경제적 배경의 아동들(예: 히스패닉계 미국 아동들이나 경제적으로 어려운 가정의 아이들)의 특징이기도 한지를 결정할 수 있게 해준다. 그래서 **문화간 비교**(cross-cultural comparison)는 연구 결과의 과잉일반화를 방지하며 인간발달에 있어서 진정한 "보편성"이 있는지를 결정하는 유일한 방법이다.

Souza 등(2004)은 주의결핍 과잉활동장애(ADHD)로 진단받은 두 집단의 아동 청소년들을 연구하는 데 문화간 비교를 사용했다. 그 두 집단은 브라질의 산업도시 출신들이다. 하나는 남부의 Pôrto Alegre, 다른 하나는 남동부의 Rio de Janeiro다. 미국에서 ADHD라고 진단받은 아동 청소년들은 일반적으로 우울하고, 반항적이고, 불안했기 때문에, 연구를 실시하고 있는 연구자들은 인종적/문화적 요인들이 ADHD에 수반되는 정서적 문제와 장애의 종류에서의 차이와 관련되는지가 궁금했다. 결과는 ADHD와 관련된 장애 패턴은 두 지리 영역 간에 차이가 없다는 것을 밝혀 주었다. 반항성 장애가 두 지역 모두에서 가장 공통적으로 진단된 공병이고, 우울장애와 불안장애는 두 집단 아동들에서 거의 동일한 비율로 발생했다. 브라질 연구의 결과는 미국과 다른 국가에서 수행된 비슷한 연구들의 결과와 일치했다. 그러므로 개발도상국이나 산업국가에서 사는 다양한 문화 출신의 아동 청소년들 사이에서는 ADHD에 수반된 정서장애 패턴이 매우 안정적인 것으로 나타난다.

비교문화 접근을 선호하는 다른 연구자들은 유사성보다는 **차이점**을 찾으려고 한다. 그들은 아이들을 훈육하는 적당한 때와 절차, 소년과 소녀에게 가장 적당한 활동, 아동기가 끝나고 성인기가 시작하는 때, 나이든 사람에 대한 대우, 셀 수 없이 많은 삶의 다른 측면들과 같은 문제들에 대해서 매우 다른 생각들을 갖고 있는 사회 속에서 사람들

문화간 비교
(cross-cultural comparison)
서로 다른 문화 또는 하위문화 출신인 사람들의 행동이나 발달을 비교하는 연구.

이 발달한다는 것을 인정한다(Fry, 1996). 그들은 또한 다양한 문화적 배경 출신의 사람들은 세상을 인식하고, 감정을 표현하고, 생각하고, 문제를 해결하는 방식에서 다르다는 것을 알았다. 그래서 발달의 보편성에 대한 강조에서 벗어나 비교문화 접근은 인간발달은 그것이 일어나는 문화적 맥락에 의해 큰 영향을 받는다는 것을 보여준다.

예를 들어, 문화간 비교는 세계문화 중 많은 곳이 청소년기를 구분된 생의 시기 개념으로 갖고 있지 않음을 보여주었다. 예를 들어, St. Lawrence Eskimo는 단지 소년과 남자를(또는 소녀와 여자를) 구별한다. 이는 문자를 사용하지 않는 사회의 전통인 사춘기에 바로 성인기로 통과하게 되는 것을 따른 것이다(Keith, 1985). 그리고 여전히 생애에 대한 다른 문화의 묘사는 우리 문화의 묘사보다 훨씬 더 복잡하다. 예를 들어, 동아프리카의 Arasha족은 남자를 적어도 6개의 연령층인 젊은이, 젊은 전사, 나이든 전사, 젊은 노인, 나이든 노인, 은퇴한 노인으로 나눈다.

나이가 모든 시대와 문화에서 같은 의미를 갖지 않는다는 사실은 우리가 이미 말했고 이 책 전반에 걸쳐 반복해서 강조할 기본 진리를 반영한다. 하나의 역사적 혹은 문화적 맥락에서의 인간발달 경로는 다른 시대나 문화적 상황에서 관찰한 것과 상당히 다른 경향이 있다(Fry, 1996). 인간 종에 대한 생물학적 연결을 제외하고도 우리는 우리가 살고 있는 시간과 장소의 주된 산물이다. 문화간 비교가 항상 다른 나라 사람들 사이의 유사점과 차이점을 알아보는 것이 아니고 특정 국가 내에서의 문화차이를 비교하는 데도 사용되는 것을 주목하는 것이 중요하다(29쪽의 연구초점 상자를 참조하라). 예를 들어, 많은 연구들이 미국 내 하위문화 사이의 차이를 연구한다. 왜냐하면 그런 하위문화가 갖는 경험이 매우 다를 수 있기 때문이다.

나라 안에서의 하위문화를 연구하는 연구들은 환경과 사회적 요인들이 발달에 어떻게 영향을 줄 수 있는지에 대해 우리가 더 많이 이해하게 해준다. 그러나 발달이 일어나는 방식을 진정으로 이해하기 위해, 우리는 그런 변화를 밝히도록 고안된 연구방법을 사용할 필요가 있다. 이것이 다음 절의 주제이다.

▌연구전략과 발달연구

앞 절에서 우리는 심리학 연구영역에서 사용될 수 있는 자료수집방법과 연구 설계를 알아보았다. 우리가 알아본 설계들은 변인들 간의 관계를 확인하고(상관 설계), 변인들 간의 인과관계를 찾고(다양한 실험 설계), 우리 이론의 일반화 가능성을 평가하는 데(문화간 비교) 도움이 된다. 다음 절에서는 우리가 이미 알아 본 설계들과 결합될 수 있는 것으로 발달의 연속성과 변화에 대한 정보를 주는 부가적인 연구 설계를 알아볼 것이다. 이것들은 우리로 하여금 시간이 흐르면 사람들이 어떻게 변하는지에 대해 추론하게 해준다.

발달을 연구하기 위한 연구 설계

발달학자들은 단지 삶의 한 특정한 단계에서의 진전을 알아보는 데에만 관심이 있는 것은 아니다. 대신에 그들은 사람들의 감정, 사고, 능력, 행동이 시간의 흐름에 따라 어떻게 **발달**하거나 **변화**하는지를 결정하고자 한다. 이런 발달경향을 도표로 나타내주는 네 가지 접근들인 횡단적 설계, 종단적 설계, 계열적 설계, 미시발생적 설계를 간단히 살펴보자.

연구초점 | **성역할의 문화 간 비교**

문화 간 비교의 가장 중요한 가치 중 하나는 그것이 보편적인 발달적 현상인지 아닌지를 말해 준다는 것이다. 우리 사회에서의 남성과 여성의 역할을 생각해 보라. 우리 문화에서 남성적 역할은 전통적으로 독립성, 주장성, 지배성 같은 특성을 요구해 왔다. 반대로, 여성은 더욱 더 모성적이고 다른 사람에 민감하길 기대한다. 이런 남성적, 여성적 역할이 보편적일까? 생물학적 성차가 행동에서의 성차를 필연적으로 이끌어 내는가?

몇 년 전 인류학자인 Ma-garet Mead(1935)는 뉴기니

남성과 여성이 취하는 역할은 문화에 따라 극적으로 다르다.

© Jeffrey Aaronson/Still Media

아 섬의 세 부족 사회에 사는 사람들이 갖고 있는 성역할을 비교하였다. 그녀의 관찰은 놀라웠다. Arapesh족의 남성과 여성 모두는 우리가 여성의 역할로 간주하는 역할을 하도록 가르쳐졌다. 그들은 협력적이고 비공격적이며 다른 사람의 요구에 민감했다. 반대로, Mundugumor족의 남자와 여자 모두는 서구사회 기준으로 남성적

행동 패턴인 다른 사람에게 공격적이며 정서적 반응을 보이지 않도록 길러졌다. 마지막으로, Tchambuli족은 서구문화와 정반대의 성역할 발달 패턴을 보였다. 남성은 수동적이며, 정서적으로 의존적이며, 사회적으로 민감한 반면, 여성은 지배적이고, 독립적이며, 주장적이었다.

Mead의 문화 간 비교는 문화적 학습이 남성과 여성의 생물학적 차이보다 훨씬 더 남성과 여성의 특징적 행동 패턴에 영향을 준다는 것을 보여준다. 따라서 우리는 Mead의 연구와 같은 문화 간 비교가 더 많이 필요하다. 문화 간 비교 연구가 없다면 우리는 우리 사회에서 진실이라고 생각하는 것이 모든 곳에서 진실이라고 생각하는 실수를 범하기 쉽다. 문화 간 비교 연구로 인해 우리는 인간발달에 미친 생물학과 환경의 기여를 이해하기 시작할 수 있다.

횡단적 설계

횡단적 설계(cross-sectional design)에서는 연령이 서로 다른 사람들을 동시에 연구한다. 횡단적 연구에서 각 연령수준의 참가자들은 다른 사람들이다. 즉 그들은 다른 동시대집단(cohort)의 사람들이다. 여기서 **동시대집단**이란 그들이 성장할 때 비슷한 문화적 환경과 역사적 사건을 경험한 같은 연령의 사람집단을 말한다. 예를 들면, 2차 세계대전 바로 후에 태어난 미국인들(베이비부머)은 1960년대 후반~1980년대 초반에 태어난 미국인들(X 세대)과는 서로 다른 동시대집단이다. 연구자는 연령이 서로 다른 집단의 참가자들을 서로 비교하여 자신이 연구하고 있는 발달 측면의 연령에 따른 변화를 확인할 수 있다.

Brian Coates와 Willard Hartup(1969) 실험은 횡단적 비교의 훌륭한 예이다. Coates와 Hartup은 학령전 아동들이 1학년이나 2학년 아동들보다 어른 모델이 보여주는 새로운 반응을 잘 학습하지 못하는 이유에 대해 관심을 가졌다. 그들의 가설은 '더 어린 아동들은 그들이 관찰하는 것을 자발적으로 **묘사**할 수 없는 반면에 나이가 더 많은 아동들은 모델이 보여준 행동의 순서를 언어로 묘사할 수 있다'였다. 목격한 행동을 해 보라고 했을 때 학령전 아동들이 분명히 불리했는데, 이것은 그들이 모델의 행동을 회상하게 하는 언어적 "학습 보조물"을 가지고 있지 않았기 때문이다.

이 가설을 검증하기 위해, Coates와 Hartup은 흥미 있는 횡단적 연구를 설계했다. 4~ 5세 그리고 7~8세 이렇게 두 연령집단의 아동들은 짧은 영화를 보았다. 그 영화에서 어른 모델은 자기 다리 사이로 콩주머니 던지기, 공기를 넣어 부푼 장난감을 훌라후프

횡단적 설계
(cross-sectional design)

서로 다른 연령집단으로 이루어진 피험자들을 동일한 시점에 연구하는 연구 설계.

동시대집단
(cohort)

자라면서 비슷한 문화적 환경과 역사적 사건들에 노출된 같은 연령의 사람들 집단.

다음 질문에 답하여 여러분이 발달심리학의 연구방법과 연구설계를 얼마나 이해했는지를 체크하라. 정답은 부록에 있다.

선다형: 다음 각 문제의 정답을 고르라.

_____ 1. Smith 박사는 아동이 발달하면서 지능이 변하는지에 관심이 있는 발달심리학자라고 가정하라. 그녀는 지능검사를 만들어 한 집단의 아동들에게 실시한다. 그 결과, 그녀가 만든 검사는 재학기간을 측정하는 것이지 지능을 측정하는 것이 아니라는 결론을 내렸다. 그녀의 연구는 어떤 과학적 규정을 위반했는가?
   a. 그녀의 측정은 신뢰롭지 않다.
   b. 그녀의 측정은 타당하지 않다.
   c. 그녀의 연구는 과학적 방법을 따르지 않았다.
   d. 그녀의 처치집단들은 무선할당이 되지 않았다.

_____ 2. 연구자는 객관적이어야 하고 이론을 검증하기 위해 과학적 자료를 사용해야 한다는 신념을 (   )이라 한다.
   a. 과학적 태도
   b. 과학적 객관성
   c. 과학적 방법
   d. 과학적 가치

_____ 3. 두 관찰자가 동일한 사건을 관찰하여 동일한 결과를 얻는 것을 보장하는지를 여러분이 체크한다면 여러분은 (   )을/를 측정하는 것이다.
   a. 타당도
   b. 평정자간 신뢰도
   c. 시간 안정성
   d. 시간 타당도

_____ 4. 다음 방법들 중에서 영아를 연구하기에 가장 실제적이지 못한 것은?
   a. 자연관찰
   b. 구조화된 관찰
   c. 정신생리학적 방법
   d. 임상법

짝짓기: 다음 조사문제 각각을 연구하는 데 가장 잘맞는 연구방법을 선택하라. 아래의 연구방법 중에서 선택하라(5~9번).
   a. 구조화된 면접
   b. 기술민족학
   c. 자연관찰
   d. 구조화된 관찰
   e. 정신생리학적 방법

5. _____ 어린 초등학생들이 곁에서 그들의 약속위반을 조사하는 사람이 없을 때, 병든 강아지를 돌보기로 한 진지한 약속을 깰 것인가?

6. _____ 6세 아동은 소수집단 구성원에 대한 부정적 고정관념을 알고 있는가?

7. _____ 6개월 된 영아는 빨간색, 초록색, 파란색, 노란색을 구별하는가?

8. _____ 남아 놀이친구들이 서로에게 보이는 공격적 행동들은 여아의 놀이집단에서 일어나는 것과 다른가?

9. _____ Sambia 종족의 남아들은 그들이 일단 사춘기 통과의례를 경험하고 나면 생활이 어떻게 변하는가?

단답형: 다음 질문에 간단하게 답하여 상관관계와 인과관계에 대한 지식을 검토하라.

10. Chang박사는 아동들이 자신을 더 좋게 느낄수록(즉, 면접에서 보고한 자존감이 더 높다) 학교에서의 성적이 더 높다는 것을 발견했다. 우리는 이 연구로부터 자존감과 학교성적 간의 관계에 대해 어떤 결론을 내릴 수 있는가?

로 잡기 등과 같은 20개의 새로운 반응을 보여주었다. 각 연령 집단의 일부 아이들은 모델들의 행동을 묘사하라는 지시를 받았고 영화를 보면서 행동을 묘사했다(유도된 언어화 조건). 다른 아동들에게는 영화를 보면서 모델의 행동을 묘사하라는 요구를 하지 않았다(수동적 관찰조건). 영화가 끝났을 때 각 아이들을 영화에서 본 것과 같은 장난감이 있는 방으로 데리고 가서 모델이 이 장난감들을 가지고 했던 행동을 해보라고 하였다.

그림 1.5는 이 실험에서 나타난 세 가지 흥미로운 결과를 보여준다. 첫째, 그들이 본 것을 묘사하라는 말을 듣지 않은 4~5세 아동들(즉, 수동적 관찰자)은 모델의 행동을 묘사했던 4~5세 아동들(유도된 언어화 집단 아동들)이나 각 실험조건의 7~8세 아동들보다 모델의 행동을 더 적게 재연했다. 이 결과는 4~5세 아동들이 아마도 언어적 묘사를 하라는 분명한 지시를 받지 않으면 그들의 학습을 도와줄 언어적 묘사를 하지 않았을 것이라는 것을 의미한다. 둘째, 유도된 언어화 조건에서 더 어린 아동들과 나이가 좀 더 많은 아동들의 수행은 비슷했다. 만약 더 어린 아이들이 그들이 관찰한 것을 묘사하라는 말을

듣는다면, 나이가 더 어린 아동들도 사회적 모델의 관찰을 통해서 더 나이가 먹은 아동들만큼 배울 수 있다. 마지막으로, 수동적 관찰조건의 7~8세 아이들은 유도된 언어화 조건의 7~8세 아동들과 같은 수의 행동을 재연했다. 이 결과는 모델의 행동을 묘사하라는 지시는 그런 지시를 받지 않을 때에도 자신들이 보았던 것을 명백히 묘사하는 7~8세 아동들에게는 거의 영향을 주지 않는다는 것을 나타낸다. 동시에, 그 결과는 4~5세 아동들이 아마도 사회적 모델로부터 덜 배울 것이라는 것을 의미한다. 왜냐하면 그들은 나이든 아동들과는 달리 그들이 관찰했던 것을 쉽게 기억하도록 하는 언어적 묘사를 자발적으로 하지 못하기 때문이다.

　　횡단설계의 중요한 장점은 연구자가 짧은 시간에 서로 다른 연령의 아이들로부터 자료를 수집할 수 있다는 것이다. 예를 들어, Coates와 Hartup은 그들의 발달가설을 검증하기 위해 4~5세 아이들이 7~8세가 될 때까지 3년을 기다릴 필요가 없었다. 그들은 단지 두 연령집단을 동시에 표집해서 조사했다. 그러나 횡단적 연구에는 두 개의 중요한 한계점이 있다.

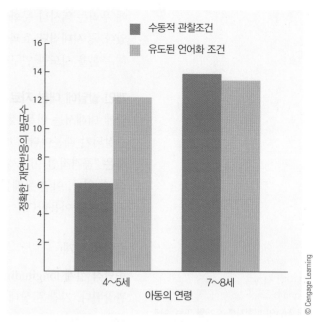

그림 1.5　연령과 언어화 지시에 따른 아동의 사회적 모델의 행동을 재연하는 능력.
출처: "*Age and Verbalization in Observational Learning,*" by B. Coates & W. W. Hartup, 1969, *Developmental Psychology, 1,* 556–562.

동시대집단 효과　횡단적 연구에서 각 연령수준에 있는 참가자들은 다른 사람들이라는 데 주목한 것을 기억하라. 즉, 그들은 다른 동시대집단의 사람들이다. 횡단적 비교가 항상 다른 동시대집단을 포함한다는 사실은 우리에게 해석상의 곤란한 문제를 제공한다. 왜냐하면 연구에서 발견된 어떤 연령차이든 항상 연령이나 혹은 발달에 의해 야기된 것이 아니고 오히려 서로 다른 동시대집단의 구성원들을 구분하는 문화나 혹은 역사적 요인들을 반영하는 것일 수도 있기 때문이다. 다르게 말하면 횡단적 비교는 **연령과 동시대집단 효과가 혼입된다.**

　　하나의 예가 이 문제를 분명히 해 줄 것이다. 수 년 동안 횡단적 연구는 젊은이가 중년기 성인들보다는 지능검사 점수가 약간 높고 노인들보다는 점수가 훨씬 더 높다는 것을 일관적으로 나타냈다. 그러나 이 결과들이 보여주는 것처럼, 지능이 연령에 따라 낮아지는 것일까? 반드시 그런 것은 아니다! 보다 최근의 연구(Schaie, 1990)는 개인의 지능검사 점수는 수년간에 걸쳐 비교적 안정적이며 초기의 지능연구들은 실제로 (지능이 아닌) 교육에 있어서의 연령차와 같은 매우 다른 것을 측정했다는 것을 밝혀냈다. 횡단적 연구에서 늙은 성인들은 교육을 덜 받았기 때문에 중년기 성인이나 젊은이 표집들보다 지능검사에서 더 낮은 점수를 받았다. 그들의 검사점수는 낮아진 것이 아니라 비교된 더 젊은 사람들보다는 항상 낮았다. 그래서 초기의 횡단적 연구는 **동시대집단 효과** (cohort effect)를 발견한 것이지 진정한 발달적 변화를 발견한 것은 아니다.

　　이런 중요한 한계에도 불구하고, 횡단적 비교는 여전히 발달학자들이 가장 자주 사용하는 설계이다. 왜냐하면 그것은 빠르고 쉽다는 장점이 있기 때문이다. 즉 올해 시작해서 서로 다른 연령의 사람들을 표집하여 1년 만에 끝낼 수가 있다. 게다가 이 설계는 연구하고 있는 동시대 집단들이 성장하면서 상당히 다른 경험을 하였다고 생각할 이유가 없을 때 타당한 결론을 이끌어 내기 쉽다. 그래서 만약 우리가 Coates와 Hartup이 했던 것처럼 4~5세 아동들을 7~8세 아동들과 비교할 때, 이 두 집단을 나누는 3년 동안

동시대집단 효과
(cohort effect)

동시대 집단 사이의 연령과 관련된 차이로 진정한 발달적 변화라기보다는 동시대집단의 성장경험에서의 문화적 또는 역사적 차이로 귀인가능하다.

에 우리는 역사나 문화가 어떤 중요한 방식으로 크게 변화하지 않았다는 확신을 가질 수 있다. 동시대집단 효과가 심각한 문제를 나타내는 것은 주로 많은 해에 걸친 발달에 대해 추론을 시도한 연구들에서이다.

개인 발달에 대한 자료 횡단적 설계에서의 두 번째 중요한 제한점은 그것이 개인의 발달에 대해서는 아무 것도 말해주지 않는다는 것이다. 왜냐하면 각 **사람이 한 시점에서만** 관찰되기 때문이다. 그래서 횡단적 비교는 "이 특정한 아이가 언제 더 독립적이 될까?" 혹은 "공격적인 이 2세 아동은 5세가 되었을 때도 역시 공격적일까?"라는 질문에 답을 줄 수 없다. 이런 문제를 다루기 위해 연구자들은 종종 두 번째 종류의 발달비교인 종단적 설계를 이용한다.

종단적 설계

종단적 설계
(longitudinal design)

한 집단의 피험자를 수개월 또는 수년 간의 시간에 걸쳐 반복해서 연구하는 연구 설계.

종단적 설계(longitudinal design)에서는 일정한 기간 동안 같은 참가자들이 반복적으로 관찰된다. 기간은 상대적으로 짧거나 (6개월~1년) 혹은 매우 길(일생) 수 있다. 연구자들은 지능과 같은 발달의 한 측면을 연구하거나 또는 많은 측면을 연구할 수 있다. 같은 참가자들을 반복적으로 조사함으로써 연구자들은 표본에 있는 각 개인의 다양한 속성의 **안정성**(연속성)을 측정할 수 있다. 그들은 또한 대부분의 아동들이 다양한 변화를 겪는 시점과 이런 이정표에 도달하기 전에 아동들이 공유하는 것으로 보이는 경험들 같은 공통성을 찾는다. 그럼으로써 대부분의 아이들이 경험하는 규준적 발달경향과 과정을 확인할 수 있다. 마지막으로, 특히 다른 종류의 초기경험이 매우 다른 발달결과를 이끈다는 걸 입증할 수 있다면, 오랜 시간에 걸쳐 여러 참가자들을 추적 조사하는 것은 연구자들이 발달에서의 **개인차**를 이해하도록 돕는다.

몇몇의 주목할 만한 종단적 연구는 수십 년 동안 아동들을 추적 연구했고 발달의 많은 측면을 측정했다(Kagan & Moss, 1962; Newman et al., 1997을 참조하라). 그러나 대부분의 종단적 연구들은 그 방향과 범위에서 훨씬 더 보통의 규모이다. 예를 들어, Carolee Howes와 Catherine Matheson(1992)는 1~2세 아동 집단의 가장놀이 활동을 3년 동안 6개월의 간격을 두고 반복관찰하는 연구를 했다. Howes와 Matheson은 놀이의 인지적 복잡성을 평가하는 분류 도식을 이용하여 (1) 놀이가 연령에 따라 확실하게 더 복잡하게 되는지, (2) 아동들은 놀이의 복잡성에서 확실히 서로 다른지, (3) 아동들 놀이의 복잡성으로 아동들이 이후에 보이는 또래와의 사회적 능력을 확실히 예측할 수 있는지를 알고자 했다. 비록 관찰하는 각 시점에서 모든 아이들의 놀이 복잡성에 확실한 개인차가 있긴 했지만 3년 동안 놀이의 복잡성이 계속하여 증가했다. 게다가 놀이의 복잡성과 이후의 또래와의 사회적 능력 사이에 명백한 관계가 있었다: 주어진 연령에서 더욱 복잡한 형태의 놀이를 하는 아동들은 6개월 후의 다음 관찰시점에서 가장 적극적이며 가장 덜 공격적인 것으로 평가되었다. 그러므로 이런 종단적 연구는 가장놀이의 복잡성은 연령에 따라 증가할 뿐만 아니라 아이들이 미래에 갖게 될 또래와의 사회적 능력을 확실히 예언해 준다는 것을 보여준다.

비록 우리가 종단적 연구를 매우 좋게 묘사했지만, 이 접근법 역시 여러 개의 잠재적인 결점들을 갖고 있다. 예를 들어, 종단적 연구는 **경비와 시간**이 많이 들 수 있다. 이런 점들은 발달과학에서 이론과 연구의 초점이 항상 변하고 있다는 점에서 특히 중요하며, 10년 혹은 20년간 이루어지는 연구의 초기에는 흥미로웠던 종단적 연구질문이 연구 말기에 가서는 오히려 별다른 가치가 없는 질문이 될 수도 있다. **연습 효과**(practice effects)도 종단적 연구의 타당성을 위협할 수 있다. 즉, 반복적으로 면접과 검사를 하는 참가자들은 테스트-와이즈(검사경향을 파악하고 있음)하거나 점차적으로 검사 내용에 익숙해지게 된다. 그리하여 정상적인 발달패턴과 관계되지 않은 수행향상을 보이게 된다. 종단적 연구자들은 또한 **선별적 감소**(selective attrition)의 문제를 가질 수 있다. 즉, 아동들은 이사갈 수 있으며, 연구 참여에 싫증을 낼 수도 있고, 혹은 부모가 어떤 이유로 아동들이 더 이상 연구에 계속하여 참여하는 것을 허락하지 않을 수 있다. 그 결과로 연구중인 발달 문제에 대해 정보를 덜 제공할 뿐만 아니라 이사하지 않고 오랜 기간 연구에 협조한 아동들에게로 연구 결과를 국한시키게 만드는 잠재적으로 **비대표적인 더 작은 표본**이 된다.

학생들이 종종 보는 오랜 기간의 종단적 연구가 갖는 또 다른 단점은 **세대간 문제**(cross-generational problem)이다. 종단적 연구에서 아동들은 전형적으로 하나의 동시대 집단으로부터 표집되며 다른 시대의 아이들과는 매우 다른 종류의 경험을 하기 쉽다. 예를 들어 초기의 장기적인 종단적 연구 속 아동들이 성장했던 1930년대와 1940년대 이후로 시대가 어떻게 변했을까를 생각해 보자. 오늘날 맞벌이 가족의 시대 속에서 이전보다 더 많은 아이들이 탁아소와 보육원에 보내진다. 현대 가족은 과거보다 크기가 작은데 이것은 형제들이 적다는 것을 의미한다. 가족들은 1930년대와 1940년대보다 더 자주 이사를 간다. 그래서 현대의 많은 아이들은 과거에 그랬던 것보다 더 다양한 사람들과 장소들에 노출된다. 그리고 그들이 어디에 살든지 간에 오늘날의 아이들은 1930년대와 1940년대에는 가능하지 않았던 영향을 주는 물건인 TV, 비디오 게임, 컴퓨터 앞에서 자라고 있다. 그러므로 더 앞선 시대의 아동들은 매우 다른 세계에 살았기 때문에 우리는 이 아이들이 오늘날의 아이들과 똑같은 방식으로 발달한다고 확신할 수 없다. 다시 말해, 세대간 환경변화는 종단적 연구의 결과를 연구가 진행중인 동안에 성장하고 있는 참가자들에게만 제한할 수도 있다.

연습 효과
(practice effect)

반복된 검사의 결과로 생기는 참가자의 자연스러운 반응에서의 변화.

선별적 감소
(selective attrition)

연구 동안에 일어나는 참가자의 비무선적 상실을 말하며 그 결과로 비대표적인 표집이 된다.

비대표적 표본
(non-representative sample)

그 집단이 속하는 더 큰 집단(또는 전집)과 중요한 측면들에서 다른 하위집단.

세대간 문제
(cross-generational problem)

장기간의 환경변화가 종단적 연구의 결론을 그 연구가 진행되는 동안에 성장하고 있던 아동들 세대로만 국한하게 만든다는 사실.

1930년대(좌)와 오늘날(우)의 여가활동. 이 사진들이 보여주는 바와 같이 1930년대에 성장한 아동들의 경험 종류는 오늘날의 아동들의 경험 종류와 매우 다르다. 많은 사람들이 연구가 진행되고 있는 동안에 성장하고 있는 아동들에 대한 종단적 연구의 결과를 세대간 환경변화가 제한할 수 있다고 믿는다.

우리는 횡단적 설계와 종단적 설계의 명백한 장점과 단점을 살펴보았다. 두 접근법의 가장 좋은 특징들만 합칠 수 있을까? 세 번째 종류의 발달비교인 계열적 설계(sequential design)가 바로 그것을 시도한다.

계열적 설계

계열적 설계(sequential design)는 여러 연령의 참가자를 선발하여 이 동시대집단들 각각을 얼마 동안의 기간에 걸쳐 연구하는 것으로서 횡단적 연구와 종단적 연구의 가장 좋은 점들을 결합한 연구 설계이다. 계열적 설계의 예를 들기 위해 6세와 12세 사이 아동의 논리적인 추론 능력의 발달을 연구한다고 상상해 보자. 우리는 2012년에 6세인 아동(2006년생 동시대집단) 표본의 논리적 추론과 8세인 아동(2004년생 동시대집단) 표본의 논리적 추론을 검사하면서 연구를 시작할 수 있다. 그러고나서 2014년과 2016년에 두 집단의 추론 능력을 재검사할 수 있다. 그 설계는 우리에게 2006년생 동시대집단을 6세에서부터 10세까지 추적하고 2004년생 동시대집단을 8세에서 12세까지 추적조사하도록 요구하는 것을 주목하라. 이 연구계획의 도표가 그림 1.6에 나타나 있다.

이 계열적 설계에는 세 가지 큰 장점이 있다. 첫째, 이 접근법에서 다른 해에 태어난 같은 연령의 아동들의 논리적 추론을 비교해서 얻어낸 결과에 동시대집단 효과가 영향을 미쳤는지 아닌지를 알 수 있다. 그림에서 보듯이 동시대집단 효과는 8세와 10세인 두 표본의 아동의 논리적 추론을 비교함으로써 측정된다. 만약 표본들이 논리적 추론에서 차이가 없다면 우리는 동시대집단 효과가 작용하지 않았다고 추정할 수 있다. 그림 1.6은 또한 계열적 설계의 두 번째 중요한 장점을 보여주고 있다. 즉, 하나의 연구에서 우리는 종단적 비교와 횡단적 비교를 모두 할 수 있다. 만약 논리적 추론에서 연령의 경향이 종단적 비교와 횡단적 비교에서 유사하다면 우리는 그것들이 논리적인 추론 능력의 진정한 발달 변화를 나타낸다고 확신할 수 있다. 마지막으로, 계열적 설계는 종종 표준적인 종단적 설계보다 더 효율적이다. 우리의 예에서, 연구가 단지 4년 동안 이루어졌을지라도 우리는 6세 범위에 걸친 논리적 추론의 발달을 추적할 수 있다. 횡단적 설계와 종단적 설계의 이런 결합은 확실히 두 설계에 대한 융통성 있는 대안이다.

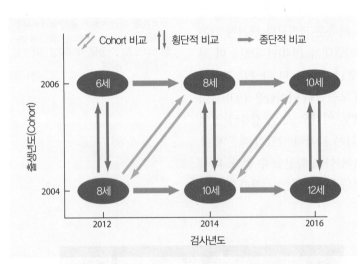

그림 1.6 계열적 설계의 예. 2004년과 2006년에 태어난 두 표집의 아동들이 6세와 12세 사이에 종단적으로 관찰되었다. 이 설계로 연구자는 다른 해에 태어난 같은 나이의 아이들을 비교해서 동시대집단 효과를 측정할 수 있다. 이 설계에서는 동시대집단 효과가 없는 가운데 종단적 비교와 횡단적 비교로 아동의 발달 변화의 강도와 방향을 명확하게 말할 수 있다.

미시발생적 설계

횡단적 설계, 종단적 설계, 계열적 설계는 발달적 변화가 왜, 어떻게 일어나는지를 구체적으로 알려주지 않고 발달의 대강의 윤곽만을 제공한다. 일반적으로 아동의 인지발달을 연구하는 연구자들이 좋아하는 **미시발생적 설계**는 발달변화를 촉진하는 것으로 알려진 과정을 설명하려는 시도로 사용되고 있다. 그 논리는 간단하다: 중요한 발달적 변화를 할 준비가 되어 있다고 생각되는 아동들에게 그 발달적 변화를 만들어 낸다고 생각되

계열적 설계
(sequential design)

서로 다른 연령집단의 피험자들을 수 개월 또는 수년 동안에 걸쳐서 반복해서 연구하는 연구 설계.

미시발생적 설계
(microgenetic design)

발달적 변화가 일어나는 짧은 시기 동안에 참가자를 집중적으로 연구하는 연구 설계로 그런 발달적 변화가 어떻게 왜 일어나는지를 자세히 기술하려고 함.

는 경험을 반복하게 한다. 그리고 그 **변화하고 있는 행동들**을 모니터한다.

인지이론가들은 아동들이 문제해결을 위해 더 효율적인 새로운 전략에 의존하게 되는 방식을 자세히 기술하려고 이 접근을 사용했다. 몇 시간, 며칠, 몇 주간 동안 참가자를 집중적으로 연구하고 그들의 문제해결 행동을 조심스럽게 분석하는 일을 통해서 인지능력(Siegler & Svetina, 2002), 산수기술(Siegler & Jenkins, 1989), 기억(Coyle & Bjorklund, 1997), 언어기술(Gershkoff-Stowe & Smith, 1997)을 증진시키기 위해 아동들의 사고와 전략이 어떻게 변화하는지를 자세히 기술하는 것이 가능해진다. 미시발생적 설계가 새로운 방법임에도 불구하고 자기개념과 자존감, 사회인지(즉 다른 사람의 행동을 이해하고 다른 사람에 대한 인상을 형성하는 것), 도덕적 문제에 대한 추론, 성역할 고정관념에 대해 생각하기와 같은 사회성격 발달 영역에서 변화를 촉진시킬 수 있는 경험의 종류를 밝힐 커다란 가능성을 갖고 있다.

미시발생적 설계를 사용한 뛰어난 연구의 예는 Courage, Edeson, 그리고 Howe (2004)가 실시한 것이다. 실제로 그들은 미시발생적 설계와 횡단적 설계를 결합해서 영아의 시각재인 발달연구를 했다. 연구의 미시발생적 부분에서는, 10명의 걸음마기 아동들 각각이 15개월에서 23개월 사이에 2주마다 한 번씩 평가되었다. 연구의 횡단적 부분에서는, 15개월 된 걸음마기 아동부터 1개월 단위로 23개월 된 유아까지 9개의 연령집단별로 각 10명씩 총 90명이 평가받았다. 연구에 참가한 모든 아동들은 세 개의 시각과제를 사용해 평가받았다. 첫 번째 과제에서는 부모들이 영아 모르게 영아의 코에 파란 페인트로 표시를 한 후 30초 후에 아기 앞에 거울을 놓았다. 거울 속에 있는 자신을 보고 코를 만지거나 모습이 변했다고 말한 아이는 "인식자"로 명명하고, 그 모습에 놀라거나 부끄러워하고 당황하는 것으로 보인 아이들은 "모호한"으로, 인식자도 아니고 모호한 행동도 보이지 않는 아이들은 "비인식자"로 명명했다. 두 번째 과제는 아이에게 같은 나이의 동성인 아이 두 명의 폴라로이드 사진과 함께 제시된 자기 사진을 확인하도록 요구하는 것이다. 세 번째 과제 동안에는 영아가 거울 속에서 그 장난감을 볼 수 있게 실험자가 각 영아의 머리 뒤에 장난감을 매달아 놓는다. 영아가 실제 공간에서 장난감을 찾기 위해 몸을 돌릴 때 성공한 것으로 간주되었다.

미시발생적 자료에 의하면, 시각재인 과제를 숙달하기 전에(그 동안에는 코에 파란 페인트를 칠하고 있다) 아동들은 때로는 자신을 성공적으로 확인하였고, 또 때로는 자신을 찾는 데 실패하는 경험을 한다는 것을 밝혀냈다. 마찬가지로, 이런 모호한 기간은 어떤 아동들에게는 짧아서 단 한 회기만 관찰되었지만 다른 아동들은 더 길어서 4회기나 지속되었다.

횡단적 자료는 또 다른 이야기를 해준다. 성공적인 연령집단이 보여준 매달의 자기인식변화는 더 비약적이었다. 횡단적 자료에서는 16개월에서 17개월 사이에 일어난 자기인식 능력의 뚜렷한 증가가 미시발생적 자료에서는 분명하지 않았다. 그러나 거울 자기인식의 평균연령은 미시발생적 연구에 참가한 10명의 영아에서는 16개월에서 17개월 사이에 있었다. 이는 두 접근 사이에 결과들의 어떤 수렴을 보여준다. 사진 확인 과제와 장난감 찾기 과제의 성공 평균연령은 미시발생적 부분이 횡단적 부분보다 더 어렸다.

미시발생적 기법이 발달동안에 발생하는 실제 변화과정을 목격하고 기록하는 유일한 기회를 제공하지만 단점도 있다. 첫째, 많은 수의 아동을 그런 자세한 방식으로 추적하는 것은 어렵고 시간과 비용이 많이 든다. Courage와 그의 동료들이 연구의 미시발생적 부분에서 단지 10명의 걸음마기 아동들의 진행만을 기록한 반면, 횡단적 부분에서는

90명의 걸음마기 아동들을 포함시킨 것을 기억하라. 또한 미시발생적 방법이 요구하는 관찰빈도는 참가한 아동의 발달적 결과에 영향을 주게 된다. Courage의 연구집단은 그들 연구에서 미시발생적으로 평가된 영아들 중에서 사진 확인과 장난감 찾기 과제 모두에서 성공적 성취를 한 연령이 더 낮은 것이 연습 효과에 의한 것임을 지적한다. 연구 동안에 이 걸음마기 아동들은 32주 동안 2주마다 두 개의 과제 각각을 총 64회 경험했다. 반면에, 횡단적 연구에 있는 아동들은 과제를 단 한번만 경험했다. 미시발생적 연구의 연습 효과는 더 자연스러운 관찰기법을 사용함으로써 최소화되어질 수 있다. 그러나 실험실 상황에서 반복해서 이끌어낸 행동에 대해 결론을 내릴 때는 신중해야 한다.

미시발생적 접근에 대한 비판은 발달을 자극하기 위해 아동들이 받는 집중적 경험들이 실제 세계에서 정상적으로 겪는 경험들이 아니며 오랫동안 지속되지 않는 행동 변화를 만든다는 것을 포함한다. 그래서 연구자들은 일반적으로 이미 발생하는 걸 알고 있는 사고와 행동에서의 연령관련 변화를 연구하는 데 미시발생적 설계를 사용한다. 그들의 목적은 그 변화가 일어나고 있는 아동들을 연구해서 그런 변화들이 일어나는 방식과 원인을 더 명확하게 자세히 기술하는 것이다.

4가지의 중요한 발달 설계에 대한 개관과 비교를 돕기 위해, 표 1.4에는 각 접근법의 장점과 단점을 간단히 기술하였다.

사용할 수 있는 연구 절차가 다양하다는 것은 분명한 장점이다. 왜냐하면 한 절차를 통해 얻어진 결과가 다른 절차를 통해 체크되고 확인될 수 있기 때문이다. 실제로 그런 수렴하는 증거들은 연구자가 내린 결론이 진정한 "발견"이며 단지 원자료를 수집한 방법이나 설계의 가공품이 아니라는 것을 보여줌으로써 가장 중요한 기능을 하고 있다. 그러

표 1.4 4가지 발달연구 설계의 장점 및 단점

설계	절차	장점	단점
횡단적 설계	한 시점에서 여러 연령집단(동시대집단)을 관찰	연령차를 보여준다. 발달적 경향을 암시해준다. 실시에 비교적 비용과 시간이 적게 든다.	연령 경향이 실제적인 발달적 변화라기보다 동시대집단 사이의 관계없는 차이를 반영할 수 있다. 각 참가자가 단지 한 시점에서 관찰되기 때문에 개인적 발달에 관한 자료를 제공하지 못한다.
종단적 설계	시간을 두고 하나의 동시대집단을 반복적으로 관찰	개인의 발달에 대한 자료를 제공하고 초기 경험과 이후의 결과와의 관계를 밝혀준다. 개개인이 시간이 지남에 따라 변화하는 방식에서 어떻게 같고, 다른가를 알 수 있다.	상대적으로 시간과 비용이 많이 든다. 선택적 감소가 피험자들을 비대표적인 표집으로 만들어 결론의 일반화가능성을 제한한다. 세대간 변화가 연구결론을 연구된 동시대 집단에 한정될 수 있다.
계열적 설계	여러 동시대집단을 시간을 두고 반복적으로 관찰함으로써 횡단적 접근과 종단적 접근을 결합	실제적 발달경향과 동시대집단 효과를 구별한다. 즉 하나의 동시대집단이 경험한 발달적 변화가 다른 동시대집단이 경험한 발달적 변화와 비슷한지 여부를 알 수 있다. 종단적 연구보다 비용과 시간이 덜 든다.	횡단적 연구보다 비용과 시간이 많이 든다. 가장 강력한 설계임에도 불구하고 여전히 발달적 변화가 연구된 동시대 집단을 넘어 일반화될 수 있느냐에 관한 문제를 남겨놓고 있다.
미시발생적 설계	발달적 변화가 일어난다고 생각되는 제한된 기간에 아동들을 집중적으로 관찰	변화가 일어나는 동안 그것을 집중적으로 관찰하는 것이 변화가 일어나는 이유와 방식을 밝혀줄 수 있다.	변화를 자극하기 위해 주어진 집중적인 경험은 어느 정도 비전형적인 것일 수 있고 오랜 기간 동안 지속되지 않는 변화를 만들 수 있다.

므로 아동 청소년을 연구하는 단 하나의 "최선의 방법"은 없으며, 우리가 살펴본 각각의 접근은 인간발달에 대한 이해에 중요한 공헌을 해왔다.

▌발달 연구에서의 윤리적 문제

인간에 관한 연구를 설계하고 실행할 때 연구자들은 **연구윤리**(research ethics)에 집중된 곤란한 문제에 직면하게 된다. 여기서 연구윤리란 연구 참가자들을 신체적, 정신적 피해로부터 보호해 주기 위해 연구자들이 윤리적으로 지켜야 하는 실행 기준이다. 어떤 윤리적 문제는 쉽게 해결된다: 신체적 학대, 굶주림, 장기간의 고립 등과 같은 신체적, 심리적 손상을 야기시킬 수 있는 실험은 하지 않는다. 그러나 대부분의 윤리적인 문제는 훨씬 더 미묘하다. 발달학자들이 연구를 할 때 해결해야만 할 몇몇 딜레마는 다음과 같다:

- 아동들이나 청소년들을 결국은 속이거나 규율을 어기는 행동을 할 수 있게 만드는 유혹에 노출시킬 수 있는가?
- 참가자들에게 연구목적을 다르게 알려 주거나 참가자 자신에 대한 거짓정보를 말해주는 (예, 그들이 실제로 매우 잘했을 때도 "당신은 이 검사에서 수행이 좋지 않았어요") 것과 같은 속임수를 쓰는 것이 정당한가?
- 참가자들에게 그들이 과학 연구의 대상이라는 사실을 알려주지 않고 자연스러운 환경 속에서 그들을 관찰할 수 있을까?
- 참가아동들이 또래들의 판단에 동조할지를 관찰하기 위해 그들 친구들이 분명히 틀린 답을 "맞다"고 생각한다고 아동들에게 말하는 것이 용인될 수 있는가?
- 연구 절차의 한 부분으로 언어적 비난을 사용하는 것이 정당한가?

더 읽기 전에, 여러분은 이런 문제를 생각하고 자신의 의견을 갖길 바랄 것이다. 그 다음에 표 1.5를 읽고 여러분의 관점을 다시 한 번 생각해 보라.

여러분의 의견 중 어떤 것이라도 변했는가? 여러분이 볼 수 있듯이, 표의 지침들은 매우 일반적이다. 그것들은 앞의 딜레마들에서 기술한 것과 같은 구체적인 조작이나 실행을 분명하게 허용하거나 금지하지 않는다. 사실상 위에 언급한 이런 딜레마의 어떤 것이든 문제가 되는 절차를 사용하되 현행 윤리지침을 잘 지키는 방식으로 연구자가 사용하게 허락하는 방법으로 해결될 수 있다. 예를 들면, 만약 실험자가 사전에 이들 환경(학교나 공원)에서 아이들의 보호와 안전을 책임지고 있는 성인의 **동의**(informed consent)(표 1.5 참조)를 얻었다면 일반적으로 아이들에게 그들이 관찰되고 있다는 것을 알려주지 않고 아이들을 관찰하는 것이 허용가능하다고 간주된다. 윤리적 지침은 단지 지침일 뿐이다. 아이들을 공정하게 대하고 해를 입지 않도록 보호하는 궁극적인 책임은 연구자에게 있다.

그렇다면 연구자들은 윤리적으로 문제가 될 가능성이 있는 절차들을 사용해야 하는지 아닌지를 어떻게 결정할 수 있을까? 그들은 일반적으로 얻을 수 있는 이익(인간 또는 피험자에게)을 주의 깊게 계산해 보고 그 이익과 참가자들에게 닥치게 될 잠재적 위험을 비교해 보면서 연구의 이익과 손해를 가늠할 수 있다(Greig & Taylor, 2004). 만약 **이익 대 위험**의 비율이 좋고 같은 이익을 만들기 위해 사용될 수 있는 덜 위험한 다른 절차가 없다면, 연구자는 일반적으로 실험을 진행시킨다. 그러나 절차의 위험성을 과소평가하는 지나치게 열성적인 연구자에 대한 안전지침이 있다. 예를 들어, 미국과 캐나다에서

동의
(informed consent)
연구 참가자가 그들의 참가 자발성에 영향을 줄 수 있는 연구의 모든 측면에 대해서 그들이 이해하는 언어로 설명을 받을 권리.

이익 대 위험의 비율
(benefits-to-risks ratio)
연구가 줄 수 있는 지식증진과 생활조건의 최적화 같은 이익과 참가자가 겪을 수 있는 불편함과 해로움의 비용의 비교.

표 1.5 심리학 연구와 관련된 아이들의 권리와 연구자의 책임

윤리적 고려는 심리학 연구에 아동들이 참가할 때 특히 복잡하다. 아동들은 청소년들이나 어른들보다 신체적, 정신적 손상에 더욱 약하다. 게다가 어린 아동들일수록 연구참여에 동의할 때 그들이 무엇을 하게 되는지를 항상 완전히 이해하지 못할 수도 있다. 심리학 연구에 참여하는 아동들을 보호하고 아동들을 연구하는 연구자들의 책임을 명료화하기 위해 미국 심리학회(2002)와 아동발달연구회(1993)는 특수한 윤리지침을 만들었다. 중요한 점들은 아래와 같다.

해악으로부터의 보호[a]

연구자는 아동들에게 신체적으로나 심리적으로 해를 입힐 수 있는 연구조작을 사용할 수 없다. 심리적 해로움은 정의하기가 어렵다. 그럼에도 불구하고, 그 정의는 연구자의 책임으로 남겨져 있다. 연구조작의 해로운 효과에 대해 의심의 여지가 있을 때, 연구자는 다른 사람의 자문을 구해야만 한다. 해로움이 있을 수 있다고 여겨질 때, 연구자는 자료를 얻을 다른 방법을 찾거나 그 연구를 포기해야 한다.

동의(Informed Consent)

아동에게 영향을 주는 사람들뿐만 아니라 완전히 서면으로 이루어진 부모의 동의서가 있어야 한다. 아동이 기꺼이 연구에 참여하도록 하는 데 영향을 미칠 수 있는 연구의 모든 특성들이 동의서를 통해 부모나 다른 책임 있는 어른들에게 전달되어야 한다. 게다가 미국 연방지침은 7세 이상의 모든 아동들은 연구 참가에 영향을 줄 수 있는 연구의 모든 면들에 대해 이해할 만한 언어로 설명을 들을 권리가 있다고 명시하고 있다. 물론 모든 연령의 아이들이 언제나 참가하지 않을 수 있고 참가를 중지할 수 있는 권리를 갖는다. 그러나 이 규정은 애매한 것이다. 비록

그들이 언제나 연구 참가를 중단할 수 있다고 들었을 지라도, 어린 아동들은 그렇게 하는 방법을 실제로 모를 수 있거나 혹은 그들이 어떤 벌칙 없이 그만둘 수 있을 것이라고 실제로 믿지 않을 수도 있다. 그러나 만약 아동들이 연구에 참여하지 않거나 하다가 중단한다 하더라도 연구자가 화를 내지 않을 것이라고 잘 설명한다면, 아이들은 연구에 참석할 권리를 쉽게 이해하고 권리를 더 잘 사용할 것이다(Abramovitch et al., 1986).

비밀 보장성

연구자들은 연구 피험자들로부터 얻은 모든 자료에 대한 비밀을 보장해야 한다. 아동들은 수집되고 보고된 모든 자료에 대해 서면으로나 비공식적으로나 그들의 신원을 밝히지 않을 권리를 갖고 있다. 그러나 연구자는 아동학대와 유기를 당하고 있는 것으로 의심되는 희생자의 이름을 은폐할 필요가 없음은 모든 주에서 법으로 정해져 있다(Liss, 1994).

속임/보고/결과에 대한 지식

비록 아동들이 연구목적에 대해 미리 알 권리를 갖고 있을지라도 특별한 프로젝트는 정보를 감추고 다르게 말해야 할 때가 있다. 은폐나 거짓된 정보가 연구에 필수적이라고 여겨질 때마다 연구자는 이 판단이 옳다는 것에 대해 위원회를 만족시켜야 한다. 만약 잘못 알려주거나 은폐가 사용된다면 참가자에게 나중에라도 알려주어야 한다. 즉, 아동들이 이해할 수 있는 언어로 진정한 연구목적과 왜 그들에게 사실대로 말할 수 없었는지를 설명해야 한다. 아동들은 또한 그들이 이해할 수 있는 언어로 그들이 참여한 연구결과를 들을 권리가 있다.

[a] Ross Thompson(1990)은 아동에 대한 연구를 하는(또는 계획하고 있는) 사람이라면 누구에게나 우리가 추천하는 이 주제에 대해 뛰어난 글을 출판했다.

는 아동연구 비용을 지원하는 대학, 연구기금과 정부기관은 제안된 모든 연구의 윤리적 효과에 관한 제 2(때로는 제 3)의 의견을 듣고자 "인간–피험자 심리위원회(human-subjects review committees)"를 결성했다. 이런 검사 위원회의 기능은 제안된 연구의 잠재적 위험과 이익을 재고하는 것이었으며, 더욱 중요한 것은 연구에서 가능한 단계들은 모두 그 프로젝트에 참가하는 사람들의 안녕을 지키도록 보장하는 것을 돕는 것이다.

　　자살경향과 치료받지 않은 성병과 같은 생명을 위협하는 사건이 한 명 이상의 참가자들(혹은 동료들)의 안녕을 심하게 위태롭게 만들 수도 있다고 배운 연구자들은 **비밀보장의 윤리적 조항**과 **해를 입지 않게 보호하는 것** 사이의 충돌때문에 심각한 윤리적 딜레마에 빠질 수 있다. 이것들은 많은 연구자들이 윤리적으로 보고해야 한다고 느끼거나 혹은 참가자 자신이 적절한 의학적, 사회적 혹은 심리적 서비스에 자신의 문제를 알리도록 도와야 한다고 느끼게 하는 위험들이다. 실제로 청소년들은 이런 매우 심각한 위험의 보고(혹은 대안으로 참가자 자신이 알리도록 돕는 것)를 매우 좋은 방법이라고 본다. 그리고 그들은 연구자가 그 문제에 대해 반응하지 않은 것을 그 문제가 중요하지 않다는 표시로 간주하며, 피험자를 도울 수 있는 아무런 서비스도 없거나 혹은 도움이 필요한 아이들을 돕기 위해서 잘 알고 있는 어른에게 의지할 수 없다고 지각할 수도 있다. (연구자가 직면하게 되는 비밀보장 딜레마와 연구자들이 취해야 하는 적절한 행동과정에 대한 청소년의 관점에 관한 뛰어난 논의를 보려면 Fisher et al., 1996을 참조하라.)

　　물론 심리위원회가 제시하는 모든 사람의 안전에 대한 최종승인과 보고 절차가 연구자로 하여금 그들 프로젝트의 이익과 비용에 대한 재평가 요구를 받아들이도록 할 수

비밀보장성
(confidentiality)
참가자가 제공한 자료와 관련해서 신원이 밝혀지지 않을 참가자의 권리.

해악으로부터의 보호
(protection from harm)
연구 참가자가 신체적 또는 심리적 해악으로부터 보호받을 권리.

개념체크 1.3 발달연구 설계 이해

다음 질문에 답하여 발달연구 설계에 대한 이해를 체크하라. 정답은 부록에 있다.

선다형: 각 문제에서 최선의 답을 고르라.

_____ 1. 다음 중 어떤 것이 종단적 연구 설계의 약점인가?
   a. 발달의 개인차를 평가하지 않는다.
   b. 세대간 문제에 걸리기 쉽다.
   c. 과학적 방법을 위반한다.
   d. 참가자에게 발달지연과 외상을 유발할 수 있다.

_____ 2. 다음 중 어떤 것이 횡단적 연구 설계의 약점인가?
   a. 발달의 개인차를 평가하지 않는다.
   b. 성별간 문제에 걸리기 쉽다.
   c. 과학적 방법을 위반한다.
   d. 자연적으로는 일어나지 않고 오래 지속되지 않는 발달적 변화를 일으킬 수 있다.

_____ 3. 다음 중 어떤 것이 미시발생적 연구 설계의 약점인가?
   a. 발달의 개인차를 평가하지 않는다.
   b. 동시대집단 효과와 연령 효과가 혼재되어 있다.
   c. 과학적 방법을 위반한다.
   d. 자연적으로는 일어나지 않고 오래 지속되지 않는 발달적 변화를 일으킬 수 있다.

빈칸 채우기: 다음 문장의 빈칸에 적절한 말을 써넣어라.

4. 종단적 설계의 주요문제 하나가 참가자들이 연구가 끝나기 전에 탈락할 수 있다는 것이다. 이것을 (   )라 한다.

5. 동일 연령이고 동일한 문화적·역사적 시기에 발달하는 아동 집단을 (   )이라 한다.

6. 아동에게 실시된 연구는 어떤 것이든 해를 주어선 안 되고 이익-위험률 검사를 통과하는 것을 보장하는 것은 궁극적으로 (   )의 책임이다.

짝짓기: 다음의 발달연구 설계를 적절한 연구문제와 짝지어라. 다음 설계 중에서 선택하라.
   a. 횡단적 설계
   b. 종단적 설계
   c. 계열적 설계
   d. 미시발생적 설계

7. _____ 발달학자가 모든 아동들이 영아기에서 청소년기 사이에 동일한 지적 발달단계를 통과하는지 결정하려고 한다.

8. _____ 발달학자가 4, 6, 8세 아동들이 그들보다 운이 덜 좋은 아이들에게 자신들의 용돈을 기꺼이 기부하는지를 빨리 평가하려고 한다.

9. _____ 발달학자가 3학년 학생들이 기억전략을 어떻게 획득하고 왜 획득하는지를 결정하려고 한다.

단답형: 다음 질문에 간단히 답하라.

10. 여러분이 발달심리학자이고 초등학교 학생들이(1~5학년 학생)이 이타행동(즉, 도움이 필요한 사람을 도우려는 자발성)의 학습에서 어떻게 변화하는지에 관심이 있다고 가정하라.
   a. 연구문제에 답을 얻기 위한 횡단적 연구를 설계하라.
   b. 연구문제에 답을 얻기 위한 종단적 연구를 설계하라.

는 없다. 심지어 연구가 진행중일 때는 더욱 그렇다(Thomson, 1990). 예를 들어, 운동장 상황에서 아동들의 공격성을 연구하고 있는 연구자가 다음과 같은 결론을 내렸다고 가정해 보자. (1) 피험자들이 연구자가 공격적 행동을 좋아하는 것을 발견했다. (2) 그들은 연구자의 관심을 끌기 위해 다른 아이들을 때리기 시작했다. 이 시점에서 피험자들에 대한 위험은 연구자의 초기 평가보다 훨씬 더 증가했을 것이다. 그리고 그는 윤리적으로 (저자의 의견으로는) 그 연구를 즉각 중지시켜야 했을 것이다.

인간발달 연구의 주제

발달과학에는 인간발달의 서로 다른 측면에 대해 제안된 많은 발달이론들이 있다. 이런 이론들의 형성, 검증, 승인이나 불승인 과정에서 가장 기본적인 주제의 세트는 거의 모든 이론이 언급한 것으로 나타난다. 특정 발달이론과 우리가 밝혀낸 사실들을 조직화하고 방향성을 잡기 위한 방법으로, 이 책 전체를 통해서 그런 주제들로 되돌아갈 것이다.

발달적 결과(즉 어른으로서의 우리)에는 우리의 생물학적 작용이 더 영향을 주는가, 아니면 우리가 성장하며 경험한 환경이 더 영향을 주는가? 아동들은 그들 자신의 발달

발달연구의 현명한 소비자가 되기

이 시점에서, 여러분은 왜 우리가 발달학자들이 연구에 사용하는 그렇게 많은 연구 방법들을 알 필요가 있는지 궁금할 것이다. 만약 이 수업을 택한 많은 학생들이 다른 직업을 찾고 결코 발달하고 있는 아이들과 청소년에 대한 과학적 연구를 하지 않을 것이라면 이런 질문이 가능하다.

우리의 대답은 이렇다: 이와 같은 연구조사 수업이 이 수업에 포함된 이론과 연구를 엄격하게 검토하기 위해 마련되었을지라도 그것들은 여러분이 몇 년 후에 직면하게 될 관련 정보를 제대로 평가하도록 도울 수 있어야 한다. 여러분은 그런 정보를 만나게 될 것이다. 비록 여러분이 교사, 학교 행정관, 간호사, 검정관, 사회사업가, 혹은 발달중인 사람들을 위해 일하는 다른 전문가의 역할로서 학술잡지를 읽지는 않을지라도 TV나, 신문, 잡지와 같은 대중매체를 통해 그와 같은 정보를 접하게 될 것이다. 그렇다면 여러분은 매체를 통해 읽거나 들은 외관상 극적이고 중요한 새로운 연구 결과를 심각하게 받아들여야 하는지 아닌지를 어떻게 알 수 있을까?

이것은 매우 중요한 문제이다. 왜냐하면 인간발달에 대한 새로운 정보는 종종 매체 보고의 근거가 된 자료가 최종적으로 전문 잡지를 통해 출판되기 몇 개월 혹은 심지어 몇 년 전에 대중매체에 실린다. 더욱이 발달학자들이 제출한 연구결과의 30% 이하 정도만이 우리 학문영역의 저명한 잡지에 의해 출판될 가치가 있는 것으로 평가된다. "극적인" 새로운 결과에 대한 많은 매체 보고가 다른 과학자들이 인상적이라고 보지 않거나 출판할 가치도 없다고 보는 연구에 근거한다.

비록 매체보고가 출판된 논문에 기초한다 할지라도, 연구와 연구 결론의 적용 범위가 종종 잘못된 경우가 있다. 예를 들어, 한 TV 뉴스에서 출판된 논문을 보고했다. 그 뉴스는 "알코올 중독은 유전된다"는 명백한 증거가 있다고 전했다. 이것은 우리가 3장에서 보게 될 것과 같이 연구자가 실제로 얻은 결론과는 매우 먼 결론이다. 또

다른 수도권 신문기사는 저명한 잡지인 "발달심리학"에 게재된 논문을 "탁아는 아동들에게 해롭다"라는 헤드라인으로 요약했다. 신문 기사가 명확하게 전달하지 못한 연구자의 결론(Howes, 1990)은 매우 질이 낮은 탁아는 일부 학령전 아동들의 사회적 지적 발달에 해로울 수 있지만 대부분의 좋은 탁아를 받고 있는 아동들은 해로운 영향을 받지 않는다는 것이다.

여러분이 읽은 것을 믿지 말아야 한다고 말하려는 것은 아니다. 오히려 여러분이 이 장에서 제시된 방법론적 정보를 사용하여 대중 매체나 잡지기사를 의심하고 평가하도록 주의를 주는 것이다. 여러분은 다음과 같은 질문으로 시작할 수 있다. 자료가 어떻게 수집되고 연구가 어떻게 설계되었는가? 연구자가 사용한 자료수집방법과 설계(상관 대 실험; 횡단적 대 종단적)의 제한점 내에서 적당한 결론이 내려졌는가? 처치집단에 무선할당이 되었는가? 연구 결과가 다른 전문가에 의해서도 검토되었으며 저명한 학술잡지에 출판되었는가? 출판된 논문이라고 해서 비판영역을 벗어났다고는 생각지 말라. 발달과학의 많은 주제와 연구논문들은 학생들이 이미 출판된 연구 속에서 발견한 문제점과 약점을 토대로 이루어졌다. 그러므로 특히 여러분의 직업이나 부모역할에 관련된 것으로 보이는 출판된 보고서를 읽고 평가하는 데에 시간을 투자하라. 여러분은 연구와 연구 결과에 대해 보다 더 잘 이해할 뿐만 아니라 여러분이 가질 수 있는 질문과 의문점들을 종종 편지, E-mail, 혹은 전화를 통해 논문의 저자에게 말할 수도 있을 것이다.

그래서 우리는 여러분이 인간발달 분야가 제공하는 것 중에서 가장 좋은 것을 얻기 위해 잘 아는 소비자가 되라고 격려한다. 연구 방법에 대한 우리의 토론은 이런 목적을 생각하며 이루어졌다. 그리고 이 방법론적 수업의 확실한 이해는 앞으로 여러분이 이 책과 다른 많은 곳에서 보게 될 연구를 적절히 평가하도록 도울 것이다.

에 얼마나 기여하는가, 아니면 양육실제와 다른 외적인 힘에 의해 형성되었는가? 넓은 각도에서 보면 발달은 무엇과 같은가? 발달은 느리고 연속적인 과정인가, 아니면 급격하게 일어나며 아동들을 한 발달단계에서 또 다른 발달단계로 밀어붙이는 상대적으로 빠른 변화인가? 발달의 다른 측면들은 서로에게 얼마나 영향을 주는가? 즉, 아동의 사고는 사회적 발달과 생물학적 발달에 영향을 주는가, 아니면 이런 발달의 측면들은 서로 고립되고 관계가 없는가? 이것들은 발달과학자들이 발달과학의 역사를 통해 풀려고 애썼고 발달이론가들이 계속 언급하고 있는 질문들이다. 기본적 이슈가 무엇인지 알기 위해서 인간발달 연구의 주요 주제 각각을 살펴보자.

천성/육성
(nature/nurture)
인간발달을 결정하는 요인인 생물학적 성향(천성)과 환경적 영향(육성)의 상대적 중요성에 대한 발달이론가들 사이의 논쟁.

천성/육성 주제

인간발달은 주로 천성(생물학적인 힘)의 결과인가, 아니면 육성(환경적인 힘)의 결과인가? 아마도 지금까지 이 **천성/육성**(nature/nurture) 이슈보다 더 뜨거운 이론적 논쟁은 없었다. 이에는 두 가지의 서로 반대되는 입장이 있다:

환경이 아닌 유전이 인간을 만드는 주된 결정자이다. . . . 이 세상에 있는 거의 모든 고난과 행복은 환경에 의한 것이 아니다. . . . 사람들 간의 차이점들은 그들이 갖고 태어난 생식세포의 차이에 따른 것이다(Wiggam, 1923, p.42).

나에게 건강한 아기 12명과 그들을 키우기 위해 잘 만들어진 나 자신만의 특수한 세상을 준다면, 나는 그들 중 아무라도 무작위로 선택하고 훈련시켜서 내가 선택한 어떤 유형의 전문가─그 아이의 재능이나 기호, 성향, 능력, 소질, 인종에 관계없이 의사나 법률가, 예술가, 상인, 장관뿐만 아니라 거지, 도둑에 이르기까지─로도 키울 수 있다. 능력이나 재능, 기질, 정신구조, 행동특성 등의 유전 같은 것은 없다(Watson, 1925, p.82).

물론, 많은 현대의 연구자들에 의해 입증된 중간지대가 있다. 그들은 문제가 되고 있는 발달측면에 따라 천성과 육성의 상대적 기여가 달라진다고 믿는다. 그러나 그들은 지능, 기질, 성격과 같은 모든 복잡한 인간 속성들은 생물학적 성향과 환경적 힘이 오랜 기간 동안 상호작용한 결과임을 강조한다(Bornstein & Lamb, 2005; Garcia Coll, Bearer, & Lerner, 2003; Gottlieb, 2003; Lerner, 2002). 그들이 우리에게 주는 충고는, 천성이냐 육성이냐 하는 것은 생각하지 말고 이 두 가지의 영향들이 어떻게 결합하고 상호작용하여 발달적 변화를 가져오는지에 대해 더 생각하라는 것이다.

능동/수동 주제

이론적 논쟁의 또 다른 주제는 **능동/수동**(activity/passivity) 주제이다. 아동들은 사회의 대리인이 자신들을 다루는 방식을 아동자신이 주로 결정하는 호기심 많고 능동적인 존재인가? 아니면 사회가 도장을 찍는 수동적인 영혼인가? 이 서로 반대되는 관점이 시사하는 바를 생각해 보자. 만약 우리가 아동들이 매우 순응적이라는─문자 그대로 자신들을 양육한 사람들 마음대로 되는─것을 보여 줄 수 있다면, 아마 보다 덜 생산적이라고 밝혀진 사람들은 자신들의 관리자를 미숙한 양육으로 고발하는 일이 정당화될 수 있다. 실제로, 문제를 가진 미국의 한 젊은이가 자신의 부모를 상대로 이 논리를 사용해 부정행위로 소송을 했다. 아마도 당신은 부모측 변호사가 제시한 방어논리가 무엇인지 예상할 수 있을 것이다: 변호인단은 부모가 자녀를 올바로 키우기 위해 많은 전략을 시도했으나, 자녀가 그 책략들 중 어느 것에 대해서도 좋은 반응을 보이지 않았다고 주장했다. 이는 그 젊은이가 자신의 부모가 자기를 어떻게 다룰 것인가를 결정하는 데 능동적인 역할을 했고 자신의 양육환경을 조성하는 데 큰 책임이 있음을 시사한다.

능동/수동 주제는 아동의 의식적인 선택과 행동을 고려하는 것을 넘어선다. 즉, 아동의 측면 중 어떤 것이라도 아동이 경험하고 있는 환경에 영향을 줄 때마다 발달학자들은 아동이 발달에서 능동적이라고 간주한다. 그러므로 아이가 의식적으로 까다로운 기질을 선택한 것은 아니지만, 아기를 사랑하기는 하지만 좌절된 부모의 인내심에 도전하는 기질적으로 까다로운 영아는 자신의 발달에 능동적으로 영향을 주고 있는 것이다. 마찬가지로, 대부분의 급우나 친구들보다 사춘기의 생물학적 변화를 더 빨리 통과한 어린 전십대(preteen) 여아는 이 일을 선택하지 않았다. 그럼에도 불구하고, 그녀가 또래들보다 훨씬 더 성숙하게 보인다는 사실은 다른 사람들이 그녀를 대하는 방식과 일반적으로 그녀가 경험하는 환경에 극적인 영향을 주는 경향이 있다.

능동/수동
(activity/passivity)
아동들이 자신의 발달에 능동적 기여자인가 또는 환경적 영향의 수동적 수혜자인가 여부에 대한 발달이론가들 사이의 논쟁.

이 관점들 중 어느 것이 더 합리적이라고 생각하는가? 이에 대해 생각해 보라. 이론적 논쟁이 있는 이 주제와 다른 주제에 대해 여러분의 관점을 말할 기회가 곧 있을 것이다.

연속/비연속 주제

연속/비연속
(continuity/discontinuity)

발달적 변화가 양적이고 연속적인가, 혹은 질적이고 비연속적인가(즉, 단계적) 여부에 대한 발달이론가들 사이의 논쟁.

양적 변화
(quantitative change)

갑작스러운 변형이 없는 정도에서의 점진적인 변화. 예를 들면, 어떤 사람은 2세에서 11세 사이에 체중이 해마다 조금씩 증가하는 것을 양적 발달적 변화로 본다.

질적 변화
(qualitative change)

사람을 이전의 그 사람과는 기본적으로 다르게 만드는 종류의 변화. 언어를 사용하지 못하던 영아가 언어 사용자로 바뀌는 것을 많은 사람들이 의사소통 기술에서의 질적 변화로 본다.

발달단계
(developmental stage)

더 큰 발달순서 안에 있는 하나의 구별되는 단계. 함께 발생하며 응집적 패턴을 이루는 특별한 능력, 동기, 행동, 혹은 정서의 세트를 갖는 시기.

발달적 변화에 대해 잠깐 생각해 보라. 우리가 경험한 발달적 변화가 매우 점진적으로 일어난다고 생각하는가? 아니면 이런 변화들이 오히려 급격하다고 말하겠는가?

이런 **연속/비연속**(continuity/discontinuity) **이슈**의 한쪽에는 인간발달을 급격한 변화가 없이 점진적이고 지속적으로 일어나는 누적과정(additive process)으로 보는 연속성 이론가들이 있다. 그들은 그림 1.7(왼쪽)에서와 같이 완만한 성장곡선으로 발달적 변화를 나타낸다. 이와 반대로, 비연속성 이론가들은 성숙에 이르는 길이 일련의 급속한 변화로 이루어지며, 이 각각의 급속한 변화는 아동이 향상된 새로운 기능 수준으로 올라가게 해준다고 말한다. 이런 수준들, 또는 "단계들"은 그림 1.7(오른쪽)에서의 비연속적인 성장곡선의 단계로 나타난다.

연속/비연속 이슈의 두 번째 측면은 발달적 변화가 원래 양적인가 또는 질적인가에 대한 것이다. **양적 변화**는 정도(degree)나 양에서의 변화이다. 예를 들어, 아동들은 해가 갈수록 점점 더 커지고 조금씩 더 빨라지며, 자신을 둘러싼 세상에 대한 지식을 더 많이 획득하게 된다. **질적 변화**는 형태와 종류(kind)에서의 변화를 말하며, 어렸을 때와는 어떤 측면에서 기본적으로 다르게 만드는 변화이다. 올챙이에서 개구리로의 변형이 질적 변화이다. 이와 비슷하게, 말을 잘하지 못하는 영아는 말을 잘하는 학령전 아동과 질적으로 다르다. 그리고 성적으로 성숙한 청소년은 아직 사춘기에 도달하지 않은 급우와는 기본적으로 다르다. 연속성 이론가들은 일반적으로 발달적 변화가 원래 기본적으로 양적이라고 생각하는 반면, 비연속성 이론가들은 발달을 일련의 질적인 변화로 기술하려 한다. 비연속성 이론가들은 인간은 **발달단계**를 거쳐 나가며, 각 발달단계는 서로 구별되는 생의 기간이며 특정 능력, 정서, 동기, 행동의 세트가 하나의 응집된 패턴을 이루는 특징을 보인다고 주장한다.

각 사회들은 연속/비연속 이슈에서 서로 다른 입장을 취한다. 예를 들어, 일부 태평양

그림 1.7 연속성 이론과 비연속성(단계) 이론가들이 기술하는 발달과정.

극동문화에서는 성인을 기술하는 데 사용하지 않는 영아의 특질을 나타내는 단어들이 따로 있으며, 지능이나 분노와 같은 성인용 용어들을 영아의 특성을 기술하는 데는 절대로 사용하지 않는다(Kagan, 1991). 이런 문화에 살고 있는 사람들은 성격 발달을 비연속적인 것으로 보며, 영아를 어른과 기본적으로 너무 다르기 때문에 어른과 동일한 성격차원에서 판단할 수 없는 존재로 취급한다. 북미와 북부유럽 사람들은 성격 발달을 연속적인 과정으로 보며, 아기의 기질에서 성인 성격의 씨앗을 찾으려는 경향이 더 많다.

발달의 총체적 특징 주제

발달학자들의 흥미를 자아낸 마지막 주요 주제는 발달이 총체적 과정인가 대 분할되고 분리된 과정인가이다. 이 질문은 인지, 성격, 사회적 발달, 생물학적 발달과 같은 인간발달의 서로 다른 측면들이 아동이 성장함에 따라 서로 관련되고 영향을 주는지에 대한 것이다. 발달의 초기 관점들은 분할접근을 더 취했다. 과학자들은 발달의 한 영역에 자신을 국한시키고 다른 영역의 영향에서 동떨어진 발달영역을 연구하려고 했다. 오늘날은 대부분의 발달과학자들이 더 총체적인 관점을 취한다. 그들은 모든 발달영역이 상호의존적이며, 적어도 아동 삶의 다른 영역에서 발달적으로 일어나는 것이 무엇인지에 대한 대충의 지식이 없이는 한 영역에서의 발달적 변화를 진정으로 이해할 수 없다고 믿는다. 그런 총체적 관점을 취하는 것은 도전이 될 수 있다. 왜냐하면 총체적 관점이 발달적 문제에 도전할 때 더 많은 변인들을 고려해야 할 필요가 생기기 때문이다. 그럼에도 불구하고, 우리는 아동들의 발달을 연구할 때, 최소한 발달의 총체적 특성을 인정하고 발달적 변화의 다양한 측면들이 서로 관련되는 방식을 찾으려고 한다.

이제까지의 것들이 이론들이 서로 다른 방식으로 해결하고 있는 주요 발달적 논쟁들이다. 개념체크 1.4에 있는 간단한 질문에 답을 해보면 여러분 자신의 입장을 명확하게 할 수 있을 것이다.

우리는 여러분이 이 이론들 중에서 좋아하는 이론을 하나 고르고 다른 이론들을 거부하길 기대하지 않는다. 실제로, 서로 다른 이론들은 발달의 다른 측면들을 강조하기 때문에 한 이론이 다른 것보다 하나의 특정 이슈나 특정 연령집단에 더 관련이 있게 된다. 오늘날 많은 발달학자들은 이론적으로 **절충적**이어서 많은 이론들에 의지한다. 그들은 큰 이론 중 어느 것도 모든 발달측면을 설명할 수 없으며, 각 이론들은 우리의 발달에 대한 이해에 얼마간 기여한다는 것을 인정한다. 이 책의 나머지 부분에서 저자들은 발달을 발달중인 사람의 통합적, 총체적인 그림으로 만들기 위해 많은 이론들의 공헌을 이용할 것이다. 그러나 또한 이론적 논쟁을 탐색하는 것도 계속할 것이다. 그것은 종종 연구영역에서 가장 자극적인 약진을 만들어 낸다. 그러므로 여러분은 다음 장으로 갈 준비를 하면서, 인간발달에 대한 특정 사실들뿐만 아니라 이런 사실들을 만들고 더 큰 의미를 부여하도록 돕는 더 넓은 이론적 통찰을 알아보는 일에 동참하기 바란다.

절충론
(eclectics)
인간발달을 예측하고 설명하고자 많은 이론들로부터 빌려오는 이론.

개념체크 1.4 발달심리학의 주제와 이론들

이 개념체크에서 인간발달 연구의 4가지 기본 주제에 대한 여러분의 관점을 확인하게 될 것이다. 또한 여러분은 이론의 역할과 발달과학의 주제에 대한 자신의 이해를 체크할 수 있다. 정답은 부록에 있다.

조사: 주요 발달 주제에서 여러분은 어디에 위치하는가? 다음의 선다형 문제에서 여러분의 발달에 대한 입장을 가장 잘 반영하는 답을 선택하라. 여러분의 입장을 주제에 대한 서로 다른 이론적 관점과 짝짓기 위해 부록에 있는 단서를 사용하라.

_____ 1. 생물학적 영향(유전, 성숙)과 환경 영향(문화, 양육유형, 학교와 또래) 모두 발달에 영향을 준다. 그러나 전체적으로
   a. 생물학적 요인들이 환경적 요인들보다 더 영향을 준다.
   b. 생물학적 요인들과 환경적 요인들은 똑같이 중요하다.
   c. 환경적 요인들이 생물학적 요인들보다 더 영향을 준다.

_____ 2. 아동과 청소년은
   a. 자신의 발달적 결과를 결정하는 주된 역할을 하는 능동적 존재이다.
   b. 발달적 결과가 주로 그들이 통제할 수 없는 다른 사람과 환경의 영향을 나타내는 수동적 존재이다.

_____ 3. 발달은

   a. 구별되는 단계를 통과해서 진행하기 때문에 개인은 앞의 단계에서와는 매우 다른 종류의 사람으로 급격하게 변한다.
   b. 연속적으로, 급격한 변화없이 조금씩 증진되는 것이다.

_____ 4. 인지적, 사회적, 생물학적 발달과 같은 아동발달의 다양한 측면들은
   a. 기본적으로 다르며 아동발달과정에서 거의 상호작용하지 않는다.
   b. 서로 연관되어 있고, 각 발달영역은 다른 발달영역에 영향을 주므로 다른 발달영역에 대한 언급없이 한 측면만을 심각하게 고려할 수 없다.

확인하기: 인간발달 연구의 기본 주제들에 대한 여러분의 이해를 다음 연구자의 관점을 확인하는 데 사용하라.

Damone 박사는 아동 심리학자이다. 그녀는 전세계 모든 아동들이 동일한 지적 발달단계를 통과해 나간다고 믿는다. 그러나 그녀는 또한 아동들 간의 개인차도 믿는다. 그녀는 매우 똑똑한 부모는 자녀가 교육받지 못한 보모에 의해 길러지더라도, 가장 똑똑한 자녀를 갖게 될 것이라고 생각한다. 그녀는 아동의 지능은 스스로 풀어야 할 많은 퍼즐과 숙달해야 할 도전을 하고 있는 동안 드러나 보인다고 생각한다. Damone박사는 (   )을 믿는다.

5. a. 천성   b. 육성
6. a. 능동적 아동   b. 수동적 아동
7. a. 연속적 발달   b. 비연속적 발달

요약   SUMMARY

발달이란

- **발달**이란 개인이 전생애를 통해 보여주는 체계적인 연속성이자 변화이며 생물학적 성숙과 학습의 영향을 반영한다.
- **발달학자**들은 많은 학문영역 배경을 가지며 모두 발달과정을 연구한다.
- **발달심리학**은 발달을 연구하는 많은 학문 중에서 가장 큰 학문이다.

- **규준적 발달**은 종의 모든 구성원을 특징짓는 전형적인 발달인 반면 **개별적인 발달**은 개인에 따라 다르게 나타나는 것을 기술한다.
- 발달학자들의 목표는 발달을 기술하고, 설명하고, 최적화하는 것이다.
- 인간발달은 연속적이며 누적적인 과정이다. 이 과정은 **총체적**이며 **가소성이 높고** 발달이 일어나는 역사적 문화적 맥락에 의해 많은 영향을 받는다.

연구전략: 기본적인 방법과 설계

- **과학적 방법**은 가치체계다. 이것은 이론의 생존가능성을 결정하기 위해 객관적 자료를 사용할 것을 요구한다. **이론**은 존재하는 관찰세트를 조직하고, 기술하고, 설명하기 위해 고안된 개념과 명제의 세트들이다. 이론은 **가설**이나 미래에 일어날 현상에 대한 예언을 만들어 낸다. 과학적 방법은 자료를 통해서 이론이 유지, 정교화, 기각되는지를 결정한다.
- 수용가능한 연구방법은 **신뢰성**(일관적이고 반복가능한 결과를 만든다)과 **타당성**(재려고 한 것을 정확하게 측정한다)이 모두 있어야 한다.
- 아동과 청소년 발달에서 가장 일반적인 정보수집방법은
  - 자기보고(질문지와 면접)
  - 임상법(더 유연한 면접방법)
  - 관찰법(자연관찰과 구조화된 관찰)
  - 사례연구
  - 기술민족학
  - 정신생리학적 방법이다.

관계찾기: 상관설계, 실험설계, 비교문화설계

- **상관설계**는 어떤 개입없이 변인들이 자연적으로 발생할 때 관계를 조사한다.
- **상관계수**는 변인들 간의 연합의 강도와 범위를 측정하기 위해 사용된다.
- 상관연구는 상관변인들이 인과적 관계가 있는지를 구체화하지는 못한다.
- **실험설계**는 인과관계를 확인해 준다. 실험자는
  - 하나이상의 **독립변인**들을 조작하고
  - 모든 다른 **혼입변인**들을 실험적으로 통제하며(종종 참가자를 처치에 **무선할당**함으로써)
- 실험적 조작이 종속변인에 미친 영향을 관찰한다.
- 실험은 실험실에서 하거나 결과의 **생태학적 타당성**을 높이기 위해 자연환경에서 실험을 할 수도 있다(즉 현장실험).
- 연구자가 조작하거나 통제할 수 없는 사건의 영향은 **자연(유사)실험**으로 연구될 수 있다. 그러나 자연적 사건에 대한 통제부족은 유사실험 연구자가 인과관계에 대한 정확한 결론을 이끌어 낼 수 없게 만든다.
- 비교문화연구:
  - 서로 다른 문화와 하위문화 출신의 참가자를 하나 이상의 발달측면에서 비교한다.
  - 보편적인 발달패턴을 확인한다. 그리고
  - 발달의 다른 측면들이 발달이 일어나는 사회적 맥락에 의해서 크게 영향을 받는다는 것을 보여준다.

발달연구의 설계

- 횡단적 설계:
  - 한 시점에서 여러 연령 집단을 비교한다.
  - 실행하기 쉽다.
  - 개인이 어떻게 발달하는지를 말해 줄 수 없다. 그리고
  - 연령경향이 실제로 진정한 발달적 변화보다 동시대집단 효과의 영향과 혼동될 수 있다.
- 종단적 설계:
  - 동일한 참가자를 그들이 성장함에 따라 반복적으로 조사하여 발달적 변화를 알아내는 것이다.
  - 발달적 연속성과 변화 그리고 발달에서의 개인차를 확인한다.
  - 연습효과 그리고 비대표적 표본으로 만드는 선택적 감소와 같은 문제에 처할 수 있다.
  - 세대간 문제는 연구결과를 특정 동시대집단으로 한정시키게 한다.
- 계열적 설계
  - 횡단적 설계와 종단적 설계를 결합한 것이다.
  - 연구자에게 두 접근의 장점을 제공한다.
  - 문제되고 있는 동시대 집단 효과로부터 진정한 발달경향을 분리해낸다.
- 미시발생적 설계
  - 짧은 기간 동안에 아동을 집중적으로 연구한다.
  - 발달적 변화가 정상적으로 일어날 때 아동들을 연구한다.
  - 발달적 변화가 어떻게 그리고 왜 일어나는지를 구체화하려고 시도한다.

발달 연구에서의 윤리적 고려사항

- 아동 및 청소년에게 실시되는 연구는 어떤 윤리적 문제들을 야기한다.
- 연구로부터 얻은 이익은 항상 참가자가 가질 수 있는 위험을 능가해야 한다.
- 그러나 이런 이익 대 위험의 비율이 아무리 긍정적일지라도 참가자들은 다음과 같은 권리를 갖는다.

- 위해로부터 보호받는다.
- 참가 동의서(또는 참가 중지 동의서)를 받는다.
- 그들의 자료처리는 비밀이 보장된다.
- 자료 수집을 위해 필요했던 속임수에 대해 설명을 받는다.

인간발달 연구의 주제

- 인간발달 이론들은 4가지의 기본적인 주제에서 서로 다르다.
  - 발달은 주로 천성에 의해 결정되는가, 아니면 육성에 의해 결정되는가?
  - 인간은 자신의 발달에 능동적으로 개입하는가, 아니면 수동적으로 개입하는가?
  - 발달은 양적이고 연속적인 과정인가, 아니면 질적이고 비연속적인 과정인가?
  - 여러 발달영역들은 서로 관련되는가(총체적), 아니면 기본적으로 분리되고 구별되는 것인가?
- 현대 발달학자들의 대부분은 이론적으로 절충적이다.
  - 그들은 인간발달을 전체적으로 적절하게 설명할 수 있는 하나의 이론은 없다는 것을 인정한다.
  - 그들은 각 이론이 발달에 대한 우리의 이해에 중요하게 기여한다고 믿는다.

연습문제　　　　　　　　　　　PRACTICE QUIZ

선다형: 각 문제에 맞는 답을 선택하여 발달심리학과 그 연구방법에 대한 여러분의 이해를 검토하라. 정답은 부록에 있다.

1. 대부분의 종 구성원이나 모든 종구성원들의 특성인 발달적 변화나 연속성은 (　　　)으로 알려져 있다.
   a. 성숙
   b. 학습
   c. 규준적 발달
   d. 개별적 발달

2. 발달과학의 세 가지 주요 목표가 아닌 것은 (　　　)
   a. 발달을 기술하는 것
   b. 발달을 설명하는 것
   c. 발달을 최적화하는 것
   d. 발달을 규정하는 것

3. 연구자들은 사춘기에 도달하는 연령이 그 사람의 사회생활에 영향을 준다는 것을 발견했다. 구체적으로 일찍 사춘기에 도달한 남아들은 늦게 도달하는 남아들보다 더 좋은 사회적 관계를 갖는다. 이런 결과를 가장 잘 나타내주는 발달의 특성은 무엇인가?
   a. 연속적이고 누적적인 과정
   b. 총체적 과정
   c. 가소성
   d. 역사적 또는 문화적 맥락

4. Smartee박사는 찰싹 때리는 것이 아이를 버릇없는 아이로 키우지 않기 위해서 중요하다는 이론을 신봉한다. Smartee박사는 자신의 이론에서 나온 여러 개의 가설들 각각을 제안하고 그 가설들을 객관적 자료수집 방법을 사용해서 검증했다. 그녀의 모든 가설들이 입증되지 않았다. Smartee박사가 과학적 방법을 따랐다고 가정한다면 그녀가 다음에 해야 할 일은 무엇인가?
   a. 그녀의 이론을 기각한다.
   b. 그녀의 이론을 정교화한다.
   c. 그녀의 이론을 고수한다.

5. 사람들이 그들의 자연스러운 환경 속에서 일상 활동을 하고 있는 동안 실험자가 관찰하는 연구방법은 (　　　)이다.
   a. 임상법
   b. 기술민족학
   c. 구조화된 관찰
   d. 자연관찰

6. 구조화된 면접과 임상법 간의 기본적 차이는 구조화된 면접에서는 아니지만 임상법에서는 실험자는
   a. 참가자의 반응에 따라 실험자 묻는 질문을 바꾼다.
   b. 모든 참가자에게 같은 방식으로 같은 질문을 한다.
   c. 참가자들의 독특한 가치, 전통, 사회적 과정을 이해하기 위해 일정기간을 함께 산다.
   d. 다른 질문의 뜻을 보여주기 위해서 소품(props)과 여러 자극을 사용한다.

7. 실험법에서 행동에 주는 효과를 측정하기 위해서 실험자가 바꾸거나 조종하는 환경 측면은 (   ) 이라고 한다.
   a. 통제변인
   b. 종속변인
   c. 실험변인
   d. 독립변인

8. 여러 집단의 사람들을 시간이 흐르면서 반복 관찰하는 발달설계는 (   )으로 알려져 있다.
   a. 횡단적 설계
   b. 종단적 설계
   c. 계열적 설계

   d. 미시발생적 설계

9. 연습효과와 선별적 탈락은 어떤 발달 설계의 약점인가 ?
   a. 횡단적 설계
   b. 종단적 설계
   c. 계열적 설계
   d. 미시발생적 설계

10. 다음 중에서 심리학 연구에 포함되는 아동의 권리와 실험자의 책임이 아닌 것은?
   a. 비밀보장성
   b. 속임수의 배제
   c. 동의
   d. 해악으로부터의 보호

주요 용어   KEY TERMS

가설(hypothesis)
가소성(plasticity)
개별적 발달(ideographic development)
계열적 설계(sequential design)
과학적 방법(scientific method)
관찰자 영향(observer influence)
구조화된 관찰(structured observation)
구조화된 면접 또는 구조화된 질문지(structured interview or structured questionnaire)
규준적 발달(normative development)
기술민족학(ethnography)
능동/수동(activity/passivity)
독립변인(independent variable)
동시대집단(cohort)
동시대집단 효과(cohort effect)
동의(informed consent)
무선할당(random assignment)
문화간 비교(cross-cultural comparison)
미시발생적 설계(microgenetic design)
발달(development)

발달단계(developmental stage)
발달심리학(developmental psychology)
발달연속성(developmental continuity)
발달학자(developmentalist)
비대표적 표본(non-representative sample)
비밀보장성(confidentiality)
사례연구(case study)
상관계수(correlation coefficient)
상관설계(correlational design)
생태학적 타당도(ecological validity)
세대간 문제(cross-generational problem)
선별적 감소(selective attrition)
성숙(maturation)
신뢰성(reliability)
실험설계(experimental design)
실험통제(experimental control)
양적 변화(quantitative change)
연속/비연속(continuity/discontinuity)
연습 효과(practice effect)
이론(theory)
이익 대 위험의 비율(benefits-to-risks ratio)

일기 연구(diary study)
임상법(clinical method)
자연 관찰법(naturalistic observation)
자연(혹은 유사)실험(natural(quasi-) experiment)
절충론(eclectics)
정신생리학적 방법(psychophysiological methods)
종단적 설계(longitudinal design)
종속변인(dependent variable)
질적 변화(qualitative change)
천성/육성(nature/nurture)
총체적 관점(holistic perspective)
타당성(validity)
학습(learning)
해악으로부터의 보호(protection from harm)
현장실험(field experiment)
혼입변인(confounding variable)
횡단적 설계(cross-sectional design)

제 2 부 발달의 생물학적 기초

2 유전이 발달에 주는 영향

유전의 개념을 처음 소개받았던 때를 기억하는가? 한 초등학교 1학년 학생이 학부모–교사 회의에서 겪은 일을 생각해 보자. 교사는 그 소년에게 미국에 오기 전 그의 조상들이 어디에서 살았는지 아느냐고 물었다. 그 소년은 자신이 "반은 카우보이이고 반은 흑인"이라는 이유 때문에 "옛 서부요"라고 자신있게 외쳤다. 어른들은 크게 웃으며 그 소년에게 그의 부모가 아프리카계 미국인이 아니기 때문에 그 소년 자신도 아프리카계 미국인의 후손이 아니라는 사실을 알게 하려고 애썼다. 그리고 그 자신은 엄마, 아빠를 닮는다는 것도 말해주었다. 확실히, 그 아이는 유전적 제약을 그다지 잘 이해할 수 없었다. 아이는 매우 걱정하면서 "그럼, 제가 소방관이 될 수 없다는 말인가요?"라고 물었다.

　　이 장에서는 **유전자형**(genotype, 물려받은 유전자)이 **표현형**(phenotype, 관찰가능하고 측정가능한 특성들)으로 발현되는 방법을 알아보기 위해 유전적인 관점에서 인간 발달을 알아본다. 우선 유전정보가 부모로부터 자녀들에게 전달되는 방법과 유전적 기제가 우리를 독특한 개인으로 만드는 방법을 알아볼 것이다. 그런 다음 유전이 지능, 성격, 정신건강, 행동 패턴과 같은 심리적 속성들에 기여하는 것을 보여주는 증거들을 검토할 것이다. 이 증거는 부모로부터 받은 유전자가 우리가 가진 주목할 만한 표현형 특성 중 많은 부분에 영향을 준다고 시사한다. 마지막으로, 이 장을 통해 우리가 얻게 될 가장 큰 교훈은, 유전자만의 결정력은 여러분이 상상하는 것보다 약하다는 것이다. 앞으로 보게 되는 바와 같이, 가장 복잡한 인간의 특성들은 천성(유전)과 육성(환경)이 장기간에 걸쳐 상호작용한 결과이다(Anastasi, 1958; Brown, 1999; Plomin et al., 2001).

▌유전적 전달의 원리

유전작용을 이해하기 위해서는 "수정"에서부터 출발해야 한다. **수정**이란, 여성의 난소에서 방출되어 나팔관을 통해 자궁으로 가던 난자가 남성의 정자에 의해 수정되는 순간을

유전자형
(genotype)
한 개인이 물려받은 유전적 자질.

표현형
(phenotype)
한 사람의 유전자형이 관찰가능하거나 측정가능한 특성으로 표현되는 방식.

수정
(conception)
정자가 난자에 침투하여 접합체를 이루는 수정의 순간.

말한다. 우리는 수정시점에서 무엇이 유전되는지를 알아야 유전자가 어떤 기제를 통해 우리가 나타내는 특성들에 영향을 주는지를 알아 볼 수 있다.

유전물질

수정 후에 발생하는 맨 처음의 발달은 보호적이다: 하나의 정자세포가 난자의 막을 뚫고 들어오면 생화학적 반응이 일어나 다른 정자들을 물리쳐서 수정과정을 반복하지 못하게 막는다. 몇시간 내에 정자세포는 분열하기 시작해 자기의 유전물질을 방출한다. 난자도 유전물질을 방출하며, 아버지의 정자와 어머니의 난자가 제공한 유전정보 주변에 새로운 세포핵이 형성된다. 이 새로운 세포를 **접합체**(zygote)라고 하는데, 그 크기는 핀침 머리의 20분의 1 정도 밖에 안된다. 하지만 이 작은 세포는 접합체가 단세포에서부터 인식 가능한 인간으로 발달하는데 필요한 생화학적 물질들을 포함하고 있다.

인간 접합체에는 어떤 유전물질이 존재하는가? 새로운 세포핵은 46개의 **염색체** (choromosomes)라 불리는 길고 실같은 모양의 것들을 갖고 있는데, 각각의 염색체는 수천 개의 화학적 조각들 혹은 **유전자**들로 이루어져 있다. 유전자는 하나의 단백질을 만드는 유전의 기본 단위이다(Brown, 1999). 곧 논의하게 될 하나의 예외가 있긴 하지만 염색체들은 쌍을 이룬다. 한 쌍의 염색체를 구성하는 각각의 염색체는 크기, 모양, 유전 기능이 서로 일치한다. 각 염색체 쌍의 한 염색체는 어머니의 난자에서 오고 다른 염색체 하나는 아버지의 정자에서 온다. 따라서 어머니, 아버지는 각각의 자식들에게 23개의 염색체를 주게 된다.

각 염색체의 유전자들도 쌍으로 기능한다. 각 유전자 쌍을 이루는 두 유전자는 해당되는 염색체에서 동일한 위치에 있다. 유전자들은 사실 **DNA**(deoxyribonucleic acid)가 길게 퍼져있는 것이다. DNA는 복잡한 "이중 나선" 모양의 분자로 꼬인 사다리 모양을 하고 있으며 발달에 관한 화학적인 기초를 제공한다. DNA의 독특한 특징은 자신을 복제할 수 있다는 것이다. 사다리 모양의 분자의 가로대가 중간에서 분할되어 지퍼처럼 양쪽으로 벌어진다. 그런 다음, 분자의 남아있는 반 각각이 잃어버린 부분의 복제를 유도한다. 자신을 복제하는 이 DNA의 특별한 능력 때문에 단세포 접합체가 경이로울 정도로 복잡한 인간으로 발달할 수 있게 되는 것이다.

접합체의 성장과 체세포의 생성

접합체가 나팔관을 통해 자궁 내 착상지역으로 이동할 때, 접합체는 **유사분열**(mitosis) 과정을 통해 자신을 복제하기 시작한다. 처음에는 접합체가 두 개의 세포로 나뉘어지지만, 곧 4개의 세포가 된다. 4개의 세포는 8개가 되고, 8개의 세포는 곧 16개의 세포가 된다. 각 분열이 있기 바로 전에 세포는 46개의 염색체를 복제하고, 복제 염색체들은 반대 방향으로 이동한다. 그리고나서 세포분열이 이루어지고, 그 결과 두 개의 새로운 세포가 생기게 된다. 새로운 세포 각각은 각각 23개의 염색체 쌍(총 46개)을 갖고 있고, 모세포와 동일한 유전물질을 갖고 있다. 이 놀라운 과정이 그림 2.1에 제시되어 있다.

출생할 때쯤 아기는 유사분열을 통해 얻어진 수십억 개의 세포들로 이루어져 있는데, 이들 세포들은 근육, 뼈, 기관, 기타 신체구조들을 이룬다. 유사분열은 일생을 통해 계속 이루어져 우리가 성장할 수 있도록 새 세포를 생성하고, 오래된 손상 세포를 대체한다. 각각의 분열과 함께 염색체가 복제되기 때문에, 새로운 세포들 모두 수정시에 유

접합체
(zygote)

수정 시 정자와 난자가 결합해서 만들어진 하나의 세포.

염색체
(chromosomes)

유전자로 이루어진 실 같은 구조; 인간에서는 각 체세포의 핵 안에 46개의 염색체가 있다.

유전자
(genes)

발달에 대한 유전적 청사진으로 세대에서 세대로 변하지 않고 전달된다.

DNA
(deoxyribonucleic acid)

염색체를 이루는 길게 이중으로 꼬인 분자들.

유사분열
(mitosis)

세포가 염색체를 두 배로 복제한 다음에 두 개의 유전적으로 동일한 딸세포를 만드는 과정.

전받은 46개 염색체의 정확한 복사본을 갖고 있다.

배아세포(성세포)

인간은 체세포뿐만 아니라 **생식세포**(gametes; 남성의 정자와 여성의 난자) 생성이라는 특별한 유전 기능을 하는 **배아세포들**(germ cells)도 갖고 있다. 이것은 유사분열 과정과는 다른 유형의 세포복제이다. 이 과정은 유사분열의 일부 특성을 공유하지만, 이 과정의 결과로 생기는 세포를 만드는 방식이 다르다. 이 세포는 유일한 개인이 될 유일한 세포를 만들기 위해 생식세포와 합쳐질 수 있다. 배아세포만이 이런 식으로 복제한다. 이 과정을 더 자세히 알아보자.

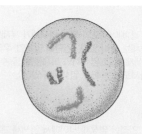

단계 1
원래의 모세포(분열방식을 보여주기 위한 것이기 때문에 이 세포는 4개 염색체만을 가지고 있다).

단계 2
각 염색체는 길게 세로로 갈라져 복제물을 만든다.

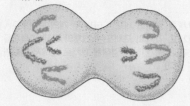

단계 3
염색체의 복제 세트들은 모세포의 반대방향으로 이동하고 세포가 분열되기 시작한다.

단계 4
세포는 분열을 끝내어 모세포와 같은 염색체 세트를 갖는 2개의 딸세포가 된다.

그림 2.1   유사분열: 세포가 자신을 복제하는 방식.

감수분열을 통한 생식세포의 생성

정소에 있는 남성 배아세포들과 난소에 있는 여성 배아세포들은 그림 2.2에 예시된 것과 같은 **감수분열**을 통해 정자와 난자를 만들어 낸다. 배아세포들은 먼저 46개의 염색체들을 복제해 낸다. 그리고나서 **염색체 교차**(crossing over)라 불리는 사건이 종종 발생한다: 인접한 복제 염색체들끼리 교차하고 한 지점 이상에서 부러지면서 유전물질 조각들을 교환하게 된다. 이 교차 동안의 유전자 전이가 새롭고 독특한 유전조합을 만들어 낸다(교차를 자세히 살펴보려면 다음 쪽의 상자를 참조하라). 그런 다음, 복제된 염색체 쌍(그들의 일부는 염색체 교차에 의해 변화되었다)은 각각 46개의 염색체를 갖는 두 개의 새 세포로 분리된다. 끝으로, 새 세포가 분열되면서 각각 23개의 단일(또는 **짝을 이루지 않는**) 염색체를 갖는 생식세포가 만들어진다. 그리고나서 수정시에, 23개 염색체를 가진 정자와 23개 염색체를 가진 난자가 결합하여 46개 염색체 모두로 이루어진 접합체를 생성하게 된다.

동일한 부모의 형제자매들은 23개의 염색체를 부모 각각으로부터 유전받는다. 동일한 부모의 자녀인데도 때때로 거의 닮지 않는 이유는 도대체 무엇일까? 그 이유는 감수분열이 우리를 유전적으로 독특하게 만들기 때문이다.

유전적 독특성

염색체 한 쌍이 감수분열할 때, 두 염색체중 어느 것이 특정 모세포가 되는지는 기회의 문제이다. 각 염색체 쌍은 **독립분류**(Independent assortment) 원칙에 따라 다른 모든 쌍들과는 독립적으로 분열하기 때문에, 단일 배아세포의 감수분열은 매우 다른 염색체

감수분열
(meiosis)

배아세포가 나뉘어져서 모세포가 갖고 있는 원래 염색체들의 반을 포함하는 생식세포(정자나 난자)를 만드는 과정; 인간에서 감수분열의 결과물은 23개 염색체를 갖는다.

염색체 교차
(crossing-over)

감수분열 동안에 염색체 쌍들 사이에서 유전물질이 교환되는 과정.

독립분류
(independent assortment)

감수분열 동안에 각각의 염색체 쌍이 모든 다른 염색체 쌍들과는 독립적으로 분리되는 것을 말하는 원리.

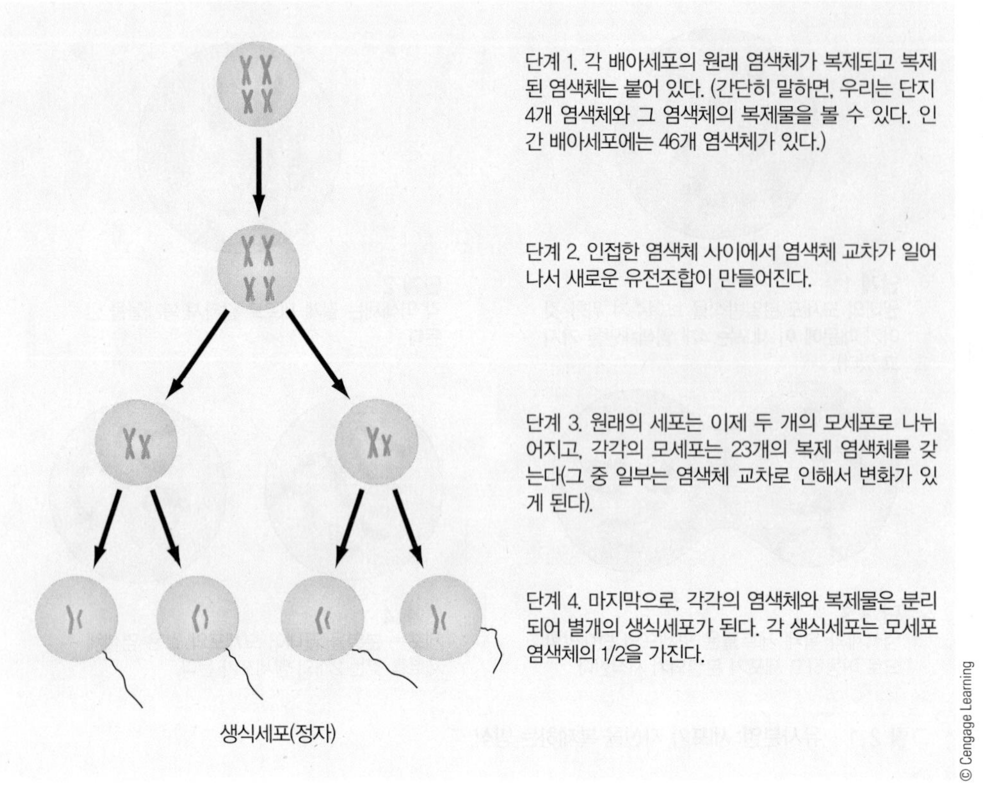

단계 1. 각 배아세포의 원래 염색체가 복제되고 복제된 염색체는 붙어 있다. (간단히 말하면, 우리는 단지 4개 염색체와 그 염색체의 복제물을 볼 수 있다. 인간 배아세포에는 46개 염색체가 있다.)

단계 2. 인접한 염색체 사이에서 염색체 교차가 일어나서 새로운 유전조합이 만들어진다.

단계 3. 원래의 세포는 이제 두 개의 모세포로 나뉘어지고, 각각의 모세포는 23개의 복제 염색체를 갖는다(그 중 일부는 염색체 교차로 인해서 변화가 있게 된다).

단계 4. 마지막으로, 각각의 염색체와 복제물은 분리되어 별개의 생식세포가 된다. 각 생식세포는 모세포 염색체의 1/2을 가진다.

생식세포(정자)

그림 2.2 남성 성세포의 감수분열 다이어그램.

조합을 만들 수 있다. 인간 배아세포는 각각 23개의 염색체 쌍을 갖고 있고, 염색체 쌍 각각은 상호 독립적으로 분열하기 때문에 확률적으로 부모 각각은 2^{23}개(8백만 개 이상)의 상이한 유전조합을 정자나 난자 안에 생성해낼 수 있다. 만일 아버지가 23개의 염색체로 8백만 개 조합을 만들어내고 어머니도 8백만 개의 조합을 만들어낼 수 있다면, 이론적으로 한 부부가 낳을 수 있는 유전자 세트가 다른 아기의 수는 64조 명이다!

사실상, 두 형제 자매 간에 정확하게 같은 유전 복제를 할 확률은 64조 분의 1보다 작다. 왜 그럴까? 감수분열의 초기단계에서 발생하는 교차과정이 실제적으로는 염색체의 유전적 구성을 바꿔서, 염색체가 유전정보의 교환 없이 깨끗하게 분열된다면 생길 수 있는 한 사람의 성염색체의 변이수인 8백만 개보다 변이수를 훨씬 많게 증가시키기 때문이다.

다태아 출산

두 사람이 같은 유전자형을 갖는 하나의 상황이 있다. 때때로 복제를 시작한 접합체가 두 개의 동일한 세포로 분열하여 나중에 두 명의 사람이 되기도 한다. 이 **경우를 일란성 쌍생아**(monozygotic twins or identical twins)라고 부르는데, 그 이유는 그들이 단일 접합체에서 발달해서 동일한 유전자를 갖기 때문이다. 일란성 쌍생아는 전세계에서 250번의 출산당 한번 정도 출산된다(Plomin, 1990). 만일 유전자가 인간발달에 막대한 영향을 끼친다면, 일란성 쌍생아들은 유전적으로 동일하기 때문에 매우 유사한 발달진행을 보여주어야 한다.

더 흔하게 발생하는 쌍생아는 **이란성 쌍생아**(dizygotic twins or fraternal twins)로 125번의 출산당 거의 1회 정도 발생한다. 이란성 쌍생아는 어머니가 동시에 두 개의 난자를 방출하고 이 두 개의 난자가 각각 **서로 다른 정자**를 만나 수정된 결과이다(Brockington, 1996). 따라서, 이란성 쌍생아는 함께 태어나긴 하지만 다른 형제들보다 공통적인 유전자를 더 많이 갖고 있는 것은 아니다. 53쪽의 그림에서 볼 수 있듯이, 이란성 쌍생아는 외모가 상당히 다르며 심지어는 동성이 아닌 경우도 있다.

일란성 쌍생아
(monozygotic twins or identical twins)

하나의 접합체로부터 발달한 쌍생아들. 이 접합체는 나중에 나뉘어져서 유전적으로 똑같은 사람들이 된다.

이란성 쌍생아
(dizygotic twins or fraternal twins)

어머니가 두 개의 난자를 거의 같은 시기에 배출할 때 생기는 쌍생아로 각각의 난자는 서로 다른 정자에 의해 수정되어 유전적으로 다른 두 개의 접합체를 만든다.

© Cengage Learning

일란성 쌍생아(오른쪽)는 하나의 접합체에서 발달한다. 그들은 동일한 유전자 세트를 유전받기 때문에 모습이 비슷하고 동성이며, 모든 다른 유전된 특성들을 공유한다. 이란성 쌍생아(왼쪽)는 별개의 접합체에서 발달하기 때문에 서로 다른 시기에 태어나는 형제들이 공유하는 정도의 공통된 유전자를 갖는다. 결과적으로, 그들은 모습이 다르고(사진에서 보듯이) 심지어 동성이 아닐 수 있다.

여성이냐 남성이냐?

성차에 대한 유전적인 근거는 정상인 남자와 여자의 염색체를 검사해 보면 매우 분명해진다. 이런 염색체 그림들, 혹은 **핵형**(Karyotype)에 의하면, 남자와 여자는 23개 염색체 쌍 중에서 22개 쌍(상염색체라 부름)이 유사하다는 것을 알 수 있다. 성은 23번째 쌍(성염색체라 부름)에서 결정된다. 남자의 23번째 염색체 쌍은 **X염색체**라고 알려진 긴 염색체 하나와 **Y염색체**라고 불리는 짧고 땅딸막한 염색체 하나로 구성되어 있다. 여자의 경우에는 이 성염색체가 모두 X염색체들이다(아래의 사진참조).

역사적으로, 어머니들은 남편에게 대를 이을 사내아기를 낳지 못했다는 이유로 경시되거나 괴롭힘을 당하고, 이혼, 심지어 참수를 당하기도 했다! 아버지들이 자녀들의 성을 결정한다는 측면에서 보면, 이는 사회적, 생물학적으로 부당한 일이다. 감수분열기에 남성 염색체(XY)가 생식체로 분열되면, 생성된 정자의 반은 X염색체를 갖고 나머지 반은 Y염색체를 갖는다. 반대로, 여성 염색체(XX)에 의해 생성된 난자는 모두 X염색체를 갖고 있다. 따라서 난자와 수정하는 정자가 X염색체를 가진 **정자**인지 Y염색체를 가진 정자인지에 따라 아동의 성이 결정된다.

지금 우리는 46개의 염색체에 수많은 유전자를 물려받은 유전적으로 독특한 남아나 여아가 있다(Lemonick, 2001). 이제 중요한 질문은 "유전자들은 발달과 사람의 표현형 특성에 어떻게 영향을 주는가?"이다.

상염색체
(autosomes)
여성과 남성에서 동일한 22쌍의 인간 염색체들.

X염색체
(X chromosome)
두 개의 성염색체 중에서 더 긴 염색체; 정상 여성들은 두 개의 X염색체를 갖는 반면, 정상 남성은 단지 하나의 X 염색체를 갖는다.

Y염색체
(Y chromosome)
두 개의 성염색체 중에서 더 짧은 염색체; 정상 남성은 하나의 Y염색체를 갖는 반면, 여성은 갖고 있지 않다.

유전자들은 어떤 일을 하는가?

유전자는 어떻게 발달을 촉진시키는가? 가장 기본적인 생화학적 수준에서, 유전자는 새로운 세포 형성과 세포 기능에 필요한 효소나 단백질을 생산하게 한다(Mehlman & Botkin, 1998). 예를 들어, 유전자는 눈의 홍채에서 **멜라닌**이라 불리는 색소의 생산을 조절한다. 갈색 눈의 사람들은 이 색소를 많

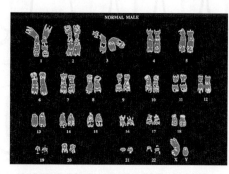
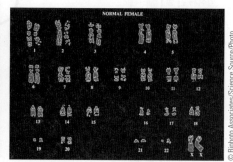

남성(왼쪽)과 여성(오른쪽)의 핵형이 염색체가 쌍을 이루어 배열되어 있다. 23번째 염색체 쌍은 남성의 경우 하나의 긴 X염색체와 보다 작은 Y염색체로 이루어져 있는 반면에 여성의 23번째 염색체 쌍은 두 개의 X 염색체로 이루어져 있다.

연구초점 **감수분열 동안의 교차와 염색체 분리**

감수분열 동안 염색체가 복제된다. 원염색체 가닥과 복제된 가닥은 동원체(centromere)라 부르는 구조에 의해 함께 붙어있다. 각각의 염색체는 동원체에서 연장된 짧은 팔과 긴 팔을 모두 가진다. 모양은 그림 2.3에서 보는 것과 같다. 복제 후에 상동염색체는 쌍을 이룬다. 즉 비슷한 유전자를 갖고 있는 조모계 염색체와 조부계 염색체는 옆에 배열된다. 감수분열의 이 시점에서 조모계 염색체와 조부계 염색체의 팔들은 유전물질을 교환하여 교차 재결합이 발생한다(Lamb et al., 2005; Lynn et al., 2004). 교차 위치는 교차점(chiasma)이라 하는데 이것은 교차모양 표식을 나타내는 그리스어이다.

교차사건은 감수분열 중 매우 자주 발생한다(Broman et al., 1998; Jeffreys, Richie, & Newmann, 2000; Lynn et al., 2004). (교차를 통한 재결합의 그림은 그림 2.4를 참조하라.) 감수분열 동안의 교차사건의 평균수는 여성은 42번, 남성은 27번이다(Broman et al., 1998; Lynn et al., 2004). 교차 재결합이 가장 잘 일어나는 곳은 염색체 길이의 특정 위치이다. 이 "빈발영역(hotspots)"의 분포는 무작위적이지 않다. 친척인 사람들의 생식세포 분석은 가족구성원들은 빈발영역 위치를 공유한다는 것을 보여준다(Jeffreys, Richie, & Newman, 2000; Jeffreys & Newman, 2002; Pineda-Krch & Redfield, 2005). 재결합 빈발영역의 위치에 영향을 주는 특정 질환과 유전자 배열은 현재 조사중이다(Lamb, Sherman, & Hassold, 2005).

교차 재결합은 두 가지 중요한 기능을 한다. 첫째, 세대를 내려가면서 인간전집의 유전자 다양성을 증가시킨다. 그렇게 해서 선천적 결함, 질병으로 인한 죽음, 다른 환경 스트레스로부터 보호한다(Jeffreys & Newman, 2002). 둘째, 이 교차점들은 교

차사건 동안에 상동염색체를 함께 묶어 놓는다. 그렇게 해서 감수분열의 일차 분열 동안 상동염색체가 적절히 분리되는 것을 보장한다. 교차점으로 연결되지 않은 염색체 쌍들은 독립적으로 떠돌다 동일한 딸세포 안에 들어간다. 그 결과 생식세포가 이수체가 된다. 즉, 일부 성세포들이 너무 적은 염색체를 갖고 일부는 너무 많은 세포를 갖는다(Lamb, Sherman, & Hassold, 2005; Lynn et al., 2004).

이수체는 수정란 발달에 엄청난 결과를 가져온다. 자연유산, 선천적 출산 결함, 정신지체를 유발할 수 있다(Lynn et al., 2004). 너무 적은 염색체를 가진 접합체의 대다수는 자연유산된다(Lamb, Sherman, & Hassold, 2005). 가장 자주 일어나는 것은 삼염색체성(필요한 염색체양보다 더 많이 있는)으로 다운증후군같은 선천적 결함과 인지적 손상을 가져온다(Lamb, Sherman, & Hassold, 2005; Lynn et al., 2004).

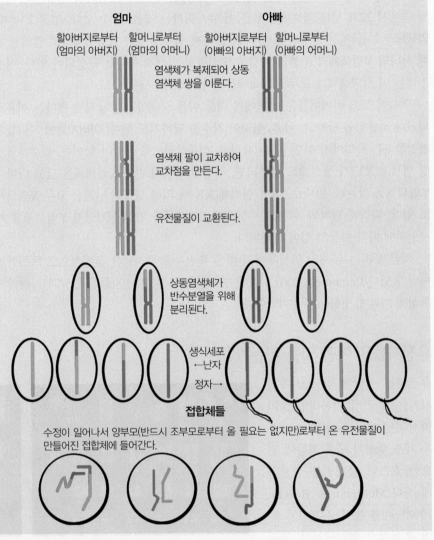

원염색체 (왼쪽 반)　**원염색체 복제한 부분(오른쪽 반)**

염색체 긴 팔

동원체

염색체 짧은 팔

그림 2.3 감수분열을 하기 위해 복제된 염색체.
출처: Julia Cline

엄마　　　　　　**아빠**

할아버지로부터 　할머니로부터　　할아버지로부터　할머니로부터
(엄마의 아버지)　(엄마의 어머니)　(아빠의 아버지)　(아빠의 어머니)

염색체가 복제되어 상동 염색체 쌍을 이룬다.

염색체 팔이 교차하여 교차점을 만든다.

유전물질이 교환된다.

상동염색체가 반수분열을 위해 분리된다.

생식세포
←난자
정자→

접합체들

수정이 일어나서 양부모(반드시 조부모로부터 올 필요는 없지만)로부터 온 유전물질이 만들어진 접합체에 들어간다.

그림 2.4 감수분열 동안 상동 조부모 유전자 간의 교차를 통한 재결합과 16개의 가능한 접합체 조합.
출처: Julia Cline

이 생산하게 하는 유전자를 갖고 있고, 파란색이나 초록색 눈을 가진 사람들은 이 색소를 덜 생산하게 하는 유전자들을 갖고 있다.

또한 유전자들은 세포분화도 유도하는데, 이에 의해 일부 세포는 두뇌와 중추신경계로, 다른 세포는 순환계, 골격, 피부 등이 된다. 발달하는 동안 유전자는 주변의 생화학적 환경에 영향을 주기도 하고 받기도 한다. 예를 들면, 특정 세포는 초기 배아발생 시기에 어떤 세포가 그것을 둘러싸고 있는지에 따라 안구의 일부가 되기도 하고 팔꿈치의 일부가 되기도 한다.

일부 유전자는 발달의 속도와 시기를 조절한다. 다른 조절 유전자들은 특정 유전자들이 인생주기의 시점에 따라 "작동하거나 정지하도록" 만든다(Plomin et al., 2001). 예를 들면, 조절 유전자는 청소년기에 급성장을 하게 만드는 유전자를 "작동"시키고, 성인기에는 이 성장 유전자의 작동을 막을 수 있다.

마지막으로, 한 가지 중요한 점이 있다: 환경요인들은 유전자가 어떻게 작용하느냐에 명백하게 영향을 준다(Gottlieb, 1996). 예를 들어 장신(큰 키) 유전자를 유전받은 아이라 할지라도, 그가 성인이 되었을 때는 키가 클 수도 있고 작을 수도 있음을 생각하라. 그가 생의 초기에 오랫동안 영양공급이 매우 부족했다면, 상당한 수준까지 키가 클 수 있는 유전적 잠재력을 갖고 있다 할지라도, 평균 또는 그 이하에서 키의 성장이 멈출 것이다. 따라서 환경적 영향은 유전적 영향과 결합해 유전형이 어떻게 특정 표현형—외모, 느낌, 사고, 행동 등—으로 바뀔지를 결정한다.

환경은 여러 수준에서 유전자의 작용에 영향을 준다. 예를 들어, 세포핵에는 염색체와 유전자가 들어 있는데, 이 세포핵 안의 환경은 유전물질의 합성에 영향을 준다. 세포를 둘러싸고 있는 내적 환경은 유전자의 발현에 영향을 준다. 마지막으로, 영양과 신장의 예에서 살펴본 바와 같이 외적 환경은 유전물질의 합성에 영향을 준다.

게다가 외적인 환경 효과 중 어떤 것은 모든 인간들이 경험하는 것이고 어떤 것은 일부 사람들만 경험하는 것이다. 전자는 "경험예기적 상호작용"이라 하고 후자는 "경험의존적 상호작용"이라 한다(Greenough, Black, & Wallace, 2002; Johnson, 2005; Pennington, 2001). 이런 유전자-환경 상호작용의 여러 수준들이 표 2.1에 요약되어 있다. 이 논의에서 취해야 할 가장 중요한 점은 유전자가 인간특성을 단순히 "기록"하는 것이 아니고 유전자들은 여러 수준에서 환경과 상호작용하여 결국은 인간 특성에 영향을 주는 단백질을 생산한다는 것을 깨닫는 것이다.

유전자가 발달에 영향을 주는 방법에 대한 문제에 접근하는 또 다른 방법은 유전자 유전의 주요 패턴, 즉 부모의 유전자가 아동의 표현형으로 발현되는 방식을 생각하는 것이다.

표 2.1 유전자 발현에 영향을 주는 여러 가지의 유전자-환경 상호작용 수준	
환경 수준	유전자-환경 상호작용 유형
세포 내(핵을 둘러싼)	분자
세포 밖(세포를 둘러싼)	세포
외부환경(신체 밖의)	유기체-환경 경험예기적 경험의존적

출처: Adapted from Johnson, 2005.

유전자는 어떻게 발현되는가?

유전적 발현에는 단순한 우성-열성 유전, 공우성, 성-관련 유전, 다중 유전자 유전 (polygenic inheritances) 등 네 가지의 주요 패턴들이 있다.

단일 유전자 유전 패턴

유전자는 여러 방식으로 인간 특성에 영향을 준다. 때로는 인간 특성이 하나의 유전자에 의해 결정된다. 어떤 때는 많은 유전자들이 함께 작용하여 특성에 영향을 주기도 한다. 이것은 다중유전자 유전으로 알려져 있다. 단일 유전자 유전 패턴의 이해는 유전자의 작용과 유전자의 환경과의 상호작용을 이해하는 것을 도울 수 있다. 그 이해는 우리로 하여금 많은 유전자가 상호작용하여 특성에 영향을 줄 때 일어나는 기제를 이해하게 해준다. 그러므로 우리가 첫 번째로 해야 할 일은 단일 유전자 유전 패턴을 알아보는 것이다.

대립유전자
(alleles)
염색체의 특정 위치에 나타날 수 있는 하나의 유전자의 선택적 형태들.

단순 우성-열성 유전 많은 인간적 특성들은 **대립유전자**(alleles)라 불리는 단 한 쌍의 유전자에 의해 영향받는다. 대립유전자는 아버지에게서 받은 유전자 하나와 어머니에게서 받은 유전자 하나로 이루어진다. Gregor Mendel이라는 19세기 수사는, 유전자에 대해서는 알지 못했지만, 완두콩의 잡종교배와 그 결과에 대한 관찰을 통해 단일 유전자 쌍 유전에 대한 우리의 지식에 상당한 공헌을 했다. 그는 잡종교배 후손들에게서 두 개의 대안 특성(예를 들어, 주름진 콩과 주름없는 콩, 녹색 콩과 노란색 콩)이 나타나는 방식에서 예언가능한 패턴을 발견했다. 그는 일부 특성들(예: 주름없는 콩)은 잡종 후손에서 "열성" 특질들보다 더 자주 나타나기 때문에 "우성"이라 불렀다. 완두콩 간에, 그리고 사람들 간에 자손의 표현형은 단지 부모 특성의 단순한 혼합이 아닌 경우가 종종 있다. 대신에, 부모 중 한 사람의 유전자가 다른 한 사람의 유전자보다 우세하면, 그 아이는 부모 중 우성인자를 제공한 사람을 닮는다. **단순 우성-열성 유전**(simple dominant-recessive inheritance) 원리를 예증하기 위해, 우리들 중 약 4분의 3은 원거리 물체를 정확히 볼 수 있는 반면(즉, 정상시력), 나머지 4분의 1은 원거리를 잘 볼 수 없는 근시라고 생각해 보자. 정상시력과 관련있는 유전자는 **우성 대립유전자**(dominant allele)이다. 근시를 가져오는 약한 유전자는 **열성 대립유전자**(recessive allele)라 불린다. 따라서, 정상시력을 가져오는 대립유전자 하나와 근시를 가져오는 대립유전자 하나를 유전받은 사람은 정상시력이 표현형으로 나타나는 경향이 있는데, 이는 정상시력 유전자가 근시 유전자보다 더 우세하기(즉, 우성이기) 때문이다.

단순 우성-열성 유전
(simple dominant-recessive inheritance)
하나의 대립유전자가 다른 대립유전자보다 더 우세해서 그 강한 대립유전자의 표현형만 나타나는 유전의 한 형태.

우성 대립유전자
(dominant allele)
표현형으로 나타나며 덜 강력한 유전자의 효과를 차단하는 상대적으로 더 강력한 유전자.

정상시력 대립유전자는 근시 대립유전자를 지배하기 때문에, 정상시력 유전자를 대문자 N으로 쓰고 근시 유전자를 소문자 n으로 쓴다. 이런 시각 특성에도 세 가지 가능한 유전형이 존재한다는 것을 알 수 있다: (1) 두 개의 정상시력 대립유전자(NN), (2) 두 개의 근시 대립유전자(nn) (3) 정상시력 대립유전자 하나와 근시 대립유전자 하나(Nn). 어떤 속성에 대한 유전형이 동일한 대립유전자로 구성된 사람은 그 속성에 대해 **동형접합**(homozygous)이라고 불린다. 따라서, NN인 사람은 정상시력에 대한 동형접합이고 자신의 자손들에게도 정상시력 유전자만 물려줄 것이다. nn인 사람은 근시에 대한 동형접합(근시가 되는 단 한 가지 방법은 이런 열성 대립유전자를 두 개 유전받는 것이다)이고 자손들에게는 근시 유전자만 물려줄 것이다. 끝으로, Nn인 사람은 서로 다른 대안적인 대립유전자를 각각 유전받았으므로 이 시각특성에 대해 **이형접합**(heterozygous)이라고

열성 대립유전자
(recessive allele)
우성 대립유전자와 짝지어질 때 표현형으로 나타나지 않는 덜 강력한 유전자.

동형접합
(homozygous)
하나의 속성에 대해 같은 효과를 갖는 두 개의 유전받은 대립유전자를 갖고 있다.

불린다. 이 사람은 *N*이 우성이므로 정상시력을 갖고 있을 것이다. 그렇다면, 이형접합인 사람은 자손들에게 어떤 종류의 대립유전자를 물려줄까? 정상시력 유전자나 근시 유전자이다! 이형접합인 사람은 정상시력을 갖고 있다 하더라도, 이 사람이 만든 생식세포의 정확히 반은 정상시력 유전자를 갖고 있을 것이고 나머지 반은 근시 유전자를 갖고 있을 것이다.

정상시력을 가진 남녀 두 사람이 근시 아이를 낳을 수 있을까? 대답은 "그렇다"이다. 만일 어머니, 아버지 모두 정상시력에 대한 이형접합이면서 근시에 대한 열성 대립유전자를 갖고 있는 **보인자**(carrier)라면 그럴 수 있다. 그림 2.5에서는 보인자 아버지의 유전자형이 윗부분에 나타나고 **보인자** 어머니의 유전자형이 왼쪽에 나타나 있다. 그들의 자녀들은 어떤 시력을 가질까? 차트의 4가지 사각형 안에는 다양한 가능성이 나타나

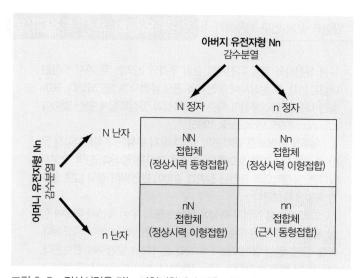

그림 2.5 정상시력을 갖는 이형접합체가 짝을 이룰 때 그 결과로 만들어지는 가능한 유전자형과 표현형들.

있다. 만일 정상시력 대립유전자(*N*)를 가진 정자가 정상시력 대립유전자(*N*)를 가진 난자와 결합한다면, 그 결과는 *NN*이고 이 아이는 정상시력에 대한 동형접합이다. 만일 유전자 *N*을 가진 정자가 유전자 *n*을 가진 난자와 수정하거나, 유전자 *n*을 가진 정자가 유전자 *N*을 가진 난자와 수정한다면, 그 결과는 정상시력을 가진 이형접합 아이가 태어난다. 끝으로, 정자와 난자가 모두 유전자 *n*을 갖고 있다면 아이는 근시가 될 것이다. 이 4가지 조합은 발생률이 동일하기 때문에, 두 명의 부모가 모두 *Nn*인 아동이 근시가 될 가능성은 4분의 1이다. 부모의 대립유전자와 그 유전자들의 가능한 조합이 유전가능한 고유한 특질을 형성하는 것을 그래프로 제시한 것을 **퍼니트스퀘어**(Punnett Square)라고 부른다.

정상시력/근시 특질은 하나의 특정 대립유전자가 다른 대립유전자를 지배하는 단일 유전자 쌍에 의해 결정되는 수많은 인간 속성들 중 단지 하나일 뿐이다(Connor, 1995). 다음에 있는 상자(당신의 삶에 연구 적용하기)는 인간에게서 나타나는 일반적인 우성, 열성 특질의 목록이다.

공우성 유전자의 대안적인 형태들이 항상 Gregor Mendel의 단순한 우열패턴을 따르는 것은 아니다(Plomin & Schalkwyk, 2007). 어떤 것들은 **공우성**(codominance)이어서 그들이 만들어내는 표현형은 두 유전자들 간의 타협점이 된다. 예를 들면, 인간의 혈액형 A와 B에 대한 대립유전자는 같은 정도의 발현력을 갖고 있어 하나가 다른 것보다 우세하지 않다. 혈액형 A에 대한 대립유전자 하나와 B형에 대한 대립유전자 하나를 유전받은 이형접합인 사람은 혈액속에 A항원과 B항원을 동일 비율로 갖고 있다. 따라서 혈액형이 AB인 사람은 유전적 공우성의 원리를 보여주는 것이다.

두 개의 이형접합 대립유전자 중 하나가 다른 것보다 우세하지만 열성 대립유전자의 효과를 모두 차폐하지 못할 경우 또 다른 유형의 공우성이 발생한다. 이 "불완전 우성"의 예 중 **겸상 적혈구**(sickle-cell) 특질은 주목할 만하다. 아프리카계 미국인중 약 8%(백인이나 아시아계 미국인은 상대적으로 발생률이 아주 적음)가 이 속성에 대해 이형접합인데, 이들은 열성 "겸상 적혈구" 대립유전자를 갖고 있다(미국 의약연구소, 1999). 하나의

이형접합
(heterozygous)
하나의 속성에 대해 다른 효과를 갖는 두 개의 유전받은 대립유전자를 갖고 있다.

보인자
(carrier)
그 자신의 표현형 안에 열성 대립유전자의 신호를 보이지 않지만 그 열성 대립유전자를 자손에게 전달할 수 있는 이형접합체인 사람.

공우성
(codominance)
이형이지만 동일한 힘을 갖는 두 개의 대립유전자들이 두 개의 유전자 모두가 완전히 동일하게 표현되는 표현형을 만드는 조건.

인간 유전의 우성 특질과 열성 특질의 예

우성 유전자와 열성 유전자에 관한 우리의 논의는 두 가지 특정한 대립유전자, 즉 정상시력 유전자와 근시 유전자에 집중되었다. 표에 실린 내용은 인간유전의 다른 우성특질과 열성특질에 관한 것이다 (Connor, 1995; McKusick, 1995).

목록을 훑어보면, 대부분의 바람직하지 못하거나 적응적이지 못한 속성은 열성임을 보여준다. 이것은 고마운 일이다. 만약 그렇지 않다면, 유전적으로 관련된 질병과 결함이 만연되어 결국 많은 인류가 죽었을지 모른다.

그러나 열성 유전자 특질이 항상 드물고 우성 유전자 특질이 항상 통상적으로 많은 것은 아니라는 것을 인정하는 것이 중요하다. 예를 들면, 열성 유전자들이 10개의 손가락과 발가락에 관련된다. 이것은 더 많은 손가락이 있는 경우보다 훨씬 더 일상적인 것이다. 얼굴 보조개는 우성 유전자와 관련된다. 그럼에도 불구하고 대다수의 사람들은 보조개가 없다. 여기에 상식과 반대되는 유전과정의 예들이 있다. 우리는 인간 유전에서 일어날 거라고 기대하는 것이 아닌 과학적 증거를 따라야 한다.

우성 유전자에 의해 나타나는 하나의 중요한 유전병은 헌팅턴씨병이다. 이것은 신체적인 능력과 정신적인 능력이 점진적으로 쇠퇴하여 결국 죽음에 이르는 신경계의 점차적인 퇴화를 가져오는 병이다. 헌팅턴씨병에 걸린 어떤 사람들은 성인기 초기에 사망하기도 하지만, 이 병은 보통은 매우 늦게, 일반적으로 40세 이후에 나타난다. 다행히, 이런 치명적인 병을 초래하는 우성 대립유전자는 매우 드물다.

우성 특질	열성 특질
검은 모발	갈색 모발
숱이 많은 머리	대머리
곱슬머리	직모
보조개	보조개 없음
원시	정상시력
정상시력	색맹*
5개 이상의 손가락	5개의 손가락
색이 있는 피부	Albinism
혈액형 A	혈액형 O
혈액형 B	혈액형 O
정상적인 혈액응고	혈우병*
헌팅턴씨병*	정상적 생리기능
정상 혈액세포	겸상적혈구 빈혈증*
정상적 생리기능	낭포성 섬유종*
정상적 생리기능	페닐케톤뇨증(PKU)*
정상적 생리기능	테이삭스병*

* 이 질환들은 다른 장에서 논의된다.

그림 2.6 겸상 적혈구 빈혈증을 가진 사람의 정상(둥근)과 "낫 모양"(길쭉한) 적혈구 세포.

겸상적혈구 유전자는 그 사람의 일부 적혈구 세포들을 이상한 초승달이나 낫 모양으로 만든다(그림 2.6 참조). 겸상 적혈구들은 함께 무리지어 순환계를 통한 산소운반을 감소시키는 경향이 있으므로 때로 문제가 된다. 그러나 높은 고도에서 신체적으로 탈진했을 때나 마취된 동안에 일어나는 것처럼 산소부족을 느끼지 못한다면, 이 겸상 적혈구 "보인자"들은 고통스러운 관절부종이나 피로처럼 순환계 질병의 명확한 증후군들을 경험하지 못한다(Strachan & Read, 1996).

두 개의 열성 겸상 적혈구 유전자를 유전받은 사람들에게 그 결과는 매우 심각하다. 그들은 **겸상 적혈구 빈혈증**(sickle-cell anemia)이라 불리는 심각한 혈액질환을 앓게 된다. 이 혈액장애는 많은 적혈구를 낫 모양으로 만들고 언제나 산소운반이 잘 안된다. 이 고통스런 질병에 걸린 많은 사람들은 아동기에 심장질환이나 신장질환 또는 호흡기 질환으로 많이 죽는다(미국 의약연구소, 1999).

성-관련 유전 어떤 특질들은 성염색체에 있는 유전자에 의해 결정되기 때문에 **성-관련 특성**(sex-linked characteristics)이라 불린다. 사실, 이 성-관련 속성들의 대부분은 X염색체에서만 발견되는 열성유전자에 의해 생긴다. 남녀중 이 열성 성-관련 속성들을 유전받기 쉬운 쪽은 어느 쪽일까?

답은 남성들이다. 이 점은 적록색맹이라는 흔히 있는 성–관련 특성을 갖고 쉽게 보여줄 수 있다. 많은 사람들이 적색과 녹색을 구분할 수 없는데, 이는 X염색체에서만 나타나는 열성유전자에 의해 발생한다. 정상(XY) 남성이 어머니로부터 유전받은 X염색체를 단 한개만 갖고 있다는 것을 기억하라. 만일 이 X염색체가 색맹에 대한 열성유전자를 갖고 있다면 이 남성은 색맹이 될 것이다. 왜 그럴까? 이 "색맹" 대립유전자의 효과를 상쇄시켜 줄 대응유전자가 Y염색체에는 없기 때문이다. 이와 달리, 색맹인 부모로부터 단지 하나의 열성유전자만 유전받은 여자는 색맹이 되지 않을 것이다. 왜냐하면 그녀의 두 번째 X염색체에 있는 대응유전자가 다른 색맹 유전자를 지배하고, 그 결과 그녀는 적색과 녹색을 구분할 수 있게 된다(그림 2.7 참조). 따라서 여성은 두 개의 X염색체 모두가 색맹 열성유전자를 갖고 있을 때만 색맹이 될 수 있다.

즉각적으로 여성보다 남성 색맹이 더 많을 것이라는 생각이 들 것이다. 실제로, 100명 중 약 8명의 백인 남성이 적색과 녹색을 구분할 수 없는 반면에 백인 여성 144명 중 단 한 명만 적록색맹이다(Burns & Bottino, 1989).

색맹을 제외하고도 100개 이상의 성–관련 특성들이 있다. 그리고 그 중 많은 것들이 장애이다(Plomin et al., 1997). 혈우병(피가 응고되지 않는 병)이나 두 종류의 근위축증, 시신경 퇴화, 특정 형태의 청각장애와 야맹증 등도 이에 포함되는 질병들이다. 이 질병들은 X염색체에 있는 열성유전자들에 의해 결정되기 때문에 남성들이 훨씬 더 많이 이 병으로 고통받는다.

다중유전자 유전

지금까지 우리는 단일 대립유전자 쌍이 영향을 주는 특질들에 대해서만 생각해왔다. 그러나 대부분의 중요한 인간 특성들은 많은 쌍의 대립유전자에 의해 영향받는다. 이런 특성들을 **다중유전자 특질**(polygenic traits)이라 부른다. 다중유전자 특질의 예로는 키, 체중, 지능, 피부색, 기질, 암에 대한 취약성 등이 포함된다(Plomin et al., 2001). 특정 특성을 만드는 유전자 수가 증가할수록 나타날 수 있는 유전자형과 표현형의 수도 빠르게 증가한다. 그 결과, 다중유전자 특질에서 관찰가능한 특질은 없다(앞에서 논의했던 눈색깔과 적록색맹의 예처럼). 대신에, 관찰가능한 특질은 연속 변이 패턴을 따른다. 그것은 분포의 극단에 있는 특질을 가진 사람은 거의 없고 분포의 가운데 부분에 있는 특질을 가진 사람이 가장 많은 패턴이다(즉, 특질은 종형 정상분포를 따른다).

이는 다중유전자 특성을 다룰 때 부딪치는 복잡성을 나타낸다. 많은 유전자 중 일부가 공우성, 불완전 우성, 성–관련 유전과 같은 다른 유전 패턴을 따른다는 것을 생각할 때 우리는

겸상 적혈구 빈혈증
(sickle-cell anemia)
적혈구 세포들을 비정상적인 병든 모양이 되게 해서 산소배포가 비효율적이 되게 만드는 유전적인 혈액질환.

성–관련 특성
(sex-linked characteristic)
X염색체 상에 있는 열성 유전자에 의해 결정되는 속성으로 남성들을 더 많이 특징짓는 것 같다.

다중유전자 특질
(polygenic traits)
하나의 유전자 쌍보다는 많은 유전자들의 작용에 의해서 영향을 받는 특성.

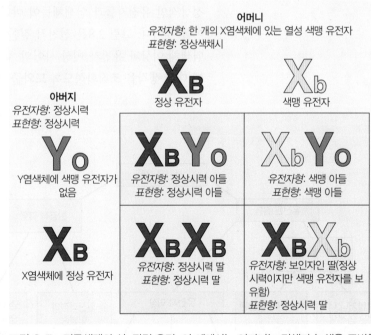

그림 2.7 적록색맹의 성–관련 유전. 이 예에서는 어머니는 적색과 녹색을 구별할 수 있으나 X염색체 하나가 색맹 대립유전자를 갖고 있기 때문에 보인자이다. 아들들은 색맹 대립유전자 유전과 색맹이 될 50%의 기회를 갖는다. 반면에, 딸은 색맹을 나타내지 않는다. 딸은 아버지가 색맹이고 어머니가 적어도 색맹 유전자의 보인자일 때만 색맹이 된다.

복잡성이 증가하는 것을 상상할 수 있다. 분명히 다중유전적 특성들은 단순한 단일유전자 특성들보다 훨씬 더 복잡하다. 심리학자들이 탐구하는 데 흥미를 느끼는 대부분의 특성들(지능, 성격, 정신건강)은 아주 많은 유전자의 영향을 받는다. 그래서 이런 행동특성의 유전을 이해하는 간단한 공식(하나의 유전자=하나의 특질과 같은)을 기대하지 않도록 주의해야만 한다.

오늘날에도 얼마나 많은 대립유전자 쌍들이 신체적 크기(키), 지능, 기타의 다중유전자 특질에 영향을 주는지에 대해 아무도 정확히 모른다. 우리가 말할 수 있는 것은, 몇 개인지 알 수 없는 많은 유전자들이 환경적 영향과 상호작용하면서 대부분의 중요한 인간 특성에서 매우 다양한 개인차를 만들어 낸다는 것이다.

유전질환

선천적 결함
(congenital defects)

출생시에 존재하는(반드시 눈에 보이는 것은 아니지만) 문제. 그런 결함들은 유전적 영향과 태아기 영향 또는 출산과정의 합병증으로부터 생기게 된다.

대다수의 신생아들이 출생시에 건강함에도 불구하고, 100명당 약 5명이 어떤 종류의 선천적인 문제들을 갖고 있다(Schulman & Black, 1993). **선천적 결함**(congenital defects)들은 출생시에는 탐지되지 않을 수 있지만 출생시부터 이미 존재했던 결함들이다. 예를 들어, 헌팅턴씨병을 유발하는 유전자는 수정되는 순간부터 존재한다. 그러나 이 병과 관련된 신경계의 점진적인 퇴화는 출생시에는 명확치 않으며 대개 40세 이후까지도 보통 나타나지 않는다.

다음의 3장에서는 출산과정에서의 이상이나 태내발달기 중에 해로운 조건들에 노출됨으로써 생길 수 있는 다양한 선천적인 결함들에 대해 알아볼 것이다. 여기에서는 비정상적인 유전자들과 염색체들이 야기하는 문제들, 즉 선천적 유전질환에 대해서만 알아볼 것이다. 그림 2.8은 선천적 질환의 다른 원천들을 그래프로 보여준다. 이 그래프는 염색체 이상과 유전자 이상 사이의 차이점과 환경적 영향에 의해 발생하는 선천적 질환에 대한 생각을 조직화하도록 도와줄 것이다.

염색체 이상

배아세포들이 감수분열할 때, 정자나 난자로 들어가는 46개 염색체의 분포가 가끔씩 똑같지 않다. 다시 말하면, 만들어진 생식세포들 중의 하나는 너무 많은 염색체를 갖고 다른 생식세포는 너무 적은 염색체를 갖고 있을 수 있다. 이런 대다수의 염색체 이상들은 치명적이어서, 생식세포가 발달하지 못하거나 자연유산된다. 그러나 일부 염색체 이상은 치명적이지 않다. 약 250명의 아기들 중 한 아기가 염색체를 더 많이 갖거나 또는 더 적게 갖고 태어난다(Plomin et al., 2001).

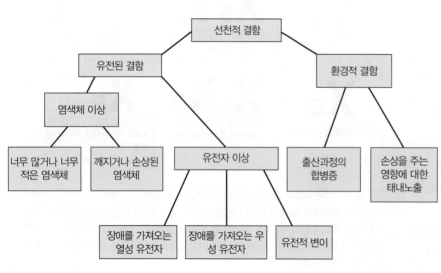

그림 2.8 선천적 결함의 원천.

유전전달의 원리 이해하기

다음 질문에 답하여 유전전달 원리에 대한 여러분의 이해를 체크하라. 정답은 부록에 있다.

선다형: 각 질문에 대한 최선의 답을 선택하라.

_____ 1. 사람이 유전받은 유전자들은 그 사람의 _____(이)라고 부르고; 유전받은 사람이 나타내 보이는 특성은 _____(이)라 부른다.
   a. 유전자 ; 염색체
   b. 염색체 ; 유전자
   c. 표현형 ; 유전자형
   d. 유전자형 ; 표현형

_____ 2. DNA의 유전자에 대한 관계는 _____와 같다.
   a. 유전자가 염색체에 대한 관계
   b. 감수분열이 유사분열에 대한 관계
   c. 교차가 독립적 분류에 대한 관계
   d. 배아세포가 생식세포에 대한 관계

_____ 3. 각 생식세포가 독특한 염색체 세트를 받는 데 기여하는 과정이 아닌 것은?
   a. 감수분열
   b. 유사분열
   c. 교차
   d. 독립분류

_____ 4. 각각의 인간세포는 22쌍의 _____와 1쌍의 _____를 갖는다.
   a. 유전자 ; 대립유전자
   b. 대립유전자 ; 유전자
   c. 상염색체 ; 성염색체
   d. 성염색체 ; 상염색체

_____ 5. 이란성 쌍생아는 _____ 결과다.
   a. 두 개의 난자가 다른 두 개의 정자와 수정한
   b. 한 개의 난자가 두 개의 정자에 의해 수정된
   c. 접합체가 분열되어 두 사람이 된
   d. 생식세포가 분열되어 두 개의 배아세포가 된

단답형: 다음 질문에 간단히 답하라.

6. 유전자의 활동과 상호작용하여 특질과 특성에 영향을 주는 환경의 4수준을 써라.
7. 대부분의 사람들은 혀를 둥글게 말 수 있다. 이것은 우성 유전자가 결정하는 단일 우성-열성 특질이다. 여러분의 아버지는 혀를 둥글게 말 수 있고, 어머니와 여동생은 할 수 없다. 여러분과 형제들이 가질 수 있는 유전자형과 표현형을 보여주는 Punnett 사각형을 그려라. 이 차트로 보고 여러분의 자녀 중 한 명이 혀를 말 수 있을 가능성을 계산하라.
8. 부모 중 아버지는 혀를 말 수 있으나 열성 유전자(혀를 말 수 없는) 보인자이고, 어머니는 혀를 말 수 없는 상황을 생각하라. 그들 자녀가 가질 수 있는 유전자형과 표현형을 보여주는 Punnett 사각형을 그려라. 이 차트를 보고 그 자녀들 중 한 명이 혀를 말 수 있는 가능성을 계산하라.
9. 색맹인 어머니와 정상시력인 아버지에게 아들 한 명과 딸 한 명이 있다. 이 아이들의 유전자형과 표현형을 보여주는 Punnett 사각형을 그리고 그것을 사용해 다음 문제에 답하라. 아들이 색맹이 될 가능성은 얼마인가? 딸이 색맹일 가능성은 ?

서술형: 다음 질문에 상세히 답하라.

10. 행동특성의 유전자 유전의 4가지 패턴을 기술하라. 심리학자에게 가장 중요한 패턴은 무엇인가? 그 이유는?

성염색체 이상

많은 염색체 이상이 성염색체인 23번째 염색체 쌍에서 일어난다. 때로 남성들은 X나 Y 염색체를 더 갖고 태어나서 XXY나 XYY형의 유전형을 갖고 태어난다. 그리고 여성들은 하나의 X 염색체(XO), 또는 심지어 3개(XXX), 4개(XXXX), 5개(XXXXX)의 X염색체를 유전받는다 하더라도 생존한다. 표 2.2의 일반적인 성염색체 이상 중 4개를 알아보겠지만, 이 이상들 각각은 다소 상이한 발달적 시사점들을 갖고 있다. 표를 보면서 이런 특정 장애의 희귀한 발생을 눈여겨 보라. 또한 장애들은 외모, 생식력, 지적 역량에도 영향을 준다는 점에 주목하라.

상염색체 이상

상염색체(autosomal) 때문에 발생하는 유전질환도 여러 개이다. 상염색체란 남성과 여성에게 유사한 22개의 염색체 쌍들이다. 상염색체 이상의 가장 흔한 유형은 가외의 상

상염색체
(autosomes)
여성과 남성에서 동일한 22쌍의 인간 염색체들.

염색체를 갖고 있는 비정상적인 정자나 난자가 정상 생식세포와 결합해 47개의 염색체(2개의 성염색체, 45개의 상염색체)를 가진 접합체를 형성하는 경우에 발생한다. 이 경우, 가외 염색체는 상염색체 22쌍 중 한 쌍과 함께 있어서 세 개의 염색체, 즉 **삼염색체성**(trisomy)이 된다.

지금까지 상염색체 이상 중 가장 흔한 형태(800번의 출산 중 한 번 정도 발생)는 **다운증후군**(Down syndrome) 또는 삼염색체성-21(trisomy-21)이다. 다운증후군 아동은 21번째 염색체에 가외 염색체의 일부나 전체를 유전받는다. 다운증후군인 아동은 가벼운 혹은 보통 정도의 정신지체로 평균 55정도의 IQ를 갖는다(정상아동의 평균 IQ는 100이다). 그들은 또한 선천적으로 눈, 귀,

이 젊은 여성은 터너 증후군을 갖고 있다. 표 2.2 참조.

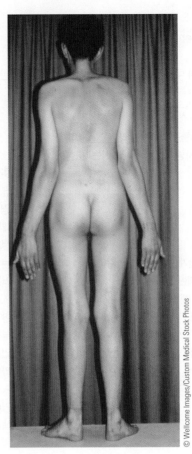

이 젊은 남성은 클라인펠터 증후군을 갖고 있다. 표 2.2 참조.

(© Wellcome Images/Custom Medical Stock Photos)

다운증후군
(down syndromes)
21번째 염색체에 가외의 염색체 하나가 있어서 생기는 염색체 이상(삼염색체성-21로도 알려진)을 말한다. 이 증후군을 가진 사람은 독특한 외모를 가지며 가벼운 정도에서 보통 정도에 이르는 정신지체를 가진다.

심장 결함을 갖고 있으며 뚜렷한 신체적 특징이 있는데, 그것은 경사진 이마, 돌출된 혀, 짧고 뭉뚝한 팔다리, 납작한 코, 아몬드 모양의 눈(63쪽의 사진 참조)이다. 비록 지적으로는 손상되었으나, 이 아동들은 정상아동과 동일한 많은 발달과업을 성취한다. 그러나 이들은 정상아동보다 느린 속도로 발달한다(Carr, 1995; Evans & Gray, 2000). 이 어린이들 대부분은 자신의 기본 욕구를 돌보는 법을 배우며 일부는 읽고 쓰는 것도 배운다(Carr, 1995, Gibson & Harris, 1988). 부모나 다른 가족들이 다운증후군 아동과 대부분의 가족활동을 함께 하면서 인내를 갖고 적절한 자극을 계속 주고, 정서적 지원을 많이 할 때 발달이 가장 잘 되는 것으로 나타난다(Atkinson et al., 1995; Hauser-Cram et al., 1999).

유전자 이상

건강한 부모들은 자신들의 자녀가 유전적 결함을 가질 수 있다는 사실에 종종 놀라곤 한다. 대부분의 유전자 문제들이 가까운 친척 중 누구도 갖고 있지 않은 열성 특질들이기 때문에, 그들이 놀라는 것은 당연할 수 있다. 더욱이, 부모 모두가 해로운 대립유전자를 갖고 있으며 아이가 각 부모로부터 그 특정 유전자를 유전받는 것이 아니라면, 이런 문제들은 나타나지 않을 것이다. 이 규칙에서의 예외는 성-관련 결함인데, 남아의 경우, 어머니로부터 유전받은 X염색체에 이 특질에 대한 열성 대립유전자가 있는 경우 그 열

성특질을 나타낸다.

이 장의 도입부에서 우리는 두 개의 열성 유전 결함을 공부했다. 그중 하나는 성-관련 열성 유전 결함(색맹)이고, 다른 하나는 성-관련 열성 유전 결함이 아니었다(겸상적혈구 세포 빈혈증). 표 2.3은 단일 쌍의 열성 대립유전자 때문에 생기는 몸을 쇠약하게 하거나 치명적인 많은 병들을 부가적으로 기술하고 있다. 이 장의 후반부에서 논의하는 바와 같이, 이런 결함들 각각은 출생 전에 알아낼 수 있다. 표를 보면서 유전자 이상이 모든 주요 기관계에 영향을 주지만 그것은 매우 드문 일이고 유전자 결함 대부분에 대해 몇 종류의 치료법이 있다는 점에 주목하라.

몇몇 유전자 이상들은 우성 **대립유전자**에 의해 발생한다. 이 경우, 아동은 양쪽 부모로부터 우성 대립유전자를 유전받아서 장애가 발달할 것이다. 장애를 일으키는 대립유전자를 전달한 부모 또한 장애를 나타낼 것이다(왜냐하면 그가 우성 대립유전자를 보유하기 때문이다). 우성 유전자 이상의 한 예는 헌팅턴씨병이다.

다운증후군 아동은 동료로부터 애정과 격려를 받는다면 행복한 삶을 살아갈 수 있다.

표 2.2	4가지 일반적인 성염색체 이상	
명칭/인자형	발생률	발달적인 함의
여성 이상 터너 증후군; XO	1/2500 여아 출생	외모: 표현형은 여성이지만 키가 작고, 손가락과 발가락이 짧고 굵으며, 목은 거미집 모양이고, 가슴은 넓고, 유방은 작고 발달되지 않았다. 터너증후군 여성은 사춘기에 정상적인 성적 발달이 일어나지 않는다. 그러나 여성 호르몬 에스트로겐을 투약함으로써 "여성적인"외모를 가질 수 있다. 생식력: 불임 지적인 특성: 언어적인 지능은 정상이지만 퍼즐 조립이나 도형의 정신적인 회전과 같은 공간적인 능력검사에서의 점수는 평균 이하이다.
다중 X 또는 "superfemale"증후군; XXX, XXXX, 또는 XXXXX	1/1000 여아 출생	외모: 표현형은 여성이고 정상적인 외모를 지니고 있다. 생식력: 수정가능, 보통의 성 염색체수를 갖는 아이 출산 지적인 특성: 언어추리 검사에서 가장 큰 결함이 있으며, 지능은 평균보다 약간 낮다. 발달 지체와 지적 결함은 가외의 X염색체 수가 늘어남에 따라 더 심해진다.
남성 이상 클라인펠터 증후군; XXY 또는 XXXY	1/750 남아 출생	외모: 표현형은 남성이고 사춘기에 여성의 2차 성징(엉덩이와 유방이 크다)이 나타난다. 정상적인 남성(XY)보다 현저하게 키가 크다. 과거에 동양권 국가의 클라인펠터 남성은 운동경기에서 여성으로 출전했을지도 모른다. 그래서 올림픽에 출전하는 모든 여성 선수에게 성별 검사를 시행하는 것이 현재의 관례가 되었다. 생식력: 고환의 발육부진으로 불임 지적인 특성: 클라이펠터 남성 중 대략 20~30%가 언어적인 지능에 결함이 있으며, 그들의 결함은 유전된 가외의 X염색체의 숫자가 증가할수록 보다 더 두드러진다.
Supermale 증후군; XYY, XYYY, 또는 XYYYY	1/1000 남아 출생	외모: 표현형은 남성이고, 정상적인 남성(XY)보다 훨씬 키가 크고 큰 치아를 갖고 있으며, 청소년기 동안 종종 심각한 여드름이 난다. 생식력: 이들 남성 중 대다수가 비정상적으로 정자수가 적긴 하지만 대체로 수정가능하다. 지적인 특성: 이전에는 지적으로 정상 이하이며 폭력적이고 공격적인 경향이 있는 것으로 생각되었지만, 이들 두 가지 가정 모두 최근에는 잘못된 것으로 입증되었다. Supermale의 지능지수는 정상적인 남성(XY)에게서 관찰된 것과 같은 범위에 있다. 게다가 많은 수의 XYY에 관한 연구들은 그들이 정상적인 남성들 보다 더 폭력적이거나 공격적이지 않으며 때로는 수줍어하고 내향적이라는 점을 지적한다.

출처: Robinson et al., 1992; Plomin et al., 1997; Shafer & Kuller, 1996.

돌연변이
(mutation)

하나 이상의 유전자에서의 화학적 구조
의 변화나 배열의 변화를 말하며 새로운
표현형을 만드는 효과가 있다.

유전자 이상은 **돌연변이**(mutation)로 인해 생길 수도 있다. 돌연변이는 새 표현형을 만드는 하나 또는 그 이상의 유전자들에서 나타나는 화학적 구조변화이다. 많은 돌연변이들은 자연적으로 발생하고, 해로우며, 심지어 치명적이기까지 하다. 돌연변이들은 또한 독성 산업폐기물, 방사능, 음식물에 들어가는 농업 화학비료, 가공식품 첨가물과 보존제 등과 같은 환경 위험물들에 의해서도 발생될 수 있다(Burns & Bottino, 1989).

돌연변이들은 이로운가? 진화론자들은 그렇다고 생각한다. 자연환경에 존재하는 스트레스 유발인에 의해 유발된 어떤 돌연변이들은 돌연변이 유전자를 물려받은 사람에게 "적응적"인 이점을 제공해 이 개체가 생존하게 할 수도 있다. 예를 들면, 겸상세포 유전자는 말라리아가 창궐하는 아프리카, 동남아시아, 기타 열대지역에서 생겨난 돌연변이이다. 하나의 겸상세포 대립유전자를 유전받은 이형접합 아동들은 돌연변이 유전자가 말라리아에 대한 저항성을 높여줘 이런 환경에 더 잘 적응하며 생존가능성도 높아진다(Plomin et al., 2001). 물론 돌연변이 겸상세포 유전자는 말라리아가 일어나지 않는 환경에서는 이점이 없다.

유전질환을 예측, 탐지, 치료하기

과거에는 친척들이 유전질환을 가진 부부들은 자신들도 비정상적인 아이를 임신할지 모른다는 두려움 때문에 아이낳는 것을 꺼려했다. 오늘날에는 부부가 유전질환을 가질 위험이 있는지 여부를 예측하려는 선택권, 유전질환의 산전탐지의 선택권, 유전질환에 대한 의학적 치료에 대한 선택권들이 있다(출생 전후 모두). 이런 선택권들은 알지 못하는 것에 대한 미스터리와 공포를 없애고, 모든 부부가 자녀를 낳을 것인가에 대해 합리적 결정을 하도록 돕는다. 다음 절에서는 이런 선택권들 각각에 대해 알아 볼 것이다. 발달적 진전에 따라 수정 전에는 예측을 하고, 수정과 출생 동안에는 탐지를 하며, 수정 후와 출생 전후에는 치료를 한다.

유전질환 예측하기

유전상담(genetic counseling)은 태아가 유전적 결함을 갖고 있지 않을 가능성을 평가해 예비 부모들을 도와주는 일이다.("유전상담"은 염색체 이상과 유전자 이상 모두를 예측하는 것을 말한다는 점을 기억하는 것이 중요하다.) 유전상담자들은 유전학, 가족력 해석, 상담절차 등에 대해 훈련받는다. 유전학자, 의학 연구자, 소아과 개업의 등이 유전상담자가 된다. 아이낳기를 희망하는 부부라면 누구나 자기 아이가 직면한 유전적 위험에 대해 유전상담자와 상의하고자 하겠지만, 유전상담은 친척 중에 유전병에 걸린 사람이 있는 부부나 이미 유전질환이 있는 아이를 출산한 경험이 있는 부부들에게 특히 도움이 된다.

유전상담
(genetic counseling)

예비부모들에게 유전질환에 대한 정보
를 주어 유전질환들을 자녀에게 전달
하게 될 가능성을 확인하도록 돕기 위
해 고안된 서비스.

유전상담자는 친척 중에 유전병을 가진 사람이 있는지를 확인하기 위해 보통 각 예비 부모에게서 완전한 가족력 또는 가계도를 얻는 것부터 시작한다. 이 가계도들을 사용하여 그 부부가 염색체 이상이나 유전자 이상을 가진 아이를 낳을 확률을 추정한다; 사실, 가계도는 아동들이 특정 질환(1형 소아당뇨나 몇몇 형태의 근위축증 등)에 걸릴 가능성을 결정하는 데 사용되는 유일한 근거이기도 하다. 그러나 혈연관계의 친척들에게서 유전병이 발견되지 않는 경우라 하더라도, 가계도 분석은 한 아동이 건강할 것이라는 보장은 할 수 없다. 다행히, 부모 혈액검사의 DNA분석을 통해 헌팅턴씨병이나 취약 X

증후군(fragile-X syndrome)을 포함해 표 2.3에 수록된 심각한 유전질환을 야기하는 유전자를 부모가 갖고 있는지 판단할 수 있다(Strachan & Read, 1996).

일단 모든 정보와 검사 결과가 있으면, 유전상담자는 부부에게 가능한 선택을 생각해 보도록 돕는다. 예를 들면, 한 부부는 유전상담을 통해 그들 둘 다 생후 3년 이내에 병에 걸린 아기가 죽게 되는 테이삭스병(Tay-Sachs disease) 보인자라는 사실을 알았다(표 2.3 참조). 유전상담자는 그들이 임신할 아기가 부모 각각으로부터 하나의 열성 대립유전자를 유전받아 테이삭스병에 걸릴 확률이 1/4이라고 설명해 주었다. 그러나 아기가 각 부모로부터 우성유전자를 유전받을 확률도 1/4이다. 그리고 아기가 부모들처럼 열성 테이삭스병 대립유전자 보인자이나 표현형으로는 정상인이 될 확률은 2/4이다. 이런 정보를 받은 후, 그 젊은 여성은 치명적인 질병을 가진 아기를 낳을 위험이 너무 높다고 느껴 임신하는 것에 대해 강한 저항을 나타냈다.

이 시점에서, 상담자는 그 부부가 임신하지 않기로 확고하게 결정하기 전에 테이삭스병을 포함해 많은 유전자 이상들을 임신 초기에 탐지할 수 있는 절차들을 알아야 한다고 말해주었다. 이런 선별절차는 발견된 결함을 고치지는 못하지만, 예비부모가 치명적인 질병을 가진 아이를 출산하지 않고 임신중절을 해야 할지를 결정하는 데 도움

표 2.3 주요 열성 유전병에 관한 간단한 기술

질병	특징	발병률	치료법	태아기 발견
낭포성 섬유종 (CF)	점액이 폐와 소화관을 폐색시키는 것을 막는 효소가 부족하다. 대다수의 CF 아동은 아동기나 청소년기에 사망한다. 치료법이 향상되긴 했지만 소수의 사람만이 성인기까지 건강하게 살 수 있다.	1/2500 코카서스인 출생, 1/15,000 아프리카계 미국인 출생	기관지 배농, 식이조절, 유전자 교체 치료	가능
당뇨병	당을 적절히 신진대사시킬 수 있게 하는 호르몬이 부족하다. 과도한 갈증과 배뇨 같은 증상을 일으킨다. 치료받지 않으면 치명적일 수 있다.	1/2500 출생	식이조절, 인슐린 치료	가능
듀센형 근위축증	근육을 공격해서 결국 분명하지 않은 발음으로 말하고 운동 능력이 상실되는 증상을 일으키는 성–관련 장애	1/3500 남아 출생, 여성에게는 드물다.	없음. 7~14세 사이에 종종 발생하는 심근육의 약화나 호흡기 감염으로 사망	가능
혈우병	때로는"bleeder's disease"라고 불리는 성–관련 질병. 혈액을 응고시키는 물질이 부족하다. 피부가 벗겨지거나 베이면 출혈과다로 죽을 수 있다.	1/3000 남아 출생, 여성에게는 드물다.	수혈, 칼에 베이고 피부가 벗겨지는 것을 예방하기 위한 주의	가능
페닐케톤 요증(PKU)	아미노산 페닐알라닌이 함유된 음식(우유를 포함하여)을 소화시키는 효소가 부족하다. 질병이 신경계를 공격함으로써 과잉활동과 심한 정신지체를 일으킨다.	1/10000 코카서스인 출생, 아프리카인이나 아시아인에게는 드물다.	식이조절	가능
검상 적혈구 빈혈증	적혈구 세포의 이상이 비효과적인 산소 공급, 통증, 부종, 기관 손상과 호흡기 질환 취약의 원인이 된다.	1/600 아프리카계 미국인 출생, 아프리카와 동남 아시아에서 더욱 발생률이 크다.	수혈, 진통제, 호흡기 감염 치료를 위한 약물, 골수 이식(적절한 기증자가 발견된다면)	가능
테이삭스병	생후 첫해에 시작하는 중추신경계 퇴화의 원인이 된다. 일반적으로 환자는 4세 경에 사망한다.	유럽계 유대인과 프랑스 계 캐나다인에서 1/3600 출생	없음	가능

출처: Kuller, Cheschier, and Cefalo, 1996; Strachan and Read, 1996.

취약 X 증후군
(fragile-X syndrome)

결함 있는 유전자에 의해 생긴 X염색체 이상을 말하며 가벼운 정신지체에서 심한 정신지체를 갖는다. 특히 결함 있는 유전자가 어머니로부터 자식에게 유전될 때 그렇다.

양막 천자
(amniocentesis)

염색체 이상과 다른 유전적 결함 검사에 양수 안에 있는 태아의 체세포를 사용할 수 있도록 임신한 여성에게서 양수를 추출하는 방법.

융모막 검사
(chorionic villus sampling : CVS)

산전검사를 하기 위해서 태아세포를 융모에서 추출하는 양막천자에 대한 하나의 대안. CVS는 양막천자보다 더 빠른 임신 시기에 실시할 수 있다.

을 준다. 유전상담은 우리로 하여금 유전질환의 예측에서부터 존재할 수 있는 유전질환을 탐지하는 것까지 고려하도록 이끌어준다(Plomin, Defries, McClearn, & McGuffin, 2008).

유전질환의 탐지

35세 이후부터 염색체 이상의 비율이 급격히 증가하기 때문에, 나이가 많은 산모들은 **양막천자**(amniocentesis)라는 산전 선별검사를 받는 경우가 종종 있다. 이 방법은 크고 속이 빈 바늘을 산모의 복부에 투입해 태아주변의 양수를 뽑아낸다(그림 2.9 참조). 이 양수에 있는 태아세포들을 검사하여 태아의 성이나 다운증후군 등의 염색체 이상이 있는지 알아낸다. 뿐만 아니라, 양수에 있는 태아세포를 분석하면 100개 이상의 유전질환들—테이삭스병, 낭포성 섬유종(cystic fibrosis), 1형 당뇨병, 듀센형 근이영양증(Duchenne muscular dystrophy), 겸상세포 빈혈증, 혈우병 등을 포함하는—을 진단할 수 있다(Whittle & Connor, 1995). 양막천자법이 매우 안전한 방법이라 생각되고는 있지만, 매우 적은 비율의 사례에서 유산이 일어난다. 사실 임산부가 35세 이하라면, 양막천자법이 유산을 발생시키는 경우(약 1/150)가 출산결함 위험보다 더 크다고 볼 수 있다(Cabaniss, 1996).

양막천자의 가장 큰 단점은, 분석을 위해 추출할 수 있을 만큼 양수가 충분해지는 임신 11~14주 전에는 양막천자를 쉽게 실시할 수 없다는 점이다(Kuller, 1996). 검사결과가 2주가 지나야 나오기 때문에, 태아가 심각한 결함을 갖고 있어서 임신중절을 선택하려 할 때 부모가 임신 2기의 임신중절을 생각할 시간이 거의 없다.

대안적 절차는 **융모막 검사**(chorionic villus sampling: CVS)인데, 양막천자처럼 세포조직을 수집하며 임신 8~9주 사이에 실시될 수 있다(Kuller, 1996). 그림 2.10에서 볼 수 있듯이, CVS는 두 가지 접근법이 있다. 엄마의 질과 자궁경부를 통해 도관을 주입하거나, 복부를 통해 바늘을 태아를 둘러싼 융모막이라는 세포막으로 주입한다. 그리고나서 태아세포를 추출해내 유전질환을 검사하여 대개는 24시간 이내에 검사결과를 알 수 있다. CVS는 임신 초기에 매우 일찍 태아가 의심스런 이상을 갖고 있는지를 알 수 있게 해주기 때문에, 태아가 비정상일 경우 임신 지속에 대해 깊게 생각할 시간을 더 많이 갖게 해준다. 그러나 이런 장점에도 불구하고, CVS는 이상 있는 아동을 임신할 위험이 아주 높은 부모에게만 권장되고 있다. 왜냐하면, 이는 양막천자보다 유산가능성이 더 높기 때문이다(약 1/50). 드문 경우지만, 이 기법을 사용한 사례가 태아의 사지기형과도 관계가 있었다(Kuller, 1996).

다행히도, 훨씬 더 안전한 조기 선별 기법을 가까운 미래에 폭넓게 사용할 수 있게 될 것이다(Springen, 2001). 이 방법은 태아세포의 DNA분석을 포함하는데, 임신초기에 엄마의 혈류에 들어온 태아세포를 따로 분리해 검사를 하여 태아에게 어떤 염색체 이상과 유전자 이상이 있는지를 결정한다. 과학자들이 태아에게 해를 주지 않고 엄마의 혈류에 있는 태아세포를 잘 분리해서 검사할 수 있게만 된다면, DNA 선별 기법은 틀림없이 성행하게 될 것이다.

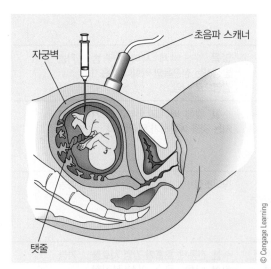

자궁벽 / 초음파 스캐너 / 태줄

© Cengage Learning

그림 2.9 양막천자에서는 주사바늘이 복벽을 통과해 자궁 안으로 삽입된다. 양수를 뽑아서 태아세포를 배양하는 데 3주 정도 소요된다.
출처: "Before We Are Born" 4th ed., by K. L. Moore & T. V. N. Persaud, 1993, p. 89. Philadelphia: Saunders, 저자와 출판사의 허락하에 인용함.

아주 흔하고 매우 안전한 태아진단 기법은 **초음파** (ultra sound)이다. 이 방법은 음파로 자궁을 스캐닝하는 것으로서 임신 14주 이후에 가장 유용하다(Cheschier, 1996). 초음파는 수중 음파탐지기가 어선 아래 물고기의 윤곽을 알려주는 것과 마찬가지 방법으로 태아의 윤곽을 의사에게 알려준다. 초음파는 태아의 나이와 성별을 알아내는 것과 함께 쌍생아 임신, 큰 신체적 결함을 탐지해 내는 데 특히 도움이 된다. 또한 의사들은 양막천자와 CVS 수행시 초음파를 사용해 안내를 받는다(그림 2.9, 2.10 참조). 초음파는 자기 아기와의 "만남"을 즐기는 많은 부모들에게 유쾌한 경험이 되기도 한다. 실제로 오늘날 초음파 사진(심지어 61쪽에 있는 것과 같은 3-D사진)이나 비디오 테잎을 예비부모에게 주는 것은 일상적인 일이다. 오늘날 4-D 초음파 기술로 실시간 태아 움직임을 보는 것도 가능하다. 이 방법은 67쪽에 있는 태아사진을 찍을 수 있으며 숨쉬기, 하품하기, 스트레칭, 엄지손가락 빨기와 같은 태아의 움직임도 보여준다.

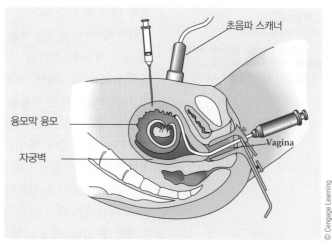

그림 2.10   CVS는 임신기간 중에 보다 더 일찍 할 수 있으며 결과는 24시간 이내에 나온다. 융모막 융모를 채집하기 위한 두 가지 접근은 가는 관을 질을 통해 자궁에 삽입하거나 주사바늘을 복벽을 통과해서 삽입하는 것인데 이 방법 모두 초음파의 안내에 따라 이루어진다.
출처: "Before We Are Born" 4th ed., by K. L. Moore & T. V. N. Persaud, 1993, p. 89. Philadelphia: Saunders, 저자와 출판사의 허락하에 인용함.

초음파
(ultrasound)
음파로 자궁을 스캐닝하여 태아의 시각적 윤곽을 만들어서 커다란 신체이상을 찾아내는 방법.

유전질환의 치료

유전질환의 산전 발견은 많은 부부들을 궁지에 빠뜨리는데, 특히 종교적 배경이나 개인적 신념이 임신중절을 반대하는 사람일 경우 더욱 난처해진다. 문제의 병이 테이삭스병처럼 치명적인 병이라면, 부부는 자신들의 도덕원칙을 깨고 임신중절을 하거나 또는 정상적이고 건강해 보이지만 급속히 쇠약해져서 어린 나이에 죽게 될 아기를 그냥 낳거나 둘 중 하나를 선택해야 한다.

이런 어려움이 언젠가는 과거의 일로 되어버릴 수 있을까? 그럴 가능성이 높다. 50년 전만 해도 의학은 또 다른 형태의 신경계 퇴화장애인 **페닐케톤뇨증**(phenylketonuria: PKU)을 가진 아동에게 해 줄 수 있는 것이 없었다. 테이삭스병과 마찬가지로 PKU도 신진대사 장애이다. PKU에 걸린 아동들은 우유 등 많은 음식의 구성성분인 페닐알라닌 대사에 필수적인 효소가 부족하다. 이들의 몸에는 페닐알라닌이 축적되어 독성물질인 페닐피루빅산이 되고 이 독성물질은 신경계를 공격한다. 오늘날 우리가 누리는 의학적 진보가 있기 전에는 이 병을 유전받은 아동들 대부분이 과잉활동적이고 심한 지체아가 되었다.

과학자들이 저-페닐알라닌 식이요법을 개발한 1950년대 중반과, 생후 며칠 내에 PKU 보유여부를 검사할 수 있는 간단한 혈액검사를 개발한 1961년이 이

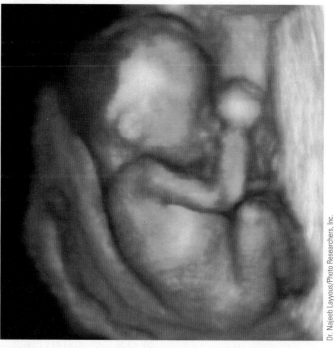

발달중인 태아의 삼차원 초음파 이미지는 예비부모들에게 그들 자녀에 대한 첫 번째 소개이다.

병에 대한 주요 돌파구로 기록되고 있다. 이제는 갓태어난 아기들에게 PKU(또는 다른 대사장애) 선별검사를 하는 것은 일상적인 일이며, 이 장애를 가진 아이들은 즉각 PKU 에 대한 저-페닐알라닌 식이요법(또는 발견된 대사장애에 따라 다른 제한식이)을 받게 된다(Widaman, 2009). 이런 치료적 중재의 결과는 아주 낙관적이다: 아동 중기까지 내 내 식이요법을 행한 아동들은 전에는 치료될 수 없었던 이 질병의 해로운 결과들 중 어 떤 것도 겪지 않는다. 이 장애를 가진 사람들이 특이 식이요법을 평생 동안 행할 때 그 결과는 최상이 된다. 아이를 갖고자 하는 PKU 여성들에게는 특히 더 그렇다: PKU 여 성들이 식이요법을 포기해 페닐알라닌 수준이 높아지면 그들은 유산하거나 정신적 결함 이 있는 아기를 낳을 위험이 매우 높아진다(Verp, 1993b).

오늘날에는 다른 많은 유전질환들이 갖고 있는 잠재적 파괴 효과들이 최소화되거나 통제될 수 있다. 예를 들면 자궁내 태아에게 행해지는 새로운 의학적인 외과적 기술들을 사용해 태내의 태아에게 약이나 호르몬을 전달하거나(Hunter & Yankowitz, 1996), 골 수 이식수술을 하거나(Hajdu & Golbus, 1993), 또는 심장, 신경관, 요도, 호흡계의 일부 유전적 결함을 외과적으로 수술함으로써(Yankowitz, 1996) 유전질환을 치료할 수 있게 되었다. 뿐만 아니라, 터너증후군이나 클라인펠터 증후군을 갖고 태어난 아이들도 호르 몬 치료법을 통해 더 정상적인 외모를 갖게 될 수 있다. 환자의 당대사를 돕는 저당 식이 요법이나 인슐린을 주기적으로 주사함으로써 당뇨도 통제할 수 있다. 그리고 혈우병이 나 겸상세포 빈혈증과 같은 혈액질환을 가진 어린이들은 주기적인 수혈을 통해 부족한 응고물질이나 정상적혈구를 공급받는다.

낭포성 섬유종(cystic fibrosis: CF) 치료의 진보는 연구자들이 놀라운 속도로 유전병 과 싸울 지식을 얻고 있다는 것을 예증해준다. 얼마전까지만 해도, CF환자에게 할 수 있 는 것이라고는 만성 폐-폐색이나 감염에 의해 발생하는 불편함을 줄여주기 위해 항생제 를 주입하는 것뿐이었다. 그러나 1989년에, 연구자들은 CF유전자의 위치를 알아냈고, 그 1년 후에 두 연구 집단이 실험실에서 이 유전자의 파괴효과를 상쇄시키는 데 성공했 다(Denning et al., 1991). 이를 이어 곧 유전자 대체치료(gene replacement therapy)가 개발되어 시험되었다. 이것은 유전적으로 처리된 차가운 바이러스에 의해 운반되는 정 상 유전자를 낭포성 섬유종 환자의 코와 폐에 주입하는 치료방법인데, 이식된 유전자들 이 CF유전자들의 효과를 능가할 것이라는 기대하에 이루어졌다. 이와 유사한 유전자 치 료법이 면역체계의 유전질환인 아데노신 분해효소 결핍증에도 시도되었다. 두 접근 모 두 어느 정도 한계가 있는 성공을 거두었는데, 질병의 치료보다는 환자의 증세를 줄여준 다는 정도의 이점을 갖고 있으며, 또한 효과가 지속되기 위해서는 이 치료방법들이 자주 반복해서 실시되어야 한다(Mehlman & Botkin, 1998).

마지막으로, 유전공학(genetic engineering)에서의 진보는 생식세포 유전자 치료라 는 가능성을 높여 주고 있다. 이 치료법은 배아기 초기에 유해 유전자를 건강한 유전자 로 바꾸거나 대체시키는 과정으로서 유전자 결함을 영구적으로 고칠 수 있다. 이 접근 은 동물의 특정 유전자 이상을 고치는 데 성공적으로 사용되어 왔다(Strachan & Read, 1996). 그러나 69쪽 상자에 있는 윤리적인 문제들 때문에 인간에게 사용하는 것은 앞으 로 얼마 동안 허용되지 않는다.

요약하면, 심각한 해를 입기 전에 유전질환을 발견하고 치료한다면, 많은 비정상적 인 아동들도 정상적인 삶을 살 수 있게 될 것이다. 그리고 최근의 태아 약, 유전자 지도, 유전자 대체치료의 성공에 고무된 유전학자들과 의사들은 가까운 미래에는 많은 치료불

| 당신의 삶에 연구 적용하기 | 유전질환 치료를 둘러싼 윤리적인 이슈 |

유전질환을 가진 많은 아동과 청소년들이 최근에 소개된 새로운 치료법에 의해 도움을 받기는 하지만, 과학자들과 일반 사회는 그 치료법의 급격한 진전으로 인해 나타난 윤리적인 이슈에 대해 어려운 씨름을 하고 있다(Dunn, 2002; Weinberg, 2002).

새로운 유전자 기법들에 대한 가장 뜨거운 논쟁은 생식세포 유전자 치료의 전망을 중심으로 이루어지고 있다. 생식세포 유전자 치료는 임신 초기단계에서 이상 유전자를 치료하거나 대체함으로써 유전적 결함을 치료하는 기법이다. 이 기법은, 2040년경에는 광범위하게 사용될 것으로 보이는데(Nesmith & McKenna, 2000), 인간이 유전자형을 바꿀 수 있게 되는 경계선에 위치해 있다. 만일 이 기법이 진단된 유전적 결함을 치료하는 데만 한정된다면 많은 사람들이 수용할 것으로 보인다(Begley, 2000). 그러나 다른 사람들은 한 환자의 유전자형을 영구히 변형하는 것은 그 환자뿐 아니라 미래에 그 변형된 유전자를 물려받게 될 후손들에게도 영향을 미친다고 지적한다. 따라서 생식세포 유전자 치료는 후손들로 하여금 그 자신들의 유전자 구성이 우선적으로 변형되어야 했는지에 대해 선택할 권리를 빼앗는 것이 며, 일부 사람들은 이것이 바로 윤리적으로 받아들이기 힘든 부분이라고 본다(Stachan & Read, 1996).

다른 비판들은, 인간에 대한 생식세포 유전자 치료를 허용하는 것은 필수적으로 우생학으로—즉, 유리한 특성을 가진 유전자만을 인공적으로 선택하는 유전자 향상 프로그램을 향해서—가게 된다고 주장한다. 이런 가능성은 많은 사람들에게 두려운 일이다. 과연 누가 어떤 특질들이 유리하므로 선택해야 한다고 결정할 것인가? 일부 사람들은, 시험관 수정을 통해 많은 배아를 만들어 낸 부모가 DNA 선별과 생식세포 유전자 치료를 이용해 가장 완벽한 아기를 만들어 내는 "신의 역할"을 할 것이라고 주장한다(Begley, 2000; 2001). 만일 유전자형을 변형시키려는 동기가 질책받지 않는다해도, 그동안 이미 진행되어온 자연도태 절차보다 더 나은 인간종을 만들어 낼 수 있는가? 물론, 대다수의 사람들이 생식세포 유전자 치료에 대해 갖고 있는 가장 큰 염려는 정치적, 사회적 남용가능성이다. 두 명의 분자 유전학자의 말을 빌리면:

부정적 우생학 프로그램(근래 나치 독일이나 미국의 여러 주에서 금세기까지 시행되고 있는 정신박약한 사람들에 대한 강제 불임)의 두려운 측면은, 만일 인간의 생식세포 유전자 치료가 시도될 때 새로이 나타나게 될 질병의 판도라 상자가 연상된다는 점이다(Strachan & Read, 1996, p.586).

가능한 유전질환들이 치료될 수 있거나 심지어 완치될 수 있을 것이라고 희망하고 있다 (Mehlman & Botkin, 1998; Nesmith & McKenna, 2000).

행동에 미치는 유전의 영향

우리는 유전자들이 외모와 많은 신체적 특성들을 결정하는 데 중요한 역할을 한다는 것을 알았다. 그러나 유전은 지능, 성격, 정신건강과 같은 특성들에는 얼마나 영향을 줄까?

최근 유전학, 동물학, 인구생물학, 심리학 분야의 연구자들은 다음과 같은 의문을 품어왔다: "개체가 유전받은 특정 유전자 조합에 따라 크게 좌우되는 특정한 능력, 특성, 행동 패턴들이 있는 것일까? 만일 그렇다면 이 속성들은 경험에 의해 수정될 수 있는 것일까?" 이런 문제를 연구하는 학자들을 **행동유전학자**(behavioral geneticist)라 부른다.

행동유전학

행동유전학 분야를 자세히 살펴보기 전에, 우리는 일상적인 사회통념을 버려야 한다. 행동유전학자들은 발달을 개체의 **유전자형**(개체가 유전받은 유전자 집합)이 그 개체 자신의 표현형(관찰가능한 특성이나 행동들)으로 발현되는 과정이라고 보기는 하지만, 그들이 엄격한 유전주의자는 아니다. (즉, 유전자만이 인간 특성이나 표현형을 결정한다고 믿지 않는다.) 예를 들어, 그들은 키와 같은 신체특성들조차 적절한 식사 등의 환경적 변인에 의해 어느 정도 영향을 받는다는 사실을 인정한다(Plomin, 1990). 그들은 한 사람의 유전자형이 지능, 성격, 정신건강과 같은 행동특성에 주는 장기적 효과는 환경에 따라 달라진다는 것을 인정한다. 다시 말하면, 행동유전학자들은 강력한 유전적 요소들을

행동유전학
(behavioral genetics)
유전자형이 환경과 상호작용하여 지능, 성격, 정신건강과 같은 행동속성을 결정하는 방법에 대한 과학적 연구.

개념체크 2.2 염색체 이상과 유전자 이상 이해하기

다음 질문에 답하여 염색체 이상과 유전자 이상이 만들어지는 방식과 원인 및 대부분의 일반적 유전질환의 원인과 결과에 대한 여러분의 이해를 체크하라. 정답은 부록에 있다.

선다형: 각 질문에 최선의 답을 선택하라.

_____ 1. 다음 중에서 선천적 장애를 가져올 수 있는 것이 아닌 것은?
   a. 비정상 유전자
   b. 비정상 염색체
   c. 출산 후 발달 동안에 이루어진 어머니와 자녀 사이의 비정상적 접촉
   d. 산전 발달의 이상

_____ 2. "유전상담"은?
   a. 염색체 이상을 예측해 준다.
   b. 유전자 이상을 예측해 준다.
   c. a와 b 모두를 예측해 준다.
   d. a 와 b 모두를 예측해 주지 않는다.

_____ 3. 유전상담자가 아이가 선천적 장애를 유전받을 가능성을 결정하기 위해 사용하는 완전한 가족력은 (   )라고 한다.
   a. 가계도
   b. DNA 분석
   c. DNA 지도
   d. 배경조사

_____ 4. 태내발달 동안 선천적 장애를 알아보는 데 부모가 임신중절을 생각할 시간을 더 가질 수 있는 검사로서 임신에서 가장 빠른 시기(8~9주)에 실시될 수 있는 검사는 무엇인가?
   a. 양막천자
   b. 초음파검사
   c. 융모막 검사

OX문제: 다음의 각 문장이 맞는지 틀리는지를 표시하라.

5. _____ 양수검사는 태아의 성별만 탐지할 수 있다. 다른 유전질환을 갖고 있는지 여부는 알 수 없다.

6. _____ 유전질환의 예측, 탐지, 치료하기는 부모가 자녀의 장애 유전가능성을 다룰 수 있는 세 가지 방식이다.

단답형: 다음 질문에 간단히 답하라.

7. 가장 흔한 상염색체 이상인 다운증후군의 원인과 결과를 기술하라.

8. 유전질환을 탐지하는 세 가지 방법을 기술하라.

서술형: 다음 질문에 상세히 답하라.

9. 여러분과 배우자는 자녀가 테이삭스병을 유전받을 가능성이 75%라는 것을 알았다. 당신이 선호할 행동 계획을 기술하는 에세이를 써라: 임신중절을 하는가, 약을 먹지 않고 잘 되길 희망하면서 임신을 유지할 것인가, 아니면 의학적으로 획기적이지만 아직까지 실험적인 방법을 사용하면서 임신을 유지할 것인가? 이유는?

10. 여러분과 배우자가 첫 번째 아이를 임신했다고 상상하라. 유전상담자가 여러분의 자녀가 섬유성 낭종을 유전받을 가능성이 50%라고 결정했다. 여러분은 그 장애를 탐지하기 위해 양막천자, 융모막 검사, 초음파 중 어떤 방법을 사용하겠는가? 이유는?

갖고 있는 속성들조차 종종 환경적인 영향에 의해 중요한 측면이 수정될 수 있다는 것을 잘 알고 있다(Brown, 1999).

행동유전학자들은 발달의 생물학적 기초에 역시 관심이 있는 동물행동학자(ethologist) 및 다른 과학자들과는 다르다. 동물행동학자들은 특정한 종의 모든 구성원들을 특징짓고 유사하게 만들어서 공통적인 발달 결과를 가져오는 유전적 속성을 연구한다. 행동유전학자들은 종의 구성원들 간의 차이를 가져오는 생물학적 기초에 관심을 둔다. 그들은 우리들 각자가 물려받은 독특한 유전자 조합이 어떻게 우리를 서로 다르게 만드는지를 알아보는 데 관심을 갖고 있다. 이 과제에 접근하기 위해 그들이 사용하는 방법들을 검토해보자.

유전적 영향의 연구방법

행동유전학자들이 행동에 대한 유전의 영향을 평가하기 위해 사용하는 두 가지 중요한 전략은 **선별번식**(selective breeding)과 **가족연구**(family studies)이다. 이 접근들은 다양

한 속성들의 **유전성**, 즉 유전요인에 귀인될 수 있는 특질(trait)이나 행동요인의 변산량을 알아보려는 시도이다.

선별번식 행동에 대한 유전의 영향을 연구하기 위해 동물의 유전적 구성을 의도적으로 조작하는 것은 Gregor Mendel이 식물에서의 유전작용을 알기 위해 사용했던 방법과 아주 흡사하다. 쥐의 미로학습 능력이 유전가능하다는 것을 보여줬던 R. C. Tryon(1940)의 시도가 그런 **선별번식 실험**의 고전적인 예다. Tryon은 우선 많은 쥐를 대상으로 복잡한 미로를 달리는 능력을 검사했다. 거의 실수를 하지 않은 쥐들은 "영리한 쥐", 많은 실수를 한 쥐들은 "둔한 쥐"라고 이름붙였다. 그리고나서 Tryon은 여러 세대를 거쳐 영리한 쥐와 다른 영리한 쥐, 그리고 둔한 쥐와 다른 둔한 쥐들을 교배시켰다. 그는 또한 미로학습 수행에서의 차이에 환경이 주는 영향을 통제하기 위해 쥐가 노출되는 환경을 같게 만들었다. 그 결과, 18세대에 걸친 미로학습 수행에서 영리한 쥐 집단과 둔한 쥐 집단의 수행차가 점점 더 커졌다. 이 결과는 쥐의 학습능력이 유전자 구성에 의해 영향받는다는 것을 보여주었다. 다른 연구자들은 이 동일한 선별번식 기법을 이용하여 유전자가 쥐, 생쥐, 닭들의 활동수준이나 정서성, 공격성, 성적 충동과 같은 행동특성에 영향을 준다는 것을 보여주었다(Plomin et al., 2001).

가족연구 사람들은 실험자에 의해 선별적으로 번식되어지는 것을 좋아하지 않으므로, 인간 행동유전학자들은 가족연구라고 알려진 대안적인 방법론을 사용한다. 전형적인 가족연구에서는, 함께 사는 사람들을 비교해 그들이 하나 이상의 속성들에서 얼마나 유사한지를 알아본다. 문제의 속성들이 유전될 수 있는 것들이라면, 같은 환경에 살고 있는 한 쌍의 사람들의 유사성은 그들의 **혈연**(kinship)—동일한 유전자를 가진 정도—의 함수로 증가해야 한다. 혈연은 추정치임을 주목하라. 예를 들어, 이란성 쌍생아는 같은 유전자를 50% 공유한다. 다른 한편으로는 유전적 다양성에 영향을 주는 요인들 때문에 어떤 특정한 쌍생아 쌍은 유전적 유사성이 이론적인 50%보다 더 많거나 적을 수 있다.

오늘날에는 두 종류의 가족(또는 혈연)연구가 행해진다. 첫 번째 것은 **쌍생아 설계**로, 이 연구에서는 "함께 양육된 일란성 쌍생아가 함께 양육된 이란성 쌍생아에 비해 여러 속성에서 더욱 유사한가"라는 질문을 한다(Segal, 1997). 만일 알고자 하는 속성에 유전자가 영향을 준다면, 일란성 쌍생아는 유전자의 100%(혈연관계=1.00)를 공유하는 반면, 이란성 쌍생아는 유전자의 50%(혈연관계=.50)를 공유하므로 일란성 쌍생아가 더욱 유사해야 한다.

두 번째로 흔한 가족연구인 **입양 설계**는 양육가정의 다른 구성원들과는 유전적으로 관련없는 입양아들에게 관심을 둔다. 유전의 영향을 알아보려는 연구자는 "입양아들은 유전자를 공유하는 친부모(혈연관계=.50)와 더 유사한가, 아니면 환경을 공유하는 입양부모와 더 유사한가?"라는 질문을 한다. 친부모가 양육하지 않더라도 입양아들이 지능이나 성격면에서 친부모를 닮는다면, 유전자들은 이런 속성들을 결정하는 데 영향을 주는 것이 분명하다.

가족연구는 또한 환경이 다양한 능력과 행동들에 얼마나 영향을 주는지를 추정하게 해준다. 예를 들어, 유전적으로는 아무런 관련없는 두 입양아가 같은 가정에서 양육되는 경우를 생각해 보자. 입양아들 간의 혈연관계나 입양아 각자와 양부모와의 혈연관계는 .00이다. 결과적으로, 공통된 환경이 문제의 속성을 결정하는 데 어떤 역할도 하지 않는다면, 입양아들 간에 또는 입양아와 양부모가 서로 닮아야 할 이유는 전혀 없다. 환경의

유전성
(heritability)
한 속성이 갖는 유전적 영향에 속할 수 있는 변이의 양.

선별번식 실험
(selective breeding experiment)
동물에서 선택적 짝짓기를 통해 특질들이 생길 수 있는지 여부를 결정하여 유전적 영향을 연구하는 한 방법.

혈연
(kinship)
두 개체가 공통으로 갖고 있는 유전자의 정도.

쌍생아 설계
(twin design)
한 가지 속성의 유전성을 측정하기 위해서 접합체의 구조(혈연)가 다른 쌍생아들의 세트들을 비교하는 연구.

입양 설계
(adoption design)
한 가지 속성이나 여러 속성들의 유전성을 추정하기 위해서 피입양자들을 그들의 생물학적 친척(혈연관계에 있는 친척)들 및 입양 친척들과 비교하는 연구.

효과를 추론할 수 있는 또 다른 방법은 같은 환경에서 양육된 일란성 쌍생아와 다른 환경에서 양육된 일란성 쌍생아를 비교하는 것이다. 일란성 쌍생아들은 함께 양육되든 다른 환경에서 양육되든지 간에 모두 혈연관계가 1.00이다. 따라서 만일 함께 양육된 일란성 쌍생아들이 분리 양육된 일란성 쌍생아들에 비해 더 많이 유사하다면, 우리는 환경이 그 속성을 결정하는 역할을 담당한다고 추론할 수 있다.

유전자와 환경의 기여 추정하기   행동 유전학자들은 (1) 어떤 특질이 유전적으로 영향받는지, (2) 유전과 환경은 그 특질에서의 개인차를 어느 정도 설명할 수 있는지 결정하기 위해 수학적인 계산을 한다. 한 사람이 나타내거나 나타내지 않는 어떤 특질(예: 약물중독이나 임상적 우울증)을 연구할 때, 연구자들은 **일치율**(concordance rate)—일란성 쌍생아, 이란성 쌍생아, 양부모와 입양아 각 쌍에서 한 사람이 특정한 특질을 갖고 있을 때 나머지 다른 사람도 동일한 특질을 보유하는 백분율—을 계산해서 비교한다. 여러분이 남자의 동성애가 유전적으로 영향을 받는지에 대해 관심이 있다고 가정해 보자. 여러분은 쌍생아이면서 게이인 사람을 찾을 것이고, 그리고나서 쌍생아 모두 게이인지를 알아보기 위해 그 게이의 쌍생아 형제를 추적할 것이다. 한 연구에 의하면, 일란성 쌍생아(쌍생아중 한 명이 게이인 경우 쌍생아 형제도 게이인 경우는 56쌍 중 29쌍)가 이란성 쌍생아(54쌍 중 12쌍)보다 일치율이 훨씬 더 높았다. 이 결과는 유전형이 한 사람의 성적인 지향을 결정하는 데 영향을 준다는 것을 시사한다. 그러나 일란성 쌍생아도 성적인 지향이 완전히 일치하지 않기 때문에(즉 일란성 쌍생아 중 한 사람이 게이인 경우 다른 쌍생아도 모두 게이인 것은 아니기 때문에), 경험(즉, 환경적인 영향)도 성적인 지향을 결정하는 데 영향을 줄 수 있다고 결론내릴 수 있다. 동일한 유전자를 가짐에도 불구하고, 일란성 쌍생아의 48%는 서로 다른 성적 지향을 갖고 있었다. (쌍생아 연구에서 조사된 다른 많은 행동차원에 대한 일치율은 그림 2.11에 나타나 있다.)

많은 값을 가질 수 있는 연속적인 특질들(예: 키, 지능)에 대해, 행동유전학자들은 일치율을 계산하기보다는 **상관계수**를 계산하여 유전적 기여 정도를 추정한다. IQ 점수의 연구를 예로 들면, 상관계수는 쌍생아들 간에 IQ점수가 체계적으로 상관이 있는지 여부를 나타내준다. 상관이 클수록 IQ가 더 비슷하다는 것을 나타내므로, 쌍생아 중 한 아이가 빨리 배우면 나머지 한 아이도 역시 빨리 배우고, 쌍생아 중 한 아이가 느리게 배우면 나머지 아이도 역시 느리게 배울 가능성이 있다는 것을 의미한다.

앞에서 보았듯이, 행동유전학 연구들은 항상 발달에 대한 유전의 영향과 환경의 영향 모두에 대해 우리에게 말해준다. 표 2.4에 나타나듯이, 이런 점은 113,942쌍의 아동, 청소년, 성인들을 대상으로 지적 수행(IQ)을 알아본 가족연구 개관을 생각하면

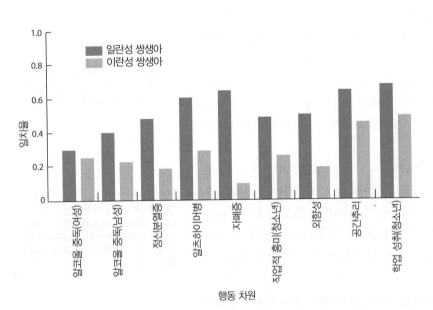

그림 2.11   다양한 행동 차원에서의 일란성 쌍생아와 이란성 쌍생아의 일치율.
출처: R. Plomin, M. J. Owen, and P. McGuffin, "*The genetic basis of complex human behaviors*," Science, 264, 1733–1739. Copyright © 1994 by the American Association for the Advancement of Science.

표 2.4	4수준의 혈연관계를 갖는 사람을 포함한 가족연구에서 나타나는 지능검사 점수의 평균상관계수		
유전적인 관계(혈연관계)	함께 양육(같은 집에서)	분리 양육(다른 집에서)
혈연이 아닌 형제(혈연관계 = .00)	+.34	−.01[a]
양부모/양자(혈연관계 = .00)	+.19	—
의붓 형제(혈연관계 = .25)	+.31	—
친부모/자녀(혈연관계 = .50)	+.42	+.22
형제(혈연관계 = .50)	+.47	+.24
쌍생아		
이란성(혈연관계 = .50)	+.60	+.52
일란성(혈연관계 = 1.00)	+.86	+.72

[a] 이것은 따로 살고 있는 관련없는 사람들을 무작위로 쌍을 지었을때 얻은 상관이다.

쉽게 예증될 수 있다. 이제 우리는 행동유전학자들이 어떻게 개인간 지적 수행(IQ) 차이에 대한 세 가지 요인의 기여도를 추정하는지 보여주기 위해 쌍생아(일란성과 이란성) 상관에 대해 중점적으로 알아볼 것이다.

유전자 영향 IQ에 대한 유전적인 영향은 표 2.4에 명확히 나타나 있다. 두 사람이 유전적으로 더 가까울수록 상관이 점점 더 높아져서 일란성 쌍생아인 경우 상관이 가장 높다. 그렇다면 유전적인 영향은 얼마나 강할까?

행동 유전학자들은 통계기법을 사용해 유전적 요인에 귀인될 수 있는 특질들의 변산을 추정한다. **유전성 계수**(heritability coefficient)라 불리는 이 지수는 쌍생아 자료를 가지고 다음과 같은 방법으로 계산하여 구한다.

> **유전성 계수**
> (heritability coefficient)
> 유전적 요인에 귀인시킬 수 있는 한 속성의 변산량에 대한 수치적 추정으로 .00에서 +1.00까지의 범위를 가진다.

$$H = (일란성\ 쌍생아\ 간의\ 상관계수 - 이란성\ 쌍생아\ 간의\ 상관계수) \times 2$$

이 방정식은 다음과 같이 읽을 수 있다: 어떤 속성의 유전성은 일란성 쌍생아 간의 상관에서 이란성 쌍생아 간의 상관을 뺀 값에 2를 곱한 것과 같다(Plomin, 1990).

이제 우리는 지적 수행에서 보이는 개인차에 유전자가 기여하는 정도를 추정할 수 있다. 표 2.4에서 함께 양육된 쌍생아 집단에 대해 계산하면, 추정치는 다음과 같다

$$H = (.86 - .60) \times 2 = .52$$

즉, IQ의 유전성 추정치는 .52이다. 0(전혀 유전가능하지 않음)에서 1.00(완전히 유전가능함)까지의 척도 범위에서 .52라는 수치는 기껏해야 중간 정도가 되는 값이다. 함께 양육된 쌍생아들에서는 유전요인이 IQ에 중간 정도로 영향을 준다고 결론지을 수 있다. 그러나 이 특질에 대한 개인 간 변산성은 비유전적인 요인들—즉, 환경적 영향 및 특질 측정시 발생하는 오류(완전한 측정은 없다)—에 의해서도 생긴다.

흥미롭게도, 표 2.4의 자료들은 환경적 영향의 두 가지 원천인 공유 환경과 비공유 환경의 기여도를 추정할 수 있게 해준다.

비공유 환경 영향 **비공유 환경 영향**(nonshared environmental influences: NSE)은 그 사람에게만 있는 경험들이다. 이 경험들은 가족의 다른 구성원과 공유하지 않는 것들이

> **비공유 환경 영향**
> (nonshared environmental influence: NSE)
> 함께 사는 사람들이 공유하지 않는 환경 영향으로 함께 사는 개인들을 서로 다르게 만든다

기 때문에 가족 구성원들을 서로 다르게 만든다(Moffit, Caspi, & Rutter, 2006; Rowe & Plomin, 1981; Rowe, 1994). 표 2.4에서 비공유 환경 영향의 증거는 어디에 있는가? 함께 자란 일란성 쌍생아들은 유전자나 가족환경을 100% 공유함에도 불구하고 IQ가 완전히 일치하지 않는다는 것에 주목하라. +.86이라는 상관은 상당히 크지만 +1.00이라는 완전 상관보다는 작다. 일란성 쌍생아는 동일한 유전자와 동일한 가족환경을 공유하기 때문에 함께 자란 일란성 쌍생아 간의 차이는 그들의 경험에서 비롯된 차이일 수밖에 없다. 아마도 그들은 친구들로부터 다른 대접을 받았거나, 쌍생아 중 한 명은 다른 한 명보다 퍼즐이나 다른 지적인 게임을 더 즐길 수도 있다. 함께 자란 일란성 쌍생아를 조금이라도 다르게 만드는 유일한 요인은 그들이 공유하지 않은 경험들이므로, 다음 공식에 의해 비공유 환경 영향을 추정할 수 있다(Rowe & Plomin, 1981):

$$NSE = 1 - r(함께\ 자란\ 일란성\ 쌍생아들)$$

따라서 IQ수행에서 개인차를 만드는 비공유 환경 영향들의 기여는 작기는 하지만(즉, 1 − .86 = .14) 탐지가능한 것이다. 우리가 앞으로 보게 되듯이, 비공유 환경 영향들은 대부분 중요한 성격 특질에 더 큰 기여를 한다.

공유 환경 영향
(shared environmental influence: SE)

함께 사는 사람들이 공유하는 환경영향으로 함께 사는 사람들이 서로 비슷해지게 만든다.

공유 환경 영향 공유 환경 영향(shared environmental influences: SE)은 동일한 가정환경에서 살아가는 개인들이 공유하는 경험으로 그들을 서로 **유사하게** 만드는 경험들이다. 표 2.4에서 볼 수 있듯이, 일란성 쌍생아와 이란성 쌍생아들(그리고, 친형제 자매와 혈연관계가 없는 사람들의 쌍들)은 그들이 떨어져 살 때보다는 함께 살 때 지적인 유사성이 더욱 크다는 것을 알 수 있다. 동일한 가정에서의 양육이 아동의 지적 유사성을 증대시키는 이유 중 하나는 부모가 그들의 모든 자녀들에게 비슷한 관심을 보이며 지적인 성장을 촉진하기 위해 유사한 전략에 의존하는 경향이 있다는 것이다(Hoffman, 1991; Lewin et al., 1993).

특정 특질에 대한 SE의 영향을 어떻게 추정할 수 있는가? 대략적인 추정치는 다음과 같은 방법으로 얻을 수 있다:

$$SE = 1.00 - (H + NSE)$$

이를 말로 표현하면 다음과 같다: 어떤 특질에 대한 공유된 환경영향들은 1에서 유전자에 의해 발생한 변산(H)과 비공유 환경 영향(NSE)으로 인한 변산의 합을 뺀 것과 같다. 앞에서 우리는 함께 자란 쌍생아 IQ의 유전가능성이 .52라는 것과 비공유 환경 영향의 기여도가 .14라는 것을 알았다. 따라서 IQ의 개인차에 대한 공유 환경의 기여도는 중간 정도 수준(즉, SE = 1 − [.52 + .14] = .34)이며 의미있는 값이다.

유전성 추정에 대한 신화 유전성 계수가 유전자가 여러 인간 속성들에 중요한 영향을 주는지를 추정하는 데 유용하기는 하지만, 이런 통계치들은 잘못 이해되고 자주 오해되어진다. 사람들이 하는 가장 큰 오해 중 하나는 유전성 계수는 우리가 특질을 유전받을지 여부를 말해준다는 생각이다. **이런 생각은 틀리다.** 우리가 한 속성의 유전성에 대해 말할 때 그 속성을 갖고 있는 사람들 사이의 차이가 그들이 전달받은 유전자의 차이와 관련되는 정도를 말하고 있는 것이다(Plomin et al., 2001). 유전가능하다는 것이 **유전된**다는 것과는 다른 것을 의미함을 보여주기 위해 모든 사람들이 두 개의 눈을 유전받는다

는 것을 생각하라. 동의하는가? 그러나 눈의 유전가능성은 단지 .00이다. 왜냐하면 모든 사람들은 두 개의 눈을 갖고 있어서 "눈을 갖는데(eyeness)"에서 개인차는 없기 때문이다(사고 같은 환경적인 일들로 인한 것은 제외).

유전성 계수 해석에서 이런 추정치들은 모집단에만 적용하고 개인에게는 결코 적용하지 않는다는 것을 인식하는 것이 중요하다. 그러므로 만약 여러 쌍의 5세 쌍생아들의 키를 연구하여 키의 유전성이 .70이라고 추정했다면, 여러분은 그 5세 아동들이 키에서 차이가 나는 중요한 이유 하나는 유전자가 다르기 때문이라고 추론할 수 있다. 그러나 유전성 추정치는 개인에 대해서는 아무것도 말해주지 않기 때문에 .70의 유전성으로부터 Juan Miguel의 키의 70%는 유전되었고 나머지 30%는 환경의 영향을 반영한다고 결론짓는 것은 부적절하다.

유전성 추정치는 우리가 알고자 하는 특정 특질에 대해 특정 전집이 특정 환경조건 하에서 보여주는 것만 말해준다는 것에 주의하자. 실제로 유전성 계수는 다른 환경에서 자란 다른 조사 전집에서는 다르다(Rowe, 1999). 예를 들어, 많은 수의 일란성 쌍생아와 이란성 쌍생아 영아들을 찾아냈다고 가정하자. 그들은 시설이 빈약한 고아원에서 양육되었는데 영아들끼리 그리고 영아와 성인 양육자 간에 서로 시각적 접촉이나 사회적 접촉을 하지 못하도록 아이들의 침대는 시트로 안을 대었다. 기존 연구는 만약 이 영아들이 얼마나 사교적인가를 측정한다면 그들 간에 사교성에서 약간 차이가 있지만, 사실상 그들 모두는 가정에서 양육된 아기들보다는 훨씬 덜 사교적이라는 것을 알게 될 것이라고 제안한다. 이런 연구결과는 사회적으로 박탈된 초기 환경의 탓으로 귀인할 수 있다. 그러나 이 쌍생아 모두는 동일한 결핍 환경에서 양육되었기 때문에 그들이 서로 간에 나타내 보이는 사교성에서의 차이는 어떤 것이라도 유전적 성향의 차이에서 비롯된 것이다. 사교성의 유전성 계수는 이런 점에서 실제로 1.0에 이를 것이다. 이것은 가정에서 부모가 양육한 다른 영아들 연구에서 나온 .25~.40에 이르는 유전성 계수와 아주 다르다(Plomin et al., 2001).

마지막으로, 사람들은 명백히 유전될 수 있는 특질들은 환경에 의해 바뀔 수 없다고 추측했다. 이것도 잘못된 가정이다! 시설에서 자라는 영아들의 낮은 사교성은 사회적으로 반응적인 입양가정에서 자라게 되면 크게 향상될 수 있다. 마찬가지로, 유전가능한 IQ 속성에서 낮은 점수를 받은 아동들은 지적으로 자극적인 가정과 학교 환경에서 자라게 되면 지적, 학업적 수행이 극적으로 향상될 수 있다. **유전가능하다**(heritable)는 것이 **바꿀 수 없다**(unchangeable)는 것을 의미한다고 추측하는 것은 유전성 계수의 뜻에 대한 공통적인 오해에서 비롯된 잠재적으로 중대한 오류를 범하는 것이다.

요약하면, **유전가능한**(heritable)이라는 용어는 **유전된**(inherited)과 동의어가 아니다. 그리고 전집과 환경에 따라 매우 다른 유전성 추정치는 개인의 발달에 대해 우리에게 아무것도 말해주지 못한다. 유전성 추정치가 우리가 연구하려고 하는 어떤 속성에 대해 사람들이 보여주는 **차이**가 유전적인 근거가 있는지 여부를 결정하는 것을 도와주기는 하지만, 그것은 아동들의 변화 역량에 대해 아무것도 말해주지 않기 때문에 아동발달을 제한하고 아동복지에 나쁜 영향을 줄 수 있는 공공정책 결정에 사용되면 안 된다.

지적 수행에 대한 유전의 영향

우리가 표 2.4에 제시된 자료에서 보듯이, IQ는 중간 정도로 유전가능한 속성이다. 유전자들은 사람들의 지능점수 전체 변산의 약 50%를 설명한다. 그러나 표 2.4에 제시된 상관들은 아동들과 성인들에 대한 연구에 근거한 것이기 때문에, 유전과 환경이 지적 수행에서의 개인차에 주는 영향이 시간이 지나면 변화하는지에 대해서는 말해주지 않는다. 유전자들은 생의 초기에 더욱 중요한 반면, 가정과 학교에서의 경험의 차이는 나이들면서 생기는 지적 수행의 개인차를 더 설명해 주는가? 이 생각은 그럴듯하게 들리지만, 틀린 생각인 것 같다. 아동들이 커감에 따라, 유전자들은 실제로 그들의 IQ에서의 개인차에 더 많이 기여하는 것으로 보인다(Plomin et al., 1997).

Ronald Wilson(1978, 1983)의 쌍생아의 지적 발달에 관한 종단적 연구를 알아보자. 그는 생후 1년 동안은 영아 정신발달검사에서 일란성 쌍생아 간의 유사성이나 동성의 이란성 쌍생아 간의 유사성이 비슷하다는 것을 알아냈다. 그러나 18개월 정도가 되면 유전적 영향이 탐지가능하게 된다. 일란성 쌍생아들이 이란성 쌍생아들보다 검사 점수에서 더 큰 유사성을 보였을 뿐만 아니라, 한 검사에서 다음 검사 사이에 이루어지는 점수 변화도 더욱 유사했다. 만일 한 명의 일란성 쌍생아가 18~24개월에 정신적인 급성장을 보였다면, 나머지 쌍생아 형제도 동시에 유사한 급성장을 보였다. 유전자들이 아동의 정신발달 과정 및 정도에 모두 영향을 주는 것으로 보인다.

그림 2.12는 쌍생아들이 계속해서 발달함에 따라 어떤 일이 발생하는지를 보여준다. 일란성 쌍생아는 3세에서 15세까지의 지적 수행에서 매우 유사한 상태로 남아있다(평균 상관 r = +.85). 이와 대조적으로, 이란성 쌍생아들은 3세경에 지적으로 가장 유사하고 (r = +.79) 시간이 경과함에 따라 서서히 유사성이 낮아진다. 15세경 그들은 쌍생아가 아닌 단순 형제자매들과 지적 유사성이 비슷하다(r = +.54). 그림에서 보여진 각 연령에서의 유전성 계수를 계산해 보면, 이 쌍생아 표본들에 대한 IQ 유전성은 실제로 영아기에서 청소년기로 가면서 증가한다.

입양연구도 유사한 그림을 보여준다. 입양아동의 IQ는 친부모(유전적 영향을 나타내는)와 양부모(공유된 가족환경의 효과를 나타내는) 모두의 지적 수행과 상관이 있다. 청소년기까지도 입양아들은 친부모와 지적으로 여전히 유사하지만, 양부모와는 더 이상 유사하지 않다(Scarr & Weinberg, 1978). 쌍생아 연구와 입양연구에서 나타난 것은, 공유 환경이 지적 수행에 주는 영향은 나이가 들면서 감소하지만, 유전자 및 비공유 환경의 영향은 더 강해진다는 것이다. IQ 점수와 성격 특질에 주는 영향의 변화 패턴을 설명하는 매우 영향력 있는 이론이 있다. 하지만, 그 이론을 살펴보기 전에 우리의 성격이 전달받은 유전자들에 의해 영향받는다는 것을 시사하는 증거들을 간단히 살펴보자.

성격에 대한 유전의 기여

일반적으로 심리학자들은 우리의 성격을 구성하는 비교적 안정된 습관과 특질들이 환경에 의해 형성된다고 가정하지만, 가족연구나 다른 종단적 연구들은 성격의 많은 핵심 차원들이 유전적으로 영향받는다고 밝히고 있다. 예를 들면, **내향성/외향성**—부끄러워하고 소극적이며 다른 사람과 함께 있는 것을 불편해하는 성향 대 명랑하고 사교적인 성향 정도—은 IQ처럼 중간 정도의 유

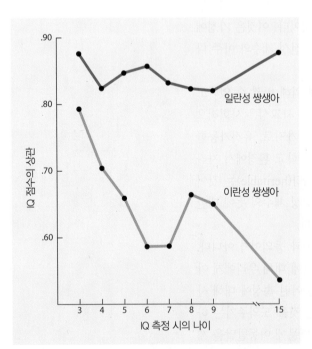

그림 2.12 아동기에 걸친 일란성 쌍생아의 IQ와 이란성 쌍생아의 IQ 점수의 상관에서의 변화.
출처: "The Louisville Twin Study: Developmental Synchronies in Behavior" by R. S. Wilson, 1983, Child Development, 54, pp. 298–316. Copyright © 1983 by The Society for Research in Child Development, Inc.

전성 수준을 나타낸다(Plomin et al., 1997). 유전적으로 영향받는 또 다른 중요한 특성은 **공감적 관심**(empathic concern)이다. 공감을 잘하는 사람은 다른 사람의 요구를 잘 깨닫고 그들의 복지에 관심을 가진다. Martin Hoffman(1975)의 연구에 의하면, 신생아도 다른 영아의 고통에 자신도 고통을 느끼는 것으로 반응한다는 것을 알았다—이 결과는 일부 연구자들에게는 공감 능력이 생래적일 수 있다는 것을 시사한다. 그러나 공감적 관심의 개인차에 대한 생물학적 근거들이 있는가?

실제로 있다. 14~20개월에 이미, 괴로워하는 동료에 대한 관심수준에서 일란성 쌍생아 영아들은 동성인 이란성 쌍생아 영아보다 더 유사하다(Zahn-Waxler, Robinson, & Emde, 1992). 집을 떠난 뒤 수십 년간 헤어져 살았던 일란성 쌍생아들은 중년기에 여전히 공감적 관심수준이 유사하다($r = +.41$). 하지만, 동성인 이란성 쌍생아들은 그렇지 않은데($r = +.05$), 이런 자료는 이 속성이 유전가능한 특질임을 말해준다(Mattews et al., 1981).

유전은 얼마나 영향을 주는가? 우리의 성격은 물려받은 유전자에 의해 어느 정도까지 영향을 받을까? 표 2.5에서 보듯이, 가족구성원들 간의 성격 유사성을 살펴보면 몇 가지를 알 수 있다. 일란성 쌍생아들은 이란성 쌍생아들보다 성격에 대한 복합 측정치에서 더 많이 유사하다. 쌍생아 자료를 사용해 성격에 대한 유전적 기여를 추정한다면, 우리는 많은 성격 특질들이 중간 정도로 유전가능하다고 결론내릴 수 있다(예: $H = +.40$). 물론 중간 정도 유전성 계수가 갖는 또 다른 의미는, 성격은 환경적 요인들에 의해서도 크게 영향받는다는 것이다.

환경의 어떤 측면이 성격에 영향을 주는가? 발달학자들은 전통적으로 개인들이 공유하는 가정환경이 성격형성에 특히 중요하다고 가정했다. 표 2.5를 다시 살펴보면서 그런 논리에 어떤 문제가 있는지 알아보자. 예를 들어, 같은 집에서 사는 유전적으로 무관한 사람들은 복합적 성격 측정치에서 서로 거의 닮지 않았다는 사실에 주목하라($r = .07$). 따라서 모든 가족구성원이 공유하는 가정환경 측면들은 성격발달에 그다지 많이 기여하지 않는다.

그러면, 환경은 어떻게 성격에 영향을 주는가? 행동유전학자 David Rowe와 Robert Plomin에 의하면(Rowe & Plomin, 1981; Rowe, 1994), 성격에 가장 많이 기여하는 환경 측면은 비공유 환경 영향들인데 이 영향은 사람들을 서로 다르게 만든다. 그리고 전형적인 가정에는 비공유된 경험을 제공하는 것이 많다. 예를 들면, 부모들은 종종 딸과 아들을 다르게 대하고 첫째 아이와 동생들을 다르게 대한다. 형제자매들이 부모에 의해 달리 대우받은 정도에 따라 그들은 다른 환경을 경험하게 되고, 그 결과 성격의 중요한 측면들이 달라질 가능성이 증가한다. 비공유 환경 영향의 또 다른 원천은 형제자매들 간의 상호작용이다. 예를 들어, 습관적으로 동생들을 지배하려는 형이나 누나들은 이런 가정경험의 결과로 일반적으로 자기주장이 강하거나 지배적인 사람이 될 수도 있다. 그러나 동생들의 경우에는 이런 가정환경이 수동성, 인내, 협동 등과 같은 성격 특질의 발달을 조장하는 지배적 환경이 될 수도 있다.

비공유 환경의 효과 측정 우리는 어떻게 비공유 환경같이 넓은 범위의 영향을 측정할 수 있을까? Denise Daniels와 동료들(Daniels, 1986; Daniels & Plomin, 1985)이 사용했던 하나의 전략은 청소년 형제자매 쌍들에게 부모나 교사에게 다른 대우를 받았는지

내향성/외향성
(introversion/extroversion)
성격 차원의 반대쪽에 있는 양극단으로 내향적인 사람들은 부끄러워하고, 다른 사람과 있는 것을 불안해하며 사회적 상황에서 위축되는 경향이 있다. 외향적인 사람들은 매우 사교적이고 다른 사람과 있는 것을 즐긴다.

공감적 관심
(empathic concern)
한 사람이 다른 사람의 요구를 인식하고 다른 사람의 안녕에 관심을 갖는 정도의 측정치.

표 2.5	혈연관계 3수준에서 가족구성원들 간의 성격 유사성			
	혈연관계			
	1.00 (일란성 쌍생아)	.50 (이란성 쌍생아)	.50 (쌍생아가 아닌 형제)	.00(같은 집에서 양육된 혈연이 아닌 자녀들)
성격 속성 (몇 가지 성격 특질에 걸친 평균상관관계)	.50	.30	.20	.07

출처: Loehlin, 1985; Loehlin and Nichols, 1976.

또는 살면서 다른 중요한 차이(예: 또래들 간의 인기도 차이)를 경험했는지를 묻는 것이었다. Daniels는 형제자매들이 그런 차이들을 보고했으며, 이들이 보고한 부모의 대우 차이와 다른 경험에서의 차이가 더 크고 중요할수록 형제자매들 간의 성격이 더 다르다는 것을 알아냈다(Asbury et al., 2003; Burt et al., 2006). 이런 종류의 상관연구들에 근거하여 경험차이가 성격차이를 야기한다는 결론을 단정적으로 내릴 수는 없지만, 이 연구들은 발달에서 가장 중요한 환경 영향 중의 일부는 가족구성원 각자가 갖는 독특한 비공유된 경험일 수 있다는 것을 시사해 준다(Dunn & Plomin, 1990)

형제자매들은 서로 다른 유전자를 갖기 때문에 서로 다른 경험들을 하는가? 다시 말하면, 유전적인 영향을 받은 아동 속성들은 다른 사람들이 그에게 어떻게 반응하는지에 영향을 주는가? 예를 들어, 외모가 매력적인 어린이가 덜 매력적인 다른 형제자매들보다 부모나 또래들로부터 아주 다른 대우를 받을 가능성이 있는가? 유전자가 어느 정도는 형제자매들의 경험차이에 기여한다 해도(Pike et al., 1996; Plomin et al., 1994), 개인적이고 독특한 환경들을 경험하는 이유가 전적으로 서로 다른 유전자를 갖고 있기 때문만은 아니라는 것을 믿을 만한 충분한 이유가 있다. 우리는 이것을 어떻게 아는가?

가장 중요한 단서는 일란성 쌍생아 연구에서 나온다. 일란성 쌍생아들은 유전적인 면에서 완전히 일치하기 때문에, 그들 간의 어떤 차이도 그들이 공유하지 않는 환경적 영향의 기여를 반영하는 것이 틀림없다. 일란성 쌍생아들은 그들의 성격과 사회적 적응에 영향을 주는 환경차이를 보고한다. 예를 들면, 최근의 한 연구는 쌍생아 중 한 아이가 부모에게서 더 따뜻한 대우를 받거나(하나의 NSE) 교사와 가까운 관계를 맺을 때(하나의 NSE) 그 아이는 다른 한 명의 쌍생아보다 정서적으로 덜 고통스럽다는 것을 발견했다(Crosnoe & Elder, 2002). 그리고 부모가 일란성 쌍생아를 대하는 방식의 차이가 클수록 그 아이들은 성격과 사회적 행동에서 덜 유사하다(Asbury et al., 2003). 일란성 쌍생아는 유전자형이 동일하기 때문에, 이 비공유 환경 영향이 쌍생아의 상이한 유전자 때문에 발생한다고는 말할 수 없다! 비공유 환경 영향의 기여를 추정하는 공식(1 − r[함께 자란 일란성 쌍생아])이 이치에 맞는 이유는, 그 추정치가 유전자에 의해 어떤 식으로도 영향받지 않는 환경 영향에 근거하고 있기 때문이다.

행동장애와 정신병에 대한 유전의 기여

정신병에 대한 유전적인 근거는 있는가? 어떤 사람들은 일탈 행동이나 반사회적 행동들을 하도록 유전적으로 타고나는가? 이런 생각들은 불과 30년 전만 해도 어리석은 것처럼 보였지만, 이제는 이 두 질문에 "예"라고 대답할 수 있다.

정신분열증—전형적으로 청소년 후기나 성인기 초기에 나타나며, 논리적 사고나 감정표현, 사회적 행동에서 극심한 장애를 갖는 심각한 정신병—에 대한 증거를 알아보자. 정신분열증을 가진 몇 쌍의 쌍생아 연구에 의하면, 일란성 쌍생아는 평균 .48의 일치율을 보이는 반면에 이란성 쌍생아는 단지 .17의 일치율을 보인다(Gottesman, 1991). 더욱이, 친부모가 정신분열증인 아동들은 어린 시절에 다른 가정으로 입양될지라도 정신분열증이 될 위험성이 크다(Loehlin, 1992). 이는 정신분열증이 유전적 영향을 받는다는 것을 강력히 시사하는 증거이다.

형제 간 상호작용은 형제의 성격차이를 가져오는 많은 비공유 경험을 만든다.

최근에는, 알콜 중독이나 범죄, 우울, 과잉활동, **조울증**과 여러 **신경증**과 같은 이상 행동과 질병에 유전이 하나의 원인이라는 것이 명확해졌다(Bartels et al., 2004; Caspi et al., 2003; Plomin et al., 2001; Rowe, 1994). 지금 여러분의 가까운 친척 중에서 알코올 중독, 신경증, 조울증, 정신분열증 등으로 진단받은 사람이 있을 수도 있다. 이것이 여러분이나 여러분의 자녀들이 이 문제들을 갖게 될 것이라는 의미는 **아니다**. 부모 중 한 사람이 정신분열증인 아동 중 9%에서만 "정신분열증"으로 분류되는 증상들이 발생했다(Plomin et al., 2001). 여러분이 쌍생아 중 한 명이고 나머지 한 명이 심각한 정신병을 갖고 있다 하더라도, 여러분의 쌍생아 형제를 괴롭히는 문제들을 여러분이 경험할 가능성은 1/20(대부분의 다른 병들)에서 1/2(정신분열증) 사이에 있다.

일란성 쌍생아들이 정신병이나 행동장애들과 관련해서는 대개 불일치하므로, 이런 질병에 대해서는 환경이 매우 중요한 원인임에 틀림없다. 다시 말하면, 사람들은 행동장애를 유전받지는 않는다: 대신에, 그들은 특정 질병이나 일탈적 행동 패턴을 발달시킬 유전적 소질을 유전받는다. 아동의 가족력이 그런 유전적 소질이 존재한다는 것을 나타낸다 하더라도 정신병을 촉발하기 위해서는 큰 스트레스를 주는 수많은 경험들(예: 거부적인 부모, 학교에서의 실패나 연속적인 실패, 이혼 등에 의한 가정 붕괴 등)이 필요하다(Plomin & Rende, 1991; Rutter, 1979). 이런 발견들은, 만일 (1) 이런 장애를 촉발시키는 환경적 촉발요인들에 대해 더 많이 알게 되고, (2) 발병위험이 큰 개인들에게 환경적 스트레스에 직면해서 정서적인 안정을 유지하도록 돕는 치료 기법들을 개발하고자 노력한다면, 미래의 언젠가는 유전적 영향을 받는 대부분 장애들의 발생을 막을 수 있다는 낙관론을 제공한다(Plomin & Rutter, 1998; Rutter, 2006, 2007).

정신분열증
(schizophrenia)

심각한 형태의 정신질환으로 논리적 사고, 정서 표현, 대인간 행동에서 장애를 갖는 것이 특징이다.

조울증
(bipolar disorder)

극단적인 기분의 동요를 특징으로 하는 정신장애.

신경증
(neurotic disorder)

스트레스를 감수하기 위해서나 혹은 불안을 피하기 위해서 사용하는 비합리적인 사고 패턴이나 행동 패턴.

발달에서 유전과 환경의 상호작용에 대한 이론

불과 50년 전만 해도, 발달학자들은 인간의 잠재력을 결정하는 주요 요인이 유전인가 환경인가라는 천성/육성(nature/nurture) 논쟁에 휘말려 있었다. (예를 들어, Anastasi, 1958을 참조하라.) 비록 이 장이 생물학적인 영향에 초점을 두고는 있지만, **유전과 환경** 모두 발달에 중요하게 기여하고 있으며, 과거 유전론자들이나 환경론자들이 취했던 극단적인 입장은 지나치게 단순화되었던 것이 명백하다. 오늘날, 행동유전학자들은 더 이상 천성 대 육성이라는 측면에서 생각하지 않는다. 대신에, 그들은 이런 중요한 두 가지 영향원들이 발달적 변화를 촉진하기 위해 어떻게 결합하거나 상호작용하는지를 알아내려고 노력하고 있다.

수로화 원리

유전과 환경 모두 대부분의 인간 특질에 기여하지만, 유전자들은 어떤 속성들에 대해서는 다른 것들보다 더욱 많이 영향을 준다. 수년 전 Conrad Waddington(1966)은 **수로화**(canalization)라는 용어를 사용하여, 유전자가 발달을 제한하여 소수의 발달 결과를 가져오는 사례를 언급했다. 고도로 수로화된 인간 속성의 한 예는 영아의 옹알이이다. 모든 영아들, 심지어 농아조차도 생후 8~10개월 경에 똑같은 방법으로 옹알이를 한다. 이처럼 많이 수로화된 속성은 유전자의 성숙 프로그램에 따라 전개되기 때문에 환경의 영향을 거의 받지 않는다. 이와는 대조적으로, 지능이나 기질, 성격 등 수로화 정도가 덜한 속성들은 다양한 생의 경험들에 의해 유전적인 경로로부터 여러 방향으로 벗어날 수 있다.

이제는 강력한 환경 영향들도 발달을 제한하거나 수로화할 수 있다는 것을 알게 되었다. 예를 들면, 영양상태나 사회적 자극이 부적절한 초기의 환경은 영구적으로 아동의 성장을 방해하고 지적 발달을 손상시킬 수 있다.

요약하면, 수로화 원리는 단순한 생각이지만 아직까지는 (1) 개인의 발달경로는 다양할 수 있다는 것, (2) 천성과 육성이 함께 이 경로를 결정한다는 것, (3) 유전자나 환경 중 하나가 다른 요인이 발달에 영향을 주는 정도를 제한할 가능성이 있다는 사실을 보여주는 아주 유용한 개념이다. Irving Gottesman은 유전자형/환경 상호작용이라는 자신의 이론 안에서 다소 다른 방법으로 유전자 영향에 대해 같은 주장을 했다. (이는 다음 절에서 논의된다.)

반응 범위 원리

Gottesman(1963)에 따르면, 유전자는 행동을 엄격하게 수로화하지는 않는다. 대신에 개별 유전자형들이 다른 종류의 생활경험들에 대해서 반응을 나타낼 수 있는 범위를 만들어낸다. 이것이 **반응 범위 원리**(range-of-reaction principle)다. 다시 말하면, Gottesman은 사람이 서로 다른 환경에 대해 나타내 보일 수 있는 표현형의 범위를 유전자형이 설정한다고 주장했다. 중요한 것은, 사람들은 유전적으로 다르기 때문에 특정한 환경에 대해 똑같은 방법으로는 반응하지 않는다는 사실이다.

지적 수행에 반응 범위라는 개념을 적용한 것이 그림 2.13에 나타나 있다. 우리는 환경의 풍요로운 정도가 다를 때 3명의 아동들의 IQ에 어떤 결과가 나타나는지를 확인할 수 있다. Juan은 유전적으로 높은 지적 발달 잠재력을 가졌고, Tony는 유전적으로 타고난 지능이 평균 정도이며, Freddie는 지적 발달의 잠재력이 평균보다 훨씬 아래이다. 유

수로화
(canalization)

적은 수의 발달적 결과만을 만들게 하는 표현형의 유전적 제약. 높게 수로화된 속성은 유전자가 이미 정해진 경로를 따라 발달이 일어나도록 이끌고, 그렇게 해서 환경은 나타나는 표현형에 거의 영향을 주지 못하는 속성이다.

반응 범위 원리
(range-of-reaction principle)

사람이 서로 다른 환경에 대한 반응에서 보일 수 있는 가능한 표현형의 범위를 유전자형이 제한한다는 생각.

사한 환경조건하에서 Juan은 다른 두 명의 아이들에 비해 항상 뛰어난 수행을 보인다는 것에 주목하라. Juan은 또한 결핍환경에서는 평균보다 훨씬 아래의 IQ를 갖지만 풍부한 환경에서는 평균 보다 훨씬 높은 IQ를 갖는다는 점에서 가장 넓은 반응범위를 갖고 있다. 예상한 바와 같이, Freddie는 매우 제한된 범위의 반응 범위를 갖고 있다. 그는 지적 발달 잠재력이 낮아 나머지 두 아동들에 비해 환경의 변화에 따른 IQ의 변산이 작다.

요약하면, 반응 범위 원리는 유전과 환경 간의 상호작용에 대한 명확한 진술이다. 사람의 유전자형이 어떤 특정한 속성에 대해 가능한 결과의 범위를 설정하고, 환경은 유전자가 정해놓은 범위 내에서 그 사람의 위치를 결정해준다.

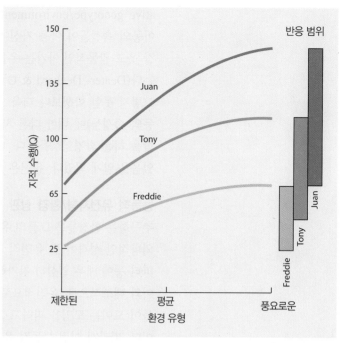

그림 2.13 제한된, 평균의, 지적으로 풍요로운 환경에서 세 어린이가 보여준 지적 수행에 대한 가설적 반응 범위.
출처: "*Heritability of personality: A Demonstration*," by I. Gottesman, 1963, Psychological Monographs, 11 (Whole No. 572). Copyright © 1963 by the American Psychological Association

유전자형/환경 상관

지금까지 우리는 어쨌든 유전과 환경이 관찰가능한 특성들, 즉 표현형을 결정하기 위해 결합하기는 하지만 마치 각각 독립적으로 영향을 미치는 것처럼 말해왔다. 이런 견해는 어쩌면 너무 단순한지 모른다. 많은 행동유전학자들은 유전자가 우리가 경험할 수 있는 환경의 종류에 실제로 영향을 준다고 믿고 있다(Plomin, DeFries, & Loehlin, 1977; Scarr & McCartney, 1983). 어떻게 영향을 주는가? 적어도 세 가지 방식이 있다.

수동적 유전자형/환경 상관 Scarr와 McCartney(1983)에 따르면, 부모의 유전자형은 자녀들에게 제공하는 가정환경 종류에 부분적으로 영향을 준다. 부모는 또한 자녀들에게 유전자를 제공해주기 때문에 아동들이 경험하는 양육환경과 아동 자신의 유전자형 간에도 상관이 있게 되고, 양육환경은 유전자형에 적합할 가능성이 있다.

다음의 예는 **수동적 유전자형/환경 상관**(passive genotype/environment correlations)이 주는 발달적 시사점들을 보여주고 있다. 유전적으로 운동을 잘하는 소질을 갖고 있는 부모들은 자녀들에게 열정적으로 경기하고 스포츠에 관심을 갖도록 격려함으로써 "운동을 잘하는" 가정환경을 만들어 줄 수 있다. 운동을 잘하는 환경에 있는 것 외에 자녀들은 부모의 운동을 잘하는 유전자를 전달받는다. 그 유전자는 운동을 잘하는 환경에 특별히 반응적이게 만든다. 따라서 운동을 잘하는 부모의 자녀들은 유전과 환경적인 이유 둘 다 때문에 운동수행을 즐길 수 있다. 그러므로 유전과 환경의 영향은 밀접하게 서로 얽혀있다.

촉발적 유전자형/환경 상관 앞에서 우리는 성격의 여러 측면에 크게 영향을 주는 환경영향들이 개인들을 서로 다르게 만드는 비공유 경험들이라는 것을 보았다. 아동이 경험하는 환경의 차이가 부분적으로 아동이 전달받은 서로 다른 유전자가 또래들로부터 다른 반응들을 이끌어 낼 수도 있다는 사실 때문일까?

Scarr와 McCartney(1983)은 그렇다고 생각한다. 촉발적 **유전자형/환경 상관**(evoc-

수동적 유전자형/환경 상관
(passive genotype/
environmental correlations)
친부모가 제공하는 양육환경은 부모 자신의 유전자에 의해서 영향을 받고, 따라서 아동 자신의 유전자형과도 관련된다는 개념.

촉발적 유전자형/환경 상관
(evocative genotype/
environmental correlations)
우리의 유전받은 속성들이 다른 사람의 우리에 대한 행동에 영향을 주며, 그렇게 해서 발달이 일어나는 사회적 환경에 영향을 준다는 개념.

ative genotype/environment correlations)이라는 그들의 개념은 유전적으로 영향받은 아동의 속성들이 아동 자신에 대한 타인의 행동에 영향을 준다고 가정한다. 예를 들어, 잘 웃고 활동적인 아기는 우울하고 수동적인 아기보다 돌봄과 사회적 자극을 더 많이 받는다(Deater- Deckard & O'Connor, 2000). 교사들은 신체적으로 매력적인 학생에게는 그렇지 못한 학생보다 더욱 호의적으로 반응한다. 아동(그리고 유전적으로 영향받은 아동의 속성들)에 대한 다른 사람의 이런 반응들은 아동의 성격을 형성하는 데 중요한 역할을 하는 환경영향들이다. 따라서 다시 한번, 우리는 유전과 환경 영향들이 서로 섞여 있음을 알게 되었다. 유전은 성격발달이 이루어지는 사회적 환경 특성에 영향을 준다.

능동적 유전자형/환경 상관 끝으로, Scarr와 McCartney(1983)는 아동들이 선호하고 추구하는 환경들은 그들의 유전적 성향에 가장 적절한 것들이라고 제안했다. 예를 들어, 외향적인 성격이 될 유전적 성향이 있는 아동은 일반적으로 친구들을 집으로 초대하고 파티 등에 매우 열심히 참가하고 사회적으로 자극적인 활동을 더 좋아할 가능성이 있다. 이와 대조적으로, 유전적으로 부끄럼을 타고 내성적이 될 성향이 있는 아동은 많은 사람들이 모이는 모임을 피하고 그 대신 혼자서 할 수 있는 활동(비디오 게임 같은)을 할 것이다. 따라서 이런 **능동적 유전자형/환경 상관**(active genotype/environmental correlations)이 주는 하나의 시사점은 유전자형이 서로 다른 사람들은 각자 자신에게 적합한 다른 환경적소(environmental niches)를 선택할 수 있다는 것이다. 그들이 선택한 환경적소는 미래의 사회적, 정서적, 지적 발달에 강력한 영향을 준다.

능동적 유전자형/환경 상관
(active genotype/environmental correlations)
우리의 유전자형이 우리가 선호하고 추구하는 환경 유형에 영향을 준다는 개념.

유전자형/환경 상관은 발달에 어떻게 영향을 주는가? Scarr와 McCartney(1983)에 따르면, 능동적, 수동적, 촉발적인 유전자 영향의 상대적인 중요성은 아동기 전반에 걸쳐 변화한다. 생의 초기에, 영아나 걸음마기 아기들은 이웃을 기웃거리고 친구를 선택하고 환경적소를 만드는 일을 마음대로 할 수 없다. 아기들은 대부분의 시간을 부모가 만든 가정환경에서 보내기 때문에, 수동적 유전자형/환경 상관은 생의 초기단계에 특히 중요하다. 그러나 일단 아동들이 학령기에 도달하고 매일 집에서 나가 모험을 하기 시작하면 그들은 급속히 자신의 관심, 활동, 친구, 오락장을 선택하는 데 훨씬 더 자유로워질 것이다. 그러므로 능동적인 적소구축 상관은 아동이 성숙함에 따라 발달에 더 큰 영향을 줄 것이다(그림 2.14 참조). 끝으로, 촉발적 유전자형/환경 상관은 항상 중요하다; 즉, 유전적으로 영향받은 개인의 속성이나 행동 패턴들은 그 사람의 일생동안 다른 사람들이 그에게 반응하는 방식에 영향을 준다.

Scarr와 McCartney의 이론이 어떤 장점을 갖고 있다면, 아동들은 생의 초기에 부모가 제공한 비교적 유사한 양육환경에서 빠져나와 그들 자신을 위한 다른 환경적소를 적극적으로 찾기 때문에, 일란성 쌍생아를 제외한 다른 형제자매들은 시간이 흐름에 따라 서로 간의 유사성이 점점 낮아져야 한다. 실제로, 이런 생각을

© Wides & Holl/Taxi/Getty Images

수동적 유전자형/환경 상관은 부모가 아동의 유전자형과 관련있는 환경을 제공할 때 일어난다. 그 유전자형도 부모가 준 것이다.

지지할 만한 충분한 근거가 있다. 같은 집에서 사는 유전적으로 무관한 입양아 쌍은 아동기 초기와 중기 동안 지적수행과 행동에서 일부 한정된 유사성들을 보였다(Scarr & Weinberg, 1978). 이런 입양아들은 서로 간에 또는 양부모와 유전자를 공유하지 않기 때문에, 그들의 유사성은 공통된 양육환경 때문임에 틀림없다. 그러나 청소년기 후기에는, 유전적으로 무관한 형제자매들은 지능, 성격, 다른 행동측면들에서 거의 닮지 않았다. 이는 아마 그들이 서로 다른 환경적소를 선택했고, 그 서로 다른 환경적소들이 다시 서로 다른 발달경로를 따르게 만들었기 때문일 것이다(Scarr, 1992; Scarr & McCartney, 1983). 공통 유전자가 50%인 이란성 쌍생아들조차도 아동기에 비해 청소년기나 성인기에 훨씬 덜 유사하다(McCartney, Harris, & Bernieri, 1990; 그림 2.12에서 시간경과에 따른 이란성 쌍생아들의

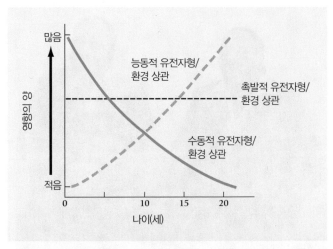

그림 2.14   연령에 따른 수동적 · 촉발적 · 능동적(적소-추구) 유전자형/환경 상관의 상대적 영향.

IQ유사성은 감소한다는 것을 기억하라). 이는 명백히 이란성 쌍생아들이 공유하지 않는 유전자들이 이들로 하여금 서로 다른 환경적소를 선택하게 하고 그것은 다시 시간이 지남에 따라 유사성을 감소시켰을 것이다.

　이와 대조적으로, 일란성 쌍생아 쌍들은 아동기와 청소년기 내내 큰 행동유사성을 갖는다. 왜일까? 두 가지 이유가 있다. (1) 일란성 쌍생아들은 타인에게서 유사한 반응을 불러일으킬(촉발시킬) 뿐만 아니라, (2) 동일한 유전자형 성향 때문에 매우 유사한 환경(즉, 친구, 관심, 활동)을 좋아하고 선택한다. 그 환경들은 이 쌍생아 쌍에게 같은 영향을 주고 그들은 계속해서 서로 닮아있게 된다. 동일한 유전자가 유사한 활동과 경험을 선호하고 추구하게 만들기 때문에, 일란성 쌍생아들은 분리양육될 때도 어떤 면에서는 유사해진다. 이를 더 자세히 살펴보자.

분리양육된 일란성 쌍생아　Thomas Bouchard와 그의 동료들은(Bouchard et al., 1990; Neimark, 2000) 다른 가정환경에서 분리양육된 일란성 쌍생아 거의 100쌍을 연구했다. 그런 쌍 중의 하나가 Oscar Stohr와 Jack Yufe이다. Oscar는 나치 지배하의 유럽에서 그의 엄마가 카톨릭 교도로 키웠다. 그는 제2차 세계대전 동안 히틀러 청년대 운동에 참여한 후, 지금은 독일의 공장 감독으로 일하고 있다. 상점 주인인 Jack은 지구 반대편에 있는 캐리비언 국가에서 유태인으로 양육되어 성장하는 동안 나치를 매우 혐오하게 되었다. 오늘날, Jack은 정치적 자유주의자인 반면에 Oscar는 아주 보수적이다.

　Bouchard가 연구한 분리양육된 일란성 쌍생아들의 다른 모든 쌍들처럼, Oscar와 Jack은 주요한 몇몇 측면에서 서로 다르다. 그들 중 한 명은 보통 다른 한 명에 비해 더 자기주장적이며 외향적이고 공격적이며, 서로 다른 종교적 혹은 정치적 철학을 갖고 있다(Oscar와 Jack이 그렇듯이). 그러나 더 놀랄만한 발견은 이 모든 쌍생아들이 서로 닮은 점도 많다는 사실이다. 예를 들면, 젊었을 때 Oscar와 Jack은 둘 다 스포츠는 잘했으나 수학은 어려워했다. 그들은 비슷한 습관을 갖고 있고 둘 다 방심하는 경향이 있다. 그리고 사소한 것들이지만, 향료를 넣은 음식과 단맛의 음료수에 대한 기호, 팔에 고무밴드를 차는 습관, 화장실에서 변기사용 전후에 물을 내리는 습관 등이 유사하다.

　어떻게 분리양육된 일란성 쌍생아들은 그렇게 다르면서 동시에 그토록 비슷할 수 있

Jack Yufe(좌)와 Oscar Stohr(우)

는가? 능동적인 유전자 영향이라는 개념이 신비할 정도로 닮아있는 현상들에 대한 설명을 도와준다. 쌍생아들이 서로 다른 환경에서 자랐다는 것을 알면, 우리는 그런 상황을 실제보다 더 다르다고 생각하는 경향이 있다. 사실, 분리양육된 일란성 쌍생아들은 그들이 자라는 동안 대부분의 물건, 활동, 교육경험, 역사적 사건들을 동일하게 경험할 가능성이 높은 같은 역사시대의 구성원이다. 일란성 쌍생아들이 특별한 주의를 기울여 같은 환경 측면들을 선택하도록 하는 유전적 성향을 갖고 있다면, 그리고 그들이 환경적소를 만드는 데 "서로 다른" 환경들이 유사한 경험 상황을 제공한다면, 이 쌍생아들은 습관이나 매너리즘, 능력, 관심 등의 측면에서 서로 유사해야 한다.

그러면 분리양육된 일란성 쌍생아들은 왜 종종 다른 것일까? Scarr와 McCartney(1983)에 따르면, 양육환경이 너무 달라서 그들이 비슷한 환경적소를 구성하지 못하기 때문에, 쌍생아들은 어떤 속성에서는 다를 것이라고 예상할 수 있다. Oscar와 Jack은 좋은 예이다. 분리양육 환경들이 많은 동일한 종류의 경험(예: 운동, 수학수업, 향료가 든 음식, 고무밴드 등)에 접근할 수 있도록 함으로써, 이 유전적으로 동일한 사람들이 여러 유사한 습관이나 매너리즘, 관심들을 발달시킬 수 있게 해주므로 Oscar와 Jack은 많은 면에서 닮아 있다. 그러나 그들의 사회 · 정치적 환경(나치 지배하의 유럽 대 평온한 카리브해 국가)이 너무 달라서 그들을 서로 신뢰할 수 있는 정치적 친구로 만들 수 있는 "적소구축"을 하지 못하게 했으므로 그들의 정치적 이데올로기는 다를 수밖에 없다.

행동유전학적 접근의 공헌과 비판

행동유전학은 과학자들이 인간발달을 보는 방식에 강력한 영향을 주고 있는 비교적 새로운 사조이다(Dick & Rose, 2002). 이제 우리는 이전에는 환경에 의해 형성된다고 생각했던 속성들이 부분적으로는 유전에 의해 영향받는다는 것을 알고 있다. Scarr와 McCartney가 주장하는 것처럼, 우리는 "유전적인 주장의 지시에 따르는 천성/육성 팀의 협동작품"이다(1983, p.433). 결과적으로, 유전자는 우리가 갖게 되는 경험에 영향을 주고, 다시 그 경험은 우리 행동에 영향을 줌으로써 인간발달에 대해 강력한 영향력을 발휘한다. 그리고 그들 입장에서 매우 중요한 시사점 중 하나는, 이미 확인했던 발달에 대한 많은 "환경적" 영향들이 부분적으로는 유전의 작용을 반영한다는 점이다(Plomin et al., 2001; Turkheimer, 2000을 참조하라).

물론, 모든 발달학자들이 유전적 소질이 "천성/육성 팀"의 "주장"이라는 데 동의하는 것은 아니다(Gottlieb, 1996; Greenberg, 2005; Partridge, 2005; Wachs, 1992). 학생들은 종종 Scarr와 McCartney의 이론이 유전자가 환경을 결정한다는 것으로 오해하고 그들의 이론에 반대하는 경우가 있다. 그러나 그 이론이 뜻하는 것은 그렇지 않다. Scarr와 McCartney가 말하는 것은 다음과 같다:

1. 유전자형이 서로 다른 사람들은 타인들로부터 다른 반응을 불러 일으키고 다른 환경

적소를 선택할 가능성이 있다.

2. 그러나 그들이 촉발하는 반응과 선택하는 환경적소들은 그들이 접하는 특정한 개인이나 상황, 환경에 따라 조금만 달라지는 것이 아니다. 아동이 비록 사교적이고 외향적 성격이 되게 하는 유전적 성향을 갖고 태어났다고 해도, 만일 그가 은둔자인 아버지와 알래스카 황무지에서 산다면 그런 성향에 따라 행동하기 어렵다. 사실, 이런 아동들이 그런 비사교적인 환경에서 양육된다면 오히려 부끄러움을 타고 보수적인 성격이 될 수도 있다.

요약하면, 유전자형과 환경은 상호작용하여 발달적 변화를 만들고, 발달 결과에서 차이를 만들어 낸다. 사실, 유전자들은 우리가 경험할 가능성이 있는 환경의 측면들에 어떤 영향을 준다. 그러나 우리에게 주어진 특정 환경들은 특정 유전자형에서 나타날 수 있는 표현형을 제한한다(Gottlieb, 1991b; 1996). Donald Hebb(1980)는 행동이 유전에 의해 100%, 환경에 의해 100% 결정된다고 말했는데, 그는 이 두 영향원이 복잡하게 얽혀있다고 보았기 때문에 행동유전학적 입장에서 그리 벗어나지는 않은 것 같다.

이런 새로운 생각들이 흥미롭기는 하지만, 비평가들은 행동유전학적 접근이 발달에 대한 정교한 설명이 아니라, 단지 발달과정에 대한 기술적 견해일 뿐이라고 주장한다. 이런 주장의 한 가지 이유는, 어떻게 유전자가 효과를 발휘하는지에 대해서 우리가 아는 것이 별로 없다는 점이다. 유전자는 지능이나 사회성 같은 속성들을 만들어 내기 위해서가 아니라 아미노산을 제조하도록 부호화되어 있다. 현재 우리는 타인들이 우리에게 하는 반응이나 우리가 자신을 위해 만든 경험에 유전자가 영향을 줌으로써 우리 행동에 간접적인 영향을 준다고 생각하고는 있지만, 유전자가 우리로 하여금 특별한 종류의 자극을 선호하게 하거나 특별히 만족스런 특정 활동을 추구하게 하는 방식과 이유에 대해 이해하려면 아직 멀었다(Plomin & Rutter, 1998). 더욱이, 행동유전학자들은 환경적인 영향들을 직접 측정하려는 시도나 환경이 개인에게 작용하여 행동에 영향을 주는 방법을 명확하게 하려는 시도를 하지 않으면서 매우 포괄적인 방식으로 환경이라는 용어를 적용한다. 아마도 여러분은 문제점들을 알 수 있을 것이다: 비평가들은 이 접근이 비특정적인 환경의 힘이 어떻든 우리의 능력이나 행동, 특성을 형성한다는 가정만 할뿐 발달을 설명하지는 못한다고 주장한다. 이 비특정적인 환경의 힘은 알려지지 않은 방식으로 유전자의 영향을 받는다(Bronfenbrenner & Ceci, 1994; Gottlieb, 1996; Partridge, 2005).

▌동물행동학적 관점과 진화적 관점

1장에서 언급되었듯이, 이론이란 기존의 관찰자료들을 조직하고, 기술하고, 설명하기 위해 고안된 개념과 명제들의 세트이다. 그 동안 논의되어 왔던 많은 생물학적 발달양상들 또한 동물행동학이나 진화론에 해당된다. Arnold Gesell(1880~1961)은 인간발달이 주로 생물학적 성숙의 문제라는 극단적인 입장을 취했다. Gesell(1933)은 아동들이 자신의 유전자에 새겨져 있는 시간표에 따라서 식물처럼 단순하게 "피어날" 뿐이라고 믿었다; Gesell은 부모가 자녀를 양육하는 방식은 중요하지 않다고 생각했다.

오늘날의 발달학자들은 Gesell의 급진적 주장을 대개 거부해왔지만, 생물학적 영향이 인간발달에서 중요한 역할을 한다는 생각은 아직도 살아있으며, **동물행동학**──행동

동물행동학
(ethology)
개체의 생존에 초점을 두고 행동과 발달의 생물진화적 근거를 연구하는 학문.

Konrad Lorenz는 거위의 각인을 연구했다. 사진에서 볼 수 있는 것처럼 거위무리는 어미거위 대신에 Lorenz에게 각인되었다. 거위들은 어디나 그를 따라가고 그를 어미로 생각했다.

의 진화론적 근거 및 진화적 반응이 종의 생존과 발달에 기여하는 것에 대한 과학적 연구—에 잘 들어있다(Archer, 1992). 이런 학문적 경향의 원천은 Charles Darwin으로 거슬러 올라갈 수 있다; 그러나 현대 동물행동학은 Konrad Lorenz와 Niko Tinbergen의 연구에서 생겨났다. 이들은 유럽 동물학자들로서 동물을 연구해서 진화과정과 적응행동 간의 중요한 관련을 일부 밝혀주었다(Dewsbury, 1992). 이제 고전적인 동물행동학의 주요 가정들과 그것들이 인간발달에 대해 갖는 시사점들을 알아보자.

고전적 동물행동학의 가정들

동물행동학자들의 가장 기본적인 전제는 모든 동물 종(種)의 구성원들은 다수의 "생물학적으로 프로그램된" 행동을 갖고 태어난다는 것이다. 이 행동들은 (1) 진화의 산물이며 (2) 그 행동들이 생존에 기여한다는 점에서 적응적이다(Lorenz, 1937, 1981; Tinbergen, 1973). 예를 들면, 새의 많은 종들은 자기 어미 따르기(약탈자로부터 어린 새를 보호하고 먹이를 찾는 것을 보장하는 각인이라 불리는 반응), 둥우리 만들기, 노래하기 같은 본능적인 행동을 하도록 생물학적으로 준비된 것처럼 보인다. (Konrad Lorenz는 거위에 대한 실험으로 각인과정을 발견했다. 그는 새끼거위들이 어미거위 대신에 자기에게 각인되도록 만들었다!) 이 생물학적으로 프로그램된 특성들은 다원식의 **자연도태** 과정의 결과로 진화된다고 생각된다; 즉, 진화과정 동안, 이런 적응행동을 촉진하는 유전자를 가진 새들은 그런 적응 특성이 결여된 새들보다 더 많이 생존하고 자손에게 그들의 유전자를 전달했을 가능성이 더 크다. 많은 세대에 걸쳐서, 가장 적응적인 행동의 기저를 이루는 유전자들은 종에 넓게 퍼져 그 종의 거의 모든 개체들의 특성이 되었다.

그러므로 동물행동학자들은 (1) 종의 모든 구성원들이 공유하며, (2) 종의 개체들을 비슷한 발달경로로 이끄는 선천적이거나 본능적인 반응들에 초점을 둔다. 이런 적응 행동을 어디서 찾아서 그 적응 행동의 발달적 시사점을 연구할 수 있는가? 동물행동학자들은 자신들의 연구대상을 항상 자연환경에서 연구하기를 좋아했다. 왜냐하면 그들은 인간발달을 이루는 선천적인 행동들은 인간이 그 안에서 진화되었고 그 안에서 적응적이라고 입증된 환경 안에서 관찰될 때 가장 쉽게 확인되고 이해될 수 있다고 믿기 때문이다(Hinde, 1989).

동물행동학과 인간발달

생존을 촉진하는 것으로 보이는 본능적 반응들은 동물에서 찾는 게 비교적 쉽다. 그러나 인간도 그런 행동들을 보이는가? 만약 그렇다면, 이 미리 프로그램된 반응들이 인간발

자연도태
(natural selection)

Chars Darwin이 제안한 진화적 과정으로 환경에의 적응을 촉진하는 특성을 가진 개인들은 생존하고, 번식하고, 그런 적응적 특성들을 자손에게 물려주는 것을 말한다. 그런 적응적 특성이 부족한 사람들은 결국 사멸하게 된다.

달에 어떻게 영향을 주는가?

John Bowlby(1969, 1973)와 같은 인간 동물행동학자들은, 아동들이 미리 프로그램된 다양한 행동들을 보인다고 믿는다. 또한 이런 반응들 각각이 개인이 생존하고 정상적으로 발달하도록 도와줄 특정한 종류의 경험을 촉진한다고 주장한다. 예를 들면, 인간 영아의 울음은 생물학적으로 프로그램된 "고통신호"로 생각되며 이 고통신호는 양육자의 주의를 끈다. 동물행동학자들은, 영아가 자신의 고통을 큰 소리로 알리도록 생물학적으로 프로그램되어 있을 뿐만 아니라, 양육자도 그 신호에 반응하는 경향이 생물학적으로 미리 생긴다고 믿는다. 따라서 영아 울음의 적응적 의미는 (1) 영아의 기본 요구들(예: 배고픔, 목마름, 안전)이 충족되고, (2) 영아가 일차적인 정서애착을 이루기 위해 다른 사람들과 충분한 접촉을 갖는 것을 보장하는 것이다(Bowlby, 1973).

동물행동학자들은 인간발달의 생물학적 기초를 거의 무시한다는 이유로 학습이론가들을 비난하면서도, 학습 없이는 발달이 많이 이루어질 수 없음도 잘 알고 있다. 예를 들면, 영아의 울음은 인간접촉을 촉진하는 생래적인 신호가 된다. 인간접촉에서 정서애착이 생겨난다. 그러나 이런 정서애착이 자동적으로 발생하지는 않는다. 영아는 양육자에게 정서적으로 애착했다는 증거를 보이기 전에 먼저 친숙한 얼굴을 낯선 얼굴과 변별하는 것을 학습해야만 한다. 이런 변별학습의 적응적 의미는 인간이 유목민족으로 유랑하며 환경에 용감하게 맞설 때인 진화역사의 기간으로 되돌아간다. 그 시대에는 영아가 양육자에게 애착하고 낯선 사람을 조심하는 것이 중요했다. 왜냐하면 양육자 가까이에 머무는 것과 낯선 얼굴을 보고 우는 반응을 하는 데 실패하는 것은 영아가 약탈동물의 먹이가 되기 쉽게 만들기 때문이다.

이제 반대쪽 주장을 생각해 보자. 자신의 다양한 생활 스트레스(예: 장기간의 질병, 우울증, 불행한 결혼)로 인해 고통받고 있는 일부 양육자들은 늘상 무관심하거나 아이를 방치한다. 따라서 영아의 울음은 양육자와의 접촉을 거의 촉진하지 못한다. 그런 영아는 아마 양육자에 대한 안정애착을 형성하지 못할 것이며, 이후 타인에 대해 더 많이 부끄러워하고 정서적으로 무반응적일 수 있다(Ainsworth, 1979, 1989). 이런 영아들이 자신의 초기경험으로부터 학습한 것은 양육자는 의지할 수 없고 믿을 수 없다는 점이다. 결국, 영아는 자신의 양육자에게 양가적이거나 조심하게 될 수 있으며, 나중에 교사나 또래 같은 동료가 양육자와 마찬가지로 가능하면 피해야 하는 믿을 수 없는 사람들이라고 가정하게 된다.

생의 초기경험이 얼마나 중요한가? 동물행동학자들은 생의 초기경험이 매우 중요하다고 믿었다. 사실, 그들은 발달의 많은 속성들에 대해 "결정기(critical period)"가 있을 것이라고 주장했다. 결정기는 발달중인 유기체가 적응적인 발달 패턴을 나타낼 생물학적 준비가 된 제한된 시간폭을 말하며 이 시기에 그들에게 적절한 경험적 입력이 제공된다(Bailey & Symons, 2001; Bruer, 2001). 이 기간을 벗어나면 동일한 환경사건이나 영향이 지속적인 효과를 갖지 못하는 것으로 생각된다. 이 결정기 개념이 어린 새의 각인과 같은 동물발달의 특정 측면들을 설명하는 것으로 보임에도 불구하고, 많은 동물행동학자들은 인간발달에 대해서는 민감기라는 용어가 더 적합하다고 생각한다. 민감기(sensitive period)는 특정 능력이나 행동이 나타나기에 최적인 시간이며, 사람이 환경의 영향에 특히 민감한 시간을 나타낸다. 민감기의 시간틀은 결정기의 시간틀보다 덜 엄격하거나 덜 규정적이다. 민감기 이외의 시간에도 발달이 일어나는 것은 가능하지만, 그 능력을 기르는 것이 훨씬 더 어렵다(Bjorklund & Pelligrini, 2002).

일부 동물행동학자들은 생의 초기 3년 동안이 인간의 사회적 · 정서적 반응성 발달의 **민감기**라고 믿는다(Bowlby, 1973). 사람들이 가까운 정서적 유대를 이루는 것은 생의 초기 3년 동안에 가장 쉬우며, 만약 이 기간 동안 정서적 유대를 이룰 수 있는 기회가 적거나 없다면 사람들은 이후의 생애에서 가까운 친구를 만들고 타인과 친밀한 정서적 관계를 갖는 데 더 많은 어려움을 겪게 된다는 게 요지다. 이것은 인간의 정서생활에 대한 자극적인 주장이다. 우리는 10장에서 초기의 사회 · 정서발달을 논의할 때 이 주장을 자세히 알아볼 것이다.

요약하면, 동물행동학자들은 사람이 경험에 의해 크게 영향받는다는 것을 잘 알지만(Gottlieb, 1996), 인간은 생래적으로 생물학적인 존재이며, 선천적인 특성들이 인간이 경험하는 학습경험의 종류에 영향을 준다고 강조한다.

현대 진화론

동물행동학자들처럼 **현대 진화론**으로 알려진 운동의 주창자들도 자연 선택이 우리에게 적응적 특성, 동기, 행동을 발달시키도록 미리 성향을 갖게 하는 방식을 구체화하는 데 관심이 있다. 그러나 진화론자들은 진화가 하는 작용에 대한 가정이 동물행동학자들의 가정과 다르다.

미리 선택되어진 적응 행동이 그 개인의 생존을 보장하는 행동이라는 동물행동학적 개념을 생각해 보라. 현대 진화론자들은 이에 동의하지 않고 대신에 미리 선택된 적응적 동기와 행동들은 **개별 유전자의 생존과 확산**을 보장한다고 주장한다. 이것은 사소한 차이처럼 보이지만 중요한 것이다. 불난 집에서 네 자녀를 구하고 죽은 아버지의 개인적 희생을 생각해 보자. 동물행동학자들에게 이것은 설명하기 어렵다. 왜냐하면 아버지의 헌신은 아버지의 생존을 촉진하지 않기 때문이다. 그러나 진화론자들은 아버지의 동기와 행동을 매우 적응적인 것으로 본다. 왜인가? 그의 자녀들은 그의 유전자를 갖고 있으며 자녀들은 아버지보다 앞으로 훨씬 더 긴 생식기간을 갖기 때문이다. 그러므로 현대 진화론 관점에서 아버지는 그의 유전자(또는 문자 그대로 자기 유전자를 전달하는 자)의 생존과 확산을 보장했다(Bjorklund & Pelligrini, 2002; Geary & Bjorklund, 2000).

진화론자들의 이론적 관심 주제를 생각해 보라. 다른 동물종과 비교해 인간은 매우 느리게 발달하며, 수 년 동안 미숙한 상태로 있고 다른 사람의 양육과 보호가 필요하다. 현대 진화론자들은 이런 장기간의 미숙함 때문에 진화적 적응이 필요한 것으로 본다. 아마도 인간은 다른 종들보다 더 많이 지혜를 사용해서 생존해야만 한다. 그 자체로 진화적 적응인 크고 강력한 뇌로 무장하고 인간은 도구를 사용해서 자기들 요구에 맞게 환경을 조성한다. 그들은 또한 각 세대의 젊은이들이 이 사회체계 안에서 생존하고 잘 자라기 위해서 배워야 할 복잡한 규칙과 사회적 인습을 가진 복잡한 문화를 창조한다. 그러므로 더 나이든 사람(특히 자신들의 유전자 유지에 관심을 갖는 유전적 친척)의 보호가 제공되는 긴 발달기간은 적응적이다. 그것은 젊은이로 하여금 현대 인간문화의 생산적 구성원으로서 생태적 지위를 차지하기 위한 신체적/인지적 능력, 지식, 사회적 기술을 획득하도록 해준다(인간이 미숙한 상태로 있는 긴 기간이 갖는 적응적 가치를 더 알아보려면 Geary & Bjorklund, 2000; Bjorklund & Pelligrini, 2002를 참조하라).

동물행동학적 관점과 진화적 관점의 공헌과 비판

만약 이 책이 1974년에 쓰여졌다면, 어떠한 진화적 관점도 포함되지 않았을 것이다. 동물행동학이 1960년대에 지위를 확립했음에도 불구하고, 초기 동물행동학자들은 동물행동을 연구했다. 동물행동학이나 현대 진화론의 제안자들은 단지 과거 25~35년 사이 동안에 진화가 인간발달에 공헌한 것을 자세히 기술하려고 진지하게 시도했을 뿐이며, 그들의 가정들 중 많은 것이 아직도 이론상의 가정으로 남아 있다. 그럼에도 불구하고, 진화적 관점의 제안자들은 각각의 아동이 유전적으로 프로그램된 적응적인 많은 특성들을 갖고 태어나는 생물학적 존재임을 우리에게 상기시킴으로써 발달심리학에 이미 중요한 공헌을 해왔다. 유전적으로 프로그램된 특성들은 아동에 대한 타인의 반응에 영향을 주며, 그렇게 해서 발달이 어떤 과정을 거칠 것인가에도 영향을 주는 속성들이다. 이에 더하여, 동물행동학자들은 (1) 인간발달을 정상적인 일상의 세팅에서 연구하는 것과 (2) 인간발달을 다른 종(種)의 발달과 비교하는 것의 가치를 보여줌으로써 방법론에서 큰 기여를 했다.

비판적 측면에서 보면, 진화적 접근은 검증이 매우 어렵다. 다양한 동기나 독특한 버릇, 행동들이 선천적이고, 적응적이며, 혹은 진화 역사의 산물임을 어떻게 증명할 것인가? 그런 주장들은 종종 확인이 어렵다.

다른 관점의 지지자들은 설사 특정 동기나 행동의 생물학적 기초가 있다 하더라도, 이런 성향들은 학습에 의해 빨리 수정될 것이기 때문에 그런 동기나 행동의 진화적 의미를 알기 위해 많은 시간을 쓰는 것은 도움이 안된다고 주장한다. 강한 유전적인 영향을 받은 특성들조차도 경험에 의해 바뀔 수 있다. 예를 들면, 어린 물오리는 분명히 다른 새의 어미(예: 닭)가 부르는 소리보다 자신의 어미가 부르는 소리를 더 좋아한다—동물행동학자들이 물오리 진화의 결과이며 선천적이고 적응적인 행동이라고 주장하는 행동—는 것을 생각해 보자. 그러나 Gilbert Gottlieb(1991)는 알에서 부화하기 전에 알 속에서 닭이 부르는 소리만 들었던 새끼물오리는 어미물오리가 부르는 소리보다 닭이 부르는 소리를 더 좋아한다는 것을 발견했다! 이 경우, 물오리의 **알속에서의 경험**이 유전적 성향을 압도한다. 물론 인간은 물오리보다 학습 능력을 더 많이 갖고 있다. 인간의 이런 학습 능력은 인간 행동과 특성의 형성에서 문화적 학습경험이 선천적 진화기제를 빨리 가려버린다고 주장하는 비판을 이끌어낸다.

이런 비판에도 불구하고, 진화적 관점은 발달과학에 가치있는 부가물로 남아 있다. 이 관점은 생물학적 공헌들을 강조함으로써, 학습이론의 큰 환경 강조에 건강한 균형을 제공했을 뿐만 아니라, 더 많은 발달학자들이 발달의 원인을 발달이 실제로 일어나는 자연환경에서 찾도록 납득시켰다.

환경이 사람들의 능력이나 행위, 특성에 얼마나 정확하게 영향을 주는가? 어떤 환경적 영향이 어느 연령에 특히 중요한가? 이런 의문들이 이 책을 통해 우리가 답해야 할 것들이다. 다음 장에서 우리는 어린이가 태어나기도 전에 발생하는 환경사건들이 자연의 도식과 결합하여 어떻게 태내발달 과정과 신생아 특성에 영향을 주는지를 알아볼 것이다.

개념체크 2.3 유전이 행동에 주는 영향

다음 질문에 답하여 성격이나 지능 같은 복잡한 행동 특성들이 유전자형, 표현형, 경험에 의해 어떻게 영향을 받는지에 대한 여러분의 이해를 체크하라. 정답은 부록에 있다.

선다형: 각 질문에 대한 최선의 답을 선택하라.

_____ 1. "선별번식"의 예에서 Tryon은:
- a. 콩나무를 길러서 조합을 관찰했다.
- b. 쥐를 길러서 미로달리기 능력을 검사했다.
- c. 일란성 쌍생아와 이란성 쌍생아의 유전적 차이를 관찰했다.
- d. 입양과 양아버지가 아이의 표현형에 영향을 주는 방식을 알아보았다.

_____ 2. "유전성 계수"는 _____과 _____의 비교를 포함한다.
- a. 같은 환경에서 자란 일란성 쌍생아; 다른 환경에서 자란 이란성 쌍생아
- b. 같은 환경에서 자란 이란성 쌍생아; 다른 환경에서 자란 일란성 쌍생아
- c. 일란성 쌍생아; 이란성 쌍생아
- d. 이란성 쌍생아; 쌍생아가 아닌 형제들

_____ 3. 다음에 있는 병 중에서 유전이 영향을 주지 않는 것은? _____
- a. 정신분열증
- b. 양극성 장애
- c. 신경성 식욕부진증
- d. 알코올 중독

_____ 4. 사람이 환경에 반응하는 몇몇 방식들은 유전자형에 의해 결정된다. 사람들이 하는 그런 반응은 그 사람의 _____라 한다.
- a. 가능한 결과 각본
- b. 반응범위

- c. 비공유 환경 영향
- d. 공유 환경 영향

_____ 5. 진화적 관점에서 볼 때, 인간의 특정 적응적 특성은 환경이 그 발달을 촉진한다면, _____ 동안에 발달할 가능성이 높다.
- a. 성인기
- b. 민감기
- c. 영아기
- d. 감수분열기

OX문제: 다음의 각 문장이 맞는지 틀리는지 표시하라.

6. _____ 유전자들은 생의 초기에 더 중요하다. 반면에, 환경은 혼자서 청소년기 이후의 지적수행을 결정한다.

7. _____ 유전자는 영아의 지적발달의 경로와 정도 둘 다에 영향을 준다.

8. _____ 비공유 환경 영향과 공유 환경 영향 둘 다 표현형에 영향을 준다.

단답형: 다음 질문에 간단히 답하라.

9. Tryon의 선별번식 실험과 연구 결과들을 간단히 기술하라. 그의 결과들은 어떻게 다른 과학자들의 유전에 대한 관점에 영향을 주었는가?

10. 유전자형이 표현형에 주는 효과를 관찰하기 위해 사용된 가계연구의 두 유형을 기술하고, 여러분 자신의 연구를 실행할 때 사용하고 싶은 과정을 설명하라. 그 과정을 사용하는 이유는?

서술형: 다음 질문에 상세히 답하라.

11. 능동적 유전자 영향 원리를 기술하라. 분리되어 키워진 일란성 쌍생아가 공유하기 쉬운 상황은 어떤 종류인가?

능동적

수동적

연속성

비연속성

총체적

천성
육성

유전이 발달에 주는 영향에 발달 주제 적용하기

이 책 전체를 통해 우리가 공부했던 특정 주제에 대한 연구와 이론이 어떻게 앞 장에서 제시한 4개의 중요한 발달주제인 능동적인 아이, 천성과 육성의 상호작용, 발달의 질적 변화와 양적 변화, 아동발달의 총체적 본질과 관련되는지를 알아볼 것이다. 발달에 주는 유전적 영향이 이런 이슈들 각각에서 중요한 역할을 하기 때문에, 이 장에서 그런 주제들이 출생 전에도 해당된다는 것을 알았다.

Scarr와 McCartney의 유전자형/환경 상관 이론은 아동발달의 능동적 본질에 대한 흥미로운 가능성을 야기한다. 능동적 아동은 아동의 특성이 그의 발달에 영향을 주는 방식을 나타내며 이 영향은 의식적인 선택이나 행동을 나타낼 필요가 없음을 기억하라. 유전자형/환경 상관 이론에 따르면, 수동적 유전자형/환경 상관에도 불구하고 아동은 그 자신의 발달에서 능동적이다. 왜냐하면 수동적 유전자형/환경 상관들은 아동의 유전자

형에 따라 달라지기 때문이다. 마지막으로 능동적 유전자형/환경 상관에서 아동들은 자기가 추구하는 환경을 능동적으로 선택한다. 분명히 이 이론(그리고 이 이론을 지지하는 자료들)은 발달에서 아동의 능동적 역할에 대한 강력한 증거이다.

장 전반에 걸쳐 이루어진 유전이 발달에 주는 영향에 대한 논의는 발달을 이끌어가는 데에서 천성과 육성의 상호작용을 강조했다. 다양한 행동 특성에 유전, 공유 환경 효과, 비공유 환경 효과가 주는 상대적 기여를 측정하기 위한 행동유전학적 방법을 논의했다. 일치율, 혈연 상관, 유전성 추정치를 사용해서 효과를 나눌 수 있었음에도 불구하고, 천성과 육성이 복잡하고 측정할 수 없는 방식으로 상호작용함을 항상 인정했다.

우리는 또한 이 장에서 질적 발달 변화와 양적 발달 변화의 몇몇 예들을 살펴보았다. 생식세포가 나뉘어져서 배우체가 되는 감수분열 과정은 질적 변화의 한 예이다. 체세포가 나뉘어지는 유사분열 과정은 발달의 양적 변화의 한 예이다.

질적 발달 변화에 대한 더 이론적인 예는 유전자형/환경 상관 이론을 다시 인용한다. 서로 다른 유형의 유전자형/환경 상관들이 보이는 상대적 영향이 발달하면서 변한다는 것을 기억하라. 수동적 효과는 발달 초기에 더 강력한 영향을 주며, 능동적 효과는 발달 후기에 더 강력한 영향을 준다.

우리의 마지막 관심은 아동발달의 총체적 본질이다. 아마도 이 주제는 유전이 발달에 주는 영향에 대한 우리 연구에서 가장 기본적인 개념이다. 우리는 이장에서 유전과 환경이 신체적, 사회적, 인지적, 행동적인 모든 아동발달 측면에 영향을 준다는 것을 알았다. 분명히, 유전은 아동을 모든 측면의 심리적 기능에서의 영향과 결과들이 통합된 미로로 이해하는 데 중요한 기초 요소가 된다.

요약 SUMMARY

유전적 전달의 원리

- 발달은 아버지의 정자가 어머니의 난자를 통과해서 **접합체**를 형성하는 **수정**에서부터 시작된다.
- 정상적인 인간 접합체는 46개의 **염색체**를 갖고 있고(각 부모로부터 23개씩 받음), 이들 각각은 **유전자**로 알려진 수천 개의 **DNA**사슬로 구성되어 있다. 유전자들은 접합체가 인간으로 발달하는 생물학적 기반이다.
- 접합체의 발달은 **유사분열**을 통해 발생하는데, 유사분열을 통해 각 세포에 있는 염색체들이 자신을 복제하여 23개 염색체 쌍이 되고 이것이 두 개의 동일한 세포로 분리될 때 새로운 체세포가 형성되는 과정이다.
- 특별한 배아세포들은 23개의 염색체 쌍을 갖고 있는데, 이들은 **감수분열** 과정에 의해 나뉘어져서 쌍을 이루지 않은 23개의 염색체를 갖는 생식세포(정자나 난자)를 만

들어 낸다. 염색체의 **교차**와 **독립적인 분류**는 각 정자나 난자가 각 부모로부터 독특한 유전자 집합을 받는다는 것을 말해주고 있다.
- **단일 접합체형**(또는 **일란성**) **쌍생아**들은 단일한 접합체가 분열하여 독립적으로 발달하는 두 개의 세포를 만들어낼 때 생기는 것이다.
- **이형 접합체형**(또는 **이란성**) **쌍생아**들은 두 개의 다른 난자가 각각 다른 정자세포와 수정할 때 생기며 독립적으로 발달하여 두 사람이 된다.
- 생식세포들은 22개의 **상염색체**와 1개의 성염색체를 갖고 있다. 여성의 성염색체는 둘 다 X염색체이고 남성의 성염색체는 하나의 X염색체와 하나의 Y염색체로 되어 있다.
- 난자는 하나의 **X염색체**를 포함하고 있다. 정자는 하나

의 X염색체를 갖거나 하나의 Y염색체를 갖는다. 그러므로 아버지가 자녀의 성을 결정한다(난자를 수정시키는 정자가 Y염색체를 갖고 있느냐 X염색체를 갖고 있느냐에 따라 달라진다).

- 유전자는 새로운 세포들의 생성과 기능에 필수적인 효소와 다른 단백질을 생산하고, 발달의 시기를 조절한다. 내적 환경과 외적 환경이 유전자가 작용하는 방식에 영향을 준다.
- 사람들의 유전자형은 표현형—사람이 보고, 느끼고, 생각하고, 행동하는 방식—에 여러 방식으로 영향을 줄 수 있다.
  - 어떤 특성들은 한 쌍의 대립유전자에 의해 결정되기도 하는데, 이 대립유전자는 부모로부터 각각 한 개씩 유전받은 것이다.
  - 단순한 우성/열성 특질의 경우에 사람들은 우성 대립유전자를 표현형으로 나타낸다. 유전자 쌍이 공우성이라면, 사람들은 우성 대립유전자와 열성 대립유전자 사이의 표현형을 나타낸다.
  - 성-관련 특성들은 X염색체상의 열성 유전자들에 의해 야기된 것들이다. 이런 특질들은 Y염색체상에 열성유전자의 효과를 차단할 수 있는 상응하는 유전자가 없을 때 그렇게 된다. 그런 경우는 남성에게서 더욱 흔하게 나타난다.
- 지능이나 성격특성 같은 대부분의 복잡한 인간 속성들은 다중유전자적 특질이거나 하나의 단일 쌍보다는 많은 유전자에 의해 영향을 받는다.

유전질환

- 경우에 따라, 아동들은 비정상적인 염색체나 유전자로 인해 생긴 선천적인 결함(예: 헌팅턴씨병)을 유전받는다.
- 염색체 이상은 염색체를 너무 많이 또는 너무 적게 유전받았을 때 생긴다.
- 하나의 중요한 상염색체 장애는 다운증후군이다. 다운증후군은 아이가 21번째 염색체를 하나 더 유전받을 경우에 발생한다.
- 많은 유전자 질환들은 발병하지는 않았으나 비정상 유전자의 보인자인 부모가 아이들에게 전달할 수 있다.
- 유전자 이상(genetic abnormality)은 또한 돌연변이—저절로 발생하거나 방사선이나 독성 화학물질 같은 환경위험 때문에 발생할 수 있는 하나 이상의 유전자 구조에서의 변화—의 결과일 수도 있다.

유전상담, 산전 발견, 유전병의 치료

- 유전상담은 유전질환을 가진 아기를 낳을 위험이 있는 예비 부모들에게 정보를 알려준다. 부모가 위험에 처해 있는지 여부를 결정하기 위해 가족력과 의학적 검사를 사용한다.
- 양막천자, 융모막 검사(CVS), 초음파 등의 태아진단법들은 많은 유전자 이상과 염색체 이상들을 산전 진단하는 데 사용된다.
- 특이식, 태아 수술, 약물과 호르몬, 그리고 유전자 대체치료법 등의 의학적 개입은 많은 유전병들(예: PKU)의 유해한 효과를 감소시킬 수 있다.

행동에 미치는 유전의 영향

- 행동유전학은 유전자와 환경이 발달에서 개인차가 생기는 데 어떻게 기여하는지를 연구한다.
- 동물들은 선별번식 실험으로 연구될 수 있지만, 인간 행동유전학자들은 가족연구(흔히 쌍생아설계나 입양설계)를 해야 한다. 이것은 혈연관계가 다른 가족 구성원들 간에 유사하거나 차이나는 다양한 속성들의 유전성을 추정할 수 있게 해준다.
- 유전이 다양한 속성들에 얼마나 기여하는지는 일치율과 유전성 계수를 사용하여 추정할 수 있다.
- 행동유전학자들은 비공유 환경 영향과 공유 환경 영향에 귀인될 수 있는 특질의 변산성을 결정할 수 있다.
- 가족연구는 유전성이 지적 수행, 내향성/외향성, 공감적 관심뿐만 아니라 정신분열증, 조울증, 신경증적 장애, 알코올 중독, 범죄성과 같은 이상들을 나타내는 성향에까지 영향을 준다는 것을 밝혀냈다.

발달에서 유전과 환경의 상호작용에 대한 이론

- 수로화 원리는 유전자들이 때로는 환경이 변경시키기 어려운 특정 경로로 발달을 이끈다는 것을 뜻한다.
- 반응 범위 원리는 유전이 발달잠재력의 범위를 설정하고 환경은 그 범위 안에서 개인이 어디에 위치하게 되는지에 영향을 준다고 주장한다.
- 더 최근의 이론은 유전자가 우리가 경험할 가능성이 있는 환경에 영향을 주는 세 가지 경로를 제시한다: 그것들은 수동적 유전자형/환경 상관, 촉발적 유전자형/환경 상관, 능동적 유전자형/환경 상관 등이다.
- 서로 다른 유전자형/환경 상관이 주는 상대적 영향은 발

달하면서 달라진다. 수동적 유전자형/환경 상관은 생의 초기에 우세하고, 촉발적 유전자형/환경 상관은 일생에 걸쳐 작용하며, 능동적 유전자형/환경 상관은 아동기 후기와 청소년기가 되어야 작용한다.

행동유전학적 접근의 공헌과 비판

- 행동유전학은 이전에는 환경에 의해 결정된다고 생각했던 많은 속성들이 부분적으로는 유전자에 의해 영향받는다는 것을 보여줌으로써 인간발달에 대한 우리의 시각에 강한 영향을 주었다.
- 행동유전학은 또한 유전과 환경이라는 두 개의 영향원이 서로 복잡하게 얽혀 있다는 것을 예증함으로써 천성 대 육성 논쟁의 긴장을 완화시켰다.
- 행동유전학은 유전자 또는 환경이 어떻게 우리의 능력, 행동, 특성들에 영향을 주는지에 대해 설명하지 못하고

단지 기술적인 수준의 불완전한 발달이론이라고 비판받고 있다.

동물행동학적 관점 및 진화적 관점

- 동물행동학적 관점 및 진화적 관점은
  - 인간을 자연선택을 통해 진화되어 온 적응적 특성을 갖고 태어나는 것으로 본다.
  - 적응적 속성은 생존을 촉진하도록 발달을 이끈다고 말한다.
  - 인간을 경험에 영향받는 존재로 본다.
  - 특정한 적응 특성들은 대부분 민감기 동안에 발달되고, 환경이 이런 발달을 촉진시킨다고 주장한다.
  - 인간이 생물학적으로 영향받은 속성들은 인간이 겪게 될 학습경험의 종류에 영향을 준다는 것을 강조한다.

연습문제

선다형: 다음 질문에 답하여 유전에 대한 여러분의 이해를 체크하라. 정답은 부록에 있다.

1. 생식세포가 분열되는 과정으로 두 개의 생식세포(정자나 난자)를 만드는 것은 _____이다.
   a. 이중 나선구조
   b. 교차
   c. 감수분열
   d. 유사분열
2. 각 생식세포(정자나 난자)는 _____염색체를 포함한다.
   a. 23개의
   b. 46개의
   c. 23쌍의
   d. 46쌍의
3. 다음에 있는 것 중 성-관련 특성인 것은?
   a. 이란성 쌍생아
   b. 적록색맹
   c. 겸상 세포빈혈
   d. 다중유전자 유전

4. 유전받은 선천적 결함에 포함되지 않는 것은?
   a. 해로운 영향에 대한 산전 노출
   b. 장애에 대한 열성 유전자
   c. 장애에 대한 우성 유전자
   d. 너무 많거나 적은 염색체
5. _____을 갖고 있는 남성이 올림픽에서 여성들과 경쟁했음을 발견한 것이 현재 올림픽에 참가하는 여자 선수들의 유전자 성검사를 도입하게 만들었다.
   a. 터너증후군
   b. 클라인펠터 증후군
   c. 다운증후군
   d. 헌팅턴씨병
6. 유전질환을 알아보는 방법 중에서 다태아 임신과 심한 신체기형을 알아보는 데 가장 안전한 것은?
   a. 융모막 검사
   b. 양막천자
   c. 유전상담
   d. 초음파

7. 다음에 있는 것들 중에서 유전성의 가족 연구와 관련 없는 것은?

a. 혈연

b. 쌍생아 연구

c. 입양 설계

d. 선별번식

8. 함께 사는 사람들을 서로 다르게 만드는 공유하지 않는 환경 영향은 _____이라 한다.

a. 일치율

b. 유전성 계수

c. 비공유 환경 영향

d. 공유 환경 영향

9. _____(는)은 표현형을 적은 수의 발달적 결과로 나타나게 하는 유전적 제약을 말한다.

a. 수로화

b. 반응 범위

c. 촉발적 유전자형/환경 상관

d. 능동적 유전자형/환경 상관

10. 다음의 유전자형/환경 상관 중에서 발달함에 따라 감소하는 것으로 생각되는 것은?

a. 능동적 유전자형/환경 상관

b. 촉발적 유전자형/환경 상관

c. 수동적 유전자형/환경 상관

d. 수로화된 유전자형/환경 상관

주요 용어   KEY TERMS

감수분열(meiosis)

겸상 적혈구 빈혈증(sickle-cell anemia)

공감적 관심(empathic concern)

공우성(codominance)

공유 환경 영향(shared environmental influence: SE)

내향성/외향성(introversion/extroversion)

능동적 유전자형/환경 상관(active genotype/environmental correlations)

다운증후군(down syndromes)

다중유전자 특질(polygenic traits)

단순 우성-열성 유전(simple dominant-recessive inheritance)

대립유전자(alleles)

독립분류(independent assortment)

돌연변이(mutation)

동물행동학(ethology)

동형접합(homozygous)

민감기(sensitive period)

반응 범위 원리(range-of-reaction principle)

보인자(carrier)

비공유 환경 영향(nonshared environmental influence: NSE)

상염색체(autosomes)

생식세포 유전자 치료(germline gene therapy)

선별번식 실험(selective breeding experiment)

선천적 결함(congenital defects)

성-관련 특성(sex-linked characteristic)

수동적 유전자형/환경 상관(passive genotype/environmental correlations)

수로화(canalization)

수정(conception)

신경증(neurotic disorder)

쌍생아 설계(twin design)

양막 천자(amniocentesis)

열성 대립유전자(recessive allele)

염색체(chromosomes)

염색체 교차(crossing-over)

우성 대립유전자(dominant allele)

유사분열(mitosis)

유전상담(genetic counseling)

유전성(heritability)

유전성 계수(heritability coefficient)

유전자(genes)

유전자형(genotype)

융모막 검사(chorionic villus sampling: CVS)

이란성 쌍생아(dizygotic twins or fraternal twins)

이형접합(heterozygous)

일란성 쌍생아(monozygotic twins or identical twins)

일치율(concordance rate)

입양 설계(adoption design)

자연도태(natural selection)

접합체(zygote)

정신분열증(schizophrenia)

조울증(bipolar disorder)

초음파(ultra sound)

촉발적 유전자형/환경 상관(evocative genotype/environmental correlations)

취약 X 증후군(fragile-X syndrome)

페닐케톤뇨증(phenylketonuria: PKU)

표현형(phenotype)

행동유전학(behavioral genetics)

현대 진화론(modern evolutionary theory)

혈연(kinship)

DNA(deoxyribonucleic acid)

X염색체((X chromosome)

Y염색체(Y chromosome)

3 태내 발달과 출생

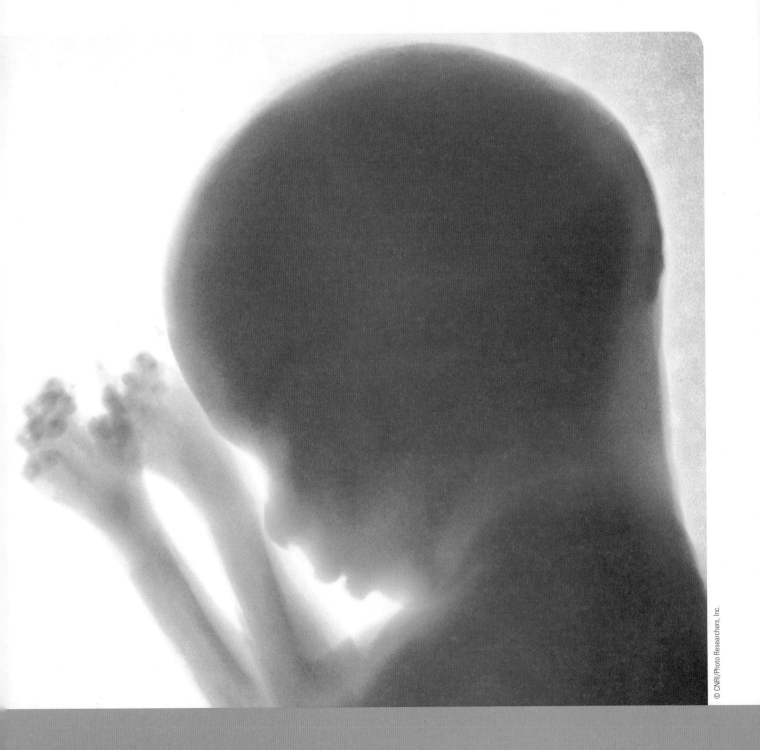

만일 당신이 여성들로 가득한 방에서 임신에 대해 말한다면, 아이를 낳은 사람들은 저마다 할 이야기가 있을 것이다. 음식에 대한 갈망, 몸매 및 균형이 웃음의 소재가 될 것이다. 예정보다 일찍 태어나서 자신의 베이비 샤워에 참석한 아기들의 이야기 뿐 아니라, 자궁을 떠나지 않으려는 아기들을 낳기 위한 유도 분만에 대해 회상할 것이다. 태내 아기에게 위험하다는 것이 뒤늦게 발견된 의료진의 조언에 대해 불평할 것이다. 결코 흡연이나 음주를 하지 않았고, 영양가 많은 여러 가지 과일, 야채나 다른 음식들을 주의 깊게 섭취했고, 충분한 휴식을 취했고, 배우자, 친구 가족의 지원을 받았던 젊고 건강한 여성들이 유산, 조산, 혹은 임신에 동반된 치명적인 합병증에 대해 말하기도 한다. 나이든 어머니들, 혹은 부주의하거나 의도적으로 술을 마시고, 담배나 마리화나를 피우고, 섭식에 대해 거의 주의하지 않았던 어머니들은 살이 포동포동하고 건강한 신생아들이 지금은 고등학교에서 상위권에 있다는 것에 대해 자랑스러워할 것이다. 이 여성들은 자신이 쏜 총알을 자녀가 피했다는 사실에 대해 안도를 표하는 동안, 다른 여성들은 그들이 피했을 수도 있었을 결과들을 어떻게 다루고 있는지를 이야기한다. 그 방안에 있는 소수의 여성들은 조용히 앉아서 십대, 독신 부모, 혹은 사별한 여성으로서 임신한다는 것이 어떤지에 대해 생각할 수도 있다. 관찰자로서, 당신은 방안에 있는 거의 모든 여성들이 임신기간 동안 어머니의 행동적 선택이 아이에게 영향을 미칠 수 있다는 것을 인식하고 있었거나 인식하게 되었음을 알아챌 것이다.

　이 장에서 우리는 정상적인 **태내발달**(prenatal development) 뿐만 아니라 잘못될 수 있는 것들에 대해 논의할 것이다. 당신은 임신한 여성이 경험하는 세 번의 친숙한 삼분기(trimester)를 밖에서 관찰하는 것과 자궁 내의 시간표가 매우 다르다는 것을 보게 될 것이다. 자궁 내에서, 이 3단계들은 유기체가 접합체가 되고, 다음으로 배아가 되고, 마지막으로 태아가 되면서 빠르게 지나간다. 배아로부터 태아로의 전이는 8주에 일어나는데, 임신한 여성이 임신의 두 번째 삼분기로 들어가기 1개월 전이다. 대개 여성이 자신이 임신한 것을 인식하기 전이다. 이 시점에서, 배아의 모든 주요 기관들이 형성된다. 태내기의 나머지는 성장의 시간으로서, 기능이 발달하고 이미 존재하는 기관과 구조들이 정교해진다. 이것은 여성이 자신이 임신한 것을 알아채기도 전에 이미 임신의 가장 결정적인 시기를 지나가게 된다는 의미이다. 비록 여성이 금주를 하거나 혹은 식사의 영양가를

태내발달
(prenatal development)
수정의 순간과 출산의 시작 사이에 일어나는 발달.

모니터하는 것 같은 행동이 유익하다는 것을 인식할지라도, 그녀가 행동을 바꿔야할 이유가 있음을 알기도 전에 위험을 최소화할 기회의 창을 통과할 수 있다.

이 장에서, 우리는 태내발달 과정에 영향을 미칠 수 있는 어머니와 아버지의 행동 모두에 대한 정보를 제시할 것이다. 이런 행동들 중 몇몇은 저출생체중 출산, 인지적 결함, 혹은 출산 결함과 같은 부정적 영향들과 연합되어 있다. 다른 것들은 건강한 신생아 결과들이나 성숙한 아동을 위한 긍정적 결과들과 연합되어 있다. 위험이나 이익이 어떤 어머니의 행동과 연합되었기 때문에 그 행동을 하는 것이 그 결과를 보장한다는 의미는 아니다. 예를 들면, 어머니 연령이 높아지는 것과 임신동안 음주 모두 신생아의 심각한 인지적 결함들과 연합되어 있지만, 위에서 언급했듯이, 임신을 기다리거나 임신기간 동안 음주를 한 많은 여성들도 완벽하게 건강하고 똑똑한 신생아를 낳는다. 게다가 비록 좋은 영양, 적절한 수면, 어머니의 파트너로부터 지원이 신생아의 긍정적인 결과와 연합되었을지라도, 배우자나 파트너로부터 정서적·행동적 지원을 모두 받은 건강한 생활양식의 젊은 여성이 출생 결함이나 지능이 낮은 신생아를 낳을 수도 있다. 이 장에서 행동적 정보는 예비부모에게 건강한 태내발달을 위협하는 위험들을 최소화하는 수단을 제공한다. 그러나 아마도 이 장의 가장 중요한 메시지는 모든 성적으로 활동적인 남성과 여성들은 임신의 가능성, 임신 초 몇주간의 결정기, 그리고 건강한 태내환경을 위해 자신의 생활양식을 조절할 지혜를 인식해야 한다는 것이다.

▌수정에서 출생까지

2장에서, 발달은 한 개의 정자가 난자의 벽을 통과해서 하나의 접합체를 형성하는 나팔관에서부터 시작된다는 것을 학습했다. 수정의 순간부터, 이 작은 단세포 접합체가 태어날 준비가 된 약 2000억 개의 세포로 구성된 태아가 되기까지 대략 266일이 걸린다.

태내발달은 주요 세 단계로 나뉘어진다. **접합체기**(the zygote period)라고 불리는 첫 단계는 수정부터 착상까지 지속되며, 이때 발달하는 접합체는 견고하게 자궁벽에 부착된다. 배시기는 정상적으로 10~14일이 걸린다(Leese, 1994). 태내발달의 두 번째 **단계인 배아기**(period of embryo)는 3주 초부터 8주 말까지이다. 실질적으로 모든 주요 기관들이 형성되고 심장이 뛰기 시작하는 시기이다(Corsini, 1994). 세 번째 단계인 **태아기**(period of the fetus)는 임신 9주부터 아기가 태어날 때까지이다. 이 단계동안 모든 주요 기관 체계는 기능하기 시작하고, 발달하는 유기체는 급속하게 성장한다(Malas et al., 2004).

접합체기

수정된 난자, 혹은 접합체가 나팔관을 통해 자궁으로 이동하면서, 유사분열에 의해 두 개의 세포로 나뉘어진다. 이 두 개의 세포와 모든 그에 따른 세포들은 계속해서 나뉘어지고, 공 모양의 구조, 혹은 **포배**(blastocyst)를 형성하는데, 그것은 수정된 지 4일 내에 60~80개의 세포를 갖게 된다(그림 3.1 참조). 세포분열은 이미 시작되었다. 포배의 내층, 즉 배아판(embryonic disk)은 **배아**(embryo)가 된다. 반면 세포의 외층은 배아를 보호하고 영양을 공급하기 위한 조직으로 발달한다.

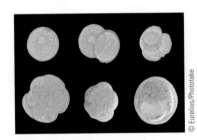

© Eurelios/Phototake

임신한 지 수시간 내에 수정된 난소(접합체)가 나뉘어지면서 계속적인 세포분열이 시작된다.

접합체기
(the zygote period)
태내발달의 첫 번째 단계로서, 수정부터 발달하는 유기체가 자궁벽에 견고하게 부착될 때까지 지속된다.

배아기
(period of the embryo)
태내 발달의 두 번째 단계로서, 임신 3~8주까지이며 주요 기관들과 해부학적 구조들이 형태를 갖춘다.

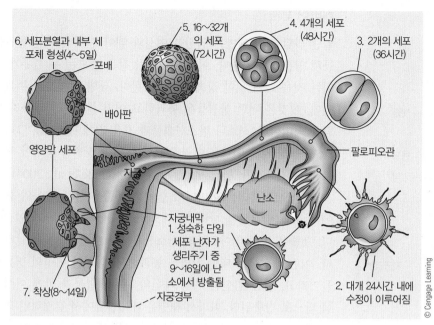

그림 3.1 배시기.

태아기
(period of the fetus)

태내발달의 세 번째 단계로서, 임신 9주부터 태어날 때까지이며, 모든 주요 기관체계들이 기능하기 시작하고 태아가 급속하게 성장한다.

포배
(blastocyst)

수정된 난자가 나뉘어지기 시작할 때 형성된 공 모양의 세포에게 붙여진 이름.

배아
(embryo)

수정 후 3∼8주까지의 태내 유기체에게 붙여진 이름.

착상

수정된 지 6∼10일에 포배가 자궁에 접근하면서, 작고 옹이 같은 덩굴손이 외측 표피에서 나타난다. 포배가 자궁벽에 도달하면, 이 덩굴손은 안쪽으로 파고들고, 임신한 여성의 혈액 공급을 이끌어낸다. 이것이 **착상**(implantation)이다. 착상 그 자체로 분명한 발달이다. 포배가 자궁벽과 (생물학적으로) 소통하고 스스로 자리를 잡고 부착하고 침입하는, 특정한 '착상의 창'이 있다. 착상 안무(choreography)는 약 48시간이 걸리고 수정 후 7∼10일에 일어나고, 전체 과정은 수정 후 약 10∼14일에 완성된다(Hoozemans 등, 2004). 일단 포배가 착상되면, 자궁의 벽에 작은 반투명 물집 같은 것이 보인다(그림 3.1 참조).

수정된 난자 중 절반이 확고하게 착상되고, 전체 착상 중 절반정도는 유전적으로 비정상적이며 계속 발달하지 못한다. 혹은 유지할 수 없는 자리에 파고들어 결국 유산된다(Moore & Persaud, 1993; Simpson, 1993). 따라서 거의 접합체 4개 중 3개는 태내발달의 첫 단계에서 생존하는데 실패했다.

지원체계의 발달

일단 착상되면, 포배의 외층은 발달하는 유기체를 보호하고 영양을 공급하는 주요 4가지 지원구조를 급속하게 형성한다(Sadler, 1996). 얇은 막, 즉 **양막**(amnion)은 임신한 여성의 조직으로부터 나온 용액이 가득 찬 방수주머니이다. 이 주머니와 양막액의 목적은 발달하는 유기체를 충격으로부터 보호하는 완충작용을 하고, 온도를 조절하고, 배아가 움직이기 쉽게 만드는 무중력 환경을 제공하는 것이다. 배아가 스스로 만들어낼 수 있을 때까지 혈액세포를 만들어내는 풍선 모양의 **난황주머니**(yolk sac)는 이런 물로 된 환경 속에서 떠다니고 있다. 난황주머니는 세 번째 막인 **융모막**(chorion)에 부착되는데, 이 막은 양막을 둘러싸고, 결국 **태반**(placenta)의 내막이 된다. 우리가 자세하게 논의할 다목적 기관이다(그림 3.2 참조). 네 번째 막인 요막(allantois)은 배아의 **탯줄**(umbilical cord)을 형성한다.

착상
(implantation)

자궁내막 속으로 포배가 구멍을 내고 파고드는 것.

양막
(amnion)

발달하는 배아를 둘러싸고 있으며 온도를 조절하고 충격을 완충하는 방수막.

융모막
(chorion)

자궁의 조직에 부착되어 배아를 위한 영양분을 모으는 막.

태반
(placenta)

자궁내막과 융모막으로부터 형성된 조직이며, 태어나지 않은 아기의 호흡과 영양분을 제공하고 신진 대사의 찌꺼기를 제거한다.

탯줄
(umbilical cord)

배아를 태반에 연결하는 혈관을 포함하는 부드러운 관.

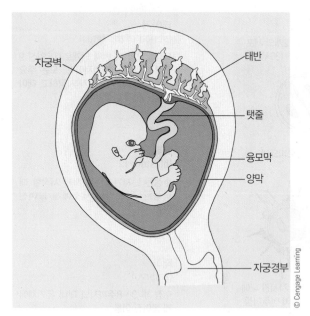

그림 3.2 태아와 태내환경.

(자궁벽 · 태반 · 탯줄 · 융모막 · 양막 · 자궁경부)

© Cengage Learning

태반의 목적

일단 발달하면, 태반은 임신한 여성과 태아 간에 연결된 혈관을 통해 양분을 제공한다. 이때 머리카락 같은 융모는 두 혈류가 섞이는 것을 막기 위한 장벽으로 작용한다. 태반 장벽은 반투과성인데, 이것은 어떤 물질들은 통과하고 어떤 물질은 통과하지 못함을 의미한다. 산소나 탄소산화물과 같은 기체, 염(salt), 그리고 당, 단백질 지방과 같은 여러 양분들은 태반 장벽을 통과할 정도로 충분히 작지만, 혈액 세포는 너무 크다(Gude et al., 2004).

태반으로 흘러든 어머니의 혈액은 탯줄을 통해 배아의 혈류에 산소와 양분들을 날라주는데, 탯줄은 배아를 태반과 연결한다. 탯줄은 또한 배아로부터 탄소산화물과 대사배설물을 날라준다. 이런 배설물은 태반 장벽을 통과해서, 임신한 여성의 혈류로 들어가고, 결국 임신한 여성 자신의 대사배설물과 함께 여성의 몸 밖으로 방출된다. 따라서 태반은 태내발달에서 결정적인 역할을 한다. 왜냐하면 이 기관은 배아의 모든 대사처리 장소이기 때문이다.

배아기

배아기는 착상(대략 3주)에서 임신 8주까지이다(그림 3.3 참조). 3주가 되면, 배아판은 급속하게 3개의 세포층으로 분화된다. 가장 외층인 외배엽은 신경계, 피부, 머리카락이 된다. 중간층인 **중배엽**은 근육, 골격, 순환계가 된다. 내층인 **내배엽**은 소화계, 위, 비뇨관, 췌장이나 간과 같은 다른 생명유지기관이 된다.

발달은 배아기 동안 아슬아슬한 속도로 진행된다. 수정 후 3주내에, 외배엽의 일부는 곧 뇌와 척추가 될 **신경관**(neural tube)이 된다. 4주 말경이면, 심장이 형성될 뿐만 아니라 이미 박동하기 시작한다. 눈, 귀, 코, 입 또한 형성되기 시작하고, 팔과 다리가 될 싹들이 갑자기 나타난다. 이 시점에서, 배아는 이미 약 1/4인치 정도이고 접합체의 만 배 크기이다. 미래의 그 어떤 시기도 태내 첫 1개월 동안만큼 빠르게 성장하고 많은 변화를 보이는 시기는 없다.

임신 2개월에, 배아는 매일 약 1/30인치가 성장하면서 외형적으로 훨씬 더 인간다워진다. 원시적 꼬리가 나타나지만, 곧 보호 조직에 의해 덮이고 등뼈의 끝, 즉 미골(coccyx)이 된다. 5주 중반경이면, 눈에는 각막과 수정체가 생긴다. 7주가 되면, 귀가 잘 형성되고, 배아는 기본적 골격을 갖춘다. 이제 사지가 몸으로부터 밖으로 발달하게 된다. 처음에는 상박이 나타나고, 다음으로 전박, 손, 손가락 순으로 나타난다. 다리도 며칠 후 비슷한 패턴을 따른다. 뇌는 두 번째 달 동안 급격하게 발달한다. 그리고 배아기 말이 되면, 뇌는 유기체의 첫 번째 근육 수축을 지시한다.

태내 7~8주 동안, 미분화된 생식선으로 알려진 생식

신경관
(neural tube)

외배엽에서 발달한 원시 척추이며 중추 신경체계가 된다.

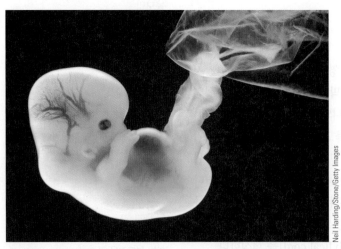

그림 3.3 40일된 인간 배아.

Neil Harding/Stone/Getty Images

융기의 출현과 함께 배아의 성적 발달이 시작된다. 만일 배아가 남성이라면, Y염색체를 가진 유전자가 미분화된 생식선에게 고환을 만들도록 지시하는 생화학적 반응을 촉발한다. 만일 배아가 여성이면, 미분화된 생식선은 그런 지시를 받지 못하고 난소를 생성할 것이다. 배아의 순환계는 이제 스스로 기능한다. 왜냐하면 간과 비장이 혈액세포를 생성하는 과제를 떠맡았기 때문이다.

2개월 말경이면, 배아의 길이는 1인치가 약간 넘고 무게는 1/4온스에 약간 못 미친다. 그렇지만 배아는 이미 놀라울 정도로 복잡한 존재이다. 이 시점에서, 인간의 모든 주요 구조들이 형성되고 유기체는 인간으로서 인식되기 시작한다(Moore & Persaud, 2003; O'Railly & Muller, 2001).

태아기

임신의 나머지 7개월, 즉 **태아**(fetus)기는 급격한 성장기이고(그림 3.4 참조) 모든 기관 체계가 정교해진다. 모든 주요 기관들이 기능하기 시작하고, 태아가 움직이고, 느끼고, 행동하기 시작하는 시기이다(비록 의도적은 아닐지라도). 또한 이때는 태아에 따라 다른 움직임 패턴과 다른 얼굴표정과 같은 독특한 특성들이 발달하면서 개성이 나타나는 시기이다.

태아
(fetus)
임신 9주에서 태어날 때까지 태내 유기체에게 붙여진 이름.

임신 3개월

임신 3개월에, 이전에 형성된 기관체계는 계속해서 빠르게 성장하고 서로 연결된다. 예를 들면, 비록 임신한 여성이 느끼기에는 너무 미미하다 할지라도, 신경계와 근육계 간의 조정을 통해 태아는 수중환경에서 발로 차고, 주먹을 쥐고, 몸을 뒤트는 것과 같은 많은 흥미로운 동작들을 할 수 있다. 소화계와 배설계가 함께 작용해서, 태아는 삼키고 영양분을 소화하고 방뇨할 수 있다(El-Haddad et al., 2004; Ross & Nijland, 1998). 성적 분화는 급속하게 진행된다. 남성 고환은 음경과 음낭을 발달시키는 남성 호르몬인 테스

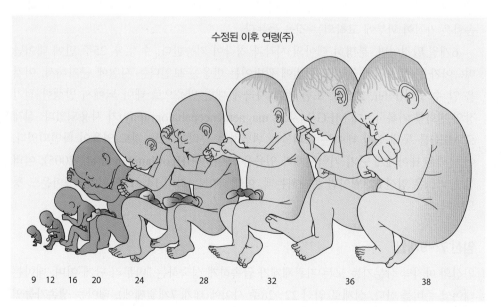

수정된 이후 연령(주)

9 12 16 20 24 28 32 36 38

그림 3.4 태아기 동안 신체 성장비율. 크기의 증가는 9~20주 동안에 특히 극적이다.
출처: "*Before We Are Born*," 4th ed., by K. L. Moore & T. V. N. Persaud, 1993, p. 89. Philadelphia: Saunders.

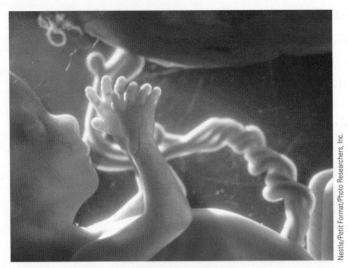

임신 12주 후. 태아는 3인치 정도이고 무게는 약 1온스 정도이다. 모든 주요 기관들이 형성되고 몇몇은 이미 기능하고 있다.

토스테론을 분비한다. 테스토스테론이 분비되지 않으면, 여성 생식기가 형성된다. 3개월 말이면, 태아의 성은 초음파에 의해 탐지되고, 생식계는 이미 미숙한 난소 혹은 정자세포를 포함하고 있다. 비록 태아의 크기가 단지 3인치 정도이고 무게가 1온스도 채 안 된다고 할지라도, 12주에 이 모든 정교한 발달이 진행된다.

임신 4~6개월

임신 13~24주 동안 발달은 빠른 속도로 계속된다. 16주에 태아의 키는 8~10인치 정도이고 몸무게는 약 6온스 정도이다. 15, 16주~24, 25주 동안, 혀, 입술, 인두, 후두의 단순한 움직임은 복잡해지고 조절을 잘하게 된다. 따라서 태아는 빨고, 삼키고, 우적거리고, 딸꾹질하고, 숨 쉬고, 기침하고, 콧김을 뿜기 시작해서 스스로 자궁 밖에서 삶을 준비한다(Miller, Sonies, & Macedonia, 2003). 실제로 미숙하게 태어난 영아는 숨쉬고 빨기가 힘들 수 있다. 왜냐하면 이런 기술들이 발달하는 초기 단계에 자궁을 떠나기 때문이다. 즉, 그들은 연습할 시간이 충분하지 않았다(Miller, Sonie, & Macedonia, 2003). 이 시기 동안 태아는 임신한 여성이 느낄 수 있을 정도로 강력한 발차기를 시작한다. 태아의 심장박동이 청진기로 들리고, 골격이 단단해지면서 뼈와 연골의 양이 증가해서(Salle et al., 2002) 골격이 초음파에 의해 탐지된다. 비록 자궁 밖에서 생존하기는 어려울지라도, 16주 말이면 태아는 분명하게 인간의 외형을 갖추고 있다.

임신 5~6개월 동안, 손톱이 단단해지고, 피부가 두꺼워지고, 갑자기 눈썹, 속눈썹, 머리털이 나타난다. 20주에는 땀 선이 기능하고, 임신한 여성의 배에 귀를 대면 들을 수 있을 정도로 태아의 심장박동은 강하다. 태아는 이제 **가칠**(vernix)이라고 불리는 하얀 치즈 같은 물질과 **배냇 솜털**(lanugo)이라고 불리는 얇은 체모층으로 덮혀 있다. 가칠은 양막액에 장기간 노출되어 피부가 갈라지는 것으로부터 태아의 피부를 보호하고, 배냇 솜털은 가칠이 피부에 고착되는 것을 돕는다.

6개월 말경이면, 분명히 태아의 시각과 청각이 기능한다. 수정 후 25주 만에 태어난 미숙아가 큰 종소리에 놀라고 불빛에 깜박이는 반응을 보인다는 사실에 근거해서, 이것을 알 수 있다(Fifer, 2005). 또한 청각 자극에 대한 반응으로 태아 뇌에서 발생한 전기장의 변화를 기록하는데 MEG(뇌자도, magnetoencepahalography)가 사용되었다. 실제로 MEG를 통해 인간 태아는 소리들을 변별하는 능력이 어느 정도 있음이 확인되었다. 이 능력은 태아에게 단기 기억체계가 있음을 보여준다(Huotilaninen et al., 2005). 이러한 능력들은 임신 6개월이면 존재하는데, 이때 태아는 거의 14~15인치이고 2파운드 정도이다.

임신 7~9개월

임신의 마지막 삼분기는 모든 기관체계가 급속하게 성숙하는 "마무리 단계"이며, 태아는 태어날 준비를 한다. 실제로 임신 22~28주 사이에(대개 7개월째에), 태아는 **생존가능연령**(age of viability)에 도달하는데, 자궁 밖에서 생존이 가능해지는 시점이다(Moore &

가칠
(vernix)
피부가 트는 것을 막기 위해 태아를 덮고 있는 하얀 치즈 같은 물질.

배냇 솜털
(lanugo)
가칠이 피부에 달라붙는 것을 돕기 위해 태아의 신체를 덮고 있는 가는 털.

생존가능 연령
(age of viability)
자궁 밖에서의 생존이 가능한 임신 22~28주 사이의 시점.

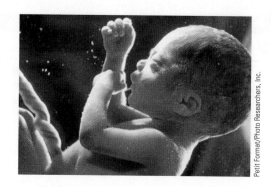

왼쪽: 24주된 태아는 생존가능 연령에 도달하고 자궁 밖에서 생존할 수 있다. 이 시점부터, 조산의 경우 생존 가능성이 매일매일 증가한다.
오른쪽: 36주된 태아. 피부가 트는 것을 막기 위한 치즈 같은 가칠로 덮여 있고, 이제 자궁에 꽉 차게 되어서 2주 내에 태어날 준비가 되어 있다.

Persuad, 1993). 태아 모니터링 기법들을 사용한 최근 연구에서 28~32주의 태아는 보다 잘 조직되고 예측 가능한 심장활동 주기, 대근육 활동, 수면/각성 활동을 갑자기 보이기 시작한다. 이것은 미숙하게 태어나도 생존할 만큼 그들의 발달하는 신경계가 잘 조직화되었음을 나타낸다(DiPietro et al., 1996; Groome et al., 1997). 그럼에도 불구하고, 예정보다 일찍 태어난 많은 태아들은 여전히 산소 공급이 필요하다. 왜냐하면 폐 속에 있는 아주 작은 폐포(공기주머니)가 스스로 팽창하고 산소를 탄소산화물로 교체하기에는 너무 미숙하기 때문이다(Moore & Persaud, 1993).

7개월 말경에 이르면, 태아의 무게는 거의 4파운드이고 키는 16~17인치 정도이다. 1개월 후, 키는 18인치까지 크고 몸무게는 1~2파운드 정도 증가한다. 몸무게의 많은 부분은 피부 바로 밑에 있는 지방층이다. 이것은 후에 신생아를 온도 변화로부터 보호하는 데 도움이 된다. 9개월 중반에 이르면, 태아의 활동이 느려지고 수면이 증가한다(DiPietro et al., 1996; Sahni et al., 1995). 태아는 이제 커져서, 배 모양의 제한된 자궁 내에서 가장 편안한 자세는 팔다리를 구부린 채 머리를 아래쪽 자궁의 밑 부분에 둔 자세, 소위 태아자세일 것이다. 임신 마지막 달에 임신한 여성의 자궁은 불규칙적인 간격으로 수축하고 이완된다. 이것은 자궁 근육을 조율하고, 경상부(cervix)를 팽창하고, 태아의 머리가 곧 밀려나갈 골반뼈 사이의 틈새에 놓이도록 돕는 과정이다. 자궁 수축이 더 강해지고, 더 빈번해지고, 규칙적으로 되면서, 태내기는 끝난다. 임신한 여성은 이제 분만의 첫 단계에 있고 몇 시간 내에 출산할 것이다.

태내발달에 대해 간단한 개관이 표 3.1에 제시되어 있다. 유기체의 발달단계들은 임신한 여성들의 경험을 묘사하는 삼분기 단계들에 상응하지 않는다. 실제로, 발달하는 유기체는 임신한 여성의 제1삼분기 동안 태내발달의 3단계를 모두 거친다. 게다가 유기체는 수정 후 약 8주에 태아가 되기 때문에, 여성이 접합체기와 배아기를 지나기 전에 자신의 임신 사실을 알지 못하는 것은 전혀 드문 일이 아니다.

표 3.1	태내발달에 대한 개관				
삼분기	단계	기간	크기		주요발달
제1삼분기	접합체기	1 2			단세포 접합체가 나뉘고 포배가 됨. 포배가 자궁벽에 착상; 유기체에게 영양분을 제공하고 보호하는 구조–양막, 융모막, 난황, 태반, 탯줄–가 형성되기 시작.
	배아기	3–4	1/4 inch		뇌, 척추, 심장이 형성되고, 눈, 귀, 코, 입, 사지가 될 기본적인 구조가 형성됨.
		5–8	1 inch $^1/_4$ oz.		외부 신체구조(눈, 귀, 사지)와 내부 기관들이 형성. 배아는 자신의 혈액을 생성하고 움직일 수 있음.
	태아기	9–12	3 inch 1 oz.		급속한 성장과 모든 기관체계의 상호연결은 신체와 사지 움직임, 삼키기, 영양분의 조화, 배설과 같은 새로운 능력을 허용. 외부생식기가 형성.
제2삼분기	태아기	13–24	14–15 in 2 lb.		태아가 급속히 성장. 태아의 움직임이 어머니에 의해 탐지되고, 태아의 심장박동을 들을 수 있음. 태아는 외부충격으로부터 보호할 가칠에 의해 덮여있음; 태아는 밝은 빛과 큰 소리에 반응.
제3삼분기	태아기	25–38	19–21 in 7–8 lb.		성장이 계속되고 모든 기관체계들은 출생을 준비하여 성숙. 태아는 생존가능 연령에 도달하고 수면주기와 운동 활동에서 보다 규칙적이고 예측가능하게 됨. 피부 아래에 지방층이 발달. 출생 전 2주 동안 활동은 덜 빈번하고 수면이 보다 빈번해짐.

태내발달의 잠재적 문제들

비록 신생아 대다수가 "정상적인" 태내발달 패턴을 따를지라도, 어떤 영아들은 비정상적인 통로를 따라 발달하게 만드는 환경적 장애물들과 만나게 된다. 다음 절에서, 우리는 발달하는 배아와 태아에게 해를 끼칠 수 있는 많은 환경적 요인들을 살펴볼 것이다. 또한 비정상적 결과를 예방하기 위한 중재들을 살펴볼 것이다.

기형유발물질

기형유발물질
(teratogen)
발달하는 배아나 태아에게 해를 입힐 수 있는 바이러스, 약물, 화학물질, 방사선과 같은 외부 작용물.

기형유발물질(teratogen)이란 신체적 기형이나, 심각한 성장 지체, 시각장애, 뇌손상, 사망을 유발함으로써 발달하는 배아나 태아에게 해를 끼칠 수 있는 질병, 약물 혹은 다른 환경적 작용물(agent)을 말한다(Fifer, 2005). 이미 알려졌거나 의심되는 기형유발물질 목록은 지난 몇 년 동안 놀랄 정도로 길어졌다. 이것은 오늘날 많은 부모들이 발달하는 배아나 태아가 직면할 수 있는 위험들에 관심을 갖게 했다(Friedman & Polifka, 1996; Verp, 1993). 주요 기형유발물질들의 효과를 알아보기 전에, 약 95%의 신생아들은 완전히 정상이며, 결함을 갖고 태어난 영아 대부분도 가볍고, 일시적이며, 돌이킬 수 있음을

태내발달

다음 질문들에 답함으로써 태내발달에 대한 당신의 이해를 체크하라. 정답은 부록에 있다.

짝짓기: 태내 유기체의 명칭을 각 발달단계를 특징짓는 사건들과 짝지음으로써 태내발달 단계들에 대한 당신의 이해를 체크하라.

1. 배아기   a. 모든 주요 기관체계가 기능하기 시작하는 시기
2. 태아기   b. 수정에서 착상까지의 기간
3. 접합체기 c. 태내에서 3~8주까지의 기간

선다형: 각각의 질문들에 대한 최선의 답을 선택하라.

_____ 4. 발달하는 유기체와 임신한 여성 간의 영양과 배설물을 전달하는 기관은?
   a. 양막
   b. 태반
   c. 융모막
   d. 배아판

_____ 5. 만일 발달하는 유기체가 남성이라면, 성적 분화는 ( ) 염색체에 있는 유전자가 고환을 생성하도록 ( )에게 지시할 때 시작된다.
   a. X: 테스토스테론
   b. X: 에스트로겐
   c. Y: 미분화 성선
   d. Y: 성 유전자

_____ 6. 외배엽에서 발달해서 중추신경계가 되는 원시 척수는?
   a. 탯줄
   b. 신경관
   c. 양막
   d. 융모막

_____ 7. 자궁 밖에서 생존이 가능하게 되는 22~28주 사이는?
   a. 생존가능 연령
   b. 지속가능성 연령
   c. 과숙단계
   d. 후태아기

단답형: 다음 질문들에 간단하게 답하라.

8. 태아가 빨고, 삼키고, 숨쉬는 것 같은 행동들을 보이는 것이 중요한 이유를 설명하라.
9. 미숙한 아기가 생존하기 위해 발달되어야 하는 기관체계를 묘사하라.

서술형: 다음 질문들에 상세히 답하라.

10. 태내 유기체의 발달단계들(접합체, 배아, 태아)을 임신한 여성의 발달단계들(3번의 삼분기)과 비교하고 대조하라. 이런 단계들 간 차이의 의미를 설명하라.

강조해야 한다(Gosden, Nicolaides, & Whitling, 1994; Heinonen, Slonen, & Shapiro, 1977). 또한 기형유발물질의 효과에 대한 몇 가지 일반원리는 연구를 해석하는데 도움이 될 것이다:

1. 신체 일부나 기관체계에 대한 기형유발물질의 효과는 그 구조가 가장 급속하게 형성되고 성장하는 기간 동안 가장 나쁘다.
2. 모든 배아와 태아들이 어떤 기형유발물질의 영향을 똑같이 받는 것은 아니다. 해로움에 대한 민감성(susceptibility)은 배아나 태아와 임신한 여성의 유전적 구성과 태내환경의 질에 의해 영향을 받는다.
3. 같은 결함이 다른 기형유발물질에 의해 유발될 수 있다.
4. 다양한 결함들이 단일 기형유발물질의 결과일 수 있다.
5. 기형유발물질에 대한 노출이 길수록, 혹은 "양"이 많을수록 심각한 해를 입을 가능성이 높다.(사용량 원리)
6. 배아와 태아들은 어머니 뿐만 아니라 아버지가 어떤 기형유발물질에 대해 노출된 경우에도 영향을 받을 수 있다.
7. 기형유발물질의 장기적 효과는 **출생 후** 환경의 질에 달려있다.
8. 어떤 기형유발물질은 아동의 삶에서 더 나중에야 나타나는 '수면 효과(sleeper effect)'가 있을 수 있다.

첫 번째 일반원리는 매우 중요한 것이기 때문에 보다 더 자세하게 살펴보자. 주요 기관체계나 신체일부는 기형유발물질 매개물에 가장 쉽게 영향을 받는 **민감기**(sensitive

민감기
(sensitive period)
유기체가 어떤 환경적 영향에 가장 영향받기 쉬운 시기. 이 시기 외에서 비슷한 효과를 내기 위해서는 같은 환경적 영향이 훨씬 더 강해야 한다.

period)가 있는데, 즉 신체의 특정 부분이 형성되는 시기이다. 대부분의 기관과 신체 부분들은 배아기 동안 급속하게 형성된다(3~8주 동안의 태내발달)는 점을 상기하라. 그림 3.5에서 보는 것처럼, 분명히 대부분의 기관체계들이 손상에 가장 취약한 기간이 있다. 이것은 여성이 임신했다는 것을 알기 이전일 수 있다. 머리와 중추신경계에 심한 물리적 결함이 발생하는 가장 결정적인 시기는 3~5주이다. 특히 심장은 태내 3주 중반~6주 중반까지 취약하다. 많은 다른 기관들과 신체 일부의 가장 취약한 기간은 임신 2개월째이다. 그렇다면 배아기를 임신의 결정기라고 부르는 것이 이상한가?

일단 기관이나 신체일부가 완전하게 형성되면, 손상을 입을 가능성은 줄어든다. 그러나 그림 3.5에서 보는 것처럼, 눈, 생식기, 신경계와 같은 어떤 기관들은 임신기간 내내 해를 입을 수 있다. 몇 년 전 Olli Heinonen과 동료들(Heinonen, Slone, & Shapiro, 1977)은 50,282명의 아동에게서 발견한 많은 출생 결함들은 **시기와 상관없는 기형들**(anytime malformations)이라고 결론내렸다. 즉 9개월간의 태내기 동안 어떤 시점에서도 기형유발물질에 의해 유발되었을 문제들이다. 따라서 태내기 전체가 인간발달의 민감기로 고려되어야 한다.

기형유발물질은 아기의 행동에 미묘한 효과를 미칠 수 있는데, 출생시에는 분명치

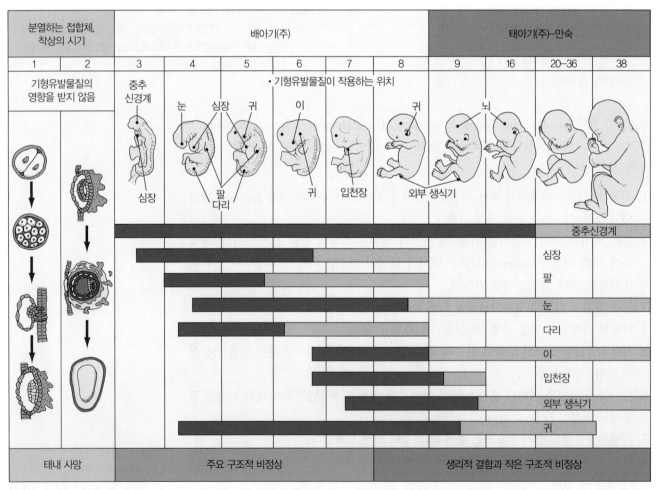

그림 3.5 태내발달의 결정적 시기. 각 기관이나 구조는 기형유발물질로부터 가장 민감하게 손상을 입는 결정적 시기가 있다. 짙은 막대선은 가장 민감한 시기이고, 옅은 막대선은 손상을 받지만 다소 덜 민감한 시기이다.
출처: "*Before We Are Born*," 4th ed., by K. L. Moore & T. V. N. Persaud, 1993, p. 89. Philadelphia: Saunders.

않지만 심리적 발달에 영향을 미칠 수 있는 것들이다. 예를 들면, 임신기간 동안 하루에 1온스 정도의 알코올을 소비했던 어머니의 아기들은 분명한 신체적 기형을 보이지 않았다. 그러나 그들은 술을 마시지 않는 어머니의 자녀들에 비해 정보처리가 더 느리고 이후 아동기에 실시한 IQ검사 점수가 더 낮았다(Jacobson & Jacobson, 1996). 이런 결과들은 태아의 뇌 발달에 미치는 알코올의 미묘한 효과를 반영하는 것이다. 그러나 또 다른 가능성이 있다. 출생 후, 양육자들은 자신들이 주의를 끌 때 반응이 느린 굼뜬 아기들을 덜 자극하는 경향이 있다. 따라서 시간이 지나면서, 뇌에 대한 알코올의 효과라기보다 약해진 자극 수준이 아동의 지적 발달을 저해했을 수 있다.

이런 원리들을 마음속에 새기면서, 이제 태내발달에 불리한 영향을 주거나 다른 유해한 결과를 낳을 수 있는 몇 가지 질병, 약물, 화학물질 및 환경적 위험물질들에 대해 살펴보자.

임신한 여성의 질병

어떤 질병 매개물들은 태반 장벽을 통과할 수 있고 임신한 여성 자체보다 발달하는 배아나 태아에게 더 많은 해를 끼칠 수 있다. 배아나 태아는 미숙한 면역체계를 갖고 있어서 효과적으로 감염물질과 싸우기에 충분한 항체를 생성할 수 없다는 것과 태아환경은 임신한 여성의 면역체계와는 다르게 감염물질에 반응할 수 있다는 것을 고려할 때 의미가 분명하다(Meyer et al., 2008).

풍진   1941년 호주 의사 McAllister Gregg이 임신 초에 **풍진**(독일 홍역, rubella, Geman measles)에 걸렸던 많은 어머니들이 시각장애를 가진 아기를 낳았다는 사실에 주목하면서, 의료계는 질병의 기형유발 효과를 인식하게 되었다. Gregg이 의료계에 경고한 이후, 의사들은 풍진에 걸린 임산부들이 시각장애, 청각장애, 심장기형, 정신지체 등과 같은 다양한 결함을 가진 아기들을 낳았음에 주목하기 시작했다. 이 질병은 민감기 원리를 분명하게 보여준다. 눈과 심장 결함의 위험은 이 기관들이 형성되는 초기 8주 동안 가장 큰 반면, 청각장애는 어머니가 6~13주에 풍진을 앓았을 때 더 일반적이다. 오늘날, 의사들은 여성이 풍진에 걸렸었거나 혹은 면역되지 않았다면 어떤 여성도 임신해서는 안 된다고 강조한다.

풍진
(rubella, Geman measles)
임신 3~4개월에 노출되면 임신한 여성에게는 거의 영향을 미치지 않지만 발달하는 유기체에게 많은 심각한 출생 결함을 유발할 수 있는 질병.

다른 감염성 질병   몇 가지 감염성 질병들은 기형유발물질로 알려졌다(표 3.2 참조). 이런 매개물들 중 보다 보편적인 것이 **톡소플라즈마병**(toxoplasmosis)이다. 이것은 많은 동물들에서 발견되는 기생충에 의해 감염된다. 임신한 여성들은 요리되지 않은 고기를 먹거나 혹은 감염된 동물을 먹은 고양이의 배설물을 치울 때 기생충에 감염될 수 있다. 비록 톡소플라즈마병이 성인들에게 단지 약한 감기 같은 증상을 유발할지라도, 만일 임신 제 1삼분기 동안 태내 유기체로 전염된다면 눈과 뇌에 심각한 손상을 유발할 수 있고, 만일 임신 중 더 나중에 감염된다면 유산될 수 있다(Carrington, 1995). 임신한 여성은 모든 고기를 잘 익을 때까지 요리하고, 날고기가 닿은 요리도구를 철저하게 세척하고, 공원, 애완동물 잠자리 혹은 고양이 분비물이 있을 수 있는 장소를 피함으로써 감염으로부터 스스로를 지킬 수 있다.

톡소플라즈마병
(toxoplasmosis)
날고기나 고양이 배설물에서 발견되는 기생충에 의해 유발되는 질병. 만일 임신 제1삼분기 동안 배아에게 전염되면 출생 결함을 유발하고 임신 후기에는 유산을 유발할 수 있다.

성적으로 전염된 질병들   마지막으로, 어떤 감염도 성적으로 전염된 질병보다 더 보편적이거나 더 위험한 것은 없다. 한 통계자료에 따르면, 3,200만 명의 미국 청소년과 성인들

표 3.2 배아, 태아 혹은 신생아에 영향을 줄 수 있는 질병들

질병	영향			
	유산	신체기형	심적 손상	저출생체중/ 미숙아출생
성적으로 전염되는 질병(STDs)				
후천성 면역결핍증(AIDS)	?	?	?	+
수포진(genital herpes)	+	+	+	+
매독	+	+	+	+
다른 어머니의 질병/ 조건				
수두	0	+	+	+
당뇨	+	+	+	0
감기	+	+	?	?
말라리아	+	0	0	+
풍진	+	+	+	+
톡소플라즈마병	+	+	+	+
비뇨기감염(세균성)	+	0	0	+

매독
(syphilis)
임신 중기나 후기에 태반 장벽을 통과할 수 있는 성적으로 전염되는 질병으로, 유산이나 심각한 출생 결함을 유발한다.

수포진
(genital herpes)
출생시 영아에게 감염될 수 있는 성적으로 전염되는 질병으로 실명, 뇌 손상, 혹은 사망을 유발할 수 있다.

제왕절개
(cesarean delivery)
어머니의 복부와 자궁의 절개를 통한 아기의 외과적 출산.

후천성면역결핍증
(acquired immunodeficiency syndrome(AIDS))
어머니로부터 태아 혹은 신생아에게 전염되는 바이러스성 질병으로 신체의 면역체계를 약화시켜 결국은 사망에 이른다.

이 심각한 출생 결함을 유발하거나 혹은 아동의 발달적 결과를 위태롭게 할 수 있는 성병(STD)에 걸렸거나 걸렸었다(Cates, 1995). 이런 질병들 중 세 가지, 매독, 수포진, 후천성면역결핍증(ADIS)은 특히 위험하다.

매독(syphills)은 임신 중기와 후기에 가장 위험하다. 왜냐하면 매독 파상균(병을 옮기는 미생물)은 임신 18주까지는 태반 장벽을 통과할 수 없기 때문이다. 이 질병은 대개 혈액검사에서 진단되고, 태아에게 해를 끼치기 오래 전에 항생물질로 치료될 수 있다는 것은 다행이다. 그러나 치료를 받지 않은 임신한 여성은 유산하거나 눈, 귀, 뼈, 심장 및 뇌에 심각한 손상을 입은 아이를 낳을 위험이 높다(Carrington, 1995; Kelley-Buchanen, 1988).

대부분의 감염은 출산 때 신생아가 어머니의 생식기에 난 상처에 접촉하면서 발생하지만, 수포진(genital herpes)을 일으키는 바이러스는 태반 장벽을 통과할 수 있다(Gosden, Nicolaides, & Whitting, 1994; Roe, 2004). 불행하게도, 수포진에 대한 치료법이 없다. 따라서 임신한 여성들은 치료받을 수 없고, 수포진 감염의 결과는 심각할 수 있다. 이 불치병에 감염된 신생아 중 1/3은 사망할 것이고, 25~30%는 시각장애, 뇌손상, 및 다른 심각한 신경학적 장애와 같은 문제를 일으킬 것이다(Ismail, 1993). 이런 이유 때문에, 진행성 수포진에 감염된 임신한 여성들은 아기의 감염을 피하기 위해 **제왕절개**(cesarean delivery)(어머니의 복부절개를 통해 아기를 출산하는 외과적 출산)를 권유받는다.

오늘날 가장 관심의 대상이 되는 감염성 성병은 **후천성면역결핍증**(AIDS)이다. 인간면역결핍 바이러스(HIV)에 의해 유발되는 이 병은 상대적으로 최근에 알려진 불치병이며, HIV는 면역체계를 공격해서 다량의 다른 감염체에 취약하게 만들고, 결국 사망에 이르게 한다. 체액에 의한 전이는 HIV가 퍼지는데 필수적이다. 따라서 사람들은 성관계

를 갖는 동안 감염되거나 혹은 불법약물을 주사할 때 주사기를 같이 사용함으로써 전염된다. 전 세계적으로 4백만 이상의 가임연령 여성들이 HIV를 갖고 있고 이 바이러스를 자녀에게 옮길 수 있다(Faden & Kass, 1996). 감염된 어머니들은 (1) 출생 전에 태반을 통해, (2) 출산하는 동안 탯줄이 태반으로부터 분리되면서 어머니와 아기 간에 혈액이 교환될 때, (3) 출생 후, 수유 동안 모유를 통해 바이러스를 전달할 수 있다(Institute of Medicine, 1999). 이런 모든 가능성에도 불구하고, HIV에 감염된 어머니의 아기들 중 25% 이하가 감염된다. HIV의 태내전염은 이전에 AZT로 알려진 항바이러스 약물인 ZDV를 어머니가 복용하면 거의 70%까지 감소된다. 이 약물(혹은 HIV)이 출생 결함을 유발한다는 어떤 징후도 없다(Institute of Medicine, 1999; Jourdain et al., 2004도 참조하라).

HIV에 감염된 아기들에게는 어떤 미래가 있는가? 초기 보고서들은 극히 우울했다. 이 보고서에 의하면, 첫해 동안 바이러스는 미숙한 면역체계를 황폐화시키는데, HIV에 감염된 영아들 대부분이 성숙한(full-blown) AIDS를 발달시키고 3세에는 사망한다(Jones et al., 1992). 그러나 몇몇 연구들(Hutton, 1996이 개관)은 HIV에 감염된 영아 중 절반 이상이 6세 이후까지 살아있고, 상당한 비율의 영아들이 청소년기까지 생존하고 있음을 발견했다. 새로운 세포를 감염시키는 HIV의 능력을 방해하는 항바이러스 약물인 ZDV는 이제 HIV에 감염된 아동들을 치료하는데 사용되고 있고, 초기에 처치가 시작된다면 많은 아동들은 호전되거나 수년 동안 안정되게 남아있다(Hutton, 1996). 그러나 HIV에 감염된 어린 아동들은 결국 감염의 합병증으로 사망할 것이다. 어머니로부터의 HIV 감염을 피했던 많은 아동들은 AIDS로 어머니를 잃는 슬픔을 경험할 것이다(Hutton, 1996).

미국에서 어머니로부터 자녀에게로의 HIV 전염은 정맥 주사를 통해 약물을 주입하거나 그렇게 하는 성적 파트너가 있는 대도시의 빈민층 여성들 사이에서 가장 일반적이다(Eldred & Chaisson, 1996). 많은 전문가들은 안전하지 않은 성적 습관과 안전하지 않은 약물 사용을 바꾸는 것을 목표로 하는 중재가 HIV의 전염과 싸우는 유일한 효과적인 수단이 될 수 있다고 여긴다. 왜냐하면 AIDS 치료제가 발견되기까지는 수년이 걸릴 수도 있기 때문이다(Institute of Medicine, 1999).

약물

사람들은 임신한 여성들이 복용하는 약물들이 태내 유기체에게 해를 끼칠 가능성에 대해 오랫동안 의심해왔다. 아리스토텔레스조차 술 취한 어머니들은 "심약한 아기들"을 갖는다고 생각했다(Abel, 1981). 오늘날 이런 의심들이 옳았으며, 임신한 여성에게는 지속적인 효과가 거의 없는 순한 약물조차 발달하는 배아나 태아에게 극도로 위험하다는 것이 증명되었다. 불행하게도, 의료계는 이 교훈을 힘들게 배웠다.

탈리도마이드 비극 1960년에 서독 제약회사는 순한 진정제를 판매하기 시작했고, 이 약은 의사의 처방 없이 팔렸으며, 임신 제1삼분기 동안 많은 여성들이 경험했던 주기적인 메스꺼움과 구역질(임신한 여성들이 하루 중 어느 때라도 경험할 수 있지만, '아침병'으로 알려짐)을 진정시킨다고 알려졌다. 이 약물은 완벽하게 안전한 듯했다. 임신한 쥐에게 검사했을 때, 어미나 새끼에게 나쁜 영향은 없었다. 이 약물이 **탈리도마이드**(thalidomide)였다.

탈리도마이드
(thalidomide)
임신 초기에 복용하는 순한 진정제로서 손발, 눈, 귀, 심장의 다양한 기형을 유발할 수 있다

실험실 동물 검사에서는 무해한 약물들이 인간에게는 폭력적인 기형유발물질임이 판명되었다. 임신 초기 2개월 동안 탈리도마이드를 복용했던 수천 명의 여성들은 끔찍한 출생결함이 있는 아기들을 낳았다. 탈리도마이드 아기는 기형적인 눈, 귀, 코, 심장을 가졌고, 많은 아이들은 **해표지증**(phocomelia)을 보였다. 해표지증은 팔다리 전부 혹은 일부가 없고 발이나 손이 몸통에 붙어있는 구조적 비정상이다.

탈리도마이드에 의한 출생 결함의 종류는 약물을 복용한 시기에 달려있다. 임신 21일경에 약물을 복용했던 어머니의 아기들은 귀가 없이 태어날 가능성이 높았다. 임신 25~27일 사이에 탈리도마이드를 복용했던 어머니의 아기들은 팔이 기형이거나 혹은 팔이 없었다. 만일 어머니가 28~36일 사이에 약물을 복용했다면, 아이는 다리가 기형이거나 혹은 다리가 없었다. 그러나 만일 어머니가 40일 이후에 탈리도마이드를 복용했다면, 아기들은 대개 영향을 받지 않았다(Apgar & Beck, 1974). 그러나 탈리도마이드를 복용했던 대부분의 어머니들은 분명한 출생결함이 없는 아기를 낳았다. 이것은 기형유발물질에 대한 반응이 사람에 따라 극적인 차이가 있음을 보여준다.

다른 일반적인 약물들 탈리도마이드 비극에서 배운 교훈들에도 불구하고, 임신한 여성들 중 약 60%정도는 적어도 한 가지 의사 처방 약물이나 혹은 처방이 없는 약물을 복용했다. 불행하게도, 가장 일반적으로 사용되는 약물들 중 몇몇은 의심스럽다. 예를 들면, 아스피린을 많이 복용하는 것은 태아 성장지체, 저조한 운동통제, 심지어는 영아사망으로 이어졌다(Barr et al., 1990; Kelley-Buchanan, 1988). 그리고 임신 제3삼분기에 이브프로펜(ibuprofen)의 사용은 출산을 연장하고 신생아에게서 폐의 과긴장 위험이 증가했다(Chomitz, Chung, & Liberman, 2000). 몇몇 연구들은 매일 커피가 포함된 음료 4개 혹은 커피 4잔 이상 마시는 카페인의 다량 소비는 유산과 저출생체중과 같은 합병증과 관련 있다고 보고했다(Larroque, Kaminski, & Lelong, 1993; Larsen, 2004; Leviton, 1993). 그러나 카페인의 해로운 결과들은 임신한 여성들이 복용했던 다른 약물들에 의해서도 유발되었다(Friedman & Polifka, 1996). 가장 주목해야 하는 알코올이나 니코틴에 대해서 곧 논의할 것이다.

다이에틸스틸베스트롤
(diethylstil-bestrol(DES))
이전에는 유산을 예방하기 위해 처방된 합성 호르몬으로서, 여아에게는 경부암을 남아에게는 생식선 기형을 유발할 수 있다.

몇몇 다른 처방 약물은 발달하는 배아와 태아들에게 약간의 위험을 불러온다. 예를 들면, 리듐이 포함된 항우울제를 제1삼분기 내에 복용하면 심장 결함을 유발할 수 있다(Friedman & Polifka, 1996). 성호르몬이나 활성 생화학 성분이 포함된 약물들도 발달하는 배아나 태아에게 영향을 줄 수 있다. 예를 들면, 만일 자신이 임신했다는 것을 모르고 여성 호르몬이 포함된 구강 피임약을 복용한다면, 아이에게서 심장 결함이나 다른 작은 기형이 나타날 위험이 약간 증가된다(Gosden, Nicolaides, & Whitting, 1994; Heinonen, Slone, & Shapiro, 1977).

심각한 장기 효과를 갖는 또 다른 합성 성호르몬은 **다이에틸스틸베스트롤**(diethylstilbestrol: DES)이다. 이것은 1940년대 중반에서 1965년 사이에 유산을 예방하기 위해 광범위하게 처방되었던 약의 활성 성분이다. 약물은 충분히 안전한 듯했고, 어머니가 DES를 복용했던 신생아들은 모든 면에서 정상적인 듯 했다. 그러나 1971년에 의사들은 DES를 복용했던 어머니의 17~21세된 딸들이 보기 드문 형태의 자궁암을 포함하는 생식기관의 비정상을 보일 위험이 있음을 확인했다. 분명히 암의 발병위험은 크

이 남아는 팔과 손이 없다—이 출생 결함은 탈리도마이드 때문이다.

Leonard McCombe/Life Magazine/Time & Life Pictures/Getty Images

지 않다. DES 딸들 중에서 암으로 병이 진전된 경우는 1000명중 1명 이하였다(Friedman & Polifka, 1996). 그러나 다른 합병증이 있다. 예를 들면, 임신한 DES의 딸들은 DES에 노출된 적이 없는 여성들보다 유산하거나 미숙아를 출산할 가능성이 높다. DES의 아들들은 어떤가? 비록 DES에 대한 태내노출이 아들에게 암을 유발한다는 결정적인 증거는 없다고 할지라도, 출생 전에 DES에 노출된 소수의 남성들이 생식능력에는 영향을 주지 않는 아주 작은 생식기 기형이 있었다(Wilcox et al., 1995).

분명히, 아스피린, 카페인, 구강 피임약 혹은 DES를 복용한 대다수의 임신한 여성들은 정상적인 아기를 출산한다. 그리고 적절한 의학적 감독하에서, 어머니의 가벼운 병을 치료하는 약물의 사용은 대개 어머니와 태아에게 안전하다(McMahon & Katz, 1996). 그럼에도 불구하고, 새로운 약물들이 기형유발 가능성에 대한 적절한 검사 없이 승인되거나 사용되고 있다. 성인에게 무해한 약물들이 아이의 선천적인 결함을 유발할 수 있다는 사실은 임신한 여성들이 임신기간 동안 모든 약물의 복용을 제한하거나 복용하지 않도록 만들었다.

알코올 알코올은 태반 기능을 방해함으로써 직접적으로 그리고 간접적으로 태아의 발달에 영향을 미친다(Vourela et al., 2002). 이것을 안다면, 무-약물 정책이 알코올까지 확대되어야 하는가? 대부분의 현대 연구가들은 그렇다고 생각한다. 1973년 Kenneth Jones와 동료들(1973)은 알코올 중독 어머니의 아이들에게 영향을 주는 **태아알코올증후군**(Fetal Alcohol Syndrome: FAS)에 대해 설명했다. 태아알코올증후군의 가장 특이할만한 특징은 소두증(작은 머리)과 심장, 사지, 관절 및 얼굴 기형과 같은 결함들이다(Abel, 1998). FAS 아기들은 극도의 과민성, 과활동, 발작과 경련을 보일 가능성이 높다. 또한 정상아들보다 더 작고 더 가볍다. 그들의 신체적 성장은 정상적인 동년배에 뒤처진다. 마지막으로, FAS 아기 1000명 중 3명은 아동기와 청소년기 내내 지능 점수가 평균이하였고, 90%이상은 청소년기와 성인초기에 주요 적응문제를 보였다(Asher, 2002; Disney, 2002; Schneider et al., 2008; Stratton, Howe, & Battaglia, 1996).

아기에게 해를 끼치지 않고 임신한 여성이 마실 수 있는 알코올의 양은 어느 정도인가? 아마도 당신이 상상하는 것보다 훨씬 적을 것이다. 기형유발물질의 사용량 원리에 따르면, 알코올의 "복용량"이 가장 많을 때 FAS 증상들이 가장 심각하다. 즉, 임신한 여성이 분명하게 알코올중독일 때 그렇다. 그렇지만 적당한 "사회적 음주"(맥주나 와인 1잔)도 어떤 아기들에게는 다소 덜 심각한 문제인 **태아알코올효과**(Fatal Alcohol Effect: FAE)를 유발할 수 있다. 이 효과에는 신체 성장 지체와 작은 신체적 비정상 뿐만 아니라 저조한 운동기술, 주의집중의 어려움, 평균이하의 지적 수행 및 언어 학습 결함과 같은 문제들이 포함된다(Cornelius et al, 2002; Day et al., 2002; Jaconson et al., 1993; Jacobson & Jacobson, 2002; Sokol, Delaney-Black, & Nordstrom, 2003; Streissguth et al., 1993; Willford et al., 2004). 자기공명영상(MRI)도 FAS와 FAE 아동 모두에서 뇌의 구조적 비정상을 발견했다(Autti-Ramo et al, 2002). FAE의 위험은 임신한 여성이 5온스 이상을 마시는 떠들썩한 술자리를 자주 갖는다면 가장 크다(Abel, 1998; Jacobson & Jacobson, 1999). 실제로, 한 주에 5온스 이상을 소비하는 제1삼분기의 임신한 여성은 유산할 위험이 있다(Kesmodel et al., 2002). 그렇지만 하루에 1온스 이하의 알코올을 마시는 임신한 여성도 비음주자보다 정신적 발달이 평균보다 약간 낮은 영아를 가질 가능성이 더 높다(Jacobson & Jacobson, 1996). 신생아기부터 6세까지 영아

태아알코올증후군
(fetal alcohol syndrome(FAS))
임신 동안 알코올을 남용한 어머니의 자녀들에게서 공통적으로 발견되는 심각한 선천적 문제들.

태아알코올 효과
(fatal alcohol effect(FAE))
임신 동안 약간 혹은 절제해서 술을 마시는 어머니의 자녀들에서 때로 관찰되는 약한 선천적 문제들.

이 여아의 넓게 벌어진 눈, 평평한 코, 발달하지 못한 윗입술은 태아알코올증후군의 공통된 신체적 특징 중 세 가지이다.

를 추적한 종단 연구에서, 태내에서 알코올에 노출된 영아들은 노출되지 않은 영아들에 비해 높은 수준의 부정적 효과를 보였다. 자궁에서 알코올에 노출되었고 더 높은 수준의 부정적 효과를 보였던 영아들은 6세에 우울증을 보고할 가능성이 더 높았다. 이 시나리오는 여아들에서 더 분명했다(O'Connor, 2001). 태아알코올 효과에 대한 잘 정의된 민감기는 없다. 임신 후기의 음주는 임신 직후의 음주 만큼 위험할 수 있다(Jacobson et al., 1993). 마지막으로, 음주는 남성 생식계에 영향을 미칠 수 있다. 정자 운동성(motility)이 감소하고, 정자수가 줄어들고, 정자가 비정상적으로 형성된다. 몇몇 연구들에서도 아버지가 음주를 한 신생아들이 그렇지 않은 신생아보다 출생체중이 더 가벼웠다(Frank et al., 2002). 1981년 미국 공중위생국 장관은 전적으로 안전한 알코올 소비량은 없다고 결론내리고, 임신한 여성들은 전혀 술을 마시지 말 것을 충고했다.

흡연 60년 전에는 어떤 의사나 임신한 여성도 흡연이 배아나 태아에게 영향을 줄 수 있다고 의심할만한 이유가 없었다. 이제 우리는 알고 있다. 제1삼분기 동안의 흡연과 **구순열**(cleft lip)(**구개열**(cleft palate)이 있든 없든) 간의 정적 연합이 Little과 동료들(2004)에 의해 보고되었다. 또한 임신기간 동안 흡연했던 여성의 신생아에서 비정상적 폐기능과 고혈압이 발견되었다(Bastra, Hadders-Algra, & Neeleman, 2003). 그러나 문헌을 개관한 결과에 따르면, 흡연은 분명히 자연유산이나 혹은 정상적인 영아의 출생 직후 사망 위험을 증가시키고, 태아의 성장 제한이나 저출생체중 출산으로 이끈다(Blake et al., 2000; Chomitz, Cheung, & Lieberman, 2000; Cnattingius, 2004; Haug et al., 2001). 임신기간 동안 흡연은 자궁외 임신(접합제가 자궁 대신에 나팔관 벽에 착상될 때) 뿐만 아니라 영아돌연사증후군(4장에서 자세하게 논의)의 높은 발생과 연합되었다(Cnattingius, 2004; Sondergaard et al., 2002). 게다가, Schuetze와 Zeskind(2001)는 임신기간 동안 흡연은 신생아의 내부기관 활동의 조절에도 영향을 미칠 수 있다고 보고했다. 그들의 연구에서, 임신기간 동안 어머니가 흡연하지 않았던 신생아의 심장보다 자궁에서 니코틴에 노출되었던 신생아의 심장이 조용한 수면과 활동적 수면 동안 더 빠르게 뛰었다. Schuetze와 Zeslnad는 또한 니코틴에 노출된 신생아의 심장박동은 노출되지 않은 영아의 것보다 더 변덕스러웠고, 떨림과 행동적 상태 변화 모두 니코틴에 노출된 신생아들에게서 더 빈번하다고 보고되었다(4장에서 영아 행동적 상태를 참조하라).

임신기간 동안, 흡연은 니코틴과 탄소산화물을 어머니와 태아 모두의 혈류 속으로 내보내고, 이것은 태반의 기능, 특히 산소 교환과 영양분을 태아에게 전달하는 기능을 손상시킨다. 니코틴은 태반을 통해 급속하게 확산된다. 태아의 니코틴 농도는 흡연 여성보다 15%이상 높다(Bastra, Hadders-Algra, & Neeleman, 2003). 임신한 여성이 하루에 피우는 담배의 양이 많을수록 유산하거나 혹은 생존을 위해 싸워야 하는 저출생체중 아를 낳을 위험이 더 높아진다는 점에서 이 모든 사건들은 서로 관련 있다. 담배를 피우는 아버지의 신생아들도 정상보다 더 작을 가능성이 높다. 왜 그런가? 흡연자와 함께 살고 있는 임신한 여성들은 "간접 흡연자들"로서, 태아성장을 방해하는 니코틴과 탄소산화물을 들이마시기 때문이다(Friedman & Polifka, 1996).

담배에 대한 노출의 장기적 효과는 분명치 않다. 그러나 어떤 효과는 적어도 청소년기까지 남아있다(Toro et al., 2008). 몇몇 연구들은 임신동안 흡연을 한 어머니의 자녀

구순열
(cleft lip)
윗 입술에 하나 혹은 여러 개의 수직 틈이나 홈이 있는 선천적 장애.

구개열
(cleft palate)
입천장이 배아기 동안 적절하게 닫히지 않아서 입천장에 틈이나 홈이 있는 선천적 장애.

들 혹은 그들이 태어난 후에도 계속해서 흡연을 한 부모의 자녀들은 비흡연자의 자녀들에 비해 아동초기에 평균적으로 더 작고 호흡기 감염이 더 쉽게 되고, 인지수행이 약간 더 낮다는 것을 발견했다(Chavkin, 1995; Diaz, 1997). Mattson과 동료들(2002)은 니코틴이 어떤 처방약물이나 불법약물과 결합되었을 때 강력한 상호작용 효과가 있음을 제안하는 연구들을 인용하였다. 왜냐하면 니코틴은 흥분제이기 때문에, 실제로 다른 약물들을 태반으로 더 많이 통과시킴으로써 그것들의 기형유발 효과를 증가시킬 수 있다. Cnattingius(2004)와 Linnet와 동료들(2003)은 임신기간 동안 어머니의 흡연과 ADHD-관련 장애들을 포함한 품행장애 간의 연합을 보고했다. Bastra, Hadders-Algra와 Neeleman(2003), 그리고 Gatzke-Kopp과 Beauchaine(2007)은 어머니의 흡연과 아동의 외현화 행동, 주의력 결핍, 및 철자와 수학에서 저조한 수행 간의 연합을 발견했다. 이 연구에서, 출생 후에도 흡연한 어머니의 아동들(5.5~11세 아동 1186명)은 학교 과제들에서 가장 저조한 수행을 보였다. 따라서 임신기간 동안 흡연은 태아에게 해를 입힐 수 있다는 증거가 압도적이다. 이런 이유에서, 오늘날 의사들은 임신한 여성들과 그들의 파트너들에게 영원히는 아닐지라도 적어도 임신기간 동안만이라도 금연하라고 의례적으로 충고한다.

이 아기는 구순열 장애가 있다.

불법 약물 미국에서 마리화나, 코카인, 헤로인과 같은 마약의 사용은 널리 퍼져있어서, 매년 70만의 영아들이 자궁 속에서 이런 약물들에 한 번 이상 노출된다(Chavkin, 1995). 다양한 인지적, 행동적 결함들이 불법 약물 사용과 연합되어 있다. 예를 들면, 인간 태아의 뇌조직 검사는 임신기간 동안 마리화나 사용이 편도체의 기저핵 기능의 변화와 연합된다는 것을 보여준다. 이 뇌 영역은 정서 행동의 조절과 관련 있다. 이 변화들은 남성 태아들에서 더 일반적이고, 자궁에서 마리화나에 대한 노출은 특히 남아의 정서조절 장애를 유발한다는 것을 나타낸다(Wang et al., 2004). 매주 2번 이상 약물을 사용한다고 보고한 임신한 여성들의 아기는 생의 첫주 혹은 2주에 경련, 수면장애, 주변에 대한 흥미 부족을 보인다(Brockington, 1996; Fried, 1993, 2002). 이런 행동적 혼란은 아기들이 이후 아동기에 불리한 결과들을 갖게 할 위험에 처하게 한다. 자궁에서 마리화나에 노출되지 않았던 아동들과 비교할 때, 어머니가 임신 제1삼분기 동안 매일 한 번 이상 마리화나를 피웠던 10세 아동은 읽기와 철자 성취검사에서 더 저조한 수행을 보였다. 마리화나에 노출된 아동들의 수행에 대한 교사의 평가도 노출되지 않은 또래에 대한 평가보다 더 낮았다. 제2삼분기에 마리화나의 사용은 읽기 이해의 결함 뿐만 아니라 낮은 성취와 연합되었다. 게다가, 마리화나에 노출된 10세 아동은 불안과 우울 증상을 더 많이 보였다(Goldschmidt et al., 2004).

비록 헤로인, 메타돈 및 다른 중독성 마약류가 큰 신체적 이상을 유발하지는 않을지라도, 이런 약물들을 복용하는 여성은 비복용자보다 유산, 미숙아 출산, 출생 직후 사망하는 아기를 갖게 될 가능성이 높다(Brockington, 1996). 어머니가 사용했던 니코틴에 중독된 채 태어난 아기의 60~80%에게 생후 1개월은 힘겹다. 출생 이후 약물이 박탈되었을 때, 중독된 영아들은 구토, 탈수증, 경련, 극도의 과민함, 약한 빨기, 고음의 울음과 같은 위축 증상들을 경험한다(Brockington, 1996; D'Apolito & Hepworth, 2001). 게다가, 생의 첫 1개월 동안 이 약물에 노출된 신생아들은 호흡과 삼키기를 서로 조정하는 데 어려움을 겪는다(Gewolb et al., 2004) 불안정, 경련, 수면장애와 같은 증상들은 3~4개월 동안 지속된다. 그러나 장기간 연구들은 태내에서 아편(opioid) 약물에 노출된 영아들 대부분이 2세까지 정상적인 발달과정을 보이며, 태내 약물노출보다 오히려 무관심한 양육이 다른 사회적, 환경적 위험요인들과 함께 아동의 열악한 발달에 기여하는 요인일 가능성이 높다는 것을 밝혀냈다(Brockington, 1996; Hans & Jeremy, 2001). 한 연구에서, 태내에서 여러 약물남용에 노출된 아동들에게 위험에 처한 신생아를 돌보기 위해 모집된 수양부모들을 찾아주었다. 생의 초기 3년 동안 이 아동들은 발달적으로 개선되었는데, 전문화된 양육은 초기 약물과 관련된 결함들을 보완하는데 도움이 된다는 것을 보여주었다. 그러나 이런 최적의 양육 조건에서도 태내에서 약물에 노출된 남아들은 노출되지 않았던 아동이나 혹은 자궁에서 약물에 노출되었던 여아들에 비해 영아발달 평가에서 더 낮은 점수를 받았다는 것에 주목할 필요가 있다. 이런 결과들은 남아들이 어머니의 태내 약물남용의 효과에 특히 취약하다는 것을 보여준다(Vibeke & Slinning, 2001).

오늘날 코카인 사용과 연합된 위험들, 특히 "크랙" 코카인의 복용에 관심이 집중되었다. 이것은 폐를 통해 많은 양이 전달되는 값싼 약물이다. 코카인은 어머니와 태아 모두의 혈관을 압박하는 것으로 알려져 있다. 그로 인해 태아의 혈압이 올라가고 태반을 통과하는 영양분과 산소의 흐름을 방해한다(Chavkin, 1995; MacGregor & Chasnoff, 1993). 그 결과, 코카인을 사용하는 어머니들의 아기, 특히 크랙 코카인을 사용하는 어머니들의 아기는 자주 유산되거나 미숙하게 태어난다. 그리고 헤로인이나 메타돈 사용자의 아기들처럼, 그들도 경련, 수면장애, 환경에 대한 무관심 및 각성되었을 때 극도로 과민해지는 경향을 보였다(Askin & Diehl-Hones, 2001; Brockington, 1996; Eidin, 2001; Lester et al., 1991; singer et al., 2002a).

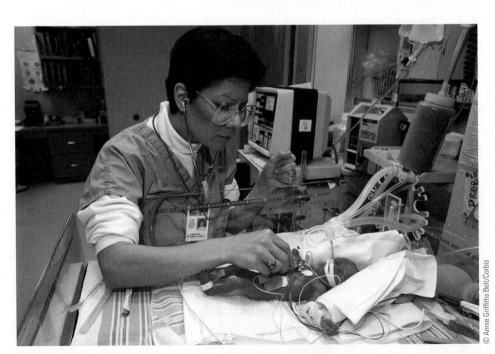

이 아기는 생명을 위협하는 태내 코카인 노출의 효과들을 치료받고 있다.

게다가, 태내 코카인 노출은 낮은 IQ 점수(Richardson, Goldschmidt, & Willford, 2008; Singer et al., 2002a; Singer et al., 2004), 손상된 시공간 능력(Arendt et al., 2004a, b), 그리고 언어발달에 결정적인 기술들과 관련된 문제들, 즉 청각적 주의와 이해 및 언어표현을 포함한 다양한 산후 발달 결함과 연결되어 있다(Delaney-Black et al., 2000; Lewis et al., 2004; Singer et al., 2001). 코카인을 사용하는 어머니들은 자주 영양부족 상태이고 알코올과 같은 다른 기형유발물질을 사용하는 경향이 있기 때문에(Eidin, 2001; Friedman & Polifka, 1996), 연구자들이 추가적 요인들을 고려한 조사 방법들을 사용할 때조차도, 태내 코카인 노출이 이런 결함들에 기여하는 정도를 결정하기 어렵다(Arendt et al., 2004a, b). 그러나 몇몇 연구들은 태내와 출생 후 환경 모두가 코카인과 관련된 발달 결함의 심각성에 영향을 줄 수 있음을 보여주었다(Arendt et al., 2004a, b). 예를 들면, 어머니의 스트레스는 태내에서 코카인에 노출된 것 이상으로 열악한 태내 성장에 기여했다(Singer et al., 2002b). 또한 태내 코카인 노출과 비교할 때, 어머니의 어휘와 가정환경의 질(Lewis et al., 2004; Singer et al., 2004)은 IQ와 언어발달과 관련된 발달 결과들에 대한 더 강력한 예측인이었다. 코카인 노출과 연합된 시공간적 결함은 최적에 못 미치는 가정환경에서 더 빈번하게 나타났다(Arendt et al., 2004a, b).

어떤 연구자들은 많은 코카인 아기들이 보이는 불쾌한 행동이 영아와 양육자 간에 정상적으로 형성되는 정서적 유대를 방해할 수도 있다고 의심했다(Eidin, 2001). 한 연구는 코카인에 노출된 영아들 대다수가 생의 첫해에 일차 양육자와 안전한 정서적 결속을 형성하는데 실패했음을 발견했다(Rodning, Beckwith, & Howard, 1991). 또 다른 연구들에서 높은 수준의 코카인에 노출된 아기들은 노출되지 않은 영아들에 비해 배우는 것을 덜 즐거워하고(Alessandri et al., 1993), 18개월에 지적 발달에서도 분명한 감소를 보였다(Alessandri, Bendersky, & Lewis, 1998). 이런 열악한 결과는 영아의 코카인에 대한 이전 노출과 그 결과로 나타나는 부정적인 정서적 행동, 물질남용 부모들이 공통적으로 사용하는 알코올이나 담배와 같은 다른 기형유발물질에 대한 노출, 혹은 이런 아기들이 약물을 사용하는 부모들로부터 받는 적절치 못한 자극과 돌봄으로부터 유래한다. 추후 연구에서는 이런 이슈들을 명확히 하고, 발달의 모든 측면들에 대한 코카인(그리고 다른 마약류) 장기 효과를 적절하게 평가할 필요가 있다(Kaiser-Marcus, 2004).

표 3.3에는 여러 약물들과 태어나지 않은 아이들에 대한 그 약물들의 알려지거나 의심되는 효과들이 제시되어 있다. 이 사실을 알게 된 우리는 무엇을 해야 하는가? 첫 번째 우선권이 태어나지 않은 아이들의 복지라고 가정할 때, Virginia Apgar가 이를 가장 잘 요약하였다. "임신한 여성, 혹은 임신할 가능성이 있다고 생각되는 여성은 절대적으로 필요한 경우가 아니라면 어떤 약물도 복용해서는 안 된다. 그리고 임신을 알고 있는 의사가 [인정했을] 경우에만 사용해야 한다"(Apgar & Beck, 1974, p.445).

환경적 위험들

또 다른 유형의 기형유발물질은 환경적 위험들이다. 이것들은 환경 속에 있는 화학물질들로서 임신한 여성들이 통제할 수 없으며 인식조차 할 수 없는 것들이다. 또한 임신한 여성이 조절할 수 있는 환경적 위험들도 있다. 이런 기형유발물질들과 그 효과들에 대해 살펴보자.

방사능 1945년 일본에서 원자폭탄이 터진 후 곧바로 과학자들은 방사능의 기형유발 효과를 고통스럽게 인식하게 되었다. 이 폭발의 0.5마일 내에 있는 임신한 여성들 중 어느 누구도 살아있는 아이를 낳지 못했다. 게다가 폭발의 1.25마일 내에 있었던 임신한 여성의 75%는 심각한 장애가 있는 아이를 낳았지만 곧 사망했다. 살아남은 영아들은 심적으로 지체되었다(Apgar & Beck, 1974; Vorhees & Mollnow, 1987).

표 3.3	태아나 신생아에게 영향을 주는(영향을 준다고 여겨지는) 어머니가 사용하는 약물과 처치
어머니가 사용하는 약물	**태아나 신생아에게 미치는 영향**
알코올	작은 머리, 얼굴기형, 심장 결함, 저출생체중, 정신지체.
암페타민 　텍트로암페타민 　메스암페타민	미숙아출생, 사산, 과민성, 신생아 동안 열악한 섭식.
항생제 　스트렙토마이신 　테라마이신 　테라시스린	어머니가 다량의 스트렙토마이신을 복용하면 태아의 청력손실. 테라마이신과 테트라시린은 미숙아출생, 골격성장의 지체, 백내장, 아기치아의 착색과 관련.
아스피린	본문 참조(임상적 복용량을 사용하면, 아세타미노핀은 매우 안전하게 아스피린과 이부프로펜을 대체).
진정제(barbiturates)	어머니가 사용하는 모든 진정제는 태반 장벽을 통과. 임상적 복용량을 사용하면, 그것들은 태아나 신생아를 혼수상태에 빠지게 함. 다량을 복용하면, 무산소증(산소결핍)을 유발하고 태아성장을 억압. 진정제의 일종인 프르비투레이트는 심장, 얼굴, 사지의 기형과 관련됨.
환각제 　LSD	lysergic and diethlamide(LSD)는 약간의 사지기형의 가능성.
마리화나	임신동안 다량의 마리화나 복용은 신생아의 행동적 비정상과 관련(본문 참조).
리듐	신생아의 심장기형, 혼수상태의 행동.
마약(narcotics) 　코카인 　헤로인 　메타돈	어머니의 중독은 미숙아 출생 위험을 증가. 게다가 태아는 자주 마약에 중독. 많은 합병증을 유발. 다량의 코카인 사용은 태아의 혈압을 심각하게 상승시키고 심장발작을 유발(본문 참조).
성호르몬 　안드로겐 　프로제스토겐 　에스트로겐 　DES(다이에틸스틸베스트롤)	임신한 여성의 유산을 막기 위한 피임약에 포함된 성호르몬은 아기에게 많은 해로운 효과를 갖는데, 미세한 심장기형, 경부암(딸인 경우), 혹은 다른 비정상들을 포함(본문 참조).
진정제(탈리도마이드와는 다른) 　크롤프로마진 　레서파인 　바리움	신생아에서 호흡기 질환을 유발할 수도 있음. 바리움은 약한 근육과 혼수상태 유발.
비타민	임신한 여성이 섭취하는 과도한 양의 비타민 A는 구개파열, 심장기형, 혹은 다른 심각한 출생결함을 유발. 비타민 A에서 파생된 널리 알려진 항여드름 약물인 에쿠테인은 가장 강력한 기형유발물질 중의 하나. 이것은 눈, 사지, 심장, 중추신경계의 기형을 유발.

어느 누구도 어느 정도의 방사능이 배아나 태아에게 해를 끼칠 수 있는지를 정확하게 모른다. 비록 방사능에 노출된 아이가 출생 시에는 정상적이라 할지라도, 이후 삶에서 발달하는 합병증을 갖게 될 가능성은 무시될 수 없다. 이런 이유에서, 임신한 여성은 자신의 생존에 결정적이지 않은 한 X-선, 특히 골반과 배에 X-선 촬영을 하지 말라는 조언을 일상적으로 듣는다.

화학물질과 오염물질들 임신한 여성은 일상적으로 잠재적인 독극물과 접촉하게 된다. 여기에는 유기 염료, 음식 첨가물, 인공 감미료, 농약, 화장품 등이 있는데, 이것 중 몇 몇은 동물들에서 기형유발 효과가 있는 것으로 알려져 있다(Verp, 1993; Perera et al., 2009). 불행하게도, 이런 많은 일반적인 화학첨가물과 처리법의 위험은 아직 밝혀지지 않았다.

또한 우리가 숨 쉬는 공기와 마시는 물 속에도 오염물질들이 있다. 예를 들면, 임신한 여성은 산업체에서 방출되는 공기나 물 혹은 가정용 페인트나 수도관 속에 있는 납, 아연, 수은의 농축물질에 노출되어 있을 수 있다. 이런 "중금속"은 성인과 아동의 신체적 건강과 정신적 능력을 손상시키고 발달하는 배아와 태아에게 기형유발 효과(신체 기형과 정신지체)가 있는 것으로 알려져 있다. 대부분의 경우, 임신 동안과 모유수유 동안 오염물질에 노출된 어머니의 아동들이 가장 많은 신경학적, 병리학적 손상을 보였는데, '사용량' 효과를 예증한다. 환경 독극물에 대한 아버지의 노출도 자녀들에게 영향을 줄 수 있다. 다양한 직업에 종사하는 남성들에 대한 연구에 의하면, 방사능, 마취가스 및 다른 독극물에 대한 장기간의 노출은 아버지의 염색체를 손상시킬 수 있고, 이것은 아기가 유산되거나 유전적 결함을 갖게 될 가능성을 높인다(Gunderson & Sackett, 1982; Merewood, 2000; Strigini et al., 1990). 임신 중인 어머니들이 알코올을 마시지 않고 약물을 하지 않았을 때조차, 만일 아버지가 알코올 중독자이거나 약물 사용자라면 저출생체중이나 혹은 다른 결함을 가진 아기를 낳을 가능성이 훨씬 높다(Frank et al., 2002; Merewood, 2000). 왜 그런가? 아마도 코카인, 알코올 및 다른 독극물과 같은 물질들은 살아있는 정자에 직접적으로 결합되거나 돌연변이를 일으켜서, 수정 순간부터 태내발달을 변하게 하는 듯하다(Merewood, 2000; Yazigi, Odem, & Polakoski, 1991). 종합하면, 이런 발견들은 (1) 환경적 독극물이 양쪽 부모의 생식계에 영향을 줄 수 있으며, (2) 어머니와 아버지 모두 기형유발물질이라고 알려진 물질들에 대한 노출을 제한해야만 한다는 것을 의미한다.

임신한 여성의 특징

기형유발물질 외에도, 임신한 여성의 영양상태, 정서적 안녕 및 연령은 임신 결과에 영향을 줄 수 있다. 태내환경에 영향을 주는 특징들이 있는데, 그런 방식으로 유기체 발달에 영향을 준다. 태내환경은 발달하는 유기체에 대한 장기적 효과와 즉시적 효과가 있다.

임신한 여성의 영양

60년 전, 의사들은 어머니들에게 임신기간 동안 한 달에 2파운드 이상 체중이 늘지 않도록 하라는 조언을 했다. 그리고 체중이 총 15~18파운드 증가하면 충분히 건강한 태내발달을 확신할 수 있다고 믿었다. 오늘날, 임신한 여성들은 임신 초기 3개월 동안에는 2~5파운드를 늘리고, 그 후 한 주에 1파운드를 늘리고, 최종적으로 25~35파운드의 체중을 늘릴 수 있는 고단백, 고칼로리의 건강식을 먹으라는 조언을 듣는다(Chomitz, Cheung, & Lieberman, 2000). 왜 조언이 변했는가? 우리는 이제 부적절한 태내 영양이 해로울 수 있다는 것을 알게 되었기 때문이다(Franzel et al., 2008).

기근의 시기에 자주 발생하는 심각한 영양결핍은 태내성장을 저해하고 저체중의 작은 아기를 낳게 한다(Susser & Stein, 1994). 영양결핍의 효과는 그것이 언제 일어나는 지에

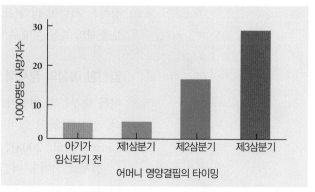

그림 3.6 제2차 세계대전 동안 기근을 경험했던 네덜란드 어머니들에서 태어난 아기들의 출생 후 12개월 내 영아사망률.
출처: Stein & Susser, 1976.

달려있다. 제1삼분기 동안의 영양결핍은 척추형성을 방해할 수 있고 유산을 유발할 수 있다. 제3삼분기 동안의 영양결핍은 머리가 작은 저출생체중아를 낳을 가능성이 높으며, 이 아기들은 생의 첫 해에 살아남지 못할 수도 있다(Susser & Stein, 1994; 그림 3.6 참조). 실제로 어머니가 제3삼분기 동안 영양결핍되어 사산된 영아를 부검한 결과는 영양이 좋은 어머니의 아기들보다 뇌세포의 수가 적고 뇌가 더 가볍다는 것을 보여주었다(Goldenberg, 1995; Winick, 1976).

놀랄 것 없이, 영양결핍 어머니의 아기들은 이후 아동기에 인지적 결함을 보이는데, 이런 결함에 기여하는 또 다른 요인은 아기 자신의 행동이다. 출생 후에도 섭식이 부적절한 채로 남아 있는 영양결핍 아기들은 자주 냉담하고 각성되었을 때 쉽게 흥분한다. 이런 특성은 부모-영아 관계를 방해할 수 있고 부모들이 아기들의 사회적, 지적 발달을 육성하게 될 흥미로운 자극과 정서적 지원을 하지 않게 만들 수도 있다(Grantham-McGregor et al., 1995). 다행스럽게도, 자극적인 탁아와 부모들이 보다 민감하고 반응적인 양육자가 되도록 돕는 프로그램들이 연합되었을 때, 식이보충제는 잠재적으로 해로운 태내 영양결핍의 장기적 효과를 감소하거나 제거할 수 있다(Grantham-McGregor et al., 1995; Super, Herrera, & Mora, 1990; Zeskind & Ramey, 1981).

마지막으로, 잘 먹는 임신한 여성들도 여전히 건강한 임신에 도움이 되는 모든 비타민과 미네랄을 섭취하지 못할 수 있다. 소량의 마그네슘과 아연을 어머니의 식사에 첨가하는 것은 태반의 기능을 향상시키고 많은 출생합병증의 발생을 감소시킬 수 있다(Friedman & Polifka, 1996). 그리고 전 세계 연구자들은 최근에 신선한 과일, 콩, 간, 참치, 녹색채소에서 발견된 복합 비타민 B인 **엽산**(folic acid)이 풍부한 식사가 **이분척추**(spina bifida), **무뇌증**(anencephaly) 및 신경관의 다른 결함들 뿐만 아니라 다운증후군을 예방하는데 도움이 된다는 것을 발견했다(Cefalo, 1996; Chomitz, Cheung, & Lieberman, 2000; Mills, 2001; Reynolds, 2002). 대부분의 여성은 엽산을 일일권장량의 절반도 섭취하지 못한다. 이제 모든 가임연령 여성이 적어도 하루에 엽산 0.4mg(그러나 1.0mg을 넘어서는 안 된다)이 들어있는 비타민-미네랄 보충제를 섭취하도록 설득하는 집중 캠페인이 벌어지고 있다(Cefalo, 1996). 엽산 강화는 특히 수정된 순간부터 임신 초 8주 동안 중요한데, 이때 신경관이 형성된다(Friedman & Polifka, 1996). 그러나 이런 보충제 캠페인은 논쟁거리이다(Wehby & Murray, 2008). 비타민-미네랄 보충제를 섭취하도록 격려 받은 어떤 여성들은 "많으면 많을수록 좋다"라고 가정하고 비타민 A를 너무 많이 먹을 수도 있는데, 너무 많이 먹으면 출생결함을 유발할 수도 있다고 걱정하는 사람이 많다(표 3.3 개관). 그렇지만 적절한 의료적 감독하에서 비타민-미네랄 보충제의 복용은 매우 안전하다(Friedman & Polifka, 1996).

임신한 여성의 정서적 안녕

비록 대부분의 여성이 임신에 대해 행복해 할지라도, 많은 임신은 계획되지 않은 것이다. 임신한 동안 어머니가 임신과 자신의 삶에 대해 어떻게 느끼는지가 중요한가(St. Laurent et al., 2008)?

실제로 적어도 어떤 경우에는 그럴 수 있다. 임신한 여성이 정서적으로 각성되었을 때, 여성의 내분비선은 아드레날린과 같은 강력한 활성 호르몬을 분비한다. 이런 호르몬들은 태반 장벽을 통과해서, 태아의 혈류로 들어가서, 태아의 운동활동을 증가시킨다. 다른 조건들에서 스트레스는 태아의 운동을 감소시킨다. DiPietro, Costigan과 Gure-

---

엽산
(folic acid)
중추신경계의 결함을 예방하는 데 도움이 되는 복합 비타민 B.

이분척추
(spina bifida)
척추의 기둥에 있는 틈으로 척수의 돌출.

무뇌증
(anencephaly)
뇌와 신경관이 발달하지 못하거나(혹은 불완전하게 발달) 두개골이 닫히지 않는 출생 결함.

witsch(2003)은 임신한 여성이 일시적 스트레스를 증가시키는 어려운 인지 과제를 완수하는 동안 태아의 심장박동과 운동활동을 모니터했다. 태아의 심장박동의 변이성 증가와 운동성 감소가 과제를 하는 동안 어머니의 스트레스 증가와 연합되었다. 어머니의 스트레스는 피부전도, 심장박동, 자기 평정 및 관찰자 평정으로 측정되었다. 태아에서 심장박동 변이성과 활동성에서 변화는 매우 급속하게 일어났다. DiPietro와 동료들은 자신들이 관찰한 급격한 변화는 태아의 감각반응을 보여주는 것이라고 하였다. 즉, 태아는 어머니 목소리의 변화 뿐만 아니라 심장과 혈관계가 내는 소리의 차이를 탐지할(들을) 수 있다. 따라서 태아에서 스트레스로 유발된 변화는 어머니의 심장박동과 임신한 여성이 스트레스를 받을 때 태반을 통과하는 호르몬의 변화 뿐만 아니라 태아의 감각적 경험이 원인일 수 있다.

추락, 무서운 경험, 및 논쟁과 같은 일시적인 스트레스 일화들은 어머니나 태아에게 거의 해롭지 않다(Brockington, 1996). 그러나 연장되고 심각한 정서적 스트레스는 태내성장 저하, 미숙아 출산, 저출생체중 및 다른 출생합병증들과 연합된다(Lobel, 1994; Paarlberg et al., 1995; Weerth, Hees, & Buitelaar, 2003). 다른 연구자들은 심한 스트레스를 받고 있는 어머니의 아기들은 지나치게 활동적이고, 불안하고, 식습관, 수면 습관 및 배변습관이 불규칙적인 경향이 있음을 발견했다(Sameroff & Chandler, 1975; Vaughn et al., 1987). 실제로, 레서스 원숭이를 이용한 실험에 따르면, 어머니의 스트레스와 저출생체중과 불규칙한 영아 행동 간에 인과적 관계가 있었다(Schneider et al., 1999).

17명의 어머니와 건강한 만삭아들을 대상으로 한 소규모 연구에서, 인간의 스트레스 반응 조절에 중요한 호르몬인 어머니의 타액 코르티솔(salivary cortisol)을 출산 37, 38주 전에 채취하였다. 출산 후, 가정에서 아기가 목욕하는 동안 어머니-영아 쌍을 녹화하였다. 그림 3.7에서 볼 수 있듯이, 태내 코르티솔 수준이 높은 어머니의 영아들은 코르티솔 수준이 낮은 어머니의 영아들보다 목욕하는 동안 더 많이 울고 소란을 떨었다. 또한 높은 코르티솔 영아들은 부정적인 얼굴표정을 더 많이 보였다. 게다가, 높은 코르티솔 집단의 어머니는 자신의 영아들이 낮은 코르티솔 영아들보다 기질적으로 까다롭고, 정서성과 활동성이 더 높다고 보고했다. 목욕에 대한 부정적 반응들의 차이는 아기들이 출생 후 18~20주가 되면서 대부분 사라졌다. 이런 사라짐은 영아의 성숙한 지각과 능력들이 원인일 수 있다. 일반적으로 신생아들은 자신에게 물을 튀기는 것을 매우 싫어한다. 그러나 5개월 영아들은 기질적으로 까다로울지라도 어머니에게 물을 튀기는 것을 매우 즐거워한다. 연구자들은 또 다른 활동들을 통해 두 집단 아동들의 기질적 차이를 볼 수 있다고 한다(Weerth, Hees, & Buitelaar, 2003).

Van der Bergh와 Marcoen(2004)은 임신기간 동안 민감기와 연합된 어머니 스트레스의 몇 가지 장기적 결과를 보고했다. 아동기의 ADHD 증후군, 외현화 문제들(짜증과 다른 아동들에 대한 공격적 행동) 및 불안 발달에 대한 위험이 증가했다. Van der Bergh와 Marcoen의 연구에서 아동들은 태내 스트레스 경험이 임신 12~22주 사이에 일어날 때 특히 취약했다.

정서적 스트레스는 어떻게 태아 성장을 저해하고 출산합병증과 신생아 행동 불규칙성에 기여하는가? 연장된 스트레스와 성장지체 혹은 저출생체중 간의 관련성은 스트레스 호르몬의 영향을 보여준다. 이것은 혈류의 방향을 대근육 쪽으로 돌려서 태아로 향

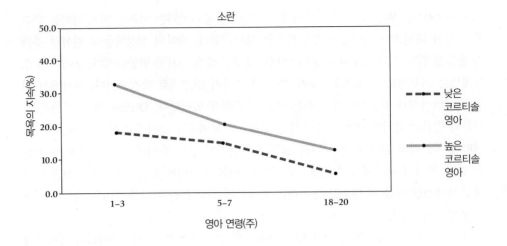

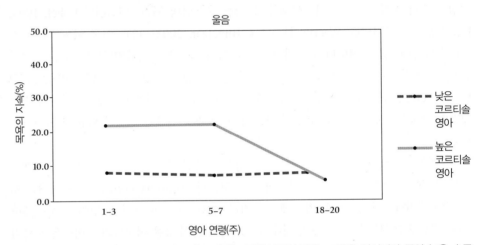

그림 3.7 영아가 소란을 부리고 우는 데 소비하는 목욕시간의 비율. 그림은 임신기간 동안 높은 수준의 코르티솔(스트레스와 관련된 호르몬)을 경험한 어머니의 영아와 낮은 수준의 코르티솔을 경험한 영아를 비교한다.
출처: Early Human Development, 74, Weerth et al.," Prenatal Marternal Cortisol Levels and Infant Behavior During the First 5 Months," 193 - 151.

하는 산소와 영양분의 흐름을 방해한다. 스트레스는 또한 임신한 여성의 면역계를 약화시키고, 여성과 태아가 감염성 질병에 취약하게 만든다(Cohen & Williamson, 1991; DiPietro, 2004). 마지막으로, 정서적인 스트레스를 받은 어머니들은 잘 먹지 못하고 담배를 피우고 알코올과 약물을 사용하는 경향이 있는데, 이 모든 것은 태아 성장지체와 저출생체중의 발생가능성을 높이는 것으로 알려졌다(DiPietro, 2004; Paarlberg et al., 1995). 물론, 아기가 태어난 후에도 스트레스의 원천이 지속된 어머니는 민감한 양육자가 되지 못할 수 있다. 이것은 짜증을 잘 내고 무반응적인 아기와 연합되어, 영아의 까다로운 행동 프로파일을 영속시킬 수 있다(Brockington, 1996; Vaughn et al., 1987).

흥미롭게도, 스트레스가 높은 어머니들 모두가 논의되었던 합병증을 경험하는 것은 아니다. 왜 그런가? 여성의 삶에서 객관적 스트레스인의 존재가 스트레스를 관리하는 능력보다 덜 중요하기 때문인 듯하다(McCubbin et al., 1996). 스트레스와 관련된 합병증들은 임신한 여성들이 (1) 자신의 결혼이나 임신에 대해 양가적이거나 부정적으로 느낄 때, 그리고 (2) 위안받을 친구나 다른 사회적 지원이 없을 때 발생가능성이 더 높다

(Brockington, 1996). 스트레스를 관리하고 줄이려는 목적의 상담은 이런 어머니들에게 큰 도움을 줄 수 있다. 한 연구에서, 스트레스를 받는 임신한 여성이 상담을 받았을 때, 그녀의 아기는 도움을 받지 못한 여성의 아기보다 출생시 몸무게가 유의하게 더 무거웠다(Rothberg & Lits, 1991).

마지막으로, 최근 문헌 개관 연구에서, Janet DiPietro(2004)는 부정적인 혹은 긍정적인 발달결과들 모두 태내 어머니 스트레스와 연합되었다고 보고했다. 그녀와 동료들은 임신한 여성이 더 많

임신기간동안 극심한 빈곤같은, 높은 수준의 연장된 스트레스는 태아에게 해로운 결과와 출생합병증을 일으킬 수 있다.

은 일상적 걱정거리를 보고했을 때, 태아 심장박동과 움직임 간의 동시성(발달하는 신경학적 통합의 중요한 지표)이 감소했다는 것에 주목했다. 그러나 DiPietro와 동료들(2003)은 또한 임신기간 중간에 어머니의 높은 불안과 2세 때 운동 및 정신 발달 평가에서 높은 점수 간의 강한 연합을 보고했다. 앞에서 말했듯이, DiPietro는 스트레스 호르몬은 태반 장벽을 통과할 수 있고, 그런 호르몬 집합인 글루코코르티코이드(glucocorticoids)는 태아의 기관 성숙과 관련 있기 때문에, 어머니의 스트레스는 실제로 태내발달을 저해하기보다 촉진할 수 있다고 지적하였다. DiPietro는 어머니의 낮거나 높은 스트레스 수준과는 달리, 적당한 스트레스는 자궁에서 건강한 발달에 필수적일 수 있다고 하였다.

임신한 여성의 연령

아기를 갖기에 가장 안전한 시기는 대략 16~35세인 듯하다(Dollberg et al., 1996). 여성의 연령과 태아 및 **신생아**(neonate)의 사망위험 간에 분명한 관계가 있다. 15세 이하의 어머니들에서 영아 사망의 위험이 증가한다(Phipps, Sowers, & Demonner, 2002). 20대 어머니들과 비교할 때, 16세 이하의 어머니들은 출생합병증을 더 많이 경험하고, 미숙아나 저출생체중아를 낳을 가능성도 높다(Koniak-Griffin & Turner-Pluta, 2001).

왜 어린 어머니들과 그 자녀들이 위험한가? 주요 이유는 임신한 십대들의 가족배경은 경제적으로 취약하며, 영양 부족이거나 높은 수준의 스트레스 및 감독을 받는 산전관리(prenatal care)를 거의 받지 못하기 때문이다(Abma & Mott, 1991). 십대 어머니와 아기들이 산전관리를 잘 하고 출산 과정동안 유능한 의료감독을 받는다면 대개 위험하지 않다(Baker & Mednick, 1984; Seitz & Apfel, 1994a).

여성들이 35세 이후까지 출산을 늦춘다면 어떤 위험에 직면하게 되는가? 2장에서 논의했듯이, 나이든 여성의 경우 염색체 이상이 있는 아이를 임신할 가능성이 더 높기

신생아
(neonate)
출생 후 대략 1개월까지의 새로 태어난 아기.

때문에, 자연유산의 가능성이 증가한다. 적절한 산전관리를 받더라도, 임신과 출산 동안 다른 합병증의 위험은 나이든 여성에게서 더 높다(Dollberg et al., 1996). 그럼에도 불구하고, 대다수의 나이든 여성들, 특히 건강하고 영양상태가 좋은 여성들은 정상적 임신을 하고 건강한 아기를 갖는다는 사실을 강조하는 것이 중요하다(Brockington, 1996).

출생결함의 예방

이 장을 읽으면 아이갖기를 희망하는 사람들은 놀랄 수 있다. "출생 전의 삶"이 정말로 지뢰밭이라는 인식을 갖기 쉽다. 많은 유전적 사고들이 일어날 수 있고, 유전적으로 정상적인 배아나 태아조차도 자궁 내에서 발달하는 동안 많은 잠재적인 위험에 직면할 수 있다.

그러나 분명히 이 이야기에는 다른 면도 있다. 유전적으로 이상이 있는 배아들 대다수가 출산예정일까지 발달하지 못한다는 점을 상기하라. 무엇보다, 태내환경은 그렇게 위험하지 않다. 신생아 중 95% 이상이 완벽하게 정상이고, 나머지 5% 중 많은 아기들도 단지 일시적이거나 혹은 쉽게 수정할 수 있는 최소한의 선천적인 문제들을 갖는다(Gosden, Nicolaides, & Whitting, 1994). 걱정해야할 합당한 이유가 있지만, 부모들이 표 3.4에 있는 권고사항들을 지킨다면 아기들에게 이상이 생길 확률을 감소시킬 수 있다. Apgar와 Beck은 우리에게 상기시킨다. "각각의 임신은 모두 다르다. 태어나지 않은 아이들은 제각각 독특한 유전적 구성을 갖는다. 어머니가 제공하는 태내환경은 결코 다른 아기의 것과 동일하지 않다. 따라서 아기가 정상적이고 건강하고 핸디캡이 되는 출생결함이 없이 태어날 가능성을 높이기 위한 어떠한 노력도 지나친 것이 아니라고 믿는다."(1974, p.542)

표 3.4 선천적 장애의 발생가능성을 줄이기

Virginia Apgar와 Jaon Beck은 예비 부모들이 선천적 장애가 있는 아기를 낳을 가능성을 현저하게 줄일 수 있는 다음의 방법들을 제안한다.

✔ 만일 유전적인 장애가 있는 가까운 친척을 떠올릴 수 있다면, 유전상담을 받아야 한다.

✔ 여성이 아이를 갖기에 이상적인 연령은 16-35세 사이이다.

✔ 모든 임신한 여성들은 기형학 분야에서 현재 의학연구를 하고 있는 의사나 평판 좋은 현대적 병원에서 아기 출산을 도울 의사의 감독하에서 적절한 산전관리를 받아야 한다.

✔ 자신이 풍진에 걸렸었거나 혹은 그것에 면역이 되었다고 확신하기 전까지는 어떤 여성도 임신해서는 안 된다.

✔ 임신초기부터 여성은 성병진단검사를 받아야 하고 감염성 질병에 노출되는 것을 피하기 위해 가능한 모든 일을 해야 한다.

✔ 임신한 여성은 요리되지 않은 붉은 고기를 먹거나 톡소플라즈마를 옮길 수 있는 고양이나 고양이 배설물에 접촉하는 것을 피해야 한다.

✔ 임신한 여성은 전적으로 필수적이지 않는 한 어떤 약물도 복용해서는 안 된다. 단지 임신을 알고 있는 의사가 인정했을 경우에만 가능하다.

✔ 전적으로 어머니 자신의 안녕에 필수적이지 않는 한, 임신한 여성은 방사능치료와 X-선 검사를 피해야 한다.

✔ 임신 기간 동안 담배를 피우지 말아야 한다.

✔ 임신 기간 동안 단백질이 풍부하고, 비타민, 미네랄, 및 총 칼로리가 적절한 영양식은 필수적이다.

태내발달에서 잠재적 문제들

다음 질문들에 답함으로써 태내발달에서 잠재적 문제들에 대한 당신의 이해를 체크하라. 정답은 부록에 있다.

짝짓기: 기형유발물질과 발달하는 유기체에 미칠 수 있는 효과 간에 짝맞춤으로써 기형유발물질 효과에 대한 당신의 이해를 체크하시오.

1. 풍진
2. 톡소플라즈마
3. 탈리도마이드

a. 눈과 뇌손상: 임신 후기 유산
b. 팔과 다리가 없거나 기형
c. 시각장애, 청각장애, 정신지체

선다형: 각각의 질문에 대한 최선의 답을 선택하라.

_____ 4. _____는 발달하는 배아나 태아에게 해를 입힐 수 있는 바이러스, 약물, 화학물질과 같은 외적 매개물이다.
   a. 태아 프로그램
   b. PCBs
   c. 기형유발물질
   d. 톡소플라즈마

_____ 5. 유기체가 어떤 환경적 영향에 민감할 수 있는 기간을 _____라 한다. 이 기간 외에, 동일한 환경적 영향이 필적할만한 효과를 내려면 더 강력해야 한다.
   a. 민감기
   b. 기형유발기
   c. 분화기
   d. 위험기

_____ 6. 태내발달에서 발달하는 유기체에 대해 기형유발물질이 잠재적 손상을 미치는 가장 결정적 시기는 _____기이다.
   a. 배
   b. 접합체
   c. 태아
   d. 배아

빈칸 채우기: 다음 문장에서 빈칸을 옳은 단어나 구절로 채움으로서 물질에 대한 당신의 이해를 체크하라.

7. 임신한 여성이 임신기간 동안 알코올을 섭취할 때, 만일 태내 손상이 심각하지 않다면 _____이 있는 아이를, 그리고 만일 알코올로 인한 태내 손상이 매우 심각하다면 _____이 있는 아이를 낳을 위험이 있다.

8. Susan은 1960년에 태어났고 출생시에는 정상적이고 건강한 여아였다. 그녀가 20세가 될 때까지 그녀의 삶은 정상적이었다. 그런데 그녀는 보기 드문 형태의 생식기 암에 걸렸으며 아이를 가질 수 없다는 것을 알게 되었다. 담당 의사는 Susan의 어머니가 그녀를 임신한 동안 _____를 먹었는지를 궁금해했다. 그는 그 약물이 Susan의 생식기 이상을 유발한 기형유발물질일 수 있다고 의심했다.

서술형: 다음 질문에 상세히 답하라.

9. 기형유발물질의 효과 중 4가지 원리를 적고 각각에 대한 특정한 예를 제시하라.

출산과 분만환경

분만환경(perinatal environment)은 출산을 둘러싼 환경이다. 분만 동안 어머니에게 투여되는 약물, 분만 실제(practice), 아기가 태어난 직후 사회적 환경과 같은 영향들이다. 앞으로 보게 될 것처럼, 이런 분만환경은 아기의 안녕과 미래 발달과정에 영향을 줄 수 있는 중요한 것이다.

분만환경
(perinatal environment)
분만은 출산 전과 후 모두를 포함하는 출산을 둘러싼 시간이다. 분만환경은 출산을 둘러싼 환경이다.

출산과정

출산은 3단계 과정이다(그림 3.8 참조). **분만의 첫 번째 단계**(first stage of labor)는 어머니가 10~15분 간격으로 자궁수축을 경험하면서 시작되어, 어머니의 자궁경관이 태아의 머리가 통과할 수 있을 정도로 충분히 확장되었을 때 끝난다. 이 단계는 첫 아이의 경우 평균 8~14시간 지속되고, 이후 아이들의 경우에는 3~8시간 걸린다. 분만이 진행되면서, 자궁수축은 더 빈번하고 강력해진다. 태아의 머리가 자궁경관 입구에 위치하게 되었을 때, 분만의 두 번째 단계가 시작될 준비가 된 것이다.

  분만의 두 번째 단계(second stage of labor)인 출산(delivery)은 태아의 머리가 자궁경관을 지나 질을 통과하면서 시작되고, 아기가 어머니의 몸으로부터 빠져 나왔을 때 끝난다. 이때는 아이가 산도를 통과하도록 돕기 위해 수축이 일어날 때 힘을 주라(밀어내

분만의 첫 번째 단계
(first stage of labor)
첫 번째 규칙적인 자궁 수축부터 경부가 완전히 넓어질 때까지 지속 되는 출산과정.

분만의 두 번째 단계
(second stage of labor)
태아가 산도를 통과해서 움직이고 어머니의 몸으로부터 벗어나는 출산과정(분만이라고 불림).

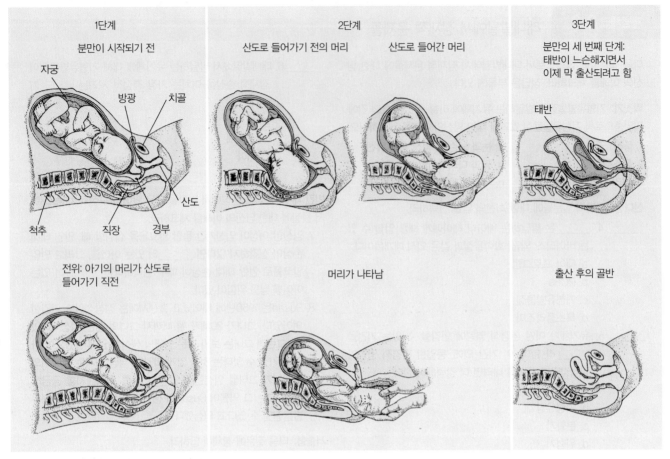

1단계	2단계	3단계
분만이 시작되기 전	산도로 들어가기 전의 머리 / 산도로 들어간 머리	분만의 세 번째 단계: 태반이 느슨해지면서 이제 막 출산되려고 함
전위: 아기의 머리가 산도로 들어가기 직전	머리가 나타남	출산 후의 골반

그림 3.8   출산의 3단계.

라)는 말을 어머니가 듣는 시간이다. 짧은 분만은 30분 정도 걸리는 반면, 긴 분만은 한 시간 반 이상 걸린다.

분만의 세 번째 단계(third stage of labor)인 후산(afterbirth)은 자궁이 다시 수축하고 어머니의 몸에서 태반이 떨어져 나오면서 5~10분 정도 걸린다.

분만의 세 번째 단계
(third stage of labor)
태반의 배출(후산).

아기의 경험

부드럽고 따뜻한 자궁으로부터 갑자기 차갑고 밝은 세상으로 추방되는 태아에게 출생은 극도로 위험하고 고통스러운 고난으로 여겨졌다. 세상은 처음으로 신생아가 떨림, 고통, 허기와 폐 속으로 공기가 밀려드는 놀라운 경험을 하는 곳이다. 그렇지만 요즘에는 프랑스 산부인과 의사인 Frederick LeBoyer(1975)가 말했던 "순진한 아이에 대한 고문"으로 출생과 출산과정을 묘사하는 사람은 거의 없다. 태아들은 태어날 때 스트레스를 받는다. 그러나 활성 스트레스 호르몬의 생성은 적응적인 것으로서, 심장박동과 산소가 공급된 혈액을 뇌로 보냄으로써 산소결핍을 견디는 데 도움이 된다(Nelson, 1995). 출생 스트레스는 아기들이 깨어있고 숨 쉴 준비가 된 채 태어난다는 것을 확신하는데 도움이 된다. Aiden MacFarlane(1977)은 많은 신생아들을 주의깊게 관찰했고, 그들 대부분이 요란한 첫 울음을 터뜨린 지 몇분 내에 곧 진정되고 새로운 환경에 적응하기 시작한다는 것에 주목했다. 따라서 출생은 스트레스가 심한 고난이지만 결코 고문은 아니다.

아기의 외양

우연히 아기를 본 사람에게 신생아들은 특별히 매력적이지는 않을 수 있다. 출생과정 동안의 산소결핍으로 인해 푸른색을 띤 채 태어난다. 또한 좁은 자궁경관과 산도를 통과하면서 아기들에게는 납작한 코, 흉한 앞이마, 잡다한 돌기와 멍들이 남는다. 아기가 체중을 재고 검사를 받는 동안, 부모들은 끈적거리는 물질로 뒤덮여 있는 20인치 길이에 약 7.5 파운드가 나가는 주름투성이의 피부가 붉은 작은 생명체를 볼 것이다. 신생아들이 아기용 음식광고에 나오는 미소짓고 활기찬 아기들을 전혀 닮지 않았지만, 대부분의 부모들은 자신의 아기가 아름답다고 생각하고 이 새로운 가족구성원과 친해지려고 열심이다.

출생 직후 아기들은 매력적이지 않지만 외양은 생후 첫 몇 주 동안 극적으로 향상된다.

아기 상태 평가하기

생후 몇 분 내에 아기는 최초의 검사를 받는다. 간호사와 의사는 영아의 신체적 상태들을 점검하는데, 심장박동, 호흡, 근육상태, 색, 반사와 같은 5가지 표준 특성들을 살펴보고, 각각을 0~2점으로 평정하여 차트에 기록하고 총계를 낸다(표 3.5 참조). 개발자인 Virginia Apgar 박사의 이름을 딴 **Apgar 검사** 점수의 범위는 0~10점이고, 점수가 높을수록 더 나은 상태를 나타낸다. 아기의 상태가 얼마나 향상되었는지를 측정하기 위해 5분 후에 반복 검사한다. 두 번째 평가에서 7점 이상을 받은 영아들은 양호한 신체상태인 반면, 4점 이하인 아기는 고통스러운 상태이며 생존을 위해 즉각적인 의료처치가 필요하다.

　비록 즉각적 주의가 요구되는 심각한 신체적 혹은 신경학적 불규칙성을 탐지하는 빠른 방법으로서 유용할지라도, Apgar 검사는 분명치 않은 합병증을 놓칠 수 있다. 두 번째 검사인 T. Berry Brazelton의 **신생아 행동평가 척도**(Neonatal Behavioral Assessment Scale: NBAS)는 아기의 행동 레퍼토리와 신경학적 안녕에 대한 보다 미세한 측정치이다(Brazelton, 1979). 전형적으로, 출생 후 며칠 내에 실행되는 NBAS는 타고난 20가지 반사의 강도, 영아의 상태 변화, 달래는 것이나 혹은 다른 사회적 자극들에 대한 반응을 평가한다. 이 검사의 중요한 가치 중 하나는 다양한 일상 경험들에 대한 반응이

Apgar 검사
(Apgar test)

신생아의 심장박동, 호흡, 피부색, 근육 긴장도 및 반사에 대한 신속한 평가로서, 태내 스트레스를 측정하고 신생아가 즉각적인 의료적 지원을 필요로 하는지를 결정하기 위해 사용.

신생아 행동평가 척도
(Neonatal Behavioral)

Assessment Scale(NBAS) 신생아의 신경학적 상태와 환경적 자극에 대한 반응성을 평정하기 위한 검사.

표 3.5	Apgar 검사		
	점수		
특징들	1	2	3
심장박동	없음	느림(분당 100회 이하)	분당 100회 이상
호흡	없음	느리거나 비규칙적	좋음; 아기가 울음
근육 상태	늘어진, 축 처진	약한, 약간의 굴곡	강한, 활동적 움직임
색	푸르거나 창백한	분홍 피부, 진한 파랑	완전한 분홍
반사 불안정성	반응 없음	찡그림, 찌푸림, 약한 울음	격렬한 울음, 기침, 재채기

주: Apgar는 개발자의 이름이며, 5가지 규준의 머리글자이다: A =외양, P = 맥박, G = 찡그림, A = 활동수준, R = 호흡

느린 아기를 조기에 확인하는 것이다. 만일 아기가 극도로 무반응적이라면, 낮은 NBAS 점수는 뇌손상이나 혹은 다른 신경학적 문제들을 나타내는 것일 수 있다. 만일 아기의 반사 능력은 좋지만 사회적 자극에 대한 반응이 느리거나 짜증을 낸다면, 아기는 앞으로 수개월 동안 양육자와 안전한 정서적 유대를 발달시키기에 충분한 즐거운 자극과 편안함을 제공받지 못할 가능성이 있다. 따라서 낮은 NBAS 점수는 문제가 발생할 것이라는 경고이다.

다행스럽게도, NBAS는 이런 부모들이 아기와 좋은 출발을 하는데 도움이 되는 훌륭한 교수 도구가 될 수 있다. 몇몇 연구들에서, NBAS를 실시할 때 참여한 어머니와 아버지들은 아기의 행동 능력과 까다로운 아기를 성공적으로 조용하게 만들거나 미소나 주의깊은 응시와 같은 유쾌한 반응을 유발하는 법에 대해 많은 것을 배웠다. 한 달 후에 관찰했을 때, NBAS 훈련을 받은 부모들은 훈련을 받지 않은 부모에 비해 아기에게 더 반응적이고 몰입했다(Britt & Myers, 1994). 다른 사람들은 신생아의 사회적, 지각적 능력을 보여주는 아기의 NBAS 필름을 보는 것과 함께, 현재 아기를 보살필 때 애정 어린 대우와 아기의 독특한 특성에 민감하게 보살핌을 조절하는 것의 중요성을 강조하는 토론을 했을 때에도 비슷하게 성공했다(Wendland-Carro, Piccinini, & Millar, 1999). 따라서 NBAS 훈련이나 다른 유사한 중재는 부모와 아기들이 올바른 발걸음을 내딛는데 아주 효과적인 듯하다. 무엇보다 부모들은 이런 간단하고 저렴한 프로그램들을 좋아하는데, 특히 (1) 아기들에 대해 거의 아무 것도 모르는 어리고 경험이 없는 양육자들, 혹은 (2) NBAS에서 낮은 점수를 받고 짜증을 내거나 무반응적인 행동으로 부모를 좌절하게 만드는 아기가 있는 가족에게 적합한 듯하다(Wendland-Carro, Piccinini, & Millar, 1999).

분만 및 출산 약물

미국에서 95%의 어머니는 아기를 낳는 동안 한 가지 혹은 몇 가지 약물을 투약받는다. 이런 약물들은 고통을 감소시키는 진통제와 마취제, 어머니를 이완시키는 진정제, 자궁수축을 유도하거나 강화하는 흥분제이다. 분명히 이런 매개물들은 어머니에게 출산과정이 쉬워지기를 희망하면서 시행된다. 이런 약물들의 사용은 자주 복잡한 출산과정에서 아기의 생명을 구하는데 필수적이기도 하다. 그러나 다량의 출산 약물은 바람직하지 못한 결과들을 낳을 수 있다.

예를 들면 다량의 마취제가 투약된 어머니들은 자주 자궁수축에 덜 민감하고 분만 동안 효과적으로 아기를 밀어내지 못한다. 그 결과, 아기는 겸자(obstetrical forceps: 한 쌍의 샐러드 주걱을 닮은 기구) 혹은 **진공적출기**(vacuum extractor: 아기의 머리에 부착된 플라스틱 흡착 컵)로 산도로부터 끌어당겨진다. 불행하게도, 몇몇 경우에 이런 기구를 아기의 부드러운 두개골에 부착하는 것은 두개골 출혈과 뇌손상을 초래할 수도 있다(Brockington, 1996).

분만과 출산 약물도 태반을 통과하는데, 다량을 사용하면 아기를 둔감하고 무관심하게 만들 수 있다. 다량의 약물처치를 받은 어머니의 영아들은 미소를 덜 짓고, 각성되었을 때 짜증내고, 생후 몇 주 동안 음식을 먹이거나 안아주는데 어려움이 있다(Brackbill, McManas, & Woodward, 1985). 어떤 연구가들은 부모들이 그런 느리고 짜증내고 무관심한 아기에게 몰입하거나 애착하지 못할 것을 걱정했다(Murray et al., 1981).

그렇다면 어머니들에게 모든 분만 및 출산 약물들을 피하라고 조언하는 것이 최선인가? 아마도 아닐 것이다. 어떤 여성들은 작거나 혹은 큰 태아를 출산하기 때문에 출산합병증의 위험에 처해있다. 그리고 적정량의 약물은 분만을 방해하지 않고 그들의 불편을 감소시킬 수 있다. 게다가 오늘날 의사들은 과거의 의사들에 비해 가장 안전한 시기에 독성이 더 약한 약물을 더 적게 사용할 것이다. 따라서 약물 투약은 예전만큼 그렇게 위험하지 않다(Simpson & Creehan, 1996).

출산을 둘러싼 사회적 환경

30년 전만 해도 대부분의 병원들은 아버지들이 분만실에 들어오는 것을 막았고, 분만한 후 몇 분 내에 아기들을 어머니로부터 떼어 보육실로 데리고 사라졌다. 그러나 시대가 변하면서, 오늘날 출산은 양쪽 부모 모두에게 극적인 경험이 될 가능성이 더 높아졌다. (출산에서 문화적·역사적 차이를 보려면 당신의 삶에 연구 적용하기 상자를 참조하라)

어머니의 경험

기회가 주어진다면 출산 후 몇 분은 어머니가 철저하게 아기를 즐기는 특별한 시간이다. 발달학자들은 출산 후 6~12시간이 어머니가 아기에게 반응할 준비가 되어 있고 강한 애정을 발달시키는 **정서적 유대**(emotional bonding)의 민감기라고 믿었다(Klaus & Kennell, 1976). 이 가설을 검증한 연구에서 Klaus와 Kennell(1976)은 어머니들 중 절반은 전통적인 병원 일과를 따르도록 했다. 이들은 분만 후 아기를 잠시 보았고, 6~12시간 후에 방문했고, 그 후 병원에서 머무는 3일 동안 4시간마다 30분 정도의 수유시간을 가졌다. "확대 접촉" 집단의 어머니들에게는 출산 후 3시간 내에 1시간 정도 피부를 접촉할 수 있는 시간을 포함해서 "추가적으로" 하루 5시간 아기들을 안아주는 것이 허용되었다.

1개월 후 추후연구에서, 초기에 아기와 확대된 접촉을 가졌던 어머니들은 전통적인 병원 일과를 따랐던 어머니들에 비해 아기에게 더 잘 몰입하고 수유 동안 더 밀착하여 안아주었다. 1년 후에도 확대-접촉 어머니들은 여전히 더 강하게 몰입된 양육자 집단이었고, 1세 영아들은 전통적인 일과 집단의 아기들보다 신체적, 심적 발달검사에서 뛰어난 수행을 보였다. 분명히 병원에서의 확대된 초기 접촉은 신생아에 대한 어머니의 애정을 육성했다. 그리고 이것은 어머니들이 계속해서 매우 자극적인 방식으로 아기들과 상호작용 하는 동기가 되었다. 이런저런 유사한 연구들의 결과에 근거해서 많은 병원들이 일과를 수정해서 정서적 유대를 증진할 수 있는 초기 접촉을 허용했다.

이것은 신생아들과 초기 접촉이 없었던 어머니들은 아기와 강한 정서적 결속을 형성하지 못한다는 의미인가? 아니다, 그렇지 않다! 이후 연구들은 초기 접촉 효과가 Klaus와 Kennell이 가정했던 만큼 의미 있거나 오래 지속된다는 것을 보여주지 못했다(Eyer, 1992; Goldberg, 1983). 임신한 여성이 임신기간 동안 태어나지 않은 아이와의 정서적 유대를 발달시킨다는 증거들이 있지만(White et al., 2008), 다른 연구는 영아들과 초기 접촉을 거의 하지 못했던 입양 부모들 대부분도 비입양가정만큼 평균적으로 강력한 정서적 유대를 입양아들과 발달시켰다는 것을 보여주었다(Levy-Shiff, Goldschmidt, & Har-Even, 1991; Singer 등, 1985). 비록 초기 접촉이 어머니가 자녀들과 정서적 유대

정서적 유대
(emotional bonding)
부모들이 자신의 자녀들에게 느끼는 강력한 정의적 결속을 묘사하는 용어. 어떤 이론가들은 가장 강력한 유대는 태어난 후 짧은기간, 즉 민감기 동안 일어난다고 믿는다.

자연 출산 혹은 준비된 출산
(natural (prepared) childbirth)
출생에 대한 신체적 및 심리적 준비가 강조되고 의료적 지원은 최소화된 분만.

당신의 삶에 연구 적용하기 **출산에서 문화적 · 역사적 다양성**

비록 미국 아기들 중 99%가 병원 침대에서 태어나지만, 많은 문화권에서 대다수의 영아들은 집에서 태어나며, 자주 수직 자세나 웅크린 자세를 취하며 가족원이나 다른 여성의 도움을 받는다(Philpott, 1995). 그리고 문화에 따라 출산 의식들에서 분명히 차이가 있다(Steinberg, 1996). 케냐 포콧족의 경우, 출산하는 어머니에게 강력한 사회적 지원을 하는 문화적 의식이 있다(O'Dempsey, 1988). 전체 공동체가 다가올 탄생을 축하하고, 아버지가 될 사람은 사냥을 중단하고 아내를 도와야 한다. 여자 친척의 도움을 받으면서, 산파는 아기를 받는다. 태반은 의례에 따라 염소 우리 속에 파묻는다. 그리고 아기에게는 건강을 위한 종족의 물약(tribal potion)이 주어진다. 어머니들은 회복을 위해 1개월 동안 격리되고, 3개월 동안 다른 집안일을 하지 않고 아기들에게 헌신할 수 있다(Jeffery & Jeffery, 1993).

흥미롭게도, 미국에서도 병원 출산은 상대적으로 최근의 일이다. 1900년 전에는 미국 아기들 중 5~10%만이 병원에서 태어났으며, 어머니들은 등자에 다리를 놓고 등을 평평하게 하고 다량의 약물처치를 받았다. 오늘날 많은 부모은 출산을 고도의 기술로 관리되어야 하는 의료적 위기이기 보다는 보다 오히려 자연스런 가족 사건으로 보는 관습으로 돌아가기를 원한다(Brockington, 1996). 이런 관심을 반영하는 두 가지 접근이 자연 출산 철학과 가정 출산 운동이다.

자연 출산 혹은 준비된 출산

자연 출산 혹은 **준비된 출산** 운동은 출산은 여성들이 무서워해야 할 고통스런 고난이 아니라 삶의 정상적이고 자연스런 삶의 일부라는 생각에 기초한다. 자연분만 운동은 20세기 중반에 영국의 Grantly Dick-Read와 프랑스의 Fernand Lamaze로부터 시작되었다. 이 두 명의 산부인과 의사는 만일 출산을 즐거운 감정과 연합하고 스스로 출산을 더 쉽게 만드는 체조, 호흡법, 이완법을 배움으로써 출산 과정에 대한 준비를 하도록 여성들을 가르친다면, 대부분의 여성은 약물처치 없이 아주 편안하게 출산할 수 있다고 주장했다(Dick-Read, 1933/1972; Lamaze, 1958).

준비된 출산을 결정한 부모들은 대개 분만 전 6~8주 동안 수업에 참석한다. 그들은 출산준비의 일부로서 분만 동안 예상되는 것들을 배우고, 분만실을 방문하고, 그곳에서의 절차들에 친숙하게 된다. 그들은 규정된 체조법과 이완 기법을 숙련한다. 전형적으로, 아버지나 다른 동료는 어머니가 분만을 위해 근육을 조절하고 호흡하는 것을 돕는 코치의 역할을 한다. 출산 파트너도 분만하는 동안 신

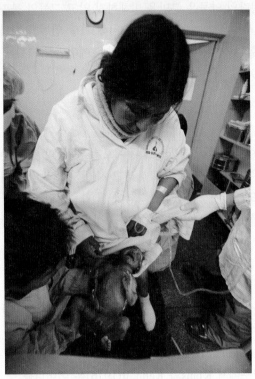
이 어머니는 곧추선 수직의 자세에서 출산하고 있다.

체적으로 정서적으로 어머니를 지원하라는 격려를 받는다.

연구들에 따르면 자연출산에는 많은 장점이 있는데, 그 중에서 어머니가 배우자나 다른 친밀한 동료로부터 받는 사회적 지원이 중요하다. 어머니가 출산 수업에 규칙적으로 참석하고 격려하고 지원할 동료가 분만실에 있을 때, 그들은 분만하는 동안 덜 고통스러워하고, 약물을 덜 사용하고, 자신, 아기 및 전체 출산 경험에 대해 보다 긍정적 태도를 갖는다(Brockington, 1996: Wilcock, Kobayashi, & Murray, 1997). 그 결과, 오늘날 많은 의사들은 이제 일상적으로 환자들에게 자연분만을 권유한다.

가정 출산

1970년대 이래로, 적지만 점점 더 많은 가족들이 의료적 출산 모델을 거부하고, 대신에 비외과적(nonsurgical) 산부인과에서 훈련받은 자격이 있는 간호사—산파의 도움을 받으면서 집에서 아기 낳기를 선택한다. 그들은 가정 출산이 어머니의 공포를 감소시키고, 한 무리의 낯선 간호사, 보조자들, 의사들 대신에 격려하는 친구나 가족으로부터 최대의 사회적 지원을 받을 것이라고 믿는다. 그들은 또한 출산 약물 그리고 다른 불필요하고 잠재적으로 유해한 의료적 중재에 대한 의존을 줄이기를 희망한다. 실제로, 가정 출산의 이완된 분위기와 사회적 지원은 많은 어머니들에게 진정 효과가 있다. 가정에서 출산하는 여성들은 병원에서 출산하는 여성들에 비해 진통이 더 짧고 약물도 덜 사용한다(Beard & Chapple, 1995; Brackbill, McManus, & Woodward, 1985).

가정 출산은 병원 분만만큼 안전한가? 많은 산업화된 국가들의 출산 통계자료들은 어머니가 건강하다면 임신은 부드럽게 진행되고, 출산에 잘 훈련된 산파가 참석했음을 보여준다(Acker-mann-Liebrich et al., 1996). 그러나 생명을 위협하는 예상치 못했던 합병증은 어떤 출산에서도 일어날 수 있고, 그런 합병증은 개발 국가들에서 보편적이며, 가정 출산 중 15% 이상에서 발생한다(Caldwell, 1996).

다행스럽게도 집 같이 편한 환경에서 출산하는 것의 안전성과 장점을 찾고 있는 커플들에게는 또 다른 대안이 있다. 많은 병원들이 집 같은 분위기를 제공하면서도 여전히 의료적 기술을 이용할 수 있는 **대안 출산센터**를 창안했다. 또다른 출산센터들이 병원과 독립적으로 운영되고 자격 있는 간호사—산파의 통제하에서 출산이 이루어진다(Beard & Chappell, 1995). 두 경우 모두, 배우자, 친구 및 커플의 자녀들도 분만 동안 참석하고, 건강한 영아들은 처음 며칠 동안 병원 보육실에서 보내는 대신 어머니와 같은 방(rooming-in:

모자동실)에 머물 수 있다. 이제까지, 증거들은 대안 출산센터에서의 출산이 병원 출산만큼 건강한 어머니와 아기에게 위험하지 않다는 것을 보여준다(Fullerton & Severino, 1992; Harvey 등, 1996).

그러나 최선의 조언은 출생합병증의 위험이 있는 어머니들은 필요할 경우 언제든지 인명구조법을 즉시 실시할 수 있는 병원에서 출산하라는 것이다.

를 형성하기 시작하는데 도움이 되는 매우 즐거운 경험이라 할지라도, 그리고 설사 이런 경험을 방해하는 어떤 일이 발생했다고 해도 문제가 일어날 것을 겁낼 필요는 없다.

산후우울증 불행하게도 어떤 어머니들은 출산의 "어두운 면"을 경험한다. 이런 어머니들은 우울하고, 눈물이 많아지고, 짜증을 내고, 출산 후 곧 아기들을 원망하기도 한다. 새로 어머니가 된 여성 중 40~60%는 보다 가벼운 상태인 산모 우울증(maternity blues)을 겪는다(Kessel, 1995). 이들 중 10% 조금 더 넘는 어머니들은 보다 심각한 우울 반응인 **산후우울증**(postpartum depression)을 겪는다. 이처럼 심각하게 우울한 여성은 자신의 아기를 원치 않으며 그들을 까다로운 아기로 지각한다. 또한 이 어머니들은 영아들과 덜 긍정적으로 상호작용하고 어떤 경우에는 노골적으로 영아들에게 적대적이다(Campbell et al., 1992). 산모우울증은 1~2 주내에 지나가는 반면, 산후우울증은 몇 개월 동안 지속될 수 있다.

출산에 뒤따르는 호르몬 변화는 부모기의 책임감과 연합된 새로운 스트레스와 함께 출산 후 약하고 단기적인 산모우울증을 설명할 수 있을 것이다(Hendrick & Altshuler, 1999; Wile & Arechiga, 1999; Mayes & Leckaman, 2007 참조하라). 어머니가 겪었던 우울한 일화들, 임신기간 동안 떠들썩한 음주와 흡연 및 부모기와 연합된 생활스트레스는 보다 심각한 산후우울증과 연합된다(Brockington, 1996; Homish, 2004; Whiffen, 1992). 사회적 지원의 가용성은 산후 결과들에 영향을 준다. 아버지와의 빈약한 관계와 같은 사회적 지원의 결핍은 부정적인 산후 경험의 가능성을 극적으로 증가시킨다(Field et al., 1985; Gotlib et al., 1991). 반대로, 사회적 지원의 가용성에 대해 긍정적으로 지각하는 어머니들은 신생아에 대해 더 긍정적인 지각을 보고했다(Priel & Besser, 2002). 만성적으로 우울하고, 위축되고, 무반응적인 어머니와 영아 간에 발달하는 애착은 불안전할 것이다. 이런 상황의 영아들도 우울한 증상과 행동문제를 발달시킬 수 있다(Campbell, Cohn, & Myers, 1995; Murray, Fiori-Cowley, Hooper, & Cooper, 1996). 따라서, 가벼운 산모우울증보다 심각한 어머니들은 전문가의 도움을 구해야 한다.

아버지의 경험

어머니들과 마찬가지로 아버지들도 출산을 긍정적 감정과 부정적 감정이 혼합된 중요한 삶의 사건으로 경험한다. 한 연구에서 인터뷰했던 새로 아버지가 된 사람들은 분만 동안 공포를 경험했음을 인정했지만, 평온한 것처럼 보이려고 열심히 노력했다고 말했다. 비록 그들이 출산을 정서적으로 괴롭고 스트레스가 많은 고난으로 묘사했음에도 불구하고, 대개 아이가 태어나면 부정적인 감정들은 안도감, 자부심, 기쁨으로 바뀐다(Chandler & Field, 1997).

어머니들처럼 아버지들도 자주 아기에 대한 **독점욕**(engrossment)을 보이는데, 새로운 가족구성원을 만지고 잡고 어루만지려는 강한 욕망을 갖고 매혹된다(Greenberg &

대안 출산센터
(alternative birth center)
출산을 위해 집과 같은 분위기를 제공하지만 의료적 기술의 사용이 가능한 병원의 분만실이나 다른 독립기관.

산후우울증
(postpartum depression)
출산 이후 단기간 혹은 몇 개월 동안 길어질 수 있는 강력한 슬픔, 후회 및 실망감.

독점욕
(engrossment)
어머니의 정서적 유대에 비유되는 아버지의 정서적 결속. 아버지가 신생아 자녀에게 매혹되어 신생아를 만지고 안고 돌보고 이야기하려는 욕구를 보이는 것을 나타내는 용어.

이 아버지는 독점욕이라고 알려진 신생아에 대한 매혹을 보인다.

Morris, 1974; Peterson, Mehl, & Liederman, 1979). 한 어린 아버지는 다음과 같이 말했다. "아내를 보러 왔을 때...나는 아기를 보고는 아기를 들어 올렸다가 내려놓았고... 나는 계속해서 아기에게로 돌아갔어요. 그것은 마치 자석 같았어요. 내가 잊을 수 없는 것은 바로 내가 그처럼 느낀다는 사실이에요"(Greenberg & Morris, 1974, p.524). 몇몇 연구들은 병원에서 아기를 다루거나 돌보는 것을 도왔던 아버지들은 신생아와 초기 접촉이 없었던 아버지들에 비해 집에서 아기와 더 많은 시간을 보내는 것을 발견했다(Greengberg & Morris, 1974). 다른 연구들은 아버지–영아 상호작용의 장기 효과를 밝히지 못했지만, 신생아와 초기 접촉은 아버지들이

파트너들을 더 가깝게 느끼고 더 강하게 가족의 일부로 느끼게 만든다고 했다(Palkivitz, 1985). 따라서 출산에 참석한 아버지는 어머니를 위한 중요한 지원자 역할을 할 뿐만 아니라, 어머니처럼 신생아와의 긴밀한 접촉을 즐길 가능성이 높다.

형제의 경험

Judy Dunn과 Carol Kendrick(1982; Dunn 1993 참조)은 첫째 아이가 새로운 아기에게 어떻게 적응하는지를 연구했고, 그들의 설명이 전적으로 유쾌한 것은 아니었다. 아기가 태어난 후, 어머니들은 대개 나이든 자녀에게 따뜻하고 즐거운 주목을 덜 한다. 나이든 자녀는 이런 지각된 "무시"에 대해 까다롭고 파괴적이고 덜 안전하게 애착되는 것으로 반응한다. 특히 나이든 자녀가 2세 이상이고 양육자와의 "독점적인" 관계가 아기의 출생에 의해 훼손되었다고 여긴다면, 이런 일이 일어날 가능성이 높다(Teti et al., 1996). 따라서 나이든 자녀들은 어머니의 주의를 잃은 것에 대해 분개하고, 그것을 훔친 아기에게 원한을 품게 되고, 이런 까다로운 행동은 부모를 멀어지게 함으로써 일을 더 나쁘게 만든다.

"계속되기에는 너무 좋았다는 것을 나는 알고 있었어"

따라서 형제 간의 경쟁, 질투, 분노를 나타내는 **형제 간 경쟁심**(sibling rivalry)은 어린 남자형제나 여자형제가 태어나자마자 곧 시작된다. 그것은 어떻게 최소화될 수 있는가? 만일 아기가 태어나기 전에 첫째 아이가 양쪽 부모와 안전한 관계를 형성했고 이후에도 계속해서 긴밀한 결속을 맺고 있다면 적응 과정은 더 쉽다(Dunn & Kendrick, 1982; Volling & Belsky, 1992). 부모들은 나이든 자녀들에게 계속 사랑과 주의를 주고 가능한 정상적인 일상을 유지하라는 조언을 듣는다. 또한 나이든 자녀가 아기의 요구들을 인식하고 새로운 형제를 보살피도록 격려하는 것은 도움이 된다.

형제 간 경쟁심 (sibling rivalry)
두 명 이상의 형제들 간에 일어나는 경쟁, 질투 및 분노.

출생시 잠재적 문제들

"정상적" 출산에 관한 앞의 설명에서처럼 출산이 항상 그렇게 부드럽게 진행되는 것은 아니다. 아기의 발달에 부정적 영향을 줄 수 있는 세 가지 출생합병증은 산소결핍증, 조산, 저출생체중이다.

산소결핍증

아기들 중 약 1%는 태어날 때 **산소결핍증**(anoxia), 혹은 산소결핍의 징후들을 보인다. 많은 경우, 출산 동안 탯줄이 뒤엉키거나 눌려져서 산소 공급이 방해를 받는다. 영아들이 **둔위 자세**(breech position)로 있다가 발이나 엉덩이가 먼저 나올 때 그렇게 되기 쉽다. 실제로 둔위 자세의 아기들을 산소결핍증으로부터 보호하기 위해 제왕절개를 한다(Lin, 1993a). 다른 산소결핍증의 경우는 태반이 미숙하게 분리되었을 때 발생하며, 이것은 태아에 대한 영양(food)과 산소의 공급을 방해한다. 만일 어머니에게 투여되는 진정제가 태반장벽을 통과하여 아기의 호흡을 방해하거나 혹은 출산 동안 삼키는 점액이 아기의 목구멍에 걸리게 되면, 산소결핍증은 출생 후에도 발생할 수 있다. 비록 신생아들이 나이든 아동이나 성인들보다 더 오래 산소결핍을 견딜 수 있다 할지라도, 만일 호흡이 3, 4분 이상 지체된다면 영구적인 뇌손상을 입을 수 있다(Nelson, 1995).

산소결핍증의 또 다른 잠재적 원인은 혈액에 Rh 인자라 불리는 단백질을 갖고 있는 Rh+ 태아와 이런 물질이 없는 Rh- 어머니 간의 유전적 불일치이다. 분만과 출산동안 태반이 약해졌을 때, Rh- 어머니들은 자주 Rh+ 태아의 혈액에 노출되고, Rh 항체를 생성하기 시작한다. 만일 이 항체들이 태아의 혈류로 들어가게 되면, 항체는 태아의 적혈세포를 공격하고, 산소를 고갈시키고, 뇌손상이나 다른 출산 결함들을 유발한다. Rh- 어머니가 Rh+ 자녀를 낳을 때까지는 Rh 항체가 없기 때문에, 첫 아이는 영향을 받지 않는다. 다행스럽게도 Rh 불일치로 인한 문제들은 이제 출산 후 rh 면역글로브린(rhogam)을 시행함으로서 예방될 수 있다. 이 백신은 Rh- 어머니가 이후 두 번째 Rh+ 아기에게 해를 끼칠 수 있는 Rh 항체를 형성하는 것을 막는다.

가벼운 산소결핍증을 경험한 아동들은 출생시 자주 불안정하고, 생후 3년 동안 운동 발달검사와 지적 발달검사의 점수가 평균이하이다(Sameroff & Chandler, 1975). 가벼운 산소결핍증 아동들과 정상 아동들 간의 차이는 점점 더 줄어서 7세가 되면 대개 알아챌 수 없지만(Corah et al., 1965), 산소결핍이 연장되면 신경학적 손상과 영구적 장애를 유발할 수 있다. 예를 들면, 4~6세까지 운동기술 숙련도는 분만 때 경험한 산소결핍의

산소결핍증 (anoxia)
뇌에 대한 충분한 산소의 결핍; 신경학적 손상이나 사망.

둔위 자세 (breech position)
태아가 머리보다 발이나 궁둥이가 먼저 나오는 출산.

Rh 인자 (Rh factor)
태아에게 있지만 어머니에게 없는 경우 어머니가 항체를 형성하게 만드는 혈액 단백질. 이 항체는 혈액에 단백질이 있는 다음 태아의 적혈세포를 공격할 수 있다.

양과 부적으로 연합되었다. 즉 결핍이 클수록 숙련도가 낮았다(Stevens, 2000). 다른 연구는 태내 산소결핍증은 성인의 심장질환에 대한 취약성의 증가와 연합되었음을 발견했다(Zhang, 2005).

미숙과 저출생체중

미국에서 90%이상의 아기들이 "제 때"로 여겨지는 임신 37~42주 사이에 태어난다. 평균적인 만기(full-term), 혹은 "제 때" 태어난 영아들은 19~21인치이고 약 3,500그램(7.5파운드)이다.

나머지 7%의 아기들은 출생시 2,500그램(5.5파운드)이하이다(Chomitz, Cheung, & Lieberman, 2000). 두 종류의 저출생체중아가 있다. 대부분은 예정된 날보다 3주 이상 일찍 태어나는 **조산아**(preterm babies)이다. 크기가 작음에도 불구하고, 이 아기들의 체중은 자궁에서 보낸 시간의 양에 적절하다. **미숙아**(small-for-date babies)로 불리는 다른 저출생체중 아기는 정상적인 예정일에 가깝게 태어났음에도 불구하고, 태아 때 성장이 느렸고 심각하게 체중이 미달이다. 비록 두 종류의 저출생체중아 모두 취약하고 생존을 위해 싸워야 함에도 불구하고, 미숙아들이 심각한 합병증을 겪을 위험이 더 크다. 예를 들면 그들은 첫해 동안 사망하거나 혹은 뇌손상의 징후를 보일 가능성이 더 높다. 그들은 또한 조산아보다 아동기 내내 키가 작고, 학교에서 학습 부진과 행동문제를 경험하고 지능검사에서 저조한 수행을 보일 가능성이 높다(Goldenberg, 1995; Taylor et al., 2000).

저출생체중의 원인은 무엇인가? 우리는 이미 다량의 흡연이나 음주를 하거나, 약물을 하거나, 혹은 영양결핍인 어머니들은 크기가 작은 아기를 낳을 가능성이 높다는 것을 보았다. 저소득 여성이 특히 위험한데, 그들은 다른 어머니들에 비해 높은 스트레스를 경험하고 섭식과 산전관리가 부적절하기 때문이다(Chomitz, Cheung, & Lieberman, 2000; Fowles & Gabrielson, 2005; Mehl-Madrona, 2004). 그렇지만 크기가 작은 아기가 태어나는 또 다른 이유는 다태아 출산(multipul births)이다(그림 3.9 참조하라). 일반적으로 다태아는 임신 29주 후 단생아(singleton)보다 훨씬 가볍다. 미숙아로 태어나는 것 외에도, 세쌍둥이나 네쌍둥이는 자궁에서 달을 다 채우지 못 하고, 5~8주 일찍 태어난다(Papiernik, 1995).

흥미롭게도, 생물학적 영향에 더하여, 심리사회적 요인들이 임신기간과 출생체중 둘 다와 연합되어 있다(Mehl-Madrona, 2004; Schmid, 2000). 한 연구에서, 심리사회적 요인들의 변화는 출생체중의 예측인이었다. 예를 들면, 제1삼분기와 제2삼분기 사이에 스트레스를 다루는 대처기술의 사용이 증가한 어머니들은 대처 행동이 증가하지 않은 어머니들에 비해 출생체중이 더 무거운 아기를 낳았다. 또한 제2삼분기와 제3삼분기 동안 어머니가 이용할 수 있는 사회적 지지의 양이 증가하면 임신기간이 길어졌다(Schmid, 2000). 결혼하지 않은 상태에서 청소년 아버지들의 지원과 존재는 청소년 어머니가 정상체중의 아기를 낳을 가능성을 증가시켰다. Padilla와 Reichman(2001)은 결혼하지 않은 청소년 부부의 신생아들은 십대 아버지가 어머니를 금전적으로 지원하거나 혹은 두 부모가 함께 살 때 출생체중이 유의하게 더 무겁다고 보고했다. 요약하면, 이런 발견들은 미숙한 출생과 저출생체중 모두를 예방하는 태내중재에 대한 계획과 관련된 정보를 제공한다.

조산아
(preterm babies)

정상적으로 예정된 날짜보다 3주 이상 일찍 태어난 영아.

미숙아
(small-for-date babies)

예정된 출산일에 가까이 태어났음에도, 출생시 체중이 정상보다 훨씬 적은 영아.

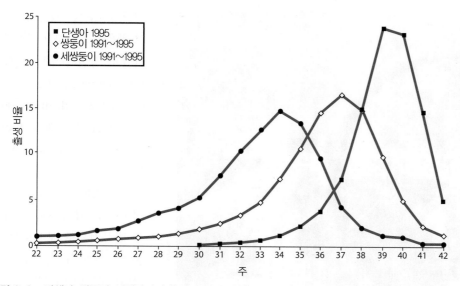

그림 3.9 단생아, 쌍둥이, 세쌍둥이의 출생시 임신 연령.
출처: Early Human Development, 78, Amiel-Tison et al., "*Fetal adaptation to stress: Part I: Acceleration of Fetal Maturation and Earlier Birth Triggered by Placental Insufficiency in Human.*" 15-27.

저출생체중의 단기적 결과

저출생체중아의 가장 중요한 과제는 생의 첫 며칠 동안 단지 살아남는 것이다. 비록 매년 더 많은 영아들이 생존한다할지라도, 가장 좋은 병원에서도 1,000그램(2.2파운드)이하의 아기 중 40~50%는 출생시에 혹은 출산 직후에 사망한다. 조산아는 생의 첫 몇 주를 체온을 유지하고 감염으로부터 그들을 보호하는 **격리실**(isolettes)에서 보낸다. 격리실은 아주 적절한 이름이다. 왜냐하면 아기들이 고립되기 때문이다. 기구의 구멍을 통해영아를 먹이고 씻기고 기저귀를 갈아준다. 이 기구는 너무 작아서 방문하는 부모가 일상적인 방식으로 아기를 안아주고 사랑하기 어렵다. 게다가 조산아는 양육자의 인내를 필요로 한다. 만삭아(full-term)들에 비해, 이들은 사회적 상호작용을 시작하는 것이 느리고 주목을 끌려는 부모의 요구에 대해 고개를 돌려버리거나 소란을 피우거나 저항하는자세를 취한다(Eckerman et al., 199; Lester, Hoffman, & Brazelton, 1985). 조산아의어머니들은 아기를 "읽기 힘들다(hard to read)"고 말하는데, 사회적 대화를 하려는 지속적인 시도가 쌀쌀맞고 까다롭고 몸부림치는 작은 동료에 의해 분명하게 거절되었을때 어머니가 다소 실망하게 만든다(Lester, Hoffman, & Brazelton, 1985). 실제로, 조산아는 다른 아기들보다 양육자들과 덜 안전한 정서적 결속을 형성할 위험에 처해있다(Mangelsdorf et al., 1996; Wille, 1991). 비록 조산아 대다수가 결코 학대받지 않지만,이들은 만삭아들보다 아동학대의 표적이 될 가능성이 높다(Brockington, 1996).

조산아에 대한 중재

30년 전, 병원은 이 깨지기 쉬운 작은 피조물을 다치게 할 수 있다는 공포 때문에 부모들이 조산아들과 접촉하는 것을 허용하지 않았다. 오늘날 부모들은 병원에 있는 자녀들을 자주 방문하고, 방문시간 동안 적극적으로 만지고 쓰다듬고 아기에게 말하라는 격려를 받는다. 이런 초기-친숙화 프로그램의 목적은 부모들이 자녀를 이해하고 긍정적인정서적 결속을 맺게 하려는 것이다. 그러나 중요한 부가적 장점이 있다. 집중관리를 받는 아기들을 주기적으로 흔들어주고, 토닥거리고, 마사지를 하고, 어머니의 목소리로 달

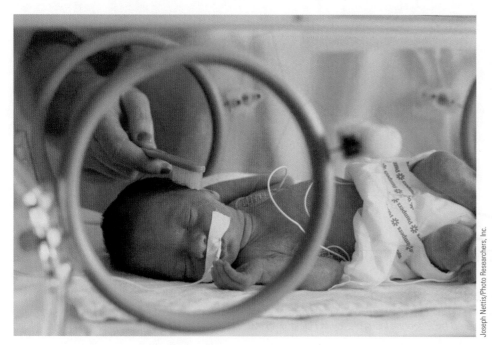

래면, 아기들은 짜증을 덜 내고 반응이 많아지고 신경학적 발달과 정신적 발달이 빨라진다(Barnard & Bee, 1983; Feldman & Eidelman, 2003; Ferber et al., 2005; Field, 1995; Scafidi et al., 1986, 1990).

조산아와 또 다른 저출생체중아도 가정에서 민감하고 반응적으로 보살피는 법을 부모에게 가르쳐주는 프로그램으로부터 이익을 얻는다(Veddovi et al., 2004). 한 연구에서, 소아과 간호사가 정기적으로 방문해서 조산아의 비전형적인 행동들을 적절하게 읽고 반응하는 법을 어머

격리실은 격리한다. 기계의 구멍은 부모나 병원직원들이 아기를 돌보고, 이야기하고, 만지는 것을 가능케 한다. 그러나 긴밀하고 부드러운 포옹은 불가능하다.

니에게 가르쳤다. 비록 중재는 단지 3개월에 불과했지만, 프로그램에 참여했던 어머니의 저출생체중아는 4세에 정상적인 출생체중의 또래를 지적으로 따라잡았다(Achenbach et al., 1990). 그리고 자극적인 탁아 프로그램과 조합되었을 때, 부모 중재는 저출생체중아의 인지적 성장을 육성할 뿐만 아니라 행동적 장애를 나타낼 가능성을 줄일 수 있었다(Brooks-Gunn et al., 1993; Hill, Brooks-Gunn, & Waldfogel, 2003; Spiker, Ferguson, & Brooks-Gunn, 1993). 이런 중재들이 학령기까지 지속되었을 때 가장 효과적이었다(Bradley et al., 1994; McCarton et al., 1997).

물론 모든 저출생체중아나 그들의 부모가 성공적인 중재에 참여할 기회를 갖는 것은 아니다. 그들에게 무슨 일이 일어나는가?

저출생체중의 장기적 결과

지난 수년 동안 많은 연구가들은 조산아와 다른 저출생체중아들이 정상체중아에 비해 이후 아동기에 더 많은 학습문제들을 경험하고, 지능검사점수가 더 낮고, 정서적 문제들을 경험할 가능성이 더 높다고 보고했다(Caputo & Mandell, 1970; Saigal et al., 2000; Weindrich et al., 2003).

오늘날 우리는 저출생체중 아동의 장기적 예후는 그들이 성장하는 환경에 달려있다는 것을 알고 있다(Reichman, 2005). 어머니가 건강한 발달을 증진하는 요인들에 대한 지식이 있을 때 특히 결과가 좋다. 이런 어머니들은 자녀들에게 깊이 몰입하고 인지적 성장과 정서적 성장을 육성하는 자극적인 가정환경을 만들어낸다(Benasich & Brooks-Gunn, 1996; Caughy, 1996). 반대로 불안정하고 경제적으로 열악한 가정의 저출생체중아는 만삭아들에 비해 키가 더 작고, 많은 정서적 문제를 경험하고, 지적 수행과 학문적 성취에서 몇 가지 장기적인 결함들을 보인다(Kopp & Kaler, 1989; Rose & Feldman, 1996; Taylor et al., 2000).

재발위험과 회복 능력

이제까지 우리는 태내기나 분만기 동안 잘못될 수 있는 많은 사례들과 예비 부모가 그런 결과들을 예방하려고 시도할 수 있는 단계들에 대해 논의했다. 일단 문제가 발생하면, 이런 유해한 효과 중 몇 가지는 되돌릴 수 없다. 예를 들면, 풍진에 의해 시각장애를 갖게 된 아기는 결코 시력을 회복하지 못할 것이고, 태아알코올증후군이나 심각한 산소결핍증으로 인해 정신지체가 된 아동은 언제나 지적으로 지체된 상태일 것이다. 그렇지만 어머니들이 임신기간 동안 담배를 피우고, 술을 마시고, 해로운 질병에 감염되었거나, 혹은 분만이나 출산동안 다량의 약물처치를 받았을지라도, 완벽하게 정상적이라고 판명된 성인들이 우리 주변에 많다. 이것은 왜 그런가? 이미 강조했듯이, 기형유발물질이나 다른 초기 위험요인들에 노출되었던 배아, 태아, 신생아들 모두가 그것들에 의해 영향을 받는 것은 아니다. 그렇다면 영향을 받는 영아는 왜 그런가? 이런 많은 영아들은 이후 삶에서 초기 핸디캡을 극복하게 될 것인가?

사실 그렇다. 그리고 그렇다고 말하는 뛰어난 종단 연구들이 있다. 1955년, Emmy Werner와 Ruth Smith는 하와이의 카우아이 섬에서 그 해에 태어난 670명 아기들 모두의 발달을 추적하기 시작했다. 출생시 이 영아들 중 16%는 중간 정도이거나 심각한 정도의 합병증을 보였고, 13%는 가벼운 정도의 합병증을 보였고, 53%는 정상적이고 건강했다. 아기들을 2세 때 재검사했을 때, 출생합병증의 심각성과 발달 간에 분명한 관계가 있었다. 출생합병증이 심각할수록 아동들이 사회적 발달과 지적 발달에서 뒤처질 가능성이 더 높았다. 그러나 출생 후 환경의 효과는 이미 분명했다. 정서적 지원과 교육적 자극이 많은 가정의 경우, 심각한 출생합병증으로 고통 받았던 아동들은 사회적, 지적 발달검사에서 평균보다 약간 낮은 점수를 받았다. 그러나 정서적 지원과 교육적 자극이 적은 가정의 경우, 똑같은 심각한 합병증을 경험했던 아동들의 지적 수행은 평균보다 **훨씬** 낮았다(Werner & Smith, 1992).

이후 Werner와 Smith는 10세, 18세, 청년기에 추후 조사를 실시하였다. 그들이 발견한 것은 놀라웠다. 10세가 되면, 초기 합병증은 더 이상 아동의 지적 수행을 예측하지 못했고, 아동들의 가정환경 특징들이 지적 수행을 예측했다. 자극이 적고 무반응적인 가정환경의 아동들은 지능검사에서 계속해서 수행이 매우 저조한 반면, 자극적이고 지원을 하는 가정의 아동들은 지적 수행에서 특이할만한 어떤 결함도 보이지 않았다(Werner & Smith, 1992). 비록 자극적이고 지원이 많은 가정에서 성장할지라도, 분명히 가장 심각한 초기 합병증으로 고통 받았던 아동들이 초기 핸디캡을 모두 극복할 가능성은 가장 낮았다(Bendersky & Lewis, 1994; Saigal et al., 2000 참조하라). 그러나 이 연구의 결과들을 요약하면서, Werner와 Smith는 열악한 환경과 관련된 장기적 문제들이 출생합병증의 문제들에 비해 10:1의 비율로 압도적으로 많았음에 주목했다.

그렇다면 재발위험에 대해 어떤 결론을 내릴 수 있는가? 우선, 우리는 만일 손상이 심각하다면, 태내합병증과 출생합병증은 지속적인 흉터를 남긴다는 것을 알고 있다. 그렇지만 우리가 개관했던 종단연구 자료들은 외양이나 행동에서 비정상적인 연약하고 짜증을 잘 내고 무반응적인 아기를 낳는다 할지라도 낙관적이 될 충분한 이유를 제공하고 있다. 아기들이 성장할 가정환경이 지원적이고 자극적이며 적어도 한명의 양육자가 무조건적인 사랑을 준다면, 이런 아동들 대다수는 강한 "자기-수정(self-righting)" 경향을 보이고 결국 자신들의 초기 핸디캡을 극복한다(Titze et al., 2008; Werner & Smith, 1992; Wyman et al., 1999).

개념체크 3.3 출생과 분만 영향

다음 문제들에 답함으로써 아기, 어머니, 아버지의 관점에서 출산 과정과 분만환경에 대한 당신의 이해를 체크하라. 정답은 부록에 있다.

선다형: 각각의 질문에 대한 최선의 답을 선택하라.

_____ 1. 새로 어머니가 된 여성 중 약 10%가 경험하는 심각한 형태의 우울증은 이런 여성들이 자신들의 아기를 원하지 않는 것 같이 느끼고, 아기들을 "까다롭다"고 지각하고, 아이들과 상호작용하지 않게 한다. 이런 감정들은 수개월 동안 지속된다. 이런 형태의 우울증은?
 a. 산모우울증
 b. 산모우울
 c. 산후우울증
 d. 출산후 우울증

_____ 2. 출생시 산소결핍은?
 a. 둔위출산
 b. 산소결핍증
 c. 산소고갈
 d. 탯줄 비정상성

_____ 3. 태아의 머리가 아니라 발이나 궁둥이가 먼저 나오는 분만은?
 a. 역출산
 b. 둔위출산
 c. C-절개출산
 d. 조산 출산

빈칸 채우기: 다음 문장들을 옳은 단어나 구절로 완성함으로써 출산과 분만환경에 대한 당신의 이해를 체크하라.

4. 아기의 출생은 분만의 _____단계 동안 일어난다.
5. Juanita는 출생시에 괜찮았고 Apgar 검사에서 좋은 점수를 받았다. 그러나 출생 며칠 후 _____검사를 받았다. 여기에서 반사, 상태의 변화, 달래는 것에 대한 반응과 사회적 자극에 대한 반응을 평가했다. 그녀는 이 검사에서 점수가 매우 낮았고 의사는 _____인지 의심했다.
6. 어머니가 분만 동안 효과적으로 밀어낼 수 없을 때, 아기는 때로 _____ 혹은 _____를 이용해서 산도로부터 끌어당겨진다.

짝짓기: 분만 동안 부모가 느끼는 경험을 심리학적 용어들과 짝지음으로써 분만환경에 대한 당신의 이해를 체크하라.

7. 독점욕   a. 출생 후 곧 신생아들과 밀접한 접촉을 하는, 신생아에 대한 어머니의 초기 정서적 반응

8. 정서적 유대   b. 출생 후 곧 신생아들과 밀접한 접촉을 하는, 신생아에 대한 아버지의 초기 정서적 반응

서술형: 다음 질문들에 상세히 답하라. 출생시에 일어나는 출생합병증에 대한 당신의 이해를 보여주어라.

9. 출산 실제에서 문화적 차이를 논하시오. 당신의 답에서 서로 다른 출산 실제의 안전성을 논하시오.
10. Apgar 검사에서 평가되는 특성들과 그 차이 점수가 신생아에 대해 말하는 것을 논하시오.

능동적 / 수동적

연속성 / 비연속성

총체적 / 천성 / 육성

태내발달과 출생에 발달 주제 적용하기

이제 4가지 발달 주제가 태내발달과 출생에서 어떻게 나타났는지에 대한 점검으로 넘어간다. 우리의 되풀이되는 4가지 발달 주제들은 능동적인 아동, 발달에서 천성과 양육 간의 상호작용, 발달에서 질적/양적 변화, 그리고 아동 발달의 총체적 본질임을 상기하라. 계속해서 읽기 전에, 당신은 이 주제들과 관련된 이 장의 사례들을 생각할 수 있는가?

능동적인 아동의 주제에서 시작해 보자. 이 장을 읽기 전에 발달하는 유기체에게 있어서 태내발달은 상대적으로 수동적인 경험이라고 추측했을 수 있다. 그러나 출생 전 태아의 행동이 발달에서 중요한 역할을 한다는 것을 알게 되었다. 태아는 움직이고 입, 폐, 소화계를 사용하는 연습을 해야 한다. 이 모든 것은 출생시에 일어나는 커다란 환경적 변화에 대한 준비이다. 비록 아이들이 활동적이려고 의식적인 결정을 한 것은 아니지만 이것들은 능동적 아동 효과이다.

또 다른 예는 발달하는 유기체에 대한 기형유발 효과의 원리들 중 하나로서, 특정 기형유발물질이 원인이 되는 손상의 정도는 발달하는 유기체의 유전자형에 달려있다. 어떤 아이는 심각하게 손상될 것이고, 다른 아이는 기형유발물질의 영향을 피하게 될 것이

다. 모든 것은 발달하는 유기체들 간 유전자형의 개인차에 (부분적으로) 기초한다. 따라서 이것은 의식과 선택에 앞서는 능동적 아동 효과의 또 다른 예이다.

다음으로 천성과 양육 간의 상호작용을 살펴보면, 발달에서 천성과 양육 간의 호혜적 상호작용이 포함되지 않은 태내발달이나 출생의 측면들을 정확하게 지적하기는 어려울 것이다. 기형유발물질의 예로 돌아가면, 유형유발 효과의 원리들은 생물학적 영향과 환경적 영향의 통합을 나타낸다. 어떤 하나는 다른 것 없이 작용하지 않는다. 출생과정조차도 천성과 양육의 상호작용을 나타낸다. 출생과정에 대한 강력한 생물학적 결정론이 있다. 정상적인 출생동안 순서적인 단계들에 따라 그리고 환경으로부터의 잠재적인 방해나 간섭 없이 진행된다. 그러나 출생을 둘러싼 환경은 분명하게 아기와 어머니의 건강, 새로운 아기에 대해 부모가 느끼는 유대감과 매혹에 영향을 준다.

우리는 이 장에서 세 가지 질적으로 다른 단계들의 진전을 만났다. 첫째, 발달하는 유기체는 태내발달에서 질적으로 다른 세 단계들을 따라 진행된다. 즉, 접합체, 배아, 태아이다. 둘째, 임신한 여성은 임신기간 동안 질적으로 다른 세 단계들을 따른다. 제1, 제2, 제3삼분기이다. (그리고 발달하는 유기체의 단계들은 임신한 여성의 단계들과 연대적으로 상응하지 않는다는 것을 기억하라.) 마지막으로, 우리는 출생과정이 질적으로 다른 세 단계들로 나누어질 수 있다. 분만, 출산, 후산이다. 그러나 태내발달에서 양적 변화도 볼 수 있다. 예를 들면, 태아기에는 주로 유기체의 크기가 커지고 배아기에 처음 발달한 구조와 기능들이 정교해지면서 양적 변화를 한다.

마지막으로, 우리는 태내발달이 이후 아동의 신체적 발달 뿐만 아니라 인지적, 정서적 발달에 영향을 줄 수 있다는 것과 특히 기형유발물질이 이런 발달의 측면들에 개입하는 경우를 상기할 때, 아동 발달의 총체적 본질을 볼 수 있을 것이다. 우리는 이후 정신지체와 정서장애의 원인이 되는 많은 태내발달의 문제 사례들을 보았다. 출생과정을 살펴보면, 아이를 낳는 여성에 대한 정서적, 사회적 지원은 이 과정에서 필요한 물리적 지원만큼 중요하다. 출산 후, 영아에게 반응하고 사회적 상호작용에 참여시키는 훈련을 받은 부모는 초기 신체적 합병증을 극복할 수 있는 영아를 갖게 될 가능성이 더 높다.

요약하면, 우리는 태내발달과 출생을 살펴보면서 발달 주제들 각각에 대한 증거를 보았다. 아마도 지금은 발달하는 유기체가 발달에서 능동적이며, 발달하면서 일련의 지적/양적 변화 모두를 거치게 되고, 태내발달에서 천성과 육성 모두가 중요한 역할을 하며, 아동은 항상 총체적으로 고려되어야 한다는 것을 보기가 더 쉬워졌을 것이다.

요약 SUMMARY

수정에서 출생까지

- **태내발달**은 3단계로 나누어진다.
  - **접합체기**는 약 2주 동안 지속되며, 수정부터 접합체(혹은 포배)가 자궁의 벽에 확고하게 착상할 때까지이다. 포배의 내층은 **배아**가 된다. 포배의 외층은 **양막, 융모막, 태반과 탯줄**을 형성한다. 발달하는 태내 유기체를 유지하는데 도움을 주는 지지 구조들이다.
- **배아기**는 임신 3주 초부터 8주까지 지속된다.
  - 이것은 모든 주요 기관들이 형성되고 어떤 기관들은 기능하기 시작하는 시기이다.
- **태아기**는 9주부터 출생 때까지이다.
  - 모든 기관체계들이 출생을 위한 준비를 하면서 통합된다.
  - 이 시기 동안 태아들은 움직이고 각 기관체계들을 사용하기 시작하는데, 출생 후 이런 체계들을 사용하기 위한 준비이다.

태내발달의 잠재적 문제들

- 기형유발물질은 발달하는 유기체에게 해를 입힐 수 있는 질병, 약물, 화학물질과 같은 외적 매개물들이다.
  - 기형유발 효과는 신체구조가 형성될 때(대개 배아기 동안) 그리고 기형유발물질의 "사용량(dose)"이 많을 때 가장 나쁘다.
  - 기형유발 효과는 유전자형에 따라 다르다. 하나의 기형유발물질이 많은 출생결함을 유발할 수 있고, 서로 다른 기형유발물질들이 같은 출생결함을 유발할 수 있다.
  - 기형유발 효과는 출생 후 환경에 의해 수정될 수 있다(재활 노력을 통해). 어떤 기형유발 효과는(DES와 같은) 출생시에는 나타나지 않지만 나중에 나타날 수 있다.
- 어머니의 특성들도 태내발달에 영향을 줄 수 있다.
  - 어머니가 특히 제3삼분기 동안 영양결핍이라면, 어머니는 생존하는데 실패하게 될 조산아를 낳을 수 있다.
  - **엽산** 보충제는 **이분척추**나 다른 출산결함을 예방하는데 도움이 될 수 있다.
  - 영양결핍된 아기는 자주 짜증내고 무반응적이 되고,

그것은 긍정적인 발달결과를 방해한다.
  - 심각한 정서적 스트레스를 받고 있는 어머니들은 임신합병증의 위험이 있다.
  - 적절한 산전관리를 받지못한 35세 이상과 어린 십대 어머니들에게서 합병증의 발생가능성이 더 높다.

출생과 분만환경

- 출산은 3단계 과정이다.
  - 그것은 자궁경관이 확장되는 수축으로 시작한다(**분만의 첫 단계**).
  - 아기의 출생이 뒤따른다(**분만의 두 번째 단계**).
  - 마지막으로 후산이 일어난다(**분만의 세 번째 단계**).
- **Apgar 검사**는 출생 직후 신생아의 상태를 평가하기 위해 사용된다.
- 며칠 후 실시되는 **신생아행동측정척도(NBAS)**는 아기의 건강과 안녕에 대한 보다 확장된 측정이다.
- 통증을 줄이기 위해 어머니에게 투약되는 다량의 분만 및 출산 약물들은 아기의 발달을 방해할 수 있다.
- 많은 어머니들은 만일 아기들과 긴밀한 접촉을 한다면 출산 후 곧 원기가 돈다고 느끼고 아기들과 **정서적 유대**를 형성하기 시작한다.
- 아버지들은 종종 신생아들을 **독점**하려 한다.
- 임신과 출산 동안 아버지의 지원은 어머니의 출산경험을 더 쉽게 만들 수 있다.

출생시 잠재적 문제들

- **산소결핍증**은 뇌손상이나 다른 결함을 유발할 수 있는 잠재적으로 심각한 출생합병증이다. 가벼운 산소결핍은 대개 장기적 효과가 없다.
- 알코올과 약물을 남용하고, 담배를 많이 피우고, 빈약한 산전관리를 받았던 여성들은 조산아나 저출생체중아를 낳을 위험이 있다.
  - **미숙아**는 대개 **조산아**보다 더 심각하고 더 오래 지속되는 문제를 갖는다.
  - 이런 아기들을 자극하고 부모들에게 아기들의 굼뜨고 짜증나는 행동에 적절하게 반응하는 법을 가르치기 위한 중재들은 아기들의 발달 과정을 정상화하는데 도움을 줄 수 있다.

- 아동이 영구적인 뇌손상을 입지 않고, 출생 후 안정되고 지원적인 성장 환경에서 성장한다면, 태내합병증이나 출

생합병증으로 인한 문제들은 시간이 지나면서 극복된다.

연습문제

선다형: 각각의 질문들에 대한 가장 좋은 것을 선택함으로써 태내발달과 출생에 대한 당신의 이해를 체크하라. 정답은 부록에 있다.

1. ____은 자궁내막과 융모막으로부터 형성된 기관으로, 태내 유기체의 호흡과 영양, 그리고 대사 배설물의 제거를 위한 것이다.
   a. 양막
   b. 융모막
   c. 태반
   d. 탯줄

2. 모든 기관체계의 급속한 성장과 세련되는 것이 특징인 태내발달 시기는 언제인가?
   a. 포배
   b. 태아
   c. 배아
   d. 접합체

3. 발달하는 유기체가 접합기, 배아기, 태아기를 거치는 것은 임신의 몇 번째 삼분기인가?
   a. 제1삼분기
   b. 제2삼분기
   c. 제3삼분기
   d. 제4삼분기

4. 태내발달에서 민감기 개념은 기형유발물질의 효과 원리 중 어느 것인가?
   a. 모든 배아나 태아가 기형유발물질에 의해 똑같은 영향을 받는 것은 아니다.
   b. 기형유발물질에 대한 노출이 길수록 혹은 사용량이 많을수록, 심각한 해를 입을 가능성은 더 높다.
   c. 신체의 일부 혹은 기관에 미치는 기형유발물질의 효과는 구조가 가장 급속하게 형성되고 성장하는 시기 동안 가장 나쁘다.
   d. 어떤 기형유발물질은 아동의 생에서 나중에 나타나는 '수면효과'가 있다.

5. 톡소플라즈마의 효과로부터 태내 유기체를 보호하기

위해, 임신한 여성은 다음의 가사일 중 어느 것을 피해야하는가?
   a. 항균비누를 이용해서 설거지
   b. 고양이 상자 청소하기
   c. 진공청소기 사용하기
   d. 수명이 다 된 전구를 갈거나 전기 설비를 이용하는 다른 작업들

6. ____는 자궁이 수축하고 임신한 여성의 몸에서 태반이 떨어져 나올 때 일어난다.
   a. 분만의 첫 번째 단계
   b. 분만의 두 번째 단계
   c. 분만의 세 번째 단계
   d. 제왕절개 분만

7. 신체적, 신경학적 불규칙성을 검사하기 위해, _____는 출생 몇 분 후에 그리고 ____는 출생 며칠 후에 실시한다.
   a. Apgar 검사, 신생아행동평가척도
   b. 신생아행동평가척도, Apgar 검사
   c. 반사평가검사, 신경학적평가척도
   d. 신경학적평가척도, 반사평가검사

8. 다음 중 출생시 산소결핍증의 원인이 아닌 것은?
   a. 둔위 출생
   b. RH 인자 불일치
   c. 자연 출산
   d. 진정제를 이용한 출산

9. 태내합병증과 출생합병증을 조사한 종단 연구는 다음과 같은 결론으로 이끌었다.
   a. 생물학적 손상은 출생 후 중재에 의해 극복될 수 없다.
   b. 생물학적 손상은 기술적 중재에 의해 완화되지만, 치료될 수는 없다.
   c. 지지적이고 자극적인 가정환경은 아동이 초기 합병증의 생물학적 효과를 극복하는데 도움이 된다.
   d. 가장 초기 합병증은 출생 후 환경과 상관없이 해결된다.

주요 용어

가칠(vernix)
구개순(cleft lip)
구개열(cleft palate)
기형유발물질(teratogen)
다이에틸스틸베스트롤(diethylstilbestrol: DES)
대안출산센터(alternative birth center)
독점욕(engrossment)
둔위출산(breech birth)
매독(syphilis)
무뇌증(anencephaly)
미숙아(small-for-date babies)
민감기(sensitive period)
배냇 솜털(lanugo)
배아(embryo)
배아기(period of embryo)
분만의 두 번째 단계(second stage of labor)
분만의 세 번째 단계(third stage of labor)
분만의 첫 단계(first stage of labor)

분만환경(perinatal environment)
산소결핍증(anoxia)
산후우울증(postpartum depression)
생존가능연령(age of viability)
수포진(genital herpes)
신경관(neural tube)
신생아(neonate)
신생아 행동평가 척도(Neonatal Behavioral Assessment Scale: NBAS)
양막(amnion)
엽산(folic acid)
융모막(chorion)
이분척추(spina bifida)
자연, 혹은 준비된 출산(natural, or prepared, chilbirth)
접합체기(period of zygote)
정서적 유대(emotional bonding)
제왕절개분만(cesarean delivery)
조산아(preterm babies)
착상(implantation)

탈리도마이드(thalidomide)
태내발달(prenatal development)
태반(placenta)
태아(fetus)
태아기(period of fetus)
태아알코올증후군(fetal alcohol syndrom: FAS)
태아 알코올 효과(fetal alcohol effects: FAE)
탯줄(umbilical cord)
톡소플라즈마(toxoplasmosis)
포배(blastocyst)
풍진(독일 홍역)(rubella; German measles)
형제 간 경쟁심(sibling rivalry)
후천성면역결핍증(acquired immunodeficiency syndrome: AIDS)
Apgar 검사(Apgar test)
Rh 인자(Rh factor)

4 영아기

太어난 지 5분에서 10분 정도밖에 안된 신생아 시기 목욕을 막 마치고 어머니에게
안겨 졌다고 상상해 보자. 당신의 눈이 어머니 눈과 마주치자 어머니는 머리를 끌
어당겨 뺨을 부드럽게 어루만지고 미소를 지으며 "안녕, 아가야"라고 인사를 한다. 당신
은 과연 이 모든 감각적인 정보를 어떻게 이해할 것인가? 또한 당신은 이러한 경험들을
어떻게 해석할 것인가?

발달학자들은 조심스럽게 감각과 지각을 구분하고 있다. **감각**(sensation)이란 감각
정보의 수용기 세포들이 정보를 탐지하고 탐지된 정보를 뇌로 전달하는 과정이다. 분명
히, 신생아들은 주변 환경을 "감지"한다. 이들은 흥미로운 광경을 뚜렷이 바라보고, 소
리, 맛, 냄새 등에 반응을 하며, 혈액검사를 위해 주사를 맞으면 떠나갈 듯이 운다. 그러
면 과연 신생아들은 이런 감각들을 "이해"하는 것일까? **지각**(perception)이란 감각 입력
을 해석하는 과정이다. 즉, 지금 보고 있는 것이 무엇인지 이해하거나, 들려오는 소리가
무엇인지 알아내며, 지금 맛본 냄새가 갓 구워낸 빵이라는 것을 알아내는 과정이다. 과
연 신생아들도 이런 추론을 해낼 수 있는가? 이들은 세상을 지각하는 것일까, 아니면 세
상을 단순히 감지하는 것일까?

또한 아주 어린 영아가 자신의 감각을 특정 결과와 결부시킬 수 있는가에 대해서도
의문이 생긴다. 아기가 엄마의 가슴과 모유를 연합시키고 엄마를 배고픔과 고통을 없애
주는 소중한 존재로 인식하는 최초의 순간은 언제일까? 영아는 엄마가 자신에게 관심을
갖도록 만들기 위해 자신의 행동을 수정할 수 있을까? 이것은 행동이 경험에 의해 변경
되는 과정, 즉 **학습**의 문제이다.

이 장에서 우리는 신생아와 영아들의 삶을 탐구할 것이다. 먼저 탄생 시기 신생아의
능력을 살펴볼 것이며 영아들의 감각, 지각, 학습 능력이 영아기 동안 어떻게 성숙하는

감각
(sensation)
감각 수용기에 의해 자극을 탐지하고
탐지된 정보를 뇌로 전송하는 과정.

지각
(perception)
감각정보를 범주화하고 해석하는 과정.

가를 살펴볼 것이다. 이 장 전반을 통해서 우리는 영아들이 우리가 상상하는 것보다 훨씬 유능한 존재라는 것을 알게 될 것이다. 이런 유능함에 대한 이해는 특별히 태어나는 순간 신생아의 능력을 시작으로 살펴볼 것이다.

▎신생아의 삶에 대한 준비

신생아들은 자궁 밖의 삶에 대해 전혀 준비되지 못한 연약하고 무기력한 작은 유기체로서 특징지어졌었다. 의료적 절차들이 다소 원시적이고 높은 비율의 신생아들이 사망했던 시대에 부모의 비탄을 위로했다는 점에서, 이런 관점은 과거에 매우 적응적인 듯했다. 오늘날까지도 신생아 사망률이 높은 많은 문화권에서 신생아를 인간이라고 말하지 않거나 혹은 3개월이 지나 살아 남을 가능성이 높을 때까지 이름을 부르지 않는 관습이 여전히 시행되고 있다(Brazelton, 1979).

오늘날 우리는 신생아들이 많은 의사, 부모, 발달학자들이 초기에 가정했던 것보다 삶에 대한 준비가 더 잘 되어 있음을 알고 있다. 우리는 신생아들의 모든 감각이 아주 잘 작동하는 명령체계하에 있으며, 그들은 자신의 주변에서 무슨 일이 일어나고 있는지를 탐색하기에 충분할 정도로 보고 들을 수 있으며, 적응적으로 이런 감각들에 대해 반응할 수 있다는 것을 보았다. 매우 어린 영아들도 학습할 수 있고, 특히 그들이 몇 가지 생생한 경험들을 기억할 수도 있다. 신생아들이 삶에 잘 적응하도록 조직화된 피조물임을 나타내는 두 가지 지표는 타고난 반사 레퍼토리와 일상적 활동의 예측가능한 패턴, 즉 주기이다.

신생아 반사

신생아의 최대 강점 중 하나는 유용한 반사들의 집합이다. 반사(reflex)는 바람을 훅 불면 눈이 자동적으로 깜빡일 때처럼 자극에 대한 불수의적이고 자동적인 반응이다. 표 4.1은 건강한 신생아가 보이는 반사들이다. 세련되고 복잡한 행동 패턴들 중 몇 가지는 분명한 적응적 가치를 갖고 있기 때문에 생존 반사로 불린다(Berne, 2003). 예를 들면, 호흡 반사, 강한 빛이나 이물질로부터 눈을 보호하기 위한 눈-깜빡임 반사, 영아들이 음식물을 섭취할 수 있게 하는 빨기 반사와 삼키기 반사가 있다. 또한 젖찾기(rooting) 반사도 음식섭취에서 중요한데, 뺨을 건드리면 영아는 그 방향으로 얼굴을 돌리고 빨 것을 찾는다.

생존 반사는 영아들을 혐오 자극으로부터 보호하고 영아가 기본적 욕구를 만족시킬 수 있도록 할 뿐만 아니라, 양육자에게도 매우 긍정적인 효과가 있다. 예를 들면, 어머니들은 배고픈 아기들이 즉시 소동부리는 것을 멈추고 편안하고 리드미컬하게 젖을 빨 때 양육자로서 매우 만족스럽고 자신감을 느낄 수 있다. 아기의 손바닥을 건드렸을 때 아기가 단단하게 부모의 손가락을 붙잡았을 때 아기들이

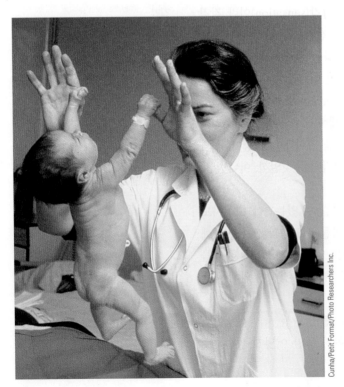

신생아의 파악 반사는 아주 강하다. 자신의 체중을 지탱할 수도 있다.

표 4.1	완숙아에게 나타나는 주요반사행동		
명칭	반응	발달과정	의미
생존 반사			
호흡 반사	반복적인 들숨과 날숨	지속	산소공급과 탄소산화물의 방출
눈–깜빡임 반사	눈을 감거나 깜빡임	지속	밝은 빛이나 이물질로부터 눈을 보호
동공 반사	밝은 빛에 동공수축; 어둠이나 주변의 흐릿한 빛에 대한 팽창	지속	밝은 빛에 대해 보호; 낮은 조명에 대해 시각체계를 적응
정향 반사	뺨에 닿는 촉각적(접촉) 자극의 방향으로 머리를 돌리는 것	생후 몇 주 내에 사라지고 자발적 머리돌리기로 대체	젖이나 병으로 아기가 향하도록 함.
빨기 반사	입에 들어온 물건을 빨기	지속	아기의 영양섭취
삼키기 반사	삼키기	지속	아기의 영양섭취
원시적 반사			
바빈스키 반사	발바닥을 건드렸을 때 발가락을 활짝 편 다음 구부림.	대개 생후 첫 8개월~1년 사이에 사라짐.	출생시에 있다가 생후 1년 내에 사라짐은 정상적 신경발달의 지표.
파악 반사	아기의 손바닥을 건드리는 대상들 주변으로 손가락을 구부림.	생후 3~4개월에 사라지고 자발적 잡기로 대체	출생시에 있다가 생후 1년 내에 사라짐은 정상적 신경발달의 지표.
모로 반사	소음이나 갑작스런 머리 위치의 변화에 대해 팔을 밖으로 펼치고, 등을 구부리고, 마치 무언가를 잡으려는 것처럼 팔을 서로 감싸안음.	팔 움직임과 등의 휘는 것은 처음 4~6개월 사이에 사라짐; 영아는 계속적으로 예기치 않은 소리나 혹은 신체지지가 없어지는 것에 대해 놀람 반사(사라지지 않음)로 반응.	출생시에 있다가 생후 1년 내에 사라짐은 정상적 신경발달의 지표.
수영 반사	물에 면역된 영아는 활동적인 팔과 다리의 움직임을 보이고 불수의적으로 호흡을 멈춤(그래서 몸이 뜨도록); 이 수영반사는 쉽게 구조될 수 있도록 영아가 한동안 뜰 수 있게 함.	첫 4~6개월 사이에 사라짐	출생시에 있다가 생후 1년 내에 사라짐은 정상적 신경발달의 지표.
걷기 반사	평면에 발을 닿아서 몸을 곧게 한 영아는 마치 걷는 것처럼 걸음.	영아가 이 반응을 연습할 기회가 없는 한 첫 8주 내에 사라짐.	출생시에 있다가 생후 1년 내에 사라짐은 정상적 신경발달의 지표.

주: 미숙 영아는 출생시에 원시 반사가 매우 적거나 없음. 생존 반사는 아주 약함. 그러나 잃어 버린 원시 반사는 전형적으로 출생 후 곧 나타나서 만삭아보다 약간 늦게 사라짐.

가까이 있는 것을 즐기고 있다는 느낌을 갖지 않는 부모는 거의 없다. 따라서 만일 이런 생존 반사가 영아 자신들을 보호하고 자신의 욕구에 주의를 기울여줄 나이든 사람들에게 귀여움을 받는 데 도움을 준다면, 이것들은 큰 "생존" 가치가 있다(Bowlby, 1969, 1988).

표에 있는 소위 원시 반사(primitive reflexes)는 거의 유용하지 않다; 실제로, 많은 원시 반사의 목적은 진화 역사의 잔여물로 믿어졌다. 바빈스키 반사는 좋은 예이다. 발바닥을 두드렸을 때 아기들이 발가락들을 부채꼴로 펴는 것의 적응적인 이유는 무엇인가? 모른다. 다른 원시 반사는 적어도 어떤 문화권에서 여전히 어떤 적응적 가치가 있다(Bowlby, 1969; Fentress & McLeod, 1986). 예를 들면, 수영 반사는 사고로 연못이나 강에 빠진 영아가 떠있는데 도움이 될 수 있다. 그리고 잡기 반사는 멜빵이나 혹은 어머니의 등에 매달려 이동하는 영아에게 도움이 될 수 있다. 걷기 반사와 같은 다른 반응 행

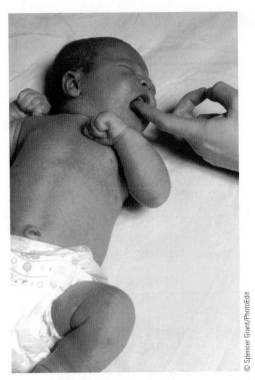

이 영아는 리드미컬한 빨기 반사를 보여준다. 이것은 입 속에 물체가 들어올 때 나타난다

동들은 이후 영아기에 발달하는 기기나 걷기와 같은 유용한 수의적 행동의 선구자일 수 있다(Thelen, 1984).

원시 반사들은 정상적으로 생의 첫 몇 개월 내에 사라진다. 왜 그런가? 반사는 뇌의 낮은 "피질하(subcortical)" 영역에 의해 통제되고, 일단 대뇌피질의 가장 높은 중심부들이 성숙하고 수의적 행동들을 안내하기 시작하면 반사를 잃기 때문이다. 그러나 비록 많은 원시 반사들이 영아들에게 유용하지는 않을지라도, 발달학자들에게는 중요한 진단 지표이다(Stirniman & Stirniman, 1940). 만일 이런 반사들이 출생시에 없다면 혹은 영아기 동안 너무 오래 지속된다면, 아기의 신경계에 문제가 있음을 의심할 이유가 된다. 요약하면, 모든 영아 반사들은 신생아들이 다양한 삶의 도전들에 대해 적응적으로 반응할 준비가 잘 되어 있음을 말해주는 것이다. 어떤 반사들이 적절한 시기에 사라진다는 것은 아기의 신경계가 정상적으로 발달하고 있다는 중요한 신호이다.

영아의 상태

신생아들은 예측할 수 있고 건강한 발달 결과들을 가져올 수 있는 일상 활동들의 조직화된 패턴들을 보여준다. 전형적으로, 낮이나 밤에 신생아는 표 4.2에서 기술된 6가지 신생아 상태, 즉 각성의 수준들을 들락거린다. 첫 달 동안, 아기는 급격하게 한 상태에서 다른 상태로 움직인다. 어머니들은 깨어 있던 아기들이 먹는 중간에 갑자기 고개를 숙이고 잠이 든다고 증언한다. 신생아는 시간의 70%, 하루 16~18시간을 자고 단지 2~3시간만 깨어 있지만 비 활동적인 상태이며, 이때 아기들은 외부 자극에 대해 가장 수용적이다(Berg & Berg, 1987; Thoman, 1990). 전형적으로, 수면주기는 짧고, 45분에서 2시간 동안 지속된다. 이런 빈번한 선잠(naps)은 졸음기, 경계 혹은 비경계 활동기, 그리고 울음기로 구분되는데, 이것은 부모들의 충혈된 눈이 말해 주듯이 밤낮으로 발생할 수 있다.

전형적인 하루 동안 신생아의 상태가 예측할 수 있는 패턴을 보인다는 사실은 그들의 내적 조절기제들이 잘 조직화되었음을 나타낸다. 그렇지만 영아의 상태에 관한 연구

표 4.2 영아각성상태

상태	묘사	신생아의 하루 지속시간
규칙적 수면	아기는 조용하고, 눈을 감고 움직이지 않음. 호흡이 늦고 규칙적.	8~9
불규칙적 수면	아기의 눈이 감겨져 있지만 감긴 눈꺼풀 밑으로 움직이는 것이 관찰됨(빠른 안구운동이라고 알려진 현상, REM). 아기는 자극에 대한 반응으로 왹 움직이거나 찡그림. 호흡은 불규칙.	8~9
졸음	아기는 잠에 빠지거나 깨어있음. 눈을 떴다 감고 눈을 떴을 때 윤이 나는 외양. 호흡은 규칙적이나 규칙적 수면보다 더 빠름.	1/2~3
경계적 비활동	환경을 탐색하면서, 아기의 눈은 넓게 열려 있고 밝음. 호흡은 고르고 신체는 상대적으로 비활동적.	2~3
경계적 활동	아기의 눈은 열리고 호흡은 불규칙적. 법석을 떨거나 확산된 움직임의 다양한 폭발을 보임.	1~3
울음	중단하기 어렵고 높은 수준의 움직임을 동반하는 강한 울음.	1~3

출처: Wolff, 1966.

는 신생아 간에 많은 개인차가 있음을 보여준다(Thoman & Whitney, 1989). 예를 들면, 한 연구에서 어떤 신생아는 평균적으로 하루에 단지 15분 동안 깨어 있던 반면, 다른 아기는 매일 8시간 이상 깨어 있었다(Brown, 1964). 마찬가지로, 어떤 아기는 깨어 있는 시간의 17%를 우는 것으로 보낸 반면, 다른 아기는 깨어 있는 시간의 39%를 우는 것으로 보냈다. 이런 차이는 부모들에게는 분명한 의미가 있다. 그들은 자주 소동을 부리고 무관심한 아기보다는 덜 울고 빛나는 눈을 가진 아기와 함께 있을 때 훨씬 더 즐겁다(Columbo & Horowitz, 1987).

영아 상태의 발달적 변화

표 4.2에서 수면과 울음의 두 가지 상태는 생후 첫 일년 동안 규칙적 변화 패턴을 보이고 아기의 발달에 대한 중요한 정보를 제공한다.

수면에서의 변화

영아들이 발달하면서, 그들은 자는 것에 시간을 덜 보내고 깨어서 주변 환경에 참여하는 것에 더 많은 시간을 보낸다. 2~6주가 되면, 아기들은 하루에 단지 14~16시간을 잔다. 그리고 3~7개월 사이의 어느 시점에서 많은 영아들은 부모들이 실제로 인식하는 이정표에 도달한다. 아기들은 밤 동안 잠을 자기 시작하고 낮 동안 단지 두세 번의 짧은 선잠을 잔다(Berg & Berg, 1987; St. James-Roberts & Plewis, 1996).

적어도 영아가 태어나기 2주 전부터 생후 처음 1~2개월 동안 수면시간의 반은 렘수면이다. 이 수면은 감긴 눈꺼풀 아래 급격한 눈 움직임과 수면상태(non-REM)의 뇌파가 아닌 깨어 있는 상태에 전형적인 뇌파활동에 의해 특징지어지는 활동적인 비규칙적 수면상태이다(Groome et al., 1997; Ingersoll & Thoman, 1999). 그러나 렘수면은 출생 후 급격히 줄어들고 6개월된 아기에게 있어서 전체 수면의 약 25~30%에 이른다(Salz-arulo & Fagioli, 1999).

아기의 신경계에 이상이 없다면 거의 모든 아기는 규칙적인 수면주기를 형성한다. 그렇지만 영아 사망률의 주요 원인 중 하나는 요람사망이라 불리는 매우 당혹스런 수면 관련 장애, 즉 **영아돌연사증후**(sudden infant death syndrome: SIDS)이다. 이것은 다음 연구와 실제 삶에서 보다 자세히 살펴볼 것이다.

울음의 기능과 과정

아기의 초기 울음은 불편함에 대한 학습되지 않은 불수의적 반응이다. 양육자가 아기의 욕구를 인식하게 만드는 불편함의 신호이다. 비록 오싹함, 시끄러운 소음, 조명에서의 갑작스런 변화(요람 너머의 불빛이 꺼졌을 때처럼)는 아기가 울도록 만들기에 충분할지라도, 신생아의 초기 울음들 대부분은 허기, 고통 및 젖은 기저귀와 같은 물리적 불편함에 의해 야기된다.

영아의 울음은 부드러운 훌쩍임부터 꿰뚫는 듯한 비명과 통곡에 이르기까지 복잡한 목소리 신호이다. 분명히, 경험은 성인들이 영아가 왜 우는지를 결정하는 데 도와준다는 점에서 결정적 역할을 한다. 왜냐하면 부모들은 이런 종류의 문제해결에서 비부모보다 더 낫고, 영아들과 더 많은 접촉을 한 어머니들이 아버지보다 더 낫기 때문이다(Holden, 1988). 그렇지만 Philip Zeskind와 동료들(1985)은 성인들이 허기진 아기의 강렬한 울

영아돌연사증후
(sudden infant death syndrome (SIDS))
영아기 수면 중 갑자기 호흡이 끊어져 사망하는 것으로 그 원인을 알 수 없음.

미국에서 매년 5,000~6,000명 정도의 건강한 영아들이 수면중에 갑자기 호흡을 멈추고 사망한다. 이런 죽음은 예측하거나 설명할 수 없는 영아돌연사증후(SIDS)의 예로서 분류된다. 산업화된 사회에서 SIDS는 영아 사망 중 삼분의 일을 설명하는 생의 첫 해 영아 사망의 첫 번째 이유이다(American Academy of Pediatrics, 2000; Tuladhar et al., 2003).

비록 SIDS의 정확한 원인은 알려지지 않았을지라도, 우리는 Apgar 검사에서 낮은 점수를 받고 신생아 때 호흡 곤란을 경험했던 남아, 조산아 및 다른 저체중아들이 취약하다는 것을 알고 있다(American Academy of Pediatrics, 2000; Frick, 1999). 또한 SIDS 희생자의 어머니들은 담배를 피우고, 불법 약물을 복용하고, 빈약한 산전관리를 받을 가능성이 높다(Dwyer et al., 1991; Frick, 1999). 알코올과 약물에 노출된 산모와 아버지 모두 높은 수준의 영아 사망과 관련이 있었다(Friend, Goodwin, & Lipsitt, 2004; Lipsitt, 2003).

SIDS는 감기와 같은 질병에 의해 호흡기가 감염된 2~4개월된 영아들 중에서 겨울 동안 발생할 가능성이 가장 높다. SIDS 희생자들은 눕기보다는 엎드려 자고 있을 가능성이 높고, 사망시에 옷이나 담요로 단단하게 감싸여 있는 경우가 많다. 이런 발견들은 너무 많은 옷이나 담요, 혹은 높은 방안 온도와 같이 아기를 너무 덥게 만드는 요인은 SIDS의 위험을 높일 수 있음을 연구자들이 제안하도록 이끌었다. 지나친 난방(overheating)과 관련된 위험은 특히 영아가 엎드려 잘 때 나타난다(American Academy of Pediatrics, 2000; Kahn et al., 2003). 건강한 아기를 대상으로 한 연구에 따르면, 등을 대고 누워 자는 아기보다 엎드려 자는 아기들의 경우 관상동맥 체계에 무리가 올 수 있음을 지적한다. 아기들이 엎드려 잘 때 누워서 잘 때보다 심장박동수가 더 높았다. 또한 자는 아기를 깨워 일으킬 때도, 엎드려 자는 경우는 누워서 자는 경우보다 심장박동수가 증가하는 데 걸리는 시간이 더 길었다. 이런 연구들의 결과는 SIDS가 발생하는 주요 원인이 심장박동의 자동조절이 취약함에 있음을 제안한다(Tuladhar et al., 2003).

모두는 아니지만, 많은 SIDS 희생자들은 궁상핵(arculate nucleus)에서 비정상성을 보인다. 이것은 영아기 초기에 수면 동안 호흡과 깨어나는 것을 통제하는 뇌의 영역이다(Kinney et al., 1995; Panigrahy et al., 1997). 정상적으로 어린 영아는 잠자는 동안 부적절한 산소를 감지하고, 뇌는 깨어나서 울게 만들어서, 심장박동을 변화시켜 불충분한 산소를 보충한다. 그러나 불법 약물이나 담배와 같은 독성 물질에 대한 태내 노출로부터 인한 궁상핵의 비정상성은 산소섭취가 부적절할 때 매우 어린 영아가 각성되는 것을 방해할 수도 있다(Franco et al., 1998; Frick, 1999). 따라서 뇌의 낮은 센터에 이상이 있는 아기들이 엎드려 자고 심하게 싸여 있고 호흡을 방해하는 호흡기 감염에 걸렸을 때, 아기들은 숨쉬기 어렵고 결국 SIDS에 굴복한다(Iyasu et al., 2002; Ozawa et al., 2003; Sawaguchi et al., 2003a-d, g-n). 그럼에도 불구하고, (1) 모든 SIDS 희생자들이 확인가능한 뇌 이상을 갖는 것은 아니고, (2) 아직 연구자들은 어떤 아기가 SIDS 위험에 처해 있는지를 예측하는 좋은 선별검사를 갖지 못했다는 것에 주목하는 것은 중요하다.

SIDS의 원인을 알아내기 위한 연구는 방법론적으로 제한되어 있다는 점을 주의해야 한다. 각성의 중추 및 신경세포구조의 요소와 상태에 대한 주요한 정보의 출처 중 한 가지는 SIDS로 사망한 영아의 뇌를 조직학적(histological)인 방법으로 연구하는 것이다. 비교를 하기 위한 적절한 통제집단은 비슷한 연령에 사망하였으나 SIDS 또는 혈중 산소 부족으로 인한 사망이 아닌 영아 집단으로 구성되어야 한다. SIDS로 인한 것이 아니며 태어난 지 1년 안에 사망한 대부분의 영아는 숨막힘, 질식, 또는 기타 산소 결핍 사건으로 인해 목숨을 잃게 된다(Sawaguchi, 2003). MRIs와 광학 지형분석검사(optical topography) 같은 비외과적인 관찰법의 출현으로 이런 문제들을 해결할 방법을 모색할 수 있을 것이다.

다행스럽게도, SIDS 발생률을 감소시키는 몇 가지 효과적인 전략이 있다. 1994년, 미국소아학회는 수면으로 귀환 캠페인을 펼쳤고, 여기서 병원, 아동 보호 시설 및 부모가 어린 영아들을 엎드려 재우지 말라는 지시를 하였다. 이 단순한 지시를 지킨 이후, 엎드려 자는 미국 아동의 비율이 70% 이상에서 대략 20%로 감소했다. 보다 중요한 것은 SIDS 아기의 수는 40%까지 감소했다(미국소아학회, 2000). SIDS에 대한 미국소아학회 Task Force는 최근에 SIDS의 발생률을 낮추기 위해 다음과 같은 권장사항을 만들었다(Kahn et al., 2003):

영아를 물침대, 소파, 푹신한 매트리스 및 다른 부드러운 표면 위에 엎드려 놓지 말라.

불필요한 베개, 봉제 장난감, 깃털이불처럼 영아의 호흡을 방해할 수 있는 부드러운 재질은 영아의 수면환경으로부터 치워 놓아야 한다.

영아들은 잠을 자기 위해 가벼운 옷차림을 해야 하고 침실의 온도는 영아의 체온이 오르는 것을 피할 수 있도록 가벼운 차림의 성인에게 편안한 정도로 유지해야 한다.

아기 주변에 금연구역을 만들어라. 어머니는 임신기간 동안 흡연하지 말아야 하고, 어느 누구도 영아가 있을 때 담배를 피워서는 안된다.

가능하다면, 모유수유를 고려하라. SIDS가 모유수유 영아들에게 적게 발생한다는 몇 가지 증거가 있다.

불행하게도, SIDS는 부모들이 이 모든 지시사항을 지킴에도 불구하고 여전히 발생할 수 있다. SIDS는 대부분의 가족들을 황폐화시킨다. 자주 부모들은 아기를 잃은 것에 대해 비통함과 극도의 죄책감을 느끼고, 형제들은 아기 형제의 죽음에 대해 깊이 상심하고 문제 행동을 보이기 시작한다(Brockington, 1996). 이 가족들은 사회적 지원이 필요하고, 다행스럽게도 부모지원집단들이 그들의 상실(loss)에 대해 대처하고, 만일 그들이 다른 아동을 가질 결정을 했다면 SIDS로 또 다른 아동을 잃을 것에 대한 걱정을 완화시키도록 돕는다. SIDS와 SIDS 지원집단에 대한 최근 정보는 the National SIDS Alliance, 1314 Bedford Avenue, Suite 210, Baltimore, MD21208; 전화 1-800-221-7437, 온라인 sidsalliance.org에서 얻을 수 있다.

음을 "고통"울음만큼 강력한 흥분하고 위급한 것으로서 인식함을 발견했다. 따라서 아마도 울음은 단지 한 가지의 매우 일반적인 메시지를 전달하는 듯하다—"이봐요, 나는 고통스러워요." 주의를 끄는 데 있어서 이런 신호의 효과는 아기가 경험하는 고통의 종류보다는 고통(distress)의 양에 더 많이 의존한다(Green, Gustafson, & McGhie, 1998; Zeskind et al., 1992).

울음의 발달적 변화 세상의 아기들은 생후 첫 3개월 동안 가장 자주 운다(St. James-Roberts & Plewis, 1996). 실제로, 생의 초기 동안 울음과 렘수면 모두 감소한다는 사실은 이 두 변화 모두 아기의 뇌와 중추신경계의 성숙과 의미있게 관련되어 있음을 시사한다(Halpern, MacLean, & Baumeister, 1995). 부모들은 어떤 역할을 하는가? 특히 영아의 울음에 반응적인 부모들은 주의를 끄는 끊임없는 요구로 부모들을 노예로 만드는 버릇없는 아기를 만드는가?

아마도 아닐 것이다. Mary Ainsworth와 동료들(1972)은 울음에 빠르게 반응했던 어머니의 아기들은 거의 울지 않게 된다는 것을 발견했다. 대신에 그들은 민감하고 주의를 잘하는 양육자는 아기가 처음에 많은 스트레스를 받는 것을 예방하기 때문에 민감하고 반응적인 양육이 덜 신경질적인 아기를 만들 수 있다고 믿는다(Lesis & Ramsay,

---

개념체크 4.1 영아기 발달

다음 질문에 답함으로써 생존을 위한 신생아의 준비성에 대한 당신의 이해를 체크하라.

선다형: 각각의 질문들에 대한 최선의 답을 선택하라.

_____ 1. 영아들은 탄생 후 다양한 유형의 원시적 반사를 보인다. _____ 반사는 영아가 큰 소리를 듣거나, 머리의 위치가 갑자기 바뀔 때 나타난다. 영아는 팔을 밖으로 뻗고, 등을 활처럼 구부리면서 두 팔을 누군가 끌어 안듯이 모은다. 팔과 등을 움직이는 동작은 생후 4~6개월이면 사라지지만, 놀람 반응은 계속된다.
 a. 수영
 b. 잡기
 c. 모로
 d. 바빈스키

_____ 2. 다음 중 영아돌연사증후의 발생률을 감소시키기 위한 권장사항이 아닌 것은?
 a. 영아의 호흡을 방해할 수 있는 부드러운 물체들을 수면환경에서 치운다.
 b. 소아과 의사에게 SIDS 바이러스 검사를 받는다.
 c. 영아의 주변을 금연구역으로 정한다.
 d. 가능하면 모유수유를 한다.

_____ 3. 영아의 울음에 관한 다음 문장 중 틀린 것은?
 a. 울음은 영아가 자신의 고통을 알리려고 하는 상태이다.
 b. 날카롭고 불규칙적인 울음은 뇌손상을 나타내는 것일 수 있다.

 c. 울음은 영아의 뇌가 성숙해지는 생애 첫 2주 동안에 빠르게 줄어든다.
 d. 울음은 생애 첫 6개월 동안 줄어드는데, 부분적으로는 부모가 영아의 스트레스 대처에 능숙해지기 때문이다.

짝짓기: 각 설명에 알맞은 영아의 상태를 짝지음으로써 영아상태에 대한 당신의 이해를 체크하라.
 a. 규칙적 수면
 b. 불규칙적 수면
 c. 졸음
 d. 경계적 비활동
 e. 경계적 활동
 f. 울음

4. 눈을 뜨고 호흡은 불규칙적이다. 신경질적이 되고, 여러 산만한 운동활동이 폭발적으로 나타난다.
5. 멈추기 어렵고 높은 수준의 운동활동을 동반하는 강한 울음
6. 눈을 감고 움직이지 않으면서 호흡은 느리고 규칙적

빈칸 채우기: 주요 개념에 대한 이해를 확인하기 위해 다음 문장의 빈칸에 알맞은 말을 써넣어라.
7. _____은 감각 자극을 탐지하는 것이다.
8. 감각정보를 해석하는 것을 _____라고 한다.
9. _____반사는 생애 첫해에 사라지고 발달이 정상적임을 의미한다.
10. _____반사는 영아가 주변 환경에 적응하도록 하고 기본적인 욕구를 만족시킨다.

1999). 소아과 의사들과 간호사들은 때때로 영아가 우는 방식을 통해 선천적 문제들을 탐지할 수 있기 때문에 신생아의 목소리(vocalizations)를 주의 깊게 듣는 훈련을 받는다. 예를 들면, 조산아와 영양이 결핍되거나, 뇌가 손상되거나, 혹은 마약에 중독된 아기들은 자주 건강한 만삭아들에 비해 "편치 않은" 그리고 혐오적인 것으로서 인식되는 떨리고 리드미컬하지 않은 울음을 더 많이 운다(Frodi, 1985; Zeskind, 1980). 실제로, Barry Lester(1984)는 생의 첫 며칠 혹은 몇 주 간의 울음을 분석함으로써 이후 인지발달에서 정상적으로 발달할 조산아와 결함을 경험할 가능성이 높은 조산아를 구분하는 것이 가능하다고 보고했다. 따라서 영아의 울음은 부모에게 있어서 중요한 의사소통의 기호일 뿐만 아니라 의미 있는 진단도구이다.

영아의 감각과 지각 경험을 연구하기 위한 방법들

1900년대 초반의 많은 의학 서적들은 신생아는 생후 수일간 보지도 듣지도 못하며 고통을 느끼지 못한다고 주장하였다. 즉, 영아는 그들 주변의 세계로부터 "의미"를 인출해 낼 준비가 되어 있지 않다는 것이다. 그러나 오늘날 많은 연구들은 이와는 반대의 견해를 지지하게 되었다. 왜 이러한 변화가 생겨났는가? 현재의 영아가 예전의 영아보다 능력이 더 발달되었다든지 더 영리해진 것은 아니다. 오히려 연구자들이 더 영리해진 결과, 말을 하지 못하는 영아로 하여금 그들이 감지하고 인지하는 것을 전달할 수 있도록 하는 몇 가지 정교한 기법을 개발한 것이다(Bertenthal & Longo, 2002). 이러한 방법들 중 세 가지를 간단히 논의해보자.

지각적 선호법
(preference method)
두 가지(또는 그 이상의) 자극을 제시하고 영아가 어떤 자극을 선호하는지 관찰함으로써 영아의 지각적 능력에 대한 정보를 획득하는 방법.

지각적 선호법

지각적 선호법(preference method)이란 최소한 두 개의 자극을 동시에 제시하고 영아가 이 중 어느 자극에 더 많은 주의를 두는지를 알아보는 단순한 절차이다(Houston-Price & Nakai, 2004). 이러한 접근법은 Robert Fantz가 아주 어린 영아들이 시각적 형태(예: 얼굴, 동심원, 신문 인쇄 및 일정한 형태가 없는 원반 모양)를 구별할 수 있는지를 알아보기 위해 사용한 후 1960년대 초부터 유명해졌다. 영아를 거울 관찰상자 밑에 눕힌 후 두 개 이상의 자극을 제시한다(그림 4.1 참조). 관찰자는 거울 관찰상자 위에 서서 영아가 각 시각적 형태를 응시한 시간을 기록하였다. 만약 영아가 다른 형태들보다 한 형태를 더 오래 응시했다면 그 한 가지 형태를 더 선호한 것으로 보았다.

Fantz의 초기 실험 결과는 분명했다. 신생아는 시각적 형태들을 쉽게 구별할 수 있었고, 일정한 형태가 없는 원반 모양보다는 얼굴이나 동심원과 같은 형태 자극을 더 선호하였다. 형태(pattern)를 탐지하고 구분하는 능력은 분명히 생득적이다(Fantz, 1963). 그러나 지

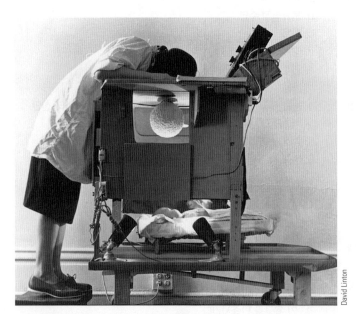

David Linton

그림 4.1 과학적 연구에서 이론의 역할.

각 선호방법은 한 가지 중대한 결함을 안고 있다. 영아가 대상 자극들 중 어느 것에 대해서도 선호를 보이지 않을 경우에는 영아가 그 자극들을 구별하는 데 실패한 것인지, 아니면 단순히 그 자극들을 동등한 정도로 흥미롭게 여긴 것인지 명확하지 않다는 것이다. 다행히도, 다음의 방법들은 이 모호한 상황을 해결할 수 있다.

습관화 방법

영아의 감각 및 지각을 측정하는 가장 인기 있는 방법은 아마도 습관화 방법일 것이다. **습관화**(habituation)란 반복되는 자극에 매우 익숙해져서 그 자극이 처음에 일으키던 반응(예를 들어, 머리나 눈의 움직임, 또는 호흡이나 심장 박동률의 변화)이 더 이상 일어나지 않는 과정을 말한다. 따라서 습관화란 일종의 단순 학습과정이다. 영아가 친숙한 자극에 더 이상 반응하지 않는 것은, 영아가 해당 자극을 이전에 경험했던 어떤 것으로 기억하고 있음을 보여주는 것이다(Bertenthal & Longo, 2004). 이러한 이유 때문에, 습관화 방법은 "친숙성-신기성"의 절차라고도 불린다(Brookes et al., 2001; Houston-Price & Nakai, 2004).

습관화를 이용한 연구에서, 연구자는 상이한 두 개의 자극을 구별할 수 있는 영아의 능력을 측정하기 위해 우선 두 자극 중 하나를 제시하여 영아가 이 자극에 더 이상 주의하지 않거나 반응하지 않을 때까지 기다린다(습관화). 그런 다음, 두 번째 자극을 제시한다. 영아가 이 두 번째 자극을 첫 번째 자극과 구별한다면, 영아는 **탈습관화**되어 두 번째 자극을 시각적으로 주의하거나 호흡 또는 심장 박동률에서 변화를 보일 것이다. 만약 영아가 두 번째 자극에 대해 어떠한 반응도 보이지 않는다면, 이는 영아가 그 두 자극을 구별하지 못하는 것을 의미하는 것이다. 영아는 시각, 청각, 후각, 미각, 촉각과 같은 다양한 종류의 자극들에 습관화되고 또 탈습관화되기 때문에, 습관화 방법은 영아의 감각 및 지각을 평가하는 데 매우 유용하다.

그러나 습관화와 선호의 효과를 구별하는 것은 쉽지 않다(Houston-Price & Nakai, 2004). 영아는 자극이 친밀하지만 너무나 친밀하지 않을 때 선호를 보인다. 두 개의 자극이 제시되었을 때, 처음 영아는 아무런 선호를 보이지 않는다. 어느 특정한 장남감이나 사람 또는 그림을 특별히 더 자주 더 많이 보지는 않는다. 어떤 한 자극이 영아의 주의를 사로 잡은 후, 영아들은 그 자극을 얼마간 좀 더 자주 보게 된다. 이렇게 약간 친숙해진 자극이 새로운 자극과 함께 제시되면, 영아들은 이 친숙한 자극을 더 오래 본다. 영아가 이 자극과 확실히 친숙해지면, 새로운 자극을 향해 갈 준비를 한다. 즉, 영아들은 이 친숙한 자극과 함께 제시된 새로운 자극을 더 오랫동안 보게 된다(이런 주의적 과정에 대한 순서가 그림 4.2에 제시되었다). 영아의 응시 행동을 적절하게 이해하기 위해서 연구의 대상이 되는 각 여아들의 시간에 따른 친숙화 과정에 면밀한 주의를 기울여서 연구해야 할 것이다(Houston-Price & Nakai, 2004).

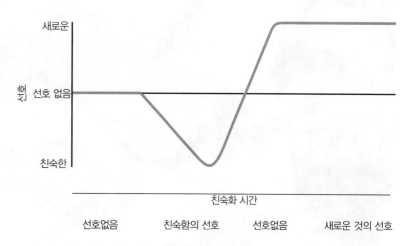

그림 4.2 친숙화 시간에 따른 영아의 새로운 자극 대 친숙한 자극에 대한 선호 모델.
출처: Michael A. Hunter and Elinor W. Ames, *"A Multifactor Model of Infant Preferences for Novel and Familiar Stimuli,"* Fig. 2, in Advances in Infancy Research, Vol. 5, 1988. Copyright © 1988 by Greemwood Publishing.

그림 4.3 영아의 뇌 표피의 적절한 지점에서 전기적 활동을 측정하기 위해 영아의 머리 둘레에 EEG 밴드를 장착한다.

전기적 유발
(evoked potential)
한 개인이 자극을 탐지(감지)하였음을 알려주는 뇌파 유형의 변화.

높은 진폭의 빨기
(high-amplitude sucking method)
영아가 특별히 고안된 젖꼭지를 빠는 빈도를 변화시킴으로써 이들이 흥미롭게 여기는 사건을 지속시킬 수 있는 능력을 이용하여 영아의 지각을 평가하는 방법.

전기적 유발(Evoked Potential)

영아가 무엇을 감지(또는 지각)하는가를 알아보는 또 다른 방법 중 하나는 영아에게 자극을 제시하고 이들의 뇌파를 관찰하는 것이다. 연구자는 영아의 뇌 부위 중 이 실험에서 제시되는 감각정보를 처리하는 뇌 중추 부위의 바로 위 두피에 전극을 부착한다(그림 4.3). 예컨대, 시각 자극에 대한 반응은 후두엽 위에, 그리고 청각 자극에 대한 반응은 측두엽 위의 두피에 부착되어 기록된다. 만일 제시된 특정 자극을 영아가 탐지(감지)한다면, 뇌파 또는 **전기적 유발**(evoked potential)에 서 변화가 나타날 것이다. 탐지되지 않은 자극은 뇌의 전기적 활동에서 어떠한 변화도 만들어 내지 않을 것이다. 이런 전기적 유발 절차에서는 "다른 것"으로 감지된 두 자극은 다른 형태의 전기적 활동을 유발하기 때문에 영아가 다양한 장면 또는 소리를 구별할 수 있는지 여부를 알 수 있게 되는 것이다.

높은 진폭의 빨기

대부분의 영아들은 이들이 감지하는 것이 무엇인지, 그리고 이들이 좋아하는 것과 싫어하는 것이 무엇인지 우리에게 알려줄 수 있을 정도로 자신의 빨기 행동을 조절할 수 있다. **높은 진폭의 빨기방법**(high-amplitude sucking method)에서는 영아에게 전자회로가 들어 있는 특별한 젖꼭지를 물게 하고, 이 전자회로를 통해 영아가 자신의 감각환경을 통제할 수 있도록 한다(그림 4.4 참조). 우선 실험자는 영아의 기저선 빨기빈도를 정한다. 영아가 기저선 빨기빈도보다 더 빠르게 또는 더 세게 빨았을 때마다(높은 진폭으로 빨았을 때마다) 젖꼭지 안에 있는 전자회로가 가동됨으로써, 특정 감각 자극을 제시하는 슬라이드 영사기 또는 테잎 녹음기가 작동된다. 만약 영아가 이 자극을 탐지하여 이를 흥미롭게 여기게 되면, 높은 진폭의 빨기를 계속 함으로써 그 자극을 지속시킬 수 있다. 만일 영아의 흥미가 사라지고 빨기 동작이 처음의 기저선 수준으로 돌아오면(습관화) 자극은 중지된다. 그 다음에, 실험자가 두 번째 자극을 제시하고 이 자극으로 인해 높은 진폭의 빨기가 갑작스럽게 증가되는 경우(탈습관화)에는 영아가 두 번째 자극을 첫 번째 자극과 구별했다고 결론을 내릴 수 있다.

이 절차는 영아가 두 자극 중 어느 것을 선호하는지도 알려줄 수 있도록 이용될 수 있다. 영아가 자장가보다 행진곡을

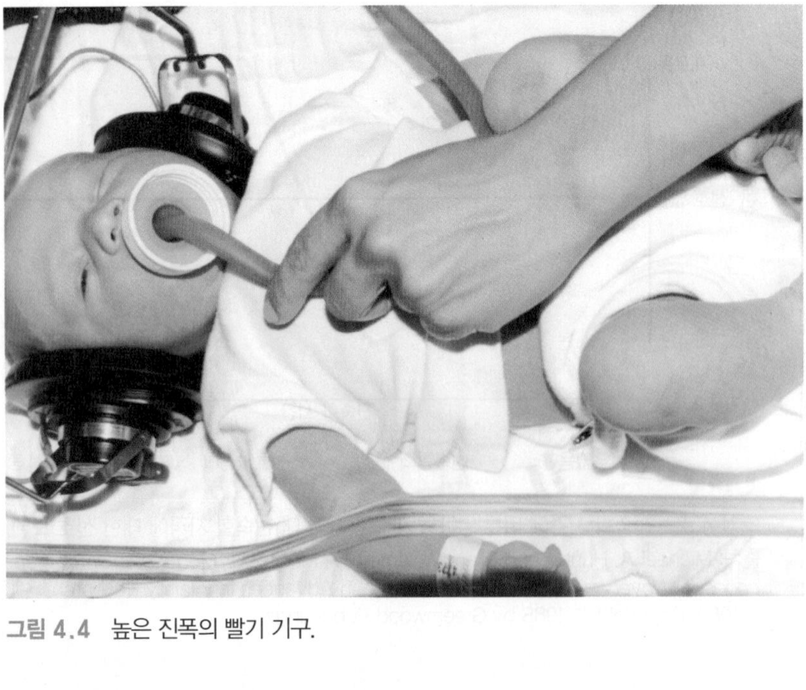

Courtesy of Anthony DeCasper

그림 4.4 높은 진폭의 빨기 기구.

선호하는지를 알고 싶은 경우에는 젖꼭지 내부의 회로를 수정하여 높은 진폭의 빨기는 어느 한 음악을, 그리고 낮은 진폭(또는 무진폭) 빨기는 다른 한 음악을 활성화하도록 설정한다. 그 다음, 영아가 어떤 진폭의 빨기를 하는지를 관찰함으로써 이 음악들 중 어느 것을 선호하는지를 추론할 수 있다. 이러한 고진폭 빨기 기법은 다양하게 이용될 수 있는 유용한 기법임에 틀림없다.

영아의 감각 능력

신생아는 주변 환경을 얼마나 잘 감지할 수 있을까? 아마도 우리가 상상하는 것보다는 더 잘 느끼고 있을 것이다. 우선 영아의 청각 능력을 고찰함으로써 영아의 감각세계에 대해 탐구해 보기로 하자.

청각

전기적 유발방법을 이용한 연구 결과, 신생아가 소리를 탐지하기 위해서는 그 소리가 아주 커야 한다는 것이 발견되었다(Aslin, Pisoni, & Jusczyk, 1983). 생후 몇 시간 동안 신생아는 코감기에 걸린 성인이 들을 수 있는 정도로 소리를 들을 수 있다. 신생아가 조용한 소리를 잘 듣지 못하는 것은 부분적으로는 출생과정에서 내이(內耳)에 스며든 액체 때문일 것이다. 이런 미미한 한계가 있음에도 불구하고, 습관화 연구들에 따르면 신생아는 크기, 지속시간, 방향, 빈도가 상이한 소리들을 구별할 수 있다(Bower, 1982). 실제로, 영아들은 상당한 청각 능력을 갖고 있다. 그리고 아주 이른 시기에 서로 다른 소리에 의미를 부여한다. 예를 들어, 4~6개월 사이, 영아들은 다가오는 소리에 대해서 시각적으로 다가오는 자극과 같은 방식으로 반응한다. 마치 다가올 충돌을 예측하는 듯 눈을 깜박거린다(Freiberg, Tually, & Crassini, 2001).

아주 어린 영아는 사람 목소리에 특별한 반응을 보인다.

목소리에 대한 반응

어린 영아는 목소리, 특히 음조가 높은 여성의 목소리에 특별히 주의를 기울인다(Ecklund- Flores & Turkewitz, 1996). 그러나 이들이 엄마의 목소리를 재인(recognition)할 수 있을까? 만약 한 엄마가 생후 1주일된 자기의 아기가 벌써 자기 목소리를 재인한다고 주장한다면, 의심의 여지없이 많은 사람들이 그저 웃어넘길 것이다. 그러나 최후로 웃는 자는 영아의 엄마이다. 왜냐하면 Anthony DeCasper와 동료들의 연구에 따르면(DeCasper & Fifer, 1980; DeCasper & Spence, 1986, 1991), 신생아는 다른 여성의 녹음된 목소리보다 엄마의 녹음된 목소리를 들었을 때 젖을 더 빠르게 빤다는 것이 밝혀졌기 때문이다. 실제로, 엄마들에게 출산하기 6주 전부터 특정 이야기의 한 소절(예를 들어, Suess 박사의 『모자 속 고양이』의 일부)을 여러 번 낭독할 것을 지시한 경우, 그 신생아들은 엄마가 읽어주는 다른 이야기들보다도 그 특정 이야기를 들었을 때 더 빠르고 더 세게 젖을 빨았다. 이런 선호가 과연 출생 전에 태아가 자궁 내벽을 통해 엄마의

분명치 않은 목소리를 들었던 경험을 반영하는 것일까? 아마도 그러할 것이다. DeCasper와 Spence(1994)는 임신 삼기에 해당되는 태아에게 어머니가 친숙한 구절과 새로운 구절을 읽어 주었을 때 심장 박동수에서 차이가 있음을 발견하였다. 이는 태어나기도 전 태아가 소리의 패턴을 학습한다는 분명한 증거이다. 엄마 목소리에 대한 이 특별한 반응이 엄마로 하여금 영아에게 대화하도록 하고 영아의 건강한 사회적, 감성적, 지적 발달을 촉진시키는 주의와 애정을 제공하도록 고무시킨다면, 이런 반응은 또한 아기의 적응력을 키워주는 데 많은 도움이 될 것이다.

언어에 대한 반응

영아는 목소리에만 유심히 주의를 기울이는 것이 아니라, 매우 어린 시기에 가장 기본적인 말소리의 단위인 **음소**(phonemes)를 구별할 수 있다. Peter Eimas(1975b, 1985)는 2~3개월 된 영아가 아주 유사한 자음(예를 들어, "바"와 "파")을 구별할 수 있다는 것을 입증함으로써 이 분야의 연구를 개척하였다. 실제로, 생후 1주일이 채 안 되는 신생아는 모음 "아"와 "이"의 차이를 구별할 수 있으며(Clarkson & Berg, 1983), 단어들을 명확한 음절로 분리할 수도 있다(Bijeljac-Babic, Bertoncini, & Mehler, 1993). (이중 언어를 사용하는 가정의 여아들의 음소 학습은 약간 지연되는 경향이 있다(Fennell, Byers-Heinlein, & Werker, 2007; Sebastian-Galles & Bosch, 2005)). 영아는 마치 빛의 스펙트럼을 기본 색 범주로 분리하듯이 말소리도 언어의 기본 소리 단위에 해당하는 범주로 분리하는 것처럼 보인다(Miller & Eimas, 1996). 실제로, 3~6개월된 영아는 성인들이 자기 모국어에 존재하지 않아서 구별하지 못하는 음소들도 범주적으로 지각할 수 있는 놀라운 능력을 소유하고 있다(Best & McRoberts, 2003; Jusczyk, 1995; Werker & Desjardins, 1995). 영아의 이런 능력은 강화 패러다임(reinforcement paradigm)을 사용하여 증명되었다. 가령, 영아가 기계 장난감들 옆 아기 의자에 누워 있다고 생각해 보자. 영아들에게 "아" 또는 "이" 소리(또는 가정에서 사용하는 언어와 다른 언어의 음소)를 들려준다. 절반의 영아들에게는 한 소리가 들릴 때 기계 장난감이 움직이도록 하고, 다른 절반의 영아들에게는 다른 소리가 들릴 때 기계 장난감이 움직인다는 것을 학습시킨다. 영아들이 이런 수반성을 익히면, 소리가 들릴 때 그 소리와 연합된 장난감이 움직일 것을 기대하며 쳐다볼 것이다. 이를 통해 영아들의 음소변별 능력을 증명했으며, 이러한 능력은 모국어가 아닐 경우에도 나타났다. 영아들은 또한 발화에서 음소 패턴을 찾아낼 수 있으며, 7개월 반까지는 언어에서 학습된 패턴을 음조, 악기, 동물 소리와 같은 다른 소리에서도 찾아낼 수 있다(Marcus, Fernandes, & Johnson, 2007). 마지막으로, 영아는 음성언어뿐만 아니라 수화에서도 이런 언어적 특성에 예민한 것으로 밝혀졌다(Krentz & Corina, 2008). 이는 진실로 놀라운 능력이다!

마지막으로, 영아는 자신이 자주 듣는 단어들을 재인하는 법을 학습하게 된다. 예를 들어, 4개월 반 정도가 되면, 영아는 자신의 이름을 부르는 소리에 확실히 고개를 돌리며, 자신의 이름과 동일한 강세 유형을 가졌다고 하더라도 다른 이름을 부르는 소리(예: Abbey 대 Johnny)에는 고개를 돌리지 않는다(Mandel, Jusczyk, & Pisoni, 1995). 이렇게 어린 영아는 자신의 이름에 해당하는 단어가 자신을 지칭하는 것인지 모르는 것일 수

음소
(phonemes)
음성언어를 구성하는 유의미한 최소 음성 단위.

도 있지만 그렇게 자주 들리는 단어들을 생후 초기에 인식할 수 있는 것이다. 5개월경에는 부르는 사람의 목소리가 충분히 크기만 하다면 영아는 주변의 소리가 왁자지껄하더라도 자신의 이름을 탐지할 수 있다. 주변 소음의 크기보다 영아의 이름을 부르는 소리가 약 10데시벨(decibel) 정도 커야 한다. 생후 1년이 되면, 영아는 주변 소음의 크기보다 5데시벨만 커도 자신의 이름에 반응을 한다(Newman, 2005).

출생 당시 청각이 시각보다 더 고도로 발달되어 있다는 것은 분명하다. 신생아조차도 (1) 사람들을 알아보고 서로 구별하기 위해 사람들의 목소리를 사용하고, (2) 말소리를 더 작은 단위, 즉 언어의 구성 단위로 분리하는 것과 같은 능력을 달성하기 위해 놀라울 정도로 잘 준비되어 있다. 영아에게 언어를 듣는다는 것은 특히나 중요하기 때문에, 이에 대해서는 9장에서 더 자세히 살펴볼 것이다. 좀 더 자란 영아는 새로운 기술, 관계, 의미들을 배우기 위해 언어적 신호를 사용한다(Dewar & Xu, 2007). 청각은 발달을 위해 특히 중요하기 때문에 영아가 언어적 신호를 사용한다는 점은 의미가 있으며, 이와 관련하여 청각 상실에 대한 연구를 다음에 제시하였다.

중이염
(otitis media)
중이의 박테리아 감염에 의해 발생되는 흔한 질병으로, 경도에서 중등도 청각 상실을 가져옴.

연구초점 | **청각 상실의 원인과 결과**

청각이 인간발달에 얼마나 중요한가? 이 문제에 대해서는 다른 신체는 건강하지만 어린 시절 감염에 의해 청각이 손상된 아동들의 발달을 고찰함으로써 몇 가지 통찰을 얻을 수 있을 것이다.

중이(中耳)의 박테리아 감염에 의해 발생되는 **중이염**(otitis media)은 영아 및 학령전 아동들에게서 가장 빈번하게 발생되는 질병이다. 거의 모든 아동이 최소한 한 번은 중이염에 감염되며, 그 중 1/3은 적절한 의학적 처치를 받았음에도 불구하고 재발을 경험한다(Halter et al., 2004; Vernon-Feagans, Manlove, & Volling, 1996). 이 병을 일으키는 박테리아는 항생제로 제거될 수 있지만(Pichichero & Casey, 2005), 중이 내에 액체가 차오르는 것은 막을 수 없으며, 때때로 이런 증상은 고통이나 불편함 같은 증상 없이도 지속된다. 불행하게도, 이 액체로 인해 경도에서 중등도에 이르는 청각 상실이 진행될 수 있으며, 이러한 청각 상실은 감염 사실을 알게 되어 치료가 이루어진 후 수개월에 걸친 기간 동안 지속될 수 있다(Halter et al., 2004; Vernon-Feagans, Manlove & Volling, 1996). 중이에 찬 액체를 확실하게 빼내기 위해 일시적으로 환기관을 삽입하는 수술을 처방할 수도 있다(Halter et al., 2004).

항균 치료가 보편적으로 사용되면서 중이염 치료에 사용되는 약물 내성의 변종이 발생하였다(Rosenfeld, 2004). 다행히도, 감염이 심각하지 않은 경우에는 항생제를 처방하기보다는 "주의 깊게 살펴 보며 기다리기"를 하도록 한다. 경도의 중이염을 앓는 아동에게는 증상을 완화시켜 주는 약과 심해질 경우에 나타나는 증상을 부모에게 교육시키는 치료를 할 수 있을 것이다. 부모가 주의 깊게 살피고 기다리면 대부분의 아동은 항생제와 같은 약물의 도움 없이도 면역체계의 활동으로 감염이 제거될 것이다(McCormick et al., 2005; Wald, 2005).

중이염은 생후 6개월에서 3년 사이에 가장 치명적이다. 그 결과, 발달학자들은 재발 경험을 한 아동이 다른 사람의 말을 이해하는 데 어려움을 겪게 되어 주로 어린 시절 초기에 나타나는 언어발달 및 기타 인지적, 사회적 능력발달이 저해되지 않을까 우려해왔다. 그런데 실제로 몇몇 연구 결과들은 이런 우려를 뒷받침하고 있다. 생의 초기에 중이염이 재발했던 아동은 병치레 기간이 짧았던 또래 아동보다 초등학교 저학년에서 언어발달 지체 및 낮은 학업 성취도를 보인다(Friel-Patti & Finitzo, 1990; Teele, Klein, & Chase, 1990). 이 아동들은 청각적 주의 기술의 손상 또한 나타난다(Asbjornsen et al., 2005). 만성 중이염을 앓지 않은 아동들에 비해 만성 중이염을 앓는 아주 어린 아동은 음절과 음소를 인식하는 과제에서 수행이 더욱 저조하였다(Nittrouer & Burton, 2005). 만성 중이염을 앓는 아동은 일련의 단어를 회상하는 데 어려움이 있을 뿐만 아니라, 구성이 복잡한 문장을 이해하는 것도 어려워한다(Nittrouer & Burton, 2005). 또 다른 연구에 따르면, 만성 중이염을 앓고 있는 3세된 아동은 대부분의 시간을 혼자 놀면서 보내고, 다른 아동들보다 어린이집의 친구들과 긍정적으로 접촉하는 일이 적기 때문에 사회적 능력이 지체될 위험에 놓일 수 있다(Vernon-Feagans, Manlove, & Volling, 1996). 만성 중이염과 관련된 문제들이 아동기 및 청년기 이후에도 지속되는지를 알아 보기 위해서는 종단적 연구가 필요하겠지만, 초기 연구 결과들을 보면 경도에서 중등도의 청각 상실을 가진 영아의 발달은 불리한 입장에 놓이게 될 가능성이 높고, 따라서 초기 청각 상실의 주 원인인 중이염은 초기에 발견하여 치료하는 것이 필요하다는 것을 시사해 주고 있다(Jung et al., 2005).

영아들은 태어날때 이미 특정한 맛을 좋아한다. 예를 들어 이들은 신맛보다 단맛을 선호한다.

미각 및 후각

영아는 매우 분명한 미각적 선호를 갖고 태어난다. 예컨대, 영아는 단맛을 더 좋아하는데 이는 예정일을 다 채운 아기든 미숙아든 모두 쓴맛, 신맛, 짠맛, 또는 무맛(물)이 나는 음료보다는 단맛이 나는 음료를 더 빠르고 오래 빠는 현상을 보면 알 수 있다(Crook, 1978; Smith & Blass, 1996). 또한 맛이 다르면 신생아는 각기 다른 표정을 짓는다. 단맛은 울음을 그치게 하고 미소와 입맛을 다시는 행동을 이끌어 내는 반면, 신맛을 가진 재료를 맛본 영아는 코를 찡그리고 입술을 오므리며, 쓴맛을 본 영아들은 때때로 입 가장자리를 밀어낸다든지, 혀를 내민다든지, 뱉어내거나 구역질이 난다는 표현을 하기도 한다(Blass & Ciaramitaro, 1994; Ganchrow, Steiner, & Daher, 1983). 게다가 음료의 단맛, 신맛, 또는 쓴맛이 더 강해질 때 안면표정이 더욱 분명해지는 것을 보면 신생아가 특정 맛들 가운데 상이한 강도도 구별할 수 있다는 것을 알 수 있다.

또한 신생아는 다양한 냄새를 탐지할 수 있으며, 식초, 암모니아, 또는 썩은 계란과 같은 불쾌한 냄새를 맡으면 고개를 돌리거나 구역질이 난다는 표정을 지음으로써 강하게 반응한다(Rieser, Yonas, & Wilkner, 1976; Steiner, 1979). 생후 첫 4일 동안, 신생아는 이미 자신이 9개월 동안 살았던 양수보다 우유 냄새를 선호하며(Marlier, Scholl, & Soussignan, 1998), 1~2주 동안 모유를 먹인 신생아는 그때 이미 엄마의 가슴과 겨드랑이 냄새로 엄마를 인식한다(그리고 엄마를 다른 여성들과 구별한다)(Cernoch & Porter, 1985; Porter et al., 1992). 신생아는 자신에게 가장 가까운 사람들을 변별하는 초기 수단으로서 그것이 유쾌한 것이든 불쾌한 것이든 간에 사람들이 갖고 있는 각각의 독특한 후각적 특성을 이용한다.

어머니를 냄새로 구별짓는 영아의 능력을 밝히기 위해, Macfarlane(1997)은 수유하는 어머니들에게 가슴 패드를 착용하도록 하였다(이 패드는 수유를 하지 않는 동안 모유와 냄새를 흡수할 것이다). 다음, 생후 2일에서 6일된 누워있는 영아의 얼굴에 두 개의 패드를 제시했는데, 한쪽에는 영아 어머니의 것이 제시되었으며 다른 한쪽에는 다른 수유 중인 어머니의 패드를 제시하였다. 그 결과, 생후 2일 된 영아는 어머니와 다른 여자의 냄새를 구별하지 못했으나, 생후 6일된 영아는 자신의 어머니의 가슴 패드 쪽으로 일관되게 고개를 돌렸다. 이러한 결과는 영아들이 일주일 정도면 어머니 고유 냄새를 학습할 수 있으며 자기 어머니의 냄새를 다른 어머니의 것보다 선호하는 경향성을 발달시켰음을 보여주는 것이다.

촉각, 온도 감각, 통각

피부에 있는 수용기는 접촉, 온도 및 고통에 민감하다. 앞서 4장에서, 신생아들은 적당한 부위에 접촉을 받으면 다양한 반사 행동을 분명히 나타낸다는 것을 살펴보았다. 잠잘 때조차도 신생아는 신체의 한 부위(예: 귀)를 쓰다듬어 주는 것에 습관화되지만, 촉각적 자극을 턱과 같은 새로운 부위로 옮기면 또 다시 반응한다(Kisilevsky & Muir, 1984).

접촉에 대한 민감성은 영아의 주변 환경에 대한 반응성을 높이는 것이 분명하다. 미숙아를 인큐베이터 속에서 주기적으로 쓰다듬어 주고 마사지해 줄 때 발달이 호전되었다. 쓰다듬어 주고 친밀하게 접촉하면 미숙아만이 아니라 모든 영아의 발달이 촉진된다. 접촉은 스트레스 수준을 낮추고 진정시켜 주며 영아들의 신경활동을 활발하게 해준다(Diamond & Amso, 2008; Field et al., 2004). 부드럽게 쓰다듬어 주는 것과 마사지가 주의집중을 잘못하는(inattentive) 영아를 각성시키고 흥분한 상태에 있는 영아를 안정시킨다는 사실을 통해 접촉이라는 치료의 효과가 인정된다. 이런 접촉을 통해 영아는 때때로 주변 사람들에게 미소를 짓고 주변 사람들과 더 밀착하게 된다(Field et al., 1986; Stack & Muir, 1992). 이후 생후 1년 동안, 영아는 물체를 탐구하기 위해 촉각을 이용하기 시작하는데, 처음에는 입술과 입을, 나중에는 손을 사용한다. 따라서 접촉은 영아가 주변 환경에 대한 지식을 획득하는 주요 수단이며 영아의 초기 인지발달에 매우 결정적으로 기여한다(Piaget, 1960). 변화에도 상당히 민감하다. 만약 젖병에 든 우유가 너무 뜨거우면 빨지 않으려 하고, 방의 온도가 갑자기 낮아지면 더욱 활동적이 됨으로써 신체 내부의 열을 보존하려고 한다(Pratt, 1954).

영아는 고통을 많이 경험하는가? 혈액검사를 위해 생후 1일된 영아에게 주사를 놓았을 때 그 영아가 강렬하게 울어대는 것을 보면 확실히 그런 것 같다. 실제로, 아주 어린 영아는 5~11개월된 영아보다 예방접종을 받을 때 더 고통스러워 한다(Axia, Bon-ichini, & Benini, 1999).

영아에게 진통제를 놓는 것 자체가 매우 위험하기 때문에 마취제 없이 이루어지는 포경 수술을 받는 경우가 많은데, 이때 아기는 매우 고통스러워 한다(Hill, 1997). 포경수술 중 영아는 미숙아 또는 뇌 손상을 입은 영아의 울음소리와 흡사한 울음을 목청 높여 터뜨린다(Porter, Porges, & Marshall, 1988). 또한 스트레스에 대한 생리학적 척도인 원형질 코티졸(plasma cortisol)은 수술 직전보다 수술 직후에 상당히 높아진다(Gunnar et al., 1985). 이런 연구 결과들은 마치 영아가 고통에 무감각하기라도 한 것처럼 영아를 다루어야 한다는 의학적 처치에 의문을 던진다. 다행히도, 최근 연구자들은 포경수술 전에 가벼운 국부 마취를 해주고 수술 후에는 단맛이 나는 음료를 먹이는 것이 영아가 수술로 인한 고통을 덜 느끼며 더 평화롭게 잠든다는 것을 밝혀주고 있다(Hill, 1997).

시각

시각이 인간의 감각 중 가장 필수적인 것으로 간주되고 있음에도 불구하고, 시각은 신생아의 감각 능력 중 가장 늦게 발달되는 것이다. 명도의 변화가 피질하부의 동공 반사를 일으키는 것은 신생아가 빛에 민감하다는 것을 의미한다(Pratt, 1954). 또한 영아는 시각장(visual field) 내의 자극의 움직임을 탐지할 수 있고, 대상이 천천히 움직이는 한, 눈으로 시각적 자극을 추적할 수도 있다(Banks & Salapatek, 1983; Johnson, Hannon, & Amso, 2005).

태어난 지 얼마 되지 않는 영아는 다른 형태(pattern)보다 얼굴(또는 얼굴 모양의 자극)을 추적하려는 경향을 보인다(Johnson et al., 1991). 이러한 영아의 선호를 증명하기 위해서 Johnson과 동료들은 서로 다른 머리 모양의 그림이 그려진 세 개의 자극을 준비했다. 그 중 하나는 얼굴 모습이고, 다른 하나는 얼굴의 구성 요소들이 있으나 위치를 뒤바꾼 모습이며, 또 다른 하나는 아무 무늬가 없는 것이다. 이들은 태어난 지 몇 분 안 된 영아가 5주가 될 때까지 이 세 가지 자극을 움직이는 형태로 영아에게 제시하였다. 그들

신생아는 제한된 조절력과 낮은 시력으로 아주 가까이에서 어머니의 얼굴도 명확하게 보지 못하고(사진 B) 희미하게(사진 A) 본다.

A: 신생아의 눈에 비친 모습   B: 성인의 눈에 비친 모습

은 영아들이 눈으로 얼굴 모습의 자극을 추적하고 손으로 이를 잡으려 한다는 것을 발견하였다. 이는 영아들이 얼굴 모습의 자극을 다른 자극들보다 선호함을 밝힌 결과이다. 왜 이러한 경향을 보이는가에 대한 한 가지 흥미로운 이론은 이런 선호가 인간이 진화 역사상 적응한 결과가 신경체계에 남긴 자취라는 것이다. 즉, 이런 선호 반응은 뇌의 하위 피질에 의해 조절되는 반사(reflex)이며, 이런 반사는 영아가 자신을 돌봐주는 사람과 친숙해지게 하며 사회적 상호작용을 촉진시킨다는 것이다(Johnson et al., 1991).

습관화 방법을 이용한 영아의 색지각 능력에 대한 연구 결과는 주변 세계가 여러 가지 색으로 이루어져 있다는 사실을 신생아가 인식할 수는 있으나, 청색, 녹색, 황색을 흰색과 구별하는 데에는 어려움이 있다는 점을 발견하였다(Adams & Courage, 1998). 그러나 뇌의 시각 중추 및 감각 경로의 급속한 발달로 인해 신생아들의 색 지각은 급속도로 발달한다. 2~3개월된 영아는 모든 기본적인 색상을 구별할 수 있으며(Brown, 1990; Matlin & Foley, 1997), 4개월이 되면 성인들처럼 약간씩 다른 농도를 가진 색상들을 적색, 녹색, 청색, 황색과 같은 기본 범주의 색상들로 범주화하게 된다(Bornstein, Kessen, & Weiskopf, 1976).

이런 상당한 시각 능력에도 불구하고, 아주 어린 영아는 해상도가 낮은 자극들을 잘 구별하지 못한다(Kellman & Banks, 1998). **시각적 예민성**(visual acuity)에 대한 연구 결과에 따르면, 신생아들의 원거리 시력(distance vision)은 약 20/600으로서 이는 시력이 매우 좋은 성인이 600피트 떨어진 곳에서 볼 수 있는 물체를 영아는 20피트 떨어진 곳에서 볼 수 있다는 것을 의미한다. 게다가 멀리 놓인 물체는 매우 어린 영아에게는 다소 흐릿하게 보인다. 이는 영아가 시각을 조절할 때 시각 자극에 초점을 맞추기 위해 눈의 렌즈 모양을 조절하는 것이 어렵기 때문이다. 이런 한계들이 있음을 감안하면, 매우 어린 영아가 서로 다른 형태를 탐지하기가 어렵다는 사실이 그리 놀랄 만한 일이 아닐 것이다. 영아가 물체를 "보기"위해서는 성인들보다 좀 더 명확한 **시각적 대비**(visual contrast)가 요구되는 것이다(Kellman & Banks, 1998). 영아기의 시력은 생후 수개월 내에 빠르게 향상되어, 6개월이 되면 아기들의 시각적 선명도는 약 20/100 정도가 된

시각적 예민성
(visual acuity)
작은 물체와 미세한 부분까지 볼 수 있는 능력.

시각적 대비
(visual contrast)
시각적 자극에서의 명암의 변화량.

표 4.3	신생아의 감각 능력
감각	신생아의 능력
시각	가장 덜 발달된 감각; 조절 및 시각적 선명도가 제한적; 밝기에 민감; 몇 가지 색상 구분 가능; 움직이는 대상 추적
청각	소리가 나는 방향으로 고개를 돌림; 성인들보다 조용한 소리에 덜 민감하나 크기, 방향, 빈도 등과 같은 차원에서 상이한 소리 구별 가능; 말소리에 특히 민감하게 반응; 엄마 목소리 인식
미각	단 음료 선호; 단맛, 짠맛, 신맛, 쓴맛 구별
후각	다양한 냄새 탐지; 불쾌한 냄새로부터 고개를 돌림; 모유를 먹일 경우 엄마의 가슴과 겨드랑이 부위의 냄새로 엄마 식별 가능
촉각	접촉, 온도 변화, 고통에 민감하게 반응

다. 성인만큼 잘 볼 수 있게 되려면 6세 정도 되어야 한다(Kellman & Arterberry, 2006; Skoczenski & Norcia, 2002).

요컨대, 어린 영아의 시각체계는 최고의 효율성을 갖고 작동하지는 않지만 분명히 작동하고 있다. 시각적 형태 자극들의 차이가 너무 미미하지 않고 명암 차이가 충분하다면, 신생아들도 움직임, 색상, 명도 변화 및 다양한 시각적 형태를 감지할 수 있다. 신생아의 시기에 나타나는 시각 기능은 경험-독립적이다. 영아가 자신의 눈으로 세상을 탐색할 때 시냅스 강화와 같이 경험-의존적인 기제가 시각적 예민성의 발달에 작용하게 된다. 따라서 경험-독립적 기제와 경험-의존적 기제 모두 영아의 시각체계가 발달하도록 한다(Johnson, 2001).

요컨대, 주요 감각들이 출생 당시에도 기능하고 있으며(표 4.3 참조), 신생아일지라도 주변 환경을 감지할 수 있는 준비가 되어 있는 것이다. 그러나 이들은 이런 정보를 해석할 수 있는가? 이들은 과연 지각할 수 있는가?

영아기의 시지각

비록 신생아가 특정 형태들을 탐지하고 구별할 수 있을 정도로 시각 능력을 갖고 있다고 해도, 이들이 어떤 자극을 바라볼 때 실제로 무엇을 보는가에 대해서는 의문이 제기된다. 만약 이들에게 □를 보여주면 이들은 사각형을 볼까, 아니면 선과 각을 조합하여 사각형을 구성하는 방법을 학습해야 할까? 이들은 언제 얼굴을 유의미한 사회적 자극으로 해석하며, 가까운 주변 사람들의 얼굴을 모르는 사람의 얼굴과 구별하기 시작하는가? 신생아는 깊이를 지각할 수 있는가? 이들은 후퇴하는 물체가 축소된다고 생각할까, 아니면 이 물체가 크기는 동일한데 단지 멀어질 때 점점 작게 보인다는 것을 아는 것일까? 바로 이런 질문들이 말을 하지 못하는 영아가 무엇을 보는가를 알아내기 위해 특별한 방법들을 고안한 연구자들의 호기심을 자극한 질문들이다.

유형과 형태의 지각

Robert Fantz가 그의 관찰상자(looking chamber) 안에서 영아를 관찰했던 것을 상기해 보자. 생후 이틀 밖에 안 된 영아는 시각적 형태를 쉽게 구별할 수 있었다. 실제로, Fantz

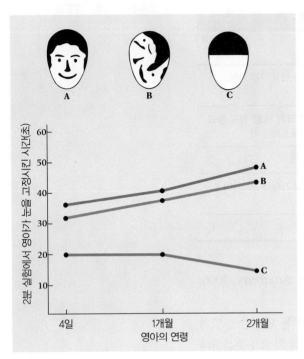

그림 4.5 어린 영아의 형태 선호를 알아보기 위한 Fantz의 실험. 영아는 단순한 흑백의 계란형보다는 복잡한 자극을 더 선호하였다. 그러나 영아는 뒤섞인 얼굴 모양보다 정상적인 얼굴 모양을 더 선호하지는 않았다.

출처: *"The Origin of Form Perception,"* by R. L. Fantz, May 1961, Scientific American, 2004, p. 72(상단). Copyright © 1961 by Scientific American, Inc.

가 제시한 모든 대상물 중 영아가 가장 선호한 자극은 얼굴이었다! 그렇다면 이것은 신생아가 이미 얼굴을 유의미한 유형으로 해석하고 있음을 의미하는가? 형태 지각이 선천적이라는 생득론자의 주장이 과연 옳을까?

초기 영아기의 유형 지각(출생 직후~2개월)

이후 연구들에 따르면, 신생아가 얼굴을 "유의미한"형태로 지각하는 능력을 갖고 있다는 것은 사실이라기보다는 환상일 뿐이다. Fantz(1961)가 어린 영아에게 얼굴, 뒤섞인 안면 특징들로 구성된 자극, 그리고 얼굴 모양 및 뒤섞인 얼굴 모양과 동일한 양의 명암을 포함하는 보다 단순한 자극을 제시했을 때, 영아는 정상적인 얼굴 모양에 나타낸 주의와 동일한 정도의 주의를 뒤섞인 얼굴 모양에도 나타내었다(그림 4.5 참조).

이후에 이루어진 연구들에 따르면, 아주 어린 영아는 밝은 구역과 어두운 구역 간에 분명한 경계선이 존재하는 극명하게 대조되는 형태와 곡선으로 이루어진 적당히 복잡한 형태를 선호하였다(Kellman & Banks, 1998). 따라서 얼굴과 뒤섞인 얼굴은 동일한 정도의 대조성, 곡선 및 복잡성을 갖고 있었으므로 Fantz의 어린 피실험자들에게 동일한 정도로 흥미로웠을 것이다.

아주 어린 영아가 보거나 보지 않는 자극의 특성을 분석함으로써, 이들이 무엇을 보는가를 추측할 수 있다. 예를 들어, 그림 4.6은 2개월이 채 안 된 영아가 매우 복잡한 장기판을 볼 때 까만 점만 본다는 것을 보여주는데, 이는 아마도 이들이 미세한 부분을 구분할 수 있을 만큼 충분히 자신의 눈을 조절하지 못하기 때문일 것이다. 이와 반대로, 영아는 적당히 복잡한 장기판을 응시할 때 분명한 형태를 본다(Banks & Salapatek, 1983). Martin Banks와 동료들은 아주 어린 영아의 보기 선호에 대해 "영아는 잘 볼 수 있는 것이라면 무엇이든지 보기를 선호한다"고 상당히 간결하게 요약했으며(Banks & Ginsburg, 1985), 영아가 가장 잘 볼 수 있는 것은 적당히 복잡하면서도 극명하게 대조되는 형태이며, 특히 움직이면서 이들의 주의를 사로잡는 것들이다.

후기 영아기의 형태 지각(2~12개월)

2~12개월 사이에 영아의 시각적 체계는 빠르게 성숙해 간다. 이제 영아는 더 잘 볼 수 있고, 점점 더 복잡한 시각적 자극을 구별할 수도 있게 되어 시간적으로 연속된 움직임까지 구분할 수 있게 된다(Kirkham, Slemmer, Richardson, & Johnson, 2007). 또한 이 시기의 영아는 시각적 형태와 개별적인 형태 세트를 지각하기 위해 자기가 보는 것을 조직화하기도 한다(Cordes & Brannon, 2008). 3, 4개월경이면 영아들도 어른 수준의 조절(집중하기)이 가능해진다(Banks, 1980; Tondel & Candy, 2008). 하지만 시력이 어른만큼 발달하는 것은 6세가 되어서야 가능하다(Kellman & Arterberry, 2006; Skoczenski & Norcia, 2002).

이러한 형태 지각의 새로운 능력을 증명하기 위해서 Philip Kellman과 Elizabeth

Spelke(1983; Kellman, Spelke, & Short, 1986)는 앞에 놓인 널 판지에 의해 일부가 가려진 막대 모형을 영아에게 제시하였다(그림 4.7, A와 B). 영아는 그 일부가 시야에서 가려져 있음에도 불구하고 이 막대를 하나의 물체로 지각할까, 아니면 두 개의 짧은 각각의 막대를 본 것처럼 행동할까?

이에 대한 답을 찾기 위해, 우선 4개월된 영아에게 모형 A(고정된 가려진 막대) 또는 모형 B(움직이는 가려진 막대)를 제시하고 이들이 그 자극에 습관화되어 더 이상 관심이 없어질 때까지 바라보게 하였다. 그 다음에는 모형 C(전체 막대)와 모형 D(두 개의 막대 조각)를 제시한 후 이들이 어떤 자극을 더 선호하는지 기록하였다. 고정된 가려진 막대(모형 A)에 습관화한 영아는 나중에 제시한 모형 C나 모형 D에는 뚜렷한 선호를 보이지 않았다. 영아는 분명히 막대의 일부가 가려졌을 때 전체 막대를 지각하는 데 있어서 동일선상에 있는 생김새가 같은 막대기 끝부분과 같은 단서를 이용할 줄 몰랐다. 이와 대조적으로, 움직이는 막대(모형 B)에 습관화한 영아는 모형 B를 "하나의 막대"로 분명히 지각하였다. 이는 이들이 전체 막대(모형 C, 이제 이 모형은 "아까 본 거랑 같네.")보다는 두 개의 짧은 막대(모형 D)에 훨씬 더 많이 주의를 둔 것으로부터 알아낼 수 있었다. 후자의 영아는 공동 움직임—막대의 양쪽 부분이 동시에 동일한 방향으로 움직인다—으로부터 그 막대의 전체성을 추론한 것 같다. 이것을 볼 때 영아는 형태를 구별하기 위해 운동 단서에 크게 의존한다고 있다는 것을 알 수 있다(Johnson et al., 2002; Johnson & Mason, 2002).

흥미롭게도, 형태를 지각하기 위해 물체의 운동을 이용하는

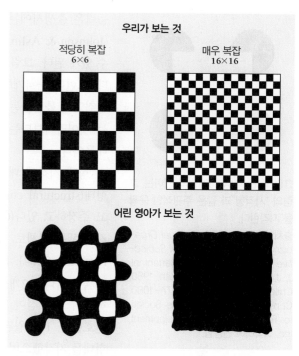

그림 4.6 어린 영아의 눈에 비치는 유형의 모습. 별로 좋지 않은 시력을 가진 눈이 이 두 장기판을 시각처리한다면, 오직 왼쪽 장기판의 유형만이 눈에 흔적을 남길 것이다. 영아는 생후 초기의 좋지 않은 시력으로 인해 매우 복잡한 자극보다는 적당히 복잡한 자극을 선호한다.

출처: *"Infant Visual Perception," by M. S. Banks, in Collaboration with P. Salapatek,* 1983, in Handbook of Child Psychology, Vol. 2: Infancy and Developmental Psychology, *by M. M. Haith & J. J. Campos(Eds.). Copyright © 1983 by John Wiley & Sons, Inc.*

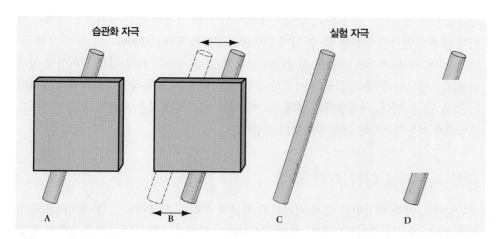

그림 4.7 물체를 전체로서 지각하는가를 알아보는 실험. 영아는 앞에 놓인 널판지에 의해 일부가 가려진 막대에 습관화되어 있다. 막대는 고정된 것(A)과 움직이는 것(B)이 있다. 실험 후에 영아는 전체 막대(C)를 "오래된 자극"으로 다루는가? 성인이라면 당연히 널판지 뒤에 하나의 긴 막대가 있다고 해석할 것이며, 따라서 전체 막대를 친숙한 자극으로 여길 것이다. 그러나 영아가 두 개의 막대 조각(D)보다 전체 막대(C)에 더 관심을 보인다면, 그 영아는 전체 막대를 지각하는 데 이용할 수 있는 단서를 사용하지 못했음이 분명하다.

출처: *"Perception of Partly Occluded Objects in Infancy," by P. J. Kellman & E. S. Spelke,* 1983, Cognitive Psychology, 15, 483–524. Copyright © 1983 by Academic Press, Inc.

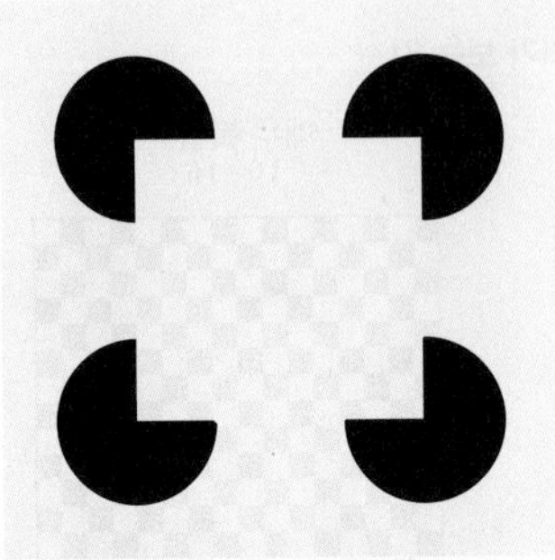

그림 4.8 생후 3개월의 영아는 그림의 "사각형"과 같은 주관적인 윤곽을 지각한다.
출처: "*Derelopment of Visual Organization: The Perception of Subjective Contours*," by B. I. Bertenthal, J. J. Campos, & M. M. Haith, 1980, Child Development, 51, 1077-1080. Copyright © 1980 by The Society for Research in Child Development, Inc. 허락하에 인용함.

능력은 출생시에는 보이지 않고(Slater et al., 1990), 2개월 정도가 되어야 발달한다(Johnson & Aslin, 1995). 3~4개월정도가 되면, 영아는 고정된 장면의 형태도 지각할 수 있게 된다. 그림 4.8을 자세히 살펴보자. 여러분들은 이 모형에서 사각형이 보일 것이다. 그런데 3~4개월된 영아도 사각형을 볼 수 있다(Ghim, 1990). 실로, 이는 놀랄 만한 성취임에 틀림없는데, 그 이유는 이 "사각형"의 경계는 시각체계에 의해 단순히 탐지되는 것이라기보다는 정신적으로 조직되어야 하는 주관적 윤곽(subjective contour)이기 때문이다.

형태 지각에 대한 많은 연구들은 지각적 단서가 부족한 상황에서도 영아가 구조적 형태(structural configuration)에 대해 많은 것을 탐지하게 되는 것은 생후 1년경이라고 주장하고 있다(Craton, 1996). 8개월 가량이 되면 영아는 더 이상 부분적으로 가려진 물체를 전체로 지각하는 데 운동 단서가 필요하지 않다(Johnson & Richard, 2000; Kavs&ek, 2004). 12개월된 영아는 제한된 정보로부터 형태를 구성하는 데 있어서 훨씬 더 뛰어나다. 12개월된 영아는, 9~10개월된 영아와는 달리, ㅁ와 같이 복잡한 형태를 하나의 불빛 점이 그리는 것을 본 뒤, 별 모양과는 다른 형태를 가진 실제적 물체를 더 선호한다. 12개월된 영아가 새로운 것을 선호하는 이런 경향은 이들이 이미 빛이 그린 형태를 지각했으며, 이제 그 형태를 다른 새로운 형태보다 덜 흥미롭게 생각한다는 것을 말해준다(Rose, 1988; Skouteris, McKenzie, & Day, 1992).

형태 지각에 대한 설명

신생아는 시각 자극을 탐색하고 시각적 구별을 할 수 있도록 생물학적으로 준비되어 있다. 이러한 초기의 시각경험들은 시각 신경원을 활성화시키고 뇌의 시각중추의 성숙에 기여하기 때문에 중요하다(Nelson, 1995). 생후 2~3개월쯤 되면, 영아는 좀 더 상세하게 보고 좀 더 체계적으로 탐색할 수 있으며, 전반적인 얼굴 형태뿐만 아니라 주변의 친숙한 사람들의 얼굴을 표상하는 좀 더 구체적인 형상과 같은 시각 형태를 구성할 정도로 성숙해진다. 그 와중에도 영아는 시각적 탐색을 계속하고 지식을 획득함으로써 시각 자극들을 더욱 정교하게 구별하고, 딸랑이나 아빠의 기쁜 표정과 같은 구체적인 형태의 의미에 대해 일반적인 추론을 할 수 있게 된다(Pascalis & Kelly, 2009).

요컨대, 형태 지각의 발달은 신생아의 선천적 능력(기능은 하고 있으나 미성숙 상태인 시각), 생물학적 성숙, 그리고 시각적 경험(또는 학습)의 지속적인 상호작용의 결과라는 것을 알 수 있다. 이제부터는 형태 지각에 대한 이런 상호작용 모델이 공간 지각에도 동일하게 적용되는지에 대해 알아보기로 한다.

삼차원 공간에 대한 지각

성인들이 깊이와 삼차원을 쉽게 지각하기 때문에 우리는 신생아도 그럴 것이라고 단정짓곤 한다. 그러나 경험론자들은, 신생아는 시력이 떨어지고 물체의 초점을 정확하게 잡는(즉, 조절하는) 능력이 부족하기 때문에 정확한 공간 추론을 하는 것이 불가능하다고 주장한다. 그렇다면 언제 영아는 깊이를 지각할 수 있으며 크기 및 공간 관계에 대해 상당히 정확한 추론을 하게 되는가? 이러한 질문에 답변하기 위해 고안된 세 가지 연구를 간략하게 살펴보자.

크기 항상성

아주 어린 영아도 삼차원을 가로지르는 움직임을 해석할 수 있다. 예를 들어, 1개월된 영아는 얼굴을 향해 다가오는 물체(looming objects)에 눈을 깜박거림으로써 방어적으로 대응한다(Nanez & Yonas, 1994). 3~5개월에는 틈새가 가까이 올 때와 물체가 다가올 때 다르게 반응한다. 머리를 뒤로 젖히고 팔을 바깥쪽으로 뻗으면 영아의 눈 깜박임이 증가하는데 이는 갑작스런 충돌을 예상하는 것으로 해석된다(Schmuckler & Li, 1998). 한 물체가 관찰하는 사람 쪽으로 움직이면(즉, 다가오면), 관찰자의 시각장을 더욱 많이 차지하게 되고, 결과적으로 관찰자는 물체의 배경을 점점 더 적게 보게 된다. 반면에, 열린 공간, 즉 틈이 다가올 때에는 틈의 앞이나 옆을 볼 수 있는 공간이 줄어들며 틈 너머를 점점 더 많이 볼 수 있게 된다. 영아의 깜박임이 증가하는 것은 갑작스런 충돌에 대한 반응으로 해석되는 반면, 깜박임이 적어지는 것은 갑자기 열린 공간을 통과하는 것에 대한 반응으로 해석된다(Schmuckler & Li, 1998). 그렇다면 아주 어린 영아도 **크기 항상성**(size constancy)을 갖고 있는가? 즉, 이들은 물체가 가까이 다가오면서 동공에 점점 더 큰 상이 맺히거나 물체가 점점 멀어지면서 작아 보일 때에도 그 물체의 크기는 동일하다는 것을 인식하는가?

최근까지만 해도, 연구자들은 영아가 정확한 공간 추론을 하도록 하는 양안시(입체시)가 발달하는 생후 3~5개월 전에는 크기 항상성이 나타나지 않는다고 주장해왔다. 그러나 크기 항상성이 충분하게 발달하지 않은 신생아조차도 물체의 실제 크기에 대해 무언가를 알고 있는 듯하다.

그러나 신생아가 모종의 크기 항상성을 나타낸다는 점을 입증했다고 하더라도 이런 능력이 완전히 발달되었다는 것은 아니다. 분명히, 양안시는 크기 항상성의 발달에 기여한다. 왜냐하면 크기 항상성을 인식하고 있는 것처럼 보이는 4개월된 영아는 양안시 능력이 가장 성숙해 있기 때문이다(Aslin, 1987). 운동 단서(kinetic cues) 또한 크기 항상성을 인식하는 능력의 발달에 기여한다. 예를 들어, 4개월된 영아에게 물체가 접근하거나 후퇴하는 것을 보여주면 이들은 실제 크기에 대해 정확한 추론을 할 가능성이 높다(Day & McKenzie, 1981). 크기 항상성은 생후 1년 내내 꾸준히 향상된다. 그럼에도 불구하고, 이러한 능력은 10~11세가 되어서야 완전히 성숙한다(Day, 1987).

그림 단서의 이용

Albert Yonas와 동료들은 영아가 단안 깊이 단서에 대해 보이는 반응을 연구하였다. 단안 깊이 단서는 이차원 표면상에 깊이와 거리를 표현하기 위해 화가나 사진작가가 이용하는 기법이다. 가장 초기 연구(Yonas, Cleaves, & Petterson, 1978)에서, 이들은 영아에게 45도 각도에서 찍은 창틀 사진을 보여주었다. 그림 4.9에 나타나 있듯이, 우측 창문은(적어도 우리에게는) 좌측 창문보다 더 근접해 있는 것처럼 보인다. 따라서 만약 영아가 그림 깊이 단서를 지각한다면 우측 창문이 더 가깝다고 착각하여 그 쪽을 향해 손을 내밀 것이다. 그러나 그림 단서에 대해 무감각하다면 양쪽 손을 내미는 빈도가 비슷할 것이다.

Yonas와 동료들이 발견한 사실은, 7개월된 영아는 가장 근접해 보이는 창문으로 손을 내민 반면에 5개월된 영아는 그러한 내밀기 선호를 보이지 않았다는 점이다. 이후 연구에서, Yonas와 동료들은 7개월된 영아가 중첩(그림 4.10 참조), 상대적 크기, 음영, 결기울기

그림 4.9 실제로, 이 창틀은 45도 각도에서 찍은 대형 사진이고, 이 사진의 바로 앞에 앉아 있는 영아는 이 창틀의 각 세로 가장자리로부터 같은 거리에 있다. 만약 영아가 깊이에 대한 그림 단서의 영향을 받는다면, 사진의 우측 가장자리가 더 가까이 있다고 지각할 것이고, 이들의 좌측에 있는 좀 더 "먼" 가장자리보다는 이 우측 가장자리를 만지려고 손을 내밀 것이다.

출처: *"Development of Sensitivity to Pictorial Depth,"* by A. Yonas, W. Cleaves, and L. Pettersen, 1978, Science, 200, 77–79. Copyright © 1978 by the American Association for the Advancement of Science.

크기 항상성
(size constancy)
동공에 맺히는 물체의 상 크기가 변화함에도 불구하고 다양한 거리에 있는 물체를 동일한 크기로 지각하는 경향.

그림 4.10 만약 영아가 그림 단서 중 중첩에 민감하다면, 분명히 시각 모형 중 "가장 근접한" 쪽(이 그림에서는 좌측)을 향해 손을 뻗을 것이다. 5개월된 영아와는 달리, 7개월된 영아는 이런 내밀기 선호도를 보인다.
출처: "Infants' Perceptions of Pictorially Specified Interposition," by C. E. Granrud and A. Yonas, 1984, Journal of Experimental Child Psychology, 377, 500–577. Copyright © 19784 by Academic Press.

시각 절벽
(visual cliff)
깊이 착각을 불러일으키도록 쌓은 플랫폼으로서 영아의 깊이 지각에 대한 실험에 사용.

및 선 조망과 같은 그림 단서에도 민감하게 반응하는 반면, 5개월된 영아는 그렇지 않음을 발견했다(Yonas, Arterberry, & Granrud, 1987; Arterberry, Yonas, & Bensen, 1989).

요컨대, 영아는 각 연령에 각기 다른 공간적 단서에 민감해진다. 출생 당시에는 크기 항상성에 대한 능력이 제한적이지만, 1~3개월 사이에는 운동 단서(즉, 점점 커지며 나타나거나 움직이는 물체들)로, 3~5개월 사이에는 양안 단서(Schor, 1985), 그리고 6~7개월이 되면 단안 단서(그림 단서)로 공간적 정보를 추론한다. 과연 이런 놀랄 만한 성과들이 6~7개월된 영아가 깊이를 지각하고 소파나 의자의 가장자리에서 굴러 떨어지지 않을 만큼 충분히 잘 알고 있다는 것을 의미하는 것일까? 이 질문에 대한 답변을 찾기 위해 연구자들이 어떤 시도를 했으며 그런 시도로부터 무엇을 발견했는가를 살펴보자.

깊이 지각의 발달

Eleanor Gibson과 Richard Walk(1960)는 영아가 깊이를 지각할 수 있는지를 알아보기 위해 **시각 절벽**(visual cliff)이라고 불리는 장치를 고안했다. 시각 절벽(그림 4.11 참조)은 중간의 널판지에 의해 두 구역으로 나누어지는 높은 유리 바닥(glass platform)으로 구성된다. "얕은"구역에는 장기판 무늬의 천을 유리 바로 아래 깔고, "깊은"구역에는 장기판 무늬의 천을 유리로부터 몇 피트 아래에 깖으로써 가파른 낭떠러지 또는 "시각 절벽"이라고 착각하게 만든다. 이 유리 바닥 중간의 경계구역에 영아를 올려놓은 후 엄마에게 영아가 "얕은"구역과 "깊은"구역을 건너 어머니에게 오도록 유혹하게 한다. 6개월 반 이상이 된 영아들을 대상으로 한 실험에서, Gibson과 Walk(1960)는 90% 이상의 영아가 얕은 구역은 건넜지만, 깊은 구역을 건넌 영아는 10%도 채 되지 않았음을 발견했다. 기어다닐 정도가 된 대부분의 영아는 분명히 깊이를 지각하고 낭떠러지를 두려워한다.

기어다니기에는 아직 너무 어린 영아도 깊이를 지각하는가? 이에 대한 답변을 알아보고자 Joseph Campos와 동료들(1970)은 영아에게 시각 절벽의 "얕은"구역과 "깊은"구역 안을 들여다보게 하고, 이때 영아의 심장 박동률의 변동을 기록하였다. 2개월된 영아는 깊은 구역 위에 두었을 때에는 심장 박동률이 감소했지만, 얕은 구역에 두었을 때에

그림 4.11 시각 절벽에서의 영아

는 변화가 없었다. 왜 심장 박동률이 감소되었는가? 두려움을 느낄 때 우리의 심장은 더 빨리 뛰지 천천히 뛰지는 않는다. 심장 박동률의 감소는 흥미를 보인다는 신호이다. 그렇다면 2개월된 영아는 깊은 구역과 얕은 구역의 차이를 탐지할 수는 있으나 아직 낭떠러지를 두려워하는 것은 학습하지 못한 것이라고 할 수 있다.

운동발달 및 깊이 지각 수많은 6~7개월된 영아가 낭떠러지를 무서워하게 되는 이유 중 하나는 이들이 어린 시절보다 운동 단서, 양안 단서, 그리고 단안 깊이 단서에 더욱 민감하기 때문이다. 그러나 대부분의 경우, 이런 두려움은 영아가 기어다니다가 떨어져 본 적이 있기 때문이기도 하다. Joseph Campos와 동료들(1992)은 수주 동안 기어다닌 영아가 아직 기기 시작하지 않은 또래 영아보다 낭떠러지를 훨씬 더 두려워함을 발견하였다. 실제로, 기어다니기 이전의 영아를 스스로 이동할 수 있도록 보행기에 태워주면 이들의 높이에 대한 정상적인 두려움은 신속하게 발달한다. 따라서 영아는 운동발달을 통해 깊이의 의미를 다르게 해석하게 된다고 할 수 있다. 또한 5장에서 살펴볼 것처럼, 스스로 이동하기 시작한 영아는 숨겨진 물건찾기와 같은 여타의 공간적 문제를 해결하는 데 있어서도 아직 스스로 이동하지 못하는 영아보다 뛰어난 해결 능력을 보인다.

스스로 이동한다는 사실이 왜 이러한 차이를 만들어 내는가? 아마도 그 이유는 영아가 기어다닐 정도가 되면 자신이 이동할 때 시각적 환경이 변한다는 것을 알게 되고, 따라서 좀 더 큰 공간 배경과 자기 자신(또는 숨겨진 물체)의 연관성을 정의하기 위해 공간적 지표를 이용할 수 있기 때문일 것이다. 스스로 움직일 수 있게 된 영아는 자신이 움직일 때 다른 물체도 움직인다는 감각, 즉 시각적 흐름(optical flow)에 더욱 민감해진다. 이러한 시각적 흐름이 뇌의 감각령 및 운동령에 새로운 신경 경로의 발달을 촉진시킴으로써 운동 능력과 공간 지각을 향상시킨다(Bertenthal & Campos, 1987; Higgins, Campos, & Kermoian, 1996; Schmuckler & Tsang-Tong, 2000).

위 실험 결과는 형태 지각의 발달을 가장 잘 설명해 주고 있으며 상호작용 모델이 공간 능력의 발달에도 적용될 수 있음을 시사한다. 영아는 시각의 성숙으로 말미암아 더 잘 보고 더 다양한 깊이 단서들을 탐지할 수 있게 되고 동시에 운동 능력의 발달도 촉진시킨다. 그러나 경험 또한 이에 못지않게 중요하다. 생후 첫 1년은 영아가 호기심을 가득 안고 점점 더 능숙하게 물체에 손을 내밀고 물체를 조작하고 계단, 경사진 표면 및 실제 상황의 "시각 절벽"을 탐색하려고 이리저리 돌아다니면서 깊이 및 거리 관계에 대해 새롭고 흥미로운 발견을 계속하는 시기이다(Bertenthal, 1993; Bushnell & Boudreau, 1993).

이제 영아들이 어떻게 여러 개의 감각을 통해 얻은 정보를 통합하여 지각적 추론을 하는지 살펴보자.

감각 간 지각

눈을 가리고 물체를 만져 보고서는 그 물체가 무엇인지를 알아맞히는 게임을 한다고 상상해 보자. 여러분의 손에 작고 둥근 물체가 놓여진다. 그 물체를 만지작거려보니 그것은 지름이 대략 1.25인치이고, 무게는 2~3온스 정도이며, 매우 단단하고 무수한 작은 홈이 파져 있는 물체라는 것을 알게 된다. 이때 여러분은 "아하!"라고 소리치며 그 물체가 _____이라고 결론을 짓는다.

감각 간 지각
(intermodal perception)
한 감각 양식을 통해 이미 친숙한 특정 자극 또는 특정 자극의 유형을 구분하기 위해 다른 감각 양식을 이용할 수 있는 능력.

수업 중에 이 실험을 실행한 한 연구자의 보고에 따르면, 대부분의 학생들은 평생 골프공을 만져본 적이 없는데도 불구하고 이 물체가 골프공이라는 것을 쉽게 알아맞힌다. 이것은 하나의 감각 양식을 통해 친숙해진 특정 물체를 또 다른 감각 양식으로 인식하는 능력, 즉 **감각 간 지각**(intermodal perception)의 한 예로서, 위 경우는 시각을 통해 친숙해진 골프공을 촉각을 통해 인식한 것이다. 성인은 이런 종류의 추론이 가능하지만, 영아는 언제 처음으로 이런 능력을 나타내는가?

출생 당시에 감각들은 통합되어 있는가?

주변 세계를 이해하려고 시도 중인 영아들이 물체를 시각, 촉각, 후각, 또는 기타 방법을 통해 탐색해 얻은 정보들을 통합할 수 있다면 대단히 유익할 것이다. 이런 감각들은 생의 초기부터 통합적으로 기능하는가?

영아에게 비눗방울을 불어 주어 영아의 주의를 사로잡았다고 가정해 보자. 영아는 그 비눗방울을 만지려고 손을 내밀까? 만약 영아가 손을 내밀었다면, 그리고 살짝 건드렸는데도 비눗방울이 터지는 것을 보았다면 영아는 과연 어떠한 반응을 보일까?

Thomas Bower와 동료들(1970)은 신생아들에게 위 비눗방울 상황과 유사한 상황을 제시하였다. 생후 8~31일된 신생아들에게 특별히 제작된 안경을 씌웠다. 이 안경은 쓰면 주변에 가상 물체가 보이는데, 실제로 이는 음영 투사기(shadow caster)를 통해 만들어지는 허상이었다. 영아가 이 물체를 잡으려고 손을 내민다 해도 결국은 아무것도 느끼지 못할 것이다. Bower와 동료들은 실제로 아동이 이 가상 물체를 잡으려고 손을 내밀었지만 결국 아무것도 만지지 못하자 당황하여 울음을 터뜨리게 된다는 것을 발견했다. 이 실험 결과에서 알 수 있는 것은 시각과 촉각이 통합되어 있다는 점이다. 즉, 영아는 자신이 볼 수 있고 닿을 수 있는 물체는 만질 수 있다고 생각하기 때문에, 이들에게 시각과 촉각의 부조화는 당황스러운 것이다.

청각과 시각의 부조화에 대한 한 연구(Aronson & Rosenbloom, 1971)에 의하면, 1~2개 월된 영아는 엄마가 방음벽 뒤에서 말하고 있는 것이 보이는 데도 불구하고 엄마의 목소리는 방음벽 측면의 스피커로부터 들려올 때 혼란스러워 하는 경향이 있다. 이들이 혼란스러워 하는 것은 시각과 청각이 통합되어 있음을 시사한다. 즉, 엄마를 보고 있는 영아는 엄마의 목소리가 엄마의 입으로부터 나오기를 기대하고 있는 것이다.

엄마의 얼굴을 알아보는 신생아의 능력도 초기 감각 간 통합에 달려 있다. 태어난 지 얼마 되지 않은 신생아는 낯선 사람들의 얼굴보다 엄마의 얼굴을 더 선호하였다. 신생아들은 낯선 얼굴보다 엄마의 얼굴 쪽을 더 많이 더 오랫동안 보았다. 실험자들이 신생아가 엄마 냄새를 맡을 수 없도록 후각 단

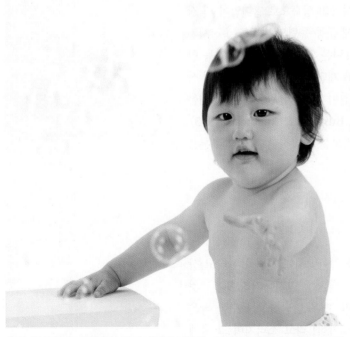

출생시 감각들은 통합되어 있기 때문에, 영아는 자기가 볼 수 있고 닿을 수 있는 물체는 만지고 느낄 수 있다고 생각한다. 그러나 시각과 촉각은 곧 분화되어 사진 속의 1세된 영아는 물체를 살짝 건드림으로써 사라지게 하는 것을 즐기기까지 한다.

서를 통제했을 때도 이러한 엄마에 대한 선호가 나타났다(Bushnell & Sai, 1989; Sai, 1990). 그러나 신생아들이 엄마 목소리를 들을 수 없도록 하자 낯선 이와 비교하여 엄마의 얼굴에 대한 선호를 보이지 않았다. 신생아는 분명 엄마를 인지할 수 있기 전까지는 보는 것과 듣는 것이 다 필요하다(Sai, 2005). 영아는 3개월 반이면 낯선 사람의 얼굴과 목소리의 연합을 학습할 수 있다(Brookes et al., 2001).

요컨대, 생의 초기에 감각들은 분명히 통합되어 있다. 그러나 영아가 혼란스러운 감각 자극에 대해 부정적인 정서적 반응을 보이는 것은 영아가 이미 한 감각을 통해 친숙한 물체나 경험을 인식하는 데 있어서 또 다른 감각을 사용하지 못함을 시사한다.

감각 간 지각 능력의 발달

감각 간 지각 능력이 신생아들에게는 전혀 관찰되지 않지만, 생후 1개월만 되어도 영아는 이전에 빨았던 물체들 중 최소한 몇 개는 시각을 통해서 알아낼 수 있다. Eleanor Gibson과 Arlene Walker(1984)는 1개월된 영아들에게 딱딱한 우유병(cylinder)과 유연한 우유병을 각각 빨게 하였다. 그리고나서 유연한 우유병은 구부러지고 딱딱한 우유병은 구부러지지 않는다는 것을 영아에게 보여주었다. 결과는 분명했다: 유연한 우유병을 빨았던 영아는 딱딱한 우유병을 응시하기를 선호한 반면, 딱딱한 우유병을 빨았던 영아는 유연한 우유병을 응시하기를 선호하였다. 분명히, 이 영아들은 자신이 빨았던 물체를 "시각화"할 수 있었기 때문에 그 물체와 다른 새로운 시각적 자극을 더욱 흥미롭게 여겼던 것이다.

그러나 생후 30일된 영아는 이미 유연한 물체(젖꼭지) 및 딱딱한 물체(자기 엄지손가락)를 여러 번 빨아 본 경험이 있기 때문에, 감각 간 지각이 반드시 생득적인 것이라고 할 수는 없다. 그리고 1개월된 영아가 놀랄 만한 능숙함을 보여준다는 사실을 황급히 받아들이기 전에, 첫째 1개월된 영아에게서 볼 수 있는 감각 간 지각 능력으로는 구강-시각(oral-to-visual) 간 지각이 유일하다는 점과, 둘째 이렇게 어린 영아들에게는 이 능력은 아주 미약하게 존재하며 생후 첫 1년간 급속도로 성장한다는 점을 주지해야 할 것이다(Maurer, Stager, & Mondloch, 1999; Rose, Gottfried, & Bridger, 1981). 또한 촉각(물체를 잡는 것)을 시각과 연합시킬 수 있는 능력도 4~6개월이 되기 전까지는 나타나지 않는데(Rose, Gottfried, & Bridger, 1981; Streri & Spelke, 1988), 그 이유는 4~6개월이 채 되지 않은 영아는 물체를 제대로 잡지도 못하기 때문이다(Bushnell & Boudreau, 1993).

시각과 청각 간의 감각 간 대응(matching)은 영아가 소리가 나는 방향으로 **자발적으로** 고개를 돌리기 시작하는 때인 4개월경에 나타난다(Bahrick, Netto, & Hernandez-Reif, 1998). 4개월이 된 영아는 거리를 지각하기 위해 시각 단서와 청각 단서를 대응시키기도 한다. 예를 들어, 이들은 들려오는 엔진 소리가 점점 더 작아질 때 다가오는 기차보다는 멀어져 가는 기차가 나오는 영화를 보는 경향이 있다(Pickens, 1994; Walker-Andrews & Lennon, 1985). 분명히 4개월된 영아는 어떤 장면에서 어떤 소리가 나는지를 알고 있으며, 이러한 청각/시각 연합은 이후 몇 개월 간에 걸쳐 계속 발달한다(Guihou & Vauclair, 2008).

각각의 감각체계가 성숙되면, 감각 간 지각은 지속적으로 영아가 세상을 탐색하고 학습하도록 돕는다. 일련의 특이한 소리가 나는 물체의 제시순서에 습관화되었을 때 4

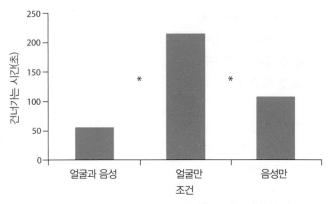

그림 4.12 각 조건별로 영아가 시각 절벽을 건너는 데 걸린 평균시간. 출처: A. Vaish and T. Strian, "Is Visual Reference Necessary? Contributions of Facial Versus Vocal Cues in 12-Month-Olds," Developmental Science, 7, 261–269. Blackwell Publishing Ltd.

개월과 8개월된 영아는 습관화된 제시순서, 그리고 물체와 소리의 짝은 같지만 제시순서가 다를 때를 구분할 수 있었다. 그러나 물체와 소리의 짝을 분리하여 소리와 시각 중 한 가지 양식의 제시순서를 독립적으로 바꾸었더니 4개월된 영아는 습관화된 제시순서와 소리나 물체의 순서를 바꾸어 제시한 것의 차이를 더 이상 알아차리지 못했다. 이에 비해, 8개월된 영아는 순서가 바뀐 감각 양식의 차이를 알아차릴 수 있었다. 더 어린 영아에게는 물체와 소리의 쌍이 영아의 주의를 순서 간 관계로 이끌어 감각 간 지각반응을 이끌어 내며, 이는 8개월 영아를 통해 증명된 더 나은 순서 탐지기술의 기초가 된다(Leckowicz, 2004).

어떤 상황에서는 생후 1년된 영아는 하나 이상의 감각으로 경험하는 자극에 대해 더 강한 반응을 보일 수도 있다. 시각 절벽 절차에서 12개월의 영아는 엄마가 주는 시각과 청각 단서를 모두 지각했을 때 재빨리 건너갔다. 영아들은 청각 단서만 주어졌을 때 좀 느리게 건너갔으며 시각 단서만 주어졌을 때는 건너는 시간이 가장 오래 걸렸다(그림 4.12 참조). 또한 영아는 청각과 시각 단서를 모두 지각했을 때 엄마를 더 많이 쳐다보았다. 시각 단서만 주어진 조건과 청각 단서만 주어진 조건 간에 엄마를 쳐다본 시간의 차이는 유의미하지 않았다. 목소리의 전반적인 영향력을 이해하기 위해, 아이가 위험한 행동을 하려고 할 때 달려가는 부모를 생각해 보라. 아이들이 안전하지 못한 상황에서 종종 청각 단서만이 주어질 때가 있다. 부모의 목소리는 부모보다 더 먼저 아이에게 닿을 수 있다(Vaish & Strian, 2004).

감각 간 지각에 대한 설명

감각 간 중복 가설(intersensory redundancy hypothesis)은 개별 감각의 분화와 발달에 의해서 비양식적 탐지가 촉진됨을 주장한다(Bahrick & Lickliter, 2000). 즉, 물체에 대한 다중 감각 양식(multiple sensory modality)은 영아의 주의를 끌며, 영아는 그 물체에 주의를 두고 상호작용하며, 상대적인 정보들을 모아 개별 감각 양식을 정교하게 한다. 그 결과, 영아의 지각체계는 다양한 감각이 전체로 지각되는 비양식적인 상태에서 시각에서 청각을, 후각에서 시각 등을 분류할 수 있는 통합적인 상태로 발달한다. 예를 들면, 시각과 청각이 활성화 되어 영아는 몸을 늘리며 가르릉대는 새끼고양이에게 빠르게 주의를 둘 수 있다. 영아가 보고 들을 때 청각과 시각 정보가 상호작용하면서 영아의 청각과 시각이 발달하여 더욱 정확하게 보고 들을 수 있게 된다. 새끼고양이가 소리를 내지 않는다면 영아가 청각과 시각 정보를 분화할 수 있는 기회는 없을 것이다. 그러므로 감각 간 중복 가설에 의하면 다중 양식 자극을 처리하는 것은 실제로 지각적 분화를 촉진한다(Bahrick & Lickliter, 2000; Bahrick, Lickliter, & Flom, 2004). 이런 관점에서 신생아와 6개월된 영아의 감각 간 지각은 매우 다르다고 볼 수 있다. 출생 당시 감각 지각은 비양식적 또는 미분화 상태이며 영아가 다중 양식 감각 자극을 경험할수록 진정한 통합적 지각이 발달한다. 즉, 영아는 보고, 듣고, 냄새를 맡고, 맛을 보고, 느낄수록 구분을 할 수 있게 되고 더욱 세분화된 감각 양식으로 재통합할 수 있게 된다(Bahrick, 2000).

영아의 감각과 지각

다음 질문들에 답함으로써 영아들의 감각과 지각 연구에 쓰인 연구 방법과 영아들의 감각적, 지각적 경험에 대한 여러분의 이해를 체크하라. 정답은 부록에 있다.

객관식: 각각의 질문들에 대한 최선의 답을 선택하라.

_____ 1. 시지각은 생후 첫해에 빠르게 발달한다. 영아를 적절하게 복잡하고 대비가 큰 자극(특히 움직임이 있는)을 선호하는 "자극 탐색자"로 묘사할 수 있는 시기는 언제인가?
　　a. 0~2개월
　　b. 2~6개월
　　c. 6~9개월
　　d. 9~12개월

_____ 2. 연구자들은 영아의 깊이 지각을 연구하기 위해 독창적인 방법을 고안했다. 연구자들은 이 방법을 이용하여 영아가 깊이의 변화를 지각할 수 있지만 무서워하지 않는다는 것을 알아내었다. 또한 이 방법으로 영아가 깊이 변화를 무서워하게 되는 시기를 알아내었다. 이 연구방법은?
　　a. 습관화 절차
　　b. 시각 절벽
　　c. 높은 진폭의 빨기
　　d. 지각적 선호법

_____ 3. 이미 친숙한 물체나 경험을 한 감각 양식에서 다른 감각 양식을 거쳐 인지하는 능력을 말하는 용어는?
　　a. 감각통합

　　b. 감각학습
　　c. 통합지각
　　d. 시각통합

빈칸 채우기: 다음 문장들을 완성하기 위한 올바른 단어를 선택함으로써 신생아의 감각 능력에 대한 여러분의 이해를 체크하라.

4. 신생아의 시력은 성인에 비하여 (낮다/높다/아주 높다)
5. 신생아는 소리를 듣고 구분하는 것을 (아주 잘한다/전혀 못한다)
6. 신생아는 접촉, 온도, 아픔에 (무감각/매우 예민)하다.

짝짓기: 다음 설명에 알맞은 감각과 지각 연구법을 선택하라.
a. 지각적 선호법
b. 습관화 절차
c. 전기적 유발
d. 높은 진폭의 빨기

7. 영아에게 두 사진을 보여주고 각각의 사진을 응시하는 시간의 길이를 재서 비교한다.
8. 젖꼭지를 스피커에 연결해서 영아가 젖꼭지를 빨거나 빨지 않거나 하여 엄마 목소리와 낯선 사람의 목소리 중 어떤 것을 들을지 직접 조절할 수 있다.

서술형: 영아기 지각발달에 대한 다음 질문들에 상세히 답하라.
9. 문화적 경험이 지각발달에 영향을 미치는 증거로 영아가 발달하면서 어떻게 감각 능력을 잃는지 기술하라.
10. 영아기 청각 상실의 원인과 결과에 대해 논의하라.

영아기 지각에 대한 문화적 영향

지각은 문화와 문화적 전통으로부터 어떤 영향을 받을까? 비록 다른 문화권에 속해 있다고 해도 형태, 유형, 또는 밝기나 소리 차이를 구별하는 능력과 같은 기본적인 지각 능력은 거의 차이가 없지만(Berry et al., 1992), 문화는 지각에 대해 미약하게나마 중요한 영향을 끼친다.

예컨대, 앞서 살펴본 바에 따르면, 특정 음소에 대해서는 영아가 성인보다도 구별을 더 잘한다. 인간은 이 세상의 어떤 언어라도 습득할 수 있도록 생물학적으로 준비된 상태에서 태어난다. 그러나 인간은 하나의 특정 언어에 노출되기 때문에 그 언어의 중요한 소리 유형(즉, 차별적인 세부 특징)에 특히 민감해지고, 그 언어와는 연관이 없는 청각적 특징에는 무감각해진다. 따라서 영아 시기에는 모든 영아들이 r과 l을 손쉽게 구별할 수 있고(Eimas, 1975a), 모국어가 영어, 불어, 서반아어, 또는 독어인 성인들도 r과 l을 쉽게 구별한다. 그러나 중국어와 일본어는 r과 l의 차이가 없기 때문에, 중국어나 일본어를 모국어로 배우고 성장한 성인들은 이 두 자음을 청각적으로 구별하는 능력이 영아보다 뒤떨어진다(Miyawaki et al., 1975).

음악은 청지각에 영향을 주는 또 다른 문화적 도구이다. Michael Lynch와 동료들 (1990)은 6개월된 영아들과 미국인 성인들에게 서양식 장조/단조 음계와 자바식 펠로 그(pelog) 음계를 들려주었다. 펠로그 음계는 서양에서 자란 성인들에게는 다소 생소하게 들린다. 이들은 멜로디가 흐르는 와중에 음계와 맞지 않는 "부조화스러운"음을 수시로 넣어 영아들에게 들려주었다. 놀랍게도, 6개월된 영아는 서양식 멜로디를 들려주었을 때와 자바식 멜로디를 들려주었을 때 모두 이 부조화스러운 음을 탐지해내곤 하였다. 이것을 볼 때 영아는 분명히 "음악성"을 지각할 뿐만 아니라, 다양한 음계로 작곡된 음악들 중 음이 잘 조화된 음악과 그렇지 않은 음악을 구별할 수 있는 잠재력을 갖고 태어난다. 그러나 이와 대조적으로, 미국인 성인들은 이들의 고유 서양 음계에서는 부조화스러운 음을 잘 탐지했지만 낯선 자바 음계에서는 그렇지 못했다. 이것은 미국인 성인들의 음악적 지각이 서양 음계에 대한 수년간의 경험을 통해 형성되었다는 것을 시사한다.

이런 연구 결과는 발달에 있어서 매우 중요한 두 가지 일반적인 원리를 제시해 준다. 첫째, 지각이 성장한다는 것은 발달에 관한 수많은 여타 측면들과 마찬가지로 단순히 새로운 능력이 추가되는 것만이 아니라 불필요한 능력을 잃어버리는 것이기도 하다. 둘째, 어떠한 감각 입력이 특수한가 그리고 이러한 감각 입력을 어떻게 해석하는가 하는 문제는 각 개인이 속한 문화에 의해 크게 좌우된다. 인간은 자신이 사용하는 언어의 차별적인 세부 특징을 갖고 있지 않은 음소들은 듣지 못하도록 학습된다. 그리고 서양인들은 쥐와 뱀을 너무 혐오스러워서 도저히 먹을 수 없는 동물로 생각하는 반면, 다른 문화권의 사람들은 이를 맛이 뛰어난 고급 요리로 지각하기도 한다. 따라서 인간이 세계를 지각하는 방식은 각자에게 감각적으로 입력된 객관적 측면을 탐지하는 방법(**지각적 학습**)뿐만 아니라 이런 입력을 해석하는 체계를 제공하는 **문화적** 학습경험에 의해서도 좌우되는 것이다.

이제부터는 학습에 대해 자세하게 고찰함으로써 많은 발달학자들이 학습을(성숙, 지각과 함께) 가장 근본적인 발달과정 중의 하나로 여기는 이유에 대해 알아보자.

지각적 학습
(perceptual learning)
경험을 통해 발생한 감각 자극으로부터 정보를 추출해 내는 능력의 변화.

▌영아기 기본적 학습과정

학습은 실제로 상당히 복잡한 과정인데도 불구하고 단순한 의미를 가진 용어로 잘못 사용될 수 있는 용어 중 하나이다. 대부분의 심리학자들은 학습을 다음의 세 가지 요건을 충족시키는 행동에서의 변화(또는 행동 잠재력)로 여긴다(Domjan, 1993):

학습
(learning)
경험 또는 연습을 통해 발생하는 상대적으로 영구적인 행동(또는 행동적 잠재성)상의 변화.

- 한 개인이 주변 환경에 대해 새로운 방식으로 사고, 지각, 또는 반응하게 된다.
- 이 변화는 분명히 한 개인의 경험의 산물이다. 즉, 이는 한 개인이 직접 실행한 반복, 연구, 실행, 또는 관찰에 의한 것이지, 유전이나 성숙에 의한 과정이라던가 상해를 입은 결과 생긴 생리학적 충격에 의한 것이 아니다.
- 이 변화는 **비교적 영구적**이다. 획득된 후 즉시 망각되는 사실, 생각, 행동은 실제로 학습된 것이 아니다. 또한 피로, 질병, 약물에 의해 발생한 일시적인 변화도 학습된 반응으로 볼 수 없다.

이제 아동의 학습을 가능하게 하는 4가지의 근본적인 방법들, 즉 습관화, 고전적 조건화, 조작적 조건화 및 관찰학습에 대해 알아보기로 하자.

습관화: 학습과 기억의 초기 증거

앞서 우리는 습관화(habituation)라고 불리는 아주 단순하지만 때로는 간과되는 학습의 한 형태에 대해 간단하게 살펴보았다. 습관화란 반복되는 자극에 더 이상 주의를 기울이지 않거나 이에 대해 반응하지 않게 되는 과정으로서(Streri, Lemoine, & Devouche, 2008), 오래된 자극이나 전혀 흥미롭지 않은 일로 인식되는 자극에 대해 무관심해지는 법을 학습하는 것으로 생각할 수 있다. 실제로, 이 과정은 영아가 태어나기도 전에 발생하기도 한다. 27~36주된 태아는 처음으로 엄마의 복부에 진동기가 놓여질 때 상당히 활발하게 움직이지만, 시간이 조금 지나면 이 진동을 더 이상 주목할 가치가 없는 친숙한 자극으로 처리하기 때문에 더 이상 움직이지 않는다(즉, 습관화된다)(Madison et al., 1986).

영아가 친숙한 자극에 대해 더 이상 반응하지 않을 때 단순히 영아가 피곤해서 반응을 하지 않는 것이 아니라는 것을 어떻게 아는가? 이는 한 자극에 이미 습관화한 영아가 그 자극과 약간 상이한 자극에 대해서는 주의를 기울이거나 때로는 열렬하게 반응한다는, 즉 **탈습관화**(dishabituate)한다는 사실을 통해 알 수 있다. 그러므로 탈습관화(dishabituation)는 영아의 감각 수용기가 단순히 피곤해진 것이 아니며 영아가 친숙한 자극과 친숙하지 않은 자극을 구별할 수 있다는 점을 입증하는 것이다.

발달적 경향

습관화는 생후 첫해에 급격히 향상된다. 4개월 미만의 영아가 습관화되기 위해서는 특정 자극에 오랫동안 노출되어야 할 것이다. 그러나 5~12개월된 영아는 이 자극을 몇 초만 주의 깊게 바라보아도 친숙한 것으로 인식할 수 있으며, 이 지식을 며칠 또는 몇 주 동안 기억할 수도 있다(Fagan, 1984; Richards, 1997). 10~14개월 사이의 영아는 물체뿐만 아니라 물체들 사이의 관계에 대해 습관화될 수 있다. 속이 빈 용기를 엎어놓고 그 위에 인형이 놓인 모습을 영아에게 보여주면, 영아는 용기와 인형의 관계에 습관화되어 용기를 바르게 놓고 그 안에 인형을 넣은 모습을 보여주면 더 오래 응시한다(Casasola, 2005). 이와 같은 신속한 습관화와 물체 간 관계에 대한 습관화 경향은 의심의 여지없이 대뇌 피질의 감각령의 성숙과 연관이 있다. 뇌와 감각이 계속하여 성숙함에 따라, 영아는 정보를 더욱 빠르게 처리하고 어떠한 자극에 노출되더라도 해당 자극에 대해 더 많은 것을 탐지할 수 있게 된다(Richards, 1997; Rovee-Collier, 1997; Casasola & Bhagwat, 2007을 참조하라).

개인차

습관화 속도는 확실히 각 영아마다 다르다. 일부 영아는 고도의 효율성을 갖고 정보를 빠르게 처리한다. 이들은 반복되는 감각 입력을 신속하게 인식하고, 자신이 경험한 것을 잘 잊지 않는다. 반면에, 어떤 영아는 그렇지 못하다. 이들은 특정 자극을 "친숙한"것으로 여기는데 더 오랜 시간 동안 노출되어야 하고 학습한 것을 금방 잊어버린다. 학습과 기억에서의 이런 초기의 개인적 차이가 이후의 발달에 어떤 영향을 줄 수 있을까?

분명히 영향을 준다. 생후 첫 6~8개월 동안 빠르게 습관화하는 영아는 생후 2년째 되는 해에 더 빠르게 언어를 이해하고 사용하며(Tamis-LeMonda & Bornstein, 1989), 이후 아동기에 치르게 되는 표준 지능검사에서 보다 느리게 습관화하는 또래 아이들보다 높은 점수를 받는다(McCall & Carrigher, 1993; Rose & Feldman, 1995). 그 이유는 습관화 속도가 정보 처리속도, 주의력, 기억 및 새로운 것에 대한 선호를 측정하며, 이런 모든 것들이 대개 IQ 검사에서 측정되는 복잡한 정신활동 및 문제해결 능력의 기초가 될 수 있기 때문이다(Rose & Feldman, 1995, 1996).

고전적 조건화

어린 아동이 학습하는 두 번째 방식은 **고전적 조건화**(classical conditioning)이다. 고전적 조건화에서는 초기에는 아동에게 어떠한 영향도 주지 않던 중립 자극이 특정 반응을 항상 이끌어 내는 무조건 자극과 연합됨으로써 결국에는 그 반응을 이끌어 낸다.

매우 힘든 작업이고 한때는 불가능한 것으로 여겨지기도 했지만, 신생아도 고전적으로 조건화될 수 있다. 예컨대, Lewis Lipsitt과 Herbert Kaye(1964)는 생후 2~3일된 신생아에게 특정 음(조건 자극)과 젖꼭지(빨기반응을 이끌어 내는 무조건 자극)를 짝지어 함께 제시하였다. 여러 번의 시도 끝에, 신생아는 젖꼭지를 제시하지 않고 위에서 들려준 특정 음만 들려 주어도 빨기반응을 보이기 시작했다. 이 빨기반응은 대부분의 경우 빨기 행동을 이끌어 내지 않는 자극(특정 음)에 의해 이끌어 낸 것이므로 고전적으로 조건화된 반응이라고 볼 수 있음이 분명하다.

그럼에도 불구하고, 생후 수주일 밖에 안 된 신생아의 고전적 조건화에는 중대한 한계가 있다. 조건화는 빨기와 같이 생존 가치를 지니고 생물학적으로 프로그램된 반사작용에 대해서만 가능한 것으로 보인다. 게다가 신생아는 정보를 처리하는 속도가 굉장히 느리며, 고전적 조건화 실험에서 조건 자극과 무조건 자극을 연합하는 데 있어서 영아나 아동보다 더 많은 시간이 걸린다(Little, Lipsitt, & Rovee-Collier, 1984). 그러나 정보처리에 있어서 초기에 나타나는 이런 한계에도 불구하고, 고전적 조건화는 아주 어린 영아가 특정 사건들이 주변에서 함께 발생하는 것을 인식하고 우유병이나 젖에서는 우유가 나온다던가 주변 사람들(대개 돌봐주는 사람들)이 따뜻함과 편안함을 의미한다는 것과 같은 다른 중요한 교훈을 학습하는 방법 중 하나라고 할 수 있다.

조작적 조건화

고전적 조건화에서 학습된 반응은 조건화된 자극에 의해 유발된다. **조작적 조건화**(operant conditioning)는 이와는 조금 다르다: 학습자는 우선 특정한 반응을 하고는 이 행동이 가져 오는 좋거나 나쁜 결과와 이 행동을 연합시킨다. B. F. Skinner(1953)는 이런 형태의 조건화를 널리 알린 학자이다. 그의 주장에 따르면, 인간은 대부분의 행동을 수의적으로(또는 자발적으로) 보여주고, 그 행동이 가져다주는 결과에 따라 그 행동을 계속하기도 하고 중단하기도 한다. 이러한 기본적인 원리는 상당히 이치에 맞는다. 실제로, 우리는 좋은 결과를 가져 오는 행동은 반복하고 그렇지 않은 행동은 제한하는 경향이 있다(그림 4.13 참조).

영아의 조작적 조건화

미숙아로 태어난 영아도 조작적으로 조건화될 수 있다(Thoman & Ingersoll, 1993). 그러나 아주 어린 영아는 자기가 직접 통제할 수 있는 극히 소수의 생물학적 중요성을 지닌 행동들(예: 빨기, 고개돌리기)에 대해서만 조작적으로 조건화될 수 있다(Rovee-Col-

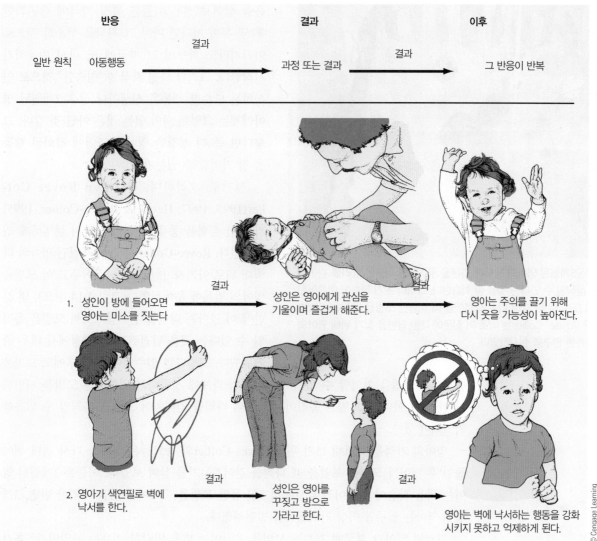

반응	결과	이후
일반 원칙 아동행동	과정 또는 결과	그 반응이 반복

1. 성인이 방에 들어오면 영아는 미소를 짓는다 → 성인은 영아에게 관심을 기울이며 즐겁게 해준다. → 영아는 주의를 끌기 위해 다시 웃을 가능성이 높아진다.

2. 영아가 색연필로 벽에 낙서를 한다. → 성인은 영아를 꾸짖고 방으로 가라고 한다. → 영아는 벽에 낙서하는 행동을 강화시키지 못하고 억제하게 된다.

그림 4.13 조작적 조건화의 기본 원리.

lier, 1997). 또한 신생아는 매우 느리게 학습하기 때문에 매우 비효율적인 정보 처리자이다. 예컨대, 생후 2개월된 영아에게 우측으로 고개를 돌리도록 가르친 후 영아가 성공적으로 고개를 돌릴 때마다 우유를 주었다고 하자. 영아가 이 단순한 습관을 획득하기 위해서는 평균적으로 약 200회의 시도가 있어야 할 것이다(Papousek, 1967). 좀 더 성장한 영아는 훨씬 신속하게 학습한다. 3개월된 영아는 조건화된 고개돌리기 반응을 획득하는 데 약 40회의 시도가 필요하고, 5개월된 영아는 30회 이하의 시도만 있으면 된다. 명백히, 좀 더 성장한 영아는 더욱 신속하게 행동(이 경우, 고개돌리기)과 결과(맛있는 음식)를 연합시킬 수 있으며, 이는 정보 처리 능력의 향상이라고 볼 수 있다. 생후 첫 수 개월 동안 영아가 더욱 쉽게 조작적으로 조건화 되는 이유가 바로 여기에 있다. 좀 더 성장한 영아는 또한 행동 훈련에 청각과 시각 단서가 모두 사용되면 더욱 쉽게 조건화된다(Tiernan & Angulo-Barrso, 2008). 가령, 영아가 우유병을 보고 들을 수 있을 때 고개를 돌릴 확률이 더 높다.

영아는 학습한 내용을 기억하는가? 앞서 아주 어린 영아는 아주 짧은 기억력을 갖고 있

Courtesy of Carolyn Rovee-Collier/Rutgers University

그림 4.14 2~3개월된 영아의 발목에 리본을 묶어두면 이들은 다리를 걷어참으로써 모빌을 움직일 수 있다는 것을 곧 학습한다. 그러나 초기 학습이 이루어진 날로부터 수 일 또는 수 주 후에 다시 실험했을 때 이들은 모빌을 움직이는 방법을 기억하는가? Rovee-Collier는 바로 이 질문에 대한 답변을 찾기 위해 영아의 기억에 대해 훌륭한 연구를 실시하였다.

음을 살펴보았다. 이들은 특정 자극에 습관화한 후 몇 분이 지나면 마치 그 자극을 생소한 것으로 여기기라도 하듯이 그 자극에 또 다시 반응하기 시작한다. 그러나 특정 자극을 "친숙한" 것으로 인식하는 단순한 행동은 신생아나 생후 2개월된 영아에게는 그렇게 의미 있는 것은 아닌 것 같다. 그렇다면 좀 더 성장한 영아는 과거에 강화된 행동을 잘 기억할 수 있는가?

실제로 그러하며, Carolyn Rovee-Collier(1995, 1997; Hayne & Rovee-Collier, 1995)가 행한 실험을 통해 이 점이 상당히 분명하게 입증되었다. Rovee-Collier는 2~3개월된 영아의 타액대 위로 아기자기한 모빌을 걸어두고 이 모빌을 영아의 발목에 묶어두었다(그림 4.14 참조). 몇 분 만에 이 영아는 다리를 걷어참으로써 모빌을 움직일 수 있다는 것을 발견했고 그 과정에서 매우 즐거워했다. 그렇다면 일주일이 지난 후에도 모빌을 움직이는 방법을 기억할 수 있을까? 이 기억 과제에 성공하기 위해서는 모빌을 재인해야 할 뿐만 아니라, 모빌은 움직이는 것이며 다리를 걷어차야 모빌을 움직일 수 있음을 기억해야 했다.

영아의 기억을 시험해 보기 위해 Rovee-Collier와 동료들은 영아를 다시 침대 위에 눕힌 후 영아가 모빌을 보았을 때 다리를 걷어차는가를 살펴 보았다. 이들은 2개월된 영아는 처음 학습이 이루어진 날로부터 3일 동안 모빌을 움직이는 법을 기억한 반면, 3개월된 영아는 일주일 이상 기억했음을 발견하였다.

그러면 영아가 결국에 가서는 모빌을 움직이는 법을 망각한 이유는 무엇일까? 초기 학습을 잊어버려서는 아닌 것 같다. 처음 학습이 이루어진 이후 2~4주나 지났는데도 모빌이 움직이는 것을 잠깐 보여주며 이전 학습을 "상기시켜준"경우, 영아는 모빌을 잠깐 동안 바라보다가 리본을 발목에 묶어주는 순간 곧 발로 걷어차기 시작한다(Rovee-Collier, 1997). 이와 대조적으로, 아무런 상기도 받지 않은 영아는 기회가 주어졌음에도 모빌을 움직이려고 하지 않았다. 이러한 결과는 2~3개월된 영아도 최소한 수 주 동안 유의미한 정보를 유지할 수 있음을 보여준다. 단지 단서를 제공받지 못하면(상기시켜주지 않으면) 기억해둔 학습 내용을 잘 **인출**하지 못하는 것일 뿐이다. 또한 영아의 초기 기억력은 매우 **맥락 의존적**(context dependent)이다: 만일 초기 학습이 이루어진 때와 동일한 조건(즉, 동일하거나 매우 유사한 모빌)하에서 실험이 행해지지 않는 경우, 영아는 이전에 학습한 반응을 잘 인출하지 못한다(Hayne & Rovee-Collier, 1995; Howe & Courage, 1993). 영아의 초기 기억력은 매우 약하다고 할 수 있다.

초기 조작적 학습의 사회적 의미 신생아조차도 행동과 결과를 연합할 수 있으므로, 조만간 이들은 타인으로부터 호의적인 반응을 이끌어낼 수 있음을 학습하게 된다. 예컨대, 영아는 미소나 옹알이와 같은 사교적인 제스처를 하면 자신을 돌봐주는 사람들로부터 관심과 애정을 이끌어낼 수 있다는 점을 발견하기 때문에 이런 행동들을 나타낸다. 이와 동시에, 영아를 돌봐주는 사람들도 영아로부터 호의적인 반응을 이끌어 내는 방법을 학습하게 되어 결국 이들 간의 사회적 상호작용은 점점 더 원만해지고 영아와 주위 사람들 모두를 만족스럽게 해준다. 이처럼 영아가 학습을 통해 타인들에게 반응하게 되고 이로 인해 타인들도 영아에게 더욱 자주 반응하게 된다는 점에서, 영아가 학습할 수 있다는 사실은 참 다행스러운 일이라고 할 수 있다. 11장에서 살펴보겠지만, 이런 긍정적 상호작용은 영아와 주변 사람들 간에 생겨나는 강한 정서적 애착의 토대를 제공한다.

신생아 모방과 관찰학습

마지막으로 살펴볼 기본적인 학습 형태는 타인의 행동을 관찰함으로써 이루어지는 **관찰학습**(observational learning)이다. 거의 모든 것들이 타인을 봄으로써(또는 타인의 말을 들음으로써) 학습될 수 있다. 예컨대, 아동은 부모를 모방함으로써 말하기, 수학문제 풀기, 욕하기, 식사시간 사이에 간식 먹기, 담배피기 등을 학습할 수 있다. 살펴보았듯이, 관찰학습은 Albert Bandura(1977, 1989)의 사회학습이론의 주제였다. 관찰을 통해 습득된 새로운 반응은 강화될 필요가 없거나 학습되기 위해 시행될 필요가 없다는 것을 기억할 것이다. 대신에 이러한 인지적 형태의 학습은 관찰자가 관찰 대상을 주의 깊게 관찰하고 관찰 대상의 행동에 대해 상징적 표상(symbolic representation: 예컨대, 심상이나 언어적 요약)을 구성할 때 일어난다. 그 다음, 이런 정신적 상징은 기억 속에 저장되고, 관찰자가 이미 관찰했던 것을 수행하기 위해 나중에 다시 인출된다.

　물론, 관찰학습이 성공하려면 타인을 모방하는 능력뿐만 아니라 관찰 대상의 행동을 **부호화**하고 관찰한 것을 재생하기 위해 정신적 상징을 이용할 수 있는 능력이 필요하다. 이런 능력은 언제 처음으로 나타나는가?

신생아의 모방

한때 연구가들은 영아는 생후 6개월이 될 때까지 타인의 행동을 모방할 능력이 없다고 믿었다(Piaget, 1951). 그러나 1970년 후반부터 행해진 여러 연구들에 따르면, 생후 7일도 안 된 영아도 혀를 내민다거나, 입을 열거나 다문다거나, 아래 입술을 내민다거나(마치 화가 난 듯), 행복한 표정을 보여주는 등 성인의 얼굴표정 몇 가지를 모방할 수 있었다(Field et al., 1982; Meltzoff & Moore, 1977)(그림 4.15 참조).

　흥미롭게도, 초기의 이런 모방 행위는 생후 3~4개월이 지나면서 점차 이끌어 내기가 어려워진다(Abravanel & Sigafoos, 1984). 이러한 현상에 대해 일부 학자들은 신생아의 제한적인 모방능력이 반사와 같이 시간이 갈수록 사라지는 비자발적 반사 도식에서 자발적 모방반응으로 대체되는 과정이라고 설명하였다(Kaitz et al., 1988; Vinter, 1986). 또 다른 학자들은 신생아가 보여주는 가장 확실한 두 가지 표정, 즉 혀 내밀기

관찰학습
(observational learning)
타인의 행동을 모방함으로써 이루어지는 학습.

부호화
(encode)
외부 자극이 정신적 표상으로 전환되는 과정.

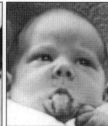

From: A. N. Meltzoff & M. K. Moore, "Imitation of facial and manual gestures by human neonates." *Science*, 1977, 198, 75–78.

그림 4.15 생후 2~3주된 영아가 혀를 내밀고, 입을 열고, 입술을 내미는 것을 비디오로 녹화한 사진

와 입 벌리기는 모방반응이 전혀 아니며, 이는 단지 신생아가 특별히 흥미롭다고 생각하는 광경을 입으로 탐색하려는 초기 시도를 반영하는 것일 뿐이라고 주장하였다(Jones, 1996). 이에 대해 Andrew Meltzoff(1990)는 생후 초기에 신생아가 짓는 표정은 **자발적**이고 **모방적인 반응**이라고 반박한다. 왜냐하면 특정 표정을 짓고 있던 성인이 더 이상 그 표정을 짓지 않게 되어도 조금 있다가 신생아는 그 성인의 표정을 따라 하기 때문이다. Meltzoff의 주장에 따르면, 신생아의 모방은 기본적으로 감각 간 지각(intermodal perception)의 또 다른 한 예이다. 즉, 신생아는 성인의 얼굴에서 "보는" 안면운동과 자신의 얼굴에서 "느낄 수 있는" 안면운동을 대응시킨다(Meltzoff & Moore, 1992). 그러나 신생아의 모방이 신생아의 자발적인 감각 간 대응을 나타내는 것이라면 신생아가 성장할수록 사라지기보다는 더욱 강해져야 한다는 비판도 있다(Bjorklund, 2005). 다른 연구자들은 신생아의 모방이 최근 발견된 **거울 뉴런**의 활동을 반영한다는 주장을 의심한다. 거울뉴런이란 어떤 사람이 다른 사람이 보이는 행동을 그대로 수행할 때 흥분하는 뇌세포이다(Iacoboni, 2005; Winerman, 2005). 이와 같이 신생아가 어떻게 얼굴표정을 대응시키는가에 대해서는 아직도 논쟁중이다(Jones, 2007; Jones & Yoshida, 2006). 그러나 그것이 모방이든 반사 행동이든 탐색이든지 간에, 얼굴표정에 대한 신생아의 반응은 신생아를 돌보는 사람의 마음을 따뜻하게 함으로써 이들이 관계를 돈독하게 해준다는 점에서 유익하게 작용한다.

모방과 관찰학습의 진전

항상 해오던 행동이 아닌 처음 접하게 되는 새로운 반응을 모방할 수 있는 능력은 생후 8~12개월 동안 훨씬 더 확고해지고 분명하게 드러난다(Piaget, 1951). 초기에는 영아가 모델을 모방할 수 있도록 하기 위해 그 모델이 옆에서 새로운 반응을 지속적으로 보여주어야 한다. 그러나 9개월이 되면 일부 영아는 아주 단순한 특정 행동(예를 들어, 나무상자를 닫는 행동)을 처음으로 관찰한 때부터 최대 24시간까지 그 행동을 모방할 수 있다(Meltzoff, 1988c). 이와 같이 자신이 지켜본 모델의 행동을 이후 특정 시점에서 다시 행할 수 있는 능력을 **지연 모방**(deferred imitation)이라 한다. 지연 모방은 생후 1년부터 급속도로 발달한다. 한 연구에서, 14개월된 영아의 절반 이상이 TV에서 모델의 단순한 행동을 보고서는 24시간 이후에 모방하였다(Meltzoff, 1988a). 그러나 이 연구는 영아의 모방 능력을 과소평가한 것인지도 모른다. 왜냐하면 12~15개월된 영아는 TV에서 본 모델보다는 실제 옆에 있는 사람의 행동을 더 잘 기억하여 모방하는 경향이 있기 때문이다(Barr & Hayne, 1999). 실제로, 14개월된 영아들을 대상으로 한 실험에서, 거의 모든 영아는 실제 옆에 있었던 사람의 새로운 행동을 본 날로부터 1주일 후에 그 행동을 흉내낼 수 있었다(Meltzoff, 1988b). 생후 2년이 된 아동은 또한 자신들이 관찰한 것을 보다 효율적인 방법으로 적용할 수 있다. 추워하고 있는 모델이 불을 켜기 위해 버튼을 누르는 것을 본 14개월된 영아는 일주일 후에 그 모델을 모방했는데, 자신의 손을 이용하여 불을 켰다. 이전에 관찰한 모델은 추워서 담요를 몸에 두르고 있었기 때문에 머리로 버튼을 눌렀던 것이다(Gergely, Bekkering, & Kiraly, 2002). 더욱이 생후 2년이 되면, 영아는 자신의 옆에서 특정 물건을 갖고 새로운 행동을 보여 주었던 대상이 현재 옆에 없더라도 그 대상의 행동을 재현해 낼 수 있으며, 그가 사용했던 물건과 조금 다른 물건을 가지고서도 그 대상의 행동을 재현해 내기도 한다(Herbert & Hayne, 2000).

Thompson과 Russell(2004)은 생후 2년된 영 아가 모델이 없을 때에도 발생된 행동

지연 모방
(deferred imitation)
자신이 지켜본 모델의 행동을 이후 특정 시점에서 다시 행할 수 있는 능력.

연구초점 | 관찰학습의 예

1965년에 Bandura는 당시로는 급진적인 발언을 했다: 아동들은 단지 사회적 모델을 관찰하는 것만으로 학습할 수 있다. 그것도 스스로 그 반응을 한 번 시도해보지 않고도 혹은 강화를 받지 않고도 학습할 수 있다. 이 "무시행"학습은 명백히 Skinner 이론과는 불일치한다. Skinner 이론은, 학습하기 위해서는 하나의 반응을 수행하고 나서 그 반응이 강화되어야만 한다고 주장한다.

Bandura(1965)는 자신이 주장한 바를 증명하기 위해서 지금은 고전인 실험을 수행했다. 보육원 아동들은 짧은 영화를 보았는데, 이 영화는 한 성인 모델이 Bobo 인형에게 특이한 공격 행동을 하는 것이었다. 이 모델은 Bobo 인형을 나무망치로 때리면서 "한방 먹어라"고 외치고, "탕 탕"하고 외치면서 고무공을 던지는 등의 행위를 했다. 여기에는 세 가지 실험조건이 있었다:

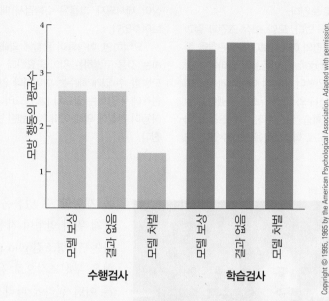

모델이 자신이 한 행동을 보상받고, 처벌받은 걸 보거나 행동에 따르는 결과가 없는 것을 본 아동들이 수행검사와 학습검사를 하는 동안 모방한 공격 반응의 평균수.

출처: "Influence of Medel's Reinforcement Contingence on the Acquisition of Imitative Respones,"by A. Bandura, 1965, Journal of Personality and Social Psychology, 1, p. 589–595. Copyright © 1995, 1965 by the American Psychological Association.

들이 자신이 목격한 반응을 기꺼이 수행했다는 것을 보여주었다. 이 "수행"검사 결과가 그림의 왼편에 나타나 있다. 모델-보상 조건과

1. 모델-보상 조건의 아동들은 영화 끝부분에 가서 다른 어른이 나타나 "결승전 퍼포먼스"를 한 것에 대해 모델에게 사탕과 음료수 등을 주는 것을 보았다.
2. 모델-처벌 조건의 아동들은 다른 어른이 Bobo 인형을 때린 모델을 야단치며 찰싹 때려주는 것을 보았다.
3. 결과없는 조건의 아동들은 단지 모델이 공격적으로 행동하는 것만 보았다.

영화가 끝난 후 각 아동은 놀이방에 혼자 있게 했는데, 이 방에는 Bobo 인형과 모델이 그 인형을 때릴 때 사용했던 소품들이 있었다. 숨은 관찰자들은 각 아동이 모델이 했던 특이한 공격 행동을 한 가지 이상 모방하는 모든 경우들을 기록했다. 관찰 결과는 아동

이 그림들은 아동들이 Bandura의 "Bobo 인형 실험"을 본 필름의 프레임(위에서 아래로)을 보여준다. 한 남아가 모델의 행동을 따라하고 있고(둘째 줄), 한 여아가 모델의 행동을 따라하고 있다(셋째 줄).

결과없는 조건의 아동들이 모델-처벌 조건의 아동들보다 모델의 공격 행동을 더 많이 모방했음에 주목하라. 이는 분명히 Bandura가 주장했던 무시행 관찰학습의 종류로 보인다.

그러나 중요한 질문이 하나 남아 있다. 모델-보상 조건과 결과없는 조건의 아동들이 모델-처벌 조건의 아동들보다 모델관찰을 통해 실제로 더 많이 학습했는가? Bandura는 아동들이 얼마나 학습했는지를 알아보기 위한 검사를 고안했다. 즉, 각 아동에게 영화에서 본 모델의 행동을 재현한다면 장신구와 과일 쥬스를 주겠다고 말했다. 그림의 오른편에서 보듯이, "학습검사"결과는 세 조건의 아동들이 모델관찰을 통해서 같은 정도로 학습했음을 보여주었다. 모델-처벌 조건의 아동들은 Bobo를 때리면 자신도 모델처럼 처벌받을까봐 앞의 수행검사에서는 모델의 행동을 덜 모방했다. 그러나 보상이 제시되자, 그들은 수행검사 때보다 훨씬 더 많이 학습했음을 보여주었다.

요약하면, 아동들이 관찰에 의해 학습하는 것과 그 반응을 수행하는 것을 구별하는 것이 중요하다. 분명히, 관찰학습—모델 행동을 모방할 수 있게 해주는 이미지나 언어적인 묘사에 대한 정보에 대한—에서 강화는 필요치 않다. 그러나 모델이 받는 보상이나 처벌은 아동이 관찰에 의해 이미 학습했던 반응을 수행하는 데는 영향을 미친다.

2세가 되면 영아는 사회적 모델의 적응적인 행동을 모방함으로써 중요한 개인적 능력 및 사회적 능력을 획득하기 시작한다.

을 재현할 수 있음을 입증하였다. 그들은 영아가 깔개 위의 인형이 자신 쪽으로 오는 것을 관찰하게 하는 "유령조건(ghost condition)"을 만들었다. 인형은 무선조정으로 움직였고 깔개는 상식과는 다른 어떤 원리에 따라 움직였다. 즉, 잡아당기기 보다는 미는 행동이 깔개와 인형을 움직이게 하였다. 14~26개월의 영아는 이 조건에서 깔개를 성공적으로 밀어서 인형을 얻을 수 있었다. 사람이 깔개를 밀어 인형을 얻는 시범을 보였을 때보다 "유령조건"에서의 수행이 월등하게 나았다. Thompson과 Russell은 관찰학습은 모델 없이도 일어날 수 있음을 보였다. 그들은 관찰학습의 이런 특수한 형태를 "에뮬레이션(emulation)"(모델이 있는 "모방"과 아주 다른)이라고 명명했다.

요약하면, 발달과정에서 발생되는 행동적인 변화의 상당 부분은 학습의 결과이다(Wang & Kohne, 2007). 우리는 이미 친숙한 자극에 대해서는 그다지 오랫동안 관심을 갖지 않도록 학습한다(습관화). 우리가 대면한 대상 또는 사건이 유쾌한 상황에서 일어나면, 우리는 이것을 좋아하게 될 것이고, 그렇지 않다면 이를 싫어하거나 두려워하게 될 것이다(고전적 조건화). 우리는 다양한 행동을 그에 대한 강화 또는 처벌 결과와 연합함으로써 좋은 또는 나쁜 습관을 형성한다(조작적 조건화). 우리는 사회적 모델의 행동을 관찰하고 이들이 하는 말을 들음으로써 새로운 태도, 가치, 행동 유형을 습득한다(관찰학습). 분명히, 학습은 보통의 다른 사람들처럼 될 수 있도록 해주고 자신만의 특별함을 개발시키기도 하는 중요한 발달과정이다.

능동적
수동적

연속성
비연속성

총체적

천성
육성

▌영아 발달, 지각, 학습에 발달 주제 적용하기

지금까지 기본 지각 능력의 성장과 영아들이 경험을 통해 학습하고 습득한 것을 통해 신생아의 삶에 대한 준비성을 살펴보았다. 이 장에서 살펴본 영아 발달의 영역에 발달 주제들이 어떻게 적용되는지 잠시 생각해 보자.

개념체크 4.3   영아기 기본 학습과정

다음 질문들에 답함으로써 영아의 학습과정에 대한 여러분의 이해를 체크하라. 정답은 부록에 있다.

OX문제: 학습과정에 대한 다음 설명이 옳고 그른지 선택하라.

1. 습관화 절차에 의해서 영아기 형태가 학습되는 것이 발견되었다.
2. 학습은 유전이나 성숙의 결과, 또는 부상으로 인한 신체적 손상 등으로 인해 습성을 변화시킬 수 있다.
3. 영아의 습관 패턴에서 나타나는 개인차는 이후 아동기에 측정한 표준화 지능검사 점수와 상관이 있다.

선다형: 각각의 질문들에 대한 최선의 답을 선택하라.

_____ 4. 연구자들은 2~3일된 영아에게 고무젖꼭지와 소리를 짝지어 제시하였다. 여러 번 반복하고 나서 영아는 고무젖꼭지를 보여주지 않아도 소리를 듣고 빠는 행동을 하였다. 이러한 고전적 조건화 학습에서 소리는 어떤 자극에 해당하는가?
   a. 무조건 자극
   b. 무조건반응
   c. 조건 자극
   d. 조건반응

_____ 5. Rachel과 Ross는 딸에게 랩 음악을 해줄 때 딸 Emma가 웃는다는 것을 알았다. 딸을 웃게 하려고 다른 방법을 시도했지만 Emma는 랩 음악을 들려줄 때만 웃었다. 결국 Rachel과 Ross는 딸을 웃게 하기 위해서 몇 번이고 랩을 했다. 이런 상황에서 그들은 딸의 미소를 위해 노래를 배웠다. 어떤 유형의 학습인가?
   a. 조작적 조건화
   b. 고전적 조건화
   c. 관찰학습
   d. 모방

_____ 6. 연구자들은 영아의 학습을 실험하기 위해 침대 위에 모빌을 설치하고 모빌과 영아의 다리를 리본으로 연결하여 발차기를 가르쳤다. 이런 형태의 학습을 무엇이라고 하는가?
   a. 습관화
   b. 고전적 조건화
   c. 조작적 조건화
   d. 관찰학습

짝짓기: 다음 보기들 중 각각의 관찰학습에 대한 설명에 알맞은 것을 선택함으로써 여러분의 이해를 체크하라.

   a. 신생아 모방
   b. 지연 모방
   c. 영아 모방

7. 8~12개월 사이에 모델이 시범을 보이고 영아가 따라하는 동안 반복해주면 새로운 행동을 모방할 수 있다.
8. 생후 7일된 영아는 이미 혀 내밀기와 같은 얼굴표정을 모방할 수 있다.
9. 생후 9개월부터는 모델이 시범 보여준 새로운 행동을 최대 24시간 후에도 모방할 수 있다.

서술형: 영아의 학습에 대해 서술하라.

10. 영아기에 영아와 주 양육자 간의 사회적 관계와 애착 형성을 위한 초기 학습의 이점에 대해 논하라.

첫 번째 주제는 능동적인 아동, 혹은 아동이 어떻게 자신의 발달에 참여하는지이다. 지각 발달은 해석(interpretive)기술의 성장이라는 증거를 보았다: 해석은 뇌와 감각 수용기의 성숙, 아동이 분석하고 해석할 수 있도록 해주는 감각경험의 종류, 아동의 운동기술의 발현, 아동이 속한 사회문화적 맥락에 따른 복합적인 과정이다. 따라서 의식적인 방법과 무의식적인 방법으로 아동은 자신의 지각발달에 적극적이다. 영아 역시 스스로 경험한 다양한 학습과정을 통해 발달에 매우 적극적으로 참여한다. 생후 첫해 동안 사라지는 원시 반사, 어떤 감각 차이를 지각하는 능력이 무뎌지는 것(모국어에서 사용하지 않는 소리와 같은)처럼 건강한 발달에서 무언가를 잃거나 무뎌지면서 영아는 자신만의 고유한 발달에 적극적으로 기여하고 있다고 생각할 수 있다.

두 번째 주제는 발달에서 천성(nature)과 육성(nurture)의 상호작용이다. 앞에서 언급한 지각의 해석기술의 예로 살펴보면, 감각과 지각이 발달하기 위해서는 분명 천성과 육성 모두가 필요하다. 영아의 뇌와 감각 수용기는 생후 첫해에 걸쳐 성숙하며, 이러한 성숙은 영아가 느끼고 지각할 수 있도록 발달을 제한하기도 하고 이끌기도 한다. 영아의 능력은 또한 감각경험과 어떻게 경험과 운동발달이 지각을 조성했는지에 따라서도 발달한다.

단언컨대, 생애 초기에 영아가 경험하는 다양한 학습의 형태(습관화, 고전적 조건화, 조작적 조건화, 관찰학습)는 모두 경험(또는 육성)이 필요하다. 그럼에도 어떻게 영아가 관찰하고 학습한 것들을 기억에 유지하고 회상하는지를 여러 예를 통해서 영아의 인지 능력 발달을 살펴보고, 어떻게 생물학적 발달(또는 천성)이 학습 능력의 발달을 제한하는지 또한 살펴보았다.

학습은 영아기에 일어나는 발달의 질적, 양적 변화에 대한 예를 보여준다. 관찰과 조건화를 통해 학습하는 능력에서 어떤 변화는 양적으로 향상된다; 영아는 지연이 길어져도 학습한 것을 점차 잘 유지하고 회상하고 사용할 수 있게 된다. 신생아 모방과 같은 학습의 변화는 질적으로 일어난다: 신생아 모방은 매우 초기에 나타날 수 있는 능력으로 몇 개월이 지나 발달단계를 거치면 신생아 모방은 사라지고, 또 다른 발달단계에 접어들어 다른 형태로 보이는 모방으로 얼굴표정을 다시 모방할 수 있게 된다. 영아기에서 다른 질적 변화의 기본적인 예는 신생아 반사로 생애 첫해 동안에 사라지게 된다.

마지막으로, 이 장에서 지각의 성장을 집중적으로 다루기는 했으나 발달은 전체적으로 일어나며 아동의 지각 능력의 성숙은 발달의 모든 양상에 영향을 미친다는 점을 잊지 말아야 한다. 지적 발달을 예로 들어 보자. 7장에서 살펴보겠지만, Jean Piaget는 생후 첫 2년 동안의 모든 지적 발달은 영아의 감각 및 운동활동으로부터 비롯되는 것이라고 주장하였다. 영아가 보거나, 듣거나, 냄새 맡거나, 만져 보거나, 입 안에 넣어보지 않고서는 대상의 특성을 어떻게 이해할 수 있다는 말인가? 자신에게 들려오는 말 속에서 유의미한 규칙성을 최초로 지각하지 않고서는 어떻게 언어를 사용할 수 있단 말인가? 이런 점에서, Piaget(그리고 여타의 많은 학자들)는 지각이야말로 모든 발달의 중심이라고 주장한다. 즉, 우리가 주위 세계에 대해 해석하는 과정을 거치지 않고서는 어떤 행동도 (최소한 의식적으로는) 할 수 없다는 것이다.

요약   SUMMARY

- **감각**: 감각 자극의 탐지
- **지각**: 감지한 대상에 대한 해석

신생아의 삶에 대한 준비

- 생존 반사는 신생아가 새로운 환경에 적응하고 기본적 욕구를 만족시키는 데 도움을 준다.
- 원시 반사는 유용하지 않다; 첫해에 이것들의 사라짐은 발달이 정상적으로 진행되고 있음을 보여주는 신호이다.
- 신생아들은 또한 첫해 동안 더 잘 조직화된 수면-각성 주기를 갖는다.
  - 아기들은 전형적인 하루 동안 6가지 영아상태를 들락날락함에도 불구하고, 시간의 70%를 잠자는 것으로 보낸다.

- **렘수면** 상태는 경련, 씰룩거림, 급격한 눈 움직임으로 특징지어진다.
- **자동자극이론**의 지지자들은 렘수면의 기능이 어린 영아들에게 중추신경계 발달에 필요한 자극을 제공하는 것이라고 생각한다.
- **영아돌연사증후(SIDS)**는 영아 사망의 첫 번째 원인이다.
- 울음은 영아가 고통을 전달하는 상태이다.
- 영아의 울음이 매우 날카롭고 리드미컬하지 않다면, 뇌가 손상되었을 수 있다.
- 울음은 정상적으로 뇌가 성숙하게 되는 첫 6개월 동안 사라지고, 양육자들은 영아가 스트레스를 받는 것을 더 잘 예방하게 된다.

영아의 감각 및 지각 능력 연구에 사용되는 연구방법

- 영아가 감지 또는 지각하는 것을 알아낼 수 있는 기법:
  - 지각 선호방법
  - 습관화 방법
  - 전기적 유발방법
  - 높은 진폭의 빨기방법

영아의 감각 능력

- 청각
  - 어린 영아는 청각이 잘 발달되어 있다: 신생아 또한 소리의 크기, 방향, 지속시간, 빈도의 차이를 구별할 수 있다.
  - 영아는 이미 다른 사람보다 엄마의 목소리를 선호하며, 말소리의 **음소** 차이에 매우 예민하다.
  - **중이염**처럼 청력 손상이 가볍더라도 발달에 불리할 수 있다.
- 미각, 후각, 촉각
  - 아기들은 확고한 맛의 선호를 갖고 태어나는데 신맛, 쓴맛, 짠맛보다 단맛을 선호한다.
  - 영아는 불쾌한 냄새를 피하고 모유수유를 하는 경우 냄새만으로 엄마를 알아본다.
  - 신생아는 촉각, 기온, 통각에 매우 예민하다.
- 시각
  - 신생아는 패턴, 색을 볼 수 있으며 밝기의 변화를 탐지할 수 있다.
  - 영아의 **시각적 정확성**은 성인보다 떨어지지만 생후 첫 6개월 동안 빠르게 향상된다.

영아기의 시지각

- 시지각은 생후 첫 1년간 급속하게 발달한다.
  - 생후 첫 2개월 동안 영아는 적당히 복잡하고 극명하게 대조되며, 특히 움직이는 목표물을 보길 선호하는 "자극 탐색자"이다.
  - 2~6개월 사이에 영아는 시각 목표물을 보다 체계적으로 탐색하기 시작하고, 운동에 점차적으로 민감해지며, 시각적 형태를 지각하고 친숙한 얼굴을 인식하기 시작한다.
  - 9~12개월이 되면, 영아는 단서가 거의 없는 상황에서도 형태를 구성할 수 있게 된다.
- 비록 신생아는 크기 항상성을 어느 정도 보여주기는 하지만, 이들은 입체시가 결여되어 있고, 깊이에 대한 그림 단서에 민감하지 못하다. 그러므로 이들의 공간 지각은 아직 미성숙 상태이다.
- 생후 1개월이 되면, 신생아는 운동 단서에 보다 민감해지고 다가오는 물체에도 반응하기 시작한다.
- 양안 단서(3~5개월) 및 그림 단서(6~7개월)에 점차 민감해진다.
  - 운동 능력이 발달하고 이와 관련된 경험을 겪게 됨에 따라, 조금 성장한 영아는 높이를 두려워하게 되고 (**시각 절벽**에서 영아의 행동 참조) 크기 항상성과 공간과 관련된 판단이 점점 정확해진다.

감각 간 지각

- 감각이 출생부터 통합된다는 증거
  - 소리가 난 방향을 본다.
  - 보이는 물체를 향해 간다.
  - 소리가 나는 곳을 보거나 닿을 수 있는 물건을 만질 것이다.
- 감각 간 지각
  - 감각 간 지각은 어떤 물체나 경험에 대한 감각 양식이 다른 양식을 통해 이미 친숙함을 인지하는 능력이다.
  - 영아가 다른 두 감각을 통해 처리할 수 있을 때 가능해진다.

영아 지각에 미치는 문화적 영향

- 문화적 영향으로 인해 사회문화적으로 의미가 없는 감각정보를 탐지하는 능력이 둔해질 수 있다.

영아기 기본 학습과정

- **학습**
  - 행동에서 비교적 영구적인 변화
  - 유전, 성숙, 사고로 인한 신체적 변화보다는 경험(반복, 연습, 공부, 관찰)의 결과
- 습관화
  - 영아에게 인지하게 한 후 반복적으로 자극을 제시하여 자극에 대한 반응이 중단되는 과정
  - 학습의 가장 단순한 형태
  - 출생 전에도 가능할 수 있음
  - 생의 초기에 극적으로 향상됨
- 고전적 조건화

- 중립적인 **조건 자극**(CS)을 **무조건 자극**(UCS)과 짝지어서 반복적으로 제시하면 조건 자극만으로도 **무조건반응**(CR)을 이끌어낼 수 있다.
- 생존을 위한 가치가 있다면, 신생아는 고전적 조건화를 할 수 있으나 좀 더 성장한 영아보다 이런 유형의 학습에 덜 민감하다.
- 조작적 조건화
  - 대상자가 첫 번째 반응을 보이면 특정 결과와 이 행동을 연합시킨다.

- 관찰학습
  - 관찰학습은 영아가 모델을 관찰하면서 모델의 행동에 대해 상징적 표상을 구성할 때 이루어진다.
  - 상징적 부호는 기억 속에 저장되고 훗날 영아가 예전에 목격한 것을 모방하고자 할 때 인출될 수 있다.
  - 시간이 갈수록 영아는 사회적 모델의 새로운 반응을 더 잘 모방하게 되고 생후 1년이 되면 **지연 모방**도 할 수 있게 된다.
  - 아동은 사회적 모델을 관찰함으로써 수많은 새로운 습관을 빠르게 습득한다.

연습문제   PRACTICE QUIZ

선다형: 영아기에 대한 이해를 측정하기 위해 각 문제에서 가장 알맞은 답을 선택하라. 정답은 부록에 있다.

1. Frick 박사는 영아들이 감각 수용기를 통해 자극을 탐지하는 법과 이 정보가 뇌로 전달되는 방법을 연구하였다. Frick 박사를 _____ 심리학자로 부를 수 있다.
   a. 지각
   b. 감각 간 지각
   c. 감각
   d. 학습

2. 다음 중 원시 반사가 아닌 것은?
   a. 바빈스키 반사
   b. 정향 반사
   c. 파악 반사
   d. 걷기 반사

3. 자동자극이론은 어떤 영아는 다른 영아에 비해 렘수면 시간이 적다고 한다. 이 이론에 따르면 다음 중 렘수면 시간이 가장 적은 영아는?
   a. John, 출생 전 노출된 기형발생물질 때문에 발달장애가 있다.
   b. Jose, 출생 당시 산소결핍으로 인해 발달장애가 있다.
   c. Juanita, 흥미로운 시각 자극을 탐색할 수 있도록 부모가 많은 시간을 함께 보냈다.
   d. Janice, 부모가 단순하게 검은색과 흰색으로 아기방을 꾸며 신생아를 자극할 수 있는 다채로움이 없다.

4. 눈을 뜨고, 불규칙적으로 호흡하며, 법석을 떨고, 운동을 왕성하게 하는 영아의 각성상태는 어느 것인가?

   a. 졸음
   b. 불규칙적 수면
   c. 경계적 비활동
   d. 경계적 활동

5. 영아의 울음에 관한 연구는 울음은 영아가 경험하는 고통의 _____ 보다 고통의 _____ 에 따라 다르다고 한다.
   a. 종류, 양
   b. 양, 종류
   c. 위기, 새로움
   d. 새로움, 위기

6. 영아의 감각과 지각 능력을 측정하는 방법 중 친숙한 자극에 흥미를 잃고 나면 새로운 자극에 대해 흥미를 보이는 영아의 반응을 측정하는 것은?
   a. 지각적 선호법
   b. 전기적 유발방법
   c. 습관화 방법
   d. 높은 진폭의 빨기방법

7. 다음 중 나머지와 다른 하나는?
   a. 습관화
   b. 지각
   c. 조작적 조건화
   d. 모방

8. 다음 중 영아의 청각 능력에 대해 틀린 설명은?
   a. 태아는 출생 전 읽어준 이야기의 소리 패턴을 배울 수 있으며 영아기에 그 이야기에 반응한다.
   b. 2개월 혹은 더 어린 영아는 "파"와 "바" 또는 "아"와

"이"와 같은 소리를 구분할 수 있다.

c. 신생아는 자신의 아빠 목소리(또는 엄마 배 속에 있는 동안 들었던 엄마 친구의 목소리)를 선호한다.

d. 4개월 반 정도가 되면 영아는 자신의 이름을 부르는 소리에 고개를 돌리지만 다른 이름에는 그렇지 않다.

9. 당신의 친구 Sasha는 얼마 전에 아이를 낳았다. 당신이 발달심리를 공부하는 것을 알고 Sasha는 자기 아이의 감각 상태가 어떤지 물었다. 당신은 태어날 때 가장 덜 발달되어 있는 것은 _____ 이라고 말해주었다.

a. 시각

b. 청각

c. 후각

d. 촉각

10. 7개월된 영아를 지역 대학에 가서 시각 절벽 실험에 참

여했다. 아기는 엄마가 "깊은"쪽에서 아무리 애타게 불러도 "얕은"곳에서 엄마 쪽으로 건너가질 않았다. 엄마는 불안해서 실험자에게 아기가 이상이 있는 것은 아닌지 물어보았다. 실험자는 다음 중 어떻게 대답했을까?

a. 아마도 7개월이면 아무런 문제없이 기어다닐 수 있어서 그럴 거에요.

b. 아마도 엄마가 부를 때 가고 싶지 않아서일 수 있어요. 그렇다면 엄마와 아이의 애착이 약해서이겠지요.

c. 아닙니다. 7개월된 아기는 보통 멀리까지는 기어갈 수 없어요.

d. 아닙니다. 7개월된 아기는 깊이를 지각해서 높은 곳을 무서워해서 대개 "깊은"곳을 기어서 건너가지 않습니다.

주요 용어 KEY TERMS

감각(sensation)
감각 간 지각(intermodal perception)
고전적 조건화(classical conditioning)
관찰학습(observational learning)
높은 진폭의 빨기방법(highamplitude sucking method)
무조건 자극(unconditioned stimulus: UCS)
부호화(encoding)
습관화(habituation)

시각적 대비(visual contrast)
시각적 예민성(visual acuity)
시각 절벽(visual cliff)
영아돌연사증후(sudden infant death syndrome)
음소(phonemes)
전기적 유발(evoked potential)
조건반응(conditioned response: CR)
조건 자극(conditioned stimulus: CS)
조작적 조건화(operant conditioning)

중이염(ottis media)
지각(perception)
지각적 선호법(preference method)
지각적 학습(perceptual learning)
지연 모방(deferred imitation)
크기 항상성(size constancy)
탈습관화(dishabituation)
학습(learning)

5 신체적 발달: 두뇌, 신체, 운동 기술, 성의 발달

"아이고, 저런, 벌써 걷네! 저 조그만 애가!"

"조심해! 저런, 넘어졌네, 다시 한 번 해봐!"

"쉬거라, 아가. 그래야 크고 튼튼하게 자란단다."

"걔는 잡초처럼 쑥쑥 크고 있어. 팔이 엄청 길어졌어!"

"걘 이제 11살인데 벌써 생리를 시작했어! 세상 일이 엄청 빨라졌어!"

"여자애들이 생각하는 거라곤 남자애들뿐이야!"

어른들이 발달중인 아이와 청소년에 대해 이와 같은 말을 한 것을 들어본 적이 있는 가? 무심한 관찰자들에게는 매우 의존적이고, 움직일 수 없던 작은 아기가 놀라운 속도로 성장하고 변화해서 달리고 뛰는 에너지 덩어리로 변하고, 어느 날 부모의 키보다 더 커지는 일보다 더 흥미로운 발달 측면은 거의 없을 것이다. 이 장의 주제는 놀라운 신체 변화들이다.

우리는 아동기 동안에 일어나는 신체, 뇌, 그리고 운동기술의 변화에 초점을 맞추어 이 장을 시작할 것이다. 그리고 사춘기의 영향도 다루게 될 것이다. 사춘기 영향은 청소년들이 경험하는 극적인 신체 변화 및 극적인 신체 변화가 사회적·심리적 측면에 주는 영향 둘 다를 포함한다. 마지막으로 생애 초기 20년 동안의 신체 성장과 발달에 영향을 주는 요인들을 논의할 것이다.

이 책에서 다루어지는 변화의 대부분(전부는 아니더라도)을 경험한 여러분은 신체발달에 대해 꽤 많이 알고 있다고 생각할지도 모른다. 그러나 학생들은 종종 아직도 모르는 것이 많다는 걸 발견하게 된다. 다음 문장이 옳은지 틀린지 한 번 맞춰보면서 여러분의 지식을 점검해 보기 바란다.

1. 일찍 걷는 아기들은 특히 명석한 경향이 있다.
2. 2세인 보통 아이의 키는 어른 키의 거의 반 정도 된다.
3. 보통 아기의 뇌신경 세포(뉴런) 중 반이 생애 초기 몇 년 안에 죽는다.
4. 대부분의 아동들은 그들이 준비가 되었을 때 걷는다. 그리고 아무리 격려한다 해도 6개월 된 아이를 혼자서 걷게 할 수는 없다.

5. 호르몬은 사춘기가 되기 전까지는 인간 성장과 발달에 거의 영향을 미치지 않는다.

6. 정서적 외상은 어린 아동들의 성장에 심한 손상을 줄 수 있다. 심지어 적절하게 영양을 섭취하고 병에 걸리지 않았으며, 신체적으로 학대받지 않은 아이들에게까지도 심한 손상을 줄 수 있다.

답을 써 보라. 이 장 전체에 걸쳐 이 문제들을 논하면서 여러분이 이 "예비시험"을 얼마나 잘 풀었는지 알게 될 것이다. (즉시 답을 알고 싶다면, 아래에 있는 정답을 보라.)

성숙과 성장에 대한 개관

어른들은 종종 아이들이 빠르게 성장하는 것에 놀란다. 심지어 작은 어린 아이들조차도 오랫동안 작은 상태로 머물러 있지 않는다. 생후 초기 몇 개월 동안에 그들은 거의 매일 1온스(약 28g)씩 몸무게가 늘며 매달 1인치(2.54cm)씩 큰다. 우리가 보는 신장과 체중의 극적인 성장은 근육과 뼈, 그리고 중추신경계에서 일어나는 많은 중요한 **내적 발달**과 함께 이루어진다. 내적 발달은 아이들이 나이에 따라 수행할 수 있는 신체적 능력을 주로 결정한다. 이 절에서 우리는 출생에서 청소년기까지의 신체발달 과정을 간단히 살펴볼 것이며, 눈에 띄는 성장의 외적 측면과 찾아내기 어려운 내적 변화 사이의 분명한 관계를 알아볼 것이다.

신장과 체중의 변화

아기들은 생후 초기 2년 동안 매우 빠르게 성장한다. 4~6개월경에 출생시 몸무게의 두 배가 되며 생후 일년쯤에는 거의 세 배(약 21~22 파운드)가 된다. 영아기 동안의 성장은 매우 고르지 못하다. 한 연구는 아기들이 하루에 1cm 이상의 성장급등이 나타나기 전 한 때 수일 혹은 수주일 동안 같은 키로 머물러 있다는 것을 발견했다(Lampl, Veldhuis, & Johnson, 1992). 2세경의 걸음마기 유아들은 이미 어른 신장의 반이 되며 출생시 몸무게의 4배에 가까운 27~30파운드의 몸무게가 된다. 만약 아동들이 계속 이렇게 빠른 속도로 18세까지 성장한다면, 키는 약 373cm가 되고 몸무게는 몇 톤이 될 것이다!

아동들은 2세부터 사춘기까지 매년 약 5~7.5cm씩 자라며 약 2.7~3.1kg씩 몸무게가 늘어난다. 아동중기(6~11세) 동안에 아동들은 아주 조금밖에 자라지 않는 것으로 보인다. 왜냐하면 아동중기의 전체 기간 동안에 키가 약 120~135cm, 몸무게가 약 27~36kg인 아이들에게서 키 5cm와 몸무게 2.7kg이 느는 것은 관찰되기 어렵기 때문이다(Eichorn, 1979). 그러나 그림 5.1에서 보듯이, 신체적 성장과 발달은 일단 청소년들이 2~3년의 성장급등(growth spurt)에 들어가는 사춘기에 다시 한 번 두드러진다. 이 시기에 청소년들은 매년 몸무게가 약 4.5~6.7kg씩 늘고 키는 약 5~10cm씩 큰

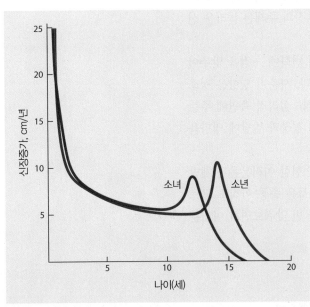

그림 5.1 출생시부터 청소년기까지의 남아와 여아가 보이는 매년의 신장 증가. 여아는 약 10.5세에 성장급등을 시작한다. 남아는 약 2년 반 후에 뒤따라 시작하며 일단 성장하기 시작하면 여아보다 빨리 성장한다.
출처: *"Archives of the Diseases in Childhood,"* 41, J. M. Tanner, R. H. Whithouse, and A. Takaishi, 1966, pp. 454-471.

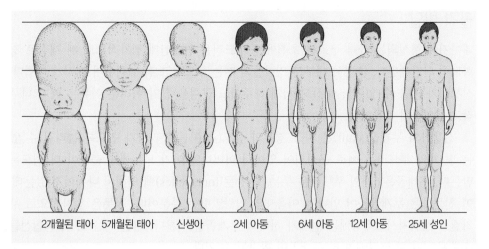

| 2개월된 태아 | 5개월된 태아 | 신생아 | 2세 아동 | 6세 아동 | 12세 아동 | 25세 성인 |

그림 5.2 태아기부터 성인기까지의 인체 비율. 임신 후 2개월경에 머리는 신장의 50%를 차지하지만 성인기에는 겨우 12~13%만 차지한다. 반대로, 다리는 2개월된 태아의 전체 신장의 약 12~13%를 차지하지만 25세 성인에서는 신장의 50%를 차지한다.

다. 이 상당한 성장급등 이후 십대 중반부터 완전한 어른 신체만큼 크는 십대 후반까지는 키가 일반적으로 조금씩 증가한다(Tanner, 1990).

신체 비율의 변화

일반 관찰자에게 신생아는 "모두가 머리"인 것처럼 보일지 모르는데, 그럴만한 이유가 있다. 신생아의 머리는 어른 크기의 거의 70%이고, 전체 몸길이의 4분의 1을 차지하며, 다리와 같은 비율이다.

아이가 성장함에 따라 몸의 형태는 빠르게 변한다(그림 5.2 참조). 발달은 **두미**(cephalocaudal)(머리에서 아래로)방향으로 진행된다. 출생 후 처음 1년 동안 가장 빠르게 커지는 것은 몸통이다. 1세 때에 아이의 머리는 전체 신체길이의 20%밖에 안된다. 아이의 첫 번째 생일부터 청소년기의 성장급등이 일어날 때까지 다리는 빠르게 성장하여 키 증가의 60% 이상을 차지한다(Eichorn, 1979). 청소년기 동안 다리도 빠르게 자라긴 하지만 몸통은 다시 한 번 더 신체에서 가장 빠르게 자라는 부분이 된다. 어른이 되었을 때, 다리길이는 전체 신장의 50%이며 머리는 단지 12%밖에 되지 않는다.

아동들은 위로 성장함과 동시에 **중심-말단**(proximodistal)(중심에서 바깥으로)방향의 성장 공식에 따라 바깥방향으로 성장한다(Kohler & Rigby, 2003). 예를 들어, 태내발달 동안에는 흉곽과 내부기관이 먼저 생기고, 그 다음에 팔, 다리가 생기며 다음으로 손과 발이 생긴다. 영아기와 아동기 전체에 걸쳐 팔과 다리는 손과 발보다 빨리 자란다. 그러나 이 중심에서 바깥으로의 성장 패턴은 사춘기 바로 직전에 그 전과 반대로 되어, 손과 발이 빠르게 자라기 시작해서 성인 비율에 가장 먼저 도달하는 신체부위가 된다. 그 뒤를 이어 팔과 다리가 성인 비율에 도달하고 마지막으로 몸통이 성인 비율에 도달한다. 10대들이 종종 뚱뚱하거나 혹은 이상하게 보이는 이유는 손과 발(나중에는 팔과 다리)이 몸의 나머지 부분에 비해 갑자기 너무 크게 보이기 때문이다(Tanner, 1990).

두미
(cephalocaudal)
머리에서 꼬리를 향해 진행되는 신체적 성숙과 성장의 순서.

중심-말단
(proximodistal)
몸의 중심에서 사지 부분으로 진행되는 신체적 성숙과 성장의 순서.

통통한 걸음마기 유아가 몸이 길어지고 다리가 긴 아동이 되는 것처럼, 신체 비율은 생의 초기 몇 년 동안에 급격히 변화한다.

골격 발달

태아기에 형성되는 골격 구조는 초기에는 부드러운 연골인데 점차적으로 뼈 재질로 경화되어 단단해진다. 출생시 대부분 영아들의 뼈는 부드럽고 휘기 쉬우며 깨지기 어렵다. 신생아가 앉을 수 없거나 붙잡고 서게 해주어도 균형을 잡기 어려운 이유는 뼈가 너무 작고 유연하기 때문이다.

신생아의 두개골(skull)은 자궁 경부와 산도(產道)를 통과하기 쉽도록 눌려질 수 있는 몇 개의 부드러운 뼈로 구성되어 있어서 어머니와 아기 모두에게 출산이 더 쉽도록 만든다. 두개골은 6개의 부드러운 부분, 즉 **천문**(fontanelles)에 의해서 나뉘어져 있는데, 이 천문들은 두개골들이 만나는 이음새의 말랑말랑한 부분이다. 천문은 점차적으로 무기질로 채워져서 2세경에는 전체가 하나의 두개골을 이룬다. 이들 이음새, 즉 **봉합선**들 때문에 뇌가 더 커짐에 따라 두개골이 확장될 수 있다.

아이가 성숙하면서 발목, 발, 그리고 손목과 손은 뼈의 개수가 증가(감소하기보다는)한다. 그림 5.3에서 보듯이, 1세 아이의 손목뼈와 손뼈는 둘 다 청소년의 뼈구조보다 서로 잘 연결되어 있지 못하며 숫자도 더 적다.

아동의 신체 성숙 수준을 측정하는 한 가지 방법은 손목과 손을 X-선으로 촬영하는 것(그림 5.3에서처럼)이다. X-선은 뼈의 수와 경화 정도를 보여주며 이것은 **골연령** (skeletal age)으로 해석할 수 있다. 이 기술을 사용하여 연구자들은 여아의 성숙이 남아의 성숙보다 빠르다는 것을 알아냈다. 출생시에는 여아들의 뼈성숙 수준이 남아들보다 4~6주 정도 빠르지만 12세경에는 성별 "성숙차이"가 2년까지 벌어진다(Tanner, 1990).

뼈의 모든 부분들이 같은 속도로 자라고 단단해지는 것은 아니다. 두개골과 손은 가장 먼저 성숙하는 반면, 다리뼈는 10대 중반에서 후반까지 계속 발달한다. 비록 두개골, 다리뼈, 그리고 손의 폭(또는 두께)이 일생 동안 약간씩 증가하긴 하지만, 실제적인 목적 때문에 뼈의 발달은 18세경에 완성된다(Tanner, 1990).

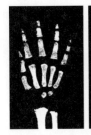 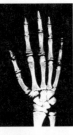

그림 5.3 X-선이 골격발달의 양을 보여준다. (A) 12개월된 보통 남아나 10개월된 보통 여아의 손, (B) 13세된 보통 남아나 10.5세된 보통 여아의 손.

골연령
(skeletal age)
아동의 뼈발달 수준에 근거한 신체적 성숙의 측정치.

근육 발달

신생아들은 그들이 앞으로 계속 갖고 있게 될 모든 근육섬유를 출생시에 갖고 태어난다 (Tanner, 1990). 출생시 근육조직은 35%가 물이며, 그것은 아기 체중의 18~24%에 이른다(Marshall, 1977). 그러나 근육섬유는 근육조직 속의 세포질 용액이 단백질과 염분의 첨가로 강화되면서 곧바로 성장하기 시작한다.

근육발달은 위에서 아래로, 중심에서 말단방향으로 진행되어 머리와 목의 근육이 몸통과 사지의 근육보다 먼저 성숙한다. 신체발달의 다른 부분들과 마찬가지로, 근육조직의 성숙은 아동기 동안에 매우 점진적으로 이루어지며 청소년기 초기에 가속화된다. 비록 남아의 근육의 양과 신체적 힘이 여아에서보다 더 극적으로 증가하긴 하지만(대근육 활동 검사로 측정한 바에 따르면), 이런 근육성장급등이 가져오는 하나의 결과는 남아 여아 모두 더 눈에 띄게 강해진다는 점이다(Malina, 1990). 20대 중반이 되면 골격근이 보통 남성 몸무게의 40%, 여성 몸무게의 24%를 차지한다.

신체발달의 다양성

이제까지, 모든 인간이 나타내는 신체성장의 순서에 관해 논해왔다. 하지만, 신체발달은 여러 신체 시스템들이 각각 독특한 성장 패턴을 나타내는 매우 고르지 않은 과정이다. 그림 5.4에서 볼 수 있듯이, 뇌와 머리는 신체의 다른 부분보다 매우 빠르게 성장하여 성인의 비율에 더 빨리 도달한다. 반면에, 생식기와 다른 생식기관들은 아동기에는 매우 느리게 성장하다가 사춘기 동안에 급속하게 성장한다. 또한, 면역체계의 일부분을 구성하며 질병감염에 대항할 수 있도록 도와주는 림프조직의 성장은 아동기 후반에 성인의 수준을 넘어서고 청년기에 급속히 감소하게 된다.

개인적 차이

신체 시스템의 발달이 균일하지 않은 비동시적 과정일 뿐만 아니라, 또한 성장속도에도 큰 개인차가 있다(Kohler & Rigby, 2003). 그림 5.5를 잘 보라. 이 두 남아는 같은 나이지만, 한 남아는 이미 사춘기에 도달했고 훨씬 나이들어 보인다. 이 장의 뒷부분에서 보게 되겠지만, 두 초등학교 친구가 아동에서 성인으로 가는 사춘기 변화에서 5년이나 차이가 날 수 있다!

문화적 차이

마지막으로, 신체 성장과 발달은 문화와 하위문화에 따라서 큰 차이가 있다. 대체로 아시아, 남아메리카, 그리고 아프리카인들은 북아메리카, 북유럽, 그리고 호주인들보다 작은 경향이 있다. 또한, 신체 성장 속도에 있어서도 문화적인 차이가 있다. 예를 들어, 아시아계 미국인 아동들과 아프리카계 미국인 아동들은 유럽계 미국인 아동들과 유럽 아동들보다 빨리 성숙하는 경향이 있다(Berkley et al., 1994; Herman-Giddens et al., 1997).

이와 같은 성장의 차이는 무엇을 말해주는가? 최근의 의견들은 여러 신체 시스템의 비동시적인 성숙은 우리 종(種)의 유전, 즉 모든 인간이 공유하는 공통적인 성숙 프로그램 안에 짜여져 있다는 것이다(Tanner, 1990). 그리고 이 장의 뒤에서 우리는 사람들이 먹는 음식, 걸리는 병, 그리고 살고 있는 정서적인 풍토와 같은 환경적인 요소들과 유전이 협조하여 인간의 성장속도와 신장의 크기에 커다란 차이를 만들어 낼 수 있다는 것을 알게 될 것이다(Kohler & Rigby, 2003).

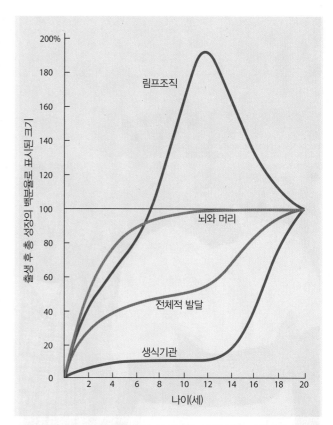

그림 5.4 여러 신체 시스템의 성장곡선. 각 곡선은 기관이나 신체 일부분의 크기를 20세 때(수직 눈금에서 100%일 때)의 크기에 대한 백분율로 표시한다. "전체적 발달"곡선은 호흡기관, 소화기관, 근육조직뿐만 아니라 신체 크기의 변화를 표시한다. 일반적으로 뇌와 머리는 신체보다 빠르게 성장하고, 생식기관은 성인의 크기에 가장 늦게 도달한다. (면역체계의 일부분으로 기능하는 림프절과 림프조직의 다른 부분들은 급속히 성장하여 아동기 후기와 청소년기 동안에 실제로 성인의 크기를 초과한다.)

출처: *"Growth at Adolescence,"* 2nd ed., J. M. Tanner, 1962. Oxford, England: Blackwell. Copyright © 1962 by Blackwell Scientific Publications, Inc. Blackwell Science, Ltd.

▌ 뇌발달

뇌는 생의 초기에 놀라운 속도로 성장하는데, 출생시에는 성인 무게의 25%이다가 2세에는 성인 무게의 75%까지 증가한다. 실제로, 태아기의 마지막 3개월과 생후 첫 2년을 **뇌성장 급등**(brain growth spurt)의 시기라고 부른다. 왜냐하면 성인 뇌무게의 절반 이

뇌성장 급등
(brain growth spurt)
아동의 최종 뇌무게의 절반 이상이 증가하는 때인 임신 7개월과 생후 2세 사이의 기간.

그림 5.5 같은 나이인 이 두 남아의 신장 비교에서 알 수 있듯이 청소년기 성장급등의 시작 시기는 개인마다 큰 차이가 있다

시냅스
(synapse)
한 신경세포(뉴런)와 다른 신경세포 사이의 연결공간(접합점).

뉴런
(neuron)
신경충격을 받아들이고 전달하는 신경세포.

신경교
(glia)
뉴런에 영양을 공급하고 뉴런을 수초로 이루어진 절연막으로 둘러싸는 신경세포.

시냅스 생성
(synaptogenesis)
뉴런들 간의 연결(시냅스) 형성.

상이 이 시기에 만들어지기 때문이다(Glaser, 2000). 임신 7개월 때와 첫 돌 사이에 뇌의 무게는 매일 1.7g씩 또는 분당 1mg 이상씩 증가한다.

그러나 뇌무게의 증가는 전체적인 지표일 뿐, 뇌의 여러 부분들이 언제 어떻게 성숙하며 다른 발달측면에 영향을 미치는지에 대해서는 거의 알려주지 못한다. 뇌의 내부조직과 발달에 대해 좀 더 자세히 알아보자.

신경발달과 가소성

인간의 뇌와 신경계는 1조(兆)개 이상의 고도로 분화된 세포들로 이루어지는데, 이 세포들은 수조 개의 **시냅스**(synapse) 혹은 세포들 간의 연결공간을 통해 전기적, 화학적 신호들을 전달한다. **뉴런**(neuron)은 뇌와 신경계의 기본 단위로 신경충동을 받아들이고 전달하는 세포이다. 뉴런은 발달중인 태아의 신경관에서 만들어진다. 그곳으로부터 뉴런은 안내세포망(network of guiding cell)이 만든 경로를 따라서 이동하여 뇌의 주요 부분을 형성한다. 인간이 계속 갖고 있게 될 엄청난 양의 뉴런—약 1,000억 개에서 2,000억 개—은 뇌성장 급등이 시작되기 전인 임신 6개월경에 이미 만들어진다(Kolb & Fantie, 1989; Rakic, 1991). 최근까지 아기가 태어난 후에는 어떤 새로운 뉴런도 만들어지지 않는다고 생각했다. 그러나 과학자들은 해마(학습과 기억에 중요한 뇌영역)에서 일생 동안 새로운 뉴런이 생긴다고 확정지었다(Kemperman & Gage, 1999).

그러면 뇌성장 급등을 무엇으로 설명하는가? 한 가지는 **신경교**(glia)라고 부르는 두 번째 유형의 신경세포의 발달이 뇌성장 급등에 공헌한다는 것이다. 신경교는 뉴런에 영양분을 공급하고 수초라 불리는 밀랍 같은 물질로 된 절연막으로 뉴런을 둘러싼다. 신경교는 뉴런보다 훨씬 그 수가 많으며 일생동안 계속해서 생성된다(Tanner, 1990).

신경발달: 세포분열과 시냅스 생성

뉴런은 이동하는 위치에 따라 전문화된 기능—예를 들어, 뇌의 시각영역 혹은 청각영역의 세포로서—을 하는 것으로 추정된다. 정상적이라면 뇌의 시각영역으로 이동하는 뉴런이 만일 청각을 제어하는 영역에 이식되면, 그 뉴런은 시각 뉴런이 아니라 청각 뉴런으로 분화할 것이다(Johnson, 1998, 2005). 그러므로 각각의 뉴런은 모든 신경기능을 해낼 수 있는 잠재력을 가지며, 각각의 뉴런이 하는 기능은 뉴런이 도달한 위치에 따라 달라진다.

한편, **시냅스 생성**(synaptogenesis)—뉴런 간의 시냅스 연결 형성—의 과정은 뇌성장 급등 동안 급속하게 이루어진다. 이 사실은 발달중인 신경계에 대한 흥미로운 사실 하나를 알게 해 준다. 보통의 영아는 성인들보다 훨씬 많은 뉴런과 신경연결을 갖는다(Elkind, 2001). 그 이유는 다음과 같다. 다른 뉴런들과 성공적으로 연결된 뉴런들이 그렇지 못한 뉴런들을 밀어내서, 생의 초기에 생성된 뉴런의 절반 가량이 이 시기에 죽게 된다(Elkind, 2001; Janowsky & Finlay, 1986). 반면에, 생존한 뉴런들은 수백 개의 시냅스를 형성하는데, 이들 중 많은 뉴런도 역시 적절히 자극을 받지 않으면 사라지게 된다(Huttenlocher, 1994). 만일 발달중인 뇌를 건축중인 집에 비유한다면, 필요한 것보다 많은 방과 복도를 즐겁게 짓고 나서 나중에 그것들 중 절반을 없애버리는 건축가를 상상하면 된다!

이와 같은 현상은 어린 영아의 뇌가 갖는 놀라운 **가소성**, 즉 뇌세포가 경험의 영향에 고도로 반응적이라는 사실을 보여준다(Stiles, 2000). William Greenough와 동료들(1997)이 설명한 것처럼, 뇌는 대단히 많은 양의 뉴런과 시냅스를 생성해 인간이 경험할 수 있는 모든 종류의 감각 자극과 운동 자극을 받아들일 준비를 하도록 진화해왔다. 물론, 아무도 이렇게 넓은 범위의 경험을 하지는 못한다. 따라서 신경회로의 많은 부분이 사용되지 않은 채로 남는다. 추측하건대, 가장 자주 자극을 받는 뉴런들과 시냅스들만이 계속해서 기능할 것이다. 덜 자주 자극을 받는 다른 뉴런들은 시냅스들을 잃게 되고(시냅스 가지치기라 부르는 과정), 뇌손상을 보상하거나 새로운 기술을 지원하기 위해 남겨진다(Elkind, 2001; Huttenlocher, 1994). 이것이 시사하는 바에 주목하라: 생애 초기의 뇌발달은 전적으로 성숙 프로그램의 전개에 의해서만 이루어지는 것이 아니다. 생물학적 프로그램과 초기 경험 둘 다에 의해서 뇌발달이 이루어진다(Greenough, Black, & Wallace, 1987; Johnson, 1998, 2005).

가소성
(plasticity)
변화 역량, 환경에 의해서 이루어지는 잠재력을 갖는 발달상태.

신경가소성: 경험의 역할

초기 경험이 뇌와 중추신경계의 발달에 그처럼 중요한 역할을 하는 것을 어떻게 알게 되었을까? 첫 번째 단서는 Austin Riesen과 그 동료들의 연구로부터 나왔다(Riesen, 1947; Riesen et al., 1951). Riesen의 연구대상은 16개월 동안 어둠 속에서 사육된 영아 침팬지들이었다. 연구 결과는 충격적이었다. 어둠 속에서 사육된 침팬지들은 망막과 시신경을 구성하는 뉴런이 위축되었다. 동물의 시각 박탈이 7개월을 넘지 않으면 이와 같은 위축을 되돌릴 수 있지만, 박탈이 1년 이상 지속되면 위축을 되돌릴 수 없고 종종 완전히 시각을 상실하기도 했다. 그러므로 적절히 자극받지 않은 뉴런은 퇴화한다(Elkind, 2001; Rapoport et al., 2001).

그렇다면 매우 다양한 자극을 제공하는 풍부한 환경에 실험대상을 노출시켜 유연하고 미성숙한 뇌의 신경발달을 촉진시킬 수 있을까? 그렇다. 같이 놀 많은 동료들과 많은 장난감과 함께 사육된 동물들은 보통의 실험실 조건에서 사육된 한 배의 새끼들보다 뇌가 더 무겁고 신경연결망이 더 넓다(Greenough & Black, 1992; Rosenzweig, 1984). 게다가 자극적인 환경에서 사육된 동물의 뇌는 동물들이 덜 자극적인 환경으로 이동하면 그 복잡성의 일부를 잃는다(Thompson, 1993).

한 인간 연구에서, 221명의 아동들을 대상으로 임신 18주, 출생시, 9세 때 뇌크기의 대강의 지표인 머리둘레를 측정했다. 높은 사회경제적 지위(SES)인 가정의 자녀들과 대학학위가 있는 어머니의 자녀의 머리둘레가 낮은 사회경제적 지위인 가정의 자녀와 대학학위가 없는 어머니의 자녀들의 머리둘레보다 더 컸다(Gale et al., 2004). 그러므로 뇌가 어떻게 형성되어야 하는가에 대해서는 유전자가 대략적인 지침을 제공하지만, 초기 경험은 뇌의 구체적인 구조를 대부분 결정한다(Rapoport et al., 2001).

뇌 분화와 성장

뇌의 모든 부분이 동일한 속도로 성장하는 것은 아니다. 출생시에 가장 많이 발달되어 있는 영역은 하부(피질하) 뇌중추인데, 이 영역은 의식의 상태, 선천적인 반사작용, 그리고 소화, 호흡, 배설과 같은 생명유지에 필요한 생물학적 기능을 통제한다. 이 구조들을 둘러싸고 있는 것은 대뇌(cerebrum)와 대뇌피질(cerebral cortex)인데, 이 영역은 수의적인 신체 움직임, 지각, 학습, 사고, 언어 생성과 같은 높은 수준의 지적행동과 가장 직접적인 관련이 있다. 가장 먼저 성숙하는 대뇌영역은 1차 운동영역(primary motor areas, 팔을 흔드는 것과 같은 단순한 운동을 통제)과 1차 감각영역(primary sensory areas, 시각, 청각, 후각, 미각과 같은 감각 처리를 통제)이다. 그러므로 신생아가 반사적인 "감각운동적" 존재인 이유는 출생시에는 피질의 감각영역과 운동영역만이 잘 기능하기 때문이다. 생후 6개월경에는 대뇌피질의 1차 운동영역은 영아 행동의 대부분을 지시하는 수준까지 발달한다. 손바닥 잡기(palmar grasp)와 바빈스키 반사와 같은 선천적인 반응들은 이 시기에 사라지게 되는데, 이는 상부의 뇌피질 중추가 뇌의 더 원시적인 "피질하" 영역을 적절하게 통제하고 있음을 나타낸다.

수초화

뇌세포가 증식하고 성장함에 따라, 신경교의 일부가 각 뉴런 주위에 막을 만드는 수초라는 밀납 같은 물질을 생성하기 시작한다. 이 수초는 신경충격의 전달을 빠르게 하기 위한 절연물로 작용해서 뇌가 신체의 다른 부분과 더 효율적으로 정보를 주고 받게 해 준다.

수초화(myelinization)는 명확한 연대적 순서를 따라 이루어지는데, 이 순서는 그 밖의 신경계의 성숙과 일치한다. 출생시나 출생 직후에 감각기관과 뇌 사이의 경로는 상당히 잘 수초화된다. 그 결과, 신생아의 감각기관은 잘 기능하는 상태에 있게 된다. 뇌와 골격근 사이의 신경경로가 수초화(두미방향 패턴과 중심-말단방향 패턴으로)됨에 따라 아이는 머리와 가슴을 들어올리고, 팔과 손을 뻗고, 구르고, 앉고, 서고, 걷고, 뛰는 것과 같은 점점 더 복잡한 운동 활동을 할 수 있게 된다. 출생 후 처음 몇 년 동안 수초화가 매우 급속하게 진행되기는 하지만(Herschkowitz, 2000), 뇌의 일부 영역들은 십대 중반에서 후반 또는 성인기 초기가 되어야 완전히 수초화된다(Fischer & Rose, 1995; Kennedy et al., 2002; Rapoport et al., 2001; Sowell et al., 1999). 예를 들면, 긴 시간 동안 한 주제에 집중할 수 있도록 하는 부분인 망상체(reticular formation)와 전두엽 피질(frontal cortex)은 사춘기가 되어야 완전히 수초화된다(Tanner, 1990). 이것이 바로 영아, 걸음마기 아동 및 학령기 아동들의 주의집중 지속시간이 청소년이나 성인보다 훨씬 짧은 하나의 이유가 될 수 있을 것이다.

이에 더하여, 수초화가 더 원시적이고 정서적인 뇌의 피질하 영역과 더 조절적인 전 전두엽 영역 사이의 효율성을 보강함에 따라서, 사회적으로 중요한 정서적 입력(부모의 얼굴에 나타난 공포나 불인정의 표현과 같은)을 처리하고 그것에 반응하는 영아와 아동의 능력이 향상된다(Herba & Phillips, 2004). 예를 들어, 다음 선물을 움켜잡으려고 돌진하는 3세나 4세인 아이는 옷처럼 실망스러운 생일선물을 빨리 버린다. 반면에, 6세 아동은 실망한 것을 숨기고 다음의 더 좋은 선물을 뜯어보려는 마음을 누르고 머뭇거리면서 공손하게 할머니에게 "고맙습니다"라고 말한다. 십대는 심지어 더 복잡한 억제 패턴을 보인다—할머니에게서 유행에 뒤떨어진 옷 선물을 받았을 때는 공손하게 미소를 띠

수초화
(myelinization)
뉴런들이 밀랍으로 된 수초막으로 둘러싸여지는 과정. 수초막은 신경충격 전달을 촉진한다.

고, (할머니보다 더 잘 알아야 하는) 어머니가 비슷한 실수를 했을 때는 얼굴을 찡그리고 항의한다.

대뇌 편재화

최상부의 뇌중추인 **대뇌**(cerebrum)는 두개의 반구(hemisphere)로 이루어져 있는데, 두 반구들은 **뇌량**(corpus callosum)이라고 부르는 신경섬유들의 띠로 연결된다. 각 반구는 대뇌피질로 덮여 있는데, **대뇌피질**은 회색물질로 된 대뇌의 바깥쪽 층으로써 감각과정과 운동과정, 지각, 지적 기능을 통제한다. 겉모습은 동일하지만, 좌반구와 우반구는 서로 다른 기능을 하며 신체의 서로 다른 영역을 통제한다. 그림 5.6에서 볼 수 있듯이, 좌반구는 신체의 오른쪽 부분을 통제하며 말하기, 듣기, 언어기억, 의사결정, 언어처리, 긍정적인 감정의 표현을 담당하는 중추가 있다. 이와 반대로, 우반구는 신체의 왼쪽 부분을 통제하며 시공간 정보, 음악과 같은 비언어적 소리, 촉각의 처리와 부정적 감정의 표현을 담당하는 중추가 있다(Fox et al., 1995). 그러므로 뇌는 편재화된 기관이다. **대뇌 편재화**(cerebral lateraliza- tion)는 한쪽 손이나 신체의 한 쪽 부분을 다른 쪽보다 선호해서 사용하는 것도 포함한다. 성인들의 약 90%는 쓰고, 먹고, 다른 운동기능을 수행하는 데 오른쪽 손(혹은 좌반구)을 사용하는 반면, 대부분의 왼손잡이인 사람들은 위와 동일한 활동들이 우뇌의 통제하에 있다. 하지만, 뇌가 편재화된 기관이라는 사실은 우반구와 좌반구가 서로 완전히 독립적이라는 것을 의미하는 것은 아니다. 좌반구와 우반구를 연결하는 뇌량은 이들 각각의 기능을 통합하는 데 중요한 역할을 담당한다.

두 대뇌반구는 언제 편재화되기 시작하는가? 대뇌 편재화는 태아기 때 시작되고 출생시에도 잘 진행되는 것으로 보고 있다(Kinsbourne, 1989). 예를 들면, 모든 태아들 중 3분의 2가량은 자궁 안에서 오른쪽 귀를 바깥쪽으로 향한 채 자리를 잡는다. 이것은 태아의 오른쪽 귀가 유리해지도록 하여 언어처리에 있어서 좌반구가 전문화됨을 보여주는 것이라고 여겨진다(Previc, 1991). 태어난 첫날부터, 말하는 소리는 우반구의 대뇌피질보다 좌반구의 대뇌피질에서 더 많은 전기적 활동을 자극한다(Molfese, 1977). 더욱이 대부분의 신생아들은 등을 대고 누울 때 왼쪽보다는 오른쪽으로 돌아눕는데 이 아기들은 나중에 오른손으로 물건을 잡으려는 경향이 있다(Kinsbourne, 1989). 그러므로 두개의 대뇌반구들은 서로 다른 기능을 하도록 생물학적으로 프로그램되어 있으며 출생시에

대뇌
(cerebrum)
가장 높은 수준의 뇌중추, 양쪽 뇌반구와 그것들을 연결하는 신경섬유들을 포함한다.

뇌량
(corpus callosum)
뇌의 두 반구를 연결하는 신경섬유 다발로 한 쪽 반구에서 다른 쪽 반구로 정보를 전달한다.

대뇌피질
(cerebral cortex)
수의적인 신체 움직임, 학습, 사고, 말하기와 같은 상위의 지적 기능에 관련된 대뇌의 바깥층.

대뇌 편재화
(cerebral lateralization)
좌측 뇌반구와 우측 뇌반구에서의 뇌 기능의 분화.

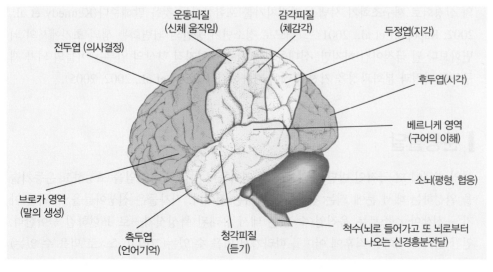

운동피질
(신체 움직임)
감각피질
(체감각)
두정엽(지각)
전두엽 (의사결정)
후두엽(시각)
베르니케 영역
(구어의 이해)
소뇌(평형, 협응)
브로카 영역
(말의 생성)
척수(뇌로 들어가고 또 뇌로부터 나오는 신경흥분전달)
측두엽
(언어기억)
청각피질
(듣기)

그림 5.6 좌측 대뇌피질의 측면도와 통제 기능. 소뇌와 척수는 대뇌피질의 일부분은 아니지만 중요한 기능을 하고 있다.

이미 분화가 시작된 것으로 보인다(Kinsbourne, 1989; Witelson, 1987).

하지만, 뇌는 출생시에 완전히 분화되지 않으며 아동기 전반에 걸쳐 한쪽 대뇌반구에 점점 더 의존해서 특정 기능을 수행하게 된다. 예를 들어, 다음과 같은 것을 고려해보라. 왼손잡이나 오른손잡이가 초기에 분명해지고 2세경이 되면 아주 잘 확립된다 하더라도, 어느 한쪽 반구의 선호는 나이가 들어감에 따라 더 강해진다. 한 실험에서 학령전 아동과 청소년들에게 크레용 잡기, 공차기, 작고 불투명한 병 속 들여다보기, 그리고 귀를 상자에 대고 소리듣기 등을 시켰다. 학령전 아동의 32%만이, 그러나 청소년들은 절반 이상이 위의 4가지 동작 모두를 수행하는 데 몸의 한쪽 부분만을 전적으로 사용함으로써 일관된 반구선호(lateral preference)를 보였다(Coren, Porac, & Duncan, 1981).

미성숙한 뇌는 완전히 분화되지 않았다. 그래서 외상으로 인한 뇌손상이 일어났을 때, 그렇지 않았더라면 없어져버렸을 신경회로가 죽어버린 부분의 기능을 대신함으로써 어린 아동들은 뇌손상으로부터 빠르게 회복하는 놀라운 능력을 보여준다(Kolb & Fantie, 1989; Rakic, 1991). 뇌손상을 겪는 청소년이나 성인들은 상실된 기능의 상당 부분을, 특히 적절한 치료를 통해 회복함에도 불구하고 이들의 회복은 어린 아동들의 회복만큼 빠르거나 완전하지 않다(Kolb & Fantie, 1989). 그러므로 인간 뇌의 놀라운 회복력(즉, 가소성)은 대뇌 편재화가 완료되기 전인 생애 초기에 가장 크다.

청소년기의 뇌발달

나이가 들어감에 따라, 성인들은 십대들이 갑자기 "만약 ~이라면"이라는 가정된 질문을 하고 진실과 정의 같은 중요한 추상적 개념들에 대해 깊이 생각하기 시작하는 것을 알게 된다. 사고에서의 이런 변화는 후기의 뇌발달과 관련이 있을까?

이제 많은 연구자들은 그렇다고 믿고 있다(Case, 1992; Somsen et al., 1997). 예를 들어, 청소년기까지 계속되는 상부 뇌중추의 수초화 현상은 청소년들의 주의폭을 증가시킬 뿐만 아니라 이들이 왜 초등학교 아동들보다 정보를 훨씬 빨리 처리하는가에 대한 설명도 해준다(Kail, 1991; Rapoport, 2001). 더욱이 뇌는 사춘기 이후까지 최소한 어느 정도의 가소성을 유지하며(Nelson & Bloom, 1997), 전략짜기 같은 높은 수준의 인지활동을 포함하는 **전전두엽 피질**(prefrontal cortex) 내의 신경회로의 재구조화는 적어도 20세까지 계속된다(Spreen, Risser, & Edgell, 1995; Stuss, 1992). 더욱이 뇌부피는 청소년기 초기부터 중기까지 증가하며 청소년기 후기 동안에는 감소한다. 이것은 사춘기의 신경회로 재구조화가 시냅스 가지치기를 포함한다는 것을 말해준다(Kennedy et al., 2002; Rapoport et al., 2001). 그러므로 청소년기 동안의 뇌변화는 생의 초기에서의 뇌변화보다 덜 극적이긴 하지만, 십대들이 보여주는 인지적 향상의 일부는 이들의 뇌가 재구조화 과정과 분화과정을 거친 후에야 가능해진다(Barry et al., 2002, 2005).

▌운동발달

생의 첫해에 더 극적인 발달 중의 하나는 영아들이 자신의 움직임을 조정하고 운동기술을 완성하는 데서 눈에 띄는 진전이 나타나는 것이다. 저자들은 신생아들을 "무력한 아기"—신생아 스스로는 움직일 수 없는 데서 유래된 특성짓기—로 표현하길 좋아한다. 인간 영아는 태어난 직후에 어미를 따라가서 먹을 수 있는(그리고 스스로 먹을 수 있는)

개념체크 5.1 신체발달과 뇌발달의 개관

다음 질문에 답하여 일반적인 성숙과 성장의 경향과 뇌발달에 대한 여러분의 이해를 체크하라. 정답은 부록에 있다.

선다형: 각 질문에 최선의 답을 선택하라.

_____ 1. 신생아의 머리는 성인크기의 70%이며, 신생아 신장의 1/2이라는 사실은 어떤 발달개념으로 가장 잘 설명되는가?
   a. 골격연령 경향
   b. 두미발달경향
   c. 중심말단방향 경향
   d. 천골경향

_____ 2. 아래 신체 중 어느 부분이 아동기에 성인 수준보다 지나친 성장을 한 후에 청소년기 후기에 성인 수준으로 감소하는가?
   a. 머리와 뇌
   b. 근육계
   c. 임파계
   d. 골격계

_____ 3. 뇌와 신경계의 기본 단위는 신경충동을 받아들이고 전달하는 세포들이다. 이 세포들은
   a. 교세포이다.
   b. 신경세포(뉴런)이다.
   c. 수초이다.
   d. 시냅스이다.

_____ 4. 과학자들은 인간의 뇌가 진화해서 영아의 뇌는 경험의 결과에 매우 반응적일 수 있다고 믿는다. 뇌는 필요한 것보다 더 많은 뉴런과 시냅스를 만들어 다른 종류의 많은 감각운동 자극에 반응할 수 있게 된다. 이런 반응성은 자극되지 않는 뉴런이 작용을 계속하지 않을 때 연접과 뉴런의 퇴화도 가져온다. 이런 뇌발달의 측면은?
   a. 가소성이다.
   b. 수초화다.
   c. 대뇌피질화다.
   d. 대뇌편재화다.

_____ 5. Gretchen은 임신중이다. 그녀는 뇌의 편재화가 태내기 동안 일어나며 출생시에도 진행된다는 것을 알았다. 이런 지식은 그녀로 하여금 초음파 검진 때 아기의 자세를 충분히 예측하게 만들었다. 모든 태아의 2/3와 마찬가지로 그녀의 아기도 자궁안에서
   a. 왼쪽 귀가 바깥쪽인 자세다.
   b. 오른쪽 귀가 바깥쪽인 자세다.
   c. 귀를 위쪽으로 한 자세다.
   d. 귀를 아래쪽으로 한 자세다.

OX문제: 다음의 각 문장이 맞는지 틀리는지 표시하라.

6. 출생시 영아의 뼈는 매우 뻣뻣하고 부러지기 쉬워서 잘 부러진다.

7. 개별 뉴런들은 그들이 어떤 곳으로 이동하는가에 따라 어떠한 뉴런 기능도 할 잠재력이 있다.

8. 생의 초기에 만들어진 뉴런은 극히 소수만이 죽는다: 그 대신에 신경계의 다른 기능들에 적응한다.

9. 뇌가 출생시에 편재화되어 있기는 하지만 편측 선호(뇌반구 선호)는 청소년기가 될 때까지 나이가 듦에 따라 계속해서 더 강해진다.

단답형: 다음 질문에 간단히 답하라.

10. 왜 아기들이 출생시에 반사적인 "감각운동적" 존재인지에 대한 이유를 이해하는 데 도움이 되는 뇌와 신경계의 발달 측면을 설명하라.

많은 종(種)들의 새끼와 비교할 때 확실히 불리하다.

그러나 아기가 오랫동안 움직일 수 없는 상태로 있는 것은 아니다. 생후 1개월쯤이 되면 대부분의 영아가 이행발달의 첫 번째 이정표—엎드려 있으면서 턱을 들어올리기—에 도달하기에 충분한 정도로 뇌와 목근육이 성숙한다. 그 직후에 아이들은 가슴을 들어올리고, 물건에 손을 뻗고, 구르며, 누가 지지해주면 앉기도 한다. 출생 후 첫 2년간의 운동발달을 도표로 만든 연구자들은 표 5.1에서와 같이 운동기술이 정해진 순서대로 발달한다는 것을 발견했다. 이 기술들이 처음으로 나타나는 나이는 아이들에 따라 상당히 다르지만, 이 운동순서가 빠르게 진전되는 영아들이 운동발달의 속도가 평균이거나 평균보다 약간 느린 아이들보다 반드시 더 영리하거나 다른 이득을 얻는 것은 아니다. 그러므로 표 5.1의 연령규준이 영아가 앉고, 서고, 첫 걸음마를 시작할 때 영아의 진전을 측정하기 위한 유용한 기준이 되기는 하지만, 운동발달의 속도가 미래에 있을 발달적 결과에 대해서는 거의 알려주지 못한다.

이행운동 발달의 기본 방향

근육발달과 수초화를 기술하는 두 가지 기초적인 "법칙"은 생후 몇 년간의 운동발달에도 들어맞는다. 운동발달은 **두미**(머리에서 아래쪽)방향으로 진행되며, 머리, 목, 그리고 상지(팔)로 하는 동작이 다리와 하지로 하는 동작보다 앞선다. 동시에 운동발달은 **중심－말단**(중심에서 바깥쪽으로)방향으로 진행하며 몸통과 어깨로 하는 동작이 손과 손가락으로 하는 동작보다 먼저 나타난다. 생후 수개월 동안에 영아가 보이는 발로 차는 움직임은 두미방향 관점에 문제를 제기하는데 보통 중추신경계에 의해서 만들어진 불수의적 움직임이라고 결론을 내린다(Lamb & Yang, 2000). 그러나 Galloway와 Thelen(2004)은 "두미방향 규칙"을 부정하는 증거를 제시한다. 첫째 그들은 영아가 강화를 받을 때 다리의 움직임 패턴을 바꾸는 것을 보여주는 증거를 지적한다. 예를 들어, 영아는 다리를 번갈아 차는 것을 동시에 차는 것으로 바꾼다(Thelen, 1994). 마찬가지로, 구부리는 움직임을 뻗는 움직임으로 바꾼다(Angulo-Kinzler, 2001; Angulo- Kinzler, Ulrich, & Thelen, 2002). 그들은 심지어 Piaget(1952)조차도 자기 아들이 장난감을 흔들기 위해 다리를 반복해서 차는 것에 주목했음을 지적한다. 마지막으로 Galloway와 Thelen(2004)은 6명의 영아에게 발과 손 높이에 장난감을 주었다. 그 영아들은 약 12주쯤에 처음으로 장난감을 접촉했는데 장난감을 건드리기 위해 다리를 들어서 장난감을 건드렸다. 손으로 처음 접촉한 것은 16주경인데 의도적인 발 접촉보다 한참 후이다. 발로 뻗어서 접촉하는 것도 손을 뻗어서 접촉하는 것보다 먼저 일어났다. Galloway와 Thelen은 고관절의 구조가 영아들이 다리를 일찍 조절하는 데 기여한다고 말한다. 왜냐하면 고관절이 어깨관절보다 더 안정적이고 잘 고정되어 있기 때문이다. 그러므로 조절해야 하는 움직임의 양이 어깨관절보다 고관절이 더 작다. 어깨관절의 조정을 숙달하려면 더 많은 경험, 연습, 활동이 필요하다. 그러므로 영아는 어깨관절보다 고관절을 더 일찍 협응할 수 있는 것이다. 이것은 첫 번째 두미방향 경험법칙에 위배된다.

초기 운동발달의 순서와 시기를 어떻게 설명할 것인가? 가능한 세 가지 설명인 **성숙 관점**, **경험**(혹은 연습) 가설, 그리고 운동발달을 아동의 신체적 능력, 목표, 경험 간의 복잡한 교류의 산물로 보는 새로운 **역동적 체계 이론**(dynamical systems theory)을 간단히 살펴보자(Kenrick, 2001; Thelen, 1995).

성숙 관점

성숙 관점(Shirley, 1933)은 운동발달을 유전적으로 프로그램된 순서대로 전개되는 것으로 기술하는데 그 순서에 따라 신경과 근육이 **아래쪽과 바깥쪽** 방향으로 성숙한다. 그 결과, 아동들은 신체의 아랫부분과 말단부분에 대해 점차적으로 많은 통제를 할 수 있게 되고 표 5.1의 순서와 같이 운동기술을 보이게 된다.

운동발달에서 성숙이 중요한 역할을 한다는 한 가지 단서가 비교문화 연구로부터 나왔다. 각 문화 간에 초기 경험이 매우 다름에도 불구하고, 전 세계의 영아들은 거의 같은 운동이정표의 순서를 거치면서 발달한다. 더욱이 일란성 쌍생아 중의 한 아이에게는 운동기술(계단을 오르거나 벽돌을 쌓는)을 연습하도록 하고 다른 아이에게는 그런 경험을 하지 못하도록 한 초기의 연구는 연습이 운동발달에 거의 영향을 미치지 않음을 보여준다. 마침내 연습이 허용되었을 때, 연습하지 않았던 아이는 연습을 많이 한 아이와 곧 같은 기술을 갖게 되었다(Gessel & Thompson, 1929; McGraw, 1935). 종합해보면, 이런

표 5.1	중요한 운동 발달에 대한 연령규준(개월) (미국 내의 유럽계, 라틴계, 아프리카계 미국인 아동들에 근거함)	
기술	영아의 50%가 기술을 숙달하는 시기(개월)	영아의 90%가 기술을 숙달하는 시기(개월)
배를 대고 엎드린 채로 머리를 90°로 들기	2.2	3.2
구르기	2.8	4.7
받치고 앉기	2.9	4.2
도움없이 앉기	5.5	7.8
붙잡고 서기	5.8	10.0
기어가기	7.0	9.0
붙잡고 걷기	9.2	12.7
pat-a-cake놀이하기	9.3	15.0
잠시 동안 혼자 서기	9.8	13.0
혼자서 잘 서기	11.5	13.9
잘 걷기	12.1	14.3
두 개의 정육면체로 탑 쌓기	13.8	19.0
계단 걸어 올라가기	17.0	22.0
앞으로 공차기	20.0	24.0

연구결과들은 성숙이 운동발달의 기초가 되며 연습은 성숙이 발달할 수 있게 허용하는 기술만을 아동들이 완성할 수 있게 한다는 걸 시사하는 것으로 보인다.

경험(또는 연습) 가설

성숙이 운동발달에 공헌한다는 것은 누구도 부인하지 않지만, 경험적 관점의 지지자들은 운동기능을 학습할 기회 또한 중요하다고 믿는다. Wayne Dennis(1960)의 연구결과를 생각해 보자. 그는 이란에서 시설에 수용된 두 집단의 고아들을 연구했는데, 이들은 생후 2년간의 대부분을 침대에 누워 지냈다. 이 영아들은 한 번도 앉은 자세를 취해본 적이 없었고 같이 놀아본 적도 없었으며, 심지어 침대에서 베개에 기대놓은 우유병으로 우유를 먹었다. 초기 경험 박탈이 이들의 운동발달에 영향을 주었을까? 그렇다! 생후 1~2년 된 아기들 중 어느 누구도 걸을 수 없었고 이들 중 절반 이하만이 도움없이 앉을 수 있었다. 실제로, 3~4세 아이 중 15%만이 혼자서 잘 걸을 수 있었다! 그러므로 Dennis는 운동기술의 발달에 성숙은 필수적이지만 충분하지는 않다는 결론을 내렸다. 다시 말하면, 신체적으로 앉고, 기거나 걸을 수 있는 영아들이 이것들을 연습할 기회를 갖지 못한다면 이 활동들을 매우 능숙하게 하지 못할 것이다.

연습의 부족은 운동발달을 억제할 뿐만이 아니다. 비교문화 연구는 다양하고 풍부한 경험이 운동발달 과정을 빠르게 할 수 있음을 보여준다. 비교문화 연구는 양육 관습이

아이가 주요 운동 이정표에 도달하는 연령에 큰 영향을 미친다는 것을 보여주고 있다. 예를 들면, 케냐의 Kipsigis족은 운동기술을 촉진시키려고 한다. 생후 8주경에, 부모들은 영아의 겨드랑이를 잡고 아이가 앞으로 나아가게 함으로써 아이들은 이미 "걷기"를 연습하고 있다. 생후 몇 개월 동안 아이는 얕은 구멍에 앉혀져서 구멍의 옆면에 등을 받치고 직립 자세를 유지한다. 이런 경험을 통해서, Kipsigis족 영아들이 서구의 영아들보다 5주 가량 일찍 도움없이 앉게 되고 한 달 가량 빨리 도움없이 걷게 되는 것이 놀라운 일은 아니다.

이와 유사하게, Brian Hopkins(1991)는 영국에 사는 백인 영아의 운동발달과 자메이카에서 영국으로 이민 온 흑인 가족 영아의 운동발달을 비교하였다. 흑인 영아와 백인 영아를 비교한 다른 연구와 마찬가지로, 흑인 영아는 앉기, 기기, 걷기와 같은 중요 운동기술을 더 어린 시기에 보여주었다. 이와 같은 연구결과는 흑인과 백인 간의 유전적 차이를 반영하는가? 아마도 그렇지 않을 것이다. 왜냐하면 흑인 아기는 어머니가 자메이카의 전통적인 일과를 따라서 영아를 다루고 운동발달을 촉진했을 때에만 운동기술을 빨리 획득하게 되었기 때문이다. 그 일과에는 영아 마사지하기, 팔다리 펴주기(스트레칭), 그리고 팔을 잡고 부드럽게 아래위로 흔들기 등이 있다. 자

1~2세경의 걸음마기 아동은 걸으려 할 때 종종 몸의 균형을 잃는다.

메이카 어머니들은 아기들의 빠른 운동발달을 기대하고, 그것을 촉진하기 위해 애써서, 운동발달을 촉진시키는 결과를 얻는다.

비교문화 연구와 딱 들어맞는 것이 북아메리카 영아들을 대상으로 한 Philip Zelazo 와 그 동료들(1972; 1993)의 실험이다. Zelazo는 규칙적으로 직립 자세를 취하고 걷기 반사를 연습하도록 격려한 2주에서 8주가 된 아기들은 이 반응(보통 생의 초기에 사라지는)이 강해졌음을 발견했다. 또한 이 영아들은 그런 훈련을 받지 않은 통제집단의 영아들보다 더 빠른 나이에 걸었다.

사지를 펴주거나 직립 자세를 유지하면(또는 직립 자세로 앉으면) 왜 운동발달이 촉진될까? 이에 대한 Esther Thelen(1986; Thelen & Fisher, 1982)의 견해는 다음과 같다. 종종 직립 자세를 취하는 아기들은 목, 몸통, 그리고 다리가 강해지고(근육 성장의 가속화) 그것은 다시 서기, 걷기와 같은 운동기술의 발달이 빨라지게 촉진한다. 그러므로 성숙과 경험 둘 다 운동발달에 중요한 공헌을 하는 것으로 보인다. 성숙은 아이가 처음으로 앉고, 서고, 걸을 수 있게 되는 연령을 제한한다. 그러나 직립 자세 취하기와 다양한 형태의 연습을 하는 경험은 중요한 성숙 능력이 달성되고 행동으로 나타나는 연령에 영향을 주게 된다.

역동적, 목표 지향적 체계로서의 운동기술

성숙과 경험이 운동발달에 공헌한다는 것에는 분명히 동의하겠지만, 흥미로운 새로운 관점인 **역동적 체계 이론**의 지지자들은 앞의 이론가들과는 의견이 다르다. 그들은 운동기술을 성숙과 연습기회가 지시하는 대로 단순히 전개되어지는 유전적으로 프로그램된 반응으로 보지 않는다. 대신에 그들은 영아가 능동적으로 기존의 운동능력을 새롭고 복잡한 행동체계로 재조직해서 구성했을 때 나타나는 결과물이 각각의 새로운 운동기술이라고 본다. 처음에는 이 새로운 운동 형태는 불확실하고, 비능률적이며 비협응적이기 쉽다. 예를 들면, 새롭게 걸음마를 하는 아이는 엉덩이를 움직이는 데 상당한 시간을 할애한다. 아무 이유 없이 "걸음마기 아동"이라고 불리는 것이 아니다. 그러나 어느 정도의 시간이 흐르면서 모든 요소들이 조화를 이루어서 앉고, 기고, 걷고, 뛰고, 도약하는 것과 같은 원활하게 협응된 동작이 될 때까지 이 새로운 운동 패턴은 수정되고 다듬어진다(Thelen, 1995; Whitall & Getchell, 1995).

그러나 영아들은 왜 그토록 열심히 새로운 운동기술을 가지려고 하는가? 이런 문제들을 다루지 않았던 초기의 이론들과는 달리, 역동적 체계 이론은 직접적인 답을 제시한다. 영아들은 그들이 만지고 싶어 하는 물건에 도달하거나 마음 속에 두고 있는 목표를 달성할 수 있게 도와줄 새로운 운동기술을 갖고 싶어서 그것을 완성시키려 한다(Thelen, 1995). 영아의 기는 능력의 출현에 대한 연구에서 Eugene Goldfield(1989)가 알게 된 것을 생각해 보라. Goldfield는 7~8개월된 영아들이 (1) 주변의 흥미로운 광경이나 소리를 향해 규칙적으로 머리를 돌리거나 들어올리고, (2) 그와 같은 자극에 접근할 때 뚜렷한 손/팔의 선호를 발달시키며, (3) 바깥쪽으로 뻗친 팔과 반대쪽에 있는 다리를 밀기(차기) 시작한 후에만 손과 무릎으로 기기 시작했다는 것을 발견했다. 확실히, 시각적 지향은 영아가 닿을 수 없는 흥미로운 자극에 접근하도록 하는 동기가 된다. 손뻗기는 몸을 올바른 방향으로 이끌어 주며 반대쪽 다리로 차기는 몸이 앞으로 나아가게 해준다. 그러므로 기기는(그리고 다른 모든 운동기술은) 성숙 계획에 따라 단순히 전개되는 미리 프로그램된 기술이 아니라, 특정한 목표를 염두에 두고 있는 호기심 많고 능동적인 영아들이 여러 기존 능력들을 능동적으로 복잡하게 재조직한 것이다.

그러면, 왜 모든 영아들은 동일한 순서로 이행운동의 다양한 성취단계들을 통과해 나아가는가? 부분적으로는 각각의 연속적인 운동기술은 이미 앞서 발달한 특정한 요소 동작들 위에 만들어져야 하기 때문이다. 경험은 어떻게 운동발달이 일어나게 하는가? 역동적 체계 이론에 따르면 흥미로운 사물과 사건으로 이루어진 실제 세계는 영아들에게 뻗거나, 일어나 앉고, 기고, 걷고, 달리고 싶게 만드는 이유를 많이 제공한다. 즉, 아이들이 갖고 있는 기술을 새롭고 더 복잡한 동작체계로 능동적으로 재조직함으로써 충족되어질 수 있는 목적과 동기들을 제공한다(Adolph, Verijken, & Denny, 1998). 물론 어떤 영아들도 완전히 같은 경험(또는 목표)을 갖지는 않는다. 이것이 왜 각각의 영아들이 새로이 나타나는 운동기술의 요소가 되는 동작들을 조금씩 다른 방식으로 협응시키는지를 설명하는 데 도움이 된다(Thelen et al., 1993).

요약하면, 운동기술 발달은 초기의 이론들이 가정했던 것보다 훨씬 더 흥미롭고 복잡하다. 성숙이 매우 중요한 역할을 하지만, 생후 2년간의 기본적인 운동기술이 자연의 웅장한 계획의 일부분으로서 단순히 전개되는 것은 아니다. 그보다는 목표지향적인 영아가 그들이 수행할 수 있는 행동을 그들의 목적을 달성하는 데 도움이 될 새롭고 더 복잡한 동작체계로 꾸준히 재결합시킴으로써 주로 나타나게 된다.

SW Productions/Stockbyte/Getty Images

역동적 체계 이론에 따르면, 새로운 운동기술은 호기심 많은 영아가 중요한 목적을 달성하기 위해 그들이 지닌 능력을 재조직함으로써 나타난다.

역동적 체계 이론
(dynamical systems theory)

환경을 탐색하거나 또는 다른 목표를 만족하는 더 효율적인 방식을 찾기 위해서 시도되는 이미 숙달된 능력들의 재조직화로 운동기술을 보는 이론.

소근육 운동발달

두 가지 서로 다른 측면의 운동발달인 수의적인 **뻗기**(voluntary reaching)와 **조작**(또는 손) 기술(manipulatory or hand skills)은 영아들이 그들을 둘러싸고 있는 주변 환경을 탐색하고 적응하는 데 특히 중요한 역할을 한다.

수의적인 뻗기의 발달

손을 뻗어 물건을 만지는 아이의 능력은 생후 1년 동안 극적으로 변화한다. 신생아가 잡기 반사를 가지고 태어난다는 것을 기억하라. 또한 비록 이들 원시적 뻗기(또는 **전뻗기**: prereaches)가 시야에 있는 물건에 손을 협응시키지 못한 채 휘두르는 수준 정도일지라도 이들은 물건에 손을 뻗으려는 경향이 있다. 전뻗기는 정말로 운에 맡기고 하는 행동이다(Bower, 1982). 생후 2개월경에, 영아의 뻗기와 잡기 기술은 심지어 퇴화되는 것처럼 보인다: 반사적인 손바닥 잡기(palmar grasp)는 사라지고 전뻗기는 훨씬 줄어든다(Bower, 1982). 하지만, 이와 같은 명백한 퇴화는 수의적인 뻗기의 등장을 위한 단계를 만든다. 3개월 이상된 아기들은 팔을 뻗는 도중에 교정을 하는 새로운 능력을 보이며, 물체를 확실히 잡을 때까지 점차로 정확성이 향상된다(Hofsten, 1984; Thelen et al., 1993). 그러나 영아들마다 물건에 손을 뻗는 방법이 확실히 다르다. 어떤 영아들은 처음에는 팔을 퍼덕이게 되어서 팔을 잘 조정하기 위해서는 의욕을 내리 누르는 걸 배워야 하는 반면에 다른 아이들은 일단 팔을 뻗고 물건을 잡기 위해서는 더 많은 힘을 내야 한다는 것을 곧 알게 된다(Thelen et al., 1993). 그러므로 뻗기는 단순히 "전개"되는 기술이 아니며, 영아들이 서로 다른 방식으로 도달하게 되고 이 중요한 기술을 개선시키기 위해 자신만의 독특한 경로를 사용하는 운동기술이다.

손기술의 발달

일단 영아가 약 4~5개월이 되었을 때, 잘 앉을 수 있게 되고 신체의 중심선을 가로질러 안쪽으로 팔을 뻗을 수 있게 되면, 두 손으로 물체를 잡기 시작하며 탐색활동은 항상 변한다. 단순히 물체를 치거나 손바닥으로 쓰다듬는 것이 아니라 물체를 한 손에서 다른 손으로 옮기거나, 한 손으로는 물건을 잡고 다른 손으로는 손가락으로 만지작거리는

척골잡기
(ulnar grasp)

영아가 손가락을 손바닥에 대고 눌러서 물건을 잡는 초기의 손기술.

경향이 있다(Rochat, 1989; Rochat & Goubet, 1995). 실제로, 손가락으로 만지작거리는 동작은 4~6개월된 아이가 물체에 대한 정보를 얻는 주된 방법이 된다. 왜냐하면 한 손으로 물건을 잡는 능력이 아직 덜 발달했기 때문이다. 이 나이 무렵, 반사적 손바닥 잡기는 이미 사라진다. 대신 **척골잡기**(ulnar grasp)가 나타나는데, 그것은 손에 닿은 물체를 촉각으로 탐색하는 것을 거의 허용하지 않는 그 자체가 서투르며 손으로 더듬는 것 같은 잡기이다.

생후 첫해의 후반기에는 손가락으로 만지작거리는 기술이 좋아지고 그들이 조사하는 물체의 특성에 맞추어 모든 탐색적인 동작을 하는 데 훨씬

손가락으로 잡기는 협응된 많은 손동작 발달의 기초가 되는 중요한 운동 이정표이다.

능숙해진다(Palmer, 1989). 이제는 바퀴가 있는 장난감을 쾅쾅 치기보다는 달리도록 하고, 폭신폭신한 물체를 달리게 하기보다는 비틀게 된다. 중요한 그 다음의 손기술 성장 단계는 영아가 엄지손가락과 집게손가락을 사용하여 물체를 들어올리고 탐색하게 되는 생후 첫해의 끝무렵에 일어난다(Halverson, 1931). 이 **손가락으로 잡기**(pincer grasp)는 손놀림이 서투른 아이가 손을 능숙하게 조정하는 사람으로 바뀌게 만들어서 곧 기어다니는 벌레를 잡기 시작하며, 손잡이와 다이얼을 돌리기 시작하고, 그로 인해 새로이 습득한 손기술로 흥미로운 결과들을 많이 만들어 낼 수 있다는 것을 발견하게 된다.

출생 후 두 번째 해 동안에 아이들은 손을 사용하는 데 훨씬 능숙해진다. 16개월이 되면, 크레용으로 낙서를 할 수 있게 되고 두 번째 해의 끝무렵에는 간단한 수평선이나 수직선을 따라할 수 있게 되며, 심지어는 5개 이상의 블록으로 된 탑을 쌓을 수 있게 된다. 이때 일어나는 것은 역동적 체계 이론과 매우 일치한다: 영아들은 단순한 동작을 통제할 수 있게 되고 곧 이 기술들을 점차로 복잡하고 협응된 체계로 통합하게 된다(Fentress & McLeod, 1986). 하지만 이런 능력을 아이들이 갖고 있음에도 불구하고, 2~3세 된 아이들은 공을 잡고 던지기, 도구로 음식 자르기, 색칠하기 책에 있는 그림들의 선 안쪽으로 색칠하기는 아주 잘 하지는 못한다. 이 기술들은 근육이 성숙함에 따라 나중에 아동기에 나타나게 되며 아동들은 시각정보를 행동 협응에 더 잘 사용하게 된다.

초기 운동발달의 심리학적 시사점

일단 아기가 손을 뻗어 흥미있는 물체를 잡을 수 있게 되면, 특히 아기가 이 보물들을 탐색하려고 기거나 걸을 수 있게 된 후에는, 부모와 아기 모두에게 극적인 생활의 변화가 나타난다. 갑자기 부모들은 방을 아이로부터 안전하게 만들거나 특정 영역에의 접근을 제한해야 한다. 그렇지 않으면 끝없이 계속되는 재앙들—찢어진 책, 엎어진 화병, 풀어버린 화장실 휴지, 꼬리를 잡아당겨 예민해진 애완동물—을 겪게 된다. 탐색을 제한하는 것은 종종 영아와 부모 사이에 급격한 갈등과 "의지 시험하기"를 가져온다(Biringen et al., 1995). 그럼에도 불구하고, 부모들은 발달이 정상적으로 진행되고 있다는 명백한 증거와 함께, 손바닥치기 놀이(pat-a-cake)를 하고, 쫓아다니며 숨바꼭질을 하는 것과 같은 유쾌한 형태의 사회적 상호작용을 가능케 하는 영아의 새로운 운동기술에 종종 감격한다.

운동기술이 가져다주는 오락적 가치 외에도, 영아가 신체 움직임을 잘 통제하게 되는 것은 다른 중요한 인지적·사회적 결과를 가져온다. 예를 들어, 만약 그들이 안전하지 않다고 생각될 때 보호자에게로 물러날 수 있다는 것을 알기만 한다면, 움직일 수 있는 영아들은 아마도 더욱 더 대담하게 사람들을 만나고 도전할 수 있을 것이다(Ainsworth, 1979). 다양한 운동 이정표의 성취는 지각발달을 촉진할 수 있다. 예를 들면, 기는 아기(특별한 보행기

영아는 앞뒤로 흔들리면서 시각흐름에서의 변화를 경험하게 되며, 이로 인해 거리 관계를 더 잘 이해하게 된다.

의 도움으로 이동할 수 있는 기지 않는 아기 포함)는 같은 나이의 이동할 수 없는 아기들보다 숨겨진 물건을 더 잘 찾고 발견한다(Kermoian & Campos, 1988). 기기나 걷기로 스스로 만들어 낸 움직임은 영아가 시각흐름(optical flow)을 더 잘 인식하게 해준다. 시각흐름은 그 물체가 포함된 장면에서 전경과 배경의 지각된 움직임은 물론이고 시각장 내에 있는 물체의 지각된 움직임을 말한다. 관찰자와 관찰되고 있는 물체 사이의 상대적인 움직임은 시각흐름의 지각에 영향을 준다. 예를 들어, 그네에 앉아있는 영아는 개가 규칙적인 방식으로 더 커졌다가 작아졌다 하는 것을 보게 된다. 그러나 그네 움직임이 줄어들고 영아가 움직이지 않게 되는 것과 동시에 개의 시각흐름 발생은 멈춘다. 이제 그네가 불안을 일으키는 움직임을 멈추고 개는 영아를 조사하고 싶어진다. 개가 멈추어 있는 영아와 그네에 접근하게 되면 개는 더 커진다. 개의 움직임이 영아에게 만들어 주는 시각흐름 패턴은 움직이는 그네에 앉아있는 영아의 움직임에 따라 생기는 시각흐름 패턴과 매우 다르다. 만약 부모가 다른 일에 몰두하는 동안 오빠가 아기를 그네에서 내려줘서 영아가 개에게 접근하게 해준다면 영아는 세 번째 시각흐름을 경험할 것이다. 그 개는 커져서 그 (시각)장을 완전히 채운다―만약 오빠가 시켜준 그 개와의 이전 경험이 없다면, 영아는 정신적 쇼크를 받았을 것이다. 그러면 기는 영아는 전경과 배경이 바뀌어도 그 개가 항상 크기가 같다는 걸 지각한다(즉, 그 개는 안전한 거리를 유지하며 집 여기저기로 영아를 데리고 간다).

그러므로 시각흐름과 시각흐름에 대한 이해를 바탕으로 영아는 공간에서의 자기 위치를 알게 되고, 자세를 향상시키며, 더 효율적으로 기거나 걷게 된다(Higgins, Campos, & Kermoian, 1996). 또한 기기와 걷기는 둘 다 거리관계를 이해하게 해주며 높이에 대한 건강한 공포를 갖게 한다(Adolf, Eppler, & Gibson, 1993; Campos, Bertenthal, & Kermoian, 1992). 이미 경험을 한 기는 아기들과 걷는 아기들은 이제 막 기고 걷기 시작한 아기들보다 자기의 길을 찾는 데 이정표를 더 잘 사용할 수 있다―즉 이행운동은 공간기억에 영향을 준다(Clearfield, 2004). 그래서 인간발달은 총체적인 기획이고 그렇기 때문에 운동기술의 변화는 발달의 다른 측면에 대한 분명한 시사를 한다는 것을 다시 한번 더 알게 된다.

영아기 이후: 아동기와 청소년기의 운동발달

걸음마기 아동(toddler)이라는 용어는 대부분 1~2세된 아이를 묘사한다. 이들은 자주 넘어지고 혹은 어떤 곳으로 급하게 가려 할 때 고정된 물체에 발이 걸려 넘어지곤 한다. 하지만 아이가 성숙함에 따라 급속히 이행운동 기술이 증가한다. 한 번 뛸 때 아주 작은 (8~10인치) 물체만을 뛰어 넘을 수 있고, 뛰는 동안 쉽게 방향을 바꾸거나 멈출 수는 없지만, 3세가 되면 아이들은 일직선으로 걷거나 뛸 수 있고 두 발을 이용해 마루로 뛰어내릴 수 있게 된다. 4세된 아이는 깡충깡충 뛰고, 한 발로 뛸 수 있으며, 양손으로 큰 공을 잡을 수 있고, 1년 전에 할 수 있던 것보다 더 멀리 더 빠르게 뛸 수 있다(Corbin, 1973). 5세가 되면, 아동들은 훨씬 우아해진다. 그들은 어른들처럼 달릴 때 팔을 흔들고, 그들 중 일부는 자전거를 탈 수 있을 정도까지 균형감이 좋아진다. 이들의 빠른 진전에도 불구하고(혹은 그 때문에), 어린 아동들은 종종 그들이 할 수 있는 신체적 능력을 과대평가한다. 더 대담하거나 덜 억제된 아이들은 사고를 저지르는 경향이 있어서 결국 명이 들거나, 데고, 베고, 긁히고, 각종 손상을 입게 된다(Schwebel & Plumert, 1999).

해가 지남에 따라서, 학령기 아동들은 좀 더 빨리 달릴 수 있고, 좀 더 높이 뛸 수 있으며, 좀 더 멀리 공을 던질 수 있게 된다(Herkowitz, 1978; Keough & Sugden, 1985). 아동들이 더 크고 강하게 자라고 있으며 운동기술도 잘 조정하기 때문에 이렇게 대근육 활동이 증진된다. 어린 아동들은 오직 팔만을 써서 공을 던지는 반면, 청소년들은 어깨, 팔, 몸통, 다리의 움직임을 협응시켜 신체의 힘을 공 던지기에 맞도록 할 수 있다. 그러므로 더 나이든 아동들과 청소년들은 어린 아동들보다 멀리 공을 던질 수 있는데, 그 이유는 단지 그들이 더 크고 강하기 때문이 아니라 세련되고 능률적인 운동기술을 사용하기 때문이다(Gallahue, 1989).

이와 동시에, 눈-손 협응과 소근육에 대한 통제력이 급속히 좋아져서 아동들은 손을 좀 더 정교하게 사용할 수 있게 된다. 3세된 아이는 셔츠의 단추를 채우고, 신발끈을 매고, 단순한 도안을 따라 그리는 것이 어렵다는 것을 알게 된다. 5세가 되면, 아동은 이 능력들을 모두 달성하게 되고, 심지어는 가위를 써서 직선으로 자르거나 크레용으로 글자나 숫자를 따라 쓸 수 있게 된다. 8~9세가 되면 스크루 드라이버 등과 같은 가정용 도구들을 사용할 수 있게 되고 손-눈 협응이 필요한 카드, 닌텐도와 같은 게임에 능숙해진다. 마지막으로, 더 나이든 아동들은 어린 아동들보다 반응시간이 빨라지며(Williams et al., 1999), 이는 이들이 피구나 탁구같은 "운동" 게임에서 왜 어린 놀이 친구들을 이기게 되는지를 설명해 준다.

남아와 여아는 사춘기가 되기 전까지는 신체적인 능력이 거의 같으나, 사춘기 동안에는 남아들은 대근육 활동 검사에서 계속해서 점수가 증가하고 여아들은 변함이 없거나 감소한다(Thomas & French, 1985). 이와 같은 성별 차이는 부분적으로 생물학적인 원인을 갖는다. 청소년기 남아들은 여아들보다 근육이 많고, 지방이 적으며 신체적인 힘에서 여자들을 능가할 것으로 기대된다(Tanner, 1990). 하지만 생물학적 발달이 남아와 여아들 간의 대근육 수행에서의 차이를 모두 설명하지는 못하며(Smoll & Schutz, 1990), 12세에서 17세 사이에 계속해서 키가 더 커지고 체중이 증가하는 많은 여아들의 대근육 능력이 감소하는 것도 적절히 설명하지 못한다. 청소년기 여아들의 분명한 신체적인 약화는 성역할 사회화의 산물이라고 보여진다: 골반이 넓어지고 가슴이 커지게 되면서 여아들은 말괄량이처럼 행동하지 말고 전통적으로 여성적인 (그리고 덜 운동적인) 활동들에 관심을 가지도록 격려받는다(Blakemore, Berenbaum, & Liben, 2008; Herkowitz, 1978).

여자 운동선수의 대근육 수행은 시간이 흘러도 감소하지 않는다는 점에서 이 생각은 확실히 사실적인 요소를 갖는다. 더 나아가, 지난 수십 년 동안에 일어난 성역할 변화에 따라서 여자 운동선수들은 자신들의 수행을 계속 증진시켜 왔으며, 신체적 수행에서의 남녀 차이는 극적으로 좁혀졌다(Dyer, 1977; Whipp & Ward, 1992). 그래서 청소년기 여아들이 만약 계속해서 신체적으로 활동적인 생활을 한다면 대근육 활동 검사에서 계속 향상될 것은 거의 분명한 것 같다. 연구초점 상자에서 보는 것과 같이, 십대 동안에 신체적으로 활동적인 생활을 함으로써 청소년기 여아들은 심리적으로도 중요한 이익을 경험할 수 있다.

청소년기 소녀들의 스포츠 참여와 자존감

최근에 들어와 발달학자들은 **신체활동 놀이**의 이점을 고려하기 시작했는데, 신체적인 활동이 근육의 힘 및 인내력, 그리고 성장하는 신체의 지방 수준을 감소시키는 기제 역할을 한다고 추측하고 있다(Pellegrini & Smith, 1998). 신체적인 활동은 전형적으로 아동기 초기에서 중기에 걸쳐 정점에 이르렀다가 그 후부터 감소한다. 이 왕성한 신체활동이 감소하는 현상은 소년들보다는 소녀들에게서 더 분명하게 나타나는데, 이 현상에 의해 청소년기 소녀들에게서 흔히 나타나는 대근육 힘의 감소현상을 설명할 수 있을 것이다.

Smiley N. Pool/Dallas Morning News/Corbis

흥미로운 것은, 지난 30년 동안 미국사회는 소녀들을 위한 신체적 활동—경쟁적인 스포츠와 비경쟁적인 스포츠에 참여하는 것—을 지원해왔다. 연방법 9조—연방의 지원을 받는 기관에서의 성차별 금지조항—는 1972년에 통과되었는데, 그 결과로 대학 수준에서 여성을 위한 운동 프로그램에 대한 지원금이 극적으로 증가했다. 여고생을 위한 운동 프로그램 역시 같은 기간 동안 크게 확장되었다. 심지어는 나이키같은 사기업도 최근 운동장에 광고 캠페인물을 설치했는데, 거기에는 "저를 운동할 수 있게 해주신다면. . ."으로 시작해 운동에 참여함으로써 얻게 되는 건강과 사회적 이득을 호소하는 소녀의 그림이 등장한다. 이 광고가 암시하는 이득 중의 하나는 여성이 운동을 하는 것은 자기가치감(또는 자존감)을 향상시킨다는 점이다.

이런 주장에 대한 어떤 근거가 있는가? 이를 알아보기 위해, Erin Richman과 David Shaffer(2000)는 1학년 여자 대학생들에게 고등학교 시절에 공식적이거나 비공식적인 스포츠 활동에 참여했는지를 묻는 광범하고도 깊이 있는 정교한 설문을 만들었다. 연구자들은 또한 설문에 참여하는 여학생들에게 현재의 (1) 자존감 수준, (2) 신체적 유능감, (3) 신체상, (4) 자기주장이나 건전한 경쟁심 같은 바람직한 "남성적" 속성의 보유 등을 평가하는 검사들도 받도록 하였다.

그 결과는 나이키 광고 캠페인의 주장을 일부 지지했다. 첫째로, 고교시절 스포츠 활동에의 참여와 현재의 자존감 간에는 명백한 관계가 있었다: 고교시절 광범한 스포츠 활동에 참여했던 여학생들은 대학생으로서의 일반적인 자기가치 수준이 높았다. 심층분석 결과, 고교시절의 스포츠 활동이 여자 대학생의 자존감에 미치는 유익한 효과로는 다음과 같은 것들이 있다: (1) 스포츠 활동에의 참여는 신체적 유능감의 증진, 좋은 신체상 발달, 자기주장 같은 바람직한 남성적 속성의 획득 등과 밀접하게 연관되어 있다. (2) 이런 모든 발달은 다시 여자 대학생들의 자존감과 정적으로 상관되어 있다(또는 자존감을 촉진시킨다).

요약하면, 소녀들이 청소년기에 스포츠 활동에 참여하는 것은 자기가치감을 향상시키는 것으로 보인다—다만, 이는 스포츠 활동이 신체적 유능감, 좋은 신체상, 자기주장 같은 바람직한 속성들을 얼마나 촉진시키는가에 따라 달라진다(또한 Ackerman, 2002; Lehman & Joerner, 2005; Malcom, 2003; Shakib, 2003을 참조하라). 이런 발견들에 의하면, 만일 교사나 코치가 공식적이거나 비공식적인 스포츠 활동의 신체적·심리적인 이점들을 강조하거나 예시해 줄 수 있다면, 체육수업이나 공식적인 팀스포츠가 대다수의 소녀들에게 이롭다는 것을 의미한다. 그러나 여기에는 조건이 있는데, 교사나 코치가 경쟁적인 스포츠의 결과에만 치중한다거나 자신들의 지도하에 있으면서 운동을 잘하지 못하는 소녀들의 신체적 결함에만 치중해서는 안 된다는 것이다.

신체활동 놀이
(physically active play)
아동의 신진대사율을 휴식 수준보다 매우 높게 올라가게 하는 달리기, 높이뛰기, 기어오르기, 싸움놀이, 또는 게임놀이 같은 보통에서 활발한 정도까지의 범위에 있는 놀이활동.

청소년기 성장급등
(adolescent growth spurt)
청소년기의 시작을 알리는 신체성장의 급격한 증가.

사춘기(puberty)
사람이 성적 성숙에 도달하는 시점으로 자식을 갖거나 아이를 임신하는 일이 가능하다.

사춘기: 아이에서 어른으로의 신체적 변화

청소년기의 시작은 신체발달에서의 두 가지 중요한 변화로 시작한다. 첫째, 아동들은 **청소년기 성장급등**(adolescent growth spurt)이 일어나면서 몸의 크기와 모양이 극적으로 변한다(Pinyerd & Zipf, 2005). 둘째, 그들은 또한 성적으로 성숙하고 아이를 낳을 수 있는 생의 시기인 **사춘기**(puberty, "털이 많아지다"라는 의미의 라틴어 pubertas에서 기원)에 도달한다.

청소년기 성장급등

성장급등이란 청소년기의 시작을 알리는 신장과 체중의 빠른 성장을 말한다(영아기 이후 가장 빠른 성장률)(Pinyerd & Zipf, 2005). 여아들은 전형적으로 10.5세에 성장급등에 들어가고 12세경에 최고 성장률에 도달하며(초경 시작 약 1.3년 전), 13세에서 13.5세경에 성장은 다시 느려진다(Pinyerd & Zipf, 2005; Tanner, 1990). 대부분의 여아들은 초경 이후에 약 2.5cm 정도만 더 자란다(Grumbach & Styne, 2003). 남아들은 2~3년 정도 여아들보다 뒤쳐진다: 그들은 전형적으로 13세에 성장급등이 시작되고, 14세(사춘기 중반)에 최고점에 달하고, 16세경에 점진적인 성장률로 돌아간다. 여아가 남아보다 일찍 성숙하기 때문에 중학교 교실에서 가장 큰 학생 2~3명이 여자아이인 것은 전혀 이상한 일이 아니다. 성장급등의 끝무렵에 남아들은 키가 28~31cm 자라고 여아들은 27.5~29cm 자란다(Abbassi, 1998).

청소년기 성장급등 동안에 키가 커지고 체중이 늘어나는 것과 함께 몸이 어른과 같은 외모가 된다. 아마도 가장 눈에 띄는 변화는 여아의 경우 유방이 생기고 엉덩이가 넓어지고 남아의 경우 어깨가 넓어지는 것이다. 얼굴 형태도 이마가 앞으로 나오며, 코와 턱이 더욱 돌출되고, 입술이 커지면서 어른의 얼굴 비율을 갖게 된다.

성적 성숙

생식체계(reproductive system)의 성숙은 청소년 성장급등과 거의 같은 시기에 발생하며 남아와 여아에게 예상할 수 있는 순서를 따라 발달한다.

여아의 성발달

대부분의 여아에게서 성의 성숙은 젖꼭지 주변에 지방 조직이 쌓이고 작은 "젖가슴 봉오리"가 형성되는 약 9세에서 11세에 시작한다(Herman-Giddens et al., 1997; Pinyerd & Zipf, 2005). 유방이 완전히 발달하려면 약 3~4년이 걸리고 14세경에 끝난다(Pinyerd & Zipf, 2005). 3분의 1정도의 여아들이 유방이 발달하기 전에 음모가 발달하지만 보통 음모가 조금 늦게 생기기 시작한다 (Tanner, 1990).

여아의 신장급등이 시작될 때 유방은 빠르게 성장하며 성기관이 성숙하기 시작한다. 안으로는 질이 커지고 자궁벽의 강한 근육이 발달하는데, 이 근육들은 임신기간 동안 태아를 자궁 안에 보호하며 분만시 자궁 경부와 질을 통해서 아기를 밀어내는 데 사용된다. 밖으로는 치구(치골을 덮고 있는 부드러운 조직), 음순(질 입구 주변의 연한 조직으로 입술 같은 조직), 음핵 모두가 커지고 접촉에 더욱 민감해지게 된다(Tanner, 1990).

약 12세경이 되면 서구사회의 보통 여아들은 **초경**(처음 생리의 시작)을 한다(Pinyerd & Zipf, 2005). 일반적으로 초경이 임신이 가능하게 되는 것을 말해주기는 하지만 어린 여아들은 종종 배란없이 생리를 하며 초경 이후 12개월에서 18개월까지 임신을 할 수 없는 상태로 있을 수도 있다(Pinyerd & Zipf, 2005; Tanner, 1978). 무배란 생리주기(배란없이 이루어지는 생리)는 종종 불규칙하고 생리시 아프기도 하다. 1~2년 후에는 생리주기에 배란이 있고 더 규칙적이고 덜 아프게 된다(Pinyerd & Zipf, 2005). 초경 이후 여성의 성적 발달은 유방이 완전히 성숙되고 겨드랑이 털이 나게 된다(Pinyerd & Zipf, 2005). 털은 팔, 다리에도 나며 얼굴에는 더 적게 난다(Pinyerd & Zipf, 2005).

초경
(menarche)
생리의 처음 시작.

남아의 성발달

남아에게 성적 성숙은 10세에서 13세경(9.5~13.5세)에 고환이 커지는 것으로 시작된다(Pinyerd & Zipf, 2005). 착색되지 않은 음모는 고환의 성장과 함께 나타나거나 고

청소년기 초기에는 소녀들이 소년들보다 더 빨리
성숙한다.

환성장을 뒤따라 곧 나타난다(Pinyerd & Zipf, 2005). 고환이 성장함에 따
라 음낭이 성장한다. 음낭은 얇고 색이 어두워지며 성인 위치까지 내려온다
(Pinyerd & Zipf, 2005). 반면에, 음경은 길이가 길어지고 굵어진다. 13세에
서 14.5세경에는 정자생산이 시작된다(Pinyerd & Zipf, 2005). 음경이 완전
히 발달하는 14.5세에서 15세경에 대부분의 남아들은 사춘기에 이르게 되며
아이를 낳을 수 있다(Tanner, 1990).

얼마 뒤에 남아들은 수염이 나기 시작한다. 일단 윗입술 가장자리에서부
터 나고 다음에 얼굴 측면에 나며, 나중에 뺨과 턱선에 난다(Mustanski et
al., 2004; Pinyerd & Zipf, 2005). 가슴 털의 징조는 10대 후반이나 20대 초
기까지 나타나지 않지만 팔과 다리에서는 체모가 자란다. 남아의 성적 성숙
의 다른 특징은 후두가 성장하고 음성 코드가 길어지면서 목소리가 저음이
되는 것이다. 실제로, 많은 남자들이 소프라노와 깊은 바리톤 사이에서 "끽끽
하며" 높고 낮게 "변성하고 있는" 자신의 목소리를 들은 것에 대해 (수년 뒤
에) 웃게 된다.

신체적 성숙과 성적 성숙에서의 개인차

지금까지 우리는 발달적 규준, 혹은 청소년기 변화가 시작되는 평균 나이를
기술하였다. 그러나 신체적, 성적 성숙의 시기는 엄청난 개인차가 있다. 8세
에 젖가슴 봉우리가 발달하고, 9.5세에 성장급등을 시작하고, 10.5세에 초경
을 하는 조숙한 여아는 아마도 늦게 발달하는 자기반 여아가 사춘기를 시작하기 전에 성
장과 사춘기 발달을 거의 완료하게 될 것이다. 남아들 사이에서의 개인차는 큰 편이다.
어떤 남아들은 12.5세경에 성적 성숙에 이르고 13세경에 키가 다 크는 반면, 다른 아이
들은 그보다 나중에 성숙하기 시작하며 10대 후반까지 사춘기에 이르지 못하는 아이들
도 있다. 어떤 중학교 교실에서나 완벽하게 정상적인 생물학적 변산들을 볼 수 있는데,
어린 아이 같은 몸에서부터 어른 같이 생긴 몸들까지 다양한 몸들이 발견될 것이다.

시대적 경향: 우리는 더 일찍 성숙하고 있는가?

약 25년 전, 한 가족의 여성들이 6학년 아이가 12번째 생일 직후 초경을 해서 놀랐었다.
그래서 비교가 곧 시작되었고, 그 여자 아이는 증조할머니는 15세에야 초경을 했고, 할
머니는 거의 14세가 다 되었을 때 어머니는 13세에 초경을 했다는 걸 알게 되었다. 그
순간 그 여자 아이는 "참 대단하군요! 우리 반 여자애들은 많은 애들이 벌써 생리를 시
작했어요."라고 즉각 답했다.

밝혀진 바와 같이, 이 어린 여자애는 단지 있는 그대로 말하고 있었던 것이다. 1900
년 증조할머니가 태어났을 때 평균 초경나이는 14세에서 15세였다. 1950년경에는 대
부분의 여아들이 13.5세와 14세 사이에 초경을 했으며, 최근의 규준은 12.5세경까지로
더 내려갔다(Tanner, 1990). 오늘날 "이른" 사춘기의 정의는 여아는 8세 이전, 남아는 9
세 이전에 시작한 사춘기를 뜻한다(Saenger, 2003). 성숙이 빨라지는 이런 **시대적 경향**
은 전 세계의 산업화된 국가에서 100년도 더 이전에 시작되었는데, 그 국가들에서는 이
제 그것이 안정되어졌다. 그것은 산업화되지는 않았지만 부유한 국가들에서도 역시 발
생하고 있다(Coleman & Coleman, 2002). 게다가 산업화된 나라의 사람들은 지난 세기
동안 더 커지고 체중이 무거워지고 있다. 이런 시대 변화를 무엇으로 설명하는가? 더 좋

시대적 경향
(secular trend)
산업화된 사회에서 보이는 과거보다
성숙이 더 빠르고 몸 크기가 더 커지는
경향.

은 영양상태와 의학적 치료 향상의 덕이 가장 크다(Tanner, 1990). 오늘날의 아이들은 부모나 조부모보다 성숙과 성장에 대한 유전적 잠재력에 더 가깝게 도달하기 쉽다. 왜 냐하면 아이들이 더 잘 먹고 성장을 방해하는 병에는 덜 걸리기 때문이다. 심지어 비교 적 풍요로운 사회 속에서도 충분한 영양을 섭취하지 못한 청소년들은 풍부한 영양을 섭 취한 아이들보다 늦게 성숙한다. 아동일 때 키가 크고 과체중인 여아들은 일찍 성숙하는 (Graber et al., 1994) 반면에 많은 댄서, 운동선수들, 그리고 규칙적으로 심한 신체활동 을 하는 여아들은 매우 늦게 초경을 시작하거나 초경을 시작하고 나서 생리를 멈출 수도 있다(Hopwood et al., 1990). 이것은 천성과 육성이 상호작용하여 사춘기 사건들이 일 어나는 시기에 영향을 준다는 강력한 단서가 된다.

개념체크 5.2   운동발달과 사춘기

다음 질문에 답하여 사춘기의 운동발달과 발달변화에 대한 여러분 의 이해를 체크하라. 정답은 부록에 있다.

OX문제: 다음 각 문장이 맞는지 틀리는지 표시하라.

_____ 1. 운동발달단계를 평균적인 아이들 보다 더 빨리 통과해 나아가는 영아들은 아동기에 더 똑똑한 경향이 있다.

_____ 2. 이동할 수 있는(쉽게 기거나 걸을 수 있는) 영아는 낯선 사람 만나는 것을 덜 두려워한다. 왜냐하면 새로운 상 황이 안전하지 않다고 느끼면 그들의 양육자에게로 쉽 게 도망갈 수 있기 때문이다.

_____ 3. 일반적으로 소녀들은 소년보다 더 빨리 성적으로 성숙 한다.

_____ 4. 소녀들은 첫 번째 생리를 하자마자 임신할 수 있게 된다.

_____ 5. 시대적 경향은 요즈음 아동들이 조부모나 증조부모보 다 더 늦은 나이에 성적으로 성숙한다는 사실을 보여 준다.

선다형: 각 질문에 최선의 답을 선택하라.

_____ 6. Zach는 6개월된 아들이 있다. 그는 아들이 운동기술 연습하는 것을 도와주면 도와주지 않는 경우보다 운 동기술을 혼자 더 빨리 성취할 거라고 믿는다. 결국 Zach는 아들과 놀아줄 때 아들이 앉고 걷는 것을 연습 하는 걸 돕고 아이가 노력하도록 격려한다. 운동발달 에 대한 Zach의 관점은 어떤 과학적 관점과 가장 가 까운가?

    a. 성숙관점

    b. 경험관점

    c. 발달적 순서관점

    d. 역동적 체계관점

_____ 7. 생의 초기 2년 동안에 아기침대 안에만 가둬져 있던 고 아에 대한 연구에서, Dennis는

    a. 성숙은 경험과는 관련없으며 어린 걸음마기 아기 가 앉고, 기고, 걸을 수 있는 나이를 결정한다는 것 을 발견했다.

    b. 성숙연령과 상관없이 경험이 어린 걸음마기 아기 들이 앉고, 기고, 걸을 수 있는 나이를 결정한다는 것을 발견했다.

    c. 성숙은 앉기, 기기, 걷기 같은 운동기술 발달에 필 요하기는 하지만 충분하지는 않다는 것을 발견 했다.

    d. 언제 어린 걸음마기 아기가 앉고, 기고, 걸을 수 있 는가는 나이와 상관없이 경험이 결정 요인이라는 것을 발견했다.

_____ 8. 소년과 소녀들은 사춘기가 될 때까지 신체적 능력이 거의 같다. 사춘기에는

    a. 소녀들은 대근육 활동 검사에서 계속 향상이 있으 나 소년들의 기술은 감소된다.

    b. 소년들은 대근육 활동 검사에서 계속 향상이 있으 나 소녀들의 기술은 감소된다.

    c. 소년, 소녀 모두 대근육 활동 검사에서 계속 향상 이 있다.

    d. 소년, 소녀 모두 기술이 감소된다.

_____ 9. 아래에 있는 것 중 청소년기 성장급등과 관련된 변화가 아닌 것은?

    a. 소년, 소녀 모두 더 커지고 몸무게가 더 는다.

    b. 소년, 소녀 모두 이마가 튀어나오고, 코와 턱이 더 돌출함에 따라 성인 얼굴 특징을 보인다.

    c. 소년, 소녀 모두 엉덩이가 더 넓어진다.

    d. 소녀들은 가슴이 발달하고, 소년들은 어깨가 넓어 진다.

단답형: 다음 문제에 간단히 답하라.

  10. 운동을 하는 것이 어린 소년들의 자존감을 향상시키는 방식 을 설명하라.

▌신체발달의 원인과 관련 요인

지금까지 우리는 출생에서부터 청소년기까지 신체발달 과정을 살펴보았지만, 성장에 영향을 주는 요인들에 대해서는 약간만 언급하였다. 먼저 아이들을 성장하게 하는 것은 정말로 무엇일까? 그리고 왜 몸은 청소년기에 그렇게 극적으로 변하며, 언제 성장이 가속화되는 것일까? 앞으로 살펴보게 되듯이, 신체발달은 천성의 힘과 육성의 힘 사이의 복잡하고도 계속적인 상호작용의 결과이다.

생물학적 기제

확실히 생물학적 요인들은 성장과정에서 주된 역할을 한다. 비록 아이들이 모두 같은 속도로 성장하지는 않지만, 신체적 성숙과 운동발달의 순서는 아이들마다 꽤 일치한다는 것을 보아왔다. 확실히 모든 인간들이 공유하는 이들 일정한 성숙순서는 공통된 유전자의 산물, 즉 종특유의 속성들이다.

개별 유전자형의 영향

인종에 대한 공통적인 유전적 연결 외에, 우리는 각각 신체성장과 발달에 영향을 주는 독특한 유전인자의 조합을 물려받았다. 예를 들어, 가족연구는 키가 유전적 속성이라는 것을 분명히 나타내고 있다: 키에 대한 측정이 생후 1년이나 혹은 4세, 혹은 성인초기에 이루어졌는가에 관계없이, 일란성 쌍생아들은 이란성 쌍생아보다 키가 더 비슷하다(Tanner, 1990). 성숙속도 또한 유전적으로 영향받는다(Kaprio et al., 1995; Mustanski et al., 2004). 두개골의 성장과 심지어 영아의 치아모양까지도 유사한 유전적 영향을 받는다.

유전형은 어떻게 성장에 영향을 미칠까? 비록 유전자가 호르몬의 생성을 조절한다 하더라도 어떤 것이 신체 성장과 발달에 주된 영향을 주는지 확실히 알 수는 없다.

호르몬 영향: 성장의 내분비학

뇌하수체
(pituitary)
뇌의 기저에 위치하고 있는 "주선(主腺)"으로 내분비선들을 통제하고 성장호르몬을 생산한다.

성장 호르몬
(growth hormone: GH)
신체 세포의 빠른 성장과 발달을 자극하는 뇌하수체 호르몬; 청소년 성장급등의 일차적인 원인이다.

에스트로겐
(estrogen)
여성 호르몬으로 난소에서 만들어지며 여성의 성적 성숙의 원인이다

테스토스테론
(testosteron)
남성 호르몬으로 고환에서 만들어지며 남성의 성적 성숙의 원인이다.

호르몬은 아이가 태어나기 오래 전부터 발달에 영향을 주기 시작한다. 우리가 3장에서 배웠듯이, 남자 태아는 남자 같은 외모를 가졌을 거라고 추측할 수 있다. 왜냐하면 (1) 그의 Y염색체상의 유전자가 고환의 발달을 촉진시킬 것이고, (2) 고환은 남성 생식기관 발달에 필수적인 남성 호르몬(테스토스테론)을 분비할 것이기 때문이다.

내분비(호르몬 분비)선 중에서 가장 중요한 것은 **뇌하수체**이다. 이것은 다른 모든 내분비선에서 호르몬이 분비되도록 유발시키는 기관으로서 뇌의 기저에 위치한 "주선(master gland)"이다. 뇌하수체는 내분비계를 조절하는 것과 함께 체세포의 빠른 성장과 발달을 자극하는 **성장 호르몬**(growth hormone: GH)을 만들어 낸다. 성장 호르몬은 하루에 몇 차례에 걸쳐 조금씩 분비된다. 성장 호르몬은 또한 정상적인 성장과 발달에 필수적이다. 그렇다면 무엇이 청소년기의 성장급등 및 다른 사춘기 변화를 유발할까?

한 연구(Tanner, 1990에서 개관됨)는 청소년기 내분비학을 20~25년 전에 알았던 것보다 훨씬 더 명료화했다. 어떤 눈에 띄는 신체변화가 발생하기 오래 전에 뇌하수체에서 분비된 호르몬은 여아의 난소를 자극해 더 많은 **에스트로겐**을 생산하도록 하고, 남아의 고환을 자극해 더 많은 **테스토스테론**을 생산하도록 한다. 일단 이들 성호르몬이 일정 수준에 이르면, 시상하부가 뇌하수체에 지시하여 더 많은 성장 호르몬(GH)을 분비하도록

한다. 성장 호르몬의 이런 증가가 여아의 청소년기 성장급등에는 전적인 원인이 되며, 남아의 성장급등에는 주된 원인이 되는 것 같다. 여아의 성적 성숙에서는, 여성 호르몬인 에스트로겐이 가슴, 자궁, 질, 음모, 겨드랑이털을 성장시키고 엉덩이를 넓어지게 한다. 남아들에서는 테스토스테론이 음경과 전립선의 성장, 음성 변화, 수염과 체모발달의 원인이 된다. 그리고 성장 호르몬이 남성의 성장급등의 주요한 요인이긴 하지만, 테스토스테론은 남아의 근육 성장, 어깨 넓어짐, 그리고 척추의 뻗어내림에 독자적으로 영향을 준다. 그래서 청소년기 남아들은 여아들보다 더 큰 성장급등을 경험하는 것 같다. 왜냐하면 테스토스테론이 에스트로겐이 하지 않는 측면으로 근육과 뼈의 성장을 촉진시키기 때문이다. 마지막으로, 부신선에서 분비되는 안드로겐은 남성과 여성 모두의 근육과 뼈의 성숙을 촉진시키는 2차적인 역할을 한다(Tanner, 1990).

무엇이 뇌하수체로 하여금 내분비선을 활성화하게 하고 청소년기의 극적인 신체변화를 촉진시킬까? 아무도 확실히 말할 수 없다. 우리는 **어떻게** 호르몬이 인간 성장과 발달에 영향을 미치는지에 대해서 많이 배웠다(간단한 개관을 보려면 그림 5.7을 참조). 그러나 이들 호르몬 영향의 시기와 조절에 대한 원인이 되는 사건들은 분명하지 않다.

환경의 영향

세 가지 종류의 환경적 영향인 영양, 질병, 그리고 아이가 받는 돌봄의 질이 신체 성장과 발달에 큰 영향을 줄 수 있다.

영양

섭식은 아마도 인간 성장과 발달에 가장 중요한 환경적 영향이다. 여러분도 알다시피 영양섭취를 적절하게 하지 못한 아이들은 매우 느리게 성장한다.

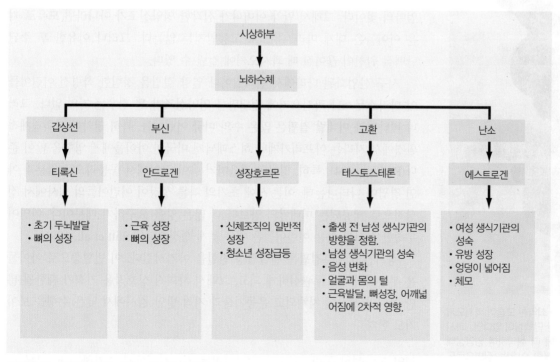

그림 5.7 신체발달에 미치는 호르몬의 영향.

만회성장
(catch-up growth)

성장결핍을 겪었던 아동들이 대단히 빠르게 성장하여 그들이 도달하도록 유전적으로 프로그램된 성장궤도까지 따라잡게 되는 가속된 성장기간.

마라스무스
(marasmus)

불충분한 단백질과 너무 적은 열량을 섭취한 영아가 걸리는 성장이 지체되는 질병.

콰시오커
(kwashiorkor)

열량은 충분히 섭취했으나 단백질은 거의 섭취하지 못한 아동들이 걸리는 성장이 지체되는 질병.

비타민과 미네랄 결핍
(vitamin and mineral deficiency)

식사가 충분한 단백질과 열량은 공급하지만, 정상적인 성장을 촉진하는 물질이 하나 이상 부족한 영양결핍의 한 형태.

이 아동의 부어오른 위와 쇠약한 모습이 콰시오커 증상이다. 섭식에 적절한 단백질이 없다면, 콰시오커 아동은 많은 질병에 더 취약하며 영양상태가 좋은 아동은 쉽게 극복할 수 있는 질병으로도 사망할 수 있다.

영양부족의 문제 만약 영양부족이 연장되지 않거나 특별히 심각하지 않다면, 일단 음식섭취가 적절해지면 아이들은 보통 정상보다 더 빨리 성장하여 어떠한 성장결핍도 극복한다. James Tanner(1990)는 이 **만회성장**(catch-up growth)을 신체발달의 기본 원리로 보았다. 영양실조로 단기적 성장 결손을 겪었던 아이들은 아마도 유전적으로 계획된 성장궤도로 복귀(또는 만회)하기 위해 매우 빠르게 성장하는 것 같다.

그러나 장기간의 영양부족은 보다 심각한 영향을 미친다. 특히 생후 5년 동안의 영양결핍은 매우 치명적이다: 두뇌성장이 심각하게 지체되며 상대적으로 키가 작다(Barrett & Frank, 1987; Tanner, 1990). 생후 5년 동안에 두뇌가 어른 두뇌무게의 65%에 도달하고 몸이 어른 신장의 거의 2/3가량으로 성장하는 시기임을 생각한다면, 이런 결과들은 이해할 만하다.

아프리카, 아시아, 라틴아메리카의 많은 개발도상국에서 5세 이하 아이들 중 85%가 이런저런 형태의 영양부족을 겪는다(Barrett & Frank, 1987). 아이들이 심하게 영양부족이 되면, 그들은 두 종류의 영양섭취 질병—마라스무스(Marasmus)와 콰시오커(Kwashiorkor)—을 앓게 된다. 이들 질병 각각은 약간 다른 원인에 의해 발병한다.

마라스무스는 어머니가 영양실조이고 아이에게 엄마 젖을 대신할 영양가 있는 대체상품을 제공할 자원이 없는 경우에 불충분한 단백질과 너무 적은 열량을 섭취하는 아이들이 쉽게 걸릴 수 있는 질병이다. 마라스무스에 걸린 아동은 매우 약해지며 성장이 멈추고 신체조직이 줄어들면서 외모에 주름이 생기기 시작한다. 이런 아이들은 생존한다 해도 키가 아주 작고 손상된 사회적, 인지적 발달로 고통받게 된다(Barrett & Frank, 1987).

콰시오커는 충분한 열량은 섭취하지만 단백질을 전혀 섭취하지 않는 아이들이 걸릴 수 있는 질병이다. 병이 진행됨에 따라, 머리카락은 가늘어지고 얼굴, 다리, 복부가 물로 가득 차 부풀어 오르며 심각한 피부손상이 일어난다. 많은 가난한 나라에서 아이에게 줄 수 있는 거의 유일한 양질의 단백질원이 엄마의 젖이다. 그래서 만약 어머니가 심각한 영양실조가 아니라면 모유로 키운 아이들은 대개 마라스무스로 고통받지는 않는다. 그러나 이유한 후 주된 단백질 원천이 끊어질 때 콰시오커에 걸릴 수 있다.

서구 산업화된 나라에서 단백질이나 열량 결핍을 경험한 학령전 어린이들이 마라스무스나 콰시오커에 걸릴만큼 영양실조가 된 경우는 거의 없다. 그러나 **비타민과 미네랄 결핍**은 많은 수의 미국 어린이들, 특히 열악한 사회경제적 환경에서 자라는 아프리카계나 히스패닉계 미국인 아이들에게 영향을 많이 준다(Pollitt, 1994). 특히, 영아와 걸음마기 유아 사이에서 공통적으로 철분과 아연 결핍이 나타나는데, 이는 생애 초기의 빠른 성장이 어린이들의 식사에서 정상적으로 제공되는 미네랄의 양보다 더 많은 양을 요구하기 때문이다. 아연이 부족한 식사를 하는 어린이들은 매우 늦게 성장한다(Pollitt et al., 1996).

장기간의 철분결핍은 **철결핍성 빈혈**을 야기시킨다. 이 빈혈증으로 아이들은 부주의하거나 무관심하게 되고, 그래서 사회적 상호작용 기회가 제한될 뿐만 아니라 성장이 지체되고 운동기술과 지적 발달 검사에서 낮은 수행을 보이기도 한다.

영양 과다섭취 문제 과도한 음식섭취는 서구사회에서 증가하는 또 다른 형태의 나쁜 영양공급이며, 여러 가지 장기적인 결과를 가져올 수 있다(Galuska et al., 1996). 영양 과다섭취의 가장 즉각적인 결과는, 아이들이 비만해지고 당뇨병에 걸릴 위험이 있으며, 고혈압과 심장질환, 간질환, 혹은 신장질환에 걸릴 위험에 처하게 된다. **비만** 아이는 또한 자신의 체형에 대해 놀림받기 쉬워서 또래친구 사귀기를 어려워한다. 실제로, 비만인 아이들은 종종 초등 학급에서 가장 인기없는 학생들에 속할 수 있다(Sigelman, Miller, & Whitworth, 1986; Staffieri, 1967).

비만인 초등학생이나 청소년들은 마른 또래들보다 청소년기 후기나 성인기에 훨씬 더 비만해지기 쉽다(Cowley, 2001). 유전은 비만의 이런 경향에 영향을 준다(Stunkard et al., 1990). 그러나 유전적 성향이 반드시 비만을 가져오는 것은 아니다. 높은 수준의 비만은 고지방 음식을 섭취하는 아이들과, 섭취하는 열량을 연소시킬 만큼 충분한 운동을 하지 않는 아이들에게서 발견된다(Cowley, 2001; Fischer & Birch, 1995).

비만이 되는 나쁜 식사습관은 종종 생의 초기에 형성된다(Birch, 1990). 어떤 부모는 바람직한 행동을 강화하기 위해 음식을 사용하거나(예: "네 방을 깨끗이 청소하면 아이스크림 줄께!"), 혹은 아이들이 싫어하는 음식을 먹도록 매수하기도 한다(예: "콩을 먹지 않으면 디저트는 없어!")(Olvera-Ezzell, Power, & Cousins, 1990; Smith, 1997). 불행하게도, 음식을 보상물로 생각하도록 고무된다면, 아이들에게 음식은 배고픔을 줄이는 역할 외에 다른 특별한 중요성을 갖게 될 수 있다. 게다가 고지방을 함유한 디저트나 스낵을 보상으로 사용한다면, 어린이들은 매수당해 먹게 된 몸에 좋은 음식이 결국 나쁜 것이 틀림없다고 확신하게 된다(Birch, Marlin, & Rotter, 1984).

비만아들은 나쁜 식사습관을 가진 것 외에도 정상체중의 또래들보다 덜 활동적이다. 물론 그들의 비활동성은 비만을 야기시키기도 하며(비만아들은 더 적은 열량을 연소시킨다), 또 과체중의 결과이기도 하다. 활동제한이 비만을 가져온다는 강력한 하나의 단서는 아동이 앉아서 TV 시청을 하며 보낸 시간의 양이 미래의 비만을 가장 잘 예언하는 요인 중 하나라는 점이다(Cowley, 2001). TV는 또한 나쁜 식사습관을 조장한다. 아이들은 수동적으로 TV를 보는 동안 스낵을 먹을 뿐만 아니라, TV를 통해 보는 광고식품들은 대개 많은 지방이나 당분을 함유하고 이로운 영양분은 거의 없는 고열량 식품들이다(Tinsley, 1992).

질병

적절하게 영양섭취를 한 아이들에게 홍역이나 수두, 폐렴과 같은 일반적인 아동질병은 신체 성장과 발달에 거의 영향을 미치지 않을 수 있다. 아이들을 몇 주 동안 입원하게 만드는 주요 질병들은 일시적으로는 성장을 저해하지만, 회복된 후 아동은 대개 아팠을 때 잃었던 향상을 보상하기 위한 성장급등(만회성장)을 보인다(Tanner, 1990).

그러나 중간에서 심한 정도까지 영양결핍인 아동들은 질병에 걸리면 성장이 영원히 저지될 수 있다. 불충분한 식사는 면역체계를 약화시키므로, 질병으로 인해 영양결핍 상태의 아동은 더 쉽게 그리고 더 크게 타격을 입는다(Pollitt et al., 1996). 영양실조는 아이들이 질병에 걸릴 가능성을 높일 뿐만 아니라, 질병은 또한 아이들의 식욕을 억제시키고 영양분을 흡수하고 활용하는 신체 능력을 제한시켜 결국 영양실조를 야기시키기도 한다(Pollitt, 1994). 일반적으로 위장관 감염과 호흡기 질병이 많은 개발도상국에서, 질병에 걸리지 않은 학령기 아이들은 "병약한" 또래들보다 평균 1~2인치 더 크고, 3~5파

철결핍성 빈혈
(iron deficiency anemia)

식사에 포함되는 철이 너무 적어서 야기되는 멍하고 힘이 없는 상태로 아동들을 부주의하게 만들고 신체발달과 지적 발달을 지체시킨다.

비만
(obese)

신장, 연령, 성에 이상적인 체중을 적어도 20% 초과한 사람들을 기술하는 의학 용어.

운드 더 무겁다(Martorell, 1980; Roland, Cole, & Whitehead, 1977). 또한 그들은 다양한 인지검사에서도 더 우수한 수행을 보이고 있다(Pollitt, 1994).

정서적 스트레스와 애정결핍

마지막으로, 너무 많은 스트레스를 받지 않고 적당한 애정을 받았더라면 건강했을 아이들이 지나친 스트레스와 애정결핍을 경험하였을 경우 신체성장과 운동발달에서 또래 친구들보다 훨씬 뒤쳐지기 쉽다. 이 **성장 실패**(failure to thrive) 증후군은 미국 학령전 아동의 6% 정도이며 소아과 병원 입원환자의 5% 이상을 차지한다(Lozoff, 1989).

비기질적 성장장애(nonorganic failure to thrive)는 보통 생후 18개월경에 일찍 나타나는 성장장애이다. 이 장애를 보이는 아기들은 마라스무스병에 걸린 영양실조 아이들처럼 성장을 멈추고 쇠약해지는 것으로 나타난다. 이 영아들은 눈에 띄는 질병을 갖고 있지 않으며 성장을 멈추고 쇠약해지는 다른 생물학적 원인도 명확하지 않다. 비기질적 성장장애에 걸린 아기들은 먹는 데 어려움이 있으며, 많은 경우 그들의 성장지연은 의심할 여지없이 나쁜 영양 때문이다(Brockington, 1996; Lozoff, 1989). 물론 중요한 질문은 그렇지 않았으면 건강했을 아기들이 왜 먹는 데 어려움을 갖느냐는 것이다.

이 아이들이 자기를 돌보는 사람 주변에서 보이는 행동에서 한 가지 단서를 발견할 수 있다. 그들은 일반적으로 무관심하고, 위축되어 있고, 종종 그들의 보호자를 주의하여 쳐다본다. 그러나 돌보는 사람이 그들을 안아올릴 경우 쉽게 미소짓거나 껴안지 않는다. 왜일까? 왜냐하면 그 아이들을 돌보는 사람들이 일반적으로 차갑고 아이들에게 무관심하며 잘 참지 못하고 때때로 신체적 학대를 하기 때문이다(Brockington, 1996). 그래서 비록 돌보는 사람들이 아이들에게 살기에 충분한 음식을 주더라도 돌보는 사람의 조급함과 적대감이 아이들로 하여금 위축되게 하며, 적게 먹는 정도까지 무관심해지게 만들고 긍정적인 사회적 반응을 거의 보이지 않게 만든다.

박탈 왜소증(deprivation dwarfism)은 정서적 박탈과 애정결핍에 기인된 두 번째 성장관련 장애이다. 그것은 보통 2세에서 15세 사이에 나타나고 비록 이 장애를 나타내는 아이들이 특별히 영양실조에 걸리지 않은 것 같고 적당한 영양과 신체적 돌봄을 받을지라도 신장이 작고 성장률이 급격히 줄어든다. 아이들의 삶에서 부족한 것은 다른 사람, 즉 주양육자와의 긍정적 관계다. 이 아이들의 주양육자들은 불행한 결혼, 경제적 어려움, 혹은 어떤 다른 개인적 문제에 의해 쉽게 우울해지기 쉽다(Brockington, 1996; Roithmaier et al., 1988). 박탈 왜소증인 아이들은 정서적 박탈이 내분비계를 약화시키며 성장 호르몬의 생산을 억제하기 때문에 매우 느리게 성장하는 것으로 보인다. 실제로, 이 아이들은 그들 가정에서 벗어나 관심과 주의를 받기 시작하면, 예전에 성장 실패했을 때와 같은 식사를 먹고도, 성장 호르몬의 분비가 빠르게 재생되고 만회성장을 보인다(Brockington, 1996; Gardner, 1972).

만약 이들 장애의 원인인 양육문제가 개인치료나 가족치료에 의해 고쳐지거나 질병에 걸린 아이가 관심을 주는 양부모와 함께 있게 된다면, 비기질적 성장장애와 박탈 왜소증에 걸린 아이들의 예후는 매우 좋다(Brokington 1996). 그러나 만약 비기질적 성장장애가 2년 안에 확인되지 않아 고쳐지지 않거나 박탈 왜소증을 만드는 정서적 무관심이 몇 년간 지속된다면, 이 병에 걸린 아이는 정상적인 아이보다 더 작고 장기적인 정서문제와 지적 결함을 나타낼 수 있다(Drotar, 1992; Lozoff, 1989).

요약하면, 성장 실패는 아이가 정상적으로 발달하려면 사랑과 반응적인 양육이 필요

비기질적 성장장애
(nonorganic failure to thrive)
사랑과 관심의 부족 때문에 생기는 영아의 성장장애로 성장을 대단히 느리게 하거나 성장을 멈추게 한다.

박탈 왜소증
(deprivation dwarfism)
정서적 박탈에 의해 야기되는 아동기 성장장애로 성장 호르몬 생산의 감소, 느린 성장, 작은 몸집이 특징이다.

하다는 또 다른 증거를 제공한다. 다행히 위험에 처한 아이들의 부모들을 조기에 확인할 수 있다면 이들 결핍과 관련된 장애를 예방할 수 있다. 그리고 종종 그들은 그렇게 될 수 있다. 심지어 성장에 실패하게 되는 아이의 어머니들은 출산 전일지라도 다른 어머니들보다 자신의 부모로부터 사랑을 받지 못한다고 더 느끼기 쉽고, 자신의 어머니를 모델로 생각하지 않으려 하며, 그들 자신의 어린 시절이 불행했다고 말하는 경향이 더 많다. 출산 후에 이 어머니들은 아이에게 음식을 먹이고 아이를 진정시키는 데 있어서 다른 어머니들보다 더 많은 문제를 갖고 있다(Lozoff, 1989). 분명히 이 가족들은 도움이 필요하며 어떻게 더욱 민감하고 반응적인 양육자가 되는 방법을 부모에게 가르치는 조기 중재 프로그램으로부터 확실히 도움을 받을 것이다.

신체적 발달에 발달 주제 적용하기

신체적 발달에 대한 논의를 마치기 전에, 발달 주제가 뇌와 신체발달, 운동기술의 발달, 사춘기와 성적 발달을 포함하는 다양한 신체발달 측면에 어떻게 반영되는지 간단히 살펴보자. 능동적인 아동, 발달에서 천성과 육성의 상호작용, 질적 발달 변화와 양적 발달 변화, 총체적인 발달의 특성을 포함하는 발달 주제를 기억하라.

우리의 첫 번째 주제는 능동적인 아동의 주제 또는 그의 천성에 대한 의도적 그리고 무의식적인 시사 모두를 통해서 아동이 그 자신의 발달에 참여하는 방식이다. 아동이 그 자신의 발달에서 능동적이라는 극적인 증거 하나는 아동의 초기 경험이 출생 후 처음 수년 동안 일어난 시냅스 가지치기를 지시한다는 사실이다. 자극적인 환경에서 자란 아동들은 빈곤한 환경에서 자란 아동들과는 극적으로 다른 뇌구조를 발달시킨다. 생의 초기 2년 동안 아기침대에 뉘어진 채로 지내고 그 결과로 이 억제에서 풀려났을 때 운동기술에 결함이 있던 고아들의 예에서 이것을 보았다. 발달에서의 아동의 능동적 역할에 대한 더 나아간 지지는 Riesen이 실시한 어두운 곳에서 키워진 침팬지들에 대한 연구에서 나왔다. 어린 침팬지가 7개월 이상 볼 수 없다면 시신경의 위축이 눈을 멀게 만든다는 것을 보여주었다. 이것은 이런 뉴런의 능동적인 사용이 정상적인 시각발달에 필요함을 말해준다. 운동기술 발달로 가면, 역동적 체계이론은 생의 초기 운동기술 발달에서 아동을

 능동적

 연속성

수동적

비연속성

총체적

천성

육성

분명히 능동적인 것으로 본다. 영아들은 기존의 운동 역량을 새롭고 더 복잡한 행위체계로 능동적으로 재조직화하기 위해 목표와 목적을 사용한다. 그리고 마지막으로 청소년의 활동이 사춘기의 시작에 영향을 줄 수 있다는 증거를 보았다. 극도로 격렬한 신체적 활동을 하는 청소년 여아들과 신경성 거식증을 앓고 있는 청소년 여아들은 생리를 매우 늦게 시작하거나 이미 시작했던 생리가 멈추게 된다.

신체적 발달에 천성과 육성 상호작용이 주는 영향은 능동적인 아이의 영향을 아동이 양육되는 환경까지 확장한다. 예를 들어, 유전적 요인과 사람이 먹는 음식, 걸리는 질병, 생활의 정서적 분위기 같은 환경적 요인들은 아동들의 성장률과 그들이 최종적으로 도달하는 키에 큰 차이를 가져올 수 있다. 우리는 뇌의 초기 발달이 생물학적 프로그램과 초기 경험 모두의 결과라는 걸 보았다. 사춘기 타이밍에 주는 영향도 신체적 발달에 천성과 육성의 상호작용이 영향을 준다는 것을 보여준다. 유전적 영향(쌍생아 연구와 가족 연구가 보여주는)과 환경적 영향(극도로 격렬한 활동을 하는 소녀들에게서 나타나는 사춘기 발달의 정지 같은) 모두 상호작용하여 사춘기 사건의 타이밍에 영향을 준다.

아동기와 청소년기를 건너가는 신체적 발달은 질적 변화와 양적 변화 모두의 특성을 가진다. 아기들은 하루에 1cm 이상의 급등, 질적 변화를 보이기 전에 한 번에 수일 혹은 수주 동안 같은 키로 있다. 양적 변화는 아이들이 매우 느리게 자라는 것처럼 보이는 아동기 중기(6~11세)동안의 신체적 발달의 특징이다. 이것은 그들의 성장률이 이 기간 동안 느리고 지속적이기 때문이다. 다른 질적 변화는 몸의 신체비율과 관련된다. 아동기를 지나면서 몸의 모양은 영아기부터 아동기까지 변하는데, 청소년기 성장급등 동안 극적으로 변하고 사춘기에 어른 신체비율에 도달한다. 질적인 신체 변화는 인지 능력에도 영향을 준다(이것은 발달의 총체적 특성의 한 예이다). 우리는 연구자들이 뇌발달의 질적 변화가 일어난 후에야 청소년 경험의 인지적 향상이 일어난다고 믿는다는 것을 알았다. 뇌발달은 재구조화와 전문화를 포함한다. 그리고 물론 사춘기의 청소년 성장급등과 신체 변화는 신체발달의 질적 변화를 보여주는 분명한 예이다.

마지막으로, 발달의 총체적 특성을 보면 신체적 발달이 발달의 사회적, 지적, 심리적 측면들에 주는 영향에 대한 많은 예를 이 장에서 보았다. 실제로 이런 영향들이 발달심리학 교재에 신체적 발달에 대한 장이 있는 이유이다! 어떤 예는 아동의 성장률에서의 개인차는 그들의 사회성격발달에 강력한 결과를 가져온다는 사실을 포함한다. 그런 차이가 나타나는 하나의 영역은 청소년기 동안의 뇌구조에서의 변화다. 이것은 고등 뇌중추의 수초화와 전전두엽 피질의 신경회로의 재구조화를 포함하는데, 어린 아동들과 비교해 청소년이 사용하는 사고 유형에서의 극적 변화를 가져온다. 운동기술 발달을 보면, 역동적 체계이론이 초기 운동발달을 영아의 인지적 목표와 목적을 포함하며 간단한 운동기술을 더 복잡한 운동체계로 재조직화하는 총체적인 일로 본다는 것을 알았다. 기고 걸어 본 경험이 있는 기는 아기와 걷는 아기는 이제 막 기고 걷기 시작한 아기보다 그들의 모험을 이끌 지표를 더 잘 사용할 줄 안다. 이것은 이동이 공간기억에 영향을 준다는 것을 시사하며 다양한 발달 측면들이 총체적 방식으로 함께 작용하는 측면을 보여주는 다른 예가 된다. 청소년의 신체 변화로 돌아가 보면, 신체적으로 적극적인 소녀와 십대들은 자존감 증가 같은 중요한 심리적 이익을 경험한다는 것을 보았다. 더 나아가, 소년과 소녀 모두에게(그러나 반대 방향으로) 빠른 혹은 늦은 성숙이 갖는 많은 사회적, 심리적 시사점은 신체발달이 다른 발달 측면과 어떻게 총체적 방식으로 연결되어 있는지를 보여주는 증거이다.

요약

성숙과 성장

- 신체는 영아기와 청소년기 동안 계속해서 변화한다.
  - 신장과 체중은 생후 2년 동안 빠르게 증가한다.
  - 성장은 아동기 중기를 거치면서 점진적으로 된다.
  - 청소년 초기에는 신장과 체중이 빨리 증가하면서 급격한 성장 급등(growth spurt)이 이루어진다.
- 여러 신체 부분들이 서로 다른 비율로 성장하기 때문에 신체모양과 비율 또한 변화한다. 신체발달은 두미(cephalocudal)방향과, 중심-말단(proximodistal)방향을 따라 이루어진다. 즉 신체의 위쪽과 중심 부분의 구조가 아래와 바깥쪽 부분의 구조보다 먼저 성숙한다.
- 골격과 근육 발달은 신장과 체중에서의 변화와 병행한다.
  - 뼈는 더 길어지고 굵어지며 점차적으로 단단해져서 10대 후반에 성장과 발달이 완료된다.
  - 골연령은 신체 성숙의 한 측정치이다.
  - 근육은 특히 청소년 초기의 성장급등기 동안 더 단단해지고 커진다.
- 신체성장은 균일하지 않고 비동시적이다.
  - 뇌, 생식체계, 그리고 림프 조직이 서로 다른 속도로 성숙한다.
  - 신체성장과 발달에는 커다란 개인차와 문화적 차이가 있다.

뇌발달

- 뇌성장 급등(brain growth spurt)은 태내기 마지막 3개월과 생후 2년 동안에 이루어진다.
  - 신경세포는 다른 신경세포들과 함께 시냅스(신경자극 전달부)를 구성한다.
  - 신경교는 신경세포에 영양분을 공급하고 수초로 신경세포의 축색들을 둘러싸기 위해 만들어진다. 수초는 신경충격 전달 속도를 높여주는 밀랍 같은 물질이다.
- 신경세포와 시냅스는 필요한 것보다 많이 만들어진다.
  - 사용되는 것만이 살아남는다.
  - 덜 자극받는 신경세포들은 종종 죽거나 시냅스를 잃어버리고 뇌의 손상된 부분을 보충하기 위해 남겨진다.
  - 사춘기가 되기 전까지 뇌는 많은 가소성을 보인다.

가소성 때문에 뇌가 경험에 대한 반응을 변화시킬 수 있으며 많은 손상으로부터 회복될 수 있다.
- 최상부 뇌중추인 대뇌(cerebrum)는 뇌량으로 연결된 두 개의 뇌반구로 구성되어 있다. 각각의 뇌반구들은 대뇌피질로 덮여져 있다.
  - 뇌는 출생시 편재화되어 두 반구가 다른 기능을 하게 된다.
  - 아이들은 점차적으로 각각의 기능수행을 특정한 하나의 반구에 의존하게 된다.
- 대뇌피질의 신경회로의 수초화와 재조직화는 청소년기 전반에 걸쳐 계속된다.

운동발달

- 몸의 신체구조와 같이 운동발달도 두미방향과 중심-말단방향으로 진행된다.
- 운동기술은 정해진 순서로 발달한다.
  - 영아들은 다리, 발, 손을 능숙히 사용하기 전에 머리와, 목, 팔의 윗부분을 통제할 수 있다.
- 영아들이 보여주는 운동기술은 단순히 정해진 성숙시간표에 따라 전개되어지는 것은 아니다. 경험도 중요하다.
  - 운동기술을 연습할 기회를 거의 갖지 못하는 시설에 수용된 아이들의 운동발달은 지체된다.
  - 비교문화 연구들은 운동발달이 가속화될 수 있다는 것을 보여준다.
- 역동적 체계 이론(dynamical systems theory)에 의하면, 각각의 새로운 운동기술은 영아들이 중요한 목적을 달성하기 위해 여러 개의 기존 능력을 능동적으로 복잡하게 재구조화한 것을 나타낸다.
- 소근육 운동기술은 생후 1년 안에 많이 향상된다.
  - 전뻗기는 자발적인 뻗기로 대체된다.
  - 그러모으는 것을 닮은 척골잡기는 손가락잡기로 대체된다.
  - 뻗기와 잡기 기술은 영아를 숙달된 손기술자로 만든다.
- 운동기술의 출현은 종종 부모를 흥분하게 하고 새로운 형태의 놀이를 하게 해준다.
- 운동기술의 출현은 또한 지각발달, 인지발달, 그리고 사회발달의 다른 측면도 지원한다.
- 해가 감에 따라 아동들의 운동기술은 향상된다.

- 청소년 초기에 남아들은 여아들보다 눈에 띄게 더 강해진다. 이는 남아들의 근육이 더 크게 발달하고, 여아들은 신체적으로 활동적인 경향이 적기 때문이다.

사춘기: 아이로부터 어른으로의 신체적 변화

- 여아는 10.5세경, 남아는 13세경에 **청소년 성장급등**이 시작된다.
  - 청소년들은 키가 커지고 몸무게가 무거워진다.
  - 청소년들의 몸과 얼굴은 더 어른스러운 외모가 된다.
- 성적 성숙은
  - 청소년 성장급등과 거의 같은 시기에 시작되고,
  - 예정된 순서를 따르게 된다.
- 여아들에게 사춘기는
  - 유방과 음모의 발달로 시작되고,
  - 엉덩이가 넓어지며 자궁과 질이 커지고,
  - **초경**이 시작되고,
  - 유방과 음모의 성장이 완료된다.
- 남아들의 사춘기는
  - 고환과 음낭이 발달하고,
  - 음모가 출현하고,
  - 음경이 성장하고 사정 능력이 생기고,
  - 수염이 나고,
  - 음성의 저음화가 이루어진다.
- 성적 성숙의 시작 시기에는 큰 개인차가 있다.
- **시대 경향**은 산업화된 사회의 사람들은 과거보다 빨리 사춘기에 도달한다는 사실을 보여준다.
  - 사람들은 과거보다 더 크고 몸무게가 더 무거워지고 있다.

- 이런 시대 경향은 향상된 영양과 건강관리 때문이다.

신체 발달의 원인과 관련 요인

- 신체발달은 생물학적 힘과 환경적 힘 사이의 복잡한 상호작용에 의해 이루어진다.
  - 개인의 유전자형은 신장, 형태, 그리고 성장 속도를 제한한다.
- 성장은 또한 **뇌하수체**에 의해 조절되는 내분비선이 방출하는 호르몬의 영향을 크게 받는다.
  - **성장 호르몬(GH)**은 아동기 동안의 성장을 조절한다.
  - 청소년기에는 다른 내분비선들이 호르몬을 분비한다.
  - **에스트로겐**은 난소에서 분비되며 여아의 성적 발달을 촉진시킨다.
  - 고환에서 분비되는 **테스토스테론**은 남아의 성적 발달을 촉진한다.
- 총 칼로리, 단백질, 그리고 비타민과 무기질에서의 적절한 영양공급은 아이들이 성장잠재력에 도달하게 하는 데 필수적이다.
  - **마라스무스, 콰시오커, 철결핍성 빈혈**은 영양부족으로 인한 세 가지 성장지체 질병이다.
  - 산업화된 나라에서는 비만이 많은 신체적, 심리적 결과를 갖는 영양의 문제이다.
- 만성감염질환은 나쁜 영양상태와 결합하여 신체 및 지적 성장을 저해할 수 있다.
  - **비기질적 성장장애**와 **박탈 왜소증**은 애정과 민감하고 반응적인 보살핌이 정상적 성장에 중요함을 보여준다.

연습문제   PRACTICE QUIZ

선다형: 각각의 문제에 가장 적절한 답을 선택하여 여러분의 신체발달에 대한 이해를 체크하라. 정답은 부록에 있다.

1. 신체발달에 대한 다음 문장 중 거짓인 것은?
   - **a.** 일찍 걷는 아기들은 특히 똑똑한 경향이 있다.
   - **b.** 2세인 보통 아이의 키는 어른 키의 거의 반이다.
   - **c.** 보통 아기의 뇌신경 세포(뉴런) 중 반이 생애 초기 몇 년 안에 죽는다(그리고 대체되지 않는다).

2. 신체발달에 대한 다음 문장 중 사실인 것은?
   - **a.** 대부분의 아기들은 충분히 격려하고 연습시키면 6개월경에 혼자 걸을 수 있다.
   - **b.** 호르몬은 사춘기가 되기 전까지는 인간 성장과 발달에 거의 영향을 미치지 않는다.
   - **c.** 정서적 외상은 어린 아동들의 성장에 심한 손상을 줄 수 있다. 심지어 적절하게 영양을 섭취한 아이들과

병에 걸리지 않은 아이들, 그리고 신체적으로 학대받
지 않은 아이들에게까지 심한 손상을 줄 수 있다.

3. 신체발달은 태내발달, 아동발달, 청소년 발달에 걸쳐 머
리에서부터 아래쪽 방향으로 일어난다. 이 원리의 이름
은 _____ 원리이다.
   a. 중심-말단방향
   b. 두미방향
   c. 골화
   d. 수직적

4. 아동과 청소년 발달 동안 실제로 성인 크기를 초과하는
신체체계는 무엇인가?
   a. 뇌와 머리
   b. 일반적 발달
   c. 림프계
   d. 생식계

5. _____ 뇌세포는 가장 수가 많고, 수초를 생산하며, 전
생애에 걸쳐 계속 만들어진다.

a. 교
b. 대뇌
c. 뉴런
d. 시냅스

6. 두 대뇌반구를 이어주고 한쪽 반구에서 다른 쪽 반구로
정보를 전달하는 신경축색다발은 _____(이)라고 한다.
   a. 대뇌
   b. 대뇌피질
   c. 편재화
   d. 뇌량

7. _____ 은 운동발달을 아동의 신체적 능력과 목표 그리
고 아동이 한 경험 사이의 복잡한 상호작용으로 본다.
   a. 성숙 관점
   b. 경험 관점
   c. 역동적 체계 관점
   d. 교류이론

주요 용어   KEY TERMS

가소성(plasticity)
골연령(skeletal age)
뇌량(corpus callosum)
뇌성장 급등(brain growth spurt)
뇌하수체(pituitary)
뉴런(neuron)
대뇌(cerebrum)
대뇌 편재화(cerebral lateralization)
대뇌피질(cerebral cortex)
두미(cephalocaudal)
마라스무스(marasmus)
만회성장(catch-up growth)
박탈 왜소증(deprivation dwarfism)

비기질적 성장실패(nonorganic failure to thrive)
비만(obese)
비타민과 미네랄 결핍(vitamin and mineral deficiency)
사춘기(puberty)
성장 호르몬(growth hormone: GH)
손가락으로 잡기(pincer grasp)
수초화(myelinization)
시냅스(synapse)
시냅스 생성(synaptogenesis)
시대적 경향(secular trend)
신경교(glia)

신체활동 놀이(physically active play)
에스트로겐(estrogen)
역동적 체계이론(dynamical systems theory)
중심-말단(proximodistal)
척골잡기(ulnar grasp)
철결핍성 빈혈(iron deficiency anemia)
청소년기 성장급등(adolescent growth spurt)
초경(menarche)
콰시오커(kwashiorkor)
테스토스테론(testosteron)

제 3 부 인지발달

6 인지발달: Piaget 이론과 Vygotsky의 사회문화적 관점

교사: (3학년 교실에서) 오늘 미술시간에는 각자 눈이 세 개 달린 사람을 그려보도록 하세요.

Billy: 뭐라고요? 눈이 세 개 달린 사람은 없다고요!

3학년 아이의 이러한 반응에 대해 아마도 여러분은 이 아이가 상상력이 부족하거나 빈정대고 있는 것이라 생각할 수 있다. 실제로 위 미술과제에 대한 Billy의 반응은 그 또래아이들에게서 전형적으로 나타난다. 그 이유는 3학년 아이는 어른과는 다른 방식으로 생각하기 때문이다. 아이들에게 있어서 현실적인 근거가 없는 가설적 제안에 대한 생각은 여간 어려운 일이 아니다.

앞으로 세 개 장에서는 **인지**(cognition)성장에 대해 살펴볼 것이다. 심리학자들은 인간이 지식을 습득하고 문제해결 과정에서 이를 사용하는 정신적 과정을 가리켜 인지라고 한다. 인지과정은 인간으로 하여금 주변 환경을 이해하여 적응할 수 있도록 도와주고, 주의, 지각, 학습, 사고, 기억과 같은 인간의 정신세계를 특징짓는 관찰될 수 없는 사건과 활동을 포함한다(Bjorklund, 2011).

아동의 정신 능력의 변화과정인 **인지발달**(cognitive development)은 모든 발달과학 분야 중에서도 가장 흥미롭고 다양한 학설이 존재하는 주제 중 하나이다. 이 장에서는 우선 스위스의 심리학자인 Jean Piaget의 업적에 대해 중점을 두어 인간의 정신 능력 발달에 대해 알아보기로 한다. Jean Piaget와 그 외 연구자들은 영아기, 아동기, 청소년기에 나타나는 지적 성장에는 보편적인 유형이 있다고 믿었으며, Piaget는 이 유형들을 도식화하였다. 그런 다음에는 Lev Vygotsky의 사회문화적 견해(sociocultural viewpoint)에 대해 살펴볼 것이다. Vygotsky는 인지성장은 문화에 의해 크게 좌우되며 Piaget와 그의 추종자들의 이론처럼 보편적인 것이 절대 아니라고 주장하였다(Wertsch & Tulviste, 1992).

7장에서는 인간의 정신발달에 대해 세 번째로 영향력 있는 시각인 정보처리적 접근(information processing)에 대해 살펴볼 것이다. 정보처리적 접근은 부분적으로는 Piaget의 초기 연구 결과가 답변하지 못한 의문점에 대한 답변을 찾기 위한 시도로부터

인지
(cognition)
지식을 습득하고 문제해결 과정에서 이를 사용하는 정신적 과정.

인지발달
(cognitive development)
연령에 따라 나타나는 주의, 지각, 학습, 사고, 기억과 같은 정신적 활동에서 일어나는 변화.

비롯되었다. 8장에서는 정신측정학(psychometric) 또는 지능검사 등에 대해 살펴봄으로써 아동의 지적 수행에서 나타나는 개인차에 기여하는 많은 요인들에 대해 논의해 보기로 한다.

Piaget의 인지발달이론

아동 발달에 대한 현재까지의 연구자 중 가장 영향력 있는 이론가인 Jean Piaget는 동물학과 인식론(epistemology: 지식의 근원을 연구하는 철학의 한 분야)에 대한 그의 초기 관심을 통합하여 그가 **발생학적 인식론**(genetic epistemology)이라고 명명한 새로운 과학을 발달시켰다. 발생학적 인식론은 지식의 기원에 대한 실험적 연구로서, 여기서 Piaget는 유전적(genetic)이라는 용어를 발생학적이라는 의미로 사용하였다.

> **발생학적 인식론**
> (genetic epistemology)
> Piaget에 의해 시작된 분야로 지식의 발달에 대한 실험적 연구.

Piaget는 그의 세 자녀를 주의 깊게 관찰함으로써 연구를 시작하였다: 그는 이들이 새로운 장난감을 어떻게 탐색하며, 그가 제시한 단순한 문제들을 어떻게 해결하며, 그들 자신과 주변 세계를 어떻게 이해하게 되는가를 연구하였다. 이후 Piaget는 다른 연령의 아동이 게임 규칙에서부터 물리학의 원리에 이르기까지 다양한 문제들에 대해 어떻게 생각하는지를 발견하기 위해 사용했던 개방적인 문답식 기법인 임상적 방법을 통해 더 많은 아동들을 대상으로 실험하였다. 그 결과, Piaget는 지적 성장에 대한 인지발달이론을 체계화하였다.

지능이란 무엇인가?

> **지능**
> (intelligence)
> Piaget에 의하면, 유기체가 주변 환경에 적응하도록 도와주는 근본적인 삶의 기능.

동물학을 연구했던 Piaget는 **지능**(intelligence)을 유기체가 주변 환경에 적응하도록 도와주는 근본적인 삶의 기능이라고 정의하였다. 걸음마기 유아가 TV를 켜는 법을 배운다든지, 학령기 아동이 친구들에게 사탕을 어떻게 나누어줄지를 결정한다든지, 청소년이 어려운 수학 문제를 풀기 위해 끙끙댄다든지 하는 모습은 모두 적응의 양상이다. Piaget는 "지능이란 평형(equilibrium)의 한 형태이며, 모든 인지구조는 평형상태를 지향한다"고 주장하였다(1950, p. 6). 즉, 모든 지적 활동은 마음 속에 유일한 목표를 갖고 있는데, 그 목표는 사고과정과 주변 환경 간에 균형 잡히고 조화로운 관계를 생성하는 것이다. (이와 같이 균형 잡힌 상태를 **인지적 평형**(cognitive equilibrium)이라 하며, 인지적 평형에 도달하는 절차를 평형화(equilibration)라 한다.) Piaget가 강조한 바에 따르면, 아동은 쉽게 이해되지 않는 수많은 새로운 자극과 사건들에 의해 계속 도전을 받는 능동적이고 호기심으로 가득찬 탐색자이다. 자신의 사고방식과 주변 사건 간에 불균형(또는 인지적 불균형)이 발생하면 아동은 정신적인 조정과정을 거치게 되고, 이를 통해 혼란스러운 새로운 경험에 대처하게 됨으로써 인지적 평형을 다시 회복할 수 있게 된다. 그러므로 지능에 대한 Piaget의 입장은 내적인 정신적 도식(기존 지식)과 외부 환경 간의 불일치가 인지 활동과 지적 성장을 촉발시킨다는 "상호작용가"모델이라고 할 수 있다.

> **인지적 평형**
> (cognitive equilibrium)
> Piaget 이론에 따르면, 사고과정과 환경 간에 균형 잡히고 조화로운 관계가 이루어진 상태를 의미.

지능에 대한 Piaget의 견해에서 아주 중요한 가정은 아동이 스스로 지식을 구성해야 한다는 것이다. 실제로, Piaget는 아동을 **구성주의자**(constructivist)—새로운 대상과 사건에 대해 반응함으로써 그것의 근본적인 특징을 이해하는 유기체—로 기술하였다. 현실 세계에 대한 아동의 구성(즉, 대상과 사건에 대한 해석)은 그러한 구성이 일어날 당시

> **구성주의자**
> (constructivist)
> 새로운 대상과 사건에 대해 반응함으로써 그것의 근본적인 특징을 이해하는 존재.

아동이 갖고 있는 지식에 의존한다. 아동의 인지체계가 미성숙할수록 특정 사건에 대한 아동의 해석도 제한적일 수밖에 없다. 예를 들어 보자. 어느 날 4세된 Robin은 학교에 다녀와서 엄마에게 말했다. "엄마, 오늘 골목에서 찬바람이 세게 불어서 거의 날아갈 뻔 했어요. 제 생각엔 바람이 제가 더운 줄 알고 식혀주려고 한 것 같아요!" 이 아동은 자신의 이해대로 중요한 추측을 시도했다. 즉, Robin은 무생물이 의도를 갖고 있다고 이해한 것이다. Robin은 생물과 무생물을 구분하지 못하는데 적어도 성인 수준의 구분은 하지 못한다. 결과적으로, Robin은 엄마와 "현실"에 대한 이해를 아주 다르게 구성하고 있다.

지식은 어떻게 습득되는가: 인지 도식과 인지과정

Piaget에 의하면, 인지는 정신구조 또는 **도식**(scheme)의 정교화와 변형을 통해 발달한다(Piaget & Inhelder, 1969). 도식은 지능의 기저가 되는 관찰할 수 없는 정신체계이다. 하나의 도식은 생각 또는 행동의 패턴이며 아주 단순하게는 아동이 자신의 세계를 해석하며 쌓은 지속적인 기초 지식 정도로 볼 수 있다. 사실상 도식은 현실에 대한 표상이다. 아동은 자신의 도식을 통해 자신이 속한 세상을 알게 된다. 도식은 아동이 경험을 해석하고 조직화하는 수단이다. Piaget에게 있어서 인지발달은 도식 또는 구조의 발달인 것이다. 아동은 세상에 나올 때 자신을 둘러싼 환경을 해석하도록 하는 반사를 갖고 있으며 이러한 반사의 기저를 이루는 것이 도식이다.

아동은 지적인 도식을 어떻게 구성하고 변경시키는가? Piaget는 모든 형태의 도식이 조직화와 적응이라는 두 가지 선천적인 지적 과정을 통해 형성된다고 믿었다.

조직화(organization)는 아동이 기존의 도식을 새롭고 더욱 복잡한 지적 구조로 통합시키는 과정이다. 예컨대, "응시하기", "뻗기", "잡기"를 하는 영아는 초기에는 전혀 연관이 없는 이 세 가지 도식을 보다 복잡한 하나의 구조, 예를 들어 시각을 이용한 뻗기로 구조화할 수 있게 된다. 그리고 이러한 조직화를 통해 주변의 많은 흥미로운 대상들에 대해 손을 뻗게 되고 그 특징을 발견한다. 비록 지적인 도식이 각 발달단계마다 급속하게 다른 형태로 변모된다고 하더라도 조직화 과정에는 변함이 없다. Piaget에 따르면, 아동은 현재 갖고 있는 도식이 무엇이든 간에 더욱 복잡하고 적응적인 구조로 끊임없이 조직한다.

조직화의 목적은 주변 환경의 요구에 부합하는 과정인 **적응**(adaptation)을 촉진시키는 것이다. Piaget에 따르면, 적응은 두 가지 상보적인 활동(동화와 조절)을 통해 이루어진다.

동화(assimilation)는 아동이 세상에 대해 이미 갖고 있는 모델, 즉 이전에 갖고 있던 도식에 근거하여 새로운 경험을 해석하는 과정이다. 처음으로 말을 본 영아는 다리가 넷인 동물에 대한 기존의 도식 중 하나로 말을 동화시키려고 할 것이므로, 말을 "강아지"로 생각할 수도 있다. 즉, 이 새로운 자극을 친숙한 것으로 해석함으로써 그것에 적응하려고 하는 것이다.

그러나 완전히 생소한 대상, 사건, 경험은 기

도식
(scheme)

경험을 해석하고 구성하기 위한 사고나 행위의 조직화된 양식.

조직화
(organization)

기존의 도식을 일관된 지식체계로 조합하고 통합시키는 선천적인 경향성.

적응
(adaptation)

환경의 요구에 부합하는 과정.

동화
(assimilation)

아동이 세상에 대해 이미 갖고있는 모델, 즉 이전에 갖고 있던 도식에 근거하여 새로운 경험을 해석하는 과정.

영아는 다양한 행동적 도식을 발달시킴으로써 새로운 대상을 탐색할 뿐만 아니라 "이해"하게 되고 단순한 문제를 해결할 수 있다.

표 6.1		Piaget의 인지성장이론 요약	
	Piaget식 개념	정의	예
시작	평형	도식과 경험 간의 조화	새 이외에는 날아다니는 대상을 본적이 없는 영아는 모든 날아다니는 대상을 "새"라고 생각한다.
	동화	기존의 도식에 근거하여 새로운 경험을 해석함으로써 그것에 적응하려는 시도	하늘을 나는 비행기를 본 영아는 이것을 새라고 부른다.
	조절	생소한 경험을 더 잘 설명하고자 기존의 도식을 수정	영아는 이 새로운 대상이 깃털도 없고 날개를 펄럭이지도 않는다는 것을 발견하고는 갈등 또는 불균형을 경험한다. 이것이 새가 아니라고 생각한 영아는 새 이름을 붙이거나 "저게 뭐야?"라고 질문한다. 조절이 성공적으로 이루어지면 최소한 잠시 동안이나마 평형상태가 되돌아온다.
종결	조직화	기존의 도식들을 새롭고 더욱 복잡한 구조로 재정리	상위범주(날아다니는 대상)와 두 개의 하위범주(새와 비행기)로 구성된 위계적 도식을 형성한다.

주: 나비나 원반을 처음 발견한 아동의 도식이 추가적으로 어떻게 정교해지는가에 대해서도 Piaget의 개념을 적용해 보라.

조절
(accommodation)
동화와 상보적인 것으로서 새로운 경험을 포함시켜 설명하기 위해 기존의 도식을 수정하는 과정.

존의 도식으로는 해석되기 어려울 수 있다. 가령 처음 강아지라고 생각했던 커다란 동물이 우스꽝스럽게 생긴 발을 갖고 있고 굉장히 이상한 소리를 낸다는 것을 곧 알게 된다면, 아동은 자신이 관찰한 것을 더 잘 이해해 보려고 할 것이다. **조절**(accommodation)은 동화와 상보적인 것으로서 새로운 경험을 설명하기 위해 기존의 구조를 수정하는 과정이다. 그러므로 말이 개가 아니라는 것을 인식한 아동은 이 새로운 생명체에 대해 이름을 지어주거나 또는 "저게 뭐야?"라고 물은 뒤 주위 사람들이 대답해 주는 이름을 사용할 것이다. 이 아동은 다리가 넷인 동물에 대한 도식을 수정(조절)함으로써 말이라는 새로운 범주를 포함시키게 된 것이다.

Piaget는 동화와 조절을 구별하면서도 이 두 과정은 인지적 성장의 촉진을 위해 작용한다고 믿었다. 앞의 예에서처럼, 이 두 가지가 항상 동등하게 발생되는 것은 아니지만, 기존의 도식과 일치되지 않는 경험을 동화시키다 보면 결국 인지적 갈등이 발생되어 이 경험에 대한 조절이 촉진된다. 그 결과 아동은 적응상태, 즉 인지적 구조와 주변 환경 간의 평형상태에 이르게 된다.

표 6.1에서는 인지발달이란 아동이 새로운 경험을 정기적으로 탐색하고 동화시키며, 이 경험에 인지적 구조를 조절시키고, 새로 알게 된 지식을 새롭고 더욱 복잡한 도식으로 조직화하는 적극적인 과정임을 강조한 Piaget의 견해에 근거하여 인지적 성장이 어떻게 일어나는가에 대한 예시를 들었다. 따라서 아동은 적응과 조직화라는 두 가지 선천적인 활동을 통해 주변 세계를 점차적으로 보다 잘 이해할 수 있게 된다.

개념체크 6.1 | **Piaget 이론의 가정과 개념 이해**

다음 질문들에 답함으로써 Piaget 이론의 기본적인 가정과 개념에 대한 여러분의 이해를 체크하라. 정답은 부록에 있다.

선다형: 각각의 질문들에 대한 최선의 답을 선택하라.

_____ 1. Piaget에 의하면, 조절(accommodation)은
    a. 새로운 정보를 현재의 도식에 포함시키기 위한 수정이나 변형이다.

b. 모든 구조는 이전의 구조에서부터 발달한 것이다.
c. 구조를 더 상위의 구조로 통합하기 위한 경향이다.
d. 새로운 정보를 통합하기 위해 현재의 도식을 변화시키는 것이다.

_____ 2. Piaget에 의하면, 인지적 평형(cognitive equilibration)은

a. 구조를 더 상위의 구조로 통합하기 위한 경향이다.

b. 자신의 인지구조를 안정화하기 위해 개인적으로 추구하는 것이다.

c. 새로운 정보를 현재의 구조로 통합시키기 위해 구조를 수정하는 경향이다.

d. 모든 구조는 이전의 구조에서부터 발달한 것이다.

_____ 3. Johanson 교수는 아동의 생각은 불변의 발달적 순서를 따를 것이라 믿는다. 이 교수는

a. Piaget 이론에 동의하며 단계 이론가이다.

b. Piaget 이론에 동의하며 단계 이론가는 아니다.

c. Piaget 이론에 동의하지 않으며 아동의 사고는 발달 과정의 여러 시간대에서 고르지 않다고 믿는다.

d. Piaget 이론에 동의하지 않으며 아동의 사고는 사회 문화적인 영향을 강하게 반영한다고 믿는다.

짝짓기: 다음의 개념에 맞는 정의를 연결하라.

a. 도식

b. 구성주의자

c. 인지적 평형

d. 지능

e. 조직화

f. 동화

4. _____ Piaget 이론에서 말하는 유기체가 주변 환경에 적응하도록 도와주는 근본적인 삶의 기능

5. _____ 사고과정과 주변 환경 간에 균형 잡히고 조화로워서 균형이 잡힌 상태

6. _____ 이전에 갖고 있던 도식에 근거하여 새로운 경험을 해석하는 과정

7. _____ 새로운 대상과 사건에 대해 반응함으로써 그것의 근본적인 특징을 이해하는 존재

8. _____ 경험을 표상하고 조직하고 해석하기 위해 고안한 정신적 구조

9. _____ 기존의 도식을 일관된 지식체계로 조합하고 통합시키는 선천적인 경향성

서술형: 다음 질문들에 상세히 답하라.

10. Piaget의 적응에 대한 개념을 논하라. 동화와 조절이 적응에 어떻게 작용하는지 써라.

11. Piaget는 지능을 어떻게 정의하는가? Piaget의 정의는 지능에 대한 다른 정의와 어떻게 다른가?

Piaget의 인지발달 단계

Piaget는 인지발달 단계를 네 단계로 구분하였다. 그러한 단계들은 감각운동기(sensorimotor stage: 출생~2세), 전조작기(preoperational stage: 2~7세), 구체적 조작기(stage of concrete operations: 7~11세), 형식적 조작기(stage of formal operations: 11세 이후)이다. 이러한 지적 성장 단계는 질적으로 서로 다른 인지적 기능을 가지며, Piaget가 **불변적인 발달순서**(invariant development sequence)라고 부르는 것을 형성한다. Piaget의 주장에 따르면, 모든 아동은 정확히 같은 순서대로 이 단계들을 거치며, 각 연속적인 단계는 이전의 단계에서의 성취를 바탕으로 진전되기 때문에 어느 한 단계도 뛰어넘을 수 없다.

비록 Piaget는 지적 발달 단계의 순서가 불변이라고 믿었지만, 아동이 각 단계에 들어서거나 다음 단계로 이동하는 연령에는 엄청난 개인차가 존재함을 인식하였다. 실제로, 그는 문화적 요인과 기타 환경적 영향이 아동의 지적 성장속도를 가속화하거나 반대로 지체시킬 수도 있기 때문에 위 인지발달의 각 단계(및 하위단계)가 나타나는 표준연령은 기껏해야 추정치일 뿐이라고 주장하였다.

불변적인 발달순서
(invariant development sequence)

모든 아동은 정확히 같은 순서대로 이 단계들을 거치며, 각 단계는 이전의 단계에서의 성취를 바탕으로 진전되기 때문에 어느 한 단계도 뛰어넘을 수 없다.

감각운동기(출생~2세)

감각운동기는 영아가 감각 입력과 운동 능력을 통합하여 주변 환경에 따라 "행동하고" 주변 환경을 "알아가도록"하는 행동(감각운동) 도식을 형성하는 시기이다. 실제로, 영아는 지식을 얻기 위해 외현적 행동에 의존함으로써 얼마나 이해할 수 있을까? 우리가 상상하는 것 이상으로 영아는 많은 것을 이해할 수 있다. 생후 첫 2년간 영아는 매우 제한

감각운동기
(sensorimotor period)

Piaget의 첫 인지단계로, 생후 2세까지이며 환경을 탐색하고 이해하기 위해 행동 도식에 의존한다.

적인 지식을 가진 반사적인 생명체에서 자기 자신, 가까운 주변 사람들, 그리고 일상 세계에 놓인 대상과 사건들에 대해 많은 것을 학습한 능숙한 문제 해결사로 발달해간다. 영아의 인지성장은 매우 급격하게 이루어지기 때문에 Piaget는 감각운동기를 6개의 하위단계로 분류하였으며, 영아가 반사적인 존재에서 사고하는 존재로 점차 변모해가는 과정을 설명하였다(표 6.2 참조). 여기서는 감각운동기의 세 가지 중요한 측면인 문제해결 능력(또는 수단/목적 지향적 활동), 모방, 그리고 대상개념에 중점을 두어 살펴보기로 한다.

문제해결 능력의 발달

반사활동(출생~1개월) Piaget는 생후 첫 1개월을 반사활동 단계라고 특징지었다. **반사활동** 단계에서 영아는 기껏해야 선천적인 반사활동을 하고, 새로운 물체를 이러한 반사 도식에 동화시키고(예컨대, 젖을 빠는 것처럼 담요나 장난감을 빠는 행동), 이를 새로운 대상에 조절시키는 정도이다. 이는 물론 고도의 지능이 요구되는 일은 아니지만, 이와 같은 원시적인 적응 활동이 인지성장의 출발을 의미한다.

1차 순환반응(1~4개월) 반사와 관계가 없는 도식은 1~4개월 사이 영아가 자신이 시도하고 통제하는 여러 반응(예컨대, 손가락 빨기나 웃기)이 만족스럽고 따라서 반복할 가치가 있다는 것을 우연히 발견하면서부터 최초로 나타난다. 이러한 단순한 반복행동을 **1차 순환반응**(primary circular reaction)이라 한다. 1차 순환반응은 항상 영아 자신

반사활동
(reflex activity)
Piaget의 감각운동기의 첫 번째 하위단계로, 영아는 선천적인 반사활동을 하고, 새로운 물체를 이러한 반사 도식에 동화시키고 이를 새로운 대상에 조절시킨다.

1차 순환반응
(primary circular reaction)
Piaget의 감각운동기의 두 번째 하위단계로, 만족스럽고 따라서 반복할 가치가 있다는 것을 우연히 발견하면서부터 최초로 나타나는 행동.

표 6.2 Piaget의 감각운동 발달 이론 요약			
하위단계	문제해결 방법 또는 흥미로운 결과 산출방법	모방	대상개념
1. 반사활동(출생~1개월)	선천적 반사활동을 하고 조절함	일부 운동반응을 반사적으로 모방함[1]	움직이는 대상을 추적하지만 시야에서 사라지면 관심을 잃음
2. 1차 순환반응(1~4개월)	자신의 신체에 국한된 흥미로운 행동을 반복함	주변 사람이 모방한 자신의 행동을 반복함	대상이 사라진 곳을 열심히 바라봄[2]
3. 2차 순환반응(4~8개월)	외부 대상을 향해 흥미로운 행동을 반복함	2단계와 동일	부분적으로 가려진 대상을 탐색함
4. 2차 도식의 협응(8~12개월)	단순한 문제해결을 위해 행동을 조합함(최초의 의도성을 보여줌)	새로운 반응을 점차적으로 모방함; 아주 단순한 움직임을 보고 약간의 시간이 흐른 후 지연 모방함	대상개념이 출현한다는 분명한 신호가 나타남; 이동되지 않은 숨겨진 대상을 탐색하고 찾아냄
5. 3차 순환반응(12~18개월)	문제해결이나 흥미로운 결과 산출을 위해 새로운 방법을 모색함	새로운 반응을 체계적으로 모방함; 단순한 움직임을 보고 긴 시간이 흐른 후 지연 모방함	영아가 보는 앞에서 숨긴 장소를 변경한 대상을 탐색하여 찾아냄
6. 정신적 조합을 통한 새로운 방법의 발명(18~24개월)	내적, 상징적 수준에서 문제를 해결함에 따라 최초의 통찰을 보여줌	복잡한 연속행동을 지연 모방함	대상개념이 완전해짐; 영아가 보지 않는 상태에서 숨긴 대상을 탐색하여 찾아냄

1. 단순한 움직임(혀 내밀기, 머리운동, 입술이나 손바닥을 벌렸다 닫았다 하는 행위)을 모방하는 행위는 생후 1년 말쯤에 출현하는 자발적인 모방과는 거의 관계가 없는 선천적인 반사행동임이 분명하다.
2. 오늘날 많은 연구자들은 대상영속성이 아주 초기에 출현할 수도 있으며, Piaget가 탐색 절차에 의존함으로써 영아가 대상에 대해 알고 있는 바가 심각하게 과소평가 되었다고 믿고 있다.

의 신체에 국한된다. 이러한 반응이 영아에게서 최초로 나타나는 운동습관이기 때문에 "1차"이고, 이러한 반응이 반복되기 때문에 "순환"이라고 부른다.

2차 순환반응(4~8개월) 이 시기의 영아는 고무 오리를 눌러서 꽥 소리가 나도록 만드는 것과 같이 자신의 신체 이외의 물체를 갖고 재미있는 일을 벌일 수 있다는 것을 우연히 발견한다. 이러한 새로운 도식을 **2차 순환반응**(secondary circular reaction)이라 하는데, 이 또한 1차 순환반응처럼 이들에게 즐거움을 가져다주므로 반복된다. Piaget에 따르면, 이 시기의 영아가 외부 대상에 대해 갖는 갑작스러운 흥미는 주변 환경에서 통제할 수 있는 물체와 자기 자신을 구별하기 시작했다는 것을 시사한다.

영아가 침으로 거품을 내는 행위는 빨기반사의 조절이며, 초기의 1차 순환반응 중 하나이다.

그렇다면 영아가 매달려 있는 모빌을 치고 장난감 오리가 꽥 소리가 나게 하는 등의 반복적 행동을 즐긴다고 해서 이 영아가 계획적 또는 의도적 행동을 하고 있는 것이라고 할 수 있을까? Piaget는 아니라고 대답한다. 2차 순환반응은 완전히 의도적인 반응은 아니다. 왜냐하면 그것으로 인해 발생되는 흥미로운 결과는 우연히 발견된 것일 뿐 애초에는 그런 목적이 없었기 때문이다.

2차 순환반응의 협응(8~12개월) 진정으로 계획적인 반응이 이 시기에 최초로 출현한다. 이 **2차 순환반응의 협응**(coordination of secondary circular reaction)단계에서 영아는 단순한 목표를 달성하기 위해 두 개 이상의 행동을 협응시키기 시작한다. 예컨대, 쿠션 아래 재미있는 장난감을 넣어두면 9개월된 영아는 한 손으로 쿠션을 들어올려 다른 한 손으로 장난감을 집어 든다. 이 경우, 쿠션을 들어올리는 행위는 그 자체로는 유쾌한 반응도 아니고 우연히 이루어지는 행동도 아니다. 이는 보다 큰 의도적인 도식의 일부로서, 처음에는 연계되지 않은 두 반응(들어올리기와 잡기)이 목적을 위한 수단으로서 통합된 것이다. Piaget는 이와 같은 2차 도식들의 단순한 통합이 목표 지향적 행동, 즉 진정한 문제해결 능력의 초기 형태를 나타낸다고 믿었다.

3차 순환반응(12~18개월) 이 시기의 영아는 물체에 대해 적극적으로 실험하기 시작하며, 새로운 문제를 해결하거나 흥미로운 결과를 산출할 수 있는 방법을 발명하려고 노력한다. 예컨대, 처음에는 고무 오리가 꽥 소리를 내도록 하기 위해 오리를 꽉 쥐기만 했던 영아가 이제는 어떤 결과가 나오는지를 살펴보기 위해 이것을 떨어뜨리고 밟고 베개 위로 던져본다. 그리고 벽에다 음식을 붙이기 위해서는 음식을 내던지는 것이 꼬챙이로 찌르는 것보다 더욱 효과적이라는 것을 탐색을 통해 학습한다. 부모들은 이러한 행동을 보고 별로 놀라지 않을 수도 있겠지만, 이러한 시행착오적인 탐색 도식을 **3차 순환반응**(tertiary circular reaction)이라 하며, 이는 영아의 왕성한 호기심, 즉 사물이 작동하는 방식에 대해 학습하려는 강한 동기를 반영한다.

2차 순환반응
(secondary circular reaction)

Piaget의 감각운동기의 세 번째 하위단계로, 신체 이외의 물체를 갖고 재미있는 일을 벌일 수 있다는 것을 우연히 발견하고 반복하는 행동.

2차 순환반응의 협응
(coordination of secondary circular reaction)

Piaget의 감각운동기의 네 번째 하위단계로, 단순한 목표를 달성하기 위해 두 개 이상의 행동을 협응시키는 행동.

3차 순환반응
(tertiary circular reaction)

Piaget의 감각운동기의 다섯 번째 하위단계로, 흥미로운 결과를 산출할 수 있는 새로운 방법을 발명하려고 하는 시행착오적인 탐색 도식.

상징적 문제해결(18~24개월)   감각운동 단계에서 최고의 성취는 미래에 어떤 행동을 하기 위해 영아가 행동 도식을 내면화하여 정신적 상징 또는 심상을 구성하기 시작한다는 것이다. 이 시기의 영아는 정신적으로 실험할 수 있고, 문제를 해결할 수 있는 방법에 대해 일종의 "통찰"을 보여준다. Piaget의 아들 Laurent는 이러한 상징적 문제해결 능력, 또는 **내적 실험** (inner experimentation)을 보여준다:

> Laurent는 탁자 앞에 앉아 있고 나는 그 앞에 빵 부스러기를 놓았는데, Laurent는 그 빵 부스러기에 손이 닿지 않았다. 그리고 나는 우측에 . . . 25cm 정도 되는 막대기를 두었다. Laurent는 처음에는 빵을 잡으려고 했지만 . . . 포기했다 . . . 그러고나서 Laurent는 빵을 다시 쳐다보더니 몸을 움직이지 않은 채로 막대기를 아주 잠깐 바라보다가, 갑자기 막대기를 집고는 빵을 향해 내밀었다 . . . 그리고 빵을 자기 앞으로 가져왔다 (Piaget, 1962, p. 335).

> 분명히, 이것은 시행착오적인 실험이 아니라 먼 거리에 있는 대상을 잡기 위해 팔의 대용물로서 막대기를 사용할 수 있다고 판단함으로써 내적, 상징적 수준에서 문제해결이 이루어진 것이다.

모방의 발달

Piaget는 모방의 적응적 의미를 인식하였고 그것의 발달에 큰 관심을 가졌다. 그가 직접 관찰한 바에 따르면, 영아는 생후 8~12개월(영아가 행동에서 어느 정도의 의도성을 보이는 시기)이 되어서야 모델이 행한 새로운 반응을 모방하기 시작한다. 그러나 이 시기의 영아의 모방 도식은 상당히 부정확하다. 영아 앞에서 손가락을 구부렸다 폈다 하는 행동을 보여주면 영아는 손 전체를 폈다 쥐었다 한다(Piaget, 1951). 아주 단순한 반응이라도 영아가 정확하게 모방을 하려면 며칠 또는 몇 주 동안 연습해야 한다(Kaye & Marcus, 1981). 실제로, 8~12개월된 영아가 까꿍놀이나 노래게임을 이해하며 즐기기 위해서는 수백 번의 연습이 필요하다.

다음 예에서 보듯이, 자발적 모방은 생후 12~18개월이 되어서야 더욱 정확해진다:

> 생후 1년 16일이 된 Jacqueline은 자신의 이마를 발견했다. 내가 내 이마의 중간을 만지자, 그녀는 처음에는 눈을 비비더니 그 윗부분을 만졌고 그리고 머리를 만졌다. 그러다 결국 다시 손을 조금 내려 자기 이마에 손가락을 올려놓았다(Piaget, 1951, p. 56).

Piaget에 따르면, **지연 모방**(deferred imitation)—현재 옆에 없는 모델의 행동을 모방하는 능력—은 생후 18~24개월에 최초로 나타난다. Piaget의 16개월된 딸인 Jacqueline의 재미있는 행동을 한 예로 살펴보자:

> 오후 내내 매우 투정을 부린 남자아이(18개월)가 Jacqueline을 방문했다. 그는 아동용 놀이틀에서 빠져나오기 위해 소리를 지르고 발을 구르면서 그것을 뒤로 밀어냈다. 예전에 한 번도 그런 장면을 본적이 없는 Jacqueline은 놀라움에 가득 차서 그를 바라보고 서 있었다. 다음 날, Jacqueline은 자신의 놀이틀에 들어가 소리를 질렀으며, 발을 구르면서 움직이려고 했다 . . . 연속으로 여러 번이나 그랬다(Piaget, 1951, p. 63).

Piaget는 좀 더 성장한 영아가 지연 모방을 할 수 있는 이유는 기억 속에 저장된 모델의 행동에 대해 정신적 상징 또는 심상을 구성하여 이후에 다시 인출할 수 있기 때문이라고 하였다.

그러나 다른 연구자들은 Piaget에 동의하지 않는다. 이들은 지연 모방(4장에서 논의됨), 즉 상징적 표상은 훨씬 더 일찍 시작된다고 주장한다(Gergely, Bekkering, & Kiraly, 2003). 한 연구에 따르면, 6개월된 영아는 아주 단순한 행동(예: 누르면 소리가 나는 장난감의 버튼을 누르는 행위)을 관찰한 지 수일 후에도 이 행동을 모방할 수 있다(Collie & Hayne, 1999). 또한 특별히 기억할 만한 사건을 목격한 걸 음마기 유아는 처음 목격한 날로부터 최대 12개월 동안 이 사건을 모방할 수 있음을 보여주었다(Bauer et al., 2000; Meltzoff, 1995). 따라서 지연 모방 능력(영아가 정신적 상징을 구성, 저장, 인출할 수 있는 능력)은 Piaget가 생각했던 것보다 훨씬 일찍 존재한다.

대상영속성의 발달

감각운동기에서 더욱 주목할 만한 성과 중 하나는 **대상영속성**(object permanence)의 발달이다. 대상영속성이란 대상이 더 이상 보이지 않거나 다른 감각을 통해 탐지할 수 없을 때에도 그 대상이 계속해서 존재한다는 개념이다. 만약 손목시계를 풀어 컵으로 덮어둔다 해도 우리는 그 손목시계가 여전히 존재한다는 사실을 알고 있다. 그러나 아주 어린 영아는 대상을 "이해"하는 데 있어서 감각과 운동 능력에 크게 의존하기 때문에 그것이 감지되거나 갖고 놀 수 있을 때에만 존재한다고 생각한다. 실제로, Piaget(1954)와 그 외 학자들은 생후 1~4개월된 영아로부터 대상을 숨기면 그 대상을 찾지 않음을 발견하였다. 이들이 관심있게 지켜보던 손목시계를 컵으로 덮으면, 마치 손목시계가 더 이상 존재하지 않거나 컵으로 변형되기라도 한 것처럼 흥미를 상실한다. 생후 4~8개월이 되면 영아는 반투명한 덮개 아래 부분적으로 가려진 장난감을 찾아낼 수 있지만, 완전히 가려진 대상을 찾는 데에는 여전히 실패한다. 이런 현상을 통해서, Piaget는 영아가 시각에서 사라지는 대상은 더 이상 존재하지 않는 것으로 생각한다고 주장하였다.

영아의 대상개념의 출현에 대한 분명한 신호는 생후 8~12개월경에 나타난다. 그러나 아래 Piaget의 10개월된 딸의 예에서 볼 수 있듯이, 대상영속성은 여전히 불완전하다:

> Jacqueline은 아무것도 놓여져 있지 않은 매트리스 위에 앉아 있다. 나는 Jacqueline의 손에 있는 앵무새 장난감을 빼앗아 Jacqueline의 좌측 매트리스 밑[A지점]에 두 번 숨겼다. Jacqueline은 두 번 다 재빠르게 장난감을 찾아내어 잡았다. 그런 다음, 나는 다시 그 장난감을 빼앗아 Jacqueline의 눈 앞에서 아주 천천히 움직여 Jacqueline의 우측 매트리스 밑[B지점]에 두었다. Jacqueline은 이 움직임을 바라보았다 . . . 그러나 장난감이 [B지점으로] 사라진 순간에도 Jacqueline은 그 장난감이 예전에 있던 좌측[A지점]을 들춰보았다 (Piaget, 1954, p. 51).

Jacqueline의 반응은 생후 8~12개월 된 영아에게서 전형적으로 나타나는 것이다. 이 시기의 영아는 숨겨진 대상을 마지막으로 본 장소가 아니라 예전에 찾았던 장소에서 찾는다(Marcovitch & Zelazo, 1999). 이와 같은 **A-not-B 오류**(A-not-B error)에 대한 Piaget의 설명은 간단했다: Jacqueline은 마치 자신의 행동이 대상의 위치를 결정하는 것처럼 행동했으며 대상이 그녀의 행동과는 독립적으로 존재한다는 것을 몰랐다.

생후 12~18개월이 되면 대상개념이 향상된다. 이제 영아는 시각적으로 움직임을 추적할 수 있고 대상을 마지막으로 본 곳에서 대상을 찾는다. 그러나 보이지 않는 이동(invisible displacement)을 이해하는 데 필요한 정신적인 추론을 할 수 없기 때문에 대상영속성은 아직 완전하지 않다. 만약 손 안에 장난감을 숨기고 손을 장막 뒤로 가져간

대상영속성
(object permanence)
대상이 더 이상 보이지않거나 다른 감각을 통해 탐지할 수없을 때에도 그 대상이 계속해서 존재한다는 개념.

A-not-B 오류
(A-not-B error)
8~12개월 영아의 숨겨진 대상을 마지막으로 본 장소가 아니라 예전에 찾았던 장소에서 찾는 경향.

대상영속성을 습득 중인 영아는 까꿍놀이를 재미있어 한다.

Jean-Claude Le Jeune/Stock Boston

뒤 장난감을 거기다가 숨기면, 이 시기의 영아는 장막 뒤를 뒤져보기보다는 그 장난감을 마지막으로 본 곳, 즉 손 안에서 찾으려고 할 것이다.

생후 18~24개월이 되면, 영아는 사라진 대상을 찾는 데 있어서 위와 같은 보이지 않는 이동도 정신적으로 표상하며 추론할 수 있게 된다. 이 시기의 영아는 대상이 "영속성"을 갖고 있음을 완전히 이해하며, 숨바꼭질과 같은 정교한 놀이를 하면서도 숨어있는 사람들을 찾아내고는 굉장히 만족스러워 한다.

Piaget의 감각운동 발달이론에 대한 도전: 신생득론과 이론-이론

Piaget는 영아에 대한 엄청난 관찰자였고 대부분의 사람들(보통 부모들)이 경험하는 영아의 문제 해결 능력에 대한 묘사에서는 대체적으로 정확했지만, Piaget의 이론은 다소 불완전한 면이 있다(Bjork-lund, 2011; 표 6.2 참조). Piaget는 영아의 인지적 능력을 과소평가하였다. 따라서 오늘날 많은 연구자들은 영아의 지능 수준에 대해 완전하게 이해하기 위해서는 새로운 이론이 필요하다고 믿고 있다.

신생득론 (neo-nativism)

영아가 태어날 때부터 대상개념과 같은 물리적 세계의 본질에 대해 상당한 지식을 갖고 태어나며, 정신과 뇌가 각각의 정보들을 특정한 방식으로 처리하도록 제약을 가진다는 주장.

신생득론　Piaget의 영아 이론에 대한 가장 강도 높은 비판은 **신생득론**(neo-nativism)으로부터 시작된다. 신생득론자들은 영아가 태어날 때부터 물리적 세계의 본질에 대해 상당한 지식을 갖고 태어난다고 믿는다(Gelman & Williams, 1998; Spelke & Newport, 1998). Baillargeon(1987)은 이러한 견해를 주장하는 한 연구자이다. 그녀는 대상영속성에 대해서 Piaget의 주장과는 달리, "구성되어야"할 필요가 없는 유전적 특성이라고 주장하였다. 즉, 그녀의 연구 결과에 따르면, 영아는 아주 어린 시기부터 대상영속성을 어느 정도 갖고 있다. 그렇다고 해서 발달이라는 과정이 전혀 없다던가, 선천적인 능력이 성숙하는 데 경험이 전혀 필요 없다는 뜻은 아니다. 단지 영아는 상당한 지식을 갖고 출생하며 대상영속성 또는 크기 항상성과 같은 물리적 세계의 특정 측면들을 이해하는 데 있어서 진화적으로 준비되어 있다는 것이다.

다른 여러 학자들도 이와 유사한 주장을 한다. 이들은 Piaget의 견해와는 달리, 생후 매우 이른 시기부터 영아가 상징을 사용하는 존재라고 주장한다(Meltzoff, 1990). 지연모방 및 4장에서 논의한 신생아의 모방에 대한 한 연구 결과, Andrew Meltzoff(1990, p. 20)는 "매우 엄밀히 말해서 정상적인 영아에게는 순수한 '감각운동적인 단계'가 존재하지 않을 수도 있다"고 주장하기도 한다.

Karen Wynn(1992)은 초기 상징적 능력이 어떻게 나타나는가에 대해 아주 혁신적인 연구를 실시하였다. Wynn은 영아의 단순 연산 능력을 측정하기 위해 Baillargeon이 사용한 기법과 유사한 기법을 사용하였다. Wynn은 5개월된 영아에게 사물이 새로 더해지거나 없어지는 장면을 보여주었다. 한 장면은 1 + 1 = 2라는 결론에 다다르고("가능한 결과"), 나머지 한 장면은 1 + 1 = 1이라는 결론에 다다른다("불가능한 결과"). 만일 영아가 초보적인 덧셈개념을 어느 정도 갖고 있다면, 영아는 "불가능한 결과"에 대해 놀라워하면서 이를 "가능한 결과"보다 더 오랫동안 응시할 것이다. 그런데 정말로 영아는 그림 6.1의 덧셈문제와 단순한 뺄셈문제(2 – 1 = 1)에서 "불가능한 결과"를 더 오랫동안 응시하였고, 이 실험은 다른 연구자들에 의해 현재까지도 반복검증되고 있다(Simon, Hespos, & Rochat, 1995; Uller et al., 1999, Spelke & Kinzler, 2007).

이들 결과들을 어떻게 해석할 수 있을까? 여기서 우리는 영아가 두 장면에 대해 단순히 지각적 변별을 하는 것만이 아니라는 것을 주목해야 한다. 즉, 영아는 단순히 사물이 하나만 들어 있는 장면과 두 개가 들어 있는 장면 간의 차이를 구별하고 있는 것이 아니라 한 사물에 다른 사물이 하나가 더 추가되었을 때 영아는 두 개의 사물을 볼 것이라는 기대를 하는 것이다. 이러한 기대가 가능하기 위해서는 대상영속성과 기억뿐만 아니라 더하기에 대한 기초적인 이해가 필요하다. 영아는 실제로 일어난 과정을 보지 않고서도(스크린이 시야를 가렸으므로) 두 번째 사물이 첫 번째 사물에 더해진 것이라는 점을 추론하여야 한다. 이러한 흥미로운 연구 결과는 생후 5개월된 영아조차도 Piaget가 생각했던 것보다 훨씬 더 많은 상징적 지식을 갖고 있음을 입증하는 것이다. 그러나 Wynn의 설명에 대해 다른 질문을 할 수 있는데, 영아들은 수에 기초한 반응을 보인 것이 아니라 제시된 물체의 전체 양에 반응했다는 것이다(Mix, Huttenlocker, & Levine, 2002). 다시 말하면, 영아들은 초보적(그리고 무의식적)으로 덧셈과 뺄셈을 하는 것이 아니라 다양한 방식으로 제시된 "물체"의 양이 변화한 것에 반응하는 것이다. 예를 들면, 영아의 정수에 대한 추상적인 이해(즉, 스크린 너머에는 "1"또는 "2"개의 물체가 있을 것이다)가 반영된 것이 아니라, 영아들의 행동은 실제 물체의 표상에 기초한 반응일 것이다(예: ♥ 대 ♥ ♥). 이는 영아의 반응이 개념적인 관계보다는 지각적 관계에 더 기초한 것임을 제안한다(Uller et al., 1999; Mandler, 2000 참조). 이 두 입장 중 어느 하나도 출생시 기본적 연산에 대한 지식을 갖고 태어난다든지, 신생아와 걸음마기 유아가 복잡한 수학문제를 풀 수 있음이 증명하는 것은 아니다.

이론-이론   일부 연구자들은 신생아가 출생시 갖고 태어나는 지식이 Piaget가 주장한 것보다 많다고 하면서도, 감각운동 발달단계 이후부터는 Piaget의 구성주의적 설명이 옳다고 믿는다. 이러한 연구자들을 이론-이론가들이라고 하며, 이들은 신생득론과 Piaget의 구성주의를 조합하였다(Gopnik & Meltzoff, 1997; Karmiloff-Smith, 1992). **이론-이론**("theory" theory)의 밑바탕에 깔린 전제는 영아는 출생 당시부터 특정 종류의 정보(예컨대, 대상과 말 소리)를 이해할 준비가 되어 있다는 것으로서 이는 신생득론자의 주장과 상통하지만, 이러한 생득적 지식은 불완전하기 때문에 현실을 구성하기 위해서는 상당한 경험이 필요하다는 점에서는 Piaget의 주장과 상통한다. 영아는 마치 과학자들처럼 세상이 어떻게 작동하는가에 대해 아이디어 또는 이론을 가정한 후 자신의 마음 속에 있는 모델이 세상의 구조와 유사해질 때까지 그 이론을 시험하고 수정함으로써 현실을 구성해나간다. 발달적인 변화는 Piaget의 설명과 유사하다. Alison Gopnik과 Andrew Meltzoff(1997, p. 63)에 의하면, "아동은 일정 시간 동안 특정한 예측과 해석을 고집하는 전형적인 패턴을 보인다. 즉, 그 아동은 특정 이론을 갖고 있다가 이것이 위기에 봉착하면 혼란을 겪게 되지만, 결국에는 새롭고 조리 있으면서도 안정적인 이론이 출현하는 것이다." 이러한 주장은 Piaget의 평형 개념을 떠올리게 한다.

발달이 이론의 검증과 변화의 과정이라면 이론-이론 접근에 대해 다음과 같은 질문

이론-이론
("theory"theory)
신생득론과 구성주의자들의 견해를 결합한 이론으로, 인지발달은 아동이 물리적 · 사회적 세계에 대한 이론을 생성하고, 검증하고, 수정하는 과정에서 일어난다는 주장.

을 할 수 있다: 왜 다양한 문화적 배경을 가진 아동들이 기본적으로 성인과 세상에 같은 이론을 갖게 될까? 경험은 이런 질문에 대한 중요한 답변이 된다. 사냥과 채집의 시대에 자란 아동과 정보화 시대에서 자란 아동은 각각 경험이 매우 다를 것이다. 문화적 관점에서 보면, 성인도 아동과 사고는 다르겠지만 물리적, 사회적 세계에 대한 이해는 놀랍게도 같다. 이론-이론은 이러한 인지 기능의 유사성을 어떻게 설명할 수 있을까? 진화 발달 심리학자들의 생각과 일관되게(Bjorklund & Pellegrini, 2002; Hernández Blasi & Bjorklund, 2003), Gopnik과 Meltzoff는 전 세계의 아동은 같은 초기의 이론을 갖고 태어나며, 이 강력한 기제는 아동이 모순되는 상황을 맞닥뜨렸을 때 현재의 이론을 수정하는 강력한 도구이다. 즉, 모든 영아들은 세상의 이치에 관한 같은 지식을 갖고 태어나며 이러한 이론을 성장하면서 수정하는 것이다. 또한 아동은 기본적으로 물리적, 사회적 세계가 어떻게 작용하는지에 대해 서로 같은 문제를 해결해나가야 하며 자신들의 삶에서 비교적 같은 시기에 유사한 정보를 얻게 된다. 이 장의 후반부에 이론-이론의 특정한 유형인 아동의 마음이론 발달에 대해 더 다루고자 한다.

개념체크 6.2 영아 지능에 대한 이해

다음 질문들에 답함으로써 영아의 지능에 관한 Piaget의 관점과 최근 연구 결과에 대한 여러분의 이해를 체크하라. 정답은 부록에 있다.

선다형: 각각의 질문들에 대한 최선의 답을 선택하라.

_____ 1. Piaget의 첫 단계는 탄생에서 2세에 이르는 감각운동기이다. Piaget에 따르면, 이 시기는
   a. 세상을 이해하지는 못한다. 그러나 다른 사람들이 자신을 대신해 생각해줄 것을 믿는다.
   b. 논리적으로 생각하고 자신의 주변 환경에 대해 이해할 수 있다.
   c. 아직 유창하게 언어로 표현하지 못하기 때문에 실험 심리학자에겐 관심의 대상이 아니었다.
   d. 자기 주변의 세상을 자신의 행동을 통해 이해할 수 있다.

_____ 2. Piaget에 따르면, 모방은 (   )에 대한 순수한 예이다.
   a. 조절
   b. 동화
   c. 동화와 조절의 협응
   d. 추상적 표상

_____ 3. 6개월된 Pedro는 장난감 토끼 인형과 요람에서 놀고 있다. 그는 토끼를 내려 놓고, 우유병을 잡기 위해 움직였고 이 때문에 담요가 토끼 인형을 덮어버렸다. Pedro는 다시 토끼 인형을 잡으려고 돌아왔으나 담요 밑에 가려져 작은 돌출 부분만 드러나 보이자 울기 시작했다. Piaget에 따르면, 이러한 Pedro의 행동은 다음 중 어떤 것의 부족을 드러내는 것인가?

   a. 대상영속성
   b. 지연된 모방
   c. 1차 순환반응
   d. 동화

_____ 4. 대상영속성이란 Piaget의 개념은
   a. 물체가 그것에 대한 자신의 지각이나 행동에 상관없이 영속적으로 존재한다는 지식
   b. 무생물(예: 공)이 특정 장소에 놓여졌을 때 움직이지 않고 그대고 있다는 지식(비록 동물(예: 토끼)은 그렇지 않지만)
   c. 대상에 대한 의미적 지식이 장기 기억에 영속적으로 남아 있다는 믿음
   d. 대상이 환경 내 어떤 공간 위치에 있는지를 기억하는 능력

짝짓기: 다음의 개념에 맞는 정의를 연결하라.
   a. 발달적 순서의 불변성
   b. 2차 순환반응의 협응
   c. A-not-B 오류
   d. 신생득론
   e. 이론-이론
   f. 1차 순환반응
   5. 8~12개월 영아의 숨겨진 대상을 마지막으로 본 장소가 아니라 예전에 찾았던 장소에서 찾는 경향
   6. Piaget의 감각운동기의 두 번째 하위단계로, 만족스럽고 따라서 반복할 가치가 있다는 것을 우연히 발견하면서부터 최초로 나타나는 행동

7. 모든 아동은 정확히 같은 순서대로 이 단계들을 거치며, 각 단계는 이전의 단계에서의 성취를 바탕으로 진전되기 때문에 어느 한 단계도 뛰어넘을 수 없음

8. 신생득론과 구성주의자들의 견해를 결합한 이론으로, 인지발달은 아동이 물리적, 사회적 세계에 대한 이론을 생성하고, 검증하고 수정하는 과정에서 일어난다는 주장

9. Piaget의 감각운동기의 네 번째 하위단계로, 단순한 목표를 달성하기 위해 두 개 이상의 행동을 협응시키는 행동

10. 영아가 태어날 때부터 대상개념과 같은 물리적 세계의 본질에 대해 상당한 지식을 갖고 태어나며, 정신과 뇌가 각각의 정보들을 특정한 방식으로 처리하도록 제약을 가진다는 주장

서술형: 다음 질문에 상세히 답하라.

11. 감각운동기 모방의 발달을 논하라.

12. 감각운동기 대상영속성의 발달을 논하라. Piaget가 영아기 대상에 대한 이해를 과소평가했다는 것을 증명하는 것이 무엇인지를 기술하라.

전조작 단계(2~7세)와 상징적 사고의 출현

Piaget가 말하는 **전조작 단계**에 들어선 아동은 마주하는 대상과 사건을 표상하는 데 있어서 이전 단계에 비해 **상징적 기능**(단어와 심상)을 훨씬 더 많이 사용할 수 있게 된다. 기본적으로, 상징이란 어떤 것을 나타내는 다른 어떤 것이다. Judy DeLoache(1987, 2000)는 이와 같이 한 실체(entity)가 그 이외의 어떤 것을 나타낼 수 있다는 것을 이해하는 능력을 **표상적 통찰**(representative insight)이라 하였다. 예컨대, 2~3세된 아동은 자신의 경험을 표상하기 위해 단어와 이미지를 사용할 수 있기 때문에 과거를 재구성하고 더 이상 옆에 있지 않은 대상들에 대해 생각하거나 비교까지도 할 수 있게 된다.

언어는 어린 아동의 상징적 사고 중 가장 명확한 형태라고 볼 수 있다. 대부분의 영아가 생후 1년쯤 되면 최초로 유의미한 단어를 웅얼거리며, 18개월이면 두 개 이상의 단어를 조합하여 단순한 문장을 만드는 것을 할 수 있게 된다. 이 시기에는 내적 실험과 같은 또 다른 형태의 상징적 사고도 나타난다. 그렇다면 언어의 사용이 인지적 발달을 촉진하는 것일까?

전조작 단계 초기에 나타나는 두 번째 주요 특징은 상징(또는 가상) 놀이(symbolic(or pretend) play)의 시작이다. 때때로 걸음마기 유아는 엄마나 TV 속의 영웅처럼 자신이 다른 사람인 것처럼 행동하고, 아기용 침대나 총과 같이 특정 기능과 관련된 물체를 표상하기 위해 신발 상자나 막대기를 이용하기도 한다. 때때로 부모들은 학령 전 자녀가 가상의 세계에 빠져들어 상상 속의 친구를 발명해 내기 시작하는 것이 아닌가 하고 걱정하기도 하지만, Piaget는 이러한 행동이 근본적으로 건전한 활동이라고 생각하였다. Marc Bornstein과 동료들(1996)에 의하면, "상징적 놀이를 통해 어린 아동의 사람, 물체, 행동에 관한 인지가 향상하게 되고, 세상에 대해 점점 더 세분화된 표상을 갖게 된다"(p. 293). 336쪽의 상자에 아동의 놀이에 대해 중점적으로 살펴봄으로써 이러한 "가상" 활동이 아동의 사회적, 정서적, 지적 발달에 어떤 식으로 긍정적인 기여를 하는지 제시하였다.

상징주의에 대한 새로운 견해

많은 발달학자들은 전조작적 사고의 상징성에 대한 Piaget의 주장에 관심을 기울여왔다. 예컨대, Judy DeLoache와 동료들은 학령 전 아동이 축소 모델(scale model)과 그림을 상징으로 사용할 수 있는 능력에 대해 조사하였다(DeLoache, 1987, 2000; Uttal, Schreiber, & DeLoache, 1995). DeLoache의 연구에서, 아동은 방안에 숨겨진 장난감을 찾

전조작 단계
(preoperational stage)

Piaget의 두 번째 인지단계로, 2세에서 7세에 걸쳐 있으며, 상징적 수준에서 사고하지만, 아직 인지적 조작은 사용할 수 없는 단계.

상징적 기능
(symbolic function)

특정 대상이나 경험을 표상하기 위해 상징(예: 심상이나 언어)을 사용하는 능력.

표상적 통찰
(representative insight)

한 실체(entity)가 그 이외의 어떤 것을 나타낼 수 있다는 것을 이해하는 능력.

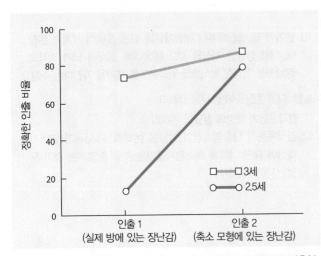

그림 6.1 2.5세 아동과 3세 아동이 모델 과제에서 정확하게 인출(숨겨진 장난감을 정확하게 찾아낸)한 횟수. 인출 1은 실제 방에서 실제 장난감을 찾아내는 과제이고, 인출 2는 축소 모델에서 미니 장난감을 찾아내는 과제이다.

출처: "*Rapid Change in the Symbolic Functioning of Very Young Children,*" by J. S. DeLoache, 1987. *Science, 238,* 1556-1557. Copyright © 1987 by the American Association for the Advancement of Science.

이중 표상
(dual representation)
한 가지 물체를 동시에 두 가지 다른 방식으로 생각할 수 있는 능력.

아내어야 한다. 장난감 찾기를 시작하기 전에, DeLoache는 축소 모델 방에서 실험자가 미니 장난감(스누피 인형)을 의자 뒤에 숨기는 장면을 아동에게 보여준다. 미니 장난감 인형과 작은 의자는 각각 "실제" 커다란 방안에 있는 스누피 인형과 의자를 상징한다. 그런 다음, 아동에게 실제 방에서 그 장난감을 찾아보라고 한다(인출 1). 그리고 아동을 다시 축소 모델로 데리고 가서 숨겨진 미니 장난감을 찾아보라고 한다(인출 2). 아동이 실제 방에서는 커다란 장난감을 찾지 못하였으나(인출 1) 축소 모델에서는 미니 장난감을 찾아내었다면(인출 2), 그 원인은 아동이 미니 장난감이 숨겨진 장소를 기억하지 못해서라기보다는 표상적 통찰 능력이 부족으로 인해 축소 모델을 상징적 방식으로 이용하여 장난감을 찾지 못해서라고 할 수 있다(그림 6.1 참조).

2.5세 아동과 3세 아동을 대상으로 한 위 실험의 결과는 그림 6.2와 같다. 그래프를 보면 알 수 있듯이, 3세된 아동은 두 개의 재인 과제를 모두 잘 수행하였다. 이는 곧 아동이 미니 장난감이 숨겨진 장소를 기억하였으며 실제 방에서 커다란 장난감을 찾기 위해 축소 모델로부터 얻은 정보를 이용하였음을 뜻한다. 반면에, 2.5세된 아동은 미니 장난감이 숨겨진 장소는 상당히 잘 기억했지만(인출 2) 실제 방에서 커다란 장난감은 잘 찾지 못했다(인출 1). 분명히 2.5세 아동은 축소 모델이 커다란 방의 상징적 표상이라는 것을 인식하지 못하였다.

그렇다고 2.5세된 아동이 표상적 통찰을 전혀 하지 못한다는 것은 아니다. 스누피 인형이 실제 방에 숨겨져 있는 것을 찍은 사진을 보여주면 2.5세 아동은 2세 아동과는 달리 실제 스누피 인형이 어디 있는지를 찾아 낼 수 있다. 그렇다면 왜 실제 3차원 축소 모델보다 2차원 사진을 보고서 물체를 더 잘 찾아내는 것일까? DeLoache의 주장에 따르면, 2.5세된 아동은 **이중 표상**(dual representation)—한 가지 물체를 동시에 두 가지 다른 방식으로 생각할 수 있는 능력—이 결여되어 있기 때문이라는 것이다. 사진의 주요 목적은 다른 무엇인가를 표상하는 것이기 때문에 이중 표상이 필요하지 않다. 반면에, 축소 모델은 그 자체로도 흥미로운 물체이기 때문에 2.5세된 아동은 그것이 큰 방을 표상하고 있기도 하다는 점을 인식하지 못하는 것이다. DeLoache의 주장이 옳다면 어린 아동이 축소 모델을 물체로서 인식하지 못하게 함으로써 이를 상징으로 사용하도록 하는 경우 숨겨진 장난감을 더 잘 찾아내야 할 것이다. 실제로, DeLoache(2000)는 축소 모델을 갖고 놀지 못하게 하고 창문을 통해 바라보게만 한 2.5세된 아동이 축소 모델 그 자체가 가진 흥미로운 특징들에 관심을 덜 두고 이를 상징으로만 다룸으로써 실제 방에서 숨겨져 있는 장난감을 더 잘 찾아내었음을 입증하였다. 비록 표상적 통찰과 이중 표상 능력이 2.5~3세 사이에 극적으로 발달된다고 해도 이는 상당히 불안정하고 쉽게 무너진다. 예컨대, 3세 아동이 축소 모델 속에 숨겨진 장난감을 본 후 5분 있다가 찾기를 시작할 경우 거의 대부분이 실제 방에서 장난감을 찾아내지 못하였다. 이 아동은 축소 모델 속에 장난감이 숨겨진 장소를 망각한 것이 아니라, 축소 모델이 실제 방의 상징적 표상이라는 점을 5분 이상 기억하지 못한 것이다(Uttal, Schreiber, & DeLoache, 1995). 그러므로 이중 표상은 생후 3년 동안은 다소 불완전하지만 학령전 기간 동안 상당히 향상된다.

전개념적 추론의 결함

Piaget는 생후 2~4세된 아동의 사고, 개념, 인지 과정이 성인에 비해 다소 초보적이라고 생각했기 때문에 이들을 "전개념적"이라고 불렀다. 예컨대, 그는 어린 아동이 **물활론**(animism)—무생물에 대해 생명 및 생명체적인 특징(예컨대, 동기라든지 의도)을 부여하려는 의지—을 보인다고 주장하였다. 지고 있는 해가 살아 있고 화가 나 산 뒤로 숨고 있다고 믿은 4세된 아동은 전개념적 단계에서 대부분의 아동이 보여주는 물활론적 사고의 예를 단적으로 보여주고 있다.

Piaget에 따르면, 아동의 전조작적 사고에서 보이는 현저한 결점으로 다른 지적인 결함 또한 초래하는 것이 **자기중심성**(egocentrism)이다. 자기중심성이란 세상을 자기 자신의 시각에서부터 바라보기 때문에 타인의 시각을 인식하는 데 어려움을 겪는 경향을 의미한다. 이 주장을 입증하기 위해, Piaget는 우선 아동에게 비대칭 산 모형을 제시하고(그림 6.2 참조), 아동과는 다른 위치에서 관찰자가 무엇을 보고 있는지를 물어보았다. 많은 3~4세 아동은 자신이 보고 있는 것을 관찰자도 본다고 대답함으로써 자신과 타인의 상이한 조망(perspective)을 고려하지 못한다는 것을 보여주었다. 자기중심적인 사고의 또 다른 예는 어린 아동의 진술에서도 나타난다. 아래의 대화는 4세된 Kelly가 삼촌 Dave와 통화하는 내용이다:

> Dave: 오늘 파티에 갈꺼지? 잘됐다. 무슨 옷 입을거야?
> Kelly: 이 옷.

Kelly는 아마도 통화를 하면서 입고 있던 새 옷을 가리켰을 것이고, 자신이 말하고 있는 내용을 삼촌은 모른다는 것을 인식하지 못하는 것으로 보인다. 그 결과, Kelly의 말에는 상대방의 요구가 들어 있지 않는 대신 자기중심적 관점이 반영되었다.

마지막으로 Piaget에 따르면, 어린 아동은 사물에 대한 자기중심적인 시각으로 인해 허상적인 외양과 실체를 구별하는 것 또한 불가능하다. Rheta DeVries의 고전적인 **외양과 실체 구별**(appearance/reality distinction) 연구(1969)를 상기해 보자. 3~6세된 아동에게 Maynard라는 이름의 고양이를 보여주었다. 아동에게 Maynard를 만져보라고 한 후, DeVries는 Maynard의 머리와 어깨를 칸막이 뒤에 숨기고 그 위에 진짜 살아 있는 개의 얼굴 같은 마스크를 씌웠다(그림 6.3 참조). 그런 다음, 아동에게 "이제 이 동물이 무엇이지?" 또는 "이 동물이 멍멍이라고 하니, 아니면 야옹이라고 하니?"와 같은 Maynard의 정체를 알아보는 질문을 했다. 그 결과, 마스크를 씌우는 도중에 Maynard의 신체 뒷부분과 꼬리는 영아에게 그대로 보여주었는데도 불구하고 거의 모든 3세된 아동은 Maynard의 새로운 외모에 관심을 보이면서 Maynard가 진짜 개라고 믿었다. 반면에, 6세된 아동은 외양과 실체를 구별할 줄 알았으며 Maynard가 단순히 개처럼 보이는 것이라는 사실을 정확하게 보고하였다.

그림 6.2 Piaget의 세 개의 산 문제. 어린 전조작 단계의 아동은 자기중심적이다. 이들은 타인의 조망을 이해하지 못하고, 자신과는 다른 지점에서 산을 바라보고 있는 다른 아동이 자신이 있는 곳에서 내려다보이는 것을 보고 있다고 말한다.

© Cengage Learning

물활론
(animism)
무생물에 대해 생명 및 생명체적인 특징을 부여하는 것.

자기중심성
(egocentrism)
자기중심적 세상을 자기 자신의 시각에서부터 바라보기 때문에 타인의 시각을 인식하는 데 어려움을 겪는 경향.

외양과 실체 구별
(appearance/reality distinction)
대상이 가진 그럴듯한 외양에도 불구하고 대상의 진정한 속성을 알아내는 능력으로 전개념적 시기에는 부족한 능력.

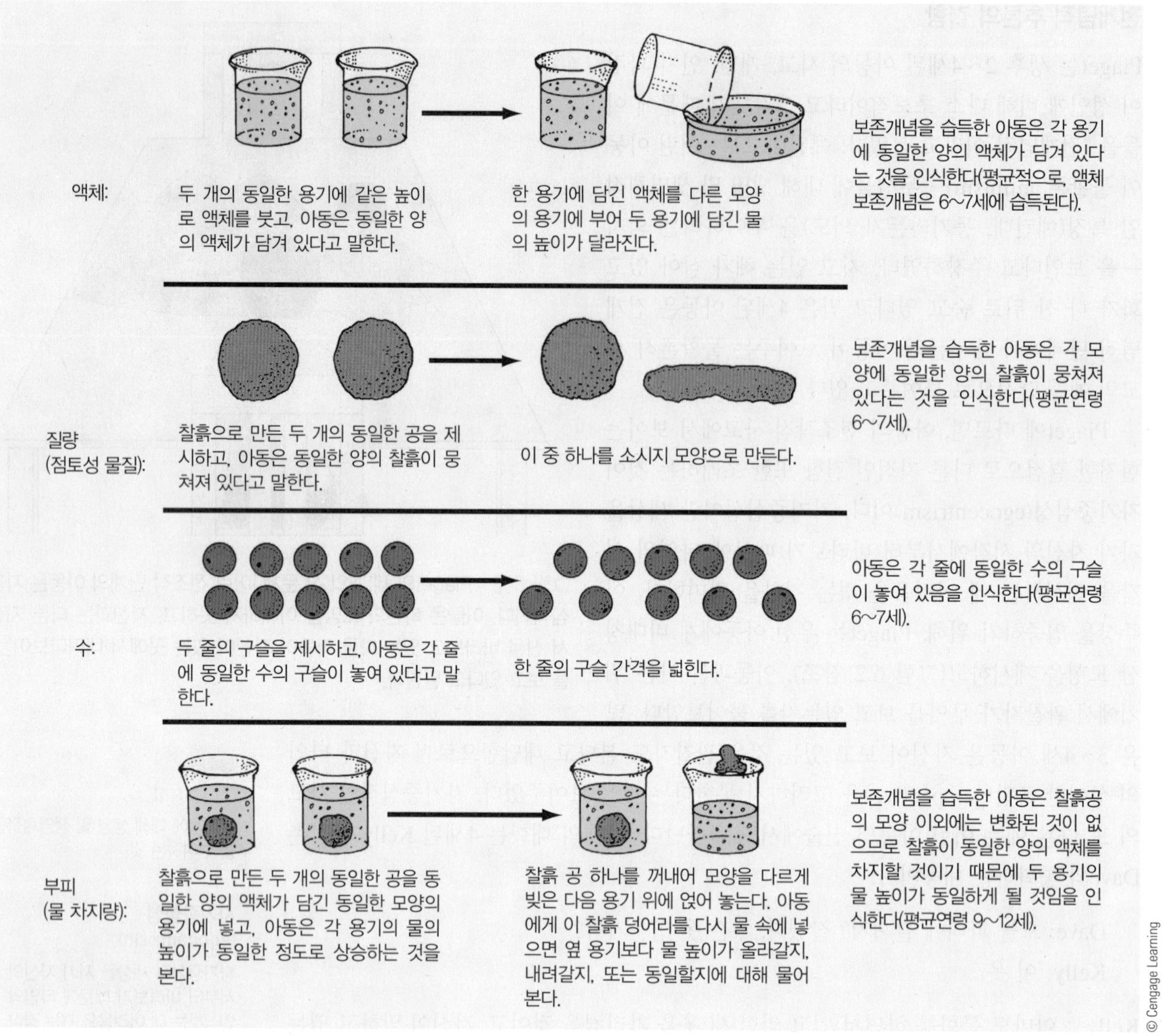

			보존개념을 습득한 아동은 각 용기에 동일한 양의 액체가 담겨 있다는 것을 인식한다(평균적으로, 액체 보존개념은 6~7세에 습득된다).
액체:	두 개의 동일한 용기에 같은 높이로 액체를 붓고, 아동은 동일한 양의 액체가 담겨 있다고 말한다.	한 용기에 담긴 액체를 다른 모양의 용기에 부어 두 용기에 담긴 물의 높이가 달라진다.	

질량
(점토성 물질): 찰흙으로 만든 두 개의 동일한 공을 제시하고, 아동은 동일한 양의 찰흙이 뭉쳐져 있다고 말한다.

이 중 하나를 소시지 모양으로 만든다.

보존개념을 습득한 아동은 각 모양에 동일한 양의 찰흙이 뭉쳐져 있다는 것을 인식한다(평균연령 6~7세).

수: 두 줄의 구슬을 제시하고, 아동은 각 줄에 동일한 수의 구슬이 놓여 있다고 말한다.

한 줄의 구슬 간격을 넓힌다.

아동은 각 줄에 동일한 수의 구슬이 놓여 있음을 인식한다(평균연령 6~7세).

부피
(물 차지량): 찰흙으로 만든 두 개의 동일한 공을 동일한 양의 액체가 담긴 동일한 모양의 용기에 넣고, 아동은 각 용기의 물의 높이가 동일한 정도로 상승하는 것을 본다.

찰흙 공 하나를 꺼내어 모양을 다르게 빚은 다음 용기 위에 얹어 놓는다. 아동에게 이 찰흙 덩어리를 다시 물 속에 넣으면 옆 용기보다 물 높이가 올라갈지, 내려갈지, 또는 동일할지에 대해 물어본다.

보존개념을 습득한 아동은 찰흙공의 모양 이외에는 변화된 것이 없으므로 찰흙이 동일한 양의 액체를 차지할 것이기 때문에 두 용기의 물 높이가 동일하게 될 것임을 인식한다(평균연령 9~12세).

그림 6.3 아동의 보존개념에 대한 실험 절차.

왜 3세된 아동은 한 물체를 볼 때 믿을 수 없는 시각적 외양과 실제 정체를 구별하지 못하는 것일까? John Flavell과 동료들(1986)에 따르면, 이것은 아동이 아직 이중 부호화에 능숙하지 않기 때문이다. 이중 부호화(dual encoding)란 물체를 동시에 하나 이상의 방식으로 표상할 수 있는 능력을 일컫는다. 어린 아동이 축소 모델을 물체 그리고 상징으로 표상하는 데 어려움을 겪듯이(DeLoache, 2000), 특정 물체가 실제로 무엇인가를 인식하려고 하기보다는 겉으로 보이는 모습에 대한 내적 표상을 구성하기 위해 노력한다.

영아의 직관적 사고를 논할 때 가장 빈번하게 인용되는 예는 Piaget의 유명한 보존 연구이다(Flavell, 1963). 이 중 액체의 양 보존 실험에서 아동에게 두 개의 동일한 길고 가느다란 용기에 "같은 양의 액체"를 붓도록 한다. 그 다음 실험자는 이 두 용기 중 하나에 담긴 액체를 짧고 평평한 용기에 붓고는 아동에게 이 두 개의 용기에 같은 양의 액체가 담겨 있는지를 물어본다(그림 6.3의 실험과정을 참조하라). 6~7세 이하의 아동은 대개 길고 가느다란 용기에 담긴 액체가 짧고 평평한 용기에 담긴 액체보다 많다고 대답한다. 즉, 아동이 액체에 대해 사고하는 방식은 하나의 지각적 특성, 즉 두 용기의 상대적 높이에 중심화되어 있는 것이다(긴 용기 = 보다 많은 양의 액체). Piaget식 언어로 표현하면, 전조작 단계의 아동은 **보존**(conservation)을 할 수 없다: 이들은 물체의 특정 속성(부피, 질량, 수 등)이 물체의 외관과 표면상 조금 달라진다고 해도 변함이 없다는 것을 아직 깨닫지 못하고 있다.

그렇다면 학령전 아동이 보존에 실패하는 이유가 무엇일까? Piaget에 따르면, 전조작 단계의 아동은 지각적으로 직관적 사고를 극복하도록 도와주는 두 가지의 인지적 조작이 결여되어 있기 때문이라고 한다. 이 중 첫 번째 인지적 조작은 문제의 한 가지 이상의 측면을 동시에 집중할 수 있는 능력인 **탈중심화**(decentration)이다. 직관적 단계에 있는 아동은 액체 보존문제를 푸는 과정에서 높이와 너비 두 측면에 동시에 집중할 수가 없다. 이들은 높이 또는 너비 중 한 측면의 차이에만 집중한 후 그 단일한 측면에서의 차이를 바탕으로 결론을 내린다. 결과적으로, 이들은 액체를 담는 용기의 너비가 넓어졌다고 해도 그 높이가 낮아지면 절대적인 액체의 용량에는 변함이 없다는 점을 인식하지 못하는 것이다. 학령전 아동에게 결여된 두 번째 인지적 조작은 정신적으로 특정 행동을 원상태로 돌리거나 무효로 하는 능력인 **가역성**(reversibility)이다(그림 6.3 참조). 그러므로 액체 보존문제를 제시받은 직관적 5세 아동은 자신이 본 것을 정신적으로 되돌이킬 수 있는 능력이 없기 때문에 짧고 평평한 용기에 담긴 액체가 예전과 동일한 양의 액체이며, 이것을 원래 용기에 다시 부으면 예전의 높이로 되돌아온다는 결론을 내리지 못한다.

Piaget는 전조작 단계의 아동을 과소평가했는가?

학령전 아동은 정말로 Piaget가 예측한 것만큼 직관적이고 비논리적이고 자기중심적인가? 인지적 조작을 이해하지 못한 아동은 보존개념을 학습할 수 없는가? Piaget 이후의 연구들이 밝혀낸 바에 대해 살펴보도록 하자.

자기중심성에 대한 새로운 증거 Piaget가 타인의 시각을 인식하고 인정하는 학령전 아동의 능력을 과소평가했음이 수많은 연구를 통해 입증되었다. 예컨대, Piaget와 Inhelder의 세 개의 산 과제는 너무 어렵다는 비판을 받았으며, 최근의 연구에 따르면 보다 덜 복잡한 시각 모형을 제시받은 아동은 덜 자기중심적으로 행동했다(Gzesh & Surber, 1985; Newcombe & Huttenlocher, 1992). 또한 John Flavell과 동료들(1981)은 3세된 아동에게 한쪽 면에는 개가 그려져 있고 다른 한쪽 면에는 고양이가 그려진 카드를 보여주었다. 그 다음, 아동과 실험자 사이에 그 카드를 수직으로 세워 아동은 개를 보고 실험자는 고양이를 보게 설정한 후, 실험자가 보고 있는 동물이 무엇인지를 묻자 3세된 아동은 정확하게 보고하였다. 즉, 3세 아동은 실험자의 입장에서 생각하고 실험자가 자신이 보고 있는 동물(강아지)이 아닌 다른 동물(고양이)을 보고 있음을 추론해 낸 것이다.

위와 같은 Flavell의 연구는 어린 아동이 지각적 조망 능력(perceptual perspective-taking), 즉 타인이 무엇을 보거나 듣는지를 정확하게 추론할 수 있는 능력에 대한 것이다. 그렇다면 전조작 단계의 아동이 자신과 정신적인 상태가 다른 타인이 무엇을 생각하는지 또는 감지하는지에 대해 정확하게 개념적으로 추론할 수 있을까? 정답은 '그렇다'이다. 한 연구(Hala & Chandler, 1996)에서는 3세된 아동에게 과자 상자에서 과자를 꺼내 다른 장소에 숨겨두어 Lisa라는 아이를 속여보라고 했다. 나중에 이 아동에게 Lisa

보존
(conservation)
물체의 특정 속성이 물체의 외관과 표면상 조금 달라진다고 해도 변함이 없다는 것을 인식.

탈중심화
(decentration)
조작은 문제의 한가지 이상의 측면을 동시에 집중할 수 있는 능력 중심화와 반대 개념.

가역성
(reversibility)
정신적으로 특정 행동을 원상태로 돌리거나 무효로 하는 능력.

가 과자를 어디에서 찾을지 그리고 Lisa는 어디에 과자가 있다고 생각할지에 대해 물어보자, 이러한 속임수를 계획하는 것을 도운 아동은 Lisa가 과자 상자 안을 뒤져볼 것이라고 대답하였다. 그러나 실험자가 이러한 속임수를 계획하는 것을 그저 지켜보기만 한 아동은 이 속임수 과제를 잘 이행하지 못했으며, Lisa가 과자를 숨긴 장소를 뒤져볼 것이라고 대답하였다. 다시 말해, 3세된 아동은 누군가를 속이기 위한 계획을 스스로 짠 경우 속임을 당하는 사람의 시각을 취할 수 있었고, 속임수를 계획하는 과정에 능동적으로 참여하지 않은 경우에는 자기중심적으로 사고하게 되어 속임을 당하는 사람이 자기가 생각하는 장소에서 과자를 뒤져볼 것이라고 대답한 것이다(Carlson, Moses, & Hix, 1998도 참조하라). 그러한 과제들은 아동의 마음이론을 평가하기 위해 제안되었으며, 곧이어 우리는 이 주제를 자세히 다룰 것이다.

분명히 전조작 단계의 아동은 Piaget가 생각했던 만큼 자기중심적이지는 않다. 그렇지만 어린 아동이 때로 자신의 시각에만 의존하여 타인의 동기, 욕구, 의도에 대해 정확한 판단을 내리지 못하고 자신이 알고 있는 것을 타인 역시 알고 있을 거라고 생각한다는 Piaget의 주장은 옳은 것으로 보인다(Ruffman & Olson, 1989; Ruffman et al., 1993). 오늘날 연구자들은 아동이 타인과 타인의 행동의 원인에 대한 학습이 늘어남에 따라 점점 덜 자기중심적이 되고 타인의 시각을 보다 잘 이해할 수 있게 된다고 믿고 있다. 즉, 지각적 조망은 어느 한 단계에서는 전혀 존재하지 않다가 다른 한 단계에서 갑자기 나타나는 것이라기보다는 생의 초기에서부터 성인이 될 때까지 서서히 발달해가는 것이다(Bjorklund, 2011).

당신의 삶에 연구 적용하기) 인지발달과 아동의 유머

유머의 이해에서 나타나는 발달적 차이는 아동의 인지발달 수준, 특히 상징을 다루는 능력의 기능차이 때문이라고 추측해왔으며, Piaget 이론의 개념으로 설명되었다. 대부분의 발달 연구자들은 유머는 모순(incongruity)을 인지하고, 통상적이거나 기대된 것과 경험한 것의 차이를 알아차리는 아동의 능력이 반영된 것이라고 제안했다(McGhee, 1979; Shultz & Robillard, 1980). 물론 모순은 세상에 대한 지식과 일반적인 인지 능력에 대해 얼마나 알고 있느냐에 따라서만 정의될 수 있다. 따라서 농담을 만들고 이해하는 아동의 능력은 인지발달 수준에 달려 있다.

Paul McGhee(1976, 1979)에 의하면, 모순은 그 차이가 적당할 때 재미있게 느껴진다고 한다. 아동과 성인 모두에게 가장 재미있는 농담은 그것을 이해하기 위해 정신적 노력이 약간만 들었을 때이다. 너무 쉬우면 지겨운 것이 되고 너무 어려우면 이해하지 못한다.

McGhee(1976)는 이 이론을 검증하고자 아동의 인지발달 수준의 기능에 따른 농담에 대한 이해를 평가하였다. 실험에서, McGhee는 1, 2학년, 5학년, 대학생을 대상으로 하였다. 1학년과 2학년을 대상으로 무게 보존과제를 실시하였을 때 절반은 보존에 성공하였고, 절반은 보존하지 못한 것으로 분류되었다. 5학년과 대학생은 모두 성공하였다. 실험참가자들은 그들의 이해에 맞는 보존 지식이 필요한 농담을 읽었다. (예를 들면, "Jones씨는 식당에 가서 저녁으로 피자 한 판을 시켰다. 종업원이 와서 피자를 6조각으로 나

눌지 8조각으로 나눌지를 물었다. 그러자 Jones씨는 말하였다: '아, 6조각으로 나누는 게 좋을 거에요. 난 8조각이나 먹을 수 없거든요!') 농담을 모두 읽은 후 참가자들에게 얼마나 각 농담이 재미있었는지 5점 척도로 나타내도록 하였다.

McGhee는 참가자들의 인지발달 수준(보존 성공 또는 실패)과 학년에 맞게 아동의 농담에 이해도를 평가하였다. 가장 재미있는 농담을 찾은 아동은 1, 2학년의 보존에 성공한 아동이었다. 보존과제에 실패한 아동은 농담을 재미있다고 생각하지 않았고, 5학년과 성인 역시 다른 이유로 재미있다고 하지 않았다. 보존에 실패한 아동에게는 웃음거리가 없는 것이었다. 예에 나온 Jones씨의 반응은 자신의 반응인 것이다. 반면에, 5학년에게 그 농담은 하찮을 정도로 쉬워서 정신적 노력을 하지 않았다. 오로지 보존에 성공한 어린 아동에게만 재미있는 농담이었다. 이 아동들은 최근에 보존에 대한 개념을 익혔고 농담을 이해하는 것은 나름대로 큰 도전인 것이다.

McGhee는 유머에서 가장 중요한 점은 물체나 사건을 상징적으로 표상하는 능력이라고 했다. McGhee는 유머를 이해하려면 어떤 사건과 기억 속의 유사한 사건을 비교하는 능력이 필요하다고 제안하였고, 생후 1~2년 사이에는 그러한 능력이 충분하게 발달하지 않는다고 믿는다. 그는 유머는 상징에 대한 이해가 필요한 일종의 지적인 놀이라고 보았다. McGhee는 유머발달의 4단계를 제시하였다. 환상과 가장을 할 수 있게 될 때 시작하고, 생후 2년 정도에 사고

가 감각운동에서 전조작기로 이행한다. 1단계에서 18~24개월의 전형적인 아동은 한 물체를 다른 물체로 대체하여 가장놀이를 한다. 예를 들면, Piaget(1951)는 15개월된 딸, Jacqueline은 자신의 베개와 비슷하게 생긴 옷자락을 꼭 붙잡고, 엄지손가락을 빨면서 누운 채 눈을 감았다. 그러나 Jacqueline은 자는 척을 하는 동안 신나게 웃었다. 이 걸음마기 유아에게는 옷을 베개인척 하는 것이 재미난 것이다.

언어적 농담이 처음 나타나는 것은 2단계이다. 언어적 농담 중 가장 단순한 것은 이름을 다르게 부르는 것이 있다. 2세 영아는 집에서 키우는 개를 소라고 부르거나 햄버거 마카로니 치즈라고 이름을 붙여주고 매우 즐거워하며 자신의 눈을 가리키면서 코라고 부르고 재미있어 한다. 이런 유머는 세련되게 보이지는 않지만 1단계의 물체에 의존하는 유머에 비하면 아주 추상적인 사고가 필요하다. 이 시기의 아동은 더 이상 농담을 만들기 위한 소도구가 필요 없다. 단어이면 충분하다.

곧 아동의 유머는 더욱 복잡해지는데 보통 3세 가량에 시작된다. 이제는 개를 고양이라고 부르는 것으로는 부족하다. 3세에는 자신을 둘러싼 세상에 대한 지식이 늘어나서 더 과감하게 왜곡해야만 웃음거리가 된다. 예를 들면, "꿀꿀"하고 소리내고 소용돌이 모양으로 말린 꼬리를 가진 소는 재미있다. 그 소를 사진에서 보았든, 그저 상상이든 상관없다.

3단계의 아동에게 재미있는 것은 보이는 게 얼마나 우스꽝스러운가에 달려 있다. 전조작기 아동에 관한 Piaget의 설명처럼, 학령전기 아동의 주의는 종종 지각적 또는 문자적 자극 특징에 집중된다. 보이는 것에 대한 이러한 지나친 의존은 아동의 유머에 영향을 미친다. 3세된 영아에게는 나무 위에 앉아 있는 코끼리 그림이나 물을 가득 채워 넣은 자동차 안에서 헤엄치는 물고기 그림이 재미있다. 이러한 그림이 3세된 영아에게 재미있는 이유는 논리적이지 않

아서가 아니라 그저 특이하기 때문이다. 모순은 논리가 아니라 시각적인 것이다.

구체적 조작기인 6세나 7세쯤에는 아동의 유머가 더욱 과감해지고 성인의 유머와 비슷해지기 시작한다. McGhee는 단어나 문장의 이중적 의미를 이해하는 능력은 성인들의 유머뿐만 아니라 4단계의 특징이라고 하였다. 진지한(그리고 확실한) 한 가지 의미를 가진 문장을 다르게 볼 수 있다면 재미있을 수 있다. 6세인 Heidi가 가장 좋아하는 농담 중 하나는 어떤 엄마가 군대에 있는 아들에게 양말 세 개를 보내준 이야기이다. 엄마는 왜 양말을 세 개 보냈을까? 그 이유는 아들이 편지에 "grown another foot(키가 1feet(약 30cm) 정도 자랐다)"이라고 썼기 때문이다. 이 농담을 이해하기 위해서는 "grown another foot"의 이중적 의미를 이해해야 한다. 7세 아동은 한 단어나 문장이 동시에 뜻하는 두 의미를 표상하는 능력이 있어서 성인의 유머를 이해할 수 있는데, 그럼에도 대부분의 성인은 8세짜리 아동을 떼굴떼굴 구르며 웃게 하는 농담에 실소한다. (가령 이런 농담인 것이다. 8세인 Jeffrey를 신나게 웃어대게 한 농담이다: "용감한 닭이 왜 차도를 마구 가로질러 갔을까? 왜냐하면 chicken(겁쟁이에 대한 속어)이 아니라고 증명하고 싶어서야. 알겠어?")

분명히 연구자들은 아동의 인지발달 수준에 따라 유머를 이해하는 정도를 증명하였다. 유머에 영향을 미치는 다른 요인들도 당연히 존재한다. 어떤 주제(공격성, 성)는 다른 주제에 비해 더 유머의 소재가 되기도 하고, 유머는 사회적 상호작용을 더 매끄럽게 해주는 역할을 한다. 그래도 유머의 핵심은 인지이다. 단순한 시각적 농담은 3세된 아이에게 재미있는 것이다. 농담의 토대는 더욱 추상적으로 변하고 시각적 단서에 덜 의존하게 된다. 농담은 더욱 어려워져서 아동이 알아차려야 하고 모순을 해결해야만 한다. 현실적이거나 그렇지 않은 사건을 표상하는 능력과 한 가지 상황에서 다양한 의미를 볼 수 있는 능력은 아동이 재미를 찾을 수 있도록 해준다.

아동의 인과 추론에 대한 또 다른 입장 학령전 아동은 수많은 질문에 대해 물활론적인 대답을 하며 인과관계에 대해 생각할 때 논리적인 오류를 범한다는 Piaget의 주장은 상당히 정확하다고 볼 수 있다. 그러나 Susan Gelman과 Gail Gottfried(1996)는 3세된 아동이 무생물에 대해, 그리고 심지어는 로봇과 같이 움직이게 만들 수 있는 물체에 대해서도 언제나 생명이나 생명체적인 특징을 부여하지는 않는다는 것을 발견했다. 게다가 4세된 아동은 식물과 동물이 성장하고 상처를 입은 후에는 나을 것인 반면에 다리가 부러진 탁자와 같은 무생물은 그렇지 않다는 것을 알고 있다(Backschneider, Shatz, & Gelman, 1993). 학령전 아동이 때로 물활론적인 반응을 하는 것은 사실이지만, 그 이유는 움직이는 무생물이 생명체적인 특징을 갖고 있다고 생각해서라기보다는(Piaget의 생각) 스스로 움직이는 것처럼 보이는 친숙하지 않은 물체는 살아 있는 것으로 잘못 추측하기 때문인 것 같다(Dolgin & Behrend, 1984).

전조작 단계 아동에게 보존개념이 존재하는가? Piaget(1970b)에 따르면, 6~7세 이하의 아동은 질량 또는 부피와 같은 속성의 항상성을 이해하는 바탕인 인지적 조작, 즉 가

역성이나 탈중심화 같은 조작을 습득하지 못했기 때문에 보존개념 문제를 해결하지 못한다. 또한 Piaget는 6~7세 이하의 아동에게는 보존개념을 가르칠 수 없다고 주장하였는데, 그 이유는 전조작 단계 아동은 지적으로 매우 미숙하기 때문에 가역성과 같은 논리적인 조작을 이해하고 사용할 수 없기 때문이라는 것이다.

그러나 많은 연구자들은 보존개념이 없는 4세된 아동과 심지어는 정신지체 아동도 다양한 기법을 통해 보존개념에 대한 훈련을 받을 수 있음을 입증하였다(Gelman, 1969; Hendler & Weisberg, 1992). 그 중에서도 특히 효과적임이 입증된 접근법은 **동일성 훈련**(identity training)이다. 동일성 훈련에서는 아동에게 보존과제에서 물체 또는 물질의 외양이 변화되어도 여전히 동일한 물체이자 물질임을 인식하도록 가르친다. 예컨대, 액체 보존과제에서 동일성을 인식하도록 훈련중인 아동에게는 "물을 이 길고 가느다란 컵에서 이 짧은 컵으로 옮겨 부으면 물의 양이 줄어든 것 같지만, 실제로는 같은 물이기 때문에 같은 양의 물이 담겨 있는 것이란다"라고 가르쳐준다. Dorothy Field(1981)는 이러한 훈련을 받은 4세된 아동이 훈련과제에서 보존에 성공했을 뿐만 아니라, 훈련이 끝난 후 2개월 반에서 5개월이 지난 후에 제시한 새로운 보존개념 문제(5개 중 최소한 3개)도 훈련을 통해 새롭게 습득한 지식을 이용하여 해결할 수 있었음을 증명하였다. 따라서 Piaget의 견해와는 달리 많은 전조작 단계 아동이 보존개념을 학습할 수 있으며, 이러한 자연법칙에 대해 이해할 수 있는가의 여부는 아동이 가역성 및 탈중심화 개념을 적용할 수 있는가보다는 동일성을 인식할 수 있는가에 달려 있는 것으로 보인다.

마음이론의 발달

Piaget의 감각운동 이론에 대한 도전에서 이론-이론(theory theories)이 소개되었다. 이론-이론은 영아가 세상이 어떻게 구성되어 있는지에 대한 개념(theories)을 갖고 있으며, 성인과 유사한 수준으로 세상을 이해하기 전까지는 이 이론들은 경험에 근거하여 수정된다. 이러한 이론 중에서 가장 많이 연구된 것은 Piaget 이론의 전조작기 동안에 발달한다: **마음이론**(theory of mind: TOM). 인간은 인지적 존재로서 정신적 상태를 언제나 타인과 공유할 수 없으며 이에 다가가기 쉬운 게 아니라는 지식, 그리고 어떻게 마음이 작용하는지에 대한 이해로 아동의 정신활동에 관한 발달을 나타내고자 할 때 "마음이론"이라는 개념이 사용된다. Henry Wellman(1990)은 성인의 **TOM**이 **믿음-소망 추론**(belief-desire reasoning)에 근거한다고 하였다(그림 6.4 참조). 자신의 행동과 타인의 행동이 우리가 알고, 믿고, 원하고, 바라는 것에 근거한 것임을 이해한다. 이러한 의도적인 행동에 대한 이해는 다른 사람들과의 다양한 상호작용에 근거하며 학령전기를 지나 발달한다.

아동의 마음이론을 평가하고자 가장 자주 사용되는 과제는 **틀린 믿음 과제**(false-belief task)이다. 다음의 글을 보자:

> Jorge는 파란 찬장에 초콜릿을 넣고 놀러나갔어. Jorge가 없을 때 엄마가 초콜릿을 초록색 찬장으로 옮겨두었지. Jorge가 돌아와서 초콜릿이 먹고 싶었어. Jorge는 어느 찬장을 찾을까?

3세 아동은 "초록색 찬장이요"라고 답할 것이다. 믿음은 현실을 표상하고 아동은 초콜릿이 어디에 있는지 알고 있기 때문에 Jorge가 그의 소망대로 초콜릿이 실제 있는 곳을 찾을 것으로 생각한다. Piaget 학파의 관점에서는 아동은 자기중심적으로 반응하고 때

동일성 훈련
(identity training)

아동에게 보존과제에서 물체 또는 물질의 외양이 변화되어도 여전히 동일한 물체이자 물질임을 인식하도록 가르침으로써 보존개념을 유발하는 것.

마음이론
(theory of mind(TOM))

사람의 정신활동에 대한 개념: 아동들이 정신적 활동을 어떻게 개념화하고 다른 사람의 의도를 파악하고 행동을 예측하는지를 살펴보기 위한 개념.

믿음-소망 추론
(belief-desire reasoning)

사람의 믿음과 신념에 근거하여 행동을 설명하고 예측하는 과정.

틀린 믿음 과제
(false-belief task)

마음의 이론에서 사용되는 과제의 한 유형 다른 사람이 가진 지식을 갖지 못한 어떤 사람에 대해 추론하는 것.

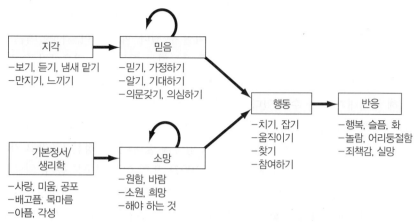

그림 6.4 믿음–소망 추론을 묘사한 단순화 도식.
출처: Wellman, Henry J., The Chid's Theory of Mind, 1 figure "*Simplified Scheme Depicting Belief–Desire Reasoning,*" Copyright © 1990 Massachusetts Institute of Technoloy.

문에 자신들은 초콜릿이 숨겨진 곳을 알고 있으므로 Jorge도 알고 있을 것이라고 믿는다. 반면에, 4~5세 아동은 믿음–소망 마음이론을 보인다. 이 연령의 아동은 믿음이 현실의 정신적 표상이어서 어떤 이들은 공유하지 않을 수 있기 때문에 부정확할 수 있음을 이해한다. 따라서 이들은 Jorge가 초콜릿을 찾기 위해서 아동이 알고 있는 초록색 찬장보다 Jorge의 믿음대로(믿음이 행동을 결정한다. 그 믿음이 틀린 것일지라도) 파란 찬장을 뒤질 것임을 안다(Wellman & Woolley, 1990).

어린 아동이 틀린 믿음이나 그것의 의미를 인지하는 능력이 없는 것은 아니다. 예를 들면, 3세 아동이 물건숨기기 놀이를 위한 속임수 전략을 어른과 함께 만든다면 다른 틀린 믿음 과제에서는 상당한 향상을 보일 것이다(Sodian et al., 1991). 3~4세에는 대부분의 아동이 정신세계에 대한 이해가 아주 풍부해지고 믿음과 소망이 어떻게 자신을 그리고 타인을 행동하게 하는지 더욱 분명하게 이해하게 된다(Wellman, Cross, & Watson, 2001; Wellman & Liu, 2004).

생애 초기에 아동은 어떻게 마음이론을 구성하게 되는 것일까? 한 가지 관점은 영아들은 생물학적으로 준비되어 있으며 언어를 통한 의미를 공유하기 위해 정신상태에 관한 정보를 모으도록 동기화되어 있다는 것이다(Meltzoff, 1995). 심지어 마음이론은 진화의 산물이며 인간의 뇌는 아동이 정신활동에

속임수를 포함하는 형제 간의 놀이활동은 아동의 마음이론 발달에 기여한다.

대한 이해를 구성할 수 있도록 특수한 모듈을 갖고 있다고 믿는 사람들도 있다.

사회적인 요인 또한 마음이론 발달에 영향을 미칠 수 있다. 예를 들어, 가장놀이는 아동으로 하여금 정신상태에 관해 사고할 수 있도록 유도하는 활동이다. 걸음마기 유아와 학령 전기 아동은 어떤 물체를 다른 것으로 표상하거나 경찰과 도둑과 같은 가장 역할을 연기하기 위해 꾸며내기를 할 수가 있다. 이 시기의 아동은 점점 더 마음의 창의적인 가능성에 대해 자각하게 된다. 믿음은 현실에 대해 잘못 표상하고 있을지라도(아동이 가장놀이를 할 때 그러하듯이) 지금 하고 있는 행동에 영향을 줄 수 있는 정신구조라고 자각한다(Hughes & Dunn, 1999; Taylor & Carlson, 1997). 또한 어린 아동은 동기, 의도 및 다른 정신의 상태를 중심으로 가족들과 대화를 하면서 어떻게 마음이 작용하는지를 배울 충분한 기회가 있다(Sabbagh & Callanan, 1998). 그뿐만 아니라 형제자매 사이에서 갈등을 해소하고 도덕과 관련된 주제를 추론하면서도 배울 수 있다(Dunn, 1994). 실제로, 연구자들은 형제자매가 있는 학령전기 아동이, 특히 자신보다 위로 형제자매가 있는 경우 틀린 믿음 과제를 더 잘 수행하고, 형제자매가 없는 아동보다 마음의 믿음–소망 이론을 더 빨리 획득하는 것을 발견하였다 (Ruffman et al., 1998). 형제자매가 있으면 가장놀이를 할 기회가 많을 뿐만 아니라, 행동에 영향을 미치는 현실이 믿음에 꼭 반영된 것은 아님을 배울 수 있는 경험들, 즉 장난이나 속임수를 포함한 상호작용을 더 많이 할 수 있다. 그러나 틀린 믿음 과제를 특히 잘 수행한 학령전기 아동은 여러 성인들과 상호작용을 한다. 이것은 아동이 다양한 교수자(tutor)를 통해 견습하면 마음이론을 배울 수 있음을 의미한다(Lewis et al., 1996).

요약

지금까지 여러 연구 결과를 고려해 볼 때, 학령 전 아동이 Piaget가 생각했던 것만큼 비논리적이거나 자기중심적이지 않다. 오늘날 많은 연구자들은 Piaget가 학령전 아동들에게 제시한 문제들이 너무 복잡하여 정작 이들이 무엇을 알고 있는지를 증명하지 못했기 때문에 이들의 능력을 과소평가했다고 믿고 있다. 만일 여러분이 "쿼크(가설적 입자)는 무엇을 하지?" 라는 질문을 받는다면, 여러분이 물리학 전공자가 아닌 이상 답하기 어려울 것이다. Piaget가 학령전 아동에게 친숙하지 않은 현상(예컨대, "바람이 부는 이유가 뭐지?")에 대해 질문한 것도 분명 "인과적 논리"에 대한 불공정한 테스트였다. 아동이 친숙한 개념에 대해 생각하고 있다고 해도 Piaget는 아동에게 답변을 언어로 설명할 것을 요구했으며, 나이도 어리고 상대적으로 자신의 생각을 분명하게 표현하지 못하는 학령전 아동은 질문에 대한 근거를 잘 설명하지 못하였다(적어도 Piaget가 만족스러울 정도로). 그러므로 최근의 연구 결과들은 아동들은 Piaget가 실험한 여러 개념들을 상당히 잘 이해하고 있었으나 단지 명료하게 표현하지 못했을 뿐이라는 것(예를 들어, 생명체와 비생명체 간의 구별)과 만일 다른 방식으로 질문을 하거나 비언어적으로 실험을 실시하면 쉽게 성공할 수 있다는 사실을 꾸준히 증명해 보이고 있다(Bullock, 1985; Waxman & Hatch, 1992).

분명히, 학령전 아동이 학령기 아동보다 직관적이고, 자기중심적이고, 비논리적이라는 Piaget의 주장은 옳다. 그러나 (1) 학령전 아동도 자신에게 친숙한 단순한 문제나 개념에 대해서는 논리적인 사고를 할 수 있다는 점(Deak, Ray, & Brenneman, 2003; Sapp, Lee, & Muir, 2000), 그리고 (2) Piaget의 인지 실험에서 아동이 낮은 성취도를 보인 것은 인지적 조작이 결여되어서라기보다는 다른 수많은 요소들에 기인한다는 점도 간과해서는 안 될 것이다.

구체적 조작 단계(7~11세)

Piaget가 말하는 **구체적 조작기** 아동은 인지적 조작을 빠르게 습득하고 자신이 경험한 대상이나 사건에 대해 생각할 때 이를 적용한다. 앞서 살펴본 바와 같이, 인지적 조작은 내적 정신활동으로서 아동은 이를 통해 심상이나 상징을 수정하고 재구성함으로써 논리적 결론을 내릴 수 있다. 인지적 저장고 안에 이러한 강력한 새 조작을 겸비하게 된 학령기 아동은 전조작 단계의 정적이고 자기중심적인 사고에서 벗어나 보다 빠르게 인지적 발달을 보인다. 또한 전조작 단계 아동이 가졌던 한계점들이 구체적 조작 단계에 이르러 보다 약화된다(표 6.3 참조). 아래에 우리는 보존과 관계적 논리와 같은 조작적 사고의 예를 제시하였다.

> **구체적 조작기**
> (concrete-operational period)
> Piaget의 세 번째 인지발달 단계로 7세에서 11세에 걸쳐 나타나며, 아동은 대상과 경험에 대해 보다 논리적으로 사고하여 인지적인 조작들을 습득한다.

보존

구체적 조작 단계 아동은 Piaget의 여러 보존문제를 쉽게 풀 수 있다. 예컨대, 7세된 아동에게 액체 보존문제를 제시하면 이 아동은 동시에 두 용기의 높이와 너비 모두에 집중함으로써 탈중심화(decenter)할 수 있다. 또한 가역성—붓기과정을 정신적으로 원상태로 돌림으로써 액체가 원래 용기에 담겨 있던 상태를 상상할 수 있다는 것—도 나타난다. 이와 같은 인지적 조작이 가능하게 된 아동은 이제 두 개의 다른 용기에 각각 동일한 양의 액체가 담겨 있다는 것을 알고 있다. 그리고 결론에 도달하기 위해 외양이 아닌 논리를 이용한다.

표 6.3	전조작 단계 사고와 구체적 조작 단계 사고의 비교	
개념	**전조작 단계 사고**	**구체적 조작 단계 사고**
자기중심성	타인도 자신과 동일한 시각을 갖고 있다고 생각한다.	때때로 자기중심적으로 반응하기도 하지만 타인의 다양한 시각에 대해 훨씬 잘 알고 있다.
물활론	스스로 움직이는 친숙하지 않은 물체는 생명체적인 특징을 갖고 있다고 생각한다.	생명체의 생물학적 기초에 대해 좀 더 알게 되며 무생물에 대해 생명체적인 특징을 부여하지 않는다.
인과관계	인과관계에 대해 제한적으로만 알고 있다. 전도적(trans-ductive) 사고를 함으로써 두 개의 연달아 일어나는 사건에 인과관계가 있다고 생각한다.	인과관계 법칙에 대해 보다 잘 이해하게 된다(인과관계에 대한 지식은 청소년기 이후로도 계속하여 발달한다).
지각중심의 사고/중심화	문제에 대한 답변을 찾을 때 지각적 외양을 근거로 판단을 내리고 상황의 단일한 측면에만 중점을 둔다.	문제에 대한 답변을 찾을 때 현혹적인 외양은 무시하고 상황의 하나 이상의 측면에 중점을 두게 된다(탈중심화).
비가역성/가역성	자신이 목격한 행동을 정신적으로 원상태로 돌리지 못한다. 물체나 상황이 변화되기 전의 상태가 어땠는지에 대해 거꾸로 돌려 생각하지 못한다.	자신이 목격한 변화를 정신적으로 무효화하여 전후 상태를 비교할 수 있으며, 상황이 어떻게 변화했는지를 판단할 수 있다.
논리적 사고에 대한 Piaget식 검사에서의 성취도	자기중심성, 지각중심의 사고 및 중심화로 인해 보존과제에 실패하고, 물체를 범주화하는 데 어려움을 겪으며, 높이나 길이와 같은 양적 차원에 따라 물체를 정신적으로 배열하는 능력이 결여되어 있다.	자기중심성이 약화되고 가역적인 인지적 조작을 습득하게 됨에 따라 보존과제를 수행하고, 물체를 여러 차원에서 정확하게 범주화하고, 물체를 양적 차원에서 정신적으로 배열할 수 있게 된다. 외양보다는 논리를 바탕으로 결론을 내린다.

관계적 논리

구체적 조작 단계 아동은 양적인 관계와 관계적 논리를 보다 잘 이해할 수 있다. 체육시간에 선생님이 "키 순서대로 줄을 서세요!"라고 말씀하시던 것을 기억할 것이다. 구체적 조작이 가능한 아동에게는 이와 같은 배열을 만드는 것이 상당히 쉬운 작업이다. 왜냐하면 그들은 **정신적 서열화**(mental seriation)—높이 또는 무게와 같은 양적 차원에 따라 항목들을 정신적으로 배열할 수 있는 능력—를 갖고 있기 때문이다. 반면에, 전조작 단계 아동은 수많은 배열 과제를 잘 수행하지 못하고(그림 6.5 참조), 체육선생님의 말씀을 따르는 데 어려움을 겪는다.

　구체적 조작 단계 아동은 **이행**(transitivity)이라는 관련 개념도 이해하고 있다. 이행이란 연속으로 배열된 요소들 간의 관계를 나타내는 것이다. 예컨대, Juan은 Fedro보다 키가 크고 Fedro는 Sam보다 키가 크다면, Juan과 Sam 중에 누가 더 키가 클까? 논리적으로 따져보면 Juan이 Sam보다 키가 크다. 구체적 조작 단계 아동은 이러한 이행관계를 발견해낼 수 있다. 이행개념이 결여된 전조작 단계 아동은 이러한 질문에 대답하기 위해 지각에 의존하기 때문에 Juan과 Sam을 나란히 세워놓고서 누가 더 큰지 보겠다고 우겨댈 것이다. 전조작 단계 아동은 Piaget가 생각했던 것보다는 이행관계에 대해서 더 잘 이해하고 있는지는 모르겠지만(Trabasso, 1975), 여전히 이행이라는 논리적인 필연성을 이해하는 데 어려움을 겪는다(Chapman & Lindenberger, 1988; Markovits & Dumas, 1999).

구체적 조작의 순서

그림 6.3에서 제시된 바와 같이, 특정 형태(예: 질량)의 보존이 다른 형태(부피)보다 훨씬 빨리 발달된다. Piaget는 이 사실과 더불어 기타 발달적인 격차들을 깨닫고 있었으며, 이러한 현상을 설명하기 위해 **수평적 격차**(horizontal décalage)라는 용어를 사용하였다.

　아동이 동일한 정신적 조작을 요하는 것처럼 보이는 보존과제에서 상이한 수준의 이해력을 나타내는 이유는 무엇일까? Piaget에 따르면, 수평적 격차가 발생하는 이유는 상당히 유사하게 보이는 문제들이 실제로는 복잡한 정도가 다르기 때문이라 한다. 예컨대, 부피 보존(그림 6.3 참조)개념은 9~12세가 되어서야 습득된다. 왜냐하면 아동은 이 과제에서 액체와 질량의 보존에 관여하는 조작을 동시에 생각해야 하고, 그 다음에는 이 두 가지 개념 간에 유의미한 관계가 있는지를 판단해야 하기 때문이다. 비록 구체적 조작이 잠깐 동안의 시기에 갑작스럽게 나타나는 일련의 기술(skill)로 설명될 수도 있지만, 실제로 Piaget의 주장에 따르면, 조작적 능력은 초기의 단순한 기술이 통합, 정리, 재구성되어 더욱 복잡한 정신과정으로 발달되는 것이다.

　구체적 조작 단계의 지적 성취도에 대한 고찰을 통해 왜 많은 사회에서 6~7세에 공식적 교육을 시작하는지 알 수 있다. Piaget는 이 시기가 아동이 지각적 환상으로부터 벗어나고 산수 이해의 기초가 되는 인지적 조작을 습득하는 때라고 주장하였다. 또한 이 시기 아동은 언어와 그 특징들에 대해 생각하고, 동물, 사람, 물체, 사건을 범주화

정신적 서열화
(mental seriation)

높이 또는 무게와 같은 양적 차원에 따라 항목들을 정신적으로 배열할 수 있는 능력.

이행
(transitivity)

연속으로 배열된 요소들 간의 관계를 이해 가령 A가 B보다 크고 B가 C보다 크다면, A가 C보다 크다는 것을 아는 것.

수평적 격차
(horizontal décalage)

Piaget의 용어로 아동의 인지적 발달이 고르지 않음을 나타냄. 같은 정신적 조작을 요구하는 과제들 간에도 아동의 성공 시기는 다를 수 있음.

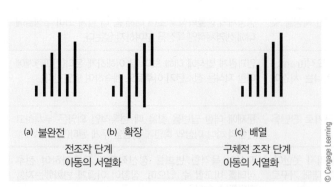

(a) 불완전　　(b) 확장　　(c) 배열

전조작 단계　　　　　구체적 조작 단계
아동의 서열화　　　　아동의 서열화

© Cengage Learning

그림 6.5 단순한 서열화 과제에 대한 아동의 성취도. 막대기를 가장 짧은 것에서부터 가장 긴 것으로 배열하라는 과제를 받은 전조작 단계 아동은 (a)와 같이 불완전하게 배열하거나, (b)와 같이 각 막대의 끝부분이 점점 더 올라가도록 배열한다. 반면에, 구체적 조작 단계 아동은 "보다 큰(>)"과 "보다 작은(<)"의 역조작을 활용하여 연속적인 비교를 재빠르게 행함으로써 정확하게 배열할 수 있다.

하며, 대문자와 소문자, 철자와 단어, 단어와 문장 간의 관계를 이해할 수 있다.

형식적 조작기(11, 12세~)

Piaget에 따르면, 구체적 조작기 아동은 조작적 도식을 실제 또는 상상이 가능한 사물이나 상황, 사건에만 적용할 수 있기 때문에 그 사고의 폭이 제한적이다. 즉, 구체적 조작기 아동은 실제로 존재하고 있거나 존재하였던 물체에 대해서만 정확한 추론을 내릴 수 있다. 예컨대, 7~11세 사이의 아동은 관계적 논리를 추상적 지표(signifier)에 적용시키지 못한다. 반면에, 11~13세에 처음 나타나는 **형식적 조작**(formal operation)은 개념(idea)과 명제(proposition)를 바탕으로 이루어지는 정

문제해결을 위해 체계적으로 접근하는 태도는 형식적 조작기 사고의 특징 중 하나이다.

신적 활동이다. 그러므로 형식적 조작기 아동은 현실에는 아무런 근거가 없는 가설적 과정과 사건에 대해 상당히 논리적으로 추론할 수 있으며 더 이상 실제적이고 유형적인 것만을 바탕으로 사고하지 않는다.

가설-연역적 추론

Piaget는 형식적 조작기의 특징을 **가설-연역적 추론**(hypothetico-deductive reasoning)이라 명명하였다(Inhelder & Piaget, 1958). 연역적 추론은 일반적인 것에서 특수한 것을 추론해내는 것으로 그 자체는 형식적 조작 능력이 아니다. 구체적 조작기 아동은 적절한 구체적 "사실"이 제시되어야만 올바른 결론을 내릴 수 있다. 반면에, 형식적 조작기의 아동은 이전에 습득한 사실에만 의존하여 사고하는 것에 머무르지 않고 가설을 설정

형식적 조작기
(formal operations)

Piaget의 마지막 인지발달 단계로 11 또는 12세 이후를 포함한다. 형식적 조작기 아동은 추상적인 개념이나 가설적인 사적에 대해서 보다 합리적이고 체계적으로 사고하기 시작한다.

가설-연역적 추론
(hypothetico-deductive reasoning)

Piaget에 따르면, 가설에 근거하여 생각하는 형식적 조작 능력.

연구초점   가설적 명제에 대한 아동의 반응

Piaget(1970a)는 구체적 조작기 아동의 사고는 현실에 근거하여 이루어진다고 주장하였다. 따라서 대부분의 9세 아동은 실제로 존재하지 않는 물체나 절대로 발생할 수 없는 사건에 대해 생각하는 것을 무척이나 어려워한다. 반면에, 형식적 조작기에 들어선 아동은 가설적 명제에 대해 상당히 잘 사고할 수 있고 논리적 결론에 도달할 수 있다. 실제로, Piaget는 형식적 조작기 아동이 이러한 종류의 인지적 도전을 즐기려 한다고 믿었다.

구체적 조작기 아동들(9세)과 형식적 조작기 아동들(11~12세)에게 다음과 같은 과제를 내주었다.

세 번째 눈이 있다면 몸의 어느 부위에 그 눈을 두고 싶은지 그려 보세요. 그리고 왜 그 부위에 눈을 두고 싶은지 설명해 보세요.

모든 9세 아동은 세 번째 눈을 원래 두 눈 사이의 이마에다가 그렸다. 이들은 마치 이 과제를 수행함에 있어서 "모든 사람의 눈은 얼굴 중간쯤 어딘가에 있다"는 구체적 경험에 의존한 것으로 보인

다. 한 9세 아동은 "물벼룩(cyclops) 눈이 거기에 있으니까 세 번째 눈이 두 눈 사이에 있어야 한다"고 이유를 달았다. 이와 같은 추론은 상상력에 의존한 것이 아니다. 다음의 답변들을 살펴보자:

Jim(9.5세):   저는 세 번째 눈이 원래 두 눈의 중간에 있었으면 좋겠어요. 그래야 그 중 하나가 없어져도 계속해서 두 눈으로 볼 수 있으니까요.

Vickie(9세):   저는 눈이 하나가 더 있으면 선생님을 세 번 볼 수 있어서 좋아요.

Tanya(9.5세): 저는 세 번째 눈이 있으면 더 잘볼 수 있을 것 같아요.

반면에, 형식적 조작기 아동들은 다양한 범위의 답변들을 내놓았으며 이 답변들은 이들이 예전에 본 것과는 아무런 연관이 없었다. 게다가 이들은 이러한 가설적 상황(세 번째 눈을 갖게 된 상황)

이 가져올 점들을 심사숙고하여 보다 기발한 추론과정을 거쳐 특별한 부위에 세 번째 눈을 그려 넣었다. 다음의 답변들을 살펴보자:

Ken(11.5세): (정수리 윗부분에 세 번째 눈을 그림) 눈을 360° 회전시킬 수 있으니 어느 방향으로든 볼 수 있잖아요.

John(11.5세): (왼쪽 손바닥에 세 번째 눈을 그림) 모퉁이 주변에 뭐가 있나 볼 수 있고, 과자통에서 어떤 과자를 꺼내게 될지도 볼 수 있으니까요.

Tony(11세): (입 안에 세 번째 눈을 그림) 입 안에 세 번째 눈을 두면 내가 뭘 먹고 있는지를 볼 수 있으니까요.

위와 같이 세 번째 눈의 위치에 대한 과제를 주었을 때, 구체적 조작기 아동들의 상당수는 이 과제를 상당히 어리석고 흥미롭지 않은 듯이 여겼다. 한 9세 아동은 "정말 바보 같아요. 세상에 눈이 세 개인 사람이 어디 있어요!"라고 말했다. 그러나 11~12세 아동들은 이 과제를 즐겁게 수행하였으며, 선생님에게 이렇게 "재미있는"미술과제를 더 내달라고 학년 말까지 졸라댔다(Shaffer, 1973).

그러므로 이 실험의 결과는 대체로 Piaget의 이론과 일치한다. 즉, 형식적 조작기에 이미 들어섰거나 들어서고 있는 아동들은 보다 어린 구체적 조작기 아동들보다 가설적 명제에 대해 논리적이고 창의적으로 답변하며 이러한 종류의 추론을 즐긴다.

할 수 있다. 즉, 무엇이 진짜인가보다 무엇이 가능한가를 더 중요하게 여기는 것이다. 위의 상자를 통해 각 아동이 미술과제로 받은 가설적 명제를 어떻게 처리하는지 비교함으로써 구체적 조작기 사고와 형식적 조작기 사고의 차이에 대해 살펴보기로 하자.

또한 가설적 사고는 단순한 연산 수준 이상의 수학문제를 푸는 데에도 결정적인 역할을 한다. $2X + 4 = 14$에서 X는 무엇인가? 이 수학문제는 사과나 오렌지 같은 구체적인 개체가 아닌 오직 숫자와 문자만을 다루고 있다. 따라서 이 문제는 구체적 참조물(referent)을 필요로 하지 않는 상징체계를 이용하여 추상적으로 접근해야만 답변할 수 있는 임의적이고 가설적인 문제인 것이다.

과학자로 사고하기

귀납적 추론
(inductive reasoning)
가설을 생성하고 이를 실험으로 체계적으로 검증하는 과학자의 사고 유형.

연역적 추론 능력의 발달과 더불어, 형식적 조작기 아동은 특수한 것에서 일반적인 것을 추론해 내는 귀납적 추론 능력도 갖게 된다. **귀납적 추론**(inductive reasoning)이란 가설이 설정되고 이를 실험을 통해 체계적으로 검증되는 과정에서 이용되는 사고 유형이다.

Inhelder와 Piaget(1958)는 아동의 과학적 사고를 평가하기 위해 일련의 과제를 사용하였는데 그 중 하나가 진자문제(pendulum problem)였다. 이들은 아동에게 다양한 길이의 실과 다양한 무게의 물체를 주고 그 물체의 한쪽 끝에는 실을 연결하고 다른 한쪽 끝에는 후크를 연결하게 하여, 그 진자가 진동하는 속도(그 진자가 일정 시간 동안 왔다 갔다 하는 횟수)에 영향을 끼치는 요소가 무엇인지를 발견하도록 하였다. 실의 길이가 영향을 끼칠까, 아니면 물체의 무게가 영향을 끼칠까? 또는 물체를 미는 힘일까, 아니면 그 물체를 손에서 놓는 높이일까? 어쩌면 이 변인들 중 여러 개가 함께 영향을 끼칠 수도 있을까?

이 문제의 해결 열쇠는 우선 진자의 진동을 통제하는 4가지 요소를 알아내는 것이고, 그 다음에는 이 요소들 중 하나만 변화시키고 나머지는 일정하게 유지하여 각 요소들에 대한 가설을 체계적으로 검증하는 것이다. 그리고 각 가설은 "만약-그렇다면(if-then)"의 원칙으로 검증된다. 예컨대, 실 끝에 달린 물체의 무게가 진자의 진동 속도에 영향을 주는 것이라면, 특정 길이의 실에 무거운 물체를 달았을 때와 가벼운 물체를 달았을 때의 속도를 다른 변인들은 모두 일정하게 유지한 상태에서 비교해야 할 것이다. 형식적 조작기 아동은 가설 설정과 검증 단계를 체계적으로 조작할 수 있기 때문에, 결국 "무게 가설"은 틀린 것이고 오직 "실의 길이"만이 진자의 진동 속도에 영향을 준다는 사실을 발견할 수 있다.

반면에, 9~10세 구체적 조작기 아동은 적절한 결론을 내리기 위해 검증해야 할 모든 가능성들을 생각해내지 못하며 이를 체계적으로 검증할 능력도 부족하다. "아마도 실의 길이가 영향을 줄 것이다"와 같은 합리적인 가설을 설정하기도 하지만, 각 변인의 효과를 배제하는 것에서 실패한다. 예컨대, 구체적 조작기 아동은 물체의 무게를 일정하게 하지 않고서 "실의 길이"가설을 검증하려 할 수 있다. 따라서 짧은 길이의 실에 달린 무거운 물체가 긴 실에 달린 가벼운 물체보다 더 빠르게 진동하는 것을 보고는 실의 길이와 물체의 무게 모두가 진자의 진동횟수에 영향을 주는 것이라는 잘못된 결론을 내릴 수 있다. 보다 이후의 연구 결과들은 Piaget의 관찰을 전적으로 뒷받침해주고 있지는 않지만, 과학적 추론이 뒤늦게 발달하는 능력이라는 점과 때로는 성인도 이를 완전히 습득하지 못한다는 점은 연구자들 사이에서 널리 합의된 사실이다(Kuhn, Amsel, & O'Loughlin, 1988; Moshman, 1998). 구체적 조작 후기의 아동은 가설적이면서도 현실과는 모순되는 명제에 대해 사고하거나 문제해결 방법을 찾는 데 있어서 형식적 조작기 아동처럼 추론하는 훈련을 받을 수는 있으나(Adey & Shayer, 1992), 위와 같이 이성적이고 조직적인 문제해결 책략을 스스로 세우지는 못한다. 초등학생에게 차례차례 분명히 지시를 주면서 과학적 추론을 하도록 훈련을 시킨다 해도, 이러한 훈련을 통해 학습한 책략을 새 문제에도 적용시킬 수 있는 능력은 초기 청소년기는 되어야 습득된다(Chen & Klahr, 1999).

요컨대, 형식적 조작기의 사고는 합리적이고 체계적이고 추상적이다. 또한 형식적 조작기 아동은 계획적 사고가 가능하며 현실과 모순되는 가설적인 개념과 생각에 대해서도 조작할 수 있다.

형식적 사고의 개인적, 사회적 시사점

형식적 조작기 사고는 청소년을 여러 측면에서 긍정적으로 또는 부정적으로 변화시킬 수 있는 강력한 도구이다. 우선 긍정적인 측면에 대해 살펴보자. 앞으로 11장에서 살펴보겠지만, 인간은 형식적 조작을 통해 자신의 삶에서 무엇을 할 수 있는가에 대해 생각하게 될 뿐 아니라, 안정된 정체성을 형성하게 되고, 타인의 심리적 견해와 그들의 행동 원인을 훨씬 잘 이해할 수 있게 된다. 또한 형식적 조작기에 이르면 보다 어려운 개인적 의사결정을 내릴 수 있게 되어 여러 행동 대안을 비교해 보고, 그러한 결정이 자기자신뿐만 아니라 다른 사람들에게 어떠한 결과를 가져오게 될지도 미리 고려해보게 된다(13장의 "도덕적 추론 발달" 참조). 그러므로 인지성장은 발달의 다른 측면의 변화를 가능하게 하는 밑거름이 되는 것이다.

다음으로, 형식적 조작의 부정적인 측면은 그것이 청소년기에 겪는 고통스런 경험과도 연관될 수 있다는 것이다. 세상을 있는 그대로 받아들이고 어른이 하는 말에 순종적이라고 할 수 있는 어린 아동과는 달리, 형식적 조작기에 들어선 청소년은 현실에 대한 가설적인 대안을 상상할 수 있기 때문에, 부모님이 엄격한 귀가시간을 설정하는 것에서부터 정부가 수많은 사람들의 의식주도 해결하지 못한 상황에서 군비와 우주 개발비를 엄청나게 쏟아 붓는 것에 이르기까지 세상의 모든 점에 대해 의문을 품기 시작한다. 실제로 청소년이 세상에 대해 논리적인 모순과 결함을 많이 발견하면 할수록, 이들은 더욱 혼란을 겪게 되고 현재의 불완전한 상태에 대해 권위자들(예: 부모, 정부)이 책임져야 한다고 생각하여 그 대상에 대해 반항적인 증오심을 표출한다. Piaget(1970a)는 세상이 "꼭 이렇게 되어야 한다(ought to be)"는 이러한 이상적 사고방식을 청소년이 새롭게 습득한 추상적인 추론 능력의 정상적인 파생물이라고 보았으며, 형식적 조작이 "세대차"의 주요 원인이라고 주장하였다.

청소년기에 겪는 고통스런 경험과 관련된 형식적 조작의 또 다른 측면은 형식적 조작의 지적 도구를 갖춘 자기중심성의 부활이다. 청소년기의 자기중심성은 자의식의 형태로 발생한다. 십대들은 자신이 그렇기 때문에 종종 주변 환경(집, 학교, 운동, 클럽)의 타인들이 자신의 느낌과 행동에 관심이 있다고 믿는다. David Elkind는 이것을 청소년기의 **상상적 청중**(imaginary audience)이라고 불렀다(1967; Elkind & Bowen, 1979). 당신은 아마도 당신의 중고등학교 시절의 교실을 떠올릴 수 있을 것이다. 각각의 청소년들은 교실의 모든 사람들이 자신에게만 집중하고 있다고 믿는다(그리고 믿는대로 행동한다). 자기중심성의 이런 형태는 서로 다르고 아주 고통스러울 수 있으나 다행스럽게도 청소년기를 지나 형식적 조작기술이 발달하면서 이러한 사고의 오류에서 벗어나게 된다.

모든 사람이 형식적 조작기에 도달하는가?

Piaget(1970b)는 구체적 조작기에서 형식적 조작기로 이행은 아주 서서히 일어나는 것으로 믿었다. 예컨대, 형식적 조작기로 막 들어선 11~13세 아동은 243쪽의 상자에서 언급된 세 번째 눈 과제와 같이 단순한 가설적 명제에 대한 사고는 가능하지만, 진자의 진동 속도를 결정하는 요소가 무엇인지에 대해 계획적이고 체계적으로 가설을 설정하고 검증하는 등의 추론을 할 수 있으려면 3~4년은 더 지나야 한다. Piaget는 형식적 조작기 이후의 추론단계는 설정하지 않았으며, 15~18세 정도가 되면 대부분의 사람들이 형식적 조작기에서 나타나는 최소한 몇 가지의 특징을 보여준다고 믿었다.

다른 연구에 의하면, 청소년이 형식적 조작을 습득하는 시기가 Piaget가 생각했던 것보다 훨씬 늦게 나타난다고 주장한다. 실제로, Edith Neimark(1979)는 상당수의 미국인 성인이 때로 형식적 조작 수준의 추론을 하지 못한다는 점과 형식적 교육체계가 제대로 발달되어 있지 않거나 전무한 문화권 사람들은 Piaget의 형식적 조작기 검사를 풀지 못한다는 점을 발견하였다. 그렇다면 일부 사람들이 형식적 조작을 습득하지 못하는 이유는 무엇일까? 비교문화 연구에 따르면, 이들은 Piaget가 생각하기에 형식적 조작기에서 추론할 수 있는 능력을 키워주는 논리, 수학 및 과학 교육을 학교에서 충분히 받지 못했기 때문이라고 한다(Cole, 1990; Dasen, 1977).

Piaget(1972)는 자신의 연구 후기에 또 다른 가능성을 제시하였다. 거의 모든 성인이 형식적 조작 수준에서 추론할 수는 있지만 오직 이들에게 흥미롭거나 생존을 위해 절대적으로 중요한 문제에 대해서만 그러하다는 것이다. 실제로, Steven Tulkin과 Melvin Konner(1973)는 Piaget식 검사문제를 풀지 못하는 문맹 부족 부시맨 사냥꾼들이 먹이를 추적하는 과제에 있어서만은 형식적 조작기 수준에서 추론할 수 있음을 발견하였다. 분명히 먹이 추적은 이들에게 아주 중요한 활동으로서 추론과 가설에 대한 체계적인 검증을 필요로 한다. 이와 유사한 현상이 고등학생들과 대학생들에게도 관찰되었다. 고등학교 3학년 정도의 나이가 되면 일상적인 문제들에 대해 보다 추상적으로 추론할 수 있게 되고(Ward & Overton, 1990), 그림 6.6에서 보는 바와 같이 물리학, 영문학, 정치학 전공자들은 각자가 공부하는 학문영역 내에 있는 문제들에 대해 보다 형식적으로 조작

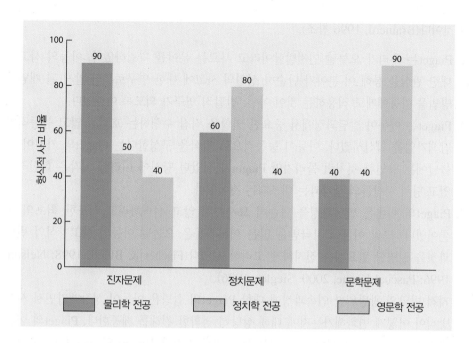

그림 6.6   전문적이고 형식적인 조작. 대학생들은 자신의 전공과 가장 연관이 있는 분야에서 형식적 조작 능력을 가장 잘 발휘한다.
출처: "*Individual Differences in College Students' Performance on Formal Operations Tasks*," by R. De Lisi & J. Staudt, 1980. Journal of Applied Developmental Psychology, 1, 163–174. Excerpta Medica, Inc.

할 수 있다(De Lisi & Staudt, 1980).

그러므로 모든 사람은 자신이 잘 알고 있거나 집중적인 훈련을 받은 분야에서 최적 또는 "최상"수준의 인지적 조작 능력을 보여준다(Fischer, 1980; Fischer & Bidell, 1998). 즉, 모든 분야에서 지식을 축적하고 추론을 해보지 않는 한, 각 분야에서 동일한 수준의 인지적 조작을 보여준다는 것은 불가능하다(Marini & Case, 1994). 그러므로 청소년이나 성인이 Piaget의 형식적 조작검사에 나오는 물리과학적인 문제를 최상의 수준으로 풀지 못했다고 해도, 그것은 이들이 형식적 조작기 수준으로 추론할 능력이 없어서라기보다는 단지 그 분야에 대한 흥미나 경험이 부족한 것일 수도 있기 때문이므로 이들의 인지적 능력을 과소평가해서는 안될 것이다.

Piaget 이론의 평가

앞서 Piaget의 이론의 결함에 대해 잠깐 살펴보았다. 이제부터는 Piaget의 이론을 보다 넓은 시각에서 바라보도록 하자. Piaget 시각에 대한 평가 전에 앞서 Piaget의 이론이 공헌한 바에 대해 알아보도록 하자.

Piaget의 공헌

Piaget는 인간발달 연구의 거장이다. Harry Beilin(1992)이 인용한 한 익명의 연구자는 "Piage가 발달심리학에 끼친 영향은 셰익스피어가 영문학에 끼친 영향 또는 아리스토텔레스가 철학에 끼친 영향과 다름없다"고 말한 바 있다(p. 191). 만일 Piaget가 동물학을 계속 연구하고 영아 발달에 관심을 두지 않았다면, 아마도 우리가 현재 인간의 지적 발달에 대해 알고 있는 지식의 극히 일부분만을 얻게 되었을 것이다.

그렇다면 Piaget는 인간발달 연구에 어떤 공헌을 하였는가? 다음은 Piaget 탄생 100주년을 기념하기 위해 몇몇 저명한 연구자들이 작성한 Piaget의 업적을 간략하게 요약한 것이다(Brainerd, 1996 참조).

1. Piaget는 우리가 오늘날 인지발달이라고 부르는 분야를 확립하였다. 아동의 사고에 대한 관심을 통해 이 분야가 단순히 성인의 사고에 대한 연구로부터 알게 된 개념과 방법을 아동에게도 적용하는 것이 아닌 "발달적"연구가 되도록 이끌었다.

2. Piaget는 아동이 발달과정에서 중요한 역할을 직접 수행하는 호기심 많고 능동적인 탐색가임을 확신시켰다. 아동이 능동적으로 지식을 구성한다는 Piaget의 가정이 오늘날에는 당연한 것처럼 들리지만 Piaget가 살았던 당시에 이러한 시각은 혁신적이었고 당시 사람들의 생각과는 대조되는 것이었다.

3. Piaget의 이론은 발달과정을 단순히 묘사하지 않고 설명하려고 시도한 최초의 이론이었다. 그의 이론에 자극받은 많은 이론가들은 오늘날 아동의 사고방식의 변환과정을 설명할 필요성을 진지하게 고려하고 있다(Fischer & Bidell, 1998; Nelson, 1996; Pascual-Leone, 2000; Siegler, 1996).

4. 지적 발달의 광범위한 연속과정에 대한 Piaget의 설명은 아동이 성장해가면서 사고방식이 어떻게 변화해가는지에 대해 상당히 정확한 견해를 제공한다. Piaget의 이론은 일부 세부적인 사항들에 대해서는 틀린 점도 있지만, Robert Siegler(1991, p. 18)가 지적하였듯이 "Piaget의 설명은 대체로 맞는 것 같다. 그가 주장한 일반적인 발달 경향은 우리의 직관과 어린 시절의 기억을 불러일으킨다."

5. Piaget식 개념은 사회적, 정서적 발달에 대한 생각에 중대한 영향을 끼쳤을 뿐만 아니라 교육가들에게 수많은 실용적인 시사점을 제공하였다.

6. 마지막으로, Piaget는 인지발달 연구에 있어서 중요한 질문을 던짐으로써 수천 명의 연구자들을 끌어들였다. Piaget의 이론은 여러 차례 면밀히 검증되면서 정립되었고 그의 연구 중 일부는 새로운 시각을 이끌어냄과 동시에 초기에 갖고 있던 문제점을 지적해 주기도 하였다.

Piaget에 대한 도전

지난 30년 동안 Piaget의 이론이 갖는 여러 문제점들이 지적되어 왔다. 그 중 4가지를 간략하게 살펴보기로 하자.

Piaget는 능력과 수행을 구별하지 못했다

앞서 우리는 Piaget가 신생아, 걸음마기 유아, 그리고 학령전 아동의 인지적 능력을 과소평가했음을 수차례 이야기하였다. 그 이유 중 하나는 Piaget가 아동이 다양한 인지적 과제를 어떻게 수행하는지를 결정하는 기본적인 능력 또는 인지적 구조를 밝히는 데 집중하였기 때문이다. Piaget는 아동이 그가 고안해 낸 문제를 풀지 못하면 그가 검증하려고 하는 기본 개념이나 사고구조가 결여된 것이라고 단정해버렸다.

앞서 살펴본 바와 같이, 단순히 결정적 능력의 결여 이외의 많은 요소들이 인지적 검사에서의 수행을 결정하므로 이러한 가정은 잘못된 것이다. 예컨대, 생물과 무생물을 구별하는 것처럼 보이는 4~5세 아동은 Piaget식 검사를 풀지 못하였는데, 그 이유는 Piaget가 이들이 이해는 하고 있으나(결정적 능력) 정확하게 표현할 수 없는 원칙들을 설명하라고 요구했기 때문이다. Piaget는 과제 수행과 능력을 동일시하고, 동기, 과제와

연구초점 **문화비교적 관점에서 본 Piaget 이론**

Piaget는 발달의 단계가 보편적이라 가정하였으며(Crain, 2005; Dasen, 1994; Molitor& Hsu, 2011), 대부분의 아동 연구자들은 유럽과 북미의 아동들을 주로 연구하였다. 하지만 20세기 후반에 접어들면서 발달심리학자들은 문화가 인지에 미치는 영향에 대하여 의문을 품기 시작하였다. 아동 양육 방식, 발달의 목표 그리고 발달의 맥락의 차이가 발달적 변화의 과정과 결과에 의미심장한 영향을 줄 것으로 예상되었던 것이다. 이에 발달심리학자들은 Piaget가 제안한 불변적 발달단계와 사고의 형태를 중심으로 이러한 질문에 대한 탐구를 시작하였다.

문화비교 연구의 결과는 다음의 세 가지를 제안한다. 첫째, 아동의 인지 발달 단계의 순서에는 문화 간 차이가 나타나지 않았다. 서아프리카, 인디아, 과테말라, 잠비아, 나이지리아, 멕시코, 호주, 파키스탄, 파푸아 뉴기니아, 세네갈, 우간다, 보스타니아, 케냐, 남아프리카 공화국 모두에서 유사한 발달의 형태가 나타났다(Berry et al., 1992; Cherian et al., 1988; Dasen, 1972; Goldberg, 1972; Greenfield & Childs, 1977; Kagan, 1977; Shayer, Demetriou, & Pervez, 1988; Shea, 1985). 이와 같은 분변적 순서는 Piaget가 제안한 4 단계와 감각 운동기의 하위 단계 그리고 영역에 따른 구체적 조작의 습득 순서 모두에서 나타났다.

둘째, Piaget의 각 단계에 도달하는 연령은, 비록 큰 차이는 아니지만, 문화 간 차이가 나타났다(Dasen & Heron, 1981; Molitor & Hsu, 2011). 이러한 차이는 문화에 따라 서로 다른 양육 방식이나 발달의 목표에 근거한 것이다. 이러한 결과는 문화 간 차이를 확실히 주장하기에는 애매하지만, 아동의 인지 발달을 연구하는데 있어 문화적 차이를 무시할 수 없다는 점은 분명히 제안한다.

마지막으로, 문화비교 연구는 성인기와 청년기 형식적 조작 능력 발달에서 문화차이가 분명함을 제안한다. 대부분의 문화비교연구에서 형식적 조작 능력을 측정하는 과제의 영역에 따라(가령, 과제영역에서 피검사자가 전문성을 가지는지 여부) 형식적 조작의 획득 여부가 다르게 나타났다. 이러한 연구에서 분명한 것은 문화와 맥락이 아동의 인지 발달에 영향을 준다는 것이다. 따라서 최근 발달심리학자들은 발달의 과정과 결과를 탐구하는데 있어 맥락을 주요한 변인으로 고려한다(Kuhn, 1992; Molitor & Hsu, 2011; Rogoff, 2003)

의 친숙성 및 수행에 영향을 끼치는 기타 모든 요소들을 무시하였기 때문에, 그가 다양한 인지적 초석에 대해 설정한 표준연령은 상당히 빗나갈 수밖에 없었던 것이다.

인지발달이 정말로 단계별로 일어나는가?

Piaget는 지적 발달 단계가 총체적 구조(holistic structure), 즉 광범위한 과제에 걸쳐 적용되는 일관된 사고방식이라는 주장을 하였다. 예컨대, 아동이 구체적 조작기에 있다는 것은 그 아동이 접하는 거의 대부분의 지적 문제에 대해 구체적 조작에 근거하여 논리적으로 생각할 수 있다는 것을 뜻한다.

최근 이러한 총체적 구조 가설은 인지발달이 단계적으로 이루어지는가에 대해 의문을 제기한 많은 연구자들에 의해 도전을 받아왔다(Bjorklund, 2005; Siegler, 1996). 이들 생각에는 인지발달에 "단계"가 있다고 말할 수 있기 위해서는 아동이 상대적으로 짧은 기간 내에 여러 새로운 능력을 습득하면서 지적 기능이 갑작스럽게 변화되어야 한다. 그러나 앞서 살펴본 바와 같이 인지성장은 그런 방식으로 일어나지 않는다. 지적 발달의 주요한 변화는 상당히 점진적으로 일어나며, 아동은 특정 단계의 특징이라고 하는 능력을 측정하는 과제에서 일관된 수행을 보여주는 경우가 극히 드물다. 예컨대, 서열을 할 수 있거나 수 보존을 할 수 있는 7세 아동이 부피 보존을 할 수 있으려면 몇 년은 더 있어야 한다(그림 6.5 참조). 게다가 아동별로 구체적 조작문제들이나 형식적 조작문제들을 풀 수 있게 되는 연령과 순서도 제각각이라는 점이 밝혀졌다. 이는 곧 인지적 성장이 Piaget가 생각했던 것보다 일관적이지 않다는 것을 시사하는 것이다(Case, 1992; Lariveé, Normandeau, & Parent, 2000).

그럼에도 불구하고, 인지발달이 정말 단계적으로 진행되는가에 대한 문제는 여전히 뜨겁게 논의되고 있으며 아직 해결되지 않고 있다. 일부 이론가들은 인지발달이 일관적으로 일어나며, Piaget가 생각했던 것과 동일한 단계는 아니지만 분명히 일련의 단계를 통해서 진행된다고 주장한다(Case & Okamoto, 1996). 그러나 또 다른 많은 이론가들은 지적 발달이 아동이 연역적 추론, 수학, 시각-공간 추론, 언어 능력, 도덕적 추론 등과 같이 많은 다양한 분야에서 점차적으로 능력을 습득하는 복잡하고 다방면인 과정이라 믿고 있다(Bjorklund, 2005; Fischer & Bidell, 1998). 비록 이러한 각 분야의 발달이 소규모로 순서적으로 진행될 수는 있어도 각 분야에 걸친 발달 전체가 일관적이라고 할 수는 없다. 따라서 낱말 맞추기 퍼즐을 잘하는 10세 아동이 언어 추론검사에서는 또래아이들보다 높은 점수를 받더라도 가설 검증이나 수학 추론과 같은 덜 친숙한 분야에서는 낮은 점수를 받을 수도 있다.

요컨대, 인지발달의 많은 측면은 특정 지적 분야 내에서는 순서적이고 일관적이다(단계적이라고 말할 수도 있을 것이다). 그러나 Piaget가 생각했던 것처럼 광범위하고 총체적인 인지 단계가 존재한다든지 발달상 모든 분야에 걸쳐 분명한 일관성이 있다는 증거는 매우 희박하다.

Piaget는 인지발달을 "설명"하는가?

인지성장이 단계적으로 진행된다고 주장하는 연구자들조차도 아동이 지능의 한 단계에서 다음 단계로 어떻게 이동하는가에 대한 Piaget의 설명에는 동의하지 않으려 한다. 앞서 살펴본 바와 같이, Piaget의 상호작용주의적 시각은 다음과 같다: (1) 아동은 각자의 성숙 수준이 허용하는 한도 내에서 새로운 경험을 끊임없이 동화하며, (2) 자신의 생각을 이 경험에 조절시키고, (3) 인지구조를 더욱 복잡한 정신적 도식으로 재조직화함으로써 주변 환경에 대해 새로이 알게 된 측면과 인지적 평형을 재확립한다. 아동이 계속 성숙하고 보다 복잡한 정보를 동화시킴으로써 자신의 정신적 도식을 수정하여 재조직화함에 따라 결국에는 친숙한 물체와 사건을 새로운 방식으로 보게 되고 지능의 한 단계에서 다음 단계로 이동한다.

인지성장에 대한 이러한 다소 애매한 설명은 더욱 많은 의문을 불러일으킨다. 아동이 감각운동기에서 전조작기로, 또는 구체적 조작기에서 형식적 조작기로 발달되기 위해서는 어떠한 성숙적 변화가 필수적인가? 아동이 정신적 상징을 구성하거나, 인지적 조작을 사용하거나, 개념의 조작을 통해 가설에 대한 사고를 하기 위해서는 어떠한 경험을 거쳐야 하는가? 이와 같이 아동이 보다 높은 지능의 단계로 이동하기 위해 필요한 발달 기제에 대해 Piaget는 명확한 설명을 제시하지 못하였다. 그 결과 점점 더 많은 연구자들은 Piaget의 이론을 인지발달에 대해 제한된 설명만을 제공하는 정교한 기술 정도로만 여기고 있다(Gelman & Baillargeon, 1983; Kuhn, 1992).

Piaget는 사회문화적 영향은 거의 고려하지 않았다

아동은 주변 세계를 구성하는 방식에 영향을 주는 다양한 사회문화적 맥락에서 살고 있다. Piaget도 문화적 요소가 인지성장에 어느 정도 영향을 끼칠 수 있음을 인정하기는 하였지만, 오늘날 발달학자들은 문화가 아동의 사고방식에도 큰 영향을 끼친다는 점을 밝히고 있다(Gauvain, 2001; Rogoff, 1998, 2003). 게다가 Piaget는 아동의 정신이 보다 성숙한 타인과의 사회적 상호작용을 통해 발달되는 것도 거의 고려하지 않았다. 물론 Piaget가 인지발달에 끼치는 사회적 영향을 완전히 무시하였다고 말하는 것은 과장

일지 모른다. 앞으로 12장과 14장에서도 살펴보겠지만, Piaget는 또래집단과의 갈등이 인지적 불평형 및 지적 성장, 그 중에서도 특히 지각적 조망 능력 및 도덕적 추론의 발달에 크게 기여한다고 생각하였다. 그럼에도 불구하고, Piaget의 이론은 마치 아동이 혼자서 세상을 탐색하여 중요한 발견을 하는 고립된 과학자이기라도 한 것처럼 인지성장의 자기 지향적인(self-directed) 특성을 강조 하였다. 그렇지만 최근 연구에 따르면 아동은 부모, 교사, 손위 형제자매, 또래와의 상호작용을 통해 대부분의 기본적 능력과 보다 복잡한 능력을 발달시킨다. 실제로, 사회적 상호작용 이 인지성장에 중요한 기여를 한다는 믿음은 Piaget와 동시대에 살았던 학자인 Lev Vygotsky가 주장한 인지발달에 대한 사회문화적 접근의 초석이다.

개념체크 6.3 조작에 대한 이해

다음 질문들에 답함으로써 후기 아동기 인지발달에 대한 여러분의 이해를 체크하라. 정답은 부록에 있다.

선다형: 각각의 질문들에 대한 최선의 답을 선택하라.

_____ 1. Glen의 어머니는 작은 키에 검은 머리를 갖고 있다. Glen은 모든 어머니들의 머리는 검은색이며 키는 작다고 생각한다. 이는 다음 중 무엇의 예인가?
　　a. 보전
　　b. 불균형
　　c. 자아중심성
　　d. 조절

_____ 2. 전조작기의 아동은 아래의 어떤 속성으로 특징지어질 수 있는가?
　　a. 내성적이고 추상적인 사고
　　b. 논리적이고, 구체적이고, 비추상적인 사고
　　c. 상징적이고, 직관적이고, 자아중심적인 사고
　　d. 논리적이고, 추상적이고, 자아중심적인 사고

_____ 3. 5세 아동은 키가 180인 John 아저씨가 키가 150인 Aunt Mary 아줌마보다 분명히 나이가 더 많다고 생각할 것이다. 이처럼 나이를 개인의 신장에 근거에서 생각하는 방식은 아동의 어떤 사고방식과 관련이 있는가?
　　a. 사건은 구체적인 상태로 인식하고 변형을 인지하지 못하는 것
　　b. 자기중심성
　　c. 상위개념과 하위개념을 동시에 다루지 못하는 것
　　d. 지각적 중심화

_____ 4. 사실을 조직화하고 예언하기 위해 일관된 사고의 틀을 활용하는 아동의 정신적 활동에 대한 개념의 발달은 다음 중 무엇에 해당되는가?
　　a. 이중 부호화
　　b. 반성적 추상화
　　c. 마음이론
　　d. 표상적 통찰

짝짓기: 다음의 개념에 맞는 정의를 연결하라.
　a. 표상적 통찰
　b. 물활론
　c. 보존
　d. 마음이론
　e. 수평적 격차
　f. 가설 연역적 추론

5. _____ 정신적 활동에 대한 아동의 개념: 다른 사람의 행동의 의도를 귀인하고 예언하는 아동의 정신적 활동을 의미하는 개념

6. _____ 한 대상이 자기 자신이 아닌 다른 대상을 대신(표상)할 수 있다는 지식

7. _____ 어떤 물질이 단시 모습이 바뀌거나 피상적인 방식으로 변형이 되었어도 물질의 본질이 변하지 않는다는 것에 대한 이해

8. _____ Piaget 이론에서, 가설적으로 사고하는 형식적 조작 능력

9. _____ 무생물체에게 생명 또는 생명체의 특징을 부여하는 것

10. _____ 아동의 일관되지 않는 수행에 대한 Piaget의 용어: 동일한 정신적 과정을 요구하는 문제 중 어떤 문제는 성공하고 어떤 문제에서는 실패하는 아동의 특징

서술형: 다음 질문들에 상세히 답하라.

11. 전조작기와 구체적 조작기 아동의 인지적 능력을 구별짓는 특징은 무엇인가?

12. 잘못된 신념과제는 아동의 믿음–소망 추론 능력을 어떻게 평가하는가?

Vygotsky의 사회문화적 접근

Piaget의 이론을 새로운 시각에서 조망해 보기 위해 최근 상당한 관심을 불러일으킨 Lev Vygotsky의 인지발달의 **사회문화적 이론**(sociocultural theory)에 대해 살펴보기로 하자(1934/1962, 1930~1935/1978; Gauvain, 2001; Rogoff, 1990, 1998, 2003; Wertsch & Tulviste, 1992 참조). 러시아 발달학자인 Lev Vygotsky는 Piaget가 이론을 정립하던 1920년대와 1930년대에 활발하게 활동한 학자였다. 안타깝게도, Vygotsky는 연구를 완성하기 전에 38세의 나이로 세상을 떠났다. 그럼에도 불구하고, 그는 (1) 인지 성장이 사회문화적 맥락에서 일어난다는 점, (2) 아동의 인지 능력들 중 대부분이 부모, 교사, 기타 보다 유능한 협력자와의 상호작용을 통해 출현한다는 점을 주장함으로써 우리에게 생각해볼 문제를 풍부하게 남겨 주었다.

지적 발달에서 문화의 역할

비고츠키가 주장한 사회문화적 관점의 핵심은 아동 지적 발달이 그들의 문화와 밀접하게 관련되어 있다는 것이다. 세상의 모든 아동들이 같은 유형의 지능을 발달시키는 것이 아니라 문화적 특성과 요구에 맞는 환경을 이해하고 이와 관련된 문제를 해결하기 위하여 자신의 두뇌와 지적 능력을 이용하는 방법을 배운다. 비고츠키에게 있어서 인간의 사고는 기본적으로 사회 문화적이며, 지적 적응을 위하여 개인들에게 전수된 믿음과 가치 그리고 지적 도구 영향을 받는 것이다.

Vygotsky는 미시발생학적(microgenetic), **개체발생학적**(ontogenetic), 계통발생학적(phylogenetic) 및 사회역사학적(sociohistorical)인 4가지 상호 연관된 시각으로 인간 발달을 평가할 것을 주장하였다. 개인의 일생 전체에 걸쳐 이루어지는 발달인 개체발생학적 발달(ontogenetic development)은 이 교과서의 주제라고 할 수 있으며 거의 대부분의 발달심리학자들의 분석 대상이다. **미시발생학적 발달**(microgenetic development)은 상대적으로 짧은 기간 동안 일어나는 변화를 일컫는 것으로서, 아동이 연속 11주 동안 매주 덧셈문제를 푸는 방식의 변화라든지(Siegler & Jenkins, 1989), 아동이 20분 동안 5개의 다른 검사에서 기억 책략을 사용하는 방식의 변화 등을 일컫는다(Coyle & Bjorklund, 1997). 이 시각은 분명히 전통적인 발생학적 시각보다 정교하다고 할 수 있다. **계통발생학적 발달**(phylogenetic development)은 수천 년 또는 수백만 년에 걸쳐 진행된 진화에 따른 변화를 일컫는다. 이 시각을 통해 Vygotsky는 종족의 역사를 이해함으로써 아동 발달에 대한 통찰을 얻을 수 있다고 주장함으로써 현재의 진화심리학적 접근의 등장을 예견하였다(Bjorklund & Pellegrini, 2002; Ellis & Bjorklund, 2005). 마지막으로, **사회역사학적 발달**(sociohistorical development)은 한 개인이 몸담고 있는 문화 및 역사가 발생시켜온 가치, 기준, 기술상의 변화를 일컫는다. 오늘날 연구자들이 인간의 인지라는 것이 고립된 상태에서도 사회문화적이며 개인들에게 문화적으로 전수되어온 신념, 가치, 지적 적응의 도구의 영향을 받는다는 그의 주장에 대해 가장 강조하는 부분이 바로 이 사회문화적 시각이다.

지적 적응의 도구

Vygotsky는 영아가 주의력, 감각, 지각, 기억이라는 기본적 정신 기능(elementary men-

사회문화적 이론
(sociocultural theory)
인지발달에 대한 Vygotsky의 견해로 아동은 보다 유능한 협력자와의 대화를 통해 자기 문화의 가치, 신념, 문제해결 방식을 습득한다는 이론.

개체발생학적 발달
(ontogenetic development)
전 인생을 통한 각 개인의 발달.

미시발생학적 발달
(microgenetic development)
상대적으로 짧은 기간 동안 일어나는 변화를 일컫는 것으로서, 전통적 발달 연구에서 다루었던 오랜 기간 (1년) 동안의 발달과는 대조되는 것.

계통발생학적 발달
(phylogenetic development)
수천 년 또는 수백만 년에 걸쳐 진행된 진화에 따른 변화.

사회역사학적 발달
(sociohistorical development)
한 개인이 몸담고 있는 문화 및 역사가 발생시켜온 가치, 기준, 기술상의 변화.

talfunctions)을 갖고 출생하며 이러한 기능들은 영아가 몸담고 있는 문화에 의해 결국 새롭고 더욱 정교한 고도의 정신적 기능으로 변형된다고 주장하였다. 우선 기억에 대해 살펴보자. 생물학적 제약으로 인해 영아의 초기 기억력은 자신이 직접 만들어 낼 수 있는 이미지와 심상에만 국한된다. 그러나 각 문화는 아동이 기본적 정신 기능을 보다 적응적으로 사용하게 해 주는 **지적 적응의 도구**(tools of intellectual adaptation)를 제공한다. 그러므로 문맹사회의 아동이 실에 매듭을 묶음으로써 자신이 기억해야 하는 각 물체를 표상하는 반면, 정보화 사회의 아동은 필기를 함으로써 기억력을 증진시킨다. 이렇게 사회적으로 전수된 기억 책략 및 다른 문화적 도구들은 아동에게 어떻게 생각해야 할지를 가르친다. 그리고 각 문화는 특정 신념과 가치도 전수하기 때문에 아동에게 무엇을 생각해야 할지도 가르친다.

아동의 인지적 기능에 상당한 차이점을 낳는 지적 적응의 문화적 도구들이 갖는 미묘한 차이 중 하나는 언어로 숫자를 나타내는 방식이다. 예컨대, 모든 언어에서 1~10까지의 숫자는 단순 암기에 의해 학습되어야 한다. 그렇지만 그 이후의 숫자들의 경우 일부 언어에서는 1~10까지의 숫자 이름을 기초로 하여 이름을 붙여나간다. 영어에서는 20부터 이런 공식으로 이름이 붙는다("twenty-one", "twenty-two" 등). 그러나 영어의 11, 12, 13 . . . 등과 같은 십대 숫자는 그다지 쉽게 표시되지 않는다. 11과 12 역시 암기되어야 하고, 13(three + ten = "thirteen")부터 위와 같은 공식으로 이름이 붙긴 하지만, 그 와중에도 몇몇 숫자는 "숫자+teen"의 공식이 성립되지 않는다. "Fourteen", "sixteen", "seventeen", "eighteen", "nineteen"은 위 공식이 성립되지만 "13"과 "15"는 각각 "threeteen"과 "fiveteen"으로 표시되지 않는다. 게다가 십대 숫자는 1의 자리를 먼저 표시하지만(즉, "fourteen", "sixteen" 식으로), 그 이후의 숫자들은 10의 자리를 먼저 표시한다("twenty-one", "thirty-two"). 따라서 영어에서의 숫자 공식은 20부터 규칙적이다.

중국어는 보다 체계적인 숫자 이름 공식을 갖고 있다. 중국어도 영어도 마찬가지로 1~10까지의 숫자는 암기해야 한다. 그러나 그 이후의 숫자들에는 중국식 숫자 이름 공식이 적용되어, 영어로 표현하자면 11은 "ten one", 12는 "ten two"로 불리며 계속해서 이 공식으로 숫자 이름이 매겨진다. 표 6.4에 1부터 20까지의 숫자 이름이 중국어와 영어로 제시되었다. Kevin Miller와 동료들(1995)은 영어와 중국어에서의 숫자 이름 공식의 차이가 초기 수학 능력, 특히 셈 능력과 연관이 있을 수 있다고 추론하였다. 이들은 미국 Illinois주의 Champaign-Urbana와 중국 북경에 있는 3~5세 아동들을 대상으로 검사를 실시하였다. 3세 아동에서는 문화적 차이가 발견되지 않았지만, 4세 아동부터는 중국 아동이 보다 뛰어난 셈 능력을 보여주었고, 5세 아동의 경우에는 중국 아동과 미국 아동 간의 셈 능력의 격차가 더 커졌다. 추가 분석의 결과, 문화적 차이는 11 이상의 숫자들에서 더욱 확실하게 나타났다. 위의 검사에서 90% 이상의 모든 아동이 10까지는 셀 수 있었지만, 중국 아동의 74%가 20까지 셀 수 있었던 반면에 미국 아동은 단 48%만이 그리할 수 있었다. 이 검사 결과를 통해 언어별 숫자 이름(지적 적응의 도구)의 차이가 어떻게 초기 숫자 능력에서의 차이를 유발시킬 수 있는가가 밝혀졌으며, 이후 연령의 중국 아동과 미국 아동 간에 관찰되었던 수학 능력에서의 차이를 설명할 수 있게 되었다(Stevenson & Lee, 1990).

지적 적응의 도구
(tools of intellectual adaptation)
Vygotsky의 용어로 아동이 보다 유능한 사람들과의 상호작용을 통해서 학습하고 내제화한 사고나 문제해결 방식.

표 6.4	1부터 20까지를 나타낸 중국어와 영어 단어	
숫자	**중국어**	**영어**
1	yee	one
2	uhr	two
3	sahn	three
4	suh	four
5	woo	five
6	lyo	six
7	chee	seven
8	bah	eight
9	jyo	nine
10	shi	ten
11	shi yee	eleven
12	shi uhr	twelve
13	shi shan	thirteen
14	shi suh	fourteen
15	shi woo	fifteen
16	shi lyo	sixteen
17	shi chee	seventeen
18	shi bah	eighteen
19	shi jyo	nineteen
20	ersh	twenty

주: 십진법(예: 11이 "열(시), 하나(이)"로 이루어짐)을 따르는 보다 체계적인 중국의 숫자세기 방식은 왜 영어를 모국어로 사용하는 아동들보다 중국 아이들이 20을 먼저 셀 수 있는지를 설명한다.

초기 인지 능력의 사회적 기원 및 근접발달 영역

Vygotsky는 어린 아동이 새로운 원리를 학습하고 발견하는 데 있어서 능동적으로 참여하는 호기심에 가득찬 탐색자라는 Piaget의 입장에는 동의하였다. 그러나 Piaget와는 달리 Vygotsky는 아동에게 있어서 정말로 중요한 "발견"의 상당수는 스스로의 탐색에 의해 이루어지는 것이 아니라, 언어적 가르침을 전수하는 능숙한 교사와, 교사의 가르침을 내면화하여 자신의 수행을 조절하기 위해 사용하는 풋내기 제자 간의 협동적 대화의 맥락에서 발생하는 것이라 주장하였다.

Vygotsky가 주장한 협동적 학습(또는 유도된 학습)을 설명하기 위해 4세인 Tanya

가 처음으로 퍼즐 선물을 받았다고 가정해 보자. Tanya는 퍼즐을 맞춰보려고 이리저리 노력하였지만, 결국 아빠가 옆에 와서 앉아 도움을 줄 때까지는 아무것도 맞추지 못하였다. 아빠는 모퉁이 네 군데를 먼저 맞추는 것이 좋겠다고 알려주고, 그 중 한 조각의 가장자리에 있는 분홍색 부분을 가리키며 "분홍색이 들어간 조각을 찾아보자"고 제안한다. Tanya가 조각을 잘 찾지 못해 당황해 하면 아빠는 옆에 맞춰지게 될 두 조각을 가까이 놓아 두어 Tanya가 그 두 조각을 알아차리도록 한다. Tanya가 두 조각을 맞게 끼우면 아빠는 옆에서 격려해준다. Tanya가 점차 퍼즐을 이해하게 되면 아빠는 옆으로 물러서서 Tanya가 혼자서 퍼즐을 맞추게 둔다.

근접발달 영역

협동적 대화는 인지성장을 어떻게 촉진시키는가? 첫째, Vygotsky에 의하면 위의 Tanya 와 아빠의 예에서처럼 **근접발달 영역**(zone of proximal development)이라고 일컫는 방식으로 상호작용하는 것이다. 근접발달 영역이란 학습자가 독립적으로 성취할 수 있는 것과 보다 능숙한 사람의 조언과 격려를 받아 성취할 수 있는 것 간의 차이를 말한다. 바로 이 영역에서 섬세한 가르침이 이루어져야 하고 새로운 인지성장이 발생하는 것으로 기대된다. 분명히 Tanya는 아빠의 도움이 없을 때보다 있을 때에 퍼즐을 더 잘 맞출 수 있었다. 더욱 중요한 사실은 Tanya가 아빠와 협동하면서 사용한 문제해결 기법을 내재화하고 결국 이를 스스로 사용하게 됨으로써 독자적으로 수행이 가능한 새로운 단계에 진입한다는 것이다.

인지성장을 촉진시키는 사회적 협력이 갖는 하나의 특징은 **발판화**(scaffolding)로서, 이는 보다 능숙한 참여자가 풋내기 학습자가 문제에 대해 보다 잘 이해할 수 있도록 그 학습자의 현재 상황에 대해 어떤 도움을 주는 것이 적절할지를 조심스럽게 결정하는 것을 의미한다(Wood, Bruner, & Ross, 1976). 발판화는 공식적인 교육환경에서만 이루어지는 것이 아니라, 보다 능숙한 사람이 아동이 가진 능력의 한계 수준에 맞추어 자신의 가르침을 조정하는 모든 상황에서 이루어진다. 위의 예에서 Tanya 아빠는 근접발달 영역에서 Tanya를 가르쳤을 뿐만 아니라 발판화도 이용하였다.

어른이 어느 정도까지 참여해야 하는지를 결정하는 책임은 어른이 모두 지는 것이 아니다. 아동이 어느 정도까지 스스로 해야 하는지는 어른과 아동이 함께 결정하는 것이다. 예컨대, 스스로 문제를 잘 해결하지 못하는 아동은 보다 스스로 알아서 하는 아동보다 더 많은 도움을 어른으로부터 받아야 할 것이다. 스스로 알아서 하는 아동은 문제해결에 있어서 어른의 도움이나 발판화가 그다지 많이 필요하지 않을 것이다(Plumert & Nichols-Whitehead, 1996).

아동의 문제해결력을 기술하면서 "능력(competence)"이라는 용어 사용에 주의하였다. Vygotsky의 사회문화적 접근에서는 학습과 발달이 고유한 규칙이 있는 특정 문화적 과제들과 상호작용한 결과로 본다. 다른 인지발달이론(예: Piaget 이론)과 달리 "능력" 을 아동이 넘지 못할 절대적인 수준으로 보지 않고, 과제의 특성으로 보았다(Fischer & Bidell, 1998). 아동은 자신이 충분히 연습한 분야에서는 고도로 숙련된 능력을 보여줄 수 있지만 유사한 과제, 심지어 객관적으로는 더 쉬운 과제에서도 연습을 하지 않은 경우는 실력을 발휘하지 못한다. 아동의 지적 기능의 수준은 언제나 특정 과제 혹은 독특한 문화적 상황에서 보인 수행으로 평가된다.

근접발달 영역
(zone of proximal development)
Vygotsky의 용어로 학습자가 혼자 성취하기에는 너무 어렵지만 능숙한 사람의 조언과 격려를 받아 성취할 수 있는 것의 범위.

발판화
(scaffolding)
보다 능숙한 참여자가 풋내기 학습자가 문제에 대해 보다 잘 이해할 수 있도록 그 학습자의 현재 상황에 대해 어떤 도움을 주는 것이 적절할지를 조심스럽게 결정하는 과정.

사고의 견습 및 유도된 참여

모든 문화권의 아동들이 무엇을 배우기 위해 또래친구들과 꼭 학교에 가는 것은 아니다. 또한 부모 또한 옷감짜기나 사냥 같은 것은 공식적으로 가르치지도 않는다. 대신에 이 아동들은 **유도된 참여**(guided participation)를 통해 학습할 수 있다. 유도된 참여란 필수적인 도움과 격려를 제공해주는 보다 능숙한 협력자와 함께 각 문화에서 중요하게 여겨지는 활동에 능동적으로 참여하는 것을 일컫는다(Gauvain, 2001; Rogoff, 1998). 또한 유도된 참여는 아동이 어른 또는 다른 보다 능숙한 협력자들과 일상적인 경험에 참여하면서 인지를 형성시키는 비공식적인 "사고의 견습(apprenticeship in thinking)"이다. Barbara Rogoff는 이러한 비공식적인 어른-아동 간의 상호작용을 통해서 이루어지는 인지적 성장이 공식적인 교육을 통해 이루어지는 것에 못지 않으며 보다 더 많을 수 있다고 주장한다.

훈련 또는 유도된 참여라는 개념은 수천 년 동안 사냥과 채집 생활을 변함없이 간직해온 과테말라나 멕시코의 농경 부족인 마야족(Mayan)이라든지 아프리카의 쿵족(Kung)과 같이 아동이 어른의 일상 활동에 어릴 적부터 참여하는 문화권에서는 합리적으로 보일지도 모른다. 그러나 이와 같은 개념은 서양의 문화권에는 그다지 잘 적용되는 것 같지 않다. 왜냐하면 서양문화권에서는 인지발달의 상당 부분에 대한 교육을 더 이상 부모가 담당하지 않고 중요한 문화적 지식과 능력을 아동에게 가르치는 것을 직업으로 삼는 전문적인 교육가가 담당하고 있기 때문이다. 그럼에도 불구하고, 현대 서구사회에서도 분명히 학습이, 특히 학령전 시기에는, 가정에서 이루어진다. 또한 이러한 가정학습의 경험을 기반으로 하여 아동은 공식 학교교육을 준비하게 된다. 예컨대, 미국과 유럽의 공식 교육에서는 아동에게 어른이 이미 답을 알고 있는 질문에 대해 대답하도록 가르치고, 지식 그 자체를 위하여 직접적인 연관성이 없는 문제들에 대해서도 학습하고 논의할 것을 요구한다. 서양문화권 이외의 문화권에서는 생소한 이러한 **맥락-독립적 학습**(context-independent learning)은 영아기에서부터 이른 아동기에 이르기까지 이루어진다(Rogoff, 1990). 다음의 대화는 생후 19개월된 Brittany와 엄마 간의 대화이다:

> 엄마: Brittany, 공원에는 뭐가 있지?
> Brittany: 아기 그네.
> 엄마: 맞아, 아기 그네. 그리고 또 뭐가 있지?
> Brittany: (어깨를 으쓱한다)
> 엄마: 미끄럼틀?
> Brittany: (웃으면서 고개를 끄덕끄덕한다)
> 엄마: 그리고는 또 뭐가 있지?
> Brittany: (또 어깨를 으쓱한다)
> 엄마: 시‥‥‥
> Brittany: 아! 시소!
> 엄마: 그래 맞아, 시소도 있단다.

위 대화는 미국 가정에서 전형적으로 이루어지는 대화의 유형이며, Vygotsky의 근접발달 영역의 좋은 예가 된다. 여기서 Brittany는 엄마

유도된 참여
(guided participation)
아동이 성인의 활동을 관찰하고 참여함으로써 자신의 인지와 사고 방식이 형성되어지는 상호작용.

맥락-독립적 학습
(context-independent learning)
현재 맥락에 아무런 직접적인 연관성이 없는 것을 학습하는 것 지식 그 자체를 위한 지식을 습득하는 것.

Bob Daemmrich/Stock Boston

Vygotsky에 의하면, 아동은 보다 능숙한 협력자로부터 안내와 격려를 받을 때 보다 쉽게 새로운 능력을 습득한다.

☑ 아동은 전략과 같은 기억처리 과정을 배울 수 있다.

☑ 아동은 이야기 구조로 기억을 다른 사람들과 의사소통하는 방법을 배울 수 있다.

☑ 아동은 자기개념의 발달의 토대가 되는 자신에 대해 배울 수 있다.

☑ 아동은 자신의 사회와 문화의 역사에 관해 배울 수 있다.

☑ 아동은 가족과 지역사회의 중요한 가치에 대해 배울 수 있기 때문에 무엇이 기억할 만한 것인지 알 수 있다.

☑ 사회적 유대감을 촉진할 수 있다.

그림 6.7 아동의 기억발달에서 공유된 기억의 몇 가지 기능.
출처: Gauvain, M. (2001). "*The Social Context of Cognitive Development*," New York: Guilford, p. 111.
Copyright © 2001 by Guilford Press.

의 도움으로 특정 물체들을 기억해내는 학습을 하고 있을 뿐만 아니라, 맥락 이외의 정보(위 대화 당시 두 사람은 공원에서 몇 마일이나 떨어진 집안의 거실에 있었다)를 기억해 내는 것의 중요성도 학습하고 있다. 또한 Brittany는 이미 알고 있는 사실들을 이야기하도록 요청받을 수 있다는 점과 자기 스스로 그 사실들을 기억해 낼 수 없을 때는 엄마의 도움을 받아 대답할 수 있다는 점을 학습하게 되는 것이다. 그림 6.7에 기억발달에서 부모와 자녀가 갖는 "기억 공유하기(shared remembering)"의 몇몇 기능을 제시하였다.

근접발달 영역과 발판화의 조력자로서의 형제자매

형제자매는 다른 혈육의 삶에 어떠한 긍정적 역할을 하는 것일까? 이 중 한 가지는 손위 형제는 더 어린 동생들을 돌볼 수 있다는 것이다. 186개 지역사회의 아동 보육 시설을 조사한 결과, 집단 연구의 57%가 손위 형제인 아동이 영아와 걸음마기 유아의 주요한 돌보미였다(Weisner & Gallimore, 1977). 미국과 같은 선진화된 사회에서조차 손위 형제(특히 여아)에게 종종 동생들을 돌보도록 한다(Brody, 1998). 물론 돌보미로서 손위 형제의 역할은 동생에게 선생님이나 놀이친구가 되어주기도 하고, 지지를 해주거나 정서적인 도움을 주는 등 다양한 방식으로 동생에게 영향을 미칠 수 있는 기회를 얻게 한다.

게다가 보살피고 정서적인 지지를 주면서 손위 형제는 동생들에게 능숙하게 시범을 보여 주거나 직접 설명을 해주는 방식으로 새로운 기술을 가르치기도 한다(Brody et al., 2003). 걸음마기 유아도 손위 형제를 보고 배워서 종종 동생들과 놀아주거나 더 어린 아기를 돌보거나 집안일을 돕는 등 적극적으로 손위 형제의 행동을 모방하려고 한다(Maynard, 2002; Downey & Condron, 2004도 참조).

어린 아동은 아동기 동안 지속적으로 중요한 모델과 선생님이 되어주는 손위 형제를 존경하는 경향이 있다(Buhrmester & Furman, 1990). 습득할 문제가 주어졌을 때, 아동은 동등하게 유능한 손위 또래가 이끌 때보다 이끌어줄 손위 형제가 있을 때 더 잘 학습하는 것 같다(Azmitia & Hesser, 1993). 왜일까? 그 이유는 (1) 가르쳐야 할 대상이 자신의 동생인 경우 손위 형제는 더욱 책임감을 크게 느낀다. (2) 손위 또래보다 손위 형제가 더 자세하게 가르쳐 주고 격려도 해준다. (3) 어린 아동은 자신의 손위 형제가 이끌어주는 것을 더 찾는 경향이 있다. 이런 유형의 일상적인 지도는 분명히 효과가 있다: 손위 형제가 동생들에게 학교의 역할을 할 때, 가령 글자를 가르친다면 동생은 읽기학습을 더 쉽게 한다(Norman-Jackson, 1982). 장점은 손위 형제에게도 있는데, 동생을 가르칠 때 얻는 것이 있다. 가르쳐본 경험이 없는 또래보다 가르쳐본 경험이 있는 아동이 학업 적성검사 점수가 더 높다(Paulhus & Shaffer, 1981; Smith, 1990).

여러 문화권에서의 근접발달 영역 활동

유도된 참여과정이 어느 문화권에서나 보편적으로 나타나기는 하지만, 그것이 실행되는 방식은 문화권마다 차이가 있다. Rogoff와 동료들(1993)은 문화권을 다음과 같은 두 가지 일반적 유형으로 분류하였다: (1) 학령전 시기부터 아동이 성인과는 분리되어 문화적으로 중요성이 있는 정보의 대부분을 학교에서 학습하는 서양문화권, (2) 아동이 하루 대부분의 시간을 어른과 지내고 문화적으로 중요성 있는 활동을 함께 하면서 어른을 관찰하고 상호작용하는 문화권. Rogoff는 네 군데의 공동사회에서 걸음마기 유아를 둔 14가정을 관찰하였다. 이 네 군데의 공동사회는 문화적으로 중요성 있는 정보가 주로 공식적인 학교교육을 통해 "맥락 이외에서" 전수되는 두 곳(미국의 Salt Lake City, 터키의 중산층 사회인 Keçiören)과 문화적으로 중요성 있는 정보가 주로 맥락 내에서 전수되는 두 곳(과테말라의 마야족 부락인 San Pedro, 인도의 부족 촌락인 Dhol-Ki-Patti)이었다. Rogoff는 의식주와 관련된 일상적인 활동, 까꿍놀이와 같은 사회적 놀이, 그리고 굴렁쇠나 실로 움직이는 꼭두각시 같이 새로운 물체를 갖고 놀이를 하는 걸음마기 유아와 이 아이들을 돌보는 사람들을 관찰하였다. 다음은 Salt Lake City의 중산층 공동사회와 인도의 부족 촌락인 Dhol-Ki-Patti에서 관찰된 유도된 참여과정을 발췌한 것이다.

> Salt Lake City: 생후 21개월된 남아와 엄마가 조그마한 인형이 담긴 유리병을 보고 있다.
>
> Sandy의 엄마는 유리병을 들어올리고는 "이게 뭐지? 이 안에 들어 있는 게 뭐지?"라면서 신나게 이야기한 후, 안에 있는 조그마한 인형을 손가락으로 가리킨다. "키가 작은 사람인가?" Sandy가 유리병을 움켜쥐자, 엄마는 "병뚜껑을 열어볼래?"라고 제안한다.
>
> Sandy는 병 윗부분에 달린 동그란 손잡이를 보고는 뭐라뭐라고 웅얼거린다. 엄마는 "그래, 맞아"라고 하고 뚜껑을 당겨 보라고 격려해주면서 뚜껑을 당기는 시범을 보여준다. "뚜껑을 당겨볼래?"라는 말을 들은 Sandy는 엄마 손 위에 자기 손을 놓고는 함께 뚜껑을 여는 데 성공한다. 엄마가 "안에 들은 게 뭐지?"라고 물어보면서 조그마한 인형을 꺼낸다. 그리고는 "이 사람이 누구야?"라고 묻는다.
>
> Sandy가 뚜껑을 다시 잡으려 하자, 엄마는 Sandy의 행동에 맞추어 주려고 "그래, 네가 다시 뚜껑을 닫아 보렴"이라고 말한다. Sandy가 "와!"라고 소리를 지르자 엄마도 "와!"라고 따라한다.
>
> Sandy가 흥미를 잃자 엄마는 실망한 듯한 표정을 지으며 "저런, 더 이상 놀기 싫은 거야? 저 키 작은 사람하고 까꿍놀이 할 수 있는데"라고 말한다.
>
> Sandy가 인형을 꺼내자, 엄마는 그 인형을 손으로 가리면서 "어? 키 작은 사람 어디 갔지? 없어졌네, 없어졌네"라고 흥얼거린다.
>
> (Rogoff et al., 1993, p. 81)

인도의 Dhol-Ki-Patti: 생후 18개월된 여아와 엄마가 실로 움직이는 꼭두각시(jumping jack)를 갖고 놀이를 하고 있다.

Roopa가 꼭두각시가 튀어 오를 수 있을 만큼 실을 아래위로 단단히 잡고 있지 않자,

엄마는 Roopa 손을 잡고 양 손으로 아래쪽 실을 움켜 쥐고서 실을 두 번 당겼다. 엄마는 시범을 보이면서 "여기를 잡아 당겨, 여기를"이라고 말하였다. 그런 다음에는 Roopa가 혼자 하도록 Roopa 손을 놓았다.

그러나 Roopa는 꼭두각시를 단단히 잡고 있지 않았기 때문에 꼭두각시가 다시 땅으로 떨어졌다. Roopa가 꼭두각시를 잡으려 하자, 엄마가 재빠르게 꼭두각시를 들어올렸다. 엄마는 왼손으로 아래쪽 실을 다시 두 번 당기면서 "여기를 잡아 당겨"라고 말해 주었다. 그리고는 Roopa가 직접 꼭두각시를 움직이도록 손을 놓아 주었다. 엄마는 Roopa의 손 주변에 자신의 손을 가까이 두고(그러나 Roopa의 손을 잡지는 않고) 도움이 필요할 경우에 대비하고 있었다.

(Rogoff et al., 1993, p. 114)

모든 공동사회에서 양육자는 걸음마기 유아가 눈앞에 있는 과제를 이해할 수 있는 방식으로 상호작용하지만, 중산층 공동사회와 보다 전통적인 공동사회 간에는 중대한 차이가 있다. 위 예에서 살펴본 바와 같이, Salt Lake City(및 터키 마을)의 부모는 비언어적 가르침보다는 언어적 가르침에 훨씬 더 중점을 두어 자녀의 과제를 고무시키기 위해 칭찬을 비롯한 기타 여러 기법을 사용하여 자녀가 학습에 참여할 열의를 높였다. 반면에, 마야족과 인도 촌락의 부모는 보다 명백한 비언어적 의사소통방식을 사용하였으며, 특정 과제를 수행하는 자녀에게 아주 가끔씩만 지시를 내렸다. 이러한 전통적인 사회에서 아동은 거의 모든 시간을 부모 주위에서 보내고, 그 사회에서 중요한 과제를 어른이 수행하는 것을 옆에서 관찰하면서 어른과 상호작용할 수 있다. 이 연구를 담당했던 Rogoff와 그 외 학자들은 중산층 공동 사회보다 전통적인 공동사회에서 아동의 관찰력이 보다 중요하게 작용하고 그 결과 더욱 발달하게 됨으로써 전통적인 공동사회의 아동이 어른의 행동을 보고 학습하는 데 더 뛰어나다는 결론을 내렸다.

Rogoff의 연구 결과에 따르면, 사회의 능숙한 구성원이 되는 데에는 한 가지 방식만 존재 하는 것이 아니며 여러 형태의 유도된 참여는 그 구성원이 속한 문화가 어른과 아동에게 부과하는 요건에 따라 다른 방식으로 사용된다는 사실이 분명해진다. 한 형태가 다른 한 형태 보다 반드시 좋거나 나쁘다고 할 수는 없다. 어떤 형태가 더 좋은지는 해당 사회의 능숙한 어른의 행동과 능숙한 아동이 습득하게 될 능력에 달려 있는 것이기 때문이다.

근접발달 영역에서의 "놀이"

나이가 더 많고 더 전문적인 협력자가 이끌어 내는 중요한 행동은 아동의 가장 혹은 상징 놀이이다. 종종 연구자들은 어린 아동이 혼자일 때보다 같이 놀 사람이 있을 때 상징놀이에 다 많이 참여하며, 특히 엄마들은 아이를 더 높은 수준의 상징놀이로 이끈다는 것을 발견하였다(Bornstein et al., 1996; Youngblade & Dunn, 1995). 엄마와 21개월된 걸음마기 유아를 대상으로 놀이에 가까운 실험을 한 결과, 대부분의 엄마들은 자녀의 수준에 맞게 놀이를 조절하였다. 더욱이 놀이의 발달에 대해 잘 알고 있는 엄마들은 자녀의 수준보다 놀이 행동을 높게 조정함으로써 가장 도전적인 놀이환경을 제공하였다. 그러므로 위 관찰 결과는 Vygotsky의 근접발달 영역 개념 및 Rogoff의 유도된 참여개념과 상통하며, 보다 능숙한 협력자와 놀이를 하는 아동이 이러한 사회적 지지를 받지 못한 아동에 비해 보다 능숙한 놀이의 참여자가 됨을 시사한다(Damast, Tamis-Le-

Monda, & Bornstein, 1996).

아동의 놀이활동과 관련하여 이와 유사한 유도(guidance)가 대부분의 문화권에서 이루어지기는 하지만, 이러한 유도가 이루어지는 방식에는 각 문화별로 차이가 있다. 예컨대, 중국인 아동은 다른 아동보다는 자신을 돌봐주는 사람과 가장놀이(pretend play)를 더 자주 하는 반면에 아일랜드계 미국인 아동은 정반대의 경향을 나타낸다(Haight et al., 1999). 아르헨티나 엄마들은 생후 20개월된 자녀에게 미국인 엄마들보다 상징놀이를 더 많이 시키지만, 미국인 엄마들은 이야기하기를 더 자주 시킨다(Bornstein et al., 1999).

상징놀이를 촉진시키는 것이 왜 중요하며 서로 다른 문화의 다양한 유형의 놀이가 인지 발달에 어떤 영향을 주는가? 연구자들은 아동이 상징놀이를 통해 "사람, 대상, 그리고 행위"를 통해 학습하고 상징놀이는 이 외의 다른 인지발달과도 관련됨을 밝혀왔다. 연구자들은 또한 학령전 아동이 협동적, 사회적 놀이에 참여한 정도가 타인의 정서와 신념에 대한 이해 수준과 관련되었음을 밝혔다(Astington & Jenkins, 1995; Youngblade & Dunn, 1995). 실제로, 타인이 자신과는 다른 생각, 감정 및 신념을 가질 수도 있다는 것을 이해하게 되는 것은 앞서 언급한 발달의 한 유형이라고 할 수 있다. 이는 인간의 사회·인지적 능력의 기초를 제공하는 마음이론(theory of mind)을 의미하는 것이다. 이러한 점에서 볼 때 부모 및 기타 보다 능숙한 협력자와 함께 하는 가장놀이에 의한 발판화는 가장 중요한 형태의 유도된 참여라고 할 수 있을 것이다.

인지발달이 전 세계 모든 아동에게 완전히 동일한 방식으로 "일어나는"것이라고 생각하기 쉽다. 진화는 모든 인간에게 동일한 신경계를 제공해 왔으므로 어느 누구도 뇌가 지능의 중추라는 사실을 부인하지 않는다. 그러나 지능은 환경, 특히 문화에 뿌리를 두고 있다. 문화적 신념 및 기술적 혁신의 도구가 아동양육을 통해 인지발달에 어떠한 영향을 끼치는지를 이해함으로써, 우리는 발달과정 및 그 과정을 촉진하는 안내자로서의 역할을 보다 잘 이해할 수 있게 된다.

교육에 대한 시사점

Vygotsky의 이론은 교육에 대해 분명한 시사점을 제시해 준다. Piaget와 마찬가지로, Vygotsky도 수동적 학습보다는 능동적 학습을 강조하였으며, 학습자가 이미 알고 있는 것을 측정하여 앞으로 무엇을 학습할 수 있는가를 예상하는 것에 커다란 관심을 두었다. Piaget와 Vygotsky의 접근에서 주요한 차이점은 가르치는 사람의 역할이다. Piaget의 이론을 따르는 교실에서 학생은 독립적이고 발견 위주의 활동에 많은 시간을 쏟는 반면, Vygotsky의 이론을 따르는 교실에서는 교사는 유도된 참여방식을 이용하여 학습활동을 조직하고, 아동의 현재 능력에 맞추어 조심스럽게 만들어 낸 유용한 힌트나 지시를 제시하고, 아동의 진도를 살피면서 점차 더욱 고차적인 정신적인 활동을 부과한다. 또한 Vygotsky식 교사는 협동적 학습활동을 조직하여 그러한 활동 안에서 학생들끼리 서로 도와주도록 격려한다. 여기서 Vygotsky의 이론이 시사하는 바는 덜 능숙한 학생은 보다 능숙한 또래학생들의 가르침으로부터 도움을 얻게 되고, 이 능숙한 학생들은 교사 역할을 함으로써 이득을 보게 된다는 것이다(Palinscar, Brown, & Campione, 1993).

Vygotsky의 협동적 학습 접근이 특별히 효과적인 교육적 전략이라는 증거가 있는가? Lisa Freund(1990)는 3~5세 아동들에게 인형이 이사할 집의 6개의 방에 소파, 침대, 욕조, 스토브 등의 가구를 어떻게 배치할지를 도와주라는 과제를 제시하였다. 이 과제를 위해 우선 아동이 적절한 가구 배치에 대해 이미 알고 있는 것을 검사하였다. 그런다음, 각 아동에게 혼자서(Piaget의 발견 위주의 학습방식) 또는 엄마와 함께(Vygotsky의 유도된 학습방식) 위와 유사한 과제를 해결하도록 지시하였다. 이를 통해 아동이 무엇을 학습하였는지 측정하기 위해 최종적으로 보다 복잡한 가구 배치 과제를 제시하였다. 결과는 명확하였다. 엄마의 도움을 받아 가구를 배치한 아동은 배치 능력에서 극적인 향상을 나타낸 반면, 혼자서 과제를 수행한 아동은 실험자에게서 적절한 피드백을 받았을지라도 어떠한 향상도 보이지 않았다.

또한 아동이 혼자 수행할 때보다는 또래아동과 협동할 때 문제해결 능력이 향상된다는 연구 결과도 보고된 바 있으며(Azmitia, 1992; Johnson & Johnson, 1987), 협동을 통해 가장 많은 혜택을 보는 아동은 처음에는 자신의 협력자보다 능숙하지 못했던 아동이었다(Tudge, 1992). David Johnson과 Roger Johnson(1987)은 아동이 혼자 수행했을 때와 협동했을 때의 수행 수준을 비교한 378개의 연구를 분석한 결과, 협동적 학습을 한 학생의 절반 이상이 훨씬 더 우수한 수행을 보였으며, 반면에 혼자 수행하여 수행이 향상된 경우는 총 연구 중 10%에도 못미쳤다(Gillies, 2003; Wentzel, 2002; Zimbardo, Butler, & Wolfe, 2003).

협동적 학습이 효과적인 이유는 적어도 세 가지가 있는 것으로 보인다. 첫째, 아동은 함께 문제를 해결할 때 보다 동기화된다(Johnson & Johnson, 1989). 둘째, 협동적 학습은 아동끼리 서로 자신의 생각을 설명하고 분쟁을 해결하도록 만든다. 이러한 활동을 통해 아동은 서로의 생각을 보다 자세하게 검사하고 상대방이 이해할 수 있도록 이를 명확하게 표현할 수 있게 된다. 셋째, 아동은 함께 문제를 해결할 때 고도의 인지적 전략을 사용하는 경향이 있으며, 이러한 전략을 통해 혼자서는 결코 생각해 낼 수 없었던 생각과 해결책을 찾아낸다.

사회문화적 이론에 의하면, 협동적 학습의 효과가 문화마다 서로 다르다. "자신의 일은 스스로 알아서 하기"라는 교육신념을 가진 보다 경쟁적인 미국 학교의 아동들은 협동적 학습에서 발견되는 공통된 의사결정을 내리는 것을 어려워하기도 하지만(Rogoff, 1998 참조), 연습을 통해 협동적 의사결정을 보다 잘 내릴 수 있게 된다(Socha & Socha, 1994). 학교의 구조가 또래아동들 간의 협동을 지지하는 쪽으로 변화되면서 교사는 단순히 가르치는 사람이 아니라 스스로 능동적인 참여자의 역할을 함으로써 협동적 학습의 효과는 더욱 증진된다(Rogoff, 1998).

인지발달에서의 언어의 역할

Vygotsky에 따르면, 언어는 인지발달에서 두 가지 결정적인 역할을 한다. 첫째는 어른이 문화적으로 가치 있는 사고방식과 문제해결방식을 아동에게 전수하는 1차적인 전달도구로서의 역할이고, 둘째는 그 자체로서 지적 적응의 보다 강력한 "도구"로서의 역할이다. 언어와 사고에 대한 Vygotsky의 견해는 Piaget의 견해와 뚜렷이 대조적이다.

언어와 사고에 대한 Piaget의 이론

Piaget(1962)가 학령전 아동의 언어 습관에 대해 기록한 바에 따르면, 아동은 일상 생활을 하면서 마치 생중계 아나운서인양 자기 자신에게 혼잣말을 한다("큰 조각은 구석에다 놓아. 아니 그거 말고 분홍색 말야"). 겉으로는 친하게 놀고 있는 것으로 보이는 두 명의 학령전 아동은 서로 대화를 나누기보다는 나름대로의 독백을 계속한다. Piaget는 이러한 자기 지향적인 발언을 **자기중심적 언어**(egocentric speech)라고 불렀다. 자기중심적 언어는 특정인을 지정하여 말하는 것도 아니고 유의미한 방식으로 조정된 것도 아니기 때문에 상대방은 잘 이해할 수 없다.

이러한 방식의 언어는 아동의 인지발달에 어떠한 역할을 할까? Piaget는 자기중심적 언어를 단순히 아동의 지속적인 정신활동을 반영하는 것으로 인지발달에 거의 어떠한 영향도 주지 않는다고 지적하였다. 그러나 Piaget는 전조작기가 끝날 때쯤 되면 아동의 언어가 보다 사회적이고 덜 자기중심적이 된다는 점을 관찰하였으며, 그 원인을 아동이 타인의 시각으로 볼 수 있는 능력이 성장하고 상대방이 이해할 수 있도록 자신의 언어를 조절할 수 있게 되기 때문이라고 보았다. 즉, Piaget는 Vygotsky와는 반대로 인지발달(자기중심성의 쇠퇴)이 언어발달(자기중심적 언어에서 의사소통적 언어로의 전이)을 촉진시킨다고 주장하였던 것이다.

언어와 사고에 대한 Vygotsky의 이론

Vygotsky는 아동의 초기 사고는 언어적이 아니며 초기 언어는 아동이 이미 알고 있는 것만을 반영한다는 Piaget의 입장에 동의하였다. 그러나 Vygotsky는 사고와 언어는 결국 통합되며, Piaget가 "자기중심적"이라고 불렀던 수많은 비사회적 발언은 실제로 비언어적 추론에서 언어적 추론으로의 이행을 나타내는 것이라고 주장하였다.

Vygotsky에 따르면, 학령전 아동의 자기 지향적인 독백은 특정 맥락에서 보다 자주 발생한다. 구체적으로 말하면, Vygotsky는 아동이 문제를 해결하려고 하거나 중요한 목표를 달성하려고 할 때보다 혼잣말을 많이 한다는 점을 발견하였다. 이러한 비사회적 언어는 아동이 목표를 달성하는 데 있어서 장애물을 만나게 될 때마다 극적으로 증가하였다. Vygotsky는 이러한 아동의 비사회적 언어가 자기중심적인 것이 아니라 의사소통적인 것이라는 결론을 내렸다. 즉, 아동이 전략을 계획하고 자신의 행동을 조정함으로써 목표를 달성할 가능성을 높여주는 것이 바로 이 "자기 자신을 위한 언어(speech for self)" 또는 **사적 언어**(private speech)인 것이다. 이처럼 Vygotsky의 입장에서 보면 언어는 아동이 보다 조직적이고 효율적인 문제해결자가 되게 함으로써 인지발달에서 결정적인 역할을 할 수 있다. 또한 Vygotsky는 아동이 성장할수록 사적 언어의 형태가 단축되어 4세 영아는 전체 문장을 읊조리지만 7~9세 아동은 한 마디 단어를 내뱉는다든지 간단하게 입술만 움직이는 식으로 변화된다고 주장하였다. Vygotsky의 입장에 따르면, 사적 언어는 결코 완전히 사라지지 않는다. 사적 언어는 **인지적 자기 안내 체계**(cognitive self-guidance system)의 역할을 하고, "드러나지 않게" 파묻혀 내적 언어

그림 6.8 Vygotsky에 따르면, 사적 언어는 문제해결 활동을 조직하고 조정하기 위해 학령전 아동과 저학년 아동이 사용하는 중요한 도구이다.

Myrleen Ferguson Cate/PhotoEdit

자기중심적 언어
(egocentric speech)
Vygotsky의 용어로 비사회적인 아동의 발화—즉, 어느 누구에게도 한 말이 아니고, 청자가 이해하게끔 표현되지도 않은 말.

사적 언어
(private speech)
Vygotsky의 용어로 아동의 사고를 이끌어 주는 자기를 향한 발화.

인지적 자기 안내체계
(cognitive self guidance system)
Vygotsky 이론에서, 문제해결을 위한 행동을 이끌어주는 사적 언어의 사용.

(inner speech), 즉 일상 생활을 조직하고 조정하기 위해 사용하는 내현적인 언어적 사고가 되는 것이다.

우리는 어떤 입장을 받아들여야 하는가?

최근의 연구자들은 Piaget의 이론보다 Vygotsky의 이론을 더 지지하는 편이다(Berk, 1992 참조). 유도된 학습 중에 사용되는 사회적 언어(Tanya와 아빠 간에 퍼즐을 함께 풀면서 이루어진 대화)는 학령전 아동의 사적 언어(Tanya가 혼자서 퍼즐을 풀면서 소리내어 말하는 것)를 야기시키는 것으로 보인다. 또한 실제로 아동이 쉬운 과제보다는 어려운 과제에 직면했을 때와 잘못을 범한 후 어떻게 처리할지를 결정할 때 사적 언어를 더 많이 사용한다는 점(Berk, 1992)과 자기에게 지시를 내린 후에 수행이 향상된다는 점(Berk & Spuhl, 1995)도 Vygotsky의 주장과 일맥상통한다. 게다가 영리한 아동일수록 사적 언어를 많이 사용한다는 발견은 이러한 "독백"이 Piaget의 주장처럼 인지적 미성숙(자기중심성)을 반영하는 것이라기보다는 오히려 인지적 능력을 반영하는 것이라고 볼 수 있다(Berk, 1992). 결국 사적 언어는 결국 내적 정신활동으로 스며들어, 단어와 구절이 점차적으로 속삭임과 웅얼거림과 같은 내적 언어로 진전되며(Bivens & Berk, 1990), 사적 언어가 문제해결을 할 때 과제수행의 향상과 관련이 없다고 하더라도 이는 청소년기까지 지속된다(Winsler, 2003).

그러므로 사적 언어는 지적 적응의 중요한 도구라 할 수 있다. 즉, 사적 언어를 통해 아동은 문제를 해결하고 새로운 발견을 행하기 위해 정신활동을 계획하고 조정하는 것이다.

Vygotsky의 접근: 요약과 평가

Vygotsky의 사회문화적 이론은 Piaget와 다른 학자들이 무심히 간과하였던 특별한 사회적 과정의 중요성을 강조함으로써 인지발달에 대한 새로운 견해를 제공하였다. Vygotsky에 따르면, 아동의 정신은 (1) 근접발달 영역 내에 있는 과제를 수행하는 데 있어서 능숙한 파트너와의 협동적 대화에 참여하고, (2) 능숙한 지도자가 말하는 것을 아동이 자기 스스로에게 말하는 것에 통합시킴으로써 발달된다. 사회적 언어가 사적 언어 및 내적 언어로 전환됨에 따라, 아동이 속한 문화권에서 우세한 사고방식 및 문제해결방식(지적 적응의 도구)은 유능한 지도자의 언어가 아동의 사고로 내재화되도록 도와주는 것이다.

보편적 인지발달 과정을 강조한 Piaget와는 달리, Vygotsky는 아동이 속한 문화가 어떤 문화이냐에 따라 아동의 경험이 달라지므로 각 문화별로 인지발달 과정이 다양해진다고 주장하였다. 그러므로 서양문화권의 아동은 매우 조직적인 서양식 수업에 적응할 준비를 하기 위해 맥락-독립적인 기억 능력 및 추론 능력을 습득하는 반면, 호주 원주민과 아프리카 부시맨 사냥족의 아동은 자신들의 생사가 달린 먹이 추적을 성공적으로 해내기 위해 정교한 공간 추론 능력을 습득한다. 이 두 문화 중 어떤 인지적 능력이 더 "진보적"이라고 할 수는 없다. 이는 다만 각 문화의 구성원들이 자신들 문화의 가치 및 전통에 성공적으로 적응할 수 있게 해주는 역할을 하는 것이기 때문에 현재까지 이들이 발달시켜온 추론 또는 "지적 도구"의 대안적 형태를 나타낼 뿐이다(Rogoff, 1998; Vygotsky, 1978).

표 6.5에서 보는 바와 같이, Vygotsky의 이론은 Piaget의 가장 기본적인 가정의 대부분에 의문을 던졌으며, 최근 서양의 발달학자들로부터 상당한 관심을 끌었으며

표 6.5	Vygotsky의 사회문화적 이론과 Piaget의 인지발달이론의 비교
Vygotsky의 사회문화적 이론	Piaget의 인지발달이론
1. 인지발달은 각 문화마다 다양하게 나타난다.	인지발달은 모든 문화에서 거의 보편적이다.
2. 인지성장은 사회적 상호작용에서부터(아동과 그의 파트너가 지식을 "공동으로 구성함"에 따라 근접발달 영역 내에서 유도된 학습을 통해) 이루어진다.	인지발달은 주로 아동이 스스로 지식을 구성하는 독립적인 탐색에서부터 이루어진다.
3. 사회적 과정은 개인적, 심리적 과정으로 변모된다(예컨대, 사회적 언어는 사적 언어가 되어 결국 내적 언어로 변모된다).	개인적(자기중심적) 과정은 사회적 과정이 된다(예컨대, 자기중심적 언어는 보다 효과적인 의사소통이 가능한 방식으로 조정된다).
4. 어른은 아동이 내재화하는 지적 적응의 문화적 도구를 전수함으로써 아동을 변화시키는 아주 중요한 존재이다.	또래집단과의 접촉은 타인의 시각으로 볼 수 있는 능력을 향상시키므로(이에 대해서는 12장에서 더 자세히 살펴볼 것임) 또래집단이야말로 아동을 변화시키는 아주 중요한 존재이다.

Vygotsky의 이론을 지지하는 연구 결과가 많이 발표되었다. 그러나 Vygotsky가 쓴 서적들은 이제서야 러시아어에서 다른 언어들로 번역되고 있으며(Wertsch & Tulviste, 1992), 그의 이론은 Piaget의 이론만큼 정밀하게 검증되지 않았다. 그럼에도 불구하고, 그의 이론 중 일부는 이미 도전을 받은 상태이다. 예컨대, Barbara Rogoff(1990, 1998)는 Vygotsky가 강조한 언어적 지시에 크게 의존하는 유도된 참여가 일부 문화권에서는 덜 적응적이거나 일부 학습 유형에서는 덜 유용하다고 주장하였다. 호주의 오지에서 먹이를 추적하거나 동남아시아에서 쌀을 재배하여 키우고 거두는 법을 학습하는 아동은 언어적 지시나 격려보다는 관찰과 연습을 통해 더 많은 것을 배울 수 있다. 또 다른 연구자들은 또래집단 내에서의 협동적 문제해결 방식이 그 집단 내 참여자들에게 항상 유익하지는 않으며, 보다 능숙한 참여자가 자신이 알고 있는 바에 대해 확신하지 못하거나 자신의 가르침을 또래아동들의 이해 수준으로 맞추지 못하는 경우에는 실제로 과제수행 능력이 손상될 수 있다는 사실을 발견하였다(Levin & Druyan, 1993; Tudge, 1992). 이와 같이 Vygotsky에게 쏟아질 수 있는 비판들에도 불구하고, Vygotsky는 인지성장 또한 발달의 다른 측면들과 마찬가지로 그것이 이루어지는 사회 문화적 맥락에서 연구될 때 가장 잘 이해될 수 있다는 가치있는 이론을 제시하였다.

　독자들은 Piaget 이론에 비해 Vygotsky의 이론이 "비판"을 덜 받을 것이라고 여길 수 있을 것이다. 앞서 언급했듯이, Vygotsky의 이론과 사회문화적 접근은 어떤 면에서는 서양의 심리학자들에게는 상당히 새로운 이론이어서 Piaget 이론에 비해 연구자들이 정밀하게 검토되지 않았기 때문일 수 있다. 또 다른 이유로는 Vygotsky의 접근과는 달리 Piaget의 이론은 검증가능한 가설이 많이 만들어졌기 때문이다. Vygotsky의 접근은 "이론"이라고 하기에 부족한 면이 있지만, 아동의 지적 발달에 대한 해석과 연구를 이끌어 낼 수 있는 전반적인 관점으로 여기면 될 것이다. 사회문화적 관점은 맥락의 중요성, 즉 아동이 어떻게 사고하고 무엇에 대해 사고할 것인지에 영향을 미치는 환경의 중요성에 대해 말한다. 요즘 같은 시대에 사회문화적 관점이 말하고자 하는 바는 아동은 지적으로 능동적인 존재란 "잘 알려진 사실"로 여겨지고 있는 Piaget의 이론만큼이나 뻔하게 여겨진다. 그럼에도 사회문화적 관점을 가진 연구자들은 검증할 수 있는 구체적인 가설을 만들 수 있고, 또 그렇게 하고 있다. 이러한 미확인된 가설들이 좀처럼 이론을 확

개념체크 6.4   Vygotsky의 사회문화적 이론에 대한 이해

다음 질문들에 답함으로써 Vygotsky의 개념과 이론에 대한 여러분의 이해를 체크하라. 정답은 부록에 있다.

선다형: 각각의 질문들에 대한 최선의 답을 선택하라.

_____ 1. Vygotsky는 지적 발달에 대한 모든 이론에서 고려되어야 하는 발달의 4가지 관점을 논하였다. 다음 중 Vygotsky가 제안한 관점이 아닌 것은?
   a. 미시발생학적 발달
   b. 계통발생학적 발달
   c. 사회역사학적 발달
   d. 태아 발달

_____ 2. Miller와 동료들은 중국인 아동은 미국인 아동보다 먼저 20까지 세기를 배우는 것을 관찰하였다. 그들은 이러한 차이의 원인을 어디에 두었는가?
   a. 중국어와 영어에서 사용된 숫자 단어
   b. 중국인 아동과 미국인 아동이 숫자를 세기 위해 받은 교육의 양
   c. 중국인 아동과 미국인 아동이 받은 발판화의 양
   d. 중국인 아동이 미국인 아동보다 유전적으로 수학능력이 높다는 유전적 기질

_____ 3. 5세인 Erin은 엄마와 보드게임을 하며 앉아 있다. Erin이 주사위를 굴려 2와 3이 나왔고, 강아지 모양의 작은 게임말을 옮기면서 말하였다: "강아지를 두 칸 옮기고 . . . 다음에 세 칸 옮기고 . . ." Erin의 행동을 반영한 것은?
   a. Piaget의 관점으로, 자기중심적 언어는 아동의 자기 중심적 사고를 반영하며 사회적 말하기의 시도가 실패했음을 나타낸다.
   b. Piaget의 관점으로, 자기중심적 언어는 성공적인 사회적 의사소통을 위한 준비로서 사회적 말하기를 할 수 있도록 유도하는 데 필수적이다.
   c. Vygotsky의 관점으로, 사적 언어는 어린 아동들에게 인지적 자기 안내 체계가 된다.

   d. Piaget와 Vygotsky의 관점으로, 사적 언어는 전상징적이고 외현적인 운동활동을 시작 또는 중지시키며 인지에는 영향을 미치지 않는다.

짝짓기: 다음의 개념에 맞는 정의를 연결하라.
   a. 지적 적응의 도구
   b. 근접발달 영역
   c. 발판화
   d. 개체발생학적 발달
   e. 미시발생학적 발달
   f. 유도된 참여

4. _____ 혼자 익히기엔 복잡하지만 더 능숙한 협력자의 안내와 격려가 있으면 성취할 수 있는 과제의 범위를 이르는 Vygotsky의 용어

5. _____ 생애에 걸친 개인의 발달

6. _____ 아동의 인지와 사고의 형식에서 아동과 성인 간 상호작용은 함께 참여하거나 문화적 활동에 참여하는 성인을 관찰하면서 조성된다.

7. _____ 시간, 초, 분, 하루의 비교적 짧은 시간에 걸쳐 발생하는 변화로 큰 규모와 반대되고, 개체발생학적 발달에서 관습적으로 연구한다.

8. _____ 초보자를 가르칠 때 전문가가 함께 하는 과정, 학습 상황에서 초보자의 행동에 우연하게 반응하여 초보자로 하여금 문제에 대한 이해를 점차 해나갈 수 있도록 한다.

9. _____ 사회에서 자신보다 더 유능한 조력자와 상호작용하여 사고방법과 문제해결 전략을 내재화하는 것을 이르는 Vygotsky의 용어

서술형: 다음 질문들에 상세히 답하라.

10. 근접발달 영역과 인지발달과 관련한 사고의 견습에 대해 논하라.

11. 어떻게 Vygotsky의 사회문화적 이론이 교육에 적용되는가?

인시켜주지 않는다. 문화적 맥락은 중요하지만 그 중요성을 어떻게 발견할 것인가? 즉, Vygotsky의 사회문화적 관점은 Piaget의 이론만큼 검증할 수 있는 가설이 많지 않아 반박하기 어렵다.

　Vygotsky와 그 후학들의 공을 과소평가하려는 것이 아니다. 이 관점은 근본적으로 옳다. 아동의 지적 능력은 자신이 속한 문화의 영향을 받는다. 그러나 사회문화적 관점은 보편적인 발달(Piaget가 제안한 바와 같은)이나 발달에 있어서 생물학의 역할을 살펴볼 필요성을 제거하는 것이 아니다. Vygotsky는 이러한 점은 잘 알고 있어서 행동평가에 사용되어야 하는 분석의 4가지 수준(미시발생학적, 개체발생학적, 계통발생학적 발달) 중 한 수준인 사회역사학적(sociohistorical) 발달의 목록을 작성하였다. 인지발달(전반적인 발달과 같이)은 이해의 시작, 유전 수준, 문화적 수준을 통한 향상 등 유기체

의 모든 수준에 걸쳐 아동과 아동이 속한 환경이 서로 지속적이고 양방향적인 상호작용을 이루어 낸 결과이다. Vygotsky의 접근은 발달을 개관하기 위한 가치가 있는 관점을 제공하지만 Piaget의 이론처럼 그 자체로 모든 답이 되지는 않는다.

Piaget와 Vygotsky의 이론에 발달 주제 적용하기

지금까지 Piaget와 Vygotsky의 인지발달이론을 다루었으며, 이제 다음 4가지 발달 주제에 어떻게 이론들을 적용할지 생각해 보자: 능동적인 아동, 천성과 육성의 상호작용, 질적/양적 발달 변화, 전체적인 발달. 첫 번째 주제인 능동적인 아동에 대해 생각해 보자. 이 주제는 특히 Piaget의 이론에서 중요하다. 사실상 Piaget가 영아와 아동을 다양한 방식으로 자신의 발달을 직접 만들어나가는 능동적인 존재로 보도록 발달심리학자들의 주의를 돌렸다. 이 관점은 당시 20세기 초반 심리학에서 유행하던 것은 아니었다. Piaget는 아동을 환경적 압력과 부모에게 억눌린 존재로 보지 않았고 펼쳐질 유전 계획의 필연적인 산물로 여기지도 않았다. 그보다 Piaget는 아동이 발달에서 중요한 역할을 한다고 보았다. Piaget로 인해 아동을 외부의 강요로 조성된다고 보는 환경론자나 유전의 산물이라고 보는 성숙론자의 입장을 더 이상 심각하게 받아들이지 않을 수 있게 되었다. Vygotsky는 아동의 세계에서 유의미한 타인의 역할을 강조하여 Piaget의 관점과 첨예하게 대립하였음에도 능동적인 아동의 개념을 지지하였다.

Piaget와 Vygotsky의 이론은 또한 발달에서 천성과 육성의 상호작용을 강조하였다. Piaget의 "능동적인 아동"은 인지발달의 종 특유 행동을 따랐고, 모든 인간에게서 나타나는 일반적인 생물학적 유전의 영향을 받았다. 그러나 이러한 유전적 경로는 아동을 둘러싼 환경에 의해서도 영향을 받았다. 아동은 주변 환경을 탐색하여 경험을 얻고, 특히 자신의 발달 정도에 영향을 주는 사회적, 교육적 세계를 경험한다.

Vygotsky는 아동의 사고에 영향을 미치는 성인과 문화적 조력자들에 중점을 두었고, 인지발달에서 양육의 역할은 Piaget가 주장한 것보다 더 크다고 믿었다. 그러나 아동의 발달에 관해 사회문화적인 영향을 강조하기 위해서 Vygotsky는 현재의 행동과 발달을 설명하려면 과거의 진화를 반드시 고려해야 한다는 점을 분명히 밝혔다. 이러한 행동의 고대 기원에 대한 초점은 사회문화적인 요소만으로 아동의 인지발달을 설명해서는 안 된다는 것을 Vygotsky가 인정했음을 나타낸다; "인간유전" 역시 고려되어야 한다.

질적 대 양적 변화의 관점에서 Piaget 이론은 질적 변화를 매우 강조한다. Piaget에게 아동의 사고는 발달의 각 주요 단계에서 유형이나 종류가 다르며, 단계적인 방식으로 한 단계 안에서 작은 변화들이 발생한다고 보았다(감각운동 발달에 관한 Piaget의 설명을 기억하라). 사실 이러한 관점은 Piaget가 비판받은 부분이기도 하다. 아동의 사고에 관한 Piaget의 설명은 가치가 있지만 인지발달의 단계에 대해 실제보다 과장한 경향이 있다. 현대의 발달학자들은 대개 인지발달은 질적 변화와 양적 변화 모두로 구성된다고 믿는다. 질적 변화에 대한 Piaget의 설명은 대부분 정확하지만 기본적으로 양적인 유형의 변화를 무시하였기 때문에 부족하다. Vygotsky의 이론은 발달의 질적, 양적 변화에 대한 고찰을 덜한 대신 변화의 원인에 더욱 집중하였다(주로 사회적 환경 원인). 그래도 Vygotsky의 이론이 Piaget의 이론보다 덜 단계적이므로 변화를 알기 위해서 더 적절하다고 할 수 있을 것이다.

이 장에서는 인지발달을 충실하게 다루었는데, 전체적인 발달에 대한 강조가 적은 것은 놀라운 것이 아니다. 그러나 Piaget와 Vygotsky의 이론은 모두 아동의 사고, 그 이상에 이론을 적용하려고 했다. Piaget는 아동의 인지발달은 그들의 사회와 정서 발달의 영향을 받는다고 믿었다. 이후의 장에서 Piaget의 이론이 성정체성이나 도덕발달과 같은 지능을 제외한 다른 주제에서 어떻게 적용되는지 살펴볼 것이다. 그리고 아동의 사고에 미치는 사회문화적 영향에 대한 Vygotsky의 강조는 인지발달만을 분리하여 볼 수 없다는 것을 더욱 분명히 했다. 가족에서 시작해서 또래로 확장되고 결과적으로 전체 문화로 커지는 사회적 환경은 인지발달의 맥락이다.

요약 / SUMMARY

- 6장에서는 인간이 지식을 습득하고 사용하는 정신과정인 **인지**와 **인지발달**에 대해 살펴보았으며, 앞으로 7, 8장에서도 계속될 것이다

Piaget의 인지발달이론

- Piaget의 **발생학적 인식론**(인지발달이론)에 따르면 **지능**은 아동이 환경에 적응하도록 도와주는 근본적인 삶의 기능으로 정의된다.

- Piaget는 아동을 사고와 경험 간의 **인지적 평형**을 이루는 능동적인 탐색가로 보았다.

- 도식은 **조직화**와 **적응**과정을 통해 **구성**되고 수정된다.

- 적응은 두 가지 보완적인 활동으로 구성되는데, 이 두 가지 활동은 새로운 경험을 기존의 도식에 맞추려는 시도인 **동화**와 새로운 경험의 결과 기존의 도식을 수정하려는 시도인 **조절**이다.

- 인지성장은 동화가 조절을 자극하고, 조절은 도식의 재조직화를 야기시키고, 그 결과 또 다른 동화가 발생되는 과정을 반복적으로 거침으로써 이루어진다.

Piaget의 인지발달 단계

- Piaget는 지적 성장이 **불변적인 순서**에 따라 진행된다고 주장하였으며, 그 순서는 다음과 같이 요약될 수 있다:

- **감각운동 단계(출생~2세).** 신생아는 기본적인 **반사활동**에서부터 시작하여 생후 2년에 걸쳐 물체와 사건에 직접 반응함으로써 그것들에 대해 알고 또 이해하게 되며, **1차, 2차, 3차 순환반응**을 순서대로 구성한다. 결국 이러

한 행동적 도식은 **내적 실험**과 같은 성취를 하게끔 도와주는 정신적 상징을 형성하기 위해 내재화된다.

- 비록 Piaget가 말하는 감각운동 단계의 일반적 순서가 확인되기는 했지만, 최근의 연구 결과 **A-not-B 오류**에 대한 Piaget의 설명은 틀렸으며 **지연 모방**이나 **대상영속성**과 같은 기본적인 능력들이 Piaget가 생각했던 것보다 일찍 습득된다는 사실이 입증되었다.

- **신생득론**이나 **"이론-이론"**과 같은 대안적 접근들은 영아가 초기 발달을 이끌어주는 선천적 지식을 보유하고 있다고 주장하여 Piaget의 이론에 반박하였다.

- **전조작기(대략 2~7세).** 전조작기의 아동은 **상징적 기능**에 의존하고 표상적 통찰을 할 수 있게 됨에 따라 상징적 추론이 극적으로 증가된다. 아동이 **이중 표상** 능력을 습득함에 따라 상징은 더욱 정교화된다.

- Piaget는 2~7세 아동의 사고가 **물활론적**이고 **자기중심적**이며 **중심화**의 특징을 갖고 있다고 보았다.

- 비록 전조작 단계 아동이 **외양/현실 구별**에 능숙하지는 않지만, 최근의 연구 결과에 따르면 이들이 친숙한 주제에 대해 사고하거나 Piaget식 검사를 좀 더 단순화시킨 과제를 제시받으면 보다 논리적이고 덜 자기중심적으로 사고한다는 사실이 발견되었다.

- 전조작기 아동은 **동일성 훈련**과 같은 절차를 통해 **보존 과제**를 해결할 수 있다. 그러므로 학령전 아동은 Piaget가 간과하였던 논리적 추론 능력을 초기부터 보유하고 있다.

- 전조작기 동안 아동은 **마음이론**을 반영한 **믿음-소망 추**

론을 획득하고, 이는 아동이 자신의 행동과 타인의 행동이 아는 것, 믿는 것과 바라고 소망하는 것에 근거한다는 것을 이해하기 시작한다. 마음이론은 주로 **틀린 믿음 과제**를 사용하여 평가된다.

- 마음이론 과제를 수행하는 아동의 능력은 억제와 같은 실행 기능 발달, 사회적 요인, 형제자매와의 상호작용의 영향을 받는다.

- **구체적 조작기(7~12세)**. 구체적 조작기 아동은 **탈중심화**와 **가역성**과 같은 인지적 조작을 습득함으로써 유형 물체, 사건 및 경험에 대해 논리적이고 체계적으로 사고할 수 있게 된다.

- 조작적 사고가 가능해짐에 따라 이들은 보존과 **서열**을 할 수 있게 되고 **이행** 개념도 습득한다. 그러나 구체적 조작기 아동은 실제로 만질 수 있는 물체에 대해서만 논리적으로 사고할 수 있으며 추상적 추론은 아직 불가능하다.

- Piaget는 발달적인 격차들을 깨닫고 있었으며 이러한 현상을 설명하기 위해 **수평적 격차**(horizontal décalage)라는 용어를 사용하였다.

- **형식적 조작기(11, 12세~)**. 형식적 조작기 아동의 추론은 이성적이고, 추상적이며, 마치 과학자가 **가설-연역적** 추론을 하는 것과 유사한 형태로 이루어진다.

- 형식적 조작은 때때로 혼란을 불러일으키기도 하고 이상향을 설정하게 하기도 한다. 이러한 추론방식을 발달시키는 교육경험이 없는 청소년이나 성인은 형식적 조작기에 이르지 못하기도 한다. 게다가 인지발달의 가장 높은 단계인 형식적 조작기에서도 수행 능력은 일관적이지 않다. 대부분의 성인조차도 특별한 관심이 있거나 전문적인 분야에 대해서만 형식적 조작을 보인다.

Piaget의 이론의 평가

- Piaget는 인지발달 분야를 확립시켰으며 아동 발달에 대하여 수많은 중요한 원리들을 발견하여 심리학 및 관련 분야에 있는 수천 명의 연구자들에게 영향을 주었다.

- Piaget가 인지발달의 일반적인 단계에 대해 적절하게 기술한 것 같아 보이지만, Piaget는 지적 수행 능력으로부터 기본적인 능력들을 추론하려 했기 때문에 아동의 인지 능력을 과소평가한 경향이 있다.

- 일부 연구자들은 발달이 단계적으로 이루어진다는 Piaget의 가정에 대해 의문을 제기하였으며, 또 다른

연구자들은 Piaget가 아동이 지능의 한 "단계"에서 다음 단계로 어떻게 이동하는지에 대해 구체적으로 설명하지 못하였고 지적 발달에 미치는 사회문화적 영향을 과소평가하였다고 비판하였다.

Vygotsky의 사회문화적 접근

- Vygotsky의 **사회문화적 이론**은 지적 발달에 끼치는 사회문화적 영향을 강조한다.

- 그는 아동의 환경과 상호작용하는 4가지 상호 연관된 시각(개체 발생학적, 미시발생학적, 계통발생학적, 사회역사학적)으로 발달을 평가하여야 한다고 주장하였다.

- 각 문화는 신념, 가치 및 그 문화에서 우세한 사고방식이나 문제 해결 방식(지적 적응의 도구)을 차후 세대에 전수한다. 따라서 문화는 아동에게 무엇을 생각할 것인가와 어떻게 행동할 것인가를 가르친다.

- 아동은 **근접발달** 영역에서 과제를 수행하기 위해 지도자의 가르침을 내재화하게 됨에 따라 보다 능숙한 파트너와의 협동적 대화를 통해 문화적 신념, 가치 및 문제해결 전략을 습득한다.

- 학습은 보다 능숙한 협력자가 적절하게 **발판화**를 제공할 때 가장 효과적으로 이루어질 수 있다.

- 아동은 유도된 참여를 통해 보다 능숙한 협력자로부터 많은 것을 습득하는데, 여기서 **유도된 참여**란 고도의 **맥락-독립적 학습**(서양 문화권)을 포함하거나 일상적인 활동의 맥락(전통 문화권에서 가장 빈번함)에서 발생되는 과정이다.

- 아동의 독백 또는 **자기중심적 언어**가 새로운 지식을 구성하는 데 있어서 거의 아무런 역할도 하지 않는다고 주장했던 Piaget와는 달리, Vygotsky는 **아동의 사적 언어**가 문제해결 능력을 조정하여 결국 내밀하고 언어적인 사고로 내재화되는 **인지적 자기 안내 체계**로 변모된다고 주장하였다. 최근의 연구 결과들은 언어가 아동의 지적 발달에서 가장 중요한 역할을 수행한다고 주장하면서 Piaget의 이론보다 Vygotsky의 이론을 선호한다.

- Vygotsky에 따르면, 인지성장은 그것이 이루어지는 사회문화적 맥락에서 연구될 때 가장 잘 이해될 수 있다. 그의 이론이 널리 지지를 받고 있기는 하지만 Piaget의 이론이 받았던 만큼의 검증을 거쳐야 할 것이다.

연습문제

선다형: 다음 질문들에 답함으로써 인지발달에 관한 Piaget 와 Vygotsky의 이론에 대한 여러분의 이해를 체크하라. 정답은 부록에 있다.

1. Piaget의 이론을 배우기 전, 당신은 "동화"와 "조절"을 일상 대화에서 사용하는 용어로서 이해하였다. Piaget의 이론을 배운 뒤, 이 용어들을 지적 발달의 과정으로 이해하게 되었다. 이 새로운 이해에 가장 알맞은 개념은?

   a. 조직화

   b. 동화

   c. 조절

   d. 인식론

2. Piaget 이론의 기본적인 가정은 아동은 (   ) 발달적 단계를 거쳐 이루어진다는 것이다.

   a. 불변의 순서에 따른

   b. 특정 연령에 따라

   c. 아동의 사회문화적 경험에 의존한

   d. 모방에 대한 더욱 복잡한 이해가 생김에 따른

3. 발달적 연구는 감각운동기에 대해 Piaget가 주장한 확고한 발달의 기본 순서가 있으나 몇몇 중요한 단계는 Piaget의 주장보다 이르게 나타났다. 다음 중 Piaget의 주장보다 이르게 나타나는 단계가 아닌 것은?

   a. A-not-B 오류

   b. 지연 모방

   c. 1차 순환반응

   d. 대상영속성

4. 다음 중 Piaget의 전조작기에 획득되는 능력은?

   a. 상징적 기능

   b. 탈중심화

   c. 가역성

   d. 이행

5. Piaget에 의하면 아동의 인지 능력은 발달적 격차가 있다. 아동은 같은 정신적 조작이 필요한 유사한 문제를 해결할 수 있더라도 특정한 문제를 해결하지 못한다. 그는 이러한 현상을 무엇이라 했는가?

   a. 발생학적 인식론

   b. 조작의 탈중심화

   c. 정신적 서열

   d. 수평적 격차

6. Tamara는 가설-연역적 추론과 귀납적 추론을 하기 시작했다. 그녀는 세계의 정책과 부모의 행동에 대해서마저도 이상주의적으로 생각하게 되었다. 게다가 그녀는 다른 사람들이 자신처럼 그녀의 생각과 행동에 흥미가 있다고 여긴다. Tamara는 발달의 (   ) 단계에 있는가?

   a. 감각운동기

   b. 전조작기

   c. 구체적 조작기

   d. 형식적 조작기

7. 발달심리학자들이 Piaget의 인지발달이론에 대해 비판하는 내용이 아닌 것은?

   a. 발달이 단계적으로 발생한다는 가정

   b. 인지발달의 서로 다른 단계에 대해 적절한 기술을 하지 못한 점

   c. 아동이 어떻게 한 단계에서 다음 단계로 발달하는지 구체화 시키지 못한 점

   d. 인지발달에서 사회와 문화가 미치는 영향을 과소평가한 점

8. Vygotsky는 아동의 환경과 상호작용에 관해 서로 관련있는 4가지 수준의 관점에서 발달을 평가해야 한다고 주장했다. 다음 중 4가지 수준에 포함되지 않는 것은?

   a. 미시발생학

   b. 개체발생학

   c. 계통발생학

   d. 사회발생학

9. 휴대전화를 이용하여 의사소통을 하기 위해 문자를 사용하는 것은 오늘날 십대와 젊은이들에게는 아주 일반적이다. 이것을 Vygotsky는 무엇이라 했는가?

   a. 근접발달 영역

   b. 지적 적응의 도구

   c. 발판화

   d. 유도된 참여

10. (   )는 아동의 혼잣말이 자기중심적 언어라고 주장하였다. (   )는 아동의 혼잣말이 문제해결 능력을 조절하는 인지적 자기 안내 체계라고 주장하였다.

    a. Piaget; Vygotsky

    b. Piaget; Piaget

    c. Vygotsky; Piaget

    d. Vygotsky; Vygotsky

주요 용어

가역성(reversibility)

감각운동기(sensorimotor period)

개체발생학적 발달(ontogenetic develop-
ment)

계통발생학적 발달(phylogenetic develop-
ment)

구성주의자(constructivist)

구체적 조작기(concrete operational
period)

귀납적 추론(inductive reasoning)

근접발달 영역(zone of proximal develop-
ment)

내적 실험(inner experimentation)

대상영속성(object permanence)

도식(scheme)

동일성 훈련(identity training)

동화(assimilation)

마음이론(theory of mind: TOM)

물활론(animism)

맥락-독립적 학습(context-independent
learning)

미시발생학적 발달(microgenetic develop-
ment)

믿음-소망 추론(belief-desire reasoning)

반사활동(reflex activity)

발생학적 인식론(genetic epistemology)

발판화(scaffolding)

보존(conservation)

불변적인 발달순서(invariant development
sequence)

사적 언어(private speech)

사회문화적 이론(sociocultural theory)

사회역사학적 발달(sociohistorical devel-
opment)

상상적 청중(imaginary audience)

상징적 기능(symbolic function)

수평적 격차(horizontal décalage)

신생득론(neo-nativism)

외양과 실체 구별(appearance/reality
distinction)

유도된 참여(guided participation)

이론-이론 ("theory" theory)

이중 표상(이중 부호화)(dual representa-
tion(dual encoding))

이행(transitivity)

인지(cognition)

인지발달(cognitive development)

인지적 자기 안내 체계(cognitive selfguid-
ance system)

인지적 평형(cognitive equilibrium)

자기중심성(egocentrism)

자기중심적 언어(egocentric speech)

적응(adaptation)

전조작기(preoperational period)

정신적 서열(mental seriation)

조절(accommodation)

조직화(organization)

중심화(centration)

지능(intelligence)

지연 모방(deferred imitation)

지적 적응의 도구(tools of intellectual
adaptation)

탈중심화(decentration)

틀린 믿음 과제(false-belief task)

표상적 통찰(representative insight)

형식적 조작기(formal operations)

1차 순환반응(primary circular reaction)

2차 순환반응(secondary circular reaction)

2차 순환반응의 협응(coordination of
secondary circular reaction)

3차 순환반응(tertiary circular reaction)

A-not-B 오류(A-not-B error)

7 인지발달: 정보처리 관점

Piaget와 Vygotsky의 이론은 인지발달에 대한 우리의 이해에 큰 영향을 주었다. Piaget에게 있어서 아동은 언제나 지식을 구성하고 자신을 둘러싼 세계를 더 잘 이해하기 위해 자신의 인지 구조를 변화시키는 적극적인 행위자였다. Vygotsky에게 아동은 타인과의 협동적 대화에서 그들의 문화에 적합한 사고의 수단을 습득하는 적극적인 참여자였다. 그러나 이들 접근이 갖는 단점들로 인하여 많은 연구자들은 인간 인지에 대한 새로운 시각이 필요하다고 믿었다.

이때 디지털 컴퓨터가 출현하여 많은 과학자들은 빠르고 체계적으로 입력물(정보)을 산출물(해답과 해결책)로 전환시키는 컴퓨터의 능력에 놀라워했다. 컴퓨터의 작동이 어떤 점에서는 인간 마음의 작용과 비슷하지 않을까? 인지발달의 세 번째 견해인 **정보처리 관점**(information-processing perspective)의 주창자들은 그렇다고 생각한다(Klahr & MacWhinney, 1998).

인간의 마음은 컴퓨터와 어떤 점에서 유사한가? 한 가지는 인간의 마음과 컴퓨터가 모두 하드웨어와 소프트웨어에 관련하여 용량제한(limited capacity)이 있다는 것이다. 컴퓨터의 하드웨어는 기계 그 자체이다. 즉, 키보드(또는 입력시스템), 저장 용량, 그리고 논리적 단위이다. 인간 마음의 하드웨어는 뇌를 포함하는 신경계와 감각 수용기, 그리고 신경망이다. 컴퓨터의 소프트웨어는 정보를 저장하고 조작하는데 사용되는 프로그램들—워드 프로세싱 프로그램, 통계 프로그램 등—로 구성된다. 마음도 역시 소프트웨어를 가진다. 정보를 등록하고 해석하고 저장하고 인출하고 분석하는데 사용하는 규칙과 전략, 그리고 기타 "정신 프로그램"들이다. 아동의 뇌와 신경계가 성숙하면서(하드웨어 향상), 또한 정보에 주의를 주고, 이를 해석하고, 경험한 것을 기억하고, 자신의 정신활동을 모니터하기 위해 새로운 전략을 사용하면서(소프트웨어 향상) 아동은 점점 더 복잡한 인지과제를 더 빠르고 더 정확하게 수행할 수 있다.

이 장에서는 인지발달의 정보처리 관점을 탐색한다. 첫째, 다양한 정보처리 관점에서 공통적인 기본 원칙과 가정을 알아본다. 이 견해들은 원래 발달적인 것은 아니며 인지심리학자들이 성인과 아동, 장애와 이상(abnormalities)을 가진 사람들, 심지어는 다른 종(種)의 정신과정을 연구하고 이해하기 위해 광범위하게 사용하였다.

이 장에서 우리의 두 번째 과제는 우리가 논의한 모델들을 아동의 사고에서 일어나는 발달적인 변화에 적용하는 것이다. 정보처리 관점이 제공하는 틀에 따라서 우리는 "하드웨어", "소프트웨어", 그리고 주의에서 일어나는 발달적인 변화를 조사할 것이다. 이는 인지발달의 정보처리 관점에서 중요한 기본적인 발달의 변화에 대한 개관을 제공하게 될 것이다.

기본을 정리한 다음에 우리는 정보처리 관점에서 가장 중요한 인지영역 중 하나인 기억을 더 자세히 다룰 것이다. 우리는 사건기억, 스크립트 기억, 자서전적 기억, 암묵적 기억, 명시적 기억 등 다양한 형태의 기억이 있음을 볼 것이다. 기억발달의 연구는 **또한** 기억발달에 공헌하는 전략과 다른 요인들의 발달을 포괄한다.

정보처리 관점에 의하면 다른 인지과정들도 역시 중요하다. 그래서 다음엔 유추적 이해와 산수기술이라는 **두 개의** 중요한 인지과정과 이들의 발달을 살펴볼 것이다.

마지막으로 정보처리 관점의 평가와 발달적인 주제들이 그 개념들과 어떻게 관계되는지를 간단히 알아본다.

다중저장 모델

인지나 인지발달에 관한 하나의 정보처리이론은 없다. 그러나 모든 정보처리적 접근에서 공통되는 생각은 사람들이 제한된 용량체계로 정보를 처리하기 위해 다양한 인지적 조작이나 전략을 사용한다는 것이다. 거의 40년 전에 Richard Atkinson과 Richard Shiffrin(1968)은 정보처리 체계의 **다중저장 모델**을 개발하였고 이 모델은 사람들이 사고하는 방법을 이해하는 데 유용한 안내자가 되고 있다. 그들의 중요하고도 영향력 있는 모델을 다소 수정하고 개정한 모델이 그림 7.1에 소개되었다.

그림에서 보는 것처럼 요소들 중 첫 번째는 **감각저장**(sensory store)(또는 **감각등록기** sensory register)이다. 이는 이 체계에서 등록을 위한 단위이다. 감각저장은 우리가 감지한 원래의 감각 입력을 단순히 잔상(혹은 반향)의 형태로 저장한다. 각 감각양태(예: 시각, 청각)에 따라 독립적인 감각등록기가 있으며 아마도 이들은 많은 양의 정보를 유지할 수 있지만 아주 짧은 시간동안 가능하다(시각의 경우에는 천 분의 몇 초 정도). 따라서 감각저장의 내용은 후속되는 처리가 없다면 소실되기 매우 쉽다.

그러나 이 정보에 주의를 집중하게 되면 이 정보는 **단기저장**(short-term store, STS)으로 옮겨간다. 단기저장은 제한된 양의 정보(아마 5~9 조각)를 수 초 동안 저장할 수 있다. 단기저장의 용량은 아마도 전화번호를 외워서 전화를 걸 수 있을 정도이다. 그러나 시연을 하거나 어떤 조작이 가해지지 않으면 이 정보도 곧 사라진다. 단기저장을 **작업기억**(working memory)으로 부르기도 하는데 그 이유는 모든 의식적인 지적활동이 여기서 이루어진다고 생각되기 때문이다. 따라서 단기저장 혹은 작업기억은 두 가지 기능을 갖는다. (1) 정보를 일시적으로 저장하여 (2) 그것을 사용할 수 있도록 한다.

단기저장에서 잠시 처리된 새로운 정보는 이제 마지막으로 **장기저장**(long-term

다중저장 모델
(multistore model)

정보가 감각저장, 단기저장, 장기저장의 세 처리 단계(혹은 저장)를 따라 흐르는 것으로 묘사하는 정보처리 모델

감각저장(sensory store)혹은 감각 등록기(sensory register)

정보처리의 첫 번째 저장고로 자극이 인지된 이후 처리를 위해 잠시 동안 사용될 수 있다

단기저장
(short-term store, STS)

자극이 몇 초 동안 저장되고 조작될 수 있는 정보처리의 두 번째 저장고(작업기억이라고도 한다).

장기저장
(long-term store, LTS)

정보를 검토하고 해석하며 미래에 사용되기 위해 영원히 저장하는 정보처리의 세 번째 저장고.

store, LTS)으로 옮겨진다. 장기저장은 세상에 대한 지식, 과거 경험과 사건에 대한 인상, 정보를 처리할 때 그리고 문제를 해결할 때 사용하는 전략을 포함한 방대한 정보들이 비교적 영구적으로 저장되어 있는 곳이다.

이상의 간단한 기술은 아마도 인간이 정보처리과정에서 상대적으로 수동적인 역할을 한다는 인상을 줄 수도 있다. 그러나 그런 것은 아니다. 인간은 어떤 정보에 주의를 집중할 것인지, 만약 전략을 사용한다면 어떤 전략을 사용하여 정보를 다음 과정으로 이동시킬 것인지를 결정해야만 한다. 따라서 단순히 정보가 체계 속의 다양한 저장고 또는 처리 단위들 사이를 저절로 흘러 다니는 것은 아니다. 그 대신에 우리가 적극적으로 입력들의 통로를 만든다. 이것 때문에 대부분의 정보처리 모델들이 **통제 처리**(control process) 또는 **실행적 통제처리**(executive control process, Jones, Rothbart, & Posner, 2003; Wieke, Epsy, & Charak, 2008)라는 것을 포함한다. 우리는 때로 이러한 실행적 통제처리를 **상위인지**(metacognition), 즉, 우리의 인지능력과 사고에 관계된 과정에 대한 지식이다.

인간의 실행적 기능은 대부분 자의적인 통제하에 있으며 실제로 이것이 인간의 정보처리와 컴퓨터를 가장 분명하게 구별하는 것이기도 하다. 컴퓨터와는 달리 인간은 자신의 인지행위를 시작하고 조직화하고 조정해야 한다. 우리는 무엇에 주의를 집중할지 결정하고 이 입력을 유지하고 인출하기 위해 어떤 전략을 사용할지도 결정한다. 우리는 또한 문제해결을 위해 필요한 프로그램을 불러내고 마지막으로 어떤 문제를 해결할 것인지조차 자유롭게 결정한다. 아직 복잡한 사고가 어떻게 달성되는가에 대해 현대 과학이 알아 낸 바가 많지 않지만 인간이 상당히 다재다능한 정보처리자라는 것은 분명하다. 그러나 우리가 알고 있는 것은 (혹은 알고 있다고 생각하는 것은) 역동적인 체계 내에서의 **자기 조직화**(self-organization)의 결과로 고차적인 인지가 출현한다는 것이다 (Lewis, 2000; Thelen & Smith, 1998). 즉, 낮은 수준의 단위들(감각, 자극의 특성)이 상호작용

실행적 통제처리
(executive control processes)
계획하고 주의를 조절하며 장기기억으로부터 인출된 정보로 무엇을 할 것인가를 결정하는 데 관여되는 처리.

상위인지
(metacognition)
인지와 인지적 활동의 조절에 관한 지식.

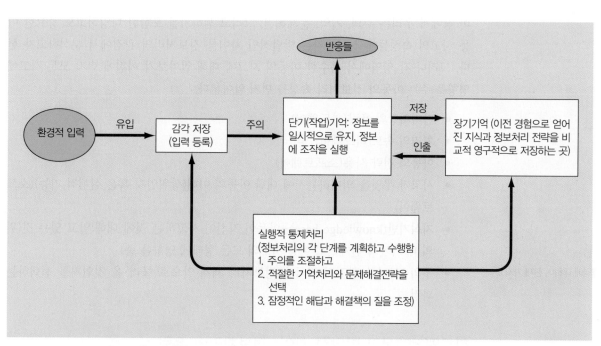

그림 7.1 인간의 정보처리체계 모델.

출처: "Human Memory: A Proposed System and Its Control Processes" by R. C. Atkinson and R. M. Shiffrin, 1968, in K. W. Spence and J. T. Spence(eds.), The Psychology of Learning and Motivation: Advances in Research and Theory. (Vol. 2). copyright 1968 by Academic Press, Inc. Elsevier의 허락 하에 인용.

하여 그 결과로 고차적 단위(지각, 개념)로 조직화되며 이는 동화와 조절의 결과로 인지발달이 더 높은 단계로 진전한다는 Piaget의 생각과도 그리 다르지 않은 현상이다. 실행기능이 출현하는데 필요한 절차들에 대해 아직도 배워야 할 것들이 많이 있지만 실행기능의 발달과 실행기능에서의 개인차가 인지과제의 수행과 어떻게 관계되는지를 살펴봄으로써 우리는 아동의 사고와 교육적 개입을 통해 이를 향상시키는 방법에 대해 배울 수 있다.

다중저장 모델의 발달

이 장에서 우리는 주의, 기억, 문제해결, 그리고 셈하기를 포함한 다양하고도 중요한 아동 사고의 속성들에서 나타나는 발달적인 차이를 정보처리의 관점에서 분석하고자 한다. 그러나 각 영역에서 특수한 아동의 사고에 대해 알아보기 이전에 먼저 모든 사고에 영향을 주는 아동의 정보처리 속성을 먼저 알아본다.

- 단기저장의 용량(하드웨어)
- 처리의 속도(하드웨어)
- 아동의 전략 사용(소프트웨어)
- 사고가 무엇을 의미하는지에 대한 아동의 이해(상위인지 혹은 실행적 기능)(소프트웨어)
- **지식기반**(knowledge base)—아동이 자신이 사고하는 것에 대해 알고 있는 것(위의 네 가지와 관계되고 아동 사고의 모든 형태에 영향을 줌)
- 주의—어떠한 환경적 자극을 정보처리 체계 안으로 불러 올 것인지를 선택하는 과정

지식기반
(knowledge base)
주제나 내용 영역에 대하여 현재 가지고 있는 정보.

하드웨어에서의 발달적 차이: 정보처리의 용량

정보처리 체계의 "용량"은 다양한 방법으로 이해할 수 있다. 용량은 때로는 정보를 저장

할 수 있는 "공간"의 양을 언급하는 데 사용되기도 하고 때로는 저장 단위에서 정보가 얼마나 오래 저장되는가를 말하기도 하며 또 때로는 얼마나 빨리 정보가 처리되는가를 말하기도 한다. 다음에 우리는 단기저장(STS)의 용량, 특히 연령에 따라 단기저장에 얼마나 많은 정보들이 유지될 수 있는가와 정보가 처리되는 속도에 있어 발달적인 차이를 알아보기로 한다.

단기저장의 발달

전통적으로 단기저장의 용량은 **기억폭**(memory span) 과제로 측정한다. 기억폭은 빠르게 제시된 서로 관련이 없는 항목들(예, 숫자)을 몇 개까지 정확한 순서대로 기억할 수 있는지를 말한다. 기억폭에서는 연령차가 상당히 신뢰롭게 나타난다(Dempster, 1981; Schneider, Knopf, & Sodian, 2009). 기억폭은 실제로 가장 널리 사용되는 두 개의 아동용 지능검사에서 사용될 만큼 신뢰할 수 있는 지표이다. 4장에서 언급한 주시 시간(looking time) 절차를 이용해서 영아의 단기기억을 측정하기도 한다. 예상한 바와 같이 영아가 한 번에 기억할 수 있는 시각 정보의 양은 생의 첫 해 동안 증가한다(Pelphrey et al., 2004; Ross-Sheehy, Oakes, & Luck, 2003).

아동이 기억해야 할 항목들을 무선으로 제시할 때는 그 항목들에 대한 아동의 지식이 기억폭에 영향을 준다. Michelene Chi(1978)의 고전적인 연구에서 대학원생들에게 두 개의 간단한 기억 검사를 실시하였다. 첫 번째 검사는 숫자폭 검사였다. 두 번째 검사에서는 체스 판에 놓인 체스 조각을 보여준 뒤에(1초에 하나씩) 학생들에게 체스를 주고 체스 판 위에 있던 대로 놓아보도록 했다. 대학원생의 수행수준을 10세들과 비교하였는데 이들은 평범한 10세아동들이 아니고 체스클럽의 일원이거나 지역 체스대회의 우승자인 체스 전문가들이었다. 만약 단순히 어린 아동이 작은 단기저장 용량을 가진다면 기억검사에서 대학원생들이 10세 아동들보다 더 좋은 수행을 보일 것이다. 그러나 Chi(1978)는 이러한 예상과는 다른 결과를 얻었다. 체스 조각에 대한 기억을 검사했을 때 아동 전문가는 성인보다 월등한 수행을 보여주었다. 그러나 이 놀라운 수행은 그들이 잘 알고 있는 것에만 한정되었으며 숫자에 대한 기억검사에서는 아동들이 성인보다 더 낮은 수행을 보였다(Schneider et al., 1993).

이러한 결과는 특정 영역(이 경우에는 체스)에서의 세부적인 지식기반은 그 영역의 정보에 대한 기억수행을 촉진하지만 다른 영역에서는 꼭 그렇지 않다는 것을 보여준다. 어떻게 체스와 같은 종목에서 전문가가 되는 것이 기억폭을 향상시키는가? 수많은 가능성이 제안되었지만 가장 중요한 역할을 하는 요인은 항목 확인(item identification), 즉 얼마나 빨리 기억해야 할 항목을 확인하는가이다. 한 영역의 전문가인 아동은 그 영역의 정보를 빠르게 처리할 수 있고 따라서 기억폭에서도 이득이 있다. 항목 확인의 속도는 **영역-특정적인**(domain-specific) 처리효율성의 지표가 된다. 그러나 전문 영역이 아닌 경우에는 나이 든 아동이 나이 어린 아동들보다 대부분의 정보를 더 빨리 처리하는 경향이 있으며 더 빠른 처리는 더 큰 기억폭에 기여하게 된다(Chuah & Maybery, 1999; Luna et al., 2004)

처리속도의 변화

처리속도에서 연령에 따라 변화하는 것은 기억폭 과제에서 항목을 확인하는 능력만은

기억폭
(memory span)
단기저장에서 수용할 수 있는 정보의 양에 대한 일반적인 측정치.

아니다. Robert Kail(1997; Kail & Ferrer, 2008)은 처리속도에 있어 발달적인 변화는 두 그림 속의 대상이 동일한 이름을 가졌는지를 판단하는 간단한 과제(예: 두 그림이 모두 바나나의 그림인가?)로부터 복잡한 정신적 수세기를 하는 과제(Miller & Vernon, 1997 참조)에 이르기까지 다양한 문제들에 있어서 매우 유사하다는 것을 발견하였다. Kail도 과거 경험(체스 전문가가 되는 것과 같은)이 특정 영역 내에서의 처리속도에 영향을 줄 수 있다는 것에는 동의한다. 그러나 그는 정보처리 속도에서 광범위하게 나타나는 연령차는 주로 생물학적인 성숙의 탓이라고 믿는다.

연령에 따른 처리속도의 차이에는 어떠한 발달적 성숙이 기저에 있는가? 두개의 가능한 후보자는 뇌의 연합영역에 있는 신경원의 수초화와 효율적인 정보처리를 방해하는 불필요한(혹은 과도한) 시냅스의 제거이다. 5장에서 본 것처럼 수초는 신경조직을 싸고 있는 지방질이며 신경 충격의 전달을 촉진한다. 뇌의 운동영역과 감각영역의 대부분에서 수초화는 생애 첫 몇 해 동안에 진행되지만 연합영역의 수초화는 청소년기나 성인초기까지도 진행된다. 많은 이론가들이 수초화의 연령이 정보처리에서의 연령차와 궁극적으로는 제한된 정신용량을 효율적으로 사용하는 데 있어서 나타나는 연령차의 직접적인 원인이라고 믿는다(Bjorklund & Harnishfeger, 1990; Kail & Salthouse, 1994).

"소프트웨어" 에서의 발달적 차이: 전략과 "사고" 에 대해 아동이 아는 것

아동이 한 순간에 얼마나 많은 정보를 마음속에 유지할 수 있으며 얼마나 빨리 그 정보를 처리할 수 있는가 하는 정보처리의 하드웨어에서 나타나는 연령의 차이는 얼마나 효율적으로 "생각"할 수 있는가에 분명히 영향을 미친다. 그러나 정보처리 관점에서의 핵심은 사람들은 정보처리에 활용하는 다양한 인지적 조작을 가지고 있으며 이러한 조작의 양과 질이 연령에 따라 변화한다는 것이다.

인지과정들은 다양한 차원에서 다르다. 어떤 것들은 자동적으로 실행되어서 우리는 우리가 생각하고 있다는 것조차 의식할 수 없다. 예를 들어, 그림을 볼 때 우리는 빛의 파동을 일관된 패턴으로 전환시키려는 의식적인 노력을 하지 않고도 형상들을 "보게"된다. 그리고 이 복잡한 작업을 어떻게 수행하는지 분석하려고 해도 아마도 그렇게 할 수 없을 것이다. 다른 인지과정들은 더 의식적이고 노력이 들어간다. 예를 들어, 앞서 언급한 그림을 보면서 특정 세부사항("왈도가 어디 있지?")을 찾으려고 노력한다면 전보다는 더 계획적이고 주의적인 인지과정이 필요하다. 후자와 같은 종류의 처리를 **전략**이라고 부르며 이는 연령에 따라 변화한다.

전략의 발달

전략
(strategies)
과제 수행을 촉진하기 위해 고의적이며 목표 지향적으로 사용되는 정신적 조작.

실행기능의 특정한 부분인 **전략**(strategies)은 과제 수행을 돕기 위해 사용되는 목표-지향적이고 의도적으로 이행되는 조작으로 정의된다(Harnishfeger & Bjorklund, 1990; Schneider & Pressley, 1997). 우리의 의식적인 사고 중 많은 부분이 전략에 의해 인도되며 아주 어린 아동들조차도 일상생활에서 문제에 직면할 때 전략을 발견하거나 개발한다. 그러나 정보화 사회에서 살아가는 아동들에게 유용하다고 생각하는 많은 전략들은 학교에서 가르치기도 한다(Moely, Santulli, & Obach, 1995). 여기에는 수학, 읽기, 기억하기, 과학적 문제해결에서의 전략이 포함된다.

아동의 인지적 수행에서 나타나는 연령차의 많은 부분이 전략 사용에 있어서의 연령차에서 기인한다. 일반적으로는 어린 아동들이 나이 든 아동에 비해 더 적은 수의 전략을 덜 효율적으로 사용한다. 그러나 실제로 인지 전략의 발달은 이것보다 훨씬 더 복잡해서 어린 아동도 어떤 전략은 효율적으로 사용하며, 나이 든 아동이 사용하는 세련된 전략이 언제나 도움을 주는 것은 아니다. 예를 들어, 아동들에게 같은 학급 친구들의 이름을 기억하게 했을 때, 좌석배치에 따라 이름을 기억하는 것은 무선으로 이름을 기억하는 것보다 더 우수하지 않았다(Bjorklund & Bjorklund, 1985). 이 경우에 학급 친구들에 대한 상세한 지식을 가지고 있으므로 전략의 사용은 불필요한 것처럼 보인다. 또 한 가지 언급할 것은 전략의 사용여부와 상관없이 대부분 아동들의 수행이 높기는 했지만 완벽하지는 않았다는 것이다.

산출결함과 사용결함

발달심리학자들은 한 때 학령전 아동들이 대부분의 문제에 접근할 때 어떠한 전략도 사용하지 않는다고 생각했다. 최근 연구들은 이러한 해석에 심각한 의문을 제기했다. 18~36개월 영아들도 장난감을 숨기는 게임에서 간단한 전략들을 사용하는 것을 생각해 보라. 동물 인형(빅 버드)을 숨기는 장소를 잘 보았다가 나중에 그를 낮잠에서 깨워주라는 지시를 받은 어린 아동들은 숨긴 장소를 반복적으로 쳐다보거나 혹은 손가락으로 가리켜서 전략적으로 장소를 기억하였다(DeLoache, 1986). 더욱 최근에 Michael Cohen(1996)은 3~4세 아동들에게 진열된 대상(예, 토마토)의 수를 더하거나 빼거나 혹은 그대로 두어서 손님의 야채 주문에 응하는 가게놀이를 하도록 했다. 이 어린 아동들은 가능한 다양한 전략들을 사용하였으며 연습을 할수록 더 효율적(예, 주문에 응하기 위해 이동을 더 적게 함)이 되었다. 비록 그들이 사용하는 전략이 단순하고 연령에 따라 그 효율성이 증가하기는 하지만 학령전 아동들도 분명히 사고와 문제해결을 위해 전략을 사용한다.

어린 아동들은 자신들이 부딪치는 문제들을 해결하기 위해 간단한 전략들을 고안한다.

어린 아동은 인지적 용량이 제한되어 나이 든 아동만큼 효율적인 전략들을 실행하고 그 전략들로부터 이득을 얻을 수 없는가? 한 가지 방법은 그들에게 새로운 전략을 가르치고 인지적 수행이 향상되는가를 보는 것이다. 이러한 종류의 훈련연구가 수 십 개 진행되었으며 그 결과는 상당히 일관적이다. 즉, 스스로 전략을 사용하지 않는 아동들도 전략을 사용하도록 훈련할 수 있으며 전략을 사용하여 이득을 얻는다(Bjorklund & Douglas, 1997; Harnishfeger & Bjorklund, 1990). 따라서 어린 아동들은 비전략적이거나 혹은 인지적 용량이 제한된다기보다는 **산출결함**(production deficiencies)을 보인다. 즉, 전략들을 잘 사용할 수 있음에도 불구하고 단순히 효율적인 전략을 산출하는 데 실패한다. 따라서 기억 검사를 대비해서 단어목록이나 문장을 암송하지 않는 어린 아동도 특별히 지시를 주면 암송할 수 있으며 그 결과로 그들의 기억 수행은 향상된다. 그러나 향상의 효과는 단기적이며 어린 아동보다는 나이 든 아동에게 그 효과가 더 크고, 전략을 사용하도록 훈련을 받은 어린 아동은 동일한 전략을 자발적으로 사용하는 나이든 아동만큼 수행하는 일이 거의 없다(Schneider & Bjorklund, 1998, 2003).

그러나 새롭고 더 세련된 전략을 사용한다고 언제나 과제수행에서 극적인 향상이 나타나는 것은 아니다. 그 대신 이러한 전략을 자발적으로 생성해 내는 아동들도 가끔 **활용결함**(utilization deficiency)을 보인다. 학교나 실험실에서 아동들에게 새로운 전략을

산출결함
(production deficiency)
학습과 기억을 향상시킬 수 있고 이미 알고 있는 전략을 자발적으로 생성하고 사용하지 못하는 결함.

활용결함
(utilization deficiency)
자신이 자발적으로 생성한 효과적인 전략으로부터 이득을 얻지 못하는 결함. 전략의 사용이 많은 정신적 노력을 요구하는 전략습득의 초기단계에서 발생한다고 생각됨.

훈련시켰을 때조차도 전략의 사용으로 인해 즉각적인 이득을 얻지 못하고 활용결함을 보인다(Bjorklund et al., 1997).

전략을 사용하도록 성공적인 훈련을 받은 뒤에도 전략 사용에서 전혀 또는 거의 이득을 얻지 못하는 아동들의 구체적인 예를 보자(Bjorklund et al., 1994). 이 연구에서는 4학년 아동들에게 범주적으로 관련된 단어들(예, 과일, 가구, 도구, 포유류의 예)을 제시하고 기억검사를 위해 단어들을 범주로 분류할 수 있도록 했다. 회상검사 전에 단어들을 범주로 묶거나(분류) 동일 범주의 단어들을 함께 기억하는 것(무리짓기) 모두가 효과적인 기억 전략이었다. 처음의 자유연상 단계("단어들을 마음대로 공부한 다음에 원하는 순서대로 기억해 내어라") 후에 조직화 전략의 사용을 가르쳤다(단어들을 범주화 한 다음 동일한 범주의 단어들을 함께 기억한다-2단계). 훈련 후에 새로운 단어목록을 주고 기억하도록 하여 아동이 학습한 새로운 전략을 일반화하는가를 보았다(3단계). 1주일 후에는 두 번째 일반화 시행을 실시하였다(4단계). 훈련(2단계)의 결과로 아동들은 회상, 분류, 무리짓기 모두에서 수행이 향상되었고 3단계와 4단계에서 여전히 높은 수준으로 전략을 사용하였다. 그러나 이 나중 단계들에서는 회상율이 이전 수준으로 떨어졌는데 이는 활용결함을 보여주는 것이다.

새롭고 더 세련된 전략이 문제를 해결하는데 더 적절한데도 불구하고 왜 아동들은 활용결함을 보이는가? 첫 번째 가능성은 새로운 전략을 사용하기 위해 너무나 많은 정신적 노력이 필요하므로 문제해결과 관련된 정보를 모으고 저장하기 위해 남은 인지자원이 거의 없을 수 있다는 것이다(Bjorklund et al., 1997; Miller & Seier, 1994). 두 번째 가능성은 가끔 새로운 전략이 아동들에게 본질적으로 흥미로울 수 있다는 것이다. 아동들은 도식을 연습하는 데에서 순수한 즐거움을 느낀다고 Piaget가 주장했던 것처럼 아동은 색다른 것을 시도하기 위해 전략을 사용할 수 있다는 것이다(Siegler, 1996). 세 번째 가능성은 어린 아동은 특히 그들의 인지적 행위를 어떻게 조정해야 하는지를 잘 모를 수 있고 새로운 전략을 효율적으로 쓰지 못하고 있다는 것조차도 모르고 있을 수 있다는 것이다. 그러나 아동이 노력을 요하는 새로운 전략을 연습하여 문제해결을 위해 더 빠르고 더 효율적으로 사용할 수 있을 정도가 되도록 아동을 자극하기만 한다면 이러한 상위인지는 궁극적으로 도움이 될 수 있다(Bjorklund et al., 1997).

아동이 전략 사용에 있어 산출결함과 활용결함을 모두 보인다는 사실은 전략적 사고의 성장이 느리고 완만하지 않은 과정임을 시사한다. 실제로 문제해결 전략에 대한 Robert Siegler의 최근연구들은 그 과정이 얼마나 고르지 않은지를 잘 보여준다.

다중 전략과 가변 전략의 사용

아동의 전략은 초기의 전략이 더 복잡하고 효율적인 전략으로 대치되는 것처럼 단계적으로 발달하지 않는다. 오히려 모든 연령의 아동들에게는 사용할 수 있는 다양한 전략이 있으며 어떤 문제를 해결하려고 할 때에는 그 중에서 선택을 하게 된다.

Robert Siegler와 동료들(1996, 2000)이 어린 아동의 셈하기 전략에 대한 연구에서 발견한 결과를 보자. 더하기를 할 때 어린 아동들은 자주 두 숫자를 모두 큰 소리로 세는(예, 5 + 3 =?이라는 문제를 풀 때 "1, 2, 3, 4, 5(쉬고), 6, 7, 8.") 합계(sum)전략을 자주 사용한다. 더 세련된 전략은 더 큰 숫자(이 경우, 5)로부터 시작하여 세는 것이다(예, "5(쉬고), 6, 7, 8."). 이 전략을 **최소전략**(min strategy)이라고 한다. 이 보다 더 세련된 전략은 **사실인출**(fact retrieval)이라고 부르는 전략으로 답을 "그냥 알아서", 세지 않고 장기기억으로부터 인출하는 것(예, 5 + 3이 얼마인가 하는 질문에 그냥 "8"이라고 대답하는 것)이다. 횡단적 자료를 보면 아동들이 처음에는 합계전략을 사용하다가 최소전략으로 옮겨가고 그 다음엔 사실인출전략을 사용하는 것 같은 인상을 받는다. 그러나 더 자세히 살펴보면 특정 시기에 각 아동은 다양한 전략을 사용하며 각 전략이 사용되는 빈도는 연령에 따라 증가하여 더 나이든 아동들이 더 세련된 전략을 더 자주 사용한다. 다중 전략과 가변 전략은 순서적 회상(일련의 숫자를 정확한 순서로 기억하는 것)(McGilly & Siegler, 1990), 간단한 동이과제(same-different task)(Blöte et al., 1999) 철자(Rittle-Johnson & Siegler, 1999), 자유회상(Coyle & Bjork-lund, 1997), 삼목놓기(Crowley & Siegler, 1993), 과학적 사고(Schauble, 1990)와 같은 다른 인지영역에서도 발견된다.

손가락을 사용하여 셈하기는 어린 아동이 산수연습을 할 때 처음 사용하는 전략 중 하나이다.

　　Siegler(1996, 2000)는 아동의 다중전략 사용과 전략이 시간에 따라 어떻게 변화하는가를 기술하기 위해 **적응적 전략선택 모델**(adaptive strategy choice model)을 제안하였다. Siegler는 기본적으로 모든 연령의 아동들에게는 해결해야 하는 문제와 유관한 다양한 전략이 존재한다고 믿는다. 때로는 한 전략(예, 사실인출)이 정신적 경쟁에서 선택되고 때로는 다른 전략(예, 최소전략)이 선택된다. 연령과 경험이 증가하고 정보처리 능력이 향상되면서 더 세련된 전략이 경쟁에서 이겨서 최소전략이 합계전략을 대치하고 나중에는 사실인출이 최소전략을 대치한다. 그러나 아동이 새로운 문제나 덜 친숙한 문제에 부딪치면 옛날의 대체전략(fallback strategies)이 경쟁에서 자주 선택된다. 따라서 Siegler의 관점에서는 전략의 발달이란 단순히 옛날의 덜 세련된 전략을 포기하고 새롭고 더 강력한 전략을 선택하는 문제가 아니다. 오히려 다중 전략들이 아동의 마음속에 나란히 자리를 잡고 있어서 오래 된 전략도 결코 사라지는 것이 아니며 새로운 전략들이 정답을 산출하는 데 실패하거나 적절치 않아서 옛 전략이 다시 사용되는 순간을 기다리고 있는 것이다. 따라서 Siegler는 전략이 단계적으로 발달하는 것이 아니며 오히려 그림 7.2에서 보는 것과 같이 중복되는 일련의 파동과 같다고 보았다.

　　Siegler와 동료들의 작업이 보여주는 바와 같이 오늘날 인지 발달론자들이 직면한 문제는 어린 아동이 전략적인가—그들은 어린 연령부터 전략적이다—하는 문제가 아니다. 오히려 발달론자들은 서로 다른 인지영역에서 아동들이 어떤 전략의 조합을 사용하는가를 결정해야만 한다. 발달론자들은 왜 어린 아동이 선호하는 단순한 전략들이 나이 든 아동이나 청소년, 성인들이 사용하는 더 세련되고 효율적인 전략으로 점진적으로 변화해 가는지와 전략 사용의 변이가 인지수행과 발달에 어떻게 관련되는가를 설명해야 한다(Coyle, 2001).

　　이제는 분명해졌겠지만 인지전략은 교실에서 매우 많이 사용된다. (이는 초등학교 아동뿐 아니라 대학생들에게도 적용된다.) 어떤 연구자들은 정상적인 학교에서의 일

적응적 전략선택 모델
(adaptive strategy choice model)
전략들이 시간 경과에 따라 어떻게 변화하는가를 기술한 Siegler의 모델. 어떤 한 순간에도 아동의 인지 목록에는 다중의 전략들이 존재하며 이들이 서로 사용되기 위해 경쟁하고 있다고 본다.

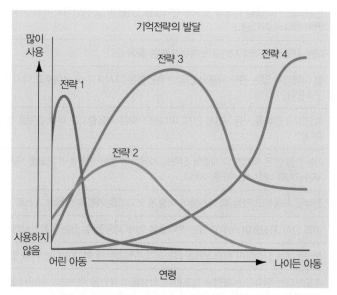

그림 7.2 Siegler의 발달의 적응적 전략선택 모델. 전략사용의 변화를 서로 다른 연령에서 다른 전략들이 더 자주 사용하게 되는, 일련의 중복되는 파동으로 보았다.

과동안 아동에게 제시되는 특정한 전략에 대한 교수를 연구하였고(Moley, Santulli, & Obach, 1995), 다른 연구자들은 학령기 아동들에게 전략을 가르치는 방법을 연구하였다(Pressley & Woloshyn, 1995). 예를 들어, Michael Pressley와 Vera Woloshyn(1995)은 읽기이해 과제에 사용할 수 있는 다음 전략들의 예를 제공하였다. 전략들 중에는 요약하기(텍스트의 요점을 추상화하기), 정신적 심상(정신적 심상 구축하기), 질문 만들기(아동들에게 스스로 질문을 만들고 대답하도록 가르침), 이야기 문법(텍스트의 이야기 구조를 사용하여 질문생성), 사전 지식 활성화(새로운 읽기물의 이해를 위해 사전에 이미 알고 있던 사실을 이용) 등이 있다. 이 예들은 읽기에 국한된 것이고 교수의 방법은 개별 아동에 따라 다르지만 이는 전략훈련을 통해 아동이 중요한 학업적 지식과 기술을 배울 수 있도록 교사가 도울 수 있는 방법을 보여준다. Pressley와 Woloshyn(1995)은 전략교수방법에 대한 일반적인 모델을 제공했으며 이는 표 7.1에 제시되어 있다.

사고에 대해 아동이 아는 것

4살 된 Joshua는 아버지의 인내를 시험하고 있다. 아버지는 "Joshua, 거기 구석에 가서 이 모든 것에 대해 잠시 생각해봐라."하고 말했다. Joshua는 아버지의 지시를 따르는 대신에 할 말이 있지만 무서워서 감히 말을 하지는 못하는 혼란스러운 표정으로 그 자리에 서 있다. "무슨 일이지?"하고 아버지가 아직도 화가 난 듯이 물었다. "그런데 아버지, 어떻게 생각해야 하는지 모르겠어요."라고 Joshua가 대답했다. 4살 된 Joshua는 어떻게 생각을 하는 것인지를 모르는 것이 분명했다. 그는 자신이 생각을 했다는 것도 몰랐다.

사고를 잘하기 위해 무엇을 해야 하는지를 굳이 알 필요는 없다. 우리들의 일상적인 인지의 대부분은 **암묵적**(implicit)이거나 또는 무의식적이다. 예를 들어, 우리들은 모국

암묵적 인지
(implicit cognition)
생각을 하고 있다는 인식 없이 발생하는 사고.

표 7.1 전략 교수방법의 일반적 모델

진행되는 커리큘럼 속에서 소수의 전략들을 집중적이고 광범위하게 한 가지씩 가르친다. 학생들이 전략사용의 아이디어에 친숙해질 때까지 초기에는 한 번에 하나씩 가르친다.

매번 새로운 전략의 시범을 보여주고 예를 들어 준다.

잘 이해되지 않는 전략 사용의 민감한 측면들은 다시 시범을 보여주고 다시 설명한다(학생들은 한 번에 조금씩 세련되게 전략에 대한 자신들의 이해를 구축한다).

학생들이 전략을 사용하면서 언제, 어디에 전략을 사용할지에 대한 정보를 발견하겠지만, 그래도 학생들에게 언제 어디에 전략을 사용할지를 설명해 준다.

가능한한 많은 적절한 과제들에 전략을 사용하며 충분한 연습의 기회를 제공한다. 이러한 연습을 통해 전략을 능숙하게 실행하고 어떻게 적용할지, 언제 사용할지에 대한 지식이 증가한다.

전략을 사용하고 있을 때 자신들이 어떻게 하고 있는가를 학생들이 스스로 감독(monitor)하도록 격려한다.

일과 중에 자신들이 배우고 있는 전략들을 언제 사용할 수 있는지 환기시켜서 전략사용이 일반화되도록 격려한다.

학생들에게 자신들이 학습과제를 유능하게 수행하는데 핵심이 되는 가치 있는 기술을 배우고 있다는 인식을 고양시켜서 전략 사용을 동기화한다.

속도보다는 생각하는 과정을 강조한다. 학생들의 불안을 제거하기 위해서 할 수 있는 모든 것을 실시한다. 학생들이 학업적 과제에 집중할 수 있도록 산만해질 수 있는 모든 것으로부터 스스로를 보호하도록 격려한다.

출처: Pressley, M., and Woloshyn, V. (1995). *"Cognitive Strategy Instruction That Really Improves Children's Academic Performance,"* (2nd ed.) Combridge, MA: Brookline Books.

어를 모두 능숙하게 말하지만 우리들 중에 모국어의 모든 언어적 규칙을 의식적으로 나열할 수 있는 사람은 거의 없다. 물론 인지의 풍요로움은 대부분의 경우, 아동이건 성인이건, 의식적이거나 혹은 **명시적인**(explicit) 사고로부터 나온다. 명시적인 인지의 측면은 실행적 기능을 다룰 때 특히 중요하다. 우리의 사고를 조절하기 위해서는 사고가 무엇인지를 이해하는 것이 도움이 된다. 분명히 Joshua는 생각한다는 것이 무엇인지에 대한 지식을 결여하고 있는 것 같으며 그것이 그리 놀랄 일도 아니다.

명시적 인지
(explicit cognition)
우리가 의식적으로 인식하는 사고와 사고의 과정.

학령전 아동은 자주 여러 형태의 사고를 혼동한다. 예를 들어, 아동들은 기억하는 것과 아는 것 그리고 추측하는 것 간의 차이를 알지 못하는 것 같다(Johnson & Wellman, 1980; Schwanenflugel, Henderson, & Fabricus, 1998). 어린 아동은 또한 실제보다 자신들이 자신의 사고를 더 잘 통제할 수 있다고 믿는다. 예를 들어, John Flavell, Frances Green, Eleanor Flavell(1998)은 5세, 9세, 13세, 그리고 성인들에게 정신의 통제성에 관한 일련의 질문을 하였다. 이상한 소리를 들은 아동은 싫어도 자동적으로 그 소리가 무엇인지 생각하게 될 것인가? 아무것도 생각하지 않고 3일 동안을 버틸 수 있을까? 성인과 나이 든 아동들은 어린 아동들에 비해 마음이 "독립적"이라는 것을 더 잘 알고 있다. 즉, 그들은 때로 자신들이 생각하고 싶지 않은 것(예를 들어, 예기치 않은 소리의 원천)에 대해서도 생각이 떠오르고 긴 시간 동안 생각하지 않고 지낼 수 없다는 것을 잘 이해한다.

연구자들은 자기 자신의 생각에 대한 인식과 의식과 무의식의 구분이 아동기 동안 점진적으로 발달한다는 것을 보여주었다. 예를 들어, 많은 5세들과 일부 7세와 8세 아동들은 사람들이 꿈을 꾸지 않고 잠을 자고 있는 동안(Cormier et al., 2004; Flavell et al., 1999) 또는 심지어는 죽은 후에도(Bering & Bjorklund, 2004) 계속해서 무엇을 원하고, 가장하고, 생각하고, 들을 수 있다고 믿었다. 다른 연구에서는 5세와 8세 그리고 성인들에게 30초 동안 "아무것도 생각하지 말라"고 지시했다. 대부분의 성인과 8세 아동은 노력했지만 아무것도 생각하지 않는다는 것은 불가능하다고 대답했다. 반대로 대부분의 5세는 마음속에서 **모든** 것을 내보낼 수 있다고 주장하였고 매 순간마다 떠다니는 의식의 흐름에 대해 알지 못했다(Flavell, J. H., Green, F. L., & Flavell, E. R., 2000). 이것과 다른 연구(Flavell, 1999 참조)는 아동들이 사고에 대해 아직도 배울 것이 많음을 시사한다.

사고과정에 대한 지식 즉 상위인지는 많은 고차적 사고와 문제해결에 매우 중요하다. 비록 우리가 어떤 고차적 인지과제는 무의식적으로 수행할 수도 있지만 대부분의 학습과 기억과제는 관계되는 정신과정에 대해 의식적으로 알고 있을 때 가장 잘 수행할 수 있다. 이 장의 후반부에서 몇몇 인지적 도전에서 상위인지가 어떤 도움이 될 것인지가 분명해질 것이다. 그러나 먼저 동전의 다른 면 즉, 무의식적인 인지를 살펴보고 어린 아동들도 어떤 암묵적인 인지과제는 성인만큼 잘 수행한다는 사실을 살펴보기로 한다.

암묵적 인지 혹은 무의식적 사고

우리는 앞서 암묵적 인지를 의식하지 않은 사고라고 정의하였다. Annette Karmiloff-Smith(1992)는 영아와 어린 아동이 가진 지식의 대부분이 암묵적이라고 주장하는 이론을 개발하였다. 예를 들어, 물리적 대상에 대한 어린 영아의 지식이나 언어에 대한 어린 아동(그리고 성인)의 지식은 암묵적으로 표상된다. 이 지식은 거미가 거미줄을 만들 때, 푸른 어치 새가 둥지를 지을 때 또는 어린 염소가 벼랑에서 떨어지는 것을 피할 때 사용하는 것과 유사한 지식이다.

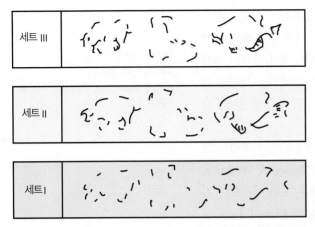

세트 III	
세트 II	
세트 I	

그림 7.3 암묵적 기억의 연구에서는 이와 비슷한 미완성 그림이 사용되었다.

출처: Gollin, E. S. *"Factors Affecting the Visual Recognition of Incomplete Objects: A Comparative Investigation of Children and Adults."* Percetual and Motor Skills, 1962, 15, 583–590. © Southern Universities Press 1962.

이와 관련된 생각은 **암묵적 학습**(implicit learning)(명백한 의식 없이 새로운 지식을 습득하는 것)이 매우 일찍부터 발달하는 능력이라는 것이다. 최근의 연구들에 의하면 자신들이 배운 것을 명백하게(언어적으로) 설명할 수 없는데도 불구하고 6세와 10세 아동들도 일련의 연속적인 반응(즉, 어떤 반응이 어떤 반응 뒤에 따라오는가를 학습하는 것)을 성인만큼 잘 학습하였다(Meulemans, Van der Linden, & Perruchet, 1998; Vinter & Perruchet, 2000). 암묵적인 기억(의식하지 않고 기억) 역시 연령에 따라 크게 향상되지 않는, 매우 일찍부터 발달하는 능력이라고 생각된다. 예를 들어, 아동의 암묵적 기억을 측정하는 한 가지 절차는 그림 7.3에서 보는 것과 같이 조각난 그림을 사용한다. 조각난(미완성의) 그림을 보여주고 아동들에게 그림을 알아맞히도록 한다. 처음에는 그림을 알아맞히기가 매우 힘들지만 그림이 완성되면서 점점 대상을 확인하기가 쉬워진다. 이 과제를 사용한 실험에서 아동들에게 일련의 분명치 않은 그림을 보여주고 이 분명치 않은 그림을 포함한 두 번째 과제를 보여주었다. 아동들은 어떤 그림도 전에 본 것을 기억하지 못하지만, 이 두 번째 과제에서 전에 본 적이 있는 그림을 그렇지 않은 그림보다 더 잘(빨리 혹은 정확하게) 알아낼 것인가? 그 대답은 일반적으로 그렇다는 것이다. 그리고 더 중요한 것은 이 "암묵적 기억"효과의 양에 있어서는 연령차가 거의 없다는 것이다(Drummey & Newcombe, 1985; Hayes & Hennessy, 1996).

비록 암묵적 학습과 암묵적 기억에 대해 상대적으로 연구가 부족하지만 연구의 결과는 일관된다. 명시적 학습과 기억 검사, 사고에 대한 아동의 이해에는 상당한 연령차가 존재하지만 암묵적 학습이나 기억 검사에는 연령차가 거의 없다(Hayes & Hennessy, 1996; Vinter & Perruchet, 2000). 암묵적 인지와 명시적 인지 모두를 정보처리의 기제로 생각할 수 있다. 그러나 이들이 보여주는 서로 다른 발달적인 패턴은 인지발달이 다면적이며 모든 사고가 하나의 경로를 따르는 것이 아니라는 것을 보여준다.

전통적인 정보처리 모델에 대한 대안적인 관점이 제시되었으며 아동 사고의 연령차를 설명하는 데 도움이 된다. 한 가지 유망한 접근이 **희미한 흔적이론**(fuzzy-trace theory)이다.

희미한 흔적이론
(fuzzy-trace theory)
Brainerd와 Reyna가 제안한 이론으로 인간이 경험을 부호화할 때 문어적, 축어적 흔적에서 희미하고, 요지와 같은 흔적으로의 연속체상에서 부호화한다고 주장한다.

희미한 흔적이론: 대안적 견해

인간의 정보처리에 관한 대부분의 전통적인 관점들은 우리가 한정된 수의 정보를 부호화하고 이에 대해 사고하여 문제를 해결한다고 가정한다. 예를 들어, 27 + 46 = ?와 같은 문제를 해결하고자 할 때 먼저 두 숫자를 정확하게 부호화해야만 하며 그 다음에 적절한 정신적 조작이 있어야 정답을 구할 수 있다. 그러나 우리의 모든 사고가 이러한 정확성을 요구하는 것은 아니다. 실제로 일상적으로 일어나는 일에 대한 생각의 대부분은 정확한 축어적(verbatim) 정보에 의존하려고 노력하기 때문에 어느 정도 방해를 받는다. 또한 우리는 경험하는 많은 것을 매우 일반적인 용어로 부호화하고("스테레오는 Service Merchandise 보다 Best Buy에서 더 싸다") 이 부정확한 정보에 근거하여 문제를 해결하고자 한다("Best Buy에서 스테레오를 사야지").

Charles Brainerd와 Valerie Reyna(2001, 2004)의 **희미한 흔적이론**(fuzzy-trace theory)은 이러한 특성을 고려하여 아동이 문제해결을 위해 정보를 표상하는데 있어 중요한 발달적인 차이가 있다고 주장한다(그림 7.4 참조). 희미한 흔적이론에 의하면 기억표상은 문어적인 축어적 표상(verbatim representation)과 정확한 세부정보는 없이 내용적인 본질만을 보존하는 **요지**(gist)라고 불리는 **희미한 표상**(fuzzy representation)의 연속체상에 존재한다. 이 이론에 따르면 요지와 같은 형태의 표상 혹은 희미한 흔적은 단순히 축어적 표상이 희미해진 형태는 아니라는 것이다. 실제로 우리는 축어뿐 아니라 희미한 흔적, 즉, 정보의 요약과 같은 표상을 모두 부호화하고 있으며 우리가 해결하고자 하는 문제에 더 적절하거나 더 용이한 표상을 사용한다(그림 7.4 참조).

희미한 흔적과 축어 흔적은 여러 가지 중요한 점에서 다르다. 축어적 흔적과 달리 희미한 흔적은 쉽게 접근가능하며 일반적으로 사용하는데 노력이 적게 든다. 또한 희미한 흔적보다 축어적 흔적은 간섭받고 망각되기 쉽다. 예를 들어, 두 가게에서 파는 두 벌의 옷 가격을 비교할 때 옷의 정확한 가격은 쉽게 잊혀진다. 그러나 더 오래가는 정보는 Old Navy에서 파는 옷이 Gap의 옷보다 더 싸다는 것이다. 만약 어떤 옷을 사는 것이 더 잘 사는 것인지를 결정해야 한다면 두 옷의 가격비교에 대한 요지적 지식을 사용하면 된다. 그러나 만약 어느 옷이든 살 수 있을 정도로 돈이 넉넉하다면 축어적 정보를 필요로 할 것이다.

일반적으로 사람들은 축어적 표상보다는 희미한 흔적을 더 쉽게 사용하지만 이것은 나이에 따라 달라진다. 6~7세 이전의 아동들은 축어적 표상으로 정보를 기억하고 부호화하도록 편향되어 있지만 나이 든 아동이나 성인들은 요지와 같은 희미한 흔적을 더 선호한다(Brainerd & Gordon, 1994; Mark & Henderson, 1996). Charles Brainerd와 L. L. Gordon(1994)은 예를 들어, 다음과 같은 배경정보에 근거하여 풀어야 하는 간단한 산수 문제를 학령전 아동과 2학년 아동에게 제시하였다. "농부 Brown씨는 많은 동물을 기르고 있다. 개 3마리, 양 5마리, 닭 7마리, 말 9마리, 그리고 소 11마리를 가지고 있다." 그 다음에 아동들에게 일련의 질문을 했는데 일부는 다음과 같이 축어적 지식을 필요로 하는 질문이었다. "농부 Brown씨는 몇 마리의 소를 기르고 있는가, 11마리 혹은 9마리?" 다른 문제들은 다음과 같이 요지적 정보만을 필요로 하는 질문이었다. "농부 Brown씨가 가진 동물 중에 가장 많은 동물은 무엇인가, 소인가 혹은 말인가?"

그들은 학령전 아동들은 요지적 정보를 요구하는 질문보다 축어적 정보를 사용하는 질문에 더 잘 대답하였고, 2학년들은 반대로 축어적 정보를 사용하는 질문보다 요지적 정보를 사용하는 질문에 더 잘 대답한다는 것을 발견하였다(그림 7.5). 축어적 질문에는 2학년들과 학령전 아동들의 수행이 유사하였다. 유일한 연령차는 요지적 질문에서 학령전 아동들이 2학년보다 더 낮은 수행을 보인 것이었다.

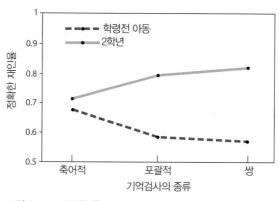

그림 7.4 희미한 흔적이론. 학령전 아동과 2학년의 축어적, 포괄적, 쌍으로 제시된 문제들의 정확한 재인율.
출처: C. J. Brainerd and L. L. Gordon," *Development of verbatim and gist memory for numbers,*"Developmental Psychology, 30, 163–77. Copyright © 1994 by the American Psychological Association.

요지
(gist)

정보의 자세한 세부사항 보다 중심적인 내용을 보존하는 희미한 표상.

그림 7.5 요지와 같은 표상, 혹은 희미한 흔적은 상세한 세부를 기억하지 않고 장면이나 사건의 중심 내용을 기억하게 돕는다. 이 소년은 개가 고양이를 좇아가는 것을 기억할 것이지만 동물들의 색이나 고양이가 빨간 목줄을 했다는 사실은 기억하지 못할 수 있다.

희미한 흔적이론은 아동이 정보를 부호화하고 이를 이용하여 문제해결을 하는 방법에 있어 발달적인 변화를 기술하는데 유용하다. 요지정보에 의존하는 것이 축어적인 세부정보들을 인출하려고 애쓰는 것보다 용이하고 아동이 직면하는 수많은 문제들을 해결하는데 더 효율적이다. 암산과 같은 과제는 축어적 표상을 요구한다. 어린 아동이 나이 든 아동들에 비해 느리고 비효율적으로 사고하는 주된 이유는 불필요한 축어적 세부사항을 처리하느라 제한된 인지자원을 소모하여 효율적인 문제해결을 방해하기 때문이다.

주의의 발달

정보를 부호화하고, 유지하고, 문제해결을 위해 사용하기 위해서는 제일 먼저 정보를 탐지하고 주의를 줘야 한다. 어린 영아들이 다양한 감각 입력에 주의를 집중하더라도 대상과 사건들이 자주 그들의 주의를 사로잡는다. 즉, 1개월 된 아기는 얼굴에 집중하려고 선택한 것이 아니라 얼굴이 그들의 주의를 끄는 것이다. 유사하게 한 가지 활동에 완전히 몰입한 유아도 곧 흥미를 잃고 다른 활동에 주의를 빼앗긴다. 그러나 아동이 나이가 들면서 그들은 주의를 유지하고 선택적으로 집중하게 되고 주의에 대해 더 많은 것을 알게된다.

주의유지의 변화

주의폭
(attention span)
특정 자극이나 활동에 주의를 유지시키는 능력.

유아원을 방문하여 보면 교사들이 활동을 매 15~20분마다 바꾸고 있는 것을 볼 것이다. 왜 그럴까? 그 이유는 어린 아동이 매우 짧은 **주의폭**(attention span)을 가지기 때문이다. 즉 그들은 긴 시간동안 한 활동에 주의를 줄 수 없다. 심지어는 장난감을 가지고 놀거나 TV를 시청하는 것과 같이 자신들이 좋아하는 일을 할 때조차도 2~3세 아동들은 다른 곳을 쳐다보거나 이리저리 다니거나 하면서 나이 든 아동보다 훨씬 적은 시간동안 집중한다(Ruff & Capozzoli, 2003; Ruff, Capozzoli, & Weisberg, 1998). 집중하려고 할 때 어린 아동들의 문제 중 일부는 방해요인에 의해 쉽게 주의가 분산되고 과제와 무관한 사고의 침입을 억제할 수 없다는 것이다.

주의를 유지하는 능력은 아동기와 청소년기 초기동안에 점차 향상되고(Garon, Bryson, & Smith, 2008; Hanania & Smith, 2009; Zelazo, Muller, Frye, & Marcovitch, 2003), 이러한 향상은 부분적으로는 중추신경계의 성숙적인 변화에 기인한다. 예를 들어, **망상체**(reticular formation), 즉, 뇌에서 주의에 관여하는 부분은 사춘기까지 완전히 수초화가 진행되지 않는다. 청소년기와 성인초기에 다가오는 시험이나 다음날 아침까지 끝내야 하는 과제를 위해 몇 시간씩 벼락치기를 할 수 있는 것은 이러한 신경계의 발달로 설명된다.

선택적 주의: 분명하게 무관한 정보를 무시하기

선택적 주의
(selective attention)
경험 중에서 과제와 유관한 측면에 집중하고 과제와 무관한 정보나 방해가 되는 정보를 무시하는 능력.

사전에 아동에게 어떤 정보에 주의를 기울여야할지를 미리 알려주어서 계획을 세울 필요가 없으면 어린 아동들도 나이 든 아동만큼 수행할 것인가? 아마도 그렇지 못할 것이다. 왜냐하면 어린 아동들은 **선택적 주의**(selective attention), 즉, 과제와 관련된 자극에만 주의를 기울이고 환경의 다른 무관한 자극에 의해 산만해지지 않는 능력이 부족하기 때문이다(Garon et al., 2008; Zelazo, Carlson, & Kesek, 2008). Patricia Miller와 Michael Weiss(1981)가 7, 10, 13세 아동들에게 서로 다른 커튼 뒤에 숨은 동물들의 위치를 기억하도록 했을 때 발견한 결과를 보자. 각 커튼이 올라갔을 때 동물들이 나타났고 아동들에게는 동물과 함께 동물의 위나 아래에 가재도구가 보였다. 그러니까 이것은 어떤 정보(동물)는 선택적으로 주의를 집중하고 방해정보(가재도구)는 무시해야 하는 학습과제이다. 아동들이 각 동물의 위치를 기억하는지 검사하였을 때, 13세 아동은 10세 아동보다 높은 수행을 보였고 10세는 7세보다 약간 더 높은 수행을 보였다. Miller와 Weiss는 이제 아동이 우연적(무관한)정보에 주의를 기울였는지를 알아보기 위해 동물과 함께 제시되었던 가재도구를 기억해 보도록 했다. 이 우연학습 검사에서는 완전히 반대결과가 나왔다. 13세는 7세나 10세보다 가재도구를 잘 기억하지 못했다. 실제로 어린 두 집단은 동물

어린 아동들은 매우 짧은 주의폭을 가진다.

의 위치만큼 무관한 대상을 잘 기억해 내었다. 종합하면, 이 결과는 나이 든 아동이 어린 아동들보다 관계되는 정보에 주의를 집중하고 과제수행을 간섭하는 여타 정보들을 걸러내는데 더 뛰어나다는 것을 보여준다.

인지적 억제: 분명하게 무관한 정보 떨쳐버리기

연구자들은 선호하거나 혹은 잘 발달된 반응을 억제하는 아동의 능력발달이 인지발달에 중요한 역할을 한다고 제안한다(Diamond, Kirkham, & Amso, 2002; Diamond & Taylor, 1996; Harnishfeger, 1995; Sabbagh, Xu, Carlson, Moses, & Lee, 2006). 전통적인 정보처리 이론들은 조작과 지식의 활성화를 강조하는 반면 이러한 대안적 견해들은 조작이나 어떤 지식이 의식화되는 것을 방해하는 것이 인지발달에 똑같이 중요하다고 생각한다(Baker, Friedman, & Leslie, 2010; Dempster, 1993 참조).

　억제(inhibition)의 결함은 영아와 아동에게 모두 영향을 주는 것으로 생각된다. 6장에서 Piaget의 A not B 과제를 해결하는 영아가 대상이 B 지점에 감춰져 있는 것을 본 다음에도 A 지점으로 손을 뻗치는 것을 기억해보자. 주의 능력이 연령에 따라 증가하는 또 다른 이유는 나이 든 아동들이 자신들의 주의를 조절하는데 더 효과적인 전략을 사용할 수 있다는 것이다. 그들은 분명히 대상이 어디에 있는지 잘 "알고"있는데도 불구하고 처음에 대상을 찾았던 장소(A)를 탐색하고자 하는 경향을 억제할 수 없다.

　억제처리에 있어 연령에 따른 변화는 나이 든 아동들이 직면하는 수많은 인지과제에서도 발견된다. 예를 들어, 중요하지 않은 정보를 선택적으로 망각하는 아동의 능력은 잊어야 할 정보를 마음 밖으로 밀어내는 능력에 의해 영향을 받는다. 나이 든 초등학생들이 어린 아동들에 비해 이 억제처리를 더 잘 한다(Lehman et al., 1997; Wilson & Kipp, 1998). 일반적으로 어린 아동들은 자신들이 선호하거나 우세한 반응 외의 다른 반응을 실행하는데 어려움을 느낀다. 자신들의 행위를 조절(수용될 수 없는 행위를 억제하고 바람직한 행위를 더 수행함)하는 능력도 역시 연령에 따라 증가한다(Jones, Roth-bart, & Posner, 2003; Kochanska et al., 1996).

억제
(inhibition)
자신이 어떤 인지적 반응이나 행동적 반응을 실행하는 것을 금지하는 능력.

억제적 통제의 발달에 어떠한 요인들이 공헌을 하는가? 신경학적인 성숙이 중요한 것 같다. 6장에서 A-not-B 과제에서 부적절한 반응을 억제하는 영아의 능력이 대뇌 피질 전두엽의 성숙과 관련되어 있다는 것을 배웠다. 더구나 전두엽이 손상된 성인과 학령전 아동이 모두 언어적 지시에 따라서 우세한 반응을 억제해야 하는 과제의 수행에 어려움을 느낀다. 예를 들어, 실험자가 보여주는 것보다 한 번 더 연필을 두들기라고 지시를 주어도, 어린 아동과 뇌손상의 어른 모두 실험자가 보여주는 수만큼 연필을 두드리는 우세반응을 억제하기 힘들어한다(Diamond & Taylor, 1996). 종합하면, 전두엽의 성숙이 다양한 생각과 반응을 억제하는데 있어 중요한 역할을 한다.

Katherine Kipp Harnishfeger와 David Bjorklund(Bjorklund & Harnishfeger, 1990; Harnishfeger, 1995; Harnishfeger & Bjorklund, 1994)는 인지발달에서 억제적 기제의 영향을 설명하기 위해 "비능률적 억제(inefficient inhibition)"모델을 제안하였다. 그들의 모델에 있어 핵심적인 내용은 과제수행과 무관한 정보들을 작업기억으로부터 제외시키는 능력에서의 연령차가 과제수행에 영향을 미친다는 것이다. 어린 아동들은 환경으로부터 제공되는 과제와 무관한 입력을 무시하기가 어려울 뿐 아니라 과제와 무관한 생각을 억누르는 것도 어려워한다. 과제와 무관한 많은 정보들이 작업기억에서 "인지적 혼란(cognitive clutter)"을 초래하고 이는 작업기억의 기능적 공간을 줄이며 따라서 기타 인지전략을 성공적으로 실행하지 못하도록 한다(Lorsbach, Katz, & Cupak, 1998).

인지발달에서 억제적 처리가 중요한 역할을 한다는 것을 인정하는 것은 아동의 사고를 이해하는데 있어 중요한 첫걸음이 된다. 그러나 억제적 관점은 발달에 있어서 정보처리의 관점을 보충하는 것이지 대체하는 것은 아니다. 억제에 있어 연령의 변화는 어떤 능력들이 표현되도록 허락하지만 처음부터 그 능력이 발달하도록 하는 원인이 되는 것은 아니다. 달리 말하면, 억제적 통제에서의 향상이 인지적 혼란을 최소화하고 따라서 진보된 정보처리 능력이 발현되도록 허락하여 인지적 성숙을 촉진한다.

상위주의: 주의에 관해 아동은 무엇을 아는가?

아동은 그들의 행동에서 보여주는 것보다 주의과정에 대해 더 많은 것을 알고 있는가? 실제로 그렇다. 일반적으로 4세조차도 선택적 주의과제에서 방해자극을 극복하지는 못하지만 두 사람의 화자가 순서대로 이야기하는 것보다 동시에 이야기하는 경우 이해하기가 더 힘들다는 것을 안다(Pillow, 1988). 그러나 어떤 여자가 선물로 줄 핀을 고르는 중이라는 말을 들은 4세조차도 이 여자가 주로 핀에 대해 생각하고 다른 것은 마음에 두지 않으리라는 것을 알지 못한다(Flavell, Green, & Flavell, 1995). 이는 마치 이 아동들이 주의를 산만하게 하는 것에 대해서는 알지라도 선택적 주의에 무엇이 포함되는지를 알지는 못하는 것 같다.

Miller와 Weiss(1982)의 연구에서는 5, 7, 9세에게 우연 학습과제(전에 언급한 동물과 가재도구 과제 같은 것)의 수행에 영향을 미치는 요인에 대해 질문을 하였다. 비록 주의과정에 대한 지식은 연령에 따라 증가하였지만 5세들도 적어도 과제와 관련된 자극을 먼저 봐야한다는 것을 알고 그 다음에 이 대상들의 이름을 이용해서 기억을 도와야 한다는 것을 안다. 7세와 10세는 이 과제를 잘 수행하기 위해서는 더 나아가 과제관련 자극에 선택적으로 주의를 기울이고 무관한 정보를 무시해야 한다는 것을 더 이해한다. 그러나 학령전 아동이 주의에 대해 아무것도 모른다고 생각하기 전에 Michael Tomasello와

Katharina Haberl(2003)의 연구를 보자. 12개월과 18개월 영아들은 성인과 상호작용하였고 성인은 3개의 장난감 중 하나(영아가 전에 보지 못했던 새로운 장난감)를 보며 "와 대단하다"라고 말하며 큰 관심을 나타내었다. 그 다음에 성인은 "그것을 내게 주겠니?" 하고 아이에게 물었다. 두 연령의 영아 모두 이 요청에 응답할 수 있었다. 그들은 한 사물을 쳐다보고, 즉, 주의를 기울이고 그것을 보고 흥분한다는 것은 그 사물을 선호하는 것을 나타낸다는 것을 알고 있었다. 주의에 대한 이러한 지식(이 경우에는 타인의 주의)은 어떤 사람이 자신이 보고 있는 것에 대해 생각하고 있을 가능성이 높다는 것을 이해하는 것과는 같지 않을 수 있지만 이는 주의에 대한 이해의 뿌리가 영아기부터 시작된다는 것을 보여준다.

우리는 정보처리 이론의 기본 전제들을 기술하였고 일반적인 수준에서 처리의 하드웨어와 소프트웨어의 발달에 대해 논의하였다. 이제부터는 정보처리의 4가지 중요한 특

개념체크 7.2   정보처리에서 발달적 차이의 이해

정보처리의 발달적 차이에 대한 이해를 점검하기 위해 다음의 질문들에 답하여 보자. 해답은 부록에 있다.

선다형: 각 질문에 가장 적절한 답을 골라보자.

_____ 1. 전략발달의 과도기에 아동들이 전략을 사용하지만 이것이 과제의 수행을 촉진하지 않는 것을 무엇이라고 하는가?
  a. 매개결함
  b. 활용결함
  c. 산출결함
  d. 제한된 용량

_____ 2. 희미한 흔적이론은 어떻게 요지와 축어적 과정이 나이에 따라 변하는가에 대해 특별한 예언을 한다. 다음 중 이 이론이 예언하는 바로 적절한 것은?
  a. 어린 아동은 요지적 흔적을 만들지 못하며 축어적 흔적만 처리한다. 나이 든 아동과 성인은 두 가지 처리를 모두 만들 수 있다.
  b. 어린 아동은 축어적 흔적을 만들지 못하며 요지적 흔적만 처리한다. 나이 든 아동과 성인은 두 가지 처리를 모두 만들 수 있다.
  c. 나이 든 아동과 비교하여 어린 아동은 흔적의 연속체상에서 축어적 처리를 사용하는 것을 선호하는데 비해, 성인과 나이 든 아동은 연속체상에서 요지적 처리 쪽을 선호한다.
  d. 나이 든 아동과 비교하여 어린 아동은 흔적의 연속체상에서 요지적 처리를 사용하는 것을 선호하는데 비해, 성인과 나이 든 아동은 연속체상에서 축어적 처리 쪽을 선호한다.

_____ 3. Brett은 엄마와 주사위 놀이를 즐긴다. 말을 놓기 위해 그는 종종 각 주사위를 모두 센다. 때로는 두 개의 주사위를 그냥 보고 얼마나 말을 옮겨야 하는가를 안다. 또 때로는 한 주사위의 숫자를 말하고("6") 두 번째 주

사위의 숫자를 더하여 센다("7, 8, 9"). 그의 전략적 행동을 가장 잘 설명하는 것은 다음 중 어떤 이론인가?
  a. Siegler의 적응적 전략선택 모델
  b. Brainerd & Reyna의 희미한 흔적이론
  c. 활용결함 이론
  d. Flavell의 상위인지 이론

짝짓기: 다음 개념을 정의와 짝지어 보세요.
a. 기억폭
b. 암묵적 인지
c. 명시적 인지
d. 활용결함
e. 요지적 기억 흔적
f. 산출결함

4. _____ 단기기억에 저장될 수 있는 정보의 양에 대한 일반적인 측정치
5. _____ 중심적 내용은 보존하지만 정확한 세부사항은 보존하지 못하는 정보의 희미한 표상
6. _____ 우리가 의식적으로 인식하고 있는 사고와 사고의 처리 과정
7. _____ 학습과 기억을 향상시킬 수 있는, 알고 있는 전략을 자발적으로 생성하고 사용하지 못함
8. _____ 아동이 정확하게 사용하고 있는 전략으로부터 이득을 얻지 못함
9. _____ 자신이 사고를 하고 있다는 인식 없이 일어나는 사고

에세이: 다음의 질문에 자세한 답을 쓰시오.

10. 억제/간섭에 대한 저항에서의 연령차가 어떻게 인지발달에 공헌하는가를 논의하시오.

11. 전략의 발달에 대해 논의하시오. 서로 다른 연령의 아동들이 전략을 사용할지 그리고 전략이 효과적일지를 결정하는 요인들은 무엇인가?

성—주의, 기억, 사고, 산수기술—의 발달을 추적하고 이들의 실제적, 이론적 중요성에 대해 언급하고자 한다.

▌기억의 발달: 정보의 유지와 인출

인지와 인지발달 연구의 중심은 기억이다. 영아가 담요 밑에 떨어진 자신의 우유병을 찾을 것인지, 엄마가 발렌타인 카드의 주소를 적을 수 있도록 7세 아동이 반 친구들의 이름을 기억할 것인지, 혹은 17세가 미국 혁명에 대한 논술시험을 준비할 수 있을 것인지 이 모든 것이 기억—즉, 우리가 정보를 저장하고 인출하는 과정—을 포함한다.

여기서 우리는 아동기 동안 **사건기억**(event memory)과 **전략적 기억**(strategic memory)이라는 두 종류의 기억발달을 추적할 것이다. 사건기억은 오늘 아침에 무엇을 먹었는지, 지난 해 공연에서 Beyoncé가 가장 먼저 불렀던 노래가 무엇이었는지, 또는 동생이 태어났을 때 엄마가 얼마나 좋아했는지와 같은 사건에 대한 저장된 기억을 말한다. 특별히 나에게 일어났던 일에 대한 기억인 **자전적 기억**(autobiographic memory)을 포함해서 사건에 대한 기억은 일반적으로 사람들이 "자연적"기억이라고 부르는 것이며 특별한 전략을 요구하지 않는다. 우리는 먼저 사건기억을 살펴보고 목격자 증언에서 아동의 사건기억에 관한 최근 연구들을 살펴볼 것이다. 반대로 전략적 기억은 전화번호나 극장에 가는 길, 또는 미국 역사시간에 게티스버그 연설문과 같은 정보를 의식적으로 유지하거나 인출하려고 할 때 포함되는 과정을 의미한다. 정보처리론자들은 학업수행을 촉진시키는 다양한 **기억전략**(memory strategy) 또는 **기억술**(mnemonics)을 연구하였고 우리는 이러한 전략 중 몇 개와 이들의 발달에 영향을 미치는 요인들을 살펴보고자 한다.

사건기억과 자전적 기억의 발달

대부분의 사람들이 기억에 대해 생각할 때 사건이나 삽화 특히 자신들에게 일어났던 일들을 생각한다. 일반적으로 **사건기억**(event memory)과 특별히 개인적으로 중요한 경험에 대한 기억 혹은 **자전적 기억**(autobiographical memory)은 언어를 통해 표현되며 앞으로 보겠지만 사건기억과 자전적 기억은 언어적 기술과 경험을 이야기체(narrative)로 표상하는 능력과 밀접하게 연결되어 있다(Nelson, 1996).

사건기억의 기원

많은 연구자들은 **지연모방**(deferred imitation) 혹은 상당한 지연 뒤에 기억하는 것이 비언어적인 형태이지만 사건기억의 첫 번째 증거라고 제안한다. 영아와 유아들이 몇 개월 전에 일어났던 사건들을 회상할 수 있다면 우리는 왜 생의 첫 몇 해동안의 일을 기억할 수 없는 **영아기 기억상실증**(infantile amnesia)을 보이는가? 비록 결정적인 답은 없지만 이러한 놀라운 기억 쇠퇴에 대한 논의가 연구 적용하기 상자에 제시되어 있다.

사건기억
(event memory)

사건에 대한 장기기억.

전략적 기억
(strategic memory)

의식적으로 정보를 유지하거나 인출하려고 할 때 사용되는 처리.

기억전략(혹은 기억술)
(mnemonics, memory strategies)

시연, 조직화, 정교화를 포함하여 기억을 향상시키기 위한 노력으로 사용되는 기법.

영아기 기억상실증
(infantile amnesia)

생의 초기에 대한 기억 실패.

아동은 학교에서 충성의 맹세를 암송하는 것처럼 친숙하고 빈번한 경험들의 스크립트를 형성한다.

스크립트 기억의 발달

걸음마쟁이들과 학령전 아동들은 어떤 사건을 가장 잘 기억하는가? 그들은 친숙한 맥락에서 재발하는 사건들을 잘 회상하는 경향이 있다. Katherine Nelson(1996)은 어린 아동들이 친숙한 일상을 **스크립트**(scripts)로 조직화한다는 것을 발견하였다. 여기서 스크립트란 사건이 진행되는 순서와 인과관계를 포함하여 유지하는 어떤 경험에 대한 도식이다. 예를 들어, 한 3세 아동은 자신이 가진 패스트푸드 음식점 스크립트를 다음과 같이 기술한다. "거기 가면 먼저 들어가서 줄을 서고 햄버거와 프렌치프라이를 받아서 먹고 집에 가요." 2세 아동조차도 정보를 스크립트와 같은 형식으로 조직화한다(Fivush, Kuebli, & Clubb, 1992). 스크립트 지식은 연령에 따라 더 정교화 되지만 학령전 아동들도 학교의 간식시간에 있었던 일, 생일파티, 패스트푸드 음식점, 잠잘 때의 일과, 다양한 친숙한 상황에서 일어났던 일들을 계속해서 배우고 기억하고 있다(Nelson, 1996).

스크립트를 형성하는 것은 어린 아동에게 있어 그들의 경험을 조직화하고 해석하며 미래의 비슷한 상황에서 어떤 일들이 일어날지를 예언할 수 있게 해준다. 그러나 어린 아동이 사건을 스크립트로 조직화할 때에는 희생이 따르는데 어린 아동들은 새롭고 비전형적인(또는 스크립트와 맞지 않는) 정보를 기억하지 않는 경향이 있다. 한 연구(Fivush & Hamond, 1990)에서 2.5세 아동에게 해변으로 놀러가거나 캠핑여행, 혹은 비행기를 타본 경험과 같이 기억할 만한 최근의 사건에 대해 질문하였다. 아동들은 이 특별한 사건의 새로운 측면을 회상하기보다 성인들이 보기에는 일과적인 정보라고 생각되는 것에 더 초점을 두었다. 따라서 캠핑여행에 대해 기술하면서 한 아동은 첫 번째로 밖에서 잔 것을 기술하였는데 이는 특별한 일이었지만 그 다음에 기억한 것의 대부분은 일상적인 활동이었다(Fivush & Hamond, 1990, p. 231).

면접자: 텐트에서 잤다고? 그것 참 재미있었겠구나.

아동: 그 다음에 우리는 일어났고 그리고 저녁을 먹었어요. 처음에 우리는 저녁을 먹고, 그 다음 자러갔고 그리고 일어나서 아침을 먹었어요.

면접자: 캠핑 갔을 때 그것 말고 또 무엇을 했지? 일어나서 아침을 먹은 다음엔 뭘 했니?

아동: 음. . . 밤에 잤어요.

캠핑여행에서 많은 새롭고 흥미로운 일들이 있었음에도 어린 아동들이 일어나서 먹고 자고 하는 것과 같은 일과에 대해 이야기한다는 것이 매우 이상해 보인다. 그러나 아동이 어릴수록 새로운 사건을 친숙한 일과 속에 끼워 둘 필요가 있다. Nina Hamond와 Robyn Fivush(1991)에 의하면, 자신들이 경험하는 사건들을 이해하는 것이 최대 관건인 2세 아동에게는 모든 것이 새롭다.

아동이 나이가 들수록 더 특별하고 비전형적인 정보를 오랜 기간 동안 기억하게 된다. 특히 경험한 사건이 매우 특별하고 주목할 만한 것이면 더욱 그렇다. 예를 들어, Hamond와 Fivush(1991)는 3, 4세 아동을 Disney World에 다녀온 지 6개월 혹은 18개월이 되었을 때 면접하였다. 모든 아동들이 18개월이 지난 후에도 그 여행에 대해 많은 것을 기억하고 있었다. 4세는 3세보다 더 상세한 부분들을 기억하였고 기억을 위해 성인이 유도할 필요가 적었다. 이 특별한 단 한 번의 경험에 대한 기억이 그렇게 좋은 것은 아마도 이 경험이 스크립트적인 친숙한 일과에서 너무나 벗어나서 쉽게 동화될 수 없었기 때문인 것 같다.

스크립트
(script)
친숙한 맥락에서 일어나는 사건의 전형적인 순서(즉, 언제 어떤 일이 생기는지)에 대한 일반적인 표상.

우리의 아동초기 기억에 무슨 일이 생겼는가?

영아들은 기억을 잘 할 수 있음에도 불구하고 우리는 3세 이전의 일들을 거의 회상하지 못한다. 그리고 기억을 할 수 있다고 해도 거의 대부분이 순수한 허구이다. JoNell Usher와 Ulric Neisser(1993)는 어린 시절을 기억 못하는 현상, 즉 영아기 기억상실증을 연구하기 위해 초기 경험들에 대해 대학생들에게 질문하였다. Usher와 Neisser에 의하면 의미있는 회상이 가능한 가장 어린 연령은 2세에 동생의 출생 또는 입원에 대한 기억과 3세에 가족의 죽음이나 이사를 기억하는 것이었다. 6, 7년 전 어린이집 친구들의 사진을 본 9세와 10세 아동들조차도 자기와 매우 친했던 친구와 처음 보는 친구를 분별하기 어려웠다(Newcombe & Fox, 1994). 만약 영아들이 그들의 경험을 기억할 수 있다면, 왜 초등학생이나 성인이 영아기나 유아기를 기억하지 못하는 것일까?

영아는 언어를 사용하지 못하고 성인은 언어를 사용한다. 따라서 초기기억들은 우리가 언어사용자가 되고 난 이후에는 인출할 수 없는 비언어적인 형태로 저장되어 있을 수 있다(Sheingold & Tenney, 1982). 말을 할 수 있는 조금 더 나이 든 아동조차도 그들의 경험을 나이 든 아동이나 성인과는 다른 방법으로 표상할 것이다. 4세 정도가 되어야 대부분의 아동들이 그들의 경험을 쉽게 부호화하고 이야기(narrative)—자기 생활에 대한 이야기—로 기억해 낸다(Fivush & Nelson, 2004; Nelson, 1996). Mark Howe(2003)는 또 다른 흥미로운 가능성을 제안한다. 즉, 아마도 영아기에 결여되어 있는 것은 인지적 능력 혹은 언어능력이 아니라 개인적 경험을 조직화할 "자기(self)"의 개념인 것 같다. 18~24개월 정도에 영아가 자기개념을 확고히 하고 나면(11장에서 논의) "나에게 일어났던 일"로 사건들이 더 잘 기억될 수 있을 것이다. 흥미롭게도 최근의 연구들은 이러한 이론들이 각각 사실일 수 있다고 시사한다. 예를 들어, 한 연구에서 걸음마쟁이들에게 일련의 행동을 보여주고 이 행동에 대한 언어적 기억과 비언어적 기억을 6개월에서 12개월 이후에 검사했다(Simcock & Hayne, 2002). 처음 검사 시에 언어적으로 더 뛰어났던 아동들은 사건의 어떤 측면들을 언어적으로 회상하는 경향이 있었지만(Bauer, Wenner, & Kroupina, 2002 참조) 아동들은 이전의 비언어적 경험을 언어로 표현하지 못하는 경향이 있었다. Simcock과 Hayne(2002)에 의하면, "아동들의 언어적 보고는 검사 시 보다는 부호화시의 언어적 기술을 반영하며 그 시절에 멈추어 있다"(p.229). 다른 연구에서 자기개념의 발달과 개인적 설화를 구성하는데 있어 성인의 도움을 받는 것이 모두 학령전기 아동이 과거에 일어났던 일들을 기억하는데 도움을 준다는 것을 시사한다(Harley & Reese, 1999). 따라서 언어적 능숙함과 첫 18개월부터 24개월의 "자기" 개념의 결여가 함께 왜 대부분의 사람들이 초기 경험을 기억해 내지 못하는지를 설명해준다.

자전적 기억의 사회적 구성

Hamond와 Fivush(1991)의 연구에서 한 가지 흥미로운 점은 Disney World 여행에 대해 부모와 이야기를 많이 나눈 아동들이 더 많은 것을 기억해 내었다는 것이다. 이것은 최근 많은 연구자들이 지적하는 바와 같이 아동의 자전적 기억의 성장에 있어 부모가 매우 중요한 역할을 한다는 것이다(Fivush & Nelson, 2004; Ornstein, Haden, & Hedrick, 2004). 예를 들어, Judith Hudson(1990)에 의하면 사건기억은 아동의 빈약한 회상을 확장해주는 성인의 도움으로 아동이 과거 사건에 대해 이야기하는 공동 활동으로부터 시작한다. Hudson에 의하면 대부분의 가정에서는 부모가 다음과 같은 맥락적 질문으로 과거에 대해 이야기를 시작한다. 예를 들어, 오늘 아침에 어디에 갔었지? 우린 무엇을 봤지? 누가 우리와 함께 갔었지? 그 외에 우리는 또 무엇을 보았지? 와 같은 질문들이다. 다음에 19개월 딸과 어머니의 대화의 예가 있는데 여기서 어머니는 딸이 아침에 동물원을 방문했을 때에 대해 상세한 사실들을 기억해내도록 촉발하는 역할을 하고 있다.

> 어머니: Allison, 우리가 동물원에서 무엇을 봤지?
> Allison: 코끼리.
> 어머니: 맞아! 코끼리를 봤어. 그 다음엔?
> Allison: (어깨를 으쓱한다)
> 어머니: 판다 곰? 우리가 판다 곰을 봤나?
> Allison: (웃으며 끄덕거린다)
> 어머니: 판다 곰이라고 말해 봐.

Allison: 판다 곰.

　어머니: 잘 했어! 코끼리와 판다곰. 그 다음엔?

Allison: 코기리.

　어머니: 맞아, 코끼리. 그리고 고릴라.

Allison: 고-릴라!

이러한 상호교환으로부터 아동은 사건에 대해 누가, 어디서, 언제 등과 같은 중요한 측면들을 기억해야 한다는 것을 학습한다. 더구나 부모가 이러한 정보를 요구할 때 사건들 간의 시간적 순서와 인과적 순서를 재구성할 수 있고 이 사건들을 평가하도록(넌 어떤 것이 가장 좋았니?) 요구하게 되면 이는 아동들이 경험을 이야기체의 설화로 구성하는 것을 돕고 개인적 중요성이 있는 사건, 즉 "나에게 일어났던 일"로 기억하도록 돕게 된다(Boland, Haden, & Ornstein, 2003; Farrant & Reese, 2000). 분명히 과거사에 대한 이러한 공동의 재구성은 지식의 사회적 재구성이라는 Vygotsky의 생각과 안내된 참여라는 Rogoff의 생각을 상기시킨다. 실제로 부모가 과거 사건에 대해 많이 질문하여 그들과 공조하였던 2~3.5세 아동들은 그렇지 않은 부모의 또래보다 과거에 대해 더 많은 것을 기억한다(Harley & Reese, 1999; Reese, Haden, & Fivush, 1993).

흥미롭게도 과거사에 대한 부모와의 공동 재구성은 아동의 언어와 설화기술이 발달하면서 훨씬 더 상세해진다(Haden, Haine, & Fivush, 1997). 따라서 유아기 동안 자전적 기억이 나타나며 아동이 부모의 도움으로 생의 더 큰 맥락 속에서 자신들의 경험을 자리 잡도록 하는 개인적 설화를 더 자세히 구성하는 것을 배우는 아동기에 꽃을 피운다.

기억전략의 발달

이 장의 앞부분에서 우리는 의도적으로 시도된 전략들이 아동의 인지발달에 대한 정보처리적 설명에서 중요한 역할을 하는 것을 보았다. 다양한 주제와 내용에서 전략들에 대한 연구가 있었지만 기억발달에서는 전략이 광범위한 연구들의 중심이 되었다. 연구자들은 다양한 기억전략에 대해 연구했으며 놀라울 것도 없이 이러한 전략들의 효율성이 연령에 따라 증가한다는 것을 발견하였다(Bjorklund & Douglas, 1997). 그러나 연령에 따라 아동이 사용하는 "평균적인"전략의 세련됨은 증가하지만(Coyle & Bjorklund, 1997) 일반적인 인지적 전략과 마찬가지로(Siegler, 1996) 모든 연령의 아동들이 다양한 다른 전략들을 사용한다. 다음에 우리는 다양한 기억전략, 혹은 **기억술(mnemonics)**의 발달에 대해 살펴보고 기억전략과 기억발달에서 상위기억과 지식의 역할을 살펴본다.

시연

사람들이 새로운 정보를 유지하기 위해 간단하지만 가장 효과적으로 사용하는 전략이 **시연(rehearsal)**, 즉, 그것을 기억할 수 있을 때까지 반복하는 것이다. 3~4세 아동들에게 장난감들을 보여주고 그것을 기억하도록 했을 때 이들은 대상을 조심스럽게 쳐다보고 자주 이름을 불렀다. 그러나 시연은 거의 하지 않았다(Baker-Ward, Ornstein, & Holden, 1984; Oyen & Bebko, 1996). 반대로 7~10세 아동들은 더 나이 어린 아동들보다 더 효과적으로 시연을 하였으며 시연을 하면 할수록 더 잘 기억하였다(Flavell, Beach, & Chinsky, 1966). 나이 든 아동들은 어린 아동들과 다른 방법으로 시연을 했다.

시연
(rehearsal)
외우고자 하는 항목을 반복하는 기억전략.

만약 한 번에 하나씩 제시되는 단어의 목록을 회상하라고 요구하면 5~8세 아동들은 각 단어를 한 번씩 시연한다. 그러나 이와 비교하여 12세 아동들은 처음에 제시된 항목들을 계속 반복하면서 새로운 단어를 추가하는 보다 **적극적인 혹은 누적적인 시연**을 한다. 예를 들어, 단어목록을 기억해야 할 때, 아동들은 목록 중에 가장 최근 단어를 말하고 ("책상") 그 다음 목록에서 더 일찍 제시되었던 단어들과 이 단어를 여러 번 반복한다(예: "책상, 사자, 마당, 책상, 마당, 사자"). 그 결과 그들은 한 번에 한 단어씩 시연하는 아동들에 비해 더 많이 기억할 수 있다(Guttentag, Ornstein, & Siemans, 1987; Ornstein, Naus, & Liberty, 1975). 다른 전략들처럼 어린 아동들에게 세련된 누적적 시연을 훈련할 수 있고 그 결과 나이든 아동들 수준까지는 아니더라도 수행을 향상시킬 수 있다 (Cox et al., 1989)

왜 어린 아동은 더 효과적으로 시연하지 않는가? 아마도 더 복잡한 군집전략을 실행하려는 시도가 그들의 제한된 작업기억 용량의 대부분을 차지하고 따라서 유용한 군집을 만들어낼 만큼 충분한 정보를 인출할 수 없기 때문인 것 같다. Peter Ornstein과 동료들(1985)은 이러한 해석을 지지한다. 그들은 7세 아동들에게 "군집화"시연전략을 가르쳤는데 아동들은 자극 카드(단어가 적힌)가 눈에 보일 때에만 그렇게 할 수 있었다. 따라서 이 아동들이 항목을 인출하는 정신적 노력을 사용하지 않아도 될 때에만 항목의 군집을 형성할 수 있었고 따라서 복잡한 시연전략을 사용할 수 있었다. 반대로 12세 아동들은 이전 항목들이 눈에 보이는지와 관계없이 군집전략을 사용할 수 있었다. 아마도 이 시연전략이 자동화되어 대부분의 12세 아동들은 거의 아무런 노력 없이 이를 사용할 수 있으며 따라서 작업기억에 시연할 항목들을 인출할 충분한 공간이 남아 있는 것 같다.

조직화

시연은 매우 효과적인 전략일 수 있지만 한편으로는 다소 상상력이 부족한 기억도구이다. 기억할 항목의 이름만을 단순 반복하다가 보면 항목들의 회상을 쉽게 도울 수도 있는 자극들 간의 의미적 관계를 놓칠 수도 있을 것이다. 많은 경우, 더 좋은 전략은 **조직화**(organization)이다. 다음 예를 보자.

목록 *1*: boat, match, nail, coat, grass, nose, pencil, dog, cup, flower
목록 *2*: knife, shirt, car, fork, boat, pants, sock, truck, spoon, plate

만약 단순히 항목을 시연한다고 하면 위의 두 목록은 똑같이 어려울 것이지만 실제로는 목록 2가 많은 사람들에게 훨씬 더 쉽다. 그 이유는 목록 2의 항목들이 저장과 인출의 단서가 될 수 있는 3개의 의미적 집단(식사도구, 옷, 탈것)으로 구분되기 때문이다. 아동들이 9~10세가 될 때까지는 **의미적으로 조직화**가 될 수 있는 항목(목록 2)이나 조직화가 어려운 항목(목록 1)이나 회상이 비슷하다(Hasselhorn, 1992; Schwenck, Bjorklund, & Schneider, 2009). 이러한 결과는 어린 아동이 뒤에 있을 회상을 위해 정보를 조직화하는 시도를 거의 하지 않는다는 것을 시사한다.

그러나 관계되는 항목들을 집단화 혹은 분류하고(예: "같은 종류의 그림들을 모아봐라 혹은 같은 범주의 그림들을 함께 모아라") 각 항목들을 범주별로 기억해 내라고(예: "그림을 기억할 때 같은 범주의 그림을 함께 기억해라") 명백한 지시를 주면 어린 아동들도 쉽게 조직화 전략을 사용하도록 훈련할 수 있다(Black & Rollins, 1982; Lange & Pierce, 1992). 어린 아동은 우리가 앞서 언급한 바와 같이 산출결함을 보이며 이는 어린 아동들이 기억을 위해 정보를 조직화할 수는 있지만 일반적으로는 자발적으로 그렇게 하지 못한다는 것을 시사한다. 그리고 시연처럼 아동에게 조직화 전략을 사용하도록 훈련하는 것은 연령차를 거의 없애지 못하며 대부분의 경우에 아동들은 전략을 새로운 장면이나 새로운 재료에 일반화하지 못한다(Cox & Waters, 1986).

인출과정

정보를 장기기억에 저장하는 것도 거기서 정보를 다시 **인출**할 수 없다면 아무 소용이 없다. 어린 아동은 혼자 힘으로 정보를 인출하는데 매우 서툴다. 여기서 **자유회상**(free recall)과 **단서회상**(cued recall)의 구분이 중요해진다. 자유회상

효과적인 기억기술을 습득하는 데 있어 더욱 유능한 성인과 전략적 놀이를 함께 하는 것보다 더 자연스러운 경험은 거의 없다.

에서는 아동들에게 예를 들어, "오늘 학교에서 일어난 일을 말해 봐라"와 같이 정보인출을 위해 매우 일반적인 지시를 한다. 이러한 종류의 일반적인 단서만이 제공되면 어린 아동들은 많은 정보를 인출하는데 어려움을 겪는다(Kobasigawa, 1974; Schneider & Bjorklund, 1998). 그러나 어린 아동이 더욱 특수한 정보를 인출할 수 있도록 초점을 맞춘 단서회상 질문을 하면 아동들은 오히려 더 잘 기억한다. 할아버지와 생의 첫 연극인 Little Shop of Horror를 오후 내내 감상한 한 5세 아동에게 엄마가 물었다. "오늘 오후는 재미있었니?" 아동은 "그냥 그랬어요."라고 대답했다. 엄마는 두 번째의 일반적인 질문을 했다: "그래서 즐거운 시간을 보냈어?" 아동은 "네."하고 말했다. 그러나 할머니가 "Audrey II에 대해 말해 보렴." 하며 단서를 주었을 때 그 아동은 아주 상세한 정보까지 이야기했다. 그 아동은 아주 많은 정보를 가지고 있었지만 그 정보들은 특별한 단서가 주어져야지만 인출될 수 있었다.

　어린 아동들에게 시연, 조직화, 인출전략에 대해 가르칠 수 있으며 그러면 그들의 기억수행은 일반적으로 높아진다(Bjorklund & Douglas, 1997). 그러나 새로 학습한 전략을 새로운 세트의 자료들에 사용할 기회를 주면 아동들은 자주 비전략적인 옛날 방법으로 되돌아간다. 그들은 금방 성공적으로 사용한 전략들을 사용하는데 왜 실패하는 것일까? 어린 아동들은 기억을 돕는 방법과 그것이 언제 적절한지에 대해 잘 알지 못하는 것처럼 보인다. 그들은 또한 더 나이 든 아동에 비해 지식을 덜 가지고 있으며 이들의 제한된 지식이 외우려는 자료들을 분류하고 정교화하려는 시도를 방해하는 것 같다. 그럼 이러한 가설들을 평가하려는 시도를 통해 연구자들이 얻은 결과를 보자.

상위기억과 기억수행

앞서 자신의 정신적 장점과 단점을 포함하여 정신의 작용에 대한 지식을 일컬어 상위인지라는 용어를 사용하였다. 상위인지의 한 중요한 측면이 **상위기억**(metamemory) 즉, 기억과 기억과정에 대한 지식이다(Schneider, 2009; Waters & Kunnman, 2009). 아동들이 만약 자신이 기억할 수 있는 것에 한계가 있음을 알거나 어떤 것이 다른 것보다 기억하기 더 쉽다는 것을 알 때 혹은 어떤 전략이 다른 전략보다 기억을 더 쉽게 한다는 것

인출
(retrieval)
장기저장으로부터 정보를 끄집어내는 것을 목표로 하는 전략의 종류.

자유회상
(free recall)
특정 단서나 촉발을 위한 질문의 도움 없이 회상.

단서회상
(cued recall)
처음 발생 상황에 관계되는 단서의 도움으로 기억할 사건이 촉발되는 회상.

상위기억
(metamemory)
기억과 기억 처리에 대한 지식.

을 알 때 이들은 상위기억을 가진 것이다(Schneider & Bjorklund, 1998, 2003).

아동이 기억에 대해 무엇을 아는지를 어떻게 알 수 있는가? 한 가지 직접적인 방법은 단순히 그들에게 물어보는 것이다. 이러한 종류의 면접연구는 3~4세 아동들조차도 마음이 한정된 용량을 가지며 어떤 자료가 다른 자료들보다 더 잘 학습될 것이라는 것을 안다는 사실을 보여주었다(O'Sullivan, 1997). 예를 들어, 학령전 아동들은 많은 항목들을 기억하는 것이 작은 수의 항목을 기억하는 것보다 더 어렵다는 것을 알고(Yussen & Bird, 1979) 더 오래 공부할수록 더 잘 유지할 수 있다는 것을 안다(Kreutzer, Leonard, & Flavell, 1975). 그러나 그들은 일반적으로 자신의 기억능력을 과대평가하고, 망각에 대해서는 거의 아는 것이 없다. 그래서 어떤 것(예를 들어, 전화번호)을 긴 시간 기억하는 것이 짧은 시간 기억하는 것만큼 쉽다고 말한다(Kreutzer, Leonard, & Flavell, 1975). 학령전 아동들은 마치 정보가 실제에 대한 "정신적 복사물"이며 마음의 서랍 속에 정리되어 있다가 필요할 때는 언제나 끄집어 낼 수 있다고 생각하는 것 같다.

4세에서 12세 사이에 아동들이 마음은 적극적이고 구성적인 행위자이며 실제에 대한 해석(복사물이라기보다는)만을 저장한다고 생각하면서 기억에 대한 지식이 극적으로 증가한다. 예를 들어, 많은 5세들은 전화번호 같은 것은 빨리 적어 놓지 않으면 금방 잊어버리게 된다는 것을 알게 되고 따라서 외적인 단서가 기억을 돕는다는 인식을 갖게 된다(Kreutzer, Leonard, & Flavell, 1975). 그러나 기억전략에 대한 지식은 매우 점진적으로 발달한다. 7세 이하의 아동들은 시연이나 조직화와 같은 전략이 자신들에게 유용하다는 것을 잘 모른다(Justice et al., 1997). 그리고 관련된 항목이 그렇지 않은 항목들보다 기억하기 더 쉽다는 것을 알더라도 왜 그런지를 설명할 수는 없다(O'Sullivan, 1996). 비록 7세와 9세는 이제 시연과 조직화가 외워야 할 항목들을 단순히 바라보거나 이름을 한 번씩 말해보는 것보다 더 효과적이라는 것을 알지만 11세 이후가 될 때까지는 조직화가 시연보다 더 효과적이라는 것을 알지 못한다(Justice et al., 1997).

상위기억이 기억과제의 수행에 영향을 줄 것인가? 상반된 증거들이 모두 있다. 어떤 연구들은 기억과 상위기억 사이에 낮거나 중간정도의 정적인 상관을 보고하며 좋은 상위기억을 가져야만 기억을 잘하는 것은 아님을 시사한다(Cavanaugh & Perlmutter, 1982 참조). 그럼에도 불구하고 전략을 사용하는 것이 기억수행에 도움을 준다는 것과 같은 상위인지적 요소들을 포함한 기억훈련이 더 효과적이라는 연구들도 있다(Ghatala et al., 1986).

따라서 왜 그리고 어떻게 기억전략들이 도움이 되는지를 아동이 이해하는 것이 이 전략들을 사용하는데 가장 좋은 상위인지적 예언인이다. 실제로 상위기억과 기억이 10세 이후 아동들에게서 더 높은 상관을 보인다는 결과(DeMarie & Ferron, 2003; Schneider & Pressley, 1997)는 나이 든 아동들의 경우, 왜 각종 기억전략들이 기억을 더 쉽게 하는지에 대해 발견할 시간이 더 많다는 사실을 반영한다.

지식기반과 기억발달

앞에서 본 것처럼 체스와 같은 특정 영역에서 전문가인 아동은 이 영역의 정보에 대한 검사를 받았을 때 더 긴 기억폭을 가지고 있었다(Chi, 1978). 이 결과의 시사점을 생각해보자. 왜냐하면 나이 든 아동들은 어린 아동들에 비해 대부분의 주제에 대해 상대적인 전문가이기 때문이다. 따라서 회상기억에서의 연령차는 전략사용에서의 증가뿐 아니라 아동의 지식기반의 증가에서 기인할 수 있다(Bjorklund, 1987; Schneider & Bjorklund, 2003).

그렇다고 지식이 많은 사람들에게 전략이 불필요하다는 이야기는 아니다. 수학, 공룡, 축구 등 주제가 무엇이든 전문성을 가진 영역에서 아동들은 고도로 전문화된 전략을 사용하여 정보를 처리하고 이는 이 영역에서 새로운 정보를 학습하고 기억하는 것을 훨씬 용이하게 도와준다(Bjorklund, 1987; Hasselhorn, 1995; Schwenck, Bjorklund, & Schneider, 2007). 이미 잘 알고 있는 분야에 대해 읽을 때와 잘 모르는 영역에 대해 읽은 때의 차이를 생각해보자. 첫 번째 경우에는 정보를 재빨리 기존 지식과 연결하여 처리할 수 있다. 다시 말해 이 경우엔 새로운 입력을 조직화하거나 정교화 할 수 있는 도식을 이미 가지고 있는 것이다. 그러나 친숙하지 않은 주제에 대해 배우거나 기억할 때는 새로운 지식을 연결시킬 기존 지식이 없기 때문에 더 많은 노력이 필요하다.

지식기반이 기억수행에 얼마나 중요한가? 독일에서 진행된 한 연구에서 3학년, 5학년, 7학년 축구전문가와 비전문가들에게 축구에 관계되는 정보를 회상하도록 했다(Schneider, Körkel, & Weinert, 1989). Schneider와 동료들은 아동의 회상 능력이 일반적인 지적 적성보다도 지식에 의해 더 영향을 받는다는 사실을 보고하였다. 그림 7.6 에서 보는 것처럼 전문가는 비전문가에 비해 더 많이 회상했으며 전문가가 비전문가에 비해 일반 적성수준이 더 낮고 비전문가가 일반적인 정신 능력이 더 높을 때에도 그러했다. 비록 낮은 능력의 전문가가 모든 과제에서 높은 능력의 비전문가보다 우월하지는 않았지만 일반적으로 전문가는 자신들의 전문 영역에서 동일한 지적 수준의 비전문가보다 그 영역에 대한 새로운 정보를 더 많이 회상해 내었다(Schneider, Bjorklund, & Maier-Brückner, 1996).

요약하면, 지식은 힘이다. 그리고 그 주제에 대해 더 많이 알수록 더 많이 배우고 기억할 수 있다. 자세한 일반적 지식은 향상된 기억수행을 가져올 수 있는데 그 이유는 마음속에서 정보가 더 잘 정리되어 있을수록 더 쉽게 활성화되거나 더 쉽게 의식으로 불러 올 수 있기 때문이다(Bjorklund, 1987; Kee, 1994). 대부분의 주제에 대해 나이 든 아동들이 어린 아동에 비해 더 많은 것을 알고 있으므로 그들은 자신들이 알고 있는 것을 활성화하는데 정신적 노력을 덜 사용하고 새로운 정보들을 부호화하고 분류하고 다른 인지적 조작을 수행할 용량을 더 많이 남겨둔다.

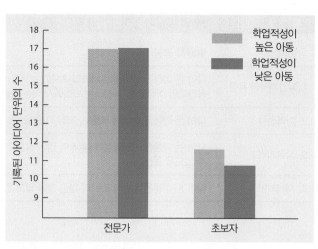

그림 7.6 적성수준이 높거나 낮은 축구 전문가와 축구 초보자들이 기억해 낸 아이디어의 단위 수. 이 경우 전문가가 되는 것은 학업적 적성(IQ)이 수행에 미치는 영향을 상쇄하였다.
출처: Schneider, Körkel, & Weinert, 1989에 제시된 자료.

문화와 기억전략

특정 기억전략을 사용하도록 격려하고 지원하는 정도는 문화에 따라 확실히 다르다(Kurtz, 1990;

문화마다 기억전략이 달라서 아동은 자신들의 특유한 기억 요구에 맞는 기억전략을 배운다.

표 7.2	기억과 학습의 발달에 있어 4개의 주요 공헌자
공헌자	발달적 경향
1. 작업기억의 용량	나이 든 아동은 특히 정보처리의 속도가 빠르고(더 효과적이며) 따라서 작업기억에 정보를 저장하고 다른 인지적 과정을 실행할 공간적인 여유를 더 가진다는 의미에서 어린 아동에 비해 정보처리 용량이 더 크다.
2. 기억전략	나이 든 아동은 정보의 부호화, 저장, 인출을 위해 더 효과적인 기억전략들을 사용한다.
3. 상위기억	나이 든 아동은 기억과정에 대해 더 많이 알고 그들의 상위인지는 즉각적으로 가장 적절한 전략을 선택하고 조심스럽게 감찰할 수 있도록 돕는다.
4. 지식기반	나이 든 아동은 일반적으로 더 많은 것을 알고 있고 그들이 가진 더 큰 지식기반은 학습하고 기억하는 능력을 향상시킨다.

Mistry, 1997). 시연, 조직화, 그리고 정교화는 예를 들어, 학교수업에서 단순암기와 목록학습을 많이 요구하는 서구 산업화된 사회의 아동들에게 특별히 더 도움이 된다. 그러나 동일한 전략이 자연에서 사물(물, 동물)의 위치를 기억하거나 이야기나 속담으로 전해오는 교훈들을 기억해야하는 비산업화 사회에서 학교에 다니지 않는 아동들에게는 그렇게 유용하지 않다(Cole & Scribner, 1977; Rogoff & Waddell, 1982). 그러나 그들의 우수한 수행은 다른 기억과제로 확장되지는 않는다. 학교에 다니지 않는 호주 원주민 아동은 예를 들어 자연에서 사물의 위치를 기억하는데 있어 앵글로계 호주 아동에 비해 기억을 더 잘한다(Kearins, 1981). 또한 아프리카계 청소년들은 미국 청소년들에 비해 구전되는 이야기를 더 잘 기억한다(Dube, 1982). 사실상 서구 아동들은 이런 종류의 기억과제들에서 정보를 조직화하거나 시연해야할 때 실제로 기억을 잘 하지 못한다(Rogoff, 1990).

이러한 결과들은 Vygotsky의 사회문화적 관점으로 볼 때 완벽하게 이해가 된다. 인지발달은 언제나 아동이 해결해야만 하는 문제의 종류들을 정의하고 이러한 도전에 숙달하도록 돕는 전략(혹은 지적 적응의 도구)들을 가르쳐 주는 특별한 문화적 맥락 안에서 발생한다.

요약

지금까지의 내용을 어떻게 간단히 요약할 수 있을까? 한 가지 방법은 다양한 지지를 얻고 있는 전략적 기억의 발달에 대한 네 가지의 일반적 결론을 개관하는 것이며 표 7.2가 이를 기술하고 있다.

또한 발달의 네 측면은 독립적으로 발달하기보다 서로 상호작용한다는 것을 기억하자. 예를 들어, 5 더하기 6이 얼마인지를 "그냥 아는 것"과 같은 어떤 과정의 자동화는 그 이전에는 너무도 정신적으로 많은 용량을 차지하여 사용할 수 없었던 효과적인 기억전략들을 사용할 수 있도록 작업기억의 용량을 남겨준다(Case, 1992; Kee, 1994). 또는 지식기반의 확장은 정보처리의 속도를 가속화하고 정보가 분류되고 정교화 될 수 있도록 돕는다(Bjorklund, 1987). 따라서 기억 기술의 성장을 설명하는 가장 좋은 단 한 가지 방법은 없다. 지금까지 우리가 언급하였던 모든 발달이 아동의 전략적 기억에 있어 극적인 향상을 돕는다(DeMarie & Ferron, 2003; DeMarie, Miller, Ferron, & Cunningham, 2004).

개념체크 **7.3** 기억발달의 이해

기억 발달에 대한 이해를 점검하기 위해 다음의 질문에 답하시오.

선다형: 각 질문에 가장 적절한 답을 고르시오.

_____ 1. 사건기억에 대한 연구들은 부모들이 아동의 기억발달에 공헌한다는 것을 밝혀내었다. 다음 중 부모가 아동의 사건 기억의 발달에 공헌하는 방법이 아닌 것은?

    a. 부모가 아동에게 조직화와 시연과 같은 기억전략을 가르친다.

    b. 부모가 아동에게 질문을 많이 하여 아동이 이야기를 형성하도록 한다.

    c. 부모가 아동에게 대화를 어떻게 해야 하는지, 이야기를 구성하는 방법을 가르친다.

    d. 부모가 아동의 기억을 돕기 위해 단서를 제공한다.

_____ 2. 자유회상 과제 중에서 같은 범주의 항목들을 함께 기억하는 것을 무엇이라고 하는가?

    a. 시연

    b. 정교화

    c. 조직화

    d. 선택적 결합

_____ 3. Monica는 4세 전까지 아무 것도 기억할 수 없다고 친구에게 이야기 했다. 어린 시절의 사건들을 기억하지 못하는 것을 무엇이라고 하는가?

    a. 스크립트에 기반한 이야기체

    b. 영아기 기억상실증

    c. 낮은 상위기억

    d. 비효율적인 기억술

짝짓기: 다음 개념을 정의와 짝지어 보자.

    a. 자전적 기억

    b. 상위기억

    c. 스크립트

    d. 조직화

    e. 인출

    f. 기억술

4. _____ 기억하기 쉽도록 자극을 의미 있는 덩어리로 분류하거나 조직하는 기억전략

5. _____ 친숙한 맥락에서 일어나는 사건의 전형적인 순서(즉, 언제 어떤 일이 생기는지)에 대한 일반적인 표상

6. _____ 시연, 조직화, 정교화를 포함하여 기억을 향상시키기 위한 노력으로 사용되는 기법

7. _____ 우리에게 일어났던 중요한 사건이나 경험에 대한 기억

8. _____ 기억과 기억처리에 관한 지식

9. _____ 장기기억으로부터 정보를 끄집어내려는 목적을 가진 일군의 전략들

에세이: 다음 질문에 상세히 답하시오

10. 영아기 기억발달에 대해 논하시오. 언어 이전의 영아들을 대상으로 기억을 검사할 수 있는 방법은 무엇인가? 이 기억들은 얼마나 오래 지속되는가?

다른 인지기술의 발달

유추적 사고

사고(reasoning)는 일반적으로 **추론**(inference)을 요구하는 특별한 종류의 문제해결이다. 다시 말하면 사고를 위해서는 주어진 정보 이상이 필요하다. 어떤 게임에 관련되는 규칙을 이해하는 것만으로는 충분치 않다. 사고를 위해서는 제시된 증거 이상이 필요하며 증거들을 기반으로 새로운 결론에 도달해야 한다. 그 결과는 자주 새로운 지식으로 나타난다(DeLoache, Miller, & Pierroutsakos, 1998).

아마도 사람들에게 가장 익숙한 사고의 유형은 **유추적 사고**(analogical reasoning)일 것이다. 유추적 사고는 이미 알고 있는 바를 사용하여 알지 못했던 어떤 것을 알게 되는 것이다. 전통적인 유추적 사고 문제는 "A와 B의 관계는 C와 _____의 관계와 같다"로 기술된다. 예를 들어, dog(A)과 puppy(B)의 관계는 cat(C)과 무엇의 관계와 같은가하는 것이다. 여기서 정답은 kitten이다. 문제의 앞부분에 제시된 두 요소들 간의 관계(어린 dog을 puppy라 한다)를 알게 되면 이 지식을 이용해서 새로운 항목(cat)에 대한 유추를 완성할 수 있다. 따라서 유추는 **유사성 관계**(similarity relations)에 기초한다. 앞의 문제를 해결하기 위해서는 dog, cat과 puppy, kitten의 유사성을 이해해야만 한다.

사고
(reasoning)
추론을 포함하는 문제해결의 한 종류.

유추적 사고
(analogical reasoning)
자신이 이미 알고 있는 어떤 것을 이용하여 알지 못하는 것에 대하여 사고함.

기저관계를 이해하고 이를 새로운 맥락에 적절히 적용할 수 있기만 하면 유추적 추론은 새로운 지식을 재빨리 습득하도록 돕는 매우 중요한 능력이다. 유추를 이용하여 학습하고 문제해결을 할 수 있도록 도왔던 우리의 교육으로부터 적절한 예들을 기억할 수 있을 것이다. 화학시간에 분자구성의 이해를 위해 이들을 태양계(태양, 행성, 혜성)와 비교(와 대조)했던 것을 기억할 수 있다. 어린 아동들도 유추를 통해 사고할 수 있을까? 만약 그렇다면, 새로운 문제를 해결하기 위해 필요한 규칙을 추론하는데 이러한 기술들을 사용할 수 있을 것인가?

유추적 사고는 자주 지능검사에서 측정되며 영재아들은 또래에 비해 유추적 사고에 있어 상당한 능력을 보인다(Muir-Broaddus, 1995). 이는 일부 연구자들에게 유추적 사고가 청소년기 전까지는 잘 발달되지 않는다는 것을 시사한다(Inhelder & Piaget, 1958). 그러나 다른 연구자들은 유추적 사고가 다른 종류의 사고와 문제해결에 기초 역할을 하며 출생 시부터 존재한다고 제안한다(Goswami, 1996, 2003).

유추적 사고가 언제부터 출현하는지에 대해 어떻게 이런 다양한 견해가 있는 것일까? 대답의 일부는 아동이 해결해야 하는 문제의 성격에 달려있다. 문제해결이 아동기 후반이나 청소년기가 되어야 가능한 경우, 문제들은 자주 아동에게 친숙하지 않은 대상이나 개념을 포함한다. 아마 다른 어떤 요인보다도 유추적 사고 문제에 포함되는 대상과 대상들 간의 관계에 대한 지식이 문제해결의 성패를 좌우하는 것 같다. 전제에 대한 기억과 상위인지적 지식, 그리고 실행기능과 같은 다른 요인들도 성공적인 유추적 사고 문제해결에 공헌한다(DeLoache, Miller, & Pierroutsakos, 1998; Goswami, 2003; Richland, Morrison, & Holykoke, 2006; Thibaut, French, & Vezneva, 2010). 다음 절에서는 유추적 사고 문제를 해결하는데 있어 나타나는 연령적 추이를 개관하고 이 발달에 기여하는 요인들을 알아본다.

어린 아동의 유추적 사고

관계적 우선 가설
(relational primacy hypothesis)
영아기에도 유추적 추론이 가능하다는 가설.

Piaget의 유추적 사고에 대한 견해에 반대하여 Usha Goswami(1996)가 **관계적 우선 가설**(relational primacy hypothesis)에서 제안한 것은 유추적 사고가 영아기부터 가능하다는 것이다. 영아기의 유추적 사고를 측정하려는 몇 안 되는 연구 중 하나에서 Zhe Chen, Rebecca Sanchez, 그리고 Tammy Campbell(1997)은 1세 영아를 연구하였다(실험 1). 기본 과제는 영아가 좋아하는 장난감을 영아의 손이 닿지 않도록 영아와 장난감 사이에 장애물을 두는 것이었다. 영아의 손이 닿는 곳에는 천이 놓여 있었고 그 천 위에는 줄이 두 개 있었는데 하나는 장난감에 묶여 있었고, 다른 하나는 그렇지 않았다. 장난감을 얻기 위해서는 천을 당긴 뒤에 장난감에 묶인 줄을 당겨야만 했다. 실험에는 장난감, 장애물, 천의 색이 서로 다른 세 개의 과제가 있었다. 영아가 만약 문제를 100초 안에 해결하지 못하면, 부모들이 정확한 해결책을 시범으로 보여주었다. 주된 연구문제는 부모의 시범을 보았건 보지 않았건 첫 번째 문제를 해결하고 난 뒤에 영아들이 다음 과제들과의 유사성을 발견하고 문제를 더 잘 해결할 것인가 하는 것이었다. 즉, 영아들은 유추적 사고를 할 것인가?

소수의 영아만이 첫 번째 문제를 자발적으로 해결하였다(대부분이 부모의 시범을 필요로 하였다). 그러나 문제를 해결한 영아의 비율은 첫 번째 문제 29%에서 두 번째는 43%, 세 번째는 67%로 증가하였다.

따라서 1세 영아도 간단한 문제를 해결하기 위해 유추적 사고를 사용할 수 있는 것으로 보인다. 그러나 이러한 지각적 유사성은 전통적 연구들에서 사용하는 문제들과는 매우 다르다. 전통적 연구들에서의 대상들 간의 유사성은 **지각적**(perceptual) 유사성이라기보다는 **관계적**(relational) 유사성이다. 4세, 5세, 9세 아동들에게 "A와 B의 관계는 C와 _____의 관계와 같다"는 식의 사진을 보여준 Usha Goswami와 Ann Brown(1990)의 연구를 생각해보자. 아동들에게는 4개의 답지가 주어지고 그 중에서 유추를 완성시키는 가장 적합한 것을 선택해야만 했다. 이 연구에서 사용되었던 문제의 예가 그림 7.7에 제시되어 있다. 이 문제에서 아동은 새와 둥지 사이의 관계(새는 둥지에서 산다)를 발견하고 개에 대해서 유추적 추론을 해야만 했다(즉, 개집). 모든 연령의 아동들이 우연수준 이상의 수행을 보여주었다(우연수준이 25%일 때, 4세, 5세, 9세 각각에 대해 순서대로 59%, 66%, 94%). 여기서 아동들이 지각적 유사성으로 문제를 해결한 것이 아니라는 점에 주목하라. 새와 개는 지각적으로 전혀 닮은 데가 없다. 둥지와 개집도 마찬가지이다. 이 문제를 해결하기 위해서는 그들은 **관계적 유사성**(relational similarity)에 기초하지 않으면 안 된다. 즉, C항(개)에 가장 잘 대응하는 것을 찾기 위해 A항과 B항(새와 둥지)의 관계를 이용해야만 한다. 이것은 분명히 Chen과 동료들(1997)의 연구에서 1세가 보여주었던 유추적 사고의 형태보다 진보된 것이다.

아동의 유추적 사고에서 지식의 역할

아동이 유추적 사고 문제에서 관계적 유사성을 사용할지에 영향을 미치는 한 요인은 유추에 사용된 내재된 관계에 대한 아동의 친숙성 혹은 지식이다. 유추적 사고의 기능이 이미 알고 있는 어떤 것을 이용하여 **알지 못하는** 어떤 것을 이해하도록 돕는 것이라는 사실을 기억하라. 이러한 관점에서 볼 때, 아동이 기저관계에 친숙해야만 유추적 사고가 의미있다. 예를 들어, 인간의 신경계를 이해하기 위해 이를 전기회로에 비유할 수 있다. 그러나 당신이 만약 전기회로에 대해 아무것도 알지 못한다면 당신의 유추적 사고능력이 아무리 발달되어 있어도 이는 신경계를 이해하는데 아무런 도움을 주지 못할 것이다.

아동의 전이적 대응(transitive mapping)을 돕기 위해 친숙한 동화인 Goldilocks and the Three Bears("아빠 곰은 모든 것에서 가장 큰 것을 엄마 곰은 중간 크기를, 아기 곰은 작은 크기를 갖는다.")를 사용한 Goswami(1995)의 연구에서 친숙성의 역할이 잘 설명된다. 전이적 관계는 적어도 세 개 이상의 대상 간의 관계를 포함한다. 만약 대상 A가 B보다 길고, B가 C보다 길다면, 그렇다면 A는 C보다 길어야만 한다.(즉, A > B > C). 어린 아동은 한 차원(아빠 곰, 엄마 곰, 아기 곰)에서의 전이적 관계를 이용하여 다른 차원(예를 들어, 크기나 소리의 큰 정도)의 전이적 관계로 유추적 대응을 할 수 있

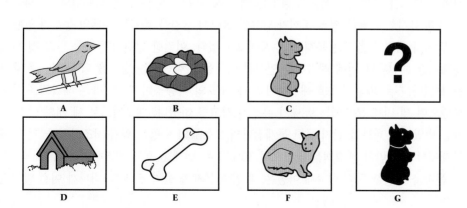

그림 7.7 Goswami와 Brown이 사용하였던 문제의 예. 아동들은 아랫줄에 제시된 그림(그림D에서 그림 G까지) 중에서 윗줄에 제시된 항목들의 시각적인 유추를 가장 잘 완성시키는 그림을 선택해야 한다(정답은 D).
출처: Goswami & Brown, 1990.

을 것인가?

Goswami(1995)의 연구에서 3세와 4세 아동에게 Goldilock 이야기에서의 관계(아빠곰 > 엄마 곰 > 아기 곰)를 이용하여 양이 다른(많음, 중간, 적음) 대상(피자, 사탕, 주스)을 분류하거나 소리의 크기(발자국소리), 음색(목소리), 온도(죽의 온도), 짠맛(죽의 짠맛), 넓이(침대), 또는 높이(거울)에 근거하여 순서대로(3 수준으로) 놓도록 하였다. 4세 아동들은 세 마리 곰의 유추를 다른 차원으로 대응하여 모든 과제에서 일반적으로 우수한 수행을 보였다. 그러나 3세들은 우연수준 이상이기는 하지만 4세보다는 수행수준이 저조하였다.

Goswami의 결과는 실제로 놀랄만한 것이었다. 아동들은 6, 7세가 되어 인지발달의 구체적 조작기에 들어설 때까지는 전이적 추론을 할 수 없다고 했던 Piaget의 주장을 기억해보라. 그러나 Goswami의 3세와 4세는 유추의 기저가 그들에게 친숙하기만 하다면(이 경우 세 마리의 곰 이야기) 유추를 사용하여 전이적 추론을 할 수 있었다.

아동의 유추적 사고에서 상위인지의 역할

유추적 사고과제를 해결하는데 속성들 간의 관계를 명시적으로 인식하는 것이 얼마나 중요한가? 아동이 유추적으로 사고를 하면서도 이를 언어적으로 표현하지 못할 수도 있는가? 이러한 지식이 암묵적이어서 의식에 떠오르지 않을 수도 있는가? Chen과 동료들(1997)의 연구에서 영아들의 지식은 암묵적이었음에 틀림없다. 이러한 문제와 그 해결책에 대해 언어 이전 영아들은 상위인지적 이해가 없는 것 같다. 아동기의 유추적 사고에 상위인지적 지식은 얼마나 중요한가?

분명히 상위인지적 지식은 매우 중요하다. 학령전 아동들을 대상으로 유추적 사고를 훈련시키는 가장 성공적인 방법은 유추의 기저가 되는 관계에 대해 명시적인 지시를 제공하는 것이다(Brown & Kane, 1988). 학령전 아동들의 **유추학습**을 측정하였던 Ann Brown과 동료들(Brown & Kane, 1988; Brown, Kane, & Long, 1989)의 연구프로그램을 생각해보자.

Brown과 Kane의 연구에서는 자리에서 일어나지 않고 책상 위 유리병에 담긴 풍선껌을 손이 닿지 않는 다른 책상 위의 유리병으로 옮기는 과제를 학령전 아동들에게 주었다. 아동들에게는 문제를 해결하는데 사용될 수 있는 다양한 물건들을 주었는데, 가위, 알루미늄 막대, 테이프, 끈, 종이 한 장이 포함되었다. 문제를 해결하기 전에 아동들은 먼저 유리병 속의 보석을 손이 닿지 않는 다른 유리병으로 옮기는 요정의 이야기를 들었다. 만약 실험 조건의 아동들이 문제를 "해결"하지 못하면 이들에게 요정이 그의 카펫을 말아서 튜브를 만들어 보석들을 옮기는 데 사용했다는 이야기를 들려주었다. 그 다음에 두 개의 유사한 문제(부활절 토끼가 담요를 말아서 달걀을 옮기는 문제와 농부가 양탄자를 말아서 체리를 옮기는 문제)를 순서대로 주었다. 이러한 일련의 문제를 받고 첫 번째 문제해결에 실패한 뒤에 해결책을 인식한 아동들은 학습하는 방법을 학습하는 큰 효과를 보였다. "두 번째 문제를 해결하기 위해 46%의 아동들이 "말기"라는 해결책을 사용하였으며 세 번째 문제에는 98%가 유추적 사고를 하였다. 대조적으로 세 개의 말기 문제를 받았지만 힌트를 받지 못한 통제집단의 아동들의 수행은 훨씬 저조하였다. 첫 번째 문제에서 20%만이 해결책을 찾았으며 30%가 두 번째 문제를 해결하였다. 두 개의 "말기"문제를 해결한 뒤에 한 4세 아동은 세 번째 문제를 풀기 전에 "그러니까 이걸 말기만

학습법 학습
(learning to learn)
유사한 문제를 해결했던 이전의 경험으로부터 새로운 규칙이나 전략을 습득하여 새로운 문제의 수행에 향상을 보이는 것.

하면 되는 거지? 알았다!"라고 말했다. Brown과 Kane(1988)은 이렇게 "인식한" 아동은 유추를 찾으려는 마음의 틀이 준비되어 문제해결을 위해 일반적인 규칙을 추출하려고 기대하고 습득한 지식을 새로운 맥락들에서 사용할 수 있다.

요약하면, 영아기부터 간단한 암묵적인 형태로 존재하는 유추적 사고는 점진적으로 발달하여 아동기가 되면 더욱 명시적이 된다. 이는 확실한 교육적 시사점이 있는 중요한 결과이다. 즉, 학령전 아동들조차도 유추를 사용하여 새로운 정보를 습득할 수 있고 더 나은 문제 해결자가 될 수 있는데 이를 위해서는 (1) 추론의 기저가 되는 기저관계를 이해할 수 있어야 하고 (2) 유추에 의한 사고의 가치를 인식해야 한다(혹은 인식하도록 만들어져야 한다).

산수기술

오늘날의 정보화 사회에서 자라나는 아동들에게 가장 필요하고 매우 강조되는 또 하나의 사고는 양적 사고(quantitative reasoning) 혹은 산수적 사고(arithmetic reasoning)이다. 인간은 언제부터 양적인 정보를 처리하게 되었을까?

매우 놀라운 능력이지만 이 능력은 매우 일찍부터 발달한다(Geary, 1995). 매우 어린 영아도 쉽게 4개 이하의 대상을 포함한 시각적 배열을 변별할 수 있고 5개월경에는 자신들의 왼편에서 제시되는 특정 숫자 단서(예: 하나 혹은 셋 대신 두개의 대상)가 곧이어 오른편에 흥미로운 자극이 나타난다는 것을 의미함을 쉽게 배운다(Canfield & Smith, 1996). 우리는 6장에서 또한 5개월 영아가 간단한 덧셈과 뺄셈에 대하여 기초적인 이해를 가지고 있는 것을 보았다(Wynn, 1992). 16~18개월 즈음에는 예를 들어, 세 개가 두 개보다 많다는 것을 인지하는 서수 관계(ordinal relationship)를 습득한다(Strauss & Curtis, 1981). 이러한 초기의 이해는 많다, 적다, 크다, 작다와 같은 양적인 어휘의 습득과 더불어 유아들이 수세기와 양에 대해 생각할 준비가 되어 있음을 보여준다.

수세기와 산수전략

수세기는 아동이 말하기 시작하면서 곧 시작된다. 그러나 초기 수세기 전략은 매우 부정확하여 다른 사람이 센 대상을 손가락으로 가리키며 몇 개의 수 단어(예: "하나, 셋, 넷, 여섯")들을 말하는 정도이다(Fuson, 1988). 3~4세경이 되면 대부분의 아동이 정확하게 수세기를 할 수 있으며 수 단어와 그들이 표상하는 항목 사이에 일대일 대응관계가 성립된다(Gallistel & Gelman, 1992). 4.5~5세경에는 대부분의 아동들이 수세기열(예; "1, 2, 3, 4, 5")에서 마지막 단어가 항목들의 수를 나타낸다는 **기수의 원리**(principle of cardinality)를 습득하게 된다(Bermejo, 1996). 수세기에서의 이러한 발달은 특별히 중요한데 이것이 바로 간단한 산수 전략의 출현을 준비하기 때문이다.

아동의 초기 산수전략은 수세기에 기초를 두며 처음엔 큰소리로 말하고 자주 손가락과 같은 지지물을 사용한다. 앞서 보았던 합계전략이 아마도 가장 간

> **기수의 원리**
> (cardinality)
>
> 수를 셀 때 마지막 수가 그 세트에 포함된 항목의 수라는 원리.

손가락을 사용한 수세기는 셈하기 문제를 풀 때 매우 초기에 나타나는 전략이지만 아동의 수학지식이 증가하면서 점차 덜 사용된다.

단한 더하기 방법일 것이다. 2 + 3 = ? 와 같은 문제를 제시하면 아동은 첫 번째 수부터 세기 시작하고("1, 2") 그 다음에 두 번째 수를 세는데 첫 번째 수의 기수 가(cardinal value, 基數 價)부터 시작한다(". . . 3, 4, 5"). 합계 전략이 매우 정확할지라도 실행하는데 상당한 시간이 필요하고 큰 수의 덧셈(예, 22 + 8)에는 효율적이지 못하다.

더욱 발전된 더하기 전략은 수세기의 단축방법을 사용하는 것이다. 예를 들어, 최소전략을 사용하는 6세 아동은 최소한의 수세기를 사용한다. 8 + 3의 합계를 물으면 이 아동은 큰 수의 기수 가부터 시작하여 거기서부터 세기 시작한다(예, "8. . . 9, 10, 11"). 비록 덧셈(뺄셈)을 위해 학령전 아동들이 합계전략이나 최소전략 이외의 다른 방법을 사용할 수 있지만 대부분의 전략은 더하거나 빼야 하는 수만큼 실제 대상을 세는 것을 포함한다(Carpenter & Moser, 1982).

암산의 발달

초등학교 저학년 시절에 간단한 셈하기 문제의 해결책은 점점 내면화 되어간다. 아동들은 머릿속에서 셈 조작을 하게 되면서 더 이상 손가락으로 대상을 세지 않게 된다. 가장 초기의 암산전략은 아마도 역시 내면적으로 합계 혹은 최소전략과 같은 산수전략을 사용하는 것이다. 그러나 덧셈과 뺄셈의 경험이 증가하고 학교에서 수체계를 배워 지식이 증가할수록 초등학생들은 더욱 효율적인 다른 산수 전략을 사용하게 된다. 예를 들어, 십진법의 지식은 원래의 문제를 두 개의 더 간단한 문제들로 나누는 **분해전략**(decomposition strategies)의 기본이 된다(Lemarie & Callies, 2009). 예를 들어, 13 + 3 = ? 과 같은 문제를 주면 아동은 "13은 10 + 3; 3 + 3 = 6; 10 + 6 = 16; 그러니까 답은 16" 과 같이 생각한다. 특히 많은 수세기가 필요하지 않은 간단한 문제들에 있어서 처음에는 분해전략이 최소전략보다 더 느릴 수 있다. 그러나 아동이 숫자를 십진법으로 나누는데 익숙해질수록 분해에 의해 더 빨리 문제를 해결하게 되며 특히 수세기 전략이 번거로운 큰 수의 셈하기(예, 26 + 17)인 경우 더욱 그렇다(Siegler, 1996). 마지막으로 아동은 **사실인출**(fact retrieval)에 의해 많은 간단한 셈하기 문제들을 해결하게 된다. 즉, 그들은 해답(즉, 8 + 6 = 14)을 단순히 알게 되고 이를 장기기억에서 인출하기만 하면 된다.

아동들이 셈하기 계산을 머리 속에서 하기 시작하면 정확하게 무엇을 하는지를 아는 것은 어려워진다. 그러나 정답을 말하기까지의 시간을 알면 아동이 어떤 산수전략을 사용하는지를 추론할 수는 있다. 예를 들어, 아동이 최소전략을 사용한다면 두 수 중 작은 수(즉 수세기를 해야 하는 수)가 클수록 덧셈 문제의 반응시간은 길어진다. 그러나 아동이 만약 사실인출을 사용한다면 그들은 어떤 수이든 매우 빨리 정답을 말해야만 한다. 아동이 사용하는 산수전략은 연령에 따라 점차 세련되지만 단계와 같은 패턴을 따르지는 않는다. 우리가 이 장의 앞부분에서 Robert Siegler(1996)의 **적응적 전략선택 모델**을 소개할 때 본 바와 같이 아동들은 서로 경쟁하고 있는 여러 개의 전략을 가지고 있다(Siegler, 1996a, 1996b, 2006). 따라서 학령전 아동들은 사실인출을 거의 사용하지 않지만 특히 동일한 두 수의 덧셈(2 + 2 = ?)과 같은 간단한 문제에서는 가끔씩 사실인출을 사용하기도 한다(Bjorklund & Rosenblum, 2001). 이와 유사하게 나이 든 아동과 성인은 전형적으로 사실인출과 같은 더 진보된 전략을 사용하지만 때로는 최소전략과 같은 산수전략에 의지하기도 한다(Bisanz & LeFevre, 1990).

수학 수행에 대한 문화의 영향

Vygotsky가 자신의 사회문화적 이론에서 주장한 핵심 중 하나는 인지발달이 언제나 문화적 맥락 안에서 일어나며 문화적 맥락은 사고하고 문제 해결하는 방식에 영향을 준다는 것이다. 이 중요한 원리가 셈하기와 같이 규칙에 구속받는 영역에도 적용될 수 있을 것인가?

학교에 다니지 않는 아동들의 산수 능력 대부분의 문화에서 학령전기 동안 수세기와 간단한 셈하기의 전략을 배우지만 더 큰 수가 포함되는 복잡한 계산절차는 주로 학교에서 배운다. 그렇다면 학교를 거의 혹은 전혀 다니지 않은 아동들은 셈하기에 무능할 것인가?

만약 서구사회에서 셈하기와 다른 양적인 기술을 측정하기 위해 사용하는 방식인 지필검사를 사용한다면 그 대답은 '무능하다'이다. 그러나 이러한 검사는 학교에 다니지 않는 아동들의 능력을 과소평가한다.

예를 들어, T. N. Carraher와 동료들(1985)은 학교교육을 받지 않고 거리에서 물건을 파는 9세와 15세인 Brazil 아동들의 수학적 능력을 조사하였다. 그들은 실제 생활의 맥락에서 제공되는 수학 문제들(예, 큰 코코넛이 76 cruzeiro(브라질의 화폐단위)이고 작은 것이 50일 때 두 개를 모두 사면 얼마인가?)을 98%의 정확도로 풀었다. 그러나 동일한 문제를 맥락이 없이 제시했을 때는(즉, 76 + 50?) 37%만이 정확하게 문제를 풀 수 있었다. 거리의 상인들은 머릿속에서 재빨리 그리고 정확하게 셈을 하는데 만약 셈이 틀리면 경제적인 손실이 올 수도 있다. 반대로 맥락이 없이 제시된 동일한 문제는 실제적인 적용이 되지 않으므로 교육받지 않은 피험자들이 애써서 문제를 풀만한 동기화가 되지 않는다. 벽돌공이나 마권 영업자들과 같은 학교교육을 받지 않은 참여자들도 그들이 업무에 기술적으로 사용하는 유연한 셈하기 능력을 보여주었다(Schliemann, 1992).

학교에 다니는 아동의 산수에서 나타나는 문화적인 변이 최근에 중국, 대만, 일본 등 동아시아 나라의 아동들이 미국 아동들에 비해 특정 교과과목, 특히 수학에서 뛰어나다는 사실이 논문이나 일반서적들에서 자주 언급되었다. 사실은 미국의 학령기 아동들이 1학년부터 동아시아 문화권의 또래에 비해 유의하게 수행이 떨어지기 시작해서 연령이 증가하면서 문화적 차이는 더 커진다(Baker, 1992; Stevenson & Lee, 1990).

이러한 결과를 설명하려고 시도하면서 연구자들은 동아시아 학생들이 미국 학생들보다 더 똑똑한 것은 아니라는 것을 밝혀내었다. 왜냐하면 미국, 대만, 일본의 1학년들은 표준화된 지능검사에서 유사한 수행을 보였기 때문이다(Stevenson et al., 1985). 그러나 동아시아권의 1학년 학생들은 상대적으로 세련된(1학년에게는) 분해전략과 사실인출 전략(Geary, Fan, & Bow-Thomas, 1992)을 사용하는 등 미국의 1학년들에 비해 기본적 셈하기 전략에서 더 진보된 전략을 사용하였다. 또 다른 연구들은 동아시아권 아동들이 보여주는 수학 전략의 이득은 이미 학령전기부터 나타나고 있다고 보고한다(Geary et al., 1993).

혹자는 그것이 왜 중요한가 반문할 수도 있다. 우리는 미국 아동들도 초등학교 말경에는 확실하게 숙달하는 아주 기본적인 셈하기 전략에 대해 이야기 하고 있다. 그러나 David Geary와 그의 동료들은 초기 셈하기 전략과 사실 인출의 속도가 후에 나타나는 더 복잡한 형태의 수학 수행을 예언한다는 것을 보여주었다(Geary & Burlingham-Dubre, 1989; Geary & Widaman, 1992). 따라서 기본 기술의 습득이 복잡한 수학 능력을

학교에 다니지 않은 거리의 상인들은 지필 수학문제에는 종종 실패하지만 상거래동안 거스름돈을 계산할 때는 세련된 산수기술을 보여준다.

축진시킨다면 동아시아권 학생들이 학령기 동안 지속적으로 미국의 또래에 비해 수학적으로 우수한 것이 놀라운 일은 아니다.

이제 분명한 의문사항은 어린 동아시아권 아동들이 기초 수학적 기술에 있어 왜 미국 아동에 비해 우세한가이다. 수학적 개념 획득을 위해 동아시아권 아동들은 사용가능하지만 미국 아동들은 해당되지 않는 언어적이며 교육적인 지지에 대해 알아보기로 한다.

언어적 지지 중국(그리고 일본과 한국)과 미국의 언어가 수를 어떻게 표상하는가가 셈하기 능력에서 초기에 나타나는 차이를 일부 설명할 수 있는 것 같다. 6장에서 중국어로 11, 12, 13이 "십-일", "십-이", "십-삼"이며 이것이 eleven, twelve, thirteen이라는 다소 특이한 수 단어를 사용해야 하는 미국 아동들에 비해 중국아동이 수세기를 더 빨리 배울 수 있도록 돕는다고 했다(Miller et al., 1995). 중국의 수 체계는 또한 13에서 1이 십 자리(일자리가 아니고)임을 이해하는데 도움을 준다. 대조적으로 영어의 10단위 숫자들은 불규칙적이고 따라서 10단위와 1단위의 의미를 전달하지 못한다. 한 연구에서 한국의 2학년과 3학년 아동들은 예를 들어 186에서 1이 "100"을 의미하고 8은 "80"을 의미한다는 것을 이해하여 여러 자리 수에서 자리의 의미를 잘 알고 있었다. 그 결과 그들은 아직 이렇게 큰 수의 덧셈, 뺄셈에 대해 수업을 받기 전인데도 세 자리수의 덧셈과 뺄셈문제를 잘 풀었다(예를 들어, 142 + 318?) (Fuson & Kwon, 1992).

최근의 연구들은 더욱 복잡한 산수 특히 분수의 이해에 언어가 중요한 역할을 한다고 제안한다. Irene Miura와 동료들(1990)은 크로아티아, 한국, 미국의 6, 7세 아동을 대상으로 분수의 이해를 연구하여 동아시아권 아동들이 서구 아동에 비해 유의하게 더 잘 이해하고 있음을 보고하였다. 그들은 한국과 미국, 크로아티아에서 분수가 어떻게 표현되는가를 조사하였다. 서구권에서는 분수 ⅓은 "one third"로 표현된다. 한국어에서 ⅓은 "삼분의 일"로 읽고 이는 문자 그대로 "3 조각 중의 하나"라는 의미이다. Miura와 동료들은 한국어에서 직관적으로 분명하게 분수를 표현하는 방식이 전체를 부분으로 나눈다는 개념의 이해를 돕고 한국 아동들이 분수의 개념을 일찍 습득하도록 도울 것이라고 주장하였다.

아동의 초기 셈하기 능력이 문화권에서 사용하는 언어에 따라 다르다는 결과는 **지적인 적응을 위해 문화권마다 갖는 도구**가 사고에 영향을 미친다는 Vygotsky의 입장과 일치한다. 문화는 정규교육을 제공하는가 아닌가와 같은 명백한 방법으로 사고에 영향을 미치기도 하지만 언어가 중요 개념을 어떻게 기술하고 조직화하는가와 같은 덜 명백한 방법으로 영향을 주기도 한다.

교수적인 지지 마지막으로 동 아시아에서 사용하는 몇 가지 교수적인 방법들이 여러 자리수의 덧셈과 뺄셈에 포함되는 계산 절차와 수학적 사실을 빠르게 학습하도록 지원한다. 동아시아 학생들은 미국 학생들에 비해 계산절차를 더 많이 연습하며(Stevenson & Lee, 1990) 이러한 종류의 연습은 기억에서 수학적 사실을 인출하는데 도움이 된다

(Geary et al., 1992). 그리고 제공하는 교수의 유형도 중요하다. 예를 들어, 아시아 교사들은 여러 자리수의 덧셈에 있어 끝자리의 합을 다음 자리로 "올린다(bring up)"라고 말하지 "전한다(carrying)"라고 하지 않는다. 올린다(전한다 대신)는 용어는 여러 자릿수의 덧셈에 대해 배우는 아동들에게 여러 자릿수의 각 숫자는 왼쪽으로 가면서 10단위씩 증가한다는 것(즉, 350의 5는 "5"가 아니고 "50"이며 3은 "300"을 의미한다)을 알기 쉽게 해준다. 게다가 아시아권의 수학책은 여러 자릿수의 일의자리, 십의자리, 백의자리에 각기 다른 색을 이용하여 자리 값의 혼동을 막는다(Fuson, 1992).

　이러한 언어적, 교육적 지지가 동아시아권 아동들의 우수한 수학능력에 얼마나 공헌을 하는가? 그들은 분명히 중요하긴 하지만 유일한 이유는 아

동아시아권 학생들의 우수한 수학 능력은 언어적 지지, 교육적 지지, 그리고 많은 연습으로 설명된다.

니다. 아시아 학생들은 언제나 미국의 또래들에 비해 언어적인 이득을 가지고 있었다. 또 1930년대에 교육을 받은 미국인들은 오늘날의 미국 학생들에 비해 기초 수학능력이 더 우수하였고 오늘날 아시아 학생들에게 필적할 만한 수학적 능력을 보여주었다(Geary et al., 1996). 따라서 동아시아 학생들과 미국 학생들의 차이는 비교적 최근의 현상이며 교육적 철학과 교육을 위한 지원에 있어 더 광범위한 문화적 차이와 여기서 논한 언어적, 교수적 지지의 차이를 모두 반영한다. 우리는 이러한 생각이 얼마나 정당한 것인지를 15장에서 학교가 아동과 청소년의 사회, 정서, 지적 생활에 어떠한 역할을 하는지를 살펴보면서 더 자세히 알아볼 것이다.

개념체크 7.4　　아동의 산수능력의 발달 이해하기

아동의 산수능력의 발달에 대한 이해를 점검하기 위해 다음의 질문에 답하시오. 해답은 부록에 있다.

선다형: 다음 질문에 가장 적절한 답을 고르세요.

_____ 1. 최소모델에 따르면 더하기 문제를 해결하기 위한 아동의 반응시간은 _____에 따라 다르다.
　　　a. 산수적 사실의 인출
　　　b. 활성화의 확산
　　　c. 두 번째, 더 작은 가수(加數)
　　　d. 지식기반

_____ 2. Siegler와 동료들은 산수전략의 발달을 연구하기 위해 일련의 실험을 실시하였다. 그 실험들로부터 밝혀진 결과를 가장 잘 설명한 것은 다음 중 어떤 것인가?
　　　a. 아동들은 더하기에서, 최소, 사실인출 전략으로 단계적으로 이동한다.

　　　b. 산수전략 사용의 단계는 생물학적인 성숙의 단계들을 따른다.
　　　c. 학령전 아동들은 사실인출을 전혀 사용하지 않는다.
　　　d. 산수전략의 발달은 기본적으로 더 세련되고 성숙한 전략이 덜 세련된 전략들을 대체하는 것이지만 단계와 같은 패턴은 아니다.

에세이: 다음 질문에 상세히 답하시오.

　3. 산수 장애가 있는 아동들이 경험하는 정보처리적 문제들의 종류에 대해 논하시오.

　4. 아동의 산수능력에서 비교문화적인 차이가 관찰되었다. 아동들이 학교교육을 받는 사회와 학교교육을 받지 않는 사회에서 아동들의 차이와 서로 다른 학교교육을 받는 사회들에서의 차이에 대해 논하시오. 아동의 언어가 수학적 수행에 어떠한 영향을 줄 수 있는가?

정보처리 관점에 대한 평가

오늘날 정보처리 관점은 아동의 지적 발달 연구에 있어 지배적인 접근법이 되었다. 간단하게 이야기하면, 정보처리 접근은 아동의 인지적 과정 특히 Piaget가 그리 강조하지 않았던 주의, 기억, 상위인지가 왜 연령의 증가와 함께 변화하는지 그리고 이 과정들이 어떻게 아동의 사고에 영향을 주는지를 비교적 자세히 설명하고 있다. 더구나 정보처리 이론가들이 영역 특정적인 학업 기술에 대해 상세하게 연구한 결과는 학업수행을 증진시키는 중요한 교육적인 변화를 초래하기도 하였다.

이러한 분명한 장점에도 불구하고 몇 가지 단점으로 인해 정보처리적 접근은 인지발달의 설명으로 불완전할 수밖에 없다. 정보처리적 접근에 대한 보다 강한 도전은 지적성장의 원인이 되는 진화적이고 신경학적인 공헌자를 찾아내고자 하는 인지신경과학의 분야에서 시작된다. 앞서 개관했던 것처럼 억제의 신경학적인 상관물을 찾으려는 시도와 영아의 기억발달에 대한 뇌의 상관물을 찾으려는 연구(Bauer, 2004)들은 이러한 방향으로 나아가는 작은 시도이다. 다른 연구자들은 영아와 아동에게 있어 뇌와 인지발달의 관계를 더 진지하게 탐색하며 이 서로 다른 수준의 조직화를 통합하는 새로운 발달이론을 개발한다(Byrnes & Fox, 1998; Johnson, 2000).

Vygotsky와 다른 사람들이 강조하였던 것처럼 문화가 인지에 미치는 영향에 대해 정보처리 이론가들이 주의를 기울이지 않았다고 비평하는 사람들도 있다. Piaget의 정교하고 일관성 있는 단계이론을 선호하는 사람들은 특정한 인지과정에 초점을 두고 발달을 서로 다른 영역에서 이러한 기술들이 점진적으로 습득되는 과정으로 보는 정보처리 이론가들의 "단편적인" 접근에 의문을 갖는다. 이들은 정보처리 이론가들이 인지를 조각조각 내는 것에는 성공했지만 다시 하나로 모아서 지적발달을 설명하는 포괄적인 이론을 만드는 데는 실패했다고 주장한다. 정보처리 이론가들은 비록 이러한 비난이 어느 정도 일리가 있기는 하더라도 Piaget의 너무나 포괄적인 인지발달 이론이 갖는 많은 문제점이 오히려 이들을 동기화시켰다고 반박한다.

정보처리 이론의 중심 가정 중 일부가 비난을 받기도 하였다. 예를 들어, 마음-컴퓨터의 고전적인 비유는 인간 인지활동의 풍요로움을 과소평가했다는 비난을 받는다. 결국 사람은 꿈도 꾸고 숙고하고 창조하고 자신(과 타인)의 인지적 활동과 정신 상태에 대해 반성할 수 있지만 컴퓨터는 그럴 수 없다(Kuhn, 1992). 더구나 모든 인지활동이 하나의 제한된 용량을 가진 작업기억의 저장고에서 일어난다는 고전적 가정이 이제 도전을 받고 있다. Charles Brainerd와 Johannas Kingma(1985)는 예를 들어 작업기억을 일련의 독립적인 저장고로 보고 있으며 각각은 고유한 자원을 가지고 부호화, 인출, 전략의 실행과 같은 특정한 조작을 수행할 수 있다고 한다. 물론 우리는 이미 정보처리 이론에 대한 또 다른 대안으로 우리가 경험하는 정보를 축어적 복사본으로 저장하기보다는 한 수준 이상으로 정보를 처리한다는 희미한 흔적 이론에 대해 논의하였다.

능동적
수동적

연속성
비연속성

총체적

천성
육성

정보처리 관점에 발달 주제 적용하기

이제 정보처리 관점이 적극적인 아동, 천성과 양육의 상호작용, 양적인 발달과 질적인 발달, 그리고 전인적 발달이라는 4가지 주제와 어떻게 관련되는가를 간단히 알아보자.

　　정보처리 관점에서는 Piaget의 이론만큼 적극적인 아동의 개념이 분명하지는 않다. 정보처리 연구자들은 아동이 정보를 부호화하고 저장하고 인출하는데 제한을 두는 체계의 한계에 초점을 둔다. 아동들은 단기기억의 용량이나 그들이 정보를 처리하는 속도에 있어 적극적인 역할이 거의 없다. 반면에 정보처리론자들은 아동의 전략 사용 또한 강조한다. 전략은 과제의 수행을 향상시키기 위해 의도적으로 사용되며 의식적이고 목표 지향적인 인지적 조작이다. 아동이 자신들의 학습과 사고에 대해 어떻게 의도적인 통제를 배우는가는 인지발달의 중심주제이며 전략과 상위인지에 대한 정보처리 연구들은 아동이 정보처리 체계를 돌아다니는 정보를 수동적으로 수용하는 존재가 아니고 자신의 학습에 적극적인 참여자라는 사실을 분명히 밝혀준다. 따라서 결국은 정보처리 관점이 적극적인 아동의 모델을 포함하는 것으로 볼 수 있다.

　　두 번째 주제는 발달에서 천성과 양육의 상호작용에 관한 것이다. 아동의 인지는 어느 정도나 특정의 경험이나 외부세계로부터의 입력과 무관한 생물학적 과정의 결과인가? 예를 들어, 정보처리 체계의 하드웨어와 소프트웨어를 이야기하는 것은 상당한 생물학적 결정주의를 암시하는 것으로 보일 수 있다. 즉, 아동이 타고난 체계가 있으며 이 체계의 특징은 나이가 들어감에 따라 확장한다(단기기억이 증가하고 정보처리 속도는 더 빨라진다). 이 견해에 따르면 경험은 오직 부수적인 역할을 한다(물론, 이러한 견해를 주장하는 사람조차도 선천적인 체계가 적절하게 발달하려면 경험이 필수적이라고 믿는다는 것을 우리는 안다). 그러나 정보처리 체계의 발달에 대한 이러한 해석은 불완전하다. 정보처리 이론가들 역시 사고와 인지발달에 경험이 중요한 역할을 한다는 것을 강조한다. 예를 들어, 많은 연구자들이 인지발달의 주된 원인으로 지식기반의 역할을 강조한다. 어떤 주제이든 아동이 많이 알수록 그 정보를 더 빨리 처리할 수 있고 더 많이 기억할 수 있고 그 주제와 관련된 새로운 정보를 더 쉽게 학습할 수 있다. 요약하면, 정보처리론자들은 천성과 양육의 관계를 분명하게 다루지는 않지만 그들은 현대적 이론가들이며 적어도 암묵적으로는 천성과 양육의 복잡한 관계가 발달하는 동안 아동의 사고에 영향을 준다는 것을 인정한다.

　　앞 장에서 Piaget가 아동 사고의 **질적인** 변화를 가정하는 전통적인 단계 이론가였다고 언급했다. 정보처리론자들은 일반적으로 정반대의 입장을 취한다. 즉, 대부분의 인지발달의 측면들은 시간에 걸쳐 지속적으로 **양적으로** 변화한다. 나이가 들면서 아동은 더 빨리 정보를 처리하고 단기기억에 더 많은 정보를 저장하고 생각하는 대상에 대해 더 많은 지식을 가지고 있다. 이러한 모든 것이 양적으로 변화한다. 정보처리 관점에 따르면 아동의 사고에서 나타나는 어떠한 갑작스런 변화도 작업기억이나 처리의 속도와 같은 근본적으로는 양적이고 연속적인 변화의 조작에 기인한다. 이는 인지에서 정보처리적 용어로 설명될 수 있는 질적인 근거의 변화가 전혀 없다는 것은 아니다. 그 수가 적다는 것이다. 정보처리론자라고 자처하는 대부분의 연구자들은 아동의 사고에서 나타나는 중요한 변화의 성격이 질적인 것이 아니고 양적인 것이라고 믿는다.

　　마지막으로 전인적 발달에 대해 정보처리론자들은 무슨 말을 할까? Piaget나 Vygotsky와 마찬가지로 정보처리론자들은 자신들이 연구하는 조작을 아동들이 연구자의 연구실 뿐 아니라 실제 세상에서도 사용한다고 믿는다. 기억폭이 제한된 아동은 많은 등장인물이 나오는 복잡한 이야기를 좇아갈 수 없으며 부모가 지시하는 여러 가지 허드렛일을 기억할 수 없고 미국의 대통령 이름을 모두 외울 수 없다. 실제로 다른 어떤 관점보다도 정보처리론자들이 왜 아동이 학교에서 성공하거나 실패하는지(그리고 학업적 수행을 중재하는 방법)에 대해 더 많은 이야기를 할 수 있을 것이다. 또한 정보처리 관점은 교실의 인지에만 제한되는 것은 아니며 사회적 관계에도 적용된다. 아동이 산수 문제를 해결하기 위해 사용하는 전략은 친구를 사귀는데 사용하는 전략과는 성격이 다르지만, 11장에서 보게 될 것처럼 사회적 행동과 발달 역시 정보처리의 관점으로 조망할 수 있다(Dodge, 1986).

요약   SUMMARY

다중저장 모델

- 정보처리이론가들은 인간의 마음을 컴퓨터에 비유하여 정보가 정신적인 하드웨어와 소프트웨어로 구성된 **용량이 제한된 체계** 내를 흘러 다닌다고 주장한다.
- 다중저장 모델은 인간 정보처리체계가 입력을 탐지 또는 등록하는 **감각등록기**(sensory register), 우리가 정보에 조작을 가할 때까지 일시적으로 정보가 저장되는 **단기저장**(short term memory, STS), 영구적인 **장기저장**(long-term store, LTS)으로 구성된다고 본다.
- 또한 대부분의 정보처리 모델은 여기에 정보처리 과정의 모든 단계에 대해 계획을 세우고 조정하고 통제하는 **실행적 통제처리**(executive control processes) 혹은 **상위인지**(metacognition)의 개념을 포함한다.

다중저장 모델의 발달

- 정보처리 하드웨어에서의 연령차는 STS의 용량 평가를 위한 **기억폭**(memory span)을 측정하여 조사하였다. 비록 STS에서 큰 연령차가 있기는 하지만 기억에서의 발달적 차이는 **지식기반**(knowledge base)의 증가와 정보를 얼마나 빨리 처리하는가에 달려있다.
- 많은 연구결과들은 아동이 자발적으로 전략을 산출할 수는 없지만 지시를 하면 전략을 사용할 수 있는 **산출결함**(production deficiency)과 새로운 전략을 사용하지만 실질적인 이득이 없는 **활용결함**(utilization deficiency)을 보고한다.
- 모든 연령의 아동들이 문제를 해결하는데 다중의 다양한 전략들을 사용하는 현상이 발견되었으며 Robert Siegler는 이를 **적응적 전략선택 모델**(adaptive strategy

choice model)로 설명하고 있다.
- 사고가 무엇인가에 대한 아동의 이해는 학령전기와 학령기동안 증가한다. 의식되는 인지 혹은 **명시적 인지**(explicit cognition)와는 대조적으로 의식되지 않고 수행되는 인지인 **암묵적 인지**(implicit cognition)에서는 발달적 차이가 없거나 거의 관찰되지 않는다.
- 정보처리의 다중저장 모델에 대한 대안으로 최근에 제기된 이론이 **희미한 흔적이론**(fuzzy-trace theory)인데 이 이론에 따르면 우리는 정보를 **요약**(gist)과 **축어적 수준**(verbatim level)에서 모두 저장을 하고 있으며 이는 문제해결과 기억에서 나타나는 연령차를 잘 설명한다.
- 나이가 들면서 아동과 청소년의 **주의폭**(attention span)은 극적으로 증가하는데 일부는 중추신경계의 수초화에 기인한다.
- 아동과 청소년이 과제에 관련된 자극에 집중하고 환경의 방해자극에 의해 주의가 분산되지 않게 되는 능력이 증가하면서 주의 능력도 계획적이 되고 더욱 **선택적**이 된다. 또한 수행해야 하는 과제와 무관한 환경의 정보들에 주의나 사고를 억제하는 능력 또한 발달한다.

기억의 발달: 정보 유지하기와 인출하기

- 우리들은 대부분 생의 초기 몇 해동안의 기억을 가지고 있지 않은 **영아기 기억상실증**(infantile amnesia)을 보인다.
- 초기의 **사건기억** 특히 **자전적 기억**은 **스크립트** 혹은 자주 발생하는 실제 사건을 인과적 순서와 시간적 순서대로 구조화한 도식으로 구성된다. 아주 어린 영아들도 경험을 스크립트에 따라 조직화하고 스크립트는 나이가 들면서 더 상세해진다.

- 자전적 기억은 학령전기 동안 극적으로 향상된다. 부모들은 과거에 일어났던 사건에 대해 자주 이야기하고 어떤 정보를 기억해야 하는지에 대해 단서와 정보를 제공하면서 아동이 자신들의 경험을 풍부한 개인적 이야기로 기억해 낼 수 있도록 하여 자전적 기억의 성장에 중요한 역할을 한다.
- 나이가 들면서 기억전략 혹은 **기억술**(mnemonics)을 효과적으로 사용할 수 있게 된다. **시연**(rehearsal), **의미적 조직화**(semantic organization), **정교화**(elaboration), **인출**(retrieval)과 같은 기억 전략이 자주 사용된다.
- 기억전략들은 **자유회상**(free recall) 혹은 **단서회상**(cued-recall) 과제로 측정되며 후자는 인출을 돕는 특정 단서나 촉발자를 사용한다. 개인이 습득하는 특정한 기억 전략은 문화와 아동이 기억하기를 기대하는 정보의 종류에 의해 크게 영향을 받는다.
- 상위기억(metamemory, 또는 기억이 어떻게 작동하는가에 대한 지식)은 연령과 함께 증가하고 전략적인 기억에서 나타나는 발달적인 차이와 개인차에 공헌한다.
- 영아기와 청소년기 사이에 전략적 기억이 극적으로 향상되는 한 이유는 나이 든 아동이 어린 아동에 비해 아는 것이 많고 이렇게 지식기반(knowledge base)이 커지면 정보에 접근하는 능력과 학습과 기억을 위해 기억전략을 고안하는 능력이 향상되기 때문이다.

유추적 사고

- **사고**(reasoning)는 특별한 종류의 문제해결로서 추론을 필요로 한다.
- **유추적 사고**(analogical reasoning)는 한 세트의 요소들에 대해 알고 있는 바를 다른 요소들의 관계를 추론하는 데 적용하는 것을 포함한다.
- **관계적 우선 가설**(relational primacy hypothesis)은 유추적 사고가 영아기부터 가능하다고 제안한다.
- 많은 요인들이 아동의 유추적 사고에 영향을 미치는데 그 중의 하나는 상위인지 혹은 문제해결의 기초에 대한

의식적인 인식이며 다른 하나는 유추의 토대가 되는 관계에 대한 지식이다.

산수기술

- 영아들조차도 양적인 정보를 처리하고 사용할 수 있으며 유아들은 서수적인 관계에 대한 기초적인 이해를 이미 가지고 있다.
- 수세기는 아동이 말을 시작하면서부터 시작되고 학령전 아동들은 점차로 **기수의 원리**(principle of cardinality)와 같은 기초적인 수학적 이해를 구성해간다. 초기 셈하기의 전략은 크게 소리내어 세기를 포함한다. 그러나 궁극적으로 점차 세련된 셈하기 전략을 사용하게 되면서 간단한 계산을 머릿속으로 할 수 있게 된다.
- 그러나 Siegler의 **적응적 전략선택 모델**에서 보여주듯이 어떤 연령의 아동이든 수학 문제를 해결하기 위해 다양한 전략들을 사용한다.
- 수학적 수행과 산수전략의 사용에는 상당한 문화적 변이가 있다. 학교에 다니지 않는 아동들은 그들이 마주치는 실제적인 문제들을 해결하기 위해 산수전략을 개발한다.
- 셈하기를 학교에서 배운 아동들 중에서 동아시아 아동들은 또래의 미국 아동들보다 우수한 수행을 보이는데 이는 부분적으로는 그들이 사용하는 언어의 구조와 실제적인 교수가 아동들이 수학적 사실을 인출하고 계산적 기술과 다른 수학적 지식을 사용하는 것을 돕기 때문이다.

정보처리 관점에 대한 평가

- 많은 장점에도 불구하고 정보처리 관점은 인지 성장에 있어 신경학적, 사회문화적인 영향을 무시하였고, 아동의 지적 발달에 대한 광범위하고 통합적인 이론을 제공하지 못하고, 인간 인지활동의 다양함과 풍요로움을 과소평가했다는 비판을 받는다.

연습문제 PRACTICE QUIZ

선다형: 인지발달에 대한 정보처리 관점의 이해를 점검하기 위해 각 질문을 읽고 가장 적절한 답을 고르시오. 정답은 부록에 있다.

1. Mantej는 다중저장 모델에 대해 강의를 하는 인지 심리학자이다. 그가 모델에서 용량은 무제한이지만 매우 단기간 동안만 유지될 수 있는 요소를 이야기한다면, 그는 _____에 대해 이야기하고 있는 것이다.
   - **a.** 감각등록기
   - **b.** 단기저장
   - **c.** 장기저장
   - **d.** 실행기능

2. 다중저장 모델의 모든 단계들에 대해 계획세우기, 조정하기, 그리고 통제를 잘 하는 사람이 있다면 그는 _____이/가 좋은 사람이다.
   - **a.** 주의
   - **b.** 억제
   - **c.** 상위인지
   - **d.** 지식기반

3. Kayli는 _____을/를 가지고 있어서, 사용하라는 지시를 받으면 전략을 사용할 수 있지만 자발적으로 전략을 사용하지는 못한다.
   - **a.** 적응적 전략선택결함
   - **b.** 암묵적 인지결함
   - **c.** 활용결함
   - **d.** 산출결함

4. 매우 어린 아동들이 자신이 좋아하는 그림책을 읽지는 못하지만 암송하는 것은 다음 중 _____의 예이다.
   - **a.** 요지 기억
   - **b.** 축어 기억
   - **c.** 사건 기억
   - **d.** 자전적 기억

5. Siegler의 적응적 전략선택 모델은 _____(으)로 가장 잘 표현된다.
   - **a.** 연속발달
   - **b.** 계단 모델
   - **c.** 단계 모델
   - **d.** 중복파동 모델

6. _____은/는 인과적 순서 또는 시간적 순서대로 실제 사건을 도식적으로 구조화한 것이다.
   - **a.** 사건 기억
   - **b.** 자전적 기억
   - **c.** 스크립트
   - **d.** 기억술

7. 다음 중 유추적 사고와 관계되지 않는 것은?
   - **a.** 전제에 대한 기억
   - **b.** 추론을 할 수 있는 능력
   - **c.** 상위인지
   - **d.** 지식기반

8. 산수기술의 발달에 대해서 다음 중 옳지 않은 것은?
   - **a.** 학령전 아동들은 기수의 원리와 같은 수학적 이해를 점진적으로 구성해간다.
   - **b.** 미국 아동들은 산수 전략에 있어 동아시아 아동들보다 항상 우수한 수행을 보인다.
   - **c.** 어떤 연령의 아동들도 수학문제를 풀기 위해 다양한 전략을 사용한다.
   - **d.** 수학의 수행과 산수 전략을 사용하는 데 있어 상당한 문화적 변이가 존재한다.

주요 용어 KEY TERMS

감각저장(혹은 감각 등록기)(sensory store or sensory register)

관계적 우선 가설(relational primacy hypothesis)

기수의 원리(cardinality)

기억술(mnemonics, 또는 기억전략 memory strategies)

기억폭(memory span)

다중저장 모델(multistore model)

단기저장(short-term store, STM)

단서회상(cued recall)

명시적 인지(explicit cognition)

사건기억(event memory)

사고(reasoning)

산출결함(production deficiency)

상위기억(metamemory)

상위인지(metacognition)

선택적 주의(selective attention)

스크립트(script)

시연(rehearsal)

실행적 통제처리(executive control processes)

암묵적 인지(implicit cognition)

억제(inhibition)

영아기 기억상실증(infantile amnesia)

요지(gist)

유추적 사고(analogical reasoning)

인출(retrieval)

자유회상(free recall)

자전적 기억(autobiographical memory)

장기저장(long-term store, LTM)

적응적 전략선택 모델(adaptive strategy choice model)

전략(strategies)

전략적 기억(strategic memory)

조직화(organization)

주의폭(attention span)

지식기반(knowledge base)

활용결함(utilization deficiency)

학습법 학습(learning to learn)

희미한 흔적 이론(fuzzy-trace theory)

8 지능: 정신적 수행의 측정

19세기 철학자 John Stuart Mill은 3세에 아버지의 지도로 그리스어를 배우기 시작했다. 6.5세에는 로마의 역사를 썼고, 8세에 기하학과 대수를 시작하면서 라틴어에 도전하였다. Mill의 지능지수는 평균이 100인 척도에서 190정도로 추정된다(Cox, 1926).

　　27세인 Susan은 정신지체자를 위한 기관에서 살고 있다. 그녀는 심한 정신지체로 지능지수는 37이며 사람들에게 잘 웃는다. 그녀는 읽거나 쓸 수 없으며 심지어는 스스로 먹거나 옷을 입을 수조차 없다. 그러나 놀랍게도 그녀는 어떤 시이든 한 번 듣고 나면 틀리지 않고 정확하게 외울 수 있다.

　　이상의 예가 보여주듯 인간이 가진 인지적 잠재성의 범위는 방대하다. 지금까지 우리는 인지발달의 공통점에 대해 주로 탐구하였다. Piaget는 결국 사고가 구조화되거나 조직화되는 보편적인 단계를 찾아내는 데에 관심이 있었다. 유사하게 정보처리 이론가들도 모든 인간이 학습하고, 기억하고, 문제를 해결하는데 사용하는 기본적인 인지과정을 이해하는 데에 주로 주의를 기울여왔다.

　　이 장에서 우리는 인간 마음이 아동기와 청년기 동안에 어떻게 변화하는가를 계속 탐구하겠지만 주로 인지적 **수행의 개인차**를 강조하고자 한다. 우리는 지적 발달에 대한 또 하나의 접근이며 지능검사의 개발과 활용을 이끌어 낸 **심리측정적 접근**(psychometric approach)으로부터 시작한다. 인지과정에 초점을 두었던 Piaget 학파와 정보처리 접근과는 달리 심리측정학자들은 **결과 지향적**이다. 그들은 아동이 각 연령에 얼마나 많은 그리고 어떤 종류의 질문에 **정확하게** 대답할 수 있는가를 결정하고자 하며 이러한 지적 수행의 지표가 학업성적, 직업상의 목표달성, 그리고 건강과 삶의 만족도와 같은 발달적 결과들을 예언할 수 있는가를 결정하고자 한다.

　　개인의 지능점수가 학업상황에서의 학습능력과 수행능력 또는 직업에서의 성공에 대해 무엇을 의미하는 지를 알게 되면 놀랄 것이다. 많은 사람들에게 가장 놀라운 일은 아마도 지능검사 점수가 일생을 통해 극적으로 변화하며 선천적인 지적 **능력**이나 잠재력이라기보다는 지적인 **수행**의 측정치라는 사실일 것이다. 유전이 지적 수행에 영향을 미친다는 것은 사실이다. 그러나 문화와 사회경제적인 배경, 가정의 환경, 학교교육, 시험 상황 그 자체를 둘러싸고 있는 사회적이고 정서적인 요인을 포함한 다양한 환경적 요인들도 영향을 준다. 다음으로 우리는 지능검사에서 낮은 성적을 받은 아동들의 학업성적을 향상시키기 위해 고안된 Head Start Project와 같은 학령전 교육 프로그램의 장점을 평가한다. 마지막으로 현재의 지능검사에서 적절하게 평가되지 못하지만 매우 가치가 있는 창의적 재능의 성장에 대해 알아보고자 한다.

지능은 무엇인가?

다섯 명의 사람들에게 지능이 무엇을 의미하는지 한 문장으로 요약하고 매우 지능이 높은 사람들의 5가지 특성을 열거하라고 부탁해보라. 사람들은 아마 지능은 다른 사람과 비교하여 한 사람이 얼마나 똑똑한가를 나타낸다고 하거나 혹은 지능은 학습이나 문제해결의 능력을 나타낸다고 할 것이다. 그러나 지능이 높은 사람의 특징에 대해서는 다섯 명의 생각이 어느 정도 의미 있게 차이가 날 것이다. 간단히 말해서 지능은 모든 사람에게 동일한 것을 의미하지 않는다(Neisser et al., 1996).

이는 행동과학자들에게도 마찬가지이다. 지능과 지능검사만큼 연구가 많이 된 주제는 거의 없지만 오늘날까지도 지능이 무엇인가에 대해 의견의 일치는 쉽지 않다. "한 문장"으로 특징을 말하는 것에서는 가장 분명하게 동의가 이루어진다. Piaget(1970)는 예를 들어 지능을 "적응적인 사고 혹은 행위"라고 정의하였다. 그리고 최근의 조사에서 24명의 전문가들은 지능이 무엇인가에 대하여 한 문장으로 정의할 때 다소 다른 의견을 제시한다. 그러나 모든 정의들이 어떤 방법으로든 추상적으로 사고하는 능력 혹은 문제를 효과적으로 해결하는 능력이라는 데에 수렴하고 있다(Sternberg, 1997).

왜 아직까지 지능에 대해 하나의 정의가 없는가? 그 이유는 많은 이론가들이 그들이 지능이라고 부르는 구성물의 중심 특성(과 그것이 몇 개인지)에 대해 매우 다른 생각을 가지고 있기 때문이다. 이제 심리측정적인 관점으로부터 시작해서 지능의 본질에 대해 영향력이 있는 견해들을 고려해보기로 하자.

심리측정의 관점에서 본 지능

지능검사의 발달을 낳은 연구전통은 **심리측정적 접근**(psychometric approach)(Thorndike, 1997)이다. 심리측정 이론가들에 의하면 지능은 사람들을 다른 사람들과 구별하는 지적인 특질(trait) 혹은 특성의 집합체이다. 그러니까 이론가들의 목표는 이러한 특질들이 무엇인지를 정확하게 알아내고 **측정**하여 개인들 간의 지적 차이를 기술하는 것이다. 그러나 시작부터 심리측정 이론가들은 지능의 **구조**에 대해 합의하지 못했다. 지능은 개인이 모든 인지검사에서 어떻게 수행하는가에 영향을 주는 하나의 능력인가? 혹은 여러 다른 능력들의 집합인가?

Alfred Binet의 단일 요인 접근

Alfred Binet와 동료인 Theodore Simon은 오늘날 지능검사의 전신을 개발하였다. 1904년 Binet와 Simon은 프랑스 정부로부터 보충 교육을 받아야 되는 "둔한"학생들을 선별해낼 수 있는 검사를 만들어달라는 의뢰를 받았다(Boake, 2002; White, 2000). 그

심리측정적 접근
(psychometric approach)
지능을 개인을 구별하는 특질(또는 특질의 집합)이라고 보는 이론적인 관점. 심리측정적 이론가들은 표준화된 지능검사의 개발에 기여하였다.

래서 그들은 학교수업을 지속하는데 중요한 능력들인 주의집중, 지각, 기억, 수적인 사고, 언어적 이해 등을 측정할 수 있는 한 세트의 과제를 고안하였다. 정상 아동과 교사가 느리거나 우둔한 학생으로 지목한 학생들을 성공적으로 구분하는 항목들을 마지막 검사에 포함하였다.

Binet Simon 검사는 1908년에 개정되었고 모든 검사항목에 연령에 따른 등급이 매겨졌다(Boake, 2002; White, 2000). 예를 들어, 대부분의 6세들이 성공했지만 5세들 중에는 성공한 아동이 거의 없는 항목은 전형적인 6세의 정신적 수행을 반영하는 것으로 간주되었다. 대부분의 12세들이 성공하지만 11세들은 실패하는 항목들은 평균적인 12세의 지적능력을 측정하는 것으로 간주되었다. 3세부터 13세까지의 연령 등급이 매겨진 검사항목들은 아동의 지적 기능의 수준을 더 정확하게 측정하는 것을 가능하게 했다. 5세 아동 수준의 항목을 모두 통과했지만 6세 아동의 수준을 하나도 통과하지 못한 아동은 **정신연령**(mental age, MA)이 5세가 된다. 10세 수준의 항목을 모두 통과했지만 11세 수준 항목을 반만 통과한 아동은 MA가 10.5세가 된다.

따라서 Binet와 Simon은 느린 학습자를 선별해내고 모든 아동들의 지적발달 수준을 측정할 수 있는 검사를 만들었다. 이러한 정보는 학교 운영자들에게 유용했으며 그들은 정상 아동과 지체 아동을 대상으로 한 교과과정을 계획하는데 아동의 정신연령을 지침으로 사용하기 시작하였다(Boake, 2002; White, 2000). 따라서 지능검사의 탄생을 위한 원동력이자 현재 지능점수의 해석과 사용을 이해하는데 기초가 된 것은 학교수행을 예언하는 것이었다.

AlfredBinet(1857-1911), 지능 검사의 아버지

정신연령
(mental age, MA)
아동이 해결할 수 있는, 연령 등급이 매겨진 문제의 수준을 반영하는 지적 발달의 측정치.

지능의 다요인적 견해

다른 심리측정 이론가들은 정신연령과 같은 하나의 점수가 인간의 지적 수행을 적절하게 나타낼 수 있다는 생각에 도전하였다. 그들에 의하면 지능검사들은(Binet의 초기 판조차도) 단어나 개념을 정의하고 글에서 의미를 추출하고, 정보를 묻는 일반적인 질문에 대답하고, 블록으로 기하학적 도형을 만들어내고, 숫자 수수께끼를 해결하는 것과 같은 다양한 과제의 수행을 요구한다(항목의 예시를 위해 그림 8.1을 보시오). 이러한 다양한 하위검사들이 하나의 단일한 능력 대신에 수많은 다양한 정신능력을 측정하는 것이 아닐까?

지능이 하나의 특질인지 아니면 여러 개의 서로 다른 특질인지를 결정하는 한 가지 방법은 참여자들에게 다양한 많은 정신 과제들을 수행하도록 하고 **요인분석**(factor analysis)이라는 통계절차를 이용하여 그들의 수행을 분석하는 것이다. 이 방법은 검사의 다른 검사들과는 무관하지만 자기들끼리는 높은 상관을 가지는 요인(factors)이라고 부르는 과제나 항목의 군집을 밝혀낸다. 각 요인은(하나 이상의 요인이 있는 경우) 독특한 정신 능력을 나타낸다고 생각된다. 예를 들어, 검사를 수행한 사람들이 언어적 기술을 요하는 4문항과 수학적 기술을 요하는 3문항에 각각 매우 유사하게 반응했지만 언어 기술 점수와 수학적 기술의 점수는 상관이 없었다고 가정해보자. 이런 상황에서 우리는 언어적 능력과 수학적 능력이 서로 다른 지적 요인이라고 결론지을 수 있다. 그러나 수학 점수와 언어 점수가 서로 높은 상관을 보이고 검사의 다른 문제들과도 높은 상관관계에 있다면 지능은 여러 개의 서로 다른 정신 능력이라기보다는 단일 특성이라고 결론지을 수 있다.

요인분석
(factor analysis)
자신들끼리는 높은 상관을 보이지만 다른 검사항목과는 상관이 없는 검사나 검사항목(요인)의 군집을 밝혀내는 통계적 절차.

항목	전형적인 언어적 항목들
어휘	"전화"는 무엇입니까?
언어적 유추	1인치는 짧다; 1마일은 _____.
언어적 사고	다음 이야기에서 무엇이 틀렸는가? "우리는 멕시코만류의 온기로 완전히 녹아버린 몇 개의 빙하를 보았다."
일반적 정보	1피트는 몇 인치인가? 1월 1일은 무슨 달에 있는가?
수열	다음 수열에서 다음에 올 숫자는 무엇인가? 5 7 6 9 8 _____?
산술적 사고	6센트짜리 사탕을 사고 25센트를 내었다면 거스름 돈으로 _____를 받을 것이다
	전형적인 비언어적/동작 항목들
다른 곳 찾기	어떤 그림이 다른 그림들과 서로 어울리지 않는가?

퍼즐맞추기	이 조각들을 맞추어서 자전거를 만들어라.

그림 순서대로 놓기	그림들을 이야기가 되도록 순서대로 놓아라.

그림 8.1 아동용 지능검사에서 사용되는 것과 유사하지만 동일하지는 않은 항목들.

g (일반적 정신 능력)

Spearman이 사용하는 약자로 신생(neogenesis), 즉, 관계들을 이해하는 개인의 능력(혹은 일반적인 지적능력)이라고 번역될 수 있다.

s (특수 정신 능력)

Spearman이 사용하는 약자로 특정한 검사에 특유한 정신 능력을 의미한다.

지능의 다요인적 이론들 Chales Spearman(1927)은 지능이 하나의 능력인지 여러 능력인지를 알아보고자 요인분석을 사용한 사람들 중의 하나이다(Bower, 2003). 그는 다양한 인지 과제들에서 아동의 점수가 적절한 상관을 보이고 있음을 발견하였다. 따라서 대부분의 인지과제의 수행에 영향을 미치는 g라고 부르는 **일반적인 정신적 요인**(general mental factors)들이 있다고 추론하였다(Bower, 2000). 그러나 그도 역시 지적 수행이 종종 일관적이지 않다는 것을 알았다. 대부분의 과제에서 뛰어난 학생이 언어유추나 음악적성과 같은 특별한 검사에서 낮은 수행을 보일 수 있다. 그러므로 Spearman에 의하면 지적 수행은 g 혹은 일반 능력과 특정 검사가 측정하는 s 혹은 특별 능력의 두 가지 측면이 있다(Hefford & Keef, 2004).

© Cengage Learning

Louis Thurstone(1938) 역시 정신 능력에 대한 요인분석의 접근을 택하였다. Thur-stone은 8학년과 대학생들에게 50개의 정신능력 검사를 실시하여 그 점수를 요인 분석한 결과 그가 **1차적 정신능력**(primary mental abilities)이라고 불렀던 7개의 요인을 발견하였다. 1차적 정신능력에는 공간능력, 지각속도(시각 정보의 빠른 처리), 수적 사고, 언어적 의미(단어 정의하기), 단어 유창성(단어 재인 속도), 기억, 귀납적 사고(일련의 관찰로부터 규칙을 형성하기)가 포함된다. 따라서 그는 Spearman의 g가 실제로는 7개의 명백히 구분되는 정신능력들로 구성된다고 결론을 내렸다.

후기의 다요인 이론들 Spearman과 Thurstone의 초기 연구들은 지능을 구성하는 상대적으로 작은 수의 기본 정신능력이 있다는 것을 시사한다. J. P. Guilford(1967, 1988)는 이 생각에 동의하지 않았다. 그는 180개의 기초 정신능력이 있다고 제안하였다. 이 숫자는 인지과제들을 다음에 제시되는 3개의 주요 차원으로 나누어서 얻어진 것이다. 주요차원들은 (1) **내용**(content, 사람이 생각해야 하는 내용), (2) **조작**(operations, 수행해야 하는 사고의 종류), (3) **결과물**(products, 어떤 종류의 답이 필요한가)이다. Guilford에 의하면 지적 내용에는 5가지 종류가 있으며, 정신적 조작은 6종, 지적 결과물은 6종이 있다(Sternberg & Grigorenko, 2001a,b). 따라서 그의 **지능구조모델**(structure-of-intellect model)에 따르면 다양한 지적 내용, 조작, 결과물의 조합에 기초하여 180개의 1차적 지적능력(즉, 5 × 6 × 6 = 180)이 나온다.

Guilford는 따라서 180개의 정신능력을 측정하는 검사들을 개발하였다(Sternberg & Grigorenko, 2001a, b). 예를 들어, 그림 8.2에 예시된 "사회적 지능" 검사는 피검자에게 그림의 얼굴표정이 무엇을 의미하는지를 알아내는 특별한 결과물의 산출을 위해서 인지라는 특별한 조작을 사용해서 **행동적인 내용**(그림의 얼굴표정)에 반응할 것을 요구한다. 오늘날까지 Guilford의 지능모델에 있는 180개의 정신능력 가운데 100개 이상을 측정하는 검사가 구성되었다. 그러나 독립적이라고 생각되었던 지적 요인들에서 얻어지는 검사점수들이 자주 상관이 되어서 이 능력들이 Guilford가 생각하는 것만큼 독립적이지 않음을 시사한다(Brody, 1992; Romney & Pyryt, 1999).

마지막으로 Raymond Cattell과 John Horn은 Spearman의 g와 Thurstone의 1차적 정신능력이 **유동성 지능**(fluid intelligence)과 **결정성 지능**(crystallized intelligence)의 두 차원으로 나누어 질 수 있다고 주장하였다(Cattell, 1963; Horn & Noll, 1997). **유동성 지능**은 배우지 않았고 문화적인 영향을 덜 받는 새롭고 추상적인 문제를 해결하는 능력을 말한다(Gray, Chabris, & Braver, 2003; Jay, 2005). 이러한 문제들의 예는 그림 8.1에서 제시되었던 언어유추와 수서열의 문제, 의미 없어 보이는 기하학적 도형의 관계(그림 8.8의 예)를 인지하는 능력 같은 것을 포함한다. 대조적으로 **결정성 지능**은 학교교육이나 다른 생의 경험으로부터 얻어진 지식에 의존하여 문제들을 해결하는 능력을 말한다(Jay, 2005). 일반적인 정보에 대한 검사항목(물은 몇 도에 끓기 시작하는가?), 단어이해(duplicate의 의미는 무엇인가?), 수적인 능력은 모두 결정성 지능을 측정한다.

최근의 위계적 모델 지능의 요인 분석적 모델로부터 무엇을 배웠는가? 아마도 Spearman, Thurstone, Cattell과 Horn은 모두 부분적으로는 옳

1차적 정신능력
(primary mental abilities)

요인분석에 의해 추출된 7가지 정신능력으로 Thurstone은 이들이 지능의 구조를 반영한다고 믿었다.

지능의 구조모델
(structure-of-intellect model)

Guilford의 요인 분석적 지능모델로 180개의 서로 다른 정신적 능력이 있다고 제안한다.

유동성 지능
(fluid intelligence)

배우지 않았고 상대적으로 문화적인 영향을 덜 받는 종류의 관계문제를 잘 해결하고 관계를 인지하는 능력.

결정성 지능
(crystallized intelligence)

학교에서 가르치거나 문화의 영향을 받는 지식에 의존하여 해결할 수 있는 문제들을 해결하거나 관계를 이해하는 능력.

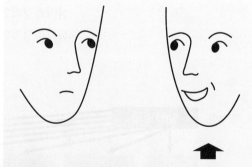

1. 기분이 좀 나은 것 같아서 나도 기쁘다
2. 가장 웃긴 얼굴을 하고 있구나
3. 그녀가 "싫어"라고 말할 것이라고 내가 말하지 않았나?

그림 8.2 Guilford의 사회적 지능검사 항목 중 하나. 과제는 주인공의 표정을 읽어서 화살표로 표시된 사람이 다른 사람에게 무슨 말을 할 것인지 가장 가능성이 높은 말을 결정하는 것이다. 여러분들도 한 번 해보세요. (해답은 아래에 있음).
출처: Guilford, 1967에서 인용.

[그림 8.2의 해답]: 3

지능의 위계적 모델
(hierarchical model of
intelligence)
위계의 가장 위층에 광범위한 일반적 능력이 있고 그 밑에 여러 개의 전문화된 능력들이 위치하는 지능의 구조에 대한 모델.

지능의 3계층 모델
(three-stratum theory of
intelligence)
Carroll의 위계적 지능모델로 위계의 제일 위에는 g가 위치하고 2층에는 8개의 광범위한 능력들이 위치하며 2층에 위치한 능력들의 더욱 좁은 영역들이 3층에 위치한다.

을 것이다. 실제로 오늘날의 심리측정이론가들은 **지능의 위계적 모델**(hierarchical models of intellect)을 선호한다. 이 모델에 따르면 지능은 (1) 위계의 가장 꼭대기에 위치하며 많은 인지검사의 수행에 영향을 미치는 일반적 능력과 (2) 특정한 지적 영역의 수행(예, 공간 기술의 검사, 수적 사고 검사)에 영향을 미치는 특별한 능력요인들(때로 Thurstone의 1차적 정신능력과 유사한 것)로 구성된다. 위계적 모델 중 가장 정교한 모델은 과거 50년 동안의 정신적 능력에 대한 수백편의 연구들을 분석하여 John Carroll(1993)이 만든 **지능의 3계층 모델**(three-stratum theory of intelligence)이다(Esters & Ittenbach, 1999). 그림 8.3에 제시된 것과 같이 Carroll(1993)은 지능을 피라미드 모양으로 형상화하여 제일 위에는 g, 그 밑 2층에는 8개의 광범위한 지적 능력을 배치했다. 이 모델이 시사하는 바는 2층에 위치한 지적인 능력의 패턴에 따라 개인들은 각각 특정한 지적 장점과 단점을 가진다는 것이다. 이 모델은 또한 평균 이하의 일반적인 능력(g)을 가진 사람이라도 특정 영역에서의 수행을 돕는 2층의 능력(일반적인 기억)이 매우 높다면 3층의 좁은 영역(예, 이 장의 처음에 소개된 Susan과 같이 한 번 들은 시의 암송)에서 실제로 뛰어날 수 있다는 것을 설명할 수 있다(Johnson & Bouchard, 2005).

따라서 위계적 모델은 지능을 일반적인 정신 능력과 특정 지적 영역에 관계되는 몇 개의 더욱 특수한 능력들 모두가 합쳐진 것으로 그리고 있다. 그렇다면 이제 우리는 지능의 정의에 대한 합의점에 가까이 오는가? 실제로 그렇지는 않다. 점점 많은 수의 연구자들이 어떠한 심리측정 이론으로도 지능을 완전히 설명할 수 없다고 믿기 때문이다(Neisser et al., 1996). 이제 오늘날의 지능 검사들이 갖는 한계점들을 이해하도록 도와주는 두개의 대안적인 관점을 살펴보자.

이 대안적 관점들은 전통적인 견해들을 대체한다기보다는 강화하고 있다. 즉, 서로 다른 견해들이 상호 배타적이지 않으며 많은 절충적인 발달론자들은 서로 다른 견해들의 일부를 취하여 지능의 복잡한 구조를 이해하고 있다.

현대의 정보처리 견해

심리측정적인 접근에서 사용하는 지능의 정의에 대하여 자주 제기되는 비판 중 하나는 심리측정적인 접근에서는 지식이 습득되고 유지되고 문제해결을 위해 사용되는 과정보

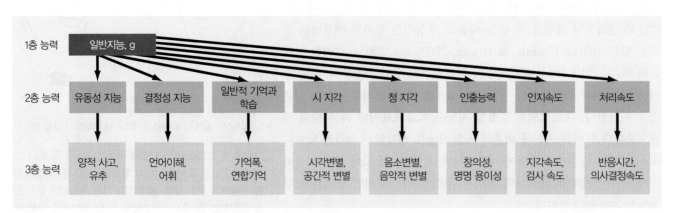

그림 8.3 John Carroll이 제안한 지능의 3계층 모델. 2층의 능력들은 왼쪽부터 g와의 상관이 높은 순서대로 배열되어 있다. 따라서 유동성 지능과 이것이 지원하는 사고들(예, 양적 사고)이 청각지각, 인지적 속도와 이들이 지원하는 3층의 기술들보다 일반적인 능력인 g와 더욱 가까이 연결된다.
출처: Carroll, 1993 인용.

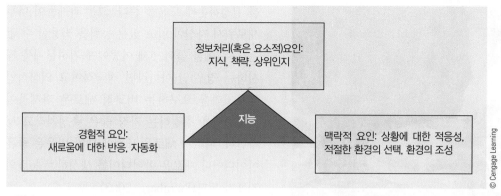

그림 8.4 Sternberg의 지능의 삼두 이론.

다는 매우 협의의 지적인 내용물 혹은 아동이 현재 아는 것에 주로 초점을 맞추고 있다는 것이다. 더구나 전통적인 지능검사는 사람들이 일반적으로 지능의 지표라고 생각하는 다른 특징들 예를 들어, 상식, 사회적인 대인관계 기술, 그리고 음악, 극, 운동과 같은 창조적인 성취의 바탕이 되는 재능들을 측정하지 않는다(Gardner, 1983).

최근에 Robert Sternberg(1985, 1991)는 **지능의 삼두 이론**(triarchic theory of intelligence)을 제안하여 **맥락**(context), **경험**(experience), 그리고 **정보처리 기술**(information-processing skills)의 세 측면 혹은 요인을 강조하였다(그림 8.4)(Sternberg, 2003; Tigner & Tigner, 2000). 이 모델을 개관하면서 보겠지만 Sternberg의 지능에 대한 견해는 심리측정 이론가들의 그것보다 훨씬 더 방대하다(Bower, 2000).

맥락적 요소

첫째, Sternberg는 지능적인 행동은 대부분 그것이 표현되는 맥락에 의존한다고 주장한다. Sternberg에 따르면 지능적인 사람들은 환경의 변화에 성공적으로 적응할 수 있거나 혹은 자신에게 적절하도록 환경을 조성할 수 있는 사람들이다. 이 사람들은 실용지능(practical intelligence)이 뛰어나거나 혹은 "세상사에 똑똑하다(street smart)." Sternberg가 생각하기에 심리학자들은 지능을 검사수행 행동이 아니라 실제 세계에서의 적응적인 행동으로 이해해야만 한다(Sternberg, 1997, 2003, 2004).

맥락적인 관점에서 지능적인 행동은 문화에 따라, 혹은 하위문화에 따라 다르고 시대에 따라 다르며 생의 주기에서 어떤 시기인가에 따라 다르다. Sternberg는 Venezuela에서 열렸던 한 학회의 참석경험을 예로 들었다. 아침 8시 학회에는 그와 다른 북미인 4명이 유일한 참석자였다. 북미에서는 중요한 약속시간에 정확하게 맞추는 것을 "영리한 행동"으로 간주한다. 그러나 시간에 정확한 것에 대해 다소 엄격하지 않은 라틴계 문화(적어도 일반적인 기준에서는)에서는 정확하게 시간을 맞추는 것이 그리 적응적이 아니다. 그리고 지능측정 역사의 효과를 생각해 보라. 30년 전에는 수 계산을 정확하고 빠리 할 수 있는 것이 매우 지능적인 행동으로 생각되었다. 그러나 컴퓨터와 계산기가 그러한 계산을 훨씬 더 빠리 수행할 수 있는 오늘날에 동일한 기술을 연마하기 위해 수도 없는 시간을 낭비하는 사람이 있다면 그는 지능적인 사람이 아닐 것이다.

경험적 요소

Sternberg에 따르면 과제를 수행한 경험은 그 사람의 수행이 지능적인 행동인지 아닌지

삼두 이론
(triarchic theory)

지능에 대한 최근의 정보처리적 이론. 전통적인 IQ검사에서 측정되지 않는 지능적 행동의 세 가지 측면-행동의 내용, 과제(혹은 상황)에 대한 개인의 경험, 그리고 과제(혹은 상황)에 적용하는 정보처리적 전략-을 강조한다.

이 아동이 보여주는 세련된 능력이 그의 문화에서는 지적인 행동으로 간주되지만 전통적인 IQ 검사에서는 측정되지 못한다.

를 결정하는데 도움을 준다. 그는 과제들이 너무 새로워서 자신이 알고 있는 능력을 적용할 수 없는 경우(예를 들어, 5세 아동에게 기하문제를 제시하는 경우)만 아니라면 적극적이고 의식적인 정보처리를 요구하는 비교적 새로운 과제들이 사고능력을 측정하는 가장 좋은 측정치라고 생각한다. 따라서 **새로운 도전에 대한 반응**은 좋은 아이디어나 새로운 아이디어를 생성하는 능력의 지표가 된다(Sternberg, 2003).

그러나 일상생활에서 사람들은 친숙한 과제(신문에서 가장 중요한 내용을 선별하기, 입출금 맞추기)에 다소 지능적으로 행동한다. 이러한 종류의 경험적 지능은 **자동화**(automatization) 혹은 연습을 통해 정보처리의 효율성이 증가하는 것을 반영한다. Sternberg에 따르면 일상적인 과제를 정확하고도 효과적으로 수행하는 자동화된 일과나 프로그램을 만들어서 일상적인 과제들을 수행할 때마다 시간을 낭비하지 않는 것은 지능의 한 전조이다.

Sternberg의 이론 중 경험요인은 지능검사의 개발자들에게 가장 중요한 시사점을 갖는다. 피검자의 지능을 공평하게 판단하기 위해서는 검사항목이 피검자들에게 얼마나 친숙한지를 알고 있는 것이 매우 중요하다. 예를 들어, 지능검사의 항목들이 한 문화권에게는 일반적으로 친숙하지만 다른 문화권의 구성원들에게는 친숙하지 않다면(한 문화집단에서는 경험이 있고 다른 문화집단에서는 경험이 없는 예를 들어, 레스토랑이나 은행에 관한 질문들) 두 번째 집단은 첫 번째 집단에 비해 월등하게 저조한 수행을 보일 것이며 이는 검사절차에서의 **문화적 편향**(cultural bias)을 나타낸다. 다양한 문화적 배경을 가진 사람들의 지적 능력을 타당하게 비교하기 위해서는 검사항목이 모든 피검자들에게 동등하게 친숙(또는 비친숙)해야 한다.

문화적 편향
(cultural bias)
한 문화나 하위문화 집단이 다른 집단에 비해 검사항목에 더 익숙하여 불공평한 이득을 보는 상황.

요소적(혹은 정보처리적) 요인

Sternberg가 심리측정 이론가들을 비판하는 가장 주된 이유는 심리측정 이론들이 그 사람이 **어떻게** 지적인 반응을 했는가를 완전히 무시한 채 그 답의 질 혹은 정확성만을 이용해서 인간의 지능을 추정한다는 것이다. Sternberg는 지능의 **요소적 측면**, 즉, 우리가 문제의 요구사항을 평가하고 문제를 해결하기 위해 책략을 만들고 목표를 달성할 때까지 우리의 인지적 활동을 조정하는 데 사용하는 인지적 과정에 초점을 두어야만 한다고 믿는다. Sternberg에 의하면 어떤 사람은 다른 사람에 비해 더 빨리 더 효율적으로 정보를 처리하며 인지검사들은 이러한 차이들을 측정하고 지능의 중요한 측면으로 간주해야 한다고 주장한다(Burns & Nettelbeck, 2003; Sternberg, 2003; Tigner & Tigner, 2000).

요약하면, Sternberg의 삼두 이론은 지능에 대한 매우 풍요로운 견해를 제공한다. 만약 Charles와 Chico와 Chenghuan이 얼마나 지능적인가를 알고 싶으면 (1) 그들이 과업을 수행하는 **맥락**(즉, 그들이 살고 있는 문화와 역사적 시기, 연령), (2) 과제에 대한 **경험**과 그들의 행동이 새로움에 대한 반응인지 혹은 자동화된 과정의 결과인지와 (3) 각 개인이 이 과제들에 어떻게 접근하는가를 반영하는 **정보처리 기술**들을 고려해야한다. 불행히도 가장 널리 사용되는 지능검사도 지능적인 처리에 대한 이렇게 광범위하고 세련된 견해를 반영하고 있지 못하다.

Gardner의 다중지능이론(Theory of Multiple Intelligences)

Haward Gardner(1983, 1999)는 인간의 지능을 하나의 숫자로 기술하고자 노력하는 심리측정 이론가들을 비판하는 또 다른 이론가이다. 그의 책 Frames of Mind에서 Gardner(1983)는 **다중지능이론**을 소개하면서 인간은 적어도 7가지의 지능을 갖는다고 제안하였다. 그 이후 Gardner는 8번째 지능을 더하였고 9번째 지능을 고려하고 있다(표 8.1).

Gardner(1999)는 이 아홉 가지 지능이 지능의 세계를 모두 표현하고 있는 것은 아니라고 주장한다. 그러나 각 능력이 분명하며 뇌의 특정 영역과 관련되어 있고 각기 다른 발달적 경로를 따른다고 주장한다(Shearer, 2004). 이러한 생각을 지지하기 위해 Gardner는 뇌의 특정부분에 대한 손상이 보통 다른 능력은 그대로 두고 특정한 한 능력에만(예를 들어, 언어적 혹은 공간적) 영향을 준다는 점을 지적하였다.

이 능력들이 서로 독립적이라는 또 다른 증거로 Gardner는 어떤 능력은 매우 뛰어나지만 다른 능력에서는 형편없는 사람들을 예로 든다. 이는 하나의 탁월한 능력을 가진 정신지체와 같은 **석학증후군**(savant syndrome)에서 극적으로 드러난다. Leslie Lemke도 그런 사람 중 하나이다. 그는 맹인이며 뇌성마비이고 정신지체여서 성인이 될 때까지

다중지능이론
(theory of multiple intelligence)
인간의 지능은 9개의 서로 다른 종류의 지능으로 구성되어 있으며 이들은 각기 뇌의 특정부위와 관련되어 있으며 이들 중 여러 개는 IQ검사에 의해 측정되지 않는다는 Gardner의 이론.

표 8.1 Gardner의 다중지능들

지능의 종류	지적 과정	직업분야
언어	단어의 의미와 소리에 대한 민감성과 언어의 구조와 언어가 사용될 수 있는 다양한 방법에 대한 민감성	시인, 소설가, 저널리스트
공간	시-공간적 관계를 정확하게 지각하고 이러한 지각을 변형하며 관련 자극이 없을 때도 시각적 경험의 측면을 재창조하는 능력	엔지니어, 조각가, 지도제작자
논리-수학	추상적인 상징체계를 조작하고 그들의 관계를 지각하며 논리적이고 체계적으로 아이디어를 평가하는 능력	수학자, 과학자
음악	음의 높낮이, 선율에 대한 민감성, 음조와 음악적 구절을 더 큰 리듬으로 결합하는 능력, 음악의 정서적 측면을 이해하는 능력	음악가, 작곡가
신체-운동감각	자신을 표현하고 목적을 달성하기 위해 몸을 기술적으로 사용하는 능력, 사물을 기술적으로 다루는 능력	무용가, 운동선수
대인간	타인의 기분, 기질, 동기 및 의도에 적절하게 반응하는 능력	심리치료사, 대인관계 전문가, 영업자
개인내	자신의 내부 상태에 대한 민감성, 자신의 강점과 단점을 파악하고 자신에 대한 정보를 적절하게 사용하여 적응적으로 행동하는 능력	인생의 거의 모든 성공에 기여
자연	자연적인 환경의 유기체(동물군, 식물군)에 영향을 미치거나 이들에 의해 영향을 받는 요인들에 대한 민감성	생물학자, 자연주의자
영적/존재론적 (현 시점에서는 아직 고려 중)	인생의 의미, 죽음, 인간적 조건의 다른 측면에 관계되는 주제에 대한 민감성	철학자, 신학자

출처: Howard Gardner의 *Frames of Mind:The Theory of Multiple Intelligence* (1983, Perseus Books Group), Branton Shearer의 "Multiple Intelligences Theory after 20 Years", *Teachers College Record*, 106, 2–16, 2004에서 인용.

말을 하지 못하였다. 그러나 음악을 한 번 들으면 한 번도 틀리지 않고 피아노로 연주할 수 있었다. 또한 말할 때는 아직도 초보적인 수준이지만 독일이나 이태리 노래를 한 번 듣고 완벽하게 따라 부를 수 있었다. 뛰어난 기술을 가진 다른 정신지체들은 지능검사에서의 저조한 수행에도 불구하고 예술 학교에 입학이 가능하거나 1909년의 1월 16일* 이 무슨 요일인지를 즉각적으로 계산할 수 있었다(O'Connor & Hermelin, 1991). 마지막으로 Gardner는 각각의 지능이 서로 다른 시점에 성숙한다고 하였다. 예를 들어, 많은 위대한 작곡가와 운동선수들은 그들의 재능이 아동기에 나타나기 시작하였지만 논리–수학적 지능은 더 뒤에 나타난다(토요일이었다).

　　Gardner의 생각은 우리가 이 장의 후반에서 살펴 볼 창의성과 특별한 재능에 대해 연구하는 연구자들에게 특별히 영향을 주었다. 그럼에도 불구하고 많은 비평가들은 음악적, 운동적 재능이 인간의 특성으로 중요하기는 하지만 사람들이 지능의 핵심이라고 생각하는 정신적 능력과 같은 종류는 아니라고 주장한다(Bjorklund, 2005; Shearer, 2004). 또한 시각 예술이나 운동에서 재능을 보이는 아동들은 Gardner의 다른 지능보다 이 영역들에서 더 뛰어나지만(Winner, 2000 참조), 현재의 지능 검사들도 Gardner의 논리, 공간, 수학적 지능을 측정하며 이들은 완전히 독립적이라기보다는 보통정도의 상관을 보인다(Jensen, 1998). 아마도 일반적인 정신 능력, g를 완전히 부정하기는 아직 이른 것 같다. 그러나 하나의 검사점수로 사람들의 "지능"을 특징지으려는 시도는 많은 사람들의 재능을 잘못 이해하거나 과소평가한다는 Gardner의 주장은 확실히 옳은 말이다(Shearer, 2004).

지능은 어떻게 측정하는가?

거의 100여 년 전에 심리측정 이론가들이 지능검사를 개발할 때 그들의 관심은 지능의 본질이 무엇인가를 정의하는 것이 아니고 학습이 느린 아동들을 골라내려는 실용적인 목표를 가지고 있었다. Binet와 Simon이 이 목표를 달성하여 각 아동의 지적발달을 하나의 숫자 혹은 정신연령으로 표시하는 검사를 개발한 것을 상기하라. 아동을 대상으로 한 더 일반적인 현대의 지능검사는 Binet와 Simon의 초기 검사들을 직접적으로 계승한 것이었다.

Stanford-Binet(스탠포드–비네) 지능검사

**Stanford-Binet 지능검사
(Stanford-Binet Intelligence Scale)**
일반지능과 4개의 요인들 즉, 언어적 사고, 양적 사고, 공간적 사고 그리고 단기기억을 측정하였던 최초의 성공적인 지능검사의 현대판.

**지능지수
(intelligent quotient(IQ))**
지능검사에서 한 사람의 수행을 다른 사람들과 비교하여 점수로 나타낸 것.

1916년 Stanford대학의 Lewis Terman은 Binet 검사를 번역하여 미국 아동들에게 사용하기 위하여 새로운 개정판을 출간하였다. 이 검사는 Stanford-Binet **지능검사**로 알려졌다(Boake, 2002; Roid, 2003; White, 2000).

　　Binet의 검사처럼 Stanford-Binet 검사의 원 판은 3세부터 13세까지 아동의 평균적인 지적 수행을 측정할 수 있도록 연령 등급이 매겨져 있었다. 그러나 아동을 정신연령에 따라 분류하였던 Binet와는 달리 Terman은 Stern(1912)이 개발하였고 **지능지수**(intelligent quotient, 또는 IQ)(Boake, 2002)라고 알려진 지능의 비율척도를 사용하였다. 지적 발달의 비율 혹은 영리함의 척도로 알려진 IQ는 아동의 정신연령(MA)을 생활연령(CA)으로 나누고 여기에 100을 곱하여 계산된다.

$$IQ = \frac{MA}{CA} \times 100$$

IQ가 100이라는 것은 평균지능을 나타낸다. 이는 그 아동의 정신연령이 그의 생활연령과 정확하게 동등하다는 것을 의미한다. IQ가 100 이상이라면 이는 자신보다 나이가 많은 사람들과 지능이 비슷하다는 것을 말하고 반대로 100 이하의 경우는 자신보다 어린 사람들의 지능과 같은 수준이라는 의미이다.

Stanford-Binet 검사의 개정판은 아직도 사용되고 있다(Thorndike, Hagen, & Sattler, 1986). 이 **검사규준**(test norms)은 이제 다양한 사회계층과 인종적 배경을 가진 사람들(6세부터 성인)의 대표적인 표집에 근거하여 만들어졌다. 개정된 검사는 학업적 성공을 위해 중요하다고 생각되는 정신 능력들, 즉, 언어적 사고, 양적 사고, 시공간적 사고, 단기기억을 측정한다. 그러나 정신연령의 개념은 Stanford-Binet 검사나 현대의 다른 지능검사들에서 더 이상 사용되지 않는다. 그 대신 자신이 **동일 연령의 다른 사람들과 비교하여 얼마나 잘하는지 혹은 못하는지를 반영하는 편차IQ 점수**(deviation IQ scores)를 받는다. 만약 IQ가 100이라면 평균이고 IQ가 높을수록(또는 낮을수록) 동일 연령의 또래에 비해 수행이 더 나은 것이다(혹은 더 낮은 것이다).

Wechsler(웩슬러) 검사

David Wechsler는 두개의 지능검사를 개발하였는데 두개 모두 널리 사용되고 있다. **Wechsler 아동용 지능검사**(Wechsler Intelligent Scale for Children-IV)(WISC-IV)는 6세부터 16세까지 학생들에게 적절하고 Wechsler 유아용 지능검사(Wechsler Preschool and Primary Scale of Intelligence-III)(WPPSI-III)는 3세부터 8세까지의 아동들을 대상으로 개발되었다(Baron, 2005; Lichtenberger, 2005; Wechsler, 1989, 1991, 2003).

Wechsler가 자신의 지능검사를 만든 이유 중 하나는 Stanford-Binet의 초기 판에는 언어적 기술을 요하는 문항들이 너무 많다고 생각했기 때문이다(Boake, 2002). 특히 언어적 지능이 강조되는 검사는 영어를 제2언어로 사용하는 아동이나 읽기장애 혹은 청각문제를 가진 아동들에게 차별적일 수 있다고 생각했다. 이 문제를 해결하기 위해 Wechsler의 검사는 Stanford-Binet 검사의 언어 하위검사와 유사한 항목과 함께 비언어적 혹은 "동작성" 하위검사를 포함한다. 동작성 하위검사는 퍼즐 맞추기, 미로 찾기, 색 블록으로 기하학적 디자인 다시 만들기, 그림을 순서대로 놓아서 이야기 만들기 등의 비언어적 기술을 측정하도록 고안되었다. 피검자는 언어성 *IQ*, 동작성 *IQ*, 그리고 언어와 동작 측정치를 합하여 전체 *IQ*의 세 가지 점수를 받는다(Saklofske et al., 2005). Wechsler 검사는 곧 유명해졌다. 새로운 동작 검사는 다양한 배경의 아동들이 자신들의 지적 능력을 표현할 수 있도록 했을 뿐 아니라 신경학적 문제들이나 학습장애의 초기 징후들이 될 수 있는 정신적 기술의 비일관성에 민감했기 때문이었다. 예를 들어, 읽기장애를 나타내는 아동들은 WISC의 언어적 요인에서 수행이 훨씬 저조하다.

IQ 점수의 분포

Stanford-Binet나 WISC에서 130의 점수를 얻었다면 IQ가 평균 이상이라는 것을 알 수 있다. 그러나 지능이 얼마나 좋은 것인가? 이를 알기 위해서는 IQ점수의 분포에 대해 알아야 한다.

검사규준
(test norms)
심리측정적 도구에서 정상적 수행의 기준이 되는 것으로 많은 전형적인 피검자들의 표집으로부터 평균점수와 점수의 범위가 얻어진다.

편차 IQ 점수
(deviation IQ score)
한 사람이 동일한 연령의 다른 사람과 비교하여 얼마나 잘 하거나 못하는지를 나타내는 지능검사의 점수.

Wechsler 아동용 지능검사
(Wechsler Intelligence Scale for Children-IV)(WISC-IV)
많이 사용되는 개인용 지능검사로 일반적 지능의 측정치와 함께 언어성 지능과 동작성 지능을 모두 포함한다.

정상분포
(normal distribution)

전집 속에서 어떤 특성의 변이를 기술하는 종모양의 대칭적인 곡선. 대부분의 사람들은 평균 혹은 그 근처에 속하며 분포의 양 극단에는 상대적으로 소수의 사람들이 속한다.

현대의 IQ검사의 한 가지 흥미로운 특징은 점수들이 100을 중심으로 **정상적으로 분포**되어 있다는 것이다(그림 8.5). 점수가 이러한 패턴을 가지게 된 것은 우연이 아니다. 각 연령의 평균점수를 100으로 정의하였고 이것이 대부분의 사람들이 얻는 점수이다(Neisser et al., 1996). 사람들의 약 반수는 100보다 낮은 점수를 또 다른 반수는 100보다 높은 점수를 얻는다. 더구나 IQ가 85인 사람과 115(평균으로부터 15점 떨어짐)인 사람들의 숫자는 거의 비슷하며 70인 사람과 130(평균으로부터 30점 떨어짐)인 사람도 거의 비슷한 비율로 존재한다. IQ가 130이라는 것이 무엇을 의미하는가를 알기 위해 전집에서 그 점수를 받은 사람들의 비율을 보여주는 표 8.2를 보자. 여기서 IQ가 130이상은 전집의 97% 혹은 그 이상에 해당하는 것을 알 수 있다. 이는 실제로 매우 높은 IQ이다. 이와 유사하게 피검자의 3% 미만이 70보다 낮은 IQ를 얻는 것을 알 수 있고, IQ 70은 오늘날 정신지체를 정의하는데 사용되는 기준점이다.

지적 수행에 대한 집단검사

Stanford-Binet나 Wechsler 지능검사는 전문적인 검사자에 의해 개별적으로 실시되는 검사이며 한 사람의 지능을 측정하기 위해 1시간 이상이 소요된다. 따라서 심리측정가들은 곧 대규모의 군 입대자, 직업 지원자, 또는 도시 공립학교의 아동들을 집단으로 측정할 수 있고 비용이 적게 드는 지필검사를 필요로 하게 되었다. 아마 당신도 일생의 어느 순간에 집단 지능검사(혹은 적성검사)를 받아 본 적이 있을 것이다. 많이 사용되는 것들 중에 초중고 학생들을 대상으로 한 Lorge-Thorndike Test, 대학 지원자들을 위한 학업적성검사(Scholastic Aptitude Test, SAT)와 미국 대학 시험(American College Test, ACT), 대학원 지원을 위해 필요한 Graduate Record Examination(GRE)가 있다. 이 검사들은 때로 "성취도" 검사라고 부르는데 이는 피검자가 학교에서 배운 특정 정보(즉, 결정성 지능)들을 요구하고 미래의 학업성취를 예언하기 위해 고안되었기 때문이다.

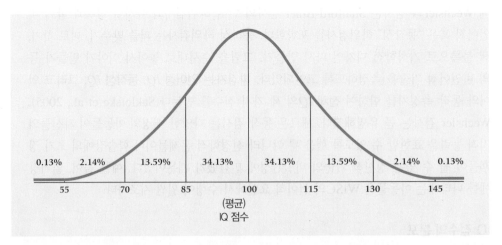

그림 8.5 현대의 지능검사에서 점수들의 대략적인 분포. 이 검사들은 각 연령의 평균이 IQ 100이 되도록 개발되었다. 모든 피검자의 2/3가 평균에서 15점 내(즉, IQ 85~115)에 포함되며 95%가 평균에서 30점 내(IQ 70~130)에 포함된다.

출처: David Bjorklund, Children's Thinking: Cognitive Development and Individual Differences, 4th ed., p.437, Belmont, CA: Thomson, 2005.

지능검사의 새로운 접근

전통적인 IQ검사들이 아직도 많이 사용되고 있지만 새로운 검사들도 끊임없이 만들어지고 있다. 예를 들어, Piaget의 개념과 발달 이정표에 기초하여 만들어진 지능검사가 있다(Humphreys, Rich, & Davey, 1985). Kaufman 아동용 지능검사(Kaufman Assessment Battery for Children, K-ABC)는 또 다른 새로운 검사로 정보처리 이론에 근거하여 만들어졌다(Lichtenberger, 2005). 이 검사는 내용이 주로 비언어적이며 Cattell과 Horn이 유동성 지능이라고 부르던 것을 측정한다(Kaufman & Kaufman, 1983).

　지능의 정의와 측정방법에 만족하지 않는 또 다른 연구자들은 지능 측정을 위해 전적으로 새로운 접근을 택한다. **역동적 평가**(dynamic assessment)라는 유망한 접근이 그 중 하나인데 여기서는 검사자가 지시를 잘 해주었을 때 아동이 실제로 새로운 자료를 얼마나 잘 학습하는가를 평가한다(Haywood, 2001; Sternberg & Grigorenko, 2001). 예를 들어 Reuven Feuerstein과 동료들(1997)에 의하면 지능을 경험으로부터 학습을 할 수 있는 **잠재력**으로 자주 정의하면서도, IQ검사는 학습된 것을 측정하며 학습할 수 있는 것을 측정하지는 않는다(Bower, 2003; White, 2000). 따라서 전통적인 심리측정 접근은 문화적으로 다양하고 경제적으로 박탈된 배경에서 자라서 지능검사들이 측정하는 것을 배울 기회가 없었던 아동들에게는 불리하도록 편향될 수 있다(White, 2000). Feuerstein의 **학습잠재력 평가도구**(Learning Potential Assessment Device)에서는 Vygotsky가 사회문화적 이론에서 강조했던 협동학습처럼 어른이 점점 더 도움이 되는 힌트를 줄 때, 어른의 도움을 받아서 아동들이 새로운 것을 배우도록 요구한다. 이 검사는 최소한의 도움으로 재빨리 학습할 수 있는 능력으로 지능을 해석하였다. 요약하면 지능에 대한 현재의 관점은 지능검사의 내용에 이제 반영되기 시작하고 있다(Sternberg, 1997). 그러나 이 새로운 검사와 검사 절차들은 그 역사가 매우 짧으며 이들이 Stanford-Binet 검사나 WISC와 같은 전통적인 검사들을 대체할 수 있을지는 더 지켜보아야 한다.

영아의 지능측정

전통적인 지능검사 중 어느 것도 2.5세 이하의 어린 아동들을 대상으로 사용되는 것은 없다. 그 이유는 검사에 필요한 언어적 기술과 주의폭을 영아들이 가지고 있지 않기 때문이다. 그러나 아기들이 중요한 발달적 이정표를 달성하는 속도를 측정하여 영아의 지능을 측정하려는 시도가 있다. 아마도 가장 잘 알려지고 많이 사용되는 영아검사는 Bayley 영아발달검사(Bayley Scales of Infant Development, Bayley, 1969, 1993, 2005)일 것이다. 이 검사는 2개월부터 30개월의 영아를 대상으로 만들어졌으며 다음의 3 부분으로 이루어졌다. 1) **동작척도**(육면체를 잡거나 공을 던지거나 컵으로 물을 마시는 것과 같은 운동 능력을 측정); 2)**정신척도**(사물분류, 숨겨진 장난감 찾기, 지시 따르기와 같은 적응적 행동측정); 3) 영아 **행동기록**(목표 지향성, 두려움, 사회적 반응과 같은 차원에서 영아의 반응 평정)(표 8.3참조). 첫 번째 두개의 점수에 근거하여 IQ대신 **DQ** 혹은 **발달지수**(developmental quotient)가 산출된다. DQ는 영아가 같은 연령의 대규모 또래 집단에 비교하여 얼마나 더 수행을 잘 하는가 혹은 못하는가를 보여준다(Lichtenberger, 2005).

표 8.2	IQ점수의 의미
IQ점수	이상(전집의 %)
160	99.99
140	99.3
135	98
130	97
125	94
120	89
115	82
110	73
105	62
100	50
95	38
90	27
85	18
80	11
75	6
70	3
65	2
62	1

역동적 평가
(dynamic assessment)
검사자가 학습에 도움이 되는 지시를 줄 때 피검자들이 새로운 자료를 얼마나 잘 학습하는가를 평가하는 지능측정의 한 접근 방법.

발달지수
(developmental quotient, DQ)
발달 스케줄에서 상의 수행에서의 영아의 수행을 같은 연령의 또래들과 비교하여 수치화한 것.

DQ는 IQ를 예언하는가?

영아 검사는 아동의 발달적 경로를 그려낼 뿐 아니라 표준적인 신경학적 검사에서 탐지하기 어려운 매우 경미한 정신지체나 신경학적인 장애의 징후를 진단하는데 매우 유용하다(Columbo, 1993; Honzik, 1983). 그러나 이러한 검사들은 일반적으로 아동기의 IQ나 학업 성취를 예언하는 데는 실패한다(Honzik, 1983; Rose et al., 1989). 실제로 영아기 초기에 측정된 DQ는 영아기 후기의 DQ조차도 예언하지 못한다.

영아 검사가 아동기의 IQ를 예언하는데 왜 실패하는가? 아마도 주된 이유는 영아 검사와 IQ 검사가 매우 다른 종류의 능력을 측정하기 때문인 것 같다. 영아 검사는 감각, 운동, 언어와 사회적 기술을 측정하는데 비해 Stanford-Binet, WISC와 같은 표준화된 검사는 언어적 사고, 개념형성, 문제해결과 같은 더욱 추상적인 능력을 강조하고 있다. 따라서 영아 검사가 후의 IQ를 예언할 것을 기대하는 것은 마치 막대 자로 몸무게를 알려고 하는 것과 같다. 두 측정치 간에 어느 정도 상관이 있을 수도 있지만(막대 자는 키를 측정하고 키는 몸무게와 상관관계에 있다; DQ는 발달적인 진전을 나타내고 이는 IQ와 관계된다) 그 관계가 그리 큰 것은 아니다.

지적 수행의 연속성에 관한 새로운 증거

그렇다면 아동기의 IQ를 영아기의 행동으로 정확하게 예언할 수는 없는 것인가? 그렇지는 않다. 4장에서 보았듯이 정보처리 이론가들은 영아의 주의집중과 기억의 어떤 측정치들은 학령전기와 학령기의 IQ를 예언하는데 있어 Bayley 검사나 다른 영아발달의 측정치보다 우수하다는 것을 밝혀내었다. 특히 다음의 세 가지 특성들이 유망하다. 시각적 목표물이 제시되었을 때 얼마나 빨리 쳐다보는가(시각적 반응시간), 반복적인 자극에 습관화되는 속도, 친숙한 자극에 비해 새로운 자극을 선호하는 정도(새로움의 선호)가 그것이다. 생후 4개월에서 8개월 사이에 얻어진 이러한 정보처리 측정치들은 아동기의 IQ와 .45의 상관을 보이며 특히 시각적 반응시간은 동작성 IQ와, 다른 측정치들은 언어적 IQ와 더 밀접하게 대응된다(Dougherty & Haith, 1997; McCall & Carriger, 1993).

따라서 궁극적으로는 아동기 지능과 영아기 지능은 어느 정도 연속적이다. 아마도 "영리한" 영아는 새로운 경험을 선호하고 찾으며 새로운 정보를 재빨리 받아들이는 영아, 즉 빠르고 효율적인 정보처리자라고 특징지을 수 있을 것이다.

표 8.3	Bayley 영아발달 검사의 하위 척도들에 대한 기술
Bayley 영아발달 검사의 하위척도	기술
정신	아동의 현재 인지, 언어, 성격/사회적 발달의 수준을 평정하며 기억, 문제해결, 초기 수 개념, 일반화, 분류, 발화, 언어와 사회적 기술을 측정하는 항목들을 포함한다.
동작	기기, 앉기, 서기, 걷기 등과 관계되는 항목을 통해 대근육 운동을 측정하고 소근육 운동 측정을 위해서는 쓰기, 잡기, 그리고 손 움직임의 모방과 관계되는 항목들을 측정한다.
행동평정	이 척도는 검사 실시 동안 아동의 행동에 대해 검사자가 평정하며 아동의 주의집중/각성(6개월 이전 아동 대상), 과제와 검사자에 대한 지향/개입, 정서적 조절과 근육 운동의 질을 평정한다.

출처: M. P. Honzik, J. W. MacFarlane, & L. Allen의 "The Stability of Mental Test Performance Between Two and Eighteen Years", Journal of Eaperimental Education, 17, 309–324, 1948.에서 발췌.

아동기와 청소년기 지능의 안정성

한때 IQ는 유전적으로 결정된 지적인 능력을 반영하며 시간변화에 따라 상당히 안정적이라고 생각되었다. 달리 말해서 5세에 IQ가 120인 아동은 10, 15, 20세에도 비슷한 IQ를 얻을 것으로 예상되었다.

이러한 생각을 지지하는 증거가 얼마나 있는가? 이미 살펴 본 바와 같이 영아기의 DQ는 후의 IQ를 전혀 잘 예측하지 못했다. 그러나 4세 부터 시작해서 IQ들 사이에 의미 있는 관계가 있으며(Sameroff et al., 1993) 이러한 관계는 아동중기 동안에 더 강해진다. 표 8.4는 캘리포니아 대학에서 250명 이상의 아동을 대상으로 실시한 종단연구의 결과를 요약한 것이다(Honzik, MacFarlane, & Allen, 1948). 자료를 보면 검사의 간격이 짧을수록 IQ의 상관도 높아짐을 알 수 있다. 그러나 수년이 지난 뒤에도 IQ는 상당히 안정적인 특성으로 보인다. 결국 8세의 IQ는 18세의 IQ와 분명히 관계된다.

그러나 이 상관들이 말해주지 못하는 것이 있다. 각각은 대규모 아동집단의 점수에 근거한 것이며 이 점수들은 **개별 아동**의 IQ가 필연적으로 시간에 따라 안정적임을 의미하는 것은 아니다. Robert McCall과 동료들(1973)은 140명 아동의 IQ를 2.5세부터 17세까지 규칙적으로 관찰하였다. 그 결과는 놀라운 것이었다. 이들 중 반 이상에서 시간에 따라 IQ가 변화하였고 평균적인 변화의 범위는 20점 이상이었다.

따라서 IQ는 어떤 아동들에게는 더 안정적인 것 같다. 이러한 결과는 분명히 IQ가 학습에 대한 절대적인 잠재력이나 지적 능력을 반영한다는 생각에 도전한다. 만약 그렇다면 모든 아동들의 지적 프로파일은 매우 안정적이어야 하며 측정의 오차에서 생기는 아주 사소한 변이만이 나타내야 할 것이다.

만약 IQ가 지적인 능력을 반영하는 것이 아니라면 무엇을 반영하는가? 오늘날 많은 전문가들에 의하면 IQ점수는 한 특정 시점에서 개인의 지적인 **수행**을 측정한 측정치이며 피검자의 지적인 능력을 잘 나타낼 수도 그러지 못할 수도 있다.

흥미롭게도 IQ가 가장 많이 변화한 아동들의 IQ는 무선적으로 변화하지 않았다. 그들의 IQ는 시간의 경과에 따라 증가하거나 감소하는 경향을 보였다. IQ가 높아진 아동은 누구이며 낮아진 아동은 누구인가? IQ가 높아진 아동들은 전형적으로 자녀의 지적인 성취에 관심이 있으며 성취하도록 장려하고 양육방법에 있어 너무 엄하거나 너무 허용적이 아닌 부모들의 자녀들이었다(Honzik, MacFarlane, & Allen, 1948; McCall, Apple-baum, & Hogarty, 1973). 반대로 IQ가 유의미하게 감소한 아동들은 지속적인 가난 속에서 생활한 아동들이었다(Duncan & Brooks-Gunn, 1997). Otto Klineberg(1963)는 이를 설명하기 위해 **누적적 결함가설**(cumulative-deficit hypothesis)을 제안하였다. 아마도 박탈된 환경은 지적 성장을

표 8.4	학령전기와 아동중기에 측정된 IQ와 10세, 18세 IQ와의 상관	
아동의 연령	10세 IQ와의 상관	18세 IQ와의 상관
4	.66	.42
6	.76	.61
8	.88	.70
10	—	.76
12	.87	.76

출처: Honzik, MacFarlane, & Allen, 1948 인용.

누적적 결함가설
(cumulative-deficit hypothesis)
박탈된 환경이 지적 성장을 억제하며 이러한 억제적 효과는 시간에 따라 누적된다는 생각.

SABAH ARAR/Stringer/AFP/Getty Images

박탈된 환경은 지적 성장을 저해하며 아동의 IQ 점수에서 점진적 하락을 초래한다.

저해하며 이러한 억제적 영향은 시간에 걸쳐 누적적인 것 같다. 결과적으로 아동이 박탈된 지적 환경 속에 오래 남아 있을수록 IQ검사에서의 수행은 더 낮아진다.

인력과 자원이 부족한 루마니아의 기관에서 각기 다른 기간 동안 머무르다가 영국의 중류층으로 입양된 루마니아 아동의 지적 수행에 관한 연구로부터 누적적 결함가설을 지지하는 증거들이 나온다(O'Connor et al., 2000). 생후 6개월에 입양된 루마니아 아동이 6세가 되었을 때의 지적 수행은 6개월에 입양된 영국 아동의 수행과 대등하다. 그러나 후에 입양된 아동들은 6세에도 인지적 결함이 나타나며 가난에 시달리는 고아원에 오래 남아 있었던 아동들은 가장 낮은 점수(더 큰 결함)를 받았다.

▌지능검사는 무엇을 예언하는가?

우리는 지금까지 IQ가 개인의 능력보다는 지적수행을 측정하며 시간경과에 따라 상당히 변화할 수 있음을 보았다. 그렇다면 IQ 점수는 피검자에 대해 무엇을 의미있게 말해줄 수 있는가? 예를 들어, IQ 점수는 미래의 학업 성취를 예언하는가? IQ 점수는 개인의 건강이나 직업적인 계층 혹은 일반적인 삶의 만족도와 관계되는가? 먼저 IQ와 학업성취 간의 관계에 대해 고려해보자.

학업 성취에 대한 예언자로서의 IQ

원래 IQ 검사가 아동이 학교에서 얼마나 잘 수행할 것인지를 예언하고자 하는 목적으로 개발되었으므로 현대의 지능검사가 학업 성취에 대한 예언을 한다고 해도 놀라울 것은 없다(Ackerman et al., 2001; Wakins, Lei, & Canivez, 2007; White, 2000). 아동의 IQ와 그들의 현재 혹은 미래의 학업성적 사이의 평균 상관은 .50이다(Neisser et al., 1996). 더구나 ACT나 SAT와 같은 학업적성검사들도 고등학생들이 대학 진학 시의 성적을 신뢰롭게 예측한다.

IQ가 높은 학생들은 학교에서 더 잘할 뿐 아니라 더 오래 공부를 지속한다(Brody, 1997). 즉, 그들은 고등학교를 중퇴할 가능성이 적으며 다른 고등학생들에 비해 대학에 진학할 가능성이 더 높다.

어떤 사람들은 IQ 검사와 학업적 수행이 모두 Spearman의 g, 혹은 일반적 지능에 달려있으므로 IQ 점수가 학업 수행을 예언한다고 주장한다(Jensen, 1998). 그러나 이러한 견해를 비판하는 사람들은 IQ 검사와 학업 성취검사가 모두 문화적으로 가치 있는 지식과 사고기술을 반영한다고 주장한다(White, 2000). 이 견해를 지지하는 한 증거는 문화적인 가치를 반영하는 학교공부는 실제로 IQ 검사의 수행을 향상시킨다는 것이다(Ceci & Williams, 1997). 어떻게 그것이 가능한가? IQ 검사에서 측정되는 범주화 기술과 기억책략을 향상시키고 검사항목과 관계되는 지식을 가르치며 스트레스하에서 열심히 노력하는 것과 같은 태도와 행동을 격려하며 성공적인 시험기술을 길러 줄 수 있다(Ceci, 1991; Huttenlocher, Levine, & Vevea, 1998). 이러한 관점에서 볼 때 IQ 검사는 거의 학업 성취도 검사로 생각될 수도 있다(White, 2000).

마지막으로 IQ 점수와 학업 수행 간의 평균적인 상관은 집단의 경향에 의한 것이며 어떤 특정한 개인의 IQ 점수가 그의 현재 혹은 미래의 학업 성취를 정확하게 반영하지 않을 수도 있다는 것을 기억하자(Ackerman et al., 2001). 학업 성취는 학생의 공부

습관, 흥미, 성공하고자 하는 동기와 같은 요인에 역시 좌우된다(Neisser et al., 1996; Spinath, Pinath, Harlaar, & Plomin, 2006). 따라서 IQ(와 적성)검사가 학업 성취를 다른 어떤 종류의 검사보다도 더 잘 예언하지만 학생의 미래 성공에 대한 전망은 검사점수 만으로 결정되어서는 안 된다. 실제로 학생의 성적을 가장 잘 예언하는 단일 요인은 IQ 나 적성 검사의 점수가 아니라 이전까지의 성적이라는 것을 무수한 연구들이 지속적으로 보여주고 있다(Minton & Schneider, 1980).

직업적인 결과에 대한 예언자로서의 IQ

IQ가 높은 사람들이 더 좋은 직업을 얻는가? 그들은 선택한 직업에서 지능이 낮은 다른 사람들보다 더 성공적인가?

　IQ와 직업적인 계층 간에는 분명한 관계가 있다. 저소득층에 대한 교육기회의 증대로 전문직, 사무직 종사자들과 노동자들 간의 IQ의 차이는 20세기 초보다는 많이 줄어들었지만(Weakliem, McQuillan, & Schauer, 1995) 그럼에도 불구하고 전문직이 노동자들에 비해 지속적으로 높은 IQ를 보여주고 있다(White, 2000). 일반적으로 직업에 따른 평균 IQ는 직업의 명성에 따라 높아진다. 그리고 이러한 관계에 공헌하는 한 요인은 IQ와 교육 간의 연결이다. 의심할 바 없이 농장 노동자가 되는 것보다 법대를 나와서 변호사가 되는 것이 더 많은 지적 능력을 요한다(Brody, 1997). 그러나 IQ는 각 직업 군 내에서도 상당히 다르며 낮은 계층의 직업을 가진 사람 중에서 IQ가 높은 사람이 많이 있다.

　IQ는 직업의 수행을 예언하는가? 똑똑한 변호사, 전기기사, 농장 노동자가 그렇지 못한 동료들에 비해 더 성공적이거나 더 생산적인가? 이에 대한 대답은 '그렇다'이다. 지능검사의 점수와 상사로부터의 평가와 같은 직업 수행의 점수 사이의 상관은 평균 +.50 이며 이는 IQ와 학업성취 사이의 상관과 비슷한 정도이다(Hunter & Hunter, 1984; Neisser et al., 1996). 그러나 지혜로운 관리자나 인사담당자들은 채용이나 승진을 위해서 IQ 점수만을 고려하는 일은 결코 없다. IQ 이상을 고려해야 하는 한 가지 이유는 사람들마다 **암묵적(혹은 실용) 지능**(tacit or practical intelligence)이 다르기 때문인데 이는 일상의 문제를 가늠하고 문제의 해결을 위해 조치를 취하는 능력으로 IQ와는 밀접하게 관련되지 않으면서 직업 수행을 잘 예언해주는 능력이다(Sternberg et al., 1995). 더구나 미래 직업 수행의 예언을 위해서는 이전의 직업 수행, 대인관계 기술, 성공에 대한 동기와 같은 다른 변인들이 IQ 만큼 혹은 그보다 더 중요할 것이다(Neisser et al., 1996).

암묵적(혹은 실용) 지능
(tacit or practical intelligence)
일상의 문제들을 해결하는 능력. IQ와의 상관이 그리 높지 않다.

건강, 적응, 삶의 만족도에 대한 예언자로서의 IQ

똑똑한 사람들이 평균의 지능 혹은 평균 이하의 지능을 가진 사람들에 비해 더 건강하거나 더 행복하거나 혹은 더 잘 적응하는가? IQ 연속체의 양 극단에 위치한 사람들 즉, 지적인 영재와 정신지체자의 생의 결과물에 대한 연구 결과들을 보자.

　1922년에 Lewis Terman은 IQ가 140 혹은 그 이상인 캘리포니아 아동들 1,500명에 대해 가장 흥미로운 종단연구를 시작하였다. 이 프로젝트의 목적은 이 "영재아"들의 능력과 개인적인 특성에 대한 가능한 한 많은 정보를 얻는 것이었으며 수년에 한 번씩 이들을 추적하여 그들이 성취한 것을 조사하였다.

11세 또는 12세의 영재아동 중 일부는 특히 가족들의 지원과 격려가 있을 때 대학생들 수준으로 성장할 수 있다.

영재아들은 어떤 성인이 되는가? Terman의 영재 집단은 여러 면에서 특별하였다. 심각한 적응문제를 가진 사람은 5% 미만이었으며 이혼을 덜 하는 것은 아니었지만(Holahan & Sears, 1995) 건강문제, 알코올 중독, 비행과 같은 문제는 일반 집단에서 관찰되는 비율의 아주 일부만을 차지하였다(Terman, 1954). 영재들의 직업적인 성취는 인상적인 것이었다. 중년이 되었을 때 88%는 전문직과 준전문직에 종사하고 있었다. 집단으로 볼 때 이들은 200개의 특허와 2,000개의 과학적 보고서와 100편의 책과 375개의 연극이나 짧은 이야기를 썼으며 300개 이상의 수필과 잡지 기사와 비평을 썼다. Terman의 연구가 진행되던 시기의 성 역할 고정관념의 영향으로 대부분의 여성 영재들은 직업적 열망을 희생하고 가정을 일구고 있었다(Schuster, 1990; Tomlinson-Keasey & Little, 1990). 그러나 더욱 최근의 여성 영재들은 더 왕성하게 자신의 경력을 추구하고 있으며 Terman의 여성 영재들보다 더 큰 행복감을 느끼고 있었다(Schuster, 1990; Subotnik, Karp, & Morgan, 1989).

IQ 연속체의 다른 극단은 어떤가? 정신적으로 지체된 개인들은 인생에서 성공하거나 행복을 성취할 가능성이 있는가? 비록 정신지체에 대해 우리가 가진 고정관념이 '아니다'라고 대답하도록 유혹하지만 연구결과는 매우 다른 결론을 제안한다.

학령기 아동의 3%가 신변 관리, 사회적 기술과 같은 적응적인 행동에 제한이 있으며 지적기능이 평균 이하인 **정신지체**로 분류된다(American Association of Mental Retardation, 1992; Roeleveld, Zielhuis, & Gabreels, 1997).

정신지체
(mental retardation)
일상생활의 적응적인 행동에 손상을 보이는 평균 이하의 지적 기능.

경증 지체자들은 어떻게 살아가는가? 1920년대와 1930년대에 정신지체로 인해 특수교육을 받은 남녀(평균 IQ < 67)에 대한 추적연구에서 단서를 얻을 수 있다(Ross et al., 1985). 거의 40년 후에 그들이 성취한 바를 형제자매 혹은 또래와 비교하였으며 Terman의 영재 집단과도 비교해 보았다.

중년이 되었을 때 지체집단은 비지체 집단에 비해 일반적으로 성과가 좋지 않았다(Schalock et al., 1992 참조). 표 8.5에서 보듯이 지체 남성의 80%가 직장이 있었지만 주로 교육이나 지적 능력이 덜 필요한 비숙련 직종이거나 반숙련 직종에 종사하고 있었다. 지체 여성들은 주로 결혼을 해서 주부가 되어 있었다. 정신지체가 아닌 또래와 비교할 때, 지체자들은 다른 점에서도 훨씬 불리했다. 예를 들어, 그들은 수입도 적었고 주거환경도 좋지 않았으며 사회적 기술이 부족하고 타인에 대한 의존도가 훨씬 높았다.

그러나 이 연구의 연구자들은 낙관적인 근거도 발견하였다. 결국 경증 지체자들의 대부분은 직업을 가지고 결혼을 했으며 일반적으로 자신들의 성취에 만족하고 있었다. 실제로 인터뷰를 하기 전까지 10년 동안 어떠한 형태이든 공적인 도움이 필요했다고 보고한 사람은 5명 중 1명 정도였다. 이들은 일반적으로 정신지체에 대해 갖는 고정관념보다 훨씬 잘 살고 있었다.

따라서 다른 연구와 마찬가지로 이 연구는 학교에서 경증 지체로 이름 붙여지고 실제로 수업을 따라가기 힘들었던 사람들이 졸업 후에는 성인 집단으로 "사라져버린다"는

표 8.5	남성 정신지체와 비지체, 그리고 영재들의 중년기 직업			
직업적 분류	정신지체 피험자 (n=54), %	비지체 형제 (n=31), %	비지체 또래 (n=33), %	Terman의 영재 집단 (n=757), %
전문직, 관리직	1.9	29.1	36.4	86.3
소매, 숙련된 교역, 농업	29.6	32.3	39.4	12.5
반숙련직, 소규모 영업, 사무보조	50.0	25.8	15.2	1.2
비숙련직	18.5	13.0	9.4	0.0

출처: Adapted from *Lives of Mentally Retarded: A Forty-Year Follow-up*, by R. T. Ross, M. J. Begab, E. H. Dondis, J. S. Giampiccolo, Jr., & C. E. Meyers. Copyright 1985 by Stanford University Press. Adapted with permission.

것을 보여주었다. 아마도 그들은 표준화된 IQ 검사가 측정하지 못하는, Sternberg(1997) 가 말하는 실용지능 혹은 살아가는 요령을 발휘하며 성인 생활의 요구에 적응하는 것 같 다. 연구자들이 말하듯이 "생산적이고. . .자기 성취적인 삶을 위해서는 아마도 대부분 의 사람들이 생각하는 것만큼의 IQ 점수가 필요하지 않은 것 같다"(Ross et al., 1985, p.149).

▌IQ 점수에 영향을 미치는 요인들

사람들의 IQ 검사 점수는 왜 그렇게 다를까? 이 주제를 다루기 위해 우리는 유전과 환경 의 영향에 대한 증거를 간단하게 개관한 뒤에 지적 수행에 영향을 주는 중요한 사회적이 고 문화적인 대응물에 대해 자세히 살펴보고자 한다.

유전적인 증거

2장에서 우리는 유전이 지적 수행에 영향을 미치며 특정 전집의 IQ 점수에서 나타나는 변이 중 반 정도가 이들의 유전적인 차이에서 기인한 결과라는 것을 보여주는 두 개의 주요한 증거들을 보았다.

쌍생아 연구

동일한 가정에 사는 개인들의 쌍이 보여주는 지적 수행의 유사함은 혈연관계(즉, 유전적 유사성)의 함수로 증가한다. 예를 들어, 동일한 유전자를 갖고 있는 일란성 쌍생아들 간 IQ의 상관은 유전자의 반 정도를 공유하는 이란성 쌍생아와 형제, 자매들 사이의 IQ의 상관보다 상당히 높다(Bower, 2003).

입양아 연구

입양된 아동의 IQ는 입양한 부모의 IQ보다는 그들의 생물학적 부모의 IQ와 더 높은 상 관을 보인다. 이러한 증거는 IQ에 있어 유전적인 영향을 보여주는 증거로 해석되는데 입 양된 아동은 입양한 부모보다는 생물학적 부모와 유전자를 공유하기 때문이다.

개념체크 8.1 지능이론과 지능검사에 대한 이해

지능의 의미에 대한 다양한 관점과 지능검사에 대한 서로 다른 접근들 그리고 지능검사가 무엇을 예언하는지에 대한 이해를 점검하기 위해 다음의 질문들에 답하시오. 정답은 부록에 있다.

짝짓기: 다음의 각 지능 이론에 대한 설명을 읽고 적합한 지능이론의 이름을 짝지어 보자.

a. 삼두이론
b. 심리측정 접근
c. 다중지능 이론

1. _____ 지능은 서로 다른 개인들의 특질(또는 특질들의 집합)이라는 이론적 관점

2. _____ 인간은 적어도 9개의 서로 다른 종류의 지능을 가지며 각 지능은 뇌의 특정 영역과 관계된다는 Gardner의 이론

3. _____ 지능은 맥락적, 경험적, 그리고 정보처리적 요소들의 관점에서 고려되어야 한다는 Sternberg의 이론

선다형: 각 질문에 가장 적합한 답을 고르시오.

_____ 4. 현재 사용되는 편차 IQ는 다음과 같이 결정된다.

   a. 아동의 정신연령을 생활연령과 비교:

   $$IQ = \frac{MA}{CA} \times 100$$

   b. 아동의 수행을 동일 연령의 다른 아동들과 비교

   c. 아동의 수행이 성인의 수행과 얼마나 떨어져 있는지를 비교

   d. 100에서 틀린 문항수를 빼고 아동의 생활연령으로 나눔

_____ 5. Bayley 영아발달 검사와 같은 영아발달검사는?

   a. IQ가 안정적이지 않은 특성이기 때문에 나중의 IQ를 잘 예언하지 못한다.

   b. IQ가 안정적인 특성이므로 나중의 IQ를 잘 예언한다.

   c. 지능이 고도로 수로화되었기 때문에 나중의 IQ를 잘 예언한다.

   d. 영아 검사와 나중의 IQ검사가 서로 다른 능력들을 측정하기 때문에 나중의 IQ를 잘 예언하지 못한다.

_____ 6. Smahtee박사는 아동들에게 지능검사를 실시하는 임상 심리학자이다. 그의 지능관은 Cattell과 Horn의 심리측정 관점과 일치한다. 한 검사에서 그는 아동들에게 미국 각주의 수도들을 가능한 한 많이 말하도록 요구했다. 이러한 검사로 Smahtee 박사는 아동의 _____을 측정하고 있다.

   a. g, 또는 일반 지능

   b. 유동성 지능

   c. 결정성 지능

   d. 운동성 지능

단답형: 다음 질문에 간략하게 대답하시오.

7. Wechsler는 Stanford-Binet검사에 만족하지 못했기 때문에 자신의 지능검사를 개발했다. Wechsler는 Stanford-Binet검사의 주요 문제라고 생각한 것은 무엇이었을까? 언어성 검사와 동작성 검사가 별개로 분리되어 있을 때의 장점은 무엇인가?

8. Desean, Jesse, 그리고 Chris가 표준화된 IQ검사를 받았다고 생각해보자. Desean의 IQ점수는 135, Jesse의 IQ 점수는 100, Chris의 IQ 점수는 80이다. 각 점수의 의미를 설명하라.

에세이: 다음 질문에 더 자세히 대답하시오.

9. Gardner가 다중지능 이론에서 제안한 9개의 지능을 열거하고 각 유형의 지능이 어떤 직업에 적합한지 설명하라.

우리는 2장에서 개인의 유전자형이 그가 경험할 환경의 종류에도 영향을 줄 수 있음을 배웠다. 실제로 Scarr와 McCartney(1983)는 사람들이 자신의 유전적 소인과 양립할 수 있는 환경을 찾는다고 주장하였다. 따라서 일란성 쌍생아(동일한 유전자를 공유하는)는 이란성 쌍생아나 일반적인 형제, 자매들 보다 더 유사한 환경을 선택하고 경험한다. 시간이 경과하면서 이란성 쌍생아나 일반적인 형제, 자매들의 지적 유사성이 줄어드는데 비해 일란성 쌍생아들은 일생을 통해 지적 유사성이 유지되는 이유가 바로 이것 때문이다(McCartney, Harris, & Bernieri, 1990).

이러한 관찰들은 개인의 유전자형이 그의 환경을 결정하고 그의 지적발달에 주된 영향을 미친다는 것을 시사하는가? 그렇지는 않다. 지적인 도전을 구하는 유전적 소인을 가졌다하더라도 이러한 조건을 만족시켜 줄 수 없는 박탈된 환경에서 양육되었다면 높은 IQ가 개발될 수 없다. 반대로 아동은 지적인 활동에 끌리지 않는다 하더라도 그가 숙달해야 하는 인지적 도전을 제공하는 자극적인 환경에서 지속적으로 양육된다면 평균

혹은 평균 이상의 IQ를 얻을 수 있다. 이제부터 환경이 지적수행에 어떠한 영향을 미치는지를 더 자세히 살펴보자.

환경적인 증거

환경이 지능에 영향을 미친다는 증거는 다양하게 나타난다. 예를 들어, 2장에서 유전적으로 관련되지 않은 아동의 쌍들이 동일한 가정에서 양육될 때 작거나 보통정도의 지적 유사성이 나타난다는 것을 배웠다. 이들은 유전자가 같지 않으므로 이러한 유사성은 동일한 환경의 탓으로 돌릴 수밖에 없다. 이 장의 앞부분에서는 박탈된 양육 환경에서 자라는 아동들의 IQ가 점진적으로 하락(누적적 결함)하며 이는 경제적인 불리함이 지적 성장을 억제한다는 것을 시사함을 배웠다.

그렇다면 아동이 속한 환경을 풍요롭게 변화시켜 아동의 IQ를 높이고 지적발달을 촉진할 수 있을 것인가? 실제로 그럴 수 있으며, 두 종류의 증거가 이를 뒷받침한다.

Flynn 효과: 시대적 경향

20세기 동안 사람들은 더 똑똑해졌다. 연구된 모든 나라의 평균 IQ는 1940년대 이후로 10년에 3점씩 높아졌으며 이 현상은 발견자인 James Flynn(1987, 1996, 2007; Howard, 2005; Teasdale & Owen, 2005)의 이름을 따라 **Flynn 효과**(Flynn effect)라고 한다. 이렇게 짧은 시간 동안에 이렇게 큰 증가는 진화에 의한 것일 수는 없으므로 환경적인 원인이 있을 것이라 생각된다. 그렇다면 무엇이 IQ점수를 향상시킬 수 있을까?

교육에 있어서 전 세계적인 진보가 다음의 세 가지 방법으로 IQ를 증가시킬 수 있다. 즉, 사람들이 점점 더 "검사에 똑똑해지게" 만들고, 전반적으로 더 많은 지식을 갖게 하고, 더욱 세련된 문제해결 책략을 사용하도록 만든다(Flieller, 1999; Flynn, 1996). 그러나 교육의 향상만이 유일한 공헌자는 아닐 것이다. 왜냐하면 Flynn 효과는 교육적인 향상으로부터 가장 큰 이득을 볼 것이라 예상되는 결정성 지능보다는 유동성 지능의 측정치에서 더욱 분명히 나타나기 때문이다. 20세기의 진보된 영양과 건강관리 또한 두개의 잠재적인 환경적 요인들인데 이들은 뇌와 신경계의 발달을 최적화하여 지적 수행의 향상을 돕는 것으로 생각된다(Flynn, 1996; Neisser, 1998).

입양아 연구

다른 연구자들은 불우한 가정환경을 떠나서 교육받은 양부모들과 함께 사는 입양된 아동의 지적성장을 연구하였다(Scarr & Weinberg, 1983; Skodak & Skeels, 1949). 입양된 아동들이 4세에서 7세가 될 무렵엔 표준화된 지능검사에서 평균 이상의 점수를 얻었다(Scarr와 Weinberg의 연구에서는 110, Skodak과 Skeels의 연구에서는 112). 흥미로운 것은 입양된 아동의 IQ는 아직도 그들의 생물학적 어머니의 IQ와 상관을 나타내어 지적 수행에 유전이 영향을 준다는 것을 반영하고 있다. 그러나 이 입양 아동들이 보여주는 실제 IQ는 그들의 **생물학적** 부모의 IQ와 교육수준을 근거로 기대할 수 있는 것보다 상당히 높았으며(10~20점) 그들의 학업성취도는 청소년기까지도 전국적인 규준에 비해 다소 높았다(Waldman, Weinberg, & Scarr, 1994; Weinberg, Scarr, & Waldman, 1992). 따라서 지능과 같이 유전의 영향을 받는 특성의 **표현형**(phenotype)은 분명히 환경의 영향을 받는다. 이 연구들에서 양부모들은 교육도 많이 받았고 지능도 평균 이상이

Flynn 효과
(Flynn effect)
20세기 동안 관찰된 IQ 점수의 체계적인 증가.

었으므로 그들이 입양된 아동들에게 풍요롭고 지적으로 자극적인 가정환경을 제공하여 아동의 인지발달을 촉진시켰을 것이라고 생각할 수 있다.

유전과 환경의 교류에 대한 증거

유전과 환경이 IQ 점수에 영향을 준다는 증거들은 분명하지는 않다. 이는 우리가 2장에서 이미 배웠듯이 유전과 환경은 실제로 서로 교류하며 IQ와 같은 심리학적인 요인들에 영향을 주기 때문이다. 우리가 방금 보았던 Flynn 효과와 입양아 연구는 유전과 환경 모두의 영향력을 보여주는 결과일 뿐 아니라 이 둘이 서로 상호작용한다는 것도 보여준다. 우리는 2장에서 반응의 범위라는 개념도 배웠다. 이 모델은 유전이 IQ의 표현형들이 나타날 수 있는 가능한 경계선을 정한다면 환경은 어떤 표현형이 실제로 실현될지에 영향을 줄 수 있다고 제안한다. 따라서 우리가 발달의 많은 특성들에서 보아왔던 것처럼 IQ는 유전과 환경의 상호교류의 영향을 받으며 두 요인이 동등하게 중요하며 각각의 방법으로 영향을 준다.

▎지적수행의 사회적, 문화적 영향

환경은 지적 성장을 돕거나 방해할 수 있는 진정으로 강력한 힘이다. 그러나 우리가 여기서 "환경"이라고 말할 때는 매우 포괄적인 의미로 사용하는 것이며 우리가 지금까지 보아온 증거들은 생애 환경의 어떤 부분이 아동의 지적 발달에 가장 영향을 주는가를 실제로 말해주지 않는다. 여기서 우리는 환경적 영향을 좀 더 가까이에서 살펴보고 IQ 검사에서 아동의 수행이 어느 정도는 부모의 양육태도와 양육방법, 가정의 사회경제적 지위, 심지어는 가족이 속하는 사회문화적 집단에 달려 있다는 것을 볼 것이다.

사회적 계층과 인종 간의 IQ 차이

IQ의 문헌에서 가장 믿을만한 결과 중 하나는 사회계층의 효과이다. 노동자와 하층계급 출신의 아동은 표준화된 IQ 검사에서 중류층 또래에 비해 10점에서 15점 정도 낮다는 것이다(Helms, 1997). 이 규칙에 유일한 예외는 영아들인데 후의 IQ점수를 예언하는 습관화나 새로운 선호의 정보처리 측정치에서는 신뢰할 수 있는 사회계층의 효과가 없으며(McCall & Carriger, 1993) 영아 지능검사에서 측정되는 DQ에서도 마찬가지이다(Golden et al., 1971).

지적 수행에서 인종적인 차이도 있다. 미국의 아프리카계 미국인과 아메리카 원주민들의 자손들은 표준화된 IQ 검사에서 유럽계 미국인 아동들에 비해 12점에서 15점 정도 낮은 점수를 얻는다. 히스패닉계 미국 아동의 평균 IQ는 아프리카계와 유럽계 아동의 중간에 위치하며 아시아계 미국 아동은 유럽계와 같은 수준이거나 조금 높은 점수를 얻는다(Flynn, 1991; Neisser et al., 1996). 서로 다른 인종집단은 서로 다른 능력 프로파일을 가질 수도 있다. 아프리카계 미국 아동들은 예를 들어 다른 하위검사보다 언어검사에서 더 잘 하고 히스패닉과 아메리카 원주민 아동들은 공간능력을 측정하는 비언어적 하위검사에서 특별히 잘 한다(Neisser et al., 1996, Suzuki & Valencia, 1997).

사회계층과 인종 간 차이를 해석하기 전에 한 가지 진실을 말해 둘 필요가 있다. 이는 백인과 아시아계 아동들이 아프리카계나 히스패닉 아동들보다 IQ검사의 점수가 높다는 것을 발견할 때 자주 간과하는 부분이다. 사실은 한 개인의 인종이나 피부색으로 그의 미래 성취나 IQ에 대해 예언할 수 있는 것은 아무것도 없다. 그림 8.6에서 보듯이 아프리카계 미국인과 백인 표집의 IQ 분포는 상당히 중첩된다. 비록 아프리카계 미국인의 IQ 점수가 백인들보다 평균적으로는 낮더라도 분포가 중첩되는 부분은 많은 아프리카계 미국 아동이 많은 백인 아동들보다 더 높은 IQ점수를 얻고 있다는 것을 의미한다. 실제로 아프리카계 미국인의 약 15%~25%가 대부분의 백인들에 비해 더 높은 점수를 얻고 있으며 많은 경우 상당히 높은 점수를 얻는다.

지적 수행에서 왜 집단 간 차이가 나타나는가?

수 년 동안 발달심리학자들은 IQ에서 나타나는 인종과 사회계층의 차이를 설명하기 위해 다음과 같은 세 개의 일반적인 가설을 제기하였다. (1) 문화적 검사-편향(cultural test-bias) 가설에 따르면 표준화된 IQ 검사와 검사가 실시되는 방법은 백인 중류층의 문화적 경험에 맞추어져 있으며 경제적으로 불우한 아동들, 특히 소수 민족 집단 출신 아동들의 지적능력을 과소평가했다. (2) 유전학적(genetic) 가설에 따르면 IQ에서 나타나는 집단차이는 유전자의 차이를 나타낸다. (3) 환경적 가설에 의하면 IQ 점수가 낮은 집단은 지적으로 박탈된 환경 즉, 지적 성장에 도움이 되지 않는 이웃과 가정환경의 출신이다.

문화적/검사-편향 가설

문화적/검사-편향 가설을 선호하는 사람들은 IQ에서 나타나는 집단 간 차이를 검사와 검사절차로 인해 생기는 가공물이라고 생각한다(Helms, 1992; Helms-Lorenz, Van de Vijver, & Poortinga, 2003; Resing, 2001; White, 2000). 이것을 보여주기 위해 그들은 현재 사용되고 있는 IQ 검사가 백인, 중류층 아동들이 습득하기 쉬운 인지적 기술(예: 퍼즐맞추기)과 일반적인 정보(예: 747이 무엇인가?)를 측정하도록 고안되었다는 점을 지적한다. 어휘와 단어사용을 측정하는 하위검사들은 백인 중류층과는 다른 영어의 방언을 사용하는 아프리카계 미국인과 라틴계들에게는 더 어려울 수 있다. 인종집단에 따라 언어가 사용되는 방법조차도 다르다. 예를 들어, 백인 부모들은 IQ검사에서 물어보는 것과 유사하게 간단한 답을 요하는 "지식-훈련" 질문들("방과 후 바로 집에 오는 것에 대한 규칙은 뭐지?")을 많이 한다. 대조적으로 아프리카계 미국인들은 부모가 대답을 모를 수도 있는 실제적인 질문들("학교가 끝난 뒤 왜 곧바로 오지 않았니?"), 특히 학교나 IQ 검사에서 요하는 것과는 달리 정교한, 이야기 식의 답을 원하는 질문들을 많이 한다(Heath, 1989). 따라서 만약 IQ검사가 백인들의 문화에서 정의된 능숙함을 측정한다면 많은 비평가들이 주장하듯이 소수민족 출신의 아동들은 결함을 가진 것으로 보일 수밖에 없다(Fagan, 2000; Helms, 1992; Van de Vijver & Tanzer, 2004).

검사편향이 IQ의 집단차이를 설명하는가? 가난한 사람들이나 소수 민족들이 즉각적인 불이익을 받지 않도록 **"문화적으로 공평한" IQ** 검사를 만들고자 하는 몇 차례의 시도가 있었다. 예를 들어, Raven의 진행적 행렬검사(Raven Progressive Matrices Test)는 빠진 부분이 있는 일련의 추상적인 디자인을 보고 여러 개의 답지 중에서 적절한 답을 찾아서 각 디자인을 완성시키는 검사이다(그림 8.7). 이 문제들은 모든 인종집단과 사회계

문화적/검사 편향 가설
(cultural/test-bias hypothesis)
IQ 검사와 검사절차가 고유의 중류층 편향을 가지고 있으며 이로써 하류층과 소수계 아동들의 수준이하 수행이 설명될 수 있다는 생각.

문화적으로 공평한 검사
(culture-fair test)
검사의 내용에서 검사수행에 영향을 줄 수 있는 어떠한 무관한 문화적 편향이라도 최소화하도록 개발된 지능검사.

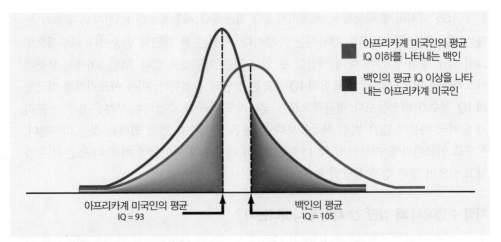

그림 8.6 생물학적 부모에 의해 양육된 아프리카계 미국인과 백인 아동의 IQ 점수의 대략적인 분포.
출처: Intelligence, 2nd ed., by N. Brody, 1990.

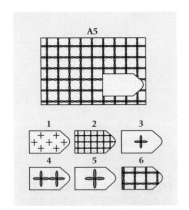

그림 8.7 Raven의 진행적 행렬검사에 포함되는 것과 유사한 항목.

층의 사람들에게 동일한 정도로 친숙하며(또는 친숙하지 않으며)시간 제한도 없고 지시도 간단하다. 그럼에도 불구하고 이 "문화적으로 공평한" 지능 검사에서도 백인 중류층 아동들이 또래의 저소득층/또는 아프리카계 아동들보다 더 높은 점수를 얻는다(Jensen, 1980). 현존하는 검사들을 도시의 아프리카계 아동들이 사용하는 영어의 방언으로 번역한 경우에도 이 아동들의 점수를 높이지 못했다(Quay, 1971). 그리고 마지막으로 IQ 검사와 다양한 지적 적성검사들(SAT와 같은)은 백인 아동들만큼 혹은 그보다 더 훌륭히 아프리카계 아동과 다른 소수민족 아동들의 미래 학업에서의 성공을 예언하였다(Neisser et al., 1996). 종합하면, IQ점수에서의 집단차이는 단지 검사의 내용이나 검사에 사용되는 방언들만의 탓은 아니다. 다른 가능성이 남아있다.

동기적 요인들   비판자들은 많은 소수민족 아동과 청소년들에게 형식적인 검사 상황에서 최선을 다하려는 성향이 없다고 주장한다(Moore, 1986; Ogbu, 1994; Steele, 1997). 그들은 아마도 익숙지 않은 검사자나 낯선 검사절차를 경계하며 (정확히 대답하는 것보다) 빨리 대답하여 유쾌하지 않은 검사상황을 벗어나는데 더 관심이 있는 듯하다(Boykin, 1994; Moore, 1986).

소수계 아동들이 더욱 편안하고 덜 위협적으로 느끼도록 검사절차를 바꾸었을 때 큰 차이가 있었다. 소수계 아동들에게 인내심이 있고 지지적인 "친절한" 검사자와 검사 전에 시간을 갖게 하면 전통적인 방법으로 낯선 검사자에게서 검사를 받을 때보다 점수가 올라간다(Kaufman, Kamphaus, & Kaufman, 1985; Zigler et al., 1982). 소수계의 중류층 아동들조차도 이러한 절차변화로 인해 이득을 얻는데 이들도 백인 중류층에 비해 검사상황을 덜 편안하게 여기기 때문이다(Moore, 1986).

부정적인 고정관념의 영향   John Ogbu(1994)에 의하면 지적 능력에 대한 부정적인 고정관념이 일부 소수계 청소년들로 하여금 자신들의 성취가 편견과 차별에 의해 제한받을 것이라고 느끼게 한다. 결과적으로 그들은 시험에서 좋은 성적을 얻는 것과 같이 다수 문화에서 인정되는 행동들을 그들과는 상관이 없거나 "백인처럼 행동하는 것"으로 부인하게 될 수도 있다. Steele와 Aronson(1995)에 따르면 사람들의 행동은 자신들에게 적용된다고 믿는 고정관념을 부정하려는 욕구에 의해 영향을 받는다고 한다. 이러한 현상을 **고정관념 위협**(stereotype threat)이라고 부른다. 일련의 연구에서 Steele와 동료들은 사람들이 실제로 부정적인 고정관념을 걱정하며 이것은 그들이 자신의 인종, 민족, 혹은 성별 집단이 다른 집단들보다 정상적으로 점수가 더 낮다는 것을 믿게 되는 경우에 수행에 부정적으로 영향을 준다(Aronson et al., 1999; Spencer, Steele, & Quinn, 1999; Steele & Aronson, 1995, 2004). 이러한 종류의 근심과 그 결과 낮은 수행은 IQ 검사의 또 다른 편향의 근거가 될 수 있다.

고정관념 위협(stereotype threat)
자신들에게 적용된다고 믿는 고정관념을 반박하고자하는 욕구에 의해 개인의 행동이 영향을 받을 때.

유전학적 가설

1994년 출간된 Richard Herrnstein과 Charles Murray의 정상분포(The Bell Curve)라는 책은 인종에 따라 IQ가 차이 나는 원인이 무엇인가에 대한 논쟁을 불러 일으켰다. 이 책의 저자들은 인종 간에 평균적인 IQ 점수가 다른 것은 인종들 사이의 유전학적인 차이에서 기인한다고 주장하였다(Rowe & Rodgers, 2005).

Arthur Jensen(1985, 1998)은 **유전학적 가설**(genetic hypothesis)에 동의한다. 그는 서로 다른 인종 집단에 동일하게 유전될 수 있는 두 종류의 지적 능력이 있다고 주장한다. **수준 I의 능력**(Level I abilities)은 주의집중 과정, 단기기억, 연합적 기술들—즉, 단순하고 기계적인 학습에 중요한 능력들이다. **수준 II의 능력**(Level II abilities)은 추상적으로 생각하고 개념을 형성하고 문제를 해결하기 위해 단어와 상징을 조작할 수 있도록 하는 능력이다. Jensen에 의하면 수준 II의 능력은 학교에서의 성취와 높은 상관을 보이고 반면에 수준 I의 능력은 그렇지 않다. 물론 IQ검사가 측정하는 것은 수준 II의 능력이다.

Jensen(1985)은 수준 I과제를 모든 인종과 사회계층의 아동들이 잘 수행하고 있음을 확인하였다. 그러나 수준 II과제에서는 중류층과 백인 아동이 저소득층과 아프리카계 미국 아동의 수행을 능가한다. 수준 I과 수준 II의 과제는 각 인종집단과 사회계층 내에서 동일하게 유전되는 것이므로 Jensen은 집단 간 IQ의 차이가 유전적이라고 제안한다.

유전학적 가설에 대한 비판 비록 Jensen의 주장이 설득력 있어 보일지라도 지능에서의 집단 내 차이에 유전이 영향을 준다는 증거는 지능에서의 집단 간 차이에 대해 어떤 것도 말해주지 못한다. Richard Lewontin(1976)은 유추를 이용하여 이 논점을 분명히 하고 있다.

가령 유전적 구성이 다른 옥수수 씨앗을 섞어 주머니에 넣은 뒤 무선으로 뽑아서 비옥한 땅과 메마른 땅에 뿌린다고 가정해보자. 각 밭에서 자라나는 모든 농작물은 동일한 토양에서 자라므로 이들 사이의 키 차이는 유전적인 차이에 의한 것이다. 그러나 비옥한 땅에서 자라나는 농작물이 메마른 땅에서 자라는 농작물에 비해 더 잘 자란다면(그림 8.8) 비옥한 땅과 메마른 땅의 농작물 차이는 거의 분명하게 **환경**의 차이이다. 이와 유사하게 흑인 집단과 백인 **집단** 내에서 나타나는 IQ의 개인적인 차이는 부분적으로 유전으로 설명되지만 두 인종집단 간 IQ의 차이는 그들이 전형적으로 경험하는 환경의 차이를 반영한

유전학적 가설
(genetic hypothesis)
IQ의 집단 간 차이가 유전적이라는 생각.

수준 I 능력
(Level I abilities)
간단한 연합 학습에 중요한 낮은 수준의 지적 능력(예: 주의집중, 단기기억)을 가리키는 Jensen의 용어.

수준 II 능력
(Level II abilities)
추상적인 사고와 문제해결에 관계되는 높은 수준의 인지기술을 가리키는 Jensen의 용어.

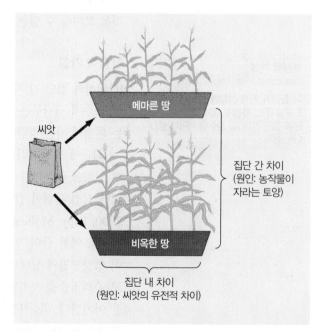

그림 8.8 집단 내 차이는 왜 집단 간 차이에 대해 아무것도 말해 줄 수 없는가. 여기서 각 밭에서 자라는 농작물들의 키 차이는 유전적인 변이를 반영하는 것이지만 두 밭의 농작물들 간의 평균적인 키 차이는 환경적인 요인 즉, 농작물이 자라고 있는 토양의 차이를 반영하는 것이다.
출처: Psychology, Third Edition, by Henry Gleitman, 1991, 1986, 1981 by W.W. Norton & Company, Inc. 인용.

다(Brooks-Gunn et al., 2003; Rowe & Rodgers, 2005).

혼합 인종의 아동들에게서 얻어지는 자료도 역시 유전학적 가설을 지지하지 않는다. Eyferth(Loehlin, Lindzey, & Spuhler, 1975에서 인용)는 아프리카계 미국 군인을 아버지로 둔 독일 아동들의 IQ를 아버지가 백인 미국 수리공인 독일 아동들의 IQ와 비교하였다. 만약 아프리카계 미국인 아버지가 IQ를 향상시키는 유전자를 덜 가졌다면 전자의 집단이 나이가 같은 백인 또래 집단에 비해 낮은 IQ를 가질 것이 분명하다. 그러나 Eyferth는 이 두 집단이 IQ에서 차이가 나지 않는다는 것을 발견하였다. 매우 똑똑한 아프리카계 미국인 아동들도 전형적인 아프리카계 미국인 전집에 비해 백인계 조상을 더 많이 가지고 있는 것은 아니었다(Scarr et al., 1977).

이러한 부정적인 증거에도 불구하고 유전학적 가설은 아직도 살아있다. 예를 들어, T. Edward Reed(1997)는 기존의 혼합 인종 아동에 대한 연구들이 가진 방법론적인 문제점을 지적하며 그 연구들의 결과에 의문을 제기한다. 다른 연구자들은 머리와 뇌의 크기에서 나타나는 차이(백인들의 머리와 뇌의 크기가 아프리카계 미국인들의 머리와 뇌의 크기보다 크다)가 IQ의 인종적인 차이를 보여주는 강력한 증거라고 주장한다(Lynn, 1997; Rushton, 1999). 흑인과 백인 사이에서 나타나는 이러한 신체적인 차이가 이들 간의 IQ차이를 유전적 차이로 돌릴 수 있는 진정한 증거가 되는가? Ulric Neisser(1997)는 분명히 그렇지 않다고 생각한다. 그에 의하면 머리와 뇌의 크기는 모두 태내기 동안의 보살핌, 영양과 같은 환경적 변인의 차이일 수 있다. 이 환경적 변인들은 인종집단에 따라 다르며 아동의 지적수행에 강력한 영향을 줄 수 있다.

따라서 모든 인종 **집단** 내에서도 유전은 IQ에 영향을 줄 수 있지만 **정상분포**라는 책의 결론은 과장되어 있다. 간단히 말하면, IQ의 집단 간 차이가 유전적으로 결정된다는 것을 보여줄 수 있는 결정적인 증거는 없다(Neisser et al., 1996).

환경적 가설 (environmental hypothesis) 각 집단이 지적 성장에 동일한 정도의 도움을 주는 환경에 살고 있지 않기 때문에 집단 간의 IQ 점수의 차이가 생긴다는 생각.

환경적 가설

IQ에서의 집단 간 차이에 대한 세 번째 설명은 **환경적 가설**—즉, 가난한 사람들과 다양한 소수계 집단들은 대부분의 백인이나 중류층 사람들에 비해 지적발달을 이끌지 못하는 환경에 사는 경향이 있다는 것이다.

최근에 발달심리학자들이 저소득 혹은 가난에 찌든 생활스타일이 아동들에게 어떻게 영향을 주는가를 주의 깊게 연구하였으며 몇몇 결과들은 아동의 지적 발달이라는 주제에 직접 관련이 있다(Bradley, Burchinal, & Casey, 2001; Duncan & Brooks-Gunn, 2000; Espy, Molfese, & DiLalla, 2001; Garrett, Ng'andu, & Ferron, 1994; McLoyd, 1998). 예를 들어, 가정이 가난하고 적절한 수입이 없다는 것은 많은 저소득층 아동들이 영양결핍의 상태라는 것을 의미하며 이는 아동의 뇌 성장을 억제하고 아동이 열의없고 주의집중을 못하게 만든다(Pollitt, 1994). 더구나 경제적인 어려움은 심리적인 불안을 야기한다. 즉, 저소득층 성인들은 삶의 조건에 대하여 강한 불만을 가지게 되고 이는 그들을 모나고, 성마르게 만들고 반대로 민감하며 지지적이고 아동의 학습활동에 많이 개입할 수 있는 그들의 능력을 감소시킨다(McLoyd, 1990, 1998). 마지막으로 저소득층 부모들은 그들 자신이 교육을 받지 못하여 자녀들에게 연령에 적합한 책, 장난감을 제공하거나 혹은 지적으로 자극적인 가정환경을 만드는 다른 자극들을 제공할 수 있는 지식이나 돈이 없다(Klebanov et al., 1998; Sellers, Burns, & Guyrke, 2002). 언제나 가난 속에서 살고 부모들이 재정적인 여유가 없는 아동들이 바로 가정환경이 가장 자극적이지 않은 아동들이다(Garrett, Ng'andu, & Ferron, 1994). 그러나 저소득층 부모가 더욱 지적으로 자극적인 가정환경을 제공할 때, 즉, 학습에 대한 격려와 많은 도전을 제공할 때, 자녀들은 IQ 검사에서 훨씬 좋은 수행을 보이며 중류층의 아동들만큼 학업성취에 내재적인 흥미를 보인다(Bradley, Burchinal, & Casey, 2001; DeGarmo, Forgatch, & Martinez, 1999; Espy, Molfese, & DiLalla, 2001; Gottfried, Fleming, & Gottfried, 1998; Klebanov et al., 1998). 그러므로 지적수행에서 나타나는 사회계층의 차이는 대부분 그 기원이 환경적이라고 생각할만한 충분한 근거들이 있다.

다른 인종에게 입양된 아동을 대상으로 신중하게 실시된 입양 연구도 비슷한 결론에 도달한다. Sandra Scarr와 Richard Weinberg(1983; Waldman, Weinberg, & Scarr, 1994; Weinberg, Scarr, & Waldman, 1992)는 백인 중류가정에 입양된 100여명의 아프리카계 미국인(혹은 혼합 인종)아동을 연구하였다. 양부모들의 IQ는 평균 이상이며 고등교육을 받았고 대부분은 자신들의 자녀가 있었다. Scarr와 Weinberg에 의하면 입양된 아동들의 IQ가 같은 가족 내의 백인 자녀들에 비해 6점 정도 낮았지만 이 작은 인종 간의 차이는 다른 인종으로 입양 아동들의 절대적인 수행차이를 고려할 때 의미 있게 큰 차이가 아니다. 집단으로 볼 때 입양된 아프리카계 미국 아동의 평균 IQ는 106으로 전체의 평균 IQ보다 6점이 높고 저소득층 아프리카계 미국인 커뮤니티에서 자란 아동의 IQ보다는 15~20점 높다. 10년이 지난 후 다른 인종에게로 입양된 아동들의 IQ는 다소 떨어졌지만(평균 97) 아동기에 사용했던 지능검사와 다른 검사가 후속연구에서 사용되었으므로 직접적인 비교가 적절하지 않을 수 있다. 그럼에도 불구하고 입양된 청소년들의 평균 IQ는 저소득층 아프리카계 미국 청소년들의 평균 IQ에 비해 훨씬 높은 상태를 유지하며 학업 성취 면에서도 전국적인 규준보다 약간 높았다. Scarr와 Weinberg(1983)는 다음과 같이 결론을 내리고 있다.

> 흑인과 타 인종의 부모에게로 입양된 아동들의 높은 IQ점수는 (a) 인종 집단 간의 IQ에서 유전학적인 차이가 큰 비중을 차지하지 않으며, (b) *[중류층의] 검사와 학교 문화에 익숙한* 아프리카계 미국인과 타 인종에게 입양된 아프리카계 아동들은 비슷한 가정의 다른 아동들 정도의 수행을 보인다.(p. 261, 이탤릭은 추가됨)

Scarr와 그의 동료들의 결과가 백인 부모들이 더 나은 부모들이라거나 혹은 불우한 아동들이 중류가정에서 자라면 더 나아진다는 것을 의미하는 것이 아니라는 사실에 주목할 필요가 있다. 사실 누가 더 좋은 부모인지의 논쟁은 인종 간 입양연구가 주는 중요한 메시지에서 우리의 주의를 분산시킨다. 중요한 메시지는 인종의 차이에서 야기된다고 생각되었던 지적 차이, 학업 수행에서 나타나는 차이의 대부분이 결국은 **사회계층에서의 인종적 차이**를 반영하는 것일 수 있다는 것이다. 실제로 이러한 입장을 지지하는 많은 증거들이 있다. 실제로 미국 빈곤층의 ⅔가 백인이며 이 집단에 속하는 아동들의 IQ 점수는 저소득층 소수계 아동들의 IQ 점수와 유사하다(US 통계청, 1999). 더구나 Charlotte Patterson과 동료들(1990)은 아프리카계 미국인 아동과 백인 아동의 학업능력을 더 잘 예언하는 것은 인종보다는 사회경제 계층에서의 차이라는 것을 발견하였다(Greenberg et al., 1999 참조). 마지막으로 346쪽에 제시된 연구는 아프리카계 미국인과 백인 아동 간의 IQ 검사수행의 차이는 대부분 이들이 양육되는 사회적, 경제적 환경의 차이를 반영하는 것이라는 것을 제안하는데 한발 더 다가선다.

사회경제적 차이가 IQ에서의 인종적 차이를 설명하는가?

1997년 미국 아동의 거의 20%, 즉, 1,350만의 아동이 기본적인 생계비 수준에도 미달하는 가계 소득으로 살고 있다(US 통계청, 1999). 더구나 소수계 집단의 아동들이 백인들보다 이러한 한계적 상황에서 살아 갈 가능성이 더 높은데 특히 아프리카계 미국인 아동들에게는 가난한 어린 시절을 보내는 것이 예외라기보다는 거의 규칙에 가깝다(Duncan, Brooks-Gunn, & Klebanov, 1994).

아프리카계 미국인과 백인들 사이의 사회경제적인 차이가 인종 간의 IQ 차이를 어느 정도로 설명하는가? 이 질문에 접근하는 한 방법은 (1) 대규모의 아프리카계 미국인과 백인 가족을 선택하여 (2) 주의 깊게 각 가족의 사회경제적 지위의 지표와 상관물을 측정하고 (3) 이 사회경제적 변인들의 어떠한 차이가 아동의 지적 수행에서 나타나는 인종 간의 차이와 관련되는지(따라서 설득력 있게 설명할 수 있는지)를 결정하는 것이다.

Jeanne Brooks-Gunn과 동료들(1996)은 저체중으로 태어난 아동에 대한 대규모 종단연구의 일부로 이러한 연구를 수행하였다. 이 표집에 속한 모든 아동들은 이제 건강한 5세가 되었으며 최근에 표준화된 IQ검사를 받았다. 더구나 각 아동의 가정에 대해 가계소득, 평균적인 이웃의 소득, 엄마의 교육수준, 엄마의 언어적 능력, 함께 사는 부모의 수, 가정환경의 질과 같은 사회계층의 지표와 상관물이 측정되었다. 다른 연구자들과 마찬가지로 Brooks-Gunn 등은 평균적으로 아프리카계 아동들의 IQ가 백인 아동들에 비해 낮은 것을 발견하였다. 더구나 아프리카계 미국인 가정의 사회경제적 지위를 보여주는 위에서 말한 지표와 상관물들의 점수도 모두 낮았다. 그러면 IQ에서의 인종적 차이와 사회경제적 지위의 차이가 얼마나 밀접하게 관련되어 있는가?

이를 알아내기 위해 Brooks-Gunn과 그녀의 동료들(1996)은 지적수행에서의 인종적인 차이가 사회적 계층의 지표에 의해 얼마나 설명될 수 있는가를 알아보는 세련된 상관분석을 실시하였다. 이는 통계적으로 각 사회계층의 변인들을 모든 아동들에게 동일하게 유지하고 동일 조건, 예를 들어, 동일한 재정적 상황, 가정환경 등에서 양육된 백인과 아프리카계 미국인 아동의 IQ가 얼마나 차이날 것인가를 예측하는 것이다.

이 분석의 결과는 표에 나타나 있다. 사회계층적 지위 외에도 지적수행에 영향을 미치는 다른 변인들(예를 들어, 출생 시 체중)에서 아프리카계 미국인 아동들과 백인 아동들이 다르기 때문에 지적 수행에서의 인종 간 차이에 영향을 미치는 이러한 배경변인들의 공

배경변인, 사회계층적 지위, 기타 가족 특성에서의 인종적 차이를 조정한 뒤 아프리카계 미국인 아동과 백인 아동의 지적 수행에서 예측되는 차이	
수행된 분석	IQ에서의 인종 간 차이(점수)
조정 전(실제 IQ 점수)	18.1
인종 간 차이에서 다음의 변인들을 조정했을 때:	
배경 변인들	17.8
가족/이웃의 수입	8.5
어머니의 교육, 어머니의 언어적 능력,	7.8
함께 사는 부모의 수	
가정 환경(HOME 점수)	3.4

헌을 예측하는 것이 필요하다. 표에서 보듯이 배경변인들을 통제한 후에 IQ의 인종 간 차이는 18.1에서 17.8로 거의 영향을 받지 않았다. 그러나 아프리카계 미국인 가정의 낮은 가계수입을 조정한 후에는 예측된 IQ의 인종 간 차이는 52%가 떨어진 8.5점이 되었다. 더구나 어머니의 낮은 교육수준, 어머니의 언어적 능력, 아프리카계 미국인에게서 많은 편모가정을 보충하는 조정을 한 뒤에 IQ의 차이는 아주 최소한으로 떨어져서 8.5에서 7.8이 되었다. 그러나 아프리카계 아동의 자극적이지 않은 가정환경의 차이를 보충하는 조정을 하였을 때 인종 간 IQ의 차이는 3.4로 이는 사회계층과 가정환경으로도 설명되지 않는 인종 간 IQ의 차이였다.

물론 이 결과는 상관적인 자료이므로 해석에 주의해야 한다. 그럼에도 불구하고 이 결과들은 아프리카계 아동과 백인 사이의 IQ 차이의 대부분은 실제로 사회계층의 차이이며 아프리카계 미국 아동이 백인 아동과 유사한 사회경제적 환경에서 양육된다면 백인 아동과 유사한 수행을 보일 것이라는 것을 강력하게 제안한다. 실제로 우리는 이러한 결론을 지지하는 다른 증거, Scarr와 Weinberg의 횡-인종적 입양연구를 개관하였다. 비슷한 중류층 가정에서 양육되었을 때 아프리카계 미국인 아동과 백인 아동은 지적수행에서 아주 작은 차이만 있었으며 학업 성취검사에서는 전국 평균 혹은 그보다 상위의 점수를 보여주었다.

보충교육을 통해 인지수행 향상시키기

Lyndon B. Johnson 미국 대통령의 "가난과의 전쟁"이 물려준 가장 지속적인 유산은 아마도 경제적으로 불우한 아동들의 학습경험을 풍요롭게 하고자 고안되었던 다양한 학령 전 교육프로그램일 것이다. 이러한 **보충적 중재**(compensatory intervention) 프로그램 중 가장 잘 알려진 것이 Head Start 프로젝트이다. Head Start 프로그램(과 유사한 프로그램)의 목표는 경제적으로 불이익을 받는 아동들에게 중류층 아동들이 가정이나 어린

보충적 중재
(compensatory intervention)
불우한 아동들의 인지적 성장과 학업성취를 위해 고안된 특수 교육 프로그램.

개념체크 8.2　　IQ 점수와 지적 수행에 영향을 미치는 사회적, 문화적 요인들에 대한 이해

다음 질문에 답하면서 IQ 점수에 영향을 미치는 요인들과 지적 수행과 관계되는 사회적 문화적 상관물에 대한 이해를 점검하시오. 정답은 부록에 있다.

선다형: 각 질문에 가장 적합한 답을 고르시오.

＿＿＿＿ 1. 이란성 쌍생아보다 일란성 쌍생아의 IQ가 상관이 더 높은 것은 다음 중 어떤 영향을 보여주는 증거로 해석될 수 있는가?
　　　　a. 지적 수행에 있어 유전
　　　　b. 지적 수행에 있어 환경
　　　　c. 지적 수행에 있어 유전과 환경
　　　　d. 지적 수행에서 유전과 환경의 영향이 모두 아니다.

＿＿＿＿ 2. Arthur Jensen은 두 종류의 광범위한 지적 능력을 밝혀내었다. 그의 분류에서 추상적인 사고기술은 다음 중 무엇으로 간주되었는가?
　　　　a. 유동성 능력
　　　　b. 수준 I 능력
　　　　c. 결정성 능력
　　　　d. 수준 II 능력

＿＿＿＿ 3. Flynn 효과(1996)는 다음 중 무엇인가?
　　　　a. 후 세대들이 덜 종교적인 경향
　　　　b. 유전의 영향력이 더 강해지는 경향
　　　　c. 40년 동안 전체 인구의 IQ가 높아지는 경향
　　　　d. 진화를 통해 뇌의 수행이 확장되는 경향

＿＿＿＿ 4. 회사의 연말 시상식에서 Joe Plodder는 '올해의 사원상'을 받았다. 그는 "나는 대학을 다니지 않았지만 필

요한 것은 고난을 통해 다 배웠다'고 말했다. 그는 무엇의 수준이 높다고 할 수 있는가?
　　　　a. 정규교육
　　　　b. 지능의 Flynn 효과
　　　　c. 결정성 지능
　　　　d. 암묵적/실용지능

＿＿＿＿ 5. 지적으로 자극을 주는 부모가 자녀들과 상호작용할 때 다음 중 무엇을 하지 않을 가능성이 높은가?
　　　　a. 학업성취의 중요성 강조
　　　　b. 아동의 주변이나 가까이에서 벌어지고 있는 일을 기술하기
　　　　c. 단순암기 장려
　　　　d. 질문하기 장려

o/x문제: 다음의 진술들이 참인지 거짓인지 표시하라.

6. 인종/사회계층 간의 IQ 차이를 설명하는 세 가지 가설 중 하나는 질병/일반적 건강 가설이다.

7. IQ 검사에서 동기의 변인은 검사하는 동안 아동이 얼마나 열심히 노력하는가를 말한다.

단답형: 다음 질문들에 간단히 대답하시오.

8. Flynn 효과가 무엇인지 설명하고 이 효과의 원인이 무엇일지 논하라.

9. 지적인 수행에서 집단 차이를 설명하는 세 개의 일반적인 가설을 열거하고 각 가설의 기본적인 주장을 간단히 기술하라.

이집에서 경험하는 종류의 교육적 경험을 제공하는 것이다. 이러한 조기중재를 통해 이 아동들이 이미 경험했을 수 있는 불이익을 보충하여 이들이 초등학교에 들어갈 무렵에는 중류층의 또래들과 비슷한 위치에 놓일 수 있게 되기를 희망하는 것이다.

　Head Start와 유사 프로그램에 대한 가장 초기의 보고서들은 대단한 성공을 보여주었다. 프로그램에 참여한 아동들의 IQ 점수는 평균 10점정도 향상되었으나 비슷한 사회적 배경을 가진 비참여 아동들의 IQ 점수는 변하지 않았다. 그러나 초기의 이러한 낙관주의는 곧 시들기 시작했다. 프로그램의 참여 아동들이 초등학교를 1년 혹은 2년 다닌 후에 이들을 다시 조사하였을 때 이러한 이득은 대부분 사라졌다(Gray & Klaus, 1970). 다시 말하면, 이러한 중재와 관련되어 남아있는 지적인 이득은 거의 없었으며 따라서 Arthur Jensen(1969, p2)은 "보충교육은 시도되었으나 실패한 듯하다"고 결론지었다.

　그러나 많은 발달심리학자들은 이러한 결론을 받아들이기 꺼려한다. 그들은 프로그램의 효과성에 대한 지표로 IQ 점수를 강조하는 것이 근시안적이라고 생각한다. 결국 보충교육의 목표는 IQ 점수를 올리는 것이 아니라 아동의 학업수행을 향상시키는 것이기 때문이다. 다른 사람들은 이러한 조기 중재의 영향은 누적적이어서 보충교육의 완전한 효과가 나타나기까지는 몇 년의 세월이 걸릴 것이라고 주장한다.

Head Start

저소득층 아동들의 입학 준비를 위해 이들에게 다양한 사회적이고 지적인 경험을 제공하도록 계획된 대규모의 학령 전 교육프로그램.

장기추적

Jensen의 비판은 두 가지 의미에서 옳을 수 있다. 1982년 Irving Lazar와 Richard Dar-lington은 1960년대에 대학에서 개발되었던 11개의 수준 높은 조기중재 프로그램의 장기적 효과를 보고하였다. 프로그램 참여자들은 미국 전역의 불우한 학령전 아동들이었다. 연구자들은 초등학교 시기 동안 정기적으로 아동들의 학업성적과 IQ, 성취도 검사 점수를 조사하였다. 아동의 자존감, 학교와 학업성취에 대한 태도, 직업적 열망, 아동에 대한 어머니의 열망, 아동의 학교수행 향상에 대한 어머니의 생각을 알아보고자 아동과 어머니에게 인터뷰를 실시하였다. 1982년부터는 이 중재 프로그램들이나 이와 유사한 수준 높은 중재 프로그램에 대한 다른 종단연구들도 시행되었다(Barnett, 1995; Berrue-ta-Clement et al., 1984; Darlington, 1991). 이 종단연구들은 모두 프로그램이 끝난 뒤 2~3년 동안은 프로그램 참여자들의 IQ 점수가 비참여자들보다 높지만 결국은 IQ가 떨어지기 시작한다는 것을 보여준다. 이는 프로그램들이 실패했다는 것을 의미하는가?

실제로 그렇지 않다. 중재 참여아동들은 비참여 아동들에 비해 학교에서 요구하는 기본적인 성취수준을 더 만족시켰다. 그들은 비참여 아동에 비해 특수 학급에 배정되거나 유급되는 일이 적으며 고등학교를 졸업할 가능성이 더 높다. 참여자들은 학교와 (후에는)직업적 성공에 대해 더 긍정적인 태도를 가지며 그들의 어머니는 아동의 학업 성취에 더 만족하고 자녀들에 대해 더 높은 직업적 열망을 가지고 있었다. 조기에 수준 높은 중재에 참여했던 십대들이 비참여자들에 비해 비행에 연루되거나 원치 않는 임신을 할 가능성이 적으며 취업의 가능성이 더 높다는 결과도 있다(Bainbridge et al., 2005; Barnett & Hudstedt, 2005; Campbell, Ramey, Pungello, Sparling, & Miller-Johnson, 2002; Gormley, 2005; Ludwig & Miller, 2007).

미래에는 이것보다 더 잘 할 것을 기대할 수 있는가? 만약 보충교육이 더 일찍, 더 오래 지속된다면, 그리고 아동의 학습 활동에 부모가 더욱 개입될 수 있도록 돕는 방법을 발견한다면 그럴 수 있다고 많은 사람들이 믿고 있다(Anderson, 2005; Anthony et al., 2005; Foster et al., 2005; Ou, 2005; Ramey & Ramey, 1998; Shears & Robinson, 2005).

부모중재의 중요성

조기중재 프로그램들을 비교해 보면 가장 효과적인 중재프로그램은 언제나 부모를 개입시키고 있다(Downer & Mendez, 2005; Love et al., 2005; Ou, 2005; Raikes, Sum-mers, & Roggman, 2005). 예를 들어, Joan Sprigle과 Lyn Schaefer(1985)는 Head Start와 Learning to Learn(LTL)이라는 두개의 학령전 조기중재 프로그램의 장기효과를 비교하였다. LTL은 부모에게 프로그램의 목표를 교육시키고 아동의 향상에 대한 정보를 제공하고 프로그램의 성공을 위해서는 가정과 학교사이의 협력이 필요함을 지속적으로 강조하였다. 이 프로그램에 참여했던 학생들이 4, 5, 6학년이 되었을 때 관찰한 바에 의하면 부모가 강하게 개입되었던 LTL 프로그램이 지속적으로 더 좋은 결과를 보여주었다. 비록 LTL 학생들이 Head Start 학생들에 비해 IQ 점수가 더 높지는 않았지만, 그들은 기초 학과목(읽기와 같은)에서 더 좋은 점수를 받았고 낙제를 하거나 학습장애 아동을 위한 특수학급에 배당되는 일이 적었다.

다른 연구자들은 아동들에게 질 높은 학령전 교육을 제공할 뿐 아니라 그들의 부모들에게 그들이 가난에서 벗어날 수 있는 교육, 직업훈련과 사회적 지원을 제공하는 **두 세대 중재**(two-generation intervention)를 더 선호한다(Duch, 2005; Ramey & Ramey, 1998). 연구들은 이런 종류의 가족 중재가 부모의 심리적인 안녕을 향상시키고 이것이 더 효과적인 양육의 패턴으로 전환되어 궁극적으로는 아동의 지적수행에서의 장기적인 이득을 가져올 수 있음을 보여준다.

조기중재의 중요성

Head Start의 비평가들은 Head Start가 너무 늦게(주로 3세 이후) 시작되며 효과를 보기에는 그 기간이 너무 짧다고 주장한다. 영아기에 시작되어 수년간 지속되는 중재는 IQ와 학업수행에서 더 지속되는 이득을 가져올 것인가?

Carolina Abecedarian Project(Campbell & Ramey, 1994, 1995)는 이 질문에 대답할 수 있는 매우 야심찬 조기중재이다. 프로그램 참여자들은 경증 지체아동이 될 수 있는 위험군에 속한 가족들이었다. 이들은 모두 정부지원을 받고 있었으며 대부분은 편모의 가정이었고, 어머니의 IQ는 표준화된 지능검사에서 평균 이하(70~85)였다. 프로그램은 참여 아동이 생후 6~12주 정도 되었을 때 시작하여 5년간 지속되었다. 위험군 아동의 반은 무선으로 선택되어 그들의 지적 발달을 도모하는 특별한 보육 프로그램에 배정되었다. 이 프로그램은 아침 7시 15분부터 저녁 5시 15분까지, 주 5일, 매년 50주 동안, 아동이 학교에 입학할 때까지 제공되었던 실제로 전일적인 노력이었다. 나머지 반은 통제집단으로 그들에게는 실험집단과 동일한 섭식, 사회적 서비스, 소아과 치료가 제공되었지만 보육 프로그램에는 참여하지 않았다. 그 후 21년 동안 일정한 간격으로 IQ검사를 통해 이상의 두 위험군 아동들의 변화를 측정하였다. 학교에서는 또한 정기적으로 학업성취검사를 실시하였다.

그 결과는 놀라운 것이었다. Abecedarian에 참여한 아동들은 18개월부터 통제집단에 비해 높은 IQ점수를 나타내었으며 이러한 IQ의 평균을 21세까지 유지하였다. 이것이 매우 일찍 시작된 양질의 학령전 프로그램이 지속적인 지적 이득을 보여준다는 증거이다. 교육적 이득 또한 지속적이었다. 프로그램 참여자들은 3학년부터 지속적으로 모든 학업 성취영역에서 통제집단에 비해 우수했다(그림 8.9).

마지막으로 Chicago 종단연구(Reynolds & Temple, 1998)는 양질의 학령전 교육과 강력한 부모개입의 중재를 받은 아동들의 향상을 추적하였다. 이 아동들 중 일부는 초등학교 첫 2~3년 동안 추가적인 보충교육을 받았고 다른 아동들은 초등학교에서의 보충교육을 받지 않았다. 학령전 프로그램은 그 자체로 성공적이었다. 참여 아동들은 학과목에서 학년 수준의 수행을 나타내었지만 비참여 학생들은 그렇지 못하였다. 그러나 추가 보충교육을 받은 아동들은 특별히 더 좋은 수행을 보여주었다. 그들은 초등학교 입학과 동시에 중재가 중단되었던 프로그램 참여자들

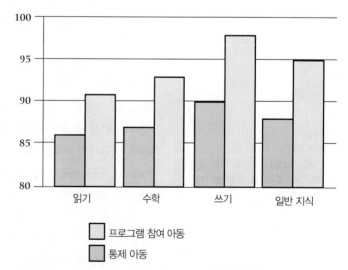

그림 8.9 Abecedarian 학령전 프로그램에 참여했던 아동과 통제아동들이 12세에 얻은 평균 학업성취점수.

출처: "Effects of Early Intervention on Intellectual and Academic Achievement," by F. A. Campbell & C. T. Ramey, Child Development, 65, 684–698. Copyright 1994 by the Society for Research in Child Development.

에 비해 3학년과 7학년의 읽기와 수학에서 반 학년 정도 높은 수준의 점수를 얻었고 특수교육을 받을 가능성과 유급의 가능성이 더 적었다. 따라서 이 아동들이 구조화된 교실 환경으로 전환할 수 있도록 돕는 **확장된** 보충 교육이 매우 효과적이다.

가족개입 프로그램과 Abecedarian, Chicago 프로젝트와 같은 프로그램들은 실시하는데 매우 돈이 많이 들어가며 불우한 가족들을 위해 이렇게 높은 비용을 지불할 가치가 없다고 주장하는 비평가들도 있다. 그러나 이러한 태도는 하나만 알고 둘은 모르는 것일 수 있다. Victoria Seitz와 동료들(1985)은 양질의 보육을 제공하는 고비용의 두세대 중재는 (1) 많은 부모들을 전일제 보육의 부담에서 자유롭게 하여 일을 할 수 있게 해주며 따라서 국가의 지원이 덜 필요하도록 하고 (2) 대부분의 불우한 아동들에게 지적 발달의 기초를 마련하여 이들이 학교에서 특수교육을 받지 않도록 돕는데 이것만으로도 보충적 개입에 사용되는 비용을 정당화할 수 있다고 한다(Bainbridge, 2005; Gormley, 2005; Karoly et al., 1998). 그리고 성공적인 중재프로그램의 졸업생들이 즐겁게 일하며 프로그램에 참여하지 않은 불우한 성인들에 비해 더 많은 세금을 내고 국가 보조를 덜 필요로 하고, 교도소에 가는 일이 적다는 것까지 포함하여 생의 후반에 거둘 수 있는 장기적인 경제적 이득을 고려한다면 보충교육에 사용되는 달러가 벌어들이는 수익은 실로 인상적인 것이다.

창의성과 특수 재능

아동이나 청소년이 "영재"라고 말할 때 이는 무엇을 의미하는가? 이 용어는 한때 Terman의 종단연구에 참여한 IQ가 140 혹은 그 이상인 사람들에게 제한되어 적용되었다. 그러나 최근의 **영재성**(giftedness)에 대한 정의는 높은 IQ 뿐 아니라 음악이나 미술, 문학, 혹은 과학과 같은 특정 영역에서 단일한 재능을 가진 사람들도 포함한다(Winner, 2000). 수년간 전통적인 IQ 검사가 측정하지 못하는 어떤 능력들이 사람들로 하여금 그들이 선택한 분야에서 전문가가 되도록 돕는다는 것을 배웠다. 그리고 적어도 이들 전문가 중 소수는 진정으로 혁신적인 창조자가 된다.

영재성
(giftedness)
매우 높은 지적 잠재력이나 다른 특별한 재능을 가짐.

창의성은 무엇인가?

Terman 연구의 높은 지능을 가진 영재 아동들의 경우 많은 긍정적인 삶의 결과물을 얻었지만 이들 중 한 사람도 진정으로 탁월한 사람이 되지는 못했다. 탁월한 사람들은 단순히 전문가가 아니다. 그들은 일반적으로 창의적이라고 불리는 혁신자들이다. 실제로 Mozart, Einstein, 혹은 Piaget와 같은 사람이 새로운 분야를 개척하기 위해서는 높은 IQ보다 창의성이 더 중요하다.

창의성
(creativity)
타인에게 유용하고 가치 있는 새로운 아이디어나 결과물을 생성하는 능력.

창의성은 무엇인가? 이 말의 의미에 대해서는 지능의 의미에 대한 논쟁만큼 많은 논쟁을 불러 일으켰다(Mumford & Gustafson, 1988). 그러나 모든 사람들이 동의하는 바는 **창의성**이 새로운 아이디어와 혁신적인 해결책, 즉 새롭고 색다를 뿐 아니라 맥락에 적절하고 타인들이 **귀중하게** 여기는 산물을 생성하는 능력이라는 것이다(Simonton, 2000; Sternberg, 2001; Sternberg & Lubart, 1996). 오랫동안 귀중한 특성으로 간주되었음에도 불구하고 창의성은 심리측정가들이 이것을 측정하기 시작했던 1960년대와 1970년대가 될 때까지는 과학자들의 사회에서 거의 주목을 받지 못했다.

심리측정적 접근

J. P. Guilford(1967, 1988)는 자신의 지능구조모델에서 창의성이 수렴적 사고보다 확산적 사고를 반영한다고 주장했다. **수렴적 사고**는 문제에 대해서 최선의 답 하나를 생성하는 능력이며 정확하게 IQ 검사가 측정하는 바이기도 하다. 반대로 **확산적 사고**는 하나의 정답이 존재하지 않는 문제에 대해 다양한 해결책을 생성하기를 요구한다(Sternberg & Grigorenko, 2001a, b). 그림 8.10은 그림으로 확산적 사고를 측정하는 예이며 언어적으로 측정하는 한 방법으로는 BASEBALL이라는 단어에 있는 글자들로 만들어질 수 있는 모든 단어들을 적으라고 요구할 수 있다. 실생활 문제는 옷핀이나 코르크와 같은 일반 사물이 사용될 수 있는 방법을 가능한 한 많이 생각해 내도록 할 수 있다(Runco, 1992; Torrance, 1988).

창의적인 아동의 부모들은 아동의 지적인 호기심을 장려하고 흥밋거리를 깊이 있게 탐구하도록 허용한다.

　흥미롭게도 확산적 사고는 IQ와 오직 보통정도의 상관을 가지며(Sternberg & Lubart, 1996; Vincent, Decker, & Mumford, 2002; Wallach, 1985) 유전보다는 아동의 가정환경에 의해 더 강하게 영향을 받는 것 같다(Plomin, 1990). 특별히 확산적 사고에서 높은 점수를 얻는 아동의 부모는 아동의 지적 호기심을 장려하고 아동들에게 스스로 흥미로운 것을 선택하고 깊이 탐구할 수 있는 자유를 허락한다(Getzels & Jackson, 1962; Harrington, Block, & Block, 1987; Runco, 1992). 따라서 확산적 사고는 일반적인 지능과는 다른 인지적 기술이며 교육될 수 있다. 그러나 아동기와 청소년기의 확산적 사고검사에서 얻은 높은 점수와 사람들이 생의 후반에 성취한 창의적인 업적 사이에 오직 보통정도의 상관이 있다는 것이 분명해지면서 많은 연구자들은 창의성에 대한 심리측정적 접근법에서 눈을 뜨기 시작했다(Feldhusen & Goh, 1995; Runco, 1992). 확산적 사고는 분명히 창의적인 해결책을 만들어 내는데 도움을 준다. 그러나 그 자체로는 창의적이라는 것을 설명하기에는 상당히 모자라는 개념이다(Amabile, 1983; Simonton, 2000).

> **수렴적 사고**
> (convergent thinking)
> 문제에 대해 하나의 정답을 생각해 낼 것을 요구하는 사고. IQ검사에서 측정하는 것.

> **확산적 사고**
> (divergent thinking)
> 정답이 없는 문제에 대해 다양한 아이디어나 해결책을 생각해 내도록 하는 생각.

다요인적(종합적) 접근

잠시만 창의적인 사람들의 특징에 대해 생각해보자. 아마도 그들을 매우 지적인 사람들로 그릴 것이다. 그러나 이외에도 자신의 일을 사랑하고 다른 사람들이 연결하지 못하는 아이디어들을 연결하고 쉽게 동조하지 않으며 반항적이기까지 한 매우 호기심이 많고 유연한 사람을 생각할 것이다. 이 "창의성 증후군"은 우연이 아닐 것이다. 오늘날 많은 연구자들은 개인적이고 상황적인 요인들의 종합된(convergence) 결과가 창의성이라고 일반적으로 생각한다(Gardner, 1993; Simonton, 2000; Sternberg & Lubart, 1996).

　만약 창의성이 이 특성들 모두를 실제로 반영한다면, 아마도 왜 IQ가 높은 많은 사람들이나 다른 재능을 가진 사람들이 특별히 창의적이지 않은지 혹은 왜 오직 소수만이 진정으로 탁월한지를 이해할 수 있다(Winner, 2000). 그러나 Robert Sternberg와 Todd Lubart(1996)는 대부분의 사람들이 창의력을 길러주는 자원들을 집합시킬 수만 있다면 그리고 적절한 목표에 자신을 투자할 수만 있다면 적어도 어느 정도는 창의적이거나 창의적일 수 있는 잠재력을 가지고 있다고 주장한다. 이 새롭지만 영향력 있는 창의성의

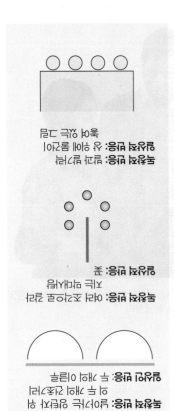

그림 8.10 당신은 창의적인가? 세 개의 그림이 각각 무엇인지 말해보라. 각 그림 밑에 아동의 독창성 연구에서 얻어진 독창적인 반응과 일상적인 반응의 예가 제시되어 있다.

출처: Modes of Thinking in Young Children, *1965 Edition, by Michael A. Wallach and Nathan Kogan.*

창의성의 투자이론
(investment theory of creativity)

혁신적인 프로젝트에 투자하고 창의적인 해결책을 생성하는 능력이 지적능력, 배경지식, 성격특성, 동기, 환경적 지원과 격려라는 창의적인 자원들의 종합에 달려 있다는 최근의 이론.

투자이론과 이 이론이 아동과 청소년의 창의적인 잠재력을 향상시키는데 어떠한 시사점을 갖는지를 알아보자.

Sternberg와 Lubart의 투자이론

Sternberg와 Lubart(1996)에 따르면 창의적인 사람들은 아이디어 면에서 "싸게 사서 비싸게 팔" 의향이 있는 사람들이다. 싸게 산다는 것은 새롭고 초기에는 저항에 부딪칠 수도 있는 아이디어나 프로젝트에 자신을 투자한다는 것을 의미한다. 그러나 이러한 회의에도 불구하고 창의적인 사람들은 귀중하게 여겨지는 산물을 생성하여 이제는 비싸게 팔고 자신은 성장 잠재력이 있는 새롭거나 비전형적인 다음 아이디어로 이동한다.

　독창적인 프로젝트에 투자하여 창의적인 산물을 만들어낼 수 있는지는 어떤 요인들이 결정하는가? Sternberg와 Lubart에 의하면 창의성은 6개의 서로 다르지만 관계되어 있는 자원들의 종합 혹은 수렴에 달려 있다고 한다. 이제 창의성의 요소들을 살펴보고 이들을 어떻게 촉진시킬 수 있는지를 알아보자.

지적 자원(intellectual resources)　Sternberg와 Lubart(1996)는 세 가지 지적 능력이 창의성에 특별히 중요하다고 믿는다. 한 가지는 해결해야 할 새로운 문제를 찾거나 옛날 문제를 새로운 방법으로 보는 능력이다. 두 번째는 자신의 아이디어 중에서 뒤쫓을 가치가 있는 것과 그렇지 않은 것을 평가하는 능력이다. 마지막은 새로운 아이디어의 가치를 다른 사람들이 받아들일 수 있게 납득시켜서 아이디어를 완전히 개발하는데 필요한 지원을 얻을 수 있어야 한다. 세 가지 능력이 모두 중요하다. 자신이 생성한 새로운 아이디어를 평가하지 못하거나 그것의 가치에 대해 다른 사람들을 설득하지 못한다면 그들이 창의적인 업적을 꽃 피울 가능성은 거의 없다.

지식(knowledge)　아동이나 청소년이거나 혹은 성인이라도 자신이 선택한 분야에서 한 발 앞서 나가거나 예술가, 음악가, 과학상 수상자가 그러했듯 그 분야에서 새로운 세계를 개척하고자 한다면 그 분야의 현재 수준을 잘 알고 있어야만 한다(Feldhusen, 2002). Howard Gruber(1982, p. 22)는 "준비된 지성에서 통찰이 생겨난다."고 이를 표현하였다.

인지적 스타일(cognitive style)　창의성에는 입법적 인지 스타일(legislative cognitive style)이 중요하다. 입법적 스타일은 자신이 선택한 새롭고 확산적인 방법으로 사고하는 것을 선호하는 것이다. 이는 숲과 나무를 가려낼 수 있도록 광범위하고 포괄적인 용어로 생각하는 것을 돕고 어떤 생각이 진정으로 새롭고 뒤쫓을 가치가 있는 것인지를 결정하는데 도움을 준다.

성격(personality)　선행연구들은 성격 변인 중 높은 창의성과 밀접하게 관련되어 있는 것은 감지할 수 있는 위험을 기꺼이 감수하려는 모험심, 불확실성 혹은 애매모호함에 직면하여 견뎌내는 참을성, 대중에게 도전하고 자신의 아이디어를 추구하여 결국 인정을 받을 수 있다는 자신감이다.

동기(motivation)　자신이 이루고자 하는 것에 대해 열정이 있고 잠재적인 보상보다는 일 자체에 초점을 맞출 때 한 영역에서 창의적인 결과물이 나온다(Amabile, 1983).아동을 너무 강하게 몰아 부치거나 보상을 너무 강조하면 그들이 추구하는 일에 대한 내적인 흥미를 잃게 되어 창의성이 손상된다(Simonton, 2000; Winner, 2000).

지지적인 환경(supportive environment)   체스, 음악, 혹은 수학과 같은 영역에서 특별한 재능을 보이는 아동에 대한 연구들은 이 아동 천재들이 그들의 재능과 동기를 북돋아주고 그들의 성취를 칭찬해주는 축복받은 환경에서 자라났음을 보여준다(Feldman & Goldsmith, 1991; Hennessay & Amabile, 1989; Monass & Engelhard, 1990). 창의적인 아동들의 부모는 일반적으로 지적인 활동을 장려하고 자녀의 독특함을 수용한다(Albert, 1994; Runco, 1992). 그들은 또한 비범한 재능을 재빨리 알아보고 전문가 코치나 개별지도의 도움으로 재능이 성장할 수 있도록 돕는다. 더구나 어떤 사회는 다른 사회보다 창의성을 더 귀중하게 여기고 많은 재정적, 인적 자원을 창의적인 잠재력을 키우는데 투자한다(Simonton, 1994, 2000).

투자이론에 대한 평가

만약 투자이론이 맞는다면 창의적인 자원을 마음대로 사용할 수 있는 사람이 더 많은 창의적인 해결책을 생성할 것이다. Lubart와 Sternberg(1995)는 청소년과 성인에 대한 한 연구에서 이 가설을 시험하였다. 6개의 창의적 자원 중 5개를 측정하기 위해(환경은 제외되었음) 여러 개의 질문지와 인지검사, 성격측정이 실시되었다. 그런 뒤 참여자들에게 쓰기(The Octopus's Sneakers에 대해 글쓰기), 예술("희망"을 주제로 그림그리기), 광고(양배추에 대한 광고 만들기), 과학(사람들 사이에서 외계인을 구별해 내는 방법)에서 혁신적인 작업에 참여하도록 하였다. 그들이 생성한 해결책에 대해 평가단이 창의성을 평가하였는데 평가에 있어 높은 일치도를 보여주었다.

5개의 창의성 자원 모두는 참여자가 얻은 창의성 평가와 평균 혹은 높은 정도의 상관을 보여주었고 가장 창의적이라는 평가를 얻은 사람들은 창의적 자원의 5영역 모두에서 높은 점수를 얻은 사람들이었으므로 이 결과는 투자이론을 지지하였다. 아마도 창의성은 확산적 사고와 같은 유력한 한 가지 인지적 특성을 소유하는 것보다 여러 요인들의 종합을 반영하는 것 같다.

창의성 향상 수업

교육자들은 수업을 통해 어떻게 창의성을 향상시킬 수 있는가? 현재 대부분의 영재 프로그램은 전통적인 학습을 풍요롭게 하거나 촉진하는데 집중하고 있으므로 창의성을 향상시키기 위해 배경지식을 제공하는 것 이상을 하고 있지 못하다(Sternberg, 1995; Winner, 1997). 학교에서 강조하지 않는 지능들의 성장을 촉진시키는 틀로서 Gardner의 다중지능 이론이 사용되고 있다. 이 프로그램들은 **공간지능**(그림그리기나 조각을 통해), **움직임-신체 지능**(춤이나 운동을 통해), 그리고 **언어지능**(이야기 만들기를 통해)과 같은 능력들을 향상시키기 위해 모든 학생들에게 풍요로운 경험을 제공한다. 이러한 노력들이 창의성을 향상시키는데 실제로 효과적인지는 아직 분명하지 않지만 전통적인 학과목에서는 전혀 뛰어나지 않은 아동들의 특별한 재능을 밝혀내는 데에는 성공적이다(Ramos-Ford & Gardner, 1997).

창의성의 투자이론은 창의적인 잠재력을 향상시키는 데에는 몇 가지 방법

학교에서 강조하지 않는 "지능"의 발달을 장려하는 프로그램들은 숨은 재능을 발굴하고 창의성을 촉진시킬 수 있다.

개념체크 8.3 보충교육, 창의성, 특별한 재능을 통해 인지적 수행 향상시키기

보충교육을 통해 인지적 수행 향상시키기와 창의성, 특별한 재능에 대한 이해를 점검하기 위해 다음 질문에 답하시오. 정답은 부록에 제시되어 있다.

선다형: 각 질문에 가장 적절한 답을 고르시오.

_____ 1. Head Start 유아원의 최우선 목표는 다음 중 어떤 것인가?
    a. 교사들에게 일자리를 제공하는 것
    b. 저소득층 아동들의 초등학교 입학을 준비하는 것
    c. 집중적인 도움으로 소수민족 아동들의 IQ 점수를 높이는 것
    d. 효과적인 교수를 통해 소수민족 아동들의 IQ 점수를 높이는 것

_____ 2. 종단적인 중재프로그램인 Carolina Abecedarian 프로젝트에 참여했던 대상은 누구인가?
    a. 큰 기관에서 소홀히 다루어졌던 고아들
    b. 정신지체의 위험군에 속하는 저소득층 영아들
    c. 범죄행동의 전력이 있는 십대들
    d. 중산층 가정의 백인 아동들

_____ 3. "학습을 위한 학습"이 유아기 중재프로그램들과 다른 점은?
    a. 개인적 책임감을 강조하는 인성훈련
    b. 프로그램에서 부모의 개입

    c. 백인의 줄기세포를 유색인종에게 이식
    d. 균형잡힌 영양 섭취를 위한 아침식사

_____ 4. Bronzo는 벼룩시장에서 폐품을 사서 완전히 다른 제품을 만들어 비싼 가격에 팔았다. Sternberg-Lubart(1996)의 투자이론에 의하면 Brozo는 _____.
    a. 창의적이다.
    b. 재정적으로 검소하다.
    c. 수렴적인 사고가이다.
    d. 자신의 발달지수에 관심이 있다.

o/x문제: 다음 진술이 진실인지 거짓인지 판단하라.

5. 탐색과 자신의 진도에 맞는 학습을 통해 학교에서도 창의성이 함양될 수 있다.
6. 학업적 수행과 IQ 검사의 수행을 가장 잘 예언하는 것은 가정의 수입이다.

단답형: 각 질문에 간단하게 답하라.

7. 조기 보충중재의 장기적 효과에 관한 연구결과를 논하라.
8. 창의성이 무엇인지 설명하고 수렴적 사고와 확산적 사고를 비교하라.

에세이: 다음 질문에 자세히 답하시오.

9. 창의성의 6가지 주요 요소를 기술하라.

이 가능하다고 제안한다. 교사들이 학생들에게 스스로 예술 프로젝트나 과학실험을 실행하고 평범하지 않은 흥밋거리를 깊이 탐색할 수 있는 자유를 허용한다면 호기심, 모험 감수, 끈기, 내재적 흥미와 (좋은 성적을 얻는 것보다)과제수행에 대한 관심을 키워주는 종류의 가정환경에 가장 가까이 갈 수 있을 것이다. 사실을 암기하고 정답을 얻는 것(수렴적 사고)을 덜 강조하고 다양한 해답이 가능한 복잡한 문제에 대해 토론하는 것을 강조한다면 확산적인 사고기술, 애매함에 대한 인내심, 창의적 해결책을 촉진하는 포괄적인 분석적 스타일이 발달하는 것을 도울 수 있을 것이다. 불행하게도 아동의 창의적 잠재력을 촉진하려는 시도들은 아직 영아기에 있으며 어떤 절차가 가장 효과적인지 분명하지 않다. 그러나 우리가 개관한 연구들은 아동들이 비상식적이거나 비전통적인 흥미에 비범한 열정을 보일 때 교사나 부모가 더 열광적일 필요가 있음을 제안한다. 이러한 지원을 제공함으로써(그리고 가용한 전문가들에게 노출시킴으로써) 우리는 미래의 혁신자들을 위한 창의적인 잠재력을 육성하는데 도움을 줄 수 있을 것이다.

지능과 창의성에 발달 주제 적용하기

우리의 발달 주제들은 지능과 창의성에 특별히 더 연관이 된다. 발달심리학자들은 적극적인 아동이 자신의 지능에 어떠한 영향을 주는지, 지능에 대한 유전과 환경의 효과, 발

능동적
수동적

총체적

연속성
비연속성

천성
육성

달을 통해 질적이며 양적인 지능의 변화, 그리고 지능이 전인발달의 측면에서 다른 발달과 어떻게 관계되는가에 관심을 갖는다.

첫 번째 주제인 적극적인 아동효과를 보면, 이 장에서 우리는 아동의 표현형이 아동기 후기와 청소년기에 그의 활동을 추동하며 아동의 경험이 지적성취에 영향을 주는 것을 보았다. 적극적인 아동의 효과는 꼭 의식적인 선택이 아닐 수도 있지만 어떻든 아동이 자신의 발달에 영향을 준다는 것을 기억하라. 그리고 우리가 언급했던 보충교육의 효과에 대해 고려해보라. 어떤 면에서는 이러한 기회는 아동을 변화시키고 아동의 학습적 결과와 교육적 열망을 변화시키는 태도와 행동의 변화를 초래한다. 이것 역시 적극적인 아동효과로 볼 수 있다.

아마도 지능에 있어 가장 중요한 주제는 아동의 지능과 인지발달에 있어 유전과 환경의 상호작용일 것이다. 이 장에서 우리는 유전자가 아동의 IQ와 지능에 영향을 준다는 분명한 증거를 보았다. 우리는 또한 미래의 지적 성취에는 아동의 환경이 큰 영향을 준다는 분명한 증거도 보았다. 유전에 대한 일부 증거들은 유전적 특징이 IQ 점수에 미치는 효과, 아동의 지능과 생물학적 친척들의 IQ 사이의 관계들에 관한 것이다. 환경의 영향에 대한 증거는 IQ에 대한 사회적이고 문화적인 영향뿐 아니라 생의 초기 가정의 환경의 영향에 대한 증거들이다. 이는 지적인 성취를 위해 유전과 환경이 모두 강력한 힘을 발휘하는 발달 분야 중 하나임이 분명하다.

대조적으로 이 장에서는 지능의 양적이고 질적인 변화에 대해서는 많은 언급이 없었다. 발달하면서 IQ 점수가 변화한다는 것(개별 아동에게서는 아주 많이)을 보여주는 증거를 개관하였다. 그러나 이러한 변화가 질적인 것인지 양적인 것인지는 발달심리학자들이 큰 주의를 기울이지 않은 주제이다.

마지막으로 아동의 발달에서 지능의 전체적인 성격(holistic nature)에 대해 많은 증거를 보았다. 우리는 아동의 지능 수준이 향후 학업, 리더십 기술, 인기도, 정서발달, 그리고 전반적인 생에 대한 만족에 영향을 주는 것을 보았다. 분명히 지능은 아동의 발달에 전체적인 영향을 주고 따라서 아동의 전인적인 발달을 이해하고자 할 때 지능이 고려되어야만 한다.

요약

지능은 무엇인가?

- **심리측정(혹은 검사)접근법**은 다른 사람보다 더 효과적으로 생각하고 문제를 해결할 수 있도록 하는 특질(혹은 특질들의 집합)을 지능이라고 정의한다.
- Alfred Binet:
  - 최초의 성공적인 지능검사 개발
  - 지능을 일반적인 정신 능력이라고 보았다.
- **요인분석**을 이용하는 연구자들은 지능이 한 가지 특질

이 아니라고 주장한다.
- Spearman은 지능이 **일반적 정신능력**(*g*)과 각각 특수 검사가 필요한 **특수 능력**(*s*)으로 구성된다고 보았다.
- Thurstone은 지능이 7개의 **1차적 정신능력**(primary mental abilities)으로 구성된다고 하였다.
- Guilford의 **지능구조모델**은 지능이 180개의 정신능력으로 구성되었다고 제안한다. Cattell과 Horn은 유동성 지능과 결정성 지능을 구분하였다.
- Carroll의 **지능의 3계층 이론**과 같은 **위계적 모델**은 지

- 금까지의 심리측정적 분류 중 가장 정교한 것이다.
- 지능에 대한 새로운 관점들이 점점 더 영향력을 확대시키고 있다.
- Robert Sternberg의 **삼두 이론**은 지능에 대한 심리측정적 이론들이 다음의 사항들을 고려하지 못했다고 비판하였다.
  - 지능적인 행위가 발현되는 **맥락**,
  - 검사항목에 대한 **경험**,
  - 사고하거나 문제해결 시 사람들이 의존하는 **정보처리 전략**
- Gardner의 **다중지능이론**은
  - 인간은 적어도 9개의 서로 다른 종류의 지능을 가지고 있으며 이들 중의 일부는 전통적인 지능검사가 측정하지 못하고 있다고 주장한다.

지능은 어떻게 측정하는가?

- 오늘날 문자 그대로 수 백 개의 지능검사가 있다.
- **Stanford-Binet** 지능검사와 **Wechsler 아동용 지능검사−III(WISC-III)**가 가장 널리 사용되고 있다.
  - 두 검사 모두 아동의 수행을 또래의 **규준**과 비교하고
  - 두 검사 모두 평균 100점을 주위로 정상적으로 분포되고 있는 **지능지수(IQ)**를 산출한다.
- 지능검사에 대한 새로운 접근 중에서는
  - 정보처리 이론에 근거한 **카프만 지능검사: 아동용(Kaufman Assessment Battery for Children, K-ABC))**
  - Vygotsky의 이론을 반영하는 **역동적인 평가(dynamic assessment)**가 있다.
- 영아의 지능검사
  - 지각적 능력과 운동기술을 측정하여
  - **발달지수(developmental quotient, DQ)**를 산출
  - 아동기 IQ를 잘 예언하지 못한다.
- 영아의 정보처리 역량을 측정하는 새로운 측정치가 미래의 지적 수행을 더 잘 예언한다.
  - 어떤 사람들에게 IQ는 비교적 안정적인 특성이다.
  - 그러나 많은 사람들에게 있어 IQ는 아동기 동안 크게 변화한다.
  - IQ가 시간경과에 따라 증가하거나 감소할 수 있다는 것은 IQ 검사가 타고난 사고와 문제해결 능력 보다는 지적인 수행을 측정한다는 것을 보여준다.

- 가정환경이 안정적이고 지적으로 자극적인 아동의 IQ는 안정적이거나 시간에 따라 증가한다.
- 박탈된 배경을 가진 아동들은 IQ의 **누적적인 결함**을 자주 보여준다.

지능검사는 무엇을 예언하는가?

- 전집 전체를 놓고 본다면
  - IQ점수는 다음을 예언한다
    - 미래의 학업 성취,
    - 직업적인 위치,
    - 건강과 행복
  - 그러나 개인의 수준에서 볼 때
    - IQ점수는 그 사람의 미래 건강, 행복, 혹은 성공을 언제나 신뢰롭게 예언할 수 있는 지표가 아니다.
    - IQ 외에도 가족배경, 작업습관, 교육, **암묵적(실용적)** 지능, 그리고 성공을 향한 동기가 성공을 위해 중요한 공헌자들이다.

IQ 점수에 영향을 미치는 요인들

- 지적수행에는 유전과 환경이 모두 중요한 공헌을 한다.
- 쌍생아 연구와 입양아 연구로부터의 증거들은 IQ에 있어 개인차의 반 정도는 유전적인 요인에 의한 것이라는 것을 보여준다.
- 유전적인 소인과는 무관하게 박탈적인 지적환경은 인지적 성장을 억제한다.
- (**Flynn 효과(Flynn effect)**에서 보는 바와 같이)풍요로운 환경은 분명히 인지적 성장을 촉진한다.

지적수행의 사회적, 문화적 상관물

- 평균적으로 아프리카계 미국인, 미국 원주민, 히스패닉계 미국인, 그리고 저소득층 아동들은 중산층 백인과 아시아계 미국인에 비해 더 낮은 IQ점수를 얻는다.
  - 이러한 차이는 **문화적으로 공평한 IQ 검사**에서도 여전하며
  - 일부 소수계 학생들이 검사상황에서 동기화가 덜 되었을 수도 있다.
  - 그래서 **문화적/검사편향**이 IQ에 있어 나타나는 집단의 차이를 모두 설명할 수는 없다.
- IQ에서의 집단 간 차이가 유전적이라는 **유전학적 가설**

(혹은 **수준 I 능력**과 **수준 II 능력**의 구별)에 대한 결정적인 증거는 없다.

- IQ에서의 집단 간 차이를 가장 잘 설명하는 것은 **환경적 가설**이다.
- 가난한 사람들과 소수 집단의 구성원들은 중산층의 또래에 비해 지적 발달을 이끌지 못하는 박탈된 환경에서 자라나므로 IQ 검사에서 더 낮은 점수를 얻는다.

보충교육을 통해 인지적 수행을 향상시키기

- 불우한 학령전 아동들을 위한 **Head Start**와 다른 **보충적 중재**는
  - IQ에 있어 지속적인 이득을 보여주는 일이 거의 없다.
  - 그러나 아동이 학교에서 성공할 가능성을 높이고
  - 불우한 환경의 학생들의 지적수행과 학업성취가 점진적으로 하락하는 것을 방지하는데 도움을 준다.
- 보충교육은
  - 어려서 시작하고
  - 오래 지속되고
  - 아동의 부모가 개입할 때 가장 효과적이다.
- 최근의 두 **세대 중재**와 영아기에 일찍 시작하여 아동기까지 지속된 중재들은 학업 준비에 있어 매우 성공적임을 보여준다.

창의성과 특수 재능

- **영재**의 정의는
  - 높은 IQ뿐 아니라
  - 특별한 재능과 **창의성**을 포함하는 것으로 확장되었다.
- 심리 측정가들은
  - (수렴적인 사고에 의존하는)IQ와
  - 창의성 혹은 **확산적 사고**를 구별한다.
    - 확산적 사고는 IQ와 보통정도의 상관을 보여주지만 미래의 창의성을 잘 예언하는 데는 실패하고 있다.
- 최근의 다요인적(종합적)접근은
  - **창의성의 투자이론**을 포함하며
    - 다양한 인지적, 성격적, 동기적, 환경적 자원들이 결합하여 창의적인 문제해결을 촉진한다고 제안한다.
    - 이 이론은 경험적인 증거들의 지지와 창의성 촉진 모두에서 매우 유망해 보인다.

연습문제

선다형: 다음의 각 질문에 가장 적절한 답을 고르시오. 정답은 부록에 있다.

1. 지능에 대한 심리측정적 관점에도 여러 접근이 있다. 이 접근들은 지능의 어떤 면에는 일반적으로 동의한다. 이 접근들이 서로 다른 입장을 취하는 것은 다음 중 무엇인가?
   a. 지능이 개인마다 다른 특성의 집합이라는 견해
   b. 어떤 사람은 다른 사람에 비해 지능이 더 잘 특징화되어 있다는 견해
   c. 지능이 측정될 수 있다는 견해
   d. 지능이 하나의 특정적인 요인적 구조를 가지고 있다는 견해

2. 다음 중 어떤 지능이론이 다른 것들과 어울리지 않는가?
   a. Alfred Binet의 단일요인 접근
   b. Charles Spearman의 g와 s이론

   c. Robert Sternberg의 지능의 삼두이론
   d. John Carroll의 지능의 3계층 모델

3. 현대의 IQ 검사들은 정상분포이며 대부분의 사람들(약 68%)은 _____점과 _____점 사이의 점수를 얻는다.
   a. 50;75
   b. 70;100
   c. 85;115
   d. 55;145

4. Bayley 영아발달 검사의 하위척도가 아닌 것은?
   a. 동작 척도
   b. 지각 척도
   c. 정신 척도
   d. 영아행동기록

5. IQ점수가 잘 예언하지 못하는 것은?
   a. 확산적 사고

b. 학업 성취

c. 미래의 직업적 수행

d. 미래 직업의 명예

6. 1940년 이후 전 인구의 IQ점수가 10년에 3점씩 높아졌다. 이 현상을 무엇이라 부르는가?

a. Alfred Binet 효과

b. 환경적 향상효과

c. Flynn 효과

d. 정상분포 효과

7. IQ에서 인종과 사회계층 간의 차이를 설명하기 위해 발달심리학자들은 3개의 일반적 가설을 제안하였다. 다음 중 어떤 것이 해당하지 않는가?

a. 보충교육 가설

b. 문화/검사 편향 가설

c. 유전학적 가설

d. 환경적 가설

8. 인지적 수행을 향상시키기 위한 보충 교육의 효과를 연구한 연구들은 다음을 발견하였다.

a. 보충 교육이 IQ점수를 높였으며 그 변화는 영구적이었다.

b. 보충 교육을 받은 아동들은 초등학교에서 특별 보충반에 들어가거나 유급을 하는 일이 적었다.

c. 부모를 개입하지 않고 아동에게 초점을 맞추도록 중재프로그램을 분리하는 것이 중요하다.

d. 중재프로그램이 성공하기 위해서 더 어릴 때 시작하는 것은 중요하지 않다.

9. 문제에 대해 하나의 정답을 생성하는 능력을 무엇이라 하는가?

a. 영재성

b. 확산적 사고

c. 수렴적 사고

d. 창의성

주요 용어 KEY TERMS

검사 규준(compensatory interventions)

결정성 지능(convergent thinking)

고정관념 위협(creativity)

누적적 결함가설(crystallized intelligence)

다중지능이론(cultural bias)

두 세대 중재(cultural/test-bias hypothesis)

문화적/검사편향 가설(cultural test-bias hypothesis)

문화적으로 공평한 검사(culture-fair test)

문화적 편향(cultural bias)

발달지수(DQ)(developmental quotient: DQ)

보충 중재(compensatory intervention)

수렴적 사고(convergent thinking)

수준 I 능력(level I ability)

수준 II 능력(level II ability)

심리측정적 접근(psychometric approach)

정신연령(mental age: MA)

암묵적(혹은 실용적)지능(tacit or practical intelligence)

역동적 평가(dynamic assessment)

영재성(giftedness)

요인분석(factor analysis)

유동성 지능(fluid intelligence)

유전학적 가설(genetic hypothesis)

정상분포(normal distribution)

정신지체(mental retardation)

지능구조모델(structure-of-intellect model)

지능의 위계적 모델(hierarchical models of intelligence)

지능의 3계층 이론(three-stratum theory of intelligence)

지능의 삼두이론(triarchic theory of intelligence)

지능지수(IQ)(Intelligent Quotient: IQ)

창의성(creativity)

창의성의 투자이론(investment theory of creativity)

편차 IQ 점수(deviation IQ score)

확산적 사고(divergent thinking)

환경적 가설(environmental hypothesis)

1차적 정신능력(primary mental abilities)

g(일반적 정신능력)

s(특수 정신능력)

Flynn 효과(Flynn effect)

Head Start

Stanford-Binet 지능검사(Stanford-Binet Intelligence Scale)

Wechsler 아동용 지능검사-IV(Wechsler Intelligence Scale for Children-IV: WISC-IV)

9

언어와 의사소통 기술의 발달

"Rrrrrruh! Rrrrrruh!" 11개월 된 Delroy는 보행기에 앉아서 밖을 내다보며 소리를 지른다. "What are you saying little man?"하고 이모 Lateesha가 묻자, "He's saying Daddy's car is in the driveway; he's home from work!"라고 엄마가 대답한다.

"Oops! It broked. Fix it daggy."(18개월 된 Rosalita는 가지고 놀던 인형의 팔이 축 늘어지자 말한다)

"I can see clearly now...; I see all icicles in my way" 두돌 반이 지난 Todd가 "obstacle"을 icicles이라고 바꿔서 자기 식대로 유행가를 따라하고 있다.

인간을 동물과 구별하는 진정으로 놀랄만한 성취는 **언어**의 창조와 사용이다. 비록 동물들도 서로 **의사소통**을 할 수는 있지만 그들이 사용하는 제한된 소리와 몸짓은 인간 언어에서 한 단어나 정형화된 구절처럼 매우 한정된 메시지(예, 인사, 위협, 무리를 부름)를 전달하는 분리된 신호에 불과하다(Tomasello, 2006). 반대로 인간의 언어는 놀랄 만큼 유연하고 생산적이다. 몇 개의 의미 없는 소리들로부터 아동들은 수천의 의미를 가진 음성적 패턴(음절, 단어, 그리고 Deloy의 Rrrrrruh!와 같은 특유한 유성어)을 만들어 내고 결국은 일련의 문법적 규칙(Rosalita가 broke 대신 broked라고 한 것과 같은 몇몇의 실수를 제외하고)에 따라 이들을 결합하여 마침내 무한한 수의 의미 있는 메시지를 만들어 낸다. 언어는 또한 우리의 사고와 우리가 본 것, 들은 것, 또는 경험한 것에 대한 해석(Todd의 경우 잘 못 들은 것)을 표현하는 창의적인 도구이다. 앞서 Todd가 유행가를 따라 부를 때 그는 자신이 들은 것을 정확하게 따르려고 노력하였다. 그러나 대부분 아동들이 어떤 특정상황에서 하는 말은 그들이 전에 듣거나 말한 것을 단순히 반복하는 것은 아니다. 화자(speaker)들은 그 자리에서 새로운 발화를 만들어 낼 수도 있고 그

언어
(language)

작은 수의 개별적으로는 의미가 없는 상징(소리, 글자, 몸짓)들이 합의된 규칙에 따라 결합되어 무한한 수의 메시지를 생성하는 것.

의사소통
(communication)

한 유기체가 다른 유기체를 대상으로 정보를 전달하거나 영향을 주는 과정.

유성어
(vocables)

언어이전 시기의 영아들이 사물, 행위 혹은 사상을 표상하기 위해 사용하는 독특한 패턴의 소리.

동물들은 매우 구체적이고 한정된 수의 메시지를 전달하기 위해 일련의 몸짓과 소리를 사용한다.

들이 말하는 주제는 현재 진행되고 있는 사건과 아무 관련이 없을 수도 있다. 3~4세 아동들은 새로운 문장을 만들어내는 데 있어 매우 창조적이긴 하지만 그들이 말하는 언어가 가진 규칙과 사회적인 관습을 따르기만 한다면 서로 잘 이야기할 수 있다.

언어는 우리가 습득하는 지식 중 가장 추상적인 지식의 하나임에도 불구하고 모든 문화권의 아동들은 매우 일찍부터 이렇게 복잡한 형태의 의사소통을 이해하고 사용한다. 실제로 어떤 영아들은 걷기 전에 말부터 한다. 이것이 어떻게 가능할까? 영아들은 생물학적으로 언어습득을 위해 미리 프로그램되었는가? 언어의 사용자가 되기 위해 그들은 어떤 언어적 입력이 필요한가? 아동의 꾸르륵 소리, 몸짓, 또는 옹알이와 후의 언어 산출 사이에는 어떤 관계가 있는가? 영아와 걸음마쟁이들은 어떻게 단어의 의미를 알게 되는가? 아이들은 모국어를 습득할 때 동일한 단계나 과정을 거치는가? 그리고 진정으로 효과적인 의사소통을 위해 어떠한 실질적인 지식을 습득해야 하는가? 이상은 아동들이 어떻게 그 어린 나이에 언어사용에 능숙해지는가를 알아보기 위해 아동의 언어적 기술의 발달을 따라 가면서 우리가 다룰 주제들의 일부이다.

언어의 5요소

심리언어학자
(psycholinguists)
아동 언어의 발달과 구조를 연구하는 사람.

아마도 **심리언어학자**가 대답하려고 노력하는 가장 기본적인 물음은 "무엇"에 관한 질문일 것이다: 모국어를 습득하기 위해 아동은 무엇을 배워야만 하는가? 수십 년에 걸친 수천 편의 연구결과에 따르면 연구자들은 언어에 능숙해지기 위해서는 다음의 5가지 요소가 필요하다고 결론지었다. 즉, **음운론**, **형태론**, **의미론**, **통사론**과 **화용론**이 바로 그것들이다.

음운론(Phonology)

음운론
(phonology)
언어의 소리체계와 이 소리들을 연결하여 의미를 가진 말소리의 단위를 만드는 규칙들.

음소
(phonemes)
음성언어에서 사용되는 소리의 기본 단위.

음운론은 언어에 사용되는 소리의 기본 단위 혹은 **음소**를 말하며 이 소리들을 연결하는 규칙을 말한다. 각 언어들은 인간이 생성할 수 있는 소리들의 일부만을 사용하며 어떤 언어도 똑같은 음운론을 사용하지 않는다. 외국어가 우리들에게 이상하게 들리는 이유는 바로 이 때문이다. 아이들은 자신들이 듣는 말소리를 이해하기 위해 또 자신이 말하려고 하는 것을 이해시키기 위해 모국어의 말소리들을 구별하고 생성하고 연결하는 방법을 배워야만 한다(Kelley, Jones, & Fein, 2004). 음운론을 배우기 위해 영아들은 "b"와 "d"소리처럼 모국어의 소리들을 구별하는 법을 배우거나 의미있는 음소들을 만들기 위해 어떤 음소들이 결합될 수 있는지(영어에서는 "t"와 "h"), 스페인어 단어 "veinte"에서 "v"소리처럼 모국어에는 어떤 소리가 존재하지 않는지를 알아야만 한다.

형태론(Morphology)

형태론
(morphology)
소리로부터 의미를 가진 단어들을 형성하는 규칙.

형태론은 소리들로부터 단어가 형성되는 규칙을 말한다(Kelley et al., 2004). 과거시제를 나타내기 위해서 영어에서는 -*ed*를 붙인다는 규칙, 복수표시를 위해서는 -s를 붙인다는 규칙, 접두사와 접미사 사용의 법칙, 의미 있는 단어를 만들기 위해 소리를 조합하는 적절한 규칙들을 포함한다. 아동들은 예를 들어 *flow*(vlow가 아니라)가 강이 흐르는 모습을 나타내는 것이라는 것을 배운다. 앞의 예에서 Todd는 그가 알지 못하는 단어("obstacle")대신 "icicle"이라는 영어 단어를 대체하여 음운론을 사용하였다.

의미론(Semantics)

의미론은 단어와 문장으로 표현되는 의미를 나타낸다(Kelley et al., 2004). 언어의 가장 작은 의미단위를 **형태소**(morpheme)라고 하는데 여기에는 두 종류가 있다. **자유 형태소**(free morpheme)는 단어처럼(예, dog) 독립적으로 존재할 수 있는데 비해 **한정 형태소**(bound morpheme)는 독립적으로 사용될 수 없고 자유 형태소에 붙어서 의미를 변화시킨다(예, dog라는 단어에 −s 라는 한정 형태소를 붙이면 복수의 의미를 나타낸다). 아동들은 타인의 말을 이해하고, 말하기 전에 단어와 문법적 한정 형태소가 의미를 전달한다는 것, 또 그것들이 특정한 사물, 행위, 그리고 관계들을 나타내며 서로 결합하여 더 길고 복잡한 의미(문장)를 만든다는 것을 배워야만 한다. 앞의 예에서 Rosalita는 팔이 고장난 인형을 언급하기 위해 "broked"라는 단어를 사용하였다. 물론 Rosalita는 이 불규칙동사에 −ed를 잘못 사용하였지만 일반적인 규칙에 대한 지식이 있음을 보여주었다.

통사론(Syntax)

다음에는 단어들이 결합하여 의미를 가진 구나 문장을 생성하는데 적용되는 규칙, 즉 **통사론**이 있다(Kelley et al., 2004). 다음의 세 문장을 보자.

1. Kenny Cartman killed.
2. Cartman killed Kenny.
3. Kenny killed Cartman.

영어를 말하는 매우 어린 아동들조차도 불어와 같은 다른 통사론을 가진 언어에서는 첫 번째 문장이 가능할지라도 영어에서는 문장의 구조를 위배했다는 것을 안다. 둘째와 셋째 문장은 영어의 문법에 맞고 동일한 단어들을 사용하고 있지만 매우 다른 의미를 가진다. 이들은 또한 단어 의미(의미론)가 문장구조(단어순서)와 상호 작용하여 완전히 다른 의미의 문장이 될 수 있음을 보여준다. 한 언어를 능숙하게 듣고 말하기 전에 아동들은 당연히 통사의 규칙을 터득해야만 한다.

부모는 걸음마쟁이들이 통사의 규칙을 이해하기 전에 그들이 말하는 간단한 문장을 이해하기 위해 상황적인 단서들을 사용한다. 걸음마쟁이들이 적절한 통사론을 이해하고 적용하기 시작하는 동안 음운론, 형태론, 의미론을 사용하여 의사소통의 능력을 크게 향상시킬 수 있다.

화용론(Pragmatics)

아동은 또한 효과적으로 의사소통하기 위해 언어가 어떻게 사용되어야 하는가에 대한 지식, 즉, **화용론**을 배워야만 한다(Diesendruck & Markson, 2001; Kelley et al., 2004). 6세 아동이 2세 아동에게 새로운 게임을 설명하려고 하는 장면을 상상해보자. 6세 아동은 어른이나 또래에게 하듯이 2세 아동에게 이야기 할 수는 없다. 당연히 어린 아동의

의미론
(semantics)
단어와 문장이 표현하고자 하는 의미.

형태소
(morphemes)
의미를 가진 언어의 가장 작은 단위.

자유 형태소
(free morphemes)
단어로 독립적으로 사용될 수 있는 형태소들(예, 고양이, 가다, 노란).

한정 형태소
(bound morphemes)
혼자는 사용될 수 없으며 자유 형태소의 의미를 수식하는 형태소(예: 영어에서 과거를 나타내기 위해 동사 뒤에 붙는 −ed).

통사론
(syntax)
언어의 구조; 의미를 가진 문장을 만들기 위해 단어와 문법적인 표지들이 어떻게 결합하여야 하는가에 대한 규칙.

화용론
(pragmatics)
사회적 맥락에서 언어를 적절하고 효과적으로 사용하기 위한 원칙.

언어능력에 맞추어 말해주어야 한다.

사회언어적 지식
(sociolinguistic knowledge)

특정 사회적 맥락에서 언어를 어떻게 구조화해야 되는가를 알려주는 문화적으로 명시된 규칙.

화용론은 또한 특정 사회적 맥락에서 언어가 어떻게 사용되어야 하는가에 대해 문화적으로 결정된 규칙들, 즉, **사회 언어적 지식**(sociolinguistic knowledge)을 포함한다. 3세 아동은 할머니에게서 과자를 얻는 가장 좋은 방법은 "할머니, 과자 줘."라고 말하는 대신에 "할머니, 과자 먹어도 되요?"라고 말하는 것임을 모를 수도 있다. 가장 효과적으로 의사소통하기 위해 아동들은 "사회적인 편집자"가 되어야만 하고 자신들이 어디에 있는지, 누구와 말하고 있는지, 청자(listener)가 가진 사전 지식, 청자가 원하는 것, 듣고 싶어 하는 것이 무엇인지를 알고 있어야 한다.

마지막으로 효과적인 의사소통을 위해 앞서 언급한 언어의 5가지 요소만으로는 부족하다. 언어적 메시지의 의미를 분명하게 만들어주고 그 자체로도 중요한 의사소통의 수단인 비언어적 신호들(얼굴 표정, 억양의 단서, 몸짓, 등)을 적절히 해석하는 능력이 필요하다. 이는 어떻게 "나이도 어리고 인지적으로도 미성숙한 걸음마쟁이와 학령전 아동들이 이 모든 지식들을 그렇게 빨리 습득할 수 있을까?"라는 두 번째 질문으로 우리를 인도한다.

언어발달의 이론들

심리언어학자들은 언어발달의 과정을 그려보면서 이렇게 복잡한 상징체계가 그렇게 빨리 학습되는 것에 놀랐다. 결국, 어떤 영아들은 걷기도 전에 사물과 행위를 나타내기 위해 단어들(즉, 임의적이고 추상적인 신호)을 사용한다. 그리고 5세경이 되면 아직 문법에 대한 정규교육을 받기도 전에 모국어의 통사적 구조의 대부분을 알고 또한 사용할 수 있게 된다. 이것이 어떻게 가능한가?

이 "어떻게"라는 질문에 대답하기 위해서 우리는 다시 한 번 천성론자/경험론자(nativist/empiricist)(천성과 경험)(nature/nurture)의 논쟁과 마주친다. 학습 이론가들은 경험주의의 입장을 취한다. 그들의 관점에서는 언어도 분명히 **학습되는** 것이다. 결국 모든 일본 아동은 일본어를 습득하고, 프랑스 아동은 불어를 습득하게 된다. 그러나 다른 이론가들은 세계의 아동들이 우리가 이 장의 후반부에서 자세히 살펴볼 것처럼 거의 비슷한 연령에 비슷한 언어적 성취를 이룬다는 것을 지적한다. 이러한 **언어적 보편성**(linguistic universals)으로 인해 천성론자들은 언어습득이 아동기 초기에 가장 효과적으로 작동하는 **생물학적으로 프로그램** 된 행위라고 제안한다(Lidz, Gleitman, & Gleitman, 2003; Palmer, 2000; Wilson, 2003).

언어적 보편성
(linguistic universal)

언어발달에 있어 모든 아동이 공유하는 측면.

물론 대부분의 현대 발달론자들이 선호하는 중간적인 입장도 있다. 언어습득이 아동의 생물학적인 편향(predisposition)과 인지발달, 그리고 아동의 고유한 언어적 환경 특성 간의 복잡한 상호작용을 반영한다고 믿는 **상호작용론자**(interactionists)들의 관점이다. 이제 언어습득에 관한 세 개의 서로 다른 이론들을 살펴보자.

학습(혹은 경험주의)의 관점

아동들이 어떻게 언어를 습득하는가를 성인들에게 물어보면 아마 대부분은 자신이 들은 것을 모방하고, 문법적으로 적절한 문장을 말했을 때 **강화**를 받고, 잘못된 문장을 말하면 **교정**을 받으면서 언어를 배운다고 대답할 것이다. 실제로 학습 이론가들은 언어학습에서 모방과 강화의 과정들을 강조하였다(Palmer, 2000; Yang, 2004; Zamuner, 2002).

1957년 B. F. Skinner는 아동들은 문법적인 말에 대해 강화를 받기 때문에 언어를 습득할 수 있다고 주장하였다. 그는 아동이 옹알이를 할 때 성인은 그 중에서 말소리와 닮은 소리를 선택적으로 강화하고 따라서 그 소리가 반복될 가능성이 높아지도록 아동의 말을 조성(shaping)한다고 하였다. 그 뒤에는 아동이 단어를 결합하고 문장을 산출하도록 강화한다. 다른 사회학습 이론가들은(예, Bandura, 1971; Whitehurst & Vasta, 1975) 여기에 아동이 자기보다 나이가 많은 사람들의 언어를 잘 듣고 **모방**하면서 많은 언어적 지식을 습득한다는 것을 추가한다. 따라서 학습 이론가들의 관점에 의하면, 양육자가 언어적 모델이 되고 문법적인 말을 강화함으로써 언어를 "가르치게"된다(Nowak, Komarova, & Niyogi, 2002).

학습주의 관점에 대한 평가

모방과 강화가 초기 언어발달에 있어 분명히 어떤 역할을 한다. 자녀들에게 자주 질문을 하고 요청을 해서 대화를 장려하는 부모의 아동들이 대화가 적은 부모의 자녀들에 비해 초기 언어발달에서 앞선다는 사실은 놀라울 것이 없다(Bohannon & Bonvillian, 1997; Valdez-Mechaca & Whitehurst, 1992).

이러한 관찰에도 불구하고 학습 이론가들은 통사의 발달을 설명하는데 별로 성공적이지 못하였다. Skinner가 주장한 바와 같이 만약 부모들이 실제로 문법을 "조성했다"면 그들은 아동의 문법적인 발화에 대해 신뢰롭게 칭찬을 하거나 다르게 강화를 해주어야만 한다. 그러나 어린 아동과 엄마 사이의 대화를 주의 깊게 분석한 결과에 따르면 엄마는 아동이 말한 내용의 진실여부(truth value, 의미론)에 대해 승인을 하거나 반대하였고 문법적인 정확성(통사론)에 반응하는 것이 아니라는 것이 밝혀졌다(Baron, 1992; Brown, Cazden, & Bellugi, 1969). 만약 아동이 소를 보고 "Him cow"(문법적으로는 옳지 않지만 진실)라고 말했다면 엄마는 찬성할 가능성이 높다("That's right!"). 그러나 만약 아동이 "There's a dog!"(문법적으로는 옳지만 진실이 아님)이라고 말했다면 엄마는 아마도 아이의 말을 고쳐줄 것이다("No silly-that's a *cow*!"). 분명히 이러한 발견들은 부모들이 아동의 문법적인 말을 강화하여 직접적으로 문법을 조성한다는 생각에 대해 회의를 품게 한다.

아동이 성인의 말을 모방하여 문법적인 규칙을 습득한다는 증거도 별로 없다. "All-gone cookie" 또는 "It broked"처럼 아동이 말하는 초기 문장들은 매우 창의적이어서 성인의 말에서 거의 찾아 볼 수 없고 모방을 통해서 학습할 수 없는 표현들이다. 그리고 어린 아동이 "Look, the kitty is climbing the tree."와 같은 성인의 표현을 모방하려고 할 때 아이들은 "Kitty climb tree"처럼 자신들이 현재 가진 문법적인 능력에 맞추어 문장을 짧게 줄인다(Baron, 1992; Bloom, Hood, & Lightbown, 1974).

그렇다면 어린 아동들은 어떻게 문법을 습득하는 걸까? 이 질문에 답하기 위해 많은 심리언어학자들은 언어발달에 대한 생물학적인 이론인 생득론을 제안하였다.

생득론적 관점

생득론자들에 의하면 인간은 언어를 습득하도록 생물학적으로 프로그램 되었다. Noam Chomsky(1959, 1968)와 같은 언어학자에 의하면 아주 간단한 언어조차도 그 구조가

Noam Chomsky의 생득론은 1960년대와 1970년대의 언어 발달에 대한 사고를 지배하였다.

언어습득기제
(language acquisition device, LAD)

어린 아동이 타인의 말을 지배하는 규칙을 추론하고 언어를 생성하기 위해 이 규칙을 사용할 수 있게 해주는, 문법에 대한 타고난 지식을 가리키는 Chomsky의 용어.

보편문법
(universal grammar)

생득론자들의 언어습득이론에서 모든 언어에 공통적이라고 생각되는 기본적인 문법규칙.

언어생성 능력
(language-making capacity, LMC)

아동이 말을 분석하고 음운적, 의미적, 통사적인 관계를 탐지하도록 돕는 고도로 전문화된 가설적인 언어적 처리 기술.

매우 정교하여서 부모가 가르치거나, 인지적으로 미성숙한 걸음마쟁이들과 학령전 아동들이 시행착오를 통해 배운다고 생각할 수 없을 정도로 복잡하다. 그 대신 Chomsky는 인간(그리고 오직 인간만이)은 **언어습득기제**(language acquisition device, LAD)—언어적 입력에 의해 활성화되고 모든 언어에 공통적인 규칙에 대한 지식 혹은 **보편문법**(universal grammar)을 포함하는, 타고난 언어적 처리자—를 가지고 태어난다고 주장하였다. 그래서 아동이 어떤 언어(혹은 언어들)를 듣는지에 상관없이 충분한 어휘를 습득하고 단어를 결합하고 규칙에 따르는 새로운 발화를 만들어 내고 그가 듣는 대부분의 말을 이해하게 된다.

다른 생득론자들도 비슷한 주장을 한다. Dan Slobin(1985)은 예를 들어, (Chomsky처럼) 아동이 언어적 지식을 타고 났다고는 생각하지 않지만 그 대신 **언어-생성능력**(language-making capacity, LMC), 즉, 언어학습을 위해 고도로 전문화된 일련의 인지적이고 지각적인 능력을 타고 난다고 생각한다. 이러한 타고난 기제들(LAD 혹은 LMC)은 아마도 어린 아동들이 언어적 입력을 처리하고 어떤 언어건 자신들이 듣는 언어의 특징적인 음운적 규칙성, 의미적 관계, 그리고 통사규칙을 추론하도록 돕는다(Palmer, 2000). 이러한 추론은 아동이 스스로 구성하고 의사소통을 위한 노력을 인도하는데 사용되는 언어의 "이론"을 표상한다(그림 9.1). 아동들이 점차 더 많은 입력을 처리하면서 그들이 가진 언어이론은 점점 정교화되어 궁극적으로 아동의 언어는 성인 언어에 근접하게 된다. 그렇다면 생득론자들에게 언어습득은 아동이 처리할 언어적 자료가 있는 한 자연적이고 거의 자동적인 과정이다.

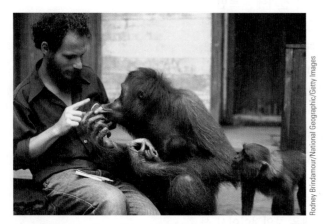

오랑우탄에게 수화를 가르치는 과학자.

Rodney Brindamour/National Geographic/Getty Images

생득론적 관점에 대한 지지

아동은 생물학적으로 언어를 습득하도록 프로그램 되었는가? 여러 관찰에 의하면 그런 것 같다. 예를 들어, 세계의 모든 아동들은 언어구조에 있어서 문화적 차이에도 불구하고 대략 동일한 연령에 특정 언어적 이정표에 도달한다. 천성론자들은 이러한 언어적 보편성이 언어가 종-특유의 생물학적인 청사진에 의해 인도됨을 보여주는 분명한 증거라고 생각한다.

언어는 또한 종 특유적이다. 동물도 서로 의사소통을 할 수 있지만 어떤 동물도 추상적이고 규칙에 제한을 받는 언어적 체계 같은 것을 고안한 적이 없다. 수년에 걸친 훈련 끝에 원숭이도 2~2.5세 아동과 비슷한 수준에서 의사소통할

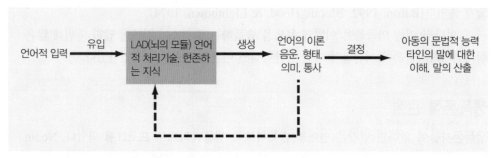

그림 9.1 생득론자들이 제안하는 언어습득모델.

수 있는 간단한 수화와 다른 상징적 부호를 학습할 수 있었다(Savage-Rumbaugh et al., 1993). 그러나 오직 인간만이 자발적으로 언어를 사용할 수 있다.

뇌의 전문화와 언어 5장에서 배운 것 같이 언어중추는 뇌의 좌반구에 위치하고 있다. 이 언어영역 중 일부에 손상이 오면 **실어증**–하나 혹은 그 이상의 언어기능의 손상–에 걸리게 되고 실어증 환자가 나타내는 증상은 손상의 위치와 정도에 달려있다. 좌반구의 전두엽 부근에 위치한 **Broca 영역**에 손상을 받게 되면 전형적으로 말의 이해보다 산출이 영향을 받게 된다(Martin, 2003; Slobin, 1979). 반대로 **Wernicke 영역**의 손상은 전형적으로 언어의 산출보다는 이해에 영향을 준다(Martin, 2003).

분명히 출생 시부터 좌반구는 언어의 어떤 측면에 민감한 것 같다. 출생 첫 날부터 말소리는 영아의 좌반구에서 전기적 활성화를 유발하고 음악과 말소리가 아닌 다른 소리들은 우반구를 더 활성화시킨다(Molfese & Molfese, 1980; 1985). 게다가 4장에서 배운 것처럼 영아들은 출생 후 며칠이나 몇 주가 지난 뒤부터 중요한 음운적 대비를 변별할 수 있게 된다(Miller & Eimas, 1996). 예비적인 증거들은 또한 신생아의 어떤 뇌구조가 언어처리에 가장 민감하다는 것을 제안한다(Ecklund-Flores & Turkewitz, 1996). 이러한 결과들은 신생아들조차 말소리 지각을 위해 "미리 배선되어 있으며" 말소리와 같은 소리를 분석하도록 준비되어 있음을 보여준다.

민감기 가설 수년전 천성론자인 Erik Lenneberg(1967)는 국소화 된 뇌가 언어적 기능에 전문화되는 시기인 출생부터 사춘기까지 언어가 가장 쉽게 습득되어야만 한다고 제안하였다. 이 언어발달의 **민감기 가설**(sensitive-period hypothesis)은 잃었던 언어기술의 일부를 되찾기 위해서 집중적인 치료와 중재를 받아야만 하는 성인 실어증 환자와는 달리 아동 실어증 환자는 특별한 치료 없이도 잃었던 언어기능을 다시 찾곤 한다는 관찰로부터 촉발되었다(Huttenlocher, 2002; Stiles, 2008). 언어학습의 용이성에서 나타나는 흥미로운 연령차에 대한 Lenneberg의 설명은 간단하다. 아마도 아직 상대적으로 전문화되지 않은 아동의 우반구가 손상된 좌반구의 어떤 기능들을 대신할 수 있는 것 같다. 반대로, 사춘기를 지나고 나면 뇌는 이미 언어와 다른 신경학적인 기능에 대하여 완전히 전문화된다. 따라서 좌반구 손상 시 잃어버린 언어적 기능을 우반구가 대신할 수 없는 청소년과 성인의 경우 실어증이 지속될 수 있을 것이다.

만약 언어가 실제로 사춘기 전에 가장 쉽게 습득된다면 정상적인 언어발달을 위한 환경이 박탈된 아동의 경우 나중에 언어기능을 되찾기는 어려울 것이다. 두 개의 탁월한 사례연구가 이것이 사실임을 보여준다. 하나는 영아기부터 14세에 당국에 의해 발견될 때까지 뒷방에 감금되었던 Genie의 경우이다. 감금되어 있는 동안 Genie는 거의 말을 들어보지 못했다. 아무도 그녀에게 이야기할 수 없었고 만약 무슨 소리라도 내면 학대를 일삼는 아버지가 그녀를 심하게 때렸다(Curtiss, 1977). 그리고 Chelsea라는 청각장애 여성이 있는데 그녀는 청각장애와 가족의 고립 때문에 32세가 되어서야 정상적인 언어체계에 노출되었다. 이 여성들에게 언어를 가르치기 위해 상당한 노력이 있었으며 이들은 많은 단어들의 의미를 배우고 내용적으로도 풍부한 긴 문장을 만들어 내기도 했다. 그러나 둘 중 누구도 모든 아동들이 정규수업 없이도 숙달하는 통사의 규칙을 통달하지는 못했고(Curtiss, 1977, 1988), 따라서 이 결과들은 모국어를 배우는 것은 빠를수록 쉽다는 것을 보여준다.

실어증
(aphasia)
하나 또는 그 이상의 언어기능의 손실

브로카 영역
(Broca's area)
좌반구의 전두엽에 위치한 언어 산출을 지배하는 구조.

베르니케 영역
(Wernicke's area)
좌반구의 측두엽에 위치한 언어 이해를 담당하는 구조.

민감기 가설(언어습득의)
(sensitive-period hypothesis of language acquisition)
언어습득의 최적기는 사춘기 전까지라는 생각.

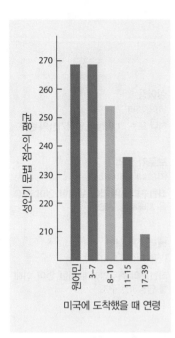

그림 9.2 여기서 보는 바와 같이 이민자들이 미국에 도착한 연령과 성인이 되었을 때 그들이 궁극적으로 도달할 수 있는 영어의 문법수준 간에는 분명한 관계가 있다. 아동기에 일찍 도착한 사람들은 영어의 원어민과 같은 수행을 보이지만 십대나 성인이 되어 도착한 사람들은 훨씬 저조한 수행을 보인다.
출처: Johnson & Newport, 1989에서 인용.

그렇다면 제2외국어를 배우는 것은 어떠한가? 언어습득의 "민감기"를 놓쳐버린 사춘기 이후의 청소년들에게 외국어를 배우는 것은 더 어려운 과제인가? Jacqueline Johnson과 Elissa Newport(1989)는 그렇다고 한다. 서로 다른 연령에 미국으로 이민을 가서 성인이 된 한국이나 중국 이민자들에게 영어문법을 테스트하였다. 그림 9.2에서 보는 바와 같이 3세에서 7세 사이에 영어를 배우기 시작한 이민자들은 원어민과 같이 영어에 능숙하였다. 그러나 사춘기 이후(특히 15세 이후)에 도착한 이민자들은 다소 수행이 낮았다(Hakuta, Bialystok, & Wiley, 2003; Kent, 2005).

마지막으로 제2외국어를 일찍 배운 사람들과 늦게 배운 사람들의 뇌구조에서 차이가 있었다. 특별히 제2외국어에 일찍 노출된 이중언어 사용자들의 경우 두 언어에 반응하는 뇌의 부위가 동일하였다. 반면에 사춘기 이후에 제2외국어에 노출된 사람들의 경우에는 두 언어에 활성화되는 뇌 부위가 달랐다 (Kim et al., 1997).

종합하면 이상의 결과들은 마치 어린 아동의 인지체계가 언어학습을 위해 특별히 맞추어진 것처럼 어릴수록 언어학습이 쉽다(그리고 다르게 발생할 수도 있다)는 것을 시사한다(Francis, 2005; Stewart, 2004). 더구나 생득론자들은 아동 자신이 습득하는 언어를 "발명"해야 할 때에 조차도 언어습득은 아동기의 자연적인 과제라는 것을 보여주는 극적인 예로서 연구초점에 제시된 연구결과를 해석한다.

생득론적 접근의 문제점

오늘날 대부분의 사람들은 언어학습이 생물학적인 요인으로부터 강한 영향을 받는다는 것에 동의하지만, 많은 발달심리학자들은 생득론적 접근에 대해 매우 조심스럽다(Goldberg, 2004; Tomasello, 2006). 일부 연구자들은 생득론자들이 인용하는 결과들에 도전하여 오히려 그 결과들을 자신의 이론을 지지하는 것으로 해석한다. 예를 들어, 영아들이 출생 후 며칠 혹은 몇 주 만에 중요한 음소들을 구별하는 능력을 가진다는 사실은 더 이상 유력한 증거로 해석되지 않는데 이는 다른 종의 어린 새끼들도(예: 리서스 원숭이와 친칠라) 비슷한 청각변별 능력을 보여주기 때문이다(Passingham, 1982).

다른 연구자들은 생득론자들이 타고난 언어습득기제를 들어 언어발달을 설명하면서 실제로는 언어발달을 제대로 설명하고 있지 못한다고 주장한다. 설명을 위해서는 그러한 생래적인 처리자가 어떻게 언어적 입력을 가려내고 언어의 규칙을 추론하는가를 알아야만 한다. 그러나 생득론자들은 LAD(또는 LMC)가 어떻게 작동하는지를 분명하게 설명하지 못 한다(Moerk, 1989; Palmer, 2000). 어떤 방법이든 언어발달을 LAD 혹은 LMC의 신비로운 작동 덕분이라고 설명하는 것은 마치 신체성장이 생물학적으로 프로그램 되어 있다고 말하는 것—그리고 거기서 멈추고 왜 성장이 그러한 경로를 밟는지를 설명하는 내재된 변인들(영양, 호르몬 등)을 밝히지 못하는 것—과 같다(MacNeilage et al., 2000). 이러한 이유로 생득론자들의 접근은 상당히 미흡하다. 그것은 진정한 설명이라기보다는 언어학습에 대한 묘사에 가깝다.

마지막으로 생득론자들이 거의 전적으로 생물학적인 기제와 학습 이론들의 단점에만 집중하고 아동의 언어 환경이 언어학습을 돕는 경우를 간과했다고 보는 사람들이 있다(Brooks, 2004; Evans & Levinson, 2009; Tomasello, 2008). 이제 세 번째 이론적 관점, 언어학습은 천성과 양육 사이의 상호작용을 반영한다고 주장하는 상호주의자들의 관점을 살펴보자.

아동의 언어 "발명"

예를 들어 10명의 아동들을 격리하여 키우면서 성인이 기본적인 요구만 해결해주고 아동에게 말을 걸지도 몸짓을 하지도 않는다고 가정해보자. 이 아동들은 서로 간의 의사소통을 위해 어떤 방법을 만들어 낼 것인가? 이런 경우가 연구된 바 없었기 때문에 이 질문에 대해 아무도 자신 있게 답을 말할 수 없었다. 그러나 최근 두 연구의 결과는 이 아이들이 의사소통 수단을 학습할 뿐 아니라 그들 자신의 언어를 만들어 낼 것이라고 제안한다.

피진어로부터 진정한 언어로의 변형

다른 문화권에 살던 성인들이 동일한 지역에 이주하게 되면 이들은 주로 **피진어**(pidgin)로 서로 의사소통하기 시작한다. 피진어는 여러 언어의 혼성으로 기본적인 의미를 전달하여 따라서 사용자 간의 의사소통을 가능하게 한다. 예를 들어, 1870년대에 하와이의 사탕수수밭에서 일하기 위해 중국, 한국, 일본, 필리핀, 포르투갈, 푸에르토리코로부터 이민자들이 모여들었다. 이때 생겨난 것이 하와이 피진영어인데 서로 다른 언어를 쓰던 사람들이 쉽게 사용할 수 있도록 소수의 단어와 이들을 결합하는 간단한 규칙을 가진 의사소통체계이다. 그러나 한 세대를 지나는 동안에 이 피진어는 **크레올**(creole), - 즉, 피진어로부터 진화된 진정한 언어-로 진화하였다. 하와이의 크레올 영어는 피진과 다양한 외국어로부터 파생된 다양한 어휘와 형식적 통사규칙을 가진 정식 언어이다. 어떻게 그렇게 빨리 지역적인 피진어로부터 진정한 언어로 변형이 가능한 것인가?

언어학자 Derek Bickerton(1983, 1984; Calvin & Bickerton, 2000)은 피진어를 말하는 부모의 자녀가 계속해서 피진어를 말하지 않는다고 주장하였다. 그 대신 그들은 피진어를 진정한 언어로 만드는 통사적 규칙들을 자발적으로 발명하여 이 다언어로 구성된 공동체의 다음 세대들이 사용하도록 한다. Bickerton은 어떻게 아동이 그것을 만들어 낸다고 결론지었을까? 한 가지 단서는 피진어가 사용되는 곳에서는 어디든지 보통 한 세대가 가기 전에 크레올이 만들어진다는 것이다. 그러나 더 중요한 단서는 크레올의 통사가 어린 아동들이 실제로 어떤 언어를 습득할 때 구성하는 (때로는 문법적으로 부적절한)문장들을 닮았다는 것이다. 예를 들어, "Where he is going?"과 같은 형태의 의문형과 "I haven't got none"과

같은 이중부정문이 크레올 언어에서는 가능하다. 마지막으로 전 세계적으로 서로 다른 크레올의 구조들이 우연이라고 보기에는 너무도 유사하다는 것이다. Bickerton은 오로지 생득론자들의 모델만이 이를 설명할 수 있다고 믿는다. 그는 "이 유사성에 대한 가장 납득할 만한 설명은 이 유사성이 유전적으로 부호화되고 인간의 뇌의 작동과 구조들에서 표현되는 언어에 대한 종-특유의 프로그램에서 비롯되었다고 하는 것이다"(1984, p.173)라고 말한다.

불행하게도 지금까지 아무도 피진어를 말하는 부모를 가진 자녀들의 언어발달에 대해 관찰한 바가 없다. 따라서 아동들이 스스로(Bickerton이 주장하듯이), 성인의 도움 없이(Bohannon, MacWhinney, & Snow, 1990; Tomasello, 1995) 피진어를 크레올로 변형시킨다는 것이 완벽하게 밝혀진 것은 아니다. 그러므로 두 번째 관찰을 보자.

수화의 창조

청각장애 아동은 종종 사물과 행위를 나타내는 일련의 몸짓(gesture)들을 개발하여 정상 부모와 의사소통을 한다(Goldin-Meadow & Mylander, 1984). 청각장애 아동들이 함께 양육된다면 그들만의 수화를 만들어낼 수 있을까?

최근의 관찰들에 의하면 그럴 수도 있다. 산디니스타들이 1979년 니카라과에서 정권을 잡았을 때 그들은 청각장애 아동들을 위한 학교를 설립했으며 아동의 대부분은 다른 청각장애인을 만난 적이 없고 정상인 가족들과 의사소통을 위해 독특한 몸짓에 의존하고 있었다. 곧 학생들은 개개인의 몸짓을 모아서 피진어와 유사한 시스템을 만들었으며 이를 통해 그들 사이의 의사소통이 가능해졌다. 그러나 더욱 놀라운 것은 이 청각장애 학생들의 자녀들이 음성언어에서 전달할 수 있는 모든 범주의 아이디어와 메시지를 표현할 수 있는 완전한 언어-니카라과 수화-로 피진 수화를 변형시켰다는 것이다(Senghas & Coppola, 2001; Senghas, Kita, & Ozyurek, 2004).

따라서 형식적인 언어모형을 접하지 못하는 아동들도-그들이 청각장애이든 피진어를 사용하든-언어와 유사한 부호를 창조하여 동료들과 의사소통을 할 것이다. 분명히 그들은 이러한 목적을 잘 달성할 수 있도록 돕는 언어적인 소인을 가지고 있는 것 같다.

상호작용론적 관점

상호작용론적 견해(interactionist viewpoint)의 옹호자들은 학습이론가와 생득론자들이 모두 부분적으로는 옳다고 믿는다. 언어발달은 생물학적인 성숙과 인지발달 그리고 주위 사람들과 의사소통하려는 아동의 시도에 의해 상당한 영향을 받으며 끊임없이 변화하는 언어적 환경 사이의 복잡한 상호작용의 결과이다(Akhtar, 2004; Bohannon & Bonvillian, 1997; McKee & McDaniel, 2004; Tomasello, 1995, 2003; Yang, 2004).

생물학적 공헌자와 인지적 공헌자

어린 아동들이 매우 다른 언어를 배우면서 보여주는 놀랄만한 유사성은 분명히 언어습

피진어
(pidgin)

공용어가 없는 사람들이 지속적으로 접촉할 때 발생하는 구조적으로 간단한 의사소통체계.

크레올어
(creole)

피진이 문법적으로 복잡한 "진정한" 언어로 변형되어 생겨난 언어.

상호작용론적 견해
(interactionist viewpoint)

언어발달의 경로를 결정하기 위해 생물학적인 요인과 환경적인 영향이 상호작용 한다는 생각.

San Francisco Alice Fung Yu 학교의 한 남학생. 이 학교에서는 유치원부터 중국어 몰입교육을 실시하여 일상 수업 중에는 중국어로만 말하고 쓰기를 한다. 생의 초기에 제2언어를 배우는 것은 십대나 성인이 되어 제2언어를 학습하는 것보다 더 쉬울 것이다.

득에 있어 생물학적인 공헌자가 있음을 시사한다(MacNeilage et al., 2000). 그러나 이러한 언어적 보편성을 설명하기 위해 LAD 혹은 LMC와 같은 신비스러운 기제들의 작동으로 언어발달을 설명해야만 하는가?

그렇지는 않다. 상호작용자들의 관점에서 볼 때 전 세계의 어린 아동들이 유사하게 말하고 여러 언어적 보편성을 보여주는 것은 이들이 모두 공통적인 경험을 많이 공유하는 동일한 종의 일원이기 때문이다. 타고나는 것은 특수한 언어적 지식이나 처리기술이 아니고 오히려 매우 느리게 성숙하는 정교한 뇌인데 뇌는 비슷한 연령의 아동들이 비슷한 생각들을 발달시키도록 소인을 만들어주고 이를 말로 표현하고자 동기화시킨다(Bates, 1999; Tomasello, 1995). 실제로 일반적인 인지발달과 언어발달이 서로 관계되어 있다는 것을 보여주는 증거들은 많이 있다. 예를 들어, 단어는 상징이며 영아들은 12개월경에 처음으로 의미 있는 단어들을 말하기 시작하는데 이때는 가장놀이와 성인모델의 행동을 지연 모방하는 것과 같이 아동의 상징능력이 발달한 직후이다(Meltzoff, 1988c). 더구나 영아들이 처음 말하는 단어들은 주로 그들이 조작하는 사물이나 자신들이 수행한 동작에 관한 것이다. 다시 말해 자신들의 감각운동 도식으로 이해할 수 있는 경험에 관한 것이다 (Pan & Gleason, 1997). 마지막으로 "gone", "oh oh"와 같은 단어들은 돌 이후에 나타나는데 이때는 영아가 대상영속성을 터득하고 자신들의 문제해결 행동의 성공과 실패를 평가하기 시작하는 시점이다(Gopnik & Meltzoff, 1987). 따라서 영아들은 때때로 그들이 그 순간에 습득하고 있는 인지적 성취에 대해 이야기 하는 것 같다.

그래서 생득론자들처럼 상호작용론자들은 아동이 언어를 습득하도록 생물학적으로 준비되어 있다고 믿는다. 그러나 그 준비는 LAD나 LMC가 아니고 오히려 느리게 성숙하는 인간의 뇌이며 아동들이 더 많은 지식을 습득하도록 도와서 말할 거리를 더 많이 제공한다. 그러나 그렇다고 생물학적인 성숙과 인지발달이 언어발달의 모든 것을 설명한다는 것은 아니다. Elizabeth Bates(1999)는 언어의 문법적인 측면은 사회적인 필요에서 기인한다고 설명한다. 아동의 어휘가 100개에서 200 단어 이상으로 증가하면 이제는 이 모든 언어적 지식을 구조화하여 타인이 알아들을 수 있는 발화로 만드는 방법을 알아야 한다. Bates의 생각과 일치하게 어린 아동이 습득하는 어휘 수와 그들의 발화에서 나타나는 문법적인 복잡성 간에는 강력한 관계가 있다(Robinson & Mervis, 1998)(그림 9.3). 그러나 어린 아동이 전문화된 언어적 처리자의 도움 없이 문법의 미묘한 요점들을 어떻게 발견할 수 있을까? 여기서 언어적 환경이 역할을 한다.

언어발달을 위한 환경적인 지원

상호작용론자들은 언어란 기본적으로 사회적 상호작용의 맥락 속에서 아동과 주변사람들이 자신들의 생각을 전달하기 위해 이런 저런 방법을 사용하는 가운데 발달하는 의사소통의 한 가지 수단이라는 점을 강조한다(Bohannon & Bonvillian, 1997; Callanan & Sabbagh, 2004; Hoff & Naigles, 2002; MacNeilage et al., 2000; Tomasello, 1995). 수년간에 걸쳐 심리언어학자들은 부모와 형제들이 어린 영아들에게 독특한 방법—즉, 언어학습을 촉진하는 의사소통 전략—을 사용하여 말하고 있음을 발견하였다. 그것이 무엇인지를 알아보기로 하자.

그림 9.3 아동의 표현어휘수 증가에 따라 문법적인 복잡성이 증가한다.
출처: Bates, 1999.

공동활동(joint activities)으로부터의 교훈 영아들이 말을 하기 훨씬 이전에 그저 웃거나 옹알이를 하거나 하는 정도를 할 수 있을 때에도 양육자들은 대화에서 어떻게 순서를 지키는가를 아기들에게 보여 준다(Bruner, 1983). 어린 아동들에게 이야기를 하면서 성인들은 아동이 언어의 규칙성을 발견하도록 돕는 지지적인 학습 환경을 만들어낸다(Adamson, Bakeman, & Deckner, 2004; Bruner, 1983; Harris, 1992). 예를 들어, 부모들은 아이들이 잠들기 전에 그들이 좋아하는 그림책을 가지고 "이건 뭐지?" 또는 "고양이가 뭐라고 말했지?"같은 질문을 한다. 이러한 활동은 어린 아동들에게 대화는 순서를 지켜야 하는 것이고 사물은 이름을 가지고 있으며 질문을 하고 대답하는 데에도 적절한 방법이 있다는 것을 배우는 기회를 반복적으로 제공한다.

아동지향어(child-directed speech)의 교훈 비교문화 연구들은 부모나 나이든 형제들이 영아나 걸음마쟁이들에게 말할 때 심리언어학자들이 아동지향어(child directed speech) 혹은 **모성어(motherese)**라고 부르는 매우 간단하고 짧은 문장을 사용하는 보편적인 경향이 있음을 발견하였다(Gelman & Shatz, 1977; Kuhl et al., 1977; Thiessen, Hill, & Saffran, 2005). 아동지향어를 사용한 발화는 전형적으로 음조는 높고, 속도는 느리며, 자주 반복되고 주요 단어(주로 사물과 행위를 지칭하는 단어)를 강조한다. 예를 들어 아들에게 공을 던지라고 말할 때 엄마는 "Billy! 공을 던져. 딸랑이 말고. 공 보이지? 그래. 그게 공이야. 던져!"라고 말한다. 매우 어릴 때부터 영아들은 성인들끼리 이야기할 때 사용하는 단조로운 말소리보다 음조가 높고 다양한 억양의 모성어 패턴을 더 선호하고(Cooper & Aslin, 1990; Pegg, Werker, & McLeod, 1992), 영아 지향어로 소개되는 사물에 대해 더 많은 정보를 처리한다(Kaplan et al., 1996). 실제로 영아들은 단어들을 이해하기 훨씬 전부터 부모의 목소리 음조에서 어떤 메시지를 이해하는 것 같다(예: "안 돼" 혹은 "잘 했어")(Fernald, 1989, 1993).

흥미롭게도 부모들은 아동의 언어가 정교화 됨에 따라 단순한 아동지향어의 길이와 복잡성을 점차 증가시킨다(Shatz, 1983). 어떤 시점이든 부모의 말은 아동의 말보다 조금 길고 조금 더 복잡하다(Bohannon & Bonvillian, 1997; Cameron-Faulkner, Lieven, & Tomasello, 2003; Sokolov, 1993). 그렇다면 바로 이것이 언어학습을 위한 이상적인 상황이다. 만약 부모나 형제들이 자주 자신들이 소통하려는 생각을 반복적으로 말하거나 다른 말로 부연 설명한다면, 아동은 아마도 자신들이 이해할 수 있는 짧은 발화 속에서 새로운 의미적 관계와 문법적 규칙에 지속적으로 노출되게 될 것이다(Bjorklund & Schwartz, 1996). 이것이 부모가 제공하는 모델링의 형태이다. 이는 아동이 부모가 제시하는 모델을 직접 모방하여 문법적인 원칙들을 습득하지 않으며 성인들도 예를 보여주며 이러한 원칙을 가르치려고 시도하지는 않는다는 것을 보여준다. 부모가 모성어를 사용하는 주된 이유는-자녀들과 효과적으로 의사소통하기 위해서이다(Fernald & Morikawa, 1993; Penner, 1987).

부정적 증거(negative evidence)로부터의 교훈 부모들은 정확한 문법적 표현에 대해 신뢰롭게 강화를 해주지는 않지만 비문법적인 표현에 대해서는 그것이 정확하지 않다는 것을 부지불식중에 전달하고 또 아동의 오류를 정정하는데 필요한 정보를 제공하는 것과 같이 **부정적 증거**를 제공한다(Bohannon & Bonvillian, 1997; Saxton, 1997). 예를 들어, 아동이 "Doggie go"라고 말했다면 성인은 아동의 비문법적 표현을 정정하

모성어
(motherese)

성인이 어린 아동과 이야기할 때 사용하는 짧고 간단하고 높은 음조(그리고 반복적인)의 문장(아동 지향어라고도 한다).

확장
(expansion)
아동의 비문법적인 문장에 대해 문장의 형태를 유지하며 문법적으로 정확한 형태로 반응하는 것.

개작
(recast)
아동의 비문법적인 문장에 대해 문법적이면서 문장의 형태도 반복적이지 않은 형태로 반응하는 것.

고 더 풍요롭게 **확장**(expansion)하여 반응할 것이다("Yes, the doggie is going away."). 성인은 아동의 문장을 새로운 문법적 형태로 **개작**(recast)하여 확장의 조금 다른 형태를 보여주기도 한다. 예를 들어, 아동이 "Doggie eat"이라고 말했다면, 성인은 그 문장을 "What is the doggie eating?" 또는 "Yes, the doggie is hungry."와 같이 개작할 수 있다. 개작은 다소 새로운 발화이므로 아동이 주의를 기울이게 되고 따라서 성인의 말에 나타난 새로운 문법적인 형태에 주목할 가능성을 높여준다. 마지막으로, 부모들은 아동이 말하는 문장 중 문법적으로 적절한 문장에 대해서는 단지 대화를 유지하고 주제를 연장(topic extension)한다. 아동의 발화를 그대로 옮기면서 성인은 아동의 발화가 문법적이라는 강한 단서를 제공하는 것이다(Bohannon & Stanowicz, 1988; Cameron-Faulkner et al., 2003; Penner, 1987).

아동은 부정적인 증거로부터 도움을 받는가? 그런 것처럼 보인다. 왜냐하면 아동의 말을 자주 확장, 개작하거나 연장해주는 부모들의 자녀들이 그렇지 않은 부모들의 자녀들에 비해 문법규칙을 더 빨리 습득하고 표현언어 능력 검사에서 상대적으로 높은 점수를 얻기 때문이다(Bohannon et al., 1996; Valdez-Menchaca & Whitehurst, 1992).

대화의 중요성   어린 아동들은 다른 사람들이 말하는 것을 듣기만 해도 언어를 배울 수 있을까? 그렇지는 않은 것 같다. 말소리에 대한 정상적인 노출만 있으면 아동들이 언어를 배울 수 있다고 주장하는 선천론자들은 언어학습에 있어서 사회적 상호작용의 역할을 확실히 과소평가했다. 언어에 대한 단순한 노출만으로는 충분치 않다. 아동은 언어를 사용하는데 적극적으로 개입되어야 한다(Locke, 1997)! 예를 들어, Catherine Snow와 동료들은 독일 텔레비전을 많이 시청한 네덜란드 아동들이 독일어 단어나 문법을 전혀 습득하지 못했음을 발견하였다(Snow & Hoefnagel-Höhle, 1978). 더구나 중증 청각장애 부모들의 정상 자녀들도 대화할 수 있는 정상 성인들과 주당 5~10시간 정도의 시간을 같이 보낸다면 정상적으로 언어발달을 할 수 있었다(Schiff-Myers, 1988). 실제로 어떤 문화권(예: New Guinea의 Katuli, 미국 Samoa 원주민, Piedmont Carolinas의 Trackton 족)에서는 모성어를 사용하거나 아이들의 서툰 문장을 고쳐주는 일이 거의 없음에도 불구하고 아동들의 언어는 정상적으로 발달한다(Gordon, 1990; Ochs, 1982; Schieffelin, 1986). 그러나 이 아동들도 언어를 사용하는 사회적 상호작용에 규칙적으로 참여하며 이것이야말로 언어숙달에 있어 가장 중요한 것으로 보인다(Lieven, 1994).

요약

따라서 상호작용론자의 입장에서 언어발달은 천성과 양육의 복잡한 교류과정의 산물이다. 아동은 강력한 뇌를 가지고 태어나는데 뇌는 천천히 발달하면서 새로이 이해한 것들을 타인들과 함께 나누고자 동기화되는 소인을 제공한다(Bates, 1999; Tomasello, 1995). 그러나 상호작용론자들은 마치 Vygotsky(1978)가 협동학습의 모델에서 강조했던 것처럼 연장자(양육자)들과의 대화가 인지와 언어발달을 촉진시킨다는 것을 강조한다. 부분적으로는 언어적 입력에 의해 촉발되어 신경계가 발달하는 동안 아동은 지적으로 성장하여 새로이 습득한 지식을 점점 더 복잡한 발화로 표현하게 되고 양육자는 이에 더 복잡하게 대답하게 된다(Bohannon & Bonvillian, 1997; Sokolov, 1993). 그림 9.4에서 보는 것처럼 상호작용의 패턴은 분명히 양방향적이다: 의사소통하려는 아동의 초기 시도가 양육자의 말에 영향을 주고 아동은 이를 처리하면서 뇌의 언어영역이 더 발달하게

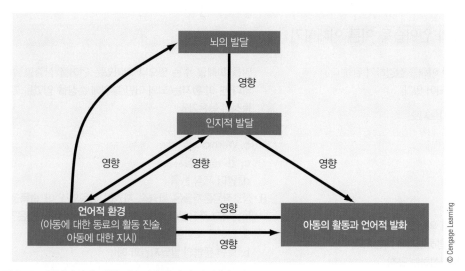

그림 9.4 언어발달에 대한 상호작용론자의 관점.

되고, 언어적 규칙을 추론하게 되어 더욱 분명하게 말하게 되고 이는 다시 양육자의 말에 영향을 준다(Tamis-LeMonda, Bornstein, & Baumwell, 2001). 다시 말하면, 상호작용론자들에 의하면 어린 아동의 언어는 애초에 그들이 참여하여 창조한 풍부하고 반응적이고 더 복잡한 언어적 환경에 의해 강하게 영향을 받는다(Bloom et al., 1996).

마지막으로 천성과 양육이 모두 공헌한다는데 동의하는 상호작용주의자들의 관점은 비록 많은 발달심리학자들이 선호하는 입장이기는 하지만 아동이 어떻게 언어를 습득하는가하는 질문에 완벽하게 대답하지는 못한다. 우리는 아동이 언어를 습득하면서 무엇을 습득하는가에 대해서는 많이 알고 있지만 그 지식을 어떻게 습득하는가는 잘 알지 못한다. 이제부터는 아동이 의미 있는 첫 단어를 말하기 훨씬 전부터 시작하는 언어발달의 과정을 알아보자.

언어 이전 시기

생의 첫 10개월에서 13개월 사이를 언어발달에서는 **언어 이전 시기**(prelinguistic phase), 즉 처음으로 의미 있는 단어를 말하기 전 시기라고 한다. 그러나 의미 있는 단어를 말하기 이전 시기이지만 언어 이전의 영아들도 태어나는 첫날부터 언어에 매우 반응적이다.

언어 이전 시기
(prelinguistic phase)
아동이 의미 있는 첫 단어를 발화하기 이전 시기.

말소리에 대한 초기의 반응

신생아들은 인간의 말소리에 "조율"되도록 프로그램되어 있는 것 같다. 신생아들에게 말을 걸면, 신생아들은 눈을 뜨고, 말하는 사람을 쳐다보고, 때로는 스스로 소리를 내기도 한다(Rheingold & Adams, 1980; Rosenthal, 1982). 생후 3일이 되면 영아들은 엄마의 목소리를 재인하며 다른 여자들의 목소리에 비해 엄마의 목소리를 선호하고(DeCasper & Fifer, 1980), 신생아들은 악기의 소리나 다른 리듬이 있는 소리보다 말소리를 듣기 위해 더 빨리 젖꼭지를 빤다(Butterfield & Siperstein, 1972). 따라서 아기들은 다른 소리패턴과 말소리를 변별할 수 있으며 매우 일찍부터 말소리에 특별한 주의를 기울인다.

모든 말소리들이 신생아들에게는 똑같이 들릴 것인가? 그런 것 같지는 않다. 출생 후

언어의 요소와 언어습득 이론 이해하기

언어의 요소들과 언어습득의 이론에 대한 이해를 점검하기 위해 다음 질문에 답하시오. 정답은 부록에 제시되어 있다.

짝짓기: 언어의 5가지 요소와 정의를 짝지으시오.

a. 형태론
b. 음운론
c. 화용론
d. 의미론
e. 통사론

1. _____ 언어의 소리체계와 말소리의 의미있는 단위를 만들기 위해 이 소리들을 어떻게 결합하는지에 대한 규칙
2. _____ 소리에서 의미있는 단어를 형성하는 규칙
3. _____ 단어와 문장이 표현하는 의미
4. _____ 언어의 구조; 의미를 가진 문장을 만들기 위해 단어와 문법적인 표지들이 어떻게 결합하여야 하는가에 대한 규칙
5. _____ 사회적 맥락에서 언어를 적절하고 효과적으로 사용하기 위한 원칙

선다형: 각 질문에 가장 적절한 답을 고르시오.

_____ 6. 학습이론가들이 언어습득을 위해 중요하다고 생각하지 않는 것은?
a. 아동이 들은 것을 모방한다.
b. 아동이 적절하게 언어를 사용했을 때 강화를 받는다.
c. 아동이 부정확하게 언어를 사용했을 때 수정을 받는다.
d. 아동이 뇌 속의 생물학적인 기제를 통해 들은 언어를 걸러낸다.

_____ 7. 뇌 손상은 실어증이나 하나 또는 그 이상의 언어적 기능의 손상을 초래할 수 있다. 만약 실어증 환자가 들은 말을 이해할 수는 있으나 의미있는 언어를 산출할 수 없다면, 이 환자는 뇌의 어떤 부위에 손상을 입었을 가능성이 높은가?
a. Broca 영역
b. Wernicke 영역
c. 언어습득 장치
d. 언어 제작 능력

_____ 8. 상호작용론자들은 환경적 지원이 아동의 언어 습득을 돕는다고 주장한다. 다음 중 이러한 지원이 아닌 것은?
a. 언어를 포함한 공동의 사회적 상호작용
b. 보편 문법의 발달지원과 예
c. 개작
d. 연장

_____ 9. Brian은 언제나 인간의 뇌에 관심이 많았다. 그는 심리학과 학부생이며 대학원의 인지신경과학 전공으로 진학할 계획을 가지고 있다. 그는 뇌 영상 기법들을 이용해서 처음으로 영아와 유아들의 뇌에서 언어습득 기제의 위치를 찾아내는 것이 꿈이다. 언어습득에 대한 이론적인 견해를 묻는다면, 그는 무엇이라고 대답할까?
a. "나는 경험론자예요!"
b. "나는 곤충학자예요!"
c. "나는 상호작용론자예요!"
d. "나는 생득론자예요!"

에세이: 다음 질문에 자세히 대답하시오.

10. 언어습득에 대한 상호작용론자들의 입장을 나타내는 그림을 그리시오. 그리고 이 모델이 양육과 천성의 영향을 어떻게 통합하고 있는지를 설명하고, 이 모델의 양방향성을 설명하시오.

며칠 이내에 2음절, 3음절 단어들 중에서 강세나 리듬이 다른 단어들을 구별할 수 있고 (Sansavini, Bertocini, & Giovanelli, 1997), 이미 어머니가 말하는 언어의 소리패턴을 다른 언어들에 비해 선호한다(Moon, Cooper, & Fifer, 1993). 1개월 영아들도 ba, da, ta와 같은 자음의 소리들을 성인들 수준으로 변별할 수 있으며, 2개월경에는 서로 다른 화자들이 다른 높낮이와 다른 강도로 말하여도 동일한 음소를 재인할 수 있다(Jusczyk, 1995; Marean, Werner, & Kuhl, 1992). 실제로 성인들은 모국어에 중요하지 않은 음소들을 구별하는 능력을 상실했기 때문에 아주 어린 영아들이 성인들보다 더 다양한 음소들을 구별할 수 있다(Saffran & Thiessen, 2003; Werker & Desjardins, 1995; Saffran et al., 2006; Tsao, Lui, & Kuhl, 2004 참조).

그렇다면 말소리와 다른 소리들을 구별하고 다양한 말소리들을 구별하는 능력들은 선천적이거나 혹은 생의 첫 며칠 혹은 몇 주 동안 습득되는 것 같다. 어떤 경우이든 어린 영아들은 그들이 듣는 말소리를 해독하는 과제를 위해 잘 준비되어 있다.

억양단서의 중요성

앞서 성인들이 영아들에게 이야기할 때 억양이 높은 모성어를 사용하여 영아들의 주의를 끈다는 것을 보았다. 더구나 성인들은 언어 이전의 영아들에게 서로 다른 "메시지"를 전달하기 위해 목소리의 높낮이를 변화시킨다(Fernald, 1989; Katz, Cohn, & Moore, 1996). 다른 곳을 쳐다보는 영아의 주의를 다시 끌기 위해서는 억양을 올리고("Look at mom^my") 반대로 "HEY_there!" 처럼 기분이 좋지 않은 아기를 위로하거나 긍정적인 정서(미소, 반짝거리는 눈)를 이끌어내기 위해서는 억양을 낮춘다. 이러한 억양의 변화는 아기들의 기분이나 행동에 영향을 주는 데 성공적이고(Fernald, 1989, 1993) 2~6개월 영아는 자주 자신들이 들은 억양에 맞추어 대답하듯 발성을 하

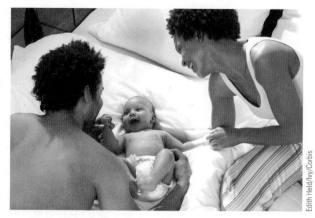

부모들은 말할 때 억양을 변화시켜서 자녀들의 정서에 영향을 줄 수 있다.

곤 한다(Masataka, 1992). 따라서 언어 이전의 영아들이 서로 다른 억양을 구분할 수 있을 뿐 아니라 곧 어떤 톤의 목소리가 특정한 의미를 갖는다는 것을 알고 있다고 결론지을 수 있다. 실제로 어떤 연구자들은 2~6개월 영아들이 억양단서를 성공적으로 해석한다는 것은 말소리는 의미를 가진다는 것을 영아들이 알고 있다는 가장 초기적 증거라고 믿는다(Fernald, 1989, 1993).

6개월 이후가 되면 영아들은 점차 모국어의 "리듬"에 조율이 되고 이는 그들이 듣는 말소리를 처음엔 구절로, 결국엔 단어들로 구분할 수 있도록 돕는다. 영아 지향어에서 구절 간의 경계는 긴 모음 소리 뒤에 긴 중지(pause)가 있는 것이 특징이며 이는 한 구절이 어디서 끝나고 또 어디서 시작하는가에 대한 풍부한 정보를 제공하는 청각 단서이다(Fisher & Tokura, 1996). 7개월경의 영아들은 구절 단위를 탐지할 수 있고 구절의 중간에 부자연스럽게 끊는 말보다 자연스럽게 끊어지는 말을 더 선호하여 듣는다(Hirsh-Pasek et al., 1987). 9개월경이 되면 영아들은 더 작은 말의 단위에 민감해진다. 영아들은 이제 양육자가 사용하는 언어의 음절 강세패턴과 음소조합과 일치하는 말소리들을 더 듣기 좋아한다(Juscyzk, Cutler, & Redanz, 1993; Morgan & Saffran, 1995). 따라서 9개월 ~12개월 사이에 영아들이 모국어의 음운적인 측면에 더 익숙해지게 되면서 진행되고 있는 말소리 중에서 개별의 단어들을 구별하는 중요한 단서를 갖게 된다(Anthony & Francis, 2005).

소리의 생성: 영아의 언어 이전 발성

울음을 제외한 발성화의 첫 번째 이정표는 꾸르륵 소리내기(cooing)로 2개월경에 아기가 모음 같은 소리를 만들어 내는 것이다. "오~~~", "아~~"와 같은 소리는 주로 아기가 먹고 난 뒤에 깨어 있고 기분이 좋을 때 많이 난다. 4개월에서 6개월 영아들은 여기에 자음소리를 덧붙이는데 이를 **옹알이**(babbling)라고 한다. 즉, 옹알이는 "마마마" 또는 "빠빠빠"처럼 모음/자음의 결합을 반복하여 단어처럼 들리지만 별 의미가 없는 소리이다. 흥미롭게도 수화로 의사소통하는 청각장애 부모의 청각장애 영아도 정상 영아들이 소리로 실험을 하는 것과 동일한 방법으로 몸짓으로 옹알이를 한다(Petitto, 2000; Petitto & Marentette, 1991).

첫 6개월 동안 전 세계 영아들(청각장애 영아조차)이 발성하는 소리는 매우 유사한

꾸르륵 소리내기
(coos)

어린 영아들이 만족했을 때 반복적으로 산출하는 모음과 같은 소리들.

옹알이
(babbles)

4~6개월경에 영아들이 만들어 내기 시작하는 모음/자음의 결합.

데 이러한 결과는 옹알이가 뇌의 성숙과 발성기관을 움직이는 근육의 성숙에 큰 영향을 받는다는 것을 시사한다(Hoff-Ginsburg, 1997). 그러나 곧 환경이 영향을 주기 시작한다. 말소리를 듣지 못하는 청각장애 영아는 말소리와 같은 음소를 만들어 내는 능력에 있어 정상 영아들에 비해 뒤지기 시작한다(Eilers & Oller, 1994; Oller & Eilers, 1988). 대조적으로 정상 영아는 타인의 말소리에 조심스럽게 주의를 집중한다. 12개월경 영아들의 옹알이 억양은 그들이 듣는 언어의 음조에 맞추어져서 마치 그 언어를 말하는 것처럼 들리기 시작한다(Blake & Boysson-Bardies, 1992; Davis & MacNeilage, 2000). 분명히 아기들은 단어를 배우기 전에 음조를 먼저 배우는 것 같다(Bates, O'Connell, & Shore, 1987).

옹알이가 진행되면서 10개월에서 12개월의 영아는 특별한 상황에서 특별한 소리를 낸다. 예를 들어, 한 영아는 요청을 할 때는 "음음음"소리를 내고 사물을 조작할 때는 "아아아"하는 모음소리를 내기 시작했다(Blake & Boysson-Bardies, 1992). Charles Ferguson(1977)에 의하면 이렇게 영아가 유성어(vocables)를 만들어 내는 것은 특정 말소리가 의미를 가진다는 것을 이제 의식하고 있다는 증거이며 곧 말할 준비가 되어 있음을 의미한다.

언어와 의사소통에 관하여 언어 이전의 영아는 무엇을 알고 있는가?

영아들은 우리가 생각하는 것보다 언어에 대해 더 많은 것을 알고 있는가? 실제로 그런 것 같다. 그리고 영아들이 말소리에 대해 가장 먼저 배우는 것들 중 하나는 실제적인 수업이다. 첫 6개월 동안 아기들은 양육자가 말하는 동안 꾸르륵 소리를 내거나 옹알이를 한다(Rosenthal, 1982). 매우 어린 아기들에게 있어 말하기는 마치 대화 상대자와 화음을 이루는 것이 목적인 소리내기 게임인 것 같다. 그러나 7~8개월경이 되면, 영아들은 대화 상대자가 말하기 시작하면 조용해지고, 상대가 말을 멈추면 발성으로 대답한다. 그들은 분명히 언어의 화용론에 있어 첫 번째 규칙을 배운 것 같다. 즉, '다른 사람이 말하고 있을 때는 말하지 마라. 곧 말할 차례가 온다'는 것이다.

순서대로 발성하기가 가능한 것은 부모들이 주로 아기에게 무엇을 말하고, 영아가 웃거나, 기침을 하거나, 꺽 소리를 내거나, 옹알이하기를 기다렸다가 다시 영아에게 말하는 식으로 영아의 반응을 유도하기 때문인 것 같다(Snow & Ferguson, 1977). 물론 영아들은 상대와 역할을 번갈아 해야 하는 다른 맥락에서 순서 지키기의 중요성을 배웠을 수도 있다(Bruner, 1983). 이러한 상호적인 교환의 예로는 코 만지기, 노래에 맞춰 손뼉치기, 순서대로 장난감 가지고 놀기 등이 있다. 4개월경에 영아는 체계적이지 않은 사회적 게임보다 체계적인 사회적 게임에 더 반응한다(Rochat, Querido, & Striano, 1999). 9개월경에는 많은 게임에서 교대로 순서 지키기의 규칙들을 분명하게 이해한다. 만약 성인이 자기의 순서를 지키지 않아 그러한 활동이 중단되면 영아는 발성을 하고 성인에게 놀이감을 주면서 계속할 것을 요구하거나 1~2초 정도 기다렸다가 성인의 역할을 대신하고는 성인을 다시 쳐다본다(Ross & Lollis, 1987). 따라서 양육자가 영아와 상호작용을 구조화하는 방법들이 실제로 말하기를 포함한 많은 형태의 사회적 담화들이 분명한 규칙을 지키는 정형화된 활동임을 영아에게 가르치고 있는 것 같다.

몸짓과 비언어적 반응들

8~10개월의 언어 이전 시기의 영아들은 사람들과 의사소통을 위해 비언어적인 몸짓이나 반응(예: 얼굴표정)을 사용한다(Acredolo & Goodwyn, 1990). 두 종류의 비언어적 몸짓이 공통적이다. 하나는 진술적인 몸짓(declarative gestures)으로 영아가 사물을 가리키거나 만져서 성인의 주의를 그 사물로 이끄는 것이다. 두 번째는 명령적 몸짓(imperative gestures)으로 자신이 원하는 사탕을 가리키거나 안기고 싶을 때 성인의 바지를 끌어당기는 것과 같이 타인이 자신의 요구를 들어주도록 하는 것이다. 결국 이 몸짓들 중의 일부는 전적으로 표상화가 되어 마치 언어처럼 기능하게 된다. 예를 들어, 1~2세는 안기고 싶을 때 팔을 들어 표시하고, 비행기를 나타내기 위해 팔을 내밀고, 집에서 기르는 개를 나타내기 위해 숨을 헐떡거리기도 한다(Acredolo & Goodwyn, 1990; Bates et al., 1989). 일단 말을 하기 시작하면 아이들은 자신들이 전달하려는 바를 확실히 하기 위해 자신들의 한, 두 단어 발화와 함께 몸짓을 사용하기도 하고 혹은 억양적인 단서를 사용하기도 한다(Butcher & Goldin-Meadow, 2000). 그리고 일반적인 생각과 달리 말과 함께 사용되는 몸짓은 말이 복잡해질수록 실제로 더 증가한다(Iverson & Fagan, 2004; Nicoladis, Mayberry, & Genesee, 1999). 사실 모든 연령에 있어 음성적 의사소통과 함께 몸짓이 자주 사용되므로(Goldin-Meadow, 2000 참조) 음성언어체계라는 말은 말-몸짓체계(Mayberry & Nicoladis, 2000)로 바꾸어야 한다.

가리키기는 초보적이지만 매우 효과적인 의사소통 수단이다. 12개월경에 아동들은 검지로 가리키면서 흥미로운 사물이나 활동에 주의를 끈다.

언어 이전 시기의 영아들은 단어의 의미를 이해하는가?

대부분의 영아들이 12개월 전에 첫 단어를 말하지 못할지라도 부모들은 영아들이 적어도 몇 단어는 이해할 수 있다고 믿는다. 그러나 잘 통제된 단어이해 검사 결과는 언어 이전 시기의 영아들이 거의 아무 단어도 이해하지 못하거나 몇 개의 단어만을 이해하고 있음을 보여주었다. 한 연구에서 엄마들이 11개월과 13개월 영아들에게 친숙한 사물을 쳐다보라고 말했다. 엄마들과 영아들은 서로 **볼 수 없었기** 때문에 영아의 주의를 끌기 위해 엄마들이 몸짓이나 비언어적 단서들을 사용할 수 없었다. 13개월 영아들은 분명히 사물의 이름을 말하는 단어를 이해했다. 그들은 쳐다보라고 한 사물을 의도적으로 쳐다보았고 방해자극을 쳐다보지 않았다. 반대로 대부분의 11개월 영아들은 단어의 의미를 이해하지 못했다. 왜냐하면 이들은 쳐다보라는 지시를 한 사물과 방해자극을 거의 비슷한 정도로 쳐다보았기 때문이다(Thomas et al., 1981). 따라서 12~13개월이 된 영아들은 개별 단어들이 의미를 가진다는 것을 이해한다. 실제로 Sharon Oviatt(1980)는 12~17개월 영아들이 말하기 훨씬 전부터 많은 명사와 동사들을 이해한다는 사실을 발견하였다. 따라서 영아들은 그들이 말할 수 있는 것보다 더 많은 것을 아는 것 같다. 분명히 12~13개월, 혹은 그 이전부터도 **수용언어**(이해)는 **산출언어**(표현)를 앞서는 것 같다.

일어문기: 한 번에 한 단어씩

의미 있는 말을 하기 시작하는 첫 번째 단계인 **일어문기**에 영아들은 한 단어로 전체 문장의 의미를 표현하는 것 같다(Bochner & Jones, 2003; Dominey, 2005). 처음에 아동이 산출할 수 있는 어휘들은 예를 들어, "ba"("ball"대신) 혹은 "awa"(과자를 가리키며 "I want" 대신)처럼 발음할 수 있는 소리로 제한되므로 아주 가까운 양육자만이 첫 단어의

수용언어
(receptive language)
타인의 말을 들을 때 각 개인이 이해하는 말.

산출언어
(productive language)
개인이 자신의 말 속에서 표현(산출)하는 말.

일어문기
(holophrastic period)
아동의 말이 한 단어 발화로 구성되는 시기를 말하는데 이때 아동이 발화하는 한 단어 중 일부는 문장으로 여겨짐.

일어문
(holophrase)
문장의 의미를 가진 한 단어 발화.

의미를 알아들을 수 있다(Hura & Echols, 1996). 영아에게 가장 쉬운 소리들은 자음으로 시작하고 모음으로 끝나는 소리들이며 긴 단어들은 주로 발음할 수 있는 음절들을 반복하는 것이다(예, "mama", "bye-bye").

음운적인 발달은 매우 빠르게 진행된다. 한살 반 정도가 되면 영아들의 귀엽고 창의적인 발음은 이미 성인의 단어들을 좀 더 간단하게 발음할 수 있도록 하는 규칙이나 전략에 의해 인도된다. 예를 들어, 다음절로 이루어진 단어에서 강세가 오지 않는 음절을 자주 생략하거나(예를 들어, "shampoo"대신 "poo"라고 말하기) 또는 단어 말미의 자음을 모음으로 대치한다("apple"대신 "appo")(Ingram, 1986; Lewis, Antone, & Johnson, 1999). 이러한 초기의 발음오류가 언어에 상관없이 어느 정도 유사하고 그것을 고쳐주려는 어른의 시도에도 불구하고 잘 고쳐지지 않는 것은 이 오류들이 부분적으로는 성대의 미성숙이라는 발성제약에 기인할 가능성을 시사한다. 그러나 개인차도 크다. 같은 언어에 노출된 아기들이라 할지라도 모두 비슷한 소리를 내는 것은 아니다(Vihman et al., 1994). 왜 그럴까? 아마도 음소를 발음하고 이를 단어로 조합하는 것은 음성-운동기술이며 이는 5장에서 논의한 역동적 운동체계와 마찬가지로 개개의 아동에게 있어 독특한 경로로 발달하기 때문인 것 같다. 자신들이 주의 깊게 들은 소리들을 조합하고 새롭고 더 복잡한 패턴을 생산한다. 이 역동적 체계는 주위사람들과 효과적으로 의사소통하려는 목표를 달성하려는 노력이다(Thelan, 1995; Vihman et al., 1994). 학령전기 동안 성대의 성숙과 더불어 아동은 성인의 말속에서 음소의 조합들을 해독할 기회를 더 많이 가지게 된다. 그들은 이 음소 조합들을 연습하고 발음의 오류는 점점 줄어든다. 결과적으로 대부분의 4~5세는 대부분의 단어들을 성인과 비슷하게 발음한다(Ingram, 1986).

초기 의미론: 어휘 만들기

영아들이 말을 하기 시작하면서 어휘의 습득은 실제로 한 번에 한 단어씩 진행된다(Hoff, 2009). 실제로 대부분의 아동들이 10개의 단어를 습득하기까지 3~4개월이 소요된다. 그러나 단어학습의 속도는 18~24개월 사이에 증가하여 영아들은 주당 10~20개의 새로운 어휘를 습득한다(Reznick & Goldfield, 1992). 이러한 어휘급등은 때로 **명명폭발**(naming explosion)이라고 부르기도 한다. 왜냐하면 대부분의 부모들이 증언하는 바처럼 이 시기의 유아들은 모든 것에 이름이 있다는 놀라운 깨달음에 도달하여 가능한 모든 이름을 배우고 싶은 것처럼 보이기 때문이다(Ganger & Brent, 2004; Reznick & Goldfield, 1992). 전형적인 2세 유아는 이제 거의 200개의 단어를 말할 수 있고, 더 많은 단어들을 이해한다(Benedict, 1979; Hoff, 2009; Nelson, 1973).

영아들은 무엇을 말하는가? Katherine Nelson(1973)은 첫 50단어를 습득하기 시작하는 18명의 영아를 연구하여 초기어휘의 2/3가 친근한 사람들을 포함한 사물(Bornstein et al., 2004)을 가리킨다는 것을 밝혀내었다(표 9.1; Waxman & Lidz, 2006). 더구나 이 사물들은 대부분이 아동이 조작할 수 있거나(예, 공 또는 신발) 혹은 스스로 움직일 수 있는 것들이었다(예: 동물, 탈 것). 의자나 접시처럼 움직일 수 없는 것에 대한 어휘는 영아들의 초기 어휘에 거의 없었다. 영아들의 초기 어휘는 또한 친근한 행위를 포함한다(Nelson, 1973; Naigles & Hoff, 2006; Snedecker, Geren, & Shafto, 2007)(표 9.1 참조). 실제로 최근의 연구들에 의하면 영아들은 과장된 발화와 함께 단어가 가리키는 사물로 주의를 끄는 행위가 동반되는 **다중양태의 모성어**(multimodal motherese)로

명명폭발
(naming explosion)
18개월 이후 영아가 놀랄만한 속도로 새로운 어휘를 습득하는 현상을 일컫는다. 이때 습득되는 새로운 단어의 많은 수가 사물의 이름이므로 명명폭발이라 부른다.

다중양태의 모성어
(multimodal motherese)
성인이나 나이든 아동이 단어가 지칭하는 참조물로 영아의 주의를 끌기 위해 두 개 혹은 그 이상의 감각정보를 동시에 과장된 방법으로 사용하는 것.

단어 범주	정의와 예	발화량(%)
사물 단어	사물의 종류를 나타내는 단어들(car, doggie, milk) 유일한 사물을 나타내는 단어들(Mommy, Rover)	65
행위 단어	행위를 기술하거나 행위에 동반되거나 주의를 끄는 단어들 (bye-bye, up, go)	13
수식어	사물의 특성이나 속성을 나타내는 단어들 (big, hot, mine, allgone)	9
개인적/사회적 단어	사회적 관계에 대한 언급이나 감정을 나타내기 위해 사용되는 단어들 (please, thank you, no, ouch)	8
기능적 단어	문법적인 기능을 가지는 단어들(what, where, is, to, for)	4

표 9.1 50개의 산출어휘를 가진 아동들의 단어종류

출처: Nelson, 1973.

소개되는 어휘들을 잘 이해하고 사용한다(Gogate & Bahrick, 2000). 따라서 영아들은 자신이나 혹은 타인의 감각운동 행위를 통해 이미 이해된 경험의 측면들에 대해 주로 이야기하는 것 같다.

초기 언어에서 개인과 문화에 따른 변이

Katherine Nelson(1973)의 초기 연구들은 영아들이 산출하는 어휘에 있어 흥미로운 개인차를 발견하였다. 대부분의 영아들은 **참조적 스타일**(referential style)이었다. 즉, 그들의 초기 어휘들은 주로 사물이나 사람을 가리키는 말이었다. 그러나 대조적으로 소수의 영아들은 **표현적 스타일**(expressive style)이다. 이들은 *please, thank you, don't, stop it*과 같은 개인적/사회적 어휘를 많이 사용한다. 이 두 집단의 영아들에게 언어는 다소 다른 기능을 하는 것 같다. 참조적인 스타일의 영아들에게 단어는 사물을 명명하기 위한 것인데 비해 표현적인 스타일의 영아들은 자신이나 타인의 감정으로 주의를 끌고 사회적인 상호작용을 조절하기 위해 단어를 사용하는 것 같다(Nelson, 1981). 그러나 이러한 초기 언어적 스타일에서의 개인차는 나중의 언어적 성취에서의 개인차와는 관계되지 않는다.

또 다른 개인차는 아동의 출생순서에서 비롯된다. 즉, 아동의 출생순서가 언어적 환경에 영향을 주고 따라서 영아의 언어 스타일에 영향을 미치는 것 같다. 서구사회에서 대부분의 첫째 아이들은 참조적인 스타일인데 이는 아마도 주의를 끄는 사물에 대해 부모들이 기꺼이 이름을 가르쳐주고 질문을 해주기 때문인 것 같다(Nelson, 1973). 동생들은 맏이가 들어보지 못했던 나이든 형제에게 하는 말을 많이 듣는다. 따라서 출생순서가 늦은 아이들은(그리고 대가족의 아이들) 부모와 사물에 대해 대화하는 시간이 적고 대부분의 시간을 자신이나 나이든 형제의 행동을 조절하려는 목적의 간단한 말을 듣는데 보낸다(Evans, Maxwell & Hart, 1999; Pine, 1995). 그 결과 이들은 첫째 아이보다 언어가 타인의 행동을 조절하는 기능을 가진 것으로 결론지을 가능성이 높고 따라서 표현적인 스타일을 갖게 된다(Nelson, 1973).

문화 역시 언어적 스타일에 영향을 준다. 동물인형에 대해 이야기할 때 미국 엄마들은 이를 사물에 대해 가르칠 기회로 삼게 되고 따라서 참조적인 스타일을 장려한다("이것 봐 강아지야. 여기 큰 귀를 좀 봐."). 그러나 일본 엄마들은 타인에 대한 배려와 사회적 관례를 강조하는 경향이 있고("강아지를 사랑해줘!"), 이는 표현적인 스타일을 촉진한다(Fernald & Morikawa, 1993). 실제로 일본, 중국, 한국과 같은 아시아 문화권에서

참조적 스타일
(referential style)

영아들이 주로 사물의 이름을 붙이기 위해 언어를 사용하는 초기 언어사용 방식.

표현적 스타일
(expressive style)

영아들이 주로 자신이나 타인의 감정으로 주의를 끌거나 사회적 상호작용을 조절하기 위해 언어를 사용하는 초기 언어사용 방식.

아동의 첫 단어 중 많은 부분은 움직이거나 조작할 수 있는 사물에 대한 이름들이다.

타인에 대한 배려와 사회적 관례를 강조하면서 일본 엄마들은 자녀들이 "표현적인" 언어스타일을 갖도록 격려한다.

빠른 대응
(fast mapping)

단어가 적용되는 경우를 몇 번만 들은 뒤에 단어를 습득하는 과정.

과잉확장
(overextension)

어린 아동들이 특정의 단어를 성인에 비해 상대적으로 광범위한 대상, 행위, 혹은 사상을 지칭하기 위해 사용하는 경향(예, '차'라는 단어로 모든 탈 것을 지칭).

과잉축소
(underextension)

어린 아동들이 일반적인 단어를 성인에 비해 상대적으로 제한된 대상, 행위, 혹은 사상을 지칭하기 위해 사용하는 경향(예, '사탕'이라는 단어를 민트 사탕을 말할 때만 사용).

는 대인간 조화를 강조하며 아동들은 미국 아동들에 비해 동사와 개인적/사회적 단어들을 더 빨리 습득한다(Gopnik & Choi, 1995; Tardif, Gelman, & Xu, 1999; Tomasello, 2006).

단어에 의미 부여하기

걸음마쟁이들은 단어가 무엇을 의미하는지를 어떻게 알게 되는가? 많은 경우에 단어를 몇 번 들은 뒤 재빨리 그 단어를 참조물에 적용(그리고 유지)하는 **빠른 대응**(fast mapping)과정을 사용하는 것 같다(Wilkinson & Mazzitelli, 2003). 13~15개월 영아들조차도, 물론 이 시기엔 행위나 활동의 이름보다 사물의 이름을 더 쉽게 습득하긴 하지만(Casasola & Cohen, 2000), 빠른 대응으로 새로운 단어들의 의미를 배울 수 있다(Schaefer & Plummert, 1998; Woodward, Markman, & Fitzsimmons, 1994). 빠른 대응은 분명히 나이에 따라 향상된다. 18~20개월 유아들은 자신과 말하는 사람이 명명된 사물이나 행위에 **공동의 주의**(jointly attending)를 기울이고 있기만 하면 새로운 단어의 의미도 습득할 수 있다(Baldwin et al., 1996). 24개월경에는 화자가 말하려고 하는 바를 훨씬 잘 추론하고 심지어 다른 사물이나 사상이 주의를 끄는 경우에도 참조물에 새로운 단어를 빨리 대응하게 된다(Moore, Angelopoulos, & Bennett, 1999).

만약 13~15개월 영아가 빠른 대응을 할 수 있다면 이 시기 영아들은 왜 몇 개의 단어만을 말할 수 있는가? 한 가지 가능성은 빠른 대응이 단어의 의미를 이해하는 것을 돕기는 하지만 말을 하려고할 때에는 기억 속에서 아는 단어를 인출해야 하고 여기서 어려움을 겪을 수 있다. 예를 들어, 최근의 한 연구에서는 14~24개월 영아들에게 이들이 이름을 알고 있는 사물을 상자 안에 감추는 것을 보여준 뒤에 "상자 안에는 무엇이 있니?"라고 질문하였다(Dapretto & Bjork, 2000). 명명폭발 이전의 영아들은 질문에 답하기 위해 자신들이 잘 알고 있는 단어를 인출할 수 없었던 데에 비해 명명폭발 시기를 지난 영아들은 훨씬 잘 할 수 있었다. 따라서 산출어휘가 이해어휘보다 적은 한 가지 중요한 이유는 12~15개월 영아들이 의미 이해를 위해서는 새로운 단어와 의미에 대한 빠른 대응이 가능하지만, 말을 할 때는 이 단어들을 기억 속에서 인출하는데 자주 실패하기 때문인 것 같다.

단어 사용에서의 보편적 실수

놀랄만한 빠른 대응의 능력에도 불구하고 걸음마쟁이들은 성인과는 다른 의미를 단어들에 부여한다(Pan & Gleason, 1997). 아이들이 자주 범하는 실수 중 한 종류는 단어를 사용할 때 성인들이 사용하는 것보다 더 다양한 사물과 사상에 적용하는 것이다(Mandler, 2004; McDonough, 2002; Samuelson, 2002). **과잉확장**(overextension)이라고 하는 이 현상은 아동이 털이 있고, 네 발을 가진 모든 동물을 멍멍이라고 지칭하는 예에서 볼 수 있다. 반대로 **과잉축소**(underexetnsion)는 과잉확장의 반대인데 성인이 사용하는 것보다 더 좁은 범위의 사물을 지칭하기 위해 단어를 사용하는 경향을 말한다. 아이들이 초코칩 쿠키만 쿠키라고 부르는 경우가 그 예이다(Jerger & Damian, 2005). 어린 아동들이 왜 특정 단어를 과잉확장하거나 과잉축소하여 사용하는지는 분명치 않지만, 빠른 대응이 이런 오류와 관계있는 것 같다. 예를 들어, 엄마가 콜리(개의 일종)를 보며 "멍멍이"라고 말하고 또 폭스 테리어(개의 일종)를 보고도 "봐, 다른 멍멍이가 있네."라고 말한다고 하자. 동일한 이름을 지각적으로 다른 사물에 붙이는 것을 보고 아이들은 그들의 공통점을 추출하여 범주를 형성한다(Samuelson & Smith, 2000). 아이는 두 동물이 모두 4개의 다리를 가지고 털이 있다는 공통점을 발견하고 빠른 대응을 통해 이러한 지각적 특성에 **멍멍**이라는 이름을 붙일 수 있다. 그러고 나면, **멍멍**이라는 단어를 유사한 지각적(의미적) 특성을 가진 다른 동물(너구리, 여우)에까지 과잉확장할 수 있다(Clark, 1973). 빠른 대응은 과잉축소 역시 초래할 수 있다. 만약 아이가 본 유일한 강아지가 집에서 기르는 애완견이고 엄마가 그것을 "멍멍이"라고 부르는 것을 여러 차례 들었다고 가정하자. 그러면 아이는 **멍멍**이라는 것이 그 동물에게만 고유한 이름이라고 생각하고 애완견을 가리킬 때만 **멍멍**이라는 말을 사용하게 될 것이다.

새로운 단어들의 의미를 해석하는 것은 위의 예에서 보는 것보다 훨씬 어려운 일이다. 왜냐하면 새로운 단어가 가리키는 것이 무엇인지 정확하지 않은 경우가 많기 때문이다. 예를 들어, 엄마가 차 옆을 지나가는 고양이를 보고 "고양이다."라고 말했다면 아동은 먼저 새로운 단어가 차를 의미하는지 동물을 의미하는지를 결정해야 한다. 차가 아니라고 하더라도 고양이라는 말이 네발 달린 동물 전체를 가리킬 수도 있고 특정한 이 동물을 의미할 수도 있으며 혹은 고양이의 뾰족한 귀를 가리키거나 느릿느릿한 걸음걸이, 또는 고양이의 울음소리를 의미할 수도 있다. 이 모든 가능성이 아동에게 다 그럴듯하다면 특정 단어가 이 중에 무엇을 의미하는가를 어떻게 아는가?

단어의 의미를 추론하는 전략

참조물이 분명하지 않을 때(위의 고양이 예에서처럼) 아동이 새로운 단어의 의미를 어떻게 알게 되는가하는 문제는 아직도 완전히 풀리지 않은 도전과제이다. Akhtar, Carpenter, & Tomasello(1996)에 의하면 2세 아동들은 말 속에서 새로운 단어가 무엇을 의미하는지를 결정하는데 도움을 주는 **사회적이고 맥락적인** 단서들에 이미 특별히 민감하다. 이를 보여주기 위해 Akhtar와 동료들은 2세 아동과 두 어른이 처음 보는, 세 개의 **이름을 모르는** 사물을 가지고 놀도록 하였다. 그런 다음 그 중 한 어른이 방을 나가고 네 번째 이름 모르는 사물을 소개했다. 나중에 방을 나갔던 어른이 다시 돌아와서는 네 개의 사물 중 어떤 사물을 가리키는지를 알려주는 아무런 단서도 없이 "저것 봐, gazzer가 있구나! gazzer!"라고 소리 질렀다. 네 개의 사물 중 어느 것이나 "gazzer"가 될 수 있는 상황이었지만 "gazzer"를 보여 달라고 했을 때 많은 2세 아동들은 화자의 참조적 의도를 올바르게 알아차리고 **새로운** 사물(아동들 자신이 아니라 **화자에게만 새로운**)을 집어 들었다. 아동들은 두 번째 성인이 네 번째 사물을 본적이 없으며 따라서 그 성인은 자신에게 새로운 사물에 대해 이야기하고 있을 것이라고 추측하였던 것이다.

2세 아동들은 단어의 의미를 추론하는데 있어 사회적, 맥락적 단서와 함께 새로운 단어가 의미하는 바를 줄여주는 인지적 전략 혹은 **처리 제약**(processing constraints)을 사용한다(de Villiers & de Villiers, 1992; Golinkoff et al., 1996; Hall & Waxman, 1993; Littschwager & Markman, 1994). 단어 의미에 대한 아동의 추론을 돕는 더욱 기본적인 제약 몇 개를 표 9.2에 소개하였다.

물론 이 제약들은 함께 작용하여 아동이 단어의 의미를 파악하도록 돕는다. 예를 들어, 두 개의 서로 다른 사물을 horn과 clip이라는 단어로 부르는 것을 본 2세 아동은

처리제약
(processing constraints)
영아나 유아가 새로운 단어의 의미를 해석하는데 있어 다른 해석보다 어떤 해석을 더 선호하게끔 하는 인지적 편향 또는 경향성.

표 9.2 새로운 단어의 의미에 대한 추론을 도와주는 처리전략 혹은 제약들

제약	기술	예
대상범위제약	단어는 대상의 부분이나 특성을 지칭하기보다 전체 대상을 가리킬 것이라는 가정	아동이 *야옹*이라는 단어를 들었을 때 이것이 동물의 귀, 꼬리, 야옹하는 소리를 지칭하기보다 동물 그 자체를 가리킬 것이라고 생각한다.
분류제약	단어는 공통의 지각적인 속성을 가진 유사한 대상들의 범주에 대한 이름이라는 가정	아동은 *야옹*이라는 단어가 자신이 본 그 동물을 가리킬 뿐 아니라 그것 외에도 털이 있고 발이 네 개이고 크기가 작은 다른 동물을 가리킨다고 생각한다.
어휘대조제약	각 단어는 고유의 의미를 갖는다는 생각	*멍멍*이라는 단어를 이미 알고 있는 아동은 *달마시안*이라는 단어를 들었을 때 그 단어가 특별한 종류(하위범주)의 개를 가리킨다고 생각한다.
상호배타성제약	각 대상이 하나의 이름을 가지며 서로 다른 단어는 독립적이고 중복되지 않은 범주를 지칭한다는 가정	*멍멍*이라는 단어를 이미 알고 있는 아동이 누가 "멍멍이가 *야옹*이를 쫓아가고 있네."라고 말하는 것을 들었다면, *야옹*이는 도망가고 있는 동물을 가리킨다고 생각한다.

대상범위 제약
(object scope constraint)
어린 아동은 대상을 지칭하는 새로운 단어가 대상의 일부나 특성(예: 색상)보다 전체 대상을 가리킨다고 가정할 것이라는 생각.

상호배타성 제약
(mutual exclusivity constraint)
어린 아동은 각 대상이 오직 하나의 이름을 가지며 다른 단어는 중복되지 않는 별개의 다른 범주를 가리킨다고 가정할 것이라는 생각.

어휘대조제약
(lexical contrast constraint)
어린 아동은 자신이 이미 알고 있는 단어와 새로운 단어의 의미를 대조하여 단어의 의미를 추론한다는 생각.

통사적 자동처리
(syntactic bootstrapping)
어린 아동이 단어가 문장에서 사용되는 방법을 분석하고 단어가 대상(명사)을 지칭하는지, 행위(동사)를 지칭하는지, 또는 속성(형용사)을 지칭하는지를 추론해서 새 단어의 의미를 추론한다는 생각.

각 단어를 부분이나 특성이 아닌 사물 전체를 지칭하는 것으로 생각하며(**대상범위제약** object scope constraints), horn을 "clip"으로 부르는 일이 거의 없다(**상호배타성** mutual exclusivity)(Waxman & Senghas, 1992).

그러나 상호배타성 제약은 성인이 동일한 대상을 한 가지 이상의 이름으로 부를 때에는 도움이 되지 않는다(예: "저기 멍멍이가 있네 – 코커 스파니엘이네")(Callanan & Sabbagh, 2004). 이러한 상황에서는 멍멍이라는 단어를 이미 알고 있는 2세 아동은 **어휘대조 제약**(lexical contrast constraint)을 적용하여 코커 스파니엘은 독특한 특징(길고 펄럭이는 귀, 두꺼운 털)을 가진 특별한 개를 의미한다고 결론지을 것이다(Taylor & Gelman, 1988, 1989; Waxman & Hatch, 1992). 실제로 새로운 단어와 친숙한 단어들을 대조하는 경향은 아동이 어떻게 언어적 위계범주를 형성하는지를 설명해준다. 궁극적으로 아동은 예를 들어, 개는 동물이며 동시에 포유류(상위범주)이고 "포키"라는 고유한 이름을 가진 코커 스파니엘(하위범주)이라는 것을 알게 된다(Mervis, Golinkoff, & Bertrand, 1994).

단어의미에 대한 통사적 단서 어린 아동은 단어가 문장 속에서 사용되는 방법에 주의를 기울여 단어의 의미를 추론할 수도 있다. 예를 들어, 20~24개월 유아들이 zav라는 새로운 단어가 어떤 장난감을 가리키는 명사로 사용되는 것을 듣는다면("This is a *zav*."), 유아들은 이 새로운 단어가 장난감 그 자체를 가리킨다고 결론짓는다. 그러나 *zav*가 형용사로 사용된다면("This is a *zav* one."), *zav*가 장난감의 형태나 색과 같은 어떤 특성을 가리키는 말이라고 생각한다(Taylor & Gelman, 1988; Waxman & Markow, 1998).

여기서 아동들이 문장구조 또는 통사적인 단서부터 단어의미를 추론한다는 것에 주목하라. 실제로 **통사적 자동처리**(syntactical bootstrapping)는 새로운 동사들의 의미를 해독하는데 특별한 도움을 준다(Gleitman, 1990; Hoff & Naigles, 2002; Lidz, Gleitman, & Gleitman, 2003; Oller, 2005). 다음의 두 문장을 보자.

1. The duck is gorping the bunny. (Gorping은 원인이 되는 행위를 가리킴)
2. The duck and the bunny are gorping. (Gorping은 동시적 행위를 가리킴)

2세 아동에게 위와 같은 문장을 들려주면, 아동들은 자신이 들은 문장과 일치하는 비디

오를 선호하여 쳐다본다. 예를 들어, 문장 1을 들은 뒤에는 오리가 토끼를 **구부리도록** 하는 비디오를 쳐다본다(Naigles, 1990). 분명히 동사의 통사적 단서—문장에서 동사가 취하는 형태—는 그것이 무엇을 의미하는가에 중요한 단서를 제공한다(Naigles & Hoff-Ginsberg, 1995).

마지막으로 2세 아동은 이미 알고 있는 동사의 의미를 사용하여 새로운 명사의 참조물에 대한 범위를 좁힌다. 예를 들어, "eating"의 의미를 이미 알고 있다면 "Daddy is eating cabbage"라는 문장을 들었을 때 아동은 *cabbage*가 햄이나 빵, 또는 식탁의 다른 사물을 의미한다고 생각하기 보다는 아빠가 먹고 있는 잎이 많은 야채를 가리킨다고 생각할 것이다(Goodman, McDonough, & Brown, 1998). 3세가 되면 아동은 통사적 단서로부터 의미를 추론하는데 매우 능숙해져서 새로운 단어의 참조물이 분명치 않거나 통사적 단서와 다른 처리제약이 서로 다른 해석을 이끌어 낼 때에 다른 처리제약보다 **문장구조**에 대한 이해를 더 신뢰한다(Hall, Quantz, & Persoage, 2000).

요약 어린 아동은 새로운 단어가 무엇을 의미하는지에 대해 추론하는 과제를 위해 매우 잘 준비되어 있다. 동료들과 의미를 공유하고자 하는 강한 동기로 인해 아동들은 그들이 듣는 말의 새로운 측면에 특별히 민감하게 되고 새로운 단어를 해석하기 위해 가능한 정보와 사회-맥락적 단서들을 이용하도록 동기화된다. 2살이 되면 거의 200단어 정도를 말하게 되고 이는 어휘적 대조를 위해 충분한 기저선을 제공한다. 동시에 그들은 새로운 단어가 동사인지, 명사인지 또는 형용사인지를 결정할 수 있을 만큼 문장구조(통사)에 대해 충분하게 이해하고 있으며 이것은 의미이해의 또 다른 중요한 단서가 된다. 걸음마쟁이들은 아직 의미적 오류를 나타내기도 하지만 오류가 보여주는 것보다 단어의미에 대하여 많은 것을 알고 있다. 예를 들어, 말을 보고 "멍멍이"라고 부르는 2세 아동도 여러 동물의 사진을 주고 개를 찾으라고 하면 개를 구별할 수 있다(Naigles & Gelman, 1995). 그렇다면 아동은 말과 개를 구별할 수 있는데 왜 말을 개라고 부르는 것일까?

한 가지 가능성은 아직 상대적으로 적은 수의 어휘만을 가진 아동들이 새로운 사물과 행위의 이름을 학습하기 위해서 일종의 전략을 사용하는 것일 수 있다. 말을 개라고 부르는 아동은 실제로 말이 개라고 믿어서가 아니라 말을 지칭할 만한 어휘를 알지 못하고 과거 경험으로부터 부정확한 이름을 부르면 "아니야 그건 **말**이야. 말이라고 해봐."와 같은 반응이 나온다는 것을 알기 때문일 것이다(Ingram, 1989).

Naigles, L. (1980). Children use syntax to learn verb meanings. Journal of Child Language 17(2), 357–374. Copyright © 1990 Cambridge University Press. Reprinted with permission of Cambridge University Press.

한 단어가 한 단어 이상일 때

많은 심리언어학자들은 유아들의 한 단어 발화를 일어문(holophrase)이라고 한다. 이는 한 단어 발화가 이름이라기보다는 전체 문장의 의미를 전달하려는 시도로 보이기 때문이다(Bochner & Jones, 2003; Dominey, 2005). 이러한 한 단어 "문장"은 어떻게, 어떤 맥락에서 발화되는지에 따라 서로 다른 의사소통적 기능을 가진다(Greenfield & Smith, 1976). 예를 들어, 17개월 된 Carmen이 5분 동안 게티(스파게티)라는 단어를 3번 말했다고 하자. 처음에는 스토브 위에 놓인 팬을 가리키며 "저거 스파게티야?"라고 질문하는 것 같다. 팬에 담긴 내용물을 보고 난 뒤에 일어문의 기능은 "스파게티다!"에서처럼 스파게티의 **이름**을 부르는 것이다. 마지막으로 아빠가 먹는 동안 아빠의 옷자락을 끌며 우는 소리로 말했다면 스파게티를 달라고 **요청**하는 것이다.

물론 한 문장으로 표현될 수 있는 의미의 양은 제한되어 있다. 그러나 언어발달에 있어 일어문 시기 유아들은 명명, 질문, 요청, 요구와 같은 언어의 기본 기능을 나타내며 이 기능들은 후에 각기 다른 문장으로 나뉘어 표현될 것이다. 그들은 또한 다음과 같은 중요한 **화용적인**(pragmatic) 학습을 한다. 즉, 자신들이 사용하는 한 단어 문장이 때로는 매우 애매모호해서 정확하게 전달하려면 몸짓이나 억양과 같은 단서들을 동반하는 것이 필요하다(Ingram, 1989).

▌전보어 시기: 일어문에서 간단한 문장으로

18~24개월 즈음에 아동들은 영어, 독어, 핀란드어, 사모아어를 막론하고(표 9.3) "Daddy eat", "Kitty go", "Mommy drink milk"와 같이 단어들을 연합하여 간단한 문장을 만들기 시작한다. 이러한 문장을 **전보어**(telegraphic speech)라고 하는데 마치 전보처럼 관사, 전치사, 조동사와 같은 장식은 생략하고 명사, 동사, 형용사와 같은 내용어만을 포함하기 때문이다(Bochner & Jones, 2003).

왜 초기의 문장에서 어린 아동들은 동사와 명사를 강조하고 다른 부분을 생략하는가? 확실히 생략된 단어들의 기능이 없기 때문은 아니다. 동일한 내용을 전보식으로 나타낸 문장(또는 다른 비문법적 문장)보다는 문법적으로 완벽한 문장(예: "Get the ball")들에 더 적절히 반응하는 것을 보면, 아동들이 타인의 말에서 이러한 단어들을 부호화하는 것이 분명하다(Gerken & McIntosh, 1993; Petretic & Tweney, 1977). 현재 생각으로는 아동이 전보어를 사용하는 이유는 그들 자신의 처리와 산출제약 때문인 것 같다.

전보어
(telegraphic speech)
관사, 전치사, 대명사, 조동사와 같이 언어에 있어 의미가 덜 중요한 부분을 생략하고 내용어로 구성된 초기 문장.

	언어			
문장의 기능	영어	핀란드어	독어	사모아어
위치나 이름	There book	Tuossa Rina (there Rina)	Buch da (book there)	Keith lea (Keith there)
요청	More milk Give candy	Annu Rina (give Rina)	Mehr milch (more milk)	Mai pepe (give doll)
부인	No wet Not hungry	Ei susi (not wolf)	Nicht blasen (not blow)	Le'ai (not eat)
소유	My shoe Mama dress	Täti auto (aunt's car)	Mein ball (my ball)	Lole a'u (candy my)
수식	Pretty dress Big boat	Rikki auto (broken car)	Armer wauwau (poor dog)	Fa'ali'i pepe (headstrong baby)
질문	Where ball	Missa pallo (where ball)	Wo ball (where ball)	Fea Punafu (where Punafu)

아주 짧은 발화만을 생성할 수 있는 아동은 더 효과적인 의사소통에 꼭 필요한 명사와 동사의 강조를 위해 작고 덜 중요한 단어들을 덜 강조하는 것 같다(Gerkin, Landau, & Remez, 1990; Valian, Hoeffner, & Aubry, 1996).

흥미롭게도 전보어는 초기 연구자들이 생각했던 것만큼 보편적인 것은 아닌 것 같다. 예를 들어, 러시아와 터키 아동들은 매우 일찍부터 짧지만 매우 문법적인 문장을 말한다. 왜 그럴까? 그 이유는 이 언어들이 타 언어에 비해 단어순서가 비교적 덜 엄격하며 작은 문법적인 표지들이 더 중요하기 때문이다(de Villiers & de Villiers, 1992; Slobin, 1985). 따라서 그 언어의 구조에서 가장 눈에 띄는 것이 무엇이든 간에 그것을 아동들이 가장 먼저 습득하는 것 같다. 만약 (영어에서처럼) 내용어와 단어순서가 가장 중요하게 강조된다면 어린 아동들은 그 정보를 포함하고 관사, 전치사, 문법적 표지 등 덜 중요한 정보를 생략하여 "전보식"으로 발화하게 된다.

전보어의 의미론적 분석

심리언어학자들은 마치 외국어를 분석하듯 아동의 초기 언어에 접근하여 어린 아동이 문장들을 형성하는데 사용하는 규칙을 기술하고자 하였다. 전보어의 구조적 특성 혹은 통사를 규명하려는 초기 노력은 많은 아동의 초기 두 단어 문장이 적어도 몇 개의 문법적 규칙을 따른다는 것을 밝혀내었다. 예를 들어, 영어를 말하는 아동들은 "Drink Mommy" 혹은 "Ball my"라고 말하는 대신에 "Mommy drink" 또는 "My ball"이라고 말한다. 이는 아동들이 이미 의미를 전달하는데 있어 단어를 어떻게 순서 짓는 것이 다른 방법보다 나은지를 안다는 것을 의미한다(de Villiers & de Villiers, 1992).

그러나 전보어를 통사적으로만 분석하는 것이 어린 아동의 언어적 능력을 과소평가하는 것이라는 사실이 분명해졌다. 왜 그럴까? 그 이유는 어린 아동들은 **다른** 맥락에서 **다른** 의미(또는 의미적 관계)를 전달하기 위해 **동일한** 두 단어 발화를 사용하기 때문이다. 예를 들어, Lois Bloom(1970)의 어린 피험자 중 한 아이는 "Mommy sock"이라는 말을 하루에 두 번 사용하였다. 한 번은 엄마의 양말을 주워들었을 때이고 또 한 번은 엄마가 아이에게 양말을 신길 때였다. 첫 번째 "Mommy sock"은 "Mommy's sock"과 같이 소유관계를 의미하는 것 같다. 그러나 두 번째 경우는 "Mommy is putting on my sock."과 같이 첫 번째와는 다른 의미를 전달한다. 따라서 전보어를 적절하게 해석하려면 아동이 사용하는 단어 뿐 아니라 전보어가 발화되는 맥락을 고려하여 아동이 전달하고자 하는 **의미**나 **의미적 의도**를 알아야만 한다.

초기 언어의 화용론

아동이 사용하는 초기의 문장은 불완전하고 의미가 애매한 경우가 많으므로 아동들은 단어와 함께 몸짓이나 억양적인 단서들을 이용하여 전달하고자 하는 메시지가 이해되도록 노력한다(O'Neill, 1996). 구어에 능숙한 성인들은 비언어적 몸짓이 다소 제한적이고 비효율적인 형태의 의사소통 수단이라고 생각할 수도 있지만 이런 생각은 매우 잘못된 것이다. 실제로 많은 청각장애 아동들의 경우 순전히 비언어적 사인과 몸짓을 통해서 매우 세련된 언어를 구사하게 된다(**당신의 삶에 연구적용하기** 참조).

걸음마쟁이들은 또한 효과적인 의사소통을 결정하는 많은 사회적, 상황적 단서들에 매우 민감해진다. 예를 들어, 2세 아동은 음성적 차례지키기(vocal turn-taking)에 능숙하다. 그들은 화자가 말을 마칠 즈음에는 청자를 쳐다본다는 것을 알고 이제는 자신이 발화를 마칠 때쯤 동일한 비언어적 단서를 사용한다(Rutter & Durkin, 1987). 2~2.5세 정도가 되면 아동들은 가까이 있지 않은 청자와 의사소통하려면 청자에게 다가가거나 목소리를 높여야 한다는 것을 안다(Johnson et al., 1981; Wellman & Lempers, 1977). 놀랍게도 2~2.5세들은 대화의 주제를 선정하거나 요청을 할 때 대화의 상대자가 알고 있는 것(혹은 모르는 것)을 고려하기 시작한다. 아동들은 상대방과 공유하지 않은 사건이나 상대방이 이미 알고 있지 않은 내용에 대해 이야기하는 것을 선호한다(Shatz, 1994). 그리고 어떤 장난감을 얻기 위해 부모의 도움을 요청하는 경우에 부모가 장난감의 위치를 모른다고 생각할 때는 몸짓을 사용하여 훨씬 정교하게 말한다(O'Neill, 1996). 사실상 2.5세는 자신의 말에 대한 타인의 반응을 모니터하여 성인이 잘못 알아들었을 때는 발화를 명료하게 한다(Levy, 1999). 예를 들어, 아동이 장난감 오리를 달라고 요청했는데 성인이 "양말을 달라고?"라고 말하는 것을 들었다면 아동은 "양말 싫어. 오리 줘!"라고 말하며 실패한 메시지를 정정할 것이다(Shwe & Markman, 1997).

마지막으로 어린 아동들은 요청을 할 때는 공손해야한다는 것과 같은 사회 언어적 규범을 배우기 시작하고 타인의 말에서 어떤 것이 공손한 것이며 어떤 것이 그렇지 않은 것인지를 이해하기 시작한다(Baroni & Axia, 1989; Garton & Pratt, 1990). 비록 부모가 의도적으로 아동들에게 문법을 가르치지는 않지만 예절은 **가르친다**(Flavell, Miller, & Miller, 1993). 부모들은 흔히 "뭐라고 말해야 되지?" 혹은 "예의바르게 말하면 쿠키 줄게"라고 말하며 이러한 학습을 촉진시킨다.

요약하면 대부분의 2~2.5세 아동은 언어와 의사소통에 대하여 많은 화용적인 교훈을 배우며 대화의 상대자에게 자신의 의미를 전달한다. 그러나 이들이 성인이나 자신보다 나이 든 아동들과 대화할 수 있다고 하더라도 그들의 대화기술은 5세, 4세 혹은 3세 아동과 비교하여 볼 때 매우 부족하다. 우리들의 다음 과제는 유치원에 입학하기 전까지 능숙한 언어사용자가 되기 위해 유아들이 무엇을 배워야 하는가를 결정하는 일이다.

청각장애로 태어나거나 매우 일찍 청각을 상실한 아동들은 구어를 학습하기 힘들다. 일반적인 생각과는 달리 청각장애자들은 입술읽기를 통해 많은 것을 배울 수 없다. 실제로 많은 청각장애 아동들은(특히 정상부모를 가진) 미국 수화(American Sign Language: ASL)와 같은 몸짓체계에 일찍부터 노출되지 않는다면 언어발달이 지연될 것이다(Mayberry, 1994).

비록 ASL은 입보다는 손으로 표현되지만 매우 유연한 매체이다(Bellugi, 1988). 어떤 사인(sign)은 전체 단어를 나타내기도 하고 또 어떤 사인은 진행형 어미 −ing, 과거시제 −ed, 조동사와 같은 문법적인 형태소를 나타내기도 한다. 마치 한정된 수의 소리들(음소)이 모여 음성 단어를 구성하듯이 각 사인은 한정된 수의 몸짓 요소들로 구성된다. 통사적인 규칙은 진술문, 질문, 부정문을 만들기 위해 사인이 어떻게 결합되어야 하는가를 명시한다. 그리고 구어에서와 마찬가지로 ASL은 재담이나 은유적 표현, 시를 표현할 수도 있다. 따라서 이 몸짓체계에 능숙한 사람은 매우 다양하고 고도로 창의적인 메시지를 이해하고 전달할 수 있다− 그들은 진정한 언어의 사용자들이다!

ASL에 매우 일찍부터 노출된 청각장애 아동들은 정상아동이 구어를 배우는 것처럼 언어를 배운다(Bellugi, 1988; Locke, 1997).

Richard T. Nowitz/Encyclopedia/Corbis

청각장애 어머니들은 그들의 영아에게− 종종 이해를 돕기 위해 반복하는 느리고 과장된 동작의 사인인−"모성어"를 말함으로써 사인의 학습을 돕는다(Masataka, 1996, 1998). 그리고 청각장애 아동들도 보통 부모가 사용하는 것과 비슷한 사인을 따라하는 "옹알이"를 시작하다가 한 개의 사인이 여러 개의 다른 메시지를 전달하는 "*일어문기*"로 들어간다. 청각장애 아동들은 빠른 대응과 기타 처리제약에 매우 능숙해지면서 어휘가 확장되고(Lederberg, 2003), 사인을 결합할 시점에 그들의 "전보어" 문장은 정상아동의 언어에서 나타나는 초기 의미관계들을 모두 표현한다.

마지막으로 수화에 일찍 노출된 청각장애 아동의 뇌에서 언어영역과 언어에 노출된 정상 아동의 언어영역은 동일하게 발달한다. Helen Neville과 동료들(1997)은 청각장애 ASL 사용자와 정상인이 각각의 언어를 처리할 때의 뇌 활성화를 조사하였다. 대부분의 경우, ASL을 일찍부터 학습한 청각장애자나 초기에 영어를 학습한 정상인의 경우 모두에게 있어 좌반구가 활성화되었다. 그러나 ASL 조기 학습자의 경우 문장에 반응할 때 우반구도 역시 사용되었으며 이는 사인에 사용되는 몸짓을 해석하는데 이용되는 공간기술이 우반구에서 통제되기 때문인 것 같다.

학령전기 동안의 언어학습

2.5세에서 5세까지 아주 짧은 기간 동안 아동은 길고 성인이 사용하는 것처럼 복잡한 문장을 만들어내기 시작한다. 표 9.4는 7~10개월이라는 짧은 기간 동안 얼마나 빨리 언어가 발달하는가를 보여준다. 이러한 언어 폭발을 위해서 아동들은 무엇을 습득하는가? 그들은 확실히 기초 형태론과 통사론을 숙달한다. 표 9.4에서 보듯이 35~38개월 유아는 이제 관사와 조동사, 그리고 이전에는 생략했던 문법적인 표지들(예: −ed, −ing)을 사용하고 부정문을 만들며 가끔 매우 잘 만들어진 의문문을 사용한다(Hoff-Ginsberg, 1997). 그리고 표에는 잘 드러나 있지 않지만 학령전 아동들은 언어와 의사소통의 화용론에 대해 더 많은 것을 이해하기 시작한다.

표 9.4	3세 남자 아동의 발화표본	
연령		
28개월(전보어 시기)	35개월	38개월
Somebody pencil	No-I don't know	I like a racing car
Floor	What dat feeled like?	I broke my racing car
Where birdie go?	Lemme do again	It's broked
Read dat	Don't-don't hold with me	You got some beads
Hit hammer, Mommy	I'm going to drop it-inne dump truck	Who put dust on my hair?
Yep, it fit Have screw	Why-cracker can't talk? Those are mines	Mommy don't let me buy some Why it's not working?

출처: *Adapted from The Acquisition of Language: The Study of Developmental Psycholinguistics*, by D. McNeill, 1970. Harper & Row Publishers. Copyright © 1970 by HarperCollins, Inc.

개념체크 9.2 — 아동의 언어적 기술의 발달 이해하기

언어 이전 시기, 일어문기, 전보어 시기에 대한 이해를 점검하기 위해 다음 질문에 답하시오. 정답은 부록에 제시되어 있다.

빈칸 채우기: 빈칸에 적절한 말을 써넣어라.

1. 비교적 특정 단어들을 사용하여 광범위한 사물이나 행위, 혹은 사상을 지칭하는 어린 아동의 경향성을 _____(이)라 부른다.
2. 어린 아동이 단어의 의미를 추론하기 위해 문장에서 단어가 사용되는 방법을 분석하고 단어가 사물, 행위, 혹은 사상을 지칭하는가를 추론한다는 개념을 _____(이)라고 한다.
3. _____은 한 문장의 의미를 가진 한 단어 발화를 말한다.

선다형: 각 질문에 가장 적절한 답을 고르시오.

_____ 4. Tamina는 사물을 가리키며 그것이 무엇인지를 묻는 데 몰두하고 있다. Tamina는 다음 중 무엇을 경험하고 있는가?
   a. 명명폭발
   b. 언어 이전의 유성어
   c. 과잉활동적인 언어습득기제(LAD)
   d. 상위언어적 인식

_____ 5. 어린 영아들이 들을 수 있는 없든 꾸르륵 거리기가 같다는 것은 다음 중 무엇을 시사하는가?
   a. 꾸르륵 거리기가 성인 청자를 위한 자기 생성적 의미의 전달이라는 것
   b. 꾸르륵 거리기가 뇌와 발성기관의 성숙에 따라 발달한다는 것
   c. 꾸르륵 거리기가 부모의 개작과 연장의 반영이라는 것

   d. 꾸르륵 거리기가 영아의 상호배타성 제약에서 발생한다는 것

_____ 6. 영아는 다음 중 무엇을 위해 명령적 몸짓을 사용하는가?
   a. 타인이 영아의 생각을 알아차리도록
   b. 피진어를 유성어로 확장하기 위해
   c. 자신의 요구를 달성하기 위해
   d. 전보어를 사용하여 의사소통을 하기 위해

_____ 7. Recordo는 네 아이의 아버지이다. 그는 육아일기에 아이들의 발달을 적곤 했다. 아이들이 태어날 때마다 기록이 줄어들긴 했지만 각 자녀의 첫 단어들은 적어 두었다. Recordo는 큰 아들과 세 딸들의 첫 단어가 매우 달라서 놀랐다. 그의 관찰은 다음 중 무엇을 보여주는가?
   a. 민감기 가설
   b. 출생순서 가설
   c. 성차 가설
   d. 결정적 시기 가설

단답형: 다음 질문에 간단히 답하시오.

8. 수용언어와 산출언어를 구별하고 이들을 정의하라.
9. 과잉확장과 과잉축소가 무엇인지 설명하고 각 오류를 보여주는 예를 들어보시오.

에세이: 다음 질문에 상세하게 답하시오.

10. 새로운 단어의 의미에 대한 아동의 추론을 인도하는 5가지 처리제약성을 기술하시오.

문법적 형태소의 발달

문법적 형태소(grammatical morphemes)는 우리가 구성하는 문장에 더욱 정교한 의미를 가져다주는 수식어이다. 이러한 의미적 수식어는 아동이 -s를 붙여 명사의 복수형을 만들고 in, on과 같은 전치사를 사용하여 위치를 나타내고, -ing나 -ed를 붙여 시제를 나타내고 's로 소유의 관계를 나타내기 시작하는 25개월 이후부터 사용된다.

Roger Brown(1973)은 3명의 아동이 영어에서 자주 나타나는 14개의 문법적인 형태소를 습득하는 과정을 기록하였다. 그는 이 세 아동이 (1) 문법적인 표지를 사용하기 시작하는 시기와 (2) 14개의 규칙 모두를 습득하는데 걸리는 시간의 양에서 큰 차이가 있음을 발견하였다. 그러나 이 종단연구에서 세 아동은 모두 표 9.5에 나타난 것과 정확하게 동일한 순서로 14개의 규칙을 습득하였으며 이러한 결과는 21명의 아동을 추가로 연구한 횡단연구에서도 확인되었다(de Villiers & de Villiers, 1973).

서로 다른 어휘를 가진 아동들이 어떻게 14개의 문법적 표지들을 정확하게 동일한 순서로 획득하게 되었을까? Brown(1973)은 곧 가장 먼저 습득되는 문법적 형태소를 나중에 습득되는 형태소에 비해 부모가 더 자주 언급하는 것이 아니라는 것을 발견하고 언급빈도가설을 기각하였다. 그는 일찍 습득되는 형태소들이 나중에 습득되는 형태소에 비해 의미적으로 통사적으로 더 간단하다는 것을 발견하였다. 예를 들어, 현재 진행되고 있는 행위를 묘사하는 현재진행형 -ing는 행위와 "시간적으로 먼저"라는 의미를 동시에 갖는 과거 규칙시제 -ed보다 먼저 습득된다. 더구나 두개의 의미적 속성을 전달하는 -ed는 be 동사의 비축약형(is, are, was, were)보다 먼저 습득되는데 후자는 통사적으로도

> **문법적 형태소**
> (grammatical morphemes)
> 접두사, 접미사, 전치사, 조동사와 같이 문장과 단어의 의미를 수식하는 것.

표 9.5	영어에서 문법적 형태소의 습득순서
형태소	**예**
1. 현재진행: -ing	He is sitting down.
2. 전치사: in	The mouse is in the box.
3. 전치사: on	The book is on the table.
4. 복수: -s	The dogs ran away.
5. 불규칙 과거: 예를 들어, went	The boy went home.
6. 소유: -'s	The girl's dog is big.
7. 비축약형 연사 Be: 예를 들어, are, was	Are they boys or girls? Was that a dog?
8. 관사: the, a	He has a book.
9. 규칙 과거: -ed	He jumped the stream.
10. 3인칭 현재: -s	She runs fast.
11. 3인칭 불규칙: 예, has, does	Does the dog bark?
12. 비축약형 조동사 Be: 예를 들어, is, were	Is he running? Were they at home?
13. 축약형 연사 Be: 예, 's, 're	That's a spaniel.
14. 축약형 조동사 Be: 예, 's, 're	They're running very slowly.

출처: Clark & Clark, 1977.

그림 9.5 영어에서 복수형 만들기에 대한 이해를 검사하기 위해 만들어진 언어적 퍼즐.
출처: Berko, J. (1958). The child's learning of English morphology. Word, 14, 150–177. Reproduced by permission of Jean Berko–Gleason.

과잉규칙화
(overregularization)

문법적 규칙이 적용되지 않는 경우에까지 규칙을 과잉일반화하는 것(예, mice를 mouses라고 함).

변형문법
(transformational grammar)

서술문을 의문, 부정, 명령과 기타 다른 종류의 문장으로 변형시키는 통사규칙.

더 복합적이고 수(단수 혹은 복수), 시제(현재 혹은 과거), 행위(진행되는 과정)의 3가지 의미적 관계를 명시화한다.

어린 아동이 새로운 문법적 형태소를 습득한 뒤에는 이 규칙을 친숙한 맥락 뿐 아니라 새로운 맥락에도 적용한다. 예를 들어, 명사의 복수형을 만들기 위해 문법적 어미 −s를 붙인다는 것을 알게 된 아동은 그림 9.5(Berko, 1958)의 문제를 해결하는데 어려움이 없다.

과잉규칙화

흥미롭게도 아동은 때때로 성인이 불규칙하게 사용하는 형태에까지 새로 습득한 문법적 형태소를 과잉확장하며 이를 **과잉규칙화**(overregularization)라고 한다(Clahsen, Hadler, & Weyerts, 2004; Pinker & Ullman, 2002; Rodriguez-Fornells, Münte, & Clahsen, 2002). "I brushed my tooths", "She *goed*" 혹은 "It *runned* away"와 같은 문장은 2.5~3세 아동이 흔히 보이는 과잉규칙화의 예들이다. 이상하게도 아동들은 어떠한 문법적 형태소를 학습하기 전에 많은 불규칙 동사와 명사(예: "It *ran* away"; "My *feet* are cold.")를 올바른 형태로 사용한다(Brown, 1973; Mervis & Johnson, 1991). 새로운 규칙을 습득한 이후에 조차도 과잉규칙화는 상대적으로 드물어서 불규칙 동사가 사용되는 경우 중 2~5% 정도로 나타난다(Maratos, 2000; Marcus et al., 1992). 따라서 과잉규칙화는 고쳐 배워야 할 만큼 심각한 문법적인 결함은 아니다. 대부분의 오류는 아동이 기억으로부터 명사나 동사의 불규칙형을 인출하는데 때때로 실패한 뒤 새로운 형태소(과잉규칙화)를 사용하여 자신이 표현하고자 하는 생각을 의사소통하기 때문에 발생한다(Marcus et al., 1992).

변형규칙에 숙달하기

문법적 형태소와 더불어 각 언어는 기본적인 진술문을 창의적으로 변형하는 규칙들을 가지고 있다. 이러한 **변형 문법**(transformational grammar)의 규칙을 적용하면, "I was eating pizza"라는 진술문이 의문문("What was I eating?") 혹은 부정문("I was not eating pizza."), 명령문("Eat the pizza!"), 관계절("I who hate cheese, was eating pizza."), 중문("I was eating pizza, and John was eating spaghetti.")으로 쉽게 바뀐다.

2세에서 2.5세 사이에 대부분의 아동들은 진술문을 변형하여 사용하기 시작하고 이는 많은 부분 조동사 to be의 숙달에 달려있다(de Villiers & de Villiers, 1992). 그러나 아동들은 의문형의 사용법을 배우고 부정문을 배우고 복문을 생성하는 식으로 단계적으로 변형규칙을 습득한다.

의문문 만들기

모든 언어에서 보편적으로 두 종류의 질문이 사용된다. Yes/no 질문은 가장 먼저 숙달되는 간단한 형태인데 특정 진술이 참인지 거짓인지를 묻는다(예, "*Is that a doggie?*"). 대조적으로 wh-질문은 단순한 네 또는 아니오 이상의 반응을 요구한다. 이러한 질문을 wh-질문이라고 하는데 영어에서는 who, what, where, when, 또는 why처럼 wh-로 시작하는 단어로 시작하기 때문이다.

아동의 초기 질문은 주로 진술문을 끝이 올라가는 억양으로 발화하여 yes/no 질문으로 바꾸는 형태로 이루어진다(예, "See doggie?"). 그러나 *wh*-단어들은 가끔 "Where doggie?" 혹은 "What Daddy eat?"과 같이 전보어의 처음에 사용되어 간단한 형태의 wh-질문을 만들기도 한다. 질문 형성의 두 번째 시기에는 아동들이 적절한 조동사나 동사들을 사용하기 시작하지만 그들의 질문은 주로 "What Daddy is eating?" 혹은 "Where doggie is going?"과 같은 형태이다. 마지막으로 아동들은 주어 앞으로 조동사를 옮기라는 변형규칙을 학습하고 "What is Daddy eating?"처럼 성인이 사용하는 것과 같은 형태의 의문문을 사용한다.

부정문 만들기

의문문처럼 부정문도 단계적으로 발달한다. 전 세계의 아동들이 처음에는 예를 들어, "No mitten" 혹은 "No I go."와 같이 부정하고자 하는 단어나 진술 앞에 단순히 부정어를 놓아서 부정의 의미를 표현한다. 그러나 이러한 첫 번째 부정은 그 의미가 애매모호하다. "No mitten"은 부재("There's no mitten."), 거부("I won't wear a mitten."), 혹은 부인("That's not a mitten.")의 의미를 가질 수 있다(Bloom, 1970). 아동이 문장 안에서 수식하고자 하는 단어 앞에 부정어를 삽입하면서("I not wear mitten." 혹은 "That's not mitten.") 이러한 애매모호함은 사라진다. 마지막으로 아동은 부정 표지와 적절한 조동사를 결합하는 방법을 배우고 따라서 성인처럼 부정문을 만들 수 있다.

복문 만들기

3세경이 되면 대부분의 아동들은 복문을 만들기 시작한다. 명사를 수식하는 관계절(예, "That's the box *that they put it in*.")과 단문을 결합하는 접속사(예, "He was stuck *and* I got him out.")가 먼저 사용되고 그 다음에 내포문(embedded sentences)(예, "The man *who fixed the fence* went home.")과 더 복잡한 의문문(예, "John will come, won't he?" "Where did you say you put my doll?")이 습득된다(de Villiers & de Villiers, 1992). 학령전기의 끝 무렵, 5~6세가 되면 정식으로 문법교육을 받은 적이 없는데도 불구하고 아동은 모국어의 문법규칙 대부분을 사용하고 성인처럼 이야기할 수 있게 된다.

의미론적 발달

학령전기 아동의 언어가 복잡해지는 다른 이유는 2~5세 아동이 크다/작다, 넓다/좁다, 높다/낮다, 안/위, 전/후, 여기/저기, 나/너와 같은 상대개념을 이해하고 표현하기 시작하기 때문이다(de Villiers & de Villiers, 1979, 1992). 크다/작다는 가장 먼저 사용되는 공간적인 형용사인데 곧 다양한 관계들을 명시하는데 사용된다. 예를 들어, 2~2.5세경에 아동은 적절한 규준적인(*normative*) 결론(10cm 크기의 달걀은 아동이 지금까지 본 다른 달걀에 비하여 "크다")을 이끌어내고 지각적인 추론(10cm의 달걀도 더 큰 달걀 옆에 있으면 작다)을 하는데 크다와 작다를 사용한다(Ebeling & Gelman, 1988, 1994). 3세경에는 이러한 용어들을 사용하여 기능적인 판단을 할 수 있게 되어 예를 들면, 인형의 옷이 자신의 옷보다는 상대적으로 작지만 그 인형에게는 "크다"고 말할 수 있게 된다(Gelman & Ebeling, 1989).

비록 학령전 아동들이 다양한 의미관계를 알게 되고 이를 적절하게 자신의 언어로 표현하는 방법을 빠르게 배우지만 흥미로운 의미적 오류를 지속적으로 범하기도 한다.

다음의 문장을 보라.

1. The girl hit the boy.
2. The boy was hit by the girl.

4, 5세 미만의 아동은 문장 2와 같은 수동태 문장을 자주 잘못 해석한다. 그러나 문장 1과 같은 **능동태**의 문장은 쉽게 이해한다. 그러나 문장 2의 내용을 보여주는 그림을 찾으라고 하면 학령전 아동들은 주로 남자 아이가 여자 아이를 때리는 그림을 가리킨다. 그들은 첫 번째 명사가 동사의 행위자이고 두 번째 명사는 대상이라고 간주한다. 그 결과 수동태의 문장을 마치 능동태의 문장인 것처럼 해석하게 된다. *like, know*와 같은 심적 상태를 나타내는 동사가 사용된 수동태("Goofy was liked by Donald")는 특히 어려워서 초등학교 이후가 되어야 이해할 수 있다(Sudhalter & Braine, 1985).

어린 아동이 통사적으로 더 복잡한 수동태를 이해할 만한 인지적 능력을 결여하고 있는 것은 아니다. 3세 아동도 "The candy was eaten by the girl"과 같은 비가역적인 (*irreversible*) 수동태 문장을 정확하게 해석할 수 있다. 그 이유는 사탕이 먹는 행위를 하고 있다고 능동태로 해석하면 뜻이 통하지 않는 문장이 되기 때문이다(de Villiers & de Villiers, 1979). 더구나 3세 아동도 새로 배운 (무의미)동사에 해당하는 행위를 관찰하고 그 행위를 기술하는 능동태의 문장("Yes, Big Bird is meeking the car.")을 들은 뒤에 행위의 대상에 초점을 맞춘 질문을 받으면 재빨리 수동태의 문장으로 만들 수 있다(질문: "What happened to the car?" 일반적인 대답: "It got meeked.")(Brooks & Tomasello, 1999). 그렇다면 왜 학령전 아동이 수동태를 잘못 이해하고 거의 산출하지 않는 것일까? 아마도 그들에게 말하는 사람들이 거의 수동태를 사용하지 않거나 수동태의 사용을 장려하는 질문을 거의 하지 않기 때문인 것 같다(Brooks & Tomasello, 1999). 실제로 자신들에게 수동태로 말하는 것을 자주 듣는 Inuktitut와 Zulu 아동들은 서구 아동들에 비해 수동태를 더 일찍 이해하고 산출한다(Allen & Crego, 1996).

화용론과 의사소통 기술의 발달

학령전기 동안 아동은 다양한 대화기술을 익혀서 더욱 효과적으로 의사소통하고 그들의 목표를 달성할 수 있게 된다. 예를 들어, 3세 아동은 이미 **언외적인 의도**(*illocutionary intent*)를 이해하기 시작하여 화자가 사용하는 단어 그 자체의 의미와 의도된 의미가 언제나 같지 않다는 것을 알게 된다.

3~5세 아동들은 효과적인 의사소통을 위해서는 자신이 전달하려고 하는 메시지를 청자에 맞추어야 한다는 것 또한 배운다. Marilyn Shatz와 Rochel Gelman(1973)은 4세 아동들이 새로운 장난감을 성인이나 2세 아동에게 소개할 때, 몇몇 4세 아동의 말을 기록했다. 녹음된 내용을 분석한 결과, 4세 아동은 이미 청자의 이해 수준에 맞추어 말하고 있었다. 2세 아동에게 말할 때는 4세 아동은 짧은 문장을 사용하고 "Watch", "Look, Shawtel", "Look here"같이 걸음마쟁이들의 주의를 끌고 유지하는 구절들을 조심스럽게 선택하여 사용하고 있었다. 반대로 성인에게 장난감이 어떻게 작동하는가를 설명할 때는 복잡한 문장들과 더 예의바른 표현을 사용하였다.

Henglein & Steets/Cultura

학령전기 동안 의사소통의 기술은 빠르게 발달한다. 4세 아동은 청자의 이해수준에 자신의 메시지를 능숙하게 조정한다.

참조적 의사소통

효과적인 의사소통자는 메시지를 분명하게 전달할 뿐 아니라 타인의 말속에 존재하는 어떠한 애매모호함도 탐지하며 이를 명확히 하기 위해 질문할 수 있다. 언어의 이러한 측면을 **참조적 의사소통기술**(referential communication skills)이라고 한다.

한 때는 학령전 아동들은 일반적으로 비정보적인 메시지를 탐지하고 대부분의 의사소통 문제를 해결할 능력이 없는 것으로 생각되었다. 실제로 여러 개의 말이 놓여있는데 "저 말을 좀 봐"라고 애매모호한 표현을 한 뒤 메시지의 질을 평가해보라고 하면, 초등학생에 비해 학령전기 아동들은 이 문장이 **정보적인**(*informative*) 메시지라고 말할 것이다. 아마도 학령전 아동들은 메시지의 (애매모호한) **문자적 의미**보다는 자신들이 **생각하기**에 화자가 전달하려고 하는 바에 더 주목하기 때문에 언어적 애매모호함을 탐지하는 데 실패하는 것 같다(Beal & Belgrad, 1990; Flavell, Miller, & Miller, 2002). 왜 학령전 아동들은 비정보적인 메시지의 의미를 추측하는가? 아마도 특정 화자의 태도, 선호, 그리고 과거 행동에 대한 지식과 같은 다른 맥락적인 단서들로부터 애매모호한 발화의 진정한 의미를 추론하는데 상당히 성공적이기 때문일 것이다(Ackerman, Szymanski, & Silver, 1990). 4세 아동은 7세 아동보다 자신의 비정보적인 메시지를 알아차리고 고쳐말할 가능성이 적다. 실제로 그들은 종종 자신의 말은 완벽하게 정보적이며 의사소통의 실패는 청자에게 책임이 있다고 간주한다(Flavell, Miller, & Miller, 2002).

그러나 대부분의 3~5세들은 실험실 과제보다는 애매모호한 정보를 명확하게 하는 것을 돕는 자연스러운 환경에서 더 나은 참조적 의사소통 기술을 보인다(Ackerman, 1993; Beal & Belgrad, 1990). 더구나 3세조차도 성인이 하품하면서 알아들을 수 없게 말하는 메시지를 수행할 수 없으며, 불가능한 요청("냉장고를 가져와라."와 같은)도 또한 문제라는 사실을 재빨리 인식한다(Revelle, Wellman, & Karabenick, 1985). 어린 아동들은 또한 이러한 의사소통의 실패를 해결하는 방법도 알고 있다. 그들은 하품하는 성인에게는 "뭐라구요?" 라고 묻거나 냉장고를 가져오라고 할 때는 "어떻게? 냉장고가 얼마나 무거운데!"라고 말한다.

참조적 의사소통기술 (referential communication skills)

분명한 언어적 메시지를 생성하고, 타인의 메시지가 분명하지 않을 때 이를 인식하고, 자신이 전달하거나 전달받는 애매모호한 메시지를 명확히 하고자 하는 능력.

아동 중기와 청소년기의 언어학습

5세 아동들이 놀랄 만큼 짧은 기간 동안에 언어에 대해 상당히 많은 것을 학습하지만 언어 능력에 대한 많은 중요한 진전은 주로 6~14세까지 초등학생과 중학생 시기에 일어난다. 학령기 아동들은 더 복잡하고 긴 발화를 할 뿐 아니라 전에는 생각하지 못하던 방법으로 언어에 대해 생각하고 조작하기 시작한다.

후기 통사발달

아동 중기동안에 아동들은 많은 통사적 오류를 정정하고 초기 언어에서는 나타나지 않았던 많은 복잡한 문법적인 형태들을 사용하기 시작한다. 예를 들어, 5~8세 아동은 대명사의 잘못된 사용을 정정하기 시작하여 "Him and her went"와 같은 문장은 줄어든다. 7~9세가 되면 "Goofy was liked by Donald"와 같은 복합수동태 문장(Sudhalter & Braine, 1985)과 "If Goofy had come, Donald would have been delighted"와 같은 조건문(*conditional sentence*)을 쉽게 이해하고 산출한다(Boloh & Champaud, 1993).

따라서 아동 중기는 통사적으로 세련되어 가는 시기이다. 아동은 문법적 규칙이 적용되지 않는 미묘한 예외사항을 학습하고 모국어의 더 복잡한 통사적 구조를 이해하기 시작한다. 그러나 통사적 정교화의 과정은 매우 점진적으로 일어나며 종종 청소년기나 성인기 초기까지도 지속된다(Clark & Clark, 1977; Eisele & Lust, 1996).

의미와 상위언어적 인식

의미와 의미적 관계에 대한 아동의 지식은 학령기동안 성장한다. 어휘발달은 특히 인상적이다. 6세 아동은 이미 10,000단어 정도를 이해하며 하루에 20단어 정도의 속도로 수용어휘를 확장하여 10세가 되면 40,000단어를 이해하게 된다(Anglin, 1993). 물론 초등학생들이 이 단어들을 모두 사용하는 것은 아니며 이들 중 많은 단어들을 전에는 들어보지도 못했을 것이다. 그들이 습득하는 것은 **형태론적 지식**(morphological knowledge), 즉, 단어를 구성하는 형태소에 대한 지식이다. 그런데 이 지식은 "sourer", "custom-made", 또는 "hopelessness"와 같은 친숙하지 않은 단어들을 분석하여 그 의미를 파악하도록 돕는다(Anglin, 1993). 마지막으로 청소년들의 형식적 조작능력으로 말미암아 초등학교 시절에는 들어보지도 못한(혹은 들었다하더라도 이해하지 못했던) 추상적인 단어들(예: "ironic")이 추가되고 그 결과 그들의 어휘는 더욱 확장된다(McGhee-Bidlack, 1991).

초등학생들은 또한 의미적 통합(semantic integration)에 더욱 능숙하여 실제 말한 것 이상의 언어적 의미를 추론할 수 있게 된다. 예를 들어, 6~8세 아동은 "John did not see the rock; the rock was in the path; John fell"과 같은 문장을 들으면 John이 돌에 걸려 넘어졌을 것이라고 추론할 수 있다. 그러나 흥미롭게도 6~8세 아동들은 이야기 속에 John이 돌에 걸려 넘어졌다는 것이 분명하게 묘사되었다고 생각하며 자신들이 추론한 내용이라는 것을 의식하지 못한다(Beal, 1990). 9~11세 아동들은 "적절한" 결론에 도달하기 위해 필요한 두 개 혹은 그 이상의 정보들이 중간에 개입되는 문장에 의해 끊어져 있어도(Johnson & Smith, 1981; van den Broek, 1989) 이러한 언어적 추론에 더욱 능숙해지고 그것이 추론한 사실이라는 것을 알게 된다(Beal, 1990; Casteel, 1993). 그리고 아동이 서로 다른 종류의 언어적 정보를 통합하기 시작하면, 발화의 내용에서 금방 분명하지 않은 **숨겨진** 의미를 탐지할 수 있게 된다. 예를 들어, 시끄러운 6세 아동에게 교사가 "My, but you're quiet today." 라고 말하면 아동은 그 말의 문어적 의미와 야유 섞인 억양 혹은 맥락 사이의 불일치에 주목하고 교사의 말이 야유임을 알아챌 것이다(Dews et al., 1996).

학령기 아동이 언어적 추론을 할 때 주어진 정보 이상을 추론할 수 있는 한 가지 이유는 빠르게 발달하는 **상위언어적 인식**(metalinguistic awareness)때문이다. 상위언어적 인식은 언어에 대해 사고하고 언어의 특성에 대해 언급하는 능력을 말한다(Frost, 2000; Shaoying & Danling, 2004; Whitehurst & Lonigan, 1998). 이러한 반성적 능력은 4~5세 시기에 음운인식(phonological awareness, 예, scream에서 s 소리를 빼면 무엇이 남는가?)과 문법적 인식(grammatical awareness, 예, "I be sick"이라고 말하는 것은 옳은 표현인가 아닌가?)으로 시작된다(de Villiers & de Villiers, 1979). 그러나 5세 아동의 상위언어능력은 9세나 7세, 혹은 6세 아동과 비교해보아도 제한적이다(Bialystok,

---

형태론적 지식
(morphological knowledge)
단어를 구성하는 형태소의 의미에 대한 지식.

상위언어적 인식
(metalinguistic awareness)
언어와 언어의 특성에 대한 지식; 언어가 의사소통 이외의 목적으로 사용될 수 있다는 이해.

1986; Ferreira & Morrison, 1994).

언어를 임의적이고 규칙에 얽매인 체계라고 인식하기 시작하는 것은 중요한 교육적 시사점을 갖는다(Fielding-Barnsley & Purdie, 2005). 특별히 음소, 음절, 각운을 탐지해 내는 음운인식 능력이 상대적으로 높은 4~6세 아동들은 읽기를 빨리 배우고 학령기 초기동안 능숙한 독자가 될 가능성이 높다(Lonigan et al., 2000; Roth, Speece, & Cooper, 2002; Whitehurst & Lonigan, 1998). 실제로 음운인식과 읽기 사이의 강력한 상관관계는 아동의 지능, 어휘, 기억능력, 사회계층의 영향을 제거한 뒤에도 그대로 유지된다. 어떤 연구자들은 읽기를 위해서는 어느 정도의 음운인식 능력이 꼭 필요하다고 믿으며(Wagner et al., 1997) 음운인식 능력을 증진시키기 위한 중재는 아동

어린 아동에게 부모가 책을 읽어주는 것은 어휘발달과 글자재인을 돕는다. 이 두 능력은 읽기를 쉽게 배우는 데 중요한 발생적 문해기술이다.

의 읽기와 말하기 기술을 분명히 향상 시킨다(Anthony & Francis, 2005; Schneider et al., 1997; Whitehurst & Lonigan, 1998). 실제로 읽기 학습 중 **발음중심 어학교수법**(*phonics method*)은 어린 아동들이 잘 읽기 위해 꼭 필요한 바로 이 음운기술을 향상시키는 것이다.

흥미롭게도 부모와 함께 책을 읽는 것과 같은 가정에서의 문해 경험은 아동의 음운적 기술을 크게 향상시키지 못했다(Whitehurst & Lonigan, 1998). 그러나 함께 책읽기의 경험은 어휘, 글자재인과 같이 읽기성공을 예언하는 다른 발생적 문해 기술들을 향상시킨다(Lonigan et al., 2000; Reese & Cox, 1999).

의사소통기술의 추후발달

참조적 의사소통 기술에 대한 한 초기 연구에서 4~10세 아동에게 불투명한 스크린 반대편에 있는 또래에게 친숙하지 않은 모양의 기하학적 블록을 묘사하여 그 또래가 블록을 고를 수 있도록 하라고 요청하였다(Krauss & Glucksberg, 1977). 표 9.6에서 보는 바와 같이 학령전 아동들은 매우 독특한 방법으로 이러한 모양을 묘사하여 청자에게 의사소통이 되지도 않고 묘사한 블록을 청자가 고를 수도 없었다. 반대로 8~10세는 더욱 정보적인 메시지를 전달하였다. 그들은 청자가 자신이 언급하고 있는 대상을 볼 수 없다는 사실을 알고 있었다. 따라서 자신의 메시지를 이해시키려면 어떤 방법으로든 이 대상들을 구분할 필요가 있다는 것과 각각을 독특하게 만들어야 한다는 것을 알고 있었다.

4세와 5세 아동은 보이지 않거나 잃어버린 대상보다는 **실제** (추상적인 것보다)사물을 기술하는 참조적 의사소통 과제에 더 능숙하다(Plumert, Ewert, & Spear, 1995). 그럼에도 불구하고 그들의 메시지는 학령기 아동의 메시지보다는 더 애매모호하다.

학령기 초기 동안 참조적 의사소통 기술에 있어 극적인 향상이 진행되며 부분적으로는 인지기술과 사회 언어적 이해의 성숙에 기인한다. 6~7세는 초기의 의사소통 실패로부터 메시지가 더 정보적이어야 한다는 것을 학습하였다. 이 시기는 아동의 자아중심성이 사라지고 역할 바꾸기(role-taking)기술이 향상되는 시기이다. 이 두 **인지발달**은 전화로 말하기(또는 참조적 의사소통 실험에 참여)처럼 자신의 메시지가 제대로 전달되었는지 알기 어려운 고도로 어려운 과제 상황에서 청자의 요구에 맞게 자신의 언어를 조정

| 표 9.6 | Krauss와 Glucksberg의 연구에서 친숙하지 않은 디자인에 대해 말해야 하는 학령 전 아동들이 사용한 독특한 표현들 |

형태	아동				
	1	2	3	4	5
(그림)	남자의 다리	비행기	휘장고리	얼룩말	비행접시
(그림)	엄마의 모자	반지	열쇠고리	사자	뱀
(그림)	아빠의 옷	우유병	신발대	커피포트	개

출처: Krauss & Glucksberg, 1977에서 인용.

여기서 우리가 보는 것은 의사소통의 실패이다!

하는 것을 돕는다(Hoff-Ginsberg, 1997). 더구나 한 사람에게는 분명해 보이는 메시지가 다른 사람에게는 그렇지 않을 수 있으므로 적절하게 언어를 조정하기 위해서는 **사회언어적 이해**(sociolinguistic understanding)가 필요하다. 예를 들어, 참조적 의사소통 과제(표 9.6에서 소개된 바와 같이)에서 사용하는 자극에 익숙하지 않은 청자에게는 이러한 자극에 익숙한 청자보다 더 차별화되고 풍부한 정보를 전달할 필요가 있다. 6~10세 아동들은 친숙한 청자보다 친숙하지 않은 청자에게 더 긴 메시지를 제공하지만 9~10세만이 비 친숙한 청자에게 차별된 정보를 제공하여 청자의 요구에 맞게 의사소통의 내용을 조정한다(Sonnenschein, 1986, 1988).

의사소통기술의 발달에서 형제들은 어떤 역할을 하는가?

언어발달에서 사회적 영향을 연구한 연구들은 주로 어머니와 자녀의 쌍(주로 어머니와 첫째 자녀)에 초점을 맞추었다. 그러나 형제가 있는 아동들은 형제들과 이야기하거나 혹은 형제가 부모와 이야기하는 것을 들으며 많은 시간을 보낸다(Barton & Tomasello, 1991; Brody, 2004). 형제를 포함한 대화가 의사소통 기술의 발달에 공헌을 할 것인가?

실제로 그렇다. 언어적으로 미성숙한 어린 형제와의 상호작용은 실제로 효과적인 의사소통을 촉진시킨다. 예를 들어, 부모보다 나이 든 형제는 어린 동생의 이해 능력에 맞추어 자신의 말을 조정하기 어렵고(Tomasello, Conti-Ramsden, & Ewert, 1990), 따라서 어린 동생의 해석오류는 나이 든 형제로 하여금 청자의 요구를 의식하고 자신의 애매모호한 메시지를 모니터하고 수정하도록 한다. 또한 나이 든 형제들은 부모보다 어린 동생의 비정보적인 메시지를 정확하게 해석하지 못하고 그들이 원하는 바를 잘 이해하지 못하므로 어린 동생들은 의사소통의 실패로부터 상대방이 더욱 잘 이해하도록 이야기하는 다양한 방법을 시도하게 된다(Perez-Granados & Callanan, 1997). 따라서 만약 의사소통의 실패로부터 아동들이 학습을 한다면 언어적으로 미성숙한 상대방(어린 동생과 또래)과 이야기하는 기회는 의사소통 기술의 성장을 돕는 좋은 토양을 제공한다.

요약하면, 인지적으로 미성숙한 아동이 언어와 의사소통의 기본을 습득하는 속도는 놀랄만하다. 언어학습을 위해 준비되어 있고 타인과 의미를 공유하고자 동기화된 언어

표 9.7	언어발달에서의 중요한 이정표				
연령(세)	음운	의미	형태/통사	화용	상위언어적 인식
0~1	말소리에 대한 민감성과 말소리를 구성하는 소리들에 대한 변별력이 있다. 옹알이가 모국어의 소리를 닮아가기 시작한다.	타인의 말소리에서 억양적인 단서들을 일부 해석할 수 있다. 언어 이전의 몸짓이 나타난다. 유성어가 나타난다. 개별 단어에 대한 이해는 거의 없다.	모국어의 구절패턴과 강세패턴을 선호한다.	대상과 사상에 대해 양육자와 공동주의가 가능하다. 놀이에서 순서지키기와 발성이 나타난다. 언어이전의 몸짓이 나타난다.	없음
1~2	단어의 발음을 간단히 하는 전략이 나타난다.	첫 단어가 나타난다. 18개월 이후에 급속한 어휘폭발이 나타난다. 단어의 의미를 과잉확장하고 과잉축소한다.	일어문에 이어 전보어가 나타난다. 문장들은 분명한 의미적 관계들을 표현한다. 문법적 형태소를 일부 습득한다.	메시지를 명료화하기 위해 몸짓과 억양단서를 사용한다. 음성적 순서지키기에 대한 이해가 풍부해진다. 아동의 언어에서 예의 바른 표현이 처음 나타난다.	없음
3~5	발음이 정확해진다.	어휘가 증가한다. 공간적 관계를 이해하고 언어적으로 표현한다.	문법적인 형태소가 정해진 순서대로 나타 난다. 변형문법의 규칙 대부분을 인식한다.	언외적 의도를 이해하기 시작한다. 청자에 따라 말을 조정하기 시작한다. 명백하게 애매모호한 메시지를 명료화하려는 약간의 시도를 한다.	약간의 음운인식과 문법적인 인식이 생긴다.
6~청소년	발음이 성인과 유사해진다.	청소년기 동안 추상적인 단어를 포함하여 극적인 어휘확장이 일어난다. 의미적 통합이 출현하고 세련화된다.	형태론적인 지식이 습득된다. 초기의 문법적 오류를 정정한다. 복잡한 통사적 규칙을 습득한다.	참조적 의사소통 기술이 향상되며 주고 받은 메시지 중에 비정보적인 메시지를 탐지하고 수정할 수 있는 능력이 발달한다.	상위언어적 인식이 꽃피고 연령이 증가함에 따라 보다 확장된다.

이전의 존재로부터 무제한의 메시지를 이해하고 생성할 수 있으며 매우 조리있게 말할 수 있는 청소년으로 진화하는 과정까지 우리가 이야기 한 내용들을 간단하게 정리하여 표 9.7에 제시하였다.

이중언어: 두 개의 언어 학습이라는 도전과 결과

대부분의 미국인은 영어만 말한다. 그러나 전 세계의 많은 아동들이 사춘기까지 두개 (혹은 그 이상)의 언어를 습득하는 이중언어 사용자(bilingual)이다. 실제로 미국의 학령기 아동 중 천백만 명 이상이 영어 이외의 언어를 가정에서 사용하고 있으며(U. S. 통계청, 2011) 그들 중 많은 수가 영어 사용에 있어 적어도 어느 정도의 한계를 가지고 있다.

한 개보다 두 개의 언어를 학습하는 것이 아동의 언어적 능숙함이나 지적발달을 저해하는가? 1960년대 이전에 많은 연구자들은 그렇게 믿었다. 몇몇 연구에서 이중 언어를 사용하는 아동들이 또래의 친구들에 비해 언어적 지식 검사와 일반 지능검사에서 낮은 점수를 얻은 사례가 있었기 때문이다(Hakuta, 1988). 그러나 초기의 이런 연구들에는 결함이 있다(Francis, 2005; Peña, Bedore, Rappazzo, 2003). 연구에 참여한 이중언어 사용자들은 주로 낮은 사회계층의 1세대 혹은 2세대 이민자들이었으며 그들은 영어에 능통하지 못했다. 더구나 그들이 받은 검사들은 영어로 실시되었으며(그들이 가장 능숙한 언어 대신에) 그들의 점수는 영어를 말하는 중류층의 표본과 비교되었다(Diaz, 1983). 그러니 이중언어 사용자들이 못하는 것은 당연하였다! 불행하게도 이러한 결과들은 액면 그대로 교육자와 의회에 받아들여졌다. 이들은 "학생들이 영어에 동화하는 것을 막지 말고. . . 심각한 정서적 혼란을 초래하지 않도록"(Kendler, Hakuta, 1988, p. 303에서 인용) 10세가 될 때까지 외국어 교육을 금지하는 근거로 이 연구결과들을 사용하였다.

어린 아동들은 그들이 정기적으로 듣는 어떤 언어든지 쉽게 배울 수 있다는 찬성주의자들의 주장에 일부는 영향을 받아서 1960년대의 심리언어학자들은 이중언어 사용자가 되는 과정을 면밀하게 조사하기 시작하였다. 결과는 분명하였다. 두 언어에 일찍(3세 이전) 노출된 아동들은 두 언어 모두에 능숙해졌다. 이중언어를 사용하는 걸음마쟁이들은 가끔 한 언어의 음운과 두 번째 언어를 섞기도 하고 한 언어의 단어와 문법적 규칙을 다른 언어와 섞었다. 그러나 3세가 되면 그들은 두 언어가 독립적인 체계라는 것을 잘 인식하였고 각 언어는 그것을 말하는 특정한 맥락과 연결되었다(Lanza, 1992; Reich, 1986). 4세경에는 그들이 속한 사회에서 사용하는 언어를 능숙하게 사용할 수 있었고 얼마나 노출되는가에 따라 두 번째 언어에서도 탁월한 언어적 기술을 보여주었다. 학령전 아동들이 두 번째 언어를 순서적으로 습득할 때조차도(즉, 모국어에 능숙해진 3세 이후에) 아동들은 일 년이 채 걸리지 않아서 거의 원어민에 가까운 언어수준을 습득하였다(Reich, 1986).

이중언어의 인지적 결과는 무엇인가? 최근에 사회적 계층과 같이 중요한 변인을 잘 통제하여 이중언어 사용자들과 단일언어 사용자들을 비교한 연구들은 이중언어 사용자들에게 인지적 이득이 있음을 지속적으로 보고하고 있다. 완전한 이중언어 사용 아동들은 IQ검사, Piaget의 보존과제, 그리고 일반적인 언어 유능성에서 단일언어를 사용하는 또래만큼 혹은 그들보다 더 높은 점수를 얻었다(Diaz, 1985 참조). 뿐만 아니라 이중언어 사용 아동들은 상위 언어적 인식(Bialystok, 1988), 특히 글자, 단어와 음운적 요소들 사이의 대응관계를 인지하는 과제(Bialystok, Shenfield, & Codd, 2000) 또는 구어 혹은 문어에서 문법적인 오류를 탐지하는 과제(Campbell & Sais, 1995)에서 단일언어 사용아동들에 비해 높은 수행을 보여주었

일반적인 믿음과는 달리 두 개(혹은 그 이상)이상의 언어를 학습하는 것은 아동의 언어적 수준이나 지적 성장을 저해하지 않는다. 실제로 최근 연구들은 이중언어 사용자들에게 인지적 이득이 있다고 보고하고 있다.

다. 이중언어 사용 아동들은 방해를 피해서 선택적인 주의를 기울여야 하는 비언어적 과제에서도 단일언어 사용 아동에 비해 탁월하였다(Bialystok, 1999). 왜 이중언어 사용자들에게 이득이 있을까? Ellen Bialystok과 동료들은(2000) 두 가지 이유를 제안한다. 상위언어적 인식에서 보여주는 이중언어 사용 아동의 이득은 언어적 표상이 임의적이라는 것을 매우 일찍부터 배우기 때문인 것 같다. 예를 들어, 영어-불어의 이중언어 사용 아동들은 똑같은 동물을 두 언어에서 각각 "dog"과 "chien"이라는 전혀 유사하지 않은 방법으로 부른다는 것을 배운다. 그리고 이중언어 사용 아동들이 방해를 잘 극복하는 것은 그들이 주변을 잘 모니터해서 지금 함께하고 있는 사람들이 이해할 수 있는 언어를 사용하면서 그 맥락과 무관한 두 번째 언어를 억제하는 연습에 익숙해져 있다는 사실을 반영하는 것일 수 있다.

이러한 긍정적인 결과와 미국 연방정부의 이중언어 지원에도 불구하고 미국의 여론은 이러한 정책을 지지하지 않는다. 사실상 29개의 주에서 영어공용화 법안을 통과시켰으며 따라서 영어가 모국어가 아닌 영어 사용자들에게 영어만 가르치도록 하는 강력한 정치적 논거를 제공하고 있다. 이는 다음의 두 가지 이유에서 불행한 일이다. 첫째, 수업에서 영어만 사용하게 되면 영어능력이 제한된 학생들(limited English Proficiency: LEP)이 수업을 따라가기 힘들고 학업에 있어 실패할 가능성이 있다(DelCampo & DelCampo, 2000). 더구나 소수 언어를 사용하는 부모들은 영어공용안이 학생들의 모국어 수준을 저해시켜 부모자녀 간의 의사소통과 가족관계에 혼란을 준다고 비난하고 있다(Wong & Filmore, 1991).

이중언어 교육이 해결책인가? 이 질문은 과거 20년 동안 회오리바람과 같은 논쟁을 불러 일으켰는데 이는 주로 다양한 이중언어 교육의 접근법들이 그 효과성에 있어 극적인 차이를 보이기 때문이다(DelCampo & DelCampo, 2000). 이 시점에서 분명한 것은 LEP 학생들에게 모국어로 80~90%의 수업을 하며 영어를 제한적으로 노출시키는 것은 효과적이지 않다는 것이다. 이러한 방법으로 수업을 받은 대부분의 LEP 학생들은 고등학교와 대학교에서 필요한 영어의 언어 문해적 기술을 습득하지 못했다(DelCampo & DelCampo, 2000). 그러나 학령전이나 초등학교 프로그램의 LEP 학생들을 반나절은 영어로, 또 반나절은 모국어로 교육하는 **양방향 이중언어 교육(two-way bilingual education)**은 확실한 이득이 있는 것 같다. 최근 실시된 두 연구는 캘리포니아의 양방향 이중언어 어린이집에 다니는 3.5~5세의 멕시칸-아메리칸 이민 아동들을 대상으로 하였다. 연구 결과 이 아동들이 공립학교에 진학하는데 무리가 없을 만큼 영어를 습득했으며 동시에 스페인어를 주로 사용하는 환경에서 가정에 머물렀던 또래의 이민 아동들만큼 스페인어의 유창성도 유지되었다(Rodriguez et al., 1995; Winsler et al., 1999).

이중언어 교육에 대한 논쟁이 법정으로 학교의 교육위원회와 가정으로 번져가더라도 발달심리학자들(과 대중)은 가장 중요한 질문을 잊으면 안 된다. 즉, 어떻게 하면 수백만의 LEP 아동들에게 가능한 한 가장 좋은 교육을 제공할 것인가? 아직 많은 연구가 더 필요하지만, 잘 운영되는 양방향 이중언어 교육이 상당히 희망적으로 보인다. 사실상, 한 연구 수업의 결과를 보면 이러한 프로그램에 참여한 영어사용 학생들도 영어로만 수업하는 학급의 영어사용 또래들만큼 영어수준을 유지하면서 거의 원어민에 가까운 제2언어 수준을 습득하였다(Sleek, 1994). 아마도 모든 학생들에게 효과적인 이중언어 교육을 제공하기 위해서는 엄청난 비용이 들 것이다. 그러나 이중언어 교육의 가져다주는 인지적 이득 또한 엄청나다(Bialystok et al, 2000). 진정으로 효과적인 이중언어 교육

양방향 이중언어 교육
(two-way bilingual education)
영어(또는 다른 주류 언어)를 사용하는 아동과 그 언어의 능력이 제한된 학생들이 반나절은 주류의 언어로, 반나절은 제2언어로 교육받는 프로그램.

개념체크 9.3 후기 언어발달과 이중언어 이해하기

학령전기, 아동중기, 청소년기의 언어발달과 이중언어의 도전과 결과에 대한 이해를 점검하기 위해 다음 질문에 답하시오. 정답은 부록에 제시되어 있다.

선다형: 각 질문에 가장 적절한 답을 고르시오.

_____ 1. 의문문 만들기의 마지막 단계에서 아동들은 다음과 같이 성인처럼 질문할 수 있다.
   a. "What is Mommy reading?"
   b. "Where Mommy?"
   c. "Mommy here?"
   d. "Where Mommy go?"

_____ 2. 수동형에 대한 비교 문화적 연구에 의하면 수동형 구조가 많은 언어를 사용하는 아동들에 대한 설명으로 적절한 것은?
   a. 수동형에 싫증이 나서 능동형을 선호한다.
   b. 발화에서 수동형을 많이 사용한다.
   c. 인간과 같은 유창성을 보이는 가족 애완동물을 가지고 있다.
   d. 문장의 의미에 "인지적으로 숨 막혀"있다.

_____ 3. 아동의 학령기 읽기수준을 예언하는 강력한 예언인은 _____의 수준이다.
   a. 한 단어 피진화
   b. 과잉확장된 과잉축소

   c. 균형잡힌 식사에 대한 관심
   d. 음운인식

_____ 4. 형제들과의 대화는 효과적인 의사소통을 향상시킨다. 그 이유는?
   a. 전보어가 내용상 매우 정확하기 때문에
   b. 성인보다 아동에게서 크레올어가 더 발달하기 때문에
   c. 대집단의 아동들이 서로에게 소리를 지르기 때문에
   d. 형제의 이해오류를 발견하는 것이 화자로 하여금 더 분명히 표현할 필요성을 인식시켜주기 때문에

o/x문제: 다음의 각 문장들이 맞는지 틀리는지 표시하라.

5. 과잉규칙성은 어린 아동들이 특정의 단어를 성인에 비해 상대적으로 광범위한 대상, 행위, 혹은 사상을 지칭하기 위해 사용하는 경향을 말한다(예: 모든 이동수단을 차라고 말함)

6. 변형문법은 서술문을 의문, 부정, 명령과 기타 다른 종류의 문장으로 변형시키는 통사규칙을 말한다.

단답형: 다음 질문에 간단히 답하라.

7. 형태론적 지식이 무엇인지 기술하고 형태론적인 지식을 사용하여 아동이 새로운 단어의 의미를 어떻게 알아차리는지를 설명하라.

8. 양방향 이중언어 교육프로그램에 등록된 영어 사용 학생이 얻을 수 있는 잠재적인 이득을 두 가지 말하라.

은 LEP 학생들의 교육적인(추후에는 경제적) 성공을 보장할 뿐 아니라 인종적 다양성을 존중하게하고 다문화적 시대에 유능한 이중언어 인력의 필요성에 부응하게 될 것이다 (Hakuta & Garcia, 1989; Sleek, 1994).

능동적

수동적

연속성

비연속성

총체적

천성

육성

언어습득에 발달 주제 적용하기

이 장을 읽으면서 천성과 양육의 주제에 대해 많은 생각을 했을 것이다. 실제로 천성과 양육의 주제는 적극적인 아동, 질적이고 양적인 변화, 그리고 발달의 전인성이라는 우리의 주제와 함께 언어습득에 잘 적용된다. 각각의 주제들이 언어발달에 적용되는 면들을 이제부터 살펴보기로 하자.

   천성론자들은 아동이 언어를 처리하고 궁극적으로는 말을 할 수 있게 돕는 생득적인 언어습득의 기제가 있다고 믿고 있음에도 불구하고 적극적인 아동이라는 주제가 이 장의 핵심이다. 만 1세가 되기 전에 영아들은 다른 사람들과 말을 할 때 순서를 지켜야 한다는 것을 알고 다른 사람이 말을 할 때는 기다리다가 옹알이나 꾸르륵 소리내기로 응답한다. 그들의 대답은 다시 상대방으로 하여금 영아의 발성에 응답하여 "대화"를 이어가라는 신호를 보낸다. 발달이 진행되면서 걸음마쟁이 유아들은 주로 사물의 이름, 목적, 또는 행위에 대해 많은 질문을 할 것이다. 걸음마쟁이 유아들이 이렇게 적극적으로

정보를 구하는 행동은 명명폭발 동안 아동이 사용할 많은 단어들을 저장하게 한다. 나중에 아동들은 그들에게 명백하게 정의되지 않은 단어의 의미를 해독하기 위해 처리 제한성을 사용한다. 성인이나 낯선 사람과 대화에서 예의를 지키는 것처럼 아동은 상황에 적절하게 자신의 말이나 방법을 조정할 수 있다. 요청이나 지시를 이해하지 못하면 분명히 하기 위해 질문을 할 수도 있고 청자가 이해하고 있는지를 의식할 수 있으며 만약 청자가 잘 알아듣고 있지 못하다면 더 느리게 말하거나 반복하기도 한다. 마지막으로 아동중기와 청소년 초기에는 애매모호한 단어와 구절에 더 주의를 집중하고 다양한 의미를 추출하려고 노력한다. 이러한 각각의 예는 아동이 자신의 언어발달에 적극적인 참여자라는 것을 보여준다.

이 장에서는 발달의 천성과 양육의 주제를 광범위하게 다루었지만 아마도 이 주제를 가장 극명하게 보여주는 사례는 언어습득에 대한 다양한 이론적 관점들일 것이다. 학습이론가들은 양육론적인 관점을 옹호하는 경향이 있으며 아동은 아동지향어를 듣고, 자신이 들은 것을 모방하며 타인과 대화하는 가운데 언어를 습득한다고 믿는다. 반대로 천성론자들은 천성이라는 관점을 취하며 영아는 특별한 언어습득의 기제를 가지고 있어서 성인들의 대화를 듣기만하면 언어 이해가 시작된다고 믿는다. 상호작용적 견해는 두 견해를 통합하여 종 특유의 신경계가 아동의 언어능력을 이끌며 언어습득에는 타인의 개입이 결정적이라고 주장한다.

우리의 세 번째 주제는 발달에서의 양적이고 질적인 변화에 관한 것이다. 언어발달에서 영아와 아동은 사용하는 언어의 형태나 종류에 있어 연령에 따른 분명한 질적인 변화를 보인다. 이러한 질적인 변화를 가장 잘 보여주는 사례는 언어이전, 일어문, 전보식 언어발달의 단계이다. 그러나 언어발달에는 다른 많은 양적인 변화도 있다. 새로운 단어, 새로운 문법구조, 새로운 통사적 규칙의 습득은 양적인 발달의 좋은 예이다. 나이가 들면서 양적인 변화와 질적인 변화가 서로 상호작용하는 발달심리학의 가장 좋은 예 중 하나가 언어발달인 것 같다.

마지막으로 아동이 의사소통을 배우면서 또래들과 상호작용하는 방법이 향상되는 것에서 언어발달의 전인적인 성격을 볼 수 있다. 특정 상황에서 자신의 말을 수정할 수 있는 법을 아동이 배울 때, 아동은 효과적으로 자신의 욕구나 요구를 전달하고 따라서 자신들이 요구했던 바를 얻을 가능성이 더 높아진다. 타인이 사용하는 단어에서 숨은 뜻을 탐지하는 법을 배우고 자신의 말 속에도 숨은 뜻을 효과적으로 전달하며 애매모호한 표현을 분명히 할 수 있게 되면서 아동의 사회적 상호작용은 향상된다. 언어를 습득하기 위해서는 영아나 아동이 의미있는 사회적 상호작용을 해야만 한다는 연구결과들 속에서 언어발달의 전인적인 성격을 또한 볼 수 있다. 우리는 또한 문화와 출생 순위가 언어습득에 영향을 주는 것을 보았다. 그리고 마지막으로 상호작용주의자들의 관점은 언어습득이 인지발달과 구분될 수 없다는 것을 보여주었다.

이상은 우리의 발달적 주제가 언어발달에 적용된다는 것을 보여주는 많은 예 중에서 일부에 지나지 않는다. 의심할 바 없이 언어습득은 적극적인 아동, 천성과 양육의 영향, 양적이고 질적인 발달적 변화를 포함한다. 그리고 언어습득은 아동의 인지발달과 사회성 발달, 아동의 사회적이고 문화적 생활이 뒤엉킨 전인적인 과정임이 분명하다.

요약

언어의 5요소

- 아동은 모국어로 효과적인 의사소통을 하기 위해 **언어**의 5요소를 습득해야만 한다.
  - 언어의 소리체계에 관한 지식인 **음운론**
  - 소리들이 결합하여 단어를 구성하는 규칙인 **형태론**
  - **한정 형태소, 자유 형태소**(단어)와 문장의 의미에 대한 이해인 **의미론**
  - 단어가 결합하여 문장을 이루는데 적용되는 규칙인 **통사론**
  - 언어가 서로 다른 사회적 상황에서 어떻게 사용되는가를 지배하는 원리인 **화용론**이다.

언어발달의 이론들

- 언어습득에 대하여 3가지 주요한 이론적 관점이 있다.
  - 학습주의자들은
    - 아동이 타인의 언어를 모방하고 문법적으로 정확한 발화에 대해 강화를 받으면서 언어를 습득한다고 주장한다. 그러나 이러한 주장에 대해 지지 증거가 거의 없다.
    - 성인들은 **아동 지향어**로 말하고 발달되지 않은 어린 아동들의 문장들을 **확장**과 **개작**으로 재형성한다.
    - 아동은 대화할 상대가 있는 한 이러한 환경적인 지지가 없어도 언어를 습득한다.
  - **선천론자들**에 의하면
    - 인간에게는 사춘기 이전에 가장 효과적으로 기능하는 선천적으로 주어진 언어적 처리 능력(즉, **언어습득기제** 혹은 **언어-생성능력**)이 있다.
    - 이는 아동이 언어를 습득하기 위해서는 그 언어에 노출되기만 하면 된다는 것을 의미한다.
    - 선천론자들은 **언어적 보편성**을 확인하고 언어기능이 뇌의 **Broca 영역**과 Wernicke 영역에서 처리되는 것을 관찰하였다.
    - 정상 부모를 둔 청각장애 아동들과 비문법적인 피진어에 노출된 아동들은 자신의 언어를 창조할 것이다.
    - 모국어와 제2언어가 모두 사춘기 이전 "**민감기**" 동안에 가장 잘 처리된다.

- 선천론자들은 아동이 언어적 자극을 어떻게 선별하여 언어적 능력을 쌓아나가는지를 분명하게 설명하지 못한다는 것을 인정한다.
- **상호작용적인 관점**을 지지하는 연구자들은
  - 아동이 언어를 습득할 수 있도록 생물학적으로 미리 프로그램 되어 있다고 믿는다.
  - 그러나 선천적인 것은 언어 특수한 처리자가 아니고 오히려 점진적으로 성숙하여 아동이 비슷한 시기에 비슷한 생각을 하고 그들의 동료들과 공유하게끔 동기화하는 신경계이다.
  - 생물학적인 성숙은 인지발달에 영향을 주고 이는 차례로 언어발달에 영향을 미친다.
  - 주변사람들은 지속적으로 새로운 언어적 규칙들과 개념을 소개하기 때문에 환경은 언어학습에서 중요한 역할을 한다.

언어 이전 시기

- 영아는 언어학습을 위해 잘 준비되어 있다.
  - **언어 이전** 시기 동안 영아들은 말소리 같은 소리들을 변별하고 성인보다 더 다양한 음소들에 민감해진다.
  - 영아들은 태어날 때부터 억양단서에 민감하다.
  - 7~10개월경에는 타인의 언어를 구절과 단어 같은 단위로 나눌 수 있다.
- 영아는 2개월경에 **꾸르륵 소리**를 내며 4~6개월경에 **옹알이**를 시작한다.
- 6개월 이후에는 이미 자신이 듣는 언어의 음조특색에 맞추어 옹알이의 억양을 달리 한다. 또한 의미가 있는 **유성어**를 산출하기도 한다.
- 1세 미만의 영아들도 이미 발성을 할 때는 교대로 차례를 지키고 주변사람들에게 의미전달을 위해 의사소통할 때 몸짓을 이용할 수 있다는 것을 배운다.
- 영아가 개별 단어를 이해하기 시작하면 그들의 **수용언어**는 **표현언어**를 앞선다.

일어문기: 한 번에 한 단어씩

- 영아는 **일어문**을 말하며 수개월 동안 한 번에 한 단어씩 어휘를 확장한다.
  - 영아들은 주로 움직이거나 자신들이 조작할 수 있는

흥미로운 대상에 대해 이야기한다.
- 18개월과 24개월 사이에 어휘급등(명명폭발)이 일어난다.
- 대부분의 서구 아동은 참조적인 언어스타일을 보여준다. 그러나 소수의 서구권 영아들과 사회적인 조화를 강조하는 문화의 영아들은 표현적인 언어스타일을 보인다.
- 걸음마쟁이 유아들은 대상, 행위, 속성들에 빠른 대응으로 단어를 습득하기 위해 사회적인 단서와 맥락적 단서를 사용한다.
- 새로운 단어의 의미이해를 돕기 위해 다른 전략 또는 처리제약으로는 대상범위제약, 상호배타성, 어휘대조, 그리고 통사적 자동처리 등이 사용된다.
- 걸음마쟁이 유아들은 여전히 과잉확장과 과잉축소와 같은 의미적 오류를 자주 범하기도 한다.
- 걸음마쟁이 유아들의 한 단어 발화를 일어문이라고 부르는데 이는 이 발화들이 단어라기보다는 문장 전체의 의미를 소통하려는 노력으로 보이기 때문이다.

전보어 시기: 일어문에서 간단한 문장으로

- 18~24개월경에 걸음마쟁이 유아들은 전보어라고 알려진 두 단어와 세 단어 문장을 산출하기 시작한다. 이들을 전보어라고 부르는 이유는 이 문장들이 문법적인 표지와 작고 덜 중요한 단어들을 생략하기 때문이다.
- 성인의 기준에서는 전보어가 비문법적이지만 무선적인 단어의 결합은 아니다.
- 가장 초기의 문장들에서 단어를 결합할 때 아동들은 규칙을 따르고 있을 뿐 아니라 동일한 범주의 의미(의미관계)를 표현한다.
- 걸음마쟁이 유아들은 청자가 화자와 동일한 지식을 공유하고 있지 않을 때에는 더욱 정교하고 직접적으로 이야기해야 한다는 것과 같은 화용적인 제약에 또한 매우 민감해진다.
- 어린 아동은 요청을 할 때는 공손하게 표현해야 한다는 것과 같은 사회 언어적 규정 역시 학습한다.

학령전기 동안의 언어학습

- 학령전기 동안(2~5세) 아동의 언어는 성인의 언어와 훨씬 더 유사해진다.
  - 아동이 더 긴 발화를 하게 되면서 그들은 복수를 위

해서는 -s, 과거시제에는 -ed, 현재진행에는 -ing, 관사, 전치사, 조동사와 같은 문법적인 형태소를 추가하기 시작한다.
- 아동 개인이 문법적 형태소를 학습하고 과잉규칙화하여 사용하는 속도에는 차이가 있지만 형태소가 나타나는 순서는 놀랄 만큼 일정하다.
- 학령전기는 또한 아동들이 변형문법을 배워서 진술문을 의문문, 부정문, 명령문, 상대절, 중문으로 변형시킬 수 있게 된다.
- 학교에 입학할 즈음에는 대부분의 통사규칙을 습득하여 다양하고 세련된, 성인과 같은 메시지를 만들 수 있게 된다.
- 학령기 동안 언어가 매우 복잡해지는 또 다른 이유는 아동들이 크다/작다, 넓다/좁다, 더/덜, 전/후와 같은 대조어들을 사용하기 시작하기 때문이다.
- 학령전 아동들은 메시지를 잘 이해시키려면 청자의 이해수준에 자신의 메시지를 맞추어야 한다는 것을 알기 시작한다.
- 아동은 자신들이 들은 비정보적인 메시지의 일부에 대해 애매모호함을 알고 명료화를 요구하기 시작하기는 하지만 아동들의 참조적 의사소통기술이 잘 발달된 것은 아니다.

아동 중기와 청소년기의 언어학습

- 아동 중기와 청소년 초기는 언어적 개선의 시기이다.
  - 아동들은 문법적 규칙이 적용되지 않는 미묘한 예외사항을 배우고 모국어의 가장 복잡한 통사적 구조를 이해하게 된다.
  - 아동이 형태론적 지식과 상위언어적 인식을 습득하면서 어휘도 급속도로 증가한다.
  - 학령기 아동들은 더 나은 참조적 의사소통 기술을 습득하여 애매모호한 문장의 문어적 의미에 조심스럽게 주의를 기울이며 그들이 주고받는 메시지의 비정보성을 더욱 잘 명료화한다.
- 인지발달, 사회 언어적 지식의 성숙, 언어적으로 미성숙한 동생 혹은 또래들과의 대화기회는 모두 의사소통 기술의 발달에 기여한다.

이중언어: 두 개의 언어 학습이라는 도전과 결과

- 이중언어는 미국에서 점차 보편적이 되어가고 있으며

두 언어에 일찍 그리고 규칙적으로 노출된 어린 아동들은 두 언어 모두를 쉽게 습득한다.

- 이중언어에는 인지적 이득이 있다.
- 최근의 **양방향 이중언어 교육** 프로그램은 수백만의 영

어능력이 제한된 미국 학생들에게 그들의 모국어를 저해하지 않으면서 중요한 영어 언어기술을 소개하는 한 방법이다.

연습문제

선다형: 언어와 의사소통 기술의 발달에 대한 이해를 점검하기 위해 각 질문에 가장 적절한 답을 고르시오. 정답은 부록에 있다.

1. 심리언어학자는 _____을 연구한다. 그녀는 아동이 한정 형태소, 자유 형태소와 문장의 의미를 어떻게 배우는가에 관심이 있다.
   a. 음운론
   b. 형태론
   c. 의미론
   d. 통사론

2. 확장과 개작은 다음 중 어떤 것의 예인가?
   a. 화용론
   b. 언어적 보편성
   c. 아동지향어
   d. 언어습득기제

3. 생득론자들이 믿지 않는 것은 다음 중 무엇인가?
   a. 아동지향어
   b. 언어습득기제
   c. 언어적 보편성
   d. 민감기

4. 점진적으로 성숙하면서 동일한 연령에 비슷한 생각들을 발달시키는 신경계로 인해 언어습득은 생물학적으로 준비되어 있다고 믿는 과학자들은 다음 중 누구인가?
   a. 학습이론가
   b. 생득론자
   c. 상호작용론자
   d. 민감기 이론가

5. 영아들은 _____개월에 꾸르륵 소리내기를 하고 _____ 개월에 옹알이를 하기 시작한다.
   a. 1; 2~3
   b. 2; 3~4

c. 2; 4~6
d. 4; 6~7

6. _____동안의 발달은 말소리와 같은 소리들을 구별하도록 하고 성인들보다 더 광범위한 종류의 음소에 민감해지도록 한다.
   a. 민감기
   b. 음소기
   c. 한 단어 시기
   d. 언어이전 시기

7. 다음 중 걸음마쟁이 유아들이 단어의 의미를 이해하는데 도움을 주는 처리 제약성이 아닌 것은?
   a. 대상형태 제약성
   b. 상호배타성 제약
   c. 어휘 대조
   d. 통사적 자동처리

8. 아동중기와 청소년기 동안에 아동은 무엇에 대해 많이 배우는가?
   a. 형태론적 지식
   b. 문법적형태소
   c. 변형문법
   d. 참조적 의사소통 기술

9. Rob은 영어에서 복수형을 위해 -s, 과거시제를 표현하기 위해서 -ed를 붙이는 것과 같은 문법적 형태소에 대해 배웠다. 그는 가끔 "foots", 혹은 "broked"와 같은 오류를 범한다. 이러한 오류를 무엇이라 하는가?
   a. 과잉규칙화
   b. 개작
   c. 확장
   d. 형태론적 연결

10. 이중언어 교육에 관한 최근의 연구들이 양방향 이중언어 교육 프로그램에 대하여 발견한 사실은 다음 중 어

떤 것인가?
a. 두 언어 모두에서 언어기술을 향상시킨다.
b. 모국어를 향상시키지만 제2언어의 습득을 돕지는 않는다.
c. 제2언어의 향상을 돕지만 모국어의 습득을 돕지는 않는다.
d. 두 언어 모두의 학습을 돕지 않는다.

주요 용어 — KEY TERMS

개작(recast)
과잉규칙화(overregularization)
과잉축소(underextension)
과잉확장(overextension)
꾸르륵 소리내기(cooing)
다중양태의 모성어(multimodal motherese)
대상범위 제약(object scope constraint)
명명폭발(naming explosion)
모성어(motherese)
문법적 형태소(grammatical morpheme)
민감기 가설(언어습득의)(sensitiveperiod hypothesis of language acquisition)
빠른 대응(fast mapping)
변형 문법(transformational grammar)
보편 문법(universal grammar)
사회언어적 지식(sociolinguistic knowledge)
산출언어(productive language)
상위언어적 인식(metalinguistic awareness)
상호배타성 제약(mutual exclusivity constraint)

상호작용론적 견해
수용언어(receptive language)
실어증(aphasia)
심리언어학자(psycholinguists)
양방향 이중언어 교육(two-way bilingual education)
어휘대조 제약(lexical contrast constraint)
언어(language)
언어생성 능력(language-making capacity: LMC)
언어습득 기제(language acquisition device: LAD)
언어 이전 시기(prelinguistic phase)
언어적 보편성(linguistic universal)
옹알이(babbling)
유성어(vocables)
음소(phonemes)
음운론(phonology)
일어문(holophrase)
일어문기(holophrase period)
의미론(semantics)

의사소통(communication)
자유 형태소(free morpheme)
전보어(telegraphic speech)
참조적 스타일(referential style)
참조적 의사소통 기술(referential communication skills)
처리제약(processing constraints)
크레올(creole)
표현적 스타일(expressive style)
피진어(pidgin)
통사적 자동처리(syntactical bootstrapping)
통사론(syntax)
한정 형태소(bound morpheme)
화용론(pragmatics)
확장(expansion)
형태론(morphology)
형태론적 지식(morphological knowledge)
형태소(morpheme)
Broca 영역(Broca's area)
Wernicke 영역(Wernicke's area)

제4부 사회성 발달과 성격 발달

10

정서발달, 기질 그리고 애착

나는(Katherine Kipp) 쌍둥이 딸, Rachel과 Debby가 있다. Debby는 태어날 때 아팠고 첫 날 밤에 더 나은 신생아 집중실이 있는 다른 병원으로 데려갔다. Rachel은 병원에서 나와 함께 지냈고 며칠 뒤에 함께 집으로 왔다. 내 기억에 나는 그 아이와 사랑에 빠졌다. Rachel은 놀라웠다. 나는 그 아이에게서 눈을 뗄 수가 없었다. 그 아이가 하는 모든 것이 나에게는 기쁨이었고 흥미로웠다. Rachel은 실제로 처음 며칠 동안 입을 삐죽 내밀고 있었다. 내 생각에는 확실히 비범한 아이라는 징후였다.

나는 Debby가 집중실에 있는 동안 매일 한 시간 반을 운전해서 보러 갔다. Rachel를 내 어머니에게 맡기고 Debby를 보러가는 것은 힘들었다. 왜냐하면 나는 Rachel과 사랑에 빠져 있었기 때문이다. 실제로, Rachel과 헤어지는 것은 육체적으로 힘들었다. Debby의 병원에 도착한 후, 마치 수술을 하는 것처럼 손을 씻고 살균된 가운을 입고 매일 약 한 시간정도 그 아이를 방문했다. 처음에는 단지 인큐베이터 안에 있는 Debby를 볼 수 있었지만, 마침내 그녀를 안을 수 있었다. 나는 그 아이를 "알지" 못했기 때문에 무서웠다. Debby는 Rachel과는 달랐다. 나는 그 아이와 사랑에 빠진 것과 같은 감정을 느끼지 못했다. 나는 내가 나쁜 엄마인지 그리고 내가 Rachel을 사랑하는 것만큼 그 아이를 사랑할 수 있을지 의심이 들었다.

그러나 나는 한 주 후에 Debby를 집으로 데려올 수 있었고 그 아이와도 사랑에 빠졌다! Rachel에게 느꼈던 것과 같은 강렬한 감정과 그 아이 옆에 머물려는 욕구가 커졌다. 처음 엄마가 된 사람으로서, 나는 이 놀라운 두 아기를 사랑할 능력이 내게 그렇게 많이 있음에 놀랐다. 그들은 처음부터 달랐지만, 그 아이들 각자에 대한 내 사랑은 컸고 분명히 내가 경험한 가장 강렬한 감정이었다.

나는 그 당시에 발달심리학을 공부하는 학생이었고, 내가 발달학자들이 **유대**(bonding)라고 부르는 것을 경험하고 있다는 것을 알았다. 이 감정들의 강렬함을 경험함으로써 그 용어에 대한 새로운 이해를 하게 되었다.

모든 부모들은 자신의 아기들과 이런 강렬한 "사랑에 빠지는" 경험을 하는가? Debby에 앞서 Rachel에 대해 그런 감정들을 갖는 것은 정상이었는가? 무엇이 딸들에 대해 이런 방식으로 느끼게 만들었는가? 내 딸들은 나에 대해(혹은 어떤 것에 대해) 감정을 갖고 있는가? 정서발달과 **애착**(attachment) 연구들에서 언급되었던 의문들이다. 우리는

유대
(bonding)

부모가 자신의 아기에게 느끼는 강한 애정어린 결속; 어떤 이론가들은 강한 유대는 출생 직후, 민감기 동안 일어난다고 믿는다.

애착
(attachment)

두 사람 간의 친밀하고 상호적인 정서적 관계로서, 근접성을 유지하려는 바람과 상호 간 애정이 특징이다. 애착은 정서적 관계를 형성할 수 있는 나이든 영아와 또 다른 사람 간에 일어난다는 점에서 애착은 유대와 다르다. 유대는 부모가 자녀에 대해 느끼는 일방적 관계이다.

이 장에서 이 질문들(그리고 더 많이!)에 답할 것이다. 우선 아동의 정서 표출과 해석의 연령별 변화를 도표화하고 초기 사회적, 성격적 발달에서 정서의 역할들에 대해 살펴보는 것으로 시작할 것이다. 그런 다음, 정서적 반응성, 혹은 기질의 개인차를 살펴보고, 이제는 많은 발달학자들이 어린 아동이 일상적 사건들에 대해 다르게 반응하는 이유를 설명하는 초기 기질적 속성들을 성인의 성격을 형성하는 중요한 기초로 여기고 있음을 보게 될 것이다. 그런 다음, 정서적 애착으로 돌아가서 영아와 그들의 가장 가까운 동반자가 이런 친밀한 정서적 결속을 형성하는 과정을 탐색할 것이다. 마지막으로, 영아가 형성할 수 있는 정서적 애착의 종류가 이후 사회적, 정서적, 지적 발달에 중요한 의미가 있음을 보여주는, 급속하게 확장되고 있는 증거들을 살펴볼 것이다.

▌정서발달

아기들은 감정이 있는가? 그들은 나이든 아동들이나 성인들과 같은 방식으로 행복, 슬픔, 공포, 분노와 같은 특정 정서를 경험하고 표출하는가? 대부분의 부모는 그렇다고 생각한다. 한 연구에서, 1개월 된 아기 어머니들 중 절반 이상이 아기들은 적어도 다섯 가지 개별 정서를 표현할 수 있다고 말했는데, 그것은 흥미, 놀람, 기쁨, 분노, 공포(Johnson et al., 1982)이다. 어떤 사람은 이것이 단순히 아기들의 행동에서 너무 많은 것을 읽어내는 자부심 강한 어머니들의 경우일 뿐이라고 주장하지만, 아주 어린 영아들조차도 정서적 창조물임을 보여주는 신뢰할 만한 증거가 있다.

정서표출: 정서표현의 발달과 통제

Carroll Izard와 동료들은 영아의 정서표현을 연구하기 위해, 얼음덩어리를 움켜잡거나, 장난감을 멀리치우거나, 혹은 헤어졌던 어머니를 다시 보는 것과 같은 사건들에 대한 아기의 반응들을 비디오로 녹화하였다(Izard, 1982; 1993). Izard가 사용한 절차는 영아가 경험했던 사건들에 대해 알지 못하는 평정자들에게 영아의 얼굴표정을 보고 영아가 경험하는 정서가 무엇인지를 말하도록 하는 것이었다. 이 연구에서 같은 얼굴표정을 관찰한 성인 평정자들은 신뢰로운 정도로 아기의 얼굴에서 같은 정서를 보았다(그림 10.1). 다른 연구자들은 대개 얼굴표정으로부터 아기가 경험하는 긍정적 정서(예, 흥미 대 기쁨)가 무엇인지를 말할 수 있지만, 얼굴 단서에만 근거해서 부정적 정서(예, 공포 대 분노)를 구분하기는 훨씬 더 어렵다는 것을 알아냈다(Izard et al., 1995; Matias & Cohn, 1993). 그럼에도 불구하고, 대부분의 연구자들은 아기들이 얼굴표정을 통해 다양한 감정들을 의사소통하고, 나이가 들면서 각 표정이 특정 정서를 더 잘 식별할 수 있는 표시가 된다는 것에 동의한다(Camras et al., 1992; Izard et al., 1995).

개별 정서들의 출현순서

처음 두 해 동안 다양한 정서들이 서로 다른 시기에 나타난다(표 10.1 참조). 출생 시 아기들은 흥미, 고통(distress), 혐오, 만족감을 보인다. 2개월 말경이면, 아기들은 양육자와 상호작용하는 과정에서 자주 사회적 미소를 보이기 시작한다. 양육자들은 자신들을 향한 아기의 긍정적인 반응에 기뻐하고 미소를 되돌려주고 아기를 즐겁게 하는 것은 무엇이든 계속한다(Lavelli & Fogel, 2005; Matatesta & Haviland, 1982). 2~7개월 사이에 나타나는 다른 **기본 정서**(basic emotion)는 분노, 슬픔, 기쁨, 놀람, 공포이다(Izard et al., 1995). 모든 건강한 영아들에서 거의 같은 연령에 나타나고 모든 문화에서 유사하게 표출되고 해석되기 때문에, 이런 일차 정서들은 생물학적으로 프로그램된 것으로 볼 수 있다(Camras et al., 1992; Izard, 1993). 출생 시에는 없었던 정서들을 표현하기 전에 약간의 학습이나 인지적 발달이 필요할 수도 있다. 예를 들면, 2~6개월 사이에 나타나는 놀람과 기쁨의 가장 강력한 유발인 중 하나는 대상이나 사건들에 대해 어떤 통제를 할 수 있다는 사실에 대한 발견이다. 즉 머리 위에 있는 모빌을 움직이게 하기 위해 다리를 차거나 혹은 음악소리가 나게 하려면 장난감에 있는 단추를 눌러야한다는 것을 학습하는 것과 같은 것들이다. 그리고 어떤 사람이나 사물이 그들이 통제하는 것을 방해하거나 혹은 모빌이나 장난감에 있는 배터리가 다 되었을 때처럼, **학습된** 기대들이 맞지 않으면 2~4개월 아기들은 화를 내고 4~6개월 아기들은 슬퍼한다(Lewis, Alessandri, & Sullivan, 1990; Sullivan, Lewis, & Alesandri, 1992).

이후 2세가 되면, 영아들은 당혹감, 수치심, 죄책감, 부러움, 자부심과 같은 **복합 정서**(complex emotion)를 표출하기 시작한다. 이런 감정들은 때로 **자기의식적 정서**라고 하는데, 이것은 어느 정도 자기인식의 손상이나 혹은 증진을 포함하고 있기 때문이다. Michael Lewis와 동료들(1989)에 따르면, 가장 단순한 자기의식적 정서인 당혹감은 아동이 거울이나 사진에서 자신을 인식하기 시작한 이후에야 비로소 나타난다(우리가 12장에서 논의할 자기참조적 이정표). 수치심, 죄책감, 자부심과 같은 **자기평가적 정서**는 자기인식(즉, 아동이 거울이나 사진에서 자신을 알아볼 수 있다)과 자신의 품행을 평가하는 규칙이나 규준에 대한 이해 모두가 있어야 한다.

유용한 증거 대부분은 Lewis의 이론과 일치한다. 예를 들면, 지나친 칭찬이나 낯선 사람에게 보여주라는 요구에 대해 눈에 띄게 당황하는 걸음마기 유아들에서 자기인식을 볼 수 있다(Lewis, Stanger, & Sullivan, 1989). 3세가 되어 아동이 자신의 수행이 좋은지 나쁜지를 더 잘 평가할 수 있을 때, 그들은 조각이 많은 복잡한 퍼즐을 완성했을 때처럼 어려운 과제에 성공했을 때는 분명한 자부심(미소 짓거나, 박수치거나, "내가 해냈어"라고 소리친다)의 징후를 보인다. 또한 상대적으로 조각이 적은 퍼즐을 맞추는데 실패했을 때처럼 쉬운 과제에 실패했을 때는 수치심("나는 이것을 잘 못해"라는 말을 하면서 기죽은 자세로 아래를 응시한다)의 징후를 보인다(Lewis, Alessandri, & Sullivan, 1992; Stipek, Recchia, & McClintic, 1992).

학령 전 아동들은 평가적인 당혹감도 보이는데, 정해진 시간 내에 과제를 완수하지 못하거나 혹은 그 밖의 기준에 맞추지 못했을 때, 신경질적인 미소, 자기 몸 만지기, 응시 혐오가 특징이다(Alessandri & Lewis, 1996). 평가적 당혹감은 수행에 대한 부정적 평가로부터 생겨나고 타인의 주의를 받는 대상이 되는 "단순한" 당혹감보다 훨씬 더 스트레스를 받는다(Lewes & Ramsay, 2002).

나중에 발달하는 정서들은 매우 복잡하고 아동의 행동에 다른 함축된 의미가 있다. 예를 들면, 어떤 연구자들은 수치심과 죄책감 간을 분명하게 구분한다. 죄책감은 어떤 방식으로든 타인들에 대한 의무를 실천하지 못했음을 의미한다. 죄책감을 느끼는 아동은 자신의 잘못에 따른 대인 간 결과에 초점을 맞추고 자신의 해로운 행위들을 보상을 하기 위해 타인들에게 접근하려고 한다(Higgins, 1987; Hoffman, 2000). 수치심은 자기에게 초점을 맞추고 있으며 타인에 대한 관심에 기초하지 않는다. 수치심은 그것이 도덕적 위반, 개인적 실패, 혹은 타인의 별명을 부르는 것 같은 사회적 실수에서 나온 것이

기본 정서
(basic emotion)
출생시 존재하는 혹은 생애 첫해에 등장하는 정서들로서, 어떤 이론가들은 생물학적으로 프로그램된 것으로 믿는다.

복합 정서
(complex emotion)
생애 두 번째 해에 등장하는 자기 의식적 혹은 자기평가적 정서들로서 부분적으로 인지발달에 의존.

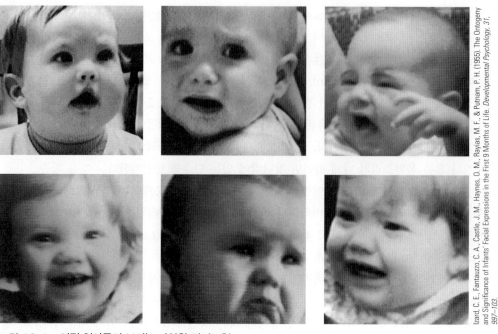

Izard, C. E., Fantauzzo, C. A., Castle, J. M., Haynes, O. M., Rayias, M. F., & Putnam, P. H. (1995). The Ontogeny and Significance of Infants' Facial Expressions in the First 9 Months of Life. *Developmental Psychology. 31.* 997–103.

그림 10.1 어린 영아들이 보이는 다양한 정서표현

든 상관없이, 아동이 자신에게 부정적으로 초점을 맞추고 숨거나 타인을 피하게 만든다 (Tangney & Dearing, 2002).

부모들은 아동의 자기평가적 정서 경험이나 표현에 영향을 준다. 한 연구에서(Alesssandri & Lewis, 1996), 4~5세 아동들이 다양한 퍼즐에서 성공하거나 실패했을 때 어머니들의 반응을 관찰하였다. 그들은 성공에 대한 자부심이나 실패에 대한 수치심의 징후들과 이런 결과들에 대한 어머니 반응 간의 분명한 관련성을 발견했다. 어머니가 실패에 대해 비판함으로써 부정적인 것을 강조하는 경우, 아동들은 실패한 후에 높은 수준의 수치심을 보였고 성공한 후에 거의 자부심을 보이지 않았다. 반대로 어머니가 성공에 대해 긍정적으로 반응한 경우, 아동은 성취에 대해 더 많은 자부심을 보였고 목표를 성취하는데 실패했을 경우에도 수치심을 덜 보였다.

또 다른 흥미로운 부모의 영향을 살펴보자. 분명한 규칙 위반이나 다른 도덕적 위반들은 아동이 죄책감이나 수치심, 혹은 둘 다를 느끼게 만드는 잠재력이 있다. 그러나 부모가 위반에 어떻게 반응하는지가 아동이 죄책감이나 수치심 중 어느 것을 느낄지를 결정한다. 만일 부모가 자녀를 비하하면 수치심을 느끼는 경향이 더 높다("Claire, 나는 네가 John의 장난감을 부셨다는 것을 믿을 수가 없어, 넌 왜 그렇게 멍청하고 생각이 없니!"). 만일 부모가 그 행동이 왜 나쁜지 그리고 그것이 타인에게 어떤 해를 입힐지를 강조함으로써 부적절한 행동을 비난하면, 그리고 아동이 저지른 해로운 행동을 수정하기 위해 아동 자신이 할 수 있는 것을 하도록 격려하면, 아동은 수치심보다 죄의식을 느낄 가능성이 더 높다("Claire, John의 장난감을 부수는 것은 나쁜 일이야. John이 기분 나쁘지 않도록 네 장난감을 줘")(Hoffman, 2000; Yangney & Dearing, 2002).

걸음마기 유아와 어린 학령 전 아동들은 자신의 행동을 성인이 보고 있을 때만 자기평가적 정서를 보일 것이다(Harter & Whitesell, 1989; Stipek, Recchia, & McClintic, 1992). 이것은 어린 아동들의 자기평가적 정서들은 주로 성인들로부터 받을 것이라고 기대하는 반응들에서 나온 것임을 보여준다. 아동들은 초등학교에 들어간 이후에야 여

표 10.1 개별정서들의 출현 연령

연령	정서	정서의 범주	영향요인
출생	만족 혐오 고통 흥미	기본	생물학적으로 프로그램
2~7개월	분노 공포 기쁨 슬픔 놀람		모든 건강한 영아들에서 대략 같은 연령에 나타나고 모든 문화에서 유사하게 해석됨
12~24개월	당혹감 부러움 죄책감 자부심 수치심	복합 자기의식적 자기평가적	기준이나 규칙에 반하는 활동을 평가하기 위해 자기인식과 인지적 능력이 요구됨

러 규칙들이나 평가적 기준들을 충분히 내면화하고 외부 감독이 없을 때도 자신의 품행에 대해 자부심을 느끼거나 수치스러워하거나 죄책감을 느낀다(Bussey, 1999; Harter & Whitesell, 1989).

정서와 정서적 자기조절의 사회화

모든 사회에는 어떤 정서를 표현하거나 혹은 표현하지 말아야하는 상황을 명료하게 기술한 일련의 **정서표출규칙**(emotional display rules)이 있다(Gross & Ballif, 1991; Harris, 1989). 예를 들면, 미국에서 아동들은 할머니로부터 선물을 받았을 때 기쁨이나 고마움을 표시해야하고, 그 선물이 속옷임을 알게 되어서 느끼는 실망감을 억눌러야 한다고 배운다. 이런 정서적 품행 코드들은 어떤 면에서 언어의 화용론적 규칙들과 유사하다. 아동들은 다른 사람과 잘 지내고 그들의 인정을 유지하기 위해 표출규칙들을 습득하고 사용해야만 한다.

이 학습은 언제 시작되는가? 당신이 상상하는 것보다 더 빠르다! 어머니들이 7개월 영아들과 놀 때, 기쁨, 흥미, 놀람만을 표현함으로써, 그들은 아기들에게 오직 긍정적 정서의 모델이 된다(Malatesta & Haviland, 1982). 또한 어머니들은 영아들의 정서에 대해 선택적으로 반응한다. 처음 몇 개월 동안 어머니들은 아기의 흥미나 놀람 반응에 더 주의하고 영아의 부정적 정서에는 덜 반응한다(Malatesta et al., 1986). 이런 기초 학습 과정을 통해 아기들은 유쾌한 얼굴을 더 많이 보이고 불쾌한 얼굴을 더 적게 보이도록 훈련된다.

그러나 사회적으로 받아들일 수 있는 정서들은 문화에 따라 다를 수 있다. 미국 부모들은 아기들을 자극해서 기쁨의 절정에 이르게 만드는 것을 좋아한다. 반대로 중앙아프리카 구시(Gusii)와 아카(Aka)의 양육자들은 결코 아기들과 얼굴을 맞대고 놀지 않으며, 대신에 어린 영아가 가능한 고요하고 편안하게 지내도록 한다(Hewlett et al., 1998; LeVine et al., 1994). 따라서 미국 아기들은 긍정적인 한 강한 정서는 괜찮다고 배우는 반면, 구시와 아카아기들은 긍정적 정서와 부정적 정서 모두 억제하는 것을 배운다.

정서표출규칙
(emotional display rules)
어떤 정서들을 어떤 환경에서 표현해야 하는지 혹은 표현하지 말아야 하는지를 명시하는 문화적으로 정의된 규칙들.

학령전기 동안, 아동은 정서적 자기조절을 훨씬 더 잘하게 된다.

정서적 자기조절
(emotional self-regulation)
정서를 관리하고 적절한 수준의 강도로 정서적 각성을 조절하기 위한 전략.

정서 조절하기 이런 정서적 교훈들을 따르면서, 아기들은 **정서적 자기조절**(emotional self-regulation)을 위한 전략들을 고안해야 한다. 다시 말하면, 자신의 정서를 통제한다. 생의 처음 몇 개월 동안, 영아들을 지나치게 자극할 가능성이 있는 사건들에 대한 노출을 통제함으로써 그리고 지나치게 각성된 영아들을 흔들어주거나 다독거려주거나 안아주거나 노래를 불러주거나 젖꼭지를 물려줌으로써, 아기의 정서적 각성을 조절하는 것은 양육자들이다(Campos, 1989; Jahromi, Putman, & Stifter, 2004; Rock, Trainer, & Addison, 1999). 그러나 첫해 중간이 되면, 아기들은 자신의 부정적 정서를 조절하는데 약간의 진전을 보인다. 예를 들면, 6개월 영아는 불쾌한 자극으로부터 몸을 돌리거나 혹은 엄지손가락이나 젖꼭지 같은 빨 수 있는 물건을 찾음으로써 적어도 어느 정도 부적 각성을 줄인다(Mangelsdorf, Shapiro, & Marzolf, 1995). 아기 스스로가 시작하는 행동들은 어머니가 알아채고 불편함의 출처로부터 아기의 주의를 돌리기 위해 편안함을 제공할 때 효과적으로 아기의 스트레스를 줄인다(Crockenberg & Leerkes, 2004). 흥미롭게도 6개월 남아는 6개월 여아에 비해 불쾌한 각성을 조절하기가 더 힘들고 양육자로부터 조절적 지원(달래기)을 유발하려고 할 때 짜증을 부리거나 우는 경향이 더 많다(Weinberg et al., 1999).

첫해 말경이면, 영아들은 스스로 몸을 흔들거나 물건을 씹거나 자신들을 당황하게 만드는 사람이나 대상으로부터 멀어지는 것과 같은 부정적인 정서를 감소시키는 전략들을 부가적으로 발달시킨다(Kopp, 1989; Mangelsdorf, Shapiro, & Merzolf, 1995). 18~24개월이면 걸음마기 유아는 자신을 당황하게 만드는 사람의 행동(낯선 사람이 있을 때 안아 올려 달라는 요구로 "위로, 아빠!")이나 대상들(예, 기계장치 장난감의 단추들)들을 통제하려는 경향이 더 높아진다(Mangelsdorf, Shapiro, & Marzolf, 1995). 그들은 또한 과자나 선물을 기다려야하는 좌절 상황에서 동반자에게 말하거나 장난감을 갖고 놀거나 실망의 출처로부터 자신을 분리하기 시작한다(Grolnick, Bridges, & Connell, 1996). 실제로, 어린 걸음마기 유아가 분노나 슬픔을 억누르기 위해 눈살을 찌푸리거나 입술을 꼭 다무는 것이 관찰되었다(Malatesta et al., 1989). 그렇지만 걸음마기 유아가 공포를 조절하는 것은 거의 불가능하다(Buss & Goldsmith, 1998). 대신에 그들은 양육자의 주의와 위안을 성공적으로 끌어내는 공포 표현법을 발달시킨다(Bridges & Grolnick, 1995). 예를 들면, 화가 나거나(예, 장난감을 빼앗김) 혹은 무서울 때(낯선 사람의 접근), 2세 영아들은 자주 자신들이 실제로 경험하는 분노나 공포를 표현하는 대신에, 슬프게 보이면서 양육자에게 돌아섬으로써 조절적 지원을 더 성공적으로 끌어낼 수 있다(Buss & Kiel, 2004). 이것에서 우리는 영아나 아동의 정서조절이 타인에 의한 조절로부터 아동에 의한 자기조절로 변하는 것을 본다. 때로는 타인들로부터 지원을 끌어내고 때로는 스스로 자신의 정서를 조절한다.

어린 학령전 아동이 말이 많아지고 자신의 감정들에 대해 말하기 시작하면서, 부모나 다른 친밀한 동반자들은 불쾌한 상황에서 가장 고통스러운의 측면들부터 그들을 떼어놓거나(예, 이제 곧 주사를 맞아야 하는 아동에게 벽에 붙은 밝은 색 포스터를 보라고 말하기), 혹은 무섭고 좌절되고 실망스런 경험을 이해하도록 도움으로써 부정적 정서를 건설적으로 다룰 수 있게 도와준다(Thompson, 1994; 1998). 이런 지원 중재 프로그램들은 Vygotsky의 책에 나온 일종의 안내된 지도(guided instruction) 형태로서, 학령전기 아동이 자신의 정서를 조절하는데 효과적인 전략을 고안하도록 도와주는 경험들이다. 실제로, 2~6세 아동들은 불쾌한 정서적 각성에 점점 더 잘 대처하게 된다. 이 어린 아동들이 사용한 방법들은 무서운 사건으로부터 주의를 다른 데로 돌리거나("나는 저 상어가 무서워. 눈을 감자"), 불쾌한 생각을 극복하기 위해 유쾌한 생각을 하거나("엄마는 나를 내버려두고 갔지만, 엄마가 돌아오면 우리는 영화 보러 갈 거야"), 보다 만족스런 방식으로 고통의 원인을 재해석하는("그는[이야기 주인공] 진짜로 죽은 게 아냐.... 그런 척하는 거야") 것이다(Thompson, 1994; Carrick & Quas, 2006 참조). 불행하게도, 가정에서 그것이 자신들을 향한 것이든 아니든 부정적 정서의 표현에 빈번하게 노출되었던 아동들은 조절하기 어려운 높은 수준의 부정적 정서성을 자주 보인다(Caspi et al., 2004; Eisenberg et al., 2000; Maughan & Cicchetti, 2002; Paulussen-Hoogeboom et al., 2007; Valiente et al., 2004).

적응적 정서조절이란 때로 정서를 억제하기보다 오히려 감정을 유지하거나 강화하는 것이다. 예를 들면, 아동들은 자신의 분노를 전하는 것이 괴롭히는 사람에게 맞서는 데 도움이 된다는 것을 배운다(Thompson, 1994). 부모들은 어린 아동들이 자주 다른 사람을 곤경에 빠뜨리거나 규칙을 깬 후 경험하는 불편함(uneasiness)에 주의를 기울이게 함으로써 그 상태를 유지하려한다. 왜 그런가? 부모들은 (1) 곤경에 빠진 **피해자를** 동정하고 이런 관심에 따라 행동하거나 (2) 어린 아동들이 자신들의 위반에 대한 죄책감을 느끼고 되풀이하지 않는 방식으로 자신들의 감정을 재해석하기를 희망하기 때문이다(Dunn, Brown, & Maguire, 1995; Kochanska, 1991). 부모가 아동에게 유지하거나 증진하려고 하는 정서적 각성의 또 다른 형태는 성취에 대한 자부심으로서, 건강한 성취동기와 긍정적인 학문적 자기개념의 발달에 기여한다(이 점에 대한 더 많은 토론은 11장을 참조). 요약하면, 효과적인 정서조절이란 우리가 직면한 도전이나 우리가 만나게 되는 사람들과 생산적으로 지내기 위해 정서적 각성을 억제하고 유지하고 강화하는 능력이다(Campos, Frankel, & Camras, 2004; Cole, Martin, & Dennis, 2004; Thompson, 1994).

정서표출규칙 습득하기 정서를 조절하는 능력은 아동이 문화적 정서표출규칙을 따르기 위해 습득해야하는 첫 번째 기술이다. 이 규정들은 자주 우리에게 실제로 경험하는 받아들일 수 없는 정서들은 억제하고, 그 감정들을 (적어도 외적으로는) 그 상황에서 표출규칙이 요구하는 감정들로 대체하라고 한다. 예를 들면 실망스런 선물을 받고 슬프기보다 행복한 행동을 하는 것이다.

약 3세 정도가 되면, 아동들은 제한적이기는 하지만 자신의 진짜 감정을 위장하는 능력을 보이기 시작한다. 예를 들면, Michael Lewis와 동료들(Lewis, Stranger, & Sullivan, 1989)은 금지된 장난감을 몰래 들여다본 것에 대해 거짓말을 한 3세 아동이 보이는 (슬로우 모션으로 상

걸음마기 유아와 학령전기 아동은 자신의 진짜 감정들을 감추는 데 능숙하지 않다.

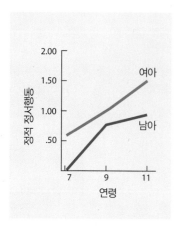

그림 10.2 연령이 증가하면서, 아동은 실망스런 선물을 받은 후 긍정적 정서 반응을 더 잘 보인다.

출처: *"An Observational Study of Children's Attempts to Monitor Their Expressive Behavior,"* by C. Saarni, 1984, Child Development, 55, 1504 – 1513. Copyright © 1984 by The Society for Research in Child Development, Inc.

영된 필름 속에서 감지될 수 있는) 미세한 고통의 징후들을 발견했다. 그러나 이 아동들은 정보가 없는 성인 평정자들이 몰래 들여다보지 않았다고 진실을 말한 아동과 구별하지 못할 정도로 자신의 감정을 잘 감출 수 있었다. 시간이 지나면서, 학령전 아동들은 내적 감정과 다르게 외적으로 표현하는 데 약간 더 나아진다(Peskin, 1992; Ruffman et al., 1993). 그렇지만 5세 아동들도 진짜 감정을 위장하거나 거짓말이 진실이라고 다른 사람을 설득하는데 능숙하지 않다(Polak & Harris, 1999).

학령기를 거치면서, 점차 아동들은 사회적으로 인정된 표출규칙을 인식하게 되고, 특정한 사회적 상황에서 어떤 감정을 표현하고 어떤 정서를 억제하는가에 대해 더 많이 학습한다(Eisenberg et al., 2003; Holodynski, 2004; Holodynski & Friedlmeirer, 2006; Jones, Abbey, & Cumberland, 1998; Zeman & Shipman, 1997). 아마도 부모들이 여아들에게 사회적 상황에서 "좋게(nice) 행동하라"는 압력을 더 강하게 주기 때문에, 여아들은 남아에 비해 표출규칙을 따르려는 동기가 더 강하고 더욱 숙련된다(Davis, 1995). 게다가, 부모–자녀 상호작용에서 긍정적 정서를 강조하는 어머니들의 자녀들은 실망감이나 다른 부정적 감정들을 더 잘 감추는 경향이 있다(Garner와 Power, 1996). 그렇지만 단순한 표출규칙조차도 충분히 숙련되는 데는 시간이 걸린다. 그림 10.2에서 보는 것처럼, 많은 7~9세 아동들(특히 남아들)은 형편없는 선물을 받았을 때 여전히 기뻐하는 행동을 보이지 못하고 실망감을 완전히 감출 수가 없었다. 그리고 많은 12~13세 아동도 또래가 비웃을 때(Underwood et al., 1999) 그리고 권위 있는 성인이 방해할 때 분노를 완전히 억제하지 못했다(Underwood, Coie, & Herbsman, 1992).

아동의 정서 조절은 청소년기 동안 계속 발달한다. Albert Bandura와 동료들(2003)의 연구는 나이든 청소년들(14~19세)의 정서통제능력에 대한 자기지각이 많은 사회적 삶의 측면들에 유의한 영향을 미친다는 것을 보여주었다. 예를 들면, 자신이 정서표현을 잘 관리한다고 믿는 십대들은 더 친사회적이고 또래 압력에 더 잘 저항하고 또래에 더 잘 공감한다.

문화적으로 명세화된 정서표출 규칙에 대한 순종은 사회적 조화를 강조하고 개인의 욕구 위에 사회적 질서를 두는 일본이나 네팔의 체뜨리 브레민과 같은 공동체 사회에서 더 일찍 나타나고 특히 강하다(Cole & Tamang, 1998; Matsumoto, 1990). 분명히 이런 정서의 사회화는 사회의 선을 위해 작용한다. 미국과 같은 개인주의 문화에서도 아동이 정서표출규칙을 점점 더 따르게 되는 것은 주로 사회적 조화를 유지하고 비난을 피하려는 동기 때문이다(Saarni, 1990; Zeman & Garber, 1996). 교사나 또래들은 이런 정서적 품행 코드에 숙련된 아동들을 더 호감이 있고 능력 있는 것으로 보았다(Jones, Abbey, & Cumberland, 1998).

정서에 대한 인식과 해석

아기들이 타인들의 정서 표현을 인식하고 해석하기 시작하는 시기에 대해 약간의 논쟁이 있다(Kuhann-Kalman & Walker-Andrews, 2001). 4장에서 배웠듯이, 3개월 된 영아는 사진 속의 성인들이 보이는 여러 정서를 구별할 수 있다. 그러나 이런 증거들은 단순히 시각적 변별 능력을 반영하는 것으로 반드시 어린 영아가 기쁨, 분노, 슬픔과 같은 다양한 표정을 해석한다는 의미는 아닐 수 있다(Nelson, 1987).

사회적 참조

정서표현을 인식하는 영아의 능력은 7~10개월 사이에 보다 분명해진다(Soken & Pick, 1999). 이때는 영아들이 불확실한 상황에 대한 부모의 정서적 반응을 모니터하고 자신의 행동을 조절하기 위해 이 정보를 사용하기 시작하는 시점이다(Feinman, 1992). 이런 **사회적 참조**(social referencing)는 나이가 들면서 더욱 보편적이 되고(Walden & Baxter, 1989), 곧 부모가 아닌 다른 사람들에게로 확대된다(Flom & Bahrick, 2007; Repacholi, 1998). 첫해 말경이면, 전형적으로 가까이에 있는 낯선 사람이 미소지으면 영아는 친숙하지 않은 장난감에 다가가서 갖고 논다. 그러나 낯선 사람이 공포를 보이면 이 대상을 피하는 경향이 있다(Klinnert et al., 1986). 한 연구에서, 12개월 영아들도 TV를 사회적으로 참조하는데, TV에 나오는 성인에서 공포반응을 유발했던 대상이 제시되면 피하고 부정적인 반응을 했다(Mumme & Fernald, 2003). 다른 연구는 12개월 영아는 사회적 참조 상황에서 성인의 긍정적 정서보다 부정적 정서 표현에 대해 더 강한 사건관련 전위(ERPs)를 보였고(Carver & Vaccaro, 2007; Leppanen et al., 2007), 어머니의 음성적 정서표현은 적어도 어머니의 얼굴표정 만큼 많은 정보를 12개월 영아에게 전달하는 듯했다(Mumme, Fernald, & Herrera, 1996).

어떤 연구자들은 성인의 정서적 신호들이 영아들의 능동적인 정보탐색이 아니라 오히려 "만지지 마"와 같은 단순한 명령으로 해석될 수 있다고 생각했다(Baldwin & Moses, 1996). 제3자가 흥미로운 행동을 한 후(장난감을 멀리 밀어 놓음), 18개월 영아가 실험자가 화를 내는지 혹은 중립적인지를 쳐다보았다는 최근 연구는 이런 해석과 일치하는 증거이다. 비록 이 장면을 보는 것이 영아-관찰자의 정서에 영향을 미치지는 않지만, 그들은 화를 낸 실험자가 있으면 행위자의 행동을 모방할 가능성이 적었다. 마치 실험자의 분노 정서를 "장난감을 멀리 밀어 놓는 것은 내가 하지 말아야 할 금지된 행동이다"라는 단서로 사용하는 것 같았다(Rapacholi & Meltzoff, 2007). 나이든 걸음마기 유아들에서 사회적 참조는 명령이나 지시에 대한 단순한 반응이라기보다 아동의 적극적인 정보탐색으로 해석된다. 예를 들면, 걸음마기 유아는 자신이 새로운 물건이나 상황에 접근하거나 회피한 후에 동반자를 쳐다보는데, 이것은 자신의 평가에 장점이 있는지 혹은 정확한지를 평가하는 정보로서 타인의 정서적 반응을 지금 이용하고 있음을 보여준다(Hornik & Gunnar, 1988).

정서에 관한 대화

일단 18~24개월에 걸음마기 유아들이 정서에 관한 말을 하기 시작하면, 정서경험에 집중된 가족 대화는 그들이 자신과 타인의 감정들을 더 풍부하게 이해하는 데 도움이 된다(Jenkins et al., 2003; Taumoepean & Ruffman, 2006). 실제로, Judy Dunn과 동료들(Dunn, Brown, & Beardsall, 1991; Herrera & Dunn, 1997)은 3세 아동이 다른 가족구성원들과 정서 경험에 대해 더 자주 토론할수록, 타인의 정서를 더 잘 해석하고 3년 후 학교에서 친구들과의 분쟁을 더 잘 해결한다는 것을 발견했다. 타인이 어떻게 느끼는지를 확인하고 그런 방식으로 느끼는 이유를 이해하는 능력은 중요한 사회적 결과를 갖는다. 타인의 정서를 유발하는 원인에 대한 이해는 **공감**(empathy)에 기여하는데, 아동이 고통스러워하는 친구들을 위로하거나 지원하는 동기가 된다. 이것은 비록 부정적 정서들에 대한 토론이 그것들의 원인, 다른 심적 상태들과 목표와의 관련성, 그리고 조절 주제들에 더 많이 집중됨에도 불구하고, 부모들이 2~5세 아동들에게 긍정적 정서들

사회적 참조
(social referencing)
애매한 상황들의 의미를 추론하기 위해 타인의 정서적 표현을 사용.

공감
(empathy)
누군가가 경험하고 있는 것과 동일한 정서를 경험하는 능력.

만큼 부정적 정서에 대해서도 말을 하는 이유를 설명할 것이다(Lagattuta & Wellman, 2002).

정서 이해의 이후 이정표

3세 이전 아동들은 그림에 있는 사람들이나 인형의 얼굴에 나타난 정서표현을 확인하거나 이름붙이지 못한다고 알려져 있다(개관을 위해 Widen & Russell, 2003 참조). 그러나 타인의 정서표현을 인식하고 해석하는 능력은 아동기 동안 지속적으로 향상된다. 4~5세가 되면, 아동들은 어떤 사람의 신체 표현 움직임으로부터 그 사람이 행복한지 화났는지 슬픈지를 정확하게 추론할 수 있다(Boone & Cunningham, 1998). 무엇보다 어떤 사람의 현재 정서 상태(특히 부정적 정서들)는 현재 사건이 아니라 과거 사건에 대한 생각으로부터 나올 수도 있다는 것을 점차 인식하게 된다(Lagattuta & Wellman, 2001). 학령기 아동들이 정서를 해석하기 위해 개인적, 상황적, 역사적 정보에 점점 더 의존하기 시작하면서, 정서이해에서 몇 가지 중요한 비약적인 발전이 일어난다. 8세가 되면 그들은 많은 상황들(예, 커다란 개의 접근)이 사람에 따라 다른 정서반응(예, 공포 대 기쁨)을 유발할 것임을 인식한다(Gnepp & Klayman, 1992). 6~9세 아동들도 한 사람이 동시에 한 가지 이상의 정서(예, 흥분과 경계심)를 경험할 수 있음을 이해하기 시작한다(Arsenio & Kramer, 1992; Brown & Dunn, 1996). 또한 이 아동들은 단서들이 보여주는 정서가 무엇인지를 추론하기 위해 대조적인 표정단서, 행동단서, 상황적 단서를 통합하는 능력을 어느 정도 보인다. 그들은 롤러코스터를 타기 위해 줄을 서 기다리는 아이가 무섭지만 간절히 바라고 있음을 알아볼 수 있다(Hoffner & Badsinski, 1989).

정서 이해에서 이런 진전이 6장에서 논의했던 Piaget의 보존과제에서 한 가지 이상의 정보(예, 용액의 높이와 넓이)를 통합할 수 있는 때와 같은 연령에서 나타나며, 부분적으로 동일한 인지발달에 의존한다는 점에 주의하라. 그렇지만 사회적 경험도 중요하다. 예를 들면, Jane Brown과 Judy Dunn(1996)은 상반되는 정서들에 대한 조기 이해를 보이는 6세 아동은 더 이른 아동기에 정서의 원인에 대해 부모와 자주 토론했었다는 것을 알아냈다. 분명히 이런 토론은 아동들이 혼합된 정서를 분석할 준비를 하게 만든다.

정서와 초기 사회적 발달

정서는 초기 사회적 발달에서 어떤 역할을 하는가? 분명히 아기의 정서표출은 양육자의 행동에 영향을 미치는 의사소통적 기능을 한다. 예를 들면 고통스런 울음은 가까운 동반자들을 호출한다. 초기 미소나 흥미의 표현은 양육자들에게 아기가 자신들과의 사회적 관계를 시

정서경험에 관한 가족들 간의 대화들은 어린 아이의 정서 이해, 공감 및 사회적 능력을 향상시킨다.

Jessie Jean/Taxi/Getty Images

작하려고 하거나 열렬히 원한다는 확신을 줄 수 있다. 이후 공포나 슬픔의 표현은 영아가 불안하거나 우울하며 약간의 관심과 위안이 필요하다는 의미이다. 분노는 영아가 자신을 혼란하게 만드는 동반자의 행동을 중단할 것을 원하고 있음을 의미한다. 기쁨은 양육자가 현재 하고 있는 상호작용을 연장하라는 자극(prompt) 혹은 아기가 새로운 도전을 받아들이고 싶다는 신호이다. 영아의 정서는 사회적 접촉을 증진하고 양육자가 자신의 행동을 영아의 요구나 목표에 맞추도록 돕는다는 점에서 적응적이다. 또한 영아기의 정서표현은 영아와 가까운 동반자들이 서로를 아는데 도움이 된다(Tronick, 1989).

타인의 정서를 인식하고 해석하는 영아의 능력은 다양한 상황에서 어떻게 느끼고 행동해야하는지를 추론할 수 있도록 하는 중요한 성취이다. 사회적 참조의 장점은 아동이 이런 방식으로 지식을 빠르게 습득할 수 있다는 것이다. 예를 들면, 집에서 기르는 개에 대해 형제가 보이는 기쁨 반응은 영아에게 이 솜털 뭉치는 말을 못하는 괴물이 아니라 친구임을 의미한다. 어머니의 걱정스런 표정과 그에 동반되는 걱정스런 음성은 손에 든 칼은 즉시 피해야하는 연장임을 의미한다. 그리고 표현적 양육자가 중요한 환경적 측면들로 영아의 관심을 끌거나 대상이나 사건들에 대한 영아의 평가에 대해 감정을 표출하는 빈도를 가정하면, 정서 표현에 포함된 정보는 주요한 방식으로 세상에 대한 아동의 이해에 기여한다(Rosen, Adamson, & Bakeman, 1992).

이런 이슈들을 연구한 발달학자들은 **정서적 유능성**(emotional competence)을 성취하는 것은 아동의 **사회적 유능성**(social competence)에 결정적이라고 믿는다. 이것은 타인들과 긍정적인 관계를 계속 유지하면서 사회적 상호작용에서 개인적 목표들을 성취하는 능력이다(Rubin, Bukowski, & Parker, 1998). 정서적 유능성은 정서지능(EQ)이라고 불리는 사회심리학의 개념과 관련 있다. EQ에는 정서를 지각하고 사고를 촉진하고 정서를 이해하고 정서를 관리하는 것이 포함된다(Brackett & Salovey, 2004; Mayer, Salovey, & Caruso, 2002; Mayer, Salovey, Caruso, & Sitarenios, 2003). 발달학자들이 연구한 사회적 유능성은 세 가지 요소로 되어 있다. 긍정적인 감정은 더 빈번하게 그리고 부정적인 것은 상대적으로 덜 빈번하게 표출하는 **유능한 정서 표현성**, 타인의 감정들과 그런 감정들의 원인이 되는 요인들을 정확하게 확인하는 능력인 **유능한 정서 지식**, 그리고 성공적으로 자신의 목표를 이루기 위해 정서적 각성의 경험과 표현을 적절한 강도로 조절하는 능력인 **유능한 정서 조절**이다(Dunham et al., 2003). 연구들은 시종일관 정서 유능성의 각 요소들은 아동의 사회적 유능성과 관련 있음을 밝히고 있다. 예를 들면, 주로 긍정적인 정서를 표현하고 상대적으로 분노나 슬픔을 적게 표현하는 아동은 많은 시간을 화내거나 슬프거나 변덕스런 아동에 비해 교사에 의해 더 호의적으로 평가되고 또래들과 더 우호적인 관계를 맺는 경향이 있다(Eisenberg, Liew, & Pidada, 2004; Hubbard, 2001; Ladd, Birch, & Buhs, 1999). 정서이해 검사의 점수가 높은 아동들은 교사들이 평정한 사회적 유능성에서 높게 평가되고, 쉽게 친구를 사귀고 학급친구들과 긍정적인 관계를 맺는 사회적 기술을 보인다(Brown & Dunn, 1996; Dunn, Cutting, & Fisher, 2002; Mostow et al., 2002). 마지막으로 자신의 정서들(특히 분노)을 적절하게 조절하는데 어려움을 겪는 아동들은 자주 또래로부터 거부당하고(Eisenberg et al., 2004; Rubin et al., 1998), 과잉충동성, 자기통제의 결여, 부적절한 공격성, 불안, 우울, 사

정서적 유능성
(emotional competence)
유능한 정서적 표현성(보다 긍정적 정서를 빈번하게 표현하고 부정적 정서를 상대적으로 덜 빈번하게 표출), 유능한 정서지식(타인의 감정과 그런 감정들을 일으키는 요인들을 정확하게 확인하는 능력), 유능한 정서조절(성공적으로 자신의 목표를 이루기 위해 정서적 각성의 경험과 표현을 적절한 수준의 강도로 조절하는 능력).

사회적 유능성
(social competence)
타인들과 긍정적인 관계를 지속적으로 유지하면서 사회적 상호작용에서 개인적 목표들을 성취하는 능력.

자신의 정서(특히 분노)를 적절하게 조절하는 데 어려움을 겪는 아동들은 자주 또래로부터 거부당한다.

회적 위축과 같은 적응 문제에 직면한다(Eisenberg et al., 2001; Gilliom et al., 2002; Hill et al., 2006; Maughan & Cicchetti, 2002). "연구초점" 상자는 이런 유형의 연구들을 보다 자세하게 살펴본다.

성인으로서 우리는 경험하는 정서와 그런 정서를 표현하는 방식은 우리가 자신을 어떻게 보는지, 즉 성격에 기여한다는 것을 알고 있다. 또한 정서적 유능성은 아동의 성격에 기여한다. 이제 우리는 이런 자기발달의 측면으로 주제를 바꿀 것이다.

기질과 발달

기질
(temperament)

환경적 사건들에 정서적 및 행동적으로 반응하는 개인의 특징적 모드로서 활동 수준, 자극 민감성, 공포, 사회성과 같은 속성들을 포함.

부모들과 보육종사자들이 잘 알고 있듯이 모든 아기는 독특한 "성격"이 있다. 영아의 성격을 묘사하면서, 연구자들은 **기질**(temperament)의 측면들에 초점을 맞추었는데, Mary Rothbart와 John Bates(1998)는 "타고난(constitutionally) 정서, 운동, 주의 반응과 자기조절에서 개인차(p. 109)"로서 정의한다. 이것은 많은 사람들이 성인의 성격을 형성하는 정서적, 행동적 기초로 여기는 것이다. 어떤 종류의 정서적, 행동적 차이인가? 이 장에서 살펴보게 되겠지만, Thomas와 Chess(1977; Thomas, Chess, & Birch, 1970)는 대부분의 영아들을 기질적으로 "쉬운", "까다로운", 혹은 "느린" 으로 분류할 수 있음에 주목함으로써 영아 기질에 관한 연구를 개척했다. 비록 연구자들이 정확하게 같은 방식으로 기질을 정의하거나 측정하는 것은 아닐지라도, 우리는 그들이 다음의 6가지 차원들이 영아 기질에서 개인차를 잘 묘사할 수 있다는 주장에 동의한다(Rohtbart & Bates, 1998).

연구초점 | **어린 아동들의 정서적 유능성 평가하기**

Susanne Denham과 동료들(2003)은 3~4세 아동에서 정서적 유능성의 세 가지 요소 모두를 측정하는 종단 연구를 수행했다. 그들은 학령전기 동안 그리고 이후 유치원 시기 동안 초기 정서발달의 어떤 측면이 아동의 신생 사회적 능력들과 가장 분명한 관련이 있는지를 결정하는 것에 관심이 있었다. 정서 표현성은 시간표집으로 측정되었다. 5분씩 여러 번에 걸쳐 3~4세 아동의 긍정적 혹은 부정적 정서의 표출 빈도를 측정하였다. 정서지식은 8가지 일반적 상황들(아이스크림콘을 받은 후 혹은 악몽을 꾸고 난 후)에서 인형이 경험하는 정서의 이름을 말하게 하여 측정하였다. 마지막으로, 정서적 자기조절은 두 가지 방식으로 측정되었다. 어머니에게 자녀들이 자신의 정서표현을 얼마나 잘 통제하는지를 물었고, 그리고 앞에서 말했던 정서 표현성의 시간표집에서 표현하지 말아야 하는 정서의 표현 횟수를 세었다. 이런 정서 유능성의 세 가지 측정치(예, 정서 표현성, 정서지식, 정서적 자기조절)는 아동이 3~4세 일 때 그리고 유치원에 다닐 때 사회적 유능성과 관련 있었다. 사회적 유능성은 두 가지 방식으로 측정되었다. 교사가 아동의 협동성과 또래의 감정들에 대한 민감성을 평정하고, 아동에게 다른 아동의 호감도를 평정하게 하였다.

결과는 복잡했지만 정보는 매우 많았다. 3~4세 때 아동의 정서 표현성은 정서지식과 정서적 자기조절 모두를 예측했다. 즉 주로 긍정적인 정서를 표현한 아동들이 주로 부정적인 정서를 표현했던 아동들보다 정서지식이 더 많았고 정서표현을 더 잘 조절했다. 그렇지만 정서적 자기조절만이 아동의 사회적 유능성을 예측했다. 자신의 정서를 통제하는데 능숙한 아동들은 정서 표현의 통제능력이 낮은 아동에 비해 탁아시설의 교사에 의해 사회적으로 더 유능한 것으로 평가되고 탁아시설의 친구들로부터 호감이 더 높은 것으로 평가되었다.

유치원에 가면 그림이 변했다. 유치원에서, 유능한 정서 표현성(예, 대개 긍정적 정서를 표현)과 정서에 대해 많이 아는 것(즉, 유능한 정서지식) 모두가 사회적 유능성의 강력한 예측인들이었다. 유치원에서, 정서 표현을 통제하는 능력(즉, 정서적 자기조절)은 사회적 상호작용에서 덜 중요해졌다.

이 결과들에서 흥미로운 것은 세부적인 것이 아니라 큰 그림이다. 생의 초기에 측정된 정서적 유능성의 세 가지 측면들 모두 아동의 신생 사회적 능력들에 그리고 결국은 사회적 적응의 패턴들에 의미가 있다. 분명히 아동들이 바람직한 특정 정서들은 표현하고 바람직하지 않은 감정들은 억제하거나 조절하는 것, 타인이 표현하는 정서들의 의미, 그리고 타인의 정서적 신호에 어떻게 반응해야하는지에 대한 아동의 초기 학습은 아동기, 청소년기, 그리고 이후 나머지 삶에 매우 많은 기여를 한다.

공포(*feaful distress*): 새로운 상황들에서 혹은 낯선 자극들에 대한 반응으로 경계, 고통, 위축

자극 민감성(*irritable distress*): 소망이 좌절되었을 때 소란, 울음, 고통(때로 좌절/분노로 불림)

긍정적 정서(*positive affect*): 미소, 웃음, 타인에게 접근하려는 의지 및 타인들과 협동하려는 의지의 빈도(어떤 연구자들은 사회성이라고 부름)

활동수준(*activity level*): 대근육 활동의 양(예, 발차기, 기기)

주의폭(*attention span*)/지속성: 아동이 흥미로운 대상이나 사건들로 향하거나 주목하는 시간의 길이

규칙적 순환성(*rhythmicity*): 섭식, 수면, 배변과 같은 신체적 기능들의 규칙성/예측성

그런 다음, 영아 기질은 두 가지 종류의 정서성(공포와 자극 민감성) 뿐만 아니라 단일하고 보편적인 긍정적 정서를 반영한다는 것에 주목하라. 게다가 이런 6가지 기질요소들 중 처음 5가지는 학령전 아동과 나이든 아동이 보이는 기질적 차이를 묘사하는데도 유용하다(Rothbart & Bates, 1998). 몇몇 기질적 차원들에서 차이는 어떤 시기에 나타나고 생물학적 성숙과 경험의 영향을 받는다(Rothbart et al., 2001). 예를 들면 공포는 6~7개월까지 나타나지 않으며, 주의폭의 차이는 분명히 일찍 나타나지만 뇌의 전두엽이 성숙하고 아기들이 주의를 더 잘 조절할 수 있게 되면서, 첫해 후반에 보다 분명해진다.

기질에 대한 유전과 환경의 영향

많은 사람에게, **기질**이란 용어는 행동의 개인차에 생물학적 기초가 있음을 의미한다. 이것은 유전적으로 영향을 받고 시간이 지나도 안정적인 기초이다(Buss & Plomin, 1984; Rothbart & Bates, 2006). 그러나 앞으로 보게 되듯이, 유전과 환경은 복잡한 방식으로 기여하고 서로 상호작용해서 대부분의 발달결과를 산출한다. 기질도 예외는 아니다.

유전적 영향들

행동유전학자들은 일란성 쌍생아와 이란성 쌍생아 쌍의 기질적 유사성에 대한 비교를 통해 유전적 영향을 밝혔다. 첫해 중반까지, 활동수준, 주의에 대한 요구, 자극 민감성 및 사회성을 포함하는 대부분의 기질적 속성에서 일란성 쌍생아들이 이란성 쌍생아들보다 더 유사하다(Braugart et al., 1992; Emde et al., 1992)(그림 10.3). 비록 대부분의 기질적 속성들에 대한 유전성 지수가 영아기와 학령전기 내내 기껏해야 중간정도 할지라도(Goldsmith, Buss, & Lemery, 1987), 많은 주요한 기질요소들은 유전적으로 영향을 받는 듯하다.

가정 환경적 영향들

기질적 속성들이 단지 중간 정도만 유전적이라는 사실은 환경도 아동의 기질에 영향을 끼친다는 의미이다. 환경의 어떤 측면들이 가장 중요한가? 형제자매들이 공유하는 가정환경은 분명히 미소/사회성, 진정 능력과 같은 기질의 긍정적인 측면들에 영향을 미친다. 그렇지만 공유된 환경은 활동수

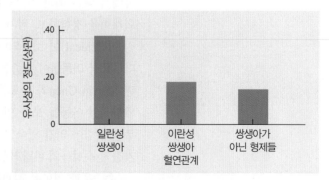

그림 10.3 일란성 쌍생아, 이란성 쌍생아, 그리고 다른 시기에 태어난 형제들 간 영아 기질의 상관평균.
출처: Braungart et al., 1992; Emde et al., 1992.

준 그리고 자극 민감성이나 공포와 같은 부정적인 속성들에는 거의 영향을 주지 않는다. 왜냐하면 같이 살고 있는 형제자매들은 이런 기질의 부정적인 측면들이 거의 닮지 않았지만, 기질의 긍정적인 측면들이 매우 유사하기 때문이다(Goldsmith, Buss, & Lemery, 1997; Goldsmith et al., 1999). 부정적으로 조율된 기질 속성들은 **공유하지 않은 환경적 영향**에 의해 더 많이 조형된다. 이것은 형제들이 공유하지 않은 환경적 측면들이며 그들이 기질적으로 **닮지 않도록** 공모한다. 만일 부모가 자녀들 간의 행동차이를 초기에 알아채고 자녀에 따라 양육법을 조절한다면, 이것은 쉽게 일어날 수 있다. 예를 들면 만일 어머니가 어린 아들 Dylan이 3세가 된 딸 Gretche이 Dylan과 같은 나이였을 때에 비해 낯선 사람과 낯선 상황에서 더 많이 당황한다는 것을 알았다면, 어머니는 Dylan에게 새로운 경험을 피할 수 있는 자유를 더 많이 허용할 수 있다. 즉 새로운 일을 시도하거나 새로운 사람을 만나도록 강요하지 않는다. 이로써 그는 탁아소처럼 후에 직면하게 될 낯선 맥락을 더 무서워하게 될 수 있다(Park et al., 1997).

문화적 영향

문화도 기질의 어떤 측면들에 영향을 미친다. 예를 들면, 미국에서 수줍고 조심스런 아동들은 사회적으로 불리하다. 그들은 무시되거나 또래로부터 거부될 위험이 있으며, 이것은 낮은 자존감, 우울 및 많은 적응 문제를 낳는다(Feng, Shaw, & Mollanen, 2011; Volbrecht & Goldsmith, 2010). 게다가 수줍은 청소년이나 젊은 성인들은 다른 방식으로 잘 적응하고 있을지라도, 그들은 자주 많은 기회들을 자신에게 유리하게 이용할 정도로 대담하지 못하거나 자기주장을 하지 못한다. 또한 이들은 전형적으로 대담한 또래들에 비해 훨씬 늦게 결혼하고 늦게 자녀를 갖고 늦게 경력을 쌓는다(Caspi, Elder, & Bem, 1988).

반대로, 많은 아시아 문화는 미국인들이 수줍음 혹은 다소 억제된 태도라고 부르는 것을 가치 있게 여긴다. 예를 들면, 중국의 교사들은 조심스런 아동들을 사회적으로 성숙한 것으로 지각한다(Chen, Rubin, & Li, 1995). 그들은 활동적이고 주장적인 아동들보다 또래들에게 훨씬 더 인기가 있다. 분명히 미국과 캐나다에서 보았던 것과는 반대되는 패턴이다(Chen, Rubin, & Sun, 1992; Yiyuan, Farver, LeiZenxiu, & Jiangsu, 2007). 그리고 많은 서양 아동들이 때때로 보이고 미국 교사들이 정상적이라고 여기는 교실에서의 시끄러운 행동들을 태국 교사들은 품행장애로 보는 경향이 있는데, 이들은 학생들이 조심스럽고 예의바르고 순종하기를 기대한다(Weize et al., 1995). 그러나 중국에서 나온 최근 자료들은 흥미롭다. 중국이 지난 15년에 걸쳐 시장경제로 변하고 사회개혁을 경험하고, 점차 진보된 첨단기술과 개인적 자유와 주도권에 가치를 두는 서양적 이상(ideal)이 소개되면서(이 모든 것은 젊은 세대에서 가장 열광적으로 수용되고 있다), 중국 **아동들**이 수줍음을 사회적 장점으로 보는 정도가 변하고 있는 듯하다. 예를 들면 Xinyin Chen과 동료들(2005)은 최근에 수줍은 중국 아동들은 이제 자기주장적이고 외향적인 아동들 보다 인기가 적고, 이전 연구에서 본 서양 아동들처럼 또래에 의해 거부될 위험이 약간 있다고 보고했다. 이처럼 문화적 가치가 변하면서(역사적 효과), 특정 기질적 속성들의 바람직성에 대한 지각도 변할 수 있다.

수줍음과 연합된 결과는 서양문화들 간에도 차이가 있다. 예를 들면, 스웨덴인은 미국인보다 수줍음을 다소 긍정적으로 보고, 수줍고 조심스런 행동들을 대담하고 주장적이고 주의를 끌려는 장난들보다 선호한다. 따라서 수줍음은 스웨덴 남성들에게는 불리

수줍음은 역사적으로 많은 아시아 문화에서 가치가 있다. 그러나 중국 문화가 서양 사회의 영향으로 보다 개인주의적이 되기 시작하면서, 이제 외향적인 중국 아동들은 수줍은 또래들보다 더 인기가 있다.

한 것이 아니다. 수줍은 미국 남성들처럼 수줍은 스웨덴 남성들도 덜 수줍어하는 사람보다 늦게 결혼하고 늦게 자녀를 갖지만, 수줍음이 미국 남성들과 같은 방식으로 경력을 제한하지는 않는다(Kerr, Lambert, & Bem, 1996). 스웨덴 여성들은 어떤가? 수줍음은 친밀한 관계를 형성하는데 문제가 되지 않는 듯 하다. 왜냐하면 스웨덴 여아들은 수줍어하지 않는 또래들과 같은 나이에 결혼하고 자녀를 갖는다. 그러나 일반적으로 좋은 교육을 받고 성공한 남성들과 결혼하는 수줍은 미국 여성들과는 달리 수줍은 스웨덴 여성들은 대담한 또래들보다 교육받은 기간이 짧고, 수입이 적은 남성과 결혼한다. 이것은 수줍음 때문에 그들이 경제적으로 불리한 위치에 놓일 수 있음을 시사한다. 왜 수줍은 스웨덴 여아들은 덜 수줍어하는 또래들보다 교육을 덜 받는가? Margaret Kerr와 동료들(1996)에 따르면, 스웨덴 교사들은 수줍어하는 남학생들에게 교육을 계속 받도록 격려한다. 이에 비해 수줍은 스웨덴 여성들은 주도적으로 교사에게 접근해서 안내를 구하지 않으면 외향적인 여아나 수줍은 남아에 비해 교육 기회가 적다.

　이상에서 수줍음과 관련된 결과들이 문화에 따라 극적으로 달라지며, 같은 문화 내에서조차 성에 따라 다르다는 것을 보았다. 분명히, 어떤 기질적 특질은 다른 것에 비해 문화 특정적인 가치나 전통과 더 잘 맞는다. 문화적 전통이 매우 다양하기 때문에, 모든 문화권에 가장 적응적인 한 가지 기질 프로파일은 없다는 결론이 가장 안전하다.

기질의 안정성

초기 기질은 시간적으로 얼마나 안정적인가? 낯선 얼굴을 보면 매우 당황하는 겁 많은 8개월 영아는 24개월에 낯선 사람을 경계하고 4세에 새로운 놀이친구를 피할 것인가? 종단 연구는 활동 수준, 자극 민감성, 사회성, 공포와 같은 몇 가지 기질요소들은 유아기, 아동기, 때로는 성인초기까지 상당히 안정적임을 보여준다(Caspi & Silva, 1995; Jaffari-Bimmel, et al., 2006; Lemery et al., 1999). 실제로, 뉴질랜드에서 실시된 한 종단연구는 3세에 측정된 몇 가지 기질 요소들이 3~8세 사이에 상당히 안정적일 뿐 아니라, 18~21세 때 나타나는 반사회적 경향성에서 개인차 그리고 대인관계와 가족관계의 질을 예측했다(Caspi & Silva, 1995; Henry et al., 1996; Newman et al., 1997). 이런 발견들은 많은 발달학자들이 기질을 성인 성격의 초석으로 여기는 이유를 설명해준다. 그러나 모든 개인들이 기질적으로 안정적인 것은 아니다.

　Jerome Kagan과 동료들이 기질적 속성들에 대한 종단 연구에서 발견한 **행동적 억제**(behavioral inhibition), 즉 친숙하지 않은 사람이나 상황으로부터 위축되는 경향성에 대해 살펴보자(Kagan, 1992, 2003; Snidman et al., 1995). 억제된 영아는 4개월에 밝은색 모빌과 같은 생소한 사물에 대해 소란을 피우고 높은 운동적 활동성을 보인다. 그리고 이들은 억제되지 않은 영아가 거의 변화를 보이지 않는 상황에서도 심장박동이 빨라지는 것 같은 강한 생리적 각성을 자주 보인다. 21개월에 검사했을 때, 억제된 것으로 분류된 걸음마기 유아는 낯선 사람, 낯선 장난감, 낯선 상황에 직면했을 때 다소 수줍어하고 때로 무서워했다. 반면에, 억제되지 않은 영아들 대부분은 이런 사건들에 매우 적절하게 반응했다. 그리고 4세, 5.5세, 7.5세에 재검사했을 때, 억제된 아동들은 여전히 낯선 성인과 또래에 대해 덜 사교적이고 평균대 위 걷기와 같은 위험한 활동들에 참여하는 것에 더 조심스러웠다. 게다가, 억제 프로파일에 맞는 영아나 걸음마기 유아들은 학령기에 과장된 공포(예, 납치에 대한 공포)를 발달시키고(Kagan et al., 1999), 청소

행동적 억제
(behavioral inhibition)
친숙하지 않은 사람이나 상황들에 대한 개인의 경향성을 반영하는 기질적 속성.

년기에 사회적으로 불안해질 위험이 있다(Kagan et al., 2007; Schwartz, Snidman, & Kagan, 1999).

행동적 억제는 생물학적 뿌리가 깊은 상당히 안정적인 속성이다. 연구자들은 생소한 것에 쉽게 당황하는 영아는 뇌의 우반구(부정적 정서의 중추)에서 좌반구보다 더 큰 전기적 활동을 보인다는 것을 발견했다. 반면에, 덜 반응적인 영아는 전기적 활동에서 반대 패턴을 보이거나 좌우반구의 차이가 없었다(Fox et al., 2001; Fox, Bell, & Jones, 1992). 게다가 가족 연구는 행동적 억제가 유전의 영향을 받는 속성임을 보여준다(DiLalla, Kagan, & Reznick, 1994; Robinson et al., 1992). 그럼에도 불구하고, Kagan과 동료들(1998)과 다른 연구자들(Kerr et al., 1994; Pfeifer et al., 2002)은 연속선의 극단에 있는 아동들, 즉 가장 억제되거나 가장 억제되지 않은 어린 아동들만이 그런 장기적인 안정성을 보일 가능성이 높다는 것을 알아냈다. 다른 대부분의 아동들은 시간이 지남에 따라 억제 수준에 상당한 변동이 있다. 실제로, 환경적 요인들도 억제의 안정성에 기여할 수 있다. 만일 양육자가 (1) 아동들을 지나치게 보호하고 자율성을 거의 허용하지 않거나(Fox, 2007) 양자택일을 하게 하고, (2) 아동들의 감정들을 평가하는데 정확하지 않거나, 그들에게 무감각하고, 아동들의 신중함(wariness)에 대해 "아기처럼 굴지 마"처럼 헐뜯는 말들을 한다면, 아동은 시간이 지나도 매우 억제된 채로 남아있을 것이다(Kiel & Buss, 2006; Rubin, Burgess & Hastings, 2002). 이런 관찰이 의미하는 것은 유전적으로 영향을 받은 기질의 측면들이 환경적 영향에 의해 수정될 수 있다는 것이다.

지금까지 우리는 아동들이 자신의 정서들을 어떻게 경험하고 표현하는지 그리고 정서적 표현성과 기질의 다른 측면들이 어떻게 성인 성격의 초석을 형성하는지를 살펴보았다. 그러나 아동이 타인과 맺는 정서적 결속은 어떤가? 이런 친밀한 관계는 어떻게 발전하는가? 이 이슈들을 다음에 살펴볼 것이다.

▎애착과 발달

내가 딸들과 함께 했던 경험으로 돌아가 보자. 내가 딸들의 삶에서 처음 2년 동안 집에 머물 수 있었던 것은 행운이었다. 그러나 그들이 탁아소에 가는 시기인 2세가 되었을 때 나는 공부를 계속할 수 있었다. 나는 첫날을 기억한다. 그들은 행복하게 탁아소로 걸어 들어갔고 주변의 모든 활동에 대해 흥미가 있는 듯했다. 그러나 내가 떠나려고 한다는 것을 알아차렸을 때, 둘 모두 마치 세상이 끝나는 것처럼 울부짖으며 내게 매달렸다. 나는 그들을 떠났고 한 동안 차안에서 울었다. 몇 분 후 내가 몰래 돌아와서 일방경을 통해 그들을 보았을 때, 그들은 울기를 멈추고 행복하게 놀고 있었다. 몇 주 내에, 그들은 탁아소에 가는 것에 열심이었고 탁아소에서 집으로 오는 시간이 되었을 때 울며 떼를 썼다. 나는 내가 무서운 엄마였는지 의심스러웠다. 왜 내 아기들은 내가 그들을 떠날 때 울며 소란을 피웠는가? 그리고 왜 그들은 내가 그들을 데려오려고 할 때 울게 되었는가? 문헌들을 보면서, 나는 이런 모든 떼쓰기는 안전 애착의 신호임을 발견했다. 처음에는 나와 그리고 다음에는 탁아소 교사와 애착을 형성했다. 이 절에서 이런 애착이 어떻게 형성되고 이후 발달에 어떤 결과가 있는지를 알게 될 것이다.

비록 아기들이 처음부터 자신의 많은 감정들을 소통할 수 있을지라도, 그들의 사회적 삶은 정서적으로 양육자에게 애착되면서 다소 극적으로 변한다. 정서적 애착이란 무

다음 질문들에 답함으로써 정서발달과 아동의 기질에서 중요한 과정들에 대한 당신의 이해를 체크하라. 정답은 부록에 있다.

짝짓기: 아래와 같은 기질적 속성들에 기여하는 환경적 영향을 확인하라.

a. 공유된 환경적 영향
b. 비공유된 환경적 영향

1. _____는 긍정적으로 조율된 기질 속성들에 가장 많이 기여한다.
2. _____는 부정적으로 조율된 기질 속성들에 가장 많이 기여한다.

OX형: 다음에 있는 각 문장이 맞는지 틀리는지 표시하라.

3. (   ) 수줍음이나 행동적 억제는 친숙하지 않은 사람, 상황, 장난감들에 잘 적응하는 아동들을 묘사한다.
4. (   ) 비억제 아동들은 서양 사회보다 아시아 사회들에서 더 가치가 높은 기질적 속성이다.

빈칸 채우기: 빈칸에 적절한 말을 써 넣어라.

5. _____하는 영아의 능력은 모든 복합 정서들의 발달에 필수적이라고 생각된다.
6. 영아의_____는 양육자의 행동에 영향을 주는 의사소통적 신호들이다.
7. _____하는 아동의 능력은 아동이 정서표출규칙을 따르는데 필수적이다.
8. Shandra는 아들 Alex가 타인에 대한 관심과 공감과 같은 강한 친사회적 태도를 갖고 성장하기를 원한다. Alex가 유치원 교실에서 다른 아이를 때렸다는 것을 알게 되었을 때, 그녀는 Alex에게 "Alex, 때리는 건 나쁜 거야! 다른 사람의 감정을 해치는 거야. 너는 가서 사과하고 그 아이를 안아주어야 해."라고 말하면서 호되게 꾸짖었다. Shandra의 이런 반응은 Alex가 _____을 느끼지만 _____은 느끼지 않게 만든다.

엇인가? John Bowlby(1969)는 삶에서 특정한 사람들에게 느끼는 강력한 애정 결속을 나타내는 용어로 사용했다. Bowlby(1969)에 따르면, 안전하게 애착된 사람들은 상호작용에서 즐거움을 느끼고 스트레스를 받거나 불안할 때 파트너가 함께 있으면 편안함을 느낀다. 그래서 10개월된 Dala는 어머니를 향해 활짝 웃거나 혹은 불안하거나 불편하고 무서울 때 어머니를 부르며 울거나 어머니에게로 기어감으로써 어머니와 공유하고 있는 애착 관계를 보여준다.

호혜적 관계로서 애착

Bowlby(1969)는 또한 부모–영아 애착이 호혜적 관계임을 강조했다. 영아는 부모에게 애착되고, 부모는 영아에게 애착된다.

분명히 부모는 이런 친밀한 애정 결속을 형성할 때 영아보다 우세하다. 아기가 태어나기 전에도 부모들이 아기에 대한 소망을 말하고, 아기를 위한 원대한 계획을 세우고, 태아의 발길질을 느끼거나 초음파 사진을 통해 이미지를 보는 것과 같은 이정표들에 대해 기쁨을 표현하는 것은 애착될 준비가 되었음을 나타낸다(Grossman et al., 1980). 4장에서 살펴보았듯이, 출생 후 처음 몇 시간 내에 이루어지는 신생아와의 긴밀한 접촉은 부모가 이미 아기에 대해 갖고 있던 긍정적인 감정을 강화한다(Klaus & Kennell, 1982). 특히 부모들이 어리고 경제적으로 열악하고 아기나 아기돌보기에 대해 거의 알지 못한다면 그렇다(Eyer, 1992). 그렇지만 중요한 것은 부모와 신생아 간의 초기 접촉이 없었을지라도 진정한 정서적 애착은 처음 몇개월 동안 일어나는 부모–영아 간의 상호작용에서 서서히 형성되고 매우 친밀하게 될 수 있다는 것이다. 어머니와 영아가 안전하게 애착될 가능성은 입양 가족에서도 비입양 가족만큼 높고(혹은 더 높다)(Jaffari-Bimmel et al., 2006; Singer et al., 1985; Stams, Juffer, & van IJzendoorn, 2002), 대리모를 통해 형성된 가족에서도 마찬가지로 높다(Golombok et al., 2004).

상호작용 동시성의 형성

애착의 발달에 기여하는 한 가지 중요한 요인은 아기 삶에서 처음 몇 개월 동안에 형성되는 양육자와 영아 간의 **동시적 일과**(synchronized routines)이다(Stern, 1977; Tronick, 1989). 영아는 정성적으로 4~9주 사이에 어머니의 얼굴을 매우 강하게 응시하고 많은 흥미를 보이기 시작한다(Lavelli & Fogel, 2002). 그리고 2~3개월이면 몇몇 간단한 사회적 유관성(contingencies)을 이해하기 시작한다. 따라서 만일 어머니가 3개월 된 아기가 집중해서 주의를 기울이고 있을 때 어머니가 아기에게 미소를 지으면, 아기는 기뻐하며 커다란 미소를 돌려주고, 어머니로부터 의미있는 반응을 기대한다(Lavelli & Fogel, 2002, 2005; Legerstee & Varghese, 2001). 부모에게 무뚝뚝한 표정을 지으라는 지시를 하는 "무표정 얼굴(still face)" 절차에서처럼 사회적 기대가 어긋났을 때, 2~6개월 영아들은 대개 부모의 주의를 다시 얻기 위해 부모에게 잠깐 미소를 지어보이지만 무반응에 대해 괴로워한다(Moore, Cohn, & Campbell, 2001). 어린 영아들조차도 자신의 몸짓과 양육자의 몸짓 간에 어느 정도의 "동시성"을 기대한다. 이런 기대는 정규 양육자들과의 면대면 놀이 상호작용이 생후 첫 몇 개월 동안 점점 더 조화를 이루고 복잡해지는 한 가지 이유이다(Stern, 1977).

춤추는 것과 비슷한 이런 조화로운 상호작용은 만일 양육자가 아기의 상태에 세심한 주의를 기울이고, 아기가 깨어있거나 집중하고 있을 때 즐거운 자극을 제공하고, 지나치게 흥분하거나 피곤한 영아가 짜증을 부릴 때 계속 밀어붙이지 않는다면, 아주 잘 발달할 수 있다. Edward Tronick(1989)은 어머니와 아기가 까꿍놀이를 할 때 나타나는 동시적 상호작용을 다음과 같이 묘사했다.

> . . . 영아는 게임의 강도가 "절정"에 도달하면 갑자기 엄마로부터 몸을 돌리고 자신의 엄지손가락을 빨기 시작하고 멍한 얼굴로 허공을 응시한다. 엄마는 놀이를 멈추고 뒤로 기대 앉아서 바라본다. 몇 초 후 영아는 초대의 표현으로 엄마에게로 돌아선다. 엄마는 다가가면서 미소 지으며 높고 과장된 목소리로 "오, 이제 네가 돌아왔구나!"라고 말한다. 영아는 미소로 반응하며 소리를 낸다. 그들이 함께 기쁨의 함성 지르기를 끝내자, 영아는 다시 엄지손가락을 입에 집어넣고 먼 곳을 바라본다. 엄마는 다시 기다린다. [곧] 영아는 엄마를 돌아보고 그들은 활짝 미소지으며 서로를 반긴다. (p.112)

이 단순하지만 동시적인 상호작용에서 수많은 정보들이 교환되고 있음에 주의하라. 돌아서서 손가락을 빨음으로써, 흥분한 영아는 "이봐요, 나는 속력을 늦추고 내 정서 상태를 조절할 필요가 있어요."라고 말한다. 어머니는 인내심을 갖고 기다림으로써 아기에게 자신이 이해했다고 말한다. 영아가 돌아오면, 어머니는 그가 돌아와서 기쁘다고 말하고, 영아는 미소와 흥분된 소리로 그 신호에 고마움을 표한다. 그리고 아기가 1, 2분 후에 지나치게 자극되었을 때, 어머니는 아기가 다시 한 번 진정하기를 기다리고, 그는 두 번째로 다시 돌아올 때 어머니에게 환한 미소로 감사를 전한다.

요약하면, 영아는 사회적 제안(overtures)에 대한 반응성과 민감한 동료들과 동시적으로 행동하는 능력 덕분으로 타인의 애정을 얻는데 중요한 역할을 한다. 부드럽고 동시적인 상호작용은 만일 부모가 자신의 사회적 자극을 아기가 깨어있고 수용적인 때에 한정하고 영아의 메시지가 "이봐요, 나는 열을 식힐 필요가 있어요"일 때 너무 심하게 밀어붙이지 않는다면 가장 잘 발달할 것이다. 부모들은 기질적으로 자극에 민

안전하게 애착된 영아와 양육자는 자주 상호작용하고 서로 가까이 있으려 한다.

감하거나 무반응적인 영아들과 동시적인 일과들을 형성하는데 힘든 시간을 보낼 수 있다(Feldman, 2006). 그러나 정상적인 상황에서 영아와 양육자 간의 동시적 상호작용은 하루에도 몇 번씩 일어날 수 있고 정서적 애착에 기여한다(Stern, 1977). 영아가 계속적으로 자신의 욕구와 소망에 대해 반응적인 양육자와 상호작용하면서, 영아는 이 사람이 어떤 사람인지 그리고 어떻게 양육자의 주의를 조절할 수 있는지를 배운다(Keller et al., 1999). 양육자도 아기의 신호를 더 잘 해석하고 성공적으로 아기의 주의를 끌고 유지하기 위해 어떻게 자신의 행동을 조절해야 하는지를 배운다. 양육자와 영아가 자신들의 일상을 연습하고 더 나은 "춤 상대"가 되면서, 그들의 관계는 양쪽 모두에게 더욱 만족스러워지고 결국 강한 호혜적 애착으로 꽃피우게 된다(Isabella, 1993; Isabella & Belsky, 1991).

영아는 어떻게 애착되는가?

비록 많은 부모들이 아기가 태어나자마자 곧 자신이 정서적으로 아기에게 빠져있음을 알게 될지라도, 영아가 발달적으로 다른 인간에게 진정한 애착을 형성할 준비가 되기에는 시간이 필요하다. 어떻게 그리고 왜 영아가 주변사람들에게 정서적으로 몰입되었는지를 설명하는 많은 이론들이 제안되었다. 그러나 이 이론들을 살펴보기 전에, 우선 영아가 가까운 동반자에게 애착되는 단계들을 간단하게 살펴볼 것이다.

일차 애착의 성장

오래 전, Rudolph Schaffer와 Peggy Emerson(1964)은 영아 초기부터 18개월까지 스코틀랜드 영아들을 추적하여 정서적 애착발달을 연구하였다. (1) 7가지 상황에서 가까운 동반자와 분리되었을 때 영아가 어떻게 반응했는지(예, 요람에 남겨짐, 낯선 사람과 함께 남겨짐), (2) 영아의 분리반응이 누구에게로 향했는지를 알기 위해, 한 달에 한번 어머니를 인터뷰했다. 어떤 사람으로부터의 분리가 확실하게 저항을 유발했다면 영아가 그 사람에게 애착된 것으로 판단되었다.

Schaffer와 Emerson은 다음 단계들을 거쳐서 영아가 양육자와 긴밀한 결속을 발달시킴을 알게 되었다.

1. **비사회적 단계(출생~6주)** 매우 어린 영아는 많은 사회적이거나 비사회적 자극에 호의적인 반응을 보이고 거의 어떤 저항도 보이지 않는다는 점에서 "비사회적"이다. 이 시기 말경, 영아는 미소 띤 얼굴과 같은 사회적 자극에 선호를 보이기 시작한다.

2. **비변별적 애착단계(약 6주~6, 7개월까지)** 이제 영아는 분명하게 인간 동료를 좋아하지만 다소 비변별적이다. 말하는 인형처럼 생명이 있는 것처럼 보이는 대상보다 사람들을 향해 더 많이 미소짓는다(Ellsworth, Muir, & Hains, 1993). 그리고 성인이 그들을 바닥에 내려놓을 때마다 소란을 피운다. 비록 3~6개월에는 친숙한 동반자에게 더 큰 웃음을 보여주고(Watson et al., 1979) 정규 양육자에 의해 더 빨리 달래짐에도 불구하고, 그들은 낯선 사람을 포함해서 단지 누군가로부터 주목받는 것을 즐기는 듯이 보인다.

3. **특정인 애착단계(약 7~9개월)** 7~9개월 사이에 영아는 특정한 한 개인으로부터 분

(애착의) 비사회적 단계
(asocial phase(of attachment))
대략 생후 첫 6주간으로, 영아는 흥미로운 사회적 자극과 비사회적 자극에 대해 동등하게 호의적으로 반응.

비변별적 애착단계
(phase of indiscriminate attachment)
6주에서 6~7개월 사이의 기간으로, 영아는 비사회적 자극보다 사회적 자극을 선호하고 성인이 자신을 내려놓거나 혹은 홀로 남겨 놓으려 하면 저항할 가능성이 높음.

특정인 애착단계
(phase of specific attachment)
7~9개월 사이 기간으로, 영아들은 한 명의 가까운 동반자(주로 어머니)에게 애착됨.

몇몇 신호들은 아기의 사회적 미소처럼 주의를 끈다.

리되었을 때만 저항하기 시작한다. 그 대상은 대개 어머니이다. 이제 길 수 있게 된 영아는 어머니 가까이 있으려고 어머니 뒤를 따라다니고 어머니가 돌아오면 따뜻하게 맞이한다. 또한 그들은 낯선 사람들을 다소 경계한다. Schaffer와 Emerson에 따르면, 이 아기들은 처음으로 진짜 애착을 형성한 것이다.

안전 애착의 형성에는 중요한 결과가 있다. 이것은 탐색적 행동의 발달을 촉진한다. Mary Ainsworth(1979)는 애착 대상이 탐색의 **안전기지**(secure base)임을 강조한다. 영아가 자유롭게 탐험을 떠날 수 있다고 느낄 수 있는 안전한 장소이다. 안전하게 애착된 Juan이 어머니와 함께 이웃집을 방문했을 때, Juan은 어머니가 여전히 소파에 앉아있다는 것을 가끔 뒤돌아 확인할 수 있는 한 오랜 동안 거실의 먼 구석을 편안하게 탐색한다. 만일 어머니가 다른 방으로 사라지면, Juan은 경계하고 더 이상 탐색하기를 꺼린다. 역설적으로 보이지만, 영아는 독립적으로 행동하는 것에 자신감을 갖기 위해 타인에게 의존할 필요가 있다.

4. 다인수 애착단계(약 9~18개월)   최초의 애착을 형성한 후 몇 주 내에, Schaffer와 Emerson의 연구에 참가한 영아 중 절반이 아버지, 형제, 조부모 및 정규 베이비시터와 같은 타인들에게 애착되었다. 18개월이면 아주 소수의 영아만이 단지 한 사람에게 애착되고 몇몇은 다섯 사람 이상에게 애착되었다.

애착 이론들

만일 당신이 고양이나 강아지를 기르고 있다면, 애완동물들이 먹이를 주는 사람에게 특히 반응적이고 애정을 보인다는 것을 알아챌 수 있을 것이다. 인간 영아들도 같은가? 세 가지 초기 애착이론을 살펴보면서 알게 되겠지만, 발달학자들은 바로 이점에 대해 오랫동안 논쟁해왔다. 우리가 살펴볼 것은 정신분석이론, 학습이론, 인지발달이론이다. 초기 이론들 각각은 애착에 대한 우리의 이해에 무언가를 첨가했지만, 현대 발달학자들은 동물행동학 이론이 가장 강력하고 유용하다는 것을 알게 되었다.

안전기지
(secure base)

환경을 탐색하고 정서적 지원을 받기 위해 돌아갈 수 있는 기지로서 양육자를 이용.

다인수 애착단계
(phase of multiple attachments)

영아들은 일차 애착대상 외에 다른 동반자들과도 애착을 형성하는 시기.

초기 애착이론들

정신분석이론: 당신이 나에게 먹을 것을 주기 때문에 나는 당신을 사랑해요 Freud에 따르면, 어린 영아는 대상을 빨고 우물거리는 것으로부터 만족을 끌어내는 "구강적" 창조물이며 구강적 즐거움을 제공하는 사람에게 애착된다. 음식을 주는 사람은 대개 어머니이기 때문에, 어머니가 아기의 안전과 애정의 일차 대상이 되는 것은 Freud에게는 논리적인 듯했다. 특히 어머니가 음식을 줄 때 이완되고 너그럽다면 그렇다.

음식이 제공되는 방식과 애착에 대한 연구들을 알아보기 전에, 먹는 것의 중요성을 가정하는 또 다른 관점, 즉 학습이론을 살펴볼 필요가 있다.

학습이론: 당신이 나에게 보상을 주기 때문에 나는 당신을 사랑해요 매우 다른 이유에서, 학습 이론가들도 영아가 음식을 주고 그들의 욕구를 만족시키는 사람에게 애착된다고 가정했다. 음식을 주는 것은 두 가지 이유에서 특히 중요하다(Sears, 1963). 첫째, 음식은 미소나 웅얼거림과 같은 만족스런 영아의 긍정적인 반응을 유발하는데, 이것은 아기에 대한 양육자의 애정을 증가시킨다. 둘째, 어머니가 영아에게 음식, 따뜻함, 부드러운 접촉, 부드럽고 안심이 되는 말들, 장면 변화, 필요한 경우에는 마른 기저귀와 같은 많은 편안함들을 한자리에서 한꺼번에 제공하는 것이 음식을 주는 상황이다.

시간이 지나면서 영아는 즐거움이나 유쾌한 감각들과 어머니를 연합하게 되고, 이제 어머니 자체가 가치 있는 필수품이 된다. 일단 어머니나 다른 어떤 양육자가 **이차 강화인**(secondary reinforcer)으로서의 지위를 갖게 되면, 영아는 애착된다. 영아는 양육자의 주의를 끌거나 가치 있고 보상적인 사람 가까이에 남아있기 위해 필요한 것은 무엇이든(미소, 울음, 웅얼거림, 혹은 따라다니기) 할 것이다.

그렇다면 음식을 주는 것은 얼마나 중요한가? 1959년, Harry Harlow와 Robert Zimmerman은 새끼원숭이의 애착발달에서 먹이와 촉각 자극의 중요성을 비교한 연구의 결과를 보고했다. 원숭이들은 생애 첫날 어미로부터 분리되었고 이후 대리어미에 의해 165일 동안 양육되었다. 사진에서 볼 수 있듯이, 각 대리어미는 얼굴과 철사로 된 균형 잡힌 몸체를 갖고 있었다. 그러나 한 어미("헝겊어미")의 몸체는 기포고무로 감싸이고 테리 천으로 덮여있다. 새끼원숭이의 절반은 항상 이 따뜻하고 편안한 헝겊어미가 먹이를 주었고, 나머지 반은 다소 불편한 "철사어미"가 먹이를 주었다.

연구문제는 간단했다. 이 새끼원숭이들은 먹이를 주는 "어미"에게 애착될 것인가, 아니면 부드럽고 껴안고 싶은 "헝겊어미"를 선호할 것인가? 경쟁이 안 되었다! 음식이 "철사어미"로부터 나올 때조차, 새끼원숭이는 먹이를 먹는 동안만 "철사어미"와 시간을 보냈고 흥분하거나 무서워지면 곧바로 "헝겊어미"에게로 달려갔다. 따라서 모든 새끼원숭이들은 헝겊어미에게 애착되었고, 이것은 **접촉위안**이 먹이나 굶주림의 감소보다 원숭이의 애착에 더 강력한 기여

Harlow 연구에서 사용된 "철사"어미와 "헝겊"어미. 새끼원숭이는 철사 어미가 먹을 것을 줄 때조차도 헝겊어미에게 애착되었다.

요인임을 시사했다. 연구들은 또한 먹이를 주는 것이 새끼원숭이보다 인간 영아에게 더 중요한 것은 아님을 보여주었다(Schaffer & Emerson, 1964).

인지발달 이론: 당신을 사랑하기 위해, 나는 당신이 항상 그곳에 있다는 것을 알아야만 해요 인지발달이론은 발달의 총체적 특성을 상기시키는데, 애착을 형성하는 능력은 부분적으로 영아의 인지발달수준에 달려있다. 영아는 친숙한 동반자를 낯선 사람과 구분한 후에야 애착을 형성할 수 있다. 또한 친숙한 동반자들이 "영속성"(대상영속성)을 가졌음을 인식해야만 한다. 왜냐하면 시선을 돌릴 때마다 존재하지 않는 사람과 안정된 관계를 형성하는 것은 어렵기 때문이다(Schaffer, 1971). 따라서 애착이 7~9개월에 처음 나타나는 것은 우연이 아니다. 이때는 정확하게 영아가 Piaget의 감각운동 4단계에 들어가는 시기이며, 그들이 처음으로 누군가가 숨기는 것을 보았던 대상을 찾고 발견하는 시점이다(Lester et al., 1974).

비록 이런 초기 이론들 각각은 애착이 어떻게 형성되는지를 설명하기에는 불완전한 것으로 거부되었지만, 각 이론은 무언가를 제공하고 있다. 분명히, 음식을 주는 것은 정신분석가들이 애초에 생각했던 것만큼 인간 애착에 중요하지 않다. 그러나 만일 아기가 어떻게 애착을 형성하는지를 알고 싶다면 부모-자녀 상호작용에 대해 더 많은 것을 알아야 한다고 주장한 사람은 Freud였다. 학습이론가들은 Freud의 초기 주장을 따라 양육자들은 영아의 정서 발달에서 중요한 역할을 한다고 결론지었다. 추정하건대, 영아는 많은 편안함을 제공하는 반응적인 동반자를 애정을 줄 만한 가치가 있는 믿을만하고 보상적인 사람으로 볼 것이다. 인지이론가들은 정서적 애착의 타이밍이 영아의 인지발달 수준과 관련 있음을 보여주는 것으로 기여했다. 따라서 이론들 중 어느 하나가 "옳다"는 결론내리고 다른 것을 무시하는 것은 의미가 없다. 왜냐하면 각 이론들은 영아가 가장 친밀한 동반자들에게 어떻게 애착되는지를 이해하는데 도움을 주기 때문이다. 그럼에도 불구하고, 현대 발달학자들은 다음에 논의할 동물행동학적 관점이 애착에 대한 이해에 가장 많은 것을 제공한다고 믿는다.

현대 애착이론들: 동물행동학 이론 동물행동학자들은 정서적 애착에 대해 강력한 진화적 의미가 있는 흥미롭고 영향력 있는 설명을 제안했다. 동물행동학적 접근의 주요 가정은 인간을 포함한 모든 종은 어떤 식으로든 진화과정에서 종의 생존에 기여했던 수많은 선천적인 행동경향성을 갖고 태어난다는 것이다. 원래 정신분석학자였던 John Bowlby(1969; 1980)는 이런 많은 타고난 행동들은 특히 영아와 양육자 간 애착을 증진하도록 설계되었다고 믿었다. 애착관계 자체도 적응적 중요성이 있으며, 약탈자나 다른 자연적 재앙들로부터 자손을 보호하고 그들의 욕구가 충족되었다는 것을 확신하는 데 기여한다. 동물행동학자들은 일차 애착의 장기적 목적은 후손이 자손을 낳을 정도로 충분히 오래 살아서 종족이 생존할 수 있도록 하는 것이라고 주장했다.

동물행동학적 관점의 기원 애착의 동물행동학 이론은 동물 연구로부터 자극받았다. 1937년, Konrad Lorenz는 어린 거위새끼가 어미, 오리, 사람을 포함한 모든 움직이는 대상들을 따라다니는 **각인**(imprinting) 행동을 보고했다. 또한 Lorenz는 각인은 (1) 자동적인 것으로 어린 새가 따라다니는 것을 배운 것이 아니며, (2) 새가 부화된 후 좁은 범위의 결정기 내에서만 일어나고, (3) 되돌릴 수 없다는 것, 즉 일단 새가 특정한 한 대상을 따르기 시작하면, 그 새는 그 대상에 애착된 채로 남아있다는 것에 주목했다.

각인
(imprinting)
어떤 종의 어린 개체가 움직이는 대상(대개 어미)을 따라다니고 애착되는 타고난 혹은 본능적 형태의 학습.

Lorenz는 각인은 적응적 반응이라고 결론내렸다. 어린 새가 어미를 따라다닌다면 대개 살아남는다. 왜냐하면 어미는 먹이로 이끌고 보호를 할 것이기 때문이다. 멀리 떨어져 방황하는 새끼들은 굶어죽거나 약탈자에게 잡아먹히고, 결국 유전자를 다음 세대에 전달하는데 실패한다. 따라서 수많은 세대를 거치는 과정에서, 결국 각인반응은 어린 새가 어미에게 애착되는 타고난 **선적응적 특성**(preadapted characteristic)이 되었다.

인간의 애착 비록 인간 영아가 어린 새와 똑같은 방식으로 어머니에게 각인되는 것은 아닐지라도, 타인과의 접촉을 유지하고 보살핌을 유발하는 것에 도움이 되는 많은 속성들을 갖고 태어난 듯하다. 예를 들면, Lorenz(1943)는 넓은 이마, 토실토실 살찐 볼, 부드럽고 둥근 윤곽의 "**큐피 인형**(kewpie doll)" 같은 아기의 외양은 양육자가 영아를 귀엽고 사랑스럽게 느끼도록 만든다고 제안했다(그림 10.4 참조). Thomas Alley(1981)도 이에 동의한다. Alley는 성인들이 영아 얼굴그림(얼굴 옆선)이 "사랑스러우며", 2~4세 아동보다 더 귀엽다고 평가한다는 것을 발견했다. 따라서 아기 같은 얼굴윤곽은 타인으로부터 사회적 애착을 촉진하는 긍정적 주의를 끌어내는데 도움이 된다. 아기가 매력적일수록 어머니나 다른 동반자들은 아기에게 더 호의적으로 반응한다(Barden et al., 1989; Langlois et al., 1995). 그럼에도 불구하고, 아기들이 긴밀한 애착을 형성하기 위해 반드시 사랑스러울 필요는 없는 듯하다. 왜냐하면 매력적이지 않은 영아들 대다수도 결국 그들의 양육자와 안전하게 애착되기 때문이다(Speltz et al, 1997).

영아들의 "귀여운" 얼굴뿐만 아니라, 타고난 반사 반응들도 그들을 사랑하게 만든다(Bowlby, 1969). 예를 들면, 젖찾기 반사, 빨기 반사, 잡기 반사는 영아가 부모와 함께 있는 것을 즐긴다고 부모가 믿게 만들 수 있다. 구구거리는 소리, 흥분되는 웅얼거림, 자발적인 옹알이처럼(Keller & Scholmerich, 1987), 거의 모든 즐거운 자극들에 대한 반사적 반응인 미소는 양육자에게 특히 효과적인 신호이다(Lavelli & Fogel, 2005). 아기의 미소와 긍정적인 말소리에 대한 성인의 전형적 반응은 영아를 향한 미소와 말소리다(Gewirtz & Petrovich, 1982; Keller & Scholmerich, 1987). 3~6개월에 영아는 미소짓는 양육자에게 뺨이 올라가고 입이 벌어지는(커다란) 미소를 보인다. 마치 그것들은 양육자와 긍정적 정서를 공유하려는 의지의 신호 같다(Messinger, Fogel, & Dickson, 2001). 부모는 아기의 웃는 표정, 웃음, 옹알이를 자녀가 만족하고 있으며 자신들이 유능한 양육자라는 표시로 해석한다. 미소를 짓거나 옹알거리는 영아는 양육활동들을 강화하고, 그로 인해 미래에 부모나 다른 가까이 있는 동반자들이 이 행복한 작은 사람에게 주의할 가능성을 높인다.

마지막으로, Bowlby는 아기들과 마찬가지로 정상적인 환경에서 아기의 신호에 호의적으로 반응하게 하는 생물학적 경향이 있다고 주장한다. 부모가 위급한 울음을 무시하거나 아기가 활짝 웃는 것에 열중하지 않기는 어렵다. 요약하면, 인간 영아와 양육자는 서로에게 호의적으로 반응하거나 긴밀한 애착을 형성하는 방식으로 진화되었고, 따라서 영아 그리고 궁극적으로는 그 종족이 생존할 수 있게 되었다.

이것은 애착이 자동적이라는 의미인가? Bowlby는 부모가 아기의 신호를 읽고 적절하게 반응하는 것에 더 능숙해지면서, 그리고 아기가 부모의 생김새와 그들의 행동을 조절하는법을 **학습**하면서 안전한 애착이 점진적으로 발달한다고 하였다. 그렇지만 만일 사전에 프로그램된 영아의 신호들(주

선적응적 특성
(preadapted characteristic)
진화의 산물이며 개체나 종의 생존 가능성을 증가시키는 기능을 하는 속성.

큐피 인형 효과
(kewpie doll effect)
아기 같은 얼굴 특징들이 귀엽고 사랑스럽다고 지각되고 타인으로부터 호의적인 반응을 유발한다는 견해.

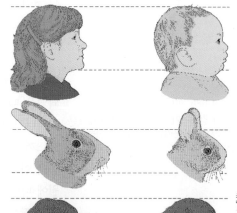

그림 10.4 많은 종의 어린 새끼는 사랑스럽게 보이고 양육자의 주의를 끄는 "큐피 인형 효과"를 보인다.

출처: *"The Innate Forms of Possible Experience,"* by K. Z. Lorenz, 1943, Zeitschrift fur Tierpsychologie, 5, 233-409.

의를 끌거나 구구거리는 소리)이 우울한 어머니나 불행한 결혼을 한 아버지와 같은 무반응적 동반자로부터 호의적인 반응을 유발하지 못한다면, 영아의 신호는 결국 중단된다는 발견에서 볼 수 있듯이, 이 과정은 쉽게 빗나갈 수 있고, 그 결과는 불안전 애착일 것이다 (Ainsworth et al., 1978). Bowlby는 인간이 긴밀한 애착을 형성하도록 생물학적으로 **준비되었다고** 믿지만, 만일 각 참여자가 타인의 행동에 대해 적절하게 반응하는 방법을 학습하지 못한다면 안전한 정서적 애착은 발달하지 못할 것이라는 점을 강조했다.

영아기의 애착과 관련된 공포들

영아들이 한 양육자와 긴밀한 애정 결속을 형성하는 것과 거의 같은 시기에, 그들은 동반자를 어리둥절하거나 속타게 만드는 부정적 정서반응을 보이기 시작한다. 이 절에서 우리는 영아의 두 가지 일반적 공포인 **낯선이 불안**과 **분리 불안**을 간단히 살펴볼 것이다.

낯선이 불안 어머니가 낯선 사람을 방으로 데려왔을 때 9개월 된 Micah는 서재 바닥에 앉아 있다. 낯선 사람이 갑자기 가까이 걸어와서 몸을 굽히고 "안녕, Micah! 잘 지내니?"하고 말한다. 만일 Micah가 많은 9개월 영아들과 같다면, 그는 한순간 낯선 사람을 빤히 쳐다보다가 몸을 돌려 훌쩍거리면서 어머니에게로 기어갈 것이다.

이런 낯선 사람에 대한 경계 반응, 즉 **낯선이 불안**(stranger anxiety)은 친숙한 동반자가 다가올 때 영아가 보이는 미소, 옹알이 및 다른 긍정적인 반가움과는 매우 대조적이다. 대부분 영아들은 최초의 애착을 형성하기 전까지는 낯선 사람에게 긍정적으로 반응하지만, 그 후 곧 불안하게 된다(Schaffer & Emerson, 1964). 흥미의 징후와 혼합된 낯선 사람에 대한 경계반응은 8~10개월에 절정에 이르고, 2세가 지나면서 점진적으로 약해진다(Sroufe, 1977). 그러나 8~10개월 영아도 그들이 만나는 모든 낯선 얼굴을 두려워하지는 않으며 때로 낯선 사람에게 긍정적으로 반응한다. 당신의 삶에 연구 적용하기 상자에서, 낯선이 불안이 발생할 가능성이 높은 환경을 살펴보고 의료진과 다른 아동양육 전문가들이 사무실에서의 공포와 전율을 막기 위해 이런 지식을 어떻게 이용할 수 있을지를 보여준다.

분리불안 일차 애착을 형성했던 많은 영아들은 어머니나 다른 애착 대상들로부터 분리되었을 때 분명한 불편함의 징후를 보이기 시작한다. 예를 들면, 10개월된 Rashime은 어머니가 쇼핑을 가려고 코트를 입는 것을 보면 울 것이다. 반면 15개월된 Kenesha는 흐느껴 울고 집에 남겨두지 말라고 간청하면서 문까지 어머니를 따라갈 것이다. 이런 반응은 아동의 **분리불안**(separation anxiety)을 반영한다. 분리불안은 정상적으로 6~8개월에 나타나서, 14~18개월에 절정에 이르고, 유아기와 학령전기 동안 점차 빈도가 줄어들고 강도가 약해진다(Kagan, Kearsley, & Zelazo, 1978; Weinraub & Lewis, 1977). 학령기 아동과 청소년들도 사랑하는 사람과 오랫동안 분리되면 여전히 불안과 우울 징후를 보인다(Thurber, 1995).

왜 영아는 낯선 사람이나 분리되는 것을 두려워하는가?

사랑의 즐거움을 이제 막 경험하기 시작한 영아가 갑자기 낯선 사람을 경계하고 애정의 대상들로부터 분리되었을 때 불안해하는 이유는 무엇인가? 지지를 받고 있는 두 가지 관점을 살펴보자.

낯선이 불안
(stranger anxiety)

영아나 걸음마기 유아가 친숙하지 않은 사람이 접근할 때 자주 보이는 경계하고 초조해하는 반응.

분리불안
(separation anxiety)

영아나 걸음마기 유아가 애착된 사람(들)으로부터 분리될 때 자주 보이는 경계하고 초조해하는 반응.

분리불안과 싸우기: 양육자, 의사, 아동보육 전문가에게 도움이 되는 힌트들

의사의 진료실을 방문하는 걸음마기 유아가 눈물을 터트리며 부모에게 집요하게 매달리는 것은 전혀 특별한 일이 아니다. 이전 방문을 기억하는 어린 아동들은 낯선이 불안보다 "주사 불안"으로 고통받을 수도 있다. 그러나 많은 아동들은 이상하고 당황스런 방식으로 자신을 살펴보고 찌르고 만지는 침입자 같은 의사의 접근에 대해 공포로 반응한다. 다행스럽게도, 양육자와 의료진 및 다른 낯선 사람들이 영아나 걸음마기 유아에게 이 만남을 덜 무서운 것으로 만들 수 있는 단계들이 있다. 우리는 무엇을 제안할 수 있는가?

- **친숙한 동반자들을 이용할 수 있도록 하기**
  영아들은 어머니나 다른 가까운 동반자들과 떨어져 있을 때 낯선 사람들에게 훨씬 더 부정적으로 반응한다. 실제로, 대부분의 6~12개월 아기들은 어머니의 무릎 위에 앉아 있을 때 낯선 사람의 접근을 특별히 경계하지 않는다. 그러나 만일 어머니와 단지 몇 미터라도 떨어져 있다면, 영아들은 낯선 사람의 접근에 대해 칭얼거리고 울음을 터뜨린다(Morgan & Ricciuti, 1969; Bohlin & Hagekull, 1993 참조). 만일 영아들이 양육자와 헤어지는 것을 피할 수 있다면, 분명히 의사와 간호사는 어린 환자로부터 보다 건설적인 반응을 기대할 수 있다.

- **동반자들이 낯선 사람에게 긍정적으로 반응하기**
  만일 양육자가 낯선 사람에게 따뜻하게 인사하고 낯선 사람에 관해 아기에게 긍정적인 목소리 톤으로 말한다면, 낯선이 불안은 덜 발생한다(Feinman, 1992). 어머니와 아버지가 낯선 사람을 좋아하는 듯이 보인다면, 영아들은 이런 행동들을 사회적 참조로 이용하고 낯선 사람이 실제로는 전혀 무섭지 않다는 결론을 내린다. 따라서 아동에게 주의를 돌리기 전에, 의료진이 양육자와 즐거운 대화를 하는 것은 해롭지 않다.

- **환경을 보다 "친숙하게" 만들기**
  낯선이 불안은 낯선 환경보다 친숙한 환경에서 덜 발생한다. 예를 들면, 10개월 아기들은 집에서는 낯선 사람을 경계하지 않지만, 낯선 실험실에서 검사를 받을 때 낯선 사람들에게 부정적으로 반응한다(Sroufe, Waters, & Matas, 1974). 비록 현대 의사들에게 가정방문을 하라고 조언하는 것은 비현실적일지라도, 적어도 검사실 중 하나를 어린 아동을 위해 가정집처럼 꾸밀 수 있을 것이다. 예를 들면, 구석에 매력적인 모빌을 놓아두

거나, 벽에 만화캐릭터 포스터를 붙여두거나, 아동들이 가지고 놀 봉제 장난감 한두 개 정도를 놓아둘 수 있을 것이다. 낯선 상황에 대한 영아의 친숙성도 차이를 만든다. 10개월 아기의 대다수(90%)는 낯선 방에 놓아 둔지 1분 내에 낯선 사람이 접근하면 당황하는 반면, 10분 정도 환경에 친숙하게 되면 단지 절반 정도만이 낯선 사람에게 부정적으로 반응한다(Sroufe, Waters, & Matas, 1974). 만일 의료진이 검사실에 들어서기 전에 영아나 걸음마기 유아에게 몇 분간 검사실에 친숙해질 시간을 준다면, 아기는 의사에게 가는 길을 더 잘 견딜 것이다.

- **민감하고 신중한 낯선 사람 되기**
  놀랍지는 않지만, 낯선 사람에 대한 영아의 반응은 낯선 사람의 반응에 달려있다(Sroufe, 1977). 만일 낯선 사람이 처음에 거리를 유지한 채 미소 짓고 말을 하고 친숙한 장난감을 주거나 친숙한 활동을 제안하면서 천천히 접근한다면, 만남은 잘 될 것이다(Bretherton, Stolberg, & Kreye, 1981; Sroufe, 1977). 만일 낯선 사람이 민감한 양육자처럼 영아로부터 단서를 얻는 것도 도움이 될 것이다(Mangelsdorf, 1992). 아기들은 자신이 통제할 수 있는 낯선 사람을 선호한다! 영아들이 적응할 시간을 갖기 전에 영아를 안아 올리는 것과 같이, 빠르게 접근하고 자신을 아동에게 강요하는 침입자와 같은 낯선 사람은 그들이 받아 마땅한 반응을 갖게 된다.

- **아동에게 덜 낯설게 보이도록 노력하기**
  낯선이 불안은 부분적으로 낯선 사람의 신체적 외양에 달려있다. Jerome Kagan(1972)은 영아들이 일상에서 만나는 얼굴에 대한 심적 표상 혹은 도식을 형성하고, 기존의 도식에 쉽게 동화되지 않는 외양을 가진 사람을 두려워할 가능성이 높다고 주장했다. 그래서 목에 이상한 청진기를 걸고 살균한 하얀 가운을 입은 의사 혹은 "마녀처럼" 보이게 만드는 모자를 쓴 간호사는 영아와 걸음마기 유아를 경계하게 만들 것이다! 소아과 전문가들은 아동들이 경계하게 만드는 큰 코나 얼굴 상처와 같은 신체적 특징을 수정할 수 없을 수도 있다. 그러나 낯선 기구와 하얀 유니폼을 탈피해서 보다 "정상적인" 차림이 좋다. 이것은 어린 환자들이 그들을 인간 종족의 일원으로 인식하는데 도움을 줄 것이다.

동물행동학적 관점 동물행동학자인 John Bowlby(1973)는 영아가 직면하는 많은 상황들이 위험에 대한 자연적인 단서가 된다고 주장한다. 그것들은 인간 진화 역사에서 빈번하게 위험과 연합되어서 공포나 회피 반응이 "생물학적으로 프로그램된" 것이다. 일단 영아들이 친숙한 사물과 사건들을 친숙하지 않은 것들과 구분할 수 있게 되면, 낯선 얼굴(이전 시대에는 약탈동물이었을 수도 있음), 낯선 상황, 친숙한 동반자와 떨어져 있는 "낯선 환경"은 영아가 두려워하도록 프로그램 되어있는 상황들일 것이다.

이런 동물행동학적 관점들과 일관되게, 영아는 집이 아닌 낯선 실험실에서 낯선 사

람이나 분리에 대해 더 강한 반응을 보인다. 아마도 실험실의 "낯설음(strangeness)"은 그들이 낯선 사람을 만나거나 분리를 견뎌야 할 때 일상적으로 경험하는 불안을 확대하는 듯하다. 이런 동물행동학적 관점은 분리불안에서의 문화차를 설명한다. 어머니와 함께 자고 거의 항상 그들과 밀접한 접촉을 하는 많은 비산업화 사회의 영아들은 서양의 영아들보다 2~3개월 정도 일찍 분리에 대해 저항하기 시작한다. 왜 그런가? 왜냐하면 이 영아들은 양육자와 떨어져 있는 경우가 거의 없어서 거의 모든 분리가 매우 "낯설고" 공포를 유발하는 사건이기 때문이다(Ainsworth, 1967). 영아들과 함께 자는 것이 미국이나 다른 산업사회들에서 보다 보편적이 되면서, 분리불안에서 이런 문화차는 변할 것이다(Goldberg & Keller, 2007; *Infant and Child Development*, 2007의 공동수면 호를 참조). 동물행동학적 이론은 또한 낯선이 불안과 분리불안이 2세 동안 감소되는 이유도 설명한다. 일단 영아가 걷기 시작하고 애착 대상을 탐색을 위한 안전기지로서 이용할 수 있게 되면, 영아들은 오히려 적극적으로 분리를 주도하고, 분리를 더 잘 참고, 이전에는 근심의 원천이었던 생소한 자극들(친절한 낯선 사람을 포함하는)을 덜 경계한다(Ainsworth, 1989; Posada et al., 1995).

인지발달적 관점 인지이론가들은 낯선이 불안과 분리불안을 영아의 지각적, 인지적 발달의 자연스런 파생물로 보았다. Jerome Kagan(1972; 1976)은 6~10개월 영아는 (1) 친숙한 동반자의 얼굴과 (2) 부재중인 동반자가 돌아온다는 사실에 대한 안정된 도식을 발달시킨다고 제안한다. 이제 양육자에 대한 영아의 도식과 일치하지 않는 낯선 사람의 얼굴은 아동을 갑자기 당황스럽게 만든다. 왜냐하면 영아들은 이 사람이 누구이며 친숙한 양육자는 어떻게 되었는지를 설명할 수 없기 때문이다. Kagan에 따르면, 7~10개월 영아는 양육자가 자신을 거실에 남겨두고 부엌과 같은 친숙한 공간으로 향했다면, 영아는 양육자가 어디에 있는지를 알고 있기 때문에 집에서 일어나는 대부분의 분리에 대해 저항하지 않을 것이다. 그러나 만일 양육자가 서류가방을 들고 현관문으로 걸어감으로써 "친숙한 장소에 친숙한 얼굴"이라는 도식을 위반한다면, 영아는 쉽게 양육자의 행방을 설명할 수 없게 되고 아마도 울 것이다.

실제로, 집에서 관찰했던 영아들은 양육자가 친숙한 출입구가 아닌 지하실 입구와 같은 친숙하지 않은 출입구로 나갈 때 영아가 더 저항했다(Littenberg, Tulkin, & Kagan, 1971). 그리고 분리된 동안 조용하게 놀던 9개월된 영아는 어머니를 찾아보고 어머니가 있을 것이라고 생각했던 장소에 없다는 것을 발견하면 극도로 불안해졌다(Corter, Zucker, & Galligan, 1980). 분명히 이런 관찰은 Kagan의 이론을 지지한다. 양육자의 행방이 불확실할 때 영아는 양육자와의 분리에 대해 가장 저항할 것이다.

요약하면, 낯선이 불안과 분리불안은 상대적으로 복잡한 정서반응으로, 부분적으로 영아의 낯선 것에 대한 일반적인 불안(동물행동학적 관점)과 낯선 사람이 누구이고 친숙한 동반자가 어떻게 되었는지를 설명하지 못하는 무능력(인지발달적 관점)으로부터 나온 반응이다. 그렇지만 주목해야 할 것은 분리와 낯선 사람에 대한 영아의 반응은 개인차가 크다는 것이다. 어떤 영아는 분리에 대해 거의 무관심한 반면, 다른 영아들은 마치 공포에 질린 것처럼 행동한다. 왜 이렇게 차이를 보이는가? 이제 발달학자들은 이런 반응의 차이는 영아 애착관계의 질이나 안전성에서의 개인차를 반영하는 것이라고 믿는다. 애착이론들을 개관하려면 표 10.2를 참조하라.

표 10.2 애착이론들에 대한 개관

애착이론	애착형성의 기초	애착관련 행동들
정신분석이론	음식과 아동의 욕구에 대한 반응	영아의 배고픔과 다른 기본 욕구들에 대한 양육자의 반응성
학습이론	양육자는 기초 학습원리에 따르는 이차적 강화인이다.	영아에게 즐겁고 보상적인 경험을 제공하는 음식과 영아의 욕구에 대한 반응성
인지발달이론	인지발달 수준	영아는 양육자와 낯선 사람 간을 변별한다. 영아는 대상영속성을 습득, 즉 양육자는 보이지 않을 때도 계속 존재한다는 것을 인식한다.
동물행동학이론	선천적인 행동경향성은 애착을 보장하고 애착은 영아의 생존을 보장한다.	동물에서 각인 영아는 양육자로부터 애착을 유발하는 특성들을 갖고 있다.

주: 애착의 각 이론은 애착의 기초와 애착 관련 행동들에 대해 다른 관점을 갖고 있다. 각 이론은 애착 관계의 복잡성을 설명하는데 도움이 될 수 있다.

애착의 질에서 개인차

집에서 양육된 영아들이 양육자와 형성하는 애착관계는 질적으로 다르다. 어떤 영아들은 양육자의 주변에서 매우 안심하고 이완된 반면, 다른 영아들은 다음에 어떤 일이 일어날

개념체크 10.2 애착과 애착이론을 이해하기

다음 질문들에 답함으로써, 애착의 발달과 중요한 애착이론들에 대한 당신의 이해를 체크하라. 정답은 부록에 있다.

짝짓기: 애착이론을 다음 주장과 짝 맞추어라.
a. 정신분석이론
b. 학습이론
c. 인지발달이론
d. 동물행동학이론

1. _____ 는 이 이론은 일단 양육자가 이차 강화인의 지위를 갖게 되면 영아는 애착된 것이라고 주장한다.
2. _____ 이 이론은 영아가 양육자의 행방을 설명할 수 없을 때 분리에 대해 저항한다고 주장한다.
3. _____ 이 이론은 양육자가 음식을 주는 행동이 영아 애착의 강도를 결정한다고 주장한다.

선다형: 아래 주장을 한 이론가를 선택하라.
_____ 4. 이 이론가는 양육자의 반응성과 영아의 신뢰감은 애착 안전감에 대한 일차적 결정인이라고 주장했다.
　　a. Mary Ainsworth
　　b. John Bowlby
　　c. Erki Erikson
　　d. Konrad Lorenz
_____ 5. 이 이론가는 낯선 얼굴과 애착대상으로부터 분리는 영아가 무서워하도록 프로그램된 위험에 대한 자연적 단서라고 주장했다.
　　a. Mary Ainsworth

　　b. John Bowlby
　　c. Erki Erikson
　　d. Konrad Lorenz
_____ 6. 이 이론가는 신생아는 초기 발달에서 결정기 동안 양육자에게 각인된다고 주장했다.
　　a. Mary Ainsworth
　　b. John Bowlby
　　c. Erki Erikson
　　d. Konrad Lorenz

빈칸 채우기: 다음 문장을 옳은 개념이나 구절로 완성하라.
7. _____ 는 영아의 첫 해에 늦게 발달해서, 8~10개월에 정점에 도달하고, 그런 다음 두 번째 해 동안 감소하는 애착관련 공포이다. 새로운 사람과 상황을 가능한 친밀한 것으로 만드는 것은 이런 공포와 싸우는 한 가지 방법이다. 영아에게 장난감을 주는 것은 이 공포와 싸우는 또 다른 방식이다.
8. _____ 는 양육자에게 영아의 정서들에 어떻게 반응하는지를 보여줌으로써 영아와 양육자가 관계를 발달시키는데 도움이 된다.

서술형: 다음 질문에 간단한 답하라.
9. 영아가 애착발달에서 거치는 단계들의 순서를 적어라.

논술형: 다음 질문에 상세히 답하라.
10. 애착발달에 대한 영아의 기여와 양육자의 기여를 서술하라.

지에 대해 불안하고 확신이 없는 듯하다. 왜 애착관계에서 어떤 영아들은 안전하고 다른 영아들은 불안한가? 아동의 초기 애착의 안전성은 이후 발달에 영향을 미치는가? 이 물음들에 답하기 위해, 연구자들은 우선 애착의 질을 측정하는 방식을 알아내야 했다.

애착 안전성 측정하기

1~2세 영아가 어머니나 다른 양육자와 형성한 애착의 질을 측정할 때 가장 널리 사용되는 기법은 Mary Ainsworth의 **낯선 상황**(strange situation) 절차이다(Ainsworth at al., 1978). 낯선 상황은 8가지 일화들로 구성되었는데, (1) (영아가 양육자를 탐색을 위한 안전기지로 이용하는지를 알아보기 위해) 장난감이 있는 상황에서 자연스런 양육자-영아 간 상호작용, (2) (영아에게 스트레스가 되는) 양육자와 짧은 분리와 낯선 사람과의 만남, (3) (스트레스 받은 영아가 양육자로부터 어떤 편안함과 확신을 얻고 다시 장난감에 몰두하는지를 알아보기 위한) 재결합 일화들이다. 이런 일화들에 대한 영아의 반응을 기록하고 분석한다. 즉, 탐색활동, 낯선 사람과 분리에 대한 반응, 특히 친밀한 동반자와 재결합했을 때의 행동을 기록하고 분석한다. 대개 양육자에 대한 애착은 4가지 유형 중 하나로 분류될 수 있다.

안전 애착(secure attachment) 북미의 1세 영아들 중 약 65%가 이 유형에 속한다. 안전 애착된 영아는 어머니와 함께 있는 동안 적극적으로 탐색하고 분리되면 눈에 띄게 불안해진다. 영아는 어머니가 돌아오면 어머니를 따뜻하게 맞이하고, 만일 심하게 스트레스를 받았다면 어머니와 신체 접촉을 하려 하는데, 이것은 고통을 완화하는데 도움을 준다. 아동은 어머니가 있으면 낯선 사람들과 잘 지낸다.

저항 애착(resistant attachment) 1세 영아의 약 10%가 이런 "불안전" 애착 유형을 보인다. 이 영아들은 어머니 가까이에 머물려고 하지만 어머니가 있을 때 거의 탐색하지 않는다. 이들은 어머니가 떠나면 매우 괴로워한다. 그러나 어머니가 돌아왔을 때, 영아들의 감정은 양가적이다. 비록 자신을 남겨둔 것에 대해 화가 난 듯하고 어머니가 시도하는 신체 접촉에 대해 저항함에도 불구하고, 그들은 어머니 곁에 남아 있는다. 저항 영아는 어머니가 있을 때조차 낯선 사람을 매우 경계한다.

회피 애착(avoidant attachment) 1세 영아들 중 20%는 이런 유형의 "불안전" 애착을 보인다. 그들은 어머니와 분리되었을 때 스트레스를 덜 받고, 어머니가 주의를 끌려고 할 때조차도 대개 돌아서서 계속 어머니를 무시한다. 회피 영아는 낯선 사람들에 대해 다소 사교적이지만, 때로 그들이 어머니를 회피하거나 무시하는 것과 같은 방식으로 회피하거나 무시한다.

해체/혼란 애착(disorganized/disoriented attachment) 이런 애착 패턴은 미국 유아 중 5%가 보이는 특징이며, 이들은 낯선 상황에서 가장 큰 스트레스를 받고 가장 불안하다(NICHD Early Child Care Research Network, 2001a). 양육자에게 접근할지 아니면 회피할지에 대한 갈등을 반영하는 저항 패턴과 회피 패턴의 기묘한 조합인 듯하다(Main & Solomon, 1990). 어머니와 재결합했을 때, 이 영아들은 멍하고 얼어붙은 듯이 행동한다. 혹은 어머니에게로 움직이다가 어머니가 가까이 다가오면 갑자기 멀리 피한다. 혹은 양쪽 패턴을 모두 보일 수도 있다.

위에서 말한 것같이, 애착을 독특한 유형이나 범주로 이해해야 하는지에 대한 논란이 있다. 어떤 연구자들은 애착 양식 연속선이 보다 정확하게 영아와 양육자 간 관계를

낯선 상황
(strange situation)
영아의 애착의 질을 결정하기 위해 영아에게 노출하는 8번의 연속적인 분리와 재결합 일화.

안전 애착
(secure attachment)
영아와 양육자 간의 유대로서, 아동이 가까운 동료와의 접촉을 반기고 이 사람을 환경을 탐색하는 기지로 이용.

저항 애착
(resistant attachment)
영아와 양육자 간의 불안전한 유대로서, 강력한 분리저항과 가까이에 남아 있으려는 경향을 보이지만 양육자가 시도하는, 특히 분리 이후 접촉에 대해 저항하는 것이 특징.

회피 애착
(avoidant attachment)
영아와 양육자 간의 불안전한 유대로서, 분리에 대한 저항이 거의 없고 양육자를 피하거나 무시하는 경향을 보이는 것이 특징.

해체/혼란 애착
(disorganized/disoriented attachment)
영아와 양육자 간의 불안전한 유대로서, 재결합 때에 영아의 멍한 모습과 처음에는 양육자를 찾다가 다음에는 갑자기 피하는 경향을 보이는 것이 특징.

반영한다고 주장한다(Fraley & Spieker, 2003; *Developmental Psychology*, 2003의 특별호). 이 논쟁이 해결될 때까지, 우리는 발달연구에서 가장 자주 사용되는 범주들(여기서 서술한 것)을 이용해서 방대한 애착 연구들을 의미 있게 만들 수 있다.

낯선 상황 절차는 2세 이상된 아동의 애착을 특징짓는데 유용하지 않다. 이 시기 아동들은 짧은 분리와 낯선 사람과의 만남에 익숙하고 스트레스를 덜 받는다(Moss et al., 2004 참조). 애착의 질에 대한 대안적 평가인 **애착 Q-sort**(attachment Q-set:AQS)가 매우 인기 있다. 애착 Q-set는 1~5세 아동에게 사용하기에 적절하며, 부모나 훈련된 관찰자가 애착과 관련된 90가지 행동 진술문을 아동이 집에서 보이는 행동과 "가장 유사한"부터 "가장 덜 유사한" 정도로 분류한다. 예를 들면, "아이는 경계할 때 확신을 얻기 위해 어머니를 쳐다본다.", "아이는 활짝 미소지으며 어머니를 맞는다." 결과 프로파일은 아동이 양육자와 얼마나 안전한 관계인가를 보여준다(Waters at al., 1995). 영아나 걸음마기 유아에 대해 훈련받은 관찰자의 Q-set 평가는 대개 그 아동에 대한 낯선 상황 애착 분류들과 똑같다(Pederson & Moran, 1996; van IJzendoorn et al., 2004; Vaughn & Water, 1990). **자연환경**에서 학령전기 아동들의 애착 안전성을 분류하는 능력으로 인해 AQS가 낯선 상황 절차에 대한 대안이 된다.

애착 분류에서 문화차

애착 범주들에 속하는 영아와 걸음마기 유아의 비율은 문화에 따라 다소 차이가 있으며, 자녀양육의 문화적 다양성을 반영하는 듯하다. 예를 들면, 북독일의 부모들은 영아들이 독립적이 되도록 매우 신중하게 격려하고 달라붙는 밀착된 접촉을 저지하는 경향이 있는데, 이것은 미국 아기보다 더 많은 독일 아기들이 회피애착 패턴의 특징적인 재결합 행동을 보이는 이유를 설명하는 듯하다(Grossmann at al., 1985). 게다가 저항 애착의 특징인 강한 분리불안과 낯선이 불안은 양육자가 영아를 대리 양육자와 남겨두는 일이 거의 없는 일본과 같은 문화에서 훨씬 더 일반적이다. 이스라엘에서 집단적으로 양육되고 밤에 부모가 접근할 수 없는 영아 집(infant house)에서 잠자는 키부츠의 아동들은 집에서 어머니와 함께 잠자는 아동들보다 불안전 애착 관계를 더 많이 보인다(Aviezer at al., 1999).

서양 연구자들은 이런 발견을 애착관계와 애착 안전성의 의미가 문화 보편적이며, 애착 분류에서 문화차는 어떻게 문화에 따라 다른 양육 패턴이 안전 애착되거나 불안전 애착되는 영아의 비율을 다르게 만드는지를 보여주는 증거로 해석했다(van IJzendoorn & Sagi, 1999; Waters & Cummings, 2000). 우리는 안전 애착과 불안전 애착의 질이 문화에 따라 다르다고 주장하는 연구자들에게 동의한다.

예를 들면, 일본 어머니들은 서양 어머니들과는 매우 다르게 아기에게 반응한다(Rothbaum, Pott at al., 2000; Rothbaum, Weisz at al., 2000). 미국 어머니들과 비교해서, 일본 어머니들은 영아들과 더 긴밀한 접촉을 하고 아이의 울음에 반응하기보다 아기의 모든 요구를 **예측**하고 만족시키려고 노력한다. 일본 어머니들은 미국 어머니들에 비해 사회적 일과를 더 강조하고 탐색은 덜 강조한다. 그리고 어머니에 대한 전적인 의존 상태이며 어머니의 사랑과 관용에 대한 확신에 바탕을 둔 영아의 **아마에**(amae)를 증진하려고 한다. 이런 자녀-양육 방식을 가정하면, 일본 아기들이 분리되면 불안해하고 재결합할 때 어머니에게 매달리는 것은 놀랍지 않다. 이것들은 낯선 상황 절차에서 검사했을 때 많은 아기들이 불안전 애착으로 분류되는 행동이다. 그렇지만 건강한 아마에의 형성

애착
(Q-set attachment Q-set(AQS))
가정에서 보이는 아동의 애착관련 행동에 대한 보고와 관찰에 기초한 애착 안전성을 평정하는 대안적 방법; 영아, 걸음마기 유아 및 학령전 아동들에게 사용.

아마에
(amae)
일본 개념; 영아의 어머니에 대한 전적인 의존감과 어머니의 사랑과 관용에 대한 확신을 나타냄.

은 일본에서는 매우 적응적인 것으로 여겨지며, 애착 안전성의 인증이다. 왜냐하면 아마 에는 문화적으로 가치 있는 공동체 지향이나 공생적 조화의 발달을 위한 발판이 되기 때 문이다. 일본 아동들은 타인들의 요구에 순응하고 협동하고 집단적 목표의 성취를 위해 일함으로써 상호의존적(interdependent)이 되는 것을 배운다(Rothbaum, Weisz at al., 2000). 서양사회에서 안전 애착은 영아가 주의 깊고 보호적인 양육자로부터 스스로 분 리하도록 격려 받아서 환경을 탐색하고 독립적이고 자율적이 되고, 개인적 목표를 추구 하는 것이다.

요약하면, "안전" 애착의 의미와 장기적 결과 모두 문화에 따라 다르고 중요한 문화 적 가치를 반영한다. 보편적인 것은 세상의 부모들은 자녀들이 그들과의 관계에서 안전 함을 느끼는 것을 좋아하고, 대부분의 부모들은 문화적으로 가치 있는 안전감을 증진하 려고 한다는 것이다(Behrens, Hesse, & Main, 2007; Posada et al., 1995, 1999; Roth- baum, Pott at al., 2000).

불행하게도, 수행된 초기 연구들 대부분은 전적으로 어머니의 양육에 초점을 맞추고 있으며 아버지는 거의 무시되었다. 상황은 변하고 있으며, 이제 연구자들은 애착 대상으 로서 아버지나 가족 전체를 조사하고 있다. 양육자로서 아버지와 영아의 사회적, 정서적 발달에 대한 아버지의 기여를 더 자세히 살펴보자.

양육자로서 아버지

1975년, Michael Lamb은 아버지를 "아동 발달에 대한 잊혀진 기여자"로 묘사했다. 그 가 옳았다. 1970년대 중반까지, 아버지는 단지 영아와 걸음마기 유아의 사회적, 정서적 발달에서 미미한 역할을 하는 생물학적 필수품 정도로 여겨졌다(Bretherton, 2010). 아 버지의 초기 기여를 간과하거나 무시하는 한 가지 이유는 아버지가 어머니에 비해 아기 와 상호작용하는 시간이 적었기 때문이다(Parke, 2002; Yeung et al., 2001). 그럼에도 불구하고, 아버지는 어머니만큼 신생아에게 몰두하는 듯하고(Hardy & Batten, 2007; Nichols, 1993), 생의 첫해 동안 그들은 아기들에게 점점 더 많이 몰입하게 된다(Belsky, Gilstrap, & Rovine, 1984). 아버지들은 행복한 결혼 생활을 하고(Belsky, 1996; Coley & Hernandez, 2006; Cox et al., 1989, 1992) 아내로부터 아기의 삶 에서 중요한 부분이 되도록 격려 받을 때(DeLuccie, 1995; Palkovitz, 1984), 영아들에게 가장 잘 몰입하 고 더 호의적인 태도를 가졌다.

애착

특히 아버지가 양육에 대해 긍정적인 태도를 갖고 있 고, 영아들과 많은 시간을 보내고, 민감한 양육자라 면, 많은 영아들은 첫해 후반에 아버지에게 안전 애 착된다(Brown, McBride, Shin, & Bost, 2007; van IJzendoorn & De Wolff, 1997). 그렇다면 아버지 는 동반자로서 어머니들과 어떻게 비교되는가? 호 주, 이스라엘, 인도, 이탈리아, 일본, 미국에서 수행

자녀양육의 전통이 문화에 따라 극적으로 다를지라도, 세계적으로 안전 애착이 불안전 애착보다 일반적이다.

Keren Su/Stone/Getty Images

된 연구는 모든 사회에서 어머니와 아버지는 아기의 삶에서 약간 다른 역할을 하는 경향이 있음을 보여주었다. 어머니들은 아버지들에 비해 아기를 안아주고 달래주고 말하고 까꿍 놀이와 같은 전통적인 놀이를 하고 신체적 요구를 돌보아 주는 경향이 높았다. 반면 아버지들은 어머니들에 비해 놀이적인 신체적 자극을 하고 영아가 좋아하는 특이하고 예측할 수 없는 놀이를 시작하는 경향이 있었다(Hazena, McFarland, Jacobvitz, & Boyd-Soisson, 2010; Parke & Buriel, 2006). 비록 대부분의 영아들이 불안하거나 두려울 때 어머니와 함께 있기를 선호할지라도, 아버지는 놀이 친구로서 선호되었다(Lamb, 1997; Roopnarine et al., 1990).

그러나 어머니들이 일을 하고 있고 아버지들이 적어도 어느 정도 양육의 책임을 져야만 한다면, 놀이친구 역할은 현대 아버지들이 행하는 많은 것들 중 하나일 뿐이다(Goodsell & Meldrum, 2010; Grych & Clark, 1999; Pleck, 1997 & Masciadrelli, 2005). 아버지는 어떤 양육자인가? 많은 아버지들은 기저귀 갈기, 목욕 및 스트레스를 받는 아기를 달래주기를 포함한 모든 일상적인 양육 활동들에 능숙하다. 게다가 일단 아버지들이 애정의 대상이 되면, 그들은 아기들이 환경을 탐색하는 모험의 안전기지가 되기 시작한다(Hwang, 1986; Lamb, 1997). 따라서 아버지들은 어머니가 정상적으로 제공하는 모든 기능을 할 수 있는 다재다능한 동반자이다. 물론 어머니들도 마찬가지이다.

정서적 안전성과 다른 사회적 유능성들에 대한 기여자로서 아버지

비록 많은 아기들이 어머니에게 형성하는 것과 같은 종류의 애착을 아버지에게 형성할지라도(Fox, Kimmerly, & Schafer, 1991; Parke, 2008; Rosen & Rothbart, 1993), 영아가 한쪽 부모에게는 안전 애착되고 다른 부모에게는 불안전 애착되는 것은 전혀 특이한 일이 아니다(Clarke-Stewart, 1980; Madigan, Benoit, & Boucher, 2011; van IJzendoorn & De Wolff, 1997). 예를 들면, Mary Main과 Donna Weston(1981)은 낯선 상황 절차에서 44명의 걸음마기 유아들이 어머니와 아버지에게 형성하는 애착의 질을 측정했을 때, 12명의 걸음마기 유아는 양쪽 부모 모두에게 안전 애착되었고, 11명은 어머니에게는 안전 애착되고 아버지에게는 불안전 애착되었고, 10명은 어머니에게는 불안전 애착되고 아버지에게는 안전 애착되었고, 11명은 양쪽 부모 모두에게 불안전 애착되었다.

아버지는 자녀의 사회적, 정서적 발달에 무엇을 추가했는가? 한쪽 부모에게만 안전 애착되거나 양쪽 부모 누구에게도 안전 애착되지 못한 아동들과 비교해서, 양쪽 부모 모두에게 안전 애착된 아동들은 덜 불안하고 덜 위축되며 학교입학과 같은 도전과제에 더 잘 적응했다(Verissimo, Santos, Vaughn, Torres, Monteiro, & Santos, 2011; Verschueren & Marcoen, 1999). 또한 아버지에게 안전 애착된 아동들은 아동기와 청소년기 동안 정서적 자기조절도 더 잘하고, 또래와도 더 잘 지내고, 문제행동이나 비행 수준도 더 낮았다(Cabrera at al., 2000; Coley & Medeiros, 2007; DeMinzi, 2010; Lieberman, Doyle, & Markiewicz, 1999; Pleck & Masciadrelli, 2004). 실제로, 아버지와 안전하고 지지적인 관계를 맺는 것의 이점은 아버지가 더 이상 집에서 살지 않을 때에도 나타났다(Black, Dubowitz, & Starr, 1999; Coley & Medeiros, 2007). 따라서 아버지는 아동발달의 많은(아마도 모든) 측면에 잠재적으로 중요한 기여자일 뿐만 아니라, 아버지에 대한 안전 애착은 어머니-자녀 간 불안전 애착관계의 잠재적인 부정적 효과를 완충할 수도 있는 듯하다(Main & Weston, 1981; Verschueren & Marcoen, 1999).

많은 영아들의 경우, 아버지는 특별한 놀이상대의 역할을 한다.

그럼에도 불구하고, 양쪽 부모 모두와의 안전 애착이 아동 발달에 가장 많이 기여한다 (George, Cummings, & Davies, 2010; Verschueren & Marcoen, 1999).

애착 안전성에 영향을 주는 요인들

영아가 형성하는 애착의 종류에 영향을 주는 요소들 중에는 양육의 질, 가정의 특성이나 정서적 분위기, 영아의 건강상태와 기질이 있다. 안전 애착과 불안전 애착의 기원에 대해 우리가 알고 있는 많은 것은 유럽과 북미 문화에서 수행된 연구에서 온 것이다. 그리고 대부분은 일차 애착대상으로서 어머니에 초점이 맞추어져 있다. 이런 제한점을 기억하면서, 서양 영아들이 어떻게 안전하게 혹은 불안전하게 애착되는지에 대해 연구자들이 밝혀낸 것을 살펴보자.

양육의 질

양육가설
(caregiving hypothesis)

영아가 특정 양육자에게 발달시키는 애착의 유형은 그 사람으로부터 받는 양육에 달려 있다는 Ainsworth의 개념.

Mary Ainsworth(1979)는 어머니나 다른 가까운 동반자에 대한 영아 애착의 질은 영아가 받는 주의의 종류에 달려있다고 믿는다. 이런 **양육가설**(caregiving hypothesis)에 따르면, 안전 애착된 영아의 어머니들은 처음부터 민감하고 반응적인 양육자로 생각된다. 그리고 분명히 그렇다. 66개 연구들에 대한 개관에 따르면, 표 10.3에 나와 있는 특징들을 보이는 어머니들은 영아들과 안전애착을 형성하는 경향이 있었다(De Wolff & van IJzendoorn, 1997). 따라서 만일 양육자가 자신의 아기에 대해 긍정적 태도를 갖고 영아의 욕구에 대해 민감하고 영아와 상호적 동시성을 형성하고 풍부한 자극과 정서적 지지를 제공한다면, 영아는 양육자와의 상호작용으로부터 편안함과 즐거움을 얻고 안전하게 애착될 것이다.

안전애착보다 저항애착 패턴을 보이는 아기들은 양육에서 **일관적이지 않은** 부모가 있었다. 이런 부모들은 기분에 따라 열정적이거나 무관심하게 반응하고 대체로 반응이 없었다(Ainsworth, 1979; Isabella, 1993; Isabella & Belsky, 1991). 영아는 매달리거나, 울거나, 혹은 다른 애착행동을 통해 절망적으로 정서적 지지와 편안함을 얻으려고 노력하는 것으로 일관적이지 않은 양육에 대처하고, 그 노력이 실패했을 때 슬퍼하고 화를 낸다.

영아가 **회피애착**을 발달시킬 위험에 처하게 만드는 적어도 두 가지 양육패턴이 있다. Ainsworth와 다른 사람들(예, Isabella, 1993)은 어떤 회피 영아의 어머니들은 아기에 대해 참을성이 없고, 영아의 신호에 반응하지 않고, 영아에게 부정적인 감정들을 표현하

표 10.3	어머니-영아 간 안전애착으로 이끄는 양육의 6가지 특징
특징	**설명**
민감성	영아의 신호에 대해 즉각적이고 적절하게 반응
긍정적 태도	영아에게 긍정적 정서와 애정을 표현
동시성	영아와 부드럽고 상호적인 상호작용을 구조화
상호성	어머니와 영아가 동일한 사물에 대해 주목하는 상호작용을 구조화
지원	영아의 활동에 대해 밀접하게 주목하고 정서적 지원을 제공
자극	영아를 향한 빈번한 활동

양육의 여섯 가지 특징들은 서로 중간정도의 상관. 출처: De Wolff와 van IJzendoorn(1997)의 자료에 근거함.

고, 긴밀한 접촉으로부터 즐거움을 거의 얻지 못하는 것을 발견했다. Ainsworth(1979)는 이런 어머니들은 완고하고 자기중심적인 사람으로 자신들의 아기들을 **거부할 가능성**이 있다고 믿었다. 그러나 다른 회피 영아들에게는 아기들이 원하지 않을 때조차도 끊임없이 떠들어대고 높은 수준의 자극을 제공하는 지나치게 열심인 부모가 있었다(Belsky, Rovine, & Taylor, 1984; Isabella & Belsky, 1991). 영아들은 같이 있는 것을 싫어하는 듯이 보이거나 감당할 수 없는 자극을 쏟아 붓는 성인을 피하는 것을 학습함으로써 적절하게 반응할 수도 있다. 저항 영아들은 정서적 지지를 얻으려고 적극적인 시도를 하는 반면, 회피 영아들은 그것 없이 지내는 것을 학습하는 듯하다(Isabella, 1993).

마지막으로, Mary Main은 해체/혼란 애착을 발달시킨 영아는 무시되거나 신체적으로 학대받았던 과거의 일화들 때문에 양육자에게 끌리지만 또한 무서워한다고 믿는다(Main & Soloman, 1990). 만일 아기가 승인과 학대(혹은 무시)를 주기적으로 경험했고 편안함을 얻기 위해 양육자에게 접근해야할지 아니면 안전을 위해 물러나 있어야 할지를 알지 못한다면, 재결합 상황에서 나타나는 영아의 접근/회피(혹은 전반적으로 멍한 거동)는 이해할만 하다. 몇몇 연구는 Main의 이론을 지지한다. 비록 해체/혼란 애착이 어떤 표집에서든 때로 관찰되기는 하지만, 학대받은 영아집단에서 이런 애착은 예외가 아닌 하나의 규칙인 듯하다(Carlson, 1998; Carlson at al., 1989; True, Pisani, & Oumar, 2001). 재결합에서 슬픔과 결합된 이런 접근과 회피의 이상한 혼합은 심하게 우울한 어머니가 있는 영아의 특징이다. 이런 어머니들은 자신들의 아기를 학대하거나 무시하는 경향이 있다(Lyon-Ruth at al., 1990; Murry at al., 1996; Teti at al., 1995).

누가 둔감한 양육자가 될 위험에 처해있는가? 불안전 애착에 기여하는 둔감한 양육패턴을 보일 위험이 있는 부모들에게는 몇 가지 개인적 특징들이 있다. 이런 저런 종류의 불안전 애착은 임상적으로 우울한 양육자의 영아들에서 전형적이다(Kaplan, Dungan, & Zinse, 2004; Radke-Yarrow at al., 1985; Teti at al., 1995). 우울한 부모들은 아기의 사회적 신호를 무시하며, 그들과의 만족스럽고 동시적인 관계를 형성하는데 실패한다. 영아는 양육자가 반응적이지 않은 것에 대해 화가 나게 되고, 곧 부모들의 우울 증상들에 맞추기 시작하며, 다른 우울하지 않은 성인들과 상호작용할 때도 그렇게 반응한다(Campbell, Cohn, & Meyers, 1995; Field at al., 1988).

둔감한 양육자인 또 다른 부모 집단은 자신이 아이였을 때 사랑받지 못하고 무시되고 학대받는다고 느꼈던 사람들이다. 이전에 학대받았던 양육자는 좋은 의도로 시작하며, 자신에게 일어났던 일이 자녀들에게 절대 일어나지 않게 하겠다고 맹세한다. 그러나 그들은 자주 영아가 완벽하고 자신들을 즉각적으로 사랑하기를 기대한다. 그래서 모든 영아들이 때때로 그렇듯이 자신들의 아기가 성마르고 신경질적이고 무뚝뚝할 때, 정서적으로 불안전한 성인들은 마치 다시 한 번 거부된 것처럼 느낀다(Steele & Pollack, 1974). 그러면 그들은 뒤로 물러나거나 애정을 철회하며(Biringen, 1990; Crowell & Feldman, 1991; Madigan, Moran, & Pederson., 2006), 때로는 자신의 아기들을 무시하거나 학대하기도 한다.

임신이 계획된 것이 아니거나 아기를 원하지 않았던 양육자들은 모든 발달 측면들에서 자녀들을 다소 서투르게 대하는 둔감한 부모일 수 있다. 체코슬로바키아에서 행해진 한 종단 연구에서(Matejcek, Dytrych, & Schuller, 1979), 원치 않는 임신에 대한 낙태 허가를 받지 못한 어머니들은 결혼 상태와 사회경제적 지위는 유사하지만 낙태를 원하지 않았던 같은 연령의 어머니들에 비해 자녀에 대해 덜 애착되었다. 비록 원했던 자녀와 원치 않았던 자녀 모두 태어날 때 신체적으로 건강했을지라도, 이후 9년 동안 부모가 원치 않았던 아동들은 부모가 원했던 아동에 비해 더 자주 입원하고, 학교 성적이 더 낮고, 가족 삶이 덜 안정적이고, 또래와의 관계가 빈약하고, 더 자주 짜증을 내었다. 성인 초기에 실시된 추후 관찰도 같은 이야기를 하고 있다. 부모가 원했던 또래들에 비해, 원치 않았던 자녀들은 자신들의 결혼, 직업, 우정, 일반적인 정신건강에 대해 덜 만족했고, 다양한 심리적 장애들에 대한 치료를 더 많이 받았다(David, 1992; 1994). 비록 이 연구가 실험이 아닌 상관 연구일지라도, 양육할 의도가 없었던 부모들은 둔감하거나 자녀들의 발달을 육성하지 않을 것임을 시사한다.

양육 민감성에 대해 생태학적 제약들   물론 부모-자녀 상호작용은 양육자가 아동들에게 어떻게 반응할지에 영향을 미칠 수 있는 광범위한 생태학적 맥락에서 발생한다(Bronfenbrenner & Morris, 2006). 예를 들면, 건강 문제, 법적 문제 및 재정적 문제가 있는 양육자들은 둔감한 양육을 할 가능성이 더 높다. 적절한 건강관리를 받지 못하는 가난한 가정에서 혹은 자녀와 장기간 떨어져 지내야 하는 직업을 가진 가족들에서 불안전 애착이 가장 많이 발생한다는 것은 놀랄 일이 아니다(Murray at al., 1996; NICHD Early Child Care Research Network, 1997; Rosenkrantz & Huston, 2004).

양육자와 배우자 간 관계의 질도 부모-영아 관계에 극적인 영향을 미칠 수 있다. 사회경제적 배경이 유사하지만 친밀하고 신뢰하는 결혼생활을 하는 부모들과 비교했을 때, 자녀의 출생 전에 불행한 결혼생활을 한 부모들은 (1) 아기가 태어난 후 덜 민감한 양육자이고, (2) 영아와 양육에 대해 덜 호의적인 태도를 갖고, (3) 영아와 걸음마기 유아와 덜 안전한 결속을 형성했다(Cox at al., 1989; Howes & Markman, 1989). 행복한 결혼을 한 커플은 서로의 양육 노력을 지지한다. 만일 아기가 성마르고 무반응적인 경향이 있다면 양육에 대한 긍정적인 사회적 지원은 특히 중요하다. Jay Belsky(1981)에 따르면, 이후 정서적 문제를 겪을 위험에 처한 신생아들(3장에서 논의한 신체적, 신경학적 문제에 대한 검사인 Barzelton 신생아 행동평정척도의 수행이 낮음)은 그들의 부모의 **결혼생활이 불행했을 때만 부모와 비동시적 상호작용을 할 것이다.** 따라서 폭풍같이 격렬한 결혼은 부모와 영아간의 안전한 정서적 결속을 형성하는 것을 방해하거나 훼방하는 환경적 재앙이다.

어떻게 둔감한 양육자를 지원할 수 있는가?   다행스럽게도, 위험에 처한 부모를 보다 민감하고 반응적인 양육자가 되도록 지원하는 몇 가지 방식이 있다. 영아정신건강(IMH) 영역은 발달심리학, 사회학, 교육학, 소아의학에서 나온 이론, 연구 및 치료를 결합해서 영아의 건강한 발달을 증진하고 영아의 양육자를 지원하고 중재한다(Tomlin & Viehweg, 2003; IMH 개관을 위해 참조).

한 중재 프로그램에서, 전문가가 가난하고 우울한 어머니들을 정기적으로 방문하여 어머니와 친밀하고 지지적인 관계를 형성한 후, 아기로부터 호의적인 반응을 유발하는 방법을 가르치고, 매주 열리는 부모교육에 참여할 것을 권했다. 이런 지원을 받은 어머니의 걸음마기 유아들은 중재 프로그램에 참가하지 못했던 다른 우울한 어머니들의 유아에 비해, 이후 지능검사에서 더 높은 점수를 받았고 안전하게 애착될 가능성이 더 높았다(Lyons-Ruth at al., 1990).

네덜란드에서 행해진 또 다른 중재 프로그램에서, 극도로 과민한 아기가 있는 경제

둔감한 양육은 건강, 재정, 결혼 문제를 경험하는 가정에서 보다 빈번하게 발생한다.

표 10.4	어머니와 안전, 저항 및 회피애착을 형성한 1세 영아가 기질적으로 "쉬운", "까다로운" 및 "더딘"으로 분류 되는 비율		
기질프로파일	"분류가능한" 영아의 비율	애착 분류	1세 영아의 비율
쉬운	60	안전	65
까다로운	15	저항	10
더딘	23	회피	20

출처: Ainsworth, Blehar, Waters, & Wall, 1978; Thomas & Chess, 1977.

적으로 열악한 어머니들이 영아의 까다로운 기질에 대한 어머니의 민감성과 반응성을 향상시키기 위해 고안된 3개월 중재 프로그램에 참가했다. 이 어머니들은 보다 민감한 양육자가 될 뿐만 아니라, 그들의 영아는 중재 프로그램을 받지 못한 어머니들의 영아에 비해 12개월에 안전하게 애착되고, 3.5세에도 어머니와 더 안전하게 남아있을 가능성이 더 높았다(van den Boom, 1995). 중재 연구들은 양육 민감성이 육성될 수 있으며 안전 애착을 증진할 수 있음을 분명하게 보여준다. 그렇다면 애착관계의 질에 기여하는 영아의 특징이 있는가? 다음에서 살펴볼 것처럼, 실제로 있다.

영아 특성들

여태까지 우리는 마치 부모들이 영아가 형성하는 애착의 종류에 전적으로 책임이 있는 것처럼 말했다. 그러나 애착관계를 형성하려면 두 사람이 있어야 하기 때문에, 아기도 부모-영아 간 정서적 결속의 질에 영향을 줄 수 있다는 것을 의심해야 한다. Jerome Kagan(1984; 1989)은 낯선 상황 절차는 애착의 질보다 영아 기질의 개인차를 측정하는 것이라고 주장한다. 이 생각은 **안전 애착, 저항 애착, 회피 애착**을 형성했던 1세 영아들의 비율이 Thomas와 Chess의 순한 기질, **까다로운 기질, 더딘** 기질 프로파일로 분류되는 아기들의 비율과 거의 일치한다는 관찰로부터 나온 것이다(표 10.4 참조). 이 관련성에는 의미가 있다. 일과의 변화에 적극적으로 저항하고 생소한 것에 혼란스러워하는 까다로운 기질의 영아는 낯선 상황 때문에 스트레스를 받아서 어머니의 위로에 대해 건설적으로 반응할 수 없으며, 따라서 저항 애착으로 분류된다. 우호적이고 느긋한 영아는 "안전 애착"으로 분류되기 쉬운 반면, 수줍거나 "더딘" 아동은 낯선 상황에서 쌀쌀맞거나 냉담해서 회피 애착으로 분류될 것이다. 따라서 Kagan의 **기질가설**(temperament hypothesis)은 양육자가 아닌 영아가 애착 분류의 일차 구조물이고, 아동이 보이는 애착 행동들은 아동 자신의 기질을 반영하는 것임을 의미한다.

기질은 애착 안전성을 설명하는가? 비록 자극 민감성과 부정적 정서성과 같은 기질요소가 애착 행동들(예, 분리 저항의 강도)을 예측함에도 불구하고(Goldsmith & Alansky, 1987; Seifer at al., 1996), 대부분의 전문가들은 Kagan의 기질 가설이 너무 극단적이라고 생각한다. 예를 들면, 많은 영아들이 한 명의 가까운 동반자에게 안전 애착되고 다른 사람에게는 불안전 애착된다는 점을 생각해보라. 만일 애착 분류가 단순히 상대적으로 안정된 기질 특성들을 반영하는 것이라면, 이것은 기대할 수 없는 패턴이다(Goossens & van IJzendoorn, 1990; Sroufe, 1985).

게다가 **기질적으로 까다로운** 네덜란드 영아의 어머니들이 민감해지는 훈련을 받았

기질가설
(temperament hypothesis)
낯선 상황은 애착의 질보다 오히려 영아 기질의 개인차를 측정한다는 Kagan의 관점.

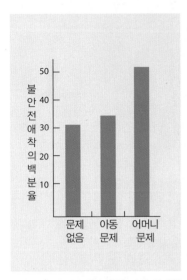

그림 10.5 불안전 애착 발생에 대한 아동과 어머니 문제의 효과 비교. 어머니 문제는 불안전 애착의 가파른 증가와 연합되어 있다.

출처: "*The Relative Effects of Maternal and Child Problems on the Quality of Attachment: A Meta-Analysis of Attachment in Clnical Samples,*" by M. H. van IJzendoorn, S. Goldberg, P. M. Kroonenberg, and O. J. Frenkel, 1992, Child Development, 63, 840–858. Copyright © 1992 by the Society for Research in Child Development, Inc.

을 때, 대다수의 아기들이 불안전 애착이 아닌 안전 애착을 형성했음을 우리는 이미 보았다. 이것은 민감한 양육이 애착의 질과 인과적으로 관련되었음을 나타낸다(van den Boom, 1995). 34개 연구들을 개관한 한 연구에서 둔감한 양육을 예측하는 질병, 우울 및 아동학대와 같은 어머니의 특징들은 불안전 애착의 가파른 증가와 관련있었다(그림 10.5 참조). 미숙, 질병 및 다른 심리적 장애로 인한 아동의 기질적 문제들은 실질적으로 애착의 질에 영향을 주지 않았다(van IJzendoorn at al., 1992).

마지막으로, 동성의 일란성 쌍생아와 이란성 쌍생아에 대한 연구는 일란성 쌍생아 쌍의 70%와 이란성 쌍생아의 64%가 양육자와 동일한 종류의 애착(즉, 둘 다 안전하거나 둘 다 불안전한)을 형성했다(O'Connor & Croft, 2001; Bokhorst et al, 2003 참조; 유사한 결과는 Reisman & Fraley, 2006). 이런 발견들은 두 가지 함축된 의미가 있다. 첫째, 일란성 쌍생아 쌍들 간의 애착 유목이 훨씬 더 일치하는 것은 아니기 때문에 아동의 애착에 대한 유전적 기여는 별로 크지 않다(기질의 유전적 요소들도 포함). 둘째, 대부분의 쌍생아는 애착분류에서 일치했기 때문에 공유된 환경적 영향(예, 동일한 민감하거나 둔감한 양육자와 상호작용)은 쌍둥이 형제가 보이는 애착에서 닮은 정도에 실질적으로 기여했음에 틀림없다.

양육과 기질의 결합된 영향

비록 지금까지 인용했던 발견들이 Kagan의 기질 모델보다 Ainsworth의 양육가설을 지지하는 듯 할지라도, 연구는 다양한 요인들 간의 보다 복잡한 관계를 보여준다(예, Seifer et al., 2004). 한 연구는 분명히 민감한 양육과 안전 애착 간의 중요한 연결을 보여주고, 또한 기질이 어떻게 때로 영아가 형성하는 애착의 종류에 기여하는지를 보여준다. 보다 자세히 살펴보자.

Granzyna Kochanska(1998)는 영아-양육자 애착의 통합 이론을 검증하려고 했다. 이 이론에 따르면, (1) 양육의 질은 영아의 애착이 안전한지 불안전한지를 결정하는 데 가장 중요하지만, (2) 영아의 기질은 애착이 불안전할 때 영아가 보이는 불안전성의 종류를 더 잘 예측한다. Kochanska는 아기들이 8~10개월과 13~15개월일 때 어머니가 제공하는 양육의 질을 측정하는 것으로 시작했다. 예를 들면, 영아에 대한 어머니의 반응성, 어머니와 영아 간 긍정적 정서의 동시성을 측정하였다. 또한 공포(fearfulness)로 알려진 영아의 기질적 측면을 측정하였다. 겁이 많은 아동들은 새롭고 불확실한 상황에서 강한 스트레스를 받는 경향이 있으며, Kagan의 **행동적으로 억제된** 아동들과 유사했다. 반대로 겁이 없는 아동들은 낯선 환경이나 사람 혹은 분리에 의해 크게 스트레스를 받지 않으며, Kagan의 **행동적으로 억제되지 않은** 아동들과 유사했다. 마지막으로, Kochanska는 13~15개월에 어머니에 대한 영아 애착의 질을 평가하기 위해 낯선 상황 절차를 사용했다. 그래서 그녀는 양육이나 기질 중 어느 것이 영아가 보이는 안전성과 특정 애착유형에 더 많이 기여하는지를 결정할 수 있는 자료를 얻었다.

연구는 두 가지 특별히 흥미로운 결과를 보여주었다. 첫째, 통합이론에서 예측했듯이, 영아의 기질이 아니라 양육의 질이 영아가 어머니와 안전 애착을 형성할지 불안전 애착을 형성할지를 분명하게 예측했다. 긍정적이고 반응적인 양육은 안전 애착과 연합되었다. 그러나 양육의 질은 불안전 애착을 형성한 영아가 보인 **불안전성의 종류**를 예측하지 못했다.

그러면 불안전성의 **종류**를 예측하는 것은 무엇인가? 영아의 기질이 예측했다! 통합이론과 겁이 많은-겁이 없는 차원에 대한 지식에 기초해서 예측했듯이, 기질적으로 겁이 많은 불안전 애착 영아는 저항 애착을 보이는 반면, 기질적으로 겁이 없는 불안전 애착 영아는 회피 애착을 보일 가능성이 더 높다.

분명히 이 발견이 의미하는 것은 양육가설과 기질가설의 강력한 버전은 과장이라는 것이다. 실제로, 자료는 Thomas와 Chess의 조화의 적합성 모델과 일치한다. 안전 애착은 아기가 받은 양육과 아기의 기질 간에 "조화로운 적합성"이 있는 관계로부터 발달한다. 반면 불안전 애착은 매우 스트레스를 받거나 융통성이 없는 양육자가 영아의 기질적 특성에 맞추는데 실패했을 때 발달할 가능성이 높다. 실제로 양육자의 민감성이 애착 안전성을 일관되게 예측하는 이유는 민감한 보살핌이라는 개념이 아기의 기질 특성이 무엇이든 그것에 일과를 맞추는 능력을 의미하기 때문이다(van den Boom, 1995). 실제로, 다음 절에서 보게 되듯이, 양육 행동과 영아의 기질과 행동 간 뒤얽힌 관계는 아동기까지 계속된다(예, Chang et al., 2003).

애착과 이후 발달

정신분석가들(Erikson, 1963; Freud, 1905/1930)과 동물행동학자들(Bowlby, 1969) 모두 영아가 안전 애착으로부터 얻는 따뜻함, 신뢰감, 안전감은 이후 생에서 건강한 심리적 발달을 위한 토대라고 믿는다. 물론 이 관점은 불안전 애착이 미래에 최적에 못 미치는 발달결과를 예측할 수도 있음을 시사한다.

안전 애착이나 불안전 애착의 장기적인 상관물들

비록 기존 자료들이 거의 전적으로 어머니에 대한 영아 애착에 초점을 맞추었다는 점에서 다소 제한적일지라도, 안전한 일차 애착을 형성했던 영아들은 보다 긍정적인 발달결과들을 보일 것이다. 예를 들면, 12~18개월에 불안전 애착된 영아에 비해 안전 애착된 아기들은 2세 때 더 나은 문제해결자이며(Frankel & Bates, 1990), 상징놀이에서 보다 복잡하고 창의적이며(Pipp, Easterbrooks, & Harmon, 1992), 긍정적 정서는 더 많이 부정적 정서는 더 적게 보이고(Kochanska, 2001), 걸음마기 유아들에게 더 매력적인 놀이친구이다(Fagot, 1997; Jacobson & Wille, 1986). 실제로, 일차 애착이 해체/혼란 애착인 영아들은 또래들로부터 거부될 가능성이 있는 적대적이고 공격적인 학령전 아동과 학령기 아동들이 될 위험이 있다(Lyons-Ruth, Alpern, & Repacholi, 1993; Lyons-Ruth, Easterbrooks, & Cibelli, 1997).

아동들은 이후 수년 동안 애착의 질의 영향을 받는듯하다. 부분적으로 이것은 애착이 시간이 지나도 안정적이기 때문이다. 중류층 표집에서 대부분의 아동들(미국 표집의 84%; 독일 표집의 82%)은 영아기에 경험했던 것과 같은 종류의 부모에 대한 애착관계를 학령기 동안 경험했다(Main & Cassidy, 1988; Wartner at al., 1994). 실제로, 안정된 가족 배경의 청소년과 젊은 성인들 대다수는 영아기에 부모와 형성했던 것과 똑같은 애착관계를 계속해서 보인다(Hamilton, 2000; Waters at al., 2000).

왜 애착의 질은 이후 결과들을 예측하는가?

한 사람의 초기 애착의 질이 시간적으로 안정적인 이유는 무엇인가? 그리고 어떻게 애착이 행동을 조형하고 미래 대인관계의 특성에 영향을 주는가?

내적 작동 모델
(internal working model)
영아가 양육자와의 상호작용으로부터 구성하는 자기, 타인 및 관계에 대한 인지적 표상.

자기와 타인의 작동 모델로서 애착 동물행동학자 John Bowlby(1980; 1988)와 Inge Bretherton(1985; 1990)은 초기 애착 분류의 안정성과 지속 효과 모두에 관한 흥미로운 설명을 하였다. 영아들은 일차 양육자와 상호작용하면서, 사건들을 해석하고 인간관계의 특성에 대한 기대를 형성하는데 사용되는 **내적 작동모델**(internal working models), 즉, 자기 자신과 타인에 대한 인지적 표상들을 발달시킨다. 민감하고 반응적인 양육은 아동이 사람들을 의지할 수 있다는 결론으로 이끄는 반면(타인에 대한 긍정적 작동모델), 둔감하고 무관심하고 학대적인 양육은 불안과 불신으로 이끈다(타인에 대한 부정적 작동모델). 이것은 신뢰의 중요성에 대한 Erik Erikson의 초기 주장과 매우 유사하지만, 동물행동학자는 여기서 한 걸음 더 나아가 영아들도 필요할 때 주의와 편안함을 유발하는 능력에 기초하여 자기(self)에 대한 작동모델을 발달시킨다고 주장한다. 따라서 영아가 주의를 요구할 때 재빠르고 적절하게 반응하는 양육자의 영아는 "나는 사랑스럽다"고 믿는 반면(자기에 대한 긍정적 작동모델), 자신들의 신호가 무시되거나 잘못 해석되는 영아들은 "나는 가치가 없고 나를 싫어한다"고 결론내릴 수 있다(자기에 대한 부정적 작동모델). 이런 두 가지 모델이 결합하여 아동의 일차 애착의 질과 미래 관계에 대한 기대에 영향을 준다. 아동은 어떤 종류의 기대를 형성하는가?

이 작동모델이론의 한 가지 버전이 그림 10.6에 있다. 보는 것처럼, 자신과 양육자에 대한 긍정적인 작동 모델을 구성한 영아는 (1) 일차 안전 애착을 형성하고, (2) 자기확신(self-confidence)을 갖고 새로운 도전에 접근하여 숙달하고, (3) 이후 삶에서 친구나 배우자와 안전하고 상호 신뢰하는 관계를 형성하는 경향이 있다(Waters & Cummings, 2000). 영아가 둔감하고 지나치게 강요하는 양육자의 주의를 성공적으로 끌어내었을 때 갖게 되는, 부정적 타인 모델과 긍정적 자기 모델은 영아가 회피 애착을 형성하고, 친밀한 정서적 애착을 "포기하게" 만드는 경향이 있다. 영아가 때로 필요한 주의를 끌지만 자주 그렇게 하지는 못할 때 갖게 되는, 부정적 자기 모델과 긍정적 타인 모델은 저항 애착을 형성하고, 안전한 정서적 결속을 형성하는 것에 몰두하게 된다. 마지막으로, 자기와 타인 모두에 대한 부정적 작동 모델은 해체/혼란 애착과 친밀한 관계에서 상처받을 것에 대한 두려움(물리적이거나 정서적으로)의 기초가 된다(Bartholomew& Horowitz, 1991).

Jay Belsky와 동료들(Belsky, Spritz, & Crnic, 1996)에 따르면, 영아일 때 안전 애착되거나 혹은 불안전 애착된 아동들이 정보를 처리하는 방식은 그들이 형성한 자신과 타인에 대한 내적 작동 모델이 매우 다르다는 것을 보여준다. 인형을 이용하여, 3세 아동에게 생일 선물을 받는 것과 같은 긍정적인 사건과 주스를 쏟는 것과 같은 부정적인 사건을 보여주었다. 연구자들은 영아일 때 안전 애착된 아동들은 삶에서 긍정적인 사건을 기대하고 그것들을 특히 잘 기억하는 반면, 불안전 애착 역사가 있는 아동들은 부정적인 사건을 더 많이 기대하고 더 많이 기억할 것이라고 가정하였다. 안전 애착되거나 불안전 애착된 아동이 긍정적인 사건과 부정적인 사건에 대한 주의에서 차이가 없음에도 불구하고, 안전 애착된 아동들은 긍정적인 사건을 기억하는데 뛰어난 반면, 불안전 애착된 아동들은 부정적인 사건을 더 잘 기억했음을 그림 10.7은 보여준다.

다른 연구는 자신이나 양육자 모두에 대해 긍정적 작동 모델을 갖고 있는 아동들은 작동모델이 긍정적이지 않은 아동

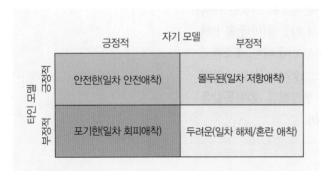

그림 10.6 사람들이 친밀한 동료와의 경험으로부터 구성한 자기와 타인에 대한 긍정적 혹은 부정적 "작동모델"로부터 발전된 가까운 정서적 관계에 대한 4가지 조망.

들에 비해 이후 청소년기에 자기확신을 보이고, 높은 성적을 받으며, 더 나은 사회적 기술과 더 긍정적인 또래 표상을 발달시키고, 더 친밀하고 지지적인 우정을 맺는다(Cassidy at al., 1996; Jacobsen & Hofmann, 1997; Verschueren & Marcoen, 1999). 따라서 Bowlby가 안전 애착된 사람과 불안전 애착된 사람이 형성한 내적 작동 모델의 차이는 이후 발달에서 중요한 의미를 갖는다고 이론화한 것은 옳았다(Waters & Cummings, 2000).

부모의 작동모델과 애착 부모도 자신의 일상경험에 기초하여 자신과 타인에 대해 긍정적이거나 혹은 부정적인 작동 모델을 갖는다. 아동기 애착경험에 대한 기억 분석과 자신, 타인 및 대인관계의 특성에 관한 최근 관점에 기초하여, 성인의 작동모델을 측정하는 몇 가지 방법이 있다(Bartholomew & Horowitz, 1991; Main & Goldwyn, 1994). 이런 도구들을 사용하여, 성인도 그림 10.6에서 설명된 바와 같이 신뢰롭게 분류될 수 있다. 부모 자신의 작동 모델은 자녀의 애착 유형에 영향을 주는가?

사실 그렇다. 예를 들면, Peter Fonagy와 동료들(Fonagy, Steele, & Steele, 1991)은 아기가 태어나기 전에 측정된 영국 어머니들의 애착관계에 대한 작동 모델이 영아가 그들과 안전 애착을 형성할지 혹은 불안전 애착을 형성할지를 약 75% 정도로 정확하게 예측한다는 것을 보여주었다. 유사한 결과가 캐나다, 독일, 네덜란드, 미국에서 수행된 연구들에서도 보고되었다(Behrens et al., 2007; Benoit & Parker, 1994; Das Eiden, Teti, & Corns, 1995; Steele, Steele, & Fonagy, 1996; van IJzendoorn, 1995). 어머니-영아 쌍 중 60~70%에서 작동 모델이 정확하게 일치했다. 이런 작동 모델 "일치(matches)"에 기여하는 요인은 보다 긍정적인 작동모델을 가진 어머니가 민감하고 반응적이고 강요하지 않는 양육을 할 가능성이 더 높고, 이것이 영아의 안전 애착을 육성한다는 것이다(Aviezer at al., 1999; Slade at al., 1999; Tarabulsy et al., 2005; van Bakel & Riksen-Walraven, 2002). 왜 그런가? 중요한 단서는 뉴질랜드에서 수행된 종단연구에서 나왔다. 이 연구는 어렸을 때 따뜻하고 민감한 양육, 즉 안전 애착을 촉진하는 양육을 받은 어머니들은 자신들이 익숙했던 따뜻하고 민감한 방식으로 자녀들을 돌보는 경향이 있음을 발견했다(Belsky et al., 2005). 그러나 보살핌의 민감성이 어머니와 영아 간 작동 모델 "일치"에 기여하는 유일한 요인은 아니다. 또 다른 기여 요인은 안전 애착 표상을 가진 어머니들이 불안전한 애착 표상을 가진 어머니들에 비해 영아들과의 상호작용으로부터 기쁨과 즐거움을 더 많이 느끼는 것이다(Slade at al., 1999). 그리고 이 두 가지 요인은 영아가 형성하는 애착의 종류에 독립적으로 기여할 수 있다(Pederson at al., 1998).

이 연구는 친밀한 관계에 대한 인지적 표상은 세대로부터 세대로 전수된다는 것을 보여준다. 실제로, Bowlby(1988)는 일단 생의 초기에 작동 모델이 형성되면, 작동 모델은 안정되고, 일생 동안 긴밀한 정서적 결속에 지속적으로 영향을 주는 성격의 한 측면이 됨을 제안했다.

애착 역사는 운명인가?

비록 초기 작동 모델이 오랫 동안 지속될 수 있고 생의 초기에 안전한 정서적 애착을 형성하는 것은 분명하게 장점이 있을지라도, 불안전 애착 영아들의 미래가 항상 그렇게 어두운 것은 아니다. 아버지, 할아버지, 유아원 보육사와 같은 또 다른 사람들과의 안전한 관계는 어머니와의 불안전 애착으로 인한 바람직하지 못한 결과들을 상쇄하는데 도움이

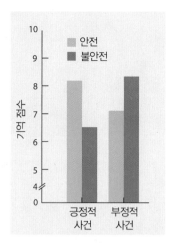

그림 10.7 내적 작동 모델의 차이 때문에 안전 애착된 아동은 긍정적 경험을 편향적으로 기억하는 반면, 불안전 애착된 아동은 부정적 경험을 편향적으로 기억.
출처: Table 1, p. 113, in J. Belsky, B. Spritz, & K. Crnic, 1996, "*Infant Attachment Security and Affective-Cognitive Information Processing at Age 3*," Psychological Science, 7, 111-114.

될 수 있다(Forbe et al., 2007; NICHD Early Child Care Research Network, 2006).

만일 영아와 어머니가 서로에게 반응하는 방식을 극적으로 바꾸는 일이 발생한다면, 안전 애착은 자주 불안전하게 될 수도 있다는 것에 주목하자. 예를 들면, 어머니가 직장으로 돌아가거나, 주의가 필요한 동생이 생기거나, 혹은 부부문제, 우울, 질병, 재정적 고통과 같은 생활 스트레스에 대한 경험들이다(Lewis, Feiring, & Rosenthal, 2000; Moss et al., 2005; NICHID Early Child Care Research Network, 2006). Bowlby가 "작동모델"이란 용어를 사용했던 이유는 자기, 타인 및 긴밀한 정서적 관계에 대한 아동의 인지 표상은 역동적이며, 양육자, 가까운 친구들, 낭만적 상대, 혹은 배우자와의 이후 경험에 기초해서 더 좋거나 혹은 더 나쁘게도 변할 수 있다는 것을 강조하기 위해서이다.

요약하면, 안전 애착 역사가 이후 삶에서 긍정적 적응을 보장하지는 않으며, 불안전 애착이 열악한 삶의 결과들에 대한 분명한 지표도 아니다. 이것이 우리가 초기 안전 애착의 적응적 중요성을 평가절하해야 한다는 의미는 아니다. 만일 아동의 초기 애착 역사가 안전했다면, 영아기에는 적절하게 기능했지만 학령전기에는 매우 서투르게 기능했던 아동들이 학령기동안 회복되고 좋은 사회저 기술과 자기확신을 보일 가능성이 더 높다(Sroufe, Egeland, & Kreutzer, 1990).

능동적 연속성
수동적 비연속성
총체적 천성
        육성

▌정서발달, 기질 및 애착에 발달 주제 적용하기

잠깐 이 장을 개관해 보자. 당신은 이 장에서 4가지 발달 주제, 즉 능동적 아동, 천성과 육성 간 상호작용, 양적·질적 변화, 발달의 총체적 본질과 관련된 예들에 대해 생각해

개념체크 10.3   애착의 개인차에 대한 이해

다음 질문들에 답함으로써 애착의 개인차에 대한 당신의 이해를 체크하라. 정답은 부록에 있다.

짝짓기: 목록으로 제시된 이론들에 대한 설명을 애착의 개인차에 대한 이론적 접근들과 짝지어라.

a. Ainsworth의 양육가설
b. Kagan의 기질가설
c. Thomas와 Chess의 조화의 적합성 모델
d. Kochanska의 통합이론

1. _____ 이 이론은 영아와 양육자의 특성들이 어떻게 조합되어 애착의 질에 영향을 미치는가를 가장 잘 요약한다.
2. _____ 이 이론은 영아가 한 부모에게는 안전 애착되고 다른 부모에게는 불안전 애착되는지를 설명하지 못한다.
3. _____ 이 이론은 기질은 양육이 안전애착을 육성하지 않을 경우에만 애착 분류에 영향을 준다고 주장한다.

OX문제: 다음에 있는 각 문장이 맞는지 틀리는지 표시하라.

4. (   ) Lowenstein 박사는 세계의 다양한 문화에서 영아와 양육자 간의 애착을 연구한 발달심리학자이다. 자신의 연구에 기초하여, Lowenstein 박사는 애착 분류의 분포는 문화에 따라 다양하며 자녀양육 실제의 문화차를 반영한다고 결론 내린다. 당신이 애착에 대해 학습한 것에 기초하여, Lowenstein 박사의 결론은 참인가 거짓인가?

5. (   ) 세상의 영아들은 안전 애착보다 세 가지 불안전 애착 유형(저항, 회피, 해체/혼란) 중 하나를 더 많이 형성한다.

빈칸 채우기: 어떤 애착이 다음 문장에서 묘사되었는지 확인하라.

6. _____ 애착 영아는 고통을 받으면 어머니를 따뜻하게 맞이하고 신체적 접촉을 찾는다.
7. _____ 애착 영아는 어머니가 영아의 주의를 끌려고 할 때조차 어머니로부터 돌아서서 어머니를 무시할 것이다.
8. _____ 애착 영아는 어머니에게 접근할지 피할지에 대해 혼란스러워 한다.
9. _____ 애착 영아는 어머니에게 화를 내고 어머니가 시도한 신체적 접촉에 저항한다.

논술형: 다음 질문에 상세히 답하라.

10. 양육자에게 안전하게 그리고 불안전하게 애착된 영아와 연결된 아동기의 발달적 결과를 서술하라.

볼 수 있는가?

아동들은 분명히 정서발달과 애착 형성에서 능동적 역할을 한다. 예를 들면, 아동들은 새로운 상황에서 적절한 정서반응을 배우기 위해 양육자의 반응을 쳐다보는 것으로 사회적 참조를 한다. 아동들은 문화적 표출규칙에 따라 정서 표출을 조절하는 것을 학습한다. 그리고 아동은 사회적 관계의 인지적 작동 모델을 형성하고 전생애 동안 친밀한 관계에 적용한다. 그러나 아동들이 발달에서 능동적이라는 것이 의식적 행동이나 선택을 한다는 의미는 아니라는 것을 기억하라. 이것의 특출한 예는 아동 자신의 기질이 발달에 미치는 효과이다. 예를 들면, 아동의 기질과 내적 특성은 양육자와 맺는 애착관계의 형성에서 역할을 한다.

이 장은 또한 발달에서 천성과 양육 간 상호작용을 강조한다. 유전의 영향과 환경의 영향이 상호작용해서 아동의 기질과 애착관계를 조형하는 것을 보았다. 예를 들면, 양육자를 탐색의 안전지대로 이용하는 경험들처럼, 아동의 기질 프로파일은 애착관계에 기여한다. 분리 후 재회에 대한 양육자의 반응도 관계에 기여한다.

발달에서 질적 변화에 대한 매우 분명한 예는 아동이 발달하면서 이동하는 애착단계들이다. 우리는 아동들이 비사회적 단계에서, 비변별적 단계로, 특정인 애착단계로, 그리고 다인수 애착 단계로 이동하는 것을 보았다. 비록 양적 변화들이 이런 질적 변화들의 기초가 될 가능성이 높다고 할지라도, 각 단계의 형태와 기능에서 차이가 진정한 질적 차이를 만든다.

마지막으로, 이 장 전체에 걸쳐 우리는 아동 발달의 총체적 본질의 예들을 보았다. 정서 발달 측면들 각각에서, 아동의 인지발달은 아동의 정서발달에 기여하는 것을 보았다. 게다가, 아동의 신체발달은 양육자가 아동의 행동과 외양에 반응하는 방식으로 정서발달에 기여하고, 신체적 능력이 성장하면서 아동은 탐색하고 양육자로부터 멀어질 수 있지만, 애착관계 때문에 여전히 양육자를 안전기지로 사용한다.

당신은 우리의 발달 주제가 이 장에서 어떻게 설명되는지에 대한 더 많은 예를 발견할 수 있을 것이다. 기억해야 할 중요한 점은 이런 주제들 각각이 정서발달, 기질, 애착관계 형성을 포함한 아동 발달 모두에서 역할을 한다는 것이다.

요약 SUMMARY

정서발달

- 출생시, 아기들은 흥미, 고통, 혐오, 만족감을 표출한다.
- 분노, 슬픔, 놀람, 공포는 정상적으로 첫해 중간에 나타난다.
- 영아들이 자기인식과 자기평가를 습득한 후, 당혹감, 자부심, 죄책감, 수치심은 두 번째 혹은 세 번째 해에 나타난다.
  - 초등학교 시기에, 아동들은 증가하는 사회인지 능력으로 인해 더 많은 일상적 환경에서 그리고 외적 평가가 없을 때, 더 복잡한 정서를 경험할 수 있다.

- 정서를 사회화하기 위해, 부모는 긍정적 정서의 모델이 되고, 영아의 유쾌한 감정들에 세심하게 주목하고, 영아의 부정적 정서 표출에 덜 반응한다.
- 정서적 자기조절은 첫해 말경에 시작된다.
- 정서를 조절하는 능력은 매우 천천히 발달한다.
  - 걸음마기 유아는 정서를 조절하기 위해 타인에 의존하는 것에서 스스로 정서를 조절하는 것으로 점진적으로 발달한다.
  - 학령기 아동은 점차 문화적으로 정의된 정서표출규

칙에 순응할 수 있다.

- 8~10개월이 되면, 영아는 사회적 참조를 할 수 있다.
- 타인의 정서를 확인하고 해석하는 능력은 인지발달과 정서에 대한 대화의 도움을 받아 아동기 동안 향상된다.
- 영아와 아동의 정서표출은 양육자와의 사회적 접촉을 촉진한다.
- 타인의 정서를 이해하는 것은 아동이 분명하지 않은 상황에서 어떻게 느끼고, 생각하고, 행동하는지를 추론하는데 도움이 된다.

기질과 발달

- **기질**은 환경적 사건들에 대해 예측가능한 방식으로 반응하는 개인의 경향성이다.
- 기질은 유전적 요인과 환경적 요인의 영향을 빋는다.
- 활동 수준, 자극 민감성, 사교성 및 **행동적 억제**와 같은 기질요소들은 시간적으로 상당히 안정적이다.

애착

- 생의 첫해동안 영아는 양육자와의 애정 결속을 형성한다. 이런 **애착**은 호혜적 관계이다.
- 부모가 영아와 형성하는 최초 유대는 그들이 영아의 사회적 신호에 맞추려고 하고 **동시적 일과**를 형성하면서 강하게 형성된다.
- 영아는 **반사회적 단계, 비변별적 애착단계**를 거치고, 7~9개월에 **특정인 애착단계**에서 최초의 진짜 애착을 형성한다.
- 애착된 영아는 탐색의 **안전기지**로 애착대상을 이용하고, 최종적으로 **다인수 애착단계**에 들어간다.
- 애착이론들
  - 초기 정신분석이론과 학습이론은 음식을 주는 것이 기대했던 것보다 인간 애착에서 하는 역할이 적기 때문에 의심을 받았다.
  - 애착이 인지발달에 의존한다는 인지발달개념은 어느 정도 지지를 받고 있다.
  - 인간은 애착을 형성하는 성향인 **선적응적 특성들**을 갖고 있다는 동물행동학 이론은 최근에 특히 영향력을 갖게 되었다.
- 영아기의 애착관련 공포
  - **낯선이 불안**과 **분리불안**은 낯선 상황에 대한 영아의 경계와 낯선 사람이 누구인지 그리고 보이지 않는 사

람이 어디에 있는지를 설명할 수 없는 무능력으로부터 유래한다.
  - 이 두 가지 공포는 대개 걸음마기 유아가 지적으로 성숙하고 안전지대로부터 멀리 떨어져 과감하게 탐험하는 시기인 두 번째 해에 감소한다.
- 애착의 질에서 개인차
  - **낯선 상황** 절차는 1~2세에 애착의 질을 평가하는데 사용된다.
  - 4가지 애착 유목이 확인되었다: **안전 애착, 저항 애착, 회피 애착, 해체/혼란 애착.**
  - 애착 유목들의 분포는 문화에 따라 다양하고 자녀양육 실제에서 문화차를 반영한다.
- 양육자로서 아버지
  - 양육자로서 아버지에 대한 연구
    - 그들은 정서적으로 영아들에 애착된다.
    - 그들은 놀이친구이거나 양육자일 수 있다.
    - 그들은 자녀의 긍정적 사회발달에 기여한다.
- 애착 안전성에 영향을 주는 요인들
  - 민감한 반응적 양육은 안전 애착의 발달과 연합된다.
  - 비일관적이고 무관심하고 지나치게 강압적이고 학대적인 양육은 불안전 애착을 예측한다.
  - 빈곤이나 폭풍처럼 격렬한 부부관계와 같은 환경적 요인들도 불안전 애착에 기여한다.
  - 영아의 특성과 기질적 요소들도 양육자-영아 상호작용의 특성에 영향을 줌으로써 애착의 질에 영향을 줄 수 있다.
  - 양육은 애착이 안전한지 불안전한지를 결정하고, 아동 기질은 둔감한 양육을 받은 아동들이 보이는 불안전성의 종류를 결정한다.
- 애착과 이후 발달
  - 영아기 동안의 안전 애착은 이후 아동기의 지적 호기심과 사회적 능력을 예측한다.
  - 영아는 시간적으로 안정적이고 미래에 사람과 도전에 대한 반응에 영향을 주는 자신과 타인에 대한 **내적 작동 모델**을 형성한다.
  - 부모의 작동 모델은 자녀의 것과 매우 유사하고 영아가 형성하는 애착에 기여한다.
  - 아동의 작동모델은 변한다. 안전 애착 역사가 이후 삶에서 긍정적 적응을 보장하는 것은 아니며, 불안전 애착도 열악한 삶의 결과에 대한 분명한 지표는 아니다.

연습문제

선다형: 다음 질문에 답함으로써 정서발달, 기질 및 애착에 대한 당신의 이해를 체크하라. 정답은 부록에 있다.

1. 출생시에 존재하지 않는 정서는?
   a. 흥미
   b. 혐오
   c. 만족감
   d. 당혹감

2. 아동들이 자기인식과 자기평가를 획득해야 경험하는 정서는?
   a. 만족감
   b. 혐오
   c. 당혹감
   d. 흥미

3. 각 문화는 성에 따라 아동들이 그 문화에서 수용될 수 있는 정서의 적절한 강도와 적절한 정서(긍정적이거나 부정적)를 상술한 _____이 있다.
   a. 정서조절규칙
   b. 정서표출규칙
   c. 사회적 참조 규칙
   d. 사회화 규칙

4. 환경적 사건들에 예측가능한 방식으로 반응하는 개인의 경향성은?
   a. 정서적 조절
   b. 정서적 표출
   c. 기질
   d. 사회화

5. _____후, 영아는 애착대상을 탐색을 위한 안전기지로 사용한다.
   a. 반사회적 애착단계

   b. 비변별적 애착단계
   c. 특정인 애착단계
   d. 다인수 애착단계

6. 최근에 발달심리학자들이 가장 받아들일 만한 이론으로 생각되는 애착이론은?
   a. 정신분석
   b. 학습
   c. 인지발달
   d. 동물행동학

7. 일반적으로 영아가 분리불안을 보이기 전에 필수적이라고 생각되는 발달적 이정표는?
   a. 반사회적 애착단계에 들어가기
   b. 애착 대상을 탐색을 위한 안전기지로 사용하기
   c. 대상영속성 습득하기
   d. 당혹감이나 수치심을 경험하기

8. 1세된 Jamal은 대학실험실에서 검사를 받고 있는 걸음마기 유아이다. 그는 놀고 있는 동안 어머니와 낯선 사람이 방에 들어오고 나가는 일련의 일화들을 경험하고 있다. Jamal이 받고 있는 검사는?
   a. 낯선 상황 검사
   b. 애착 Q-set 검사
   c. 애착 분류 검사
   d. 안전 애착 검사

9. 영아는 자신과 타인에 대한 _____을 형성하는데, 이것은 시간적으로 안정적이고 미래에 사람이나 도전에 대한 반응에 영향을 미친다.
   a. 애착 분류
   b. 기질 분류
   c. Q-set 모델
   d. 내적 작동 모델

주요 용어

(애착의) 비사회적 단계(asocial phase of attachment)
각인(imprinting)

공감(empathy)
기본정서(basic emotions)
기질(temperament)

기질 가설(temperament hypothesis)
낯선 상황(strange situation)
낯선이 불안(stranger anxiety)

내적 작동 모델(internal working model)

다인수 애착단계(phase of multiple attach-ment)

동시적 일과(synchronized routines)

복합정서(complex emotins)

분리 불안(separation anxiety)

비변별적 애착단계(phase of indiscrimi-nate attachment)

사회적 유능성(social competence)

사회적 참조(social referencing)

선적응적 특성(preadapted characteristic)

아마에(amae)

안전기지(secure base)

안전 애착(secure attachment)

애착(attachment)

애착 Q-set(attachment Q-set)

양육 가설(caregiving hypothesis)

유대(bonding)

이차 강화인(secondary reinforcer)

저항 애착(resistant attachment)

정서적 유능성(emotional competence)

정서적 자기조절(emotional self-regula-tion)

정서표출규칙(emotional display rues)

조화의 적합성(goodness-of-fit)

큐피 인형 효과(kewpie doll effect)

특정인 애착단계(phase of specific attach-ment)

해체/혼란 애착(disorganized/disoriented attachment)

행동적 억제(behavioral inhibition)

회피 애착(avoidant attachment)

자기개념의 발달

나는 누구인가?

"나(*me*), 나 자신, 나(*I*)"

나는 12살 이후로 12줄 기타를 연주하고 있다. 무엇보다 먼저 나는 작곡가이고, 내게 의미없는 어떤 것도 쓴 적이 없다. 나는 서정시에 강박적이다. 나는 1989년 12월 13일에 태어났다. 13이란 내게 행운의 숫자이다. 나는 내가 알고 있는 가장 경쟁을 좋아하는 사람이다. 나는 내게 친절한 사람을 사랑한다. 나는 그렇게 복잡하지 않다. 내 친구가 되기 위해서 해야 하는 것은 나를 좋아하는 것이 전부이다. 카스테레오에서 내 노래를 틀었던 적이 있는 사람들 모두에게 진심으로 감사한다.

　　－ Taylor Swift, 작곡가이며 연주가, 웹사이트 bebo.com에 올라온 프로파일에서
　　　인용.

"**나**는 누구인가?"라는 질문에 당신은 어떻게 대답할 것인가? 만일 당신이 대부분의 성인들과 비슷하다면, 아마도 정직하다거나 친절하다처럼 주목할 만한 개인적 특성들, 학생이나 병원 자원봉사자처럼 생활에서 맡고 있는 역할들, 종교적 혹은 도덕적인 관점, 그리고 정치적 성향 등에 대해 말할 것이다. 그렇게 하면서, 당신은 심리학자들이 **자기**(self)라고 부르는 파악하기 어려운 개념을 묘사할 것이다.

　언제 당신의 자기 인식(sense of self)은 발달했는가? 당신은 자기개념을 갖고 태어났는가, 혹은 시간이 지나면서 세상에서의 경험과 함께 발달했는가? 보다 일반적으로, 아기들은 태어날 때 자기개념이 있는가? 우리는 이 장의 첫 번째 절에서 이 주제를 탐색할 것이다. 여기서 영아기부터 청소년기까지 자기개념의 성장을 추적할 것이다. 다음으로, 아동과 청소년들이 어떻게 자기를 평가하고 자존감을 구성하는지를 살펴볼 것이다. 그런 다음 우리는 아동이 어떻게 성취에서 흥미(혹은 무관심)를 갖게 되고 긍정적인 혹은 부정적인 학문적 자기개념을 형성하는지를 탐색하면서, 우리의 초점은 자존감의 매우 중요한 기여요인의 발달로 옮겨갈 것이다. 그런 다음, 우리는 청소년들이 직면하는 주요 발달적 장애물인 확고하고 미래지향적인 자기초상을 형성하려는 욕구, 즉 자아정

자기
(self)

각 개인들에게 독특한 신체적이고 심리적인 속성들의 조합.

체성을 논의할 것이다. 이것을 갖고 성인초기의 책임들에 접근한다. 마지막으로, 발달하는 아동이 타인들과 대인관계에 대해 무엇을 알고 있는지를 살펴보고, 자기개념의 발달과 병행하는 이런 **사회인지**(social cognition)는 발달의 개인적(자기) 측면과 사회적 측면들이 복잡한 방식으로 얽혀 있음을 보여줄 것이다.

　물론 우리 모두는 남성이나 여성으로서 그리고 도덕적 존재이거나 비도덕적 존재로서 자기개념과 타인개념을 발달시킨다. 이런 주제들에 대한 연구는 너무 방대해서 그것들만을 다루는 별개의 장이 있다(12장과 13장 참조). 이제 출발점으로 돌아가서 자기라고 부르는 실체(entity)를 아동들이 어떻게 알게 되는지 살펴보자.

> **사회인지**
> (social cognition)
> 사람들이 자신과 타인의 생각, 감정, 동기, 행동에 대해 표출하는 생각.

▎자기개념의 발달

어떤 발달학자들(Brown, 1998; Meltzoff, 1990)은 신생아도 자기를 주변 환경과 구분하는 능력이 있다고 믿는다. 이런 관점에 대한 흥미로운 증거는 신생아들이 다른 아기의 울음을 녹음한 것을 들으면 고통을 받지만 녹음된 자신의 울음소리에는 그렇지 않다는 것이다. 이것은 자기와 타인에 대한 구분이 출생 시에도 가능하다는 것을 보여준다(Dondi, Simon, & Cltran, 1999; Field, Diego, Hermandez, & Fernandez, 2007). 또한 신생아는 자신의 손이 자신의 입에 닿을 것을 예측하며, 신생아는 자신의 얼굴표정으로부터 오는 **자기 수용적 피드백**(proprioceptive feedback)을 이용해서 양육자가 보여주는 얼굴 표정을 흉내 낼 수 있다. 이런 종류의 관찰에 근거하여 Andrew Meltzoff(1990)는 "어린 영아들은 배아적(embryonic) 신체 도식을 갖고 있다. [비록] 이 신체 도식이 [시간이 지남에 따라] 발달한다고 할지라도, 신생아의 초기 단계부터 심리적이고 원시적인 형태로 존재한다"(p.160)고 제안하게 하였다. 물론 모방에 대한 관찰은 대안적 해석이 가능하다(많은 사람들은 그것들은 단순한 반사라고 생각한다).

> **자기 수용적 피드백**
> (proprioceptive feedback)
> 사람이 공간 내에서 신체(혹은 신체일부)의 자세를 잡는 데 도움이 되는 근육, 건, 관절로부터 오는 감각정보.

　다른 발달학자들은 영아들이 자기인식 없이 태어난다고 믿었다. 정신분석가인 Margaret Mahler(Mahler, Pine, & Bergman, 1975)는 신생아를 주변 환경과 자기를 구분할 이유가 없는 "알 속의 병아리"에 비유한다. 무엇보다, 영아의 모든 욕구는 항상 존재하는 동반자에 의해 곧 만족되었다. 영아는 단순히 "거기"에 있고, 자신의 정체성이 없다.

　영아가 언제 처음으로 자기인식을 하는지를 분명하게 하는 것은 결코 쉬운 과제가 아니다. 실제로, 영아와 그들의 자기인식에 대한 연구에서 나온 같은 발견들이 다른 방식으로 해석되어 다른 가설을 지지할 수 있다. 그리고 우리는 영아가 자기인식을 갖고 태어나는지에 대한 "진실"을 결코 알지 못할 수 있다. 이런 애매함이 영아 대상 연구들이 매력적인 이유이고, 그렇게 많은 연구자들이 계속해서 영아, 그들의 발달하는 자기인식, 그리고 영아발달의 수많은 다른 측면들을 연구하는 이유이다. 이제, 연구자들이 영아가 자신을 타인들로부터 분화하고 자기인식을 하는 것에 대해 어떤 결론을 내렸는지 살펴보자.

영아기의 자기분화

자기의 등장에 대한 다양한 관점들에도 불구하고, 거의 모든 사람들이 처음으로 이 능력을 희미하게 볼 수 있는 것은 생후 2~3개월임에 동의한다(Samuels, 1986; Stern, 1995). 영아초기 인지발달에 대한 Piaget(혹은 다른 사람들)의 설명들을 떠올려보라. 생후 2개월 동안 아기들은 반사 도식을 실행하고 엄지손가락을 빨거나 팔을 흔드는 것처럼 자신의 신체가 중심이 된 즐거운 동작을 반복한다. 다시 말하면, 아기들은 자신의 신체 능력들에 익숙해지고 있다. 또한 4장에서 2~3개월 영아들이 발을 차거나 팔을 끌어당겨서 실에 연결된 모빌이나 시청각 기계를 움직여서 흥미로운 소리나 움직임을 만들어내고 기뻐한다는 것을 보았다(Lewis, Alessandri, & Sullivan, 1990; Rovee-Collier, 1995). 8주 영아들도 이 흥미로운 사건을 만들어내는 방법을 2~3일 동안 회상할 수 있다. 만일 줄이 연결되지 않아서 더 이상 어떤 통제도 할 수 없으면, 더 힘차게 당기거나 발을 차고 다소 스트레스를 받는다(Lewis, Alessandri, & Sullivan, 1990; Sullivan, Lewis, & Alessandri, 1992). 그래서 2개월 영아들은 어떤 제한된 **인물 작용력**(personal agency)을 인식하고 있거나, 혹은 적어도 자신들이 재미있어 하는 어떤 사건들에 책임이 있음을 이해하는 듯하다.

인물 작용력
(personal agency)
사람이 사건의 원인이 될 수 있다는 인식.

요약하면, **신생아들**이 실제로 자신을 주변 환경과 구분할 수 있는지는 여전히 풀리지 않은 의문이다. 그러나 비록 그들이 구분할 수 없다고 할지라도, 생후 1~2개월 동안 자기의 신체적 제약을 학습하고 그후 곧 통제할 수 있는 외부 대상과 "신체적 자기" 간을 구분한다(Samuels, 1986). 만일 2~6개월 영아가 말할 수 있다면, "나는 누구인가?"라는 질문에 대해 "나는 대상을 보는 사람이고, 씹는 사람이고, 팔을 뻗는 사람이고, 움켜쥐는 사람으로, 대상들에게 행위를 해서 어떤 일이 일어나도록 만든다."라고 대답할 것이다.

영아기의 자기인식

일단 영아들이 자신이 다른 존재들과 독립적으로 존재한다는 것을 알게 된다면, 그들은 **자기개념**(self concept)의 기초인 자신들이 누구이며 무엇을 하는 사람인가를 이해하는 위치에 있다(Harter, 1983). 예를 들면 영아들이 자신의 신체적 특징을 인식하고 자신을 다른 영아들과 분리해서 말할 수 있게 되는 것은 언제인가?

자기개념
(self-concept)
자신의 독특한 속성이나 특질들에 대한 지각.

이 질문에 대해 대답하는 한 가지 방식은 영아들에게 자기의 시각적 표상(녹화되거나 거울에 비친 모습)에 노출하고, 영아들이 이런 이미지들에 어떻게 반응하는지를 보는 것이다. 이런 유형의 연구는 영아들이 단지 5개월만 되어도 자신의 얼굴을 친숙한 사회적 자극으로 취급한다는 것을 보여준다(Lesgerstee, Anderson, & Schaffer, 1998; Rochat & Strianano, 2002). 예를 들면, Marie Legerstee와 동료들(1998)은 녹화된 자신과 동년배의 움직이는 이미지를 본 5개월 영아들이 분명하게 또래의 것과 자신의 것을 변별하였으며, 친숙해서 덜 흥미로운 자신의 얼굴보다 낯설고 흥미로운 또래의 얼굴을 보는 것을 선호한다는 것을 밝혔다. 이 어린 영아들은 어떻게 자신의 얼굴과 타인의 얼굴을 변별할 수 있는가? 한 가지 설명은 다음과 같다. 적어도 서양문화의 아기들은 자주 거울 앞에 있게 되는데, 이때 대개 옆에는 그들과 사회적 게임을 하는 양육자가 있다(Fogel, 1995; Stern, 1995). 이런 경험들은 영아들이 자신의 움직임이 만들어내는 자기수용 정보를 거울에 비친 인물의 행동과 맞추어볼 많은 기회를 제공하고, 이로 인해 "자기"와 움직임이 긴밀하게 대응하지 않는 나이든 사회적 파트너를 구분하게 된다(Legerstee, Anderson, & Schaffer, 1998).

다음 몇 개월 동안, 영아들은 자신과 타인들의 시각적 표상을 더 잘 변별할 수 있게 되고 타인을 잠재적인 사회적 파트너로 지각한다. 한 연구(Rochat & Straino, 2002)에서, 9개월 영아들은 자신의 행동을 흉내 내는 성인이나 혹은 자신의 비디오 표상을 보았다. 이 9개월 영아들은 자신의 이미지 보다 흉내 내는 성인을 더 많이 주목했을 뿐 아니

거울에 비친 모습을 "나(me)"로 인식하는 것은 자기발달에서 결정적인 초석이 된다.

자기인식
(self-recognition)
거울이나 사진 속에 있는 자신을 인식하는 능력.

현재 자기
(present self)
2~3세 영아들은 현재 자기표상은 인식하지만 과거 자기표상이나 자기와 관련된 사건들이 현재에도 의미가 있다는 것을 인식하지 못하는 초기 자기표상.

확장된 자기
(extended self)
3.5세와 5세 사이에 나타나는 보다 성숙한 자기표상으로서, 아동들은 과거, 현재, 그리고 알지 못하는 미래의 자기표상을 시간적으로 지속하는 자기개념으로 통합.

라, 그 성인을 "놀이친구"로 여기는 경향이 더 많았다. 즉 비디오가 멈추고 흉내가 중단되었을 때, 그 사람에게 미소 짓거나 다시 참여시키려고 노력하였다.

이런 어린 영아들이 보이는 특징적인 행동은 거울에 비치거나 녹화된 이미지가 "나"라는 것에 대한 의식적인 자각이 아니라 단순히 시각적 변별을 나타내는 것일 수도 있다. 영아들이 시간이 지나도 안정적인 확고한 자기 이미지를 진짜로 구성하였는지를 어떻게 알 수 있을까?

Michael Lewis과 Jeanne Brooks-Gunn(1979)은 **자기인식**(self-recognition)의 발달을 연구하기 위해, 어머니들에게 영아의 얼굴을 닦아 준다는 핑계로 몰래 영아의 코에 루즈(립스틱의 프랑스어 표현)로 점을 찍은 다음, 영아를 거울 앞에 놓아달라고 부탁했다. 만일 영아들이 자신의 얼굴에 대한 도식을 갖고 있고 거울 이미지를 자신으로 인식한다면, 그들은 곧 낯선 빨간 점을 알아채고 자신의 코로 손을 뻗거나 닦아낼 것이다. 9~24개월 영아들에게 이런 루즈 테스트를 실시했을 때, 어린 영아들은 자기인식을 보이지 않았다. 그들은 거울 속 이미지를 마치 "어떤 다른 아이"인 것처럼 대했다. 자기인식의 징후(sign)는 15~17개월 영아들 중 아주 소수에서 관찰되었지만, 18~24개월 영아들 대다수는 자신의 코를 만졌고, 분명하게 자신의 얼굴에 낯선 표시가 있다는 것을 알아차렸다(Nielson, Suddendorf, & Slaughter, 2006). 그들은 거울 속 아이가 누구인지 정확하게 알았다!

거울에 대한 경험이 없는 유목민의 영아들도 루즈 테스트에서 도시에서 성장한 영아들과 같은 나이에 자기인식을 보이기 시작한다(Priel & deSchonen, 1986). 많은 18~24개월 영아들은 사진들 속에서 자신을 인식할 수 있고 사진 속 이미지를 명명하기 위해 인칭대명사("나", me)나 자기 이름을 사용한다(Lewis & Brooks-Gunn, 1979). 그렇지만 아직 이 어린 아동들은 자기는 시간이 지나도 안정적인 존재라는 것을 충분히 인식하지 못한다. 녹화 테이프나 사진에서 아동 몰래 머리에 붙여 놓은 밝은 색스티커를 잠깐 본 후 2~3분이 지났을 때, 그 스티커를 떼어 낼 수 있는 것은 3.5세 이후이다(Povinelli, Landau, & Perilloux, 1996). 분명히 어느 정도 자기인식을 보여주었던 2~3세 아동들의 자기개념은 **현재 자기**(present self)개념이기 때문에 스티커를 떼어내지 못한다. 그들은 과거에 일어난 사건들이 현재 자신들에게 의미가 있다는 것을 인식하지 못한다. 반대로 4~5세 아동들은 짧은 지연 후 재빨리 스티커를 떼어내지만, 만일 녹화 테이프가 한 주 전에 일어난 사건을 보여준다면 그것을 떼어내려 하지 않을 것이다. 이 나이든 학령전 아동들은 **확장된 자기**(extended self)개념을 갖고 있다. 그들은 자기는 시간이 지나도 안정적이고 (1) 최근에 일어난 사건들은 현재에 의미가 있지만, (2) 필름에서 한 주 전에 본 스티커는 이 사건이 오래 전에 일어났기 때문에 머리에 없다는 것을 인식한다(Povinelli et al., 1999, Povinelli & Simon, 1998; Skouteris, Spataro, & Lazarids, 2006).

자기인식에 기여하는 요인들

18~24개월 영아들이 갑자기 거울 속 자신을 인식하는 이유는 무엇일까? 이것은 정확하게 걸음마기 유아들이 감각운동 도식들을 내면화해서 심적 이미지를 형성하는 연령이

다. 그것들 중 적어도 하나는 자신의 얼굴 특징들에 대한 이미지이다(Nielson, Suddendorf, & Slaughter, 2006). 무슨 일이 일어났는가? 심적 상징들을 창출하기 직전에 있는 걸음마기 유아들은 거울 속에서 보는 행동과 자신의 움직임으로부터 감지할 수 있는 자기수용 정보 간의 유관성(contingency)을 알아채기 시작한다. 따라서 내가 하고 있는 것을 하고 있는 거울 속에 있는 녀석(guy)은 "나"임이 분명하다고 인식한다(Miyazaki & Hiraki, 2006). 다운 증후군 아동들도 정신연령이 18~20개월이 되면 거울 속 자신을 인식할 수 있다(Hill & Tomlin, 1981). 7장에서 논의했듯이, 일단 3.5~4세 아동들이 주목할 만한 경험을 자전적 기억으로 부호화하기 시작하면, 이제 그들은 분명하게 자기는 안정된 실체(entity)이며, 자신들이 기억할 수 있는 이전 사건들은 자신들에게 일어났던 것임을 인식할 수 있다(Povinelli, Landau, & Perilloux, 1996).

비록 어느 수준의 인지발달이 자기인식에 필수적일지라도, 사회적 경험도 똑같이 중요하다. Gordon Gallup(1979)에 따르면, 청소년기 침팬지들은 그들이 완전히 사회적으로 고립되어 사육되지 않은 한 거울 속의 자신을 쉽게 인식할 수 있었다(루즈 테스트에서 본 것처럼). 정상적인 침팬지들과는 달리, 사회적으로 고립된 침팬지들은 마치 또 다른 동물을 보는 것처럼 자신의 거울 속 이미지에 반응했다.

인간의 자기인식에 기여하는 한 가지 사회적 경험은 일차 양육자에 대한 안전 애착이다. Sandra Pipp과 동료들(1992)은 2, 3세 아동들에게 복잡한 자기지식 검사를 실시했다. 검사는 자신의 이름과 성에 대한 아동의 인식과 자기인식을 측정하는 과제들이다. 그림 11.1에서 보듯이, 안전 애착된 2세 영아들은 검사에서 불안전하게 애착된 동년배들을 앞섰고, 3세에 자기지식에서 안전 애착된 아동과 불안전 애착된 아동 간의 차이가 더 컸다.

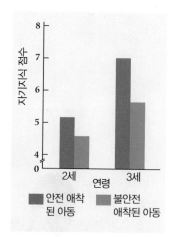

그림 11.1 연령과 애착의 함수로서 자기인식 검사의 평균점수.

부모들도 서술적 정보("넌 큰 여자아이야", "너는 똑똑한 남자아이야")를 주거나 혹은 자녀의 행동을 평가("그것은 잘못이야, Billy. 큰 남자아이는 어린 여동생의 장난감을 빼앗지 않아")함으로써 자녀의 자기개념을 확장하는데 기여한다. 또한 부모들은 동물원이나 디즈니랜드에 갔던 것과 같이 자녀들과 함께 공유했던 주목할 만한 사건들에 대해 자녀들에게 말한다. 이런 대화들에서, 전형적으로 아동들에게 "우리 지난주에 어디 갔었지?" 혹은 "넌 여행에서 뭐가 좋았지?"와 같은 질문을 한다. 이런 주고받기(interchange)는 어린 아동들이 자신의 경험을 줄거리가 있는 내러티브로 조직하고 그것들을 개인적으로 중요한 사건으로 회상하는데 도움이 된다. 즉 나에게 일어난 일이다(Farrant & Reese, 2000). 처음에는 성인의 도움을 받아 공동구성했던 이런 자전적인 기억들은 자기는 시간이 지나도 안정적임을 설명하는 데 도움이 되고, 따라서 **확장된 자기**(sense of extended self)가 커지는데 기여한다(Povinelli & Simon, 1998).

또한 양육 양식에서 문화차는 걸음마기 유아의 자기인식 성취에 영향을 준다는 증거가 있다. Heidi Keller와 동료들(2004)은 양육 유형이 다른 세 문화의 걸음마기 유아의 자기인식 성취를 양육 유형과 대조하였다. 첫째, 그들은 3개월 영아의 어머니들이 사용한 양육 유형을 관찰했다. 그들은 특히 서로 다른 문화의 어머니들이 상호의존성을 강조하는 정도에 관심이 있었다. 자율성은 영아와의 눈 맞춤을 시도하는 빈도로 측정되었고, 상호의존성은 영아와의 신체접촉으로 측정되었다. 그들은 조사된 세 문화에서 양육 유형이 다를 것이라고 예측했다. 세 문화는 카메룬의 집합주의 사회, 그리스의 개인주의 사회, 그리고 두 문화의 중간 정도 되는 코스타리카의 사회였다. 실제로 Keller와 동료들은 세 문화의 어머니들은 3개월 영아의 양육 유형에서 차이가 있음을 발견했다. 카메룬

표 11.1	3개월때 영아의 어머니가 선택한 양육 유형의 비율과 18~20개월때 영아가 자기인식을 습득하는 비율			
		문화		
		카메룬	코스타리카	그리스
3개월 때 양육 유형	자율적 양식	53.54%	59.91%	74.23%
	상호의존적 양식	100%	65.00%	31.30%
18~20개월 때 걸음마기 유아의 성취	비-자기인식	96.8%	50%	31.80%
	자기인식	3.2%	50%	68.20%

출처: Adapted from Keller et al., 2004.

어머니는 상호의존성을 강조했고, 그리스 어머니는 자율성을 강조했고, 코스타리카 어머니는 둘 중간에 있었다. 다음으로, 연구자들은 같은 아동들이 18~20개월에 자기인식을 획득했는지를 알아보기 위해 루즈 테스트를 실시했다. 표 11.1에서 보듯이, 상호의존성을 강조한 어머니의 걸음마기 유아들은 루즈 테스트에서 자신을 인식할 가능성이 적었고, 반면 자율성을 강조한 어머니의 걸음마기 유아들은 자신을 인식할 가능성이 더 높았다. 요약하면, 자녀양육의 문화차와 관련된 사회적 경험들은 아동이 자기인식을 하는 연령에 영향을 주었다.

자기인식의 사회적, 정서적 결과

자기인식의 성장과 **사회적** 상호작용의 참여자로서 자신에 대한 인식은 많은 새로운 사회적, 정서적 유능성의 기초가 된다. 예를 들면, 10장에서 당황감과 같은 **자기의식적** 정서를 경험하는 능력은 자기인식에 달려있다는 것을 보았다. 자기참조 이정표에 도달한 걸음마기 유아들은 곧 보다 사교적이고 사회적으로 숙련된다. 이제 그들은 놀이친구들의 활동을 모방하는데 큰 즐거움을 느낀다(Asendorph, Warkentin, & Baudonniere, 1996). 그리고 때로 다른 아동이 그릇에서 장난감을 꺼낼 수 있도록 손잡이를 조작하는 것처럼 공유된 목표에 도달하기 위해 협동을 한다(Brownell & Carriger, 1990; Brownell, Ramani, & Zerwas, 2006 참조). 의도를 공유하고 사회적 파트너들과 협동하는 이런 초기 능력은 중요하기 때문에, 사람들은 협동을 인간 문화의 기초로 본다(Tomasello, 1990). 실제로, 자기인식을 하는 2세 아동은 쉽게 사회적 파트너들과의 협동적 문제해결 활동에 참여하는 반면, 성숙한 침팬지들조차도 협동적 문제해결에 흥미를 보이지 않는다(Warneken, Chen, & Tomasello, 2006).

일단 걸음마기 유아들이 자기인식을 보이면, 그들은 사람들이 어떤 방식으로 서로 다른지를 인식하고 이런 차원들로 자신을 범주화하기 시작한다. 즉 **범주적 자기**(categorical self)로 불리는 유목이다(Stipek, Gralinski, & Kopp, 1990). 연령, 성 및 평가적 차원들은 걸음마기 유아들이 자기개념으로 통합

Tetra images/Jupiter Images

자기인식을 보이는 걸음마기 유아는 사회적으로 더욱 능숙하게 되어 공유된 목표를 이루기 위해 또래에게 협력할 수 있게 된다.

하는 최초의 사회적 범주들이다. "나는 큰 남자아이야. 아기가 아니야", 혹은 "Jennie는 착한 여자아이야"와 같은 말에서 볼 수 있다.

범주적 자기
(categorical self)
연령이나 성과 같은 사회적으로 중요한 차원에 따른 자기에 대한 개인적 유목화.

"나는 누구인가?" 에 대한 학령전 아동들의 반응

최근까지 발달학자들은 학령전 아동들의 자기개념은 구체적이고 물리적이며, 심리적인 자기인식은 거의 없다고 믿었다. 왜 그런가? 3~5세 아동들에게 자기 자신을 묘사해보라고 했을 때, 그들은 주로 자신의 신체적 속성들("내 눈은 파란 색이야"), 소유("나는 새 자전거가 있어"), 혹은 공을 잡거나 옆으로 재주넘는 것처럼 자부심을 느끼는 **행동들**에 대해 말한다. 이 어린 아동들은 "나는 행복해", "나는 수학을 잘해", "나는 사람들을 좋아해"와 같은 심리적인 서술어들을 거의 사용하지 않는다(Damon & Hart, 1988; Keller, Ford, & Meachum, 1978).

학령전 아동들의 자기개념이 관찰 가능한 특징들에 제한되어 있다는 것에 모든 사람들이 동의하는 것은 아니다. Rebecca Eder(1989, 1990)는 3.5~5세 아동들에게 언어적 기술이 덜 필요한 선택형 진술문들을 비교하라고 했을 때, 그들은 사교성("나는 혼자서 노는 것을 좋아 한다"와 "나는 친구들과 노는 것을 좋아 한다" 중에서 선택하는), 운동능력, 성취지향, 논쟁에 대한 선호, 혹은 지능과 같은 **심리적** 차원들로 자신들을 특징지을 수 있었다. Eder의 연구는 아동들이 특질과 같은 용어들로 이런 지식들을 표현할 수 있기 오래 전에 기초적인 심리적 자기개념들을 갖고 있음을 시사한다.

아동중기와 청소년기의 자기개념

아동들이 점점 나이가 들면서, 자기묘사는 점진적으로 자신의 신체적, 행동적 및 다른 "외적" 속성들에 대한 목록들로부터 특질, 가치, 신념, 이데올로기와 같은 지속적인 **내적**

학령전 아동들은 이미 자신의 행동패턴과 선호를 인식하고 있으며 이 어린 여아가 음악가인 척하는 것처럼 초기 자기상을 형성하기 위해 이 정보들을 사용하고 있다.

특성들에 대한 스케치로 진전된다(Damon & Hart, 1988; Livesley & Bromley, 1973).

학령기 아동들에 비해 자기를 묘사하기 위해 심리적 용어를 더 많이 사용하는 것 외에, 청소년들은 같은 사람이 모든 상황에서 똑같지 않다는 것을 훨씬 더 잘 인식한다. 15세 청소년들은 자신들의 내면에 서로 다른 몇 명의 자기가 있다고 느끼고 "진짜 나(real me)"를 발견하는 것에 관심을 갖는다. 자기 묘사들에서 보이는 불일치에 대해 가장 혼란스러워하는 청소년들은 거짓 태도를 보이고, 자신의 이미지를 높이거나 부모나 또래들의 승인을 얻기 위해 배역(character)에 따라 행동하는 청소년들이다. 이런 **거짓 자기 행동**(false self-behavior)을 가장 자주 보이는 청소년들은 자신이 진짜 누구인지를 아는 것에 대한 자신감이 가장 낮았다(Harter et al., 1996).

나이든 청소년들은 자신의 불일치들에 대해 덜 괴로워하는데, 그들은 자기 자신에 대한 상위의 응집된 관점으로 그것들을 통합한다. 예를 들면 17세 소년은 대부분의 상황들에서 느긋하고 자신감에 차있지만 만일 데이트 경험이 많지 않으면 데이트에서는 불안할 수 있다고 결론 내렸다. Harter와 Monsour에 따르면 이런 자기개념의 변화 뒤에는 인지발달이 있다. "즐거운" 혹은 "짜증나는"과 같은 추상적 특질들을 비교하고 궁극적으로 그것들을 기분과 같은 보다 일반적 개념으로 통합하는 형식적 조작 능력이 특히 그렇다.

요약하면 개인의 자기개념은 아동기부터 청소년기에 걸쳐 보다 심리적이고, 보다 추상적이고, 보다 응집되고, 통합적인 자기 묘사가 된다. 청소년은 자신의 성격의 작용에 대해 반추하고 이해할 수 있는 세련된 자기 이론가가 된다.

가장 중요한 마지막 핵심이 있다. 여기 제시된 자기개념 발달에 대한 개관은 대개 독립성에 가치를 두고 개인적 속성들을 성격의 인증으로 보는 서양의 산업화된 사회들에서 수행된 연구들에서 나온 것이다. 다른 사회의 아동들은 자기개념 발달에서 다른 경로를 따를 것인가? 한번 살펴보자.

자기개념에 대한 문화적 영향

다음 척도 항목들 각각에 동의하거나 동의하지 않는 정도를 표시하라.

1	2	3	4	5	6	7
매우 동의하지 않음						매우 동의함

_____ 1. 나는 나와 상호작용하는 권위적인 인물을 존경한다.

_____ 2. 나는 선발되어 칭찬이나 상을 받는 것이 기분좋다.

_____ 3. 내 행복은 내 주위에 있는 사람들의 행복에 달려있다.

_____ 4. 수업에서 발표하는 것은 내게 문제가 되지 않는다.

_____ 5. 나는 내 교육이나 경력에 대한 계획을 세울 때 부모님으로부터 조언을 얻는다.

_____ 6. 다른 사람과 독립적인 정체성은 내게 매우 중요하다.

출처: Singelis, 1994 인용.

자기개념에서 바람직한 것으로 여겨지는 것은 문화에 따라 극적으로 다르다. 미국, 캐나다, 호주 및 유럽의 산업화된 사회들 같은 서양사회는 **개인주의 사회**(individualistic society)라고 한다. 그 사회들은 경쟁과 개인적 주도성에 가치를 두고 사람들이 서로 차이가 나는 방식들을 강조하는 경향이 있다. 인도, 일본, 중국과 같은 많은 아시아 문화들은 **집합주의**(혹은 **공동체**) 사회(collectivist(or communal) society)이다. 사람들은 경쟁적이거나 독립적이기 보다 협동적이고 상호의존적이다. 그들의 정체성은 개인의 성취나 특성들보다 가족, 종교 조직 및 지역사회처럼 자신들이 속한 집단에 긴밀하게 결속되어 있다(Triandis, 1995). 실제로, 중국, 한국, 일본과 같은 극동 아시아 문화의 사람들은 자기소멸(self-effacement)에 가치를 두고 있으며, 개인적 관심사들에 몰두하는 개인들을 다소 비정상적이고 부적응적인 것으로 본다(Marcus & Kitayama, 1994; Triandis, 1995).

실제로, 사람들의 자기개념 본질이나 내용에서 문화 간 다양성은 "나는 누구인가"라는 설문지에 대한 나이든 미국 청소년과 일본 청소년의 반응에서 아주 분명하게 보였다(Cousins, 1989). 우선 "나는 정직하다", "나는 영리하다"와 같은 **사적/개인적** 속성과 "나는 학생이다", "나는 착한 아들이다"와 같은 **사회적/관계적** 속성들로 구성된 설문지에 자신을 평정하도록 했다. 그런 다음 참가자들은 자기를 가장 잘 묘사하고 자기개념의 중심이 되는 5가지 반응을 표시하도록 했다.

연구 결과는 아주 분명했다. 그림에서 11.2에서 보듯이, 미국 학생들의 핵심적 자기 수식어들 대다수(59%)는 사적/개인적 속성인 반면, 일본 학생들의 핵심적 자기 수식어 중 동일한 속성들은 단지 19%에 불과했다. 반대로, 일본 학생들은 미국 학생들에 비해 사회적/관계적 속성들을 특히 주목할 만한 자기개념 요소로서 보는 경향이 더 많았다. 발달적 경향에 따르면, 나이든 일본과 중국의 청소년들은 전청소년기 아동들에 비해 개인적 속성들에 기초해서 사람들을 구분할 가능성이 더 적은 반면, 미국의 참가자들은 나이가 들면서 그런 구분을 하는 경향이 높았다(Crystal et al., 1998). 마지막으로, 미국으로 이민 온 후에도 가족들이 많은 집합주의적 가치를 유지하고 있는 아시아계 미국 청소년들은 유럽계 미국 청소년들에 비해 사회적 정체성과 타인들과의 연관성을 더 많이 강조하는 경향이 있다(Chao, 2001; Fuligni, Yip, & Tseng, 2002).

당신은 개인주의-집합주의 연속선 중 어디에 있는가? 만일 개인주의 사회 사람과 유사하다면, 독립성과 개인주의적 관심을 나타내는 2, 4, 6번 문항에 동의를 더 많이 하는 반면, 집합주의 사회 사람들은 대개 상호의존성이나 공동체적 관심을 나타내는 1, 3, 5번 문항에 더 쉽게 동의할 것이다.

분명히, 문화의 전통적 가치와 신념은 자기개념의 종류에 많은 영향을 미칠 수 있다. 우리가 이 책 전반에 걸쳐 살펴보듯이, 개인주의 및 집합주의 문화와 가치 체계 간 구분은 중요하다. 이런 구분은 개인들이 보는 방식과 성취 행동, 공격성, 이타성 및 도덕 발달을 평가하는 방식으로서 자기의 측면들에 함축된 의미가 있다.

▎자존감: 자기의 평가적 요소

아동들이 발달하면서, 그들은 자신에 대해 점점 더 많은 것을 이해하고 보다 복잡한 자기 묘사를 할 수 있을 뿐만 아니라, 자신이 갖고 있다고 지각하는 특성들(qualities)을 평가하기 시작한다. 이런 자기평가적 측면을 **자존감**(self-esteem)이라고 한다. 자존감이

사이드바

개인주의 사회
(individualistic society)

집단목표보다 개성과 개인적 성취에 가치를 두는 사회로서, 이런 사회는 개인들이 서로 달라지는 방식을 강조하는 경향이 있다.

집합주의(혹은 공동체) 사회
(collectivist (or communal) society)

협동적 상호의존성, 사회적 조화, 집단 규준의 준수에 가치를 두는 사회. 이런 사회들은 집단의 복지가 개인의 복지보다 중요하다고 생각한다.

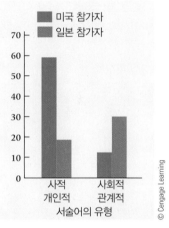

그림 11.2 사적/개인적 그리고 사회적/관계적 속성들의 평균 비율. "나는 누구인가?"설문지에 대해 반응한 미국과 일본 대학생의 자기개념의 핵심 차원.

자존감
(self-esteem)

자기개념을 구성하는 특성들에 대한 평가에 기초하여 한 사람으로서 자신의 가치에 대한 평가.

높은 아동들은 있는 그대로의 개인의 유형에 만족한다. 그들은 자신의 강점을 인식하고, 자기의 약점을 알고 그것을 극복하려 하고, 일반적으로 자신들이 표출한 특성들과 능력들에 대해 긍정적으로 느낀다. 자존감이 낮은 아동들은 자신을 비우호적으로 보고, 자신이 표출한 강점보다 오히려 지각된 부적절함을 선택하여 강조한다(Brown, 1998). 분명히, 자기개념과 자존감은 구분되는 개념이다. **자기개념**은 아동이 자신의 특성들과 자기에 대한 인식을 어떻게 보는가에 대한 것이다. **자존감**은 평가적이고 자기인식을 구성하는 특성들에 대한 만족감이다.

자존감의 기원과 발달

자기 자신과 자신의 유능성에 대한 아동의 평가는 자기의 가장 중요한 부분으로 자신의 품행과 심리적 안녕감의 모든 측면들에 영향을 줄 수 있다. 자존감은 어떻게 시작되고 언제 처음으로 자기 가치감을 형성하는가?

이런 의문들에 답하기는 쉽지 않지만, 10장에서 논의된 Bowlby(1988)의 작동모델이론은 몇 가지 의미있는 단서를 제공한다. 아마도 자기와 타인의 긍정적인 작동모델을 구성한 안전 애착된 아동들은 작동모델이 긍정적이지 않은 불안전 애착 아동들에 비해 자신을 더 우호적으로 평가할 것이라고 이론은 예측한다. 분명히 그렇다. 벨기에에서 수행된 연구에서, 4~5세 아동들은 자신의 가치(worthiness)에 대한 질문을 받고, 손 인형을 이용하여 답하였다(예: "너[인형]는 [이 아이]와 노는 것을 좋아하니? [이 아이]는 좋은[나쁜] 소년/소녀이니?"). 어머니와 안전한 결속을 맺은 아동들은 불안전 애착 아동들에 비해 손 인형을 통해 자신을 더 우호적으로 묘사했을 뿐 아니라, 유치원 교사들에 의해 더 사회적으로 숙련된 것으로 평정되었다(Verschueren, Marcoen, & Schoefs, 1996). 게다가, 자존감은 양쪽 부모 모두에게 안전 애착된 아동들이 가장 높고(Verschueren & Marcoen, 1999), 8세에 다시 측정했을 때 시간적으로 안정적임이 증명되었다(Verschueren, Buyck, & Marcoen, 2001). 따라서 4세나 5세가 되면(혹은 더 일찍) 아동들은 이미 의미 있는 초기 자존감을 형성한 듯했다. 이것은 애착 역사에 의해 영향을 받으며 교사들이 아동들의 사회적 유능성을 어떻게 평가하는지를 상당히 정확하게 반영한다.

자존감의 요소들

우리 성인들이 자존감에 대해 생각할 때, 자기에 대한 전반적인 평가는 여러 삶의 영역들에서 보이는 강점과 약점들에 기초한 것이다. 아동들의 경우 이것은 진실이 아니다. 아동들은 우선 많은 서로 다른 영역들에서 자신의 능력을 분리해서 평가하고, 이후 이런 인상들을 전반적인 자기평가로 통합한다.

Susan Harter(1982, 1999, 2005)는 아동기 자존감의 다차원 모델을 제안했다. 자신의 모델을 검증하기 위해, 그녀는 아동들에게 자기지각 척도(Self-Perception Scale)를 완성하도록 했는데, 여기에서 5가지 영역, 즉 **학업 유능성**, **사회적 승인**, **신체적 외양**, **운동 유능성**, **행동적 품행**에서 자신을 평가한다. "어떤 아이들은 학교에서 답을 잘 찾는다"(학업 유능성)와 "어떤 아이들은 항상 게임에 선발 된다"(운동 유능성)와 같은 진술들이 자기 자신에게 어느 정도 사실인지를 표시함으로써 자기평가를 한다.

Harter에 따르면, 4~7세 아동들은 자신을 모든 영역에서 긍정적으로 평정하는 경향이 있기 때문에 팽창된 자기지각을 한다는 비난을 들을 수 있다. 어떤 연구자들은 이런 긍정적인 평가들은 확고한 자기 가치감이라기 보다 오히려 다양한 활동들을 좋아하거나 잘하려는 소망을 반영한다고 생각한다(Eccles et al., 1993; Harter & Pike, 1984). 그러나 4~7세 아동들의 자기평가가 전적으로 비현실적인 것은 아니다. 왜냐하면 아동의 자신에 대한 평가는 같은 유능성 영역들에서 아동에 대한 교사의 평정들과 중간정도의 상관이 있기 때문이다(Marsh, Ellis, & Craven, 2002; Measelle et al., 1998).

대략 8세에 시작하는 아동들의 유능성 평가는 그들에 대한 타인의 평가에 근접하기 시작한다(Harter, 1982; Marsh, Cravern, & Debus, 1998). 예를 들면, 사회적 자존감의 평정은 이제 학급친구들의 사회적 능력에 대한 또래들의 평정에 의해 확증된다. 운동 자존감이 높은 아동들은 신체적으로 부적절하다고 느끼는 학급친구들에 비해 더 자주 단체경기에서 선발되고 체육 교사들에 의해 신체적 능력이 더 높은 것으로 평정된다. 종합해 보면, 이 발견들은 자기지식과 자존감 모두 타인들이 아동의 행동을 지각하고 반응하는 방식에 상당히 의존한다는 것을 보여준다. 이것은 정확하게 Charles Cooley(1902)가 자기 이미지를 어떻게 구성하는가를 설명하기 위해 **거울 속 자기**라는 용어를 사용했을 때 지적한 것이다.

그렇지만 Harter는 아동들이 척도에서 평가하는 유능성 영역들에 부여하는 **중요성**에서 차이가 있다는 것을 발견했다. 게다가 **그들이** 가장 중요한 것으로 보는 영역에서 자신을 매우 유능하다고 평가한 아동들은 전반적 자기 가치감이 가장 높은 경향이 있다. 따라서 나이든 아동의 자기 가치감은 타인들이 자신을 어떻게 평가하는지에 대한 생각(즉, 사회적 거울)과 스스로에 대한 평가 모두에 달려있는 듯하다(Harter, 2005).

청소년 초기가 되면 자기 가치감에 대한 지각은 점차 대인관계에 집중된다. Susan Harter와 동료들(1998)은 청소년들이 자주 자기 가치감을 관계적 맥락(예, 부모와 함께, 교사와 함께, 남자 학급친구와 함께, 여자 학급친구와 함께)에서 다소 다르게 지각하기 시작한다는 것을 나타내는 **관계적 자기 가치감**(relational self-worth)이란 용어로 만들어냈다. 비록 한 영역이 다른 십대보다 어떤 십대들에게 더 중요할지라도, 분명히 관계적 자기 가치감의 영역들 모두가 전반적 자존감에 기여한다. 예를 들면, 비록 또래들이 자신을 따분하다고 생각할지라도, 어떤 청소년은 자신이 똑똑하고 교사로부터 많은 지원과 승인을 받는다고 보기 때문에 전반적 자존감이 높을 수도 있다. 또 다른 청소년은 비록 부모나 교사와의 관계에서는 잘하지 못한다고 느낄지라도, 자신이 또래들과는 매우 우호적인 방식으로 잘 지낸다고 보기 때문에 전반적 자존감은 높을 수도 있다. 따라서 우리의 자존감은 타인들이 우리를 어떻게 평가하는지 뿐만 아니라 우리가 스스로를 어떻게 평가하는가에 달려 있음을 알 수 있다(예, 자기개념에서 가장 중요하거나 중심이 되는 것으로 보는 관계의 종류와 관계적 자기 존중감의 측면). 대인관계의 중요성이 점점 증가한다는 것을 가정해 보면, 낭만적 호소력과 친밀한 우정의 질과 같은 새로운 관계 지향적 차원들이 청소년의 전반적 자존감에 매우 중요한 기여요인이 된다는 것은 놀랍지 않다(Masden et al., 1995; Richards et al., 1998). 그러나 이 새로운 차원들은 다소 다른 방식으로 남아와 여아들의 자기평가에 영향을 미친다(Thorne & Michaelieu, 1996). 매우 자존감이 높은 여아들은 친구들과 **지지적인** 관계를 형성한 사람들인 반면, 남아의 높은 자존감은 친구들에게 **성공적으로 영향을** 미치는 능력에서 나올 가능성이 높다. 여아들의 낮은 자존감은 친구들의 인정을 얻는데 실패하는 것과 강하게 연합된 반면, 남자 청소년들의 낮은 자존감에 대한 주요 기여요인은 낭만적 유능성의 결핍, 즉 이성의 애정을 얻거나 유지하는 것에서 실패이다.

관계적 자기 가치감
(relational self-worth)
(부모와 함께 혹은 학급친구와 함께 있을 때처럼) 특정한 관계 맥락 내에서 자존감; 관계 맥락들에 따라 다를 수 있다.

아동중기가 되면, 아동들의 자기평가는 타인들이 그들에 대해 생각하는 것을 반영한다.

자존감의 변화

자기 가치감은 얼마나 안정적인가? 8살 때 자존감이 높았던 아동이 청소년이 되었을 때도 자신에 대해 좋다고 느낄 것인가? 혹은 청소년기의 스트레스와 긴장이 대부분의 십대들에게 자기 자신과 유능성에 대해 의심을 품게 하고, 그로 인해 자존감이 낮아질 것이라고 가정하는 것이 더 합리적인가?

Erik Erikson(1963)은 후자의 관점을 선호했고, 사춘기와 연합된 많은 신체적, 인지적, 사회적 변화를 경험한 어린 청소년들은 아동기를 뒤로 하고 안정적인 성인 정체성을 추구하면서, 혼란스러워지고 적어도 어느 정도 자존감이 낮아진다고 주장한다. 아동과 청소년들의 특정 영역들(학업적, 사회적 수용, 신체적 기술/운동, 및 외모)에 대한 유능성 지각을 평가한 종단 연구에서는 자신의 유능성에 대한 아동과 청소년의 지각은 초등학교, 중학교, 고등학교에 걸쳐 점차 감소한다는 것이 자주 발견되었다(개관을 하려면 Fredricks & Eccles, 2002와 Jacobs et al.을 참조하라). 특히 청소년 초기에는 어떤 영역들(학업 유능성, 운동 유능성)에서 눈에 띄게 하락한다(Cole et al., 2001). 이런 유능성 신념의 감소는 하나 이상의 유능성 영역에서 숙련되지 못하다는 것을 나이든 아동이 발견하면서 나타나는 그들의 보다 현실적인 자기평가를 반영한다. 그러면 대부분의 어린 청소년들은 Erikson이 예측했던 갑작스런 자존감의 혼란과 쇠퇴를 보이는가?

방대한 대표(representative) 표집 연구들에 따르면, 청소년 초기는 많은 어린 청소년들의 자기 가치감이 어느 정도 낮아지는 시기라고 생각한 Erikson이 옳았다. 예를 들면, Richard Robins와 동료들(2002)은 30만 명이 넘는 9~90세 사람들의 전반적 자존감을 조사했고, 남성과 여성 모두에서 나타나는 경향성에 따르면, 자존감은 9~20세에 의미 있는 하락을 보이고, 성인초기부터 약 65세까지 자기 가치감이 회복되고 점차 높아지며, 65세는 다시 노인들에서 자존감이 낮아지기 시작하는 때라고 보고했다. 또 다른 최근 종단 연구에서 자존감과 심리적 안녕감은 18~25세 사이에 유사한 패턴을 보였고, 결혼했거나 혹은 가족, 친구, 공동작업자 및 낭만적 파트너의 사회적 지원이 증가했던 성인들에서 가장 크게 증가했다(Calambos, Barker, & Krahn, 2006).

그러나 청소년기는 자기 가치감에 위험하다고 결론내리기 전에, 생의 전반에 걸친 50개의 자존감 연구에 대한 상위분석의 결과를 살펴보자. 분석에 따르면, 자존감의 시간적 안정성은 아동기와 청소년 초기에 가장 낮고 청소년 후기와 성인초기에 훨씬 더 강해진다(Trzesniewski, Konnellan, & Robins, 2003). 이런 자료가 의미하는 것은 아동들이 청소년기로의 전이를 경험하는 방식에서 개인차가 크다는 것이다. 어떤 아동들은 자존감의 손실을 보이는 반면, 다른 아동들은 동요가 크지 않거나, 심지어 자기 가치감이 높아지기도 한다. 자존감의 하락은 청소년기에 들어가면서 중다적 스트레스 유발요인들을 경험하는 젊은이들에서 발견될 가능성이 높다. 이들은 초

십대 여아들은 십대 남아들보다 자존감의 하락을 경험하고 우울하게 될 가능성이 더 크다.

등학교로부터 엄격한 중학교와 고등학교로 전환하고 있는 사람들이다. 여기서 그들은 가장 어리고 가장 유능하지 못한 학생이다. 또한 그들은 사춘기 변화에 대처하고, 데이트를 시작하고, 새로운 도시로의 이사나 부모의 이혼과 같은 가족 변화를 처리하는데, 이 모든 것을 같은 시기에 경험하고 있다(Gray-Little & Hafdahl, 2000; Simmons et al., 1987). 여아들은 남아들보다 더 빨리 성숙하기 때문에, 같은 시기에 학교 전환과 사춘기적 변화를 동시에 경험할 가능성이 더 크다. 게다가 여아들은 남아보다 청소년기 동안 신체와 외모에 만족하지 않을 가능성이 더 높다(Paxton, Eisenberg, & Neumark-Sztainer, 2006; Rosenblum & Lewis, 1999). 그리고 타인의 승인을 유지하는 것에 관심이 더 많은 여아들(Rudolph, Caldwell, & Conley, 2005)은 남아들보다 가족 구성원이나 또래들과의 사소한 다툼들에 대해 더 많이 괴로워한다(Gutman & Eccles, 2007; Hankin, Mermelstein, & Roesch, 2007). 이것은 남아들보다 더 많은 여아들이 청소년기 동안 우울해지는 이유(Stice & Bearman, 2001; Wichstrom, 1999)와 남자 청소년보다 여자 청소년의 지각된 자기 가치감이 더 크게 하락하는 이유를 설명하는데 도움이 된다(Robins et al., 2002).

오해하지 말라. 대부분의 십대들은 그들이 자존감에서 어떤 변화를 경험하든 잘 대처한다. 그리고 어느 정도의 동요(오르거나 내리거나)에도 불구하고, 자존감은 청소년기 동안 어느 정도 시간적 안정성을 보인다는 것을 기억해야 한다(Trzesniewski, Donnellan, & Robins, 2003). 따라서 상당히 긍정적인 자기 가치감을 갖고 십대에 들어서는 아동들은 자존감이 손상되지 않은 채 청소년기를 빠져나올 것이다. 그리고 성공적으로 성인초기의 발달적 도전들을 수행하면서 자존감은 점진적으로 높아질 것이다(Galambos et al., 2006; Robins et al., 2002).

자존감은 얼마나 중요한가?

최근에, 삶의 결과들에 영향을 주는 자존감의 중요성에 대한 논쟁이 있다. 어떤 이론가들은 자존감은 부수현상이라고 주장한다. 즉 좋은 일이 일어나면 자존감은 높고, 그렇지 않으면 자존감은 낮다(Baumeister et al., 2003; Seligman, 1993). 이 관점에 따르면, 높은 자존감은 긍정적인 사회적 적응의 원인이라기보다 결과이다. 그러나 다른 이론가들(예, Donnellan et al., 2005)은 견고한 자존감은 생산적인 성취경험들을 촉진하고 정신건강 문제, 물질남용 및 반사회적 행동을 예방하는 긍정적인 자원이다. 그렇다면 어느 것이 맞는가? 높은 자존감은 긍정적 발달을 촉진하는 자원인가 혹은 긍정적인 삶의 결과물인가?

비록 논쟁이 해결되려면 아직 멀었지만, 적어도 최근 두 연구에서 긍정적인 자기평가는 앞으로 다가올 긍정적 결과를 예측하는 반면, 낮은 자존감은 덜 낙관적인 미래를 예측한다. 고위험 환경에 있는 청소년들에 대한 종단 연구에서, Jean Gerard와 Cheryl Buehler(2004)는 자존감이 높은 청소년은 우울해지거나 미래에 품행장애를 보일 가능성이 적다는 것을 발견했다. 뉴질랜드에서 행한 두 번째 종단 연구는 자존감이 낮은 청소년들은 자존감이 높은 청소년들에 비해 20대 중반에 더 열악한 정신적 건강과 신체적 건강, 더 나쁜 경제적 전망, 더 높은 수준의 범죄행동을 보인다는 것을 발견했다(Trzesniewski et al., 2006). 게다가 상위분석적 개관 연구에 따르면, 자존감이 낮은 아동이나 청소년들의 자존감을 높이기 위한 프로그램은 참가자의 개인적 적응과 학업수행을 주목할 만하게 개선했다(Haney & Durlak, 1998). 이런 발견들을 요약하면, 견고한 자

타인을 지배하는 것으로부터 자존감이 나오는 공격자들은 수년 동안 공격적 경향성을 유지한다

기 가치감은 아동이나 청소년들이 불행에 대처하고 긍정적인 발달결과를 성취하는데 도움이 되는 잠재적으로 가치 있는 자원이다.

그러나 어떤 아동들의 경우 높은 자존감에 어두운 측면이 있음을 주목해 보자. 다른 아동들을 지배함으로써 높은 자존감을 끌어내거나 유지하는 공격자(bully)를 생각해 보라. 최근 단기종단 연구에서 Medhavi Menon과 동료들(2007)은 자존감이 높은 공격적인 전청소년기 아동은 공격적으로 행동함으로써 얻은 보상을 점점 더 가치있게 여기고 피해자를 점점 더 하찮게 보게 된다는 것을 발견했다. 즉 미래 공격성과 반사회적 품행을 영속하거나 혹은 강하게 만드는 것으로 알려진 인지(cognition)이다(아동기와 청소년기 공격성의 결정인에 대한 확장된 논의는 14장을 참조). 따라서 높은 자존감은 반사회적이거나 부적응적인 품행이 아닌 친사회적이거나 적응적 삶의 경험들로부터 나온 것이라는 점에서 미래의 적응적 발달을 육성할 것이라고 결론내리는 것이 보다 정확할 것이다.

자존감에 대한 사회적 기여 요인들

생물학적 발달과 인지발달은 자존감의 발달에 기여하는 중요한 요인들이다. 그렇지만 많은 사회적 영향도 자존감의 발달에 기여한다. 가정환경, 또래, 부모와의 상호작용, 그리고 살고 있는 문화도 자존감에 영향을 미친다. 어떻게 영향을 미치는지 살펴보자.

양육 양식

부모들은 자녀의 자존감을 조형하는데 결정적인 역할을 한다. 10장에서 보았듯이, 아동 초기 양육의 민감성은 분명히 영아나 걸음마기 유아들이 자기에 대한 긍정적인 혹은 부정적인 작동모델을 구성할 것인지에 영향을 미친다. 게다가 자존감이 높은 학령기 아동과 청소년의 부모들은 따뜻하고, 지지적이며, 분명한 생활기준을 세우고, 개인적으로 자녀들에게 영향을 미칠 수 있는 결정을 할 때 자녀가 의견을 말하는 것을 허락한다(Coopersmith, 1967; Gutman & Eccles, 2007; Lamborn et al., 1991). 높은 자존감과 이런 보육적-민주적 양육 양식 간의 결합은 미국이나 캐나다뿐만 아니라 대만과 호주에서도 동일하다(Scott, Scott, & McCabe, 1991). 비록 이런 자녀양육 연구들이 상관적이기 때문에 따뜻하고 지지적인 양육이 높은 자존감의 **원인**이 **된다**고 확신할 수는 없을지라도, 이런 인과적 과정이 작용을 한다고 상상하는 것은 쉬운 일이다. 분명히 "너는 규칙을 잘 따르고 올바른 결정을 할 것이라고 내가 믿고 있는 좋은 아이야."라는 메시지를 보내는 것은 부모들이 "너는 좋지 못하고 나쁜 아이야"라고 말하는 냉정하고 통제적인 양식에 비해 자녀의 자존감을 촉진하는 경향이 있다.

또래의 영향

사회적 비교
(social comparison)
자신을 타인들과 비교함으로써 자신을 정의하고 평가하는 과정.

다양한 영역들에서 또래들에 비해 더 잘하는지 혹은 더 못하는지를 말해주는 **사회적 비교**(social comparison) 정보를 사용하게 되면서, 4~5세 아동들은 자신과 학급친구들 간의 차이점들을 인식하기 시작한다(Butler, 1998; Pomerantz et al., 1995). 예를 들면, 그들은 서로의 시험지를 슬쩍 보고 "얼마나 틀렸니?"하고 말하거나 혹은 경주에서 이긴 후 "내가 너보다 빨라"라고 말한다(Frey & Ruble, 1985). 이런 종류의 비교는 나이가 들면서 증가하고 더 세련되어진다(Pomerantz et al., 1995), 그것은 아동의 지각된 능력과 전

반적 자존감을 조형하는데 중요한 역할을 한다(Altermatt et al., 2002). 특히 경쟁과 개인적 성취가 강조되는 서양문화에서 그렇다. 또래들과의 비교를 통해 자신을 평가하는 것에 몰두하는 것은 집단적으로 양육된 이스라엘의 키부츠 아동들에게서는 강하지 않다. 왜냐하면 그곳에서는 개인적 성취보다 협동이나 팀워크가 강하게 강조되었기 때문일 것이다(Butler & Ruzany, 1993).

자존감에 대한 또래의 영향은 청소년기 동안 보다 분명해진다. 부모와 또래 모두로부터 균형 잡힌 지원을 많이 받은 어린 청소년들은 자존감이 높고 더 적은 문제행동을 보이는 경향이 있다(DuBois et al., 2002b). 그리고 청소년의 자기평가에 대한 가장 강력한 기여 요인은 특별히 가까운 친구들과의 관계의 질임을 기억하라. 실제로, 젊은 성인들에게 주목할 가치가 있고 자신들의 자존감에 영향을 주었던 인생경험들을 돌이켜 생각해 보라고 했을 때, 부모나 가족구성원들과의 경험에 비해 친구들이나 낭만적 파트너들과의 경험을 훨씬 더 자주 언급했다(McLean & Thorne, 2003; Thorne & Michaelieu, 1996).

문화, 민족성 및 자존감

중국, 일본, 한국과 같은 집합주의 사회의 아동과 청소년들은 미국, 캐나다, 호주와 같은 개인주의 사회의 동년배들보다 전반적 자존감이 더 낮다고 보고되는 경향이 있다(Harter, 1999). 그 이유는 무엇인가? 이것은 집합주의 사회와 개인주의 사회가 개인적 성취와 자기 촉진에 두는 강조의 차이를 반영하는 듯하다. 서양사회에서, 사람들은 개인적 목표를 추구하면서 경쟁하고 개인적 성취에 자부심을 느낀다(혹은 성취에 대해 자랑하기도 한다). 집합주의 사회의 사람들은 독립적이기보다는 상호의존적이다. 그들은 겸손과 자기 소멸을 가치 있게 여기고 자신이 속한 집단들(예, 가족, 공동체, 학급, 혹은 더 큰 사회)의 복지에 기여하는 것으로부터 자기 가치감이 나온다. 실제로, 자신의 약점과 자기 향상의 필요를 인정하는 것(이것은 전통적인 자존감 측정에서 자기 가치감이 낮은 것으로 보고하게 만든다)은 집합주의 사회의 아동들이 자신에 대해 좋은 느낌을 갖게 만들 수 있다. 왜냐하면 타인들이 이런 행동들을 적절한 겸손과 집단 복지에 대한 헌신이 향상된 증거로 보기 때문이다(Heine et al., 1999).

청소년기에 우정의 질은 자존심의 가장 강력한 결정인 중 하나이다.

서로 다른 문화의 청소년들에서 발견되는 이런 자기개념의 차이는 문화들 간 자녀 양육 실제의 차이에서 나온 것일 수 있다(Wang, 2004; Wang, Leichtman, & Davies, 2000). Wang(2004)은 미국과 중국의 어머니는 걸음마기 유아와 학령전 아동들이 자기개념을 발달시키는데 도움을 주는 방식에서 차이가 있으며, 유치원에서 시작되는 자기개념의 문화차는 나이가 들면서 점점 더 커지는 것을 발견했다. 자전적 기억에 대한 보고와 자기 묘사 모두에서, 미국 아동들은 개인적(혹은 개인주의적) 본질을 강조하는 반면, 중국 아동들은 관계적 본질을 강조하는 경향이 있다(Wang, 2004). 이런 차이들은 미국과 중국 어머니가 과거 사건들에 대해 자녀와 이야기를 나누는 방식의 차이에 의해 영향을 받을 수 있다. 다음은 Wang과 동료들(2000)이 보고했던 3세 자녀들과 이야기를 나누는 어머니의 예이다.

미국 어머니-자녀 쌍

어머니: 휴가 때 Nana에 갔을 때 할머니 집에서 선착장으로 내려갔던 것을 기억하니? 우리 수영하러 갔었지?

아동: 음-음.

어머니: 너는 정말로 멋진 일을 했었지?

아동: 선착장에서 뛰어내렸어.

어머니: 그래. 처음으로 그렇게 한 거야.

아동: 그것은 다이빙대 같았어.

어머니: 맞아. 엄마는 어디에 서 있었지?

아동: 모래사장에.

어머니: 모래사장에, 맞아. 엄마가 말했지. "기다려, 기다려, 기다려! 내가 모래사장으로 갈 때까지 뛰지 마"

아동: 왜?

어머니: 호수 바닥에는 나뭇잎들이 쌓여있다고 내가 말했던 것을 기억하니? 그것들이 바닥을 죽처럼 흐늘거리게 만들어. 너는 선착장에서 뛰어내린 다음에 무얼 했지?

아동: 수영

어머니: . . .로

아동: Nana

어머니: 그래. 네 등에는 뭐가 있었지?

아동: 거품.

어머니: 그래.

중국 어머니-아동 쌍

어머니: 그날, 엄마가 너랑 큰 버스를 타고 스키를 타러 공원에 갔어. 스키장에서 넌 무엇을 했지? 넌 무엇을 하고 놀았지?

아동: 놀았어. . . 놀았어. . .

어머니: 얼음 배(ship)에 앉았어, 그렇지?

아동: 네. 그리고. . .

어머니: 우리 둘이 함께 노를 저었지, 그렇지?

아동: 그 다음에. . . 그 다음에. . .

어머니: 그 다음에 우리는 한참 동안 노를 젓고 노를 젓고 노를 저어 한 바퀴 돌았지, 그렇지?

아동: 음.

어머니: 우리는 한참 동안 노를 저어 한 바퀴 돌았어. 그 다음에 네가 말했지, "노 그만 저어. 가자, 집에 가자." 그렇지?

아동: 음.

어머니: 그 다음에 우리는 버스를 타고 집으로 갔어, 그렇지?

아동: 음.

미국 어머니는 중국 어머니보다 아동과 아동의 성취에 더 초점을 두는 것에 주목하라. 중국 어머니는 더 많이 이끌고 지시하고, 개별 아동보다 집단에 더 초점을 둔다. 이같은 차이점은 분명히 문화에 따른 자기개념 구성의 차이에 기여할 것이다.

다문화 사회의 사람들 간 자존감에는 민족적 차이가 있다(예, Ward, 2004). 미국에서 발견한 것들을 살펴보자. 초등학교 내내, 부정적 민족 고정관념을 인식하게 되고 몇

몇 성인이나 또래들로부터 편견을 경험하게 되는 아프리카계 미국인 아동과 라틴계 아동은 동년배의 유럽계 미국인 아동보다 더 낮은 수준의 자존감을 자주 보인다. 청소년기가 되면 그림은 다소 변한다. 나이든 아프리카계 미국인 청소년과 라틴계 청소년의 자존감은 유럽계 미국인 청소년과 같거나 혹은 더 높다(Gray-Little & Hafdahl, 2000; Tweng & Crocker, 2002). 이것은 특히 그들이 부모로부터 풍족한 사회적 지원을 받고 자신들의 민족집단과 민족의 문화적 전통과 동일시하고 자부심을 갖도록 격려를 받는다면 진실이다(Caldwell et al., 2002; Hughes et al., 2006; Taylor et al., 2002).

　깊이 있게 연구되었던 자존감의 주요 측면들 중 하나는 아동의 학문적 자기개념의 발달이다. 자신의 학업 유능성과 이것들의 중요성에 대한 아동의 생각은 초등학교와 고등학교 동안 학업과 발달에 영향을 줄 수 있다. 다음 절에서, 우리는 이와 관련된 아동의 발달하는 자기인식의 측면들을 살펴볼 것이다.

다인종 출신의 십대들은 만일 그들이 민족집단과 문화적 전통에 동일시하고 자부심을 갖도록 격려를 받는다면 청소년기에 높은 자존감을 경험할 것이다.

성취동기와 학문적 자기개념의 발달

7장에서 비록 IQ가 학업성취를 예측할 수 있을지라도 그 관계가 완벽하지는 않다는 것

개념체크 11.1 　자기 발달의 이해

다음 질문들에 답함으로써 자기발달에서 중요한 과정에 대한 당신의 이해를 체크하시오. 정답은 부록에 있다.

짝짓기: 아래 진술에 맞는 자기의 요소를 확인하라.
a. 범주적 자기
b. 자기개념
c. 자존감
1. _____ 애착 역사의 영향을 받는 자기의 평가적 요소
2. _____ 개인의 독특한 속성이나 특질에 대한 지각
3. _____ 연령이나 성과 같은 사회적으로 중요한 차원들에 따른 초기 자기묘사

OX문제: 다음에 있는 각 문장에 맞는지 틀리는지 표시하라.
4. (　　) 부모의 온정과 반응성은 청소년기가 시작될 때 자존감에 대한 강력한 기여요인이다.
5. (　　) 우정의 질은 아동기에 높은 자존감을 촉진한다.

선다형: 다음 질문들에 대한 최선의 답을 선택하라.
_____ 6. 어린 Richie는 이제 막 1개월이 되었다. Richie의 엄마는 그의 요람에 매력적인 모빌을 매달았다. 엄마가 그를 요람에 놓았을 때, 그는 팔과 다리를 움직이기 시작하고, 모빌이 켜져서 멜로디가 나오자 기쁨에 차 모

빌을 쳐다본다. 어느 날 모빌의 배터리가 닳아서 더 이상 그의 움직임이 모빌을 켜서 멜로디가 나오게 만들지 못한다. Richie는 더 격렬하게 흔들고는 울기 시작한다. 어린 Richie는 사람이 사건의 원인이라는 인식을 갖게 된 듯한데, 발달심리학자들이 _____이라고 부르는 것이다.
a. 자기인식
b. 인물 작용력
c. 자기수용 피드백
d. 자기 힘

단답형: 다음 질문들에 간단히 답하라.
7. Harter의 자존감 위계모델을 도식으로 그려라.
8. "루즈 테스트"를 서술하고, 테스트에 대한 반응들이 검사받고 있는 걸음마기 유아에 대해 말하고 있는 것이 무엇인지 설명하라.

서술형: 다음 질문에 상세히 답하라.
9. 어린 아동의 발달하는 자기개념의 발전을 대략적으로 서술하라. 당신의 답 속에서 자기인식, 현재 자기 및 확장된 자기를 정의하라.

성취동기
(achievement motivation)

도전적인 과제에서 성공하고 높은 성취 기준을 맞추려는 의지.

숙달동기
(mastery motivation)

환경을 탐색하고 이해하고 통제하려는 타고난 동기.

을 보았다. 왜 그런가? 한 가지 이유는 아동들의 **성취동기**(achievement motivation)가 다르기 때문이다. 성취동기는 도전적인 과제에서 성공하고 높은 성취 기준을 맞추려는 의지이다. 비록 성취의 의미는 사회에 따라 다소 다를지라도, 30개 문화에서 수행된 조사는 세상 사람들은 자기신뢰, 책임감 및 중요한 목적을 이루기 위해 열심히 일하려는 의지와 같은 개인적 속성들에 가치를 둔다는 것을 밝혀냈다(Fyans et al., 1983).

수년 전 정신분석가인 Robert White(1959)는 영아기부터 인간은 환경을 "숙달하려는" 내적인 동기, 즉 사람들과 대상들의 세계에 영향을 미치거나 성공적으로 대처하려는 동기가 있다고 제안했다. 우리는 이런 **숙달동기**(mastery motivation)를 영아들이 단추를 끼우거나, 장롱을 열거나, 장난감을 조작하려고 애쓰는 행동들에서 볼 수 있고, 그들이 성공했을 때 기뻐하는 것을 알 수 있다(Busch-Rossnagel, 1997).

그러나 비록 모든 아기들이 호기심이 많고 숙달지향적인 존재라 할지라도, 어떤 아동들은 학교과제, 음악수업 및 소프트볼 팀에서 맡은 포지션을 완수하기 위해 다른 아동들보다 더 열심히 노력한다. 이런 개인차를 어떻게 설명할 것인가? 우리는 생의 초반 성취동기 발달을 추적하는 것으로 시작해서, 그것의 성장을 증진하거나 억제하는 요인들을 살펴볼 것이다.

성취동기의 초기 기원들

아기의 숙달동기는 어떻게 학령기 아동의 성취동기로 발전할 것인가? Deborah Stipek과 동료들(Stipek, Recchia, & McClintic, 1992)은 성취동기의 핵심 능력인 수행기준에 따라 자신의 성취를 평가하는 능력이 발달되는 것이 언제인지를 알아내기 위해 1~5세 아동들을 대상으로 연구를 수행했다. Stipek의 연구에서, 못을 판에 박거나, 퍼즐을 풀거나, 볼링공으로 플라스틱 핀을 넘어뜨리는 것처럼 분명한 성취목표가 있는 활동을 할 때 아동들을 관찰했다. 성공과 실패에 대한 반응을 관찰하기 위해, 아동들이 숙달할 수 있거나 숙달할 수 없도록 과제들을 구조화했다. 이 연구에 기초해서, Stipek과 동료들은 성취 상황에서 수행을 평가할 때 아동이 거치는 세 단계를 제안했는데, 각 단계는 숙달에 대한 기쁨, 승인 추구 및 기준 사용이다.

단계 1: 숙달에 대한 기쁨

2세 이전 영아들은 도전들에 숙달하는 것을 눈에 띄게 좋아하고, White(1950)가 말한 숙달동기를 보인다. 그러나 아직 그들은 자신들의 승리로 타인의 주의를 끌거나 승인을 구하려고 하지 않으며, 실패하면 괴로워하기보다 간단히 목표를 바꾸고 다른 장난감을 숙달하려고 시도한다. 아직은 성공과 실패를 정의하는 수행 기준에 따라 자신의 결과를 평가하지 않는다.

단계 2: 승인 추구

2세에 가까워지면서 걸음마기 유아들은 자신의 수행에 대해 타인들이 어떻게 평가하는지를 예측하기 시작한다. 자신들이 도전과제를 숙달하면 승인을 얻고 실패하면 비난받을 것을 기대한다. 예를 들면, 한 과제에서 성공한 2세 영아는 자주 미소 짓고, 머리를 들고 턱을 치켜들며, 자신들의 업적에 대해 "내가 했어"와 같은 말로 실험자의 주의를 끈다. 반면 도전에 숙달하는 것에 실패한 2세 영아는 마치 비난을 피하려는 것처럼 실험자에게 등을 돌린다. 2세 영아들은 이미 자신의 수행 결과를 숙달 성공과 실패로 평가하고 있으며, 성공 후에는 승인을 받고 실패 후에는 비난받을 것을 학습했다(Bullock & Lutkenhaus, 1988 참조).

단계 3: 기준의 사용

중요한 비약적 발전은 아동들이 자신들의 성공과 실패에 대해 보다 독립적으로 반응하기 시작하는 3세경에 일어난다. 그들은 자신들의 수행을 평가하기 위해 객관적인 기준을 채택하고, 자신들이 잘하거나 못했을 때 타인들이 하는 말에 의존하지 않는다. 이 3단계 아동들은 자신의 성취에서 단순한 기쁨이 아닌 진정한 **자부심**을 그리고 실패 후 단순한 실망이 아닌 진정한 **수치심**을 경험하는 듯하다(Lewis, Alessandri, & Sullivan, 1992 참조; Lewis & Ramsay, 2002).

　요약하면, 영아들은 숙달동기에 의해 안내를 받고 일상의 성취에서 기쁨을 얻는다. 2세 영아는 자신의 수행에 대해 타인의 승인과 비난을 예측하기 시작한다. 3세 이상의 아동들은 수행 기준에 따라 성취를 평가하고 얼마나 기준들에 맞았는지에 따라 자부심과 수치심을 경험할 수 있다.

아동중기와 청소년기 동안 성취동기

성취동기에 대한 선구적인 연구들에서 David McClelland와 동료들(1953)은 아동들과 청소년들에게 다소 애매한 그림 4장을 주고 창조적 상상검사의 일부로서 그림에 대한 이야기를 쓰도록 했다. 사람들은 자신들의 동기를 이야기에 투사한다고 가정하여, 성취와 관련된 이야기 주제의 개수로 성취동기를 측정할 수 있다. 그림 11.3에 있는 장면에 대해 당신은 어떤 이야기를 할 것인가? 성취동기가 높은 사람은 사진에 있는 사람이 몇 개월 동안 새로운 획기적인 과학적 발견을 위해 일하고 있으며 그것은 의약 분야에서 혁명을 일으킬 것이라고 말할 것이다. 반면 성취동기 점수가 낮은 사람은 이 사람은 일이 끝나서 집에 가서 쉴 수 있는 것을 기뻐한다고 반응할 것이다. 초기 연구는 이런저런 측정들에서 성취동기 점수가 높은 아동과 청소년들은 낮은 아동이나 청소년들에 비해 학교에서 더 좋은 성적을 받는 경향이 있음을 밝혀냈다(McClelland et al., 1953). 이 결과들은 가정환경이 성취동기에 어떤 영향을 미치는지를 알아보기 위해 연구자들이 부모-자녀 상호작용을 보다 정밀하게 살펴보도록 자극하였다.

숙달동기와 성취에 대한 가정의 영향

수년 동안 연구자들은 아동의 숙달동기와 성취동기, 그리고 실질적인 성취행동에 영향을 미치는 가정의 잠재적 영향 세 가지를 확인했다. 아동 애착의 질, 가정환경의 특성, 아동의 성취하려는 의지를 육성하거나 억제할 수 있는 부모의 자녀양육 실제이다.

애착의 질　10장에서 우리는 12~18개월에 일차 양육자에게 안전 애착된 아동들은 불안전 애착된 아동들에 비해 2세에 성공적으로 문제를 해결할 가능성이 더 높다는 것을 알았다. 또한 그들은 3~5년 후 초등학교에 들어가서 문제를 해결하려는 열성, 강한 호기심, 자기신뢰를 보일 것이다. 학교에 입학한 안전 애착된 아동

많은 3세 유아들은 도전에 숙달하려는 동기가 높고 성취를 하면 자부심을 갖는다.

그림 11.3 이 장면은 성취동기를 측정하기 위해 David McClelland가 사용한 것이다.

들은 아동중기와 청소년기 내내 불안전 애착된 아동들에 비해 학교에서 더욱 자기 확신에 차있고 더 잘 지낸다. 학업성취에 영향을 주는 것으로 알려진 IQ나 사회계층 같은 요소들을 통제하였을 때도 그렇다(Jacobson & Hoffman, 1997). 불안전 애착된 동년배들에 비해 안전 애착된 아동들이 평균적으로 지적 능력이 더 높은 것은 아니다. 대신에 그들은 자신들이 직면하는 새로운 도전과제들에 자신의 능력을 적용하는데 더 열심이다(Belsky, Garduque, & Hrncir, 1984). 따라서 아동들이 위험을 감수하고 도전거리를 찾는 것에 대해 편안함을 느끼기 위해서는 애정적이고 반응적인 부모들이 제공하는 "안전지대"가 필요하다.

가정환경 탐색하고 새로운 기술을 습득하고 문제를 해결하려는 어린 아동들의 경향성은 가정환경이 제공하는 도전의 종류에 달려있다. 한 연구(van Doorninck et al., 1981)에서 연구자들은 12개월 영아가 있는 저소득 가정 50곳을 방문하는 대규모 조사를 실시해서, 아동의 초기 환경을 지적으로 자극적이거나 비자극적인 것으로 분류했다(실제로 200명 이상의 영아를 방문해서 가정을 분류했지만, 자료 손실로 인해 마지막 분석에는 단지 50개만 사용되었다). 5~9년 후, 연구팀은 이 아동들을 추적하여 표준화된 성취검사 점수와 학교 성적을 살펴보았다. 표 11.2에서 볼 수 있듯이, 12개월 때 가정환경의 질은 수년 후 아동의 학업성취를 예측했다. 자극적인 가정의 아동들 3명 중 2명은 학교에서 매우 잘 수행한 반면, 비자극적인 가정 아동들 70%는 매우 저조한 수행을 보였다. 자극인 가정환경은 모든 민족과 사회계층의 아동들이 좋은 성적을 받게 할 뿐만 아니라, **내적 성취 지향성**(intrinsic achievement orientation)을 향상시켰다. 내적 성취 지향성은 능력이나 숙달에 대한 개인적 욕구를 만족시키기 위해 도전거리를 찾고 숙달하려는 의지이다. 발견과 문제해결의 기쁨은 지적으로 자극적인 가정환경에서 발전할 가능성이 가장 높은 듯하다. 연령에 적절한 도전과제를 많이 제공하고 그것들에 숙달하도록 격려하는 가정환경이다. 그런 환경은 다음 절에 묘사되어 있다.

내적 성취 지향성
(intrinsic achievement orientation)
성적과 같은 외적인 유인물을 얻으려는 것과는 반대로, 능력이나 숙달에 대한 개인적 요구를 만족시키기 위해 성취하려는 바람.

자녀양육과 성취 성취동기(The Achievement Motive)라는 책에서, McClelland와 동료들(1953)은 자신의 일을 스스로 하는 **독립성 훈련**을 강조하는 부모와 그런 자기신뢰 행동을 따뜻하게 강화하는 부모는 성취동기에 긍정적인 기여를 한다고 제안했다. 이것은 연구를 통해 증명되었다(Grolnick & Ryan, 1989; Winterbottom, 1958). 그러나 자율성과 자기신뢰를 성공적으로 육성하는 것은 아동이 혼자 목표를 성취하도록 격려하는 것 이상을 필요로 한다. 한 종단 연구에서 부모가 주의 깊게 아동의 노력에 맞는 비계 설정을 하고, 그로 인해 관대한 부모의 안내가 없었다면 불가능했을 도전과제를 결국 숙달하게 된 2세 아동은 1년 후, 즉 3세 때 성취 맥락에서 가장 편안하고 가장 동기가 높은 아동이었다(Kelly, Brownell, & Campbell, 2000). 이것은 협력학습의 중요성에 대한 Vygotsky의 관점과 일치한다. 또한 높은 기준을 세우고 아동이 잘 하도록 격려하는 직접적인 **성취 훈련**도 성취동기를 육성한다(Rosen & D'Andrade, 1959). 마지막으로, 아동의 성취에 따르는 칭찬, 비난, 처벌의 패턴도 중요하다. 도전거리를 찾고 높은 수준의 성취동기를 보이는 아동들에게는 그들의 성공을 칭찬하고 때때로 일어나는 실패에 대해 지나치게 비판적이지 않은 부모가 있었다. 도전을 피하고 성취동기가 낮은 아동들은 그들의 성공에 대한 인정이 느리거나 무미건조하게 칭찬하고 실패에 대해 비난하거나 처벌하는 부모가 있었다(Burhans & Dweck, 1995; Kelly, Brownell, & Campbell, 2000; Teeven & McGhee, 1972).

성취동기가 높은 아동들의 부모들은 세 가지 특징이 있다. (1) 그들은 따뜻하고 수용적이고 아동의 성취에 대해 즉시 칭찬한다. (2) 그들은 아동이 살아가는데 필요한 기준을 세우고 진행과정을 모니터함으로써 안내하고 통제한다. (3) 그들은 독립성이나 자율성을 허용한다. 즉, 그들은 어린 아동이 혼자서 성공할 수 있도록 과제에 주의 깊은 비계를 설정해 주고, 나이든 아동이 도전에 숙달하고 기대에 부응하는 최선의 방법을 결정할 때 발언할 기회를 준다. Diana Baumrind는 이런 따뜻하고 확고하고 민주적인 양육을 **권위적 양육**(authoritative parenting) 양식이라고 하였다. 이것은 서양사회(Glasgow et al., 1997; Lamborn et al., 1991; Steinberg, Elmen, & Mounts, 1989)와 아시아(Lin & Fu, 1990) 모두에서 초등학생과 청소년들의 성취와 학업 성공에 대한 긍정적인 태도를 육성한 양식이다. 만일 아동들이 학교과제와 싸우고 있을 때 긍정적인 방식으로 격려와 지원을 받는다면, 새로운 도전을 즐기고 그것들에 숙달하는 것에 자신감을 느낄 것이다(McGrath & Rpetti, 2000). 반대로 만일 (1) 어떤 개입도 안내도 하지 않고, (2) 지나치게 통제하고 숙제에 대해 지속적으로 잔소리를 하고, 좋은 성적에 대해 물질적인 뇌물을 주거나 나쁜 성적에 대해 계속적으로 같은 말을 반복한다면, 부모들은 아동의 학업수행과 성공하려는 동기를 위태롭게 할 수 있다(Ginsburg & Bronstein, 1993; Ng, Kenney-Bensen, & Pomerantz, 2004).

> **권위적 양육**
> (authoritative parenting)
>
> 융통성 있고 민주적인 양육 양식으로, 따뜻하고 수용적인 부모가 도전과 의무를 맞추기 위한 최선의 방법을 결정하는 데 어느 정도의 발언권을 아동에게 주는 것과 함께 안내하고 통제도 하는 방식.

또래집단의 영향

또래들도 학령기 아동과 청소년들에게 영향을 주는 주요한 출처로서, 어떤 때는 학업성취를 격려하는 부모의 노력을 지지하고 다른 때는 위태롭게 한다. 학업성취를 방해하는 또래 압력은 특히 많

표 11.2 생후12개월의 가정환경특성과 5~9년 이후의 학교에서 학업 성취 간의 관계

12개월의 가정환경 특성	학업 성취	
	평균이거나 높음(상위 70%)	낮음(하위 30%)
자극적	20명	10명
비자극적	6명	14명

출처: Adapted from "The Relationship Between Twelve–Month Home Stimulation and School Achievement," by W. J. van Doorninick, B. M. Caldwell, C. Wright, and W. K. Frankenberg, 1981, Child Development, 52, 1080–1083. Copyright © 1981 by The Society for Research in Child Development, Inc. Reprinted by permission.

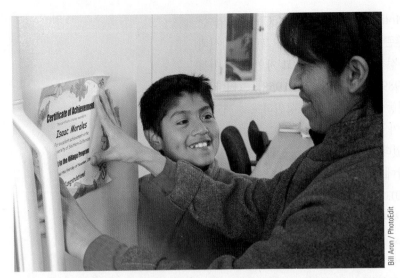

자녀의 성취를 격려하며 성공에 대해 따뜻하게 반응하는 부모는 도전을 즐기는 숙달 지향적 아동을 양육하는 경향이 있다.

은 저소득층의 아프리카계와 라틴계 미국인 학생들에게 심각하다. 그런 압력은 이 학생들이 유럽계나 아시아계 미국인 학생들보다 학교 성취에서 뒤떨어지는 이유를 설명할 수 있을 것이다(Slaughter-Defoe et al., 1990; Tharp, 1989). Lawrence Steinberg와 동료들(1992)은 많은 저소득 지역에서 아프리카계와 라틴계 미국인 학생의 또래 집단은 학업성취를 방해하는 반면, 유럽계와 아시아계 미국인 학생의 또래 집단은 그것에 가치를 두고 격려한다. 도심 학교에 다니는 성취가 높은 아프리카계 미국인 학생들은 만일 학업성취가 또래들에게 "백인처럼 행동하는" 것으로 지각된다면 다른 아프리카계 미국인 또래들에 의해 거부될 위험을 안고 있다(Ford & Harris, 1996; Fordham & Ogbu, 1986).

교육에 높은 가치를 두고 자녀들의 성취를 촉진하기 위해 열심히 노력하는 부모의 자녀들은 그런 가치를 공유하는 또래들과 연합되는 경향이 있다. 라틴계, 동아시아계, 필리핀계 및 유럽계 이민가족에 대한 연구에서, Andrew Fuligni(1997)는 이민 청소년들은 부모들이 고등 교육을 받지 못했으며 가정에서 영어를 거의 사용하지 않음에도 불구하고, 미국에서 태어난 청소년들보다 학교에서 더 높은 성적을 받는 경향이 있음을 발견했다. 왜 그런가? 왜냐하면 이런 높은 성취자들의 부모는 학업의 가치를 강조하는데, 이 가치는 친구들에 의해 분명하게 강화받으며, 이 친구들은 함께 공부하고 수업 노트를 공유하고 학교에서 잘 하도록 격려한다. 부모의 가치에 대한 또래 지원은 재능 있는 아프리카계 미국인 학생들(Ford & Harris, 1996)과 중국 상하이의 청소년 전기 아동들(Chen, Rubin, & Li, 1997)의 학업성취를 육성했다. 또래의 지원은 배경이 무엇이든 학생들의 학업 성공에 대한 강력한 기여 요인이다. 분명히, 부모나 또래로부터 학업 목표의 가치에 대한 대립적인 메시지를 받지 않는다면, 학생들은 그것에 초점을 맞추기가 더 쉽다.

문화적 영향

성취동기와 학습에 대한 태도에는 문화차가 있다. 예를 들면, 성취동기를 보이지만 수행 실패에 대해 매우 관대한 미국 아동들과는 달리, 중국 아동은 성취동기를 보이지만 실패를 개인적 실패로 보고 그것들에 대해 매우 수치스러워한다. Li(2004)는 학령전기에 이미 이 차이가 분명하다는 것을 발견했다. Li는 4, 5, 6세 미국 아동과 중국 아동에게 학습 실패에 대한 이야기를 읽어 주었다. 그런 다음 아동들에게 이야기 등장인물의 실패에 대한 의견을 묻고 그들의 반응을 조사했다. Li는 어린 아동들이 다르게 반응한다는 것을 발견했다. 학령전 미국 아동은 학습을 완수할 과제로 보고 학습 실패에 대해 비판적이지 않았다. 반대로, 학령전 중국 아동은 학습을 습득할 인간적 미덕(personal virtue)으로 보고 학습 실패에 대해 매우 비판적이었다. 이런 차이는 다음의 예에서 분명하다. 학령전 아동은 다음 이야기를 듣고 등장인물에 대한 질문을 받았다.

아기 곰은 엄마와 아빠가 물고기를 잡는 것을 본다. 아기 곰은 스스로 물고기 잡는

법을 정말 배우고 싶어 한다. 아기 곰은 한동안 시도해 보지만, 고기를 잡을 수 없다. 그러자 아기 곰은 스스로에게 말한다. "괜찮아! 나는 더 이상 물고기를 잡고 싶지 않아!"

5세 미국 여아의 반응

아동: 아기 곰은 포기하지 말아야 해요. 왜냐하면 그러면 아기 곰은 그것을 할 수 없을 것이기 때문이지요. 음, 아기 곰은 엄마와 아빠가 잡은 물고기를 먹을 수 있어요. 아기 곰이 물고기를 잡으려면 몸도 더 크고 키도 더 커야 해요.

면접자: 너도 알고 있듯이, 아빠와 엄마가 각각 물고기 한 마리를 잡았어. 그들은 좀 커, 너도 알지? 아마도 혼자서 그 물고기를 먹어야 할 거야. 아기 곰은 무엇을 해야 할까?

아동: 음, 아기 곰은 연습하기 위해 뭔가를 할 수 있어요.

면접자: 어떤 것?

아동: 작은 개울 같은.

면접자: 뭐라고?

아동: 물고기가 살고 있는 개울.

면접자: 너는 아기 곰 같니?

아동: 네.

면접자: 왜 너는 아기 곰 같지?

아동: 왜냐하면 아기 곰은 털이 있고 귀여워요.

5세 중국 여아의 반응

아동: 아빠와 엄마는 물고기를 여러 조각으로 나누고, 함께 먹어요.

면접자: 그렇지만 너도 알듯이 엄마와 아빠는 커서, 각자 물고기 한 마리를 먹어야 할 거야. 아마도 아기 곰에게 물고기를 줄 수 없을 거야. 아기 곰은 다음에 어떻게 하지?

아동: 엄마는 작은 조각을 갖고, 큰 조각은 아기 곰에게 주어요. 그들은 아기와 함께 먹고 행복해요.

면접자: 너는 아기 곰 같니?

아동: 아니요.

면접자: 왜 아니지?

아동: 아기 곰은 뭔가를 하다가 중간에 멈춰요. 그녀는 세 개의 심장과 두 개의 마음을 갖고 있어요(즉, 집중하지 못함).

면접자: 세 개의 심장과 두 개의 마음을 갖는 것은 뭐가 나쁘지?

아동: 잠깐 이것을 하고, 그런 다음 잠깐 다른 것으로 옮겨요. 집중하지 못해요. 잘 배울 수 없고, 그것은 좋지 않아요.

이 예들에 나온 여아들은 분명히 학습에 대한 관점과 이런 상황에서 새끼 곰을 평가하는데 차이가 있음에 주목하라. 미국 여아는 새끼 곰의 시도를 가치 있는 것으로 보았고 새끼 곰이 자신의 목표를 완수할 다른 방법들을 찾았다. 중국 여아는 새끼 곰의 배우려는 시도를 칭찬할 만한 것으로 보았지만, 새끼 곰의 포기에 대해 매우 실망했고, 이것을 개인적 실패로 보았다. 요약하면, 성취동기와 학습에 대한 관점에서 문화차는 매우 어린 아동들에서도 분명하다.

표 11.3	Weiner의 성취결과의 원인에 대한 분류	
	인과성의 소재	
	내적 원인	외적 원인
안정적 원인	능력 "나는 수학에 가망이 없어."	*과제난이도* "그 시험이 너무 어렵고 길었어."
불안정한 원인	노력 "나는 음악회에 가지 말고 공부를 더 열심히 했어야 하는데 . . ."	*행운* "세상에 이럴 수가, 내가 결석한 날 배운 내용만 시험에 나왔네."

성취동기를 넘어: 성취 귀인의 발달

많은 현대의 연구자들은 성취동기 개념이 어떤 가치가 있다는 것을 알고 있지만, 이 보편적인 동기 하나가 모든 성취 상황에서 행동을 예측할 것이라고 가정하는 것은 순진한 생각임을 인정한다. 왜 그런가? 아동들의 성취 행동과 학문적 자기개념은 **성취귀인**(achievement attribution) 혹은 성공과 실패를 어떻게 해석하는지에 많이 의존하기 때문이다.

성취 귀인
(achievement attribution)
성공과 실패에 대한 인과적 설명.

성취 귀인의 유형들

Bernard Weiner(1974, 1986)는 청소년들과 젊은 성인들은 자신의 성공과 실패를 4가지 원인 중 하나에 귀인하는 경향이 있음을 발견했다. 능력, 노력, 과제난이도, 운(좋거나 나쁜)이 그 4가지이다. 표 11.3에서 보듯이, 능력과 과제난이도는 **안정적인** 원인이며, 이것은 강한 **성취 기대**(achievement expectancy)를 키우는 반면, 노력과 운은 불안정하거나 상황에 따라 매우 다르고 성취기대를 약하게 한다. 만일 시험을 잘못 치룬 후 실패를 낮은 능력과 같은 안정적인 원인에 귀인을 한다면, 다음번에 더 열심히 공부해서 극복할 수 있는 노력에 실패를 귀인하는 것보다 미래의 성공에 대한 자신감이 더 낮을 것이다(강한 부정적인 기대). 또한 표 11.3에 있는 원인들 중 두 가지, 능력과 노력은 내적 원인(개인의 특성)인 반면 다른 두 가지, 과제난이도와 운은 외적 원인(상황의 특성)이다. Weiner는 성취 귀인의 내재성-외재성이 성취 결과에 얼마나 많은 가치를 둘 것인지에 영향을 미친다고 제안한다. 만일 시험성적 A를 높은 능력이나 열심히 공부한 것과 같은 내적 원인에 귀인한다면, 맹목적인 운이나 우스울 정도로 쉬운 시험과 같은 외적 요인들에 귀인할 때보다 성공을 더 가치있게 여길 것이다.

성취 기대
(achievement expectancy)
특정한 목표를 이루기 위해 노력한 다면 얼마나 잘(혹은 저조하게) 수행할 것인지에 대해 기대.

Weiner에 따르면, 성공을 높은 능력에 귀인하는 것은 적응적이다. 왜냐하면 이런 내적이고 안정적인 귀인은 성취한 것에 가치를 두게 만들고 성공을 반복할 수 있다는 기대를 하도록 이끈다. 반대로

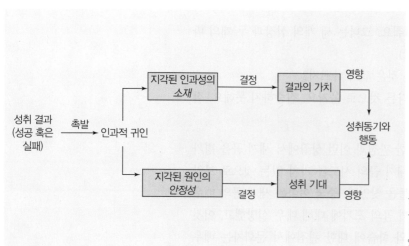

그림 11.4 Weiner의 성취 귀인이론에 대한 개관.

© Cengage Learning

실패를 낮은 능력보다 적은 노력에 귀인하는 것이 더 적응적이다. 왜냐하면 노력은 불안정하며 더 열심히 노력을 한다면 미래에 더 잘 할 수 있다고 믿을 가능성이 더 높기 때문이다.

요약하면, Weiner의 귀인이론은 두 가지 인지적 변인이 주어진 성취영역 내에서 특정한 목적을 성취하려는 의지에 영향을 미친다고 주장한다. 아마도 내재성이나 외재성처럼 결과에 대한 지각된 인과성 소재는 결과에 얼마나 가치를 둘 것인지에 영향을 미치는 반면, 결과의 안정성에 대한 귀인은 성취 기대에 영향을 미친다. 종합하면, 이런 두 가지 인지적 판단은 미래에 비슷한 도전을 시작하려는 의지에 영향을 준다(Weiner 이론에 대한 개관은 그림 11.4를 참조).

성취관련 귀인에서 연령차

만일 Weiner의 이론이 너무 인지적이고 너무 추상적이어서 어린 아동들의 성취 귀인을 설명할 수 없는 듯이 들린다면, 당신이 옳다. 7세 이전 아동들은 비록 그들이 과거에 숙달하는데 반복적으로 실패했을지라도, 자신들은 거의 어떤 과제도 성공할 능력이 있다고 생각하는 비현실적인 낙천주의자인 듯하다(Stipek & Mac Iver, 1989). 유치원 교사들과 초등학교 교사들은 숙달목표를 세우거나 작업의 질보다 노력을 더 많이 칭찬함으로써 이런 장밋빛 낙천주의에 기여하는데, 이것은 열심히 노력하면 더 많은 것을 성취하고 "똑똑해질" 수 있다고 믿도록 이끈다(Rosenholtz & Simpson, 1984; Stipek & Mac Iver, 1989). 어린 아동들은 **능력의 증가 관점**(incremental view of ability)을 갖는 듯하다. 즉 그들은 능력이란 변할 수 있고 안정적이지 않으며, 더 많은 노력과 연습을 통해 더 영리해지고 더 많은 능력을 가질 수 있다고 믿는다(Droege & Stipek, 1993; Dweck & Leggett, 1988; Heyman, Gee, & Giles, 2003).

아동들이 능력과 노력을 구분하기 시작하는 것은 언제인가? 능력은 노력이나 연습에 의해 많은 영향을 받지 않는 고정적이거나 안정적인 특질이라는 **능력의 본질 관점**(entity view of ability)으로 변하는 것은 언제인가? 8~12세 아동들은 노력과 능력을 구분하기 시작한다(Nicholls & Miller, 1984). 이것은 부분적으로 학교에서 경험의 특성이 변하기 때문이다. 교사들은 점진적으로 능력 평가를 더 많이 강조한다. 그들은 노력의 양보다는 학생들이 수행한 작업의 질을 반영하는 점수를 매긴다. 이 모든 수행평가는 학생 작업의 양보다 질에 프리미엄을 두는 과학 박람회와 철자 경연대회와 같은 경쟁적인 활동에 의해 보완된다. 나이든 초등학생들은 능력에 대한 교사의 평가에 기초하여 "우열 집단(ability group)"에 배정된다(Rosenholtz & Simpson, 1984; Stipek & Mac Iver, 1989). 아동이 자신의 능력을 평가하기 위해 사회적 비교를 더 많이 하는 것과 함께(Altermatt et al., 2002; Poverantz et al., 1995), 이 모든 실행들은 나이든 초등학생들이 노력과 능력을 구분하기 시작하고, Weiner 이론이 예측한 종류의 성공과 실패에 대한 인과적 귀인을 하는 이유를 설명한다.

초등학교 후기(4~6학년)는 많은 학생들이 학업성취에 더 적은 가치를 두고 다소 부정적인 학문적 자기개념을 발달시키는 시기이며, 이런 경향은 중학교 동안 더 강해진다(Butler, 1999; Eccles et al., 1993; Jacobs et al., 2002). 이제 곧 살펴보게 되겠지만, 능력과 노력을 구분하고 능력의 본질 관점을 택하는 아동들의 경향성이 이런 경향에 기여하는 주요 요인이다.

능력의 증가 관점
(incremental view of ability)
능력은 더 많은 노력과 연습을 통해 향상될 수 있다는 믿음.

능력의 본질 관점
(entity view of ability)
능력은 노력이나 연습에 의해 많은 영향을 받지 않는 상당히 안정적인 특질이라는 믿음.

Dweck의 학습된 무력감 이론

모든 아동들은 도전에 숙달하려고 시도하면서 때로 실패하지만, 실패에 대해 모두 같은 방식으로 반응하는 것은 아니다. Weiner의 귀인이론에 기초하여, Carol Dweck과 동료들은 어떤 아동들은 실패에 직면해서 끝까지 지속하여 결국 목적을 성취하는 반면, 다른 아동들은 재빨리 포기하는 이유를 설명하려고 노력했다. 그들의 발견은 이 두 유형의 아동들이 서로 다른 방식으로 자신들의 성취 결과를 설명한다는 것을 밝혀냈다(Dweck, 2001; Dweck & Leggett, 1988).

숙달 지향
(mastery oriented)
자신은 높은 능력을 가졌거나 혹은 이전 실패는 더 열심히 노력함으로써 극복할 수 있다는 신념 때문에 도전과제를 끝까지 지속하는 경향성.

어떤 아동들은 **숙달 지향적**(mastery oriented)이다. 그들은 자신의 성공을 높은 능력에 귀인하지만 실패에 대한 비난은 외부에 두거나("그 검사는 불공정해") 쉽게 극복할 수 있는 불안정한 원인들("내가 더 열심히 노력한다면 더 잘 할 거야")에 귀인하는 경향이 있다. 이런 학생들을 "숙달 지향적"이라고 부르는데, 그들은 실패에 직면해서 끝까지 지속하고 더 노력하면 성공할 것이라고 믿기 때문이다. 비록 그들이 능력을 시시때때로 심하게 요동치지 않는 상당히 안정적인 속성으로 본다고 할지라도(이것은 성공을 반복하는 것에 대한 자신감을 느끼게 만든다), 그들은 여전히 실패 후 더 열심히 노력함으로써 능력을 향상시킬 수 있다고 생각한다(증가적 관점). 그래서 숙달 지향적인 어린 아동들은 이전에 유사한 과제들에서 성공했든 실패했든 상관없이 새로운 도전에 "숙달"하려는 동기가 높다(그림 11.5 참조).

다른 아동들은 자신의 성공을 노력이나 운과 같은 불안정한 요인들에 귀인한다. 그들은 자신이 매우 유능하다고 여기는 자부심과 자존감을 경험하지 못한다. 그들은 실패를 능력의 부족과 같은 안정적이고 내적인 요인에 귀인하는데, 이것은 미래 성공에 대한 기대를 낮추고 포기하게 한다. Dweck에게 이것은 마치 이 어린 아동들이 **학습된 무**

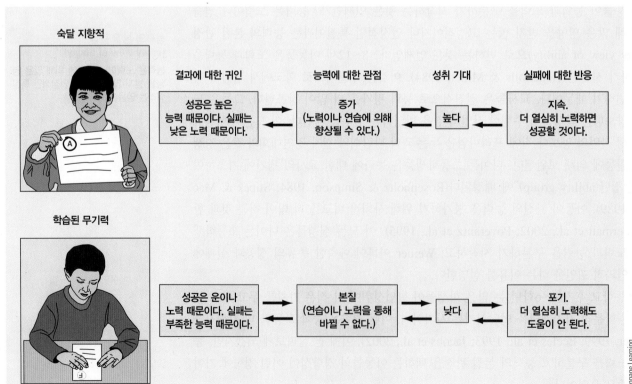

그림 11.5 숙달 지향적과 학습된 무기력 성취 지향의 특징들.

력감 지향(learned-helplessness orientation)을 보이는 듯 했다. 만일 아동이 능력의 부족과 같은 안정적인 원인에 실패를 귀인해서 자신은 아무 것도 할 수 없다고 생각한다면(능력의 본질 관점), 아동은 좌절하고 향상하려는 시도를 할 어떤 이유도 없다. 따라서 그 아동은 시도하는 것을 중단하고 무기력하게 행동한다(Pomerantz & Ruble, 1997 참조). 불행하게도, 재능 있는 학생들조차 이런 건강하지 못한 귀인양식을 택하고, 이것은 일단 형성되면 시간이 지나도 계속 지속되는 경향이 있으며 결국 학업 수행을 방해하게 된다(Fincham, Hokada & Sanders, 1989; Phillips, 1984; Ziegert et al., 2001).

학습된 무력감은 어떻게 발달하는가? Dweck(1978)에 따르면, 만일 부모와 교사들이 아동이 성공할 때 열심히 노력한 것에 대해 칭찬하고 실패했을 때 능력의 부족에 대해 비난한다면, 그들은 무의식적으로 무기력한 성취 지향의 발달을 육성할 수 있다. 4~6세 아동들도 실패에 대해 자주 처벌받거나 자신의 능력에 대해 의심을 하게 만드는 비난을 받는다면, 무기력 지향이 발달하기 시작한다(Burhans & Dweck, 1995; Ziegert et al., 2001). 반대로 부모와 교사들이 아동이 성공했을 때 효율적인 문제해결 전략들을 고안하려는 아동의 노력을 칭찬하고 실패했을 때 노력의 부족을 강조한다면, 그 아동은 자신은 충분히 능력이 있으며 만일 더 열심히 노력한다면 더 잘할 수 있다고 결론내릴 수 있다. 이것은 분명히 숙달 지향적 아동들이 택하는 관점이다(Dweck, 2001). 한 영리한 실험에서 Dweck과 동료들(1978)은 친숙하지 않은 과제들을 수행하는 동안, 무력감을 만들어내는 패턴의 평가를 받았던 5학년 학생들은 실패를 능력의 부족에 귀인하기 시작한 반면, 숙달 지향적인 패턴의 평가를 받은 학급 동료들은 실패를 노력의 부족으로 귀인하면서 "더 열심히 노력해야해"라고 말한다는 것을 보여주었다. 이 놀라울 정도로 서로 다른 귀인 양식은 실험이 실시되고 1시간도 채 안 되어 형성되었다. 따라서 수개월 혹은 수년 동안 일관되게 부모나 교사로부터 받은 평가적 피드백은 초등학생들(그리고 더 나이든 학생들)에서 자주 관찰되었던 대조적인 "무기력" 지향과 "숙달" 지향의 발달에 기여했을 것이다(Dweck의 연구가 아동의 성취귀인을 변화시키는데 어떻게 적용될 수 있는지에 대한 자세한 묘사는 당신의 삶에 연구 적용하기 상자를 참조하라).

> **학습된 무력감 지향**
> (learned-helplessness orientation)
> 실패가 어떻게 할 수 없는 능력의 결핍에 귀인되기 때문에 실패 후에 포기하거나 노력을 중단하는 경향.

> **귀인재훈련**
> (attribution retraining)
> 무기력한 아이들에게 실패를 능력의 부족보다 노력의 부족으로 귀인하도록 설득하는 치료적 중재.

당신의 삶에 연구 적용하기 | **무기력한 사람이 성취하도록 돕기**

실패하자마자 곧 포기하는 것은 성인들이 격려하려는 종류의 성취 지향은 분명히 아니다. 이런 "무기력한" 아동들이 실패했던 과제를 끝까지 지속하도록 돕기 위해 무엇을 할 수 있는가? Carol Dweck에 따르면, 한 가지 효과적인 치료는 **귀인재훈련**(attribution retraining)인데, 이것은 학습된 무력 지향이 있는 아동들에게 실패를 바꾸기 쉽지 않은 능력의 부족이 아니라 무언가를 할 수 있는 불충분한 노력과 같은 불안정한 원인들에 귀인하도록 설득하는 것이다.

Dweck(1975)은 몇 가지 어려운 수학 문제를 풀지 못한 후 "무기력하게" 된 아동들에게 두 가지 "치료" 중 하나를 실시함으로써 자신의 가설을 검증했다. 25번의 치료 회기동안, 아동들 중 절반은 그들이 해결할 수 있는 문제들만 풀었고 자신들의 성공에 대해 토큰을 받는 성공(success-only) 처치를 받았다. 나머지 절반은 *귀인재훈련*을 받았다. 그들은 다른 집단의 아동들과 거의 같은 정도로 25회기 동안 많은 성공을 경험했지만, 미리 정해진 몇 번의 실패도 하

였으며, 그 후 그들은 빠르지 못했고 더 열심히 노력해야 한다는 말을 들었다. 이것은 이 어린 아동들에게 실패는 능력의 부족이 아니라 노력의 부족을 반영한다는 확신을 갖게 만들려는 시도였다. 이 치료는 효과가 있었는가? 그렇다, 분명히! 실험의 끝났을 때, 귀인재훈련 조건의 "무기력한" 아동들은 이제 처음에 해결하지 못했던 어려운 수학 문제들을 더 잘 수행했다. 문제를 풀지 못했을 때, 그들은 자신의 결과를 노력의 부족으로 귀인하고 더 열심히 노력했다. 반대로 성공만 경험하는 조건의 아동들은 그런 향상을 보이지 않았으며, 원래 문제들을 실패한 후 다시 한 번 포기했다. 따라서 무기력하게 행동하는 아동들에게 단순히 성공할 수 있다는 것을 보여주는 것만으로는 충분치 않다! 학습된 무기력을 줄이려면, 이런 경험들을 더 열심히 노력한다면 극복할 수 있는 것으로 봄으로써 자신의 실패에 대해 보다 건설적으로 반응하기를 아동들에게 가르쳐야 한다.

이보다 더 잘할 수 있는가? 분명히 그렇다. 학습된 무기력의 발달을 예방하는 단계들을 밟는 것이다. 부모와 교사들은 아동의 성공을 칭찬하고, 실패란 능력의 부족을 보여주는 것이라고 자기 가치감을 방해하는 말을 하지 않도록 주의함으로써 중요한 역할을 할 수 있다. 성공을 칭찬하는 올바른 방식과 잘못된 방식이 있음을 연구들은 보여준다. Claudia Mueller와 Carol Dweck(1998)은 자신의 성공에 대해 규칙적으로 "너는 정말 영리하구나"와 같은 **인물 칭찬**(person praise)을 받는 아동들은 낯선 도전과제에 직면했을 때 새로운 학습보다 **수행목표**(performance goal)에 더 많은 관심을 갖게 되고, 자신들이 얼마나 영리한지를 보여주려고 한다는 것을 발견했다. 실패는 수행목표를 방해하는데, 이것은 아동이 포기하고 무기력하게 행동하게 만든다. 그러면 성인들은 아동의 성공을 어떻게 칭찬해야 하는가? Melissa Kamins와 Carol Dweck(1999)은 성공했을 때 좋은 문제해결 전략을 발견하고 공식화하려는 노력을 칭찬하는 **과정지향 칭찬**(process-oriented praise)을 받은 아동들은 **학습목표**(learning goal)를 택하는 경향이 있음을 발견했다. 새로운 도

전에 직면했을 때, 그들은 자신의 "영리함"을 보여 주는 것보다 과제숙달을 가장 중요한 목적으로 보게 된다. 새로운 문제에 대한 최초의 실패가 이 아동들에게 하는 말은 학습목표를 달성하려면 새로운 전략들을 고안하고 계속 노력해야 하며, 포기하거나 무기력하게 행동하기보다 그저(just) 하라는 것이다(Kamins & Dweck, 1999).

성공에 대한 인물지향 칭찬보다 과정지향 칭찬은 숙달 지향성을 증진시키고 학습된 무기력을 예방한다. 게다가 Dweck의 적응적인 학습목표와 부적응적인 수행목표 간 구분은 학급활동을 약간 재구조화함으로써 학습된 무기력을 예방하는 효과가 크다는 것을 시사한다. 개인적 숙달을 강조하도록 교과과정을 수정하고 개인의 유능성을 향상시키는 것은 아동들이 확신을 갖고 학습목표를 채택하게 할 뿐만 아니라(Dweck, 2001), 특히 느린 학습자들에게 도움이 될 것이다(Butler, 1999; Stipek & Mac Iver, 1989). 새로운 기술들 그 자체를 숙달하는 것에 초점을 맞추는 것은 학생들이 최초 실패를 능력이 없고 과제를 숙달할 수 없다는 증거가 아닌 전략을 바꿔야 하고 계속해서 노력해야 하는 "증거"로 보게 한다.

인물 칭찬
(person praise)

지능과 같은 바람직한 성격 특질에 초점을 맞춘 칭찬. 이런 칭찬은 성취맥락에서 수행목표를 육성한다.

수행목표
(performance goal)

성취맥락에서 일차적인 목표가 능력을 보여주거나 혹은 무능해 보이는 것을 피하는 것인 사태.

과정지향 칭찬
(process-oriented praise)

좋은 생각과 효과적인 문제해결 전략으로 확장되는 노력에 대한 칭찬. 이런 칭찬은 성취맥락에서 학습목표를 육성한다.

학습목표
(learning goal)

성취맥락에서 일차적 목표가 기술이나 능력을 증가시키려는 사태.

정체성
(identity)

성숙한 자기정의; 자신은 누구이며 인생에서 어디로 가고 있으며 사회에 적합한가에 대한 인식.

나는 누구인가? 정체성 형성

Erik Erikson(1963)에 따르면, 청소년들이 직면하는 주요 발달 장애물은 **정체성**(identity), 즉 자신은 누구이며, 어디로 향하고 있으며, 자신들이 꼭 들어맞는 사회는 어디인가에 대한 확고하고 응집된 인식을 형성하는 것이다. 정체성을 형성하는 것은 많은 중요한 선택들과 싸우는 것이다. 나는 어떤 경력을 원하는가? 나는 어떤 종교적, 도덕적, 정치적 가치를 택해야 하는가? 나는 남자 혹은 여자로서, 그리고 성적인 존재로서 누구인가? 내가 꼭 들어맞는 사회는 어디인가? 물론 이 모든 것은 많은 십대들이 마음속에 품고 있는 의문이다. Erikson은 청소년들이 오늘의 나는 누구이며 "어떤 종류의 자기가 될 수 있는가(혹은 되어야 하는가)?"를 결정할 때 느끼는 혼란, 불안을 설명하기 위해 **정체성 위기**(identity crisis)라는 용어를 사용했다.

당신은 누구이며, 무엇이 되어야 하며, 무엇이 될 것인가에 대해 혼란스러웠던 십대 시절을 기억할 수 있는가? 아직 정체성 문제를 해결하지 못하고 여전히 답을 찾고 있는 것이 가능한가?

James Marcia(1980)는 연구자들이 청소년을 4가지 정체성 지위 중 하나로 분류할 수 있는 구조화된 면접법을 개발했다. 정체성 혼미, 정체성 폐쇄, 정체성 유예 및 정체성 성취는 청소년들이 다양한 대안들을 탐색하고 직업, 종교적 이데올로기, 성적 지향, 정치적 가치에 확고하게 헌신할 것인지 아닌지에 기초하고 있다. 이런 정체성 지위는 다음과 같다.

정체성 혼미(identity diffusion) "혼미"로 분류된 사람은 정체성 이슈에 대해 생각하거나 해결하려고 하지 않았으며 미래 삶의 방향을 계획하지 못했다. 예: "나는 종교에 대해 많은 생각을 해보지 않았어요. 나는 내가 믿는 것이 무엇인지 정확히 모르는 것 같아요."

정체성 폐쇄(identify foreclosure) "폐쇄"로 분류된 사람은 정체성에 전념하지만 실제로 자신에게 제일 잘 맞는 것이 무엇인지를 결정하는 "위기"를 경험하지 않고 전념하였다. 예: "나의 부모님은 침례교도이고, 그래서 나도 침례교도예요. 그것이 바로 내가 성장한 방식이구요."

정체성 유예(identify moratorium) 이 지위에 있는 사람은 Erikson이 정체성 위기라고 불렀던 것을 경험하고 있으며 삶의 헌신에 대해 적극적으로 의문을 제기하고 그 답을 찾고 있다. 예: "나는 내 신념들을 평가하고 있으며 나에게 옳은 것을 결정할 수 있기를 희망해요. 나는 천주교적 훈육으로부터 얻은 많은 답들을 좋아해요. 그러나 어떤 가르침들에 대해서는 의심을 품고 있어요. 나는 유니테리언파의 교리가 내 의문에 대해 답하는데 도움이 될지를 알아보려고 하고 있어요."

정체성 성취(identity achievement) 정체성을 성취한 사람들은 특별한 목표, 신념 및 가치에 대해 개인적 전념을 함으로써 정체성 이슈를 해결했다. 예: "내 종교와 다른 종교에 대해 수많은 영혼 탐색을 한 후, 나는 마침내 내가 믿는 것과 믿지 않는 것을 알게 되었어요."

정체성 형성에서 발달적 경향

비록 Erikson이 정체성 위기는 청소년 초기에 일어나고 15~18세가 되면 해결된다고 가정할지라도, 그의 연령 규준은 지나치게 낙관적이다. Phillip Meillman(1979)이 12~24세 남성의 정체성 지위를 측정하였을 때, 분명한 발달적 진전을 관찰했다. 그림 11.6에서 볼 수 있듯이, 12~18세 남성들 대다수가 정체성 혼미나 정체성 폐쇄 지위에 있었으며, 21세 이후가 되어야 참가자 대다수가 유예 지위에 도달하거나 안정된 정체성을 성취했다.

여아와 성인여성의 정체성 형성과정은 남아와 성인남성의 형성과 다른가? 대부분의 측면에서 그렇지 않다(Archer, 1992; Kroger, 1996). 여아들은 남아들과 거의 같은 연령에서 분명한 정체감을 성취한다(Streitmatter, 1993). 그러나 한 가지 흥미를 끄는 성차가 관찰되었다. 비록 오늘날의 여자 대학생들이 남자 대학생들과 마찬가지로 경력과 관련된 정체성을 형성하는데 관심이 많을지라도, 그들은 성(sexuality), 성역할 및 가족과 경력 목표들 간의 균형을 이루는 이슈에 초점을 둔 정체성의 측면들을 더 중요하게 여겼다(Archer, 1992; Kroger, 2005).

이 주제들에 관한 연구에 근거해서 판단하면, 정체성 형성에는 시간이 걸린다. 대학교 시기와 같은 청소년 후기가 되어야 많은 젊은 남성과 여성들이 혼미나 폐쇄 지위에서 유예 지위로 옮겨가고, 그런 다음 정체성을 획득한다(Kroger, 2005; Waterman, 1982) 그러나 이것은 결코 정체성 형성 과정의 끝이 아니다. 많은 성인들이 여전히 정체성 이슈와 씨름하고 있으며, 인생의 더 이른 시기에 모든 답을 가졌다고 생각한 후에도 나는 누구인가라는 의문이 다시 제기되었다(Kroger, 2005; Yip, Seaton, & Sellers, 2006). 예를 들면, 이혼은 가정주부 어머니에게 여성이란 어떤 의미인지에 대해 다시 생각하도록 만들 수 있으며, 정체성의 다른 측면들에 대한 의문이 다시 일어날 수 있다.

정체성을 획득하는 과정은 일정하지 않다(Archer, 1982; Kroger, 1996). 예를 들면 Sally Archer(1982)는 직업 선택, 성역할 태도, 종교적 신념, 정치적 이데올로기의 네 영

정체성 위기
(identity crisis)
청소년들이 삶에서 현재와 미래의 역할에 대해 혼란스러울 때 경험하 는 불확실성과 불편함에 대한 Erikson의 용어.

정체성 혼미
(identity diffusion)
자신이 누구인지에 대해 의문을 갖지 않으며 스스로 정체성에 전념하지 않은 개인을 특징짓는 정체성 지위.

정체성 폐쇄
(identity foreclosure)
실제로 생각해 보지 않고 직업이나 이데올로기에 미숙하게 전념하는 사람을 특징짓는 정체성 지위.

정체성 유예
(identity moratorium)
현재 정체성 위기를 경험하고 있으며 자신을 투자할 직업이나 이데올로기를 적극적으로 탐색하는 개인을 특징짓는 정체성 지위.

정체성 성취
(identity achievement)
신중하게 정체성 문제에 대해 생각하고 직업과 이데올로기에 확고하게 전념하는 개인을 특징짓는 정체성 지위.

역에서 6~12학년의 정체성 지위를 평가하였다. 청소년들 중 단지 5%만이 4영역 모두 같은 정체성 지위에 있었으며, 95%는 4영역 중에서 두 가지나 세 가지 지위에 있었다. 청소년들은 한 영역에서는 강한 정체감을 획득하고 다른 영역들에서는 여전히 탐색 중일 수 있음을 보여준다.

정체성 형성은 얼마나 고통스러운가?

Erikson이 청소년들의 정체성에 대한 적극적인 탐색을 묘사하기 위해 위기라는 용어를 사용한 것은 유감스럽다. 왜냐하면 유예 지위에 있는 청소년들 모두가 "스트레스로 지치는" 것 같지는 않기 때문이다. 실제로 James Marcia와 동료들(1993)은 이런 적극적인 정체성 탐색자들이 혼미나 폐쇄 지위에 있는 동년배에 비해 자신과 미래에 대해 더 긍정적으로 느낀다는 것을 발견했다. Erikson이 정체성 성취를 매우 건강하고 적응적인 발달로 특징지은 것은 옳다. 정체성 성취자는 다른 세 가지 정체성 지위에 있는 상대들보다 자존감이 높고 자기의식을 덜 하며 개인적인 관심사에 덜 몰두한다(Adams, Abraham, & Markstrom, 1987; O'Connor, 1995; Seaton, Scottham, & Sellers, 2006). 게다가 Erikson은 안정된 정체성의 성취는 젊은 성인이 직면하는 친밀성 대 고립의 심리적 위기 동안 타인들과 진정한 친밀성을 형성하기 위한 전제조건이라고 보았다. 그리고 예상대로, 성숙한 정체성 지위를 보이는 대학 신입생이나 2학년생들은 1년 후 친밀한 관계를 형성한 반면, 혼미 정체성을 가진 대학생들은 다음 12개월 동안 누군가와 친밀성을 거의 형성하지 못했다(Fitch & Adams, 1983; Peterson et al., 1993 참조). 따라서 안정된 개인 정체성의 형성은 중요한 이정표로서, 긍정적인 심리적 적응과 평생동안 남는 깊고 신뢰로운 정서적 헌신의 성장을 위한 길을 여는데 도움이 된다.

정체감 탐색에서 가장 고통스럽고 위기처럼 느끼는 것은 장기적으로 정체감을 형성하지 못하는 것이다. Erikson은 분명한 정체성이 없는 개인들은 결국 우울해지고 자기에 대한 확신이 부족하게 되어, 혼미 상태에 빠진 채 목적 없이 떠돈다고 믿었다. 그들은 Erikson이 부정적 정체성이라고 불렀던 것을 마음으로 받아들이고 "비행청소년"이나 "실패자"가 될 수도 있다. 왜 그런가? 왜냐하면 이런 파멸하는 영혼들에 있어서, 전혀 정체성이 없는 것보다 오히려 되지 말아야하는 모든 것이 되는 것이 더 낫기 때문이다(Erikson, 1963). 혼미 지위의 많은 청소년들은 매우 냉담하고 미래에 대해 절망감을 보이며, 때로 자살을 하기도 한다(Chandler et al., 2003; Waterman & Archer, 1990). 매우 자존감이 낮은 상태로 고등학교에 입학한 청소년들은 자주 비행에 빠져들었고 자신의 일탈적인 자기 이미지가 자기 가치감을 끌어올리는 것으로 보았다(Loeber & Stouthamer-Loeber, 1998; Wells, 1989). 이런 경우, 소수의 청소년과 청년들은 결국 정체성 위기를 경험하는 듯하다.

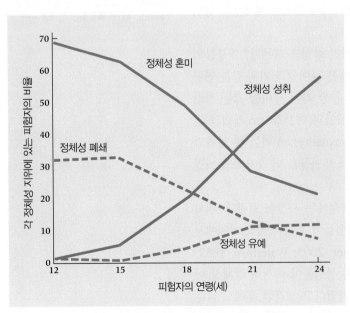

그림 11.6 연령의 함수로서 Marcus의 4가지 정체성 지위에 속한 참여자의 비율. 정체성 위기의 해결은 Erikson이 가정한 것보다 훨씬 나중에 이루어진다. 단지 15세의 4% 그리고 18세의 20%만이 안정된 정체성을 성취했다.
출처: *"Cross-Sectional Age Changes in Ego Identity Status During Adolescence,"* by P. W. Meilman, 1979, Developmental Psychology, 15, p 230–231. Copyright © 1979 by the American Psychological Association.

정체성 형성에 영향을 미치는 요인

청소년들의 정체성 성취를 향한 진보는 적어도 4가지 요인의 영향을 받는데, 인지적 성장, 양육, 학교교육 및 광범위한 사회문화적 맥락이다.

인지적 영향

인지발달은 정체성 성취에서 중요한 역할을 한다. 형식적 조작 사고를 확고하게 숙달하고 가설들에 대해 논리적으로 추론할 수 있는 청소년들은 미래 정체성을 더 잘 상상하고 숙고할 수 있다. 결과적으로 그들은 지적으로 덜 성숙한 동년배에 비해 정체성 이슈를 제기하고 해결할 가능성이 더 높다(Boyes & Chandler, 1992; Waterman, 1992).

양육의 영향

청소년들이 부모들과 맺는 관계도 정체성 형성의 발전에 영향을 미칠 수 있다(Mark-strom-Adams, 1992; Waterman, 1982). 정체성 혼미 지위에 있는 청소년들은 다른 지위에 있는 청소년들에 비해 부모에 의해 무시되거나 거부되었다고 느끼고 그들을 멀리할 가능성이 더 높다(Archer, 1994). 아마도 처음에 부모처럼 존경하는 인물들과 동일시하거나 그들의 바람직한 특성들을 가질 기회가 없이 정체성을 형성하는 것은 어려울 것이다. 다른 극단에서, 정체성 폐쇄 지위에 있는 청소년들은 상대적으로 통제적인 부모와 극도로 밀착되어 있고 거부되는 것을 두려워한다(Berzonsky & Adams, 1999). 정체성이 폐쇄된 청소년들은 부모의 권위에 대해 결코 의문을 갖지 않거나 분리된 정체성을 형성할 필요를 느끼지 않을 것이다.

정체성 유예나 정체성 성취 지위에 있는 청소년들은 권리가 있는 개인이 될 상당한 자유와 함께 견고한 애정의 기초가 가정에 있다(Grotevant & Cooper, 1986, 1998). 예를 들면, 가족들이 논의할 때 청소년들은 밀착감과 상호 존중을 경험하고, 자유롭게 부모에게 동의하지 않을 수 있다. 애정이 깊고 민주적인 양육방식은 학업 성취를 육성하고 아동들이 강한 자존감을 갖도록 도와줄 뿐만 아니라, 청소년기의 건강하고 적응적인 정체성과도 연합되어 있다.

학교교육의 영향

대학에 들어가는 것은 정체성을 육성하는데 도움이 되는가? 대답은 그렇다 이기도 하고 아니다 이기도 하다. 대학에 들어가는 것은 사람들이 경력목표를 세우고 안정된 직업적 전념을 하도록 압박한다(Waterman, 1982). 다른 한편으로, 대학생들은 일하는 또래들에 비해 확고한 정치적, 종교적 정체성을 형성하는 것에서 훨씬 뒤쳐진다(Munro & Adams, 1977). 실제로, 어떤 대학생들은 종교와 같은 영역에서는 정체성 성취로부터 유예나 정체성 혼미 지위까지 후퇴한다. 그러나 대학 환경에 대해 너무 비판하지 말자. 왜냐하면 많은 성인들도 대학생들처럼 만일 낡은 관점이 도전을 받고 새로운 관점을 제안하는 사람이나 상황을 만나게 되면 "나는 누구인가"라는 질문을 다시 한다(Kroger, 2005).

사회문화적 영향

마지막으로, 정체성 형성은 그것이 일어나는 광범위한 사회적, 역사적 맥락에 의해 강한 영향을 받는다. 이것은 Erikson 자신이 강조했던 것이다. 실제로 청소년들이 신중하게 많은 대안들을 탐색한 후 개인적 정체성을 선택해야 한다는 바로 그 생각은 21세기 산업화된 사회들에 독특한 것일 수 있다(Cote & Levine, 1988). 지난 세기들에서처럼, 오늘날 많은 비산업화된 사회의 청소년들은 영혼의 탐색이나 실험 없이 단순히 그들이 택할 것이라고 기대하는 성인의 역할을 받아들인다. 농부의 아들은 농부가 되고, 어부의 아이들은 어부가 되거나 어부와 결혼할 것이다. 세상의 많은 청소년들에게 있어서, Marcia가 정체감 폐쇄라고 불렀던 것이 성인기로 가는 가장 적응적인 통로일 수 있다. 게다가, 청소년이 추구하는 특정한 삶의 목표는 필연적으로 그들 사회에서 그 당시에 유용하고 가치 있는 대안이 무엇인지에 의해 다소 제약된다(Bosma & Kunnen, 2001; Fuligni & Zhang, 2004; Matsumoto, 2000; Tseng, 2004).

요약하면, 서양사회는 청소년들이 자신에 대해 진지한 질문을 하고 답을 찾는 것을 허용하고 기대한다. 사는 곳이 어디든 상관없이 정체성을 성취한 개인이 더 잘 살 것이라는 Erikson의 주장은 옳다. 비록 Erikson이 청소년 때 긍정적인 정체성을 형성한 사람들에게도 때로 생의 후반에 갑자기 정체성의 이슈가 다시 나타날 수도 있다는 것을 알았음에도 불구하고, 그는 청소년기는 자신이 누구이고 누가 될 것인지를 정의하는 핵심적인 삶의 시기로 분명하게 정의했다.

소수민족 청년들의 정체성 형성

모든 청소년들이 직면하는 정체성 이슈와 더불어, 소수민족의 성원들은 민족 정체성도 형성해야 하는데, 이것은 민족, 가치 및 전통에 대한 개인적 동일시이다(Hermann, 2004; Marks, Szalacha, Lamarre, Boyd, & Coll, 2007; Phinney, 1996; Phinney, Horenczyk, Liebkind, & Vedder, 2001). 이것이 항상 쉬운 과제는 아니고, 매우 개인적 과제이다. 예를 들면, Hermann(2004)은 다민족 청소년이 개인적 명칭으로서 단일 민족 범주를 선택해야할 때, 그들이 말한 민족 정체성에서 차이가 있다는 것을 발견했다. 이 청소년들 중 몇몇은 스스로를 묘사하기 위해 단일 민족 범주를 선택하기를 거부했다.

앞에서 보았듯이, 소수민족의 아동들은 처음에 다수민족과 동일시하여, 사회에서 가장 좋은 지위에 있는 집단과 연합하기를 원한다(Spencer & Markstrom-Adams, 1990). 한 라틴계 청소년이 말했다. "내 기억에 나는 내가 라틴 아메리카 사람이라고 말하지 않았어요. 내 친구들은... 백인이거나 아시아인이었고, 그래서 나는 그들과 맞추려고 노력했어요"(Phinney & Rosenthal, 1992, p.158). 어린 아동들이 자신들의 문화 전통에 대한 지식이 없는 것은 아니다. 예를 들면, 학령전기 멕시코계 미국인 아동들은 치카노(Chicano) 악수와 같은 문화 관련 행동을 배운다. 그렇지만 8세가 되어야 그들은 어떤 민족 명칭이 자신들에게 적용되고, 그 의미가 무엇인지, 그리고 민족성은 평생 동안 지속되는 속성이라는 것을 완전히 이해한다(Bernal & Knight, 1997).

청소년기 동안 긍정적인 민족 정체성을 형성하는 것은 직업 정체성이나 종교 정체성을 형성하는 것과 같은 단계나 지위를 거치는 듯하다(Phinney, 1993; Seaton et al., 2006). 어린 청소년들은 부모나 집단의 다른 구성원들이 그렇게 하라고 했기 때문에(정체성 폐쇄), 혹은 그것이 원래 자신들이고 그 이슈에 대해 많은 생각을 해 보지 않았기 때문에(정체성 혼미), 자신의 민족집단과 동일시한다고 말한다. 15~19세 사이에, 많은 소수민족의 청년들은 민족 정체성의 유예단계나 성취단계로 옮겨간다(French et al., 2006; Pahl & Way, 2006). 한 멕시코계 미국인 소녀는 자신의 유예기간을 다음과 같

긍정적인 민족 정체성을 형성하는 것은 소수민족 젊은이들에게 적응적 발달이다.

이 묘사한다. "나는 우리가 무엇을 하고, 우리 문화가 다른 문화와 어떤 차이가 있는지를 알고 싶어요. 축제나 문화 행사에 가는 것은 나의 문화와 나 자신에 대해 더 많은 것을 배우는데 도움이 돼요"(Phinney, 1993, p.70). 일단 민족 정체성이 성취되면, 소수민족의 청년들은, 단지 자신을 소수민족으로 명명하고 민족적으로 혼미하거나 폐쇄된 청소년들에 비해, 자존감이 더 높고, 학업적 적응도 더 잘하고, 부모와 더 좋은 관계를 맺고, 타 민족의 또래들을 더 우호적으로 평가하는 경향이 있다(Chavous et al., 2002; Fuligni, Witkow, & Garcia, 2005; Phinney, 1996; Phinney, Ferguson, & Tate, 1997; Supple et al., 2006; Yip & Fuligni, 2002). 따라서 자신의 민족집단과 강하게 동일시를 하는 것은 적응적 결과를 촉진하는 중요한 개인적 자원인 듯하다. 실제로 Lisa Kiang과 동료들(2006)은 다른 중요한 개인적 자원, 즉 자존감의 효과를 통제한 이후에도 강한 민족 정체성을 성취한 소수민족 청소년은 덜 동일시된 동년배에 비해 일상적인 다툼들이 일어났을 때 행복감이나 안녕감을 더 잘 유지한다는 것을 발견했다(Gray-Little & Hafdahl, 2000; Twenge & Crocker, 2002).

민족 정체성에 대한 의문들은 때로 타인들의 편견 섞인 말과 연합된 스트레스에 의해 혹은 민족성 때문에 받은 차별에 의해 촉발된다(Caldwell et al., 2002 참조; DuBois et al., 2002a; Pahl & Way, 2006). 소수민족 청년은 자신의 문화의 가치와 다수민족 문화의 가치가 서로 대립할 때 고통스런 정체성 문제에 직면한다. 문화공동체 성원들(특히 또래)은 자주 자신들 집단의 전통과 부딪치는 정체성 탐색을 못하게 한다. 실제로 모든 북미 소수민족들은 지향성에서 "너무 흰" 공동체 성원들을 지칭하는 용어가 있는데, 미국 원주민은 겉은 빨갛고 속은 희다고 "사과", 라틴 아메리카인은 "코코넛", 아시아인은 "바나나", 아프리카계 미국인은 "오레오"라고 한다. 비록 정체성 탐색을 자극하고 유예 단계로 가도록 밀어붙이는 사회적 압력이 있을지라도, 민족 정체성 성취는 매우 개인적 문제이다. 소수민족 청소년들은 사회적 조롱과 다른 가치 갈등의 문제를 해결해야 하고, 자신들의 내면이 어떤지를 **스스로** 결정해야 한다(Pahl & Way, 2006).

다민족 청소년과 백인 가정에 입양된 타민족(cross-ethnic) 입양아들은 때로 더 큰 갈등에 직면한다. 이 아이들은 소수민족과 백인 또래 집단들 중에서 선택해야 하는 압력을 느끼고, 그로 인해 아프리카계 미국인(예를 들면)으로서 그리고 백인으로서 정체성 **모두(both)**를 성취해야 하는 사회적 장벽들을 만나게 된다(DeBerry, Scarr, & Weinberg, 1996; Kerwin 등, 1993). Scarr의 고전적인 미네소타 인종 간 입양 연구(Minnesota Transracial Adoption Study)에서 민족 간 입양아들 중 약 절반 정도가 17세에 사회적 부적응의 징후를 보였다. 비록 외형적으로 아프리카계 미국인임에도 불구하고, 많은 입양인들은 백인을 자신들의 일차 참조 집단으로 보았다. 따라서 그들의 부적응은 (1) 그들이 아프리카계 미국인 공동체 내에서 효과적으로 기능할 준비가 되지 않았고, (2) 백인의 생태학적 적소(niche)에 맞추려 노력하는 흑인으로서 편견과 차별에 직면할 가능성이 높다는 사실을 반영한다(DeBerry, Scarr, & Weinberg, 1996). 그렇지만 백인 참조 집단이나 혹은 아프리카계 미국인 참조 집단 중 어느 하나에 대해 더 강하게 동일시하는 것은 민족적으로 혼미한 지향을 유지하는 것보다 더 적응적이다. 어떤 종류의 민족 정체성, 즉 참조점을 갖는 것은 소수집단 구성원들에게 있어서 적응적인 발달이라는 또 다른 징후이다.

마지막으로, 미국과 같은 다문화 사회에서 민족에 따라 이상적인 자기가 개인적(개인주의적)인지 혹은 집합적인지 정도에서 차이가 있다. 개인주의적 문화에서 온 유럽계 미국인들 대부분은 대개 "백인"같은 일반적 명칭으로 자신의 민족성을 묘사하고 단순하게 "미국인"같은 집합적 정체성으로 말할 수도 혹은 말하지 않을 수도 있다. 반대로, 미국원주민 문화는 기원적으로 전형적인 집합주의이고, 미국원주민 청년들은 미국원주민과 미국인 모두로서 강한 집합적 이중문화(bicultural) 정체성을 발전시킨다(Whitesell et al., 2006; 중국계 미국인이 자신의 민족적 기원과 미국 청년으로서 자신의 지위 간 조화를 나타내는 두 문화 민족 정체성을 만들려고 노력한다는 증거는 Fuligni et al. 2005를 참조하라).

우리는 소수민족 청년들이 긍정적인 민족 정체성을 형성하고 보다 긍정적인 결과를 갖도록 어떻게 도울 수 있을까? 부모들이 중요한 역할을 할 수 있는데, 학령전기부터 시작해서, (1) 그들에게 집단의 문화적 전통을 가르치고 민족 자부심을 갖게 만들고, (2) 그들이 마주치게 될 편견이나 가치 갈등을 건설적으로 다루도록 준비시키고, (3) 따뜻하고 지지적인 친구가 되어줄 수 있다(Bernal & Knight, 1997; Caldwell et al., 2002; Caughy et al., 2002; Hughes et al., 2006; McHale et al., 2006). 학교와 공동체들도 학령전기 동안 시작되는 민족 다양성에 대한 이해와 정당한 평가를 촉진함으로써(Bur-nette, 1997), 그리고 교육과 경제적 기회를 모두에게 확대하려는 노력을 지속함으로써 도울 수 있다(Spencer & Markstrom-Adams, 1990).

▌사회 인지의 다른 측면: 타인에 대한 지식

적절하게 사회적이 되려면 타인들과 상호작용해야 한다. 만일 우리의 사회적 파트너들

개념체크 11.2   성취 지향과 개인적 정체성 형성하기

다음 질문들에 답함으로써 성취귀인과 지향, 그리고 개인적 정체성의 발달에 대한 당신의 이해를 체크하라. 정답은 부록에 있다.

짝짓기: 부모, 또래, 혹은 교사의 피드백 유형을 아래 정의된 가능한 발달결과들과 짝맞추어라.

a. 과정지향 칭찬
b. 부정적 또래 영향
c. 인물 칭찬
d. 실패에 대한 부모의 강한 비판

1. _____ 이것은 열악한 소수민족에서 낮은 학업성취에 기여하는 강력한 요인이다.
2. _____ 이것은 낮은 성취동기와 상관있다.
3. _____ 이것은 수행목표(그리고 무기력 지향)의 선택을 촉진한다.
4. _____ 이것은 학습목표(그리고 숙달지향)의 선택을 촉진한다.

OX문제: 다음에 있는 각 문장이 맞는지 틀리는지 표시하라.

5. (   ) Jacob은 비산업화된 공동체 사회에 살고 있다. 그가 어른이 되었을 때 무엇이 될 것인지에 대한 계획을 세웠는지를 물었을 때, Jacob은 대답하기를, "글쎄요, 아마도 아버지나 할아버지처럼 목수요." 이 대답으로부터, 우리는 Jacob이

직업과 관련해서 정체성 폐쇄 단계에 있으며 정체성을 형성하는 적응적 경로에 있다고 가정할 수 있다.

빈칸 채우기: 다음 진술문을 올바른 개념이나 문구로 완성하라.

6. 개인의 능력은 더 많은 노력과 연습을 통해 향상될 수 있다는 신념은 능력의 _____ 관점으로 알려져 있다.
7. 개인의 능력은 노력이나 연습을 통해 의해 영향을 많이 받지 않는 매우 안정적인 특질이라는 신념은 능력의 _____ 관점이다.

단답형: 다음 질문들에 간단히 답하라.

8. 대부분의 아동들이 개인적 정체성을 형성할 때 통과하는 Marcia의 정체성 지위들을 순서대로 적으시오.
9. "숙달 지향성"과 "학습된 무기력" 간을 구분하라. 각 개념을 정의하고 각각의 잠재적 학습 결과 목록을 만들어라.

논술형: 다음 질문에 상세히 답하라.

10. Weiner의 성취 결과의 원인에 대한 분류를 도식으로 나타내어라. 잠재적인 인과성 소재, 원인의 안정성, 그리고 각 분류에서 성공과 실패에 대한 귀인을 도식에 포함하라.

이 무엇을 생각하고 느끼는지를 알고 그들이 어떻게 행동할 것인지를 예측할 수 있다면, 상호작용은 더욱 조화로워질 것이다(Heyman & Gelman, 1998). 타인의 성격에 대한 묘사와 동료의 감정, 생각 및 행동에 대한 추론과 같은 타인들에 대한 지식은 나이가 들면서 점점 더 정확해진다(Bartsh & London, 2000; Flavell & Miller, 1998). 타인에 대한 인상을 형성하기 위해 아동들은 어떤 종류의 정보를 사용하는가? 이런 인상들은 시간이 지나면서 어떻게 변하는가? 아동이 습득한 어떤 기술이 대인지각에서 보이는 아동의 변화를 설명하는가? 이것들은 이제부터 살펴볼 문제이다.

대인지각에서 연령 경향

7, 8세 이전의 아동들은 자기를 묘사하기 위해 사용했던 것과 똑같은 구체적이고 관찰 가능한 용어들로 자신들이 아는 사람들을 특징지을 것이다(Livesley & Bromley, 1973; Ruble & Dweck, 1995)(당신의 삶에 연구 적용하기 상자 참조). 예를 들면, 5세 된 Jenny는 말했다. "아빠는 커요. 다리에 털이 많고 겨자를 먹어요. 윽! 아빠는 개를 좋아해요. 당신은요?" 여기에는 성격 프로파일이 많지 않다! 어린 아동들이 타인들을 묘사하기 위해 심리적 용어를 사용할 때, 전형적으로 "그는 착해요" 혹은 "그녀는 비열해요"와 같은 매우 일반적인 속성들인데, 사람들의 지속적인 특성을 묘사하기보다는 타인의 최근 행동에 대한 명칭으로 더 많이 사용한다.(Rholes & Ruble, 1984; Ruble & Dweck, 1995).

학령전기 아동들이 사람들이 표출하는 내적 특성들에 대해 적절한 평가를 하지 **않는** 것은 아니다. 3~5세가 되면, 아동들은 친한 친구들이 다양한 상황들에서 전형적으로 어떻게 행동하는지를 안다(Eder, 1989). 유치원 아동들은 이미 학급친구들이 학업 유능성이나 사회적 기술에서 차이가 있다는 것을 알고 있다. 그들은 학교에서 학업 경쟁의 팀 동료로서 공부를 잘하는 학급친구를, 그리고 놀이활동의 파트너로서 사회적으로 숙련된 학급친구를 선택한다(Droege & Stipek, 1993). 5~6세 아동들은 동료들이 보이는 **행동적 일관성**을 인식할 뿐만 아니라, 타인의 행동을 **설명**할 수 있는 소망이나 동기와 같은 주관적인 심적 상태들에 대한 이해에 기초하여 "특질(trait-like)" 추론을 하기 시작한다. 예를 들면, 자주 공유하는 첫 번째 아이와 거의 공유하지 않는 두 번째 아이에 대한 이야기를 들은 5세 아동은 첫 번째 아이는 미래에 공유하려는 **동기**가 있으며 관대한(이기적인 것과는 반대로) 반면, 두 번째 아이는 공유할 **동기**가 없으며 이기적이라고 정확하게 추론할 수 있다(Yuill & Pearson, 1998). 따라서 5세 아동은 과거 행동들에서 나타난 개인차는 미래 행동에 대해 다른 의미가 있는 다른 **동기**를 나타낸다고 가정한다. 그렇지만 이런 발견들은 어린 아동의 능력을 실제로 과소평가할 수 있다. 왜냐하면 최근의 연구에서 3, 4세 아동조차도 목표 인물의 관대한 행동이나 위해한 행동의 분명한 예를 보게 되면 적절한 특질 추론을 할 수 있었다(어떤 사람을 "착한" 혹은 "비열한" 것으로 본다)(Boseovski & Lee, 2006; Liu, Gelman, & Wellman, 2007).

만일 4~6세 아동들이 심리적으로 의미 있는 방식으로 특질들에 대해 생각할 수 있다면(Alvarez, Ruble, & Bolger, 2001; Lockhart, Chang, & Story, 2002), 왜 그들은 동료들을 묘사하기 위해 특질 단어를 거의 사용하지 않는가? 아마도 (1) 그들은 나이든 아동들에 비해 특질을 변할 수 있는 것으로 생각하고 시간적으로 안정적인 것으로 보지 않으며(Heyman & Dweck, 1998), (2) 특질에 대한 지식들을 일상적인 말들 속에 어떻게 넣을지에 대한 충분한 이해 없이 최근 행동을 묘사하기 위해 특질 명칭("그것은 비열

ZITS   *BY JERRY SCOTT AND JIM BORGMAN*

해, Vinceta!")들을 형용사처럼 사용하기 때문일 것이다.

7~16세 아동들은 친구나 아는 사람들을 특징짓기 위해 점점 구체적인 속성들에 덜 의존하고 심리적 수식어에 더 의존하게 된다. 이런 변화는 Carl Barenboim(1981)이 수행한 연구 프로그램에서 잘 설명되었는데, 그는 6~11세 아동들에게 그들이 잘 알고 있는 사람 3명을 묘사하도록 하였다. 6~8세 아동들은 단순히 가까운 동료들의 행동목록을 만들기보다 주목할 만한 행동 차원들에서 타인들을 비교했다. 예를 들면 "Dominick은 Jason보다 더 빨리 뛰어요" 혹은 "그녀는 우리 반 전체에서 그림을 가장 잘 그려요"하고 말했다. 그림 11.7에서 보듯이, 이런 **행동적 비교**(behavior comparison)는 6~8세 사이에 증가하며 9세 이후 급격하게 감소한다. 행동적 비교 과정의 파생물은 아동들이 점차 동료들의 행동에서 규칙성을 인식하게 되고, 결국 그것들을 이제 그 사람이 갖고 있는 것으로 추정되는 안정적인 **심리적 구성개념**(psychological constructs) 혹은 특질로 귀인하기 시작하는 것이다. 따라서 이전에는 아는 사람을 학급에 있는 어떤 사람보다 그림을 더 잘 그리는 것으로 묘사했던 10세 아동이 이제 그 사람이 "매우 예술적"이라고 말함으로써 동일한 인상을 전달할 수 있다. 또한 그림 11.7을 다시 살펴볼 때 이런 심리적 구성개념에 대한 아동의 사용이 8~11세 사이에 급격하게 증가하는 것에 주목하라. 이때는 행동적 비교가 덜 보편적이 되는 것과 같은 시기이다. 마침내 아동들은 중요한 심리적 차원들에서 타인들을 비교하고 대조하기 시작하고, "Thomas는 Rosemary보다 더 부끄러워해" 혹은 "Devin은 우리 반에서 가장 예술적인 사람이야"와 같은 말을 한다. 비

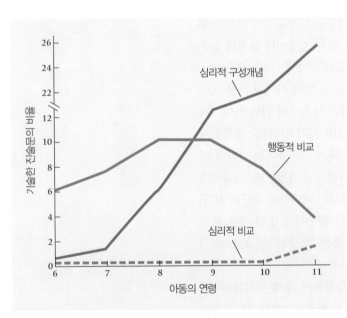

그림 11.7 6~11세 아동이 행동적 비교, 심리적 구성개념, 심리적 비교로서 기술하는 비율.

출처: *"The Development of Person Perception in Childhood and Adolescence: From Behavioral Comparison to Psychological Constructs to Psychological Comparisons,"* by C. Barenboim, 1981, Child Development, 52, 129–144. Copyright © 1981 by The Society for Research in Child Development, Inc.

록 타인들을 묘사하라고 했을 때 11세 아동들이 이런 **심리적 비교**(psychological comparison)를 거의 하지 않는다고 할지라도(그림 11.7 참조), Barenboim의 두 번째 연구에서 12~16세 아동들 대다수는 주목할 만한 심리적 차원에서 또래들을 비교했다. 대인 지각은 아동이 청소년기에 서서히 들어서면서 많은 다른 방식으로 변화한다. 사람들을 말 그대로 받아들이는 어린 아동들과는 달리, 10~11세 아동들은 타인들은 사회적으로 바람직한 방식으로 자신을 보이려는 동기를 갖고 있다는 것을 더 잘 인식한다. 결론적으로, 그들은 6~7세 아동들보다 정직이나 지능과 같은 속성들에 대한 타인의 자기보고에 대해 훨씬 더 많은 의심을 품고, 대신에 개인적 관찰(혹은 교사 보고)에 기초해서 결론을 내린다(Heyman & Legare, 2005).

14~16세가 되면 청소년들은 아는 사람을 특징짓는 **성향적** 유사성과 차이점을 인식할 뿐만 아니라, 질병이나 가족 불화와 같은 **상황적** 요인들이 "성격과 다르게" 행동하도록 만들 수 있다는 것을 인식하기 시작한다(Damon & Hart, 1988). 청소년 중기가 되면, 청년들은 동료의 행동을 설명하고 성격에 대한 응집된 인상을 형성할 때 그 사람의 내부와 외부 모두를 볼 수 있는 세련된 "성격 이론가"가 된다.

심리적 비교 단계
(psychological comparison phase)

타인들의 추상적인 심리적 차원들에서 비교하고 대조함으로써 타인에 대한 인상을 형성하려는 경향.

당신의 삶에 연구 적용하기 　**어린 아동들의 인종범주와 인종차별**

걸음마기 유아와 학령전 아동들은 타인들을 관찰할 수 있는 특징들로 정의하고 사람들을 범주로 나누는 경향이 있기 때문에, 3~4세 아동들도 민족 범주를 형성하고 서로 다른 사람이나 흑인과 백인의 사진에 대해 흑인이나 백인의 명칭을 적용할 수 있다는 것을 알게 되어도 놀랍지 않다. 게다가 호주, 캐나다, 미국에서 수행된 연구들에서, 5세가 되면 많은 백인 아동들은 민족 고정관념에 대한 지식을 어느 정도 갖고 있으며(Bigler & Liben, 1993), 적어도 흑인과 미국원주민들에 대해 어느 정도의 편견적인 태도를 보였다(Aboud, 2003; Black-Gutman & Hickson, 1996; Doyle & Aboud, 1993).

흥미롭게도, 부모들은 자녀들이 민족차이를 염두에 두지 않으며, 다른 아동들의 편견적인 태도와 행동들은 그들의 편협한 부모들이 완고한 관점을 자녀들에게 전달할 때 일어나는 것이라고 믿는다(Burnette, 1997). 그러나 연구들은 다른 제안을 한다. 어린 아동들의 민족에 대한 태도는 부모나 친구들의 태도와는 관계가 없다(Aboud, 1988; Burnette, 1997). 민족 차별의 기원은 사회적이기보다는 인지적일 수 있다. 이것은 피부색(그리고 민족과 관련된 다른 신체적 특성)으로 사람들을 엄격하게 범주화하고, 다른 민족의 사람들에 대한 드러나는 적대성 없이 자신이 속한 집단을 선호하는 어린 아동들의 자기중심적 경향을 반영한다(Aboud, 2003; Bennett et al., 2004; Kowalski, 2003 참조).

아동들이 구체적 조작기에 들어서고 사고에서 보다 유연하게 되면서, 편견적인 태도는 약해진다. 8~9세 아동들의 인내심이 증가하면서 민족집단에 대해 보다 현실적인 평가를 한다. 학령전기에 비해 외집단들을 더 우호적으로 보고 자신의 집단을 다소 덜 우호적으로 보게 된다(Doyle & Aboud, 1993; Teichman, 2001).

그럼에도 불구하고, 사회적 힘들은 민족 편견을 유지하고 강화하는데 분명히 역할을 한다. Daisa Black-Gutman과 Fay Hickson(1996)은 흑인 원주민에 대한 유럽계 호주인 아동들의 편견은

5~9세에 감소하지만, 10~12세에 강화되어 5~6세에 보였던 수준까지 되돌아간다! 10~12세 아동들은 더 이상 5~6세 때의 자아중심성이나 엄격한 범주 도식에 의해 제한을 받지 않기 때문에, 그들의 증가된 편견은 분명히 성인들의 영향, 즉 많은 유럽계 호주인들이 흑인 원주민에 대해 느끼는 뿌리 깊은 적개심을 반영한다. 그러나 청소년 초기동안 편견의 증가는 개인적 정체성의 이슈가 점점 더 중요해지고 있다는 것을 반영한다. 자기 집단의 미덕을 칭송하고 다른 집단의 단점을 말하는 것은 자신의 집단 정체성을 공고화하고 자기가치감을 높이는 방법이다(Kiesner et al., 2003; Teichman, 2001).

이제 발달학자들은 인종적 편견과 싸우는 최선의 방식은 부모와 교사들이 민족 다양성과 편견의 위해한 효과에 대해 공개적으로 말하는 것이라고 믿는다. 내집단에 대한 강한 편애와 편견의 초기 징후가 뿌리내리는 학령전기에 시작하는 것이 이상적이다(Burnette, 1997). 매사추세츠 서부에 있는 공립학교에서 실시한 전망있는 프로그램은 세 가지 접근을 하였다.

1. *교사훈련*– 교사들은 민족 편견을 정의하고, 교육자와 아동들이 그것을 표출하는 방법을 알아보고, 학교에서 그것을 다루는 지침을 제공하는 4개월 훈련 코스를 밟는다.
2. *아동집단*– 서로 다른 민족의 아동들은 우선 같은 민족의 또래들과 7주 동안 만나 자신들의 문화적 가치와 전통들을 논의한다. 그런 다음 참가자들은 여러 민족이 섞여있는 집단에서 7주 동안 서로 다른 관점들을 토론하고 잘 지내기 위한 전략들을 고안한다.
3. *부모집단*– 프로그램에 참가는 부모들이 한 달에 한 번 수업에 참석해서 민족 편견에 관해 그리고 아동들과 편안하게 다양성의 이슈를 논의하는 방법에 대해 배운다.

이 프로그램은 민족 편견과 싸우는 핵심은 그 문제를 피하거나 숨기기보다 아동들과 함께 그것에 대해 정직해지는 것이라는

주장에 기초하고 있다. 강력한 조처들이 필수적인데, 편견적 태도는 일단 형성되면 교실에서 다문화 교과과정이나 자료들이 늘리는 것과 같은 제한적인 중재에 의해 변하기 매우 어렵기 때문이다 (Bigler, 1999). 발달학자인 Vonnie McLoyd는 다음과 같이 말했다 (Burnette, 1997, p.33 인용). "인종주의는 뿌리 깊어서 [그것을 극복하려면] 쉽게 좌절하지 않는 개방적이고 정직하고 공정한 마음을 갖고 있는 사람들이 열심히 노력을 해야 할 것이다."

사회인지 발달 이론들

아동들이 행동적 비교로부터 심리적 구성개념으로 심리적 비교로 발전하는 이유는 무엇인가? 자기개념과 타인들의 인상이 시간이 지나면서 점점 더 추상적이고 응집되는 이유는 무엇인가? 이런 문제들을 언급하면서, 사회적 힘들이 직간접적으로 사회인지 성장에 어떻게 기여했는지를 살펴보기 전에 우선 두 가지 인지적 관점을 살펴볼 것이다.

사회인지에 관한 인지이론들

사회인지의 발달경향을 설명할 때 가장 자주 사용되는 두 가지 인지이론은 Piaget의 인지발달 접근과 Robert Selman의 역할맡기 분석이다.

인지발달이론 인지발달 이론가들에 따르면, 아동들이 자신과 타인들에 대해 생각하는 방식은 대개 인지발달 수준에 달려있다. 3~6세 "전조작기" 아동들의 사고는 자극과 사건의 가장 특출한 지각적 측면들에 집중되는 경향이 있음을 상기하라. 따라서 3~6세 아동들이 또래들을 매우 구체적이고 관찰가능한 용어들로 묘사하는 것, 즉 그들의 외형과 소유물, 좋아하는 것과 싫어하는 것, 그리고 수행할 수 있는 행동에 대해 말한다는 발견은 Piaget 계열의 학자들에게는 놀랍지 않다.

7~10세 아동들의 사고는 Piaget의 구체적 조작단계로 들어가면서 많은 방식으로 변할 것이다. 자아중심성이 덜 표현될 뿐 아니라, 이제 가장 분명한 지각적 특성들에 대한 초점으로부터 **탈중심화되고**, 대상의 어떤 속성들은 외형이 변할지라도 변하지 않는다는 것을 인식하게 된다(보존). 즉각적인 외형 너머를 보고 밑에 깔린 불변성을 추론하는 능력들은 7~10세 아동들이 또래들과 자신을 적극적으로 비교하면서 자신과 타인들 행동의 규칙성에 더 조율되고 이런 패턴을 묘사하기 위해 심리적 구성개념, 즉 특질들을 사용하는 이유를 설명한다.

12~14세 아동들은 형식적 조작기에 들어가면서 이제 추상개념들(abstraction)에 대해 보다 논리적이고 체계적으로 생각할 수 있게 된다. 비록 심리적 특질 개념 그 자체가 추상개념일지라도, 그것은 구체적이고 관찰가능한 행동의 규칙성에 기초한 것이다. 이것이 **구체적 조작자들**이 이런 용어들로 생각하는 이유이다. 그러나 특질 차원은 구체적이고 관찰 가능한 행동을 언급하기보다는 심적 추론이나 추상개념이다. 따라서 심리적 비교를 하는데 필수적인 것으로서, 차원적인 용어로 생각하고 차원 척도에 따라 신뢰롭게 사람들을 순서 짓는 능력은 어떤 사람이 추상적 개념들에 대해 조작할 수 있다는 것, 즉 형식적 조작 능력이 있다는 것을 의미한다(O'Mahoney, 1989).

비록 Piaget의 이론에서 정의했던 시기인 6~8세에 행동적 비교를 그리고 약 12세에 심리적 비교를 시작할지라도, 인지발달이론은 분명히 어린 아동의 사회인지 능력을 과소평가하고 있다. 예를 들면, 우리는 신념-소망 마음이론을 가진 4세 아동은 소망과 신념 같은 심적 상태의 **주관적 본질**을 더 풍부하게 이해하고, 여전히 Piaget이론에서 **전조작적**

단계인 4, 5세에 아동은 행동의 규칙성에 대한 관찰과 더불어 심적 상태에 대한 지식을 사용하여 어떤 사람의 미래 행동에 대한 몇 가지 매우 정확한 추론과 예측을 할 수 있다는 것을 보았다(Alvarez et al., 2001; Boseovski & Lee, 2006; Yuill & Pearson, 1998). 인지발달이론의 지지자들이 주장했듯이, 분명히 일반적 인지발달은 사회인지 성장에 기여한다. Robert Selman(1980)은 자신과 타인에 대한 성숙한 이해의 기초가 되는 인지발달의 특별한 한 가지 측면은 **역할 맡기**(role-taking) 기술의 성장이라고 하였다.

Selman의 역할맡기 이론 Selman(1980; Yeates & Selman, 1989)에 따르면, 아동들은 자신의 조망과 동료들의 조망을 변별하고 이런 잠재적으로 모순되는 관점들 간의 관계를 보는 능력을 습득하면서, 자신과 타인에 대해 더욱 풍부한 이해를 하게 된다. Selman은 어떤 사람에 대해 "알기" 위해 그의 조망을 추정하고 생각, 감정, 동기 및 의도, 즉 그의 행동을 설명하는 내적인 요인들을 이해할 수 있어야만 한다고 믿는다. 만일 아동이 아직 중요한 역할맡기 기술을 습득하지 못했다면, 그 아동은 외형, 활동, 소유물과 같은 외적인 속성으로 아는 사람들을 묘사하는 것 외에 선택의 여지가 없다.

> Selman은 아동들에게 여러 가지 대인 딜레마에 대해 논평을 하도록 함으로써 역할맡기 기술을 연구했다. 여기 한 가지 예가 있다(Selman, 1976, p.302)

Holy는 나무에 오르는 것을 좋아하는 8세된 여자 아이이다. Holy는 동네에서 가장 나무를 잘 탄다. 어느 날 큰 나무에 오르다가 떨어졌지만 다치지는 않았다. Holy가 떨어지는 것을 그녀의 아버지가 보았다. 아버지는 놀라서 Holly에게 다시는 나무에 올라가지 않겠다는 약속을 하게 했고, Holy는 약속했다. 그날 늦게, Holy와 친구들은 Shawn을 만났다. Shawn의 새끼고양이가 나무에 올라갔는데 내려오지 못하고 있었다. 당장 무언가를 하지 않으면 새끼고양이는 떨어질 것이다. Holy는 새끼고양이가 있는 곳까지 올라가서 새끼고양이를 내려 줄 수 있는 유일한 사람이지만, Holy는 아버지에게 한 약속을 기억했다.

아동이 Holy, 그녀의 아버지, 그리고 Shawn의 조망을 얼마나 잘 이해하는지를 측정하기 위해, Selman은 다음과 같은 질문을 한다. Holy는 Shawn이 새끼고양이에 대해 어떻게 느끼는지 알고 있는가? Holy가 나무에 올라갔다는 것을 안다면, Holy의 아버지는 어떤 기분일까? Holy는 만일 자신이 나무에 올라갔다는 것을 안다면 아버지가 어떻게 할 것이라고 생각하는가? 너는 어떻게 할 것인가? 이런 문제들에 대한 아동들의 반응에 근거하여, Selman은 역할맡기 기술이 표 11.4에서 보는 것처럼 단계적으로 발달한다는 결론을 내렸다.

아동들이 자신과는 다른 관점들을 인식하지 못하는 자아중심적 존재(단계 0)로부터 여러 가지 관점을 기억하고 각각을 "대부분 사람들"의 관점과 비교할 수 있는 세련된 사회인지 이론가(단계 4)로 발달하는 것에 주목하라. 5년 동안 반복적으로 검사를 받았던 41명의 남아들 중 40명이 단계를 뛰어넘지 않고 단계에서 단계로 꾸준히 앞으로 나아간다는 사실에 비추어볼 때, 분명히 이런 역할맡기 기술에는 진정한 발달순서가 있다(Gurucharri & Selman, 1982). 아마도 이 기술들이 특정한 순서로 발달하는 이유는 Piaget의 불변적 순서의 인지단계들과 밀접한 관련이 있을 것이다(Keating & Clark, 1980). 전조작기 아동들은 Selman 역할맡기의 첫 번째 혹은 두 번째 수준에 있다(단계 0 혹은 1). 구체적 조작자들 대부분은 세 번째나 네 번째 수준(단계 2 혹은 3)에 있고, 형식적 조작자들은 역할맡기의 네 번째나 다섯 번째 수준 사이에 공평하게 분포되어 있다(단계 3과 4).

역할맡기
(role taking)

타인 관점을 추정하고 그 사람의 생각, 감정 및 행동을 이해하는 능력.

표 11.4 Selman의 사회적 조망수용 단계

역할 맡기 단계	"Holly" 딜레마에 대한 전형적 반응들
0. 자아중심적 혹은 미분화된 조망(대략 3~6세) 아동들은 자신과는 다른 어떤 조망도 인식하지 못한다. 그들은 자신이 Holly가 하는 것이 옳다고 느끼는 것은 무엇이든 다른 사람들도 동의할 것이라고 가정한다.	아동들은 Holly가 고양이를 구할 것이라고 가정한다. Holly의 아버지는 Holly가 약속을 어긴 것에 대해 어떻게 반응할 것인지에 대해 물으면, 아동들은 "그는 고양이를 좋아하기 때문에 기뻐할" 것이라고 한다. 다시 말하면, 이 아동들은 자신이 고양이를 좋아하고, Holly와 아버지도 고양이를 좋아한다고 가정하는 것이다.
1. 사회정보적 역할 맡기(대략 6~8세) 아동들은 이제 사람들이 자신의 조망과는 다른 조망을 가질 수 있다는 것을 인식하지만, 이것은 단지 사람들이 다른 정보를 받았기 때문에 일어난다고 믿는다.	Holly가 나무에 올라갔기 때문에 그녀의 아버지가 화를 낼 것인지 물으면, 아동들은 "Holly 아버지가 왜 Holly가 나무에 올라갔는지를 모르면 화를 낼 거예요. 하지만 그 이유를 안다면, 그는 Holly가 좋은 의도를 가졌었다는 것을 깨닫게 될 거예요."라고 말한다.
2. 자기반성적 역할 맡기(대략 8~10세) 아동들은 이제 같은 정보를 받았을 때도 자신과 타인의 관점이 대립할 수 있다는 것을 안다. 이제 그들은 타인의 관점을 고려할 수 있다. 또한 그들은 타인의 입장에 설 수 있고, 그래서 자신들의 행동에 대한 그 사람의 반응을 예측할 수 있다. 그러나 아동은 자신의 조망과 타인의 조망을 동시에 고려할 수 없다.	Holly가 나무에 올라갈 것인지를 물으면, 아동은 "그래요. 그녀는 자신이 그 일을 한 이유를 아버지가 이해할 것이라는 것을 알고 있어요."라고 말한다. 그렇게 하면서, 아동은 Holly의 조망에 대한 아버지의 생각에 초점을 맞춘다. 그러나 만일 아버지가 Holy가 나무에 올라가는 것을 원할 것인지를 물으면, 아동은 대개 아니라고 말한다. 이것은 아동이 아버지의 조망을 이해하고 Holly의 안전에 대한 관심을 고려하고 있음을 보여준다.
3. 상호적 역할 맡기(대략 10~12세) 아동은 이제 자신과 타인의 관점을 동시에 고려하고 타인도 같은 일을 할 수 있다는 것을 인식할 수 있다. 또한 아동은 이해관계가 없는 제3자의 관점을 추정하고 각 참가자(자신과 타인)가 파트너의 관점에 대해 어떻게 반응할 것인지를 예측할 수 있다.	이 단계에서, 아동이 묘사하는 "Holly" 딜레마의 결과는 이해관계가 없는 제3자의 조망을 수용하고 Holly와 그녀의 아버지 모두 서로의 생각에 대해 생각한다는 것을 알고 있음을 보여준다. 예를 들면, "Holly는 고양이를 좋아하기 때문에 고양이를 내려주기를 원하지만, 나무에 올라가지 말아야 한다는 것도 알고 있어요. Holy의 아버지는 Holly에게 나무에 올라가지 말라고 말했던 것을 알고 있지만 [고양이]에 대해서는 모를 거예요."
4. 사회적 역할맡기(대략 12~15세 이상) 청소년은 이제 또 다른 사람이 조작하는 사회 체계의 조망, 즉 "일반화된 타인"의 관점과 그 사람의 조망을 비교함으로써 그 사람의 조망을 이해하려고 시도한다. 다시 말하면 청소년은 사회집단의 사람들 대부분이 취하게 될 사건에 대한 조망을 고려하고 추정할 것을 타인에게 기대한다.	Holly가 나무에 오른 것에 대해 벌을 받아야 하는지를 물으면, 4단계의 청소년은 "아니오"라고 말한다. 그리고 동물에 대한 인도적인 행동(treatment)의 가치가 Holly의 행동을 정당화하고 대부분의 아버지는 이 점을 인식할 것이라고 주장한다.

출처: Social Cognitive Understanding: A Guide to Educational and Clinical Experience. R. L. Selman, 1976, in T. Likona(Ed.), *Moral Development and Behavior: Theory, Research, and Social Issues.* 인용.

사회인지발달에 대한 사회적 영향

어떤 발달학자들은 아동들의 자기인식과 타인에 대한 이해의 성장이 인지 이론가들이 가정한 것처럼 인지발달과 밀접하게 결합되어 있는지에 대해 의문을 가졌다. 예를 들면, 아동들의 역할맡기 능력이 Piaget 계열의 측정과 IQ 검사의 수행들과 관련 있을지라도 (Pellegrini, 1985), 역할맡기에 능숙하지 않은 아동이 덜 자아중심적이고 지적으로 성숙할 수 있다는 점을 생각해 보라(Shantz, 1983). 역할맡기 기술의 성장에 기여하고 아동의 사회인지발달에 독특한 영향을 미칠 수도 있는 다른 비인지적 요인들이 있음에 틀림없다. 사회적 경험들이 그런 역할을 할 것인가? 그것은 Jean Piaget가 생각했던 것만큼 힘이 있다.

수 년 전, Piaget(1965)는 초등학생들 간의 즐거운 상호작용은 역할맡기 기술과 성숙한 사회적 판단의 발달을 촉진한다고 주장했다. Piaget의 관점은 함께 놀이를 하는 동안 서로 다른 역할을 함으로써 어린 아동들은 자신의 조망과 놀이상대의 조망 간 불일치를 더 인식하게 된다는 것이다. 노는 동안 갈등이 일어날 때, 아동들은 계속 놀기 위해 자신의 관점과 동료의 관점을 조정하는 것을 배워야 한다(즉, 타협). 따라서 Piaget는 또래들

간 동등-지위 접촉(equal-status contacts)은 사회적 조망수용과 대인간 이해의 성장에 특히 중요한 기여 요인이 된다고 가정했다.

연구들은 일관적으로 Piaget의 관점을 지지했을 뿐만 아니라, 어떤 형태의 또래 접촉은 대인 간 이해의 성장을 육성하는데 다른 것들보다 더 효과적인 듯하다. Janice Nelson과 Francis Aboud(1985)는 아동들이 단순히 아는 사람들보다 친구들에게 더 개방적이고 정직한 경향이 있으며, 친구들과의 불화를 해결하려는 동기가 높기 때문에, 친구들 간의 불일치는 특히 중요하다고 제안한다. 결과적으로 의견이 다른 친구들은 의견이 다른 아는 사람보다 대립하는 관점을 이해하고 평가하는데 필요한 정보를 서로에게 제공할 가능성이 더 높다. 8~10세 아동들이 의견이 다른 대인간 문제를 논의할 때, 친구 쌍은 아는 사람 쌍보다 파트너들에게 비평적일 가능성이 높지만, 또한 친구들은 자신의 관점에 대한 합리적인 이유를 충분히 설명할 가능성도 높다. 의견이 다른 친구들은 토론이 끝난 후 사회적 이해가 증가되는 반면, 의견이 불일치하는 아는 사람들은 그렇지 않다(Nelson & Aboud, 1985). 따라서 친구들 간의 동등-지위 접촉은 역할맡기 기술과 대인 간 이해의 성장에 특히 중요할 수 있다.

또래들 간 의견차이는 역할맡기 기술과 대인 간 이해의 성장에 기여하는 요인이다.

자기와 사회인지의 발달에 발달 주제 적용하기

이 책의 4가지 발달 주제(능동적 아동, 발달에 대한 천성과 육성의 영향, 양적, 질적 발달 변화, 아동발달의 총체적 본질)는 이 장에서 분명하다. 당신은 이 장을 읽으면서 각 주제를 보여주는 예들을 확인했는가? 몇 가지 예들을 살펴보자.

개념체크 11.3 사회인지 이해

다음 질문들에 답함으로써 사회인지의 발달에 대한 당신의 이해를 체크하라. 정답은 부록에 있다.

짝짓기: 아래 우정의 기초를 연령과 짝맞추어라.
a. 심리적 유사성
b. 공동활동
c. 충성과 친밀성의 공유
1. _____ 3~7세 아동들 사이에서 우정을 위한 주요 기초
2. _____ 9~12세 아동들 사이에서 우정을 위한 주요 기초
3. _____ 청소년들 사이에서 우정을 위한 주요 기초

OX문제: 다음에 있는 각 문장이 맞는지 틀리는지 표시하라.
4. (   ) Eva에게 "나는 누구인가?"라는 질문에 대한 답으로 자신에 대해 묘사하게 한다. 그녀는 "나는 여자아이이다. 내 머리카락은 갈색이다. 나는 자전거가 있다. 나는 여동생이 있다"라고 답한다. 그런 다음, Eva에게 여동생을 묘사하라고 요청했고, "Irene은 여자아이이다. 그녀는 책이 많다. 그녀는 5살이다"라고 답한다. 이런 묘사로부터, 우리는 Eva가 7세 혹은 8세 이하라고 가정할 수 있다.

빈칸 채우기: 다음 진술문을 올바른 개념이나 문구로 완성하라.
5. 또래의 행동을 언급하고 비교함으로써 나온 인상은 _____ 이다.
6. 타인들에서 성향적 유사성이나 차이점에서 나온 인상은 _____ 이다.
7. 타인이 소유했을 것이라 가정하는 특질들에 기초한 인상은 _____ 이다.

단답형: 다음 질문에 간단히 답하라.
8. Selman의 역할맡기 이론에 나오는 단계들을 나열하라.
9. Selman이 자신의 이론을 검증하기 위해 사용했던 기본적 연구설계를 서술하라.

능동적　연속성

수동적　비연속성

총체적　천성

육성

발달에 대한 능동적 참여자로서 아동은 자기와 사회인지의 발달에서 중요한 주제이다. 우리는 아동의 인지발달과 사회적 경험이 점진적으로 축적되어 아동의 발달하는 자기인식, 자존감, 성취동기 및 사회인지의 발달을 자극한다는 것을 보았다. 이 주제를 분명하게 언급한 이론들 중 하나는 Bowlby의 자존감 발달이론이었다. Bowlby에 따르면, 양육자에게 안전 애착된 영아들은 자기와 타인에 대해 긍정적인 작동 모델을 형성한다. 이 작동 모델은 자존감의 기초가 된다.

발달에서 천성과 육성 간 상호작용은 생의 두 번째 해에 걸음마기 유아가 자기인식을 습득하는 것에서 볼 수 있다. 생물학적 성숙과 인지발달은 어느 정도까지 자기인식에 필수적이지만, 사회적 상호작용에 대한 경험이 없다면 자기인식은 지체될 수 있다(혹은 침팬지의 경우에는 결코 습득되지 않는다)는 것을 보았다.

우리는 질적인 발달 변화가 따르는 자기발달(성취동기의 단계와 정체성 발달의 단계들)과 사회인지발달(역할맡기 능력의 단계들)에서의 발달적 성취들에 대해 논의했다. 그러나 이 장 전체에 걸쳐 우리가 논의했던 발달적 변화 대다수는 양적인 변화라 더 잘 서술될 것이다. 아동의 인지발달과 사회적 경험이 점진적으로 축적되면서 아동은 자기와 타인의 이해로 나아간다.

마지막으로, 이 장에서 모든 주제들은 아동발달의 총체적 본질과 관련 있다. 사실, "사회인지"라는 제목 자체가 아동의 사회적, 인지적 속성들이 발달에서 함께 작용한다는 것을 나타낸다. 이 장에서 거의 모든 발달 이정표는 아동의 인지적 발달과 사회적 경험의 통합을 통해 성취되었다.

요약 SUMMARY

- **사회인지** 발달은 **자기**와 타인들에 대한 아동의 이해가 연령에 따라 어떻게 변하는가를 다룬다.

자기개념의 발달

- 발달학자들 대부분은 영아들이 2~6개월이 되면 외부환경으로부터 자신을 구분하게 된다고 한다.
- 18~24세가 되면, 걸음마기 유아들은 **자기인식**을 보이며, **현재 자기**의 인식은 점차 **확장된 자기** 개념, 혹은 시간적으로 **안정된 자기**로 발전한다.
- 걸음마기 유아들은 연령이나 성과 같은 사회적으로 의미 있는 차원들에 따라 스스로를 분류하여 범주적 자기를 구성한다.
- 3~5세 아동들의 자기 묘사는 전형적으로 매우 구체적이며, 자신들의 신체적 특징들, 소유물, 수행할 수 있는 활동들에 주로 초점이 맞추어져 있다.

- 대략 8세가 되면 아동들은 내적이고 지속적인 심리적 속성들과 관련해서 스스로를 묘사하기 시작한다.
- 청소년들은 성향적 특성 뿐 아니라 이런 특성들이 자신들의 행동에 영향을 미치는 상황적 영향력들과 어떻게 상호작용하는지에 대한 지식을 포함하는 보다 통합되고 추상적인 자기개념을 갖는다.
- 빈번하게 나타나는 **거짓 자기 행동**은 청소년들이 자신이 진짜 누구인지에 대해 혼란을 겪게 한다.
- 자기개념의 핵심적 측면들은 **개인주의 사회** 사람들에게는 개인적인 특성들이지만, **집합주의 (혹은 공동체) 사회** 사람들에게는 사회적/관계적 속성들이다.

자존감: 자기의 평가적 요소

- **자존감**은 영아들이 양육자와의 상호작용으로부터 자기에 대한 긍정적 혹은 부정적 작동 모델을 형성하면서 시

작한다.

- 8세가 되면 아동들의 자기평가는 어떻게 타인들이 그들의 행동적, 사회적 유능성을 평가하는지에 대한 반영이다.

- 청소년기에 **관계적 자기 가치감**, 낭만적 호소력, 친밀한 우정관계의 질도 전반적 자존감에 대한 주요 기여요인들이다.

- 어떤 아동들이 중고등학교로의 전환기에 경험하는 일시적인 하락을 제외하고, 자존감은 시간적으로 상당히 안정적이다.

- 따뜻하고 반응적이고 민주적인 양육은 자존감을 육성한다. 냉담하고 통제적인 양육 양식은 자존감을 해치는 듯하다.

- 또래들은 초등학교 시기 동안 **사회적 비교**를 통해 서로의 자존감에 영향을 준다.

- 청소년에게 있어, 자기 가치감의 가장 강력한 결정인은 또래, 가까운 친구 및 미래 낭만적 파트너와의 관계이다.

성취동기와 학문적 자기개념의 발달

- 영아들은 타고난 **숙달동기**를 보인다.

- 아동들은 성공을 추구하고 새로운 도전을 숙달하려는 의지인 **성취동기**가 다르다.

- 안전하게 애착되고 자극적인 가정환경에서 성장한 영아들은 강한 성취동기를 발달시킬 것이다.

- 부모들은 자녀에게 스스로 일을 하고 잘 지내도록 격려하고 자녀의 성공에 초점을 맞춤으로써 성취동기를 육성한다.

- 또래들은 학업성취를 격려하는 부모의 노력을 육성하거나 방해할 수 있다.

- 학문적 자기개념은 아동의 **성취 귀인**에 의존한다.

- **숙달 지향적** 아동들은 매우 긍정적인 **성취 기대**를 갖는다. 그들은 성공을 안정적이고 내적인 원인에 그리고 실패는 불안정한 원인에 귀인한다. 그들은 **능력의 증가 관점**을 택한다.

- **학습된 무기력**을 느끼는 아동들은 자주 실패 후 노력하는 것을 중단한다. 왜냐하면 그들은 **능력의 본질 관점**을 보이고 실패를 능력의 부족에 귀인하기 때문이다.

- 능력의 부족에 대해 자주 비판을 받은 아동들은 **학습목표**보다 **수행목표**를 택하라는 압력을 느끼고 무기력하게 될 위험에 처한다.

- 만일 실패가 더 열심히 노력함으로써 극복할 수 있는 노력의 부족과 같은 불안정한 원인에 귀인하도록 가르친다면(**귀인재훈련**), 무기력한 아동들도 숙달 지향적이 될 수 있다.

나는 누구인가? 정체성 육성하기

- 청소년기 과제 중 하나는 안정적인 **정체성**을 형성하는 것이다.

- **정체성 혼미**와 **정체성 폐쇄** 지위로부터, 많은 대학생 연령의 청년들은 **정체성 유예**(정체성을 발견하는 경험을 하고 있음)와 궁극적으로 **정체성 성취**로 진전하고 있다.

- 정체성 형성은 때로 성인기까지 계속되는 평탄치 않은 과정이다.

- 정체성 성취와 유예는 심리적으로 건강한 지위이다.

- 정체성 혼미 지위에 빠진 청소년들은 부정적 정체성을 갖고 열악한 심리적 적응을 보인다.

- 건강한 정체성은 인지발달에 의해, 개인적 자기 표현을 격려하는 부모에 의해, 그리고 청소년이 자신의 적소를 발견하기를 기대하는 문화에 의해 육성된다.

- 소수민족 청년들에게 있어, 긍정적인 민족 정체성은 건강한 정체성을 육성한다.

사회인지의 다른 측면: 타인에 대한 지식

- 7, 8세 이전의 아동들은 점차 자신을 묘사하기 위해 사용했던 것과 동일한 구체적이고 관찰가능한 용어들로 친구들과 아는 사람들을 묘사한다.

- 초등학교 아동들은 자신과 타인의 행동의 규칙성들에 보다 잘 조율하게 되고(**행동적 비교** 단계), 이후 이런 패턴을 묘사하기 위해 안정적인 심리적 구성개념이나 특질에 의존하기 시작한다(**심리적 구성개념** 단계).

- 타인에 대한 어린 청소년들의 인상은 친구나 아는 사람들 간의 심리적 비교를 시작하면서 보다 추상적이 된다.

- 14~16세가 되면, 청소년들은 많은 상황적 영향들이 어떤 사람이 "성격과 다르게" 행동하도록 만들 수 있다는 것을 안다.

- 아동들의 사회인지적 능력의 성장은 일반적으로 인지발달 그리고 특별히 **역할맡기** 기술의 등장과 관련 있다.

- 어떤 사람을 진정으로 "알기" 위해, 그 사람의 조망을 가정하고, 그의 생각, 감정, 동기 및 의도를 이해할 수 있어야 한다.

- **사회적 상호작용**, 특히 친구나 또래와의 동등–지위 접촉은 사회인지 발달에 결정적이다.
- 사회적 상호작용은 역할맡기 기술의 성장을 육성함으로

써 간접적으로 기여한다.
- 사회적 상호작용은 타인들은 어떤지를 알기 위해 필요한 경험을 제공함으로써 직접적으로 기여한다.

연습문제

선다형: 각각의 질문들에 대한 최선의 답을 선택함으로써 자기와 사회인지의 발달에 대한 당신의 이해를 체크하라. 정답은 부록에 있다.

1. 발달학자들 대부분은 영아가 자신과 외부 환경을 _____에 구분하게 된다고 믿는다.
   a. 2~6개월
   b. 6~12개월
   c. 12~18개월
   d. 18~24개월

2. 영아들 대다수가 거울에서 자기인식을 보이는 "루즈 테스트"를 통과하는 연령은 언제인가?
   a. 2~6개월
   b. 6~12개월
   c. 12~18개월
   d. 18~24개월

3. 연령과 성 같은 사회적으로 중요한 차원들에 따라 아동이 자기를 이해하는 것은?
   a. 신체적 자기
   b. 범주적 자기
   c. 현재 자기
   d. 확장된 자기

4. Marissa에게 "나는 누구인가?"라는 질문에 답하게 한다. 그녀는 "나는 여자아이다. 나는 머리가 길다. 나는 강아지가 있다. 나는 자전거를 탈 수 있다."라고 답한다. Marissa는 몇 살로 추정되는가?
   a. 4세
   b. 9세
   c. 13세
   d. 19세

5. 자기개념과 자존감 간에는 어떤 관계가 있는가?
   a. 그것들은 같은 구성개념이다.
   b. 자기개념은 개인의 정체성이다. 자존감은 그 정체성

에 대한 개인의 평가이다.
   c. 자기개념은 자신의 정체성에 대한 개인의 평가이다. 자존감은 개인의 정체성이다.
   d. 자기개념은 아동의 자기인식이다. 자존감은 십대나 성인의 자기인식이다.

6. Lily는 측정된 자기 가치감이 그녀의 학교친구들보다 낮다. 그러나 그녀는 실제로 자신의 약점과 개선의 필요성을 인정한다는 점에서 자신의 정직성에 대해 좋게 느낀다. 그녀가 자신의 성취에 대해 어머니와 함께 이야기할 때, 그들은 그녀의 개인적 수행보다 그녀가 일하고 있는 집단에 초점을 두는 경향이 있다. 이런 일반적인 서술로부터, 우리는 Lily는 _____이라고 결론내릴 수 있을 것이다.
   a. 미국 아동
   b. 아프리카계 미국인 아동
   c. 라틴 아메리카 아동
   d. 중국 아동

7. Alex는 초등학교부터 중학교로 올라갔고 사춘기를 경험하고 있다. Alex는 자신의 신체적 외모를 좋아하지 않는다. Alex는 또한 부모와 또래 모두에게 심한 스트레스를 느끼고 있고, 그 결과 자존감의 하락을 경험하고 있다. 이런 일반적 서술로부터, 우리는 Alex가 _____라고 결론 내릴 수 있을 것이다.
   a. 여자아이이다.
   b. 남자아이이다.
   c. 여자아이이거나 남자아이일 가능성이 같다.
   d. 여자아이인지 남자아이인지 확인할 수 없다.

8. Stipek은 아동들이 자신의 수행을 기준에 따라 평가하기를 학습하면서 경험하는 세 단계를 확인했다. 세 단계는?
   a. 승인 추구, 숙달의 즐거움, 기준의 사용
   b. 기준의 사용, 승인 추구, 숙달의 즐거움
   c. 숙달의 즐거움, 승인 추구, 기준의 사용

d. 기준의 사용, 숙달의 즐거움, 승인 추구

9. Douglas는 수학시험에서 좋은 성적을 받지 못했다. 그
   의 부모가 무슨 일이 있었는지를 물었을 때, 그는 "시험
   이 불공정했고 수업에서 결코 말하지 않았던 것이 나왔
   다"라고 답했다. Douglas의 성취 귀인은 _____에 초점
   이 맞추어져 있다.
   a. 능력
   b. 노력
   c. 과제 난이도

d. 운

10. 학습된 무기력 성취 지향은 _____을 제외한 모든 것에
    초점을 맞춘다.
    a. 운이나 많은 노력 덕분에 성공
    b. 능력의 증가적 관점
    c. 낮은 성취기대
    d. 열심히 노력하는 것이 도움이 되지 않기 때문에 실패
    에 포기로 반응

주요 용어   KEY TERMS

개인주의 사회(individualistic society)
거짓 자기 행동(false self-behavior)
과정 지향적 칭찬(process-orientated
   praise)
관계적 자기 가치감(relational self-worth)
권위적 양육(authoritative parenting)
귀인재훈련(attribution retraining)
내적 성취 지향성(intrinsic achievement
   orientation)
능력의 본질 관점(entity view of ability)
능력의 증가 관점(incremental view of
   ability)
범주적 자기(categorical self)
사회인지(social cognition)
사회적 비교(social comparison)
성취 귀인(achievement attribution)
성취 기대(achievement expectancy)

성취동기(achievement motivation)
수행목표(performance goal)
숙달동기(mastery motivation)
숙달 지향(mastery orientation)
심리적 구성개념 단계(psychological con-
   structs phrase)
심리적 비교 단계(psychological compari-
   son phrase)
역할맡기(role taking)
인물 작용력(personal agency)
인물 칭찬(person praise)
자기(self)
자기개념(self-concept)
자기 수용적 피드백(proprioceptive feed-
   back)
자기인식(self-recognition)
자존감(self-esteem)

정체성(identity)
정체성 성취(identity achievement)
정체성 위기(identity crisis)
정체성 유예(moratorium)
정체성 폐쇄(foreclosure)
정체성 혼미(identity diffusion)
집합주의(혹은 공동체) 사회(collectivistic
   or communal society)
학습된 무력감 지향(learned-helplessness
   orientation)
학습목표(learning goal)
행동적 비교 단계(behavioral comparison
   phrase)
현재 자기(present self)
확장된 자기(extended self)

12

성차와 성역할 발달

우리 모두는 남성과 여성, 여아와 남아 간에 신체적 차이가 있다는 것을 알고 있다. 그렇다면 심리적 차이에 대해서는 어떤가? 차이가 있는가? 만일 그렇다면, 이런 차이는 어디에서 오는가? 생물학인가? 양육인가?

십대 시절과 대학 수련기 내내 나는 여성과 남성 간의 심리적 차이는 순수하게 양육이나 사회화의 차이 때문이라고 믿었다. Piaget 용어로 말하면(6장에서 학습했던), 나는 성차에 대한 도식이 있었고 심리적 차이에 기여하는 생물학적 차이에 대한 생각은 배제했다. 나는 빠르게 이런 신념을 붙잡았고, 반대되는 증거들을 왜곡했다(혹은 Piaget의 용어로는 "동화").

그런 다음, 나는 아이들을 갖게 되었고 나의 도식은 완전히 변했다. 내 딸들은 활동수준이 매우 달랐는데, 이것은 자궁에서도 분명했던 생물학적 차이이고 (평균적으로 더 높은 활동수준을 갖는) 남아와 여아들 간의 기본적 차이를 특징짓는 것이다. 삶을 시작하면서부터, 이런 차이는 내 딸들의 발달에 영향을 주었다. 비록 나는 처음으로 부모가 되었고 그래서 내가 딸들에게 비슷하게 반응할 것이라고 생각했음에도 불구하고, 나는 그들에게 아주 다르게 반응하는 나 자신을 발견했다. Debby는 활동수준이 낮았고 안겨 있는 것을 좋아했다. Rachel은 활동수준이 높았고 공중으로 던져지는 것을 좋아했다. 그들의 차이는 성격과 흥미에 영향을 주었다. 내 기억에 그들을 성-중립적 환경에서 키우려고 노력했고, 특별한 경우에 인형과 트럭 모두를 주었다. 놀랍게도, 몇 시간 되지 않아 "남자아이" 장난감은 모두 Rachel의 방으로 "여자아이" 장난감은 모두 Debby의 방으로 갔다.

비록 내 딸들 간 차이가 성별 간 차이는 아닐지라도, 그것들은 내가 어떤 성차는 생물학적이라는 것을 이해하는데 도움이 되었다.

성별 간의 심리적 차이에 대해 당신의 의견은 어떤가? 당신은 우리가 제시할 연구 증거들에 근거해서 이 이슈에 대한 당신의 도식을 조절할 준비가 되어 있는가? 한번 살펴보자. 우선 어떤 성차가 실제로 있는지를 살펴보고, 다음으로 그런 차이들에 대한 이론적 설명을 살펴볼 것이다. 계속 나아가면서 당신의 도식이 변하는지 보라.

성별(sex)과 성(gender)에 대한 정의

성별
(sex)

사람의 생물학적 정체성: 염색체, 신체적 정체성의 표현 및 호르몬의 영향.

성
(gender)

남성과 여성으로서, 사람의 사회적, 문화적 정체성.

시작하기 전에 용어의 문제, 특히 **성별**(sex)과 **성**(gender) 간 차이를 언급하는 것이 도움이 될 것이다. 이 용어들을 구분하는 것은 심리학에서 논쟁거리이며, 이 논쟁은 아직 끝나지 않았다(Deaux, 1993; Ruble & Martin, 1998). 우리는 사람들의 생물학적 정체성을 말하기 위해 **성별**(sex)이라는 용어를 사용할 것이다. 즉 염색체, 정체성의 신체적 표현 및 호르몬의 영향이다. 우리는 그 사람의 남성과 여성으로서 사회적, 문화적 정체성을 언급하기 위해 **성**(gender)라는 용어를 사용할 것이다. 마음속에 이런 구분을 하면서, 이제 성별 차와 성역할 발달에 대한 논의를 시작할 것이다.

아동의 성은 발달에 얼마나 중요한가? 많은 사람들을 말할 것이다. "매우 중요하다!" 부모가 자신의 아기에 대해 가장 처음 알게 되는 것은 성별이다. 새롭게 부모가 된 사람들이 자랑스럽게 아기의 탄생을 알릴 때 대부분의 친구와 친척들이 하는 첫 번째 질문은 "남자아이인가요 여자아이인가요?"이다(Intons-Peterson & Reddel, 1984). 실제로 이런 성 명명의 결과는 신속하고 다소 직접적이다. 병원의 분만실이나 회복실에서, 부모들은 아들을 "big guy" 혹은 "tiger"라고 부르고 아기의 울음, 발차기, 움켜잡기가 활기차다고 말한다. 딸은 "sugar" 혹은 "stweetie"라고 부르고 부드럽고 껴안기 쉽고 사랑스럽다고 한다(MacFarlane, 1977). 신생아는 대개 자신의 성별을 반영하는 이름으로 축복되고, 많은 서양사회에서 남아는 파란색으로 여아는 분홍색으로 꾸민다. Mavis Hetherington과 Ross Parke(1975, pp. 354~355)는 "관찰하고 있는 아이가 여아인지 남아인지 알고 싶지 않았던" 한 발달학자의 어려움을 보여준다.

태어난 지 며칠 되지 않았음에도 어린 여자아기는 분홍색 리본으로 머리카락을 묶거나 작은 머리띠가 작은 벌거숭이 머리에 놓여진 채 실험실로 옮겨졌다....성별을 감추기 위한 또 다른 시도로서 어머니에게 아기들을 전체적으로 감싸도록 했을 때, 여자아기는 분홍색으로 남자아기는 파란색으로 감싸여 나타났다. "당신은 주름 장식이 달린 싸개를 믿을 것인가?"

이런 성 사회화는 부모가 자녀에게 "성에 적합한" 옷, 장난감, 머리모양을 제공하는 영아 초기부터 계속 지속된다(Pomerleau et al, 1990). 그들은 어린 아들이나 딸과 다른 방식으로 놀고 다른 반응을 기대한다(Bornstein et al., 1999; Caldera, Huston, & O'Brien, 1989). 예를 들면, 부모들은 딸과 아들에게 성 유형화된 장난감을 갖고 놀도록 격려한다. 그들은 또한 아들과 남성 유형 장난감을 갖고 놀 때 보다 딸들과 여성 유형 장난감을 갖고 놀 때 더 가까이에 머무르고 있고 더 많은 말을 주고받는다. 따라서 양육자들에게 성은 아동에게 어떻게 반응하고 돌볼지에 영향을 주는 중요한 속성임이 분명하다.

왜 사람들은 남성과 여성에게 다르게 반응할까? 한 가

© Corbis

성역할 사회화는 부모가 아기들에게 "성에 적합한" 옷, 장난감, 머리 모양을 제공하는 매우 초기에 시작된다.

지 설명은 성별 간 생물학적 차이이다. 아버지가 자녀의 성별을 결정한다는 것을 상기하라. 각 부모로부터 X염색체를 받은 접합체는 유전적 여성(XX)으로 여자아기가 되고, 아버지로부터 Y염색체를 받은 접합체는 유전적 남성(XY)이며 정성적으로 남자아기의 외형을 갖는다. 이런 기본적인 유전적 성차가 부모들이 아들과 딸을 다르게 대우하는 이유를 설명하는 **행동의 성차**에 대해 궁극적인 책임이 있는가? 우리는 흥미로운 이 아이디어를 이 장의 후반부에서 보다 자세하게 살펴볼 것이다.

성별 차에는 생물학 이상의 어떤 것이 있다. 실질적으로 모든 사회는 남성과 여성이 다르게 행동하고 다른 역할을 맡을 것을 기대한다. 이런 기대에 부응하기 위해, 아동은 자신이 남자아이인지 혹은 여자아이인지를 이해하고 이 정보를 자신의 자기개념에 통합해야 한다. 이 장에서, 우리는 흥미로운 주제인 **성 유형화**(gender typing)에 집중할 것이다. 성 유형화는 아동들이 성 정체성뿐만 아니라 자신의 문화에서 생물학적 성별 구성원에 적절하다고 여기는 동기, 가치 및 행동들을 습득하는 과정이다.

우리는 사람들이 일반적으로 인지, 성격 및 사회적 행동에서 보이는 성차에서 사실이라고 믿는 행동들을 요약하는 것으로 이 장을 시작할 것이다. 증명되었듯이, 많은 것들이 사실에 기초하지 않은 허구이거나 우화들일지라도, 이런 신념들 중 몇몇은 진실의 요소가 있다. 이제 성 유형화에서 발달 경향을 살펴볼 것이고 유치원에 들어가기 훨씬 전에 어린 아동들이 성역할 고정관념을 인식하고 성 유형화된 행동패턴을 보인다는 것을 알게 될 것이다. 어떻게 아동들은 그렇게 어린 나이에 성과 성역할들을 학습하게 되는가? 우리는 몇 가지 영향력있는 이론들을 개관함으로써 이런 이슈들에 대해 언급할 것이다. 이론들은 어떻게 생물학적 힘, 사회적 경험 및 인지적 발달이 조합되거나 상호작용하여 성 유형화 과정에 영향을 미치는지에 대해 설명하고 있다. 그리고 전통적 성역할들이 오늘날의 현대사회에서는 유용성을 잃어가고 있다는 주장을 살펴본 후, 성 고정관념의 제한적이고 잠재적으로 위해한 영향을 감소시킬 방법을 간단히 생각해 보는 것으로 결론내릴 것이다.

▌남성과 여성의 범주화: 성역할 기준

우리 대부분은 대학에 들어가기까지 남성과 여성에 대해 많은 것을 배운다. 실제로, 만일 당신과 당신의 학교친구들에게 남성과 여성이 다르다고 생각하는 심리적 차원 10가지를 적으라고 한다면, 거의 모든 학생들이 아주 쉽게 목록을 작성할 것이다. 여기에 그 출발점이 있다. 어떤 성이 감정을 표출할 가능성이 높은가? 어떤 성이 왜소한가? 어떤 성이 경쟁적인가? 어떤 성이 거친 말을 사용하는가?

성역할 기준(gender role standard)은 다른 쪽 성보다는 한쪽 성에 더 적절하다고 여겨지는 가치, 동기 및 행동이다. 종합하면, 사회의 성역할 기준들은 남성과 여성에게 기대하는 행동을 기술하며 우리가 각 성의 구성원으로 범주화하고 각 성의 구성원에게 반응하는 고정관념을 반영한다.

아이를 낳는 사람으로서 여성의 역할은 우리 사회를 포함한 많은 사회에서 널리 퍼져있는 성역할 기준과 고정관념이다. 여아는 전형적으로 친절하고 보살피고 협동적이고 타인의 필요에 대해 민감한 **표현적 역할**(expressive role)을 하도록 격려 받는다(Conway & Vartanian, 2000; King, 2012; Matlin, 2012). 가정하기를, 이런 심리적 특질들

성 유형화
(gender typing)

아동이 자신의 성을 인식하게 되고 그 성의 구성원들에게 적절하다고 생각되는 동기, 가치 및 행동들을 습득하게 되는 과정.

성역할 기준
(gender role standard)

어떤 사회의 구성원들이 한쪽 성의 구성원들에게 보다 전형적이거나 혹은 적절하다고 생각하는 행동, 가치 및 동기.

표현적 역할
(expressive role)

대개 여성들에 대한 사회적인 규정으로서, 협동적이고 친절하고 양육적이고 타인의 요구에 대해 민감해야 한다는 것.

표 12.1 110개 사회에서 5가지 속성에 대한 사회화에서 성차

| 속성 | 사회적 압력이 더 큰 사회의 비율 ||
	남아	여아
양육	0	82
복종	3	35
책임	11	61
성취	87	3
자기신뢰	85	0

각 속성의 비율을 더하면 100이 되지 않는다. 왜냐하면 어떤 사회들에서는 이 속성들과 관련해서 남아와 여아에 대해 압력에 차이가 없기 때문이다. 예를 들면, 자료를 사용할 수 있는 사회의 18%는 사회화에서 성차가 없었다.

도구적 역할
(instrumental role)
대개 남성들에 대한 사회적 규정으로서, 지배적이고 독립적이고 주장적이고 경쟁이고 목표 지향적이어야 한다는 것.

은 여아에게 아내와 어머니 역할을 준비시키고 가족 기능을 유지하고 성공적으로 아동들을 양육하게 한다. 남아들은 지배적이고 주장적이고 독립적이고 경쟁적인 **도구적 역할**(instrumental role)을 하도록 격려 받는다. 가정하기를, 이런 심리적 특질들은 남아에게 전통적인 남편과 아버지의 역할을 하고 가족을 부양하고 그들을 위험으로부터 보호하는 과제에 직면할 준비를 하게 한다. 유사한 규준과 역할 규정들이 모두는 아니지만 많은 사회에서 발견되었다(Wade & Tauris, 1999; Williams & Best, 1990). 한 야심찬 프로젝트에서, Herbert Barry, Margaret Bacon과 Irving Child(1957)는 비산업화 사회 110곳의 성 유형화 실제들을 분석하면서, 양육, 복종, 책임감, 성취, 자기신뢰의 5가지 속성들에 대한 사회화에서 성차를 찾았다. 표 12.1에서 보듯이, 성취와 자기신뢰는 어린 남아들에게 보다 강하게 격려되는 반면, 어린 여아들은 보살피고 책임감 있고 복종하라는 격려를 받았다(Bate & Williams, 1997을 참조).

비산업화 사회의 아동들과 같은 정도와 방식으로는 아닐지라도, 현대 산업화 사회의 아동들도 강력한 성 유형화 압력들에 직면한다. (성 유형화에서 문화차의 예로는 많은 서양 사회들의 부모들은 아들과 딸에게 성취에 대해 대략 같은 정도로 강조하며, 따라서 성취동기를 성 유형화하지 **않는**다는 것이다; Lytton & Romney, 1991). 표 12.1에 있는 발견들이 여아의 자기신뢰에 대해 눈살을 찌푸리고 남아의 불복종은 받아들인다는 의미는 아니다. 실제로, Barry와 동료들(1957)이 연구한 5가지 속성은 남아와 여아 모두에게 격려되지만, 아동의 성에 따라 각 속성에 대한 강조가 다르다(Pomerantz & Ruble, 1998; Zern, 1984). 따라서 사회화의 첫 번째 목표는 아동들이 예의바르게(well-behaved) 될 행동특질들을 습득하도록 격려해서, 사회의 구성원으로 기여하게 하는 것이다. 그럼에도 불구하고, 성인이 중요하게 여기는 두 번째 목표는 여아에게 관계 지향적(혹은 표현적) 속성들의 중요성을 강조하고 남아들에게 개인적(혹은 도구적) 속성들을 강조함으로써 아동을 "성 유형화"하는 것이다.

문화적 규준들이 여아는 표현적 역할을 남아들은 도구적 역할을 해야 한다고 상술하기 때문에, 여아와 성인 여성이 실제로 표현적 특질들을 표출하고 남아들과 성인 남성들은 도구적 특질을 소유한다고 가정하는 경향이 있다(Broverman et al., 1972; Williams & Best, 1990). 만일 당신이 여성의 권리에 대해 더 많은 주목을 하고 더 많은 여성이 노동시장에 들어가면서 이런 고정관념들이 사라지고 있다고 가정한다면, 다시 생각하라. 20세기 후반에 보다 평등주의적 성역할과 규준으로 변화하고 있음에도 불구하고(Boktin, Weeks, & Morris, 2000; Eagly, Wood, & Diekman, 2000), 청소년과 청년들은 여전히 남성과 여성에 대해 많은 전통적인 고정관념들을 갖고 있다(Bergen & Williams, 1991; Leuptow, Garovich-Szabo, & Lueptow, 2002; Twenge, 1997), 예를 들면, 한 연구(Prentice & Carranza, 2002)에서 대학생들은 여성은 친절하고 쾌활하고 인정 많고 정서 표현을 잘하고 참을성이 많아야 한다고 주장했다. 그들은 여성들은 고집 세고 거만하고 위협적이고 위압적이어서는 안 된다고 생각했다. 그들은 남성은 합리적이고 야망이 있고 주장적이고 운동을 잘하고 강한 개성이 있는 지도자여야 한다고 생각했다. 또한 남성은 감정적이고 잘 속고 약하고 승인을 얻으려고 해서는 안 된다고 주장했다. 성차에 관한 이런 신념들은 사실에 기초한 것인가? 그것들에 대해 살펴보자.

성차에 관한 사실과 허구

옛 프랑스 격언인 "차이 만세(Vive la difference)"는 우리 모두가 진실이라고 여기는 한 가지 사실을 반영한다. 남성과 여성은 해부학적으로 차이가 있다. 성인 남성은 전형적으로 성인 여성보다 더 키가 크고 더 무겁고 더 근육질이다. 반면 여성은 더 오래 산다는 의미에서 더 강할 수 있다(Giampaoli, 2000). 그러나 비록 이런 신체적 차이가 분명할지라도, 심리적 기능면에서 성차의 증거는 우리 대부분이 생각하는 것만큼 분명하지 않다.

실제적인 심리적 성차

성 고정관념에 대한 현재 우리의 많은 관점에 정보를 제공했던 고전연구에서 Eleanor Maccoby와 Carol Jacklin(1974)은 남성과 여성을 비교하는 1,500개 이상의 연구들을 개관했다. 그리고 실제로 사실에 기초한 전통적인 성 고정관념은 거의 없다고 결론내렸다. 그들은 연구들에서 일관적으로 지지되는 단지 4가지의 작지만 신뢰로운 성차를 지적했다. 여기 개정되고 갱신된 결론들이 있다.

언어 능력

많은 측정들에서 여아가 남아보다 언어 능력이 뛰어나다. 여아들은 남아들보다 더 일찍 언어를 습득하고 언어적 기술들이 발달하고(Bornstein & Haynes, 1998), 아동기와 청소년기 내내 읽기 이해와 언어 유창성 검사들에서 작지만 일관성 있는 언어적 우위를 보인다(Halpern, 1997; Wicks-Nelson & Israel, 2006). 여성들은 또한 언어적 전략을 요구하거나(Gallagher, Levine, & Cahalan, 2002) 혹은 언어적 전략과 유사한 수학 검사에서 남성보다 점수가 높았다(Halpern, 2004). 그러나 남아들은 언어유추 검사들에서 여아보다 약간 더 잘한다(Lips, 2006).

시/공간 능력

남아는 그림 정보에 대해 추론하거나 심적으로 조작하는 능력인 **시/공간 능력**(visual/spatial abilities) 검사들에서 여아보다 뛰어나다(성차가 발견된 시/공간 과제는 그림 12.1을 참조). 비록 4세에 탐지되어 전 생애 동안 지속된다 할지라도, 공간능력에서 남성의 우위는 크지 않다(Halpern, 2004; Levine et al., 1999; Voyer, Voyer, & Bryden, 1995).

시/공간 능력
(visual/spatial abilities)
그림 정보에 대해 심적으로 조작하거나 추론을 끌어내는 능력.

수리 능력

청소년기가 시작되면서, 남아는 여아보다 **산술적 추론**(arithmetic reasoning) 검사들에서 작지만 일관적인 우위를 보인다(Halpern, 1997, 2004; Hyde, Fennenma, & Lamon, 1990). 실제로, 여아들은 계산기술에서 남아를 능가하고 수학에서 더 높은 점수를 얻는다. 부분적으로 여아들은 남아들에 비해 수행목표보다 학습목표를 택하고, 그로써 수학 능력을 향상시키기 위해 더 열심히 하는 경향이 있기 때문이다(Kenney-Benson et

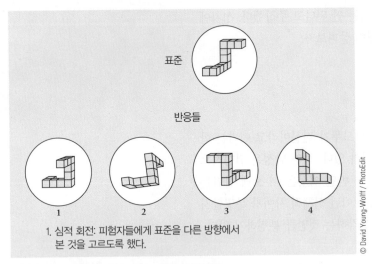

표준

반응들

1   2   3   4

1. 심적 회전: 피험자들에게 표준을 다른 방향에서
   본 것을 고르도록 했다.

그림 12.1 수행에서 성차를 보였던 공간과제.
출처: *"Emergence and Characteristics of Sex Differences in Spatial Ability: A Meta- Analysis,"* by M. C. Linn & A. C. Petersen, 1985, Child Development, 56, 1479-1498. Copyright © 1985 by the Society for Research in Child Development, Inc.

al., 2006). 그럼에도 불구하고, 남아들은 여아들보다 수학에 대한 자기효능감이 더 높고(Simpkin, Davis-Kean, & Eccles, 2006), 학업적성검사(SAT)의 복잡한 단어문제들, 기하학, 수학영역에서 여아를 능가하게 하는 수리적 문제 해결 전략을 더 많이 습득했다(Byrnes & Takahira, 1993; Casey, 1996; Lips, 2006). 수학 문제해결에서 남성의 우위는 높은 수학 성취자들에서 가장 분명하다. 여성보다 더 많은 남성이 수학에서 예외적으로 재능이 있다(Lips, 2006; Stumpf & Stanley, 1996). 연구들이 지지하는 시/공간 능력과 문제해결 전략에서의 성차가 산술적 추론의 성차에 기여하는 듯하다(Casey, Nuttall, & Pezaris, 1997). 그러나 우리는 사회적 힘, 즉 남아와 여아가 자신들의 개별 능력들에 대해 받은 메시지도 수학, 언어, 시/공간 추론 기술에 영향을 줄 수 있다는 것을 곧 보게 될 것이다.

공격성

2세에 남아는 여아보다 물리적으로나 언어적으로 공격적이 되기 시작하고, 청소년기동안 반사회적인 행동과 폭력 범죄에 가담할 가능성이 여아보다 10배 정도 높다(Barash, 2002; Snyder, 2003). 타인을 냉대하고 무시하거나 혹은 관계나 사회적 지위를 손상함으로써 타인들에게 대한 숨겨진 형태의 적대성을 표출할 가능성은 여아들이 남아들보다 높다(Crick, Casas, & Mosher, 1997; Crick & Grotpeter, 1995).

활동수준

태어나기 전에도, 남아는 여아보다 신체적으로 활동적이고(Almli, Ball, & Wheeler, 2001), 아동기 동안에는 더 활동적인데, 특히 또래들과 상호작용할 때이다(Eaton & Enns, 1986; Eaton & Yu, 1989). 남아의 높은 활동성은 비공격적인 거친 놀이를 시작하고 수용할 가능성이 여아보다 높은 이유를 설명한다(Pellegrini & Smith, 1998).

공포, 소심함, 위험감수

생의 첫해에 여아는 불확실한 상황에서 남아보다 더 무서워하거나 더 소심하다. 여아들은 이런 상황에서 남아들보다 더 조심스럽고 덜 주장적이고 위험을 덜 감수하려고 한다(Christophersen, 1989; Feingold, 1994). 위험 감수에서 성차는 부분적으로 남아들의 높아진 활동 수준으로부터 나온 것일 수 있다. 그러나 위험 감수에 대한 부모의 반응도 중요하다. 6~10세 아동의 어머니들은 위험한 행동을 금지하는 규칙을 아들보다 딸에게 더 열심히 강조한다고 보고한다. 왜 그런가? 부분적으로 그들은 아들의 위험한 행동을 수정하는데 성공하지 못했고 "사내아이는 역시 사내아이이다"라고 여기고 위험 감수는 "그들의 본성"이라고 결론내렸기 때문이다(Morrongiello & Hogg, 2004). 비록 여아들이 거의 남아들만큼 위험한 행동들을 할지라도(예, 흡연, 폭음), 남아들은 아동기와 청소년기 내내 계속해서 더 많은 위험을 감수하고 그 결과로 더 많은 부정적인 결과들로 고통 받는다 (Blakemore, Berenbaum, & Liben, 2009).

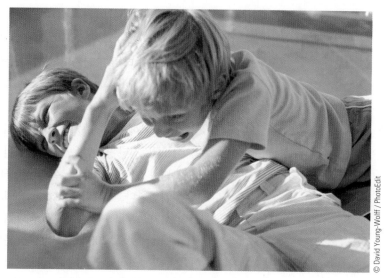

거친 놀이는 여아들보다 남아들에서 보다 일반적이다.

발달적 취약성

수정되면서부터 남아는 여아보다 태내기와 분만기 위험 및 질병의 효과에 신체적으로 더 취약하다(Raz et al., 1994; 1995). 남아들은 또한 자폐증, 읽기장애, 언어장애, 주의력결핍/과잉행동장애, 정서장애, 인지능력들에서 발달지체와 같은 다양한 발달적 문제를 보일 가능성이 더 높다(Halpern, 1997; Holden, 2005; Thompson, Caruso, & Ellerbeck, 2003).

정서 표현성/민감성

영아 때 남아와 여아는 정서 표출에서 크게 다르지 않다(Brody, 1999). 그러나 걸음마기부터, 남아는 여아보다 한 가지 정서, 즉 분노를 보일 가능성이 더 높은 반면, 여아는 대부분의 다른 정서들을 더 빈번하게 보인다(Fabes et al., 1991; Kochanska, 2001). 2세 여아는 이미 2세 남아보다 정서와 관련된 단어를 더 많이 사용하고(Cervantes & Callanan, 1998), 학령전기 부모들은 아들보다 딸과 함께 정서나 혹은 기억할 만한 정서사건에 대해 더 많이 이야기한다(Kuebli, Butler, & Fivush, 1995). 실제로 감정을 보이는 것에 대한 사회적 지지는 여아와 성인 여성이 남아나 성인 남성보다 자신의 정서를 더 깊이 있고 더 강력한 것으로 특징짓고 정서표현에 대해 더 자유롭게 느끼는 이유를 설명한다(Fishcer et al., 2004; Fuchs & Thelen, 1988; Saarni, 1999; Chang et al., 2003을 참조하라).

양육과 공감의 성차에 대한 증거들은 혼합적이다. 여아와 성인 여성은 일관되게 남아나 성인 남성보다 스스로를 더 양육적이고 공감적이라고 평정하고 타인에 의해서도 그렇게 묘사된다(Baron-Cohen, 2003; Feingold, 1994). 그렇지만 (타인의 고통이나 불행에 노출함으로써) 공감을 유도하도록 설계된 실험실 연구들은 남아들이 여아들만큼 고통과 걱정이 얼굴표정으로 표현되고 타인의 불행에 대해 신체적으로 각성된다는 것을 보여주었다(Blackmore, Berenbaum, & Liben, 2001; Eisenberg & Fabes, 1998). 그리고 자연스런 맥락에서 연구했을 때, 남아는 여아만큼 애완동물이나 나이든 친척의 복지에 대해 큰 관심과 애정을 보인다(Melson, Peet, & Sparks, 1991).

순종

학령전기부터, 여아는 남아보다 부모, 교사 및 다른 권위적 인물의 요구나 명령에 더 잘 순종한다(Calicchia & Santostefano, 2004; Smith et al., 2004). 그리고 타인들을 순종시키려고 설득할 때, 여아들은 재치 있고 공손한 제안들을 더 많이 하는 경향이 있다(Baron-Cohen, 2003). 이에 비해 남아들은 여아보다 지시적이거나 통제적인 전략에 의존할 가능성이 더 높다(Leaper, Tennenbaum, & Shaffer, 1999; Strough & Berg, 2000).

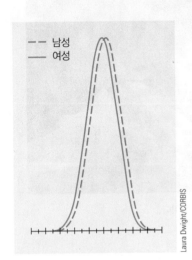

그림 12.2 두 점수 분포—남성 점수, 여성 점수—는 성차가 일관적으로 발견된 능력에서 성차의 크기의 의미를 보여준다. 평균 수행에서 작은 차이가 있지만, 여성과 남성의 점수는 상당히 중첩된다.
출처: "Gender Differences in Mathematics Performance: A Meta–Analysis," by J. S. Hyde, E. Fennema, & S. J. Lamon, 1990, Psychological Bulletin, 107, p. 139–155. Copyright © 1990 by the American Psychological Association.

(그림 범례)
-- 남성
— 여성

자존감

남아는 전반적 자존감에서 여아보다 약간 더 높다(Kling et al., 1999). 이런 성차는 청소년 초기에 더 두드러지고 성인기 동안 지속된다(Robins et al., 2002).

결론

"실제" 성차에 대한 증거를 개관할 때, 이 자료들은 어떤 특정한 개인의 행동을 특징지을 수 없는 집단평균임을 기억해야 한다. 예를 들면, 성은 아동이 보이는 외현적 공격 행동의 변량 중 약 5%만을 설명한다(Hyde, 1984). 나머지 95%는 사람들 간의 다른 차이에 기인한다. 게다가 Maccoby와 Jacklin이 정의했던 언어적, 공간적, 수리적 능력에서의 성차는 작으며, 능력 분포의 극단(아주 높거나 혹은 아주 낮은)에서 가장 명백하고 (Halpern, 1997, 2004), 그밖에는 분명하지 않다(Lips, 2006; Stetsenko et al., 2000). 예를 들면, 여성이 공업 기술(technical) 훈련과 직업에서 특별한 기회를 갖는 이스라엘과 같은 사회에서, 여성은 수학능력 검사들에서 더 잘한다(Baker & Jones, 1992). 미국 내에서도, 기대된 성차가 모든 민족집단들에서 나타나는 것은 아니다. 예를 들면, 비록 유럽계 미국인 남아가 학업적성검사(SAT)에서 유럽계 미국인 여아보다 40~50점 정도 높을지라도, 중국계 미국인 여아는 SAT를 포함한 고등수학에서 중국계 미국인 남아만큼 잘 한다(Lips, 2006). 이와 같은 발견들은 대부분의 성차가 생물학적으로 결정된 어쩔 수 없는 것이 아니며, 문화적 혹은 다른 사회적 영향이 남성과 여성 간 차이의 발달에서 중요한 역할을 한다는 것을 의미한다(Halpern, 1997).

그렇다면 우리는 심리적 성차에 대해 어떤 결론을 내릴 수 있나? 비록 현대 학자들이 어떤 성차가 실제적이거나 의미 있는지에 대해 때로 애매하게 얼버무리고 있음에도 불구하고(Eagly, 1995; Hyde & Plant, 1995), 발달학자들 대부분은 다음에 동의한다. 남성과 여성은 심리적으로 차이점보다는 유사점이 더 많다. 가장 자료들이 잘 수집된 차이점들조차도 중간 정도이고(그림 12.2를 참조), 제한적이다(Blackmore et al., 2009). 이것은 성을 아는 것만으로 개인의 공격성, 수리 기술, 활동수준, 혹은 정서적 표현성을 예측하는 것은 불가능하다는 것을 의미한다. 성차는 단지 집단평균이 계산되었을 때만 나타난다.

문화적 신화들

대부분의 발달학자들이 보증하는 또 다른 결론은 많은 혹은 대부분의 성역할 고정관념들이 사실에 기초하지 않은 "문화적 신화들"이라는 Maccoby와 Jacklin(1974)의 명제이다. 가장 광범위하게 받아들여지는 "신화들"은 여성은 남성에 비해 사교적이고 암시에 약하고 비논리적이며 덜 분석적이고 덜 성취 지향적이라는 것이다.

이러저러한 많은 부정확한 생각들이 지속되는 이유는 무엇인가? Maccoby와 Jacklin(1974)은 다음과 같이 제안한다.

"신화"가 영속되는 것에 대한 가능한 설명은 고정관념이란 그처럼 강력한 것이라는 사실이다. 여기에 언급할 태고의 진실이 있다. 만일 한 집단의 사람들에 대한 일반화를 믿는다면, 그 집단의 구성원이 예측된 방식으로 행동할 때마다 관찰자는 그것을 알아채고 그의 신념을 확인하고 강화한다. 그 집단의 구성원이 관찰자의 기대와 일치하지 않는 방식으로 행동할 때, 그 사례는 알아채지 못한 채 지나칠 가능성이 있으며, 관찰자의 일반화된 신념은 불일치로부터 보호될 것이다. . . [이런] 잘 수집된 [선택적 주의]. . . 과정은 부정적 증거의 영향으로 사멸되었을 신화들을 영속하게 한다(p. 355).

다시 말하면, 성역할 고정관념들이란 남성과 여성의 행동을 이해하고 왜곡하는데 사용하는 매우 뿌리 깊은 인지 도식이다(Martin & Halverson, 1981). 사람들은 영아의 행동을 분류할 때도 이 도식들을 사용한다. 한 연구에서(Condry & Condry, 1976), 대학생들은 여아("Dana")이거나 남아("David")라고 소개된 9개월 아기의 비디오테이프를 보았다. 아기가 놀고 있는 것을 본 후, 학생들에게 곰인형이나 도깨비상자에 대한 영아의 반응을 해석하도록 했다. 영아의 행동에 대한 인상은 가정된 성별에 분명히 의존했다. 예를 들면, 도깨비상자에 대한 강한 반응은 아동이 남아로 가정되었을 때는 "분노"로 명명되었고, 여아로 소개되었을 때는 "공포"로 명명되었다(Burnham & Harris, 1992를 참조).

증명되었듯이, 발견되지 않았거나 혹은 부정확한 성역할 고정관념들의 지속은 남아와 여아 모두에게 중요한 결과를 갖는다. 이런 문화적 신화들 중 보다 부정적인 몇 가지 시사점을 다음 절에서 논의할 것이다.

문화적 신화들은 능력과 직업적 기회의 성차에 기여하는가?

1968년에 Phillip Goldberg는 여자 대학생들에게 저자가 남성("John McKay")이거나 여성("Joan McKay")으로 소개된 몇 가지 과학 논문들의 장점을 평가하도록 요구했다. 비록 이 원고가 모든 다른 면에서 동일했음에도 불구하고, 참가자들은 남성이 쓴 논문이 여성의 논문보다 질적으로 더 높다고 평가했다.

이 젊은 여성들은 여아나 성인 여성은 수학과 과학 과정에서 혹은 이런 훈련을 요구하는 직업에서 뛰어날 수 있는 잠재력이 부족하다는 많은 사회의 공통적인 신념을 보여주고 있다(Eccles, 2004; Eccles, Freeman-Doan, Jacobs, & Yoon, 2000; Tennenbaum & Leaper, 2002). 유치원과 초등학교 1학년 여아들은 이미 수학에서 남아만큼 잘 할 수 없다고 믿는다. 학령기 동안, 독서, 예술, 음악은 여아의 영역이고 수학, 육상, 기계적 과제는 남아에게 적당한 과제라는 것을 점점 더 당연하게 여기게 된다(Eccles et al., 2000; Eccles, Jacobs, & Harold, 1990; Eccles, Wigfield, Harold, & Blumenfeld, 1993). 게다가 다양한 직업에서 남성 전문가와 여성 전문가의 비율에 대한 조사에 따르면, 여성은 언어적 능력을 요구하는 영역들(예, 도서관학, 초등교육)에 집중되어 있으며, 수학/과학적 배경을 요구하는 학문이나 다른 기술적 영역(예, 공학)의 전문가는 매우 적었다(Eccles et al., 2000; National Council for Research on Woman, 2002). 이런 불균형은 유럽에서도 발견된다(Dewandre, 2002). 이런 극적인 성차를 어떻게 설명할 수 있는가? 언어, 수학, 시/공간 수행에서의 작은 성차에 책임이 있는가? 성역할 고정관념들은 인지수행에서 성차를 촉진하는 **자기충족적 예언**(self-fulfilling prophecy)을 만들어내고 여아와 남아가 서로 다른 경력 경로를 향하도록 하는가? 오늘날 많은 발달학자들은 후자의 관점을 선호한다. 좀 더 자세히 살펴보자.

자기충족적 예언
(self-fulfilling prophecy)
사람들이 타인들에 대해 갖고 있는 기대와 일치하게 타인이 행동하도록 만드는 현상.

가정의 영향

부모들은 종종 아들과 딸을 다르게 대우하는 것으로 능력과 자기지각의 성차에 기여할 수 있다. Jacquelynne Eccles와 동료들(1990)은 여아가 수학이나 과학 과정에서 멀어지고 수학이나 과학이 포함되는 직업에서 드문 이유를 설명하기 위해 많은 연구를 수행했다. 그들은 수학적 능력에서의 성차에 대한 부모의 기대가 자기충족적 예언이 되는 것을 발견했다. 이야기 줄거리는 다음과 같다.

- 성 고정관념의 영향을 받은 부모는 수학에서 아들이 딸보다 더 뛰어날 것이라고 기대한다. 자녀들이 형식적 수학지도를 받기 전에도, 미국, 일본, 대만의 어머니들은 남아들이 여아들보다 수학적 능력이 더 낫다는 신념을 보인다(Lummis & Stevenson, 1990).

- 부모는 수학에서 아들의 성공은 **능력**에 귀인했으나 딸의 성공은 **열심히 공부한** 것에 귀인했다(Parson, Adler, & Kaczala, 1982). 더 나아가 이런 귀인은 여아들은 수학적 재능이 부족해서 단지 꾸준한 노력을 통해서만이 상당한 수행을 할 수 있다는 신념을 강화한다(Pomerantz & Ruble, 1998을 참조). 부모들은 종종 미묘한 방식으로 이 메시지를 전한다. 만일 자녀가 숙제를 도와달라고 했을 때 어머니가 "아빠에게 가. 아빠는 수학적 머리를 갖고 있어" 혹은 아버지가 "좋아, 애야. 엄마도 수학을 어려워 했어"라는 말을 하게 되면, 자녀는 수학은 여아들에게는 맞지 않는 남성의 영역으로 지각하는 것을 학습한다(Lips, 2006).

- 아동들은 부모의 관점을 내면화하기 시작하고, 따라서 남아는 자신감을 느끼는 반면 여아는 불안하거나 우울하게 되고 일반적인 학업 능력(Cole et al., 1999; Stetsenko et al., 2000)과 수학에서 능숙함(Fredricks & Eccles, 2002; Simpkins et al., 2006) 모두를 과소평가하는 경향이 더 많다.

- 자신의 능력이 부족하다고 생각하면서, 여아는 남아보다 수학에 대한 관심이 더 적어지고, 수학과정을 택할 가능성도 더 낮아지고, 고등학교 이후 수학이 포함된 경력을 좇을 가능성도 더 낮아진다(Benbow & Arjimand, 1990; Jacobs et al., 2002). 스스로가 수학이나 과학에서 강하다고 지각하는 여자 대학생들도 남자 대학생보다 이런 영역들에서 미래 연구나 경력을 예상할 가능성이 더 적을 것이다(Lips, 2004).

간단히 말해, 딸이 수(number)에서 문제가 있을 것이라고 기대하는 부모는 그들이 기대하는 것을 갖게 된다. Eccles와 동료들은 연구에서 여아가 실제로 수학에서 남아보다 뒤떨어지기 때문에 부모와 여아들 스스로 여아에게 더 적은 기대를 할 가능성을 통제하였다. 부모의 낮은 기대가 여아의 자기지각에 미치는 부정적 영향은 남아와 여아가 수학 적성 검사에서 **똑같이 좋은** 점수를 받고 수학에서 비슷한 성적을 받았을 때도 분명했다(Eccles et al., 2000; Fredricks & Eccles, 2002; Tennenbaum & Leaper, 2002). 의심할 바 없이 여아의 수학에 대한 낮은 기대는 수학 성적이 낮은 경우 "신속히 회복되어" 수학적 수행을 보이는 여아가 남아보다 훨씬 더 적은 이유를 설명하는데 도움이 된다(Kowaleski-Jones & Duncan, 1999). 여아는 영어에서 뛰어나고 남아는 운동에서 뛰어나다는 부모의 신념은 이런 영역들에서 나타나는 흥미와 능력의 성차에도 기여한다(Eccles et al., 1990; Fredricks & Eccles, 2002; Tennenbaum & Leaper, 2003).

학교의 영향

교사들은 특정 과목들에서 남아와 여아의 상대적인 능력에 대한 정형화된 신념을 갖고 있다. 예를 들면, 6학년 수학교사들은 남아들이 수학 능력이 더 많으며 여아들은 더 많이 노력한다고 믿는다(Jussim & Eccles, 1992). 비록 이런 교사들이 남아와 같거나 혹은 더 높은 성적을 주는 것으로 여아의 노력을 보상할지라도(Jussim & Eccles, 1992; Kenny-Benson et al., 2006), 여아가 수학에서 성공하려면 더 많이 노력해야 한다는 교사들의 메시지는 많은 여아들에게 자신의 재능을 자신에게 더 적합한 음악이나 영어와 같은 다른 비 양적(nonquantitative) 성취영역으로 향하게 하는 것이 최선이라는 확신을 갖게 한다.

요약하면, 인지 능력에서 성차에 관한 밝혀지지 않은 신념들은 우리가 논의했던 사소한 성에 관련된 능력에 기여할 수 있으며, 궁극적으로 양적 기술을 요구하는 과학과 직업들에서 여성의 숫자가 적은데 기여한다. 분명히 Eccles가 묘사했던 사건 연쇄는 피할 수 없는 것이 아니다. 실제로, 성역할 태도와 행동에서 전통적이지 않은 부모의 여아는 전통적인 가정 출신의 여아가 보이는 수학과 과학 성취에서 감소가 나타나지 않았다(Updegraff, McHale, & Crouter, 1996). 그런데 여아는 거의 모든 학과목들을 다 잘하는 사람(generalist)이 되려는 경향이 남아보다 더 강했다. 따라서 여아들이 자신의 시간, 에너지 및 재능을 많은 학문적 영역들에 광범위하게 투자했을 때, 여아들이 어떤 특정 과목(특히 수학이나 과학과 같은 "남성적" 과목들)에서 예외적으로 뛰어난 능력을 보일 가능성은 더 낮을 것이다(Denissen, Zarrett, & Eccles, 2007).

최근에는 근거 없는 성 고정관념이 재능 있는 여학생들의 교육적, 직업적 포부를 위태롭게 하는 미묘한 방식에 관해 부모, 교사, 상담가를 교육하려는 노력이 이루어지고 있으며, 진전이 있다는 징후가 있다. 한 종단 연구에서, Eccles와 동료들(Fredricks & Eccles, 2002; Jacobs et al., 2002)은 12학년까지 여아들은 남아들만큼 수학에 가치를 두었고 스스로를 남아들만큼 수학에 능력이 있다고 여긴다는 것을 발견했다(비록 양 성 모두 고등학교 시기동안 수학에서 지각된 능력과 가치가 감소한다는 사실이 남아있음에도 불구하고). 그리고 비록 오늘날 미국에서 과학과 공학에 종사하는 사람들 중 여성은 단지 23%에 불과하지만, 남성보다 더 많은 비율의 여성이 대학에 입학해서 졸업하고(Lips, 2006), 2005년에 여성들은 법학 학위의 49%, 의학 학위의 47%, 과학과 공학 학위의 44%를 받았다. 1976년과 비교해 보면 과학과 공학은 10%, 법학은 18%, 의학은 28%였다(Cynkar, 2007). 2006년에 Nancy Pelosi는 최초의 여성 하원의장이 되었고(Speaker of the U. S. House of Representatives), 2007년에는 첫번째 여성 미국 대통령 후보자인 Hillary Clinton이 등장했다. 따라서 점점 더 많은 수의 여성들이 정치, 전문직, 기능직, 그리고 실제로 거의 모든 삶의 영역들에서 성공을 하면서, 여성의 능력을 제약하는 고정관념들은 최종적으로 부서질 것이라는 가정은 타당하다. 이런 경

시/공간적 장난감을 갖고 노는 여아들은 공간 능력 검사에서 더 잘 수행한다.

향에 반대하는 것은 가장 가치 있는 자원, 즉 세계 인구의 절반 이상의 능력과 노력을 버리는 것이다.

이제 여아와 남아가 자신을 다르게 보게 되고 다른 역할을 선택하는 이유를 알아보기 위해 성 유형화 과정을 살펴보자.

성 유형화의 발달 경향

성 유형화 연구는 전통적으로 분리되어 있지만 서로 관련된 3가지 주제들에 초점이 맞추어져 있다. (1) **성 정체성**(gender identity)의 발달, 즉 자신이 남자아이이거나 여자아이이며 성은 변하지 않는 속성이라는 지식, (2) **성역할 고정관념**의 발달, 즉 남성과 여성이 어떠하다고 가정된 것에 대한 아이디어들, (3) **성 유형화된 행동** 패턴의 발달, 즉 이성에 연합된 행동보다 동성의 활동을 선호하는 아동의 경향성.

성 정체성
(gender identity)
자신의 성과 그것의 의미에 대한 인식.

성 개념 발달

성 정체성 발달의 첫 단계는 남성과 여성을 구분하고 자신을 이런 범주 중 하나에 위치시키는 것이다. 단순한 성 변별은 다소 일찍 시작된다. 4개월이면 영아는 감각 간 지각검사에서 여성이나 남성의 목소리를 얼굴과 짝짓기 시작했다(Walker-Andrews et al., 1991). 1세 말경이면 영아들은 유의하게 여성과 남성의 사진을 구분할 수 있다(Leinbach & Fagot, 1993).

2~3세 사이에, 아동들은 성에 대해 알고 있는 것을 말하기 시작하는데, "엄마"와 "아빠", "남자아이"와 "여자아이"라는 명칭을 습득하고 정확하게 사용한다(Leinbach & Fagot, 1986). 2.5~3세면 거의 모든 아동이 자신을 남자아이나 여자아이로 정확하게 명명할 수 있지만, 성이 영속적이라는 사실을 이해하는데 시간이 더 필요하다(Thompson, 1975). 예를 들면, 많은 3~5세 아동들은 자신들이 원하기만 한다면, 남아가 엄마가 될 수 있으며 여아가 아빠가 될 수 있다고 생각하고, 옷이나 머리모양을 바꾼 사람은 다른 성의 성원이 될 수 있다고 생각한다(Fagot, 1985b; Szkrybalo & Ruble, 1999; Warin, 2000). 정상적으로 5~7세 사이에 아동들은 성별은 변할 수 없는 속성임을 이해하기 시작하며, 대부분의 어린 아동들은 학교에 들어갈 때면 남아나 여아로서 확고한 미래지향적인 정체성을 갖는다(Szkrybalo & Rubble, 1999).

Susan Egan과 David Perry(2001)는 성 정체성 인식은 "나는 남자아이/여자아이이고 항상 남자아이/여자아이일 것이다"라는 지식뿐 아니라, "나는 내 성의 전형적인/비전형적인 구성원이다", "나는 나의 생물학적 성이 편하다/편하지 않다", "나는 다른 성의 선택지(options)를 탐색하는데 자유롭다/자유롭지 못하다", 그리고 "나는 내 성이 다른 성보다 우월하다고/우월하지 않다고 느낀다"와 같은 판단을 포함한다고 제안한다. 성 정체성의 이런 후자의 측면들은 초등학교 시기에 등장했고, 아동의 개인적, 사회적 적응에 영향을 미치는 의미 있는 역할을 한다.

2.5~3세가 되면, 아이들은 남아와 여아가 다른 활동을 좋아한다는 것을 알게 되고, 이미 성전형적인 방식으로 놀기 시작한다.

성역할 고정관념의 발달

놀랍게도, 걸음마기 유아들은 남아나 여아로서 자신들의 기본적 정체성을 인식하는 것과 같은 시기에 성역할 고정관념을 습득하기 시작한다(예, Gelman, Taylor, & Nguyen, 2004). Deanna Kuhn과 동료들(1978)은 2.5~3.5세 아동들에게 남자인형("Michael")과 여자인형("Lisa")을 보여주고, 둘 중 어떤 인형이 요리, 바느질, 인형놀이, 트럭이나 기차놀이, 수다, 뽀뽀, 싸움, 나무타기와 같은 성 유형화된 활동들을 할 것인지에 대해 물었다. 거의 모든 2.5세 아동들은 성역할 고정관념에 대한 지식을 어느 정도 갖고 있었다. 예를 들면, 남아와 여아는 여성이 말을 많이 하고, 결코 때리지 않으며, 종종 도움이 필요하고, 인형놀이를 좋아하고, 요리나 청소와 같은 집안일로 어머니를 돕는 것을 좋아한다는 것에 동의했다. 반면에 이 어린 아동들은 남아는 자동차놀이를 좋아하고, 아버지를 돕고, 집짓기를 하며, "때릴거야"와 같은 말을 많이 한다고 느꼈다(Blackmore, 2003을 참조). 다른 아동들의 사진을 보고 여성과 남성으로 정확하게 명명할 수 있는 아동은 성 고정관념에 대해 가장 많이 알고 있는 2~3세 아동들이었다(Fagot, Leinbach, & O'Boyle, 1992).

학령전기와 학령초기 동안, 아동들은 남아와 여아에 적합한 장난감, 활동, 성취영역에 대해 점점 더 많은 것을 학습한다(Blackmore, 2003; Serbin, Powlishta, & Gulko, 1993; Welch-Ross & Schmidt, 1996). 마침내 학령기 아동들은 심리적 영역에서 성차를 명백하게 구분하고, 처음에 자신의 성을 특징짓는 긍정적 특질들과 다른 성과 연합된 부정적 특질들에 대해 학습한다(Serbin, Powlishta, & Gulko, 1993). 10~11세가 되면, 아동들의 성격 특질에 대한 고정관념은 성인들의 것과 거의 비슷해진다. 잘 알려진 Deborah Best와 동료들(1977)의 비교문화 연구에 따르면, 영국, 아일랜드, 미국의 4, 5학년 아동들은 일반적으로 여성은 약하고 정서적이고 인정 많고 섬세하고 애정적인 반면, 남성은 야망이 있고 주장적이고 공격적이고 지배적이며 거칠다는 것에 동의했다. 이후 연구는 세계 많은 국가들의 남성과 여성 참가자들은 이같은 성격 차원들(그리고 많은 다른 성격 차원들)을 신뢰롭게 남성과 여성에게 귀인했음을 밝혔다(Williams, Satterwhite, & Best, 1999).

아동들은 성역할 고정관념들을 심각하게 받아들이고 이런 규정들을 따라야 한다고 믿고 있는가? 많은 3~7세 아동들은 그렇다. 그들은 성역할 기준은 어길 수 없는 총괄적인 규칙이라고 여기는 어린 맹신주의자같다(Banerjee & Lintern, 2000; Biernat, 1991; Ruble & Martin, 1998). 인형놀이를 좋아하는 George라는 남아에 대한 6세 아동의 반응을 살펴보자.

(왜 Goerge에게 인형놀이를 하지 말라고 말해야 한다고 생각하니?) 음, 그는 남자아이들이 갖고 노는 것만을 갖고 놀아야 해요. 그가 지금 갖고 노는 것은 여자아이의 것이에요. . . (Goerge가 원한다면 바비 인형을 가지고 놀 수 있니?) 안돼요!. . . . (Goerge는 어떻게 해야 하지?) 그는 여자아이의 인형 말고 지아이조를 가지고 놀아야 해요. (왜 남자아이는 지아이조는 갖고 놀 수 있고 바비 인형은 안 되지?) 왜냐하면 남자아이가 바비 인형을 갖고 놀면, 사람들이 그 아이를 놀릴 거에요. . . 그리고 만일 그 아이가 계속해서 놀려고 한다면, 그리고 여자아이들이 자신을 좋아하게 만들려고 한다면, 여자아이들도 그를 좋아하지 않을 거에요(Damon, 1977, p.255).

왜 어린 아동들은 성역할 위반에 대해 그렇게 엄격하고 완고한 것인가? 1970년대 연구가 오늘날에도 여전히 적용될 수 있는 이유는 무엇인가? 첫째, 성과 관련된 이슈는 3~7세 아동들에게 매우 중요하기 때문일 것이다. 그리고 둘째, 성인으로서 성 규준을 다루는데 문화적 변화가 있음에도 불구하고, 수용된 성 도식을 고수하라는 아동기의 압력은 지속된다. 어린 George를 인터뷰한지 거의 40년이 지났지만, 대부분의 여아는 여전히 바비인형을 대부분의 남아는 여전히 지아이조를 갖고 논다. 장난감조차 변하지 않았다! 또한 이때는 그들이 자신을 남아나 여아로 엄격하게 구분하고, 자신들이 항상 여아나 남아일 것인지에 대해 의문을 갖는 시기이다. 따라서 자기 이미지에 맞게 살기 위해 성역할 고정관념을 과장함으로써 "그것들을 인지적으로 분명하기 만들" 수 있다(Maccoby, 1998).

그러나 8~9세가 되면, 아동들은 성에 대한 사고에서 보다 유연하고 덜 맹목적이게 된다(Blakemore, 2003; Levy, Taylor, & Gelman, 1995; McHale, Crouter, & Tucker, 2001). 9세 된 James가 사람들이 지켜야하는 도덕적 규칙들과 관습적이지만 의무가 아닌 성역할 기준들을 명확하게 구분하는 방법에 주목하라.

(그의 부모가 어떻게 해야 한다고 생각하니?) 그들은 그에게 트럭과 물건들을 갖다 주고 그것을 갖고 노는지를 살펴보아야 해요. (만일 그가 계속해서 인형을 갖고 논다면 어떡하지? 그들이 그를 벌주어야 한다고 생각하니?) 아니요. (왜?) 그것은 나쁜 짓이 아니에요. (왜 그것이 나쁘지 않지?) 왜냐하면. . . 그가 창문을 깼고, 그리고 계속해서 그런다면, 그를 벌주어야 해요. 왜냐하면 창문을 깨지 말아야 하기 때문이죠. 그러나 원한다면 인형을 갖고 놀 수 있어요. (어떤 차이가 있지?. . .) 음, 창문을 깨는 것은 하지 말아야 하는 것이죠. 그러나 인형을 갖고 노는 것은 가능해요, 그러나 남자 아이들은 대개 그러지 않아요(Damon, 1977, p.263).

그러나 학령기 아동들이 남아와 여아가 합법적으로 이성의 흥미와 활동을 추구할 수 있다고 말한다고 해서 그들이 그렇게 하는 사람을 반드시 인정하는 것은 아니다. 립스틱을 칠한 남아나 축구를 하는 여아와 친구가 될 수 있는지 묻고 그런 성역할 위반을 평가하라고 했을 때, 학령기 아동(과 성인)은 여아의 위반에 대해서는 상당히 관대하였다. 그러나 참가자들(특히 남아들)은 여아처럼 행동하는 남아에 대해서는 매우 낮게 평가하였으며, 이런 위반은 마치 도덕적 규칙을 위반하는 것만큼 나쁜 것으로 보았다. 이것은 남아에게 성역할을 따르라는 압력이 더 크다는 것을 보여준다(Blakemore, 2003; Levy, Taylor, & Gelman, 1995).

문화적 영향

서양의 개인주의 사회의 8~10세 아동들은 많은 성역할 고정관념의 위반에 대해 보다 더 유연해지지만, 같은 패턴이 다른 곳에서도 분명하게 나타나는 것은 아니다. 대만처럼 사회적 조화를 유지하고 사회적 기대에 맞게 사는 것을 강조하는 집합주의 사회에서, 아동들은 적합한 성역할 규정을 수용하고 따르라는 강한 격려를 받는다. 그 결과, 대만의 8~10세 아동은 서양의 개인주의 사회(이스라엘 도시)의 동년배들 보다 성역할 위반(특히 남아에 의한)에 대해 덜 수용적이다(Lobel et al., 2001).

성 고정관념에 대한 청소년의 생각

남성과 여성이 보이는 특질들과 그들이 추구하는 취미와 직업에 대한 생각은 아동들이 초등학교에서 중학교로 진학하는 시기인 청소년 초기 동안 점점 더 유연해진다. 그러나 이후 곧 다시 한 번 성역할 규정들이 덜 유연해지는데, 남아와 여아 모두 남성과 여성이 보이는 교차-성 매너리즘(cross-sex mannerisms)에 대해 강한 완고함을 보인다(Alfieri, Ruble, & Higgins, 1996; Sigelman, Carr, & Begley, 1986; Signorella, Bigler, & Liben, 1993; 성 고정관념 행동에 대한 아동의 생각에서 발달적 변화를 도표로 보여주는 그림 12.3을 참조). 이런 성 맹목주의의 2차전을 어떻게 설명할 수 있는가?

분명히 청소년이 보이는 교차-성 매너리즘에 대한 완고함과 행동의 증가는 **성 강화**(gender intensification) 과정과 관련 있다. 이것은 사춘기에 들어서면서 성역할을 따르라는 압력이 증가하는 것과 연합된 성차의 확대이다(Galambos, Almeida, & Peterson, 1990; Hill & Lynch, 1983). 남아는 자신을 더욱 남성적으로 보기 시작하고, 여아는 자신의 여성적인 면을 강조한다(McHale et al., 2001; McHale, Shanahan, et al., 2004). 왜 성 강화가 일어나는가? 부모의 영향이 한 가지 기여 요인이다. 아동들이 청소년기에 들어서면서, 어머니는 딸과 아버지는 아들과 더 많은 공동 활동을 하게 된다(Crouter, Manke, & McHale, 1995). 특히 딸과 아들이 모두 있는 가족에서, 각 부모는 자녀의 성에 적절하게 사회화하는 일차적 책임이 있다(McHale & Crouter, 2003; Shanahan et al., 2007). 그러나 또래의 영향이 보다 중요할 수 있다. 청소년은 데이트에서 성공하려면 전통적인 성 규준을 따라야만 한다는 것을 점점 더 알게 된다. 성역할에 대해 생각해 보지 않았던 말괄량이 여아는 청소년기 동안 남아들에게 매력적으로 보이기 위해 보다 "여성적인" 방식으로 옷을 입고 행동해야 한다는 것을 알게 된다. 또한 남아는 보다 분명한 "남성적인" 이미지를 자신에게 투사했을 때 더 인기 있다는 것을 알게 된다(Burn, O'Neil, & Nederend, 1996; Katz, 1979). 청소년에게 가해지는 전통적인 역할을 따르라는 사회적 압력은 인지능력의 성차가 청소년기에 들어서면서 더욱 눈에 띄는 이유를 설명하는데 도움이 된다(Hill & Lynch, 1983; Roberts et al., 1990). 이후 고등학교에서 십대들은 젊은 여성과 남성으로서의 정체감에 더 편안해지고 다시 한 번 성에 대한 생각이 더 유연해진다(Urberg, 1979). 그렇지만 성인들도 성역할 규정을 뻔뻔스럽게 무시하는 남성들에 대해서는 아주 완고하다(Levy, Taylor, & Gelman, 1995).

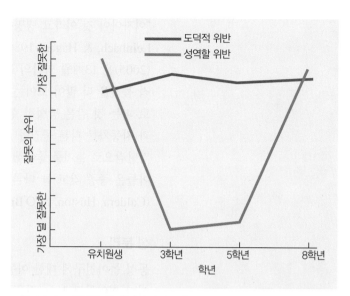

그림 12.3 성역할 위반(남아가 손톱을 다듬는 것과 같은)과 도덕적 위반(다른 아이를 그네에서 떠미는 것과 같은)의 잘못된 정도에 대한 순위. 모든 연령의 아동들이 비도덕적 행위를 비난했지만, 성역할 위반을 나쁘다고 평가한 것은 유치원생과 청소년(8학년)뿐이라는 점에 주목하라. 초등학생들은 성역할 기준에 대해 이전보다 유연한 방식으로 생각하게 된다. 그러나 청소년들은 "적합한" 성 정체성을 위반하는 것의 심리적 의미에 대해 고려하게 된다.

출처: "Children's Concepts of Cross-Gender Activities," by T. Stoddart & E. Turiel, 1985, Child Development, 59, 793–814. Copyright © 1985 by the Society for Research in Child Development, Inc.

성 강화
(gender intensification)
청소년 초기에 성차의 확대. 전통적인 성역할을 따르라는 증가된 압력과 연합.

성 유형화된 행동의 발달

아동 행동의 "성 적절성"을 평가하는 가장 일반적인 방법은 그들이 누구와 노는지 그리고 무엇을 갖고 노는지를 관찰하는 것이다. 장난감 선호에서의 성차는 매우 초기에 발달하며, 아동이 분명한 성 정체감을 형성하거나 정확하게 장난감을 "남자아이 것" 혹은

"여자아이 것"이라고 명명하기도 전이다(Blakemore, LaRue, & Olejnik, 1979; Fagot, Leinbach, & Hagan, 1986; Weinraub et al., 1984). 예를 들면 Leif Stennes와 동료들(2005)은 13개월 영아의 초기 가장놀이에서 여아들은 부모인 척하는 행동과 의사소통적 몸짓을 더 많이 보이는 반면, 남아들의 놀이 행동과 몸짓은 망치로 두드리거나 삽으로 파는 것 같은 남성적 행동을 모방하는 것임을 발견했다. 14~22개월 남아들은 트럭과 자동차를 다른 물건들 보다 더 선호한 반면, 이 연령의 여아들은 인형이나 부드러운 장난감으로 놀기를 좋아했다(Smith & Daglish, 1977). 실제로 18~24개월 걸음마기 유아들은 종종 갖고 놀 다른 대상이 없을 때조차 이성의 장난감을 갖고 놀기를 거절했다(Caldera, Huston, & O'Brien, 1989).

성 분리

동성 놀이친구에 대한 아동들의 선호는 매우 초기에 발달한다. 2세 여아는 유아원에서 이미 여아들과 노는 것을 선호하고(La Freniere, Strayer, & Gauthier, 1984), 3세가 되면 남아들은 동료로서 여아보다 남아를 선택한다. 다양한 문화에서 관찰되었던 이런 **성 분리**(gender segregation)(Leaper, 1994; Whiting & Edwards, 1988)는 시간이 지나면서 점점 더 강해진다. 4~5세 아동들은 이미 이성 놀이친구를 적극적으로 거부하기 시작한다(Ramsey, 1995). 6.5세가 되면, 아동들은 이성 동료들보다 동성 동료들과 지내는 시간이 10배 정도 많다(Maccoby, 1998). 어린 아동이 이성 또래들과 놀 때, 적어도 한 명의 동성 친구가 함께 있다(Fabes, Martin, & Hanish, 2003). 학령기와 전청소년기 아동들은 일반적으로 이성과의 접촉을 덜 즐기고 이성 또래들에 대해 더 부정적으로 행동한다(Underwood, Schockner, & Hurley, 2001). 흥미롭게도, 어린 아동들도 인형놀이나 트럭놀이를 할 때 성에 기초해서 어떤 아동을 제외시키는 것은 잘못이라고 믿지만(Killen et al., 2001), 어쨌든 그들은 종종 그렇게 한다(Brown & Bigler, 2004를 참조).

Alan Sroufe와 동료들(1993)에 따르면 분명한 성 경계를 유지할 것을 가장 강하게 주장하고 "적"과 사귀는 것을 피하는 10~11세 아동들은 사회적으로 유능하고 인기 있는 반면, 성 분리 규칙을 위반한 아동들은 훨씬 인기가 적고 덜 적응적이다. 실제로 이성과의 우정을 선호하는 아동들은 또래들에 의해 거부되었다(Kovacs, Parker, & Hoffman, 1996). 그러나 성 경계와 이성 동료를 반대하는 편향성은 사춘기의 사회적, 생리학적 사건들이 이성에 대한 흥미를 자극하게 되는 청소년기 동안 감소한다(Bukowski, Sippola, & Newcomb, 2000; Serbin, Powlishta, & Gulko, 1993).

성 분리가 일어나는 이유는 무엇인가? Eleanor Maccoby(1998)는 남아와 여아의 놀이 양식 차이를 반영한다고 믿는다. 그것은 활동적이고 떠들썩한 행동을 촉진하는 남아의 높아진 안드로겐 수준으로 인해 발생한 양립불능성(incompatibility)이다. 한 연구에서(Jacklin & Maccoby, 1978), 성인 관찰자가 흥미로운 장난감들이 있는 놀이방에서 걸음마기 유아들이 얼마나 자주 동성 짝이나 이성 짝을 이루어 함께 노는지, 혹은 혼자 노는지를 기록했다. 그림 12.4에서 볼 수 있듯이, 남아들은 여아보다 남아에 대해 훨씬 더 많은 사회적 반응을 보인 반면, 여아들은 남아보다 여아에 대해 더 사교적이다. 동성 짝에서 놀이친구 간 상호작용은 생생하고 긍정적이다. 반대로 여아들은 이성 짝의 경우 남아들에게 위축되는 경향이 있었다. 남아들은 너무 시끄럽고 지배적이어서 여아의 기호에 맞지 않았고, 여아들은 야단스럽지 않은 것을 선호하고 놀이친구와 분쟁이 생겼을

성 분리
(gender segregation)

동성 놀이친구와 연합하고 이성을 외집단으로 생각하는 아동의 경향.

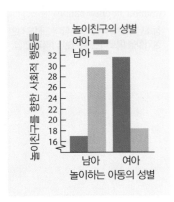

그림 12.4 2~3세 걸음마기 유아들도 이미 동성 놀이친구를 선호한다. 남아는 여아보다 남아들과 있을 때 더 사회적이고, 여아는 남아보다 여아들과 있을 때 더 활동적이다.

출처: *"Social Behavior at 33 Months in Same-Sex and MixedSex Dyads,"* by C. N. Jacklin & E. E. Maccoby, 1978, Child Development, 49, 557-569. Copyright © 1978 by the Society for Research in Child Development, Inc.

때 명령하거나 힘을 과시하기보다 공손하게 협상했다(Martin & Fabes, 2001; Moller & Serbin, 1996). 아동기 동안, 남아들은 동성 집단에서 놀고 함께 작업하는 것을 선호하는 반면, 여아들은 남아들보다 집단에서 위축될 가능성이 더 높고, 대신에 개인들에 초점을 맞추고 동성 쌍에서 가장 잘 기능한다(Benenson & Heath, 2006). 게다가 여아들은 조용하고 부드럽게 놀 것이라는 기대가 있고, 만일 여아들이 남아처럼 시끄럽고 거칠어지면 남아와 여아 모두 그들을 비난한다(Blakemore, 2003).

인지발달과 사회인지발달은 아동이 보이는 성 분리의 증가에 기여한다. 일단 학령 전 아동들이 자신을 남아나 여아로 명명하고 성 고정관념을 습득하기 시작하면, 그들은 자신들이 소속된 집단을 선호하게 되고 이성을 부정적 특징들이 많은 동질적인 외집단으로 보게 된다(Martin, 1994; Powlishta, 1995). 실제로 성에 대해 보다 전형화된 관점을 갖고 있는 아동들은 놀이활동에서 성 분리를 유지하고 이성 친구가 가장 적었다(Kovacs, Parker, & Hoffman, 1996; Martin, 1994).

성 유형화된 행동에서의 성차

우리 문화를 포함한 많은 문화에서 남성 성역할에 더 높은 지위가 주어지며(Blakemore, Berenbaum, & Liben, 2009; Turner & Gervai, 1995), 남아들은 여아보다 성에 적합한 품행 코드를 고수하라는 압력을 더 강하게 받는다(Bussey & Bandura, 1992; Lobel & Menashri, 1993). 여자아기의 아버지는 일반적으로 12개월 딸에게 트럭을 주고 싶어 하는 반면, 남자아기의 아버지는 아들로부터 인형을 치워놓을 것이다(Snow, Jacklin, & Maccoby, 1983). 그리고 남아들은 여아보다 더 빨리 성 유형화된 장난감에 대한 선호를 보인다. 예를 들면, Judith Blakemore와 동료들(1979)은 2세 남아들은 성에 적합한 장난감을 선호한 반면, 2세 여아들은 그렇지 않음을 발견했다. 18개월~2세가 되면, 많은 아동들(여아들보다 더 많은 남아들)은 남아용 운송수단, 혹은 여아용 인형이나 의상처럼 성 유형화된 대상들과 활동들에 매우 강한 흥미를 보인다(DeLoache, Simcock, & Macari, 2007). 그리고 3~5세가 되면, 남아들은 (1) 여아들보다 이성의 장난감을 싫어한다고 말할 가능성이 더 높으며(Bussey & Bandura, 1992; Eisenberg, Murray, & Hite, 1982) (2) "남자아이" 장난감을 좋아하는 여자 놀이친구를 여자 활동을 좋아하는 남자 놀이친구보다 선호한다(Alexander & Hines, 1994).

4~10세 사이에 여아와 남아 모두 다른 사람들이 그들에게 무엇을 기대하고 있는지를 인식하게 되고 이런 문화적 규정을 따른다(Huston, 1983). 그렇지만 남아에 비해 여아는 이성의 장난감, 게임 및 활동들에 대한 흥미를 유지할 가능성이 더 높다. John Richardson과 Carl Simpson(1982)이 5~9세 아동 750명이 산타클로스에게 보낸 편지에서 발견한 장난감 선호에 대해 생각해 보라. 비록 대부분의 요구는 분명히 성 유형화되어 있음에도 불구하고, 우리는 표 12.2에서 "이성" 품목을 요구하는 여아가 남아보다 많음을 보게 된다. 실제적인 성역할 선호와 관련해서, 어린 여아들은 종종 남자이기를 희망하고, 오늘날의 여자 대학생 중 절반 정도가 어렸을 때 사내 같은 여자아이였다고 말한다(Burn, O'Neil, & Nederend, 1996). 그렇지만 남아가 여자이기를 희망하는 경우는 드물다(Martin, 1990).

아동중기 동안 여아가 남성적 활동들과 역할에 끌리는 이유가 몇 가지 있다. 예를 들면, 여아들이 점차 남성적 행동의 가치가 더 높다는 것을 인식하게 되고, "최고"(혹은 적어도 이등 시민이 아닌 다른 무언가)이기를 원하는 것은 자연스러운 일이다(Frey & Ruble,

표 12.2 산타클로스로부터 "남성" 혹은 "여성" 품목을 원하는 남아와 여아의 비율

	요구하는 남아의 비율	요구하는 여아의 비율
남성적 항목들		
운송수단들	43.5	8.2
운동장비	25.1	15.1
공간/시간적 장난감 (블록세트, 시계, 등등)	24.5	15.6
여성적 항목들		
인형(성인 여성)	.6	27.4
인형(아기)	.6	23.4
가제도구들	1.7	21.7

출처: Richardson & Simpson, 1982 인용.

1992). 게다가 여아는 이성의 활동에 참가하는데 남아보다 여유롭다. 여아가 "사내 같은 여자아이"인 것은 괜찮지만 남아가 "계집애"라고 불리는 것은 비웃음과 거부의 징후이다(Martin, 1990). 게다가 빠르게 움직이는 남성적 게임과 "액션" 장난감이 여아들에게 양육적이고 표현적인 지향성을 택하도록 격려하는 친숙한 가사놀이나 소일거리(인형, 인형 집, 접시세트, 세탁과 양호 기구들)보다 단순히 더 흥미로울 수 있다.

남성적 활동에 대한 초기 흥미에도 불구하고, 대부분의 여아들은 청소년 초기가 되면, 많은 여성 역할 규정들을 선호하거나 혹은 적어도 따르게 된다(McHale, Shanahan et al., 2004). 왜 그런가? 아마도 생물학적, 인지적, 사회적 이유 때문인 듯하다. 일단 그들이 사춘기에 도달하고 신체가 보다 여성적인 외양을 갖게 되고(생물학적 성장), 여아들이 이성에게 매력적이기를 원한다면 보다 "여성적"이 될 필요가 있음을 느낀다(Burn, O'Neil, & Nederend, 1996; Katz, 1979). 게다가 어린 청소년들은 형식적 조작 능력과 진보된 역할맡기 기술을 갖게 되는데(인지적 성장), 이것은 (1) 자신의 변화하는 신체 이미지에 대해 자기의식적이 되고(Jones, 2004; McCabe & Ricciardelli, 2005), (2) 자신에 대한 타인들의 평가에 관심을 갖고(Elkind, 1981; 상상적 청중 현상을 기억하라), (3) 성 강화 압력에 영향받기 더 쉽고, 그래서 여성 역할에 대한 사회적 규정을 따르는 경향이 더욱 강해진다고 설명한다.

성 유형화에서 문화차

비록 광범위하지는 않지만, 성 유형화에서 사회계층과 민족차에 대한 연구는 (1) 중류층 청소년(아동은 아님)은 낮은 사회경제 계층의 또래들보다 더 유연한 성역할 태도를 갖고 있으며(Bardwell, Cochran, & Walker, 1986; Canter & Ageton, 1984), (2) 아프리카계 미국인 아동들은 유럽계 미국인 아동보다 여성에 대한 고정관념이 더 적다(Bardwell, Cochran, & Walker, 1986; Leaper, Tennenbaum, & Shaffer, 1999를 참조)는 것을 보여준다.

연구자들은 성 유형화에서 사회계층차와 민족차를 교육과 가족의 삶에서 차이로 귀인했다. 예를 들면, 중류층 사람들은 전형적으로 그들이 이용할 수 있는 교육적, 직업적 선택이 더 넓으며, 이것은 그들이 결국 남성과 여성의 역할에 대해 보다 유연한 태도를 갖는 이유를 설명할 것이다.

아프리카계 미국인 아동이 성에 대해 고정관념을 덜 갖는 이유는 무엇인가? 한 가지 이유는 아프리카계 미국인 공동체는 역사적으로 성이 평등하게 가족 책임을 공유하는 것에 대해 더 호의적인 태도를 갖고 있다(King, Harris, & Heard, 2004). 자녀들에 대한 어머니와 아버지의 행동은 다른 민족 공동체들만큼 다르지 않다. 실제로, Jaipaul Roopnarine과 동료들(2005)은 유럽계 미국인 가족에서 부모가 영아와 함께 할 때 가정하는 어머니-양육자/아버지-놀이친구 역할과는 달리, 아프리카계 미국인 아버지들은 제약이 적고 어머니만큼 혹은 더 많이 영아들에게 편안함, 음성 자극 및 많은 애정을 주는 경향이 있다는 것을 최근에 발견했다. 양육자로서, 그들의 행동은 놀라울 정도로 어머니의 행동과 유사하다. 게다가 유럽계 미국인 아동보다 더 많은 비율의 아프리카계 미국인 아동들이 한 부모 가정에서 살고 어머니가 집 밖에서 일을 한다(미국 통계청, 2001). 따라서 아프리카계 미국인 아동들에게서 관찰되는 덜 정형화된 여성상은 그들의 어머니가 부모 역할에서 유럽계 미국인 어머니들보다 도구적(남성), 표현적(여성) 기능 모두를 하고 있음을 반영한다(Leaper, Tennenbaum, & Shaffer, 1999).

마지막으로, 부모가 평등주의적 성역할 태도를 촉진하려고 노력하는 가정에서 성장한 아동들은 어떤 활동과 직업이 남성과 여성에게 적합한지에 대한 신념에서 전통적인 가정의 아동들보다 성 정형화되는 경향이 덜 하다(Weisner & Wilson-Mitchell, 1990). 그럼에도 불구하고, 이 아동들은 전통적인 성 고정관념을 매우 잘 인식하고 전통적인 가족의 아동들만큼 장난감이나 활동 선호에서 "성유형화"된다.

요약하면, 성역할 발달은 놀랄 정도의 속도로 진행된다(Ruble, Martin, & Berenbaum, 2006; 개관은 표 12.3을 참조). 학교에 들어갈 때면, 아동들은 기본적 성 정체성을 인식한 지 오래되었고, 성이 어떻게 다른지에 대한 수많은 고정관념들을 습득했고, 성에 적합한 활동들과 동성 놀이친구들을 선호했다. 아동중기 동안, 성 유형화된 **심리적** 특질들에 대해 더 많은 것을 학습하게 되면서 아동의 지식은 계속 확장되고, 성역할에 대한 사고는 더 유연해진다. 그렇지만 특히 남아의 경우, 그들의 **행동**은 보다 더 성 유형화되고, 자신을 이성과 더욱 분리하게 된다. 이제 가장 흥미로운 질문을 한다. 이 모든 것은 어떻게 그렇게 빨리 일어나는가?

▌성 유형화와 성역할 발달이론

성차와 성역할 발달을 설명하기 위해 몇 가지 이론들이 제안되었다. 어떤 이론들은 성의 생물학적 차이를 강조한 반면, 다른 이론들은 아동들에 대한 사회적 영향을 강조한다. 어떤 이론들은 사회가 아동에게 어떻게 영향을 미치는가를 강조하고, 다른 이론들은 성과 그 의미를 이해하면서 아동이 하는 선택을 강조한다. 생물학적으로 지향된 두 가지 이론을 간단하게 살펴보고, 그런 다음 정신분석 이론, 사회학습 이론, 인지발달 이론 및 성 도식 이론에서 제안된 보다 "사회적인" 접근을 살펴볼 것이다.

진화이론

진화심리학자들(예, Buss, 1995, 2000; Geary, 1999, 2005)은 인간 역사의 과정에서 남성과 여성이 서로 다른 진화적 압력에 직면하고, 자연선택 과정이 남성과 여성 간의 기본적 차이를 만들어 내도록 공모해서 노동의 성 분화를 결정한다고 주장한다. 예를 들면, 2장에서 우리는 진화 이론가들이 유전자를 보존하기 위해 남성과 여성이 선호하는 짝짓기(mating) 전략의 차이를 어떻게 설명하는지를 살펴보았다. 자손을 생산하는데 단지 정자만을 제공하는 남성이 자신의 유전자가 생존한다는 것을 확신할 수 있는 가장 좋은 방법은 여러 파트너와 짝짓기를 하고 많은 자녀들을 생산하는 것이다. 여성은 같은

표 12.3 성 유형화의 개관

연령(세)	성정체성	성 고정관념	성 유형화된 행동
0~2	• 남성과 여성을 구분하는 능력이 등장하고 향상. • 영아는 정확하게 자신을 남아와 여아로 명명.	• 몇몇 성 고정관념이 등장.	• 성 유형화된 장난감/활동 선호가 등장. • 동성 놀이친구에 대한 선호가 등장(성 분리).
3~6	• 성 보존개념(자신의 성이 변하지 않는다는 인식)이 등장.	• 흥미, 활동, 직업에서의 성 고정관념이 등장하고 매우 경직됨.	• 성 유형화된 놀이/장난감 선호가 특히 남아에서 더 강해짐. • 성 분리가 강화.
7~11	• 성 정체성의 확장은 성 전형성에 대한 지각과 성에 대한 만족감을 포함.	• 성격 특질과 성취영역에서 성 고정관념화가 등장. • 성 고정관념이 덜 경직됨.	• 성 분리가 계속해서 강화. • 남아들의 성 유형화된 장난감/활동 선호가 계속해서 강화. 여아들은 몇몇 남성적 활동에 대한 흥미가 발달(혹은 유지).
12세 이상	• 성정체성은 보다 특출하게 되는데, 이것은 성 강화 압력을 반영.	• 교차-성 매너리즘에 대한 완고함이 청소년 초기에 증가. • 성 고정관념은 청소년 후기에 대부분의 영역들에서 보다 유연하게 됨.	• 성 유형화된 행동들에 대한 동조가 청소년 초기에 증가하고, 이것은 성 강화를 반영. • 성 분리는 덜 공언됨

목적을 성취하기 위해 훨씬 많은 투자를 해야 하는데, 수정부터 출생까지 9개월이 걸리고, 유전자가 생존한다는 것을 확신할 때까지 키우는데 수년이 걸린다. 성공적으로 자녀들을 키우기 위해, 여성은 친절하고 인자하고 양육적이 되도록(표현적 특성) 만드는 방

개념체크 12.1 성차와 성역할 발달을 이해하기

다음 질문들에 답함으로써 성차와 성역할 발달에서 중요한 과정에 대한 당신의 이해를 체크하라. 정답은 부록에 있다.

OX문제: 다음에 있는 각 문장이 맞는지 틀리는지 표시하라.

1. (　　　) 남아들과 비교해서 읽기 이해에서 작지만 일관적인 우위를 보인다.
2. (　　　) 남아들은 여아들과 비교해서 시/공간 능력에서 작지만 일관적인 우위를 보인다.
3. (　　　) 여아들은 남아들과 비교해서 성취동기에서 작지만 일관적인 우위를 보인다.

빈칸 채우기: 빈칸에 적절한 말을 써넣어라.

4. 어린 십대의 다시 새로워진 교차성 매너리즘에 대한 완고함은 _____로 알려졌다.
5. 우리의 _____는 우리가 관찰하는 성 유형에 맞지 않는 행동을 왜곡하거나 잘못 해석되게 할 수 있다.

짝짓기: 다음의 개념에 맞는 정의를 연결하라.

a. 성역할 기준
b. 성 분리
c. 놀이 양식에서 차이

6. _____ 다른 성이 아닌 어떤 성의 성원들에게 더 적합한 것으로 생각되는 가치, 동기, 혹은 행동
7. _____ 몇몇 연구자들이 성 분리에 책임이 있다고 믿는 속성
8. _____ 아동기 동안 나이가 들면서 더 강해지는 제휴(affiliative) 선호

선다형: 각각의 질문들에 대한 올바른 답을 선택하라.

9. Juanita는 강하게 자신을 여자아이로 인식하고 있으며, 자신의 활동들과 상관없이 항상 여자아이일 것이며 자신이 성장했을 때 무엇이 될지를 알고 있다. Juanita가 성취했다고 가정하는 것은?
   a. 성 이해
   b. 성 강화
   c. 성 정체성

10. Juan은 인형놀이를 좋아하지만, 그의 아버지는 집에서 인형을 허용하지 않을 것이다. 그의 아버지는 Juan이 남자아이들과 놀고 남성적인 성 정체성을 갖기를 기대한다. Juan이 그런 성 정체성을 택하게 만드는 힘은?
    a. 자기충족적 예언
    b. 성역할 기준
    c. 성 강화

식으로 진화했을 것이고, 자신들에게 친절하고 자녀의 생존을 확신하는데 도움이 되는 자원(음식과 보호)을 제공하는 남성을 선호하도록 진화되었을 것이다. 남성은 보다 경쟁적이고 주장적이고 공격적(도구적 특질)이 되어야 하는데, 왜냐하면 이 속성들은 성공적으로 배우자를 유인해서 자원을 획득할 기회를 높이기 때문이다.

진화이론가들(Buss, 1995, 2000)에 따르면, 남성과 여성은 심리적으로 많은 방식에서 유사하지만, 그들이 진화 역사 내내 직면하는 적응문제들의 영역이 다르다. 시/공간적 수행에서 남성 우월을 생각해 보라. 공간적 기술은 사냥에 기본적이며, 만일 사냥꾼이 움직이는 포획동물의 경로와 관련해서 창(혹은 바위, 활)의 궤적을 예측할 수 없다면 동물을 잡지 못할 것이다. 따라서 생존에 필수적인 음식을 제공하라는 압력은 분명히 사냥꾼-제공자인 남성이 여성보다 더 나은 공간적 기술을 갖게 만들었을 것이다.

아동들은 성이 생물학적 성별과 밀접하게 연결되어 있다는 관점을 공유한다. Marianne Taylor(1996)가 다음 이야기를 이용해서 어린 아동들과 인터뷰했을 때 발견한 것을 생각해 보라. "옛날에 Chris라는 아기가 있었다. . . . [그 아이는] 아름다운 섬으로 갔다. . . [그곳에는] 남자아이들과 남자어른만 있었다. Chris는 유일한 여자아이였다. Chris는 이 섬에서 매우 행복하게 살았다. 그러나 그녀는 결코 다른 여자아이나 성인 여자를 본 적이 없었다"(Taylor, 1996, p.1559). Chris는 어떤 모습일까?

Taylor(1966)가 4~10세 아동들에게 Chris의 장난감 선호, 직업적 열망 및 성격 특성을 말하라고 했을 때, Chris가 남성화된 환경에서 살았으며 결코 여아나 성인 여성을 보지 못했다는 사실에도 불구하고, 4~8세 아동들은 전형적으로 여성적인 속성들을 그녀에게 부여했다. 다시 말하면, 학령전기 아동과 학령초기 아동들은 여아로서의 생물학적 상태가 Chris가 무엇이 될지를 결정한다는 **본질주의 편향**(essentialist bias)을 보였다. 이 연구에서 9~10세 아동들만이 Chris의 남성화된 환경이 그녀의 활동, 열망, 성격 특성들에 영향을 줄 수 있음을 인식하고 있었다.

진화적 접근에 대한 비평

성차와 성유형화에 대한 진화적 설명은 가차없는 비평을 받아왔다. 이것은 문화와 상관없이 일관적인 성차에 주로 적용되고, 특정 문화나 역사적 기간에 한정된 차이들은 대개 무시한다(Blakemore et al., 2009). 게다가, **사회적 역할 가설**(social roles hypothesis)의 옹호자들은 심리적 성차는 생물학적으로 진화된 성향을 반영하지 않는다고 주장했다. 대신에 그것들은 (1) 문화가 남성과 여성에게 부여한 역할들(예, 공급자 대 가사를 꾸리는 사람), (2) 이런 역할을 적절하게 수행하기 위해 남아와 여아에서 특질(예, 주장 대 보육)을 촉진하는 사회화 실제들의 차이 때문에 나타난다(Eagly, Wood, & Diekman, 2000). 생물학적으로 지향된 이론가들조차도 더 부드럽고 덜 본질주의적 입장을 취하면서, 생물학적 영향과 사회적 영향이 상호작용해서 어떤 사람의 행동과 역할 선호를 결정한다고 주장한다.

어떤 생물학적 성차가 중요한가? 하나, 남성은 Y 염색체, 즉 여성에게는 없는 어떤 유전자를 갖고 있는 것이다. 또 다른 하나는, 성별은 분명히 호르몬 균형의 차이이며, 남성은 여성보다 안드로겐(테스토스테론을 포함) 농도가 더 높고 에스트로겐 수준은 더 낮다는 것이다. 가장 잘 알려진 상호작용적 성유형화 이론에 따르면, 이런 성의 생물학적 상관물들이 중요한 사회적 영향들과 협력해서 남아와 여아가 서로 다른 행동패턴과 성역할로 향하게 한다. 이제 이 영향력 있는 이론을 살펴보자.

사회적 역할 가설
(social roles hypothesis)
성별 간 심리적 차이와 다른 성역할 고정관념들은 생물학적으로 진화된 성향이 원인이라기보다는 사회적으로 남성과 여성에게 배정된 역할의 차이에 의해 만들어지고 유지된다는 생각.

Money와 Ehrhart의 성 분화와 발달에 대한 생물사회적 이론

Money와 Ehrhardt(1972)는 남성적 성역할이나 여성적 성역할에 대한 최종적인 선호에 영향을 주는 많은 결정적인 사건들이 있음을 제안한다. 최초의 결정적 사건은 아버지로부터 X 염색체나 Y 염색체를 받는 수정과정에서부터 발생한다. 6주가 지난 후, 발달하는 배아는 미분화된 성선(gonad)만을 갖고 있으며, 성염색체는 이 구조가 남성 고환이 될지 혹은 여성 난소가 될지를 결정한다. 만일 Y염색체가 있다면, 배아는 고환이 발달한다. 그렇지 않으면, 난소가 형성된다.

이런 새롭게 형성된 성선은 두 번째 사건의 결과를 결정한다. 남성 배아의 고환은 2가지 호르몬, 즉 남성의 내부 생식계의 발달을 자극하는 **테스토스테론**과 여성 기관의 발달을 제지하는 m **억제물질**(mullerian inhibiting substance, MIS)을 분비한다. 이런 호르몬이 없다면, 배아는 여성의 내부 생식계가 발달한다.

세 번째 결정적 시점인 임신 3~4개월 경, 고환에서 분비되는 테스토스테론은 음경과 음낭을 성장시킨다. 만일 테스토스테론이 없거나(정상적인 여성처럼) 혹은 남성 성호르몬에 둔감하게 만드는 **고환 여성화 증후군**(testicular feminization syndrom, TFS)이라고 하는 희귀한 퇴행장애가 남성 태아에게 유전되었다면, 여성 외부 생식기(음순과 음핵)가 형성된다. 테스토스테론은 뇌와 신경계의 발달을 수정하는 것으로 여겨진다. 예를 들면, 테스토스테론은 남성 뇌에 주기적으로 호르몬 분비를 중단하라는 신호를 보내고, 따라서 남성은 사춘기에 생리 주기를 경험하지 않게 된다.

일단 아동이 태어나면, **사회적** 요인들이 즉시 역할을 시작한다. 부모나 다른 사람들은 생식기 외양에 기초해서 아동을 명명하고 반응하기 시작한다. 만일 생식기가 비정상적이어서 다른 성으로 잘못 명명된다면, 이런 잘못된 명칭은 아동의 미래 발달에 영향을 미칠 수 있다. 예를 들면, 생물학적 남성이 지속적으로 여아로서 명명되고 대우받는다면(TFS 증후군과 여성 외부 생식기를 가진 남아처럼), 2.5~3세 정도에 그는 여아의 성 정체성을 획득하게 된다(비록 생물학적 특성이 아닐지라도). 마지막으로 많은 양의 호르몬이 방출되어, 생식계의 성장을 자극하고, 이차 성징이 출현하고, 성적 충동이 발달하는 사춘기에 다시 한 번 생물학적 요인들이 전면에 나타난다. 남성이나 여성으로서 초기 자기개념과 연합되어, 이런 사건들은 성인의 성 정체성과 성역할 선호의 기초가 된다(그림 12.5). 그렇다면 천성은 어느 정도이고 육성은 어느 정도인가?

성 역할 발달에 대한 생물학적 영향의 증거들

생물학적 요인들은 남성과 여성의 행동에 얼마나 영향을 미치는가? 이 질문에 답하기 위해, 우리는 연구자들이 유전자와 호르몬의 영향에 대해 밝혀낸 것을 살펴보아야 한다.

유전적 영향　유전적 요인들은 성격, 인지 능력, 사회적 행동에서의 몇 가지 성차에 기여한다. 예를 들면, Corrine Hutt(1972)는 남아에게 더 흔하게 나타나는 몇 가지 발달장애는 X-관련 열성 특질일 수 있다고 생각했다(예, 취약 X 증후군, 근이영양증, 호모필리아). (남아는 X염색체가 하나이고 영향을 받는 한 개의 열성 유전자만을 상속받기 때문에, 남아가 그런 특질들을 보일 가능성이 높다는 2장의 내용을 상기해보라). 게다가 부분적으로 유전자형에 의해 조절된 생물학적 변인인 **사춘기 타이밍**(timing of puberty)은 시/공간적 수행에 약간의 영향을 미친다. 늦게 성숙하는 남아와 여아 모두 시/공간

고환 여성화 증후군 (testicular feminization syndrom(TFS))
남성 태아가 태내적으로 남성 호르몬의 효과에 민감하지 못하고 여성과 같은 외부 생식기를 발달시키는 유전적 비정상.

사춘기 타이밍 효과 (timing of puberty effect)
사춘기에 늦게 도달하는 사람들은 조숙한 사람들보다 시/공간 과제를 더 잘 수행한다는 발견.

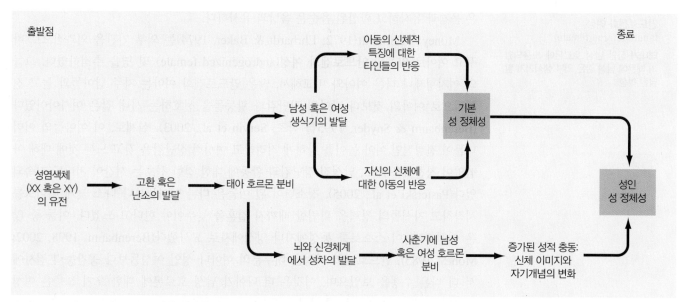

그림 12.5 Money와 Ehrhardt의 생물사회적 이론에서 성 유형화의 결정적 사건들.
출처: *"Man and Women, Boy and Girl,"* by J. Money & A. Ehrhardt, 1972. Copyright © 1972 by Johns Hopkins University Press.

적 과제에서 자신의 성에서 조숙한 아동을 앞지르는 경향이 있다. 이것은 느린 성숙이 공간적 기능에 기여하는 뇌의 우반구 전문화를 증진하기 때문이다(Newcombe & Dubas, 1987을 참조하라). 그러나 후속 연구들에 따르면, 남아와 여아 모두의 공간적 수행은 사춘기 타이밍보다 공간적 활동에서의 이전 관여와 자기개념에 의해 더 강한 영향을 받는다(Levine et al., 1999; Newcombe & Dubas, 1992; Signorella, Jamison, & Krupa,1989). 특히 남아와 여아 모두 강한 남성적 자기개념과 공간적 장난감이나 활동에 대한 풍부한 경험은 공간기술의 성장을 촉진하는 반면, 제한된 공간경험과 여성적 자기개념은 공간능력을 제한하는 듯하다.

남성적 자기개념 혹은 여성적 자기개념은 유전자와 얼마나 밀접하게 관련있는가? 청소년 쌍둥이들을 대상으로 한 행동유전학 연구에서 나온 결과들에 따르면, 유전자형은 남성적 자기개념에서 보이는 차이 중 약 50%를 설명하지만, 여성적 자기개념의 차이 중 0~20%만을 설명한다(행동유전학 연구에 대한 상세한 내용은 2장을 참조; Loehlin, 1992; Mitchell, Baker, & Jacklin, 1989). 비록 유전자가 생물학적 성별을 결정하고 성 유형화의 결과에 어느 정도 영향을 미친다고 할지라도, 적어도 남성적 자기개념이나 여성적 자기개념의 차이 중 절반은 환경적 요인에 귀인할 수 있다.

호르몬의 영향 발달에 대한 생물학적 영향은 태내기 동안 "잘못된" 호르몬에 노출된 아동들에 대한 연구들에서 보다 분명하다(Ehrhardt & Baker, 1974; Gandelman, 1992; Money & Ehrhardt, 1972). 연구 결과가 알려지기 전에, 유산의 위험이 있는 어머니들은 단백질이 들어있는 약물을 복용했는데, 이것은 신체에 흡수되어 남성 호르몬 테스토스테론으로 전환되었다. **선천적 아드레날린 과다생성**(congenital adrenal hyperplasia, CAH)으로 알려진 상태에 있는 아동들은 태내기부터 부신에서 현저하게 높은 수준의 안드로겐을 생성하게 하는 유전적 결함이 있다. 이 조건들은 대개 남성에게는 영향을 미치지 않는다. 그러나 여성 태아는 남성화되고, 그들의 XX염색체와 여성 내부 기관에도 불구하고 남아의 생식기를 닮은 외부 생식기를 갖고 태어난다. 예를 들면, 커다란 음핵

선천적 아드레날린 과다생성
(congenital adrenal hyperplasia(CAH))

태내기부터 부신에서 현저하게 높은 수준의 안드로겐을 생성하도록 만드는 유전적 비정상; 자주 여성 태아를 남성화하는 효과를 가짐.

은 음경과 유사하고 확산된 음순은 음낭과 유사하다.

Money와 Ehrhardt(1972; Ehrhardt & Baker, 1974)는 외부 기관을 외과적으로 바꾸고 여아로 양육된 **안드로겐화 여성**(androgenized female) 몇 명을 추적하였다. 그들의 여자형제나 다른 여아와 비교해서, 많은 안드로겐화 여아는 자주 남아들과 놀고 전통적으로 여아의 것보다 남아의 장난감과 활동들을 선호하는 사내 같은 여자아이였다(Berenbaum & Snyder, 1995를 참조; Servin et al., 2003). 실제로, 이 여아들의 어머니들이 전형적인 여아 놀이를 강하게 격려하고 여성적 장난감을 갖고 노는 것에 대해 아낌없이 칭찬했을 때도, 남성적 장난감과 활동에 대한 강한 선호는 시간이 지나도 지속되었다(Pasterski et al., 2005). 청소년이 된 이들은 다른 여아들보다 다소 늦게 데이트를 시작하고 자신들의 경력을 확립할 때까지 결혼을 늦추어야 한다고 느꼈다. 이들 중 많은 여성(37%)이 스스로를 동성애자나 양성애자로 묘사했다(Berenbaum, 1998, 2002; Money, 1985). 안드로겐화 여성은 대부분의 여아나 성인 여성들보다 공간능력 검사에서 더 나은 수행을 보였으며, 이것은 더 나아가 남성 호르몬에 대한 초기 노출은 여성 태아의 뇌가 "남성화"되는 효과가 있음을 나타낸다(Berenbaum, 1998, 2002; Resnick et al., 1986). 실제로, 한 스웨덴의 연구는 용량(dose)관련 효과를 보여주었다. 심각한 CAH가 있는 여아(남성 성호르몬에 더 많은 태내 노출)일수록 남성적 장난감과 경력에 더 강한 흥미를 보였다(Servine et al., 2003). 비록 다른 가족구성원들이 생의 초기에 여아의 비정상적인 생식기에 대해 반응했는지, 즉 이런 여아들을 남아처럼 대우했는지를 의심하는 비판이 있을지라도, 여아의 어머니들과의 면담은 그렇지 않았음을 보여주었다(Ehrhardt & Baker, 1974). 출생 전(어머니가 생성하는) 여아에게 노출되는 정상수준의 테스토스테론 차이도 3.5세에 여아의 놀이 행동과 연합되었다. 출생 전에 정상적인 높은 수준의 테스토스테론에 노출된 여아들은 더 낮은 수준의 테스토스테론에 노출된 동년배 여성보다 남성적 장난감과 활동에 대해 더 강한 선호를 보였다(Hines et al., 2002; 이 발견을 반복검증하는데 실패한 것에 대해서는 Knickmeyer et al., 2005를 참조). 따라서 우리는 (1) 남성과 여성 간의 어떤 차이들은 호르몬으로 중재될 수 있고 뇌의 조직화에 대한 호르몬의 효과를 반영할 가능성이 있다(Cahill, 2005)는 것과, 따라서 이것은 (2) 남성 성호르몬에 대한 태내 노출이 인간 여성의 태도, 흥미, 활동들에 영향을 미칠 수 있음을 시사한다는 것을 진지하게 생각해 보아야 한다.

사회적 명명 효과의 증거

비록 생물학적 힘이 남아와 여아가 서로 다른 활동과 흥미로 향하게 할지라도, Money와 Ehrhardt(1972)는 사회적 명칭의 영향도 중요하다고 주장한다. 실제로, 사회적 명칭은 생물학적 성향을 수정하거나 역전시키기도 한다.

과거에 몇몇 안드로겐화 여아들은 태어날 때 남아로 명명되고 비정상성이 탐지될 때까지 남자로 성장했다. Money와 Ehrhardt(1972)는 성별 변화가 *18개월* 이전에 일어난다고 가정하면, 이런 상태의 발견과 수정(수술과 성 재할당)이 적응문제를 일으키는 일은 매우 드물다고 한다. 그러나 3세 이후에 성의 재할당은 극히 어렵다. 왜냐하면 유전적 여성은 오랫동안 남성적 성 유형화를 경험했고 이미 스스로를 남아라고 명명했기 때문이다. 이런 자료에 기초하여, Money와 Ehrhardt는 18개월과 3세 사이가 성정체성 형성의 "결정기"라고 결론 내렸다. 연구초점 상자에 나와 있듯이, 생후 첫 3년을 민감기라고 부르는 것이 보다 정확할 수 있는데, 왜냐하면 다른 연구자들은 이후 청소년기에 새

생물학은 운명인가? 성 배정의 재앙

생물학적 성과 사회적 명칭이 서로 대립될 때, 어느 것이 승리할 것인가? 할례의식 동안 회복 불가능할 정도로 음경이 손상되었던 일란성 남자 쌍둥이의 경우를 살펴보자(Money & Tucker, 1975). 의료적 조언을 구하고 여러 대안들을 고려해본 후, 부모는 아들의 남성성 증거 모두를 제거하는 외과적 거세에 동의했다. 수술 후, 가족들은 이 아이를 여아로 키웠는데, 머리모양을 바꾸고 프릴이 달린 블라우스나 드레스를 입히고 여자 장난감을 사주고 앉아서 소변보는 것과 같은 여성적 행동을 가르쳤다. 5세 때, Money가 서술한 여자 쌍둥이는 유전적으로 똑같은 남자형제와는 매우 달랐다. 그녀는 자신을 여자아이로 알고 있었고 남자형제보다 훨씬 더 단정하고 섬세했다. 배정된 성과 성역할 사회화는 생물학적 성향을 극복하는 듯했다. 혹은 극복했는가?

Milton Diamond와 Keith Sigmundson(1997)은 "Brenda"으로 바뀐 "Bruce"를 추적하였고 이야기의 끝이 뒤틀려있음을 발견했다(이 사례의 다큐멘터리는 Colapinto, 2000을 참조, 본인, 부모, 남자형제, 또래들과의 인터뷰로부터 인용문들도 포함). 거의 처음부터, "Brenda"는 여성 장난감이나 옷들이 자신에게 실제로 편했던 적이 없었다고 보고했다. Brenda는 남자 형제의 장난감을 좋아했고 물건들이 어떻게 작동하는지 보기 위해 그것들을 해체하는 것을 좋아했다. 태어날 때 남자였다는 것을 알지 못하지만, 10세된 Brenda는 자신이 진짜 여자아이인지에 대해 의심했다. 그녀는 여자아이들에게 "감정"을 느꼈고 종종 남자 아이들과 주먹 싸움을 했을 뿐만 아니라, "나는 내가 괴물이거나 그 어떤 것이라고 생각했다... 하지만 나는 그것을 인정하고 싶지 않았다"(pp. 299–300). 그녀의 다소 남성적인 외모 때문에 또래에 의해 거부되는 것은 일종의 통행세였고, 보다 여자답게 행동하고 질을 만드는 수술을 받고 여성성을 완성하라는 압력이 계속되었다. 내적인 혼란으로 자살에 대한 생각을 하면서 수년을 보낸 후, 14세에 마침내 Brenda는 여성 호르몬을 거부했고 더 이상 여자아이인 체 하는 것을 거부했다. 그녀는 질을 만드는 수술을 거부했고, 여성호르몬을 맞는 것도 중단했고, 대신에 유방절제 수술을 하고 남성 호르몬을 맞고 음경을 만드는 수술을 받기로 결정했다. 등장한 것은 잘생긴 젊은 남성으로 그는 매우 인기가 있었고 여자들과 데이트를 했으며 25세에 결혼했다. 그리고 힘겹게 갖게 된 남성으로서 정체감에 감격스럽다고 보고했다(Colapinto, 2000). 그러나 그의 이야기는 비극적으로 끝났다. 왜냐하면 그는 38세에 자살했다(Colapinto, 2004). 아마도 우리는 초기 성역할 사회화가 문제의 전부라는 결론으로부터 후퇴해야 할 것이다. 생물학도 마찬가지로 중요하다.

생물학이 중요하다는 것을 보여주는 두 번째 증거는 도미니카 공화국의 생물학적 남성 18명에 대한 연구이다. 이들은 태내에서 남성 호르몬의 효과에 둔감한 유전적 상태(고환 여성화 증후군, TFS)였다(Imperato-McGinley et al., 1979). 그들은 애매한 생식기를 갖고 삶을 시작했고, 여성으로 명명되고 양육되었다. 그러나 일단 사춘기에 생성되는 남성 호르몬의 영향으로 턱수염이 자라고 외양적으로 보다 남성적이 되었다. Money와 Ehrhardt의 결정기 가설에 비추어 볼 때, 어떻게 한 사람이 아동기 내내 여아로서 살아온 후 남성이 되는 것에 적응할 수 있을까?

놀랍게도, 이 18명 16명은 여성으로부터 남성으로의 늦은 전환을 받아들이고 이성애적 관계의 형성을 포함한 남성적 생활양식을

택했다. 한 명은 여성 정체성과 성역할을 유지했고, 나머지 한명은 남성 성 정체성으로 바꾸었지만 여전히 여성처럼 옷을 입었다. 분명히, 이 연구도 생후 3년 동안의 사회화가 이후 성역할 발달에 절대적으로 결정적이라는 생각에 대해 의문을 던진다. 대신에 호르몬의 영향이 사회적 영향보다 더 중요할 수 있다고 제안한다.

그러나 Imperato-McGinley의 결론은 도전을 받을 수 있다(Ehrhardt, 1985). 이런 개인들이 어떻게 성장했는지에 대한 정보는 매우 드물고, TFS는 그들 사회에서 보편적이라는 것을 알고 있는 도미니카 부모들은 이런 여아로 바뀐 남아를 어렸을 때 다른 '여아들'과 다르게 대했을 가능성이 높다. 게다가 여아로 바뀐 남아들은 외양적으로 완전하게 정상적이지는 않은 생식기를 갖고 있고, 도미니카 문화에서 강에서 목욕하는 관습은 이 어린아이들이 자신을 정상적인 여아들(그리고 남아들)과 비교하고 자신들이 "다르다"는 것을 초기에 인식했을 것이다. 따라서 이 아동들은 배타적으로 여성적 양육을 받은 것이 아니며 여자아이가 되는 것에 결코 스스로 충분히 몰입되지 않았을 것이다. 따라서 그들의 이후 남성 역할의 통합이 호르몬 때문이었다고 자동적으로 가정하지 말아야 한다. 뉴기니의 삼비아에서 여성으로 양육된 TFS 남성에 대한 연구에 따르면, 그들이 아이를 임신할 수 없다는 것과 같은 사회적 압력이 사춘기 이후의 성 전환에 가장 책임이 있는 듯하다(Herdt & Davidson, 1988).

마지막으로, 할례의식 동안 음경이 손상되고 7개월부터 여아로 양육된 캐나다 남아는 이제 성인기에 도달했고 여성 성정체성으로 매우 편안하게 계속 살고 있다(Bradley et al., 1998). 분명히 생물학은 운명이 아니고, 사회적 영향은 성 정체성과 성역할 선호를 조형하는데 중요하다.

비정상적 생식기를 가진 사람들에 관한 연구가 우리에게 가르쳐 준 것은 다음과 같다. 우리는 생물학에 의해 남성이나 여성으로 발달하는 성향이 있다. 생후 첫 3년은 성 정체성 형성에서 민감기이지만, 결정기는 아니다. 그리고 생물학도 사회적 명칭도 성역할 발달을 완전하게 설명할 수는 없다.

로운 정체성을 형성할 가능성이 있다고 주장했기 때문이다. 그럼에도 불구하고 Money
의 발견은 초기 사회적 명명과 성역할 사회화는 아동의 성 정체성과 역할 선호를 결정하
는데 매우 중요한 역할을 할 수 있음을 보여주었다.

문화적 영향 대부분의 사회가 남성에게 도구적 특성을 여성에게 표현적 특성을 갖도록
격려한다는 사실은 몇몇 이론가들이 전통적 성역할은 자연 질서의 일부라는 결론을 내
리도록 이끌었다. 즉, 성역할은 생물진화 역사의 산물이다(Archer, 1996; Buss, 1995).
그렇지만 남아와 여아에게 기대하는 것은 문화에 따라 상당한 차이가 있다(Whiting &
Edwards, 1988). 뉴기니의 세 부족 사회에 대한 Margaret Mead(1935)의 고전적 연구를
생각해보라. 아라페쉬 남성과 여성 **모두** 협동적이고 비공격적이고 타인의 요구에 민감하
라는 가르침을 받았다. 이런 행동 프로파일은 서양문화에서 "표현적" 혹은 "여성적"이라
고 여겨졌던 것이다. 반대로 문두구모르 부족의 남성과 여성 **모두** 주장적이고 공격적이
고 대인관계에서 정서적으로 반응하지 않았다. 서양 기준으로는 남성적 행동 패턴이다.
마지막으로, 참불리는 서양사회와는 반대되는 성역할 발달 패턴을 보였다. 남성은 수동
적이고 정서적으로 의존적이고 사회적으로 민감한 반면, 여성은 지배적이고 독립적이고
주장적이었다. 이 세 부족의 구성원들은 그들의 문화가 **사회적으로** 규정한 성역할과 일치
하도록 발달했다. 이들 중 어느 것도 서양사회에서 보이는 여성적/표현적, 남성적/도구
적 패턴에 맞지 않는다. 분명히 사회적 힘은 성 유형화에 크게 기여한다.

　　요약하면, Money와 Ehrhardt의 생물사회적 이론은 초기 생물학적 발달의 중요성을
강조하는데, 부모와 다른 사회적 대리인이 출생시 아동을 어떻게 명명할지에 영향을 미치
고 또한 보다 직접적으로 행동에 영향을 미칠 가능성이 있다. 그러나 이 이론은 또한 어떻
게 아동이 남아나 여아로 사회화되는지가 성역할 발달에 강력하게 영향을 미친다는 입장
이다. 간단히 말해, 생물학적 힘과 사회적 힘은 **상호작용한다**. 그렇다면 정확하게 그것들
은 어떻게 상호작용하는가?

심리생물사회적 모델
(psychobiosocial model)
어떤 초기 경험들은 뇌의 조직화에 영
향을 미치고, 이것은 다시 미래에 유사
한 경험에 대한 반응성에 영향을 미친
다고 말하는 천성과 육성 간 상호작용
적 관점.

심리생물사회적 관점

Diane Halpern(1997)은 천성과 육성이 어떻게 공동으로 성 유형화된 속성들에 영향을
미치는가를 설명하기 위해, **심리생물사회적 모델**(Psychobiosocial model)을 제안하였
다. 이 모델에 따르면, 남성이나 여성 호르몬에 대한 태내
노출은 여성 혹은 남성 뇌의 조직화에 영향을 미친다. 예
를 들면, 남아는 공간적 활동에 더 수용적으로 만들고 여
아는 언어적 교환에 더 민감하게 만든다. 남아와 여아들에
게 가장 적합한 경험의 종류에 대한 신념과 협력하여, 이
런 높아진 민감성은 남아는 여아에 비해 풍부한 공간적 경
험을 할 가능성이 높거나 실제로 더 많은 경험을 하는 반
면, 여아는 언어적 놀이활동에 더 자주 노출될 것을 의미
한다(Bornstein et al., 1999를 참조). 인지신경과학 영역
의 발전에 근거해서, Halpern은 남아와 여아의 서로 다른
초기 경험은 미성숙하고 매우 **유연한**(변화가능한) 뇌의 신
경통로에 영향을 미치게 될 수 있다고 제안했다. 비록 유전
적 코드가 어느 정도 뇌 발달을 제약할지라도, 이것은 특

성역할 행동은 문화에 따라 독특하다. 많은 페루의 남아들처럼, 이 어린
아이는 일상적으로 빨래를 하고 집안일을 거든다.

정한 "배선(wiring)" 지시를 하는 것은 아니며 뇌의 정확한 건축물은 경험에 의해 영향을 크게 받는다(Johnson, 1998). Halpern(1997)에 따르면, 초기에 여아보다 더 많은 공간경험을 하는 남아는 공간 기능에 기여하는 뇌의 우반구 영역에서 신경통로가 더 풍부하게 발달한다. 이것은 다시 공간활동과 공간기술 습득에 더 수용적이게 만든다. 여아는 언어기능에 기여하는 뇌의 좌반구 영역에서 신경 간 상호연결을 더 풍부하게 만들고, 이로써 언어활동과 언어기술을 습득하는데 더 수용적이 된다. 심리생물사회적 관점에서, 천성과 육성은 서로에게 양분을 제공하며 실제로 분리될 수 없다. Halpern의 말로 하면, " . . . 생물학과 환경은 공동의 심장을 공유하고 있는 결합 쌍둥이처럼 서로 나뉠 수 없다"(p.1097).

생물사회적 이론과 심리생물사회적 모델 모두 아동의 성 정체성과 성 유형화된 행동 패턴에 기여하는 사회적 과정을 분명하게 설명하지 못한다. 이제 성 유형화에 대한 사회적 이론들로 돌아가 보자. 그 첫 번째는 Sigmund Freud의 정신분석적 접근이다.

Freud의 정신분석이론

Sigmund Freud는 성(성본능)을 선천적이라고 생각했다는 것을 떠올려 보라. 그러나 그는 성 정체성과 성역할에 대한 선호는 **남근기**(phallic stage)동안 등장한다고 믿었다. 이 시기는 동성 부모와 겨루고 동일시하기 시작하는 시기이다. 특히 Freud에 따르면 3~6세 남아는 어머니에 대한 근친상간적 소망을 단념하고, **거세불안**(castration anxiety)을 감소하고, **오이디프스 콤플렉스**(Oedipus complex)를 해결하는 수단으로서 아버지와 **동일시**(identify)하라는 압력을 받을 때, 남성적 속성과 행동을 내면화한다. 그러나 Freud는 성 유형화가 어린 여아에게 더 어려우며, 그 이유는 그들은 음경이 없으며 이미 거세되었다고 느끼고, 어머니와 동일시하고 **엘렉트라 콤플렉스**(Electra complex)를 해결하라는 압력으로 작용하는 압도적인 공포를 경험하지 못하기 때문이라고 믿었다. 그렇다면 왜 여아는 여성적 역할에 대한 선호가 발달하는가? Freud는 몇 가지 제안을 했는데, 그 중 하나는 애정의 대상인 아버지가 여성적 행동을 격려한다는 것이다. 이것은 여아의 여성성 모델로서 어머니의 매력을 증진하는 행위이다. 아버지를 기쁘게 하려는 시도로서(혹은 여아가 자신의 아버지를 소유할 수 없음을 인식한 후 다른 남성과의 관계를 준비하는), 여아는 어머니의 여성적 속성을 통합하려는 동기를 갖게 되고 결국 성 유형화된다(Freud, 1924/ 1961).

비록 Freud가 말한 것과 거의 같은 연령의 아동들이 빠르게 성 고정관념을 학습하고 성 유형화된 놀이친구와 활동을 선호함에도 불구하고, 그의 정신분석이론은 성 유형화를 잘 설명하지 못한다. 많은 4~6세 아동들은 남성과 여성 생식기 간의 차이를 모르기 때문에, Freud가 말했던 것처럼 어떻게 남아가 거세 공포를 갖게 되었는지, 혹은 어떻게 여아가 거세되었다고 느끼는지를 알 수 없다(Bem, 1989; Katcher, 1955). 게다가 Freud는 남아의 아버지에 대한 동일시가 공포에 기초하고 있다고 가정하지만, 대부분의 연구자들에 따르면, 남아는 지나치게 처벌적이고 위협적인 아버지보다 따뜻하고 배려하는 아버지와 더 강하게 동일시한다(Hetherington & Frankie, 1967). 마지막으로 학령기 아동들이 심리적으로 동성 부모와 특별히 유사한 것은 아니다(Maccoby & Jacklin, 1974). 분명히 이 발견은 아동들이 동성 부모와 동일시함으로써 성 유형화된 속성들을 습득하도록 자극하는 것은 공포라는 Freud 생각을 훼손하는 것이다.

남근기
(phallic stage)
심리성적 발달의 세 번째 단계 (3~6세)로서 아동들은 자신의 생식기를 만지고 이성의 부모에 대한 근친상간적 소망을 발달시킴으로써 성적 본능을 만족시킴.

동일시
(identification)
타인, 대개 동성 부모를 본뜨는 아동의 경향에 관한 Freud의 용어.

거세불안
(castration anxiety)
Freud의 이론에서, 아버지가 아동의 경쟁적인 행동에 대한 처벌로서 거세할 것이라는 어린 남아의 공포.

오이디프스 콤플렉스
(Oedipus complex)
3~6세 남아가 어머니에 대한 근친 상간적 소망과 아버지에 대한 질투 및 적대적인 경쟁심을 발달시킬 때 경험하는 갈등을 나타내는 Freud의 용어.

엘렉트라 콤플렉스
(Electra complex)
오이디푸스 콤플렉스의 여성 버전으로, 3~6세 여아가 남근을 소유한 아버지를 부러워하고 아버지가 자신에게 없는 가치 있는 기관을 공유할 것이라는 희망에서 아버지를 성적 대상으로 선택.

Freud에 따르면, 아동은 동성 부모를 동일시함으로써 "남성적" 혹은 "여성적"이 된다.

이제 이 접근이 보다 유망한지를 알아보기 위해 성 유형화에 대한 사회학습적 해석을 살펴보자.

사회학습이론

Albert Bandura(1989; Bussey & Bandura, 1992, 1999) 같은 사회학습 이론가에 따르면, 아동들은 성 정체성과 성역할 선호를 두 가지 방식으로 습득한다. 첫째, **직접 지도**(direct tuition)를 통해, 아동은 성에 적합한 행동들에 대한 격려나 보상을 받으며 이성에게 더 적합한 행동은 처벌받거나 방해받는다. 둘째, **관찰학습**(observational learning)을 통해, 아동은 다양한 동성 모델의 태도와 행동을 받아들인다.

직접 지도
(direct tuition)
어린 아동들에게 "적절한" 행동을 강화하고 부적절한 행동은 처벌하거나 방해함으로써 어떻게 행동할지를 가르침.

관찰학습
(observational learning)
타인의 행동을 관찰하는 것으로부터 일어나는 학습.

성역할의 직접 지도

부모들은 남아에게 남자아이는 어떤지 그리고 여아에게 여자아이는 어떤지를 가르치는 데 적극적으로 개입하는가? 사실 그렇다(Leaper, Anderson, & Sanders, 1998; Lytton & Rommney, 1991). 그리고 성 유형화된 행동의 조형은 다소 일찍 시작된다. 예를 들어 Beverly Fagot과 Mary Leinbach(1989)에 따르면, 아동들이 기본적인 성 정체성을 획득하거나 남성이나 여성 활동에 대한 분명한 선호를 보이기 전인 생의 두 번째 해 동안 이미 부모들은 성에 적합한 활동들을 격려하고 다른 성의 놀이를 단념시킨다. 20~24개월이면, 딸에게는 춤추고 여자처럼 옷 입고 부모를 따라다니고 도움을 청하고 인형놀이 하는 것을 강화한다. 그리고 사물을 조작하고 달리고 뛰어오르고 기어오르는 것을 단념하게 만든다. 반대로, 아들에게는 인형놀이나 도움을 청하는 "여성적" 행동을 하는 것을 비난하고 많은 근육활동을 포함하는 블록, 트럭, 밀고 당기는 장난감과 같은 남성적 품목들을 가지고 노는 것을 적극적으로 격려한다(Fagot, 1978).

아동들은 부모가 제공하는 "성 커리큘럼"의 영향을 받는가? 분명히 그렇다! 가장 분명한 차별 강화 패턴을 보이는 부모의 아동들은 상대적으로 빠르게 (1) 스스로를 남아 혹은 여아로 명명하고 (2) 성 유형화된 장난감과 활동에 대한 선호가 강하게 발달하고, (3) 성 고정관념을 이해한다(Fagot & Leinbach, 1989; Fagot, Leinbach, & O'Boyle, 1992). 그리고 아버지는 어머니보다 "성 유형화된" 행동을 격려하고 다른 성에게 더 적합하다고 생각되는 행동을 단념시킬 가능성이 더 높다(Leve & Fagot, 1997; Lytton & Romney, 1991). 따라서 아동의 성 유형화된 장난감과 활동에 대한 가장 초기 선호는 이런 흥미를 강화하는 부모(특히 아버지)의 시도가 성공한 결과이다.

학령전기 동안, 부모들이 자녀들의 성 유형화된 활동들을 주의 깊게 모니터하고 차별적으로 강화하는 경향이 점차 줄어든다(Fagot & Hagan, 1991; Lytton & Romney, 1991). 대신에, 많은 다른 요인들이 이런 성 유형화된 흥미를 유지하는데 공모하며, 그중에는 형제와 동성 또래의 행동이 있다(Beal, 1994; McHale, Crouter, & Turner, 1999). 또래 영향은 특히 강력하다. 아동이 기본적인 성 정체성을 확립하기 전에도, 2세 남아들은 여자 장난감을 갖고 놀거나 여아와 노는 것에 대해 서로를 헐뜯거나 방해한다. 그리고 2세 여아들은 남아와 노는 다른 여아에 대해 매우 비판적이다(Fagot, 1985a). 따라서 부모들이 그렇게 할 가능성이 줄어들지만, 또래들이 성 유형화된 태도와 행동을 차별적으로 강화하기 시작한다. 또래는 아동기 내내 이런 성 유형화를 계속해서 강화할 것이다(Martin & Fabes, 2001).

관찰학습

사회학습이론(Bandura, 1989)에 따르면, 아동이 많은 성 유형화된 태도와 흥미를 습득하는 두 번째 방법은 다양한 동성 모델들을 관찰하고 모방하는 것이다. 어머니나 아버지뿐만 아니라, 또래, 교사, 나이든 형제자매, 대중매체의 등장인물을 포함하는 다양한 동성 모델을 선택적으로 주목하고 모방하는 것으로, 남아는 "남자아이를 위한" 장난감, 활동 및 행동을 여아는 "여자아이를 위한" 활동과 행동을 학습할 것이다(Fagot, Rodgers, & Leinbach, 2000).

그렇지만 학령전기 동안 **동성 모델링**의 영향이 얼마나 중요한지에 대해서는 몇 가지 의문이 있다. 왜냐하면 연구자들은 3~6세 아동들이 주의 깊게 각 성의 모델 모두를 관찰함으로써 남성과 여성 모두의 전형적인 행동 패턴에 대해 학습한다는 것을 자주 발견하기 때문이다(Leaper, 2000; Ruble & Martin, 1998).

고정관념에 반대되는 활동들을 격려하고 참여시킴으로써, 부모는 자녀들이 경직된 성 고정관념을 발달시키는 것을 방지할 수 있다.

예를 들면, (남성적인 도구적 역할을 하는) 취업한 어머니와 일상적으로 요리, 청소, 육아와 같은 **여성적인** 가사 일을 하는 아버지의 아동들은 보다 전통적인 부모의 아동들보다 성 고정관념을 덜 인식한다(Serbin, Powlishta, & Gulko, 1993; Turner & Gervai, 1995). 유사하게, 여자형제가 있는 남아들과 남자형제가 있는 여아들은 동성 형제만 있는 아동들보다 성 유형화된 활동에 대한 선호가 적었다(Colley et al., 1996; Rust et al., 2000). 게다가 John Masters와 동료들(1979)은 학령전기 아동들이 모델의 성보다는 자신이 관찰하고 있는 행동의 성 적합성에 관심이 더 많다는 것을 발견했다. 예를 들면, 4~5세 남아는 여아가 갖고 놀고 있는 것을 본 후에도 "남자아이 장난감"으로 명명된 물건들을 갖고 놀 것이다. 그러나 이 어린 아동들은 남아 모델이 갖고 놀았던 "여자아이 장난감"을 갖고 노는 것을 꺼리고, 그들은 다른 남아들도 "여자아이" 장난감을 멀리할 것이라고 생각한다(Martin, Eisenbud, & Rose, 1995). 따라서 아동의 장난감 선택은 모델 아동의 성보다는 장난감에 부여된 명칭에 더 많은 영향을 받는 듯하다. 그리고 일단 성이 성격의 변할 수 없는 측면이라는 것을 인식하게 되면(5~7세), 아동들은 더 선택적으로 동성 모델들에 주의하고 이성 모델이 즐기는 듯이 보이는 장난감이나 활동을 피할 것이다(Frey & Ruble, 1992; Ruble, Balaban, & Cooper, 1981).

Kohlberg의 인지발달이론

Lawrence Kohlberg(1966)는 성 유형화의 인지이론을 제안하였는데, 이것은 여태까지 보았던 이론들과는 매우 달랐으며, 비록 부모들이 원치 않음에도 불구하고 남아와 여아가 전통적인 성 역할을 택하는 이유를 설명하는데 도움을 주었다. Kohlberg의 주요 주제는 다음과 같다.

- 성역할 발달은 인지발달에 달려있다. 아동들은 사회적 경험의 영향을 받기 전에 성에 대해 확실하게 이해해야 한다.
- 아동들은 **스스로를 능동적으로 사회화** 한다. 그들은 단순하게 사회적 영향력의 수동적인 병졸이 아니다.

정신분석이론과 사회학습이론에 따르면, 아동들은 부모가 이런 활동들을 격려하기 때문에, 처음에 "남아"와 "여아"의 일을 배운다. 다음으로 그들은 동성 모델들과 동일시하거나 습관적으로 모방하게 되고, 그럼으로써 안정된 성 정체성을 습득하게 된다. Kohlberg는 그 반대를 제안한다. 아동들은 **처음에** 안정된 성 정체성을 확립하고, 그런 다음 남아와 여아가 어떻게 행동하는가를 학습하기 위해 **능동적으로** 동성 모델과 정보를 찾는다. Kohlberg에게 있어서, "나는 남자아이로 대우 받는다. 그러므로 나는 남자아이임에 틀림없다"(사회학습 관점)는 아니다. 오히려 "이봐, 나는 남자아이야. 따라서 나는 남자아이처럼 행동하는 법을 알아내기 위해 내가 할 수 있는 모든 것을 해야 할 것 같아"(인지발달 관점)와 더 유사하다.

Kohlberg는 아동들이 다음의 3단계를 거쳐 남성과 여성의 의미에 대한 성숙한 이해를 하게 된다고 믿는다.

기본적 성 정체성(basic gender identity). 3세가 되면, 아동들은 스스로를 남자아이나 여자아이로 명명한다.
성 안정성(gender stability). 얼마 후, 성은 **시간적으로 안정적인 것**으로 지각된다. 남아는 자라서 반드시 성인남자가 되고 여아는 성인여자로 성장한다.
성 일관성(gender consistency). 성 개념은 아동이 자신의 성이 **상황적으로 안정적**이라는 것을 깨달았을 때 완성된다. 이 단계에 도달한 5~7세 아동은 더 이상 외양에 속지 않는다. 예를 들면, 성은 이성의 옷을 입거나 이성의 활동을 하는 것으로 바뀔 수 없다는 것을 안다.

언제 아동들은 스스로를 사회화하려는 동기, 즉 동성 모델을 찾고 남성과 여성처럼 행동하는 법을 배우려는 동기를 갖는가? Kohlberg에 따르면, 자기사회화는 아동이 **성 일관성을** 습득한 후에야만 시작된다. 따라서 Kohlberg에 있어서, 성에 대한 성숙한 이해가 진실한 성유형화를 자극한다.

20개 이상의 서로 다른 문화에서 수행된 연구들에 따르면, 학령전 아동들은 Kohlberg가 설명한 순서로 성 정체성의 3단계를 거치며, 성 일관성(혹은 성 보존)의 습득은 분명히 용액이나 부피 보존과 같은 인지발달 측면들과 연합되어 있다(Marcus & Overton, 1978; Munroe, Shimmin, & Munroe, 1984; Szkrybalo & Ruble, 1999). 게다가 성 일관성을 획득한 남아들은 성 고정관념적인 놀이에 대해 더 큰 선호를 보이고(Warin, 2000), TV에 나오는 여성 등장인물보다는 남성 등장인물에 더 많은 주의를 기울이기 시작하고(Luecke-Aleksa et al., 1995), 비록 여성모델이 소유한 장난감들이 더 매력적인 것들일지라도, 여성 모델이 좋아하는 것보다 남성 모델이 좋아하는 낯선 장난감을 선호한다(Frey & Ruble, 1992). 따라서 성숙한 성 정체성을 가진 아동들(특히 남아들)은 신중하게 동성의 구성원들이 적합한 것으로 보는 장난감이나 활동을 선택한다.

Kohlberg 이론에 대한 비판

Kohlberg 이론의 주요 문제를 이미 알아챘을 것이다. 즉 성 유형화는 아동들이 성숙한

기본적 성 정체성
(basic gender identity)
아동이 자신을 처음으로 남자아이 혹은 여자아이로 명명하는 성 정체성 단계.

성 안정성
(gender stability)
아동이 성은 시간적으로 안정적이라는 것을 인식하는 성 정체성 단계.

성 일관성
(gender consistency)
아동이 사람의 성은 활동이나 외양의 변화와 상관없이 변하지 않는다는 것을 인식하는 성 정체성 단계(성보존으로 알려짐).

성 정체성을 획득하기 전에 이미 잘 진행되고 있다. 2세 남아는 기본적인 성 정체성을 획득하기 전에 이미 남성적 장난감을 선호하고, 3세 남아와 여아는 동성 모델에게 선택적으로 주의를 기울이기 오래 전에 이미 많은 성역할 고정관념을 학습하고 동성 활동과 동성 놀이친구를 선호한다. 게다가 아동이 3세가 되어 **처음으로** 스스로를 남아와 여아로 범주화한 후에는 성 재배정이 극히 어렵다(Kohlberg의 기본적 정체성 단계). 게다가, 성과 성역할 고정관념에 대한 아동 사고의 경직성은 그들의 (성 일관성보다) 성 안정성 수준과 더 밀접하게 관련되는 듯하다. 일단 성 일관성에 도달하면 그들은 실제로 성 고정관념들에 대해 보다 유연하게 된다(Ruble, Martin, & Berenbaum, 2006을 참조; Ruble et al., 2007). 성에 대한 성숙한 이해는 성 유형화가 시작되는데 필수적이라는 Kohlberg의 주장은 너무 과장된 것이다. 다음 절에서 보게 되듯이, 단지 성에 대한 기본적인 이해만 있으면 아동들은 성 고정관념을 습득하고 성 유형화된 장난감과 활동에 대한 선호가 강해진다.

성 도식 이론

Carol Martin과 Charles Halverson(1981; 1987)은 매우 유망해 보이는 다소 다른 성 유형화 인지이론을 제안하였다(정보처리이론). Kohlberg처럼, Martin과 Halverson은 아동들이 자신들의 "남아" 혹은 "여아" 자기 이미지에 일치하는 흥미, 가치, 행동을 습득하려는 높은 동기를 갖고 있다고 믿는다. 그러나 Kohlberg와 달리, 그들은 이런 "자기 사회화"는 아동이 2.5세나 3세에 기본적 성 정체성을 획득하자마자 곧 시작되며, 아동이 성 일관성을 획득하는 6, 7세까지 진행된다고 주장한다.

Martin과 Halverson의 성 도식 이론에 따르면, 기본적 성 정체성의 확립은 아동이 성에 관해 학습하고 이 정보를 **성 도식**(gender schemas)으로 통합하는 동기가 된다. 성 도식은 남성과 여성에 대한 신념과 기대들의 조직화된 집합으로서, 아동이 주의하고 정교화하고 기억하는 정보의 종류에 영향을 미친다. 첫째, 아동은 어떤 사물, 행동 및 역할을 "남아들을 위한 것"으로 그리고 다른 것은 "여아들을 위한 것"으로 분류하는 단순한 **내집단/외집단 도식**(in-group/our-group schema)을 습득한다(예, 트럭은 남아를 위한 것, 여아는 울 수 있지만 남아는 안 된다 등). 이것은 연구자들이 성 고정관념에 대한 아동의 지식을 연구할 때 통상적으로 알아보는 정보이다. 이런 사물과 활동에 대한 최초의 범주화는 분명히 아동의 사고에 영향을 미친다. 한 연구 프로그램에서, 4~5세 아동에게 친숙하지 않은 성 중립적 장난감(예, 빙빙 도는 종; 자석 스탠드)을 보여주고, 이 물건들이 "남아를 위한 것" 혹은 "여아를 위한 것"이라고 말한 후, 그들 자신이나 혹은 다른 여아나 남아가 그것들을 좋아할 것인가에 대해 물었다. 아동들은 분명히 사고를 안내하는 명칭들에 의존했다. 예를 들면, 남아들은 여아들보다 "남자아이" 물건을 더 좋아했고, 다른 남아들도 여아들보다 이 물건들을 더 좋아할 것이라고 가정했다. 동일한 물건들이 "여아를 위한 것"이라고 명명되었을 때는 반대되는 추론 패턴이 관찰되었다. Martin과 Ruble(2004)이 말했듯이, "아동은 성에 대한 단서를 찾는 성 탐정(gender detective)으로서, 누가 특정 활동을 하거나 하지말아야 하는지, 누가 누구와 놀 수 있는지, 그리고 왜 남아는 여아와 다른지를 찾는다"(p.67). 매력적인 장난감들도 만일 그것들이 이성의 것이라고 명명되면 그들에게 어필하지 못했다(Martin, Eisenbud, & Rose, 1995).

이 이론에 따르면, 아동들도 **자기 성 도식**(own-sex schema)을 구성하는데, 이것은

성 도식
(gender schemas)
남성과 여성에 대한 조직화된 신념과 기대의 집합으로 정보처리를 안내.

내집단/외집단 도식
(in-group/out-group schema)
남성과 여성을 특징짓는 매너리즘, 역할, 활동 및 행동에 대한 일반적인 지식.

자기 성 도식
(own-sex schema)
성과 일치되는 활동을 수행하고 성 역할을 할 수 있게 하는 행동에 대한 상세한 지식이나 계획.

성에 일치하는 다양한 행동을 수행할 때 필요한 상세한 정보로 구성되어 있다. 따라서 기본적 성 정체성을 갖고 있는 여아는 처음에 바느질은 "여아를 위한 것"이고 비행기 모델을 만드는 것은 "남아를 위한 것"이라고 배운다. 그런 다음, 자신은 여자아이이고 자신의 자기개념과 일관되게 행동하기를 원하기 때문에, 여아는 자신의 성 도식에 첨가하기 위해 바느질에 대한 많은 정보를 모으는 반면, 비행기 모델을 만드는 것에 관한 정보는 무시할 것이다.

성 도식은 일단 형성되면 사회적 정보를 처리하는 각본이 된다. 학령전 아동들은 일상적 사건에 대한 각본화된 지식에서 벗어난 정보를 회상하기 어렵다고 한 7장을 떠올려 보라. 같은 것이 성관련 지식에도 적용된다. 아동들은 성 도식과 일치하는 정보를 부호화하고 기억하고, 성 도식과 일치하지 않는 정보를 망각하거나 자신들의 고정관념과 일치하도록 왜곡할 것이다(Liben & Signorella, 1993; Martin & Halverson, 1983). 자신의 고정관념적 지식과 선호가 결정화되고 강해지는 6~7세에 도달하면, 이것은 특히 사실이다(Welch-Ross & Schmidt, 1996). Martin과 Halverson(1983)의 연구에서 이 생각은 지지되었다. 등장인물들이 성 유형화에 일치하지 않는 행동들(예, 나무를 자르는 여아)을 하는 이야기를 들은 아동은 행위를 회상하지만 성 고정관념에 맞게 장면을 수정하는 경향이 있다(남아가 자르고 있었다고 말함). 고정관념에 반대되는 정보를 망각하거나 왜곡하는 이런 강한 경향성은 남성과 여성에 대한 확인되지 않은 신념들이 없어지는 데 그렇게 오래 걸리는 이유를 설명한다.

요약하면 Martin과 Halverson의 성 도식 이론은 성 유형화 과정에 대한 흥미로운 관점이다. 이 모델은 어떻게 성역할 고정관념이 생겨나고 시간적으로 지속되는지를 보여줄 뿐만 아니라, 아동이 성은 변하지 않는 속성임을 인식하기 오래 전에, 어떻게 성 도식이 강력한 성역할 선호와 성 유형화된 행동의 발달에 기여하는지를 보여준다.

통합이론

생물학적, 사회학습적, 인지발달적 및 성 도식 관점들은 각각 중요한 방식으로 성차와 성역할 발달에 대한 우리의 이해에 기여해왔다(Ruble, Martin, & Berenbaum, 2006; Serbin, Powlishta, & Gulko., 1993). 실제로 서로 다른 이론들이 강조하는 과정은 서로 다른 발달 시기에 특히 중요하다. 생물학적 이론은 태어나기 전에 일어나는 주요한 생물학적 발달을 설명하는데, 이것은 아동을 남아나 여아로 명명하고 그에 따라 대우하도록 한다. 사회학습 이론가들이 강조하는 차별 강화는 초기 성 유형화를 다소 잘 설명하는 듯하다. 어린 아동들은 대개 성에 일치하는 행동을 보이는데, 주로 타인들이 이런 활동들을 격려하고 이성의 구성원들에 더 적합하다고 여겨지는 행동은 포기하게 만들기 때문이다. 이런 초기 사회화와 범주화 기술의 성장에 따른 결과로서, 2.5~3세 아동들은 기본적 성 정체성을 획득하고 성 도식을 형성하기 시작한다. 이것은 (1) 남아와 여아들의 외양은 어떤지, (2) 남아나 여아로서, 자신들이 어떻게 생각하고 행동해야하는지를 말해준다. 마침내 아동들이 성은 결코 변하지 않을 것이라는 것을 이해하는 6~7세가 되면, 어떤 태도, 활동, 흥미 및 매너리즘이 자신의 성에 가장 적합한지를 결정하기 위해, 덜 배타적으로 성 도식에 초점을 맞추고 동성 모델에게 점점 더 많은 주의를 기울이기 시작한다(Kohlberg의 관점). 물론, 이와 같이 통합모델로 발달들을 요약하는 것(개관은 표 12.4를 참조)이 생물학적 힘은 아동이 태어난 후 더 이상 역할을 하지 않는다거나 혹은 일단 아동이 기본적인 성 정체성을 획득하게 되면 차별적 강화는 발달에 영향을 미치지 않는다는 의미는 아니다. 그러나 통합이론가는 3세부터 아동들은 남성이나 여성 자기 이미지와 일치하는 남성적 혹은 여성적 속성들을 획득하기 위해 매우 열심히 노력하는 능동적인 **자기-사회화하는 사람**(self-socializers)이라는 것을 강조한다. 자녀들이 전통적인 성역할을 택하지 않기를 희망하는 부모들이 자신의 아들과 딸이 스스로 어린 "성차별주의자"가 되는 것에 놀라게 되는 이유가 이것이다.

여기에 또 다른 핵심이 있다. 모든 성역할 발달이론들은 아동이 남성과 여성에 관해 실제로 학습한 것은 사회가 "성 커리큘럼"의 방식으로 제공하는 것에 크게 의존한다는 것에 동의한다. 다시 말하면, **생태학적** 렌즈를 통해 성역할 발달을 보아야하며, 오늘날 우리 사회에서 보는 남성과 여성 발달 패턴은 피할 수 없는 것이 아니라는 점을 이해해야 한다. (실제로 Margaret Mead가 뉴기니의 참불리 부족에서 관찰했던 성역할 역전을 상기하라.) 다른 시대 다른 문화에서, 성 유형화 과정은 다른 종류의 남아와 여아를 만들어 낼 수 있다.

응용: 변화하는 성역할 태도와 행동에 대하여

오늘날 많은 사람들은 성차별주의가 사라지고 남아와 여아가 더 이상 한정된 "남성적" 역할이나 "여성적" 역할을 받아들이도록 강요받지 않는다면, 세상은 더 나은 곳이 될 것이라고 믿는다. 성차별이 없는 문화에서, 여성은 더 이상 일의 세계에서 주장성과 자신감의 부족으로 고통받지 않을 것이고, 남성은 "남성성"을 보이기 위해 억압되고 있는 민감하고 양육적인 측면을 더 자유롭게 보일 것이다. 우리는 어떻게 성차별주의를 줄이고 자신의 흥미와 속성에 대해 보다 유연해지도록 아동들을 격려할 수 있는가?

Bem(1983, 1989)은 부모가 (1) 어린 자녀들에게 생물학적 성별은 생식영역 외에

표 12.4 통합이론의 관점으로부터 성 유형화 과정에 대한 개관

발달시기	사건과 결과들	관련이론들
태내기	태아는 남성이나 여성 생식기가 발달하고, 아이가 태어나면 그것에 반응한다.	생물사회적/심리생물사회적
출생~3세	부모와 다른 동반자들은 아동을 남아나 여아로 명명하고, 빈번하게 아동에게 성을 상기시키고, 성에 일치하는 행동은 격려하고 이성의 활동은 포기하도록 만든다. 이런 사회적 경험, 신경 발달 및 매우 기본적인 분류기술의 발달 결과로서, 어린 아동은 몇 가지 성 유형화된 행동 선호와 자신이 여아인지 남아인지에 대한 지식을 획득한다(기본적 성정체성).	사회학습(차별강화) 심리생물사회적
3~6세	일단 아동들이 기본적 성 정체성을 획득하면, 성차에 대한 정보를 찾고, 성 도식을 형성하고, 내재적으로 자신의 성에 "적절한" 것으로 여겨지는 행위들을 수행하려는 동기를 갖는다. 성 도식을 획득하면, 아동은 남성과 여성 모델 모두에 주목한다. 일단 성 도식이 잘 형성되면, 가장 어린 아동들은 모델의 성과 상관없이 자신의 성에 적절하다고 생각되는 행동을 모방할 것이다.	성 도식
7~사춘기	아동들은 마침내 성 일관성을 획득한다. 즉 남아는 필연적으로 남자 어른이 되고 여아는 분명히 여자 어른이 될 것이라는 확고하고 미래지향적인 자기 이미지이다. 이 시점에서, 아동들은 남성 혹은 여성으로서의 자기 범주화와 일치하는 매너리즘과 속성들을 획득하기 위해, 성 도식에 덜 배타적으로 의존하기 시작하고 동성모델의 행동을 보기 시작한다.	인지발달(Kohlberg)
사춘기 이후	새로운 사회적 기대(성 강화)와 일치하여, 청소년기의 생물학적 격변은 십대들에게 성인 성 정체성을 형성하는 자기개념을 재검사하도록 만든다.	생물사회적/심리생물사회적 사회학습 성 도식 인지발달

는 중요한 것이 아니라는 더 큰 교훈의 일부로서 생색기의 해부학을 가르치거나, (2) 동성 놀이뿐만 아니라 이성 놀이를 격려하고 집안일을 보다 공평하게 나눔으로써(때로 아버지가 요리와 세탁을 하고 어머니가 잔디 깎기와 수리를 하는 것) 아동이 성 고정관념에 노출되는 것을 지연시키는 역할을 해야 한다고 믿는다. 만일 학령전기 아동들이 성별은 순수하게 생물학적 속성이며 이성의 흥미와 행동을 추구하는 자신과 부모를 보게 된다면, 그들은 성차별적인 초기 환경에서 발전될 수도 있는 경직된 성 고정관념을 구성하는 경향이 더 적을 것이다. 양성적인 부모가 양성적인 아동을 육성한다는 것을 보여주는 연구들은 변화에 대한 Bem의 생각과 일치한다(Orlofsky, 1979). 부모가 성역할에 대해 비전통적인 태도를 갖고 있거나 아버지가 일상적으로 여성적인 "가사일"과 육아를 하는 아동은 성 고정관념을 덜 인식한다는 것이 발견되었다. 이 아동들은 성역할 태도와 행동에서 더 전통적인 부모가 있는 아동과 비교해서 성 유형화된 흥미와 능력 프로파일을 더 적게 보였다(McHale, Crouter, & Tucker, 1999; Tennenbaum & Leaper, 2002; Turner & Gervai, 1995).

이런 저런 연구들(개관하려면 Katz & Walsh, 1991을 참조)은 성역할 태도를 변화시키려는 노력은 나이든 아동보다 어린 아동에게 그리고 남아보다 여아에게 더 효과적임을 보여준다. 아동들의 고정관념이 완전히 결정화되기 전, 보다 이른 시기에 아동의 사고를 수정하는 것이 쉽다는 것은 의미가 있다. 많은 연구자들은 **인지적 중재**를 선호하는데, 이것은 고정관념을 직접적으로 공격하거나 혹은 경직된 성 도식을 구성하게 하는 아동 사고의 제약을 제거한다. 이런 인지적 중재는 매우 효과적이다.

마지막으로, 아동의 성 고정관념적인 태도와 행동을 수정하기 위해 고안된 프로그램은 책임을 맡은 성인이 남성일 때 더 효과적이라는 증거들이 있다(Katz & Walsh, 1991). 왜 그런가? 아마도 일반적으로 남성들이 "성 적합" 행동과 "성 부적합" 행동을 더 강하게 구분하기 때문일 것이다. 따라서 남성은 변화의 대리인으로서 특히 주목할 가치가 있다. 다시 말하면, 만일 이런 노력을 격려하는(혹은 단념시키기에 실패하는) 사람이 남성이라면, 아동들은 이성의 활동과 포부가 매우 정당하다고 느낀다.

이런 태도가 가정이나 문화 내에서 강화되지 않을 때, 변화가 지속되고 새로운 상황으로 일반화될 것인지를 지켜보는 일이 남아있지만, 새로운 성역할 태도는 학습될 수 있다. 스웨덴은 강하게 성 평등에 전념하는 문화이다. 남성과 여성은 전통적으로 남성적인(혹은 전통적으로 여성적인) 경력을 쌓을 기회가 동등하고, 아버지와 어머니들은 집안일과 육아에 동등한 책임을 진다. 스웨덴의 청소년들도 여전히 여성성 특성들보다 남성성 특성들이 더 가치 있다고 생각한다. 그러나 그들은 미국 청소년들보다 성역할에 대해 덜 완강하며, 생물학적으로 프로그램된 의무가 아닌 획득된 전문지식의 영역으로서 성역할을 보는 경향이 더 크다(Intons-Peterson, 1988).

▌성차와 성역할 발달에 발달 주제 적용하기

이 책에서 탐색해 왔던 4가지 발달 주제들은 능동적 아동, 천성과 육성 상호작용, 질적 · 양적 발달 변화 및 발달의 총체적 본질이다. 다시 한 번 우리는 성차와 성역할 발달에 대한 이 장에서 이 주제들이 강조되는 것을 본다.

능동적 아동 주제는 아동들의 성 정체성과 성역할이 발달하면서 그들이 겪는 자기사

개념체크 12.2 성역할 발달이론을 이해하기

다음 문제에 대한 답함으로써 성역할 발달이론에 대한 당신의 이해를 체크하라. 정답은 부록에 있다.

OX문제: 다음에 있는 각 문장이 맞는지 틀리는지 표시하라.

1. (   ) Halpern의 심리생물학적 모델은 남성과 여성에 대한 확인되지 않은 신념들이 지속되는 이유를 설명한다.
2. (   ) Kohlberg의 인지발달이론은 성 재배정이 3~5세 아동들에서 대개 실패하는 이유를 쉽게 설명하지 못한다.

선다형: 각각의 질문들에 대한 최선의 답을 선택하라.

_____ 3. Kohlberg의 성역할 발달의 인지발달이론에 따르면, 자기사회화의 시작점은?
  a. 성 일관성
  b. 기본적 성정체성
  c. 성 안정성
  d. 성역할 성취

_____ 4. Martin과 Halverson의 성 도식 이론에 따르면, 자기사회화의 시작점은?
  a. 성 일관성
  b. 기본적 성정체성
  c. 성 안정성
  d. 성역할 성취

빈칸 채우기: 다음 문장을 옳은 이론적 관점으로 완성하라.

5. 당신은 18개월과 3세 사이에 성 유형화의 결정기가 있다고 믿는 발달심리학자이다. 당신은 또한 생물학적 요인과 사회적 요인이 상호작용해서 성역할 발달의 방향을 정한다고 믿는다. 당신의 신념들에 기초하면, 당신은 _____ 관점과 가장 밀접하게 연합될 것이다.
6. 당신은 초기 성 유형화는 주로 부모가 제공하는 성 커리큘럼을 반영한다고 믿는 발달심리학자이다. 당신은 또한 형제자매와 놀이친구가 아동의 성역할을 형성하는데 도움이 된다고 믿는다. 당신의 신념들에 기초하면, 타인들은 당신을 _____ 심리학자라고 부를 것이다.
7. 당신은 아동들은 동성 부모를 동일시함으로써 성역할을 택한다고 믿는 발달심리학자이다. 당신의 신념에 기초하면, 타인들은 당신을 _____ 심리학자라고 부를 것이다.

단답형: 다음 질문에 간단히 답하라.

8. Kohlbeg의 성역할 발달의 인지발달이론에 따르면, 아동이 성역할 발달에서 통과하는 단계들을 순서대로 적어라.

논술형: 다음 질문에 상세히 답하라.

9. 부모와 또래가 성역할 발달에 영향을 주는 방식들을 서술하라.

회화 과정에 의해 가장 잘 설명된다. 아동들은 환경적 영향이나 생물학적 힘에 대한 수동적 수용자가 아니다. 대신에 그들은 자신의 성에 적합한 속성과 특성들에 대한 정보를 능동적으로 찾고 이런 속성들을 자신의 정체성으로 통합하려고 노력한다. 이것은 Kohlberg의 성역할 발달의 인지발달이론과 Martin과 Halverson의 성 도식 이론에 반영되어 있다. 성역할 발달의 생물학적 이론들조차도 아동이 성역할 습득에서 능동적이라는 것에 동의한다.

발달하는 성 정체성과 성역할과 관련해서, 우리는 발달적 변화의 질적인 단계들을 제안하는 몇 가지 이론들을 살펴보았다. 이 단계들에서 아동들은 다르게 행동하고 생각한다(질적 발달 변화의 인증). 예를 들면, Kohlberg의 인지발달이론에서 아동들은 성숙한 성 정체성이 발달하는 과정에서 질적으로 다른 세 단계를 통과한다. 서로 다른 발달적 사건들이 아동의 생물학적 성과 그런 생물학적 변화에 대한 아동의 반응을 조형하는데 도움이 되는 것처럼, 성을 조형하는데 도움이 되는 생물학적(유전자와 호르몬 모두) 힘은 질적 발달 변화를 따른다.

아마도 이 장에서 발달의 천성과 육성 간 상호작용에 관한 가장 좋은 예는 성역할 발달의 상호작용적 모델이다. 이 모델에서 생물학적 힘은 사회적, 대인 간 영향과 상호작용해서 아동들을 성숙한 성 정체성의 발달로 안내한다. 그러나 성역할 발달에 대한 다른 이론적 관점들도 성 발달에 미치는 영향에서 천성과 육성 모두를 위한 여지가 있다는 것을 잊지 말아야 한다.

마지막 주제인 아동 발달의 총체적 본질은 아동 발달에서 인지적, 사회적, 생물학적 변화들 간의 상호작용으로 가장 잘 설명되는데, 모두가 함께 작용해서 아동들이 성 정체성을 획득하는데 도움이 된다. 실제로, 성숙한 성 정체성은 아동의 인지적 기능에 대한 영향, 다른 아동이나 성인들과의 상호작용, 그리고 성에서 많은 초기 변화의 기초가 되는 생물학적 변화가 없이는 불가능할 것이다.

요약   SUMMARY

- **성 유형화**는 아동들이 사회가 생물학적 성에 속하는 구성원들에게 적합하다고 여기는 성정체성과 동기, 가치 및 행동을 습득하는 과정이다.

남성과 여성의 범주화: 성역할 기준

- **성역할 기준**은 다른 성보다 어떤 한 성의 구성원에게 적절한 것으로 여겨지는 동기, 가치 및 행동이다.
- 많은 사회의 특징은 성에 기초한 노동 분배인데, 여성은 **표현적 역할**을 남성은 **도구적 역할**을 선택한다.

성차에 대한 진실과 허구

- 집단으로서, 여아들은 많은 언어 능력 평가에서 남아들보다 뛰어나고, 정서적으로 더 표현적이며 유순하고 소심하다.
- 집단으로서, 남아들은 여아들보다 더 활동적이고 신체적으로 언어적으로 더 공격적이고, 수리 추론과 **시/공간기술** 검사에서 여아를 앞지른다.
- 이런 성차들은 작고, 단지 집단 규준을 말하는 것이며, 전반적으로 남성과 여성들은 심리적으로 다르기보다 훨씬 더 비슷하다.
- 사실이 아닌 전통적인 성역할 고정관념에 대한 문화적 신화들은 여성이 남성보다 사교적이고 피암시적이고 비논리적이고 덜 분석적이고 덜 성취 지향적이라는 것이다.
- 이런 "문화적 신화"의 지속은 **자기충족적 예언**을 만들어내는데, 인지수행에서 성차를 촉진하고 남성과 여성이 서로 다른 경력 통로를 따라가도록 한다.

성 유형화의 발달 경향

- 2.5~3세가 되면, 아동들은 스스로를 남아나 여아로 명명하는데, **성 정체성** 발달의 첫 단계이다.

- 5~7세 사이에, 그들은 성이란 자기의 변하지 않는 속성임을 인식하게 된다.
- 아동들은 기본적 성 정체성을 보이는 것과 거의 같은 연령에 성역할 고정관념을 학습하기 시작한다.
- 10~11세가 되면, 남성과 여성 성격 특질에 대한 아동의 고정관념은 강해지고, 이 시기 아동들은 고정관념들을 의무규정으로 본다.
- 아동중기 동안 아동들의 성에 대한 생각은 보다 유연해진다.
- 청소년의 **성 강화** 기간 동안 다시 한 번 아동들은 다소 더 경직된다.
- 기본적 성 정체성에 도달하기 전에도, 많은 걸음마기 유아는 성 유형화된 장난감과 활동에 대한 선호를 보인다.
- 3세가 되면, 아동들은 동성 놀이친구들과 함께 시간 보내는 것을 좋아하고 이성의 구성원들에 대한 분명한 편견을 발달시킴으로써 **성 분리**된다.
- 남아는 여아보다 더 강한 성 유형화 압력에 직면하고 성 유형화된 장난감과 활동에 대한 선호를 더 빨리 보인다.

성 유형화와 성역할 발달이론

- **진화이론**에 따르면, 남성과 여성은 인간 역사와 자연선택 과정에서 서로 다른 진화 압력에 직면하는데, 이것이 기본적인 여성과 남성 간 차이들을 만들어낸다.
- **Money와 Ehrhardt의 생물사회학 이론**은 출생 전에 발생하고 아동이 사회화되는 방식에 영향을 미치는 생물학적 발달을 강조한다. 태내 호르몬의 차이는 놀이 양식과 공격성의 차이에 기여한다.
- 그럼에도 불구하고 사회적 명명과 성역할 사회화는 성 정체성과 역할 선호를 결정하는데 결정적인 역할을 한다.
- 아동들이 **오이디프스 콤플렉스**나 혹은 **엘렉트라 콤플렉**

스를 해결하기 위해 동성부모와 **동일시함**으로써 성 유형화된다는 Freud의 이론은 연구의 지지를 받지 못했다.

- 사회학습이론과 일관되게, **직접 지도**를 통해 아동들은 성 유형화된 장난감과 활동을 선호하게 된다. **관찰학습**도 학령전 아동이 양성 모델 모두에 주의하고 점점 더 성 고정관념을 인식하게 되면서 성 유형화에 기여한다.

- Kohlberg의 인지발달이론은 아동은 자기-사회화하는 사람으로, 선택적으로 동성모델에 주목하고 성 유형화되는 **성 일관성**에 도달하기 전에 기본적 성 정체성과 **성 안정성**을 경험한다고 주장한다. 그러나 연구들은 성 유형화는 Kohlberg의 생각보다 더 일찍 시작되고 성 일관성의 측정치들은 성 유형화의 강도를 예측하지 못한다

는 것을 보여준다.

- Martin과 Halverson의 **성 도식 이론**에 따르면, 기본적 성 정체성을 형성한 아동은 "**내집단/외집단**" 도식과 **자기 성 도식**을 구성한다. 이런 도식들은 성과 관련된 정보를 처리하고 성역할을 발달시키는 각본이 된다. 도식과 일치하는 정보는 수집되고 유지되는 반면, 도식과 일치하지 않는 정보는 무시되거나 왜곡된다. 그래서 실제로 기초가 없는 성 고정관념들이 영속된다.

- 성 유형화에 대한 최선의 설명은 생물사회이론, 사회학습이론, 인지발달이론, 성도식이론에서 강조되는 과정 모두가 성역할 발달에 기여하고 있음을 인식하는 절충적이고 통합적인 이론이다.

연습문제

선다형: 각각의 문제들에 대한 최선의 답을 선택함으로써 성차와 성역할 발달에 대한 당신의 이해를 체크하라. 정답은 부록에 있다.

1. 염색체, 정체성의 신체적 표시, 호르몬 영향과 같은 생물학적 정체성은?

   a. 양성성

   b. 성(gender)

   c. 남성성 혹은 여성성

   d. 성별(sex)

2. 미국에서 전통적인 사회적 규정은 행동이나 특성들에서 남성들은 _____ 역할을 여성들은 _____ 역할을 택하게 한다.

   a. 표현적, 도구적

   b. 지배적, 경쟁적

   c. 도구적, 표현적

   d. 양육적, 협동적

3. Andy는 청소년 초기에 들어서고 있다. 비록 그가 가사일을 하면서 어머니를 많이 도와왔음에도 불구하고, 그는 이제 가사일을 거부하면서, 그것은 "여자 일"이라고 말한다. 그는 또한 경쟁적 스포츠에 새로운 관심을 갖고 친구들과의 상호작용에서 자기주장을 한다. Andy는 __ 을 경험하고 있다.

   a. 성 강화

   b. 성 분리

   c. 성 유형화

   d. 사춘기 타이밍 효과

4. Freud는 아동들이 자신의 생식기를 만지는 것으로 성 본능을 만족하는 남근기를 경험하는 시기는 대개 ____ 라고 제안했다.

   a. 0~3세

   b. 3~6세

   c. 6~12세

   d. 12세 이상

5. 태내기 동안 남성 성호르몬에 대한 노출 때문에 여성에게서 남성 외부 생식기가 발달하는 증후군을 _____ 라고 부른다.

   a. 안드로겐화된 여성 증후군

   b. 선천적 아드레날린 과다형성

   c. 고환 여성화 증후군

   d. 사춘기 타이밍 효과

6. 활동수준에 심리적 성차가 있다. 이 주제에 대한 연구에 따르면,

   a. 여아들은 남아들보다 활동수준이 더 높다.

   b. 남아들은 여아들보다 활동수준이 더 높다.

   c. 활동수준에서의 성차는 학령전기 동안 처음으로 발달한다.

d. 활동수준에서의 성차는 청소년기 동안 처음으로 발달한다.

7. 발달적 취약성에 심리적 성차가 있는데, 질병과 발달적 문제를 포함한다. 이 주제에 대한 연구에 따르면,

a. 여아들은 남아들보다 발달적 취약성 수준이 더 높다.

b. 남아들은 여아들보다 발달적 취약성 수준이 더 높다.

c. 발달적 취약성에서의 성차는 학령전기 동안 처음으로 발달한다.

d. 발달적 취약성에서의 성차는 청소년기 동안 처음으로 발달한다.

8. 우리는 심리적 성차에 대해 어떤 결론을 내려야 하는가?

a. 남성과 여성은 심리적으로 다르기 보다는 훨씬 더 유사하다.

b. 심리적 성차는 주로 집단차보다 개인의 행동을 예측하는데 적용된다.

c. 대부분의 심리학자들은 성차가 가장 의미 있고 신뢰할 수 있다는 것에 동의한다.

d. 존재하는 심리적 성차는 생물학적 성차 때문이며 문화나 사회적 요인들에 의해 영향을 받지 않는다.

9. 본질주의적 편향에 가장 가까운 성 유형화 이론, 혹은 사람의 생물학적 지위가 행동과 특성들을 결정할 것이라는 관점은?

a. Freud의 정신분석이론

b. 성 도식 이론

c. Kohlberg의 인지발달이론

d. 진화이론

주요 용어 KEY TERMS

거세불안(castration anxiety)

고환 여성화 증후군 (testicular feminization syndrome, TFS)

관찰 학습(observational learning)

기본적 성 정체성(basic gender identity)

남근기(phallic stage)

내집단/외집단 도식(in-group/out-group schema)

도구적 역할(instrumental role)

동일시(identification)

사춘기 타이밍 효과("timing of puberty" effect)

사회적 역할 가설(social role hypothesis)

선천적 아드레날린 과다형성(congenital adrenal hyperplasia, CAH)

성(gender)

성 강화(gender intensification)

성 도식(gender schemas)

성별(sex)

성 분리(gender segregation)

성 안정성(gender stability)

성역할 기준(gender-role standard)

성 유형화(gender typing)

성 일관성(gender consistency)

성 정체성(gender identity)

시/공간 능력(visual/spatial abilities)

심리생물사회적 모델(psychobiosocial model)

안드로겐화 여성(androgenized females)

엘렉트라 콤플렉스(Electra complex)

오이디프스 콤플렉스(Oedipus complex)

자기 성 도식(own-sex schema)

자기충족적 예언(self-fulfilling prophecy)

직접 지도(direct tuition)

표현적 역할(expressive role)

13 공격성, 이타성, 그리고 도덕 발달

Photothek/Andia/Alamy Limited

아동의 사회성 발달에서 가장 중요한 것은 무엇인가? 나의 실험실 수업 중 한 곳에서 실시했던 자녀양육 조사에서 새로 부모가 된 사람들에게 이 질문을 했을 때, 74%의 부모는 무엇보다 자녀들이 타인들과의 교류를 안내해 줄 강한 **도덕성**, 즉 옳고 그름에 대한 인식을 습득하기를 희망했다.

어떤 종류의 도덕 원칙을 가르치길 희망하는지 물었을 때, 이 새로운 부모들은 여러 가지 답을 하였다. 그러나 그들 반응의 대부분은 아래 세 가지 범주 중 하나에 속했다.

1. **타인을 해치지 않기**　부모들은 일반적으로 자녀들이 적당하게 자율적이고 타인을 해치지 않고 자신들의 욕구를 충족시키기를 희망했다. 실제로, 정당한 이유가 없거나 의도적으로 해치는 행동 혹은 공격성은 대부분의 부모들이 억제하려고 노력하는 행동 중 하나라고 답했다.

2. **친사회적인 관심**　많은 부모들이 가르치기를 희망하는 또 다른 가치는 이타성이다. 이타성은 타인들의 복지에 대한 비이기적인 관심과 그 관심을 실행하려는 의지이다. 자녀들이 아직 기저귀를 차고 있는 동안에도, 부모들이 자녀들에게 타인과 공유하거나 타인을 편안하게 하거나 도와주는 것과 같은 이타적인 행위를 하도록 격려하는 것은 전혀 드문 일이 아니다.

3. **규칙을 지키려는 개인적인 전념**　마지막으로, 우리 조사에서 거의 모든 반응자들이 아동들에게 사회적으로 용납되는 품행 규칙(rule of conduct)을 따르도록 설득하고 이런 규칙을 분명히 따르고 있는지 아동의 행동을 모니터하는 것의 중요성에 대해 말했다. 이런 도덕적 사회화의 궁극적 목표는 아동들이 개인적 가치들의 집합, 즉 윤리적 원칙을 습득하도록 돕는 것이라고 생각했다. 이것들은 자신의 품행을 모니터하고 평가하는 사람이 없을 때도 옳은 것과 그른 것을 구분하고 "옳은" 일을 하게할 수 있다.

이 장에서 사람들이 자신의 특성을 판단할 때 고려하는 상호 관련된 사회적 발달 세 가지를 탐색한다. 우리는 공격성 주제부터 시작할 것이며, 공격성이 시간에 따라 어떻게 발달하고 변화하는지를 묻고, 그런 다음 성인들이 효과적으로 그런 행동들을 통제하는 몇 가지 방식에 대해 생각해 본다. 다음으로, 우리의 초점은 해로운 일을 하는 것으로 부터 이타성이나 친사회적 행동으로 옮겨서, 어떻게 이기적이라고 알려진 어린 아동들이 타인들을 이롭게 하기 위한 개인적 희생을 학습하는지를 알아볼 것이다. 마지막으로, 우리는 보다 광범위한 도덕 발달의 주제로 옮겨간다. 어떤 규칙도 존중하지 않는 방종한 피조물로부터 자신과 타인의 행동을 평가할 윤리적 원칙을 내면화한 도덕 철학자들로 가는 아동의 진화를 추적한다.

공격성의 발달

공격성(aggression)은 무엇인가? 가장 널리 수용되는 정의에 따르면, 공격적 행위는 그런 대우를 피하려는 동기가 있는 생명체를 해치거나 상처를 주려는 행동의 형태이다 (Dodge, Coie, & Lynam, 2006). 행위를 "공격적인" 것으로 정의하는 것은 행위자의 의도이며 행위의 결과가 아님에 주목하자. 따라서 이 의도에 근거한 정의는 해치려고 의도했지만 해를 입히지 않은 모든 행위들(예, 발로 찼지만 목표를 빗나간 경우)을 공격성으로 분류된다. 반면에, 참여자들이 해치려는 의도 없이 즐기는 거친 놀이나 혹은 우연하게 해를 입힌 행동들은 제외된다.

공격적 행위들은 두 가지 범주로 나누어지는데, **적대적 공격**(hostile aggression)과 **도구적 공격**(instrumental aggression)이다. 만일 어떤 사람의 최종 목적이 피해자를 해치려는 것이라면, 그의 행동은 적대적 공격이다. 도구적 공격은 어떤 사람이 다른 목적을 위한 수단으로서 타인을 해치는 상황이다. 똑같은 외현적 행위가 환경에 따라 적대적 공격이나 도구적 공격으로 분류될 수 있다. 만일 어린 남아가 여동생을 사정없이 때리고 울게 만들었다면, 이것은 적대적 공격이라고 할 것이다. 그러나 남아가 여동생이 갖고 놀고 있는 장난감을 빼앗기 위해 똑같은 행위를 했다면 도구적 공격(혹은 적대적 공격과 도구적 공격의 혼합)이라고 부른다.

영아기 공격성의 기원

비록 어린 영아들이 화를 내고 가끔 사람들을 때린다고 할지라도, 이런 행동들에 공격적인 의도가 있다고 생각하기는 어렵다(Sullivan & Lewis, 2003). 그렇지만 Marlene Caplan과 동료들(1991)은 1세 영아가 다른 아기가 원하는 장난감을 주지 않으려 할 때 힘을 행사한다는 것을 발견했다. 똑같은 장난감들을 이용할 수 있을 때도, 12개월 아기들은 가끔 아무도 사용하지 않은 장난감을 무시하고 다른 아이의 장난감을 갖기 위해 또래에게 힘을 행사하려고 하였다. 그리고 이런 싸움에서 위협하는 아기는 다른 아기를 무생물의 방해물이라기보다 적으로 취급하는 듯했다. 이것은 1세 말경이면 이미 도구적 공격의 씨가 뿌려졌음을 시사한다.

비록 2세 영아들도 1세 영아들만큼(혹은 더 많이) 장난감에 대해 갈등을 일으키고 있음에도 불구하고, 그들은 장난감이 부족할 때 싸움보다 협상과 공유를 통해 분쟁을 해결할 가능성이 1세 영아들보다 더 높다(Alink et al., 2006; Caplan et al., 1991). 따라서 초기 **갈등**(conflict)은 공격성의 훈련장이 아니며 적응적일 수 있다. 특히 성인들이 갈등해결의 조화로운 수단들을 중재하고 격려할 때, 영아, 걸음마기 유아 및 학령전 아동들이 힘에 의존하지 않고 협상하고 자신의 목표를 획득하는 것을 학습하는 맥락이 된다

공격성
(aggression)
해로움을 피하려는 동기를 가진 생명체를 해치려는 의도가 있는 행동.

적대적 공격
(hostile aggression)
가해자의 주요 목표가 피해자를 해치거나 상처를 주는 것인 공격적 행위들.

도구적 공격
(instrumental aggression)
가해자의 주요 목표가 대상, 공간, 혹은 우선권에 접근하려는 공격적 행위들.

갈등
(conflict)
두 사람(혹은 그 이상)이 서로 양립할 수 없는 욕구, 바람 및 목표를 갖고 있는 상황.

(NICHD Early Child Care Research Network, 2001; Perlman & Ross, 1997). 일본 어머니들은 사회적 조화를 증진하기 위해 자녀들의 해치는 행동을 참아주지 않으며 아이의 화를 억제하도록 격려한다. 그 결과, 미국 아동들에 비해 일본의 학령전 아동들은 이미 대인 간 갈등에서 화를 덜 내고 타인들에게 공격적으로 반응할 가능성이 더 적다 (Zahn-Waxler et al, 1996).

어린 아동들의 말다툼은 일반적으로 장난감, 사랑 및 기타 소중한 자원들에 집중되어 있으며, 이는 도구적 공격성의 예이다.

공격성의 발달 경향

아동의 공격적 특성은 연령에 따라 극적으로 변한다. 학령전 아동들의 공격성 발달에 대한 고전적 연구에서, Florence Goodenough(1931)는 2~5세 아동의 어머니들에게 자녀들이 화를 폭발하는 것에 대한 일기를 자세하게 쓰도록 했다. 이 자료들을 조사하여 Goodenough는 초점이 없는 분노폭발은 2~3세 사이에 점점 줄어들고 놀이친구들이 자신들을 좌절하게 만들거나 공격할 때 때리거나 발로 차는 신체적인 보복을 하기 시작하는 것을 발견했다. 그러나 신체적 공격은 3~5세 사이에 점진적으로 줄어들고, 대신 집적거리고, 고자질하고, 별명을 부르거나, 혹은 다른 언어적 형태의 공격으로 대체되었다. 학령전 아동들은 어떤 일로 다투는가? Goodenough는 이들이 대개 장난감이나 다른 소유물에 대해 다투는 것을 발견했으며, 따라서 그들의 공격성은 대개 특성상 **도구적** 이다.

보다 최근의 연구는 걸음마기에서 아동중기까지 기간 동안 신체적 공격성에서 발달적 변화의 특징을 찾았다(NICHD Early Child Care Research Network, 2004). 이 연구는 아동의 신체적 공격 수준에 대한 어머니 보고를 이용했는데, 2세부터 9세까지 매년 평가되었고, 1,195명의 아동들이 이 연구에 참여하였다. Goodenough의 발견과 일치하게, 이 아동들 대부분은 학령전기 동안 신체적 공격성이 감소하였다. 이 연구는 또한 걸음마기와 아동중기 동안 5가지 서로 다른 발달 변화 패턴을 확인하였다. 대다수의 아동들(70%)은 전체 연구기간 동안 공격성이 낮은 것으로 어머니에 의해 평가되었다. 다른 아동들(표집의 27%)은 나이가 들면서 신체적 공격에서 어느 정도 감소를 보였음에도 불구하고, 적어도 연구의 어느 시점 동안 적당한(moderate) 공격성을 보였다. 소수의 아동들이 아주 놀라웠는데, 3% 아동은 높은 수준의 신체적 공격성을 보였고 전체 연구기간 동안 안정적으로 남아 있었다.

이런 흥미로운 발견들로부터 어떤 결론을 내릴 수 있는가? 걸음마기 초기에 어느 정도의 신체적 공격성은 상대적으로 정상이지만, 아동중기가 되면 대부분의 아동들에서 이런 유형의 공격성은 상대적으로 드물다(Alink et al., 2006; Baillageron et al., 2007). 소수의 아동들만이 신체적 공격성을 보였고 아동중기까지 상대적으로 안정적으로 남아있으며, 그들의 발달에 관심을 갖는 이유이다(NICHD Early Child Care Research Network, 2004). 아동중기 동안, 아동들이 원만한 방식으로 분쟁을 해결하는 것을 배우면서, 신체적 공격과 언어적 공격의 발생은 전반적으로 감소한다(Dodge et al., 2006; Loeber & Stouthamer-Loeber, 1998; Shaw et al., 2003).

성차

비록 우리가 묘사했던 경향들을 남아와 여아 모두에게 적용할 수 있다할지라도, 세계 100여개 이상의 국가들에서 나온 자료들은 남아와 성인 남성이 평균적으로 여아나 성

아동들이 성장해감에 따라, 점차 증가하는 공격 행위의 비율은 이들의 적대적 공격성을 보여준다.

인 여성보다 신체적으로나 언어적으로 더 공격적임을 보여준다(Harris, 1991; Maccoby & Jacklin, 1974). 12장에서 언급했듯이, 남아들의 높은 남성 호르몬 수준, 즉 테스토스테론 수준이 공격성의 성차에 기여할 수 있다. 그러나 최근 연구들은 어린 남아가 여아보다 더 공격적인 것은 아님을 보여준다(Hay, Castle, & Davies, 2000). 예를 들면 Marlene Caplan과 동료들(1991)은 1세 영아들의 경우 여아가 놀이집단을 주도했을 때 장난감 분쟁에 대한 강압적이고 공격적인 해결이 실제로 더 많다는 것을 발견했다! 2세 영아들도 남아가 주도한 집단은 여아가 주도한 집단보다 장난감이 부족할 때 협상하거나 공유할 가능성이 더 높았다. 2.5~3세가 되어야 공격성에서 신뢰할 만한 성차가 나타난다. 이것은 분명히 남아와 여아가 서로 다른 방향으로 성 유형화가 되기에 충분한 시간이다(Fagot, Leinbach, & O'Boyle, 1992).

공모하여 남아를 여아보다 더욱 공격적으로 만드는 사회적 영향력들은 무엇인가? 한 가지는 부모들이 여아보다 남아와 더 거칠게 놀고 아들보다 딸의 공격적 행동에 대해 더 부정적으로 반응한다(Brennan et al., 2003; Freck et al., 2003; Mills & Rubin, 1990; Rubin et al., 2003). 게다가 남아들이 자주 받는 총, 탱크, 미사일발사대 및 다른 상징적인 파괴기구들은 공격적 주제들을 실행하는 것을 장려하고, 실제로 공격적 행동을 증진한다(Feshbach, 1956; Watson & Peng, 1992). 학령전기 동안, 아동들은 자신들의 성도식에서 공격성을 남성 특성으로 보게 된다. 그리고 아동중기가 되면, 여아보다 남아는 공격적 행위들이 보다 실질적으로 이익이 되고 부모나 또래들로부터 비난을 덜 받을 것이라고 기대한다(Hetzberger & Hall, 1993; Perry, Perry, & Weiss, 1989). 따라서 비록 생물학적 요인들이 기여할지라도, 공격성의 성차는 성 유형화와 사회학습에서의 성차에 적지 않게 의존한다는 것은 분명하다.

마지막 요점: 오늘날 어떤 연구자들은 남아들이 여아들보다 훨씬 더 공격적이라고 믿는데, 그 이유는 연구자들이 외현적 공격 행동에 초점을 맞추고 남아들보다 여아들에게 더 일반적인 은밀한 공격 행위를 고려하지 못했기 때문이다. 다음에 나올 당신의 삶에 연구 적용하기에 있는 연구는 이런 관점을 분명하게 지지한다.

공격성에서 반사회적 행동으로

싸움이나 다른 외현적이고 쉽게 탐지할 수 있는 형태의 공격 발생은 아동중기부터 청소년기 동안 계속해서 감소된다(Brody et al., 2003; Loeber & Stouthamer-Loeber, 1998; Nagin & Tremblay, 1999). 이런 경향은 남아와 여아 모두에서 나타난다(Bongers et al., 2004; Stranger, Achenbach, & Verhulst, 1997). 이것이 필연적으로 청소년들이 더 나은 행동을 하게 된다는 의미는 아니다. 폭행이나 다른 심각한 형태의 폭력으로 인한 청소년의 체포는 청소년 후기와 성인초기에 극적으로 증가한다(Dodge et al., 2006; Snyder, 2003; 미 보건성, 2001). 여아들의 **관계적 공격**(relational aggression)은 청소

관계적 공격
(relational aggression)
적대자의 자존감, 우정이나 사회적 지위를 손상시키는 것을 목적으로 냉대하거나, 배제하거나, 승인을 철회하거나, 혹은 소문을 내는 것과 같은 행동들.

년기 동안 보다 미묘하고 심술궂게 되고(Galen & Underwood, 1997), 십대 남아들은 자신의 분노와 좌절을 절도, 무단결석, 약물남용, 성적 비행과 같은 행동을 통해 간접적으로 표현하는 경향이 더 높아진다(Loeber & Stouthamer-Loeber, 1998; 미 법무성, 1995). 미국의 또래 문화에서, 청소년기 동안 일탈적이고 비행적인 품행은 사회적으로 더 수용되고, 정상에서 벗어난 청년들이 또래들 사이에서 더 높은 지위를 갖기 시작한다(Miller-Johnson & Costanzo, 2004). 미국에서 17세 남아들 중 대략 15%가 일탈적이고 반사회적인 행동으로 체포된다. 그렇지만 공격자들 중 1/3 이하가 체포된다(Dodge et al., 2006). 여기에 포함된 여아들은 더 적다. 청소년의 체포 중 약 28%가 여아를 포함하고(Snyder, 2003), 미국 여아들 중 12%가 17세까지 적어도 한번 폭력 행위에 가담한다고 보고되었다(Dodge et al., 2006). 따라서 외현적 공격성이 줄어든 청소년들은 다른 유형의 반사회적 행동으로 바꾸어 자신의 불만을 표현하는 듯하다.

공격성은 안정된 속성인가?

분명히 공격성은 상당히 안정된 속성이다. 공격적인 걸음마기 유아는 공격적인 5세가 될 뿐만 아니라(Cummings, Iannotti, & Zahn-Waxler, 1989; Rubin, Burgess, Dwyer, & Hastings, 2003), 핀란드, 아이슬란드, 뉴질랜드, 미국에서 수행된 종단 연구(이 연구방법에 대한 개관은 1장을 참조)는 아동이 3~10세 사이에 보이는 변덕스럽고 성마르고 공격적인 행동의 양은 이후 삶에서 보일 공격적인 혹은 다른 반사회적인 경향성을 예측한다는 것을 보여주었다(Cillessen & Mayeux, 2004; Hart et al., 1997; Henry et al., 1996; Kokko & Pulkkinen, 2000; Newman et al., 1997). 예를 들면 Rowell Huesman과 동료들(1984)은 22년 동안 600명의 참가자들을 추적했다. 그림 13.1에서 보듯이, 매우 공격적인 8세 아동은 상대적으로 적대적인 30대가 되며, 이들은 자신의 배우자나 자녀들을 때리고 범죄로 유죄 선고받을 가능성이 있다.

이런 발견들은 집단 경향을 반영하는 것이며, 공격성이 높은 아동들 모두가 시간이 지나서도 공격성이 높다는 의미는 아니다. 그럼에도 불구하고, 우리가 개인적 수준에서 이 이슈에 대해 생각할 때 공격성의 발달에는 상당한 차이가 있다. 그렇다면 이런 공격적 아동과 청소년들이 보이는 특징은 무엇인가?

공격적 행동의 개인차

아동들은 공격성 수준이 극적으로 다르고 적은 비율의 아동들만이 만성적으로 공격적이라고 말할 수 있다. 초등학생과 고등학생들의 공격적 사건들을 조사한 연구자들은 소수의 어린 아동들이 대부분의 갈등에 관여되었음을 발견한다. 누가 포함되었는가? 많은 집단들에서, 소수가 매우 공격적인 선동자이고, 이들에 의해 정기적으로 괴롭힘을 당하는 학급친구들은 10~15%이다(Olweus, 1984; Perry, Kusel, & Perry, 1988).

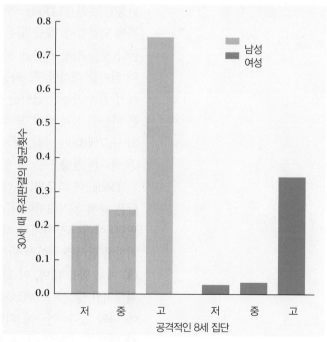

그림 13.1 아동기 공격성은 여성과 남성 모두에서 성인기의 범죄 행동을 예측한다.

출처: *"Stability of Aggression over Time and Generations,"* by L. R. Huesmann, L. D. Eron, M. M. Lefkowitz, & L. O. Walder, 1984, Developmental Psychology, 20, p. 1125. Copyright © 1984 by the American Psychological Association.

도발적 공격자
(proactive aggressors)

도발적 공격자
(proactive aggressors)

공격적 행동을 하는 것이 쉽다는 것을 알고 사회적 문제를 해결하거나 다른 개인적 목적들을 획득하는 수단으로서 공격성에 주로 의존하는 매우 공격적인 아동들.

반응적 공격자
(reactive aggressors)

적대적 의도를 타인들에게 과잉귀인하고 사회적 문제들에 대한 비공격적인 해결책을 찾을 만큼 충분히 오랫동안 자신들의 화를 통제할 수 없기 때문에 높은 수준의 적대적이고 보복적인 공격성을 표출하는 아동들.

보복적 공격
(retaliatory aggression)

실제 혹은 상상의 도발에 의해 유발된 공격적 행위들.

적대적 귀인 편향
(hostile attributional bias)

애매한 상황에서 해로운 일이 일어나는 것을 그 일을 하는 사람의 적대적 의도 때문인 것으로 보는 경향. 이것은 반응적 공격자의 특성.

최근 연구는 두 종류의 매우 공격적인 아동에 대해 말하는데, 도발적 공격자와 반응적 공격자이다. 비공격적인 아동들과 비교해서, **도발적 공격자**(proactive aggressors)는 공격성이 가시적인 이익(분쟁이 되는 장난감에 대한 통제와 같은)을 "벌게 해 줄" 것이라는 자신감이 있고, 어떤 심각한 해를 입기 전에 대개 그들에게 복종하는 다른 아동들을 지배함으로써 자존감을 높일 수 있다고 믿는 경향이 있다(Crick & Dodge, 1996; Frick et al., 2003; Quiggle et al., 1992). 따라서 도발적 공격자에 있어서, 힘을 보여주는 것은 개인적 목표를 획득하는 도구적 전략이다.

반응적 공격자(reactive aggressors)는 높은 수준의 적대적이고 **보복적 공격**(retaliatory aggression)을 한다. 이 어린 아동들은 타인들을 의심하고 경계하며, 그들을 강압적인 방식으로 대하는 것이 당연한 호전적인 적대자로 본다(Astor, 1994; Crick & Dodge, 1996; Hubbard et al., 2001; Hbbard et al., 2002).

흥미롭게도, 이런 공격적인 아동집단 각각은 사회적 정보 처리에서 독특한 편향을 보이며, 이런 편향이 그들의 높은 수준의 공격적 행동에 기여한다. 이에 대해 좀 더 자세히 살펴보자.

공격성에 대한 Dodge의 사회정보처리이론

Kenneth Dodge(1986; Crick & Dodge, 1994)는 어떻게 아동들이 사회적 문제에 대해 공격적 해결책이나 혹은 비공격적인 해결책을 선호하게 되는지를 설명하기 위해 사회정보처리 모델을 공식화했다. 당신이 애매한 상황에서 해를 입는 8세 아이라고 상상하라. 또래가 옆을 지나가다가 당신의 작업대를 발로 툭 건드렸고, 당신이 오랜 시간동안 작업해서 거의 완성된 지그재그 퍼즐을 흩어뜨리고는 '아이쿠!'라고 말한다. 당신은 어떻게 반응할 것인가? Dodge에 따르면, 아동의 반응은 그림 13.2에 묘사된 인지 6단계들의 결과에 달려있다. 해를 입은 어린 아동은 처음에 유용한 사회적 단서들을 **부호화하고 해석한다**(해를 입힌 사람은 어떻게 반응하는가? 그는 그렇게 할 작정이었나?). 이런 단서들의 의미를 해석한 후, 아동은 **목표를 공식화하고**(상황을 해결하기 위한), 이 목표를 성취하기 위해 가능한 전략을 **생성하고 평가하고**, 마지막으로 반응을 **선택해서 실행한다**. 모델은 아동의 심적 상태, 즉 과거의 사회적 경험, 사회적 기대(특히 해로운 행동을 하는), 사회 규칙에 대한 지식, 정서적 반응성 및 정서를 조절하는 능력이 모델의 정보처리 6단계 중 어디든 영향을 줄 수 있다고 제안하고 있음에 주목하라.

Dodge에 따르면, 또래들과 다툰 역사가 있는 반응적 공격자의 심적 상태는 "다른 사람은 나에게 적대적이야"라는 기대를 갖고 있다. 따라서 (부주의한 또래가 퍼즐을 흩어뜨린) 애매한 상황에서 해를 입었을 때, 그들은 비공격적인 아동들보다 (1) 이런 기대에 적합한 단서를 찾아서 발견하고 (2) 해로운 행동을 한 사람에게 적대적 의도를 귀인하고 (3) 매우 화를 내며, 이 문제에 대한 다른 비공격적인 해결책을 신중하게 고려하지 않고 적대적인 방식으로 빠르게 보복할 가능성이 훨씬 더 높다. 이 순환적 관계가 그림 13.3에 나와 있다. 연구에 의하면 반응적 공격자들은 또래들에게 적대적 의도를 과잉귀인할 뿐만 아니라(Crick & Dodge, 1996; Dodge, 1980; Hubbard et al., 2001; Hubbard et al., 2002), 자신의 적대적인 보복성으로 인해 그들을 싫어하게 된 교사나 또래들과의 부정적인 경험이 많았고(Trachtenberg & Viken, 1994), 그 결과 이것은 "다른 사람들은 나에게 적대적이야"라는 이 아동들의 기대를 강화했다. 여아들도 남아들만큼 반응적으로 공격적이며, 동일한 종류의 **적대적 귀인 편향**(hostile attributional bias)과 애매

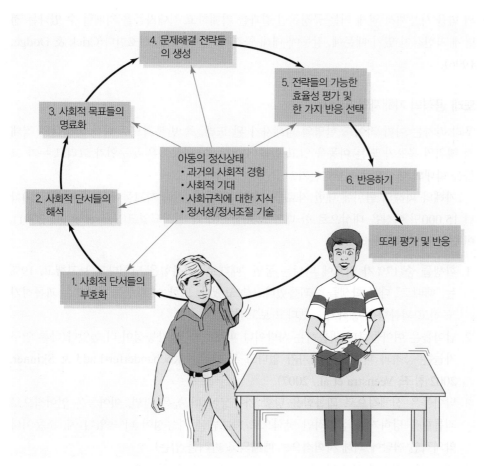

그림 13.2 아동들이 해로운 행동 혹은 다른 사회적 문제들에 대해 어떤 반응을 해야 할지를 결정할 때 따르는 단계들에 관한 Dodge의 사회적 정보처리과정 모델. 다른 남아가 탁자를 건드려서 자신의 창작물이 부서진 남아는 우선 사회적 단서를 부호화하고 해석한 (예: 의도적인가 우연인가?) 다음, 나머지 단계들을 따라 이런 위해 행동에 대한 반응을 공식화한다.

출처: *"A Review and Reformulation of Social Information Processing Mechanisms in Children's Social Adjustment,"* by N. R. Crick & K. A. Dodge, Psychological Bulletin, 115, p. 74–101. Copyright © 1994 by the American Psychological.

한 해로운 행동에 대해 공격적으로 반응할 준비가 강하게 되어 있다 (Crick & Dodge, 1996; Crick, Grotpeter, & Bigbee, 2002; Guerra & Slaby, 1990).

도발적 공격자들은 다른 패턴의 사회정보처리과정을 보인다. 이 아동들은 특별히 타인들이 자신을 싫어한다고 느끼지 않으며 친구도 많기 때문에(LaFontana & Cillessen, 2002; Rodkin et al., 2000), 해로운 일을 하는 사람에게 적대적 의도를 쉽게 귀인하지는 않는다. 그러나 이것이 도발적 공격자가 사건들이 그냥 지나가도록 내버려둔다는 의미는 아니다. 실제로 이 아동들은 주의 깊게 도구적 목적(예: "나는 부주의한 아이가 내 주위에서 보다 주의하도록 가르칠 거야")을 공식화할 가능성이 높고, 공격적 반응이 이 목적을 성취하는데 가장 효과적이라고 냉정하고 의식적으로 결정할 가능성이 높다. 실제로, 도발적 공격자들은 또래들과 공격적인 충돌이 있을 때 행복감 같은 긍정적인 정서를 표출한다(Arsenio, Cooperman, & Lover, 2000). 자신

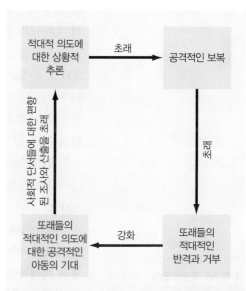

그림 13.3 애매한 위해 행동 및 그 행동의 결과에 대한 반응적인 공격자의 편향된 귀인에 관한 사회인지적 모델.

의 힘을 사용해서 얻게 되는 긍정적인 결과를 기대하고 적대자들을 지배할 수 있다는 전망에 자신감이 있기 때문에, 갈등에 대해 공격적인 해결책을 선호한다(Crick & Dodge, 1996).

또래 공격의 가해자와 피해자

우리 각자는 아마 적어도 한명의 피해자가 된 또래, 즉 반복적으로 다른 아동들의 적대적 행위의 목표가 되는 아동을 알고 있을 것이다. 이 아동들은 누구인가 그리고 누가 그들을 학대의 대상으로 선택하는가?

가해와 피해의 범위에 대한 자료를 수집하기 위해, 미국 학교들에서 6학년에서 10학년 15,000명 이상을 대상으로 한 대규모 표집 연구가 실시되었고(Nansel et al., 2001), 이 연구의 발견은 놀라웠다.

1. 학생들 중 17%가 학교에 다니는 동안 "때때로" 괴롭힘을 당했다고 보고했고, 19%는 "때때로" 다른 학생들을 괴롭혔다고 보고했다. 또한 이 학생들 중 6%는 괴롭히기도 하고 괴롭힘을 당하기도 했다고 보고했다.
2. 남아들은 여아들보다 괴롭히는 사람이나 피해자가 될 가능성이 더 높았다(다른 연구자들은 공격과 피해에서 성차가 없다고 보고했다, Kochenderfer-Ladd & Skinner, 2002 참조; Veenstra et al., 2007).
3. 남아들은 신체적으로 괴롭힘을 당할 가능성이 더 높은 반면, 여아들은 언어적으로 괴롭힘을 당하거나 심리적인 방식으로 학대받을 가능성이 더 높았다(예, 소문이나 악의적인 험담에 의해 사회적으로 배제되고 피해를 입는).
4. 괴롭힘은 청소년 초기에 가장 빈번하고(6~8학년) 도시지역, 교외지역, 시골지역에서 똑같이 공통적이었다.
5. 괴롭히는 학생들은 흡연하고, 음주하고, 열등한 학생이 될 가능성이 높았다.

또 다른 연구는 괴롭힘(혹은 피해자화)은 더 이른 아동기에 더 빈번하다는 것을 발견했지만, 이런 높은 비율은 9세 이하의 아동들이 종종 괴롭히는 사건들과 일반적인 싸움 간을 구분하지 못하기 때문에 해석하는데 어려움이 있다(Smith et al., 2000). 괴롭히는 아동은 종종 자신과 비슷한 다른 공격적인 또래들과 시간을 보내는데, 그들은 괴롭히는 활동들을 부추기고 심지어 지원하고 강화하기도 한다(Espelage, Holt, & Henkel, 2003). 우정은 괴롭히는 활동들을 유지하는데 매우 중요하다. 즉 매우 공격적인 남아와 여아들은 누가 피해자가 될지에 대해 동의하고 친한 친구들과 같은 피해자를 선택하는 경향이 있었다(Card & Hodges, 2006). 적어도 어떤 괴롭히는 아동들은 청소년기 동안 인기가 있고, 이들은 피해자들(혹은 다른 아동들)이 자신들의 소망을 따르게 만드는 능력을 "쿨(cool)"한 것으로 본다(LaFontana & Cillessen, 2002; Rodkin et al., 2000). 그러나 또래들은 습관적으로 괴롭히는 아동들 대다수를 매우 싫어한다(Veenstra et al., 2005).

비록 또래들이 일반적으로 만성적 피해자들을 싫어함에도 불구하고(Boivin & Hymel, 1997; Veenstra et al., 2005, 2007), 그들은 전혀 비슷하지 않다. 대부분은 **수동적 피해자**(passive victims)로서 사회적으로 위축되고, 늘 가만히 앉아있고, 신체적으로 약하고, 반격하기를 꺼리고, 그들이 받고 있는 공격을 유발하는 일은 거의 하지 않는다(Boulton, 1999; Olweus, 1993). 수동적 피해자인 남아들은 종종 어머니와 긴밀하고

(공격의) 수동적 피해자
(passive victims(of aggression))
스스로 학대를 유발할 일을 거의 하지 않음에도 불구하고 공격자들에게 괴롭힘을 당하는 자존감이 낮고 사회적으로 위축되고 불안한 아동들.

과보호적인 관계를 맺고 있으며, 어머니들은 남아가 무서워하거나 자기를 의심하는 말을 하는 것을 격려했다. 이것은 일반적으로 남성 성 유형화에서 남아들에게 하지 못하게 하는 행동이며, 동성 또래들이 받아들이지 않는 행동이다(Ladd & Kochenderfer-Ladd, 1998).

Olweus의 스웨덴 표집과 Perry의 미국 표집 모두에서 소수만이 **도발적 피해자**(proactive victims)라고 할 수 있는데, 이들은 적대적이고 잠시도 가만히 있지 못하고 성미가 급한 아동들로서 종종 또래들을 짜증나게 하고, (성공적이지 못한) 반격을 하고, 반응적 공격자의 특성인 적대적 귀인 편향을 보인다. 도발적 피해자들은 종종 가정에서 신체적으로 학대를 받거나 다른 방식으로 피해를 입었으며, 이들은 경험을 통해 타인을 적대적인 적으로 보는 것을 배웠다(Dodge et al., 2006; Schwartz et al., 1997).

불행하게도, 만성적인 피해자가 되는 많은 아동들과 청소년들은 계속적으로 피해를 입는데, 특히 자신들의 피해에 대해 스스로를 탓하고 자신들을 옹호하거나 사회적 기술을 습득하도록 도울 친구가 없을 때 그렇다(Graham & Juvonen, 1998; Hodges et al., 1999; Schwartz et al., 2000). 그리고 피해 아동들은 고독, 불안, 우울, 자존감의 계속적인 쇠퇴 및 점점 커지는 학교에 대한 반감과 회피와 같은 다양한 적응문제의 위험에 빠져있다(Egan & Perry, 1998; Hodges et al., 1999; Lass, Kochenderfer, & Coleman, 1997). 그렇지만 만성적 피해자들이 학교에 가지 않는 것만으로 일이 해결되지는 않으며, 그들은 종종 괴롭히거나 위협적인 이메일과 메신저, 명예를 훼손하는 웹사이트 및 그들에 대한 야비하고 모욕적인 말을 하도록 타인들을 초대하는 온라인 "슬램북(slam book)"과 같은 전자적 형태의 괴롭힘을 받는다(Raskaukas & Stoltz, 2007).

분명히 괴롭히는 것을 중단시키는 강력한 조치를 취해야 할 뿐만 아니라, 만성적 피해자들이 자존감을 세우고 그들의 사회적 지위를 증진할 사회적 기술과 지지적인 우정 관계를 개발하고, 괴롭히는 사람들의 목표가 되지 않도록 만드는 데 도움이 되는 중재가 절박하게 필요하다(Dodge et al., 2006; Egan & Perry, 1998; Hodges, et al., 1999).

인기와 공격성

스펙트럼의 다른 쪽 끝에는 학교나 아동 집단과 같은 사회적 세계의 중심에 있는 인기 있는 아동, 높은 지위의 아동과 청소년들이 있다. 연구자들은 **인기**(popularity)를 아동들에 의한 사회적 구성물로 정의했는데, 인기 있는 아동은 유명하고 다른 아동(특히 다른 인기 있는 아동들)에게 인정받고, 매력, 운동능력 및 매우 바라는 소유물과 같은 높은 지위의 속성들을 갖고 있다(LaFontana & Cillessen, 2002; Lease, Kennedy, & Axelrod, 2002; Rose, Swenson, & Waller, 2004). 이 정의에서 좋아하는(well-liked)이 빠져 있다는 점에 주목하라. 또래들이 인기 있는 아동을 반드시 좋아하는 것은 아니지만, 그들은 또래 집단 내에서 높은 지위를 유지한다.

인기 있는 아동이 인기를 얻고 유지하는 한 가지 방법은 외현적이고 관계적 공격성을 통해서이다(Bagwell & Coie, 2004; Rose, Swenson, & Waller, 2004). 많은 연구들은 아동과 청소년들의 인기와 관계적 공격 간의 정적 상관을 발견했다. 즉, 인기 있는 아동들은 자신의 인기를 높이는 수단으로 타인을 무시하고 제외시키고 위협하고 타인들에 대한 소문을 퍼트리는 경향이 있다(예: Parkhurst & Hopmeyer, 1998; Rodkin et al., 2000; Xie et al., 2002 참조). 한 연구에서, 인기 있는 남아들은 다른 아동들보다 싸움을 더 많이 시작하고 더 파괴적이었다(Rodkin et al., 2000).

(공격의) 도발적 피해자
(provocative victims(of aggression))
자신들이 또래를 자주 괴롭히기 때문에 피해를 입게 되는 불안하고 성미가 급하고 적대적인 아동들.

인기
(popularity)
아동들에 의한 사회적 구성물로서, 인기 있는 아동은 유명하고 다른 인기있는 아동에게 인정받고, 매력, 운동 능력 및 바람직한 소유물처럼 높은 지위의 속성들을 갖고 있다.

Rose와 동료들(2004)은 인기 있는 아동들이 인기를 얻기 위해 공격을 사용했는지, 혹은 인기 있는 아동으로서 그들의 안전한 지위가 제재의 공포 없이 타인을 공격할 자유를 주었는지를 조사하기 위해 일련의 종단연구들을 수행했다. 그들은 공격적인 행동들 다음에 혹은 이전에 모두 인기 있는 지위를 갖는다는 것을 발견했다. Rose와 동료들은 이것은 공격성을 줄이는 프로그램으로 중재하기를 원하는 부모나 학교에게 힘든 상황이라고 말한다. 지위가 높은 인기 있는 아동은 외현적 공격으로 눈에 띄는 학급의 공격자들처럼 쉽게 인식되지 않을 가능성이 있다. 게다가, 인기 있는 청소년들은 공격성의 역할 모델이 될 수 있고, 따라서 중재 프로그램은 사회문화 전체를 언급해야 하며, 인기 있는 공격자를 언급해서는 안 된다!

공격성에 대한 문화와 하위문화의 영향

비교문화 연구와 민족지학적 연구들은 어떤 사회와 문화들은 다른 문화보다 더 폭력적이고 공격적임을 보여준다. 뉴기니의 아라페쉬, 시킴의 렙카스, 중앙아프리카의 피그미족과 같은 사람들은 모두 사냥을 위해 무기를 사용하지만 대인 간 공격성을 보이는 경우는 드물다. 평화를 사랑하는 이런 사회들이 외부인들의 침입을 받았을 때, 구성원들은 맞서 싸우기보다 접근할 수 없는 지역으로 후퇴한다(Gorer, 1968).

이 집단들과 눈에 띄는 대조를 이루는 것이 뉴기니의 게부시족으로, 그들은 아동들에게 전투적이고 타인들의 요구에 대해 정서적으로 반응하지 말도록 가르치며 살인율이 산업사회보다 50배 정도 높다(Scott, 1992). 미국도 "공격적인" 사회이다. 미국에서 강간, 살인, 폭력의 발생률은 다른 산업 국가들보다 높으며, 무장 강도 발생률에서 미국은 1위인 스페인과 근소한 차이를 보인 2위인 반면, 3위인 캐나다와는 상당히 차이가 있다(Wolff, Rutten, & Bayer, 1992). 미국에서 총기 살인율은 다른 주요 산업사회들보다 평균적으로 12배 높다(Dodge et al., 2006). 또한 미국에서 총기 소지 수준이 가장 높은 5개 주의 아동들은 총기 소지 수준이 가장 낮은 5개 주의 아동들보다 총기에 의해 사망할 가능성이 3배 높다(Miller, Azrael, & Hemenway, 2002).

미국과 영국에서 수행된 연구들에서 공격성의 사회계층차가 지적되었다. 낮은 사회경제계층(SES)의 아동과 청소년들, 특히 대도시의 남성들은 중류층의 동년배들보다 더 공격적인 행동을 하고 더 높은 수준의 비행 행동을 보인다(Loeber & Stouthamer-Loeber, 1998; Macmillan, McMorris, & Kruttschnitt, 2004; Tolan, Gorman-Smith, & Henry, 2003). 이런 경향들은 자녀양육에서 나타나는 사회계층차와 아주 긴밀하게 연관된다. 예를 들면, 저소득 가정의 부모들은 중류층 부모보다 공격성과 반항을 훈육하기 위해 신체적 처벌에 의존할 가능성이 더 높다. 이것은 공격성을 억제하려는 노력임에도 불구하고 공격성을 모델링한다(Dodge, Pettit, & Bates, 1994). 낮은 사회경제계층의 부모들은 또한 갈등에 대한 공격적인 해결책을 지지하고 또래들이 도발했을 때 강압적으로 반응하도록 격려하는 경향이 높다(Dodge, Petti, & Bates, 1994; Jagers, Bingham, & Hans, 1996). 이것은 매우 공격적인 아동들이 자주 보이는 적대적 귀인 편향을 발달시키는 경험이다. 마지막으로, 낮은 사회경제계층의 부모들은 복잡하고 스트레스가 많은 삶을 살고 있으며, 이것은 자녀들의 행방, 활동 및 친구의 선택을 관리하거나 모니터하기 힘들게 만든다(Chung & Steinberg, 2006). 불행하게도, 이런 부모 모니터링의 결핍은 싸움, 교사에 대한 말대꾸, 기물파괴, 약물사용, 가정 밖에서의 규칙위반과 같은 공격적이거나 비행적인 활동과 일관되게 연합되었다(Barber, Olsen, & Shagle, 1994; Kilgore, Snyder, & Lentz, 2000).

요약하면, 사람들의 공격적이고 반사회적인 성향은 부분적으로 문화 혹은 하위문화가 그런 행동을 금지하는 데 실패하거나 눈감아주는 정도에 달려있다. 그렇지만 평화주의 사회의 모든 사람들이 친절하고 협동적이고 도움을 주는 것은 아니며, 상대적으로 "공격적인" 사회나 문화에서 성장한 사람들 대다수가 특별히 폭력적인 성향이 있는 것도 아니다. 기존의 문화나 하위문화 내에 그와 같은 공격성의 개인차가 있는 이유는 무엇인가? Gerald Patterson과 동료들은 매우 공격적인 아동들은 종종 적대적이고 반사회적인

반사회적 혹은 비행 행위는 부모가 자녀들의 활동, 행방 및 친구의 선택 등에 관해 모니터하지 않는 십대들에게서 훨씬 많이 나타난다.

행동들의 "사육장"이라고 할 수 있는 가정에서 살고 있다는 주장으로 이 질문에 답한다.

강압적인 가정환경: 공격성의 사육장

Patterson(1982; Patterson, Reid, & Dishion, 1992)은 적어도 한 명의 공격적인 아동이 있는 가정에서 아동과 부모 간의 상호작용 패턴을 관찰했다. Patterson의 예에서 나온 공격적인 아동들은 "통제 불능"인 듯했다. 이들은 가정과 학교에서 많이 싸우고 제멋대로이고 반항적이었다. 그런 다음, 이 가족을 크기와 사회경제계층이 같지만 문제 아동이 없는 가족들과 비교하였다.

부모 갈등과 아동의 공격성

아동들은 부모 갈등에 노출되는 것에 의해 어떤 영향을 받는가? 점점 많은 증거들이 아동들은 부모가 싸울 때 심한 스트레스를 받고 가정의 지속되는 갈등은 아동이 형제나 또래들과 적대적이고 공격적인 상호작용을 할 가능성을 높인다는 것을 보여준다(Cummings & Davies, 2002; Davies & Cummings, 2006). 실제로, 종단연구들에 따르면, 아동의 이전 품행문제 수준이 통제된 후에도, 시간이 지나면서 증가된 부모 갈등과 결혼 스트레스는 아동과 청소년들의 공격성이나 다른 문제행동들에서 증가를 예측한다(Cui, Conger, & Lorenz, 2005; Sturge-Apple, Davies, & Cummings, 2006). 그리고 불행하게도 갈등으로 점철되어 있는 가정의 아동들은 더 제멋대로이고 공격적이 되면서, 그들의 행동은 악순환에 기여한다. 부모들은 자녀관리 문제에 대해 더 많은 논쟁을 하게 되고, 이런 높아진 부부 갈등은 자녀의 문제행동 증가를 촉진한다(Cui, Donnellan, & Conger, 2007; Jenkins et al., 2005).

부모들이 서로를 공격한 다음 후퇴하는 패턴을 보임으로써 아동들이 가열된 갈등의 우호적이고 만족스런 해결을 볼 수 없을 때, 아동들은 특히 부부 갈등에 의해 영향을 받을 것이다(Katz & Woodin, 2002). 실제로, 최근 연구는 갈등에 직면했을 때 부모의 고립과 후퇴는 부모 갈등 그 자체보다 미래의 아동 문제행동을 더 잘 예측한다는 것을 발견했다(Sturge-Apple et al., 2006). 왜 그런가? 한 가지 이유는 서로로부터 후퇴한 고통

을 받은 부모는 자녀에게 **정서적으로 쓸모없게**(emotionally unavailable) 되기 때문이다. 즉, 그들은 자녀에게 덜 따뜻하고 지지하지 못하며 무관심하고 냉담하고 무시하는데(Sturge-Apple et al., 2006), 이런 양육의 측면들은 공격적 행동의 발달과 연합된다. 게다가, 갈등이 만연한 가정의 고통을 받는 아동은 부모 갈등에 대한 생리학적 반응이 무뎌지는데, 이것은 그들이 목격한 불쾌함으로부터 벗어나거나 닫아버리는 수단이다. 그렇지만 이런 생리학적 반응성(reactivity)의 감소는 품행문제에 대한 믿을 만한 예측인이다(Davies et al., 2007). 스트레스에 대한 감소된 반응성이 미래의 공격적인 행동을 예측하는 이유는 잘 이해되지 않는다. 그러나 한 가지 추측은 이런 덜 각성되는 아동은 가까운 친구를 만들고 또래들과의 분쟁을 우호적으로 해결할 수 있게 하는 사회적 기술이나 다른 적응적 행동(즉, 정서적 조절 기제)을 습득하고 실행하는데 어려움이 있다는 것이다.

사회체계로서 가족

Patterson은 단순히 부모가 사용한 자녀양육법에 초점을 맞추는 것으로는 "통제 불능" 행동을 설명할 수 없음을 발견했다. 대신 매우 공격적인 아동들은 그들이 형성되도록 도왔던 사회적 분위기가 특징인 비전형적 가족환경에서 살고 있는 듯 했다(Brennan et al., 2003 참조; Frick et al., 2003; Rubin et al., 2003). 가족들이 빈번하게 승인과 애정을 표현하는 대부분의 가정과는 달리, 매우 공격적인 문제가 있는 아동은 대개 가족 구성원들이 끊임없이 서로 말다툼하는 상황에서 살았다. 그들은 대화를 시작하는 것을 꺼리고, 말을 했을 때 우호적으로 대화하기보다 다른 가족원들을 약올리거나 위협하거나 괴롭히는 경향이 있었다. Patterson은 이런 상황을 **강압적 가정환경**(coercive home environment)이라고 불렀는데, 높은 비율의 상호작용이 자신을 괴롭히는 또 다른 가족구성원을 강제적으로 중지시키려는 한 가족 구성원의 시도에 집중되기 때문이다. 그는 또한 이런 강압적인 상호작용을 유지하는 데 **부적 강화**(negative reinforcement)가 중요함을 지적했다. 한 가족 구성원이 다른 구성원을 불쾌하게 만들었을 때, 두 번째 사람은 울거나 소리 지르거나 비명을 지르거나 괴롭히거나 때리는데, 그 이유는 이런 활동들이 종종 적대자를 강제로 중단시키기 때문이며, 이런 이유에서 그 활동은 강화된다.

문제아동의 어머니들은 행동을 통제하는 수단으로 사회적 승인을 거의 사용하지 않고, 친사회적 행동을 무시하는 대신 악의 없는 행동들을 반사회적인 것으로 해석하고, 지각된 잘못된 행동을 다루기 위해 거의 전적으로 강압적인 전략에 의존한다(Dodge et al., 2006; Nix et al., 1999; Strassberg, 1995). 아마도 부모가 애매한 사건들을 반사회

어린 아동의 공격성을 통제하는 방법들

갈등에 대한 반사회적 해결책이 습관이 되지 않도록 어린 아동의 공격적인 행동을 억제하려는 부모나 교사를 도울 수 있는 방법은 무엇인가? 어느 정도의 성공을 거둔 일반적인 전략 세 가지를 살펴보자.

비공격적인 환경을 만들기
아동들의 공격성을 낮추는 간단하지만 효과적인 한 가지 접근은 갈등의 가능성을 최소화하는 놀이지역을 만드는 것이다. 예를 들면, 부모와 교사는 공격성을 유발하는 것으로 알려진 총, 탱크, 고무 칼과 같은 "공격적인" 장난감을 치우거나 사주지 않을 수 있다(Dunn & Hughes, 2001; Watson & Peng, 1992). 만일 성인이 활기찬 놀이를 위한 넓은 공간과 부족한 자원에 대해 경쟁하지 않도록 충분한 장난감을 제공한다면, 아동들은 조화롭게 놀 것이다(Hartup, 1974; Smith & Connolly, 1980). 마지막으로, 폭력적인 TV와 비디오 게임에 대한 아동의 노출을 제한하는 것도 아동의 공격성을 줄일 수 있다. 이것은 15장에서 상세하게 탐색될 주제이다.

공격성에 대한 보상을 제거하기
공격성의 형태가 다르면 중재의 종류가 달라야 한다(Crick & Doge, 1996). 실행하기 쉽고 종종 개인적 목표들을 성취할 수 있기 때문에, 도발적 공격이 강압적 전략에 의존한다는 것을 떠올려 보라. 부모나 교사들은 강화적인 결과를 확인하여 제거하고 목적을 성취하는 대안적인 수단들을 장려하는 것으로 도발적 공격의 발생을 감소시킬 수 있다. 어머니가 사용할 수 있는 한 가지 방법은 **양립불능–반응 기법**(incompatible-response technique)으로서, 이것은 공격성과 양립할 수 없는 협동이나 공유와 같은 행동들을 강화하는 반면, 모두는 아니지만 가장 심각한 공격적 행동을 *무시하는* (그럼으로써 "주목받는" 보상을 부정하는) 전략이다. 이 전략을 시도하는 교사들은 이것이 아동의 친사회적 행동을 급속하게 증가시키고, 상응하는 정도로 적대성을 감소시킨다는 것을 알게 된다(Brown & Elliot, 1965; Conduct Problem Prevention Research Group, 1999). 어

떻게 성인들은 심각한 해를 끼치는 행동에 주목하는 것으로 그 행동을 "강화"하지 않고 심각한 공격 행위를 다룰 수 있을까?

효과적인 방법은 Patterson이 선호하는 **타임아웃 기법**(time-out technique)으로서 공격성이 강화를 받는 상황으로부터 공격자를 분리하는 것이다. 예를 들면, 아동이 적절하게 행동할 준비가 될 때까지 자기 방으로 보낸다. 책임 있는 성인이 아동을 신체적으로 학대하지 않고, 공격적 모델이 되지 않으며, 주의를 끌기 위한 수단으로 잘못된 행동을 하는 아동을 모르는 사이에 강화할 가능성도 없다. 타임아웃 절차는 성인들이 공격성과 양립할 수 없는 협조적이고 도움을 주는 행동을 강화할 때 아동의 적대성을 통제하는데 가장 효과적이다(Parke & Slaby, 1983).

사회인지 중재
공격성을 통제하는 이전 방법들은 어린 아동들에게 가장 효과적인 반면, 나이든 아동이나 청소년들의 공격성을 다루는 방법들도 있다. 매우 흥분한 반응적 공격자가 자신의 분노를 통제하고 자신을 불쾌하게 하는 동료들에게 적대적 의도를 과잉귀인하는 경향성을 억제하도록 가르치는 프로그램으로부터 이익을 얻는다. 매우 공격적인 아동들, 특히 반응적 공격성이 높은 아동들은 (1) 자신의 분노를 조절하고 (2) 또래들에게 적대적 의도를 과잉 귀인할 가능성을 줄이도록 감정이입하고 타인의 조망을 갖는데 숙련되도록 돕는 사회인지적 중재로부터 이익을 얻을 수 있다(Crick & Dodge, 1996). 한 연구(Guerra & Slaby, 1990)에서, 폭력적인 청소년 공격자 집단에게 (1) 해로운 행동과 연합된 비적대적인 단서를 찾고 (2) 자신의 분노를 통제하고 (3) 갈등에 대해 비공격적인 해결책을 만들어 내는 것과 같은 기술을 코치하였다. 이 폭력적인 공격자들은 사회적 문제해결 기술에서 극적인 향상을 보였을 뿐만 아니라 공격성을 지원하는 신념을 덜 확신하게 되고, 권위적인 인물이나 다른 청소년들과 상호작용할 때 덜 공격적이었다.

적인 것으로 명명하는 것을 포함해서, 이런 문제아동들이 가정에서 받는 매우 부정적인 대우는 그들이 일반적으로 타인들을 불신하고 적대적인 귀인 편향을 보이는 이유를 설명한다(Dishion, 1990; Weiss et al., 1992). 비강압적인 가족의 아동들은 형제나 부모로부터 훨씬 더 긍정적인 주목을 받는다. 따라서 그들은 주목받기 위해 다른 가족 구성원을 괴롭힐 필요가 없다(Patterson, 1982).

가정에서 영향력의 흐름은 **다방향적**(multidirectional)이다. 부모와 자녀 간 또는 자녀들 간의 강압적인 상호작용은 관련된 모든 사람들의 행동에 영향을 미치고 적대적인 가정환경의 발달에 기여한다. 즉 공격성의 진정한 사육장이다(Brody et al, 2004; Caspi et al., 2004; Garcia et al., 2000). 불행하게도, 이런 문제 가족들은 도움을 받지 않고는 서로를 공격하고 반격하는 파괴적인 패턴을 깨지 못할 수 있다.

양립불능–반응 기법
(incompatible-response technique)
성인이 바람직하지 않은 행동을 무시하는 반면, 이런 반응들과 양립할 수 없는 행동들을 강화하는 비처벌적인 행동수정 방법.

타임아웃 기법
(time-out technique)
잘못한 아동이 보다 적절하게 행동할 준비가 될 때까지 그 상황으로부터 떠나게 하는 훈육법.

다음 질문들에 답함으로써 성차와 성역할 발달에서 중요한 과정에 대한 당신의 이해를 체크하라. 정답은 부록에 있다.

짝짓기: 다음의 공격성 유형에 맞는 정의를 연결하라.

a. 적대적 공격
b. 도구적 공격
c. 관계적 공격

1. _____ 여아들이 남아들을 앞지르는 공격성 유형
2. _____ 종종 12개월에 처음으로 나타나는 공격성 유형
3. _____ 역할맡기 기술이 성장하면서 더 일반적이 되는 공격성 유형

OX문제: 다음에 있는 각 문장이 맞는지 틀리는지 표시하라.

4. (　　　) 반응적 공격자들은 종종 괴롭힘의 도발적 피해자가 된다.
5. (　　　) 정적 강화는 불쾌한 상호작용이 강압적 가정환경에서 유지되는 과정이다.

선다형: 다음 질문에 최선의 답을 선택하라.

_____ 6. Linda는 어린 자녀들이 다른 방에서 놀고 있는 동안 부엌에서 저녁을 준비하고 있다. 한 시간 후, Linda는 Judy가 크게 우는 소리를 듣는다. 그녀는 놀이방으로 달려가서 George가 Judy를 때리고 놀고 있는 인형을 빼앗은 것을 본다. 만일 Linda가 George의 공격적 행동을 줄이길 원한다면 이 상황을 다루는 가장 좋은 방법은 무엇인가?

a. George로부터 인형을 빼앗고 손목을 철썩 때린다.
b. Judy에게 인형을 돌려주고 George에게 때리는 것이 나쁜 이유를 훈계한다.
c. Judy에게 인형을 돌려주고 George가 Judy와 잘 놀 수 있을 때까지 타임아웃을 하러 보낸다.
d. Judy에게 인형을 돌려주고 Linda가 George를 지켜볼 수 있는 부엌으로 보낸다.

빈칸 채우기: 빈칸에 적절한 말을 써넣어라.

7. "양립불능–반응 기법"에서, 성인들은 바람직하지 못한 행동을 _____하고 바람직하지 못한 행동과 양립할 수 없는 행동을 _____함으로써 공격성을 통제한다.
8. 연구자들은 아동기에 괴롭힘의 피해자가 되는 두 종류의 아동들이 있음을 발견했다. _____ 피해자와 _____ 피해자이다.

단답형: 다음 질문에 간단히 답하라.

9. 공격성에 대한 Dodge의 사회정보처리 모델에서 6단계를 적어라.

서술형: 다음 질문에 상세히 답하라.

10. 강압적 가정환경, 공격성 및 공격성 통제방법에 대해 학습한 것을 이용하여 교실에서 폭력을 예방하기 위한 프로그램을 고안하라.

이타성: 친사회적 자기의 발달

이타성
(altruism)

공유하기, 협동하기, 돕기와 같은 친사회적 행동을 통해 표현되는 타인의 복지에 대한 이기심 없는 관심.

친사회적 행동
(prosocial behavior)

운이 없는 사람과 공유하거나, 누군가를 위로하고 구해주거나, 협동하거나, 혹은 칭찬으로 타인을 기분 좋게 하는 것처럼, 타인들에게 이익이 되게 하려는 의도의 행동.

이 장을 시작할 때 언급했듯이, 대부분의 부모들은 자녀들이 **이타성**(altruism)을 갖길 희망한다. 이것은 타인의 복지에 대한 순수한 관심과 그 관심을 실행하려는 의지이다. 이타성은 빈번하게 **친사회적 행동**(prosocial behavior)으로 표출되는데, 심리학자들은 이것을 타인에게 이득을 주려는 의도로 하는 행동들로 정의한다. 예를 들면, 운이 없는 누군가와 공유하기, 누군가를 위로하거나 구해주기, 협동, 혹은 칭찬을 통해 타인들을 기분좋게 만들기 등이다(Eisenberg, Fabes, & Spinrad, 2006). 실제로, 많은 부모들은 자녀가 아직 기저귀를 차고 있는 동안에도 공유하기, 협동하기, 돕기와 같은 이타적 행동을 하도록 격려한다! 아동 발달 전문가들은 이런 좋은 의도를 가진 성인들이 시간을 허비하고 있다고 주장해왔다. 왜냐하면 영아와 걸음마기 유아는 자신 이외에 타인의 욕구를 고려할 수 없기 때문이다. 그러나 전문가들이 틀렸다!

이타성의 기원

아동들이 도덕이나 종교에 대한 형식적 훈련을 받기 오래 전에, 그들은 나이든 사람들의 친사회적 행동과 닮은 방식으로 행동한다. 예를 들면 12~18개월 영아들은 때로 동료에

게 장난감을 주고(Hay et al., 1991), 걸레질을 하거나 먼지를 털거나 식탁을 차리는 것과 같은 가사일로 부모를 도우려 한다(Rheingold, 1982). 매우 어린 아동의 친사회적 행동에는 분명한 "합리성"도 있다. 예를 들면, 2세 영아는 놀잇감이 풍부할 때보다 부족할 때 또래에게 장난감을 줄 가능성이 더 높다(Hay et al., 1991).

걸음마기 유아들은 동료에게 동정심을 표현하거나 동정적으로 행동할 수 있는가? 실제로 그렇다. 이런 친사회적 관심의 표출은 전혀 진기한 것이 아니다(Eisenberg et al., 2006). 고통스러워하는 놀이친구 Jerry에 대한 21개월 John의 반응을 살펴보자. 다음은 John의 어머니가 말한 것이다.

걸음마기 유아도 곤경에 처한 동료에게 동정심을 보인다.

> 오늘 Jerry는 변덕스러웠다. 그는 이제 막 소리를 지르기 시작했는데...
> 그치질 않았다. John은 Jerrry에게 다가와서 장난감을 건네주고 그의 기분을 좋게 하려고 시도했다... John은 "여기 있어 Jerry"와 같은 어떤 말을 했고, 나는 John에게 "Jerry가 슬퍼. 그는 기분이 좋지 않아. 오늘 주사를 맞았어."라고 말했다. John은 Jerry가 불행하기 때문에 울고 있다는 것을 정말로 이해한다는 듯이 눈썹을 찡그리며 나를 쳐다보았다... 그는 자세하게 살펴보고 Jerry의 팔을 문지르며 "착한 Jerry"라고 말하면서 계속해서 장난감을 건네주었다 (Zahn-Waxler, Radke-Yarrow, & King, 1979, pp.321−322).

분명히 John은 어린 놀이친구에게 관심을 갖고 그의 기분을 좋게 만들기 위해 할 수 있는 일을 했다.

어떤 걸음마기 유아들은 고통받는 동료들을 위로하려고 노력하지만, 다른 아동들은 그렇지 않다. 이런 개인차는 부분적으로 기질차이 때문이다. 예를 들면, 행동적으로 억제된 2세 아동은 타인의 고통에 대해 매우 당황하고, 억제되지 않은 걸음마기 유아에 비해 자신의 각성을 조절하기 위해 고통을 받은 동료로부터 멀어질 가능성이 더 높다 (Young, Fox, & Zahn-Waxler, 1999).

초기 동정심의 개인차는 걸음마기 유아들이 다른 아동에게 해를 입히는 경우에 보이는 부모의 반응에 매우 많이 의존한다. Carolyn Zahn-Waxler와 동료들(1979)은 동정심이 적은 걸음마기 유아들의 어머니들은 전형적으로 해로운 행동을 훈육하기 위해 언어적 비난이나 신체적 처벌과 같은 강압적인 전략을 사용하는 것을 발견했다. 동정심이 많은 걸음마기 유아의 어머니들은 **정서적 설명**(affective explanation)으로 해로운 행동을 훈육하였는데, 이것은 아동의 행동과 그것이 야기한 고통 간의 관계를 볼 수 있도록 도움으로써 동정심과 후회를 육성한다. 예를 들면, "네가 Lamar를 울게 만들었어. 깨무는 것은 좋지 않아!"

정서적 설명
affective explanation
자신의 행동이 타인에게 야기한 해로움이나 고통에 아동의 주의를 집중시키는 훈육.

이타성의 발달 경향

비록 많은 2~3세 아동들이 고통받는 동료에게 동정심과 연민을 보여줌에도 불구하고, 그들이 아끼는 장난감을 또래와 공유하는 것 같은 자기희생적 반응을 하는 것에 특별히 열성적이지는 않다. 만일 성인이 걸음마기 유아들에게 타인의 요구에 대해 관심을 갖도록 지도하거나(Levitt et al., 1985), 혹은 "만일 네가 조금 주지 않으면 나는 네 친구를 하지 않을 거야"와 같은 요구나 위협을 통해 또래가 적극적으로 공유를 유도한다면

공유하도록 하려면 학령전 아동을 달래야 한다.

(Birch & Billman, 1986), 공유나 혹은 다른 자비로운 행동들이 일어날 가능성이 더 높다. 그러나 타인을 위한 **자발적인** 자기희생 행동은 걸음마기 유아나 어린 학령전기 아동들 사이에서 상대적으로 덜 발생한다. 이것은 걸음마기 유아들이 타인들의 요구나 혹은 동료와 공유하거나 도움으로써 실행할 수 있는 선(the good)을 알아차리지 못하기 때문인가? 아마도 아닌 듯하다. 적어도 유치원에서 실시된 한 관찰연구에서 2.5~3.5세 아동들은 **가장놀이** 동안 타인에게 친절한 행동을 하는 것을 좋아한다는 것이 발견되었다. 나이가 들면서, 상황은 변한다. 4~6세 아동들은 **진짜** 도움행동을 하였고 이타주의자 역할을 "연기하는" 경우는 드물었다(Bar-Tal, Raviv, & Goldberg, 1982).

세계 곳곳의 문화권에서 수행된 많은 연구들은 공유하기, 돕기 및 다른 유형의 친사회적 행동 대부분이 초등학교 초기부터 점점 더 보편적이 됨을 발견했다(Underwood & Moore, 1982; Whiting & Edward, 1988 참조). 실제로 우리가 조사한 많은 연구들은 나이든 아동과 청소년들이 친사회적인 경향을 더 많이 보이는 이유를 설명하고자 하였다. 이 연구로 돌아가기 전에, 발달학자들이 숙고하고 있는 또 다른 이슈를 살펴보자. 이타성에는 성차가 있는가?

이타성의 성차

사람들은 일반적으로 여아들이 남아들보다 더 많이 도와주고 더 너그럽고 더 동정적이거나 혹은 그렇게 될 것이라고 가정한다. 이것은 진실인가 혹은 허구인가? 아마도 이런 고정관념들에는 절반의 진실이 있다. 성차는 크지 않지만, 여아들은 종종 남아들보다 더 많이 돕거나 공유한다고 보고되었다(Eisenberg & Fabes, 1998). 사람들은 남아보다 여아가 타인의 복지에 더 관심이 많고, 여아가 얼굴표정과 목소리에서 더 강하게 동정심을 보인다고 믿는다(Hastings et al., 2000). 그러나 이 발견들은 해석에 어려움이 있는데, 왜냐하면 남아도 고통을 받는 사람들을 만나면 여아만큼 생리적으로 각성되기 때문이다(Eisenberg & Fabes, 1998). 그러나 남아는 종종 여아보다 덜 협동적이고 더 경쟁적이다. 예를 들면 최근의 한 연구에서, 아동중기가 되면 다른 아동이 어떻게 수행하는지와 상관없이 쉽게 같은 상을 받을 수 있을 때조차, 남아들은 여아들보다 게임을 하는 동안 다른 아동이 우승할 기회를 방해하는 행동을 더 많이 했다(Roy & Benenson, 2002). 따라서 좋게 보이거나 지위를 얻거나, 혹은 타인에 대한 지배권을 얻는 것은 여아보다 남아에게 더 중요한 듯이 보인다.

이타성에 대한 사회인지적 및 정서적 기여요인

역할맡기 기술이 잘 발달된 아동들은 역할맡기 능력이 떨어지는 동료들보다 더 많이 도와주거나 동정심을 느낀다. 그 이유는 도움이나 위로에 대한 동료의 요구를 더 잘 추론할 수 있기 때문일 것이다(Eisenberg, Zhou, & Koller, 2001; Shaffer, 2005). 실제로 (타인이 느끼고 생각하고 의도하는 것을 인식하는) 정서적, 사회적 조망수용과 이타성 간의 인과적 관계에 대한 증거는 이런 역할맡기 기술 훈련을 받은 아동이나 청소년들이 훈련을 받지 못한 동년배에 비해 더 자비롭고, 더 협동적이고, 타인의 요구에 대해 더 많은 관심을 갖는다는 것을 보여주는 연구들에서 아주 분명해진다(Chalmers & Townsend, 1990; Iannotti, 1978). 그러나 역할맡기는 이타행동 발달에서 역할을 하는 개인적 특성들 중 하나일 뿐이다. 특히 중요한 두 가지 기여 요인은 아동의 **친사회적 도덕 추론**(pro-social moral reasoning) 수준과 타인들의 고통에 대한 공감 반응이다.

친사회적 도덕 추론

지난 25년 이상, 연구자들은 친사회적 이슈들에 대한 아동의 추론발달과 이타행동 간 관련성을 알고자 계획했다. 예를 들면, Nancy Eisenberg와 동료들은 친사회적 행동이 개인적으로 희생을 치러야할 때 주인공이 어떤 사람을 돕거나 위안을 할지 말지를 결정해야하는 이야기를 아동들에게 제시하였다. 여기 그런 이야기가 있다(Eisenberg-Berg & Hand, 1979).

> 어느 날 Mary라는 여자아이는 친구의 생일파티에 가고 있었다. 가는 도중에 넘어져서 다리를 다친 여자아이를 보았다. 그 여자아이는 Mary에게 자신을 의사에게 데려갈 수 있도록 자신의 집에 가서 부모님을 데려와 달라고 부탁했다. 그러나 만일 Mary가 그렇게 한다면. . . 파티에 늦을 것이고 아이스크림, 케이크, 그리고 모든 게임을 놓치게 될 것이다. Mary는 어떻게 해야 할까?

이런 친사회적 딜레마에 대한 추론은 아동초기와 청소년기 사이에 5단계를 걸쳐 발달한다. 학령전기 아동의 반응은 빈번하게 이기적이다. 이 아동들은 Mary가 좋은 것들을 놓치지 않기 위해서 파티에 가야만 한다고 말한다. 그러나 아동들이 성숙하면서, 그들은 점점 더 타인의 요구와 바람들에 반응적이 되는 경향이 있다. 어떤 고등학생들은 만일 자신들의 이익을 위해 도움이 필요한 사람들의 호소를 무시한다면, 더 이상 자신을 존중할 수 없다고 느낀다(Eisenberg, 1983; Eisenberg, Miller, Shell, McNally, & Shea, 1991).

아동이나 청소년의 친사회적 도덕 추론 수준은 이타적 행동을 예측하는가? 분명히 그렇다. 친사회적 도덕 추론의 쾌락주의 수준을 넘어 발달한 학령전기 아동은 여전히 이기적인 방식으로 추론하는 아동들에 비해 또래를 돕고 자발적으로 가치 있는 물건들을 공유할 가능성이 더 높다(Eisenberg-Berg & Hand, 1979; Miller et al., 1996). 나이든 참가자들에 대한 연구도 비슷한 이야기를 한다. 고등학교 표집에서 성숙한 도덕추론자들은 만일 자신들이 싫어하는 사람들이 실제로 도움을 필요로 한다면 그들을 도울 것이라고 말한다. 반면에, 미숙한 도덕 추론자들은 자신들이 싫어하는 사람의 요구를 무시하는 경향이 있다(Eisenberg, 1983; Eisenberg, Miller, Shell, McNally, & Shea, 1991). 마지막으로 Eisenberg와 동료들(1999)은 17년간의 종단연구에서 4~5세 사이에 자발적인 공유를 하고 친사회적 도덕 추론 수준이 상대적으로 성숙했던 아동들은 아동기와 청소년기를 거쳐 성인초기로 가는 동안 타인에게 더 많은 도움을 주고, 타인들을 더 많이 배려하고, 친사회적 주제와 사회적 책임에 대해 더 복잡한 추론을 한다는 것을 발견했다. 따라서 친사회적 성향은 초기에 형성되고 시간적으로 상당히 안정적이다.

공감: 이타성에 대한 주요 정서적 기여요인

성숙한 도덕 추론자들이 타인의 요구, 심지어 싫어하는 사람의 요구에 그렇게 민감한 이유는 무엇인가? Eisenberg의 관점에 따르면 점점 증가된 아동의 타인에 대한 **공감** 능력은 친사회적 추론을 성숙하게 하고, 지원이 필요한 모든 사람의 행복을 증진하는 것에 대한 이기심 없는 관심의 발달에 기여한다(Eisenberg et al., 1999; Eisenberg, Zhou, & Koller, 2001).

친사회적 도덕 추론
(prosocial moral reasoning)
자신에게 희생이 될 수 있는 것이 분명한 상황에서 타인을 돕거나 공유하거나 편안하게 하는 행동을 할지를 결정할 때 표출하는 생각.

자기 지향적 고통
(self-oriented distress)

고통받는 타인의 감정을 경험할 때, 즉 공감할 때 유발될 수 있는 개인적 불편감과 고통, 이타성을 억제하는 것으로 여겨짐.

동정적인 공감 각성
(sympathetic empathic arousal)

고통받는 타인의 감정을 경험할 때, 즉 공감할 때 유발될 수 있는 동정심이나 연민, 이타성의 주요 매개체인 것으로 여겨짐.

공감은 타인의 정서들을 경험하는 능력이다. 비록 영아와 걸음마기 유아들이 동료들의 고통을 인식하고 반응하는 듯 할지라도(Zahn-Waxler et al., 1979, 1992), 그들의 반응이 항상 도움이 되는 것은 아니다. 실제로, 어떤 어린 아동들은 타인의 고통과 불행을 보는 것에 대해 **개인적인 고통**을 경험하고(이것은 삶의 초기에 우세한 반응일 수 있다), 자신의 불편함을 줄이기 위해 도움이 필요한 사람들을 무시하거나 떠날 수 있다(Young, Fox, & Zahn-Waxler, 1999). 다른 아동들(몇몇 어린 아동들조차)은 자신의 공감적 각성을 고통받는 타인에 대한 관심으로 해석하는 경향이 더 많으며, 이것은 **자기 지향적 고통**(self-oriented distress)이라기보다 **동정적인 공감 각성**(sympathetic empathic arousal)이고, 결국 이타성을 증진하게 될 것이다(Batson, 1991; Hoffman, 2000).

공감의 사회화 이전에 걸음마기 유아에서 연민의 기원을 논의할 때 말했듯이, 부모들은 (1) 공감적 관심을 모델링하거나 (2) 자신들이 타인들에게 일으킬 수 있는 고통의 해로운 효과를 이해하도록 어린 아동들을 돕는 정서 지향적인 훈육에 의존함으로써 동정적인 공감 각성의 증진을 도울 수 있다(Eisenberg, Fabes, Schaller, Carlo, & Miller, 1991; Hastings et al., 2000; Zahn-Waxler , Radke-Yarrow, & King, 1979; Zahn-Waxler et al., 1992). 흥미롭게도, 동정심을 모델링하는 동안 보다 긍정적인 얼굴표정을 짓거나 자신의 동정심을 정확하게 말로 표현하는 어머니들의 자녀들이 보다 더 동정적으로 행동한다(Davidov & Grusec, 2006; Zhou et al., 2002). 어머니의 긍정성(positivity)과 정서적 설명은 어린 아동들이 타인의 불행으로 인해 갖게 되는 부정적인 반응에 대항하는데 도움이 되는데, 그것이 자신의 각성을 개인적 고통으로 해석할 가능성이 줄어들게 만들기 때문일 것이다(Davidov & Grusec, 2006; Fabes 등, 1994).

공감−이타성 관계에서 연령 경향 전반적으로, 공감과 이타성 간 관련성에 대한 증거는 학령전기와 어린 학령기 아동들에서 기껏해야 중간정도이지만, 청소년전기 아동, 청소년 및 성인들에서 더 강하다(Underwood & Moore, 1982). 이런 연령 경향에 대한 한 가지 가능한 설명은 아동들이 자신의 부적 감정을 더 잘 조절하고 타인의 불행에 대한 개인적 고통을 더 잘 억제하게 되어, 보다 동정적으로 반응할 수 있게 되려면 시간이 필요하다는 것이다(Eisenberg, Fabes, et al., 1998). 사회인지적 발달이 이 과정에서 중요한 역할을 한다. 왜냐하면 어린 아동들은 (1) 왜 타인들이 고통을 받는지 (2) 왜 그들이 각성되는지를 완전히 이해하고 평가하기에는 역할맡기 기술과 자신의 정서적 경험에 대한 통찰이 부족하기 때문이다(Roberts & Strayer, 1996). 예를 들면 유치원 아동들이 개가 달아난 후 우울해진 남자아이가 나오는 슬라이드 필름을 보았을 때, 그들은 대개 남아의 슬픔을 애완견에 대한 그리움처럼 "개인적"이거나 내적인 원인보다 외적인 원인, 즉 개가 사라진 것에 귀인했다(Hughes, Tingle, & Sawin, 1981). 유치원 아동들은 슬라이드를 본 후 슬픔을 느꼈다고 보고했지만, 그들은 대개 자신의 공감적 각성에 대해 자기중심적 설명을 하였는데, 이것은 **개인적 고통**을 반영하는 듯 하다(예: "나는 내 개를 잃어버릴지도 몰라요"). 그러나 7~9세 아동들은 자신을 주인공의 입장에 놓고 그의 슬픔에 대한 **심리적 기초**를 추론하면서 자신의 공감적 감정을 이야기 주인공의 감정과 연합하기 시작한다(예: "그 아이가 슬프기 때문에 나는 슬퍼요. 왜냐하면 그 아이가 만일 정말 그 개를 좋아했다면, 그러면..."). 따라서 일단 아동들이 타인의 관점을 더 잘 추론하고(역할 맡기) 자신의 공감적 감정의 원인, 즉 고통을 받거나 도움이 필요한 동료에 대해 동정심을 느끼도록 돕는 원인을 이해하게 되면, 공감은 이타성에 대한 더 강력한 기

David Young-Wolff / PhotoEdit

아동이 성숙하고 더 나은 역할맡기 기술을 갖게 되면, 그들은 곤경에 처한 동료에게 동정심을 느끼고 편안함이나 지원을 할 가능성이 높다.

여요인이 될 수 있다(Eisenberg et al., 2006; Roberts & Strayer, 1996).

책임감 느끼기 가설 이제 중요한 질문이다. 공감은 정확히 어떻게 이타성을 향상시키는가? 한 가지 가능성은 동정적인 공감 각성이 학습했던 이타적 교훈에 대해 숙고하도록 만드는 것이다. 교훈이란 황금률, 도움이 필요한 타인을 돕기와 같은 **사회적 책임의 규준**, 혹은 타인들이 도움 행동을 인정한다는 지식과 같은 것들이다. 이런 숙고의 결과로서, 아동은 고통받는 피해자를 돕는 것을 개인적 **책임**으로 가정하고 냉정하게 그런 의무를 무시한 것에 대해 죄책감을 느끼게 될 것이다(Chapman et al., 1987; Williams & Bybee, 1994). 이런 **"책임감 느끼기" 가설**(felt responsibility hypothesis)은 Eisenberg의 높은 친사회적 도덕 추론 수준에 반영되어 있으며, 나이가 들면서 공감과 이타성 간 관련성이 더 강해지는 이유를 설명하는데 도움이 될 수 있음에 주목하라. 나이든 아동들은 어린 아동에 비해 더 많은 이타적인 원리를 학습(내면화)하기 때문에, 그들은 공감적 각성을 경험하면서 훨씬 더 숙고할 것이다. 그 결과 고통받는 사람을 도와야한다는 책임감을 느끼고 필요한 지원을 제공하려고 노력할 가능성이 어린 아동보다 더 높다.

> **"책임감 느끼기" 가설**
> (felt-responsibility hypothesis)
> 이타적 규준에 대해 숙고하고 이에 따라 고통받는 타인을 도와야 하는 의무를 느낌으로써 공감이 이타성을 증진할 수 있다는 이론.

이타성에 대한 문화적, 사회적 영향

점점 나이가 들고 인지적으로 더 성숙하는 것 외에, 아동들이 하는 경험들은 보다 더 이타적이 되는데 도움이 되는가? 실제로 그렇다! 연구들에 따르면, 어떤 문화적, 사회적 경험들은 아동의 발달하는 이타성과 관련이 있다. 다음에서 이것을 살펴볼 것이다.

문화적 영향

분명히 문화에 따라 이타성을 인정하고 격려하는 것에 차이가 있다. 한 흥미로운 비교 문화 연구에서 Whiting과 John Whiting(1975)은 케냐, 멕시코, 필리핀, 오키나와, 인도, 미국 등 6개국에서 3~10세 아동들의 행동을 관찰했다. 표 13.1에서 보듯이, 아동이 가장 이타적인 문화는 덜 산업화된 사회들이었다. 즉, 사람들이 대가족 속에서 살고 아동들은 일과로서 음식을 만들고 식사를 준비하고 나무와 물을 구해오고 어린 동생들을 돌봄으로써 가족의 복지에 기여하는 문화이다. 비록 산업화된 서양사회의 아동들은 가족 유지활동에 상대적으로 적게 참여하고 있음에도 불구하고, 가족구성원에게 이익이 되는 가사일이나 다른 과제들을 해야 하는 아동들은 자신의 방을 치우는 것처럼 주로 자신을 돌보는 일과들에만 책임이 있는 동년배들보다 친사회적인 경향이 더 높다(Grusec,

표 13.1 6개 문화에서 친사회적 행동: 비교문화 표집을 전체로 계산했을 때, 이타성의 점수가 중앙치(median) 이상인 아동의 비율

사회 유형	이타성에서 높은 점수를 받은 아동의 비율	사회 유형	이타성에서 높은 점수를 받은 아동의 비율
비산업화된 사회		산업화된 사회	
케냐	100	오키나와	29
멕시코	73	인도	25
필리핀	63	미국	8

출처: Whiting & Whiting, 1975에 기초.

Goodnow, & Cohen, 1996).

서양의 개인주의적 국가들에서 아동들의 낮은 이타성 점수에 기여하는 또 다른 요인은 이런 사회들이 집단의 목표보다 경쟁과 개인적 목표를 훨씬 더 강조한다는 것이다. 자기희생적이고 타인지향적인 행동들은 분명히 인정을 받지만 의무는 아니다. 반대로 집합주의 사회나 문화의 아동들은 집단의 더 큰 선(good)을 위해 개인주의를 억제하고 타인들과 협동하는 것을 배우게 된다(Triandis, 1995). 따라서 세상의 많은 집합주의 사회의 아동들에게 있어서, 친사회적 행동은 개인주의 사회에서처럼 "자유재량"이 아니다. 대신에 집단의 더 큰 선을 위해 자신을 희생하는 것은 도덕규칙을 위반하지 않겠다는 결심과 같은 의무이다(Chen, 2000; Triandis, 1995).

사회적 영향

비록 문화에 따라 이타성에 대한 강조에서 차이가 있다고 할지라도, 대부분의 사회에서 대부분의 사람들은 도움이 필요한 타인을 도와야 한다는 규칙인 **사회적 책임 규준**을 갖고 있다. 이제 성인들이 어린 아동들에게 이 중요한 가치를 받아들이고 타인의 복지에 더 많은 관심을 갖도록 설득하는 방식들에 대해 살펴보자.

이타성 강화하기   (Shaffer, 2005에서 개관했던)많은 실험들은 좋아하고 존경받는 성인들이 아동의 친절한 행동을 언어적으로 강화하는 것으로 친사회적 행동을 증진시킬 수 있음을 밝혔다. 아동들은 일반적으로 그들이 존경하는 사람들의 기준에 따라 살려는 동기가 있다(Kochanska, Coy, & Murray, 2001). 그러나 자신의 친사회적 행동에 대해 물질적인 보상으로 "뇌물을 받은" 어린 아동들이 특별히 이타적인 것은 아니다. 왜 그럴까? 그들은 자신의 친절한 행동을 타인의 복지에 대한 관심보다 유인물(incentives)을 얻으려는 소망으로 귀인하기 때문에, 일단 보상이 중단되면 타인을 위해 희생할 가능성은 보상받지 못한 또래들보다 더 적다(Fabes et al., 1989; Grusec, 1991).

아동들은 친사회적인 모델들의 행동을 관찰함으로써 많은 친사회적인 내용을 배우게 된다.

이타성을 연습하기와 설교하기   실험실 연구들은 만일 모델이 아동과 따뜻한 관계를 형성하고 친절한 행동을 하는 것에 대한 합리적 이유를 말하고, 자신이 설교한 것을 어김없이 실행한다면, 자비롭고 도움을 주는 모델을 관찰한 어린 아동은 스스로 더 자비롭고 도움을 준다는 것을 일관적으로 보여준다(Rushton, 1980). 그리고 이런 이타적 모델에 대한 노출은 아동의 행동에 장기적 효과가 있다. 예를 들면, 2~4개월 후에 검사했을 때도 자비로운 모델을 관찰한 아동들은 그런 모델을 관찰하지 못했거나 이기적인 모델을 관찰한 아동보다 더욱 관대했다(Rice & Grusec, 1975; Rushton, 1980). 따라서 이타적 모델과의 만남은 친사회적 관심의 발달을 증진하는데 도움을 주는 듯하다. 이것이 아동양육 문헌들에서 강화된 결론이다.

이타적 아동을 키우는 사람은 누구인가?

특별하게 자비로운 성인에 대한 연구는 이런 "이타주의자들"은 매우 이타적인 부모에 의해 양육되었다는 것을 보여준다. 예를 들면, 제 2차 세계 대전 중 나치로부터 유태인들을 구하기 위해 자신의 목숨을 위태롭게 한 기독교인들은 항상 윤리적 원칙에 따라 행동했던 도덕적인 부모들과 긴밀한 결속을 맺고 있다고 보고했다

(London, 1970). 1960년대 미국 시민권리운동에 참가한 백인 "freedom riders(탈 것에 대한 인종차별 철폐운동가-옮긴이)"와의 인터뷰에서 전업으로 일하기 위해 자신의 가정과 경력을 포기한 자원자인 "완전 가담" 활동가는 두 가지 면에서 "부분 가담"(시간제) 활동가와 달랐다. 완전 가담 활동가들은 부모들과 따뜻한 관계를 즐겼고, 그들의 부모는 이타성을 옹호하고 많은 친절하고 인정 많은 행동을 실행함으로써 이런 권고를 지지하였다. 부분 가담 활동가들의 부모는 이타성에 대해 자주 설교를 했지만 거의 실천하지 않았다(Rosenhan, 1970; Clary & Snyder, 1991 참조). 분명히 이런 발견들은 우리가 개관했던 실험실 증거들과 일치한다. 이것은 설교한 것을 실천하는 인정 많은 모델은 어린 아동으로부터 친사회적 반응을 유발하는데 특히 효과적임을 보여준다.

아동의 해로운 행동에 대한 부모의 반응은 이타성 발달에서 중요한 역할을 한다. 인정이 적은 영아와 걸음마기 유아의 어머니들은 해로운 행동에 대해 처벌적이거나 강제적인 방식으로 반응한다. 반면에, 인정 많은 걸음마기 유아의 어머니들은 처벌적이지 않고 정서적 설명에 주로 의존하는데, 어머니들이 해로운 행동의 개인적 책임을 받아들이고 피해자에게 위안과 도움을 주도록 아동을 자극할 때, 아동은 동정심을 보인다는 것을 상기하라(Zahn-Waxler, Radke-Yarrow, & King, 1979; Zahn-Waxler et al., 1992). 나이든 아동의 연구도 비슷한 그림을 그린다. 평소에 타인에 대한 동정심과 관심을 보이는 합리적이고 비처벌적인 훈육법에 의존하는 부모들은 동정적이고 자기희생적인 아동을 양육하는 경향이 있는 반면, 강제적이고 처벌적인 훈육법을 빈번하게 사용하는 것은 이타성을 억제하고 자기중심적 가치가 발달되도록 이끄는 듯하다(Brody & Shaffer, 1982; Davidov & Grusec, 2006; Eisenberg et al., 2006; Hastings et al., 2000).

이제 친사회적 관심의 성장과 적대적이고 반사회적인 충동의 억제 모두를 포함하는 더 광범위한 도덕발달 주제로 돌아가자.

개념체크 13.2 이타성 발달을 이해하기

다음 질문들에 답함으로써 이타성 발달에 대한 당신의 이해를 체크하라. 정답은 부록에 있다.

짝짓기: 다음의 각성 유형을 올바른 정의와 연결하라.
 a. 동정적인 공감 각성
 b. 자기 지향적 고통
 1. _____ 이 유형의 각성은 이타성을 억제하는 것으로 여겨진다.
 2. _____ 이 유형의 각성은 이타성을 증진하는 것으로 여겨진다.

OX문제: 다음에 있는 각 문장이 맞는지 틀리는지 표시하라.
 3. (   ) 존경하거나 동경하는 성인이 하는 언어적 강화는 아동의 친사회적 행동을 증진한다.
 4. (   ) 존경하거나 동경하는 성인이 주는 사탕이나 새로운 장난감 같은 물질적인 유인물들은 아동의 친사회적 행동을 증진한다.
 5. (   ) Brian은 자녀들에서 이타적 행동을 증진하기를 원한다. 그는 자신이 관찰한 이타적 행동들을 주의 깊게 보상하고 타인에게 친절하게 하는 것의 중요성을 아이들에게 자주 말해 준다. 그러나 그 자신은 특별하게 이타적이지는 않다. 따라서 그는 이타적 행동의 모델이 아니다. 그의 양육 유형은 다소 냉정하고 거리감이 있다. 이런 특성들에 기초하여, 우리는 Brian의 아이들이 성인 관찰자가 없을 때에도 이타적으로 행동할 것이라고 가정한다.

빈칸 채우기: 빈칸에 적절한 단어나 구를 써넣어라.
 6. Eisenberg의 친사회적 도덕 추론의 첫 수준, 즉 _____ 수준은 학령전기 아동이나 초등학교 저학년들에 의해 사용된다.
 7. 아동이 자신이 타인에게 유발한 해로움이나 고통에 주목하게 하는 훈육의 유형을 _____ 이라고 부른다.

서술형: 다음 질문에 상세히 답하라.
 8. 공감의 발달이 어떻게 아동의 이타성 발달에 기여하는지 서술하라.

표 13.2 캐나다 성인의 도덕적 성숙을 정의하는 6가지 특성 차원

특성 차원	특질의 예
1. 원칙적-이상적	분명한 가치를 갖는, 옳은 일을 하는 것에 관심이 있는, 윤리적인, 매우 발달된 양심이 있는, 법을 지키는
2. 신뢰할 수 있는-충실한	책임감 있는, 충실한, 의지할 만한, 배우자에 대해 충실한, 존경할 만한
3. 성실한	일관된, 양심적인, 합리적인, 열심히 일하는
4. 배려하는-믿을만한	정직한, 믿을만한, 솔직한, 친절한, 사려 깊은
5. 공정한	덕이 있는, 공정한, 올바른
6. 자신감 있는	강한, 자기 확신에 찬, 자신감 있는

출처: L.J.Walker & R.C. Pitts, 1998, "Naturalistic Conceptions of Moral Maturity." Developmental Psychology, 34(1998), p. 403–419.

도덕 발달: 정서적, 인지적, 행동적 요소들

발달하면서, 우리 대부분은 책임감 있게 행동하고 스스로(혹은 타인들에 의해서) 도덕적인 사람으로 생각하기를 원하는 시점에 도달한다(Damon & Hart, 1992). **도덕성(morality)**이란 무엇인가? 일반적으로 대학생들은 도덕성이란 (1) 옳고 그름을 구분하고 (2) 이런 구분에 따라 행동하고 (3) 공정하게 행동하는 것에 대해 자부심을 느끼고 자신의 기준을 위반하는 행동에 대해 죄책감과 수치심을 느끼는 능력이라는 것에 동의한다(Quinn, Houts, & Graesser, 1994; Shaffer, 1994). 도덕적으로 성숙한 개인들이 보이는 특별한 속성들에 대해 말해보라고 했을 때, 서양사회(캐나다)의 성인들은 일반적으로 도덕적 성숙의 6가지 측면에 동의했다(표 13.2 참조).

이런 합의된 정의 속에는 도덕적으로 성숙한 개인들은 사회의 명령을 준수하는 것에 대한 실제적인 보상을 기대하거나 혹은 위반하는 것에 대한 처벌이 두렵기 때문에 사회의 명령을 따르는 것은 아니라는 생각이 내포되어 있다. 오히려 그들은 권위적 인물이 힘을 행사하지 않을 때도 학습한 도덕적 원칙들을 내면화하고 이런 이상들을 따른다. 앞으로 보게 되듯이, 실질적으로 현대의 모든 이론가들은 **내면화**(internalization)를 도덕적 성숙으로 가는 길에서 결정적인 이정표로 보았다. 내면화는 외적으로 통제되는 행동으로부터 내적 기준과 원칙에 의해 지배되는 행동으로 바뀌게 되는 것이다.

발달학자들은 도덕성을 어떻게 보는가?

발달 이론과 연구들은 도덕성에 대한 합의된 정의에서 대학생들이 언급했던 것과 동일한 세 가지 도덕 요소에 집중했다.

1. 옳고 그른 행동을 둘러싸고 있으며 도덕적 사고와 행동을 동기화하는 죄책감, 타인의 감정에 대한 관심과 같은 감정들로 이루어진 **감정적, 혹은 정서적 요인**
2. 옳고 그름을 개념화하고 어떻게 행동할 것인지를 결정하는 방식에 초점을 둔 **인지적 요인**
3. 거짓말하고 속이고 다른 도덕적 규칙들을 위반하려는 유혹을 경험할 때 실제로 어떻게 행동할지를 반영하는 **행동적 요인**

도덕성
(morality)

개인이 옳고 그름을 구별하고, 이런 구분에 따라 행동하고, 공정한 행동을 한 것에 대해 자부심을 느끼고 자신의 기준을 위반하는 행동에 대해 죄책감 혹은 불쾌한 감정을 느끼는 원칙 혹은 이상들.

내면화
(internalization)

타인의 속성이나 기준을 적용하는 과정. 즉, 이런 기준들을 자신의 것으로 하는 과정.

이런 도덕성에 대한 정의와 일관되게, 우리는 **도덕적 정서**(moral affect), **도덕적 추론**(moral reasoning) 및 **도덕적 행동**(moral behavior)에 관한 발달 연구들을 살펴볼 것이다. 이런 정보는 어떤 사람이 실제로 시간적으로, 상황적으로 안정적인 통합된 도덕적 인성을 갖고 있는지를 결정하는데 도움이 될 것이다. 그런 다음, 다양한 아동양육 방식이 아동의 도덕 발달에 어떤 영향을 미치는가를 살펴보고, 우리가 개관했던 많은 정보를 통합하려는 시도를 할 것이다.

도덕 발달의 정서적 요소

사회학습적 혹은 사회화 조망에서 "양심"의 초기 발달이 조사되었다(예: Aksan, Kochanska, & Ortman, 2006; Kochanska, Coy, & Murray, 2001; Kochanska & Murray, 2000; Labile & Thompson, 2000, 2002). 만일 공동놀이 동안 아동들의 소망들에 대해 협력하고 그들과 많은 긍정적인 정서 경험을 공유하는 따뜻하고 반응적인 부모들과 안전 애착된다면, 아동들은 걸음마기 때 양심을 형성하기 시작하는 듯하다. 공포를 유발하는 관계보다는 따뜻하고 **상호반응적 관계**(mutually responsive relationship) 맥락 내에서, 걸음마기 유아들은 **헌신적 순종**(committed compliance)을 보일 것이다. 헌신적 순종이란 (1) 부모의 제안(agenda)을 받아들이고 규칙과 요구에 순응하려는 동기가 높고 (2) 자신들이 옳은 일을 했는지 그른 일을 했는지를 나타내는 부모의 정서적 신호에 민감하고 (3) 자신들의 승리와 위반에 대한 부모의 반응을 내면화하기 시작하고, 그에 따라 자신의 행동을 평가하고 조절하는데 도움이 되는 자부심, 수치심, (후에는) 죄책감을 경험하게 되는 지향성을 말한다(Emde et al., 1991; Kochanska, 1997b; Labile & Thompson, 2000). 걸음마기 유아들과 함께 즐거운 상호적 활동을 거의 하지 않는 냉담하고 무감각한 부모들은 **상황적 순종**(situational compliance)을 증진할 것이다. 상황적 순종이란 협동하고 순응하려는 아동의 열성에서 나온 것이 아닌 아동의 행동을 통제하려는 부모의 힘으로부터 나온 반항적이지 않은 행동이다.

초기 양심 발달에 대해 새로운 생각을 지지하는 증거들이 급속하게 등장하고 있다. 예를 들면, 아동과의 갈등을 차분하고 합리적으로 해결하는 어머니와 상호반응적인 관계를 맺고 있는 2~2.5세 걸음마기 유아들은 초기 어머니-걸음마기 유아 간 관계가 덜 따뜻하고 상호 반응적이지 않은 동년배에 비해 3세에는 금지된 장난감을 만지려는 유혹에 더 잘 저항하고(Labile & Thompson, 2002), 계속해서 4.5~6세에는 강한 내면화된 양심을 갖고 있다는 징후들을 더 많이 보인다(예: 성인이 없을 때 규칙을 지키려는 의지, 자신이 위반했다고 생각할 때 분명한 죄책감의 징후들)(Kochanska & Murray, 2000). 게다가, 33개월에 어머니에게 헌신적 순종을 보인 남아들은 스스로를 "착한" 혹은 "도덕적인" 사람으로 보게 된다(Kochanska, 2002). 이런 발견은 이 아동들이 사실상 덜 일관적이고 더 상황적으로 어머니에게 순종하는 아동들에 비해 다른 권위적인 성인들(예, 아버지, 보육사, 실험자)과 더 잘 협력하는 이유를 설명하는데 도움이 된다(Feldman & Klein, 2003; Kochanska, Coy, & Murray, 2001).

도덕발달의 인지적 요소

인지발달학자들은 행동이 옳은지 그른지를 결정할 때 아동들이 보이는 도덕 추론 발달을 조사함으로써 도덕성을 연구한다. 인지 이론가들에 따르면, 인지적 성장과 사회적 경

도덕적 정서
(moral affect)

도덕성의 정서적 요소로서 윤리적 행동에서 느끼는 죄책감, 수치심 및 자부심과 같은 감정.

도덕적 추론
(moral reasoning)

도덕성의 인지적 요소로서 다양한 행동들이 옳은지 그른지를 결정할 때 사람들이 보이는 생각.

도덕적 행동
(moral behavior)

도덕성의 행동적 요소로서 자신의 도덕적 기준을 위반하라는 유혹이 있는 상황에서 자신의 도덕 기준과 일치하는 행동.

상호반응적 관계
(mutually responsive relationship)

서로의 요구와 목표에 대한 상호적 반응성과 공유된 긍정적 정서가 특징인 부모-자녀 간의 관계.

헌신적 순종
(committed compliance)

아동들과 협동하려는 의지가 있는 반응적 부모와 협동하려는 아동의 열망에 기초한 순종.

상황적 순종
(situational compliance)

아동의 행동을 통제하려는 부모의 힘에 주로 기초한 순종.

험 모두 아동들이 규칙, 법 및 대인 간 의무의 의미에 대한 이해가 점진적으로 풍부해지는데 도움이 된다. 아동들이 이런 새로운 이해를 하게 되면서, 그들은 도덕단계들의 불변적 순서를 따라 발달한다. 각 단계들은 앞 단계로부터 발전되어 이전 단계를 대체하고, 도덕적 이슈들에 대한 보다 진보되거나 "성숙한" 조망을 나타낸다. 이제부터 우리는 우선 Jean Piaget의 초기 도덕발달이론들을 살펴보고, 다음으로 Piaget의 접근을 개정하고 확대한 Lowrence Kohlberg의 이론으로 옮겨갈 것이다.

Piaget의 도덕발달이론

아동의 도덕 판단에 대한 Piaget(1932/1965)의 초기 작업들은 도덕적 추론의 두 가지 측면에 초점이 맞추어져 있다. 즉, 규칙에 대한 존중과 공정성의 개념이다. 그는 5~13세 스위스 아동들과 구슬놀이를 하면서 규칙에 대한 존중이 어떻게 발달하는지를 연구하였다. 놀이를 하면서, Piaget는 "이 규칙들은 어디에서 온 것이지? 모든 사람이 규칙을 지켜야만 하니? 이 규칙들은 바뀔 수 있을까?"라는 질문들을 하였다. 공정성에 대한 아동의 개념들을 연구하기 위해, Piaget는 도덕적 결정이 필요한 이야기를 들려주었다. 여기한 예가 있다.

> 이야기 A: John이란 어린 남자 아이가 자신의 방에 있다. 그는 저녁 먹으라고 부르는 소리를 들었고, 거실로 갔다. 그런데 문 뒤에 탁자가 놓여 있었고, 그 위에는 15개 컵이 놓여 있는 쟁반이 있었다. John은 문 뒤에 있는 이 모든 것에 대해 알수 없었다. 그가 들어서면서 문으로 쟁반을 건드렸고, 컵들이 부딪치면서 모두 깨졌다.
>
> 이야기 B: Henry라는 어린 남자 아이가 있었다. 어느 날 어머니가 외출했을 때 그는 찬장에서 쨈을 꺼내려고 했다. 그는 탁자 위로 올라가서 팔을 뻗었다. 그러나 쨈이 너무 높이 있어서 손이 닿지 않았다. . . 쨈을 꺼내려다가 컵 1개를 넘어뜨렸다. 컵은 떨어져서 깨졌다.(Piaget, 1932/1965, p.122)

이 이야기들을 들려준 다음, 참가 아동들에게 "어떤 아이가 더 나쁘지? 왜 그렇지?", "나쁜 아이에게 어떤 벌을 주어야할까?"라는 질문을 했다. 이런 연구 기법을 사용해서, Piaget는 전도덕기와 두 가지 도덕단계로 된 도덕발달이론을 공식화하였다.

전도덕기 Piaget에 따르면, 학령전기 아동들은 규칙에 관심이 없거나 인식하지 못한다. 구슬게임에서 **전도덕적**(premoral) 아동들은 이기려는 의도를 갖고 체계적으로 놀이하지 않는다. 대신에, 그들은 자신들의 규칙을 만드는 듯하고, 게임의 핵심은 차례를 지키고 즐기는 것이라고 생각한다.

타율적 도덕성 5~10세 사이에 아동들은 Piaget의 **타율적 도덕성**(heteronomous morality) 단계로 들어서면서 규칙에 대한 강한 존중이 발달한다(타율적이란 "다른 사람의 통제아래"에 있다는 의미이다). 아동들은 이제 규칙은 경찰, 교사, 부모처럼 강력한 권위적인 인물들에 의해 정해진 것이고, 이 규칙들은 신성하고 수정할 수 없다고 생각한다. 당신 옆에 6세 아동이 함께 있을 때 속도위반하려고 시도해 보라. 그러면 Piaget가 말한 것을 볼 수 있을 것이다. 비록 당신이 응급 상황에서 병원으로 달려가고 있을지라도, 어린 아동은 당신이 규칙을 위반했다는 것에 주목하고, 당신의 행동은 받아들일 수 없으며 벌을 받아 마땅한 행동이라고 여길 것이다. 타율적 아동들은 규칙을 **절대적 도덕**으로 생각한다. 그들은 도덕적 이슈에는 "옳은" 편과 "그른" 편이 있다고 믿는다. 옳은 것은 항상 규칙을 따른다는 의미이다.

또한 타율적 아동들은 행위자의 의도보다 객관적인 결과에 근거해 행동이 나쁜지를 판단한다. 예를 들면, 많은 5~9세 아동은 좋은 의도로 행동을 하다가 15개의 컵을 깬 John이 쨈을 훔치려다가 1개의 컵을 깬 Henry보다 나쁘다고 판단했다.

또한 타율적 아동들은 **속죄적 처벌**(expiatory punishment)을 선호하는데, 이것은 금지된 행동의 본질과는 관련 없는 처벌이다. 따라서 6세 아동은 창문을 깬 남아는 자신의 용돈으로 창문 값을 변상하는 것보다 손바닥으로 궁둥이를 맞아야 한다고 여긴다. 게다가 타율적 아동은 **내재적 정의**(immanent justice)를 믿는데, 이것은 사회적 규칙의 위반은 필연적으로 어떤 방식으로든 처벌을 받는다는 생각이다. 타율적 아동의 삶은 공정하고 정의롭다.

자율적 도덕성 10~11세에 이르면, 대부분의 아동들은 Piaget의 두 번째 도덕 단계인 **자율적 도덕성**(autonomous morality)에 도달한다. 나이든 자율적인 아동들은 이제 사회적 규칙들은 사람들의 합의에 따라 도전을 받거나 바꿀 수 있는 임의적인 동의라는 것을 깨닫게 된다. 또한 그들은 규칙이란 사람들의 필요에 따라 위반할 수도 있다고 생각한다. 따라서 의료적 응급 상황에서 속도를 낸 운전자는 규칙을 깼을지라도 더 이상 비도덕적이 아니다. 이제 옳고 그름의 판단은 행위 자체의 객관적인 결과보다 속이거나 사회적 규칙을 위반하려는 행위자의 의도에 더 의존한다. 따라서 10세 아동은 쨈을 훔치려다(나쁜 의도) 1개의 컵을 깬 Henry가 저녁을 먹으러 오다가(좋은 의도이거나 중립적인 의도) 15개의 컵을 깬 John보다 더 나쁘다고 말한다.

위반을 처벌하는 방법을 결정할 때, 도덕적으로 자율적인 아동은 대개 **상호적 처벌**(reciprocal punishment)을 선호한다. 규칙 위반자가 위반의 의미를 이해하고 다시 그것을 반복할 가능성을 줄이기 위해, 처벌 결과가 "범죄"에 맞춰진 처치를 말한다. 따라서 자율적 아동은 창문을 깬 남아가 단순히 궁둥이를 맞기보다 자신의 용돈으로 그것을 변상해야하고 창문은 돈이 든다는 것을 배울 수 있는 결정을 한다. 마지막으로, 자율적 아동은 사회적 규칙의 위반은 발견되지 않거나 처벌받지 않을 수 있다는 것을 경험으로부터 배우기 때문에 더 이상 내재적 정의를 믿지 않는다.

발달학자들은 아동의 도덕적 추론은 인지적 성장과 밀접하게 관련된 단계들로 발달한다는 Piaget의 제안에 빚을 지고 있다. 오늘날에도 그의 이론은 계속해서 연구와 새로운 통찰을 자극하고 있다. 여기에는 10세 이하 아동들의 도덕적 추론이 Piaget가 제안했던 것보다 더 세련되었다는 발견들도 포함된다. 그렇다면 Piaget가 가정했던 것처럼, 10, 11세에 도덕적 추론이 충분히 발달되는가? Kohlberg는 그렇다고 생각하지 않는다.

Kohlberg의 도덕발달이론

Kohlberg(1963, 1984; Colby & Kohlberg, 1987)는 10, 13, 16세 남아들에게 일련의 도덕 딜레마를 해결하도록 함으로써 도덕발달이론을 발전시켰다. 각 딜레마는 아동에게 (1) 규칙, 법, 권위적 인물에게 복종하는 것과 (2) 인간적 욕구를 따르는 동안 이런 규칙이나 명령을 어기게 되는 행동을 하는 것 중에서 선택하도록 요구한다. 다음 이야기는 가장 잘 알려진 Kohlberg의 도덕 딜레마이다.

자율적 도덕성
(autonomous morality)

Piaget의 두 번째 도덕발달 단계로서, 아동들은 규칙은 사람들 간의 합의에 따라 도전을 받거나 변할 수 있는 임의적인 동의임을 깨닫는다.

유럽에서 한 여인이 특이한 암 때문에 거의 죽음에 이르렀다. 의사들이 그녀를 살릴 수 있다고 생각하는 약이 하나 있다. 일종의 라디움으로 같은 마을에 사는 약제사가 최근에 발견한 것이다. 그 약을 만드는데 많은 비용이 들었고, 약제사는 (생명을 구할 수 있는) 소량에 대해 2000달러, 즉 제조비용의 10배를 매겼다. 아픈 여인의 남편인 Heinz가 빌릴 수 있는 돈은 필요한 것의 절반인 1000달러가 전부였다. 그는 약제사에게 자신의 부인이 죽어가고 있으니 그 약을 싸게 팔던지 나중에 갚도록 해달라고 부탁했다. 그러나 약제사는 "안돼요. 내가 약을 발견했고, 그것으로 돈을 벌겁니다." 라고 말했다. 그러자 Heinz는 절망을 했고 아내를 위해 가게를 부수고 약을 훔쳤다. Heinz는 그래야만 했을까?

Kohlberg는 실제로 어떻게 해야 한다는 참가자들의 결정(즉, Heinz가 해야 했던 일)보다 그들이 자신의 결정을 정당화하기 위해 사용하는 이유(rationale), 혹은 "사고 구조"에 관심이 있었다. 그래서 만일 참가자들이 "Heinz는 아내의 생명을 구하기 위해 약을 훔쳐야 해요"라고 답한다면, 아내의 생명이 중요한 이유를 결정해야 한다. 그녀가 Heinz를 위해 요리하고 빨래하기 때문인가? 아내를 살리는 것이 남편의 의무이기 때문인가? 혹은 생명을 보존하는 것이 인간의 가장 높은 가치이기 때문인가? 개인의 도덕추론 "구조"를 알아내기 위해, Kohlberg는 심층확인(probing) 질문을 하였다. Heinz는 약을 훔칠 의무가 있는가? 만일 Heinz가 아내를 사랑하지 않더라도, 그녀를 위해 약을 훔쳐야하는가? Heinz는 낯선 사람을 위해서도 약을 훔쳐야 하는가? 사람들이 타인들의 생명을 살리기 위해 가능한 모든 일을 하는 것은 중요한가? 훔치는 것은 법에 반대되는 것인가? 그것은 도덕적으로 잘못된 것인가? 이런 심층 질문들의 목적은 개별 참가자들이 한편으로 복종이나 권위에 대해 어떻게 추론을 하고, 다른 한편으로 인간의 요구, 권리, 인권에 대해 어떻게 추론하는지를 명료하게 하기 위한 것이다.

이런 정교한 임상면접을 통해, Kohlberg가 처음에 발견한 것은 도덕발달은 청소년기를 거쳐 성인초기로 가면서 점차 복잡해진다는 것이다. 몇 가지 딜레마들에 대한 참가자들의 반응을 주의 깊게 분석한 결과, Kohlberg는 도덕성장은 세 가지 도덕 수준의 불변적 순서에 따라 발달하며, 각 수준은 두 가지 독특한 도덕단계로 구성된다는 결론에 이르게 되었다. Kohlberg에 따르면, 도덕수준과 단계는 불변적 순서로 발달하는 인지 능력의 발달에 의존하기 때문에, 도덕수준과 단계의 순서는 불변적이다. Kohlberg는 각 후속 단계가 이전 단계로부터 발전되고 대체된다고 가정한다. 일단 개인들이 더 높은 도덕추론단계에 도달하면, 그들은 결코 이전 단계들로 후퇴하지 않는다.

Kohlberg의 도덕의 세가지 수준과 여섯 단계의 기본 주제와 특징은 다음과 같다(각 단계에서 딜레마에 대한 응답의 예는 표 13.3을 참조).

수준 1: 전인습적 도덕성(preconventional morality)

전인습적 도덕성
(preconventional morality)
도덕 추론의 처음 두 단계에 대한 Kohlberg의 용어로서, 사회적 규칙이나 관습과의 관계보다 행위자의 행동, 눈에 보이는 처벌적 결과(단계 1), 혹은 보상적 결말(단계 2)에 기초한 도덕 판단.

수준 1: 전인습적 도덕성(preconventional morality) 규칙은 내면화된 것이 아니라 외부에 있는 것이다. 아동은 처벌을 피하거나 보상을 얻기 위해 권위적 인물이 정한 규칙을 따른다. 도덕성은 이기적이다. 잘 해내거나 혹은 개인적으로 만족스런 것이 옳은 것이다.

단계 1: 처벌−복종 지향 행위의 옳고 그름은 그 결과에 달려있다. 아동은 처벌을 피하기 위해 권위를 따르지만, 그것이 들키지 않거나 처벌받지 않으면 나쁜 것으로 생각하지 않는다. 해로움이 크면 클수록 혹은 처벌이 가혹하면 할수록, 그 행위는 더 나쁜 것이다.

표 13.3 Kohlberg의 각 수준과 단계에서 Heinz 딜레마에 대한 반응의 예

수준	단계	절도에 찬성	절도에 반대
1. 전인습적 도덕성	단계 1 처벌–복종 지향	약을 훔치는 것이 정말로 나쁜 것은 아니다. 그는 처음에 돈을 내려고 했다. 그는 어떤 해도 끼치지 않았고 다른 어떤 것도 갖지 않았다. 그가 가져간 약은 2000달러가 아니라 단지 200달러의 가치가 있는 것이다.	Heinz는 약을 가져가는 것에 대해 허락을 구하지 않았다. 그는 창문을 부수면 안 된다. 해로운 일을 하는 것은 나쁜 범죄다. 그리고 그렇게 비싼 것을 훔치는 것은 큰 범죄다.
	단계 2 순진한 쾌락주의	Heinz는 실제로 약제사에게 어떤 해로운 일을 한 것은 아니다. 그리고 그는 언제든지 갚을 수 있다. 그가 아내를 잃고 싶지 않다면, 그 약을 가져와야했다.	약제사는 나쁘지 않다. 그는 단지 다른 모든 사람들처럼 이익을 얻기를 원한 것뿐이다. 돈을 벌기 위해 사업을 한 것이다.
2. 인습적 도덕성	단계 3 "착한 소년" "착한 소녀" 지향	훔치는 것은 나쁘다. 그러나 Heinz는 좋은 남편이 당연히 해야 하는 일을 한 것 뿐이다. 자신의 아내를 사랑해서 한 행동에 대해 그를 비난할 수는 없다. 만일 그가 아내를 구하지 못했다면 그를 비난해야 할 것이다.	만일 Heinz의 아내가 죽더라도, Heinz를 비난할 수 없다. 그가 범죄를 저지르지 않았다고 해서 그가 무정하다고 말할 수는 없다. 약제사는 이기적이고 무정하다. Heinz는 실제로 그가 할 수 있는 모든 일을 하려고 했다.
	단계 4 사회질서유지 도덕성	만일 약제사가 누군가를 죽게 내버려둔다면 잘못된 삶으로 가고 있는 것이다. 그리고 [자신의 아내]를 구하는 것은 Heinz의 의무이다. 그러나 Heinz는 법을 어겨서는 안 된다. 그는 약제사에게 값을 치루고 훔친 것에 대한 벌을 받아야 한다.	Heinz가 아내를 구하려고 하는 것은 당연하다. 그러나 훔치는 것은 여전히 나쁜 것이다. 당신의 감정이나 특별한 상황에 상관없이 규칙을 따라야 한다.
3. 후인습적 도덕성 (혹은 원칙적 도덕성)	단계 5 사회계약 지향	훔치는 것이 도덕적으로 잘못된 것이라고 말하기 전에, 전체 상황을 고려해야 한다. 물론 법은 약국에 침입하는 것에 대해 분명하다. 그리고 Heinz는 자신의 행동에 합법적인 근거가 없다는 것을 알았을 것이다. 그렇지만 그런 상황에서 약을 훔치는 것은 어떤 사람에게나 합리적일 것이다.	불법적으로 약을 가져가는 것의 좋은 면을 볼 수 있다. 그러나 목적이 수단을 정당화하지는 않는다. 법은 사람들이 함께 살기 위해 동의한 방법에 대한 합의이다. 그리고 Heinz는 이런 동의를 존중할 의무가 있다. 당신은 Heinz가 약을 훔친 것에 대해 완전히 나쁘다고 말할 수는 없다. 그러나 이런 상황도 훔치는 것을 옳은 것으로 만들 수는 없다.
	단계 6 개인적인 양심원칙의 도덕성	법을 어기는 것과 인간의 생명을 구하는 것 중에서 선택해야 할 때, 생명을 지켜야 하는 더 높은 원칙은 약을 훔치는 것을 도덕적으로 옳은 것으로 만든다.	많은 암과 약의 희소성으로 인해, 그것이 필요한 모든 사람에게 돌아갈 만큼 충분하지 않을 수 있다. 올바른 행동과정은 관련된 모든 사람들에게 "옳은" 것이어야 한다. Heinz는 감정이나 법이 아니라 그가 이 경우에 이상적으로 정의로운 사람이 할 일이라고 생각한 것에 따라 행동해야 한다.

단계 2: 순진한 쾌락주의   이 두 번째 단계에 있는 사람은 보상을 얻거나 개인적 목적을 만족시키기 위해 규칙을 따른다. 타인의 조망에 대해 어느 정도의 관심이 있지만, 타인 지향 행동의 동기는 궁극적으로 자신에게 이익이 되돌아올 것이라는 희망이다. "네가 내 등을 긁어주면 나도 네 등을 긁어 줄께"의 철학이다.

수준 2: 인습적 도덕성(conventional morality)   이제 사람들은 타인의 인정을 얻기 위해 혹은 사회 질서를 유지하기 위해 규칙이나 사회적 규준을 따르려고 한다. 윤리적 행동의 동기로서 사회적 칭찬이나 비난의 회피가 가시적인 보상이나 처벌을 대체한다. 타인의 조망이 분명하게 인식되고 주의 깊게 고려된다.

단계 3: "착한 소년" 혹은 "착한 소녀" 지향   도덕적 행동이란 타인을 기쁘게 하고 타인을 돕고 타인의 인정을 받는 것이다. 이제 의도에 근거해 사람들을 판단한다. "좋은 의도(meaning well)"는 가치 있는 것이고 "좋은(nice)" 것이 중요하다.

인습적 도덕성
(conventional morality)
도덕 추론의 세 번째와 네 번째 단계에 대한 용어로서, 인정을 받으려는 소망(단계 3)이나 사회적 질서를 유지하는 법을 지지하려는 소망(단계 4)에 기초한 도덕판단.

단계 4: 사회질서유지 도덕성 이 단계에서 사람들은 일반화된 타인의 조망을 고려한다. 즉 법으로 반영된 사회의 의지이다. 이제 옳은 것은 합법적 권위의 규칙을 따르는 것이다. 순종의 이유는 처벌에 대한 공포가 아니라, 규칙과 법이 보존할 가치가 있는 사회질서를 유지한다는 믿음이다. 법은 항상 특정 이해관계를 초월한다.

수준 3: 후인습적(혹은 원칙적) 도덕성(postconventional or principled morality)

도덕추론의 가장 높은 수준에 있는 사람은 성문법이나 권위적 인물의 명령과 대립할 수 있는 광범위한 정의(justice)의 원칙에 근거해서 옳고 그름을 정의한다. 도덕적으로 옳은 것과 법적으로 적당한 것이 항상 한 가지도 아니고 똑같은 것도 아니다.

단계 5: 사회계약 지향 5단계에 있는 사람들은 대다수의 의지를 표현하고 인간 복지를 촉진하는 도구로서 법을 본다. 이런 목표를 달성하고 공정하게 적용되는 법들은 개인이 지켜야할 의무가 있는 사회적 계약이다. 그러나 인간의 권리나 존엄을 위협하는 강요된 법은 부당하고 도전할 가치가 있는 것으로 생각된다. 법적인 것과 도덕적인 것 간의 구분이 5단계 반응들에서 나타나기 시작한다.

단계 6: 개인적인 양심 원칙의 도덕성 가장 높은 도덕단계에 있는 사람들은 자신이 선택한 윤리적인 양심의 원칙에 기초하여 옳고 그름을 정의한다. 이런 원칙들은 정부의 법처럼 구체적인 규칙이 아니다. 그것들은 서로 대립할 수 있는 법이나 사회적 계약을 초월하는 추상적인 도덕적 지침이거나 보편적 정의의 원칙, 그리고 모든 인간의 권리에 대한 존중이다.

6단계는 이상적인 도덕추론에 대한 Kohlberg의 비전이다. 그러나 이것은 매우 드물고 실제로 이 수준에서 일관되게 행동하는 사람이 거의 없기 때문에, Kohlberg는 이것을 가설적 구성개념으로 보았다. 즉, 사람들이 5단계를 넘어서 발달한다면 도달하게 될 단계이다(Colby & Kohlberg, 1987).

Kohlberg 이론에 대한 지지

비록 Kohlberg가 단계들이 인지발달과 밀접하게 결합된 도덕 성장의 불변적이고 보편적인 순서라고 믿을지라도, 그는 인지적 성장 그 자체가 도덕발달을 보장하기에 충분하지 않다고 주장했다. 도덕 추론의 전인습적 도덕추론 단계를 넘어서 발전하기 위해, 아동들은 인지적 불평형을 도입하는 사람이나 상황에 노출되어야 한다. 즉 그들의 관점을 재평가하도록 요구하는 기존의 도덕개념과 새로운 생각들 간의 갈등이 있어야 한다. 그래서 Kohlberg는 인지적 발달과 사회적 경험 모두 도덕추론 성장의 기초가 된다고 믿었다.

이런 생각은 얼마나 많은 지지를 받고 있는가? Kohlberg의 불변순서 가설과 관련 있는 자료들에서부터 증거들을 살펴보자.

Kohlberg의 단계는 불변적 순서인가? 만일 Kohlberg 단계가 진정한 발달순서라면, 우리는 연령과 도덕추론의 성숙 간에 강력한 정적 상관을 발견해야 한다. 미국, 멕시코, 바하마, 대만, 터키, 온두라스, 인도, 나이지리아, 케냐에서 수행된 연구들에서 연구자들이 발견한 것이 바로 이것이다(Colby & Kohlberg, 1987). Ann Colby와 동료들(1983)은 Kohlberg의 원 연구 참가자들을 대상으로 20년간 종단 연구를 수행하였다. 그들은 3~4년 간격으로 5회 재면담했다. 참가자들은 정확하게 Kohlberg가 예측했던 순서로 단

후인습적 도덕성
(postconventional morality)
Kohlberg의 다섯 번째와 여섯 번째 도덕 추론의 단계 용어로서, 사회적 계약과 민주적 법(단계 5)이나 윤리와 정의의 보편적 원칙(단계 6)에 기초한 도덕 판단.

계를 따라 발달했고, 어느 누구도 단계를 뛰어넘지 못했다. 따라서 Kohlberg 도덕단계들은 불변적 순서를 나타내는 듯하다(Rest, Thoma, & Edwards, 1997 참조). 그러나 사람들은 순서적으로 자신들의 가장 높은 추론 단계로 진보하며, 3단계 혹은 4단계가 전 세계 대부분의 사람들이 도달하는 도덕발달 여행의 종점이라는 것에 주목하자(Snarey, 1995).

도덕 성장을 위한 인지적 전제조건들 Kohlberg는 인지발달이 도덕추론발달에 필수적이라고 가정했다. Lawrence Walker(1980)는 비록 역할맡기에 능숙한 모든 아동들이 도덕 추론에서 3단계에 도달하는 것은 아닐지라도, Kohlberg의 3단계("착한 소년–착한 소녀" 도덕성)에 도달한 10~13세의 모든 아동들이 상호적 역할맡기, 즉 인지기술에 아주 능숙하다는 것을 밝혔다. 유사하게 Carolyn Tomlinson-Keasey와 Charles Keasey(1974), 그리고 Deanne Kuhn과 동료들(1977)은 (1) 후인습적 도덕 추론(단계5)의 증거를 보여준 모든 참가자들은 형식적 조작에 도달했지만, (2) 대부분의 형식적 조작자들은 Kohlberg의 후인습적 도덕추론 수준에 도달하지 못한 것을 발견했다. 이런 발견들은 역할맡기 기술이 인습적 도덕성의 발달에 필요하지만 충분하지는 않으며, 형식적 조작은 후인습적 도덕성의 등장에 필요하지만 충분하지는 않다는 의미이다. 이 패턴은 인지발달이 도덕발달을 위한 전제조건이라는 Kohlberg의 가설을 지지한다.

Kohlberg의 사회-경험 가설에 대한 증거 Kohlberg는 또한 도덕발달의 또 다른 전제조건으로 관련된 사회적 경험을 가정했는데, 자신의 현재 도덕 조망을 재평가하고 수정하도록 압력을 주는 사람이나 상황에 노출되는 것이다. 이 가설은 지지되었다(Berkowitz & Gibbs, 1983; Turiel, 2006; Walker, Henning, & Kettenauer, 2000). 또래집단들이 도덕적 딜레마를 해결하면서 합의에 도달할 때, 만일 집단토론이 솔직하지만 적대적이지 않은 **교류적 상호작용**(transactive interactions)의 특징을 보인다면 그 결과는 도덕적 성장이다. 이것은 토론자들이 서로에게 도전하고 자신들의 차이에 대해 철저히 토론해서 해결하는 교환과정이다. 부모들이 긍정적이고 지지적인 방식으로 자신들의 추론을 제시하고 아동이나 청소년들이 자신들의 관점을 이해하고 있는지를 알아보기 위해 부드럽고 심층확인 질문을 할 때 도덕적 성장에 기여했다(Walker, Hennig, & Kettenauer, 2000).

도덕적 성장을 증진하는 또 다른 종류의 사회 경험은 고등교육을 받는 것이다. 대학에 가서 수년 동안 교육을 받은 성인들은 교육을 덜 받은 사람들보다 도덕적 이슈들에 대해 더 복잡하게 추론한다(Rest & Thoma, 1985; Speicher, 1994). 고등교육은 두 가지 방식으로 도덕적 성장을 육성한다. (1) 인지적 성장에 기여하고, (2) 인지적 갈등과 영혼탐색을 하게 하는 다양한 도덕적 조망을 학생들에 노출한다(Kohlberg, 1984; Mason & Gibbs, 1993).

마지막으로, 단지 복잡하고 다양하고 민주적인 사회에서 사는 것만으로도 도덕발달을 자극할

교류적 상호작용
(transactive interactions)
개인이 자신의 토론 상대의 추론에 대해 심적 조작을 하는 언어적 교환.

또래들과 윤리적인 문제들에 관해 토론하는 것은 도덕 추론 능력의 성장을 증진시킨다.

수 있다. 친구들과의 토론을 통해 상호적 조망수용을 주고받는 것을 학습하듯이, 다양한 민주주의 속에서 우리는 여러 집단의 의견들에 비중을 두어야 하고 법은 독재자의 임의적 통치가 아니라 시민들의 합의를 반영한다는 것을 학습한다(Harkness, Edwards, & Super, 1981; Snarey & Keljo, 1991; Turiel, 2006).

요약하면, Kohlberg는 도덕단계의 불변적 순서를 기술했고, 개인이 이런 순서로 어느 정도 발달할 것인지를 결정하는 몇 가지 인지적 요인들과 주요한 환경적 영향들을 확인했다. 그렇지만 비평가들은 Kohlberg 이론이 도덕발달에 대한 완벽한 설명과는 거리가 있다고 의심할 만한 합당한 이유들을 제시하였다.

Kohlberg 접근에 대한 비판

Kohlberg이론에 대한 많은 비판들은 Kohlberg 이론이 어떤 집단에 대해 편향되어 있고, 어린 아동들의 도덕적 정교함을 과소평가하고, 도덕추론에 관해서 많은 것을 말하지만 도덕정서나 도덕행동에 관해서는 거의 말하지는 않는 것에 집중되었다.

Kohlberg 이론은 문화적으로 편향되었는가? 비록 연구들이 많은 문화권의 아동과 청소년들이 Kohlberg의 처음 세 단계나 네 단계를 따라 순서적으로 발달한다는 것을 보여줄지라도, Kohlberg가 정의한 후인습적 도덕성은 어떤 사회에서는 존재하지 않는다. Kohlberg의 가장 높은 단계들은 서양사회의 정의에 대한 이상을 반영하고, 따라서 단계 이론은 비-서양사회에 살고 있거나 혹은 사회적 규칙에 도전할 정도로 개인주의와 개인의 권리를 가치 있게 생각하지 않는 사람들에 대해 편향적이다(Gibbs & Schnell, 1985; Shweder, Mahapatra, & Miller, 1990). 사회적 조화를 강조하고 집단의 선을 개인의 선보다 우선하는 집합주의 사회에 살고 있는 사람들은 Kohlberg 체계에서 보면 인습적 도덕 사고자들일 수 있지만, 실제로는 매우 정교한 정 개념을 갖고 있다(Li, 2002; Snarey & Keljo, 1990; Turiel, 2006). 개인적 권리와 대다수 규칙에 의한 결정으로서 '민주주의적' 원칙에 대한 강한 존중을 포함한다(Helwig et al., 2003). 비록 모든 문화에 공통적인 도덕발달의 측면들이 있다고 할지라도, 도덕 성장의 다른 측면들은 사회에 따라 상당히 다르다는 것을 보여주는 연구들이 있다(Nucci, Camino, & Sapiro, 1996; Shweder, 1997; Shweder, Mahapatra, & Miller, 1987; Turiel & Wainryb, 2000; Walker & Pitts, 1998). 그렇다면 우리는 문화와 도덕적 추론에 대해 어떤 결론을 내릴 수 있는가? 아마도 Kohlberg가 주장했듯이, 세상의 모든 아이들은 나이가 들면서 도덕성과 정의의 이슈들에 대해 인지적으로 더 복잡한 방식으로 생각한다. 그러나 동시에, Shweder나 다른 사람들이 주장했듯이, 옳은 것과 그른 것, 혹은 개인적 선택과 도덕적 의무에 대해 서로 다른 생각들을 갖는다.

Koblberg 이론은 성적으로 편향되었는가? 남성 참가자들의 자료를 발전시킨 Kohlberg 이론은 여성의 도덕 추론을 적절하게 설명하지 못한다는 비판이 있다. 예를 들면, Carol Gilligan(1982, 1993)은 몇몇 초기 연구들에서 여성이 남성보다 도덕적으로 열등한 것처럼 보인다는 것을 지적했다. 즉, 대개 남성들이 4단계의 추론을 하는 동안, 여성들은 3단계의 추론을 한다. 그녀는 차별적인 성 유형화가 남아와 여아에게 서로 다른 도덕 지향을 택하도록 했다고 주장했다. 남아들이 받는 강력한 독립성과 자기주장 훈련은 도덕적 딜레마를 법과 도덕적 관습들로 해결해야하는 개인들 간 이해관계의 피할 수 없

는 갈등으로 보도록 그들을 격려한다. Gilligan
은 이런 지향을 **정의의 도덕성**(morality of jus-
tice)이라고 불렀는데, Kohlberg의 도식에서 대
략 4단계의 조망이다. 여아들은 타인을 양육하
고 공감하고 배려를 하라고 배운다. 간단히 말
하면 대인관계와 관련해서 "선"을 정의하는 것
이다. 따라서 여성에게 있어서 도덕성은 인간
의 복지에 대한 배려심이거나 연민을 의미한다.
Kohlberg의 도식에서 3단계와 비슷한 **배려의 도
덕성**(morality of care)이다. 그러나 Gilliagan은
비록 대인 간 의무에 초점을 두기 때문에 Kohl-
berg 도식에서 3단계에 위치할지라도, 여성이 택
하는 배려의 도덕성은 매우 추상적이고 "원칙적"
이 될 수 있다고 주장한다.

이 어린 아동들은 대개 Kohlberg의 법률 존중에 관한 딜레마에서 전입습적 도덕
추론을 하지만, 실제로는 분배의 정의에 관한 상당히 정교한 기준들을 갖고 있다.

Kohlberg 이론이 여성에게 불리하게 편향되었다는 Gilligan의 주장은 지지를 받지
못한다. 대부분의 연구는 여성들의 대답을 Kohlberg 준거에 따라 점수를 매겼을 때, 여
성들도 남성들만큼 도덕적 이슈들에 대해 복잡하게 추론한다는 것을 보여주었다(Jaffee
& Hyde, 2000; Walker, 1995). 도덕 지향의 성차에 대한 증거는 많지 않다. 그들이 직
면하는 실생활 딜레마에 대해 추론할 때, 여성과 남성 모두 법, 정의, 개인 권리의 이슈
들에 대해 말하는 것만큼 혹은 더 빈번하게 연민과 대인 간 책임에 대해 말한다(Walker,
1995; Wark & Krebs, 1996). 게다가 젊은 남성과 여성은 정의와 관련된 속성들과 배
려와 관련된 속성들 모두 도덕적 성숙의 기본 요소들로 본다(Walker & Pitts, 1998; 표
13.2 참조). 따라서 Gilligan이 주장하는 것처럼, 정의와 배려 지향은 특정 성에만 맞는
도덕성이 아니라는 것이 분명해졌다.

Gilligan 이론과 그것을 검증하기 위해 고안된 연구는 남성과 여성 모두 타인의 복
지에 대한 책임감과 관련해서 도덕적 이슈들, 특히 가설적인 도덕 주제들과 반대되는
것으로서 실생활 도덕 이슈들에 대해 자주 생각한다는 것을 보여줌으로써 도덕성에 대
한 관점을 확장했다. Kohlberg는 옳고 그름에 대해 생각하는 한 가지 방식, 즉 법률적인
(legalistic) 방식을 강조했다. 남성과 여성 모두 정의의 도덕성과 배려의 도덕성 모두의
발달을 추적하는 것에는 장점이 있다(Brabeck, 1983; Gilligan, 1993).

Kohlberg는 어린 아동들을 과소평가하는가? 마지막으로, 법을 언급하도록 고안된
법률적 딜레마에 초점을 맞춤으로써 Kohlberg는 초등학생의 행동에 영향을 미치는 "비
법률적" 형태의 도덕추론을 간과했다. 1단계 추론가들은 수혜자 집단에서 장난감이나
사탕처럼 제한된 자원을 "공명정대하게" 분배하는 것을 결정하는 **분배정의**에 대해 어
느 정도 정교한 생각을 보였다(Damon, 1988; Sigelman & Waitzman, 1991). 이것은
Kohlberg의 이론에서는 적절하게 나타나지 않았던 추론이다. 따라서 법률적 개념에 지
나치게 초점을 맞춤으로써, Kohlberg는 분명히 초등학생의 도덕적 정교성을 과소평가
했다(Helwig & Jasiobedzka, 2001 참조; Turiel, 2006).

요약하면, Kohlberg의 도덕발달이론은 강점이 많다. 그렇지만 비판에도 몇 가지 장

정의의 도덕성
(morality of justice)

남성의 주요한 도덕적 지향을 의미하는
Gilligan의 용어로서, 인간 복지에 대
한 동정적인 관심보다 법을 통해 관리
되는 사회적으로 정의된 정의에 더 초
점을 둔 지향.

배려의 도덕성
(morality of care)

여성의 주요한 도덕적 지향을 의미하는
Gilligan의 용어로서 법을 통해 관리
되는 사회적으로 정의된 정의보다 인
간복지에 대한 동정적인 관심에 초점
을 둔 지향.

점이 있다. 그의 이론은 비-서양사회에 살거나 혹은 정의의 도덕성보다 배려의 도덕성을 강조하려고 하는 사람들의 도덕성을 충분히 포착하지 못한다. 그리고 어린 아동의 도덕적 추론을 분명히 과소평가한다. Kohlberg는 도덕적 추론에 집중하기 때문에, 도덕적 정서와 도덕적 행동이 어떻게 발달하는지 그리고 사고, 감정, 행동이 어떻게 상호 작용하여 궁극적으로 도덕적인 인물에 되도록 만드는지를 이해하기 위해서는 다른 관점들의 도움을 받아야 한다.

도덕 발달의 행동적 요소

Albert Bandura(1986, 1991)나 Walter Mischel(1974)과 같은 사회학습 이론가들은 주로 도덕성의 행동적 요소들에 흥미가 있었는데, 즉 유혹에 직면했을 때 사람들이 실제로 무엇을 하는가이다. 그들은 도덕적 행동들도 다른 사회적 행동과 같은 방식으로 강화와 처벌, 그리고 관찰학습을 통해서 학습된다고 주장한다. 또한 그들은 도덕적 행동은 사람들이 처한 특정 상황의 영향을 강력하게 받는 것으로 생각한다. 어떤 상황에서는 도덕적으로 행동하고 다른 상황에서는 위반하는 것을 보거나 혹은 정직보다 더 중요한 것은 없다고 주장한 다음에 거짓말을 하거나 속이는 것을 보는 것은 전혀 놀랍지 않다.

도덕적 행동과 도덕적 성격은 얼마나 일치하는가?

아동의 도덕적 행동에 대한 가장 광범위하고 오래된 연구 중 하나는 Hugh Hartshorne와 Mark May(1928~1930)가 보고한 인성교육조사연구(Character Education Inquiry)이다. 이 5년간의 프로젝트는 8~16세 아동 10,000명의 도덕적 "인성"을 조사하기 위해 다양한 상황에서 거짓말하고 속이고 훔치도록 반복적으로 유혹하였다. 이 방대한 조사에서 가장 주목할 만한 발견은 아동들은 도덕 행동에서 일관적이지 않은 경향이 있다는 것이다. 즉, 한 상황에서 속이려는 아동의 의지가 다른 상황에서 거짓말하고 속이고 훔치려는 그의 의지를 예측하지 못했다. 특정 장면에서 속였던 아동들도 속이지 않았던 아동만큼 속이는 것은 잘못이라고 말한다는 발견은 특히 흥미롭다! Hartshorne와 May는 "정직"은 안정적인 성격 특질이라기보다 오히려 상황적인 것이라고 결론내렸다.

그러나 인성교육조사연구(Burton, 1963)와 최근 연구들(Hoffman, 2000; Kochanska & Murray, 2000)에서 나온 자료에 대한 보다 현대적이고 정교한 분석 결과들은 Hortshorne

유혹에 저항하는 것은 어린 아동들에게 어려운 일이다. 특히 아동의 의지를 실행하도록 돕는 사람이 주변에 없을 때 그렇다.

Phil Boorman/Digital Vision/Getty Images

과 May의 **특수성 원리**(doctrine of specificity)에 도전했다. 즉, 특정한 종류의 도덕적 행동(예: 시험에서 속이거나 속이지 않으려는 의지 혹은 놀이친구들과 장난감을 공유하거나 하지 않으려는 의지)은 시간적으로 혹은 상황적으로 상당히 일관적이라는 것을 발견했다. 게다가 아동의 도덕적 품행(conduct), 도덕적 추론 및 도덕적 행동(behavior)의 측정치들 간의 상관은 나이가 들면서 점차 더 강해진다(Blasi, 1990; Kochanska et al., 2002). 따라서 도덕적으로 좀 더 성숙하면서, 도덕적 인성에는 어느 정도의 일관성과 응집성이 있게 된다. 그렇지만 가장 도덕적으로 성숙한 개인조차도 모든 상황에서 완벽하게 일관적일 것이라고 기대할 수는 없다. 왜냐하면 거짓말하고 속이고 다른 도덕 규준을 위반하려는 의지 혹은 그렇게 하는 것에 대한 감정과 생각은 규칙을 어김으로써 얻게 될 목표의 중요성이나 혹은 일탈 행동에 대한 또래들의 격려와 같은 맥락요인들에 어느 정도 의존하기 때문이다(Burton, 1976).

유혹에 저항하기 학습

사회의 입장에서, 보다 중요한 도덕성 지표 중 하나는 비록 발각되거나 처벌될 가능성이 거의 없을지라도 개인이 도덕 규준을 위반하라는 압력에 저항할 수 있는 정도이다(Hoffman, 1970; Kochanska, Aksan, & Joy, 2007). 외부 감시가 없는 상황에서 유혹에 저항하는 사람은 도덕규칙을 학습했을 뿐만 아니라 그 규칙을 따르려는 내적인 동기가 있다. 아동들은 어떻게 도덕 기준들을 획득하며, 이런 학습된 행동규정을 따르려는 동기를 갖게 하는 것은 무엇인가? 사회학습 이론가들은 아동의 도덕적 행동에 대한 강화, 처벌 및 사회적 모델링의 효과를 연구함으로써 이 질문에 대한 답을 찾으려고 시도했다.

도덕적 행동의 결정인으로서 강화

우리는 행동이 강화되면 행동의 빈도가 증가되는 경우들을 보았다. 분명히 도덕적 행동들도 예외는 아니다. 따뜻하고 수용적인 부모들이 자녀들을 위해 분명하고 합리적인 기준을 세우고 잘 행동한 것에 대해 자주 칭찬을 할 때, 걸음마기 유아들조차도 기대에 부응하고 4, 5세 정도가 되면 내면화된 양심에 대한 강력한 증거를 보인다(Kochanska et al., 2002, 2007; Kochanska & Murray, 2000). 아동들은 일반적으로 따뜻하고 사회적으로 강화하는 성인들의 바람을 따르려는 동기가 있으며, 바람직한 행동에 뒤따르는 칭찬은 목적을 성취하고 있다고 그들에게 말한다.

도덕적 금기를 형성하는 처벌의 역할

비록 받아들일 수 있는 행동들을 강화하는 것이 바람직한 품행을 촉진하는 효과적인 방식일지라도, 성인들은 자주 아동이 유혹에 **저항했으며** 그것은 칭찬받을 만하다는 것을 인식하지 못한다. 그렇지만 많은 성인들은 도덕적 위반을 신속하게 처벌한다. 처벌은 **억제적 통제력**(inhibitory control)의 발달을 육성하는 효과적인 방식인가? 결정적으로, 그 답은 이런 혐오스런 경험들에 대한 아동의 해석에 달려있다.

유혹에 대한 저항을 연구하기 Ross Parke(1977)는 처벌이 아동이 유혹에 저항하게 하는 효과가 있는지를 연구하기 위해 **금지된 장난감 패러다임**을 사용했다. 전형적 실험의 첫 단계에서 참가 아동들은 매력적인 장난감을 만질 때마다 혐오적인 부저소리를 듣는 처벌을 받았다. 그러나 매력적이지 않은 장난감을 갖고 놀 때는 아무 일도 일어나지 않

특수성 원리
(doctrine of specificity)
많은 사회학습 이론가들이 공유한 관점으로, 도덕적 정서, 도덕적 추론 및 도덕적 행동은 일련의 내면화된 도덕적 원칙보다 사람들이 직면하는 상황에 달려 있다.

억제적 통제력
(inhibitory control)
금지된 행동에 참여하라는 유혹에 저항함으로써 용인된 행동을 보이는 능력.

았다. 일단 아동이 금지에 대해 학습을 하면, 실험자는 떠났고, 아동이 금지된 장난감을 갖고 노는지를 비밀리에 관찰하였다.

일반적으로 (냉담하기보다) 따뜻한 훈육자들에 의해 (나중이 아니라) 즉각적이고 일관적으로 시행된 (관대한 것이 아닌) 확고한 처벌이 아동의 바람직하지 않은 행동을 억제하는데 있어서 가장 효과적임을 연구는 보여준다. 그렇지만 Parke의 가장 중요한 발견은 만일 위반한 사람에게 금지된 행동을 하지 말아야하는 이유를 알려주는 인지적 설명(rationale)이 동반된다면 모든 종류의 처벌이 더 효과적이 되었다는 것이다.

인지적 설명의 효과를 설명하기 그 자체로 도덕적 제약을 거의 하지 못하는 부드럽거나 지체된 처벌일지라도, 합리적 설명이 처벌의 효과를 향상시키는 이유는 무엇인가? 왜냐하면 아마도 합리적 설명이 아동들에게 처벌된 행동이 잘못인 이유와 그것을 반복하는 것에 죄책감이나 수치심을 느껴야하는 이유를 명확히 하는 정보를 제공하기 때문일 것이다. 따라서 이 아동들이 미래에 금지된 행동을 하는 것에 대해 생각할 때, 이전 훈육경험에서 나온 전반적인 거북함을 경험하고, 이런 각성을 내부 귀인하는 경향이 있고(예: "다른 사람에게 해를 입히면 죄책감을 느끼게 돼", "난 긍정적인 자기상을 위반하는 거야"), 결국 금지된 행동을 억제할 가능성이 높아지고 자신의 "성숙하고 책임 있는" 행동에 대해 기분 좋게 느끼게 될 것이다. 합리적 설명을 듣지 못했거나 혹은 미래의 위반에 대해 예측할 수 있는 부정적인 결과에 주목하게 하는 설명을 들은(예: "다시 그렇게 한다면 엉덩이를 맞게 될 거야") 아동들도 금지된 행동을 하는 것에 대해 생각할 때 그런 거북함을 경험하게 될 것이다. 그러나 이 아동들은 자신의 정서적 각성을 **외부 귀인**하는 (예: "나는 붙잡혀서 처벌을 받을까봐 걱정이 돼") 경향이 있다. 즉, 권위적 인물이 존재하면 도덕적 규준을 따르지만 자신의 위반을 알아챌 사람이 주변에 없으면 일탈 행동을 억제하지 않을 것이다.

따라서 발각과 처벌에 대한 공포는 외부 감시가 없을 때 아동들이 유혹에 저항하도록 설득하는데 충분하지 않다. 진정으로 내면화된 자기통제력을 형성하려면, 성인들은 적절한 합리적 설명이 포함된 훈육들을 구조화해야 한다. 즉, 금지된 행동이 잘못인 이유와 그것을 반복한 것에 대해 죄책감이나 수치심을 느껴야하는 이유를 아동에게 알려주는 것이다(Hoffman, 1988). 분명히 진정한 자기억제는 주로 인지적 통제하에 있다. 그것은 창자에 들어있는 공포나 거북함의 양보다 아동의 머리에 있는 것에 더 많이 의존한다.

도덕적 자기개념 훈련 만일 자신의 행동에 대해 내부 귀인을 하는 것이 진정으로 자기억제를 향상한다면, 우리는 아동들에게 자신은 "착하고", "정직하고", "책임 있는" 사람이기 때문에(내부 귀인) 도덕적 규준을 위반하려는 유혹에 저항할 수 있다는 확신을 갖게 만들어야 한다. 이런 종류의 도덕적 자기개념 훈련은 실제로 효과가 있다. William Casey와 Roger Burton(1982)은 7~10세 아동들에게 "정직"을 강조하고 놀이하는 아동이 자신은 규칙을 따른다는 것을 떠올리도록 학습했다면 게임을 하는 동안 훨씬 더 정직하다는 것을 발견했다. 그렇지만 정직이 강조되지 않았을 때, 놀이하는 아동들은 자주 속였다. 게다가 David Perry와 동료들(1980)은 자신들이 특별히 지시를 잘 수행하고 규칙을 잘 지킨다는 말을 들었던(도덕적 자기개념 훈련) 9, 10세 아동들은 저항하기 힘든 유혹(예: 재미있는 TV 쇼를 보기 위해 지루한 과제를 남겨두는 것)에 굴복한 후 그런 말을 듣지 못한 또래들과 매우 다르게 행동했다. 자신에 대해 긍정적인 귀인을 들은 아동들은 통제 아동들에 비해 자신이 지루한 과제에 대한 상으로 받았던 토큰을 다시 돌려

줌으로써 자신의 위반행동을 처벌하는 경향이 더 높았다. 따라서 "착하다" 혹은 "정직하다"고 아동을 명명하는 것은 아동이 유혹에 저항할 가능성을 높일 뿐만 아니라, 부적절하게 행동하고 긍정적인 자기상을 위반했을 때 죄책감이나 가책을 느끼게 한다.

도덕적 행동에 대한 사회적 모델링의 영향

아동은 금지된 행동을 하지 않는 "수동적인" 방식으로 도덕적 행동을 보여준 규칙 준수 모델의 영향을 받을 것인가? 실제로, 아동이 "수동적인" 모델이 규칙 위반의 유혹에 저항하고 있음을 인식한다면 그렇다. Joan Grusec과 동료들(1979)에 따르면, 규칙을 준수하는 모델이 자신은 규칙을 따르고 있음을 말하고 일탈 행동에 참여하지 않는 것에 대한 합리적인 설명을 한다면, 아동들이 규칙을 준수하도록 하는데 특히 효과적이다. 게다가 규칙 준수 모델의 합리적 설명이 아동의 도덕 추론 수준과 일치한다면 아동의 수준을 훨씬 뛰어넘는 설명을 하는 모델보다 더 많은 영향을 미친다(Toner & Potts, 1981).

마지막으로 Nace Toner와 동료들(1978)이 발견한 것을 살펴보자. 다른 아동들을 위한 도덕적 억제 모델이 되었던 6~8세의 아동들은 규칙 준수 모델이 되지 않았던 동년배들에 비해 이후 유혹에 대한 저항 검사에서 규칙들을 지킬 가능성이 더 높았다. 모델이 되는 것은 아동들의 자기개념을 변화시켜서, 이제 그들은 스스로를 "규칙을 지키는 사람"으로 정의하는 듯했다. 자녀양육에 대한 시사점은 분명하다. 아마도 부모들은 자녀들의 성숙함에 호소하고 그들에게 어린 동생들을 위해 자기 억제 모델이 될 것을 설득함으로써 나이든 자녀들이 억제적 통제력을 갖게 하는데 성공할 수 있을 것이다.

누가 도덕적으로 성숙한 아동을 키우는가?

수년전 Martin Hoffman(1970)은 부모들이 실제로 사용하는 훈육법들이 자녀들의 도덕 발달에 어떤 영향이 있는지를 알아보기 위해 자녀양육에 관한 문헌들을 개관했다. 세 가지 주요한 접근법이 비교되었다.

- **애정 철회법**(love withdrawal): 자녀가 잘못된 행동을 한 후 관심, 애정, 인정을 철회하는 것. 다시 말하면, 사랑의 상실에 대한 불안을 유발하는 것.
- **권력 행사법**(power assertion): 자녀의 행동을 통제하기 위해 강압적인 명령, 신체적 제약, 엉덩이 때리기, 특권의 철회와 같은 상위 권력을 사용하는 것.
- **유도법**(induction): 행동이 잘못된 이유를 설명하고 그것이 타인들에게 어떤 영향을 미치는지를 강조하고, 자녀가 손해를 수정할 수 있는 방법을 제안함으로써 변하게 하는 것.

어린 Tomeka가 독립기념일 축하 행사동안 개를 쫓아 다니면서 폭죽으로 위협하는 장면을 상상해 보라. 애정철회법을 사용하면, 부모는 "어떻게 그럴 수가 있어? 저리 가! 너 보기 싫어"라고 말한다. 권력행사법을 사용하면, 부모는 Tomeka의 엉덩이를 찰싹 때리고 "됐어! 넌 이번 토요일에 영화 보러 갈 수 없어"라고 말한다. 유도법을 사용하면, 부모는 "Tomeka, Pokey가 얼마나 무서워하지는 봐. 넌 Pokey에게 불을 붙일 수도 있었어. 만일 Pokey가 데인다면 우리 모두 얼마나 슬플지 너도 알고 있잖아"라고 말한다. 유도법은 타인들(혹은 이 경우에는 개)에게 나쁜 일을 하는 것의 결과에 특별한 주의를 둔 합리적인 설명을 하는 것이다. 비록 1970년대까지 수행된 자녀양육 연구들이 매우 적을지라도, 그 결과들에 따르면 (1) 애정철회법이나 권력행사법 모두 도덕 성숙을 촉진하는

애정철회법
(love withdrawal)
아동의 행동을 수정하거나 통제하기 위해 주의, 애정, 혹은 인정을 철회하는 훈육법.

권력행사법
(power assertion)
아동의 행동을 수정하거나 통제하기 위해 상위 권력에 의존하는 성인들의 훈육법으로, 손바닥을 때리거나 특권을 철회함.

유도법
(induction)
성인들이 아동의 행동이 다른 사람에게 어떤 영향을 미치는지 강조함으로써 그것이 잘못이며 변화되어야 하는 이유를 설명하는 비처벌적 훈육법.

"만일 당신이 내 머릿 속으로 무언가를 넣으려 한다면, 당신은 잘못하고 있는 거야"

데 특별한 효과가 없으며, (2) 유도법은 도덕성의 3가지 측면, 즉 도덕적 정서, 도덕적 추론, 도덕적 행동 모두의 발달을 육성하는 듯하다(Hoffman, 1970). 표 13.4는 더 많은 연구들이 포함된 이후 연구 개관에서 나타난 세 가지 부모 훈육 패턴들과 아동의 여러 도덕 성숙 측정치들 간 관계를 요약해서 보여준다(Brody & Shaffer, 1982). 분명히 이 자료들은 Hoffman의 결론을 지지한다. 유도적 훈육에 의존하는 부모의 아동은 도덕적으로 성숙한 경향이 있다. 반면에 권력행사법의 빈번한 사용은 도덕적 성숙보다 도덕적 미숙과 더 자주 연합되었다. 유도법이 도덕적 성숙과 연합되지 않은 경우는 모두 4세 이하의 아동들이었다. 그러나 최근 연구에서 추론에 기초한 훈육법은 2~5세의 아동들에게도 효과가 높으며, 부모의 요구를 따르려는 의지뿐만 아니라 타인에 대한 동정과 연민을 촉진했다. 아동을 화나게 하고 신체적으로 구속하고 때리는 것과 같은 강력한 권력행사법의 사용은 불복종, 반항 및 타인에 대한 무관심과 연합되고 촉진시키는 듯하다(Crockenberg & Litman, 1990; Eisenberg et al., 2006; Kochanska et al., 2002; Kochanska & Murray, 2000; Labile & Thompson, 2000, 2002).

왜 유도적 훈육법은 효과적인가? Hoffman은 몇 가지 이유를 제시하고 있다. 첫째, 유도법은 아동들이 자신의 품행을 평가할 인지적 기준 혹은 합리적 이유를 제공한다. 둘째, 이런 유형의 훈육법은 타인들을 동정하도록 돕고(Krevans & Gibbs, 1996), 부모들이 애정철회법으로 인해 정서적으로 불안한 아동이나 권력행사법으로 인해 분노한 아동들과는 쉽게 토론할 수 없는 자부심, 죄책감, 수치심과 같은 도덕적 정서에 대해 말할 수 있게 한다(Labile & Thompson, 2000 참조). 마지막으로, 유도법을 사용하는 부모들은 아동에게 (1) 금지된 것을 위반하려는 유혹이 있을 때 했어야 하는 것과 (2) 위반을 보상하기 위해 지금 할 수 있는 것에 대해 설명한다. 따라서 유도법은 효과적인 도덕적 사회화 방법이다. 왜냐하면 그것은 도덕성의 인지적, 정서적, 행동적 측면들에 주목하게 하고 아동이 그것들을 통합하도록 돕기 때문이다.

표 13.4 부모들이 사용하는 세 가지 훈육 전략과 아동의 도덕발달 간 관계

부모가 사용하는 훈육법과 아동의 도덕적 성숙도 간 관계의 방향	훈육의 유형		
	권력행사법	애정철회법	유도법
+ (정적 상관)	7	8	38
– (부적 상관)	32	11	6

주: 특정 훈육법이 아동의 도덕적 정서, 추론, 혹은 행동의 측정치와 정적으로 혹은 부적으로 연합되었다는 것이 발견된 경우의 수를 나타낸다.
출처: "Contributions of Parents and Peer to Children's Moral Socialization" by G. H. Brody and D. R. Shaffer, 1982. Developmental Review, 2, 31–75.

훈육에 대한 아동의 관점

아동들은 다양한 훈육 전략들에 대해 어떻게 생각하는가? 그들은 많은 발달학자들처럼 신체적 체벌이나 애정철회가 도덕적 제약을 향상시키는데 효과적이지 않은 방법이라고 느끼는가? 그들은 유도적 기법들을 선호하는가 혹은 부모들이 위반에 대해 보다 허용적인 태도를 취하는 것을 선호하는가?

　Michaeal Siegal과 Jan Cowen(1984)은 4~18세의 아동과 청소년들에게 서로 다른 종류의 나쁜 짓에 대한 이야기를 들려주고 이런 행동을 훈육하기 위해 어머니가 사용한 전략들을 평가하도록 했다. 5가지 종류의 위반이 묘사되었다. (1) 단순한 불복종(방을 청소하기를 거부), (2) 타인에게 신체적인 해를 끼치는 것(놀이친구를 때리는 것), (3) 자기 자신에게 신체적인 해를 끼치는 것(뜨거운 오븐을 만지지 말라는 명령을 무시하는 것), (4) 타인에게 심리적인 해를 끼치는 것(신체적 장애가 있는 사람을 놀리는 것), (5) 물리적 손해를 끼치는 것(야단법석을 떨다가 램프를 끼는 것). 부모들이 의존하는 4가지

내 아이들을 어떻게 훈육해야 하는가?

훈육할 때 전적으로 유도적이거나, 애정 지향적이거나, 혹은 힘을 행사하는 부모는 거의 없다. 대부분의 부모들은 3가지 훈육법을 어느 정도씩 사용한다. 비록 "유도적"이라고 분류된 부모들이 주로 추론에 의존하고 있을지라도, 그들도 때로 처벌이 아동의 주의를 제어하고 반복되는 위반을 훈육하는데 필요할 때면 처벌적 방법을 사용한다. 따라서 Hoffman이 유도법이라고 불렀던 양육 양식은 Parke(1977)가 유혹에 대한 저항의 실험실 연구에서 가장 효과적임을 발견했던 "합리적 설명 + 관대한 처벌" 처치와 매우 유사하다.

　몇몇 연구자들은 유도법의 효율성에 대한 Hoffman의 결론이 과대평가된 것은 아닌지에 대한 의문을 품었다. 예를 들면, 중류층 백인 어머니들이 사용하는 유도법은 아동의 도덕적 성숙과 일관되게 연합되었다. 그러나 아버지나 다른 사회경제적 배경을 가진 부모들에서도 항상 같은 발견을 하는 것은 아니었다(Brody & Shaffer, 1982; Grusec & Goodnow, 1994). 게다가, 부모의 권력행사법 사용과 아동의 공격적이고 반사회적인 행동 간 정적 연합은 유럽계 미국인 아동에게는 맞지만 아프리카계 미국인 아동에게는 맞지 않는다(Deater-Deckard & Dodge, 1997; Walker-Barnes & Mason, 2000 참조). 분명히 Hoffman의 생각이 얼마나 문화적으로 특수한 것인지를 알기 위한 더 많은 연구가 필요하다.

　효과의 방향에 대해서 다른 비판들이 제기되었다. 유도법은 도덕적 성숙을 향상시키는가 아니면 도덕적으로 성숙한 아동들이 부모로부터 보다 유도적인 형태의 훈육법을 유발하는가? 자녀양육 연구들은 상관 자료에 근거하고 있기 때문에, 가능성 중 어느 것도 Hoffman의 발견을 설명할 수 있다. Hoffman(1975)은 자녀들이 부모를 통제하기보다 부모들이 자녀의 행동에 대해 더 많은 통제를 한다고 주장하였다. 다시 말하면, 그는 부모가 다른 방식보다 유도법을 사용하는 것이 도덕적 성숙을 향상시킨다고 믿었다. 아동에게 자신의 약속을 지키게 하고 친숙하지 않은 성인이 정한 규칙을 따르도록 설득할 때, 유도법은 다른 유형의 훈육법보다 훨씬 더 효과적이라는 점에서 Hoffman의 주장은 어느 정도 경험적 지지를 받았다(Kuczynski, 1983).

　아동들은 자신들이 받는 훈육법에 영향을 줄 수 있다. 예를 들면, 부모에게 공공연하게 도전하는 아동은 미래에 보다 강압적이고 덜 효과적인 형태의 훈육법을 유발할 것이다(Patterson, 1998; Stoolmiller, 2001). 비록 대부분의 어린 아동들이 유도적 훈육법에 대해 매우 호의적으로 반응할지라도, 모든 아동에게 가장 효과적인 한 가지 훈육법은 없으며, 효과적인 방법이란 분명히 아동의 행동이나 속성들에 "좋은 적합성"을 갖는 훈육법이다(Grusec, Goodnow, & Kuczynski, 2000). Grazyna Kochanska(1997a)는 아동의 기질에 따라 도덕적 내면화를 향상시키기 위한 전략들도 달라져야 함을 발견했다. 신랄하게 질책 당했을 때 불안해하고 사회적으로 억제되고 갑자기 눈물을 터뜨리는 경향이 있는 기질적으로 겁많은 걸음마기 유아들은 학령전기 동안 강한 양심이 발달되기 위해서 관대하고 유도적인 유형의 훈육법이 요구되는 듯하다. 그러나 대부분의 아동들과는 달리, 기질적으로 충동적이고 겁이 없는 걸음마기 유아들은 도덕적 교훈을 배우도록 각성되기에는 유도법만으로는 불충분하다. 만일 그들의 부모가 따뜻하고 상호 반응적인 관계를 맺고 있으면서, 협력하고 부모의 인정을 유지하려는 소망을 육성한다면, 이 아동들은 생의 초기에 내면화된 양심이 발달한다는 징후들을 더 많이 보일 것이다.

　유도법이 효과적이지만, 모든 아동들에게 도덕적 성숙을 증진하는 최선책은 아니다. 그러나 Kochanska와 동료들(1996)은 권력행사법에 대한 부모들의 지나친 의존은 일관적으로 도덕적 내면화를 억제하며 모든 기질의 아동들에게 "열악한 적합성"을 보인다는 것을 발견했다.

훈육 기법들은 행동의 해로운 결과를 지적함으로써 아동에게 합리적 설명을 하는 유도법, 아동을 때리는 **신체적 처벌법**, 떨어져 있으라고 말하는 **애정철회법**, 사건을 무시하고 아동이 스스로 중요한 교훈을 배울 것이라고 가정하는 허용적인 **비개입법**이다. 모든 참가자들은 5가지 위반과 4가지 훈육 전략들이 짝지어진 20가지 이야기를 들었다. 각 이야기를 듣거나 읽은 후, 참여 아동들은 문제에 대한 부모의 접근을 "매우 잘못된", "잘못된", "반은 잘못이고 반은 옳은", "옳은", "매우 옳은"으로 평가했다.

결과는 분명했다. 유도법은 학령전기 아동을 포함한 모든 연령의 참가자들이 가장 선호한 훈육 전략이었고, 신체적 처벌은 다음으로 우호적으로 평가된 기법이었다. 따라서 모든 참가자들은 때로 권력행사법으로 돌아가지만 주로 추론에 의지하는 합리적인 훈육자들을 선호하는 듯했다. 애정철회법과 허용법은 어떤 연령집단에서도 우호적으로 평가되지 않았다. 그러나 표집된 4~9세의 아동들은 부모의 입장에서 허용적인 태도보다 잘못되거나 매우 잘못된 것으로 보았던 애정철회와 같은 **어떤(any)** 종류의 훈육을 선호했다. 어린 아동들은 이야기 속 아동이 완전히 자유롭게 자신의 일을 한다는 것에 대해 불안해졌기 때문에, 그들은 성인들이 부적절한 행동에 개입해서 금지시킬 필요가 있다고 보았다.

요약하면, 아동들이 선호하는 훈육법(때때로 권력 행사법의 사용으로 돌아가는 유도법)은 자녀양육 연구들이나 유혹에 저항하는 실험실 연구들에서 도덕 성숙의 측정치들과 가장 밀접하게 연합되어 있다(당신의 삶에 연구 적용하기 참조). 아마도 유도법이 도덕적 성숙을 촉진하는 또 다른 이유는 많은 아동들이 이런 접근이 위반을 다루는 "옳은" 방법이라고 여기고, 자신과 "세계관"이 일치하는 훈육자의 영향을 받아들이려는 동기가 높기 때문이다. 유도법을 선호하지만 다른 방식으로 훈육되고 있는 아동들은 순종을 유도하는 방법이 현명하지도 공정하지도 존중할 가치도 없는 방법을 사용하는 훈육자의 가치와 충고를 내면화할 어떠한 정당성도 볼 수 없을 것이다.

개념체크 13.3 | **도덕발달을 이해하기**

다음 질문들에 답함으로써 도덕발달에 대한 당신의 이해를 체크하라. 정답은 부록에 있다.

짝짓기: 다음 개념에 맞는 설명을 연결하라.
a. 배려의 도덕성
b. 또래 상호작용
c. 역할맡기 기술

1. _____ Kohlberg는 도덕발달에 대한 이 사회적 기여인을 강조한다.
2. _____ Gilligan에 따르면, Kohlberg는 이 도덕적 측면의 성장을 간과한다.
3. _____ 이것은 Kohlberg의 인습적 도덕성의 인지적 전제조건이다.

OX문제: 다음에 있는 각 문장이 맞는지 틀리는지 표시하라.

4. (   ) 유도법은 도덕적 미성숙과 일관되게 연합되는 훈육 유형이다.
5. (   ) 권력행사법은 대부분의 아동, 특히 겁이 많은 아동이 가장 잘 반응하는 훈육 유형이다.
6. (   ) 애정철회법은 어린 아동들에게 가장 성공적인 훈육 유형이다.

빈칸 채우기: 빈칸에 적절한 말을 써넣어라.

7. Gilligan은 두 가지 유형의 도덕성, 즉 _____의 도덕성과 _____의 도덕성을 제안했는데, Kohlberg는 _____의 도덕성을 무시했다고 주장했다.

서술형: 다음 질문에 상세히 답하라.

8. 도덕발달의 세 가지 요소를 서술하고, 각 요소를 연구하기 위해 사용된 연구 유형을 간단하게 서술하라.

공격성, 이타성 및 도덕 발달에 발달 주제 적용하기

능동적
수동적

연속성
비연속성

총체적

천성
육성

이 장은 공격성, 이타성 및 도덕성을 포함하는 광범위한 사회적 발달 주제들을 다루고 있다. 발달 주제들(능동적 아동, 천성과 양육의 상호작용, 질적 · 양적 발달 변화, 아동발달의 총체적 본질)은 우리가 본 장에서 다루고 있는 주제들 전반에 걸쳐 분명하다. 본 장의 예들에서 우리의 주제가 서로 다른 사회적 발달 주제들과 어떻게 관련있는지 살펴보자.

발달에서 아동의 능동적 참여는 도발적 공격자와 도발적 피해자의 논의에서 볼 수 있다. 이 아동들은 공격자 혹은 피해자로서 자신의 지위를 증진하고 유지하는 것에 기여하는 방식으로 생각하고 행동한다. 그러나 모든 아동이 이런 방식으로 분류되지는 않는다. 발달에서 능동적 역할을 하는 아동의 예는 공격성에 대한 Dodge의 사회정보처리 모델이다. 이 모델은 모든 아동이 상황에 대해 능동적으로 생각하고, 이 생각은 공격적으로 행동하게 하거나 혹은 행동하지 않게 하며, 또한 아동들이 사용하는 정보처리의 순환과정은 공격성에 대한 아동의 생각과 행동의 발달로 이끈다고 제안하고 있음을 상기하라.

공격적 행동에서 성차는 발달의 천성과 양육의 조합된 영향을 보여준다. 우리는 공격성의 성차는 부분적으로 테스토스테론의 성차가 원인일 수 있다는 것을 보았다(생물학적 혹은 천성적 영향). 그러나 성차는 또한 성 유형화와 사회학습의 성차에 의존한다(환경적 혹은 육성적 영향). 분명히 천성과 육성 모두 조합되어, 이런 사회적 발달 측면들에 영향을 미친다!

발달적 변화의 질적, 양적 본질은 이 장에서 특히 중요한데, 왜냐하면 각 주제들은 질적/양적 상호작용의 복잡성과 행동에서 질적 변화가 일련의 양적 변화 후에 나타난다는 사실을 보여주기 때문이다. 예를 들면, 도덕적 추론과 공격적 행동 모두 아동들이 이전 단계들과 형태와 유형이 다른 단계들을 거쳐 발달하면서 질적으로 달라진다. 그러나 아동이 사회적 상호작용과 인지적 발달을 경험하면서, 서로 다른 단계들 각각은 일련의 양적 변화 후에 성취된다.

마지막으로, 아동 발달의 총체적 본질은 각 주제들에서 보여지는데, 아동들의 인지적 기능은 사회적 경험으로부터 나오고 사회적 경험에 기여한다. 이 관계는 Kohlberg의 도덕 추론 이론에서 분명하게 언급되었다. Kohlberg는 아동들이 불변적인 순서로 도덕 추론단계들을 거쳐 발전하고, 이 단계들을 거치는 발전은 인지적 발달과 또래들과의 상호작용 모두에 의해 중재된다고 제안했음을 상기하라. Kohlberg에게 있어서, 인지와 사회적 상호작용은 도덕발달을 안내할 때 서로 분리될 수 없다.

이것들은 우리의 발달적 주제들이 공격성, 이타성 및 도덕성의 발달과 관련되는 방식에 대한 단지 몇 가지 예일 뿐이다. 아마도 당신은 추가적인 예들을 확인할 수 있을 것이다. 분명히 우리의 주제는 아동과 청소년에서 사회적 발달의 이런 측면들에 대한 이론과 이해의 기초가 되는 중요한 구성물들이다.

요약

공격성의 발달

- 의도적인 해치는 행위, 즉 **공격성**은 두 가지 범주로 나누어지는데, **적대적 공격성**과 **도구적 공격성**이다.
- 도구적 공격성은 영아들이 장난감이나 다른 소유물에 대해 갈등하면서 생의 첫해 끝 무렵에 나타난다.
- 아동초기 동안, 신체적 공격은 줄어들고 언어적 공격은 증가하고, 도구적 공격은 다소 줄고 **보복적** 공격은 증가한다.
- 남아들은 보다 외현적으로 공격적이고, 여아들은 보다 **관계적으로 공격적**이다.
- 외현적 공격성은 나이가 들면서 감소하는 반면, 암묵적인 형태의 반사회적 행동은 나이가 들면서 증가한다.
- 공격성은 남성과 여성 모두에게 상당히 안정적인 속성이다.
- **도발적 공격자**는 개인적 목적을 만족시키기 위해 공격에 의존하고 공격은 그들에게 "보상을 줄" 것이라는 확신에 차 있다. 이들은 괴롭히는 사람이 된다.
- **반응적 공격자**는 타인들에게 적대적 의도를 과잉귀인하고 적대적 방식으로 보복하는 **적대적 귀인 편향**을 보인다. 이들은 **도발적 피해자**가 된다.
- 괴롭힘의 피해자들 대부분은 괴롭히는 아동들이 지배하기 쉬운 **수동적 피해자**들이다.
- 공격적인 성향은 부분적으로 아동이 성장한 문화적, 하위문화적, 가족적 상황에 달려있다.
- 적대적 행동들이 **부적으로 강화**되는 **강압적인 가정환경**의 아동들은 공격적이 될 것이다.
- 아동의 공격 발생은 **타임아웃 기법**과 **양립불가능-반응 기법**과 같은 통제 절차에 의존하는 "비공격적인" 놀이환경을 조성함으로써 그리고 사회인지적 중재를 실행함으로써 감소시킬 수 있다.

이타성: 친사회적 자기의 발달

- 장난감을 공유하고 고통받는 동료를 위로하는 것과 같은 초기 **이타성**의 지표는 영아기와 걸음마기에 나타난다.
- 공유, 도움 및 다른 형태의 **친사회적 행동**은 학령전기부터 점점 더 보편적이 된다.
- 이타적 관심의 성장은 역할맡기 기술, **친사회적 도덕 추론**, 동정적인 공감 각성의 발달과 관련있다.

- 공격성처럼, 개인의 이타적 경향성은 문화적 환경과 가정환경의 영향을 받는다.
- 부모들은 아동의 친절한 행동을 칭찬하거나 자신들이 설교하는 친사회적 교훈을 스스로 실행함으로써 이타적 행동을 증진할 수 있다.
- 비처벌적이고 정서적인 설명으로 해로운 행동을 훈육하는 부모들은 동정적이고 희생적이고 타인의 복지에 관심을 갖는 자녀를 육성할 가능성이 높다.

도덕발달: 정서적, 인지적, 행동적 요소들

- 도덕성이란 옳고 그름을 구분하고 이런 구분에 따라 행동하는데 도움이 되는 일련의 **내면화된** 원칙이나 이상들이다.
- 도덕발달의 정서적 요소
  - 연구는 양심은 따뜻하고 **상호반응적인 관계**의 맥락에서 걸음마기 초기에 형성된다는 것을 발견한다.
- 도덕발달의 인지적 요소
  - Piaget 이론은 도덕적 추론이 세 가지 수준의 불변적 순서를 통해 발전하는 것으로 본다. 전도덕적 단계, 타율적 도덕성, 자율적 도덕성이다. 그의 연구와 이론은 도덕발달의 인지적 요소에 대한 보다 최근 연구들을 위한 도약대가 되었다. Lawrence Kohlberg의 이론은 도덕 추론이 세 수준의 불변적 순서로 발전하는 것으로 본다. **전인습적, 인습적, 후인습적 도덕성**으로, 각각은 두 가지 개별적 단계들로 구성되어 있다.
  - 연구를 통해, 인지발달, 고등교육 및 민주적 활동에서 부모, 또래 및 다른 참가자들과 함께 하는 사회적 경험이 도덕추론에 기여한다는 Kohlberg의 제안과 단계들이 지지되었다.
  - Kohlberg 이론은 많은 비서양적인 사회에 살고 있는 사람들이나 **정의의 도덕성**보다 **배려의 도덕성**을 강조하는 사람들의 도덕성을 설명하는데 적절치 않다.
- 도덕발달의 행동적 요소
  - 사회학습 이론가들은 아동들이 어떻게 유혹에 저항하고 도덕규준을 위반하는 행위를 억제하는지를 설명한다.
  - **억제적 통제력**의 발달을 향상시키는 요인들 중에는 선행에 대한 칭찬, 적절한 합리적인 설명을 포함하는

처벌, 그리고 도덕적 제약의 모델에 노출하거나 스스로 모델이 되는 것이 있다.

- 도덕적 자아개념 훈련과 같은 다른 비처벌적 기법들도 도덕행동을 향상시키는데 매우 효과적이다.

- 아동양육에 대한 연구들은 **유도법**의 사용은 도덕적 성숙을 향상시키는 반면, **애정철회법**은 어떤 효과도 없고, **권력행사법**은 도덕적 미성숙과 연합되어 있음

을 일관되게 보여주었다.

- 유도법의 효과는 아동의 기질에 따라 차이가 있다.

- 일반적으로 아동들은 다른 접근들보다 유도법을 선호하고, 대부분은 자신들이 존중할 수 있는 방법을 사용하는 유도적인 성인들의 영향을 받아들이려는 동기가 높다.

연습문제 PRACTICE QUIZ

선다형: 다음 질문에 대한 최선의 답을 선택함으로써 공격성, 이타성 및 도덕발달에 대한 당신의 이해를 체크하라. 정답은 부록에 있다.

1. 공격성의 성차에 대한 연구는 남아들은 보다 ____ 공격성을 보이는 반면, 여아들은 보다 _____ 공격성을 보인다고 제안한다.
   a. 외현적, 관계적
   b. 관계적, 외현적
   c. 도구적, 보복적
   d. 보복적, 도구적

2. Chen은 매우 공격적인 초등학생 남아이다. 그는 자존감을 높이고 자신이 원하는 것을 갖기 위해 공격적 전략을 사용한다. 우리는 Chen을 _____ 공격자라고 부를 것이다.
   a. 외현적
   b. 관계적
   c. 도발적
   d. 반응적

3. 다음 문장 중에서 괴롭힘에 대한 연구들에서 지지되지 않은 것은?
   a. 남아들은 신체적으로 괴롭힘을 당할 가능성이 높고, 여아들은 언어적으로 괴롭힘을 당할 가능성이 더 높다.
   b. 괴롭힘은 청소년 초기에 가장 빈번하다(6~8학년).
   c. 괴롭히는 아동은 담배를 피고, 술을 마시고, 열등한 학생이 될 가능성이 높다.
   d. 괴롭힘은 교외나 시골지역보다 인구밀도가 높은 도시지역에서 더 보편적이다.

4. 타인들을 유익하게 하려는 의도의 행동은?
   a. 이타성

   b. 친사회적 행동
   c. 공감
   d. 도덕적 행동

5. Rosalita는 친구 Consuela는 유치원에서 만든 마카로니 목걸이를 잃어버린 것을 보았다. Rosalita는 친구가 매우 기분이 나쁘다고 느꼈다. Rosalita는 _____를 경험하고 있으며, 결국 이타성이 _____될 것이다.
   a. 동정적인 공감 각성, 향상
   b. 동정적인 공감 각성, 감소
   c. 자기 지향적 고통, 향상
   d. 자기 지향적 고통, 감소

6. 공감이 학습된 이타적 교훈을 생각나게 함으로써 이타성을 향상한다는 이론은?
   a. 이타성 가설
   b. 공감 가설
   c. 책임감 느끼기 가설
   d. 공감적 반추 가설

7. Crandall 박사는 옳고 그른 행동을 둘러싸고 있으며 도덕적 생각과 행동을 동기화하는 아동의 감정들(죄책감과 타인의 감정들에 대한 관심)의 발달을 연구한다. Crandall 박사는 도덕성의 _____ 요소를 연구하고 있다.
   a. 정서적
   b. 행동적
   c. 인지적
   d. 반추적

8. Chip은 대개 부모에게 반대하지 않는다. 그의 부모는 대개 그의 행동을 통제하기 위해 힘을 사용하지만, Chip은 협력하거나 도덕적 기준을 따르려는 열의가 없다. Chip이 부모와 맺은 관계는?

a. 상호반응적 관계

b. 헌신적 순종

c. 상황적 순종

d. 권력행사적 관계

9. Koblberg의 도덕발달이론에 따르면, 법을 다수의 의지를 표현하고 인간 복지를 촉진하는 도구로 보는 사람은 어느 단계에 있는 것인가?

a. 처벌−복종 지향

b. 사회질서유지 도덕성

c. 개인적 양심 원칙의 도덕성

d. 사회계약 지향

10. 유혹에 저항하는 아동의 능력에 대한 처벌의 효과를 연구하기 위해 "금지 장난감 패러다임"을 사용한 Parke의 실험이 보여준 것은?

a. 확고한 처벌과 관대한 처벌 모두 효과적 기법이다.

b. 처벌은 금지된 행위에 대한 인지적인 설명이 동반되었을 때 더 효과적이다.

c. 즉각적 처벌과 지연된 처벌 모두 효과적인 기법이다.

d. 처벌을 사용하는 사람의 온정성(혹은 냉담함)은 기법의 효과에 영향을 미치지 않는다.

주요 용어 KEY TERMS

갈등(conflict)

강압적 가정환경(coercive home environment)

공격성(aggression)

공격의 도발적 피해자(provocative victims of aggression)

공격의 수동적 피해자(passive victims of aggression)

관계적 공격(relational aggression)

권력행사법(power assertion)

내면화(internalization)

도구적 공격(instrumental aggression)

도덕성(morality)

도덕적 정서(moral affect)

도덕적 추론(moral reasoning)

도덕적 행동(moral behavior)

도발적 공격자(proactive aggressors)

동정적인 공감 각성(sympathetic empathic arousal)

반응적 공격자(reactive aggressors)

배려의 도덕성(morality of care)

보복적 공격성(retaliatory aggression)

부적 강화인(negative reinforcer)

상호반응적 지향(mutually responsive orientation)

상황적 순종(situational compliance)

애정철회법(love withdrawal)

양립불가능−반응 기법(incompatible-response technique)

억제적 통제력(inhibitory control)

유도법(induction)

이타성(altruism)

인기(popularity)

인습적 도덕성(conventional morality)

자기−지향적 고통(self-oriented distress)

자율적 도덕성(autonomous morality)

적대적 공격성(hostile aggression)

적대적 귀인 편향(hostile attributional bias)

전도덕기(premoral period)

전인습적 도덕성(preconventional morality)

정서적 설명(affective explanations)

정서적으로 쓸모없는 부모(emotional unavailable parents)

정의의 도덕성(morality of justice)

"책임감 느끼기" 가설(felt-responsibility hypothesis)

친사회적 도덕 추론(prosocial moral reasoning)

친사회적 행동(prosocial behavior)

타율적 도덕성(heteronomous morality)

타임아웃 기법(time-out technique)

특수성 주의(doctrine of specificity)

헌신적 순종(committed compliance)

후인습적 도덕성(postconventional morality)

제5부 발달의 맥락

14 발달의 맥락 I: 가족

1995년 4월 자신의 75번째 결혼기념일 다음날 95세인 Cora Shaffer는 장남(당시 73세)의 50번째 결혼 기념 파티에 참석했다. 또한 Cora의 다른 생존해 있는 자녀, 8명의 손자 중 4명, 11명의 증손자 중 8명, 11명의 현손 중 9명이 참석했다. 특별하게, Cora는 모든 후손들의 가장 의미 있는 날들(생일, 결혼기념일)을 쉽게 말할 수 있었고 또한 이 모든 친척들의 가장 주목할 만한 사건들(예, 최근 직업적, 교육적, 개인적 성취)에 대해 정말 많은 이야기를 할 수 있었다. 내(Dave Shaffer)가 Cora에게 모든 가족들이 하는 일을 어떻게 기억할 수 있는지를 물었을 때, 그녀는 웃으며 1985년(85세!)에 은퇴한 이래로 가족 일에 대해 생각하는 데 많은 시간을 보냈다고 말했다. 그리고 "Alexander Graham Bell은 전화를 발명할 때 틀림없이 마음 속에 나처럼 할 이야기가 많았을 거야"라고 재치 있는 말을 했다. 그리고 이 여성은 또한 오랫동안 그녀가 알고 있었던 세상을 떠난 친척들의 삶과 시간들에 대해서도 오랫동안 상세하게 말했다. 그들 중 몇몇은 전화(또는 심지어 조랑말 속달우편(the Pony Express))가 발명되기 전인 1840년대 초에 태어났다. 분명히, Cora Shaffer는 Shaffer 가문의 과거, 현재, 미래 세대와의 자신의 유대를 가치 있게 여겼다.

우리 대부분은 내 할머니만큼 많은 친척들의 세대에 대해 알거나 관심을 가질 기회가 결코 없겠지만, 가족 유대에 대한 할머니의 강조는 이상한 것이 아니다. 미국 아동의 99%이상이 이런 저런 가족들에서 양육되며(U.S. Bureau of Census, 2002), 모든 사회의 아동들 대다수는 적어도 한 명의 친척이 있는 가정에서 성장한다. 그래서 실제로 우리 모두는 가족들과 묶여있다. 우리는 그들에게 태어나고, 그들 속에서 고생을 하면서 성인기로 나아가고, 성인으로서 자신의 삶을 시작하고, 나이가 들어도 그들과 연결되어 있다. 우리는 가족의 일부이고 그들은 우리의 일부이다.

이 장에서 우리의 초점은 어린 아동에게 영향을 주고 영향을 받는 제도인 사회체계로서의 가족이다. 가족은 무엇이고 가족들은 어떤 기능을 하는가? 아동의 출생은 가족원에게 어떤 영향을 미치는가? 어떤 양육패턴은 다른 양육패턴보다 더 나은가? 가족들의 문화적 유산과 사회경제적 지위는 양육에 영향을 미치는가? 형제는 아동발달에 얼마나 중요한가? 오늘날 우리가 보는 가족생활의 다양성 증가는 아동들에게 영향을 미치는가? 이것들은 가족들이 아동이나 청소년들의 발달에서 하는 중요한 역할들을 관찰할 때 살펴보아야 할 몇몇 주요한 이슈들이다.

▌생태체계적 관점

미국 심리학자인 Urie Bronfenbrenner는 아동과 청소년 발달에 대한 관점을 제시하는데 이 관점은 초기 "환경론적" 접근의 많은 단점을 지적한다. 초기 행동주의자들은 "환경"을 개인의 발달을 형성하는 모든 외적인 힘이라고 정의했다. Bandura(1986, 1989)와 같은 현대 학습이론가들은 환경은 개인에게 영향을 주는 동시에 개인에 의해서 영향을 받기도 한다고 인정함으로써 이런 관점에서 후퇴했지만, 현대 학습이론가들은 여전히 발달이 일어나는 환경맥락을 모호하게 기술할 뿐이다.

> **생태체계이론**
> (ecological systems theory)
> 발달중인 사람이 그 속에 들어가 있는 일련의 환경체계들을 강조하는 Bronfenbrenner의 모델. 이 체계들은 다른 체계 및 사람과 상호작용하면서 발달에 영향을 준다.

Bronfenbrenner의 **생태체계이론**(Bronfenbrenner, 2005; Bronfenbrenner & Morris, 2006)은 자세한 환경영향분석을 제공한다. 이 관점은 또한 생물학적으로 영향받은 특성들이 환경적인 힘과 상호작용하여 발달을 이룬다는 것에 동의한다.

Bronfenbrenner의 발달맥락

Bronfenbrenner(1979)는 자연스러운 환경들이 발달중인 사람에게 영향을 주는 중요한 원천이라는 가정에서 출발한다. 이는 매우 인위적인 실험실 맥락에서 발달을 연구하는 연구자들이 종종 간과하는 점이다. Bronfenbrenner는 환경(또는 자연생태)을 "러시아 인형세트처럼, 하나가 다른 하나의 안에 들어있는 겹으로 포개진 구조 세트"로 정의한다(p.22). 다시 말하면, 발달중인 사람은 여러 환경체계의 중심에 들어있다. 환경체계는 가족과 같은 가까운 환경에서부터 보다 넓은 문화같은 더 먼 맥락까지 범위를 갖는다(그림 14.1 참조). 이 체계 각각은 나머지 다른 체계 및 사람과 상호작용하여 발달에 중요한 방식으로 영향을 준다고 생각된다(Cole, 2005, 참조).

Bronfenbrenner이론은 발달학자들이 아동발달 환경을 고려하는 방식에 진정한 변혁을 일으켰다. 예를 들어 1940년대와 1950년대에는 발달학자들이 아동 환경의 한 측면이 주는 효과를 조사하는 경향이 있었다. 예를 들어 이혼 가정의 자녀와 이혼하지 않은 가정의 자녀들 사이의 인지적, 사회적, 심지어 생물학적 차이를 이혼이 아동에게 주는 효과에 모두 귀인시킬

© Cornell University

그의 생태체계이론에서 Urie Bronfenbrenner(b. 1917-2005)는 여러 개의 주변환경 수준이 아동과 청소년의 발달에 영향을 주는 방식을 기술한다.

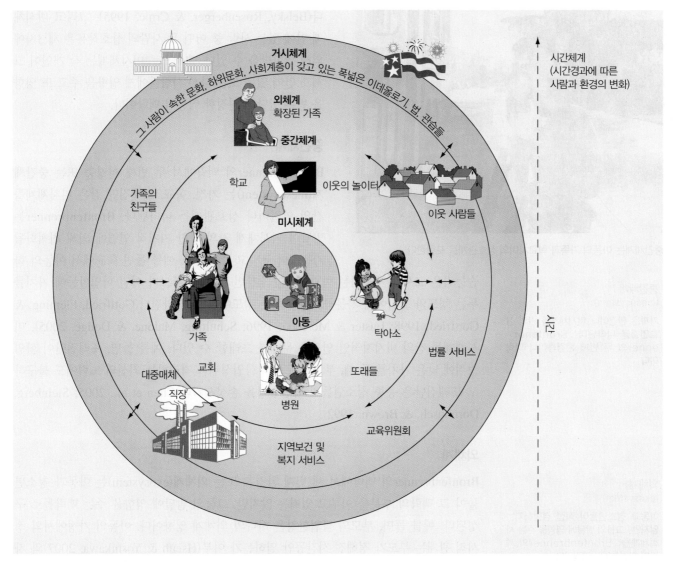

그림 14.1 일련의 포개진 구조인 Bronfenbrenner의 생태학적 모델. 미시체계는 아동과 직접 접해 있는 환경 사이의 관계를 나타낸다. 중간체계는 아동의 직접적인 환경들 간의 연결을 나타내고, 외체계는 아동을 포함하지 않지만 영향을 주는 사회적 환경을 나타내며, 거시체계는 그 문화의 이념을 나타낸다(Bronfenbrenner, 1979에 근거).

수 있다. Bronfenbrenner이론에서는 이제 아동발달에 영향을 줄 수 있는 여러 수준과 여러 유형의 환경 효과를 고려하는 것이 가능하다. 이 이론을 더 자세히 살펴보자.

미시체계

Bronfenbrenner의 맥락에서 가장 안쪽의 환경층 또는 **미시체계**(microsystem)는 개인과 아주 가까운 주변에서 일어나는 활동과 상호작용을 나타낸다. 대부분의 어린 영아들에게 미시체계는 가족으로 한정된다. 그러나 이 체계는 아동이 주간 보육시설, 유치원, 소년모임, 이웃의 놀이친구들과 접하게 되면서 더 복잡해진다. 아동들은 미시체계 안에 있는 사람들에 의해서 영향을 받는다. 마찬가지로 생물학적 · 사회적으로 영향받은 아동 자신의 특성들—습관, 기질, 신체적 특성, 능력—도 그들의 미시체계 안에 있는 사람들의 행동에 영향을 준다. 예를 들어, 기질적으로 까다로운 영아는 자기 부모 간의 관계를 소원하게 하거나 심지어 부모의 결혼관계를 손상시키기에 충분한 불화를 만들 수도 있

**미시체계
(microsystem)**

사람이 실제로 부딪치는 가까운 환경(역할 관계와 활동을 포함). Bronfenbrenner의 환경층이나 맥락에서 가장 안쪽에 있다.

중간체계는 아동의 가족과 학교사이의 상호관계를 포함한다.

중간체계
(mesosystem)

가까운 환경이나 미시체계들 간의 상호연결을 나타낸다; Bronfenbrenner의 두 번째 환경층이나 맥락이다.

외체계
(exosystem)

아동과 청소년들이 직접 경험하지는 않지만, 그들의 발달에 영향을 주는 사회체계들: Bronfenbrenner의 세 번째 환경층이나 맥락이다.

거시체계
(macrosystem)

발달이 일어나는 더 큰 문화적 또는 하위문화 맥락; Bronfenbrenner의 가장 바깥쪽 환경층이나 맥락이다.

다(Belsky, Rosenberger, & Crnic, 1995). 그리고 미시체계 안에 있는 사람 중 어떤 두 사람의 상호작용은 제 3자에 의해 영향받을 수 있다. 그러므로 미시체계는 각 개인이 그 체계 안에 있는 모든 다른 사람들에게 영향을 주고 또 영향을 받는 발달의 진정한 역동적 맥락이다.

중간체계

Bronfenbrenner의 맥락에서 두 번째 환경층 또는 **중간체계**(mesosystem)는 가정, 학교, 또래집단 같은 미시체계들 간의 연결이나 상호관계를 나타낸다. Bronfenbrenner는 발달이 미시체계 간의 강한 지지적 연결에 의해 최적화될 가능성이 높다고 주장한다. 예를 들면 학교에서 아동의 학습능력은 교사가 제공하는 학과지도의 질뿐만 아니라, 부모가 이런 학업활동에 가치를 두는 정도와 교사에게 자문하고 협조하는 정도에 따라 달라진다(Gottfried, Fleming, & Gottfried, 1998; Luster & McAdoo, 1996; Schulting, Malone, & Dodge, 2005). 미시체계들 간의 비지지적인 연결은 문제를 초래할 수 있다. 예를 들면, 또래집단이 학업성취에 낮은 가치를 둘 때, 부모와 교사의 학업성취를 격려하는 최선의 노력에도 불구하고 또래집단은 종종 청소년들의 학업수행을 손상시킨다(Chen et al., 2005; Steinberg, Dornbusch, & Brown, 1992).

외체계

Bronfenbrenner의 맥락에서 세 번째 환경층 또는 **외체계**(exosystem)는 아동과 청소년들이 그 맥락의 부분을 이루고 있지는 않지만, 그들의 발달에 영향을 주는 맥락들로 구성된다. 예를 들면, 부모의 작업환경은 하나의 외체계 영향이다. 아동의 가정에서의 정서적 관계는 부모가 정해진 시간동안 일하는가 여부(Hseuh & Yoshikawa, 2007)와 자신들의 일을 즐기느냐 즐기지 않느냐(Green- berger, O'Neil, & Nagel, 1994)에 따라 크게 영향을 받을 수 있다. 이와 유사하게, 아동의 학교에서의 경험 또한 외체계—학교위원회가 채택한 사회적 통합 계획, 또는 학교수입을 감소시키는 결과를 가져오는 지역사회내의 공장폐쇄 등—에 의해 영향받을 수 있다.

거시체계

Bronfenbrenner는 또한 발달이 **거시체계**(macrosystem)—즉, 미시체계나 중간체계, 외체계가 들어있는 문화, 하위문화, 사회계층 맥락—안에서 일어남도 강조한다. 거시체계는 (다른 것들 중에서) 아동을 어떻게 다루어야 하는지, 아동에게 무엇을 가르쳐야 하는지, 아동이 추구해야 하는 목표가 무엇인지를 규정하는 전체를 둘러싸고 있는 광범위한 이데올로기이다. 이런 가치들은 문화, 하위문화, 사회계층에 따라 다르며, 아동들이 그들에게 영향을 주는 가정이나 이웃, 학교 등의 모든 맥락내에서 겪게 되는 경험의 종류에 직접적 또는 간접적으로 크게 영향을 줄 수 있다. 예를 들면, 아동에 대한 체벌을 금하고 사람사이의 갈등을 비폭력적으로 해결하는 방식을 지지하는 문화(거시체계)에서는 가족내 아동학대(미시체계 경험)의 발생률이 훨씬 낮다(Belsky, 1993; U.S. Department of State, 2002).

시간체계

Bronfenbrenner의 모델은 시간차원 또는 **시간체계**(chronosystem)를 포함하는데, 이는 아동의 변화나 어떠한 생태적 발달 맥락의 변화라도 발달이 일어나는 방향에 영향을 줄 수 있음을 강조한다. 예를 들면, 사춘기에 일어나는 인지적, 생물학적 변화는 어린 청소년과 부모 사이의 갈등을 증가시킨다(Paikoff & Brooks-Gunn, 1991; Steinberg, 1988). 그리고 환경변화의 영향 또한 아동의 연령에 따라 좌우된다. 예를 들면, 부모의 이혼이 모든 연령의 아동들에게 큰 충격을 주지만, 자신이 부모 이혼의 원인이라는 죄의식의 경험은 청소년이 어린 아동보다 덜 경험하는 경향이 있다(Hetherington & Clingempeel, 1992).

이 마지막 두 장에서 Bronfenbrenner의 생태체계이론에서 살펴본 더 광범위한 맥락의 일부를 알아본다. 먼저 미시체계를 살펴본다. 가족이 아동과 청소년 발달에 영향을 주는 방식과 양육과 형제가 영향을 주는 방식도 알아 볼 것이다. 다음 장에서는 외체계와 거시체계, 특히 학교와 대중매체가 발달에 영향을 주는 방식을 알아본다. 이것들은 맥락이 발달에 영향을 주는 방식에 대한 짤막한 기술을 제공한다. 그러나 그것들은 발달 맥락에 대한 대부분의 이론과 연구를 만든 영역을 나타내기도 한다. 가족을 살펴보는 것으로 시작하자.

▌ 가족 이해하기

발달적 관점에서, 모든 사회에서 가족이 하는 가장 중요한 기능은 젊은이를 돌보고 사회화하는 것이다. **사회화**(socialization)는 사회의 나이든 구성원들이 중요하고 적절한 것으로 판단한 신념, 동기, 가치, 행동을 아동들이 습득하는 과정을 말한다.

물론 가족은 사회화 과정에 포함되는 많은 기관들 중 하나이다. 15장에서 보게 되듯이, 학교, 종교집단, 대중매체, 아동집단(예, 보이스카웃이나 걸스카웃)들은 가족들이 제공했던 훈련과 정서적 지원의 기능을 자주 보충하며 건강한 발달적 결과를 촉진한다(King & Furrow, 2004; Larson, Hansen, & Moneta, 2006). 그럼에도 불구하고, 탁아소나 유치원에 가거나 공식적인 학교교육을 시작하기 전까지, 많은 아동들이 가족 이외에 다른 사람들을 만나는 것은 제한적이다. 따라서 가족은 아동을 사회화하는 다른 기관들에 대한 분명한 선도자(head start)이다. 가족을 사회의 일차적 사회화 기관이라고 생각하는 것이 적절하다.

사회체계로서 가족

가족생활 형태가 너무나 다양하기 때문에 모든 문화, 하위문화, 또는 역사적 시대에 적용되는 방식으로 가족이라는 용어를 정의하는 건 쉬운 일이 아니다(Coontz, 2000). 한 정의에 따르면 가족은 "출생, 결혼, 입양, 혹은 선택에 의해 연결된 서로 정서적 유대와 책임을 갖는 둘 이상의 사람들"이다(Allen, Fine, & Demo, 2000, p. 1).

발달학자들이 1940년대와 1950년대에 사회화를 연구하기 시작했을 때, 그들은 거의 전적으로 모-자 관계에 초점을 맞추었다. 이것은 어머니들(아버지들은 더 적게)이 아동의 품행과 성격을 만드는 대행인들이라는 가정하에서 이루어진 것이다(Ambert,

---

시간체계
(chronosystem)
생태체계이론에서 시간이 지남에 따라 생기는 개인이나 환경의 변화를 말하며 발달이 일어나는 방향에 영향을 준다.

사회화
(socialization)
그들의 문화나 하위문화가 바람직하거나 적절하다고 생각하는 신념, 가치, 행동을 아동들이 습득하는 과정.

가족
(family)
출생, 결혼, 입양, 선택으로 관계를 맺은 둘 이상의 사람들로 서로에게 정서적 유대와 책임감을 갖는다.

가족 사회체계
(family social system)
셋 이상의 구성원을 갖는 가족을 특징짓는 관계, 상호작용, 영향패턴의 복잡한 네트워크.

전통적 핵가족
(traditional nuclear family)
아내/어머니, 남편/아버지, 그들의 의존적인 자녀 또는 자녀들로 이루어진 가족단위.

공동양육
(coparent)
부모가 협동적 양육팀으로서 서로를 상호 지지하고 기능하는 환경.

1992). 그러나 현대 가족 연구가들은 단순한 일방향적 모델을 거부하고 더 포괄적인 "체계(systems)" 접근을 선호했다. 체계 접근은 부모가 자녀에게 영향을 준다는 것을 인정했다. 그러나 또한 (1) 아동들은 부모의 행동과 자녀-양육법에 영향을 미치고, (2) 가족은 복잡한 **사회체계**(social system) 즉 끊임없이 발달하고 지역사회와 문화적 영향에 의해 많은 영향을 받는 호혜적(reciprocal) 관계망과 연합임을 강조했다(Parke & Buriel, 2006).

가족이 사회적 체계라고 말하는 것은 인간의 신체와 같은 총체적 구조(a holistic structure)라는 의미이다. 가족은 상호 관련된 부분들로 구성되며, 이들 각 부분들은 모든 다른 부분들과 서로 영향을 주고 받는다. 각 부분은 전체가 기능하는데 기여한다(Fingerman & Bermann, 2000; Parke & Buriel, 2006).

예로 어머니, 아버지, 첫째 아이로 구성된 가장 단순한 **전통적 핵가족**(nuclear family)을 살펴보자. 남자-여자-아기 "체계"도 아주 복잡하다(Belsky, 1981). 어머니와 상호작용하는 영아는 이미 호혜적 영향(reciprocal influence)의 과정에 들어가 있다. 이것은 영아의 미소에 대해 어머니는 미소로 반겨줄 가능성이 높으며 어머니의 걱정스런 표현은 영아를 종종 경계하게 만드는 것을 우리가 목격할 때 분명히 알 수 있다. 아버지가 도착하면 어떤 일이 일어나는가? 어머니-영아 쌍은 갑자기 어머니-영아, 아버지-영아 관계 뿐 아니라 남편-아내로 구성되는 "가족 체계"로 바뀐다(Belsky, 1981, p.17).

가족을 체계로서 보는 것이 갖는 한 가지 시사점은 두 명의 가족구성원 간 상호작용이 세 번째 가족구성원의 태도와 행동에 의해 영향을 받을 가능성이 높다는 점이다(예를 보려면 Parke, 2004 참조). 예를 들면 아버지들은 어머니-영아 관계에 영향을 미친다: 남편과 가깝고 지지적인 관계를 맺고 있는 행복한 결혼 상태의 어머니들은 부부 간의 긴장을 경험하고 혼자서 아동을 양육하고 있다고 느끼는 어머니들에 비해 아기들과 훨씬 더 참을성 있고 민감하게 상호 작용하는 경향이 있다(Cox et al., 1989, 1992; Parke & Buriel, 2006). 행복한 결혼생활을 하는 어머니의 영아들은 그래서 더 안전하게 애착되는 경향이 있다(Doyle et al., 2000). 반면에 어머니들은 아버지-영아 관계에 영향을 미친다. 아버지들은 배우자와의 관계가 조화롭고(Kitamann, 2000) 아내가 많이 개입할 때(Flouri & Buchanan, 2003) 자녀들과 더 많은 관계를 맺고 지지적인 경향이 있다. 전반적으로, 부부가 **공동양육**(coparent)할 때, 즉 서로의 양육 노력을 서로 지지하고 적대적이 아닌 협동적인 팀으로서 기능할 때 아동들은 가장 잘 지낸다(Leary & Katz, 2004; McHale et al., 2004). 불행하게도, 부부 간 갈등이나 다른 생활 스트레스를 경험하는 부부들은 효과적인 공동양육을 하기 어렵다(Kitzmann, 2000; McHale, 1995; Vetere, 2004). (미국에서 47%의 이혼률은 많은 부부들이 부부갈등을 겪고 있음을 나타낸다[미국세 조사국, 2006]). 불행한 부부들은 자녀양육문제에 대해 특히 격렬하고 해로울 수 있는 논쟁을 한다(Papp, Cummings, & Goeke-Morey, 2002). 이런 부정적 상호작용은 종종 부부갈등의 다른 측면들에 그 원인이 있는 아동기와 청소년기 적응 문제가 증가될 것을 예고한다(Mahoney, Jouriles, & Scavone, 1997; McHale et al., 2002).

물론 아동들도 부모들에게 영향을 행사할 수 있다. 화를 내고 요구에 거의 순응하지 않는 매우 충동적인 아동은 어머니들이 처벌적인 강압적 훈육법을 사용하도록 몰아갈 수 있다(어머니에 대한 아동("child-to-mother")의 영향)(Stoolmiller, 2001). 이것은 다시 아동이 이전보다 더 반항적이 되도록 만들 수 있다(아동에 대한 어머니("mother-to-child")의 효과)(Crockenberg & Litman, 1990; Donovan, Leavitt, & Walsh, 2000). 분노한 어머니는 남편이 개입하지 않은 것에 대해 남편을 비난할 수 있고, 이로써 부모의 의무와 책임에 대해 불쾌한 논쟁을 할 수 있다(아동의 충동성이 남편–아내 관계에 미치는 효과)(Jenkins et al., 2005).

간단히 말하면, 가족 내의 모든 사람들과 모든 관계는 그림 14.1에서 묘사된 영향의 경로를 통해 모든 다른 사람과 관계에 영향을 미친다 (Belsky & Fearon, 2004, 참조). 이제 우리는 전적으로 어머니–자녀 관계에 초점을 맞추는 것으로 가족이 아동에게 어떻게 영향을 미치는가를 이해할 수 있다고 다소 순진하게 생각한 이유에 대해 알아볼 것이다(Frascarolo et al., 2004).

우선 두 번째 아이의 출생, 형제–형제 관계, 및 형제–부모 관계가 추가됨으로써 가족 체계가 얼마나 복잡하게 되었는지에 대해 생각해 보자! 쌍생아, 세쌍둥이 혹은 다른 다태아 출생이 있는 가족 내에는 다른 수준의 복잡성이 존재한다 (예를 보려면 Feldman, Eidelman, & Rotenberg, 2004, 참조). 혹은 부모와 자녀가 다른 가족, 예를 들면 조부모, 이모나 고모, 삼촌, 조카들과 함께 살고 있는 **확대 가족**(extended family household)의 복잡성을 살펴보자 (Parke & Buriel, 2006).

확대 가족
(extended family)
가족을 이루어 함께 사는 하나 이상의 핵가족에서 생긴 혈연관계 집단(예, 조부모, 고모, 이모, 삼촌, 조카).

가족은 발달하는 체계이다

가족은 복잡한 사회체계일 뿐만 아니라 변화하고 있는 역동적인 체계이다. 모든 가족 구성원이 발달하고 있는 개인이고 남편과 아내, 부모와 자녀, 형제와 형제 간의 관계는 각 가족 구성원들의 발달에 영향을 주는 방식으로 변화한다는 것을 생각해 보라(Parke & Buriel, 2006). 부모가 자율성을 격려하고 개인적인 주도권을 발달시키려는 수단으로서 걸음마기 유아들이 혼자 더 많은 일을 하도록 허락할 때처럼 그런 많은 변화들은 정상적 발달변화이다. 그러나 형제의 죽음이나 어머니–아버지 관계의 악화와 같은 계획되지 않거나 예측되지 못한 변화들은 가족 상호작용과 자녀의 발달에 큰 영향을 줄 수 있다. 따라서 가족은 단지 발달적 변화가 일어나는 체계는 아니다. 가족 역동도 가족구성원의 발달과 함께 변화한다.

또한 사회체계 관점은 모든 가족들은 더 큰 문화 및 하위문화 맥락 내에 있으며 가족이 차지하는 생태학적 영역(예를 들면, 가족의 종교, 사회경제적 지위, 하위문화, 공동체와 이웃 내에 퍼져있는 가치들)이 가족 상호작용과 가족 내 아이들의 발달에 영향을 줄 수 있음을 강조한다(Bronfenbrenner, & Morris, 2006; Taylor, Clayton, & Rowley, 2004). 이 장의 뒷부분에서 보게 되듯이, 경제적 궁핍은 양육에 강한 영향력을 행사한다. 부모들은 재정적 상황에 대해 우울해지고, 이것은 다시 자녀들에 대해 덜 양육적이고 덜 개입하게 만든다(Conger et al., 2002; Mistry et al., 2002; Parke & Buriel, 2006). 그러나 교회, 자원봉사 기관, 가까운 친구들의 모임과 같은 공동체들과 강한 결속을 맺고 있는 경제적으로 어려운 부모들은 일상적인 양육에 대한 스트레스나 문제가 훨씬 적었다(Burchinal, Follmer, & Bryant, 1996; MacPhee, Fritz, & Miller-Heyl, 1996).

예를 들어 확대 가족 배치는 매우 보편적이고 경제적으로 열악한 아프리카계 미

사회체계로서의 가족: 부모가 그들의 관계에서 서로 사랑하고 조화를 이룰 때 그리고 부모가 친구들과의 관계에 적극적으로 참가하는 것으로 그 관계를 지지할 때, 그들은 더 효율적인 부모다.

국 어머니들에게 있어서 아주 적응적임이 입증되었다. 그들은 만일 자신의 어머니나 다른 친척으로부터 필요한 자녀 양육에 대한 도움과 사회적 지원을 받게 된다면 보다 민감하고 반응적인 부모가 될 가능성이 높다(Burton, 1990; Taylor, 2000). 사실 많은 친척의 지지를 받는 열악한 아프리카계 미국 학령기 아동과 청소년들은 일반적으로 가정에서 유능한 양육을 받는다. 이것은 다시 강력한 자신감, 좋은 학문적 수행, 더 적은 행동문제 같은 긍정적인 결과와 연합된다(Taylor, 1996; Taylor & Roberts, 1995; Zimmerman, Salen, & Maton, 1995).

수단(Sudan)과 같은 일부 문화에서는 공동체의 상호의존과 세대 간 조화를 강조하는 집단 가치가 사회생활을 지배한다. 이런 문화에서는 아동들은 일상적으로 서구화된 양부모 핵가족에서보다 확대-가정에서 성장하면 더 나은 심리적 적응패턴을 보여준다(Al Awad & Sonuga-Barke, 1992). 발달에 가장 건강한 가족맥락은 개별 가족의 욕구 및 가족들(특정 문화와 하위문화내에 있는)이 촉진하려는 가치들 모두에 따라 매우 다른 것으로 보인다.

분명히 가족이 경험하는 더 광범위한 사회적 맥락들은 가족 기능을 수행하는 방식에 영향을 미칠 수 있다. 이런 광범위한 사회적 맥락도 항상 변화하고 발달한다. 20세기 후반 동안에 일어난 몇 가지 극적인 사회 변화들이 미국의 전형적인 가족 구성과 가족 삶의 특성에 영향을 미쳤다. 미국 인구조사 자료와 다른 조사들에 근거하여, 표 14.1은 이런 변화들을 기술한다.

가족이해의 요약

요약하면, 가장 단순한 가족도 부분의 합보다 훨씬 더 큰 가족 체계이다. 각 가족원들은 다른 모든 가족구성원들의 행동에 영향을 미칠 수 있을 뿐 아니라, 어떤 두 가족구성원들 간의 관계라도 모든 다른 가족구성원들의 상호작용이나 관계에 영향을 미칠 수 있다. 그리고 가족구성원들이 발달하고, 관계가 변하며, 모든 가족 역동이 가족이 속해있는 더 큰 사회 맥락의 영향을 받는다는 것을 고려할 때, 가족 내에서의 사회화는 부모-자녀 간의 이차선(two-way) 도로보다는 많은 영향력 도로들의 분주한 교차로(intersection)로 가장 잘 묘사될 수 있다.

이런 변화가 우리에게 말해 주는 것은 현대의 가족은 이전보다 훨씬 더 다양하다는 것이다(Demo, Allen, & Fine, 2000). 전형적인 가족의 고정적인 이미지는 생계비를 버는 아버지, 가정주부인 어머니, 적어도 두 명의 자녀가 있는 핵심적 집합이다. 한 추정치에 의하면 "전형적인" 가족은 1960년 미국 가정의 약 50%를 나타내고 있었지만, 1995년에는 단지 12%만이 그렇다(Hernandez, 1997). 비록 오늘날 가족이 이전시대보다 더 적은 영향을 주고 있긴 하지만, 가족에 대한 이미지는 오늘날 존재하며 아동들 대다수의 발달에 영향을 주는 많은 맞벌이 부부, 편부모, 혼합가족, 다세대 가족을 포함하는 가족 이미지로 확장되어야 한다. 가족이 아동들의 발달에 어떤 영향을 미치는가를 알아보기 위해 가족의 삶에 대한 논의를 시작하면서 이것들을 마음속에 새겨 놓을 필요가 있다.

표 14.1	미국내에서 가족체계의 변화	
부모의 변화 가족의 변화	독신의 증가	과거에 비해 오늘날 더 많은 성인들이 독신으로 살고 있다. 성인들의 95%는 결국 결혼한다.
	결혼의 연기	첫 결혼의 연령이 여성은 20세(1955년)에서 26세(2005년)로, 남성은 21세(1955년)에서 27세(2005년)로 높아졌다.
	자녀수의 감소	첫 번째 아이를 낳는 연령이 과거보다 높아졌다. 한 가족의 자녀 수는 평균 1.8로 감소했다. 단지 결혼여성의 85%만 자녀를 낳는다.
	취업모 증가	6세 이하의 자녀가 있는 여성 중 63%가 집밖에서 일한다(1950년의 12%에 비교해서)
	이혼증가	이혼율은 증가하고 있다. 최근 결혼한 부부의 40%~50%의 부부들이 이혼할 것으로 예상된다. 해마다 백만명의 아동들의 부모의 이혼으로 영향을 받고 있다.
	한부모 가족의 증가	더 많은 아동들이 이혼율 증가와 미혼 부모 증가로 인해 생긴 한부모 가정에서 살고 있다. 1960년에는 아동의 9%만이 배우자를 사별한 한부모와 살고 있었다. 1998년에는 27%의 아동들이 한부모와 살고 있는데 보통 이혼하거나 미혼인 부모들이다. 한부모 가족의 17%를 차지하는 아버지가 이끄는 한부모 가족이 전보다 더 보편적이 되었다.
	재혼 증가	더 많은 성인들이 재혼하여 혼합가족이나 계부모가족을 이룬다. 이혼한 어머니의 66%와 이혼한 아버지의 75%가 재혼한다. 미국아동의 25%가 계부모가족과 일정 기간을 보낼 것이다.
	다세대 가족의 증가	오늘날 많은 아동들이 조부모와 증조부모를 알고 함께 시간을 보낸다. 80대를 넘겨서 살고 있는 성인들의 수가 증가하고 있으며 이 집단이 미국 인구에서 가장 빠르게 커지는 부분이다. 가장 나이든 노인들은 자주 중년자녀의 돌봄을 받으며 성인기 손자들을 볼 수 있다.

출처: Azar, 2003; Bengston, 2001; cabrera et al., 2000; Dellman–Jenkins and Brittain, 2003; Hetherington et al., 1999; Levine et al., 2005; Martin et al., 2003; Meckler, 2002; Poon et al., 2005; U.S. Bureau of the Census, 2000, 2002, 2006.

아동기와 청소년기 동안 부모의 사회화

이전 장들에서 우리는 부모들의 그들의 영아, 걸음마기 자녀의 사회적, 정서적, 지적 발달에 영향을 주는 방식을 이해하기위해 실시된 큰 규모 연구의 결과를 고찰했다. 이 연구는 영아들과 걸음마기 유아들에게 자주 말하고 그들의 호기심을 자극하려고 노력하는 따뜻하고 민감한 부모들은 긍정적 발달결과를 가져온다는 것과 매우 일치한다. 그런 부모의 자녀들은 안전하게 애착하고, 자발적으로 탐색하며, 사교적이고, 긍정적 지적발달의 전조를 보인다. 만약 양부모가 부모역할에서 서로를 지지하는 민감하고, 반응적인 양육자인 것도 도움이 된다. Jay Belsky(1981)는 양육자의 따뜻함/민감함은 "영아기에 가장 영향력 있는 [양육] 차원이며, 그것은 이 발달 시기동안 건강한 심리적 기능을 육성할 뿐 아니라, 미래 경험의 기초가 된다"고 주장했다(p. 8).

두 번째 해 동안에 부모들은 여전히 양육자이며 친구이다. 부모들은 또한 다양한 상황에서 어떻게 행동을 할지(또는 어떻게 행동을 하지 않을 지)를 가르치는데 훨씬 더 많은 관심을 갖게 된다(Fagot & Kavanaugh, 1993). Erik Erikson(1963)에 따르면, 이때가 사회화가 본격적으로 시작되는 시기이다. 이제 부모들은 사회적 예절과 자기-통제감을 가르치려는 희망을 갖고 아동의 싹트는 자율성을 관리해야 한다. 한편 부모들은 아동의 호기심, 주도성, 및 개인적 유능감을 해치지 않도록 조심해야 한다.

체계로서의 가족이해

다음 질문에 답하여 여러분의 사회적체계로서의 가족 및 가족구조와 가족기능에서의 중요한 차이점에 대한 이해를 체크하라. 답은 부록에 있다.

빈칸 채우기: 다음 문장에 적절한 용어를 넣어 완성하시오.

1. _____ 발달심리학자들은 어머니, 아버지, 자녀들로 구성된 가족을 _____라 부른다.

2. _____ 에서는 부모와 자녀가 조부모나 다른 친척들과 함께 산다.

3. _____ 아동이 자신의 문화에 적절한 신념, 가치, 행동을 받아들이도록 돕는 과정을 _____이라 부른다.

선다형: 다음 문제에 맞는 답을 고르시오.

4. _____ Janet과 Eric은 두 명의 자녀를 두었다. 그들은 아이들에게 적극적인 부모가 되고, 서로의 양육활동을 지원하려고 노력한다. 그들의 상호노력은 _____의 예이다.
   a. 사회적 체계
   b. 확대가족
   c. 공동양육
   d. 능동적인 아동효과

단답형: 다음 질문에 간단히 답하시오.

5. Bronfenbrenner의 생태체계이론의 상호작용하는 맥락이나 체계의 목록을 적고 각각의 예를 들라.

양육의 두 가지 주요 차원

수용/반응성
(acceptance/responsiveness)
부모들이 아이에게 보여주는 반응성과 애정의 양을 기술하는 양육 차원.

요구/통제
(demandingness/control)
부모들이 얼마나 제한적이고 요구하는지를 기술하는 양육의 차원.

양육의 두 가지 측면인 부모의 **수용/반응성**과 부모의 **요구/통제**(때로 "허용/제한"이라고 불림)는 아동기와 청소년기 내내 특히 중요하다 (Erikson, 1963; Maccoby & Martin, 1993).

수용/반응성(acceptance/responsiveness)은 부모들이 보여주는 지지와 애정의 양을 말한다. 수용적이고 반응인 것으로 분류되는 부모들은 자녀들에게 자주 미소짓고, 칭찬하며, 격려한다. 그들은 비록 아동이 잘못된 행동을 할 때 매우 비판적이 될 수 있을지라도 온정을 많이 보여준다. 덜 수용적이고 덜 반응적인 부모들은 자주 자녀들을 비난하고, 하찮게 보며, 처벌하거나 무시한다. 자녀들이 소중하며 사랑받을 만하다는 것을 자녀들에게 말하지 않는다.

요구/통제(demandingness/control)는 부모가 자녀들에게 하는 조절과 감독의 정도를 말한다. 통제적이고 요구적인 부모들은 많은 요구를 해서 자녀들의 표현의 자유를 제한한다. 그들은 이런 규칙을 따르게 하기 위해서 자녀들이 행동을 적극적으로 모니터한다. 통제와 요구가 적은 부모들은 훨씬 덜 제한적이다. 이런 부모들은 요구가 적으며 아동들이 자신의 흥미를 추구하고 자신의 활동을 결정할 수 있는 상당한 자유를 허용한다.

이 책 전체에서 볼 수 있듯이, 따뜻하고 반응적인 양육은 안정된 정서애착, 친사회적 지향, 좋은 또래 관계, 높은 자존감, 강한 도덕감과 같은 긍정적인 발달 결과물과 일관되게 연관된다. 일반적으로 아동들은 애정 어린 부모를 기쁘게 하기를 원하고, 이것이 부모가 기대하는 행동을 하고 부모가 좋아하는 것들을 학습하는 동기가 된다(Forman & Kochanska, 2001; Kochanska, 2002). 반대쪽의 끝에는 한쪽 혹은 양쪽 부모가 마치 자신들의 관심과 애정을 받을만한 가치가 없는 것처럼 자녀를 취급하는 가정환경이 있다. 그런 가정환경은 이후 삶에서 빈약한 또래 관계, 임상적 우울증, 다른 적응 문제들을 생기게 하는 일차적인 기여요인이다(Ge et al., 1996; MacKinnon-Lewis et al., 1997; Scaramella et al., 2002). 아동들은 자주 무시되거나 거부될 때 제대로 성장하지 못한다.

부모들이 통제를 많이 하는 것이 더 좋은가, 아니면 제약을 하지 않고 아동들에게

온정과 애정은 효과적 양육에 중요한 요소이다.

Rob Marmion/Shutterstock.com

상당한 자율성을 주어야 하는가? 이 문제에 답하기 위해, 우리는 부모들이 행사하는 통제의 정도를 보다 세분화하고 부모의 수용 패턴을 주의 깊게 살펴볼 필요가 있다.

네 가지 양육 패턴

두 가지 중요한 양육차원은 서로 독립적인 것으로 판명되었다. 그래서 우리는 수용/반응성과 통제/요구의 몇 가지 조합 각각을 나타내는 부모들을 발견한다. 이런 네 가지 양육유형은 독재적, 권위적, 허용적, 방임적 양육이다.

독재적 양육

이 유형은 매우 엄격한 양육 패턴을 포함한다. 부모가 많은 규칙을 세우고, 엄격한 복종을 기대하고, 이런 규칙들을 따라야하는 이유를 설명하지 않는다. 이런 부모들은 복종하도록 만들기 위해 자주 처벌적이고 강압적 책략(즉 힘주장과 애정철회)을 사용한다. **독재적인 부모**들은 자녀들의 다른 관점에 민감하지 않다. 대신에 힘을 휘두르며 자신의 말을 법으로 받아들이고 자신들의 권위를 존중할 것을 기대한다.

독재적 양육
(Authoritarian Parenting)
어른이 아동에게 많은 규칙을 부과하고, 엄격한 복종을 기대하며, 순종을 유발하기 위해 이유보다는 힘에 의존하는 엄격한 양육 패턴.

권위적 양육

권위적 유형은 부모들이 자녀들에게 합리적인 요구를 많이 하는 통제적이지만 융통성 있는 유형이다. 그들은 자신들이 세운 제한을 따라야하는 것에 대한 합리적인 이유를 신중하게 설명하고, 자녀들이 이런 지침을 따를 것이라고 확신한다. 그러나 독재적인 부모들에 비해 자녀들의 관점을 더 많이 수용하고 반응한다. 그들은 가족의 의사결정에 종종 자녀들이 참여하도록 한다. 권위적인 부모는 자녀들의 관점을 인정하고 존중하는 합리적이고 민주적인 방식으로 통제한다.

권위적 양육
(Authoritative Parenting)
도전과 의무를 충족시키기 위해 무엇이 최선인지를 결정하는 데 아동의 발언을 허용하면서 따뜻하고, 수용적인 부모가 안내와 통제를 하는 유연하고 민주적인 양육유형.

허용적 양육

허용적 양육은 어른들이 상대적으로 요구를 적게 하고, 자녀들이 감정과 충동을 자유롭게 표현하도록 허락하며, 자녀들의 활동을 면밀히 모니터하지 않고, 자녀들의 행동에 대한 확고한 통제를 거의 하지 않는 수용적이지만 느슨한 양육 패턴이다.

허용적 양육
(Permissive Parenting)
수용은 하지만 어른이 아이들에게 요구하지 않고 아동의 행동을 통제하려고 하지 않는 양육패턴.

방임적 양육

방임적 양육은 자기 자녀를 거부하거나 또는 자신의 스트레스나 문제에 압도되어서 자녀양육을 하는데 쓸 시간과 에너지를 많이 갖지 못하는 부모들이 보여주는 극단적으로 느슨하고 요구가 없는 접근이다(Maccoby & Martin, 1983). 이런 부모들은 자녀들에게 규칙을 지키게 하거나 요구를 하지 않는다. 그들은 자녀들의 요구를 방치하거나 요구에 둔감하다.

방임적 양육
(Uninvolved Parenting)
거의 부모가 아동을 돌보지도 아동들이 무엇이 될지도 관심이 없는 것과 처럼 냉담하고(또는 심지어 적대적인) 지나치게 허용적인 것 둘 다인 양육패턴.

이런 양육 패턴들은 좋거나 나쁜 다양한 발달적 결과를 가져온다. 양육 유형과 아동 특성사이의 관계를 조사한 연구프로그램이 다음에 있는 연구초점 상자에 기술되어 있다. 그 연구가 분명히 지적하듯이 권위적 양육은 많은 긍정적 결과를 가져온다. 그러나 그 연구는 표본에 있는 참가자 중 아무도 방임적 양육을 보이지 않았기 때문에 한계를 갖는다. 방임적인 부모를 조사한 연구는 이 유형이 가장 성공적이지 못한 양육이라고 주장한다. 예를 들어 3세가 되면 방임적 부모의 자녀들은 이미 공격성이 상대적으로 높고 분노폭발과 같은 외현화 행동을 많이 보인다(Miller et al., 1993). 게다가 아동후기에는 이 아동들이 파괴적이고 교실에서 수행이 매우 저조한 경향이 있다(Eckenrode, Laird, & Doris, 1993; Kilgore, Snyder, & Lentz, 2000). 이 아동들은 의미 있는 장기적인 목표가 없으며 알코올이나 약물 남용, 성적 비행, 무단결석, 및 다양한 범죄와 같은 반사회적 행동과 비행에 가담하는 경향이 높은 적대적이고 이기적이며 반항적인 청소년이 된다(Kurdek & Fine, 1994; Patterson, Reid, & Dishion, 1992; Pettit et al., 2001). 실제로 이런 어린 아동들에게는 무관심한(혹은 심지어 "냉담한") 부모가 있는데, 그들의 행동(혹은 행동의 부족)은 "난 너나 네 행동에 대해 관심 없어"라고 말하는 듯하다. 의심할 바 없이 이것은 냉담하고 남을 생각하지 않는 상대나 다른 권위적인 인물들에게 반격할 동기와 분노를 낳는 메시지이다.

권위적 양육은 긍정적인 사회적, 정서적, 지적 결과들을 일관되게 가져온다. 아마도 여러 가지 이유가 있을 것이다. 첫째, 권위적 부모들은 따뜻하고 수용적이다: 그들은 자녀들이 지시에 따르도록 자녀들을 동기화하는 배려적인 관심(caring concern)을 보인다. 이것은 냉담하고 요구적인 (독재적) 부모의 자녀들은 경험하지 못하는 방식이다. 그 다음은 어떻게 통제하는가의 문제이다. 융통성 없는 기준을 세우고 자녀들을 지배하고, 어떤 표현의 자유도 거의 허용하지 않는 독재적인 부모와는 달리, 권위적인 부모들은 합리적인 방식으로 통제한다. 즉 자녀들의 입장도 고려하면서, 자신의 관점을 주의 깊게 설명한다. 따뜻하고 수용적인 부모로부터 나온 임의적이거나 명령적이 아니라 공정하고 합리적인 요구는 불평이나 저항보다 분명한 순종을 유발할 가능성이 높다(Kochanska, 2002). 마지막으로 권위적인 부모들은 부모자신의 요구를 자녀들이 자신의 행동을 조절하는 능력에 맞추는데 주의를 기울인다. 다시 말하면, 그들은 자녀들이 현실적으로 성취할 수 있는 기준을 세우고, 자녀들이 이런 기대를 따르는 최선의 방법을 선택할 자유와 자율성을 허용한다. 이런 종류의 대접은 가장 중요한 메시지를 전달한다. "너는 자기-신뢰를 갖고 중요한 목적을 성취할 수 있다고 내가 믿는 유능한 사람이야"와 같은 것들이다. 물론 앞 장들에서 보았듯이, 이런 종류의 피드백은 아동기에 자기-신뢰, 성취동기, 및 높은 자존감의 발달을 촉진한다. 또한 이것은 청소년들이 개인의 정체성을 형성하는 다양한 역할과 이데올로기를 탐색하는 것에 대해 편안함을 느끼도록 지원하는 피드백이다.

요약하면, 온정과 절제되고 합리적인 부모의 통제가 결합된 권위적인 양육은 긍정적인 발달 결과와 가장 일관되게 가져오는 양육양식이다. 아동들은 분명히 사랑과 제약—자신의 행동을 구조화하고 평가하는데 도움이 되는 규칙들—이 필요하다. 그런 지도가 없다면 아동들은 자기-통제를 배울 수 없으며, 매우 이기적이고 반항적이고 분명한 성취목표가 없게 된다. 특히 부모들도 냉담하거나 방치한다면 그렇다(Steinberg et al., 1994). 그러나 만일 너무 많은 지도를 받고 융통성이 없는 제약에 의해 포위당한다면, 자신을 신뢰할 기회가 거의 없으며 자기의 의사결정능력에 대한 자신감이 부족해 질 수 있다(Steinberg, 2005; Steinberg et al., 1994).

행동적 통제
(behavioral control)
엄격한 훈육과 아동행동의 모니터링을 통해 아동이나 청소년의 품행을 조절하려는 시도.

심리적 통제
(psychological control)
애정 철회나 수치심과 죄의식을 유발하는 것 같은 심리적 수단을 사용하여 아동이나 청소년의 품행을 조절하려는 시도.

행동적 통제 대 심리적 통제

Brian Barbar와 그의 동료들(Barber, 1996; barber, Stolz, & Olsen, 2006)은 부모들을 권위적, 독재적, 허용적, 방임적으로 분류하는 것으로는 완전하게 알아낼 수 없는 부모의 통제에 대한 중요한 이슈를 제기했다. 그들은 부모들은 행동통제를 다르게 행사할 수 있

연구초점 | **양육 유형과 발달적 결과**

아마도 양육 유형에 관한 연구로 가장 잘 알려진 것은 학령전 아동과 그 부모들을 연구한 Diana Baumrind(1967, 1971)의 초기 연구일 것이다. Baumrind 연구의 표본 아동들은 유아원과 집에서 여러 상황에 걸쳐 관찰되었다. 그 자료들은 아동의 사교성, 자기신뢰, 성취, 기분, 자기통제 등과 같은 행동차원에 대해 평가하는 데 사용되었다. 부모들 또한 면접하고 집에서 자녀들과 상호작용하는 동안 관찰되었다. 부모에 대한 자료를 분석한 결과, Baumrind는 각 부모가 앞에서 기술한 세 가지 양육 유형 중 어느 한 가지를 사용하는 것을 발견했다("방임형"으로 분류된 부모는 아무도 없었다).

Baumrind(1967)가 이 세 가지 양육 유형을 각 유형으로 양육되었던 학령전 아동의 특성들과 연결하였을 때, 권위적 부모의 자녀들이 잘 발달하고 있음을 발견했다. 그들은 유쾌하고, 사회적으로 책임 있고, 자기신뢰적이며, 성취지향적이고, 성인이나 또래들과 협력적이었다. 독재적 부모의 자녀들은 그처럼 잘 발달하지 않고 있었다. 그들은 많은 시간동안 침울하고 행복하지 않은 듯하고, 쉽게 괴롭히고 불친절하며, 비교적 목표가 없고, 일반적으로 주위에 있는 것을 좋아하지 않았다. 끝으로, 허용적 부모의 자녀들은 자주 충동적이고 공격적이었으며, 특히 남아들이 그랬다. 그들은 으스대고 자기중심적이며, 자기 통제력이 부족하고 독립성과 성취는 아주 낮았다.

독재적이거나 허용적인 부모의 자녀들은 학령전기에 보였던 단점들을 결국 극복하게 될까? 이 의문에 답하기 위해, Baumrind(1971)는 연구에 참여했던 아동들이 8–9세가 되었을 때 다시 그들을 관찰하였다. 다음의 표에서 볼 수 있듯이, 권위적 부모의 자녀들은 여전히 인지능력(예, 사고의 독창성을 보이고, 높은 성취동기를 갖고 있으며, 지적 도전을 좋아했다)과 사회적 기술(사교적이고 외향적이며, 집단 활동에 적극적으로 참여하고 리더십을 보였다)에서 상대적으로 높았다. 반면, 독재적 부모의 자녀들은 일반적으로 인지능력과 사회기술에서 평균 또는 그 이하였으며, 허용적 부모의 자녀들은 두 영역 모두에서 상대적으로 서툴렀다. 실제로 권위

아동중기와 청소년기에서의 자녀 양육 유형과 발달적 결과 간의 관계

자녀 양육 유형	발달적 결과	
	아동기	청소년기
권위적	높은 인지적, 사회적 능력	높은 자존감, 우수한 사회적 기술, 강한 도덕적/ 친사회적 관심, 우수한 학업성취
독재적	평균의 인지적, 사회적 능력	평균의 학업수행과 사회적 기술; 허용적 부모의 청소년 자녀보다 더 동조적임
허용적	낮은 인지적, 사회적 능력	낮은 자기통제와 학업수행; 권위적 혹은 독재적 부모의 청소년 자녀보다 약물을 더 남용함

출처: Baumrind, 1977, 1991; Steinberg et al., 1994.

적 양육에 노출된 아동들의 강점은 청소년기에도 여전히 뚜렷했다: 허용적인 부모 혹은 독재적인 부모에 의해 양육된 십대들과 비교했을 때, 권위적 부모에 의해 양육된 십대들은 상대적으로 자신감 있고 성취지향적이며 사회적으로 숙련되어 있고, 약물남용이나 다른 문제 행동들로부터 벗어나 있는 경향이 있었다(Baumrind, 1991). 권위적 양육과 긍정적 발달 간의 연관은 미국(Collins & Steinberg, 2006; Glasgrow et al., 1997)과 다른 여러 문화권(Chen et al., 1998; Scott, Scott, & McCabe, 1991; Vazsonyi, Hibbert, & Snider, 2003)에서 연구된 모든 인종과 민족들에게서 지지되는 듯하다.

다고 지적한다. 행동통제는 엄격하지만 합리적인 훈육과 자녀행동에 대한 모니터링을 통해서 자녀의 품행을 통제하는 것이다. 행동통제란 잘못 행동했을 때 특권을 뺏기, 장난감을 바닥에 놓게 하거나 가져가 버리는 것과 같은 것이 이에 속한다. 부모들은 심리적 통제도 다르게 행사할 수 있다. 심리적 통제란 애정 철회나 수치심이나 죄의식을 유발하는 것 같은 심리적 수단을 사용해 아동 청소년의 행동에 영향을 주려는 시도를 말한다.

이 책 전체에 있는 연구들에 근거해서 아마도 여러분은 어떠한 통제 형태가 더 긍정적인 발달결과와 연관되는지를 추측할 수 있다. 심리적 죄의식을 사용하지 않고 엄격한 행동통제를 사용하는 부모들이 행실좋은 아동 청소년 자녀로 기르는 경향이 있다. 이 아이들은 또래의 비행 활동에 개입되지 않으며 일반적으로 문제를 일으키지 않는다. 심리적 통제를 많이 사용하는 것(또는 행동적 통제와 심리적 통제를 모두 많이 사용하는 것)은 청소년기에 불안, 우울, 비행또래와 친하게 지내는 것, 반사회적 행동같은 좋지 않은 발달적 결과와 자주 관련된다(Aunuola & Nurmi, 2004, 2005; Galambos, Barker,

의지작용 촉진
(promotion of volitional functioning, PVF)
부모들이 청소년의 의사결정을 지도하거나 발판화해서(해결책을 주거나 통제를 양도하기 보다는) 청소년으로 하여금 개인적 문제를 해결할 때 자기결정감을 경험하게 해주는 전략.

자율성에 대한 요구: 청소년기 동안 부모–자녀 관계를 재타협 하기

청소년들이 직면하는 가장 중요한 발달 과제 중 하나는 성숙하고 건강한 **자율성**(autonomy)을 획득하는 것이다. 스스로 결정하고 다른 사람에게 지나치게 의존하지 않고 삶의 과제들을 관리하는 능력이다. 만일 청소년들이 성인처럼 그것을 한다면, 그들은 사소한 좌절 이후 애정 어린 포옹을 받기 위해 집으로 달려가지 않을 수 있다. 그들은 제시간에 일을 하기 위해 그리고 다른 의무나 책임을 기억하기 위해 부모에게 계속 의존하지 않을 수 있다.

그렇다면 아동들이 성숙하고 보다 자율적으로 행동하기 시작하면서 가족체계 내에서는 어떤 일이 일어나는가? 불꽃이 튄다! 중국이나 미국과 같은 다양한 문화권에서, 자기-관리와 관련된 부모와 자녀 간 갈등은 청소년 초기에 훨씬 더 보편적이고, 십대동안 빈도(강도는 아니지만)는 점차 줄어든다(Laursen, Coy, & Collins, 1998; McGue et al., 2005; Shanahan, McHale, Osgood, & Crouter, 2007; Yau & Smetana, 1996, 2003). 유럽계 미국 가정처럼 집합주의 문화에서 이민 온 가정들에서 빈번하게 일어나는 이런 말다툼(Fuligni, 1998 참조)은 대개 연장되거나 심각하지 않고, 때로 청소년의 외모, 친구 선택, 학교과제나 가사일의 소홀과 같은 주제에 집중되어 있다. 그리고 많은 마찰은 부모와 청소년이 선택한 서로 다른 관점들로부터 생기는 것이다. 자녀들의 품행을 모니터하고 조절해야할 책임감을 느끼는 부모들은 도덕적인 혹은 사회-관습적인 렌즈를 통해 갈등을 보게 된다. 반면 자율성에 대한 요구에 갇혀있는 청소년들은 잔소리하는 부모들을 개인 권리와 선택을 침해한다고 본다(Collins & Steinberg, 2006; Smetana & Daddis, 2002). 십대들이 계속해서 자기주장을 하고 부모들은 서서히 고삐를 늦추기 때문에, 부모–자녀 관계는 점차 부모가 지배하는 사업으로부터 부모와 청소년들이 보다 동등한 입장이 되는 사업으로 발전하게 된다(Steinberg, 2002). 부모가 승인하는 자율성의 양은 문화와 민족집단에 따라 다르다. 예를 들면 중국계 미국 및 멕시코계 미국인 청소년들 특히 이민을 온 청소년들은 유럽계 미국인들보다 가족의무를 더 크게 강조하고(Hardway & Fuligni, 2006) 제한된 자율성이 승인될 거라 기대하는 경향이 있다. 예를 들면 아시아계 미국 부모들은 유럽계 미국 부모보다 더 오랫동안 권위를 행사하는데(Greenberger & Chen, 1996; Yau & Smetana, 1996), 이것은 아시아계 미국 청소년들을 더 자주 괴롭히거나 우울하게 하는 관습이다(Leung, McBride-Chang, & Lai, 2004). 특히 부모의 가치가 모국과 너무 가깝게 묶여있어서 자신들의 스타일에 맞지 않는 보다 더 문화에 순응된 청소년에서 그렇다(Cpstigan & Dokis, 2006).

한 때 연구자들은 자율성을 형성하는 가장 적응적인 경로는 청소년들이 정서적 끈을 끊음으로써 부모로부터 분리되는 것이라고 믿었었다. 실제로 부모들과의 관계를 갈등적이고 지원을 받지 못한다고 지각하는 십대들은 가족과 약간의 거리를 두고 "큰 형(Big Brother)"인 교사나 혹은 가정 밖에서 또 다른 성인 멘토의 지원을 받을 때 더 잘 적응하는 듯하다(Fuhrman & Holmbeck, 1995; Rhodes, Grossman, & Resch, 2000). 그렇지만 가정에서 따뜻하게 받아들여지는 청소년들은 "정서적 끈을 끊으라"는 것은 잘못된 충고가 된다. 안전애착된 청소년은 부모에 동의하지 않고, 독자적인

기준을 취하고, 자율적이 되는 일에 부모의 온정과 사랑을 잃을 걱정을 하지 않으며 더 자유를 느낀다(Allen et al., 2003). 전반적으로 가장 잘 적응하는 이런 청소년들은 부모와 밀접한 애착을 유지했다. 심지어 그들이 자율성을 획득하고 가정을 떠날 준비가 되었을 때 조차도 그렇다 (Allen et al., 2007; Collins & Steinberg, 2006; Steinberg, 2002). 그러므로 자율성과 애착, 혹은 독립과 상호의존은 가장 바람직하다.

자율성에 대한 격려
청소년들은 부모가 그들의 큰 자율성 욕구를 인정하고 알아주며 점차 고삐를 늦춘다면 적절하게 자율적이고, 성취지향적이고, 잘 적응할 가능성이 가장 높다. 많은 연구들이 부모들은 자기-조절에 대한 토론이나 결정에 십대들을 포함시키고, 그들이 집에 들어오고 나가는 것을 모니터하고, 적당히 죄책감 체험을 하게 하고, 피할 수 없는 갈등에 직면할 때에도 계속해서 따뜻하고 지원하면서 일관되게 합리적인 규칙들을 실행해야 한다고 말한다(Barber & Harmon, 2002; Collins & Steinberg, 2006).

흥미롭게도 그들 자신의 결정을 하도록 너무 많은 독립을 승인 받은 어린 청소년들은 부모가 더 많은 통제를 한 청소년들 보다 종종 더 적응을 잘하지 못한다 (Smetana, Campione-Barr, & Daddis, 2004). Bart Soenens와 동료들(2007)은 부모의 자율성 지지는 독립적 의사결정을 촉진할 때가 아니라 오히려 청소년에게 선택들을 제시하고 다양한 대안들을 탐색하고 그들의 흥미, 목표, 가치에 따라 자신의 결정을 하도록 도울 때 가장 효과적이라고 주장했고 그것을 발견했다. 이 접근은 의지작용 촉진(promotion of volitional functioning, PVF)으로 불린다. 이것은 부모들이 청소년의 의사결정을 지도하거나 발판화해서 청소년으로 하여금 개인적 문제를 해결할 때 자기결정감을 경험하게 해주는 전략이다.

이런 양육 양식이 익숙하게 들리는가? 너무 느슨하지도 않고 지나치게 엄격하지도 않은 부모의 수용과 융통성 있는 행동통제 패턴의 이런 성공적인 조합은 많은 맥락들에서 건강한 발달적 결과와 일관적으로 관련되는 권위적 접근이기 때문이다. 실제로 이런 방식으로 다루어진 청소년들은 자신의 활동이나 소재에 대한 부모의 질문을 관심의 신호로 해석하므로 부모들이 청소년들이 하고 있는 것을 알기 위해 조르거나 캐내려고 하는 것을 예방한다(Kerr & Stattin, 2000). 주로 부모들이 십대의 자율성에 대한 압력에 대해 부정적으로 반응하고 너무 통제적이거나 너무 허용적이고 방임적일 때, 청소년들은 개인적 고통와 반항을 경험하거나 자신들의 활동에 대해 자발적으로 정보를 제공하지 않아서 결국에는 어려움에 빠질 가능성이 높다(Barber & Harmon, 2002; Kerr & Stattin, 2000; Laird et al., 2003). 물론, 우리는 가족 내에서 사회화는 상호 간 영향의 문제이고 부모들이 무례하고, 적대적이고, 제멋대로인 청소년에 비해 책임감있고 분별력있는 청소년에 대해 권위적으로 반응하기가 훨씬 쉽다는 것을 기억해야 한다.

요약하면, 갈등과 힘겨루기는 청소년의 자율성 요구에서 거의 피할 수 없는 결과이다. 그렇지만 대부분의 십대와 부모들은 보

다 동등해지기 위해 자신들의 관계를 재타협할 때 서로에 대해 긍정적인 감정을 유지하면서 이런 차이를 해결할 수 있다(Furman & Buhrmester, 1992). 그 결과로 젊은 자율성 탐색가들은 자신의 부

모들에 대해 보다 더 "친구 같은" 애착도 발달시키면서 보다 더 자기-신뢰적이 된다.

& Almeida, 2003; Olsen et al., 2002; Pettit et al., 2001; Wang, Pomerantz, & Chen, 2007). 이런 발달적 결과들은 행동적 통제를 사용하는 부모들은 일반적으로 지지적이면서 엄격한 지도 양식을 보이나, 심리적 통제를 많이 쓰는 부모들은 거친 훈육을 사용하고 자녀의 자율성을 꺾으려 시도한다는 연구결과를 반영하는 것일 수 있다(Barber & Harmon, 2002; Pettit et al., 2001). 심리적 통제를 많이 사용하는 것은 자녀의 자기감과 자기가치감에 대한 강한 침입으로 해석될 수 있다(Barber, Stolz, & Olsen, 2006). 심리적으로 통제하는 부모가 "나를 무시하고 부적절하게 행동해서 네가 싫고 창피스러워"라는 메시지를 줄 때, 매우 자율적이고, 자신감있으며, 자기신뢰감을 느끼기 어렵다. 이 메시지는 자녀를 우울하게 만들거나 밀어내버려서 비행 또래 집단의 품으로 가게 만들 수 있다.

부모 효과인가 아동효과인가?

사회적 발달학자들은 오랜 동안 **부모 효과 모델**(parent effects model)에 의해 안내되어 왔다. 이것은 가족 내에서 영향력이 주로 한 방향, 즉 부모로부터 자녀에게로 흐른다는 것이다. 이런 관점에 대한 지지자들은 권위적 양육은 긍정적인 발달을 가져온다고 주장한다. 반대로 가족 영향력의 **아동 효과 모델**(child effects model)은 아동들이 부모에게 주요한 영향력을 갖는다고 주장한다. 이 관점에 대한 지지자들은 권위적 양육은 마음이 편하고 유순하고 능력 있는 자녀들은 부모를 권위적으로 만들기 때문에 적응적으로 보인다는 것이다.

어머니들이 1.5~3세 자녀들에게 사용한 초기 부모 통제 책략에 대한 종단 연구들은 부모 효과 가설을 지지한다. 특히, 자녀들이 유능한 행동을 한다고 주장하고 확고하지만 인내를 갖고 불복종을 다루는 권위적 어머니들은 시간이 지나면서 점점 순종적이 되고 문제행동을 거의 보이지 않는 걸음마기 유아들로 키운다. 하지 말 것(만지지 마, 소리지르지 마)을 강조하고 임의적이고 힘을 행사하는 통제 책략을 사용하는 독재적 어머니들은 덜 순종적이고 덜 협력적이며 시간이 지나면서 문제 행동이 증가하는 자녀들로 키운다(Crockenberg & Litman, 1990; Kuczynski & Kocheanska, 1995).

양육실제는 분명히 중요하다. 그리고 부모의 유전자는 양육실제 형성에 중요한 역할을 한다. 예를 들어 Jenae Neiderhiser와 동료들(2004)은 일란성 쌍생아 쌍인 어머니들은 이란성 쌍생아 쌍인 어머니들보다 자기 자녀들에게 보인 온정 정도에서 더 비슷한 어머니라는 것을 발견했다. 이런 결과는 양육이 어느 정도 어머니의 유전적 자질에 의해 영향을 받는다는 것을 분명히 보여준다.

부모 효과 모델
(parent effects model)
자녀가 부모에게 영향을 주기 보다는 부모(특히 어머니)가 자녀에게 영향을 준다고 믿는 가족영향모델.

자녀 효과 모델
(child effects model)
부모가 자녀에게 영향을 주기 보다는 자녀가 부모에게 영향을 준다고 믿는 가족영향모델.

부모의 심리적 통제 및 행동적 통제의 지나친 사용은 아동 청소년으로 하여금 더 일탈적인 또래들과 어울리도록 하는 경향이 있다.

아동효과 모델을 지지하는 것으로, 아동들은 그들이 받는 양육 종류에 분명히 영향을 준다. 예를 들어 유전적 영향을 받은 매우 과잉활동적, 충동적, 낮은 통제노력을 보이는 기질측면을 갖는 아동들은 종종 고집이 센 것으로 보이며, 시간이 지나면 보다 강압적인 유형의 양육을 유발한다(Jaffee et al., 2004; Parke & Buriel, 2006; Stoolmiller, 2001). 이런 아동들은 결국 부모들을 지치게 만들고 보다 느슨하고 덜 애정적이게 하고, 심지어 적대적이거나 방임적이게 만들 가능성이 있다(Lytton, 1990; Stoolmiller, 2001).

오늘날 발달학자들 대부분은 사회화를 상호간 영향력의 문제로 보는 가족 영향력의 **교류모델**(transactional model)을 선호한다(Collins et al., 2000; Neiderhiser et al., 2004; Papp, Goeke-Morey, & Cummings, 2004). 일반적으로 종단 연구들은 아동들이 양육에 영향을 미치는 것보다 양육 패턴이 아동들에게 영향을 더 많이 미친다고 시사한다(Crockenberg & Litman, 1990; Scaramella et al., 2002; Wakshlag & Hans, 1999). 그렇지만 교류모델은 (1) 자녀들은 자주 더 좋게 혹은 더 나쁘게 부모에게 영향을 미칠 수 있고 미치고 있다는 것(Cook, 2001)과 (2) John Watson(1928)이 공언했듯이, 부모들이 거의 전적으로 자녀들이 좋게 되거나 나쁘게 되는 것에 책임이 있다는 것을 당연하게 받아들일 수 없음을 인식하고 있다.

교류모델
(transactional model)
모와 자녀가 서로에게 상호영향을 준다고 믿는 가족영향모델.

자녀 양육에서 사회 계층과 민족적 다양성

행동통제를 사용하는 권위적인 양육과 건강한 심리적 발달 간의 연합은 많은 문화와 하위문화에서 발견되어 왔다(Barber, Stolz, & Olsen, 2006; Collins & Steinberg, 2006; Wang, Pomerantz, & Chen, 2007). 그렇지만 서로 다른 사회계층과 민족 배경을 가진 사람들은 서로 다른 종류의 문제에 직면하고, 다른 목표를 추구하고, 환경에 적응하기 위해 다른 가치를 채택한다. 이런 생태학적 고려사항들이 그들의 자녀 양육에 대한 접근에 영향을 미친다.

자녀 양육에서 사회 계층차

중류층 부모나 상류층 부모들과 비교해서, 경제적으로 열악한 노동자층 부모들은 (1) 복종을 강조하고 권위를 존중하고, (2) 보다 제한적이고 독재적이며, 보다 더 힘을 행사하는 훈육법을 사용하고, (3) 자녀들에게 설명을 덜 하고, (4) 온정과 애정관심을 덜 보인다(Maccoby, 1980; McLoyd, 1998).

양육에서 이런 계층 차이는 많은 문화에서 그리고 미국의 다양한 인종과 민족에서 관찰되었다(Maccoby, 1980). 하지만 우리가 절대적인 차이가 아닌 집단 경향에 대해 말하고 있다는 것을 명심해야 한다. 몇몇 중류층 부모들은 자녀 양육에서 아주 제한적이고 힘을 행사하고 냉담한 반면, 많은 경제적으로 열악한 노동자 계층 부모들은 덜 제한적이고 덜 힘 주장적이며 자녀양육에 더 많이 개입한다(Kelley, Power, & Wimbush, 1992; Laosa, 1981).

의심할 바 없이, 많은 요인들이 자녀양육에서 나타나는 전반적 사회계층 차이의 경향에 기여하며, 경제적 고려요인들은 목록의 첫머리에 있다. 예를 들면, Vonnie McLoyd(1989; 1998)는 경제적 궁핍은 심리적 괴로움을 야기하는데 이것은 생활조건에 대해 가장 널리 영향을 주는 불편함으로 경제적으로 불리한 성인들을 더 짜증나고 성마르게 만든다고 주장한다. 이런 괴로움을 겪고 있는 성인들은 모든 부정적인 생활 사건들에 대해 더 취약하다(여기에는 자녀양육들과 연합된 일상적인 사소한 싸움들로 포함). 이런 조건들은 자녀들의 삶에 많이 개입하는 따뜻하고 지지적인 부모들이 될 능력을 감소시킨다(Parke et al., 2004).

　　Rand Conger와 동료들(1992; Conger, Patterson, & Ge, 1995; 2002; Gershoff et al., 2007, 참조; NICHD Early Child Care Research Network, 2005a)은 가족의 경제적 궁핍, 비양육적/방임적 양육, 열악한 자녀-양육 결과 간의 분명한 연계성을 발견함으로써 이런 "경제적 곤란(economic distress)" 가설을 지지하였다. 사건의 고리는 다음과 같다. 경제적 압력을 경험하고 있거나 그 재정적 문제들을 극복할 수 없다고 느끼는 부모들은 우울하게 되는 경향이 있으며, 이것은 부부 간 갈등을 증가시킨다. 부부 간 갈등은 다시 부모가 자녀 양육 문제를 다루는데 효율적으로 느끼도록 돕는 공동양육이나 배우자 지원을 위태롭게 함으로써, 이번에는 부부 간 갈등이 지지적이고 몰두하는 부모가 될 능력을 방해한다(Gondoli & Silverberg, 1997 참조). 반면 자녀들은 정서적 안전감을 잃었다고 느끼는 아동들과 청소년들이 부부 간 불화와 무감각한 양육에 대해 부정적으로 반응한다. 이것은 낮은 자존감, 낮은 학교수행, 열악한 또래관계같은 아동 청소년문제와 우울, 적대성, 반사회적 품행과 같은 문제행동을 가져오게 된다(Cummings et al., 2006; Davis & Cummings, 1998). 비양육적/강압적 양육이 자녀의 이런 적응문제 발생을 돕고 다시 이런 자녀 적응 문제는 부모들을 더 화나게 해서 자녀로부터 멀어지게 만들고, 자녀들의 삶에서 덜 양육적이고 덜 관여하게 만든다(Jenkins et al., 2005; Rueter & Conger, 1998).

　　빈곤선 이하로 살고 있는 가족들은 Conger의 **가족고통모델**(Conger's family distress model)에서 개괄된 모든 부적응적 가족역동을 특히 경험하는 경향이 있다. 빈곤이 심할수록 이것은 더 오래 지속되고, 발달 중인 아동 청소년에 대한 예후가 덜 좋다(Duncan & Brooks-Gunn, 1997a, 2000; NICHD, 2005a; Votruba Drzal, 2006).

　　불행하게도 가난에 시달리는 복지 어머니를 요구하는 연방 및 주 복지개혁 프로그램들은 가장 경제적으로 고통받는 가족들이 부딪치는 문제들을 해결할 가망이 없다. 두 자녀를 기르며 최소한의 수입으로 사는 혼자인 복지 어머니는 일을 해서 연방 빈곤선 위로 올라가기에 충분히 벌 가능성이 없다(Seccombe, 2000). 현재 추정치에 의하면 연방 빈곤선의 100에서 200%사이의 저소득 가족들은 여전히 물질적 곤경(예, 불충분한 영양과 건강관리, 주거불안정성)을 극복하기에 부족하다. 이런 곤경의 극복은 부모의 고통을 덜어주고 긍정적 발달 결과를 촉진하는 더 긍정적 양육을 촉진한다(Gershoff et al., 2007).

　　물론, 경제적 문제나 결혼의 고민이 연장되지 않고, 양육에 대해 낙관적이고 매우 효과적이라고 느끼며, 혈연, 친구, 가정 외부에 사는 다른 성인들로부터 정서적 지원과 양육의 지원을 받는다면, 많은 저소득의 어른들도 자신들의 문제를 극복할 수 있고 매우 효과적으로 양육할 수 있다는 것을 명심해야 한다(Ackerman et al., 1999; Brody, Dorsey, et al., 2002; Livner, Brooks-Gunn, & Kohen, 2002). 그러나 Maccoby와 McLoyd가 경제적 곤란은 경제적 고통을 겪고 있는 저소득 가족들에서 종종 관찰되는 상대적으로 냉담하고 강압적인 양육 유형에 기여하는 매우 중요한 요인으로 가정한 것은 매우 옳은 것으로 나타난다.

　　사회 계층과 양육유형 간의 관련에 대한 또 다른 설명은 화이트-칼라와 블루-칼

가족고통모델
(family distress model)
경제적 고통이 가족역동과 발달결과에 영향을 주는 방식에 대한 Conger의 모델.

Luthar와 Latendresse(2005)는 발달학자들이 1970년대부터 사회계층과 양육 스타일이 아동발달에 미치는 효과에 대해 연구해왔지만, 대부분의 연구들이 빠뜨린 사회계층이 있는데 바로 풍족한 계층 즉 중상층이라고 지적한다. 그들은 이 계층을 소홀히 했다고 보고 1990년대 초부터 이들 풍족한 아동들을 연구하기 시작했다(예: Luthar & Becker, 2002; Luthar & D'Avanzo, 1999; Luthar & Latendresse, 2005 참조). 그때부터 그들은 미국의 도시 근교에 사는 풍족한 가정의 3개 아동집단에 대한 자료를 수집했다. 그들이 발견한 것은 당혹스러운 결과였다. 일반적으로 우리는 풍족한 가족은 아동에게 최고의 것들을 제공해주며, 그 아동은 최고의 환경에서 자란다고 생각하는 경향이 있다. 이는 간단히 말해 사실이 아니다.

Luthar와 Latendresse는 미국의 도시 근교 풍족한 가정에서 사는 3개 아동집단과 낮은 SES 가정에서 사는 통제집단을 비교했다(표본의 특성들은 아래 표에 있다). 그들은 또한 풍족한 아동들과 국가 규준을 가용한 변인들의 측면에서 비교했다.

비록 중상층의 풍족한 부모들은 권위적 양육 스타일을 사용하는 경향이 높지만, 그 자녀들이 순조롭게 살아가지는 않는다. 이 풍족한 아동들은 국가 평균보다 더 우울하고 불안했다. 또한 국가 평균보다 더 흡연, 음주, 마약을 하는 경향이 있었다. 이런 부정적인 발달 결과는 중학교 1학년경에 나타나기 시작했다! 낮은 SES 도시 아동들에 비해 그들이 가진 모든 유리한 점들이 있음에도 불구하고, 대부분의 발달 결과에서 유의미한 차이가 나타나지 않았다.

Luthar와 Latendresse는 풍족한 아동들의 이런 빈약한 결과에 기여하는 몇 가지 양육 변수들을 지적한다. 여기에는 학업적으로 성공해야 한다는 압력이나 이와 병행해서 부모와 정서적으로 멀어지는 것 등이 포함된다. 즉, 풍족한 부모들은 자녀들을 위해 많은 시간을 집에서 보내지 않으며, 집에 있을 때에도 질적으로 좋은 시간을 자녀와 보내는 대신 자신들의 고강도 직업에 몰두한다. 놀랍게도 가족생활의 많은 측면에서, 매우 풍족한 가족과 낮은 SES 가족 사이에 차이가 거의 없었는데, 예컨대 자녀들이 부모와 가깝다고 느끼지 않는 점이나 가족이 함께 저녁을 같이 먹는 일이 많지 않다는 점이다.

더욱이 풍족한 아동들이 약물남용이나 반사회적 행동, 우울, 불안을 치료하기 위해 이론적으로는 더 비싼 치료센터에 갈 것 같지만, 그들은 더 낮은 SES 아동들이 그런 도움을 안 받는 것만큼이나 치료센터에 가지 않는 것으로 밝혀졌다. Luthar와 Latendresse는 이를 풍족한 부모가 가용한 도움을 찾기보다는 가족문제를 가족 내로 한정하고 싶어 해서 나타내 보이는 부정이나 당혹스러움 때문이라고 본다.

명백하게 이 연구 프로그램은 하나의 중요한 그러나 간과되었던 도움이 필요한 아동집단을 밝혀냈다. 발달학자로서 우리는 이 아동들을 소홀히 해서는 안 되며, 금전적인 성공과 권위적인 양육이 항상 아동발달의 최고 환경을 제공한다고 가정해서도 안 된다.

연구 프로그램에서의 풍족한 가족의 특성

표본	참가자수	소수민족 표본수	무료/할인가격 학교급식자 수	해당지역 가족의 연수입 중앙치 (인구조사 자료)	해당지역의 대학원 이상의 학력자 수 (인구조사 자료)
낮은 SES 집단1	224	87	86	$35,000	5
낮은 SES 집단2	300	80	79	$27,000	6
풍족 집단1	264	18	1	$80,000–102,000	24~37
풍족 집단2	302	8	3	$120,000	33
풍족 집단3	314	7	3	$125,000	33

출처: Luthar & Latendresse, 2005.

라 직업에 종사하는 노동자들에게 필요한 기술에 초점을 맞춘다(Arnett, 1995; Kohn, 1979). 낮은 사회경제계층(SES)과 노동자 계층의 가족부양자 중 높은 비율은 감독자를 기쁘게 해야 하고 권위에 복종해야 하는 블루-칼라의 노동자였다. 따라서 블루-칼라 경제에서 복종과 권위에 대한 존중을 성공에 기여하는 결정적인 속성으로 보기 때문에, 많은 저소득 부모들은 이것들을 강조할 수도 있다. 화이트-칼라 노동자들은 다른 성공 기술이 필요하다. 중류층과 상류층 부모들은 개인의 주도성, 호기심, 및 창조성을 강조하며 자녀들에게 더 많이 이유를 설명하고 타협한다. 왜냐하면 이런 특성들은 경영간부, 화이트-칼라 노동자와 전문가들로서 자신들의 직업에서 중요한 기술, 속성, 능력이기 때문이다(Greenberger, O'Neil, & Nagel, 1994). 하지만 다음에 있는 연구 초점 상자에서 기술된 바와 같이 풍요와 상류계층 지위가 항상 긍정적 발달결과와 관련있지는 않다.

자녀 양육에서 민족 다양성

서로 다른 민족의 부모들은 문화적 배경 혹은 사회에서 차지하고 있는 생태학적 보금자리의 산물일 수 있는 독특한 자녀-양육 신념과 가치를 갖고 있다(MacPhee, Fritz, & Miller-Heyl, 1996; McLoyd & Smith, 2002). 예를 들면, 개인적 목표보다 공동체의 목표를 강조하는 보다 더 집합적인 문화적 배경을 가진 미국 원주민과 라틴 아메리카계 부모들은 유럽계 미국인 부모들에 비해 여러 친척들과 친밀한 유대를 유지하는 경향이 더 많다. 그들은 또한 자녀들이 독립성, 경쟁보다는 침착하고 적절하며 예의바른 행동과 권위 인물(특히 아버지)에 대한 강한 존중을 보인다고 주장한다(Halgunseth, Ipsa, & Rudy, 2006; Harwood, Schoalmerich, Ventura-Cook, Schultz, & Wilson, 1996; MacPhee et al., 1996). 스페인어로 말하며 큰 **문화변용 스트레스**(acculturation stress)를 경험하는 멕시코계 미국 부모들은 유럽계 미국부모들보다 더 통제한다(Ipsa et al., 2004). 그러나 온정과 정서적 지지와 결합될 때 매우 통제하는 이런 양육형태는 적응적일 수 있다. 왜냐하면 아이들에게 이상하고 매우 혼돈스러운 것일 수 있는 새로운 문화적 상황에 맞추어 행동하는 방법에 대한 선택권을 주지 않기 때문이다(Hill, Bush, & Roosa, 2003).

아시아 부모나 아시아계 미국 부모들도 자기-수양과 대인 간 조화를 강조하는 경향이 있다. 그들은 심지어 다른 민족의 부모보다 더 엄격하게 통제한다(Greenberger & Chen, 1996; Uba, 1994; Wu et al., 2002). 그렇지만 이런 독재적 양육 유형은 동아시아 가계의 아동들에게 있어서 유럽계 미국 아동들에 대한 것과는 아주 다른 것을 의미한다. 예를 들면 Ruth Chao(1994, 2001)는 중국 아동들과 중국계 미국아동들은 부모들이 매우 독재적이라는 사실에도 불구하고 학교에서 수행을 아주 잘 한다는 것에 주목한다. 중국 문화에서 부모들은 엄격함이 아동들에 대한 사랑을 표현하고 그들을 적절하게 훈련하는 최선의 방식이라고 믿는다. 아동들은 연장자에게 복종하고 가족을 명예롭게 하라는 오랫동안 지속된 문화적 가치를 받아들이고 부모의 엄격함과 통제를 관심, 돌봄, 개입의 신호로 본다. 중국계 미국 청소년들은 다른 민족의 청소년들보다 더 많은 가족유지 활동에 참가한다. 그들은 정신건강을 손상시키지 않고 이런 가족 책임감과 학업적 요구 및 또래집단활동 사이에 균형을 취하는 일에 능숙하다(Fuligni, Yip, & Tseng, 2002). 따라서 유럽계 미국인들에 있어서 너무 통제적이어서 잘 작용하지 못하는 "독재적" 양식이 실제로 중국(그리고 최근에 미국으로 이민 온 아시아 이민 가족들)에서는 아주 효과적인 것으로 보인다(Nelson et al., 2006).

문화변용 스트레스
(acculturation stress)

이주민들이 새로운 문화와 전통에 동화하려고 노력하는 것에서 느낄 수 있는 불안과 불편함.

다른 문화적 배경을 갖는 가족들은 다른 양육유형을 사용하는 경향이 있고 이러한 양육유형들은 다른 문화적 배경출신의 자녀들에게 적합한 경향이 있다.

아프리카계 미국 가족들을 특징짓는 자녀–양육법의 다양성을 요약하기는 어렵다. 그러나 도시에 사는 아프리카계 미국 어머니들(특히 교육을 적게 받은 독신 어머니들)은 자녀들에게 엄격한 복종을 요구하고 아동들이 복종하도록 만들기 위해 강압적인 유형의 훈육을 사용하는 경향이 있다(Kelly, Power, & Wimbush, 1992; Ogbu, 1994). 수년 동안 연구자들이 그랬던 것처럼, 권위적 양육과 같이 어떤 특정한 양육패턴이 다른 모든 것보다 우수하다고 성급하게 가정한다면, 아프리카계 미국 가족에서 볼 수 있는 "비–무의미 양육(no-nonsense parenting)" 간단명료한 양육은 부적응적이라는 결론을 내리고 싶은 유혹에 빠질 것이다. 그러나 만일 위험한 거주지역에 사는 아동들을 범죄의 희생자가 되거나(Ogbu, 1994) 반사회적 또래들과 연결되는 것(Mason et al., 1996)으로부터 보호한다면, 다소 강압적이고 통제적인 양육패턴은 양육에 대한 지원을 받지 못하는 많은 어린 어머니들에게 아주 적응적일 수 있다. 실제로 엉덩이 때리기와 다른 수단들이 유럽계 미국 젊은이들과 동일한 방식으로 아프리카계 미국 젊은이들에게 높은 공격성이나 반사회적 행동을 길러주는 것은 아니다. 왜냐하면 아프리카계 미국인 아동들에게 그것은 부모의 적대성을 표출한 것이라기보다 보살핌과 관심의 신호로 보일 수 있기 때문이다(Deater-Deckard & Dodge, 1997; Lansford et al., 2004). 게다가 독재적 양식과 권위적 양식의 중간 정도인 비–무의미 양육은 다른 방식으로 적응적이다. 왜냐하면 이런 방식으로 취급받은 아프리카계 미국 아동들이 불안, 우울, 및 다른 내면화 장애를 거의 보이

개념체크 14.2   부모의 사회화 이해하기

다음 질문에 답하여 서로 다른 양육유형, 그와 관련된 발달결과, 양육에서의 사회계층차이 및 만족차이의 이해를 체크하라. 답은 부록에 있다.

O/X문제: 다음 말이 맞는지 틀리는지를 확인하시오.

1. (　　　) 독재적 양육은 항상 아동발달에 가장 좋다.
2. (　　　) 자녀를 사회화시킬 때 부모들은 심리적 통제보다 행동통제를 사용해야 한다.
3. (　　　) 1.5~3세된 아동들에 대한 종단연구는 부모가 권위주의적 양육유형을 사용하는 부모의 자녀들은 시간이 지나면 문제행동의 증가를 보인다고 제시한다.

빈칸채우기: 맞는 용어로 다음문장을 완성하시오.

4. 낮은 계층 부모들은 ＿＿＿＿양육유형을 사용하는 경향이 더 많다.
5. 중류 및 상류계층 부모들은 ＿＿＿＿＿양육유형을 사용하는 경향이 더 많다.
6. 아시아계 미국인 부모들은 ＿＿＿＿＿양육유형을 사용하는 경향이 더 많다

선다형: 각 질문에 적절한 답을 고르시오.

_____ 7. 대부분의 현대 발달심리학자들이 채택한 영향 모델은 무엇인가?
　　　a. 아동효과모델
　　　b. 부모효과모델
　　　c. 상호작용 모델
　　　d. 교류모델

_____ 8. Jones 박사는 독재적인 부모들은 그들의 자녀가 게으르고 관리할 수 있는 아이라고 생각하기 때문에 이 유형을 채택한다고 주장한다. Jones 박사는 어떤 가족영향모델을 설명하고 있는가?
　　　a. 아동효과모델
　　　b. 부모효과모델
　　　c. 상호작용 모델
　　　d. 교류모델

_____ 9. Richard는 실직했고 네 자녀가 있는 가족을 어떻게 부양하나를 걱정하고 있다. 나중에 그는 부인과 잘 지내는데 문제가 있음을 발견했다. 그는 또한 그가 할 수 있었던 방식으로 자녀들에게 쏟을 힘이 없는 것처럼 느끼고 있다. Richard의 경험은 Conger의 ＿＿＿＿을 보여준다.
　　　a. 독재적 상실 모델
　　　b. 행동통제 모델
　　　c. 경제적 스트레스 모델
　　　d. 교류적 영향모델

단답형: 다음 문제에 간단히 답하시오.

10. 두 개의 양육차원을 표로 그리고 이 차원들의 높은 수준과 낮은 수준이 교차할 때 생기는 네 가지 양육유형의 이름을 쓰시오.

지 않는 인지적으로 사회적으로 유능한 젊은이가 되는 경향이 있기 때문이다(Brody & Flor, 1998). 그들은 또한 청소년이 되어서 비행행동을 덜 하는(또는 덜 계속하는) 경향이 있었다(Walker-Barnes & Mason, 2001). 하지만 극단적으로 강압적인 양육과 만성적인 부정적 가족 상호작용 패턴은 유럽계 미국가족에서만큼 아프리카계 미국 아동 청소년에서도 자주 우울증, 낮은 자존감, 반사회적/비행 행동과 같은 부정적 결과를 촉진함을 주목하라(Gutman & Eccles, 2007).

우리가 개관했던 발견들을 고려해 볼 때, 많은 맥락에서 좋은 결과를 촉진하는 듯이 보이는 중류층의 권위적 양육 패턴이 모든 생태학적 장소들(niches)에서 가장 적응적인 패턴이라고 가정하지 않도록 주의해야 한다. 모든 문화와 하위문화에 최적인 단 하나의 아동 양육 패턴은 정말 없다. Louis Laosa(1981, p.159)도 약 35년 전에 이와 똑같은 강조를 하였는데, "전 세계에 걸쳐 고유한 자녀 양육 패턴은 사람들에 따라 오랫동안 달랐던 삶의 조건들에 대한 성공적인 적응을 나타내는 것이다. [성인들]은 자기 문화와 관련된 기준들에 의해서만 '좋은 [부모]'이다"라는 데 주목했다.

▌형제 및 형제 관계의 영향

비록 가족이 점점 작아짐에도 불구하고, 미국 아동들 대다수는 적어도 한명의 형제와 함께 성장한다. 그리고 분명히 아동들의 삶에서 형이나 동생 역할에 대한 고찰은 부족하지 않았다. 자녀들의 싸움과 말다툼으로 스트레스를 받는 많은 부모들은 자주 그런 경쟁적인 행동이 아동의 친사회적 관심과 다른 사람들과 잘 지내는 능력의 성장을 손상시킬 것을 걱정한다. 동시에, 널리 알려진 지혜는 외둥이들은 외롭고 제멋대로인 "개구쟁이들"일 가능성이 높으며, 형제들이 있으면 사회적이고 정서적인 이익을 얻게 되는데, 자신이 생각만큼 "특별하지" 않다는 것을 배우게 된다(Falbo, 1992).

비록 형제들 간의 경쟁이 보편적일지라도, 형제들은 아동의 삶에서 종종 양육자, 교사, 놀이친구, 막역한 친구로 어느 정도 긍정적인 역할을 할 수 있다. 그렇지만 우리들은 외둥이들도 사람들이 일반적으로 가정하는 것처럼 형제 관계가 없다는 것으로 인해 불리하지는 않다는 것을 안다.

새로운 아기가 태어났을 때 가족 체계의 변화

Judy Dunn과 Carol Kendrick(1982; Dunn, 1993 참조)은 첫째 아이가 새로 태어난 아기에게 어떻게 적응하는지를 연구했는데, 그들의 설명이 전적으로 즐거운 것은 아니다. 아기가 태어난 후, 전형적으로 어머니들은 손위 형제에 대해 따뜻하고 즐거운 주목을 덜 한다. 손위 형제들은 이런 지각된 "무시"에 대해 힘들고 파괴적이고 덜 안전하게 애착되는 것으로 반응할 수 있다. 특히 그들이 2세가 넘었고 양육자와의 독점적인 관계가 아기의 출생에 의해 방해받았다고 인식한다면 그렇다(Teti et al., 1996). 분명히 손위 형제들은 어머니의 관심을 잃게 된 것에 분개하고, 그것을 훔

형제들은 종종 양육자, 교사, 놀이친구, 막역한 친구가 됨으로써 아동의 삶에서 매우 긍정적인 역할을 할 수 있다

친 아기에 대한 적개심을 품을 수도 있다. 그들 자신의 다루기 어려운 행동은 부모를 멀어지게 함으로써 더욱 나빠질 수 있다.

따라서 형제들 간의 경쟁, 질투, 미움을 나타내는 **형제 간 경쟁의식**(sibling rivalry)은 어린 동생이 태어나자마자 곧 시작된다. 어떻게 그것을 최소화할 것인가? 만일 첫째 아이가 아기가 태어나기 전에 양쪽 부모 모두와 안전한 관계를 맺고 있고 이후에도 계속해서 밀접한 관계를 누리고 있다면 적응과정은 더 쉬워진다(Dunn & Kendrick, 1982; Volling & Belsky, 1992). 부모들은 가능하면 계속해서 손위 형제들에게 관심과 애정을 주고 정상적인 일상생활을 하라는 충고를 받는다. 또한 손위 형제들이 아기의 요구를 인식하고 새로운 형제를 돌보는 것을 돕게 하는 것도 도움이 된다(Dunn & Dendrick, 1982; Howe & Ross, 1990).

아동기동안 형제관계

다행스럽게도, 대부분의 손위 형제들은 새로 태어난 동생들에게 매우 빠르게 적응하고, 훨씬 덜 불안하고 초기에 보인 문제 행동들을 덜 보이는 경향이 있다. 그러나 가장 좋은 형제 관계에서도, 갈등은 정상적이다. Judy Dunn(1993)은 매우 어린 형제들 간의 작은 충돌은 시간당 56건 정도라고 보고했다! 형제 간 말다툼은 주로 개인적 소유물과 가장 놀이에서 따라야 할 각본에 집중되기 쉽고(Howe et al., 2002; McGuire et al., 2000), 싸우는 사람 각각이 자기가 옳고 자기 형제가 나빴다고 느끼는 싸움열기 속에서는 풀리지 않는다(Wilson et al., 2004). 말다툼은 나이가 들면서 줄어들고 종종 건설적인 방식으로 해결된다. 특히 형제들이 그들의 관계를 부정적이 아니라 긍정적으로 볼 때 그렇다(Ram & Ross, 2001; Ross et al., 2006). 손위 형제와 손아래 형제의 행동에 확실한 차이가 있다. 손위형제가 더 지배적이고 공격적이 되며 손아래 형제는 더 복종적이다(Erel, Margolin, & John, 1998; Ross et al., 2006). 또한 나이든 형제들은 도움을 주고 즐거운 행동과 다른 친사회적인 행동을 주도하는데, 이것은 그들에게 어린 형제들을 돌봄으로써 자신의 성숙함을 보이라는 부모의 압력을 반영하는 것이다(Brody, 1998; Rogoff, 2003).

일반적으로, 부모들이 잘 지낸다면 형제들도 잘 지낼 가능성이 훨씬 더 높다(Kim et al., 2006; Reese-Weber, 2000). 부부 갈등과 불만은 시샘과 적대적인 형제 간 상호작용의 매우 좋은 예측인이다. 특히 나이든 형제가 부모 한 사람이나 두 사람 모두에게 위태롭고 불안전한 관계를 맺었을 때 그리고 부모가 힘을 행사하는 훈육에 주로 의존할 때 그렇다(Erel, Margolin, & John, 1998; Volling, McElwain, & Miller, 2002). 부부 갈등은 아동들을 정서적으로 벼랑 끝으로 밀고 정서적 불안전성에 직접 기여한다(Cummings et al., 2006). 반면, 부모의 힘 행사는 보다 힘 있는 손위 형제들에게 강압적인 책략이 그들을 불쾌하게 하는 동료(특히 더 작고 더 힘없는 동료)를 다루는 방법임을 알릴 수 있다.

부모들이 자녀의 활동을 모니터하려는 노력을 한다면 형제 관계는 더 친밀해진다(Smith & Ross, 2007). 불행하게도, 어린 학령전 형제들 간의 정상적인 갈등은 만일 부모가 중재하지 않고 내버려둔다면 습관이 되는 심각한 사건들로 진행될 수 있다(Kramer, Perozynski, & Chung, 1999). 실제로, 방임 양육으로 인한 강력하고 파괴적인 형제 간 싸움은 집 밖에서 일어나는 공격적이고 반사회적인 행동에 대한 매우 강력한 예측인이 된다(Garcia et al., 2000).

마지막으로, 형제 관계는 어머니와 아버지가 모든 자녀들에게 따뜻하고 민감하게 반응하고, 일관되게 한 아동을 편애하지 않는다면 덜 갈등적이 되는 경향이 있다(Boyle et al., 2004; Brody, 1998; McHale et al., 2000). 특히 동생들은 불평등한 대접에 민감하고(BOyle et al., 2004), 만일 손위 형제들이 부모에 의해 편애를 받았다고 지각되면 부정적으로 반응하고 적응문제를 보인다. 손위형제들이 차별적인 대접에 의해 영향받지 않는 것은 아니다. 그들은 더 나이가 들었기 때문에, 대개 형제들은 다른 요구를 갖고 있고 불평등한 대접은 정당할 수 있다는 것을 더 잘 이해한다. 심지어 부모들이 때로 어떤 측면에서 동생을 편애할 수도 있다는 것을 이해한다(Kowal & Kramer, 1997; Kowal, Krull, & Kramer, 2004).

그러나 형제 간 경쟁을 지나치게 강조하기가 쉽다. 학교다니는 아동들은 형제들과 많은 갈등이 있을 때에도 형제관계를 중요하게 여기는 경향이 있다(Furman & Buhrmester, 1985). 초기 아동기 보다 현재가 형제와 갈등이 더 적은 청소년들은(Kim et al., 2006) 종종 형제를 친한 동료로 본다. 즉 그들 간의 관계가 종종 파란만장하다는 사실에도 불구하고 동료애와 지지를 서로 돌려 줄 수 있는 사람으로 본다(Buhrmester & Furman, 1990; Furman & Buhrmester, 1992). 그러면 종종 갈등적임에도 불굴하고 왜 형제들은 관계를 중시하는가? 관찰 기록들은 하나의 답을 제공한다. 형제자매들이 종종 서로를 위해 좋은 일을 하고, 말다툼을 우호적으로 해결한다. 이런 친사회적 행동들은 전형적으로 미워하거나 경쟁적이거나 파괴적인 행동보다 훨씬 더 일반적임을 보여준다(예를 보기 위해서는 Abramovitch et al., 1986; Ram & Ross, 2001을 참조).

나이든 형제들은 종종 도움행동, 놀이행동, 친사회적 행동도 주도한다. 연구결과는 그것은 부모가 그들에게 어린 동생들을 돌보는 성숙함을 보이라고 가하는 압력을 반영한다고 말한다.

형제 관계의 긍정적인 기여

다른 형제의 삶에서 형제들이 하는 긍정적인 역할은 무엇인가? 손위형제가 하는 가장 중요한 기능 중 하나는 손아래 형제를 돌보는 것이다. 186개 사회에서 실시한 아동-양육 실제의 조사는 손위형제들이 연구된 집단의 57%에서 영아와 걸음마기 아동의 주된 양육자임을 발견했다(Weisner & Gallimore, 1977). 미국 같은 산업사회에서도 손위형제들(특히 여아들)은 종종 어린 동생들을 돌보도록 요구받는다(Brody, 1998). 물론 양육자로서 그들의 역할은 손위형제로 하여금 여러 면으로 동생들에게 영향을 줄 기회를 제공한다. 그들은 동생들의 교사, 놀이친구, 옹호자, 정서적 지지의 중요 원천으로 봉사한다.

정서적 지지의 제공자인 형제

영아는 나이든 형제에게 애착을 하고 그들을 안전의 제공자로 보는가? 이것을 확인하기 위해 Robert Stewart(1983)는 10~20개월된 영아들을 변형된 Ainsworth의 "낯선 상황"에 노출시켰다(11장 참조). 각 영아는 낯선 방에 4세된 형제와 함께 남겨지고 곧 낯선 성인이 들어왔다. 영아들은 전형적으로 어머니가 떠나면 스트레스의 징후를 보였고 낯선 사람의 합류에 대해 경계했다. Stewart는 스트레스를 받은 영아가 나이든 형제에게 접근하는데, 특히 낯선 사람이 처음 등장했을 때 그렇다는 것에 주목했다. 그리고 만일 그들 자신이 어머니에게 안전하게 애착되었다면, 대부분의 4세 아동은 아기 동생에게 어떤 종류의 위로와 보살핌을 제공했다(Teti & Ablard, 1989). 어린 동생이 스트레스를 받는 이유를 이해하는 역할수용 기술이 발달했다면 더 나이든 형제들은 더 위안을 준다(Garner, Jones, & Palmer, 1994; Stewart & Marvin, 1984).

성숙하면서 형제들은 부모를 신뢰하는 것보다 더 자주 서로를 보호하고 신뢰한다 (Howe et al., 2000). 형제가 제공하는 지원으로부터 힘을 얻는다. 예를 들면 심각한 의학적 문제가 있는 아동들과 알코올이나 정신적인 문제가 있는 부모가 있는 아동들은 만일 그들이 형제들과 견고하고 지지적인 관계를 맺고 있다면 행동문제를 거의 보이지 않고 더 나은 발달 결과를 보인다(Vandell, 2000). 또한 한 형제와의 안전한 결속은 또래들의 무시나 거부를 받을 때 아동들이 보이는 불안이나 적응 문제를 최소화하고(Brody & Murry, 2001; East & Rook, 1992; Stromshak et al., 1996), 또래들과의 입지를 향상시킬수 있게 해주는 사회적 기술 발달을 촉진한다(Downey & Condron, 2004; Kim et al., 2007).

모델과 교사인 형제

보살핌과 정서적 지지를 제공하는 것에 덧붙여서 나이든 형제들은 어린 동생들에게 새로운 기술을 가르치는데, 이런 능력에 대한 모델이 되거나 혹은 직접 지도를 한다(Brody et al., 2003). 걸음마기 아동도 나이든 형제에게 주목하고, 형제들과 함께 놀기, 아기 돌보기 및 다른 가사일에 적극적으로 참여하면서 그들의 행동을 모방한다(Maynard, 2002; Downey & Condron, 2004도 참조).

어린 아동들은 아동기 동안 계속해서 중요한 모델과 개인교사 역할을 하는 나이든 형제에게 감탄한다(Buhrmester & Furman, 1990). 숙달해야 할 문제가 있을 때, 아동들은 능력이 같은 나이든 또래보다 그들을 안내할 수 있는 나이든 형제가 있을 때 더 많은 것을 배운다(Azmitia & Hesser, 1993). 왜 그런가? 왜냐하면 (1) 나이든 형제는 어린 학생이 형제라면 가르치는데 더 큰 책임감을 느끼고, (2) 나이든 또래들보다 더 자세한 지시와 격려를 하고, (3) 어린 아동들은 나이든 형제의 안내를 더 찾는 경향이 있기 때문이다. 이런 종류의 비공식적 지도는 분명히 성과가 있다: 나이든 형제가 동생들과 학교 놀이를 하면서, 그들에게 알파벳을 가르칠 때, 어린 동생들은 더 쉽게 읽기를 배운다 (Norman-Jackson, 1982). 게다가 동생을 가르치는 나이든 형제들도 마찬가지로 이익을 얻을 수 있다. 이들은 가르친 경험이 없는 또래들에 비해 학업적성검사에서 더 높은 점수를 받는다(Paulhus & Shaffer, 1981; Smith, 1990).

단순한 형제 간 상호작용의 빈도와 강도는 형제 간 접촉이 많은 사회적-인지적 능력의 성장을 촉진한다는 것을 시사한다. 형제들 간의 놀이 상호작용은 아동의 거짓신념에 대한 이해와 마음의 신념소망이론 출현에 기여한다. 심지어 하찮은 싸움도 중요하다. 형제들은 자신들이 원하는 것, 요구, 갈등에 대한 정서적 반응을 의사소통하는 것에 대해 전혀 부끄러워하지 않는다. 따라서 그들은 서로 보다 성숙한 조망수용 기술, 정서적 이해, 타협과 화해 능력, 더 성숙한 도덕 추론 형태를 기르는 정보를 제공한다(Bedford, Volling, & Avioli, 2000; Howe, Petrakos, & Rinaldi, 1998). 분명히, 아동들은 여러 가지 방식으로 형제들과의 경험으로부터 이득을 얻는다.

형제들은 덜 바람직한 측면으로도 서로 영향을 줄 수 있다. 예를 들면 만약 나이든 형제들이 더 공격적이고 반사회적이면 어린 형제들은 시간이 지나면서 더 공격적이 되고 더 많은 행동문제를 나타내는 경향이 있다(Snyder, Bank, & Burraston, 2005; Williams, Conger, & Blozis, 2007). 그리고 심지어 부모의 정신건강과 부모-자녀관계의 질과 같은 가족변인을 통제한 후에도, 시간이 갈수록 형제관계가 더 갈등적이 되는 나이든 아동과 청소년들은 종종 우울증상의 증가를 보인다(Kim et al., 2007). 그처럼 형제와 함께 자라는 것이 이익이 될 수 있긴 하지만 마찬가지로 일부 잠재적 불리함도 있다. 형제없이 자라는 것은 어떨까?

외동이의 특성

형제 없이 성장하는 "외동이"들은 사람들이 가정하는 것처럼 버릇없고 이기적이고 제멋대로인 개구쟁이인가? 전혀 아니다! 수 백편의 관련 연구들에 대한 두 가지 주요 개관연구에서 외동이는 (1) 평균적으로 자존감과 성취동기가 상대적으로 높고, (2) 형제가 있는 아동들에 비해 더 순종적이고 지적으로 약간 더 유능하고, (3) 또래들과 좋은 관계를 형성할 가능성이 높았다(Falbo, 1992; Falbo & Polit, 1986).

이런 발견들은 단순히 외동이를 선호하는 부모들이 자녀가 많은 부모들과 다르다는 것을 의미하는 건 아니다. 예를 들면 1979년에 중국은 급증하는 인구를 통제하려는 시도로서 한 자녀 가족 정책을 실행하였다. 따라서 부모가 원하는 자녀의 수와 상관없이, 적어도 도시지역에 사는 대다수의 중국인 부부는 한 자녀로 제한되었다. 많은 비평가의 걱정과는 달리, 중국의 한 자녀 정책이 "어린 황제"처럼 행동하는 버릇없고 자기중심적인 개구쟁이들의 세대를 만들어냈다는 증거는 없다. 중국에서 외동이들은 서구 사회의 외동이들과 아주 유사한데, 지능과 학업 성취에 대한 측정에서 형제가 있는 아동들보다 약간 점수가 높았고 성격이나 개인적 가치에서 유의한 차이는 거의 없었다(Fuligni & Zhang, 2004; Jaio, Ji, & Jing, 1996; Wang et al., 2000). 실제로, 중국에서 외동이들은 형제가 있는 아동들에 비해 덜 불안하고 우울하다고 보고했다. 이 발견은 중국에서 자녀가 많은 가족에 대한 사회적 비난과 형제가 있는 아동들이 "넌 태어나지 말았어야 했어" 혹은 "너희 부모님은 한 아이만 낳았어야 해"와 같은 비난을 받았음을 반영한다(Yang et al., 1995).

따라서 서로 다른 문화적 환경으로부터 얻은 증거들은 형제자매가 없다는 것으로 인해 외동이가 불리한 점은 거의 없다는 것을 보여준다. 분명히 많은 외동이들은 우정이나 또래 연합을 통해 형제가 없기 때문에 가정에서 놓칠 수 있는 것들을 얻을 수 있다.

가족 삶의 다양성

이 장의 앞부분에서 언급했듯이, 현대 가족들은 매우 다양해서 아동들 대다수는 맞벌이 부부, 편부모, 혹은 혼합 가족 속에서 성장하고 있다. 이것은 사람들이 "전형적인" 가족 단위로 생각했던 자녀가 두 명 이상이고 두 명의 부모, 부양자가 한 명인 집단과는 매우 다를 수 있다. 가족 삶에서의 이런 다양성들과 이 다양성들이 발달중인 아동들에게 주는 효과를 알아보자.

부모가 되려는 성인의 욕구는 성인의 그 아동과의 유전적 결합보다 아동 발달에 더 중요하다.

입양 가족

부부 중 한명이 불임이라면, 부모가 되기를 원하는 부부들은 아이를 입양하려고 한다. 입양 부모 대다수는 유전적으로 상관없는 입양아들과 강한 정서적 결속을 발전시킨다 (Levy-Shiff, Goldschmidt, & Har-Even, 1991; Stams, Juffer, & van Ijendoorn, 2002). 부모가 제공하는 돌봄의 민감성은 생물학적 관련이 있는 (친)자녀의 애착분류를 예측하는 것과 마찬가지로 입양아의 애착분류를 예측한다. 이것은 부모가 되고 싶어 하는 성인의 욕구가 아동에 대한 성인의 유전적 결속(혹은 결핍)보다 아동의 발달결과에 훨씬 더 중요하다는 걸 시사한다(Golombok et al., 1995).

그럼에도 불구하고, 영아와 아동들이 입양전에 학대, 방임, 거부를 경험할 때, 입양아들은 불안전, 혼란된, 또는 장애 애착유형을 발달시키게 된다. 입양아들은 이런 애착 어려움을 입양가정으로 가지고 들어간다(Howe, 2001; Rutter, 2000; Juffer et al., 2005). 그런 초기 애착 곤란에서 기인한 부정적 관계의 효과는 학대기간과 정적상관이 있다(Rutter, 2000; Howe, 2001). 즉 입양아들이 입양전에 학대적이고 거부적인 환경에서 보낸 기간이 길수록 학대로 인해 생긴 부정적인 애착 행동들이 더 바꾸기 어렵고 오래간다. 그러나 양육적이고 민감한 양부모와의 상호작용은 그런 입양아들의 안전애착을 증가시킬 수 있다(Neil. Beek, & Schofield, 2003). 사실 양육자의 민감성을 촉진하는 중재는 입양된 양육환경과 가정위탁 환경에 있는 이전에 학대받은 아동들에게서 안전성을 증가시키는 것으로 나타났다(Juffer et al., 2005).

심지어 입양전에 학대받지 않은 입양아들조차도, 양부모와 그 자녀들은 유전자를 공유하지 않기 때문에 양부모가 제공하는 양육환경들이 친자녀일 때 일치하는 것만큼 입양아의 유전적 성향과 꼭 일치하지 않는다는 점에 주목하는 게 중요하다. 이런 환경적 불일치는 많은 입양아들이 입양되기 전에 거부되거나 학대받거나, 혹은 장애가 있다는 사실과 연결지어 생각된다 (Juffer, Makermans-Kranenburg, & van Ijzendoorn, 2005; Kirchner, 1998). 이런 불리함은 입양아들이 이후 아동기나 청소년기동안 입양되지 않은 또래들에 비해 더 많은 학습곤란, 더 많은 정서적 문제, 더 높은 비율의 품행 장애를 보이는 이유를 설명하는데 도움이 된다(Lewis et al., 2007; Miller et al., 2000; Sharma, McGue, & Benson, 1998).

그러나 입양된 아동들 대다수는 아주 잘 적응하고(Jaffari-Bimmel et al., 2006; Stams, Juffer, & van Ijzendoorn, 2002) 전형적으로 가정위탁을 받는 것보다 입양가정에서 훨씬 더 잘 적응한다. 위탁부모가 위탁아동이나 그들의 장기적 전망에 많은 시간을 들이지 않는다(Brodzinsky, Smith, & Brodzinsky, 1998; Miller et al., 2000). 낮은 사회경제적 배경을 가진 아동들이 다른 인종에 입양된(transracially adopted) 경우도 지지적이고 상대적으로 부유한 중류층 입양가정에서 양육되었을 때 대개 지적으로 학문적으로 잘 지내고 건강한 심리사회적 적응 패턴을 보인다(Brodzinsky et al., 1987; DeBerry, Scarr, & Weinberg, 1996; Sharma, McGue, & Benson, 1998). 따라서 입양은 대부분의 입양 부모와 입양아들에게 매우 만족스런 배치이다.

미국에서 입양(adoption practice)은 생모와 입양부모들의 정체를 서로에게 알리지 않는 비밀 체계로부터 생모와 입양 가정의 성원들 간에 다양한 직접적이거나 간접적인 접촉을 허락하는 다소 공개적인 체계로 변하고 있다. 입양아들은 자신의 생물학적 기원에 대해 호기심을 가지며 자신을 낳아준 부모를 결코 알 수 없다는 사실에 대해 당황할 수 있기 때문에, 보다 공개적인 배치가 그들에게 도움이 되는 것으로 증명되었다. 실제로 미국과 다른 여러 나라에서 수행된 연구에서 입양된 아동은 생모와 서로 연락하고 접촉할 수 있을 때, 자신의 생물학적 뿌리와 관련된 정보에 대해 더 많은 호기심을 보이고 더 만족하였다(개관은 Leon 2002 참조). 게다가 생물학적 친척들에 대한 정보와 접촉은 입양아가 입양 부모를 자신의 '진정한' 어머니와 아버지로 보고, 생물학적 부모를 '낳아준 사람들'로 생각하는 데 도움이 된다 (Leon, 2002). 따라서 공개 입양 정책에 대한 비판자들이 두려워하는 것처럼, 생모에 대한 정보를 주는 것이 아동에게 입양의 의미를 혼란스럽게 하거나 입양아의 자존감이 낮아진다는 증거는 없다.

인공수정(DI) 가족

입양과는 달리 어떤 불임 부부는 자녀를 갖기 위해 **인공수정**(donor insemination: DI)을 선택하는데, 가임여성이 알지 못하는 기증자의 정자로 임신하는 과정이다. 이런 방식으로 가족을 만드는 것에 대한 몇 가지 우려가 제기되었다. 예를 들면 Burns(1990)는 부부의 불임과 연합된 스트레스는 역기능적인 양육 패턴으로 이끌 수 있다고 주장했다. 게다가 이런 방식으로 임신된 아동은 아버지와 유전적 결속이 없으며, 그들은 유전적으로 관련된 아버지보다 더 거리감이 있고 덜 양육적이다. 그래서 DI 아동의 정서적 안녕과 다른 발달결과에 부정적 영향을 준다(Turner & Coyle, 2000). 그렇다면 인공수정 아동의 발달에 대해 걱정해야 할 타당한 이유가 있는가?

분명히 없다. 영국에서 수행된 12년간의 종단연구에서 Susan Golombok과 동료들(2002)은 인공수정 가족에서 성장한 아동의 발달과정을 입양된 아동이나 두 명의 생물학적 부모가 양육한 아동들과 비교했다. 12세 인공수정 아동이 행동적 문제를 더 많이 보이지는 않았고, 입양되거나 자연 임신된 또래만큼 정서발달, 학업진전 및 또래관계의 측정에서 잘 적응한 것으로 나타났다. 인공수정 아동의 어머니는 입양되거나 자연임신된 아동의 어머니보다 더 따뜻하고 자녀의 요구에 더 민감했다. 그리고 인공수정 가족의 아버지는 자녀의 훈육에 덜 개입했지만, 다른 양육 영역들에 덜 개입하는 것은 아니며 입양 아버지나 생물학적 아버지만큼 자녀에게 가깝다고 평가되었다. 비록 상대적으로 인공수정 가족의 표본이 작은 연구임에도 불구하고 주의깊게 수행되었고, 진실로 부모가 되고 싶은 부부나 인공수정에 만족하는 부부가 이런 방식으로 임신한 아동에게서 나쁜 발달 결과를 염려할 필요가 없음을 보여 주었다.

게이 가족과 레즈비언 가족

미국에서는 수백만의 게이나 레즈비언이 부모이다. 비록 몇몇은 입양을 하거나 인공 수정을 통해 임신하지만, 대부분은 이전의 이성과의 결혼을 통해서 이다(Chan, Raboy,

인공수정
(donor insemination)
가임여성이 알지 못하는 기증자의 정자로 임신하는 과정

미국에서 수백만 명의 게이 남성과 레즈비언 여성들이 부모다. 일부는 자녀입양이나 인공수정으로 임신을 하긴 하지만 대부분 이전의 이성애적 결혼을 통한 것이다.

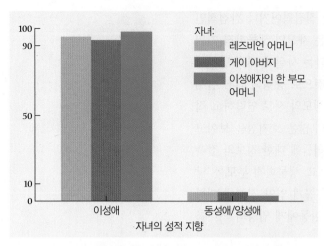

그림 14.2 레즈비언 어머니, 게이 아버지, 이성애자인 한 부모 어머니에 의해 양육된 성인자녀의 성적 지향.(동성애 부모가 키운 자녀들이 이성애 부모가 키운 자녀들과 같은 정도로 이성애지향을 보이는 경향이 있다는 것에 주목하라.)
출처: Bailey et al., 1995; Golombok & Tasker; 1996.

& Patterson, 1998; Flaks et al., 1995). 역사적으로 많은 법정은 레즈비언 여성과 게이 남성이 아동을 양육하는 것에 대해 반대했기 때문에 그들은 이런 부모들의 성적 지향만을 이유로 자녀양육권 재판에서 동성애 부모의 신청을 기각했다. 사람들의 걱정은 게이와 레즈비언 부모가 정신적으로 덜 건강하거나 혹은 자녀들에게 치근거릴 거라는 것이다. 또다른 걱정은 부모의 성적 지향 때문에 또래들에 의해 낙인찍힐 위험에 놓일 것이라는 것이다. 그러나 아마도 가장 큰 걱정은 게이나 레즈비언 부모에 의해 양육된 아동들 자신이 게이나 레즈비언이 될 가능성이 높아질 것이라는 공포이다(Bailey et al., 1995; Burns, 2005도 참조; Eaklor, 2011; Hall, 2010).

많은 연구들이 이런 추측 어느 것에 대해서도 근거가 없다고 제안한다. 그림 14.2에서 보듯이, 레즈비언 어머니나 게이 아버지들의 성인 자녀 중 90% 이상이 이성애 지향을 발달시켰고, 이것은 이성애 부모에 의해 양육된 이성애자들 백분율과 유의한 차이가 없다(Patterson, 2004도 참조). 게다가, 게이와 레즈비언 부모의 자녀들은 평균적으로 이성애 부모의 자녀들만큼 인지적으로 정서적으로 도덕적으로 성숙하고 다른 부분에서도 잘 적응한다(Chan, Raboy, & Patterson, 1998; Flaks et al., 1995; Golombok, 2003). 그리고 게이나 레즈비언 부모의 자녀가 덜 적절하게 성유형화 될 수 있다(Stacey & Biblarz, 2001)는 최근의 비판에 대해서. Susan Golombok와 동료들(2003)은 어머니가 가장인 한부모 가정의 남아(그들 대다수는 이성애적인)는 동성애자이든 이성애자이든 두 부모에 의해 양육된 남아보다 전통적으로 남성적인 활동을 덜 선호한다는 것을 보여 주었다. 마지막으로 게이 아버지와 레즈비언 어머니들은 이성애 부모들만큼 효과적인 양육법에 대한 지식을 모두 알고 있다(Bigner & Jacobsen, 1989; Flaks et al., 1995). 그리고 동성애 부모의 파트너는 대개 아동에게 애착되고 어느 정도 자녀 양육의 책임을 진다.

요약하면 성적 지향에 기초하여 개인의 부모될 권리를 기각하는 것을 정당화할 수 있는 믿을 만한 과학적 근거는 없다(Wainright & patterson, 2008). 게이와 레즈비언 가족에서 성장한 아동들은 실제로 이성애 부부들의 아동들과 구분되지 않는다.

가족 갈등과 이혼

우리는 오늘날 결혼의 40~50%는 이혼으로 끝나며 1990년대와 2000년대에 태어난 아동들 중 반이상은 보통 어머니가 가장인 한부모 가정에서 일정 시간을(평균적으로 약 5년) 보낼 것이라는 사실에 주목했다(Hetherington, Bridges, & Insabella, 1998). 이혼은 발달중인 아동들에게 어떤 영향을 미치는가? 이 이슈를 말할 때 이혼은 단일 사건이 아님에 주목하라. 대신, 이것은 실질적인 별거이전에 부부 갈등과 함께 시작되고 이후 생활에서 다양한 변화를 포함하는 전체 가족에 대한 일련의 스트레스 경험들을 나타낸다. Mavis Hetherington과 Kathleen Camara(1984)가 보았듯이, 가족은 "가족 자원의 감소, 거주지의 변화, 새로운 역할과 책임의 수락, 새로운 [가족] 상호작용의 패턴 형성, 일상

의 재조직화, [아마도] 기존 가족에 새로운 관계[의붓 부모/자녀와 의붓 형제]의 도입"과
같은 것에 대처해야 한다(p.398).

이혼 전: 부부 갈등에 노출

이혼 전 기간은 부부 간에 많은 격렬한 언쟁이나 신체적 폭력과 같은 가족 갈등이 극적
으로 증가한다. 아동들은 부부 갈등에 노출되는 것에 의해 어떤 영향을 받는가? 점점 많
은 증거들이 가정에서의 지속적인 갈등은 아동들을 극도로 괴롭게 만들고 아동들이 형
제나 또래들과 적대적이고 공격적인 상호작용을 할 가능성을 증가시킨다는 것을 보여준
다(Cummings & Davies, 1994; Cummings et al., 2006). 게다가 부부 갈등에 대한 일
상적인 노출은 불안, 우울, 외현화된 품행 장애와 같은 많은 다른 아동이나 청소년 적응
문제를 가져온다(Davies & Cummings, 1998; Parke & Buriel, 2006). 부부 갈등은 아
동과 청소년에게 정서적으로 불안하게 만들거나 행동의 성숙을 손상시키는 것과 같은
직접적인 효과를 줄 수 있다(Cummings et al., 2006; Thompson, 2000). 이것은 또한
부모의 수용/민감성 및 부모-자녀 관계의 질이 낮아지는 것과 같은 간접적인 효과도 있
다(Davies et al., 2003; Erel & Burman, 1995; Parke & Buriel, 2006). 안전애착 표상
을 가진 아동들은 불안전 애착 표상을 가진 아동들보다 부모 갈등을 좀 더 잘 극복한다
(Davies & Forman). 이것은 그 갈등의 촉진에 대해 책임을 덜 느끼거나 부모가 자신을
사랑하지 않을 것이라는 점을 덜 걱정하기 때문이다(El-Sheikh & Harger, 2001; Grych
et al., 2000; Grych, Harold, & Miles, 2003). 그러나 갈등이 있는 가정은 아동이나 청
소년의 발달에 건강한 맥락은 아니며, 이제 많은 가족 연구자들은 이런 환경의 아동들
은 결국 부모가 별거하거나 이혼하면 더 잘 지낸다고 믿는다(Booth & Amato, 2001;
Hetherington, Bridges, & Insabella, 1998). 그럼에도 불구하고, 이혼은 모든 가족원의
안녕에 종종 영향을 미치는 매우 불안정한 삶의 전환이다.

이혼 이후: 위기와 재조직화

이혼하는 가족 대부분은 일년 이상 가족 모두의 삶이 심각하게 붕괴되는
위기 단계를 경험한다(Amato, 2000; Hetherington & Kelly, 2002). 전
형적으로 양쪽 부모 모두 현실적인 어려움 뿐 아니라 정서적인 어려움
들을 경험한다. 이혼 가정 중 약 83%에서 양육권을 갖는 어머니는 비록
잘 회복되기는 하지만 분노, 우울, 외로움, 또는 괴로움을 느낀다. 아버지
는 자신이 이혼을 하려고 하지 않았거나 아동들로부터 차단되었다고 느
끼면 괴로움을 느낄 가능성이 높다. 이제 독신자가 되면서, 양쪽 부모 모
두 그들이 결혼관계일 때 의존했던 친구나 사회적 지지로부터 고립되었
다고 느낀다. 자녀가 있는 이혼한 여성은 대부분 수입의 감소로 인해 추
가적인 문제에 직면한다. 평균적으로 가족 수입은 약 50-75%까지 줄어
든다(Bianchi, Subaiya, & Kahn, 1997). 저소득지역으로 이사하고 일을
해야 하고 혼자 어린 자녀를 키워야 한다면 생활은 특히 어려울 수 있다
(Emery & Forehand, 1994).

추측하듯이, 심리적으로 고통을 받는 성인들은 좋은 부모가 될 수 없
다(Papp et al., 2004). Hetherington과 동료들(Hetherington, Cox, &

이혼 전 시기에는 종종 부부간의 격렬한 언쟁과 심
지어 신체폭력을 포함하는 가족갈등이 극적으로 증가
한다.

Cox, 1982; Hetherington & Kelly, 2002)은 책임과 이혼에 대한 정서적 반응에 의해 압도되고 있는 양육권을 가진 어머니는 자녀의 욕구에 대해 신랄하고 인내심이 부족하고 무감각하다는 걸 발견했다. 그 결과 그들은 강압적인 자녀양육 방법을 빈번하게 사용한다. 이혼한 어머니는 (어떻든 자녀들에게) 종종 더 적대적이고, 덜 양육적인 부모로 바뀌는 것으로 나타난다(Fauber et al., 1990). 반면에 양육권이 없는 아버지는 자녀들을 방문하는 동안 보다 허용적이고 응석을 받아주는 것과 같은 다른 방식으로 변할 가능성이 높다(Amato & Sobolewski, 2004).

가족 해체로 인해 자주 불안하고 화나고 우울해하는 이혼한 가정의 아동들은 투덜대고, 논쟁적이고, 반항적이고, 무례하게 구는 것으로 반응한다. 이 위기 단계 동안 부모-자녀 관계는 아동의 정서적 고통 및 문제 행동들과 성인의 비효율적인 양육 양식이 서로를 부채질하고 모든 사람의 삶을 불쾌하게 만드는 악순환으로 기술된다(Baldwin & Skinner, 1989). 그러나 이혼에 대한 아동들의 초기 반응은 아동의 나이, 성별에 따라 다양하다.

더 어린 인지적으로 미숙한 학령전 아동과 초등학교 저학년 아동들은 이혼이 일어나면 가장 눈에 띄는 고통의 사인을 보인다. 그들은 왜 부모가 이혼했는지 이해하지 못하고 가족의 해체에 대해 다소 책임이 있다고 생각하면 죄책감도 느끼는 경향이 있다(Hetherington, 1989). 나이든 아동들과 청소년들은 고통받은 부모를 이혼으로 이끈 성격 갈등과 보살핌의 부족을 더 잘 이해할 수 있다. 그러나 그들은 부모의 이혼으로 인해 많은 고통을 받으며 가족원들과 멀어지거나 절도, 성적 비행, 물질남용, 다른 유형의 비행 행동과 같은 바람직하지 않은 활동에 더 몰두하는 것으로 반응할 수도 있다(Amato, 2000; Hetherington, Bridges, & Insabella, 1998). 부모가 이혼하는 이유를 더 잘 이해하고 이혼을 유발한 것에 대한 책임감을 덜 느낌에도 불구하고, 나이든 아동들과 청소년들은 어린 아동들만큼 고통을 받는 듯하다(Hetherington & Clingempeel, 1992).

비록 이 발견이 결코 보편적이지 않더라도, 많은 조사자들은 부부 불화와 이혼의 영향이 여아보다 남아에게 더 강력하고 지속적임을 보고한다. 이혼하기 전에도, 남아들은 이미 여아들보다 외현적 행동 문제를 더 많이 보인다(Block, Block, & Gjerde, 1986, 1988). 적어도 두 개의 초기 종단 연구는 여아들은 이혼한지 2년 후 사회적 및 정서적 혼란으로부터 회복되는 걸 발견했다. 그러나 같은 기간동안 극적으로 향상되는 남아들은 여전히 부모, 형제, 교사, 또래들과의 관계에서 정서적 스트레스와 문제의 징후를 보인다(Hetherington, Cox, & Cox, 1982; Wallerstein & Kelly, 1980).

그러나 성차와 관련된 말은 조심해야 한다. 대부분의 초기 연구는 어머니가 가장인 가족과 쉽게 탐지되는 외현적 행동 문제에 초점을 맞춘다. 이후의 연구들은 남아들은 아버지가 양육하는 부모일 때 더 잘 지내며(Amato & Keith, 1991; Clarke-Stewart & Hayward, 1996) 그리고 이혼한 가정의 여아들은 남아들보다 더 내면적인 고통을 경험하는데, 분노, 공포, 좌절을 행동으로 표현하기보다 위축되거나 우울하다고 말한다(Chase-Landsdale, Cherlin, & Kiernan, 1995; Doherty & Needle, 1991). 또한 이혼한 가정의 많은 여아들이 청소년 초기에 조숙한 성적 활동을 하고 남아나 남성들과의 관계에서 지속적으로 자신감이 부족하다(Cherlin, Keirnan, & Chase-Lansdale, 1995; Ellis et al., 2003; Hetherington, Bridges, & Insabella, 1998). 따라서 비록 남아와 여아에게 다소 다른 방식으로 영향을 미칠지라도 이혼은 남아와 여아 모두에게 심한 타격을 줄 수 있다.

이혼에 대한 장기적인 반응

부모가 이혼한 대다수의 아동과 청소년들은 결국은 이런 가족 이행에 적응하고 건강한 심리적 적응패턴을 보여준다(Hetherington & Kelly, 2002). 그럼에도 불구하고 이혼에 잘 적응한 아동들조차도 좀처럼 없어지지 않는 일부 후유증이 있다. 한 종단 연구에서 이혼 가정의 아동들은 이혼 후 20년 이상 면담했을 때 이혼이 그들의 삶에 준 영향 평가에서 여전히 매우 부정적이었다(Wallerstein & Lewis, Fernandez가 인용한, 1997). 성인이 되었을 때 이혼 가정의 자녀들은 더 많은 우울증상과 더 낮은 삶의 만족을 보고했다(Hetherington & Kelly, 2002; Segrin, Taylor, & Altman, 2005). 불만족의 공통적인 원천은 부모 특히 아버지와 지각된 친밀감 상실이다(Emery, 1999; Woodward, Fergusson, & Belsky, 2000). 또 다른 흥미로운 장기적인 반응은 이혼한 가정의 청소년들이 이혼하지 않은 가정의 청소년들에 비해 자신의 결혼이 불행할거라는 두려움을 가질 가능성이 높다는 것이다(Franklin, Janoff-Bulman, & Roberts, 1990). 이런 우려에 일부 근거가 있을 수 있는데, 부모가 이혼한 성인들은 이혼하지 않은 가족의 성인들에 비해 불행한 결혼과 이혼을 경험할 가능성이 높다(Amato, 1996).

요약하면, 이혼은 20년 후에도 자녀들이 긍정적으로 느끼지 않는 가장 불안정하고 힘

개념체크 14.3 **형제영향과 가족 삶의 다양성 이해하기**

다음 문제에 답하여 형제가 아동발달에 주는 영향 및 다양한 가족 체계가 아동발달에 주는 영향의 이해를 체크하라.

O/X문제: 다음 말이 맞으면 O를 틀리면 X를 하시오.

1. (　　　) 어린 형제를 가르치고 지도하는 나이든 형제는 종종 학업적성이 증가하는 이익을 본다.
2. (　　　) 형제가 없는 아동들은 종종 형제가 있는 아동에 비해 종종 발달적으로 불리하다.
3. (　　　) 형제 간의 갈등은 역기능적 가족의 사인이고 갈등이 있는 아동의 좋지 않은 발달결과를 예언한다.
4. (　　　) 연구조사는 부모가 되려는 바람이 부모의 아동과의 유전적 관계보다 더 중요하다는 결론을 지지한다.

빈칸채우기: 맞는 용어로 다음 문장을 완성하시오.

5. 대부분의 입양아동들이 생모를 만날 기회가 주어질 때, 그들은 양어머니가 그들의 ＿＿＿＿어머니이고 생모는 ＿＿＿＿라고 믿게 된다.
6. 임산가능한 여성이 기증자의 정자를 받아 아이를 임신하는 과정은 ＿＿＿＿으로 알려져 있다.
7. 현대의 지혜는 조정불가능한 차이로 인해 불행한 결혼생활을 하는 부부는 자녀의 행복을 위해 ＿＿＿＿를 해야 한다고 제시한다.

선다형: 각 질문에 적절한 답을 고르시오.

＿＿＿＿ 8. 다음 중 어린 형제들이 동일하게 유능한 더 나이든 또래보다 나이든 형제에게서 더 많이 배우는 이유가 아닌 것은 어느 것인가?

a. 나이든 형제들은 관계없는 어린 또래들보다 어린 형제들을 가르치는 데 더 큰 책임감을 느낀다.
b. 나이든 형제들은 나이든 또래들 보다 더 자세히 지도를 한다.
c. 형제들은 종종 더 나이든 또래들이 이해못하는 독특한 언어를 발달시키기 때문에 서로를 더 잘 이해할 수 있다.
d. 어린 형제들은 나이든 또래들 보다 나이든 형제들의 지도를 더 받아들일 가능성이 있다.

＿＿＿＿ 9. 가능하다면 아동은 ＿＿＿＿ 때문에 동성애 부모보다는 이성애 부모가 키워야 한다.

a. 동성애 부모가 키운 아동은 인지적으로 덜 성숙하다.
b. 동성애 부모가 키운 아동들은 사회적으로 덜 성숙하다.
c. 동성애 부모가 키운 아동들은 동성애자가 될 가능성이 더 많다.
d. 위의 어느 것도 아니다. 실제로 동성애 부모의 자녀와 이성애 부모의 자녀사이의 발달결과에 어떤 차이가 있다는 주장에 과학적 증거가 없다.

단답형: 이 장에서 배운 자료를 가지고 다음 문제에 간단히 답하시오.

10. 부모 이혼이 남아와 여아의 발달에 주는 여러 단기적 및 장기적 효과를 기술하시오.

든 삶의 사건이다. 그러나 우리가 여기에 그렸던 우울한 초상에도 불구하고, 더 고무적인 메시지가 있다. 첫째, 연구자는 안정적인 한부모(혹은 의붓 부모) 가정의 아동들은 대개 갈등이 있는 양부모(two-parent)가정의 아동들보다 더 잘 적응함을 일관적으로 발견한다. 실제로, 이혼 후 아동들이 보이는 많은 행동 문제들이 이혼 전에 실제로 존재했고 이혼 그 자체보다 오랫동안 지속된 가족 갈등과 더 밀접한 관련이 있다(Amato & Booth, 1996; Shaw, Winslow, & Flanagan, 1999). 자주 이혼과 연합된 부부 갈등이나 양육의 붕괴가 없다면, 거의 항상 스트레스가 많은 경험이지만, 이혼이 항상 해를 끼치는 것은 아니다. 따라서 오늘날의 관습적인 지혜는 조정할 수 없는 차이가 있는 불행한 결혼생활을 하는 부부에게는 이혼이 자녀들을 위해 좋을 수 있다는 것이다. 즉 폭풍우 같은 결혼의 종료가 결국 아동들이 경험하는 스트레스를 줄이고 부모 중 한 쪽이나 혹은 양쪽 모두 그들의 요구에 대해 보다 민감하고 반응적이 될 수 있게 한다면 아동들은 이익을 얻을 가능성이 있다(Booth & Amato, 2001; Hetherington, Bridges, Insabella, 1998). 두 번째 고무적인 메시지는 이혼한 모든 가족이 우리가 언급했던 모든 어려움을 경험하는 것은 아니라는 것이다. 실제로, 어떤 성인들과 아동들은 이런 전환기를 아주 잘 관리하고 그 결과로서 심리적으로 성장하기도 한다.

발달주제를 가족생활, 양육, 형제에 적용하기

이 책 전체를 통해 알아본 4가지 주제(능동적 아동, 천성 대 육성 상호작용, 양적 대 질적 변화, 발달의 총체적 성질)는 초점을 개별 아동에서 아동이 발달하고 있는 맥락으로 바꿀 때 생각하는게 더 어려워진다. 그것은 우리가 멈추어 서서 이런 주제들이 가족내에서, 양육에서, 형제관계에서 작용하는 방식을 고려할 때 도전이 된다. 그러나 발달심리학자들은 발달의 모든 측면에서 이런 주제에 관심이 있고, 맥락적 관점을 채택할 때조차도 그들의 영향을 볼 수 있다.

예를 들면 사회적 체계로서의 가족 연구에서 발달학자들은 체계내의 각 사람과 체계내에 있는 사람들 간의 각각의 관계는 그 체계내의 다른 모든 사람과 관계에 영향을 준다고 믿는다. 구체적으로 현대 발달학자들은 영향의 더 복잡한 상호작용과 방향뿐 아니라 가족영향의 교류관점을 채택한다는 걸 알고 있다. 교류관점은 부모-아동효과와 자녀-부모효과(또는 "능동적 아동") 둘 다를 포함한다.

이 장에서 우리가 살펴본 자료의 많은 것이 발달에서 육성효과(nurture effects)에 초점을 두었다. 즉 가족환경, 양육유형, 형제 상호작용이 아동발달에 어떻게 영향을 주는지에 초점을 두었다. 발달심리학의 더 사회적 및 맥락적 측면을 탐구할 때, 우리가 육성이 발달에 주는 영향을 더 많이 보는 건 사실이다. 그럼에도 불구하고 마찬가지로 일부 천성효과 단서도 있다. 예를 들면 아동들의 기질이 부모가 사용하는 양육유형에 영향을 주게 된다고 주장하는 이론적 입장을 논의했다. 역으로 우리가 입양부모나 인공수정 부모가 긍정적 양육기법 및 긍정적 아동발달결과를 제공하는 데에서 부모가 되려는 욕구가 부모-자녀 간의 유전적 관계보다 더 강력한 힘이라는 걸 발견했을 때 천성은 양육에서 중요한 역할을 하지 않는다는 증거를 개관했다.

이 장에는 발달에서 양적 및 질적 변화와 관련된 것이 거의 없다. 우리는 아동이 청소년이 되면 양육유형 및 형제관계가 변화한다는 증거를 개관했다. 그러나 다른 발달주제들이 이 주제들에 더 관련이 있다.

마지막 주제인 발달의 총체적 성질은 이 장에서 많이 다루었다. 가족체계, 양육유형, 형제 상호작용 모두 아동의 인지적, 사회적, 심지어 생물학적 발달에 영향을 주는 것을 보았다. 요약하면, 아동은 발달 맥락(가족생활에 관련된)이 긍정적이고 지지적일 때 잘 자란다. 이것은 아동의 생활에서 실제 차이를 만들기 위해 사용될 수 있는 연구 종류이다.

요약

생태체계 관점

- Urie Bronfenbrenner는 생태체계 이론을 제안했다:
  - 그는 발달을 늘 변화하고 있는 사람과 항상 변화하고 있는 환경사이의 교류의 산물로 본다.
  - Bronfenbrenner는 자연적인 환경이 실제로 상호작용하는 맥락 또는 체계를 구성한다고 제안한다.
    - 미시체계
    - 중간체계
    - 외체계
    - 거시체계
    - 시간체계

가족 이해하기

- **사회화**는 아동들이 그들의 사회에서 적절하다고 생각되는 신념, 태도, 가치, 행동을 습득하기 시작하는 과정이다
- **가족**은 사회화의 일차적인 대리자이다.
- **전통적인 핵가족**이든 **확대 가족**이든 가족들은 사회적 체계로 가장 잘 보여진다.
- 아동들은 가족의 성인 구성원들이 서로의 양육을 위한 노력을 서로 지원하는 공동 양육을 효과적으로 할 때 더 잘 지낸다.
- 가족들도 또한 가족 기능이 수행되는 방식에 영향을 주는 공동체와 문화적 맥락에 포함된 발달하는 사회체계이다.

아동기와 청소년기 동안의 부모의 사회화

- 부모들은 **수용/반응성**과 **요구/통제**라는 폭넓은 두 가지 아동 양육 차원에서 차이가 있다.
- 네 가지 양육패턴이 있다: 권위적, 독재적, 허용적, 방임

적 양육.
- 자신들의 요구를 강조하기 위해 합리적으로 호소하는 수용적이고 요구적인(또는 **권위적**) 부모는 능력이 높고 잘 적응하는 아동으로 키우는 경향이 있다.
- 덜 수용적이지만 매우 요구적인(또는 **독재적인**) 부모와 수용적이지만 요구적이지 않은(또는 **허용적**) 부모는 다소 덜 좋은 발달 결과를 보인다.
- 수용적이지 않고 반응적이지 않고 요구적이지 않은(또는 **방임적**) 부모의 아동들은 실질적으로 모든 심리적 기능 측면들에서 결함이 있다.
- 부모통제에 대한 최근 연구는 **심리적 통제**보다 **행동통제** 사용을 분명히 좋아한다.
- 발달학자들은 가족 사회화의 완전한 설명은 부모와 자녀들 간의 상호 영향을 포함한다고 믿는다(교류 모델).

자녀양육에서 사회계층과 민족적 변이

- 서로 다른 문화, 하위문화, 사회계층 출신의 부모들은 자녀 양육 실제 활동에 영향을 주는 서로 다른 가치, 관심, 삶에 대한 전망을 갖고 있다.
- 모든 사회적 배경 출신의 부모들은 그들 자신의 생태적 보금자리에서 그들이 알고 있는 성공에 기여하는 특징을 강조한다.
- 한 가지 특정한 양육 유형이 다른 모든 것보다 더 "좋거나" 적당하다고 결론내리는 것은 부적절하다.

형제 및 형제 관계의 영향

- **형제 간 라이벌의식**은 더 어린 형제가 태어나자마자 시작되는 정상적인 가족 생활의 한 측면이다.
- 형제들은 같이 지내며 서로에게 좋은 일을 많이 하는 경

향이 있다. 특히 부모가 사이좋게 지내고, 자녀로 하여금 갈등을 우호적으로 해결하도록 격려하고 지속적으로 한 아이를 편애하지 않는다면 그렇다.

- 형제들은 전형적으로 지원을 위해 기댈 수 있는 친밀한 동료로 볼 수 있다.

- 나이든 형제는 때로 빈번하게 어린 형제에게 양육자, 안전한 대상, 모델, 교사로서 역할을 한다. 그리고 그들도 자신들이 제공하는 지도와 안내로부터 이익을 얻는다.

- 형제 관계는 정상발달을 위해 기본적인 것은 아니다. 왜냐하면 외둥이들은 평균적으로 형제가 있는 아동들만큼 사회적으로 정서적으로 지적으로 유능하기 때문이다.

가족 삶의 다양성

- 부모가 되기를 바라는 불임 부부와 독신 성인들은 종종 입양을 해서 가족 삶을 시작한다.

- 입양된 아동들은 생물학적 뿌리에 대해 배우는 것이 허용되는 개방된 입양 체계에서 가족 삶에 더 만족한다.

- 이런 방식으로 이루어진 가족에 대한 걱정에도 불구하고 인공수정을 통해 수정된 아동들은 평균적으로 두 사람의 생물학적 부모에 의해 양육된 아동들만큼 잘 적응한다.

- 게이 부모와 레즈비언 부모는 이성애 부모들만큼 효율적이다. 그들의 자녀들은 잘 적응하고 압도적인 다수가 이성 지향이다.

- 이혼은 아동들과 부모 모두에게 스트레스를 주고 혼란스러운 가족생활의 큰 이행이다.

- 아동들의 최초 반응은 분노, 공포, 우울과 죄책감이다.

- 이혼 후 고통의 가시적인 신호는 어린 아동들에서 가장 잘 나타나며 여아들이 남아들에 비해 어머니가 가장인 한부모 가정의 삶에 더 잘 적응한다.

- 이혼 가정의 아동들은 대개 갈등이 지속되는 양부모 가족의 아동들보다 더 잘 적응한다.

연습문제   PRACTICE QUIZ

선다형: 각 질문에 최선의 답을 선택하여 여러분의 발달맥락에 대한 이해를 체크하라. 답은 부록에 있다.

1. 아동발달에 가족과 형제가 주는 영향은 Bronfenbranner의 생태체계모델의 _____ 수준에 속한다.
   a. 시간체계
   b. 외체계
   c. 중간체계
   d. 미시체계

2. 브라이언은 자녀에게 매우 냉담하고 무반응적이지만 자녀 행동을 많이 요구하고 통제도 한다. 발달심리학자들은 브라이언의 양육유형을 _____으로 명명할 것이다.
   a. 권위적
   b. 독재적
   c. 허용적
   d. 방임적

3. 발달중인 아동에게 영향을 주는 자연적 환경은 실제로 아동에게 영향을 주고 영향을 받는 복잡하게 맞물려있는 맥락의 세트라고 주장하는 발달이론은 무엇인가?
   a. 진화론

   b. 생태체계이론
   c. 동물행동학 이론
   d. 사회문화적 이론

4. 다음 중 어린 형제들이 동일하게 유능한 더 나이든 또래보다 나이든 형제에게서 더 많이 배우는 이유가 아닌 것은 어느 것인가?
   a. 형제들은 종종 더 나이든 또래들이 이해못하는 비밀 언어를 발달시키기 때문에 서로를 더 잘 이해할 수 있다.
   b. 나이든 형제들은 관계없는 어린 또래들보다 어린 형제들을 가르치는 데 더 큰 책임감을 느낀다.
   c. 어린 형제들은 나이든 또래들 보다 나이든 형제들의 지도를 더 받아들일 가능성이 있다.
   d. 나이든 형제들은 나이든 또래들 보다 더 자세한 지도를 한다.

5. 가능하다면 아동은 _____ 때문에 동성애 부모보다는 이성애 부모가 키워야 한다.
   a. 동성애 부모가 키운 아동은 인지적으로 덜 성숙하다.
   b. 동성애 부모가 키운 아동들은 사회적으로 덜 성숙

하다.

c. 동성애 부모가 키운 아동들은 동성애자가 될 가능성이 더 많다.

d. 위의 어느 것도 아니다. 실제로 동성애 부모의 자녀와 이성애 부모의 자녀사이의 발달결과에 어떤 차이가 있다는 주장에 과학적 증거가 없다.

6. 월튼네는 어머니, 아버지, 4명의 아들과 3명의 딸, 할아버지와 할머니가 함께 살고 있는 대가족이다. 이 가족은 함께 살고 가족으로 기능한다. 예를 들면 그들은 매일 밤에 함께 앉아서 가족의 저녁 식사를 한다. 이 가족의 각 구성원은 저녁식사에 있을 것으로 기대된다. 발달 심리학자는 이 가족을 어떻게 분류할까?

a. 전통적 핵사족

b. 공동양육하는 가족

c. 확대가족

d. 경제적으로 고통받는 가족

7. 아동기의 낮은 인지적 및 사회적 유능성과 빈약한 자기 통제 및 학업수행은 종종 어떤 양육유형과 관련되는가?

a. 권위적

b. 독재적

c. 허용적

d. 방임적

8. 리차드는 실직했고 4자녀가 있는 가족을 어떻게 부양해야 하나를 걱정한다. 나중에 그는 부인과 잘 지내는데 문제가 있음을 발견했다. 그는 또한 그가 할 수 있었던 방식으로 자녀들에게 쏟을 힘이 없는 것처럼 느끼고 있다.

a. 독재적 상실 모델

b. 교류적 영향모델

c. 행동통제 모델

d. 경제적 고통모델

9. 대부분의 입양아동들은 그들의 친모를 만날 기회가 주어질 때, 그들의 양어머니가 ____하다고 믿게 된다.

a. 친모

b. 진짜 어머니

c. 난자제공 어머니

d. 대리모

10. 발달심리학자들이 채택한 가장 최신의 영향 모델은 무엇인가?

a. 아동효과모델

b. 부모효과모델

c. 상호작용모델

d. 교류모델

주요 용어 KEY TERMS

가족(family)

가족고통모델(family distress model)

가족사회 체계(family social system)

거시체계(macrosystem)

공동양육(coparenting)

교류 모델(transactional model)

권위적 양육(authoritative parenting)

독재적 양육(authoritarian parenting)

문화변용 스트레스(acculturation stress)

미시체계(microsystem)

방임적 양육(uninvolved parenting)

부모 효과 모델(parent effects model)

사회화(socialization)

생태체계이론(ecological systems theory)

승인/반응(acceptance/responsiveness)

시간체계(chronosystem)

심리적 통제(psychological control)

아동효과 모델(child effects model)

외체계(exosystem)

요구/통제/(demandingness/control)

의지작용 촉진(promotion of volitional functioning, PVF)

인공수정(donor insemination)

전통적 핵가족(traditional nuclear family)

중간체계(mesosystem)

행동통제(behavioral control)

허용적 양육(permissive parenting)

형제간 경쟁의식(sibling rivalry)

확대가족(extended family)

15

발달의 맥락 II: 또래, 학교, 기술

발달심리학 영역을 통과하는 여정은 우리로 하여금 연구와 적용의 많은 다른 영역을 통과하게 했다. 우리는 상이한 관점으로 발달을 생각하고, 생물학적, 인지적, 사회적 발달을 포함하는 발달의 여러 다른 측면들을 고찰했다. 이 여정 동안 우리는 아동들이 그 자신의 발달에 능동적으로 참여하며, 모든 발달측면들이 서로 영향을 주며 상호작용하기 때문에 발달을 연구할 때는 총체적인 아동을 고려하는 것이 중요하다고 강조했다. 14장에서 우리는 가족맥락과 그것이 아동발달에서 일차적으로 하는 역할을 고찰했다. 이 마지막 장에서는, 가족의 범위를 넘어서 발달에 심대한 영향을 주는 맥락에 대해 알아볼 것이다.

우리는 발달맥락을 크게 강조하는 이론인 생태체계 발달이론을 하나의 조직구조로서 사용할 것이다. Urie Bronfenbrenner의 생태학적 환경모델은 아동의 환경을 차례로 포개어 넣어진 일련의 구조이며 각 구조가 아동발달에 영향을 주는 것으로 본다. 미시체계는 아동과 가까운 환경 사이의 관계를 나타내며, 중간체계는 아동을 둘러싼 가까운 상황들 사이의 연결을 나타내고, 외체계는 영향을 주지만 아동을 포함하지는 않는 사회적 세팅을 나타내며, 거시체계는 그 문화를 지배하는 이데올로기를 나타낸다. 이 차례로 포개어 넣어진 체계들은 모두 시간체계 안에 있다. 시간체계는 시간이 지남에 따른 아동과 환경의 변화를 말한다. 이 모델은 아동이 발달하고 있는 맥락과 그 맥락들이 발달에 영향을 주는 방식에 대한 생각의 틀을 제공한다.

우리는 아동과 청소년 발달에 영향을 주는 여러 개의 다른 맥락들을 고찰할 것이다. 중간체계 수준에서는 또래와 학교가 발달에 영향을 주는 방식을 간단히 살펴본다. 외체계 수준에서는 디지털 시대의 대중매체가 발달에 영향을 주는 방식을 알아본다. 이 몇 개의 연구 영역은 맥락의 모든 수준과 유형이 발달에 영향을 주는 방식을 보여주는 예가 될 것이다. 이런 발달맥락의 여러 측면들을 고려하면서, Bronfenbrenner 모델은 발달맥락을 보는 중요한 방식을 찾기 위해 다양한 연구 영역을 한데 묶는 큰 틀이라는 것을 잊지 말라.

사회화 대행자로서의 또래

이 책 전체를 통해 우리는 사회화 대행자로서의 성인에 중점을 두어왔다. 부모, 교사, 코치, 스카우트 대장, 종교 지도자로서의 다양한 역할을 통해 성인들은 사회의 권위, 힘, 전문가 의견을 대표한다. 그러나 Jean Piaget와 같은 일부 이론가들은 성인만큼(또는 그 이상으로) 또래들도 아동과 청소년 발달에 기여한다고 믿는다(Harris, 1998, 2000; Youniss, McLellan, & Strouse, 1994). 그들은 "아동기에는 두 개의 사회적 세계"가 있다고 주장한다. 하나는 성인/아동 교류를 포함하고, 다른 하나는 또래들 사회를 포함하는 것이다. 이런 사회 시스템은 서로 다른 방식으로 발달에 영향을 준다.

학교에 입학할 때가 되면, 대부분의 아동들은 여가시간의 대부분을 또래 친구들과 보낸다. 또래들은 아동 발달과 청소년 발달에서 어떤 역할을 하는가? 뒤에서 보게 되는 바와 같이, 또래들은 여러 가지 긍정적인 방식으로 서로에게 영향을 줄 가능성이 있다.

> **또래**
> (peers)
> 행동 복잡성 수준에서 비슷하게 행동하는 두 명 이상의 사람들.

서로 연령이 다른 아동들 간의 상호작용을 통해서 나이가 위인 아동과 어린 아동 모두가 이익을 얻게 된다.

누가 또래인가? 그리고 또래는 어떤 기능을 하는가?

발달학자들은 **또래**를 "사회적으로 동등한 사람들" 혹은 적어도 행동 복잡성 수준에서 비슷하게 행동하는 사람들로 여긴다(Lewis & Rosenblum, 1975). 이 활동에 근거한 정의에 따르면, 나이가 어느 정도 다른 아동들일지라도 공통의 흥미와 목표를 추구할 때 그들이 상대방의 능력에 맞추기 위해 행동을 바꾸어 적응할 수 있는 한 "또래"로 간주된다. 우리는 부모와의 접촉과 비교해 왜 또래끼리의 접촉이 중요해지는가에 대해 몇몇 아이디어를 얻었다. 아동과 부모와의 상호작용은 불균형하다: 왜냐하면 부모들은 아동보다 더 많은 힘을 갖고 있으며, 아동은 아래 위치에 있으며 종종 성인의 권위에 따라야만 하기 때문이다. 이와 반대로, 또래들은 전형적으로 같은 지위와 힘을 가지며, 만약 같이 잘 지내고 공동의 목표를 달성하려면 각각 다른 사람의 관점을 인정하고, 협상하고, 타협하며, 서로 협력하는 것을 배워야 한다. 그러므로 또래와의 **동등지위적** 접촉은 부모나 성인과의 불균형적 분위기에서는 얻기 어려운 사회적 능력의 발달에 기여하는 경향이 있다.

서로 다른 연령의 아동들 간의 상호작용 또한 발달에 중요하다(Hartup, 1983). 서로 다른 연령들 간의 상호작용은 한 아동(전형적으로 더 나이든 아동)이 다른 아동보다 더 많은 힘을 갖고 있는 어느 정도 불균형적 상호작용이 되기 쉬움에도 불구하고, 그런 상호작용은 아동들로 하여금 사회적 능력을 발달시키도록 돕는다.

또래 사회성의 발달

사회성(sociability)은 다른 사람들과 사회적 상호작용을 하고 그들의 관심과 인정을 구하려는 사람의 자발성을 기술하는 용어이다. 10장에서, 우리는 어린 영아들조차도 사교적 존재임을 배웠다: 첫 번째 애착을 이루기 수개월 전에 이미 영아들은 미소짓고, 소리내고, 혹은 양육자의 관심을 끌려는 시도를 하며, 어떤 어른이든지 영아 자신을 내려놓거나 혼자 남겨두고 떠날 때마다 그것을 막기 위한 시도를 한다. 그렇다면 어른이 아닌 다른 영아들에게도 그렇게 사교적일까?

사회성
(sociability)
한 사람이 다른 사람들과 상호작용하고 그들의 관심이나 인정을 추구하는 데서 갖는 자발성.

영아기와 걸음마기 아동의 또래 사회성

아기들은 생후 1개월부터 다른 아기들에게 관심을 보이며, 6개월 정도가 되면 상호작용을 하기 시작한다. 그때쯤 영아들은 종종 그들의 작은 또래들에게 미소짓거나 옹알이를 한다. 그들은 서로에게 소리를 내거나 장난감을 주고 몸짓을 한다(Vandell & Mueller, 1995; Vandell, Wilson, & Buchanan, 1980). 6~10개월 정도의 영아들은 이미 간단한 사회적 선호를 보이는데, 이들은 상대방에게 해롭지 않고 도움이 되는 놀이를 선택한다(Hamlin, Wynn, & Bloom, 2007). 첫해 끝무렵의 영아들은 상대방 영아의 행위를 인형을 갖고 모방할 수 있게 되는데, 이는 상대방 영아의 의도를 이해하거나 또는 그 의미를 공유하려는 것으로 보인다(Rubin et al., 2006). 그러나 그런 우호적인 몸짓들은 거의 주목받지 못하며 상대방 영아에게서 되돌려지지 않는다.

12~18개월 사이의 걸음마기 아동들은 서로의 행동에 더 많이 반응하기 시작하며, 참가자들끼리 교대로 하는 것처럼 보이는 더 복잡한 교환을 종종 함께 한다. 이런 "행동/반응" 일화를 진정한 사회적 상호작용이라고 부를 수 있는지에 대해서는 논쟁이 있다. 왜냐하면 12~18개월 사이의 아동들은 종종 또래를 그들이 또래들을 보고, 몸짓하고, 미소짓고, 웃음으로써 통제할 수 있는 특별히 반응적인 "장난감"으로 다루는 것처럼 보이기 때문이다 (Brownell, 1986).

그러나 18개월경이 되면, 걸음마기 아동들은 분명히 사교적인 특성을 갖는 같은 나이 짝과 **협응된** 상호작용을 시작한다. 그들은 이제 서로를 모방하는 일에서 큰 기쁨을 느낀다(Asendorpf, 2002; Nielsen & Dissanayake, 2003; Suddendorpf & Whiten, 2001). 이 모방을 사회적 게임으로 만들었을 때, 그들은 종종 자기 파트너를 응시하고 미소짓는다. 실제로, 18개월경의 아동들은 또래들에게 매우 집중하기 때문에 또래의 단순 행위를 성인의 똑같은 행위보다 더 모방하는 경향이 있다(Ryalls, Gul, & Ryalls, 2000).

20~24개월 된 걸음마기 아동들의 놀이에는 강한 언어적 요소가 들어 있다: 놀이친구들은 종종 자기들이 진행하는 놀이활동을 서로에게 기술하거나("나 넘어진다!" "나두, 넘어진다!") 파트너가 해야 할 역할에 영향을 주려 한다("너는 장난감집에 들어간다") (Eckerman & Didow, 1996). 이런 협응된 사회적인 말(coordinated social speech)은 2~2.5세 사이의 아동들이 **보완적 역할**(complementary roles)을 더 쉽게 하게 만든다. 보

연령이 높아짐에 따라, 걸음마기 아동들이 서로 간에 나누는 상호작용은 점차 숙련되고 상호적으로 되어간다.

완적 역할에는 술래잡기에서 쫓는 자와 쫓기는 자, 또는 다른 사람이 통속에서 좋은 장난감을 꺼낼 수 있도록 한 사람이 핸들을 조정하는 것에서 나타나는 것처럼 공유된 목표를 달성하기 위해 협조하기 같은 것이 있다(Brownell, C. A., Ramani, G. B., & Zerwas, S., 2006).

사회적 발달과 인지적 발달 모두 처음 2년 동안의 또래 사회성 성장에 기여한다. Celia Brownell과 Michael Carriger(1990)는, 걸음마기 아동들은 그 자신과 그의 또래들 모두 독립적이고 의도적인 행위자라는 것을 먼저 깨달아야 한다고 주장한다. 독립적이고 의도적인 행위자란 그들이 보완적인 게임을 하려 하거나 또는 어떤 목표를 달성하기 위해 그들의 행위를 협응하려 할 때, 그 이전에 어떤 일을 발생시킬 수 있는 사람이다. Brownell 등(2006)은 목표달성을 위해 성공적으로 협응했던 걸음마기 아동들이 덜 협응적인 또래들보다 자기-타인 변별검사에서 더 높은 점수를 받았음을 발견했다. 이는 초기의 상호작용 기술들이 사회인지 발달에 의해 좌우된다는 것을 강력히 지지하는 증거이다. **상호주관성**(inter-subjectivity: 자신의 사회적 파트너와 함께 의미나 의도, 목표를 공유하는 능력)에 대한 감각은 학령전기 동안 나타나 점진적으로 더 복잡해지는 **가상놀이** 활동의 출현에 필수적이다(Rubin, Bukowski, & Parker, 2006).

학령전기의 사회성

2~5세 사이의 아동들은 더 사교적이 될 뿐만 아니라, 그들의 사회적 몸짓도 더 넓은 사람들에게로 향한다. 관찰연구에 따르면, 2~3세의 아동들은 더 나이 많은 아동보다 어른 가까이 남아 있으며 신체적인 애정을 추구하는 경향이 더 많다는 걸 보여준다. 반면에, 4~5세 아동들의 사교 행동은 보통 어른들보다는 또래들을 향한 관심과 그들의 인정을 얻으려는 쾌활한 시도로 이루어진다(Harper & Huie, 1985; Hartup, 1983).

학령전기 아동들이 더 또래 지향적이 되어감에 따라, 그들이 갖는 상호작용의 성질도 변한다. Mildred Parten(1932)은 그녀의 고전적인 연구에서, 또래 상호작용에서의 사회적 복잡성 발달을 알아보기 위해 2~4.5세 사이의 아동들을 유치원의 자유놀이 시간에 관찰했다. 그녀는 학령전기 아동들의 놀이활동을 5개 범주로 분류하여 사회적으로 가장 간단한 것부터 가장 복잡한 것까지 배열했다:

비사회적 활동 아동들은 다른 아이들의 놀이를 보거나 혹은 자기 자신의 혼자놀이를 하며, 다른 아동들이 하고 있는 것을 대체로 무시한다.
방관자 놀이 아동들은 놀고 있는 다른 아이 주변을 서성거리면서 구경한다. 그러나 다른 아이와의 놀이에 참여하려 하지는 않는다.
병행놀이 아동들은 서로 옆에서 놀지만 상호작용은 거의 없고 놀고 있는 다른 아이의 행동에 영향을 주려고 하지 않는다.
연합놀이 아동들은 이제 장난감을 공유하고 놀이재료들을 서로 바꾸어 논다. 그러나 그들 자신의 놀이에 집중하며, 공유한 목표를 달성하기 위한 협동은 하지 않는다.
협동놀이 아동들은 이제 가상 주제를 연기할 수 있고, 상호적 역할을 취하고, 공유한 목표를 달성하기 위해서 협동한다.

Parten은 혼자놀이와 병행놀이는 나이가 듦에 따라 감소되는 반면, 연합놀이와 협동놀이는 더 일상적인 것이 되어가는 것을 발견했다. 그러나 5종류의 놀이 모두 모든 나이의 아동들에게서 관찰되었다. 그리고 만일 아동이 그림 그리기나 퍼즐 맞추기 같은 생산

상호주관성
(intersubjectivity)
자신의 사회적 파트너와 함께 의미나, 의도, 목표를 공유하는 능력.

비사회적 활동
(nonsocial activity)
방관자 행동과 혼자놀이.

방관자 놀이
(onlooker play)
아동들은 놀고 있는 다른 아이 주변을 서성거리면서 구경하지만, 다른 아이와의 놀이에 참여하려 하지는 않는다.

병행놀이
(parallel play)
놀고 있는 아이들이 가까이 있으면서도 서로에게 영향을 주려는 시도는 자주 하지 않는 주로 비상호적인 놀이.

연합놀이
(associative play)
아동들이 자기 자신의 흥미를 추구하지만, 장난감을 교환하게 되고 서로의 활동에 대해 말을 하는 사회적 말하기(social discourse)의 형태.

협동놀이
(cooperative play)
아동들이 공동의 목표를 추구하면서 협동하거나 호혜적인 역할을 취하는 진정한 사회적 놀이.

적인 일을 하고 있다면, 혼자놀이 같은 비사회적인 활동도 "미숙하다"고 간주될 필요가 없다(Hartup, 1983).

여기서 우리가 기억할 점은, Parten이 놀이발달에 관한 관찰에서 주로 사회적 복잡성에 중점을 두었다는 것이다. 그녀의 발견에 따르면, 학령전기 놀이의 "성숙"은 사회적 혹은 비사회적 특성에 좌우되는 것만큼(또는 그 이상으로) 인지적 복잡성에 의해서도 좌우될 수 있는가? 이 생각을 검증하기 위해서, Carolee Howes와 Catherine Matheson(1992)은 1~2세 영아집단의 놀이활동을 6개월 간격으로 3년 동안 종단연구를 실시했다. 표 15.1에서 6개 범주순서가 기술되고 있는 것과 같이, 그들은 놀이가 나이가 듦에 따라 점점 더 인지적으로 복잡해진다는 것을 발견했다. 또한 아동놀이의 인지적 복잡성과 아동의 또래에 대한 사회적 능력 사이에 분명한 관계가 있었다: 어떤 나이에서든 더 복잡한 놀이를 하는 아동들은 6개월 후의 다음 관찰에서 더 사교적이고 친사회적 경향이 있고, 덜 공격적이고 덜 위축된 것으로 평가되었다. 그래서 아동의 놀이(특히 가상놀이)가 갖는 인지적 복잡성은 아동이 미래에 갖게 될 또래에 대한 사회적 능력을 믿을 만하게 예언하는 요인으로 보인다(Doyle et al., 1992도 참조; Rubin, Bukowski, & Parker, 1998).

아동들이 블록탑 쌓기, 그림 그리기, 퍼즐 맞추기 등을 혼자 하게 되면서, 학령전기 혼자놀이의 대부분은 더욱 더 인지적으로 복잡하고 구성적이 된다. 이러한 좀 더 수동적이고 구성적인 혼자놀이는 유치원 여아들에서는 정서적 적응이나 사회적 역량과 정적으로 연결되지만, 남아들에서는 그렇지 않다. 왜냐하면 남아들은 보통 집단으로 놀기 때문에, 혼자놀이나 말없는 방관자적 행동은 또래나 교사에게 이상한 또는 반사회적인 행동으로 보일 수 있으며, 수줍음이나 사회적 불안을 나타내는 것으로 보여 향후 또래들에게 무시되거나 혹은 회피 인물이 되는 원인이 될 수 있다(Coplan et al., 2001; Hart et al., 2000). 그러나 매우 심한 수준의 혼자놀이를 하는 사회적으로 불안한 여아의 경우, 매우 중요한 사회적 기술을 습득하지 못할 수 있으며 결국 또래 여아들에게서 제외되거나 거부당할 수 있다(Spinrad et al., 2007).

문화적 영향 비록 모든 문화에서 인지적으로 복잡한 형태의 사회적 가상놀이가 나이가 듦에 따라 점점 더 많아지지만, 학령전기의 놀이 특성은 문화적 가치의 영향을 받는다(Goencue, Mistry, & Mosier, 2000). 미국과 한국의 학령전기 아동들의 가상놀이를 비교한 연구 결과(Farver & Shin, 1997), 미국 아동들은 초인적 영웅이나 위험한 놀이를 하는 반면, 한국 아동들은 일반적으로 가족역할 놀이나 일상생활적인 가상놀이를 하였다. 미국 아동들은 또한 개인적 공훈을 세우는 놀이나 주변의 아동들을 지배하려는 놀이를 하였으나, 한국 아동들은 놀이동료의 행위에 주의를 기울이고 협력하려는 경향을 보였다. 그러므로, 개인적 문화(미국)의 가상놀이는 아동들로 하여금 개인으로서의 자신을 주장하는 방향으로 가르치는 데 비해서, 집단주의적 문화(한국)의 아동들은 자기 자신과 정서를 억제하고 집단의 조화를 촉진하는 방향으로 배운다.

학령전 가상놀이의 발달적 중요성 학령전기 동안의 가상놀이 활동은 얼마나 중요한가? Carolee Howes(1992)는 가상놀이가 세 가지 중요한 발달적 기능을 한다고 주장한다. 첫째, 가상놀이는 아동들로 하여금 사회적 동료와 의미를 공유하는 방식을 숙달하도록 돕는다. 둘째, 가상놀이는 어린 아동들로 하여금 그 놀이에서 맡을 역할이나 그 놀이에서 그들이 지켜야 할 규칙을 협상하면서 타협의 기회를 제공한다. 셋째, 사회적 놀이는 아동들로 하여금 지루한 느낌을 나타낼 수 있도록 허용하는 맥락이며, 그런 방식을 통해 자신의(또는 놀이상대의) 정서적 위기를 더 잘 이해하고 놀이상대로부터 지지를 받고(또는 지지해 주고) 신뢰감을 발달시키며 놀이상대와 친밀한 동맹을 맺게 하는 기회를 제공해 준다. 가상놀이의 기능에 대한 이 견해는 가상놀이에 능숙한 학령전 아동들이 또래들에게 더 인기 있다는 것을 보여주는 연구들에 의해 지지받고 있다(Farver, Kim, & Lee-Shin, 2000; Rubin et al., 1998).

아동의 가상놀이의 내용은 또한 성인의 중재를 필요로 하는 정서적 동요를 나타낼 수도 있다. 예를 들면, 미숙한 형태의 능동적인 혼자놀이를 고집하는 학령전 아동은 또래들로부터 거부당할 위험이 있다(Coplan, 2000; Coplan et al., 2001). 폭력적인 주제를 자주 행하는 학령전 아동들은 많은 분노나 공격행동을 보이고 친사회적 행동은 적게 보이는 경향이 있으며(Dunn & Hughes, 2001), 이들 또한 또래들로부터 거부당할 위험이 있다.

아동중기와 청소년기의 또래 사회성

또래 상호작용은 초등학교 전반에 걸쳐 점차 정교해진다. 복잡한 가상놀이의 협동적 형태가 더 흔해질 뿐만 아니라, 6~10세 사이의 아동들은 공식적인 규칙에 따라 하는 게임(예: T-ball, Monopoly 게임)에 열성적으로 참가하게 된다(Hartup, 1983; Piaget, 1965).

또래집단
(peer group)
정기적으로 상호작용하는 또래연맹으로서 구성원의 의미를 정하고, 구성원이 보고, 생각하고, 행동하는 방식을 구체화하는 규칙을 만든다.

아동중기에 또래 상호작용 방식이 변화하는 매우 주목할 만한 또 하나의 측면은, 6~10세 아동들 간의 접촉은 종종 **또래 집단** 내에서 일어난다는 점이다. 또래집단이란 (1) 정기적으로 상호작용하고, (2) 소속감을 제공하고, (3) 구성원들이 옷입고 생각하고 행동하는 방식을 구체화하는 규준을 만들고, (4) 집단구성원들이 공유한 목표를 달성하기 위해 함께 일하도록 하는 위계 조직(예: 리더 및 다른 역할분담)을 발전시키는 집단이다(Hartup, 1983; Sherif et al., 1961).

표 15.1	영아기에서 학령전기까지의 놀이활동이 갖는 인지적 복잡성의 변화

놀이유형	출현연령	기술
병행놀이	6~12개월	두 아동이 서로에게 어떠한 주의도 기울이지 않고 유사한 활동을 한다.
병행인식놀이	1세경	아동들은 가끔 다른 아동을 쳐다보거나 다른 아동이 하는 활동을 모니터링하면서 병행놀이를 한다.
간단한 가상놀이	1~1.5세	아동들은 말하고, 미소짓고, 장난감을 나누어 놀거나 다른 상호작용을 하면서 유사한 활동을 한다.
상보적 및 상호적인 놀이	1.5~2세	아동들은 술래잡기놀이나 까꿍놀이 같은 사회적 게임에서 활동에 근거한 역할 바꾸기를 보여준다.
협동적인 사회적 가상놀이	2.5~3세	아동들은 상보적인 비사실적 혹은 "가상" 역할(예: 엄마와 아기)놀이를 하지만, 그 역할의 의미나 놀이의 형태에 대해서는 어떠한 계획이나 논의도 없다.
복잡한 사회적 가상놀이	3.5~4세	아동들은 그들이 할 가상놀이를 능동적으로 계획한다. 놀이하는 아동들 각자에게 이름을 붙이고 역할을 분명하게 정하며 놀이각본을 제안한다. 그리고 만약 놀이가 잘 안되면 각본을 수정하기 위해 놀이를 중단한다.

출처: "Sequences in the Development of Competent Play with Peers: Social and Social Pretend Play." by C. Howes & C. C. Matheson, 1992, Developmental Psychology, 28, 961–974. Copywrite © 1992 the American Psychological Association.

청소년 초기에는 부모, 형제, 다른 사회화 대행자들과 보내는 시간보다 더 많은 시간을 또래들과 보낸다(Berndt, 1996; Larson & Richards, 1991). 초기의 청소년들은 전형적으로 **패거리**(cliques)를 만드는데, 패거리는 보통 4~8명의 비슷한 가치와 선호활동을 공유하는 **동성**(same-sex)인 구성원들로 이루어진다. 초기 동성 패거리의 구성원 자격이 불안정하기 때문에 청소년(특히 소년)들은 하나 이상의 패거리에 가입하기도 한다(Degirmencioglu et al., 1998; Kindermann, 2007; Urberg et al., 1995). 청소년 중기쯤에는 소년 패거리와 소녀 패거리가 자주 상호작용하기 시작하여 마침내 이성 패거리가 이루어진다 (Dunphy, 1963; Richards et al., 1998). 일단 패거리가 형성되면, 패거리를 다른 패거리와 구분하여 구성원들이 강한 소속감이나 집단 정체감을 확립하도록 돕는 독특한 색깔의 옷입는 규칙, 말씨, 행동들을 종종 발전시킨다(Cairns et al., 1995).

종종 비슷한 규준과 가치를 갖는 여러 패거리들이 연합하여 **동아리**(crowds)라고 알려진 더 크고 느슨하게 조직된 집단이 된다(Connolly, Furman, & Konarski, 2000). 동아리는 구성원들이 공유하는 태도와 활동에 의해서 정의된다. 동아리는 고등학교라는 더 큰 사회구조 안에서 청소년의 활동분야를 정의하기 위한 기구 역할을 한다. 동아리는 보통 파티나 풋볼경기 보러가기 등의 사회활동을 함께 한다. 동아리의 이름은 매우 다양하지만 대부분의 학교들은 "두뇌들", "대중들", "기수들", "따분이들", "폐인들", "파티광들" 등의 이름을 가진 동아리가 있다. 각 동아리는 일부 기본적인 측면에서 서로 유사하지만, 다른 동아리의 청소년들과는 구별되는 패거리들의 느슨한 집합으로 구성된다(Brown, Mory, & Kinney, 1994; La Greca, Prinstein, & Fetter, 2001). 그리고 고등학교의 거의 모든 학생들은 이런 차이를 알고 있는 것으로 보인다: "[두뇌들]은 모두 안경을 끼고 교사들에게 잘 보이려고 한다"(Brown, Mory, & Kinney, 1994, p. 128); "[파티광들]은 [기수들]보다 더 많은 시간을 허비한다. 하지만 그들은 [폐인들]처럼 마약에 취해 학교에 오지는 않는다"(p. 133). 또래 패거리와 동아리는 고등학생들에게는 보편적인 집단구조인 것 같다. 그 이름들은 다를지 몰라도, 유럽계 미국 고등학교에서 확인된 동아리들은 아프리카계 미국 고등학교에서도 발견되며(Hughes, 2001), 또한 매우 다른 흥미와 가치를 가진 패거리(또는 동아리)들이 중국의 상하이에서도 발견된다(Chen, Chang, & He, 2003).

패거리와 동아리는 청소년들이 그들의 가치를 표현하고 가족으로부터 분리된 정체감을 만들기 시작하는 새로운 역할을 시도하는 것을 허용할 뿐만 아니라 낭만적 관계를 이루는 길도 열어준다(Brown, 1990; Connolly, Furman, & Konarski, 2000; Davies & Windle, 2000; Dunphy, 1963). 소년 패거리와 소녀 패거리들이 상호작용을 시작하면서 성별 분리는 보통 청소년 초기에 깨지게 된다. 동성 패거리들은 이성 패거리의 구성원들과 행동하는 방법을 탐색하는 "안전기지"가 된다; 친구들이 근처에 있을 때 소녀에게 말을 거는 건 혼자서 그렇게 하는 것보다 훨씬 덜 위험하다. 그리고 이성 패거

패거리
(clique)
자주 상호작용하는 작은 친구집단.

동아리
(crowd)
크고 느슨하게 조직된 또래집단으로 비슷한 규칙, 흥미, 가치를 갖는 여러 개의 패거리로 이루어진다.

어린 청소년들은 부모나 형제들과 보내는 시간에 비해 또래들과 더 많은 시간을 보내며 사회활동을 한다. 이들은 정말로 서로를 좋아하고 비슷한 활동을 선호하는 동성의 동료들로 구성된 소규모 집단에서 많은 시간을 보낸다. 이와 같은 동성의 소규모 집단은 종종 청소년 중기에 와서 혼성의 집단으로 발전하기도 한다.

리와 동아리가 이루어짐에 따라서 청소년들은 가벼운 사회적 상황에서 친해지지 않으면서도 이성의 구성원들을 알게 될 기회가 많아진다. 마침내 강한 이성 간의 우정이 발달하고 커플이 생기며, 종종 더블데이트를 하거나 소수의 다른 커플들과 함께 시간을 보낸다(Feiring, 1996). 청소년들의 사회적 정체감 확립을 돕고 소년과 소녀들을 함께 맺어주는 목표에 기여해온 동아리는 이 시점부터 종종 붕괴되기 시작한다(Brown, 1990; Collins & Steinberg, 2006).

또래 수용과 인기

아마도 아동들의 사회생활 측면들 중에서 **또래 수용**(peer acceptance)보다 더 많은 관심을 받아온 것은 없다. 또래 수용은 한 아동이 또래들에 의해 가치있고 호감가는 동료로 보여지는 정도를 말한다. 연구자들은 또래 수용을 **사회측정 기법**(sociometric techniques)이라는 자기보고 도구로 측정한다(Jiang & Cillessen, 2005). 사회측정 조사에서 아동들은 그들이 좋아하는 급우들과 싫어하는 급우들 이름을 말하게 된다; 또는 급우들 각각을 5점 선호척도로 평가하게 된다("매우 같이 놀고 싶다"에서부터 "전혀 같이 놀고 싶지 않다"까지) (Cillessen & Bukowski, 2000; DeRosier & Thomas, 2003; Terry & Coie, 1991). 그 결과에 따르면, 사회측정 지위(선호도에 따른)와 또래 인기(누가 "인기" 있다고 보는가에 따른)는 약간 다르게 나타나는데, 아동들은 인기있는 아동을 반드시 좋아하지는 않았다(Cillessen, 2004; LaFontana & Cillessen, 2002). 심지어 3~5세까지의 아동들도 사회측정 조사에 적절하게 반응할 수 있으며(Denham et al., 1990), 아동들의 선택(또는 평가)은 교사가 매긴 또래 인기 평가와 상당히 일치했다. 이는 사회측정 조사가 아동들이 또래집단 안에서 갖는 사회적 지위에 대한 타당한 평가를 제공한다는 것을 말하고 있다(Hymel, 1983).

사회측정 자료가 분석될 때, 보통 각 아동을 다음의 범주 중 하나로 분류하는 것이 가능하다: 많은 또래들이 좋아하며 좋아하지 않는 아이가 거의 없는 **인기있는 아동**(popular children); 많은 또래들이 싫어하며 좋아하는 아이는 거의 없는 **거부된 아동**(rejected children); 좋아하는 아이로도 싫어하는 아이로도 매우 적게 지명받는 아이로서 또래들에게 거의 눈에 띠지 않는 **무시된 아동**(neglected children); 많은 또래들이 좋아하지만 또한 많은 또래들이 싫어하기도 하는 **논란이 많은 아동**(controversial children). 이 4가지 유형의 아동들을 합치면 전형적인 초등학교 학생들의 2/3를 차지한다; 나머지 1/3은 **평균지위 아동**(average-status children)들이며, 이 아동들은 중간 정도 수의 또래들이 좋아(또는 싫어)한다(Coie, Dodge, & Coppotelli, 1982).

무시된 아동들과 거부된 아동들 모두 또래들의 수용이 낮고 잘 받아들여지지 않는다는 점에 주목하라. 그러나 무시된 아동들은 거부된 아동들만큼 아주 그렇게 나쁜 것은 아니다. 무시된 아동들은 거부되는 아동들만큼 외로움을 느끼지 않으며(Cassidy & Asher, 1992; Crick & Ladd, 1993), 학교에서 새로운 학급이나 새로운 놀이집단에 들어가게 되면 무시된 아동들은 거부된 아동들보다는 더 호감가는 사회적 지위를 획득하는 경향이 많다(Coie & Dodge, 1983). 더욱이 거부된 아동들은 생의 이후시기에 일탈된 반사회적 행동 및 다른 심각한 적응문제를 보일 더 큰 위험에 직면한 아동들이다(Dodge & Pettit, 2003; Parker & Asher, 1987).

또래 수용 (peer acceptance)
또래들의 눈으로 본 한 개인을 좋아할 가능성(혹은 싫어할 가능성)의 측정치.

사회측정 기법 (sociometric technique)
아동들에게 그들이 좋아하거나 싫어하는 또래들을 말하고 동료로서의 바람직성에 대해 또래들을 평가하게 요구하는 절차: 아동들의 또래수용(또는 비수용)을 측정하는 데 사용한다.

인기 있는 아동 (popular children)
그들 또래집단의 많은 구성원이 좋아하고 매우 적은 아이들이 싫어하는 아동들.

거부된 아동 (rejected children)
많은 또래들이 싫어하고 그들을 좋아하는 또래가 거의 없는 아동들.

무시된 아동 (neglected children)
그들 또래집단의 구성원들로부터 좋다거나 싫다는 지명을 거의 받지 않는 아동들.

논란이 많은 아동 (controversial children)
또래들로부터 좋아하는 아이로도 많이 지명받고 싫어하는 아이로도 많이 지명받는 아동들.

평균지위 아동 (average-status children)
그들의 또래 집단으로부터 좋아하는 아이로 중간 정도 숫자의 지명을 받고 싫어하는 아이로 중간 정도의 지명을 받는 아동들.

아동들은 왜 또래들을 수용하고, 무시하고, 거부하는가?

인기 있는 아동들은 친절하고, 협조적이고, 비공격적이기 때문에 인기가 있는가? 아니면 인기를 얻고 난 후에 더 친절하고, 더 협조적이고, 덜 공격적이게 되는가? 이런 경쟁적인 가설을 검증하는 하나의 방법은 아동들을 친숙하지 않은 또래들과의 놀이집단이나 교실에서 관찰하여 그들이 보이는 행동이 그 또래집단 안에서의 그 아동의 최후의 지위를 예언해 주는지를 알아보는 것이다. 이 유형의 여러 연구들이 실시되었는데(Coie & Kupersmidt, 1983; Dodge, 1983; Dodge et al., 1990; Gazelle et al., 2005; Ladd, Birch, & Buhs, 1999; Ladd, Price, & Hart, 1988), 그 결과들은 상당히 일치한다: 아동들이 보이는 행동패턴들은 그들이 또래와 성취할 지위를 예언한다. 친숙하지 않은 또래들에게서 궁극적으로 받아들여지는 아동들은 사회적 상호작용의 시도에 유능하고 관심을 얻으려는 노력에 긍정적으로 반응하는 데 유능하다. 예를 들어, 그들이 집단활동에 같이 끼고 싶을 때는, 사회적으로 능숙하고 금방 받아들여지는 그런 아동들은 먼저 어떤 활동이 이루어지고 있는지 관찰하고 그것을 알려고 시도한 다음에 그들이 순조롭게 집단에 섞이게 되면서 활동의 진행에 대해 건설적으로 언급한다. 이와 반대로, 궁극적으로 거부되는 아동들은 뻔뻔스럽고 이기적이다. 그들은 종종 집단활동을 비난하거나 중단시키며, 만약 그들이 끼는 걸 허락하지 않으면 보복한다고 위협도 한다. 또래들이 무시하는 것으로 끝난 다른 아동들은 집단의 주변을 맴돌며 상호작용을 거의 시도하지 않고 다른 아이들의 관심을 얻으려는 노력을 피하는 경향이 있다.

요약하면, 또래인기는 많은 요인에 의해 영향을 받는다. 유쾌한 기질이나 학업기술을 갖는 것도 도움이 될 수 있겠지만, 훌륭한 사회인지적 기술을 보여주고 사회적으로 유능한 방식으로 행동하는 것이 더 중요하다. 물론 바람직한 사회적 행동의 정의는 문화마다 다르고 시간이 흐름에 따라 변한다(Chen, Cen, Li, & He, 2005). 인기의 구성요소들 역시 나이에 따라 변한다. 공격성은 일반적으로 어떤 연령에서나 비호의적인 또래지위와 관련됨에도 불구하고, 적어도 청소년기 전과 초기 청소년기 동안에는 자신을 냉철하고, 인기있고, 반사회적이라고 여기는 어떤 "거친" 소년들은 남자 급우들에게 인기가 있고 소녀들에게는 매력있게 보인다(Bukowski, Sippola, & Newcomb, 2000; Farmer,

무시된 아동들은 종종 수줍어하며 집단에 들어갈 시도는 하지 않고 집단 주변을 맴돈다.

Estell, Bishop, O'Neal, & Cairns, 2003; LaFontana & Cillessen, 2002; Rodkin et al., 2000). 인기에서 연령차를 보이는 또 하나의 예는 이성의 아동과 어떻게 상호작용하는 가와 관련이 있다. 청소년기에 이성 구성원들과 가까운 관계를 확립하는 것은 갑작스레 인기를 높인다. 잦은 "적"과의 교제는 아동기 동안의 성별 분리의 규준을 침범하고 인기 를 떨어뜨린다(Kovacs, Parker, & Hoffman, 1996; Sroufe et al., 1993). 요약하면, 맥 락적 요인들은 분명히 누가 인기가 있는지와 누가 인기가 없는지에 영향을 준다.

또한 또래 상호작용의 맥락이 대부분 학교에서 일어나며, 이는 다음에 우리가 보게 될 Bronfenbrenner 모델의 중간체계 맥락이다.

▌사회화 대행자로서의 학교

아동들이 가정을 떠나서 만나게 되는 모든 공식기관 중에서 학교만큼 아동발달에 영향 을 주는 기회를 많이 갖는 기관은 없다. 분명히 학생들은 대단히 많은 지식과 많은 학업 기술을 학교에서 획득한다(예: 읽기, 쓰기, 수학, 컴퓨터기술, 외국어, 사회, 과학). 학교 교육은 아동들이 다른 종류의 많은 정보에 적용할 수 있는 기본지식, 책략, 문제해결 기 술(집중하는 능력과 추상개념의 이해를 포함한)들을 가르침으로써 인지 및 상위인지의 성장을 또한 촉진한다(Ceci, 1991). 학교가 제공하는 인지적 도전과 학업적 도전에 더하 여, 학교는 아동들에게 **비공식적인 교과과정**을 접하게 한다: 학생들은 규칙에 복종하고, 급우들과 협력하며, 권위를 존중하고, 훌륭한 시민이 되기를 기대받는다. 그래서 아동들 의 사회적 발달과 정서적 발달에 영향을 주고, 지식을 전하고, 학생들의 직업과 경제적 자기충족을 위한 준비를 돕는 학교를 사회화 대행자로 생각하는 것은 매우 당연한 일이 다. 발달하는 아동에게 미치는 또래의 영향 또한 학교관련 활동 맥락 내에서 많이 발생 하며, 그 영향은 아동이 다니는 학교의 유형이나 아동의 학교경험의 질에 따라 좌우된다 (Brody, Dorsey, et al., 2002).

비공식적 교과과정
(informal curriculum)
학교교육의 비교과적 목표들로서 아동 들을 협동하고, 어른을 존경하고, 규 칙에 따르고, 훌륭한 시민이 되게 하는 것 등이다.

학교교육과 인지발달

학생들은 분명히 그들이 받는 학교교육으로부터 세상에 관한 지대한 양의 지식을 습득 한다. 발달학자들이 "학교가 인지성장을 촉진하는가?"라고 물을 때, 그들은 공교육이 지 적 발달을 촉진하는지 또는 학교교육 없이는 발달하기 어려운 사고양식이나 문제해결 방법을 촉진하는지를 알고 싶어 하는 것이다.

이 문제를 다루기 위해, 연구자들은 학교교육이 의무제가 아니거나 아직 사회 전반 에 걸쳐 시행되지 않고 있는 개발도상국 아동들의 지적 성장을 연구했다. 이런 연구들의 일반적인 결과는, 학교에 다니는 아동들이 그들과 유사한 배경을 가진 같은 연령대의 학 교에 다니지 않는 아동들보다 특정 인지 이정표(예: 보존)에 더 빨리 도달했으며, 기억이 나 상위인지 지식검사에서 더 잘 수행했다(Rogoff, 1990; Sharp, Cole, & Lave, 1979).

또한 학교교육을 더 많이 받을수록 인지적 수행이 더 좋아지는 것으로 보인다. 예를 들면, Morrison, Smith, & Dow-Ehrensberger(1995, 1997)는 연령절단선(age cutoff) 을 겨우 통과하여 초등학교에 입학한 아동들과 그 기준의 마지막에 못미쳐 유치원에 1 년간 더 다니는 아동들의 인지적 수행을 비교했다. 학년 말에 검사했을 때, 초등학교 1 학년에서 가장 어린 아동들이 거의 같은 연령인 유치원 아동들보다 읽기, 기억, 언어, 산

수 기술에서 명백히 우세했다. Gormley 등(2005)은 4세의 전유치원 아동들을 대상으로 이와 유사한 교육관련 향상 결과를 발견했다. 다른 연구에서, 집중학년(extended-year, 210일 수업일정) 일정에 따라 공부하는 미국 학교 아동들은 연구가 처음 시작될 때 그들과 같은 능력을 갖고 있었으나 정상적인 180일 일정의 학교에 다녔던 또래들보다 다음 학년 가을에 실시된 학업성취와 일반 인지능력 검사에서 더 높은 점수를 받았다(Frazier & Morrison, 1998; Huttenlocker, Levine, & Vevea, 1998). 따라서 학교교육은 일반적 지식을 전달하고 다른 많은 종류의 정보에 적용할 수 있는 다양한 규칙, 전략, 문제해결 기술들을 가르치는 일 둘 다를 통해 인지성장을 촉진하는 것으로 보인다(Ceci & Williams, 1997).

이런 연구 결과들은 우리 아이들을 더 어린 나이에 학교에 입학시켜서 잘하도록 도와야 한다고 말하는 것일까? 우리가 "당신의 삶에 연구 적용하기"에서 보게 되듯이, 학

당신의 삶에 연구 적용하기 | **학령전기 아동들은 학교에 가야만 하는가?**

지난 20년 동안, 대중매체들은 영아와 걸음마기 아동들이 학습을 잘 할 수 있으며 아기에게 책을 읽어주거나 음악을 들려주는 것과 같은 촉진활동들이 두뇌발달과 지적 성장을 자극할 수 있다고 알려주었다(예: Kulman, 1997). 많은 부모들이 이 생각을 받아들여서 아기 아인스타인이나 북스타트(Bookstart) 같은 프로그램들을 채택했다. 이 프로그램은 6~9개월 사이 영아들의 전(前)읽고쓰기 기술(preliteracy skills, 읽고 쓰기 위해 이전에 획득해야 하는 기술)을 촉진하도록 부모를 돕는다고 주장한다(Hall, 2001)! 그리고 이미 많은 학령전기 아동들이 학업을 크게 강조하는 유아원이나 보육원에서 하루 4~8시간을 보내고 있다(Early et al., 2007). 이것은 이익이 될까?

"잘못된 교육(Miseducation): 위기에 처한 학령전 아동들"의 저자 David Elkind(1987; 2001)는 분명 그렇게 생각하지 않는다. 그는 점점 더 빨라지는 조기교육에 대한 최근의 압력이 지나치게 멀리 나가고 있다고 주장한다(Bruer, 1999; Hirsh-Pasek & Golinkoff, 2003도 참조). 그는 오늘날의 많은 어린 아동들에게는 자신이 선택한 놀이를 하고 친구를 사귀는 어린이가 될 시간이 충분히 주어지지 않는다고 주장한다. 심지어 Elkind는 만약 아동들의 생활이 자녀를 끊임없이 성취지향적으로 밀어붙이는 부모에 의해 짜여진다면, 아동들은 학습에서 자신의 주도성과 즐거움을 잃게 된다고 걱정한다.

최근 이루어진 여러 연구들(예: Hart et al., 1998; Marcon, 1999; Stipek et al., 1995; Valeski & Stipek, 2001)이 Elkind의 우려를 확인해 주고 있다. 학업지향적인 유아원이나 유치원에 다니는 3~6세 아동들은 처음에는 때때로 철자에 대한 지식이나 읽기기술과 같은 기초 학업수행에서 유리함을 보여주지만, 유치원을 졸업할 때쯤에는 그런 유리함이 없어진다. 더욱이 그렇게 매우 구조화된 학업지향적 프로그램에 참가한 아동들은 아동중심의 사회적 일정과 유연하고 체험적인, 발견학습을 강조하는 유아원이나 유치원에 다닌 아동들에 비해 덜 창의적이고, 더 스트레스를 받으며, 시험에 더 불안해하고, 자신들의 성공에 대해 덜 자랑스러워하며, 미래의 성공에 대해 확신이 적고, 일반적으로 학교에 대해 덜 열심인 것으로 밝혀졌다. 그러므로 학령전기 동안에 무엇보다도 학업을 지나치게 강조하는 것은 위험한 것으로 보인다.

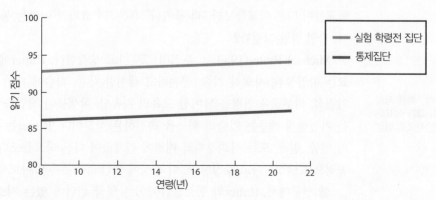

출처: "Reading achievement scores for children who did or did not attend the experimental preschool." Campbell et al., 2001.

다른 한편, 놀이와 아동주도적 발견학습을 건강하게 섞어 제공하는 학령전 프로그램은 어린 아동, 특히 불리한 입장의 아동들에게 대단히 유익할 수 있다(Gormley & Gayer, 2005; Stipek, 2002). 유아원이나 유치원에 다니는 대부분의 아동들은 가정에 머무는 아동들보다 지적인 진전은 별로 없다. 그러나 학교에 대한 준비를 위해 만들어진 아동중심적 프로그램에 참가한 불리한 입장의 아동들은 이 프로그램에 참가하지 않은 불리한 입장의 아동들보다 더 많은 인지적 성장을 보여주며 이후의 학교생활에서 더 많이 성공한다(Campbell et al., 2001; Magnuson et al., 2003; Reynolds & Temple, 1998). 부분적으로는 프로그램 참가자들의 교육에 부모의 참여가 증가함에 따라 달라진다(Reynolds & Robertson, 2003). 그리고 그 이점은 또한 오랜 시간 동안 유지된다. 그래프에서 볼 수

있듯이, 학령전 프로그램에 참가한 불리한 환경의 아동들(실험집단)은 프로그램에 참가하지 않은 불리한 환경의 아동들(통제집단)에 비해 읽기와 수리 영역의 성취에서 더 높은 점수를 받았다. 이 차이는 아동기에서 성인초기까지 유지되었다. 분명히, 학령전 프로그램이 질적으로 수준이 높을 때, 불리한 환경의 아동들에게는 오랜 기간 동안 유지되는 이점들이 있을 수 있다.

따라서 학령전 프로그램이 집단적인 사회적 상호작용 맥락 내에서 놀이와 사회적 기술을 익히기 위해 많은 시간을 허용하는 한, 그 프로그램들은 모든 사회적 배경출신의 아동들이 사회적 기술과 의사소통 기술, 그리고 규칙과 일과에 대한 이해를 배우도록 도울 수 있다. 그런 학습은 가정에서의 개인적 학습으로부터 초등학교 교실에서의 집단학습으로 이행하는 것을 원활하게 해준다(Zigler & Finn-Stevenson, 1993).

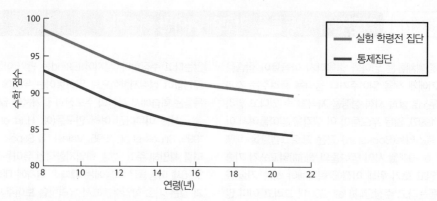

출처: "Math achievement scores for children who did or did not attend the experimental preschool." Campbell et al., 2001.

교 같은 환경에 조기 입학하는 데는 이익과 함께 일부 불리함도 있을 수 있다.

효과적인 학교교육의 결정요인들

새 거주지에서 살 집을 알아볼 때 부모들이 종종 물어보는 첫 번째 질문들 중 하나는 "우리 아이가 가장 좋은 교육을 받으려면 어디에 살아야 하는가?"이다. 이런 관심은 일부 학교들이 다른 학교들보다 "더 좋거나" 혹은 "더 효과적"이라는 통상적인 믿음을 반영한다. 과연 정말 그럴까?

Michael Rutter(1983)는 분명히 그렇다고 생각한다. Rutter에 따르면, **효과적인 학교**는 학업성취, 사회적 기술, 공손하고 세심한 행동, 학습에 대한 긍정적 태도, 낮은 장기결석, 의무교육 연령을 넘어선 교육의 지속성, 학생들이 직업을 발견하고 유지하는 것을 가능하게 해주는 기술의 획득을 촉진하는 학교이다. Rutter는 어떤 학교들은 학생들의 인종, 민족, 또는 사회경제적 배경에 관계없이 다른 학교들보다 이런 목표들을 더 성공적으로 달성한다고 주장한다. 이 주장에 대한 증거들을 알아보자.

한 연구에서, Rutter와 동료들(1979)은 영국 런던에 있는 저소득 주민부터 중간 저소득 주민들까지를 위한 12개 고등학교에서 인터뷰와 관찰을 실시했다. 학생들이 이들

효과적인 학교
(effective schools)
학생들의 인종적, 민족적, 혹은 사회경제적 배경과 상관없이 교과 목표와 비교과 목표 달성에 전반적으로 성공적인 학교들.

학교에 입학하면, 학생들은 선행 학업성취를 측정받기 위해 한 벌의 성취검사를 받았다. 그 학생들은 고등학교를 졸업할 때, 그들의 학업성취를 측정하기 위한 다른 주요 시험을 보았다. 출석기록과 교사가 매긴 학급활동 평가 같은 다른 정보들도 또한 활용가능했다. 그 자료들을 분석한 후, Rutter는 12개 학교가 "효과성"에서 분명히 달랐다는 것을 발견했다: "더 효과적인" 학교출신 학생들은 덜 효과적인 학교출신 학생들보다 더 적은 문제행동들을 보였고, 학교에 더 규칙적으로 출석했으며, 더 많은 학업진전을 보였다.

이와 비슷한 결과들이 미국의 초등학교와 고등학교에서 실시된 대규모 연구들에서 얻어졌다. 학생집단의 사회경제적 배경과 학생들을 지원하는 지역공동체 같은 중요한 변인들을 통제한 후도, 어떤 초등학교들은 다른 학교들보다 훨씬 더 "효과적"이라는 것이 발견되었다(Brookover et al., 1979; Hill, Foster, & Gendler, 1990; 또한 Eccles & Roeser, 2005도 참조).

이제까지 우리는 어떤 학교들은 다른 학교들에 비해 더 효과적이라는 걸 알게 되었다. 따라서 부모들이 이사가려 할 때 그 근처의 학교에 대해 관심을 갖는 것은 의미가 있다. 그러나 한 학교가 효과적이 되는 데 영향을 주는 요인들은 무엇일까? 수많은 연구가 이 문제에 대해 행해졌으며, 다음에서 우리는 효과적인 학교교육에 기여하는 요인들을 살펴 볼 것이다.

효과적인 학교교육에 기여하는 요인들

재정 지원 심각할 정도로 부적절한 재정지원은 교육의 질을 손상시킬 수 있을 뿐만 아니라, 연구에 의하면, 재정지원이 더 효과적인 학교교육을 보장하지도 못한다. 오히려, 실제의 차이를 만드는 것은 재정지원이 어떻게 배분되는가이다(Early et al., 2007; Hanushek, 1997; Rutter, 1983). 학급지도에 직접 적용되는 자원은 저학년에서의 학생성취를 증가시킬 수 있다(Wenglinski, 1998b).

학급 크기 초등학교 저학년 동안에는 학생들을 소규모 집단이나 일대일로 가르치는 것이 읽기와 산수에서 특히 경제적으로 불리한 조건에 있거나 낮은 능력을 가진 학생들의 수행을 크게 향상시켰다(Blatchford et al., 2002; Finn, 2002). 학급크기를 20명 이하로 줄이는 것은 유치원과 초등학교 1학년에서의 성취에 유의미한 이점이 있을 수 있다(이에 대한 개관은 NICHD Early Child Care Research Network, 2004b 참조).

과외활동 더 나이든 학생들에게는 구조화된 과외활동에 참여하는 것이 학교 효과에 영향을 준다는 일부 증거가 있다. 이 과외활동들은 협동, 페어 플레이, 경쟁에 대한 건전한 태도 같은 "비공식적 교과과정" 측면들을 강조하는 경향이 있다. 학생들이 과외활동에 참여할 때, 특히 (1) 더 많이 참여하고, (2) 책임과 리더십이 있는 지위를 갖고, (3) 과외활동 경험에 만족할 때, 그 효과가 증폭된다(Barker & Gump, 1964; Jacobs & Chase, 1989). 청소년을 중학교 1학년 때부터 성인초기까지 추적 연구했던 최근의 한 종단연구는 미숙한 사회적 기술을 가진 덜 유능한 학생들이 하나 이상의 과외활동에 참여함으로써 학교환경과 자발적 연결을 유지했을 때는 학교를 자퇴하거나 성인이 되었을 때 반사회적 행동에 개입하는 경향이 훨씬 적다는 걸 발견했다(Mahoney, 2000; Mahoney & Cairns, 1997; 그림15.1 참조). 자기선택적 변인들을 통제한 종단적 연구에서도 그런 경향은 일관적으로 나타나고 있다. 즉, 방과후 클럽이나 운동뿐만 아니라 다른 과외활동

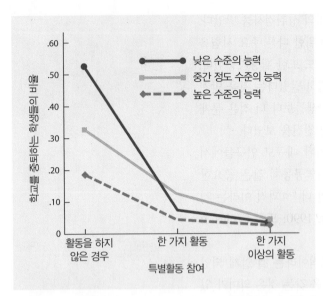

그림 15.1 학생의 사회적/학업적 능력 그리고 과외활동 참가에 따른 고등학교 중퇴율. 낮거나 중간 정도의 능력을 가진 학생들은 만약 그들이 과외활동에 참가하고 또래나 학교환경과 긍정적이고 자발적인 관계를 유지한다면 학교에 계속 다닐 가능성이 분명히 더 크다.
출처: Mahoney & Cairns, 1997.

조직(예: 자원봉사)에 적당히 참가하는 것은 학업성취, 중퇴하지 않고 학교에 다니는 것, 더 적은 정신건강 문제, 더 적은 음주나 약물사용, 초기 성인기의 정치사회적 문제에 대한 적극 참여 등을 촉진하는 것으로 보인다. 또한 그와 같은 참여의 이점들은 능력수준이나 사회적 지위, 민족 등의 차이에 관계 없이 발견되었다(Busseri et al., 2006; Fredricks & Eccles, 2006; Mahoney, Harris, & Eccles, 2006).

이런 연구결과가 시사하는 바는 분명하다: 학생교육에 대한 학교의 사명을 잘 달성하고 학생들이 성인생활을 잘하도록 적절하게 준비시키는 일을 더 잘 이루기 위해서는 중·고등학교들이—크든 작든—모든 학생들을 과외활동에 참가하도록 격려하고, 최소한의 학업수행을 이유로 과외활동에 참가할 기회를 학생들에게서 그렇게 빨리 박탈해서는 안된다(Mahoney & Cairns, 1997).

성공적인 학교의 학업분위기 그러면 학생들이 많은 것을 성취하도록 해주는 학교들의 학습환경은 무엇인가? 연구들에 대한 개관에 의하면(Eccles & Roeser, 2005; National Research Council and Institute of Medicine, 2004; Phillips, 1997), 다음의 가치와 실천활동들이 효과적인 학교의 특징이라고 지적한다:

학업 강조 효과적인 학교들은 학업목표에 분명한 초점을 둔다. 아동들에게는 규칙적으로 숙제를 할당하며, 그 숙제를 검사하고 수정하며, 아동과 함께 논의한다.

도전적이고 발달적으로 적합한 교과과정 그들의 문화와 역사를 강조함으로써 아동들이 쉽게 연관지을 수 있는 내용이거나 현재 아동들이 직면한 발달적인 문제들을 내용으로 하면, 그것들은 노력이나 주의집중, 출석, 교실 내에서의 적합한 행동 같은 성취관련 행동들을 촉진한다(Eccles, Wigfield, & Schiefele, 1998; Jackson & Davis, 2000; Lee & Smith, 2001). 반대로, 학생들에게 도전적이지 않거나 자신들과 연관되지 않는다고 느끼게 되는 내용은 낮은 학업수행과 학교로부터의 소외감으로 연결된다(Eccles & Roeser, 2005; Jackson & Davis, 2000).

학급관리 효과적인 학교의 교사들은 활동을 시작하거나 주의를 분산시키는 훈육문제를 다루는 데 시간을 허비하지 않는다. 수업은 제시간에 시작하고 제시간에 끝난다. 학생들은 교사가 그들에게 무엇을 기대하는지를 정확하게 듣고, 그들의 학업수행에 대해서 명확하고 분명한 피드백을 받는다. 교실분위기는 편안하다; 모든 학생들은 최선의 능력을 발휘하도록 적극적으로 격려받으며, 충분한 칭찬으로 잘하는 일을 인정받는다.

훈육 효과적인 학교에서는 교직원들이 규칙을 확고하게 시행하며 위반자를 교장실로 보내기보다는 그 자리에서 벌을 준다. 교사들은 체벌(뺨이나 엉덩이를 때리기)을 사용하지 않는데, 체벌은 무단결석이나 저항, 긴장된 교실 분위기를 가져온다. 이와 동시에, 자신의 결정에 대해 자유재량권을 가진 품행 좋은 학생들은 강한 자기효능감을 경험하며, 이는 학업적 성공을 지원한다(Deci & Ryan, 2000; Grolnick et al., 2002; Ryan & Deci, 2000a, 2000b).

팀워크 효과적인 학교들에는 팀으로 일하는 교직원들이 있다. 그들은 능동적이고 열정적인 리더십을 가진 교장과 함께 교과과정 목표를 계획하고 학생들의 진전을 모니터한다.

요약하면, 효과적인 학교환경은 학생들에게 학업적 성공이 기대되고 그들이 배우도록 동기화하는 **편안하지만 능률적인** 환경이다(Midgley, 2002; Phillips, 1997; Rutter, 1983). 그리고 많은 면에서 효과적인 교사들은 권위적인 부모—돌보고 관심을 갖지만 엄격하고 통제하는—와 비슷하다(Wentzel, 2002). 연구들은 일관적으로 여러 사회적 배경 출신의 아동 청소년들은 권위적인 지도를 선호하며, 이 방식으로 지도받을 때가 독재적인 지도나 허용적인 지도를 받을 때보다 더 잘 자란다고 말한다(Arnold, McWilliams, & Arnold, 1998; Wentzel, 2002).

마지막으로, 학습부진의 위험에 처해있을 뿐만 아니라 품행문제를 보이거나 장애를 내면화하며(예: 불안, 우울), 다른 반사회적 행동을 할 위험에 처하게 할 만한 지역환경이나 가족환경에서 살고 있는 경제적으로 불리한 학생들에게는 효과적인 학교교육이 얼마나 중요한지는 아무리 강조해도 지나치지 않다(Eccles & Gootman, 2002; Eccles & Templeton, 2002). 예를 들어, Gene Brody와 동료들(2002)은 효과적인 교실환경을 만드는 교사들은 저소득 편부모 가정 출신의 위험에 처한 7~15세 아동들로 하여금 그들이 겪는 스트레스를 극복하고, 학교를 계속 다니며, 그런 집단에서 흔히 발견되는 내면화 장애와 외현화 장애를 피하게 해준다는 걸 발견했다. 효과적인 학교교육이 갖는 이런 보호적 안정화 효과는 아이들이 받았던 양육이 손상되었을 때(즉, 온정과 감독이 낮은 양육)조차도 분명하게 나타났다. Deborah O'Donnell과 동료들(2002)은 폭력적인 지역에 살고 있는 고위험 청소년들이 효과적인 학교에서 교사의 지지와 격려를 받을 때 일탈된 또래영향을 적게 받고 물질남용과 다른 반사회적 행동을 덜 한다는 걸 발견했다(Meehan, Hughes, & Cavell, 2003도 참조). 이와 같은 연구결과들은 효과적인 학교교육이 긍정적인 사회적 · 정서적(또한 긍정적인 학업적) 결과에 중요한 영향을 주는 사회화 과정에서 얼마나 중요한지를 보여준다.

교육과 발달적 이행

지금까지도 교육자들은 학생들이 초등학교에서 중학교로 진학할 때 종종 일어나는 자존감 및 학교에 대한 흥미상실, 성적 하락, 문제 발생의 증가 등과 같은 바람직하지 않은 많은 변화들에 관심을 가져왔다(Eccles et al., 1996; Seidman et al., 1994). 중학교 진학은 왜 위험한 이행인가?

진학이 어려운 이유 중 하나는 어린 청소년들, 특히 소녀들은 그들이 학교를 바꾸길 요구당하는 시기와 같은 시기에 주요한 신체적이고 심리적인 변화를 겪기 때문이다. 예를 들면, Roberta Simmons와 Dale Blyth(1987)는 초등학교 6학년에서 하급 고등학교의 7학년으로 진학할 예정일 때 사춘기에 도달하게 되는 소녀들은 이 취약한 시기에 유치원-8학년(K-8)에 남아 있는(옮긴이 주; 초등학교 교육에 유치원이 포함되어 있는 학교의 8학년이어서 학년은 진급했지만 다른 학교로 진학하지는 않은 같은 나이 또래의) 소녀들보다 자존감의 하락 및 다른 부정적인 변화를 겪을 가능성이 더 많다는 걸 발견했다. 가장 큰 학업적, 정서적 어려움의 위기에 처하는 청소년들은 그들이 학교를 바꾸어야 할 때쯤에 가족내 혼란이나 거주지 변화와 같은 다른 생활의 변화도 극복해야만 하는 아동들이다(Flanagan & Eccles, 1993). 만약 사춘기와 관련된 다른 많은 변화를 경험하는 바로 그 시기에 학교를 바꾸도록 압력을 받지 않는다면 더 많은 청소년들이 학업에 계속 흥미를 갖고 더 나은 적응 결과를 보일 수 있을까? 이것이 이제는 미국에서 하급 고등학교(junior high school, 한국의 중학교에 해당)보다 더 일반적인 6학년에서 8학년이 다니는 중학교(middle school)를 발전시켜야 하는 근거의 일부가 되어왔다(Braddock & McPartland, 1993).

그러나 Jacquelynne Eccles와 동료들(Eccles, Lord, & Midgley, 1991; Roeser & Eccles, 1998)은 학생들이 하급 고등학교에 진학하는 것보다 중학교에 진학하는 것이 더 쉽다는 걸 반드시 보장하는 건 아니라고 말한다. 이런 결과는 청소년이 언제(when) 학교를 바꾸는가보다 새로운 학교가 어떤 곳(what)인가가 더 중요하다고 Eccles와 동료들로 하여금 생각하게 했다. 구체적으로 말하면, Eccles와 동료들은 새 학교로의 진학은 그 학교가, 하급 고등학교이든 중학교이든, 청소년의 발달적 요구에 잘 맞지 않을 때 특히 어려워진다고 주장하는 "적합성(goodness of fit)" 가설을 제안했다.

여기엔 어떤 "잘못된 짝짓기"가 포함될까? 초등학교에서 중학교나 하급 고등학교로 진학한다는 것은 학생–교사가 가까운 관계이며, 다양한 학습활동을 선택할 수 있고, 부드러운 훈육을 받던 작은 학교로부터 학생–교사 관계가 비개인적이며, 좋은 성적이 강조되지만 그것을 이루기는 더 어렵고, 학습활동 선택의 기회가 제한되는, 엄격하게 훈육하는 더 크고 더 사무적인 학교로 가는 걸 포함한다―이 모든 것이 청소년이 자율성을 더 추구하는 시기와 동시에 일어난다는 것을 고려해 보라(Andermann & Midgley, 1997).

Eccles 등은 발달적 요구와 학교환경 간의 "적합성"이 청소년의 학교 적응에 정말로 중요한 영향요인임을 보여주었다. 한 연구에서(Mac Iver & Reuman, 1988)는, 학급의 결정에 더 많이 참여하고 싶지만 그들이 초등학교에서 가졌던 기회보다 그 기회가 더 적었던 학생들에게서 주로 하급 고등학교로의 진학이 학습에 대한 내적 흥미의 감소를 가져온다는 것을 발견했다. 두 번째 연구는 학생과 학교 간의 적합성이 얼마나 중요한지를 보여준다: 만일 하급 고등학교로의 진학이 수학교사와의 비개인적이고 덜 지원적인 관계를 가져온다면 학생들은 수학에 대한 태도에서 부정적인 변화를 경험한다; 그러나 하급 고등학교로의 진학이 초등학교 때의 교사들보다 더 지원적인 교사를 만나게 된 몇몇 학생들에게는 학업에 대한 흥미가 실제로 증가했다(Midgley, Feldlaufer, & Eccles, 1989). 마지막으로, 세 번째 연구에서의 학생들은 학교가 성적을 위한 경쟁(수행목표)을 강조하기보다 모든 학생들이 최선을 다하도록(학습목표) 격려한다고 느낄 때 심리적으로나 학업적으로 더 잘 적응했다(Roeser & Eccles, 1998).

이것이 전하는 의미는 무엇일까? 학생들이 초등학교에서 중등학교로 진학할 때 학업동기와 수행의 저하는 불가피한 것이 아니다. 그런 저하는 학생과 학교 간의 적합성이 초등학교에서는 좋다가 중등학교에서 나빠질 때 주로 일어난다. 적합성을 어떻게 하면 향상시킬 수 있을까? 부모가 학교진학이 얼마나 어려운지를 인정하고 그 어려움을 이해한다는 걸 십대 자녀에게 말해줌으로써 도울 수 있다. 한 연구는 부모가 자녀의 발달적 요구에 맞춰주고 의사결정에서 자율성을 길러줄 때 그 자녀인 청소년은 일반적으로 하급 고등학교로의 진학에 잘 적응하고 자존감을 획득한다는 것을 발견했다(Lord, Eccles, & McCarthy, 1994). 교사들도 성적보다는 숙달목표를 강조하고, 학업적인 일에 대해 부모의 의견을 구하고, 부모들이 진학시기—보통은 부모와 교사 간에 협동적 관계가 감소하고 청소년들이 이 새로운 비개인적 학업세팅에 사회적 지원 없이 스트레스를 받는다고 느낄 때—동안에 개입하게 함으로써 도울 수 있다(Eccles & Harold, 1993). 실제로, 어린 청소년들에게 이런 지원을 제공하기 위해 특별히 만들어진 프로그램은 청소년들이 학교진학에 적응하도록 돕고 학교에서 탈락하게 될 가능성을 줄여준다(Smith, 1997).

서로 다른 많은 맥락요인들이 상호작용하여 아동의 발달에 영향을 준다. 중간체계 수준에서 우리는 아동발달에 기여하는 부모의 양육 유형을 보았고, 아동의 생활에서 선택과 지향에 미치는 또래의 영향을 보았으며,

서로 가깝게 지내는 작은 초등학교에서 대단히 사무적이고 비개인적인 중등학교로 진학하는 것은 청소년들에게 스트레스를 준다. 그들 중 많은 아이들이 학업에 흥미를 잃고 또래집단에 영향을 더 받기 쉽게 된다.

일반적인 학교 및 학교환경이 아동들에게 줄 수 있는 중요한 영향을 보아왔다. 그러나 Bronfenbrenner 모델은 우리가 발달과정을 이해하기 위해서는 더 고려해야 할 한 가지 수준 이상의 맥락이 있음을 상기시킨다. 다음 절에서는 발달에 영향을 주는 외체계의 효과에 대해 알아 볼 것이다. 이것은 발달에 영향을 미치는 맥락 수준이지만, 아동이 즉각적으로 상호작용할 수 없는 것이다. 외체계 효과의 예들은 많이 있지만, 여기서는 가장 많이 연구되어온 맥락요인들 중 두 가지로 한정하여 논의할 것이다: 그 둘은 아동발달에 미치는 TV의 영향 및 디지털 시대의 발달 효과이다.

개념체크 15.1 사회화 대행자로서의 또래와 학교의 이해

아래의 질문들에 답하여 사회화 대행자로서의 또래, 학교가 아동발달에 미치는 영향에 대한 여러분의 이해를 체크하라. 정답은 부록에 있다.

OX문제: 다음의 각 문장이 맞는지 틀리는지를 표시하라.

1. 학교에서 느끼는 안전감 및 교사에게서 느끼는 돌봄이나 격려에 대한 느낌 등을 뜻하는 "학교 분위기"에 대한 아동의 지각은 효과적인 학교교육의 한 측면이다.
2. 미국문화에서 학교 진학(예: 초등학교에서 하급 고등학교로)은 아동들의 요구에 맞지 않는다.
3. 걸음마기 동안의 또래 사회성 성장에는 사회적 발달이 인지발달보다 중요하다.

빈칸 채우기: 빈칸에 적절한 말을 써넣어라.

4. 사회적 놀이에 대한 Parten의 연구결과, 학령전기 이상의 연령에서는 _____놀이와 _____놀이는 감소하고, _____놀이와 _____놀이가 흔해진다.
5. Brett는 자주 급우들에게 힘을 이용한 공격행동을 사용하고 그들에게 특히 비판적이거나 심술궂게 대해서 따돌림을 받는다. Brett는 대부분의 급우들이 자신을 좋아한다고 생각하고 있으나 사회측정 연구는 그를_____아동으로 분류할 것이다.

선다형: 각각의 질문들에 대한 옳은 답을 선택하라.

____ 6. 아동들로 하여금 규칙과 권위에 복종하고, 또래들과 협력하며, 일반적으로 훌륭한 시민이 되라고 가르치는 학교의 훈육을 무엇이라고 하는가?
   a. 사회 과정
   b. 사회화 과정
   c. 시민 과정
   d. 비공식 과정

____ 7. 초기 청소년들은 비슷한 가치와 선호활동을 공유하는 4~8명의 동성 또래들로 집단을 형성한다. 이 집단을 무엇이라고 하는가?
   a. 또래집단
   b. 패거리
   c. 동아리
   d. 갱집단

단답형: 다음 질문에 간단히 답하라.
8. "효과적인" 학교의 4가지 특징을 쓰고 설명하라.

▌TV가 아동발달에 미치는 영향

불과 50년 전의 보통 미국인이 TV를 전혀 본적이 없다면 거의 이해하기 어려울 것이다. 지금은 미국 가정의 98% 이상이 하나 이상의 TV 세트를 갖고 있으며 3~11세 아동들은 하루 평균 3~4시간 정도 TV를 본다(Bianchi & Robinson, 1997). TV 시청은 영아기에 시작되어 11세경까지 증가하며, 그 뒤에 청소년기 동안에는 어느 정도 감소한다. 이는 미국뿐만 아니라 호주, 캐나다 및 유럽 여러 국가에서 보이는 경향이다. 현대의 아동이 18세가 되면 TV 시청시간이 2만 시간 또는 만 2년간 TV만 본 것이 된다―이는 잠자는 것을 제외한 다른 어떤 단일 활동보다 TV 시청에 더 많은 시간을 쓴 것이다(Kail & Cavanaugh, 2007; Liebert & Sprafkin, 1988). 소년들이 소녀들보다 TV를 더 많이 보며, 빈곤한 소수민족 아동들이 특히 TV를 많이 보는 경향이 있다(Huston et al., 1999; Signorielli, 1991). 많은 비판자들이 두려워하는 것처럼, TV를 시청하는 이 모든 시간이 아동들의 인지적, 사회적, 정서적 발달에 손상을 주게 될까?

TV의 영향을 평가하는 하나의 방식은 TV를 보는 아동들이 TV가 서비스되지 않는 외딴 지역에 사는 아동들과 체계적으로 다른지를 알아보는 것이다. 캐나다 아동들에 대한 그런 연구는 걱정할 만한 이유를 제공했다. 고립된 마을인 노텔에 TV가 들어오기 전에는 거기에 사는 아동들이 창의성과 읽기실력 검사에서 TV가 들어온 캐나다 마을에 사는 동년배의 아동들보다 더 높은 점수를 받았다. 하지만 TV가 보급된지 2~4년이 지나자, 노텔에 사는 아동들은 읽기기술과 창의성이 낮아졌으며(다른 마을의 또래들이 보이는 수준까지), 지역사회 참여가 적어졌고, 공격성과 성 고정관념이 극적으로 증가했다(Corteen & Williams, 1986; Harrison & Williams, 1986).

진지한 연구임에도 불구하고, 이런 연구결과들은 잘못된 것일 수도 있다. 또한 계절적인 차이도 있다: 아동들은 날씨가 좋지 않은 겨울철에 TV를 더 많이 시청한다(McHale, Crouter, & Tucker, 2001). 그리고 TV 시청이 과도하지 않는 한, TV를 보는 아동들은 유의미한 인지적 또는 학업적 결함을 보이지 않았으며, 또래들과 함께 노는 시간이 더 적지도 않았다(Huston et al., 1999; Liebert & Sprafkin, 1988). 실제로, 한 연구는 아동들이 TV로부터, 특히 교육 프로그램에서 유용한 정보들을 많이 배운다고 밝히고 있다(Anderson et al., 2001).

따라서 보통 정도의 시청으로는 TV가 어린 아동들의 마음을 죽이지도 않으며 그들의 사회적 발달을 해치지도 않는다. 다음 절에서 우리는 아동들이 무엇을 시청하는지와 본 것에 대한 그들의 이해와 해석 능력에 따라 이 매체가 좋은 영향을 주거나 혹은 해가 될 가능성이 있다는 것을 알아 볼 것이다.

TV 이해력의 발달

TV 이해력(television literacy)이란 TV에서 정보가 어떻게 전달되는지를 이해하는 능력을 말한다. 이에는 프로그램 내용을 처리하여 등장인물의 활동과 이어지는 장면으로부터 이야기 줄거리를 만드는 능력이 포함된다. 그것은 또한 메시지의 형태―종종 프로그램 내용의 이해에 중요한 줌(zoom, 영상의 급격한 확대와 축소), 컷(cut, 영화나 TV에서 급격한 장면전환), 페이드 아웃(fade-out, 음향/영상 신호가 점점 희미해지기), 분할된 화면(split-screen), 음향 효과와 같은 제작 특징을 해석하는 능력을 포함한다.

TV 이해력
(television literacy)
TV 프로그램에서 정보가 전달되는 방식을 이해하고 이 정보를 적절히 해석하는 능력.

비록 2세 아동들도 TV를 보기는 하지만, 그들은 "영상 결함"을 보인다: 그들은 다른 사람과의 면대면 상호작용에서 배우는 것보다 TV 모델에게서 배우는 것이 적다(Anderson & Pempek, 2005; Troseth, Saylor, & Archer, 2006). 왜 그럴까? 아마도 영상 모델이 아기 시청자에게 경우에 따른 반응을 못하기 때문일 것이다. 따라서 어린아이들은 TV 모델을 살아 있는 정보자원으로 여기지 않을 것이다(Troseth et al., 2006). 그럼에도 불구하고, TV 프로그램은 어린 시청자들을 사로잡는데, 그들은 자신들이 보는 것에 대한 해석에 의해 다양한 방식으로 영향을 받는다. 8, 9세가 되기 전의 아동들은 프로그램 내용을 하나하나 조각난 방식으로 처리한다. 그들은 줌, 컷, 빠른 동작, 소리가 큰 음악, 아동들(또는 만화 주인공들)의 목소리에 현혹되기 쉽다. 그리고 성인이나 조용한 대화를 포함한 느린 장면이 나오면 그들의 주의가 다른 곳으로 향한다(Schmidt, Anderson, & Collins, 1999). 결과적으로, 학령전기 아동들은 TV를 본 후 그 이야기의 처음부터 끝까지 이어지는 사건의 인과적 연결을 이해하지 못한다. 6세 아동조차도 단단한 이야기 줄거리를 회상해내기가 어렵다. 그들은 등장인물이 추구하는 동기나 목표 그리고 그런 목표를 이루는 사건들보다는 등장인물이 한 동작을 기억하는 경향이 있다(McKenna & Ossoff, 1998; van den Broek, Lorch, & Thurlow, 1996). 게다가 7세보다 어린 아동들은 TV 프로그램의 허구적인 본질을 충분히 파악하지 못해 종종 등장인물이 실생활에서 그 역할(대본상의 성격)을 하는 것으로 믿는다(Wright et al., 1994). 심지어 TV 프로그램이 허구라는 걸 알고 있는 8세 아동들도 그것이 일상적인 사건의 정확한 묘사라고 여길 수 있다(Wright et al., 1995).

TV 프로그램에 대한 이해는 아동중기부터 청소년기 전반에 걸쳐서 급격히 증가한다. TV 시청은 등장인물의 동기를 추리하고 인접 장면들을 연결하는 걸 돕는 줌, 페이드아웃, 음악작품, 다른 제작 특징들을 아동들이 적절히 해석하도록 돕는다. 더 나이든 아동과 청소년들은 시간 간격이 넓게 떨어져 있는 장면들에 대한 추론도 점차적으로 가능해진다(van den Broek, 1997). 그래서 만약 한 등장인물이 나중에 그 사람을 속이려고 좋게 행동해서 어떤 사람의 신뢰를 얻으면, 10세 아동은 결국 등장인물의 거짓 의도를 인식하고 그 사람을 부정적으로 평가한다. 이와 반대로, 숨겨진 의도보다 구체적인 행동에 더 집중하는 6세 아동은 종종 이런 사기꾼을 "좋은 사람"으로 이름붙이고 그 인물이 나중에 한 이기적인 행동을 더 긍정적으로 평가하기 쉽다(van den Broek, Lorch, & Thurlow, 1996).

TV의 일부 바람직하지 않은 효과

어린 아동들의 동작에 대한 강한 집중 그리고 TV 이해력의 전반적인 결여는 이들이 TV 등장인물들이 보여주는 특히 강렬한 행동들을 모방할 가능성을 증가시키는가? 실제로 그렇다; 그리고 그런 모방이 이로운지 해로운지는 결정적으로 어떤 아동이 보느냐에 달려있다.

TV로 방영된 폭력의 효과

이미 1954년에 부모, 교사 및 아동발달 전문가들이 제기한 불만들이 상원 청소년비행 분과위원회 의장인 Estes Kefauver 상원의원으로 하여금 TV 프로그램에서의 폭력에 대한 질문을 하도록 촉구했다. 실제로 TV 폭력의 빈도, 성격 및 맥락을 2년간 조사한 전

연구초점 | **Mighty Morphin Power Rangers는 아동들의 공격성을 촉진하는가?**

1990년대의 아동들에게 가장 인기 있고 가장 폭력적인 TV쇼는 Mighty Morphin Power Rangers였다. 이 프로그램은 많은 마켓에서 주당 5~6회 방영되었는데, 시간당 200개 이상의 폭력행동들을 보여주었다. Power Rangers는 인종적으로 다양한 청소년 집단이 나이가 많은 리더인 Zordon의 지시를 받아 지구를 지배하려는 사악한 아시아 여자가 지구로 보낸 괴물들과 싸우기 위해 수퍼 히어로로 변신 또는 "변형(morph)"한다. 폭력은 선한 군대와 악한 군대 간의 전투에서 일어날 뿐만 아니라, 청소년 영웅들이 비전투장면에서 서로 무술연습을 할 때도 나타난다. National Coalition on Television

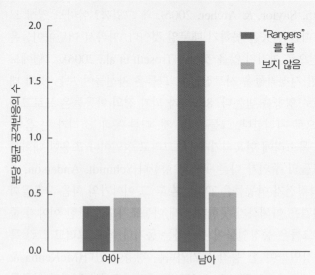

The Mighty Morphin Power Rangers를 보거나 보지 않은 소녀와 소년들의 자유놀이에서의 분당 평균 공격반응의 수
출처: Boyatzis, Matillo, & Nesbitt, 1995.

극적인 결과가 그래프에 나와 있다. Power Rangers 시청은 소녀들에게는 영향이 없었다. 아마도 대부분의 Rangers가 소년이기 때문인 것으로 보인다. 어린 소년들은 어린 소녀들보다 더 강하게 Rangers와 동일시하였다. 그러나 그 프로그램을 본 소년들은 그것을 보지 않은 소년들에 비해 노는 동안 7배의 공격행동을 했다.

남자 주인공을 폭력적으로 보여주는 아동용 쇼의 무삭제판을 무작위로 선택한 에피소드를 보는 것은 자연환경에서 남자 놀이친구들 간의 공격가능성을 크게 증가시

Violence에 따르면, Power Rangers는 지금까지 연구된 프로그램 중에서 가장 폭력적인 아동용 TV 프로그램이다(Kies- ewetter, 1993)—그리고 이 프로그램이 보여주는 대부분의 폭력은 다른 사람을 의도적으로 해치거나 살해하는 적대적인 것이다. 굉장히 인기 있던 이 프로그램의 무삭제판은 어린 시청자들이 자연환경에서 놀 때 그들 사이의 공격가능성을 증가시키는가?

Chris Boyatzis와 동료들(1995)은 5~7세 아동들을 대상으로 한 재미있는 실험에서 이 질문에 대한 답을 찾았다. 이 연구에 참가한 아동들의 반은 무작위 선택된 Mighty Morphin Power Rangers의 무삭제판 에피소드를 보도록 무작위 배정되었다. 반면에 통제집단인 나머지 반의 아동들은 다른 활동들을 하고 이 프로그램을 보지 않았다. 프로그램을 보고 난 후 실험집단의 아동들은 교실에서 놀고 있는 동안 각각 관찰되었고 공격행동(예: 신체적이거나 언어적인 공격, 힘으로 물건뺏기)을 하는 사례들이 기록되었다. 그런 다음 그들의 행동을 그 프로그램을 보지 않은 통제집단 아동들의 행동과 비교하였다.

킨다는 극적인 증거가 여기 있다. 더욱이 더 공격적이 된 소년들은 Power Rangers 시청에 무작위로 배정된 것이지 학급에서 가장 공격적인 소년들이 아니었다.

이후의 연구는 TV 이해력 부족이 그런 결과에 크게 기여한다고 말한다. 왜냐하면 8~9세 이전의 어린 아동들은 Power Rangers가 추구하는 친사회적 원인을 상기하는 경향이 없이 무엇을 보았는지 물으면 "싸움"이라고 말하기 때문이다(McKenna & Ossoff, 1998). Boyatzis와 동료들(1995)의 실험은 쇼를 보고 난 즉시 아동들의 놀이를 관찰함으로써 Power Rangers가 어린 소년들에게 주는 영향을 어느 정도 지나치게 극적으로 만들었다. 그럼에도 불구하고, 이 연구결과는 어리고 TV 이해력이 없는 어린 시청자들이 인기 있고 아주 접근하기 쉬운 프로그램에 반복노출되는 것은 자연환경에서 공격적 또래 상호작용의 빈도를 증가시킬 수 있고, 아동(특히 남아)들로 하여금 공격적 갈등해결을 선호하게 만들 것이라는 점을 분명하게 시사한다.

국적인 TV 폭력 연구는 미국 TV 프로그램이 대단히 폭력적임을 드러냈다(Mediascope Inc, 1996; Seppa, 1997). 오전 6시~오후 11시 사이에 방영되는 프로그램의 58%가 반복되는 공공연한 공격행동을 포함했으며, 73%는 가해자가 어떤 반성도 보이지 않고 어떤 처벌이나 비난도 받지 않는 폭력을 포함했다. 사실 가장 폭력적인 TV 프로그램들은 아동을 대상으로 한 프로그램들이며 특히 만화들이 그렇다. TV 폭력의 거의 40%는 폭력적인 영웅에 의해 시작되며, 그 영웅들은 아동들에게 매력적인 역할 모델로 묘사된다 (Parents Television Council, 2007; Seppa, 1997; Tamborini et al., 2005). 아동 프로그램에서 일어나는 폭력적인 사건의 거의 2/3는 유머로 표현된다. 앞의 상자에서 보았듯이, 무삭제된 매우 공격적인 아동용 프로그램을 본 소년들은 이후 자연환경에서 또래

들에게 더 공격적이 된다. 이 문제를 좀 더 자세히 살펴보자.

TV 폭력은 공격성을 부추기는가? 아동용 프로그램에서 종종 보여지는 희극적인 폭력은 어린 시청자들의 행동에 영향을 줄 가능성이 없다고 일부 주장되어 왔다. 그러나 수많은 실험 연구와 상관 연구들은 다르게 말한다. 간단히 말하면, TV에 방영된 폭력을 많이 본 아동과 청소년들은 폭력을 적게 본 급우들보다 더 적대적이고 공격적인 경향이 있다. 자연스러운 상황에서 나타나는 이런 TV 폭력에의 노출과 공격적 행동 간의 정적인 관계는 미국의 유치원, 초등학교, 중고등학교, 성인 참가자에서 그리고 호주, 캐나다, 핀란드, 영국, 이스라엘, 폴란드의 초등학교 남녀학생들에게서 반복적으로 보고되었다(Bushman & Huesmann, 2001; Geen, 1998). 더욱이 종단연구들은 TV 폭력과 공격성 간의 관계가 상호적임을 시사한다: TV 폭력 시청은 아동의 공격적 성향을 증가시키고, 공격적 성향은 폭력 프로그램에 대한 흥미를 자극하며, 공격적 프로그램은 공격성을 더 증가시킨다(Eron, 1982; Huesmann, Lagerspitz, & Eron, 1984). 종단연구는 상관연구이고 인과관계를 보여주지는 않지만, 최소한 종단연구 결과들은 규칙적으로 많이 방영되는 TV 폭력에의 이른 노출은 오랜 시간에 걸쳐서 지속되는 적대적, 반사회적 습관을 가져올 수 있다는 주장과 일치한다. 일례로, Rowell Huesmann(1986)이 앞의 연구에 참가한 소년들을 30세가 되었을 때 추적조사했더니, 소년들이 8세 때 보였던 폭력적 TV에 대한 이른 선호가 그들이 성인이 되었을 때의 공격성뿐만 아니라 심각한 범죄활동에의 개입도 마찬가지로 예언한다는 것을 발견했다(그림 15.2).

TV 폭력의 다른 효과 비록 아동들이 TV에서 관찰한 공격성을 행동화하지는 않더라도, 아동들은 그것에 의해 영향을 받게 된다. 예를 들면, TV에 방영된 폭력을 계속해서 보는 것은 **나쁜 세상 신념**(mean-world beliefs)—세상을 대인관계에서 생기는 문제들을 전형적으로 공격적 해결책에 의존하는 사람들이 사는 폭력적인 장소로 보는 경향—을 심어줄 수 있다(Huesmann et al., 2003; Huston & Wright, 1998; Slaby et al., 1995). 사실, 폭력적 TV에 대해 가장 강한 선호를 보이는 7~9세 아동들은 폭력적 프로들이 일상생활의 정확한 묘사라고 믿기 쉬운 아이들이다.

비슷한 맥락에서, TV 폭력에의 장기적인 노출은 아동을 폭력에 둔감하게 만들 수 있다. 즉, 아동들이 실생활에서 폭력적 행동에 의해 정서적으로 흥분이 덜 되고 폭력행동을 기꺼이 견디게 만든다. Margaret Thomas와 동료들(1977; Drabman & Thomas, 1974)은 이 **둔감화 가설**(desensitization hypothesis)을 8~10세 아동들에게서 검증했다. 각 참가자는 정서반응을 기록하는 생리그래프 기계(physiograph)를 부착하고 있는 동안 폭력적 탐정프로를 시청하거나 또는 비폭력적이고 흥분되는 스포츠 프로를 보았다. 그리고 참가자는 옆방에 있는 두 명의 유치원 아동을 TV 모니터로 보라는 말과 함께 잘못된 일이 생기거든 실험자를 찾으라는 말을 들었다. 다음에 준비된 필름은 두 유치원 아동이 필름이 끝날 때까지 점점 더 격해지는 싸움을 하는 것을 보여주었다. 앞서 폭력 프로그램을 본 참가자들은 똑같이 흥분되는 비폭력적 스포츠 프로를 보았던 다른 참가자들보다 그들이 필름에서 본 싸움(유치원 아동 간의)에 대해 생리적으로 덜 각성되고 그것을 더 잘 견뎠다(많이 늦게 중재하는 걸로 보아). 명백히 TV 폭력은 실제 세상에서의 공격적 사례에 대해 시청자들을 둔감화시킬 수 있다(Huesmann et al., 2003도 참조).

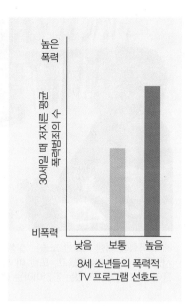

그림 15.2 소년들이 8세였을 때의 폭력적 TV프로그램 선호와 30세가 되었을 때 저지른 폭력범죄수와의 관계
출처: "Psychological Processes Promoting the Relation Between Exposure to Media Violence and Aggressive Behavior by the Viewer," by L. R. Huesmann, 1986, Journal of Social Issues, 42, No. 3, 125–139. Copyright © 1986 by the Journal of Social Issues.

나쁜 세상 신념
(mean-world belief)
이 세상이 실제보다 더 위험하고 놀라운 곳이라는 믿음으로 TV에서 방영된 폭력에 의해 길러진다.

둔감화 가설
(desensitization hypothesis)
대중매체에 의해 전해지는 폭력을 많이 본 사람들은 공격성에 의해서 덜 각성되어지며 폭력과 공격적 행동을 더 묵인하게 된다는 생각.

매체 폭력에 대한 과도한 노출은 실생활의 공격성에 대한 아동들의 정서반응을 둔감하게 만들고, 또한 이 세상은 적대적이고 공격적인 사람들이 주로 살아가고 있는 공간이라는 생각을 하게 만들 가능성이 많다.

사회적 고정관념의 원천으로서의 TV

TV가 아동들에게 주게 되는 또 하나의 불행한 효과는 잠재적으로 해로운 여러 사회적 고정관념을 강화하는 것이다(Huston & Wright, 1998). 성역할 고정관념은 TV에서 흔히 볼 수 있으며, TV 광고방송을 많이 보는 아동들은 TV를 거의 안보는 급우들보다 남자와 여자에 대해 더 전통적인 관점을 갖기 쉽다. TV는 성 고정관념을 깨는 데도 사용될 수 있기도 하다. 남성들이 전형적인 여성의 활동을 유능하게 수행하는 것과 여성들이 전형적인 남성들의 일에서 뛰어난 수행을 하는 걸 보여줌으로써 이런 목표를 달성하려는 초기의 시도들은 부분적으로 제한된 성공을 보이고 있다(Johnston & Ettema, 1982; Rosenwasser, Lingenfelter, & Harrington, 1989). 그러나 이런 프로그램들이 만약 성 고정관념이 근거하고 있는 완고하고 잘못된 신념들의 토대를 없애는 인지훈련 절차들과 결합된다면 확실히 더 효과적이었을 것이다(Bigler & Liben, 1990, 1992).

불행하게도, 남성과 여성이 TV에서 보여지는 방식은 시청자의 자기개념과 자존감에 매우 큰 영향을 미친다. 예를 들면, 서구사회의 TV 프로는 흔히 소녀나 여성들은 매력적으로 보이려면 날씬해야 한다는 관념을 강화한다(날씬함 지상주의, thin ideal). 호주에서 행해진 최근의 종단연구는 5~8세의 소녀들도 이 날씬함 지상주의를 갖고 있다는 걸 발견했으며, 외모지향적 TV 프로를 자주 시청하는 사람들은 그 프로를 덜 보는 동년배들에 비해 자신의 외모(후기 청소년기 자존감 감소의 1차적인 기여자)에 대해 불만스러워 한다는 것을 발견했다(Dohnt & Tiggermann, 2006). 만일 TV가 적은 수의 소녀나 여성만이 성취할 수 있는 '날씬함 지상주의'를 일관적으로 강화한다면, 청소년들은 끊임없이 다이어트를 시도하고, 많은 경우 생명을 위협할 수 있는 거식증이나 폭식증과 같은 위험에 처할 수 있다는 염려가 기우일까?

TV 시청과 아동들의 건강

많은 시간의 TV 시청은 미묘한 방식으로 아동들의 건강과 안녕을 해칠 수 있다. 여러분은 아마도 미국 국민이 **비만**(obese)해지고 있다는 많은 최근의 보고들 중 하나를 들어보았을 것이다. 비만은 신장, 연령, 성별 이상적인 체중을 20%이상 넘는 체중을 가진 사람들에게 쓰는 의학용어다. 비만은 심장병, 고혈압, 당뇨병을 일으키는 큰 요인이며 분명히 신체적 건강을 위협한다. 그리고 비만율은 모든 연령집단, 특히 어린 아동들에게서도 증가하고 있다(Dwyer & Stone, 2000; Kirshnamoorthy, Hart, & Jelalian, 2006). 비만을 가져오는 요인들은 가장 많이 언급되는 유전적 성향과 좋지 않은 식사습관을 포함해 많이 있다. 그러나 섭취한 열량을 태우는 충분한 운동을 하지 않기 때문에 많은 사람이 비만이라는 것도 사실이다(Cowley, 2001).

불행하게도, TV 시청은 신체적으로 활동적인 놀이나 심지어 가사일 하는 것보다도 아동이 과도한 열량을 태우는 걸 도와주지 못하는 본질적으로 앉아서 하는 활동이다. 흥미롭게도 미래의 비만을 예언해주는 가장 강력한 요인 중 하나가 아동들의 TV 시청시간의 양이며(Anderson et al., 2001; Cowley, 2001), 하루 5시간 이상을 소파에 앉

비만
(obese)
신장, 연령, 성에 따라 이상적인 체중을 적어도 20% 이상 초과한 사람들을 기술하는 의학용어.

아 TV만 보는 어린 아동들은 비만일 위험에 처해 있다(Gortmaker et al., 1996). 아동들의 신체활동을 제한하는 것 외에도, TV 시청은 잘못된 식사습관을 촉진하기도 한다. 아동들은 수동적으로 앉아 TV를 보는 동안 가벼운 스낵을 먹는 경향이 있을 뿐만 아니라, TV에서 광고하는(그리고 아동들이 먹는) 음식들은 많은 지방과 설탕을 포함하면서 유익한 영양소는 거의 없는 가장 높은 열량의 식품이다(Tinsley, 1992).

TV 노출의 해로운 효과 줄이기

걱정하는 부모들이 상업적 TV의 해로운 효과를 어떻게 통제할 수 있을까? 표 15.2는 전문가들이 추천하는 효과적인 여러 책략들의 목록이다. 부모들에게 특히 중요한 하나의 방책은 아동들이 높은 폭력이나 다른 공격적 프로그램에 노출되는 걸 제한하기 위해서 가정에서 아동의 TV 시청 습관을 모니터함과 동시에 자녀들이 친사회적이거나 교육적인 프로그램에 흥미를 갖도록 노력하는 것이다.

표 15.2에 있는 각각의 지침은 훌륭하지만, 몇 가지 언급이 필요하다. 첫째, TV가 방영할 수 있는 내용을 통제하기 위한 잠금규정의 효율성은 시작부터 약화되었다. 폭력 프로그램 제작자들은 TV 프로그램의 내용기반 등급시스템이 부모가 프로그램의 성적 내용이나 폭력적 내용에 근거해 잠금 결정을 하도록 해주는 더 복잡한 시스템보다 단지 연령지침 등급을 나타내는 걸 보장하도록 관리했다(Huesmann et al., 2003). 그리고 불행하게도 최근 임의의 내용지침이 모든 네트워크에서 사용되지는 않고

닌텐도 Wii 같은 TV Video 콘솔은 게임을 하는 사람이 게임을 하면서 서서 움직이게 함으로써 피트니스를 강조하는 게임이 있다. 앉아서 하는 게임보다 낫지만 이런 종류의 활동이 정말로 다른 신체활동의 대체물이 될까?

표 15.2	아동발달에 영향을 미치는 TV 효과를 조절하기 위한 효과적 전략
목표	**책략**
TV 시청량 줄이기	• TV시청이나 숙제, 친구들과 놀기 등 자녀의 활동에 대한 시간표를 자녀와 함께 기록하라. • 주간당 TV 시청 한계를 설정하라. 특정 시간에는 TV시청을 금지하라(아침식사 전, 학교가는 날 밤). • 자녀 방에 TV를 두지 마라. • 여러분이 TV를 자주 보면, 자녀들에게도 볼 기회가 많아짐을 기억하라.
TV 폭력 효과 차단하기	• 자녀가 보는 프로 몇 가지를 관찰함으로써 폭력의 양을 판단하라. • 자녀와 함께 TV를 보면서 폭력성에 대해 논의하라. 그 폭력이 왜 발생하게 되었는지, 그것이 얼마나 고통스러운지 등. • 폭력 없이 그 갈등들이 해결될 수 있는 방법을 자녀에게 질문하라. • 오락프로에서 폭력이 어떻게 교묘하게 "위장"되어 있는지를 자녀에게 설명하라. • 폭력 비디오를 제한하라. • 자녀에게 등장인물들이 협력하고 도우며 서로를 돌보는 프로를 보도록 격려하라. 그런 프로들은 아동들에게 긍정적인 영향을 주는 것으로 알려져 있다.
TV에 방영되는 부정적 가치 중화시키기	• 자녀에게 화면에 보여지는 것과 실제 생활에서 나타나는 것을 비교해 보게 하라. • 자녀와 함께 TV에 나오는 것들 중에서 어느 것이 실제이고 어느 것이 가짜인지를 논의하라. • 성, 음주, 약물 등에 대한 자신의 가치관을 자녀에게 설명하라. • 집에 VCR이나 DVD 기기가 있다면, 자녀를 위한 선택적 영상목록을 만들어라. • 유선방송을 신청하기 전에, 그 방송프로그램의 다양성과 유형을 알아보라. 쉽게 접근가능한 많은 채널들이 성인용이다. 유선방송사에 부모용 "잠금장치"를 요구하여 자녀를 위한 채널을 선택하도록 하라.
TV 광고의 효과	• 광고는 자기네 제품을 가능한 한 많은 시청자들이 사도록 하는 데 사용하는 것이라는 점을 자녀에게 말해 주어라. • 광고의 허구 부분을 자녀가 이해할 만한 말로 이야기해 주어라. • 쇼핑할 때, 자녀에게 광고가 흔히 과장되었다는 것을 보게 하라. TV광고에서는 크고, 빠르고, 흥분시키는 것들이 실제로는 작고, 느리고, 별 감흥을 못준다는 것을 알게 하라.

있으며, 부모들이 그 지침을 잘 이해하지 못하고 있다(Bushman & Cantor, 2003).

둘째, 부모들이 TV 이해력이 없는 어린 자녀들이 그들이 시청한 내용을 평가하도록 돕는다는 말은 특히 중요하다. 더 어린 아동들이 TV에 나오는 공격적 모델에 그렇게 반응적인 한 가지 이유는 그들이 본 폭력을 어른들이 해석하는 것과 항상 똑같이 해석하지 않는다는 것이며, 그래서 그들은 종종 공격자들의 반사회적 동기와 의도 또는 가해자 자신이 공격행동의 결과로 고통받는다는 불쾌한 결과와 같은 미묘한 점들을 놓친다(Collins, Sobol, & Westby, 1981; Slaby et al., 1995). 게다가 그들이 행한 폭력이 사회적으로 강화받는 공격적 영웅에 대해 강한 동일시를 하는 어린 아동들의 성향은 TV 폭력의 부추김 효과에 어린 아동들을 더 민감하게 만든다—이것은 부모가 알아야 할 사실이다(Huesmann et al., 2003). 어른들이 가해자(또는 영웅)의 행위를 강하게 비판하면서 아동들이 놓친 정보를 강조할 때 어린 시청자들은 매체폭력을 훨씬 더 잘 이해하게 되며 그들이 본 것에 의해 영향을 덜 받는다—특히 만약 말해주는 어른이 가해자들이 그들의 문제를 더 건설적인 방식으로 접근하는 방법도 말해준다면(Collins, 1983; Liebert & Sprafkin, 1988도 참조) 부정적인 영향을 덜 받는다. 불행하게도, 이것은 덜 활성화되는 책략이 될 수도 있다. 왜냐하면 Michele St. Peters와 동료들(1991)이 말했던 것처럼, 가정에서 부모/자녀가 함께 가장 자주 시청하는 시간은 액션/모험 쇼나 또는 다른 폭력성이 높은 프로그램을 하는 시간이 아니라 어린 아동들에게는 특히 매력없는 프로그램인 저녁뉴스나 스포츠 이벤트, 또는 황금시간대 드라마 방영시간이기 때문이다.

교육 도구로서의 TV

이제까지는 TV를 경계의 눈으로 보면서 대부분 해를 주는 TV의 역할에 대해 이야기했다. 만약 TV의 내용이 가치있는 정보를 전달하기 위한 것으로 바뀌기만 한다면, 많은 가치있는 교훈을 가르치는 가장 효과적인 방식이 될 수 있다. 이런 주장을 지지하는 일부 증거들을 알아보자.

교육적 TV와 아동들의 친사회적 행동

부분적으로는 협동, 공유, 고통받는 동료 위로하기와 같은 친사회적 행동을 가르치기 위해서 많은 TV 프로그램들—특히 "세서미 스트리트"와 "모험소녀 도라" 같은 프로그램—이 기획되었다. 한 주요한 개관논문은 친사회적 행동프로를 자주 보는 어린 아동들은 더 친사회적이 되는 걸 발견했다(Hearold, 1986). 그러나 만약 어른들이 방송프로를 모니터하면서 아동들이 TV에서 배운 친사회적 행동을 시연하고 행동하도록 격려하지 않는다면, 그런 프로그램들은 어떤 지속적인 이점도 없다는 것을 강조하는 것이 중요하다(Calvert & Kotler, 2003). 어린 아동들은 친사회적 행동과 경쟁되는 폭력행동이 방영되지 않을 때 방영되는 친사회적 프로를 잘 처리하고 행동화하기가 더 쉽다. 그러나 그런

아동들은 *세서미 스트리트* 같은 교육적 TV 프로그램에서 가치있는 교훈을 많이 배운다.

중요한 제한에도 불구하고, 특히 만약 어른들이 대인 간 갈등을 해결하는 건설적인 방법을 강조하는 일화에 아동들이 관심을 갖도록 격려한다면, 친사회적 프로의 긍정적인 효과는 부정적 효과보다 대단히 우세하다(Hearold, 1986).

인지발달의 공헌자로서의 TV

아마도 영아기와 걸음마기 아동의 제한된 인지 및 언어기술 때문이겠지만, 매우 어린 아동들의 적응능력을 길러줄 TV의 잠재력을 탐색하는 데 대한 연구는 늦게 이루어졌다. 그러나 고려해볼 만한 가치가 있는 몇몇 초기 연구결과들이 있다. 예를 들어, 12개월 된 영아들은 TV로부터 사회적 참조를 하는 것이 가능해져서 TV 속 등장인물을 놀라게 한 명백히 위험한 대상을 피하는 걸 학습한다는 내용을 10장에서 배웠다(Mumme & Fernald, 2003). 더욱이 Georgene Troseth(2003)은 TV에서 자신의 이미지를 자주 본 2세 아동들은 비디오 속의 성인이 옆방에 감춰둔 장난감을 찾아낸다는 걸 보여주었다. 이것은 정신적으로는 2.5~3세가 되어야 나타나는 뛰어난 상징적 문제해결 능력이다. 분명히 이 2세 아동들은 TV에 나온 자기 자신(그리고 다른 가족들)을 보는 것으로부터 TV에 방영된 정보가 실세계에 대한 정보를 준다는 걸 학습했다. 그래서 그들은 숨겨진 장난감을 찾는 데 TV에서 본 정보를 사용했다.

이 연구는 아직도 매우 제한적이다. 그것은 TV가 매우 어린 아동들의 적응능력을 길러주기 위해 실용적 측면에서 어떻게 사용될 수 있는지를 정확히 알아야 하는 문제는 남겨두었다. 그러나 학령전 아동들의 발달을 최적화하기 위해 TV의 잠재력을 알아보려는 시도는 오랜 역사를 갖고 있다.

1968년에 미국정부와 수많은 사설기관들은 아동들의 TV 워크숍(Children's Television Workshop: CTW)을 설립하기 위한 기금을 제공했다. CTW는 아동들의 흥미를 끌어 아동들의 지적 발달을 촉진하는 TV 프로그램 제작을 위임받은 기구이다. CTW의 처음 작품인 참깨거리는 미국 유치원 아동의 약 반 정도가 일주일에 평균 세 번 보았고 세계 50여 국가에서 방영되어진 세계에서 가장 인기있는 아동시리즈가 되었다(Liebert & Sprafkin, 1988). 3~5세 사이의 아동들을 대상으로 한 참깨거리는 셈하기, 숫자와 철자를 인식하고 변별하기, 사물을 순서대로 놓기와 분류하기, 간단한 문제풀기와 같은 중요한 인지기술을 길러주기 위한 것이다. 불리한 배경출신의 아동들은 이 프로그램을 정기적으로 본 뒤에 학교교육에 대한 준비가 훨씬 더 잘 되었다.

참깨거리가 방영된 처음 시즌 동안의 효과를 Educational Testing Service가 평가했다. 미국의 5개 지역 출신 약 950명의 아동들(3~5세)에게 인지기술 및 그들이 철자, 숫자, 기하학적 도형에 대해 아는 것을 측정하는 사전검사를 실시하였다. 시즌이 끝날 무렵에는 그들이 무엇을 배웠는지 알아보기 위해 이 검사를 다시 한 번 더 실시했다. 자료를 분석했을 때, 참깨거리가 그 목표를 달성했음이 분명해졌다. 그림 15.3에서 볼 수 있듯이, 참깨거리를 가장 많이 본(주당 4번 이상 보았던 집단 Q3과 Q4) 아동들은 전체검사 점수(그림 A), 알파벳검사에서의 점수(그림 B), 자기 이름을 쓰는 능력(그림 C)에서 가장 큰 향상을 보였다. 3세 아동들이 5세 아동들보다 더 큰 이득점수를 기록했는데, 이는 아마도 어린 아동들이 시작할 때 적게 알고 있었기 때문일 것이다.

도시지역의 불리한 배경에 있는 학령전기 아동들만을 대상으로 한 두 번째의 비슷한 연구결과는 원래 연구결과와 비슷했으며(Bogatz & Ball, 1972), 다른 연구자들은 참깨

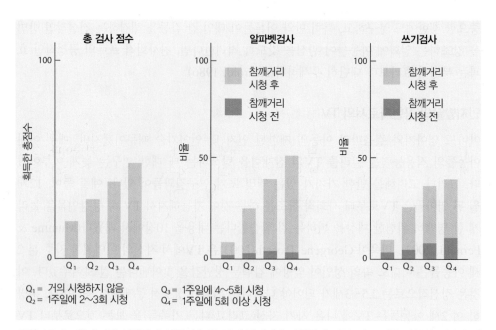

그림 15.3 참깨거리 시청량과 아동의 능력 간의 관계: (a) 시청량에 따른 서로 다른 사분위 집단의 아동들이 보인 전체검사 점수의 향상; (b) 시청량의 사분위에 따른 각 집단의 아동 중에서 알파벳을 정확하게 암송하는 아동들의 비율; (c) 시청량의 사분위에 따른 각 집단의 아동 중에서 그들의 이름을 정확하게 쓴 아동들의 비율.
출처: *"The Early Windows: Effects of Television on Children and Youth,"* 3rd ed., by R. M. Liebert & J. Sprafkin, 1988. Copyright © 1988. Allyn & Bacon의 허락하에 재인쇄.

거리에 대한 정기적인 노출은 학령전기 아동의 어휘와 읽기전 기술(prereading skill)에서도 마찬가지로 큰 향상을 가져온다는 걸 발견했다(Rice et al., 1990). 마지막으로, 참깨거리를 많이 보았던 불리한 배경 출신의 아동들은 참깨거리를 거의 보지 않았던 급우들보다 학교에 더 잘 준비되고 학교활동에 더 많은 흥미를 가진 것으로 초등학교 교사가 평가했다(Bogatz & Ball, 1972).

비판자들은 교육 TV 시청이 성인의 지도하에 이루어지는 독서와 능동적 학습같은 더 가치있고 성장을 도와주는 것들을 대체하는 수동적 활동이라고 주장한다(Singer & Singer, 1990). 그런 우려는 이제 근거없는 것으로 보인다. 학령전기에 일반 시청 프로그램을 보면서 보낸 시간은 아동의 학업준비성에 대한 인지적 평가에서의 낮은 수행과 연관되지만, 교육프로를 보면서 보낸 시간은 높은 수행과 연관된다(Anderson et al., 2001; Wright et al., 2001). 실제로, 자녀들이 교육프로를 시청하도록 격려하는 부모들은 또한 일반 시청 프로에 노출되는 걸 제한하고 TV의 대안이 되는 다른 교육적 활동들도 제공하는 경향이 있다(Huston et al., 1999).

또한 만약 중류계층 아동들이 참깨거리를 더 많이 시청하는 경향이 있다면, 참깨거리가 불리한 환경의 아동들과 중류가정 출신 급우들 간의 지적 격차를 더 벌어지게 할 수 있다는 걱정이 한 때 있었다(Cook et al., 1975). 그러나 이후의 연구는 불리한 배경 출신 아동들이 좋은 배경출신 또래들만큼 자주 참깨거리를 시청할 뿐만 아니라(Pinon, Huston, & Wright, 1989), 그 프로그램에서 같은 양만큼 배웠다(Rice et al., 1990)고 보고했다. 그러므로 참깨거리 시청은 모든 학령전기 아동들에게 잠재적으로 가치있는 경험이 되며, 더욱이 한 시청자당 하루에 단지 1페니의 비용만 드는 진정한 교육적인 거래로 보인다(Palmer, 1984). 더 큰 과제는 참깨거리(그리고 다른 교육적 프로그램들도)

는 부모와 그 자녀들이 놓치지 말아야 할 가치있는 자원이라는 것을 더 많은 부모들에게 설득하는 일이다(Larson, 2001).

디지털 시대의 아동발달

TV처럼 컴퓨터는 아동들의 학습과 생활양식에 큰 영향을 주는 현대 기술이다. 그러나 어떤 방식으로 영향을 주는가? 오늘날 대부분의 교육자들은 컴퓨터를 아동들이 더 많이 배우고 더 재미있게 학습하게 돕는 교실수업의 효과적인 보조도구라고 믿는다. 1996년경 미국 공립학교의 98% 이상이 컴퓨터를 교수도구로 사용하고 있었고 2003년경에는 미국 가정의 60% 이상이 컴퓨터를 갖고 있었고 50% 이상이 인터넷이 가능했다(Day, Janus, & Davis, 2003; U.S. Bureau of the Census, 1997). 그래서 컴퓨터는 현재 폭넓게 접근할 수 있다. 그러나 컴퓨터는 실제로 아동들이 학습하고, 생각하고, 또는 창조하는 걸 돕는가? 어린 "해커들"이 컴퓨터공학에 반하여 속세를 떠나거나 사회적으로 미숙해져서 또래들이 그들을 제쳐놓을 위험에 처하게 될 위험은 없는가?

교실에서의 컴퓨터

많은 연구결과들이 교실에서의 컴퓨터 사용은 아주 많은 이익을 가져온다는 걸 밝혀준다. 예를 들면, 초등학교 학생들은 더 많은 걸 배우고 어떤 **컴퓨터 보조 지도**(computer-assisted instruction, CAI)를 받을 때는 학교생활을 더 즐겁게 한다고 보고한다(Clements & Nastasi, 1992; Collis, 1996; Lepper & Gurtner, 1989). 많은 CAI 프로그램들은 학생의 현재 숙달 수준에서 시작해서 점차 어려운 문제를 제시하는 단순한 훈련들인데, 종종 진전이 안 될 때는 힌트나 단서들을 준다. 더 정교화된 다른 형태의 CAI는 안내된 가르침(guided tutorial)이다. 이것은 훈련보다는 아동의 동기를 높여주는 사고-촉발 게임을 하면서 중요한 개념과 원리를 발견하게 하는 프로그램이다. 초기 학년 동안 훈련 프로그램을 정기적으로 사용하는 것은 아동들의 기초적 읽기기술과 산수기술을 향상시키는 것으로 보인다. 특히 불리한 배경출신의 학생들과 다른 낮은 성취자들에게서 그렇다(Clements & Nastasi, 1992; Fletcher-Flinn & Gravatt, 1995; Lepper & Gurtner, 1989). 그러나 CAI의 이득은 아동들이 단순한 훈련과 함께 개입을 많이 하는 안내된 가르침을 최소한 어느 정도 받을 때 가장 크다.

훈련기능 외에도 컴퓨터는 아동들의 기초적 쓰기기술과 의사소통 기술을 향상시킬 수 있는 도구도 된다(Clements, 1995). 일단 아동들이 읽고 쓸 수 있으면 워드프로세싱 프로그램의 사용은 손으로 쓰기의 많은 어려움을 제거하고 아동들이 쓴 것을 교정하고, 편집하고, 퇴고할 가능성을 증가시킨다(Clements & Nastasi, 1992). 더 나이든 아동과 청소년들에게는 컴퓨터가 촉발하는 상위인지 전략들, 즉 스프레드 시트와 노트 조직화 프로그램 사용하기(Pea, 1985)는 학생들이 말하려 하는 것에 대해 생각하여 그들의 생각들을 더 조리있는 에세이로 구성하도록 돕는다(Lepper & Gurtner, 1989).

교실을 넘어서: 인터넷 노출의 이점

교실밖으로 확산된 컴퓨터 사용가능성은 많은 아동 청소년들이 컴퓨터공학에 노출되어

컴퓨터 보조 지도
(computer-assisted instruction: CAI)
새로운 개념을 가르치고 학업기술을 연습시키는 데 컴퓨터를 사용하는 것.

휴대전화가 있는 십대들은 전화로 말만 하는 것보다 할 수 있는 것이 더 많다. 많은 휴대전화가 인터넷 접속이 되어서 사용자들은 어디에 있든지 정보를 찾을 수 있고, 마찬가지로 많은 십대들은 온라인에서 즉각적으로 메시지 보내는 것과 비슷한 방식으로 휴대전화를 이용한 메시지 보내기 능력을 갖게 된다.

여러 면에서 영향받을 수 있음을 시사한다. 먼저 인터넷 노출의 세 가지 나타난 이점을 보자.

인터넷 사용가능성과 학업성취

교실에서의 컴퓨터 사용이 인지적 기술과 학업성취에 이익을 가져올 수 있음을 보여주는 연구에 덧붙여서, 연구는 집에 컴퓨터가 있는 것이 학교숙제를 하고 학업수행을 더 잘하는 데 필요한 정보를 찾기 위해 인터넷을 찾아볼 수 있게 해준다고 시사한다(Pew Internet & American Life Project, 2002; Valkenburg & Soeters, 2001). 불행하게도, 미국에는 광범위한 디지털 분리가 있다. 저성취인 소수민족과 다른 경제적으로 불리한 아동들은 가정에서 컴퓨터와 인터넷에 접속할 가능성이 적은데, 이것은 그들의 빈약한 학업수행을 계속 유지시키는 역할을 한다.

최근에 Linda Jackson과 동료들(2006)은 가정에서의 인터넷 사용이 도시에 사는 학업이 뒤쳐진 불리한 13~14세 청소년들의 학업성취에 주는 영향을 연구했다. 각 가족은 컴퓨터와 자유로운 인터넷 접속이 제공되었다. 연구자들은 그 다음 16개월 동안 이 어린 청소년들이 얼마나 자주 인터넷을 이용하는지를 그들의 읽기성취 및 학업성적과 함께 모니터했다.

결과는 분명했다. 이 어린 십대들이 가정에서 더 자주 인터넷을 로그인할수록 컴퓨터를 받은 지 6개월 후의 표준화된 읽기검사 점수는 좋아지고, 1년 후와 16개월 후의 평균성적은 더 높아졌다. 그것이 학교관련 정보든 합합 가수에 대한 것이든 온라인으로 읽으면서 지내는 시간이 더 많은 것이 아마도 읽기점수의 향상을 설명하며 더 좋은 읽기기술은 이 십대들이 더 높은 성적을 받도록 도왔을 것이다. 게다가 Jackson과 동료들은 읽기교재와 다른 전통적인 학업기술 발달방식과 비교해 인터넷에서 정보를 찾는 것이 재미있고 학생이 "고통 없이 배울"수 있으며, 그래서 좋은 학업 결과는 부분적으로는 좋은 시간을 가진 것의 동시효과일 수 있다고 추측했다. 여전히 이 연구 참가자들은 그들이 컴퓨터를 받기 전에는 학교에서 평균 이하의 수행을 했었다는 것을 주목하는 것이 중요하다. 인터넷 사용이 이미 학교에서 잘하고 있는 아동들에게도 비슷한 이익을 가져오는지 여부는 알아보아야 한다.

컴퓨터 사용의 사회적 이익

최근의 한 조사는 89%의 미국 청소년은 적어도 일주일에 한 번 인터넷을 사용하며, 61%는 매일 로그온하고, 이메일과 인스턴트 메시징(IM)을 통한 사회적 의사소통이 그들이 온라인에서 보내는 대부분의 시간을 차지한다는 것을 밝혔다(Cynkar, 2007). 일반적 믿음과 반대로, 대부분의 십대들은 낯선 사람보다는 학교, 클럽, 다른 오프라인 사회망에 있는 사람들과 채팅하며 더 많은 시간을 보낸다(Gross, 2004; Valkenburg & Peter, 2007). 더욱이 온라인으로 자주 대화를 하는 청소년들은 그렇지 않은 청소년들보다 친구와 더 가깝게 느낀다(Valkenburg & Peter, 2007).

온라인 대화가 더 가까운 우정을 촉진하는 이유가 무엇일까? 독일 10대에 대한 연구에서 Patti Valkenburg와 Jocken Peter(2007)는 청소년들은 오프라인보다 온라인으로 자신들에 대한 사적인 정보를 공유하는 것을 더 자유롭게 느낀다는 것을 발견했다. 특히 이성에 대해서 그렇다. 그들은 인터넷을 개인적 정보를 털어놓고 직접적인 상호작용에서는 무례하게 생각될 질문을 파트너에게 하는 것이 덜 위험스러운 곳으로 본다. 간단히 말하면, 사랑하고 있는 것이나 두려움, 걱정, 부끄러운 것들에 대해 인터넷으로 말하는 것이 더 쉽고 이런 종류의 사적 자기개방이 깊게 연결된 우정의 주결정인이 된다. 더욱이 또래와의 온라인 대화는 또 다른 중요한 측면에서 가치가 있다. 이성이나 동성 멤버들과의 직접적 탐색보다 덜 위험하게 해주는 상대적으로 익명적인 포럼에서 어린 청소년들이 나타나고 있는 자신의 성정체성을 탐색하고 정교화하도록 돕는다(Subrahmanyam, Smahel, & Greenfield, 2006).

컴퓨터 사용이 주는 건강이익

마지막으로, 최근 연구는 미국, 캐나다, 영국 같은 서구국가의 청소년들은 인터넷을 건강정보 특히 성관련 정보와 성적 위험 정보를 찾는 데 종종 이용한다는 점을 지적한다(Borzekowski & Rickert, 2001; Gray et al., 2005). 인터넷 사용은 개발도상국 거주자들한테 잠재적으로 매우 중요하다. 이런 나라에서는 부적절한 건강관리 때문에 영양장애가 자주 일어나고 전염병을 통제하기 어렵다. Dina Borzekowski와 동료들(2006)은 가나의 15~18세 도시 표본을 대상으로 건강을 목적으로 한 인터넷 사용을 연구했다. 가나는 서아프리카에 있는 나라로, 앞에서 언급한 건강문제에 시달리고 십대들은 AIDS를 포함한 성병에 걸릴 위험이 심각하다. 집에 컴퓨터가 있는 가나 사람들은 거의 없지만, 도시에서 살고 있는 사람들은 사이버카페에서 적은 돈으로 인터넷 접속을 한다. 이 연구는 이 도시 가나청소년 표본 중 60% 이상이 인터넷을 사용하며 많은 청소년이 유용하고, 믿을 수 있고, 읽기 쉬운 건강정보를 찾기 위해서 사용한다. 많은 청소년들이 자신의 몸, 관계, 건강과 관련된 개인적이고 예민하며 당황스러운 질문에 대한 답을 찾을 때 전통적인 건강 제공자보다 인터넷을 이용하는 것을 더 편안하게 느낀다(Suzuki & Calzo, 2004). 어느 것도 건강관리 제공자들과의 상호작용을 대체할 수 있는 것은 없지만, 인터넷상의 쉽게 접근할 수 있고 확실하며 믿을 수 있는 정보는 전 세계의 청소년들이 선택하는 삶과 선택을 증진시키는 것을 도울 수 있는 것으로 나타난다.

컴퓨터에 대한 염려

아동들을 컴퓨터공학에 노출시켰을 때 올 수 있는 위험은 무엇인가? 두 가지 우려들이 가장 자주 일어난다.

비디오 게임에 대한 염려

부모들이 자녀가 하는 것을 걱정할 비디오 게임의 한 예는 다음과 같은 것이다:

> 거대한 차도둑(Grand Theft Auto) 참가자들이 매춘부와 성행위를 하면 점수가 뛰어오르고 매춘부를 살해하면 점수를 더 받는 비디오 게임. 게임에는 플레이어가 여자를 때려 죽일 때 여자의 몸에서 피가 뿌려지는 장면이 있다(National Institute on Media and the Family, Associated Press에서 인용, 2002b).

한 전국적인 조사는 미국 청소년의 80% 이상이 일주일에 2시간 이상을 컴퓨터 비디오 게임을 하며 보낸다는 것을 밝혔으며(Williams, 1998), 게임하기는 초등학교 학생들의 주된 컴퓨터 활동이다(Subrahmanyam et al., 2000). 많은 부모들이 추측하는 것처럼 이런 활동이 반드시 아동들을 학업과 또래활동으로부터 멀어지게 하는 것은 아니다; 컴퓨터를 하면서 보내는 시간은 보통 다른 여가활동, 그 중에서도 TV 시청을 가장 많이 대체한다(Huston et al., 1999). 그럼에도 비판자들은 거대한 차도둑(Grand Theft Auto)과 콜오브듀티(Call of Duty) 같은 인기 있고 대단히 폭력적인 게임에 대한 많은 노출이 TV에 방영된 폭력과 마찬가지로 공격성을 부추기고 공격적 습관을 길러줄 수 있다고 염려했다.

비판자들의 염려는 당연한 것이다. 4학년 학생부터 12학년 학생들까지를 대상으로 한 적어도 세 개의 조사가 비디오 게임을 하면서 보낸 시간의 양과 실제 세계에서의 공격적 행동 사이에 중간 정도의 정적 상관을 발견했다(Dill & Dill, 1998). 실험적 증거는 심지어 더 많은 것을 밝히고 있다: 3학년과 4학년에 대한 한 연구(Kirsh, 1998)와 대학생에 대한 다른 연구(Anderson & Dill, 2000)는 폭력적 비디오 게임놀이에 무작위적으로 배정된 참가자들이 이후에 공격적으로 해석될 수도 있고 비공격적으로 해석될 수도 있는 사건에 대해 공격적으로 반응하는 강한 편향을 보이고 비폭력적인 비디오 게임을 한 다른 참가자들보다 공격적 행동을 훨씬 더 많이 한다는 걸 발견했다(Bushman & Anderson, 2002도 참조). 그리고 폭력적 게임을 하는 아동들은 공격적 행동을 계획하고 수행하는 데 적극적으로 가담했고 그들의 성공한 상징적 폭력에 대해 강화를 받았기 때문에, 아동들이 공격성과 폭력에 단지 수동적으로 노출되기만 하는 폭력적 TV 프로그램의 공격성—부추김 효과보다 폭력적 비디오 게임의 공격성—부추김 효과는 아마도 훨씬 더 클 것이라고 주장되었다(Anderson & Dill, 2000). 분명히 이런 연구 결과들은 부모들은 적어도 자기 자녀들이 TV에서 무엇을 보는지에 대해 관심을 갖는 만큼 컴퓨터에서 어떤 게임을 하는지에 대해서도 관심을 가져야 한다고 시사한다.

인터넷 노출에 대한 염려

가정용 컴퓨터와 인터넷 서비스의 확산은 문자 그대로 전 세계의 수백만 아동 청소년들이 이제 감독을 받지 않고 인터넷에 접속하게 되는 것을 의미한다. 분명히 웹상에 있는 정보에의 노출은 학교과제에 관한 주제들을 조사하는 학생들에게 이익이 될 수 있다. 그

럼에도 불구하고, 많은 부모와 교사들은 좋지 않을 가능성이 있는 인터넷의 영향에 대해 경고하고 있다.

포르노그라피와 성적 탐색에 대한 염려 인터넷에서 포르노그라피를 찾는 일은 구글에서 "섹스"라는 단어를 찾는 일만큼 쉽다. 매년 미국 10대와 전청소년의 약 40%가 웹에 있는 40만개의 음란 사이트를 한 개 이상 방문하며 그 사이트들은 가입하는 법적 연령입증을 요구하지 않는다(DeAngelis, 2007; Wolak, Mitchell, & Finkelhor, 2007). 지금까지 포르노 노출 효과에 대한 연구가 드물긴 하나 가능한 자료들은 포르노 노출이 성적 태도에 어떤 나쁜 영향을 준다는 것을 밝혀냈다. 포르노

부모는 Facebook과 같은 사회연결망(SNS) 사이트의 적절한 사용에 관해 토론하는 열린 관계를 유지해야 한다.

사이트를 자주 방문하는 아동 청소년들은 거의 방문하지 않는 청소년들보다 섹스를 감정이 필요 없는 순전히 신체적인 오락적 활동으로 보고, 여성을 대상화하고 여성들에 대한 공격성 묵인이 더 커지고, 혼전 성관계나 혼외 성관계를 받아들이는 경향이 더 많다(DeAngelis, 2007; Greenfield, 2004; Peter & Valkenburg, 2006). 소녀들보다 더 자주 포르노 사이트를 방문하는 소년들은 이런 태도를 고수하는 경향이 더 많다. 특히 그들이 본 것들이 매우 노골적이고 성관계의 실제 묘사라고 지각되면 그렇다(Peter & Valkenburg, 2006, 2007).

인터넷 노출에 대한 그 외의 우려들 부모와 교사들이 우려하는 그 외의 많은 것이 연구자들의 관심을 끌어왔다. 예를 들어, 인터넷은 사이비 종교와 KKK단(옮긴이 주: 백인 우월주의자들로 구성된 조직으로 백인 이외의 인종들에 대한 백인 지배를 목표로 폭력과 테러를 저지르는 집단)과 같은 증오조직이 새 회원을 모집하는 중요한 도구이다(Downing, 2003). 더욱이 온라인 괴롭힘이 매우 일상적이 되고 있으며 피해자들이 학교나 이웃에서 직접 당하는 것과 똑같거나 그 이상으로 피해자에게 심리적 영향을 줄 수 있다(Raskauskas & Stoltz, 2007). 아동들은 상업적 TV를 보는 것처럼 온라인의 똑같은 문제가 있는 사기광고를 자주 보게 된다(Wartella, Caplovitz, & Lee, 2004). 인터넷 사용이 대부분의 십대에게 오프라인 우정을 강화하기는 하지만, 아마 15% 정도의 아동

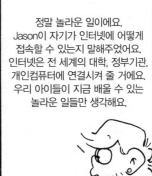

이 가족이나 급우로부터 자신을 고립시키고(즉, 현상황에서 도망가고) 그들의 주된 사회화 수단으로 낯선 사람과의 온라인 접촉에 의지하는데 인터넷을 사용한다(Cynkar, 2007)

부모들은 우려에 대해 무엇을 할 수 있을까? Larry Rosen(2008)은 다음과 같은 제안을 한다:

1. **공학을 배워라.** Facebook이 어떻게 작동하는지 YouTube가 무엇인지 그리고 어떤 통제와 차단이 가능한지를 배워라. 이것이 부모로 하여금 어떤 규칙과 제한이 필요한지에 대해 더 좋은 아이디어를 줄 것이다.
2. **가족들이 자주 드나드는 방에 컴퓨터를 두어라.** 십대가 자신을 고립시키고 가족활동에 참가하지 않을 수 있는 기술-고치(techno-cocoon)를 만들지 마라.
3. **미리 가족활동을 계획하고 여러분의 십대 자녀를 포함시켜라.**
4. **십대 자녀가 온라인에 있는 시간을 제한하라.** 인터넷을 하는 시간은 가족이나 친구를 방문하는 다른 활동과 조화되어야 한다고 규정하라.
5. **온라인 활동을 모니터하라.** 십대가 보는 정보가 무엇이며 이 내용이 불쾌하게 만들거나 문제를 야기하는지 여부를 알고 있어라. 이 일을 하는 가장 쉬운 방법은, 자녀를 존중하며 생산적이지만 처벌적이지 않은 의사소통 라인을 유지하는 것이다.

TV처럼 컴퓨터는 어떻게 쓰느냐에 따라 발달에 긍정적이거나 또는 부정적인 영향을 준다. 만약 어린 아동들의 주된 컴퓨터 사용이 온라인에서 바람직하지 않은 주제에 대해서 채팅하면서 공부시간을 허비하는 것이거나 아니면 우주에서 온 돌연변이 외계인을 죽이면서 혼자 숨어 지내는 거라면 결과는 부정적일 것이다. 그러나 뉴스는 컴퓨터를 학습하고, 창조하고, 형제와 또래와 우호적으로 협력하는 데 사용하는 어린 아동들에게는 긍정적인 영향을 줄 수 있다.

발달맥락에 대한 최종 생각

여기서는 발달맥락이 아동발달에 영향을 주는 여러 수준에 대한 간단한 여정으로 끝낸다. Bronfenbrenner 모델을 사용하여, 우리는 아동의 생물학적, 인지적, 사회적 발달에 대해 배우면서 이 책 전반에 걸쳐 미시체계(아동과 직접 부딪치는 환경과의 관계)를 알아보았다. 이 장에서는 중간체계를 알아보았다. 중간체계는 아동, 인접한 환경 간의 관계 및 아동의 인접 환경의 다른 측면들 사이의 연관을 포함한다. 우리는 또래와 또래관계가 아동발달에 주는 효과를 알아보았다. 그리고 학교 및 아동이 학교에서 겪는 여러 경험 측면들이 아동발달에 영향을 주는 방식을 알아보았다. 이런 별개의 주제 모두는 아동과 직접 관계가 되는 공통적인 연결을 공유한다. 왜냐하면 아동들은 그들의 발달에서 능동적이며 부모, 또래, 학교가 아동에게 영향을 주는 것과 마찬가지로 아동이 그들에게 영향을 준다는 것을 그 관계가 시사하기 때문이다. 그 주제들 모두가 가정에 주는 메시지는 아동 환경의 각 측면들은 아동발달에 긍정적이거나 부정적인 영향을 줄 가능성이 있다는 것이다. 심리학자들은 아동이 긍정적인 발달결과를 달성하는 것을 돕도록 환경의 각 측면이 구조화될 수 있는 방식을 지적함으로써 그 영역을 좁혔다.

아이에게 영향을 주지만 아이를 포함하지는 않는 사회적 환경인 외체계 수준에서는 아동의 TV와 컴퓨터(그리고 인터넷) 노출의 형태로 대중매체와 문화의 영향을 알아보았다. 이 수준에서 능동적인 아동 효과는 아동이 직접 매체에 영향을 주기보다는 아동이 미디어 사용을 선택하고 미디어와 상호작용하는 것을 말한다. 다시 말해 증거에 의하면, 이 환경 수준의 각 측면은 아동발달에 긍정적이거나 혹은 부정적인 영향을 줄 가능성이 있다. 심리학자들은 미디어의 변화(미디어가 시간체계에 따라 변하므로)를 따라가려 애쓰지만, 지금까지의 연구들은 아동이 TV 및 컴퓨터(그리고 인터넷) 둘 다와 하는 상호작용이 아동발달 결과에 긍정적인 영향을 주도록 구조화될 수 있는 방식들이 확실히 있다고 주장한다.

　　Bronfenbrenner 모델로 돌아가면, 우리는 아동발달에 영향을 주는 환경 측면의 아주 적은 부분만 알아본 것이 분명하다. 발달 결과에 영향을 주는 중요한 힘인 중간체계, 외체계, 거시체계의 수준들에는 더 많은 사회적 구조가 있다. 발달심리학자들은 이런 영향들을 조사하면서 아동발달을 최대화하는 상호작용을 구축하는 방식을 찾고 있다. 우리는 맥락이 발달에 주는 영향을 보여주고, 가장 많이 연구되고 발달학자들에게 가장 흥미로운 주제를 찾아내는 것에 논의를 국한시켰다. 맥락이 발달에 주는 효과는 다층적이고 복합적이고, 아동의 여러 다른 측면들(아동의 생물학적, 인지적, 사회적 발달을 포함하

개념체크 15.2　사회화와 미디어의 이해

다음 질문에 답하여 TV와 컴퓨터가 사회화와 아동발달에 주는 영향에 대한 여러분의 이해를 체크하라. 정답은 부록에 있다.

OX 문제: 다음의 문장이 맞는지 틀리는지 표시하라.
1. TV를 많이 보는 아동은 아동기에 일찍 5세나 6세경에 TV 이해력이 발달한다.
2. TV 시청은 어린 아동들에게 이익보다 해가 더 많으므로 부모들은 자녀들이 TV시청을 못하도록 모든 노력을 기울여야 한다.

빈칸 채우기: 빈칸에 적절한 말을 써넣어라.
3. 폭력적 TV 프로그램의 시청은 아동에게 _____을 심어줄 수 있다. 이는 사람들이 문제를 해결하기 위해 폭력을 사용하는 폭력적인 곳이 세상이라고 보는 경향이다.
4. 아동의 폭력적 TV 시청이 주는 다른 위험은 아동들이 폭력에 _____될 수 있어 결국에는 폭력을 일상의 평범한 일로 생각한다는 것이다.
5. TV를 너무 많이 보는 것의 위험은 그 내용이 무엇이든지 아동기나 나중의 성인기에 _____의 신체적 문제를 아동이 발달시키는 데 기여한다는 것이다.

선다형: 각 질문에 대한 옳은 답을 선택하라.
_____ 6. 다음 중 TV 시청이 인지발달에 기여한다는 연구결과의 예가 아닌 것은?
　　a. 3세 아동은 TV 프로그램의 줄거리에 근거해서 좋은 캐릭터와 나쁜 캐릭터를 구별할 수 있다.
　　b. 12개월 된 아이는 사회적 참조를 하는 데 TV를 사용할 수 있다.

　　c. TV에서 자신을 본 경험을 한 2세 아동은 TV를 숨겨진 장난감을 찾는 상징으로 사용할 수 있다.
_____ 7. 컴퓨터는 다양한 방식으로 아동들을 가르치기 위해 학교에 있다. 그것에 속하지 않는 것은?
　　a. 간단한 기술 훈련에 근거한 컴퓨터 보조교육
　　b. 발견 게임에 근거한 컴퓨터 보조교육
　　c. 쓰기와 편집기술 발달을 위한 워드프로세싱
　　d. 컴퓨터 보조 수학계산(곱하기 같은). 이것은 아이들이 높은 수준의 개념적 수학문제를 푸는 데 노력을 쏟을 수 있게 해준다.
_____ 8. 아동들의 컴퓨터 사용을 걱정하는 몇몇 비판이 있다. 다음 중 아닌 것은?
　　a. 폭력적 비디오 게임의 사용
　　b. 음란한 비디오 게임의 사용
　　c. 감시받지 않는 인터넷 사용과 인터넷에서 아이들이 접할 수 있는 음란하고 위험한 내용들에 대한 걱정
　　d. 익명으로 급우와 사귀기 위해 아이들이 채팅 프로그램을 과다하게 사용하는 것에 대한 걱정

단답형: 다음 질문에 간단히 답하라.
9. 자녀들이 보는 TV 시청량과 영향을 통제하는 것을 돕기 위해 부모들이 사용할 수 있는 방법들을 검토하라. 이런 방법들에 내재되어 있는 문제점도 기술하라.
10. Sheri는 3학년인 딸에게 인터넷이 되는 컴퓨터를 사줄까 생각 중이다. Sheri가 부딪칠 걱정과 딸에게 집에서 컴퓨터와 인터넷을 할 수 있게 기회를 주면서도 이런 걱정들을 다룰 수 있는 방법을 검토하라.

는)과 상호작용하며, 발달과정을 이해하는 데 다른 영향만큼 고려될 필요가 있다고 결론 내릴 수 있다.

발달 주제를 발달맥락에 적용하기

여기서 우리의 초점은 아동이 발달하고 있는 맥락이 발달결과에 어떻게 영향을 주는지에 있다. 이 장에서 여러 개의 맥락적 힘을 알아보았다. 특히 아동 발달에 영향을 주는 또래, 학교교육, 미디어를 알아보았다. 발달맥락보다는 아동에게 초점을 두는 우리의 발달 주제들은 여기에서도 적용되는가? 실제로 그렇다. 발달심리학자들은 이 주제들이 모든 아동발달 맥락들과 관련되기 때문에 능동적 아동, 천성과 육성의 상호작용, 질적 변화와 양적 변화, 아동 발달의 총체적 특성에 관심이 있다. 이런 주제와 관련 있는 이 장의 예들을 살펴보자.

TV와 컴퓨터가 아동발달에 주는 영향을 알아보면서 우리는 이런 기술들에 노출되는 것에 대한 아동의 능동적 선택이 이후 아동의 행동과 세계관에 영향을 준다는 증거를 보았다. 아동의 또래집단 선택과 학교 환경이 의식적인 것이 아니듯이, 이런 선택은 의식적인 것이 아닐 수 있다. 그러나 아동의 기질과 경험이 아동으로 하여금 그런 맥락으로 향하게 하고 그 맥락들은 다시 아동의 앞으로의 발달에 영향을 준다. 우리는 또한 아동들의 또래관계를 알아 볼 때 능동적인 아동의 증거를 보았다. 아동의 기질과 사회적 행동은 아동이 또래집단에서 경험하는 관계 유형에 영향을 준다.

발달 맥락이나 경험(그리고 육성)이 발달에 주는 영향에 초점을 둘 때 천성과 육성 간의 상호작용이 한쪽으로 기우는 것처럼 보인다. 그러나 여기에서도 아동의 천성은 영향을 주며 두 힘은 상호작용한다. 능동적인 아이를 말할 때 앞에서 언급했던 예들은 천성과 육성 간의 상호작용 주제에도 적용될 수 있다. 이 장의 또 다른 예는 공격적인 TV 쇼를 본 후 소년들은 소녀들보다 더 공격적인 반응을 하는 경향이 있다는 결과이다. 이것은 천성에서의 성차와 관련된 것이거나 육성에서의 성차 효과일 수 있다. 질적 변화와 양적 변화도 이 장에서 보았던 자료에서 입증된다. 하나의 놀라운 예는 아동들이 청소년이 되어갈 때 거치는 질적 변화이고 그들의 그런 이행이 학교 진학과 겹쳤을 때 때때로 겪는 어려움이다. 우리는 아동이 걸음마기에서 아동기로 나아감에 따라 놀이행동에서 나타나는 질적 변화에 주목했고 이런 질적 변화가 아동의 사회적 능력과 인지 능력 모두의 증가함수라는 것에 주목했다. 아마도 사회적 인지적 복잡성에서의 양적 변화는 아동기 동안의 놀이 형태의 질적 변화의 기초가 될 것이다. 또한 우리는 걸음마기, 아동기, 청소년기를 거쳐나가는 동안의 또래관계의 질적 변화를 기술했다. 그런 영향들이 발달에 맥락을 제공하고 있지만 아동의 발달은 이런 맥락 안에서 질적 측면과 양적 측면이 변화한다.

마지막으로, 우리는 발달의 총체적 특성 주제를 고려해보았다. 이미 말했던 몇몇 예들은 여기에도 맞는다. 예를 들어, 사회적, 인지적 발달 모두 상호작용하여 아동의 놀이와 또래관계에 영향을 준다. 또한 아동기에서 청소년기로 이행하면서 일어나는 아동의 생물학적 발달은 그들의 사회적 적응에 분명히 영향을 준다. 아마도 아동발달의 총체적 특성은 맥락적 관점에서 볼 때 가장 쉽게 볼 수 있을 것이다. 분명히 아동발달의 모든 측면들은 여러 맥락들과 상호작용하여 아동발달의 경로와 최종 결과에 영향을 준다.

요약

발달맥락

- 아동의 환경맥락이 발달에 주는 영향을 이해하는 데 Bronfenbrenner의 생태체계 모델을 사용할 수 있다.
- 미시체계는 아동과 인접한 환경과 아동 간의 관계를 말한다.
- 중간체계는 양육 유형, 또래, 학교교육 같은 아동의 인접 환경들 사이의 상호관계와 아동과의 관계를 말한다.
- 외체계는 아동발달에 영향을 주지만 아동을 포함하지는 않는 TV, 컴퓨터, 인터넷 같은 사회적 환경을 말한다.

사회화 대행자로서의 또래

- 또래관계는 아동들에게 두 번째 세상—집에서 아동들이 어른들과 갖는 상호작용과는 다른 동등한 지위에서 상호작용을 하는 세상—이다.
- **또래들**은 비슷한 수준의 사회적, 인지적 복잡성을 갖고 있는 사회적으로 동등한 사람들(반드시 나이가 같을 필요는 없다)이다.
- **사회성**과 사회적 상호작용 형태는 발달하면서 바뀐다.
  - 18~24개월경에 걸음마기 아이들이 서로를 확실하게 모방하고, 간단한 사회적 게임에서 보완적 역할을 취하고, 때때로 공유된 목표를 달성하기 위해 그들의 행동을 조정함에 따라서 그들의 사교적 상호작용은 더 많이 복잡하고 협응적이 되어간다.
  - 학령전기 동안에는 **비사회적 활동들**과 **병행놀이**가 줄어드는 반면, **연합놀이**와 **협동놀이**를 촉진하는 **사회적 기술**이 더 일상적이 된다.
  - 아동중기 동안에는 **또래집단** 안에서 더 많은 또래 상호작용이 일어난다. 또래집단은 정기적으로 모이고, 집단구성원의 의미를 정하고, 집단구성원들이 행동하는 방법을 구체화하는 규정을 만든다.
  - 청소년 초기에는 아이들은 또래, 특히 가까운 친구들로 이루어진 작은 **패거리**(clique) 및 생각이 비슷한 패거리들로 이루어진 **동아리**(crowd)라는 더 큰 집단의 또래들과 더 많은 시간을 보낸다.
  - 패거리와 동아리는 청소년으로 하여금 가족으로부터 분리된 정체성을 확립하고 데이트 관계를 이룰 수 있게 해 준다.
- 아동들은 **또래수용**—다른 아이들이 아동을 좋은(싫은) 동료로 보는 정도—에서 분명히 다르다.
- 발달학자들은 **사회측정 기법**을 사용해서 또래수용에 5가지 범주가 있음을 알아냈다.
  - **인기있는 아동**: 좋아하는 아이들은 많고 싫어하는 아이는 거의 없다.
  - **거부된 아동**: 싫어하는 아이들은 많고 좋아하는 아이는 거의 없다.
  - **논란이 많은 아동**: 좋아하는 아이도 많고 싫어하는 아이도 많다.
  - **무시된 아동**: 다른 아이들이 좋다거나 싫다고 지명하는 일이 거의 없다.
  - **평균지위 아동**: 중간 정도 숫자의 또래들이 좋아하거나 싫어하는 아동.
- 또래 사이의 사회적 지위는 아동의 기질, 인지적 기술, 아동이 경험한 양육 유형과 관계된다.
- 또래 수용의 강력한 예언요인은 아동의 사회적 행동 패턴이다.

사회화 대행자로서의 학교

- 학교는 발달의 많은 측면에 영향을 준다.
  - 공식적인 학교 교과과정들은 학문적 지식을 가르친다.
  - 학교의 **비공식적 교과과정**은 아동들에게 훌륭한 시민이 되게 하는 기술을 가르친다.
- "효과적인" 학교들은 낮은 장기결석, 학습에 대한 열정적인 태도, 학업성취, 직업적 기술, 사회적으로 바람직한 행동 패턴과 같은 긍정적인 결과를 만든다.
- 연구는 다음의 특성들이 학교의 "효과성"에 영향을 준다고 주장한다:
- 재정적 지원
- 학교와 학급의 크기
- 동기가 높고 지적으로 유능한 학생들
- 긍정적이고 안전한 학교 분위기
- 학생과 학교 간의 효과적인 "적합성"
- 학문적 분위기 강조:
  - 학업강조
  - 발달적으로 적절한 도전적 교과과정
  - 권위있는 학급관리와 훈육

- 팀워크
- 초등학교에서 중등학교로 진학하는 아동들은 부모와 교사로부터 변화하고 있는 그들의 발달적 요구에 대한 특별한 관심과 지지를 필요로 한다.

TV가 아동발달에 주는 영향

- 아동들이 TV를 많이 보고 이것이 그들의 행동에 영향을 줄 수 있긴 하지만, 연구는 알맞은 TV 시청은 아동들의 인지적 성장, 학업성취, 또는 또래관계에 해를 주지는 않는 것 같다고 말한다. 인지발달과 TV 시청 경험은 아동중기와 청소년기 동안에 **TV 이해력**을 증가시킨다. TV로 방영된 폭력은 공격적 행동을 부추기고, **나쁜 세상 신념**을 길러주며, 아동을 공격성에 **둔감하게** 만든다. TV는 또한 민족, 인종, 성에 대한 아동의 신념에 영향을 주는 고정관념을 보여준다.
- 긍정적인 면으로는, 아동들은 TV에서 친사회적 교훈을 배우며 친절한 행동을 시청한 후에 실천하게 한다.
- **참깨거리**와 같은 교육 프로그램은 기초적인 인지기술을 길러주는 데 크게 성공했다. 특히 어른들이 함께 시청하면서 TV에서 보여주는 내용을 아동들과 함께 토론하고 아동들이 배운 것을 적용하도록 도울 때 그렇다.

디지털 시대의 아동발달

- 아동들은 컴퓨터 사용에서 지적으로나 사회적으로 모두 이익을 얻는 것 같다.

- **컴퓨터 보조학습**(CAI)은 종종 아동들의 기초적인 학업 기술을 향상시킨다. 특히 게임형식의 발견 프로그램을 기초적인 훈련과 함께 제공할 때 그렇다.
- 워드프로세싱 프로그램은 쓰기기술의 성장을 촉진한다; 그리고 컴퓨터 프로그래밍은 인지발달과 상위인지 발달을 촉진한다.
- 아동의 컴퓨터 사용과 관련된 이익에도 불구하고, 비판자들은 다음의 것들을 우려한다.
  - 폭력적인 컴퓨터 게임들은 공격성을 부추긴다.
  - 아동들의 자유로운 인터넷 접속이 해를 줄 수 있다.
- 연구는 인터넷 노출이 아동들에게 학업적, 사회적 이익과 건강한 생물학적 발달에 이익이 된다고 말한다.
- 인터넷 노출에 대한 염려는 부모가 다음과 같이 하면 다룰 수 있다.
  - 기술을 배운다.
  - 가족이 자주 드나드는 방에 컴퓨터를 놓는다.
  - 가족활동을 미리 계획을 세우고 십대 자녀를 포함시킨다.
  - 십대의 온라인 접속시간을 제한한다.
  - 온라인 활동을 모니터 한다.

발달맥락에 대한 최종 생각

- 우리가 여기서 다룬 것보다 아동발달에 영향을 주는 맥락은 더 많이 있다.
- 맥락 효과는 다층적이고 복합적이다. 그러나 연구는 맥락의 다양성은 긍정적 발달 결과를 촉진하도록 구축될 수 있음을 일관적으로 보여준다.

연습문제 PRACTICE QUIZ

선다형: 다음 질문에 답함으로써 발달맥락에 대한 여러분의 이해를 체크하라. 정답은 부록에 있다.

1. 또래와 학교가 아동발달에 주는 영향은 Bronfenbrenner의 생태체계 모델의 _____ 수준에 속한다.
   a. 시간체계
   b. 외체계
   c. 중간체계
   d. 미시체계

2. 발달심리학자들에 따르면, 다음 중 "또래"가 보이지 않는 특성은?

   a. 사회적으로 동등하다.
   b. 비슷한 행동 복잡성 수준에서 행동한다.
   c. 공통의 흥미나 목표를 달성하기 위해 행동을 조절할 수 있다.
   d. 나이, 인종, 인구학적 지위가 같다.

3. 아기와 걸음마기 아동들은 언제 "협동적 상호작용"을 하며 같이 노는가?
   a. 생후 6개월
   b. 생후 12개월
   c. 생후 18개월

d. 생후 24개월

4. 가상놀이를 하고, 같이 노는 놀이에서 호혜적 역할을 하고, 공통목표를 위해 함께 일할 때 아동들은 _____ 개입하고 있는 것이다.
   a. 연합적으로
   b. 협동적으로
   c. 방관자로
   d. 병행적으로

5. Rachel과 Dala는 아들이 유치원에 들어갈 것이기 때문에 새로운 곳으로 이사가려고 생각하고 있다. 그들은 아들이 효과적인 학교에 가길 바란다. 학교를 결정하는 데 다음에 있는 학교 특성들 중에서 어떤 것을 고려해야 하는가?
   a. 학교의 학업강조
   b. 능력별 반편성을 하고 있는지 여부
   c. 학교의 재정적 원천
   d. 학급의 크기

6. 미국에서 18세경까지 평균적인 아동들은 1년에 _____을 제외한 다른 활동을 하면서 보내는 시간보다 더 많은 시간인 _____년을 TV를 시청하면서 보낸다.
   a. 수면; 1
   b. 수면; 2
   c. 등교; 1
   d. 등교; 2

7. 파워레인저를 시청한 후 아동들의 행동을 조사한 연구는 _____을/를 발견했다.
   a. 파워레인저를 본 아동이나 보지 않은 아동 사이에 공격성 수준 차이가 없음

b. 처음에 공격성이 높은 것으로 분류된 아동들에서만 파워레인저를 본 아동이나 보지 않은 아동 사이에 공격성 수준 차이
c. 처음에 공격성이 낮은 것으로 분류된 아동들에서만 파워레인저를 본 아동이나 보지 않은 아동 사이에 공격성 수준 차이
d. 남아에서만 파워레인저를 본 아동이나 보지 않은 아동 사이에 공격성 수준 차이

8. 연구는 인터넷 사용은 아래에 있는 영역들에서 아동 청소년을 도울 수 있다고 말한다. 아닌 것은?
   a. 학업적 이익
   b. 사회적 이익
   c. 건강 이익
   d. 가족의 이익

9. 자녀의 인터넷을 이용한 상호작용이 긍정적인 효과를 가져오길 바라는 부모에게 추천하지 말아야 하는 것은?
   a. 기술을 배워라.
   b. 자녀가 숙제를 하는 자녀의 침실에 컴퓨터를 두어라.
   c. 가족활동을 미리 계획을 세우고 십대 자녀를 포함시켜라.
   d. 십대 자녀의 온라인 접속시간을 제한하라.

10. 아동들로 하여금 규칙을 지키고 권위를 존중하며, 또래와 협동하고, 전반적으로 훌륭한 시민이 되도록 학교가 제공하는 것은 _____이다.
    a. 사회 교과과정
    b. 사회화 교과과정
    c. 시민 교과과정
    d. 비공식적 교과과정

주요 용어 KEY TERMS

거부된 아동(rejected children)
나쁜 세상 신념(mean-world belief)
논란이 많은 아동(controversial children)
동아리(crowd)
둔감화 가설(desensitization hypothesis)
또래(peers)
또래 수용(peer acceptance)
또래집단(peer group)
무시된 아동(neglected children)

방관자 놀이(onlooker play)
병행놀이(parallel play)
비공식적 교과과정(informal curriculum)
비만(obese)
비사회적 활동(nonsocial activity)
사회성(sociability)
사회측정 기법(sociometric technique)
상호주관성(intersubjectivity)
연합놀이(associative play)

인기 있는 아동(popular children)
컴퓨터 보조 지도(computer-assisted instruction: CAI)
패거리(clique)
평균지위 아동(average-status children)
협동놀이(cooperative play)
효과적인 학교(effective schools)
TV 이해력(television literacy)

부록: 개념체크와 연습문제 해답

1장

개념체크 1.1

1. d
2. d
3. d
4. b
5. 규준적 발달
   개별적 발달
6. c
7. a
8. b

개념체크 1.2

1. b
2. c
3. b
4. d
5. d
6. a
7. e
8. c
9. b

개념체크 1.3

1. b
2. a
3. d
4. 선별적 감소
5. 동시대 집단
6. 연구자
7. b
8. a
9. d

개념체크 1.4

1. a. 천성관점
   b. 교류관점

c. 육성관점
2. a. 능동적 아동관점
   b. 수동적 아동관점
3. a. 질적 발달
   b. 양적 발달
4. a. 분할관점
   b. 총체적 관점
5. b
6. a
7. b

1장 연습문제

1. c
2. d
3. b
4. a
5. d
6. a
7. d
8. c
9. b
10. b

2장

개념체크 2.1

1. d
2. a
3. b
4. c
5. a

개념체크 2.2

1. c
2. c
3. a
4. c

5. X
6. O

개념체크 2.3

1. b
2. c
3. c
4. b
5. b
6. X
7. O
8. O

2장 연습문제

1. c
2. a
3. b
4. a
5. b
6. d
7. d
8. c
9. a
10. c

3장

개념체크 3.1

1. c
2. a
3. b
4. b
5. c
6. b
7. a

개념체크 3.2

1. c

2. a

3. b

4. c

5. a

6. d

7. 태아알코올 효과, 태아알코올 증후군

8. DES 혹은 다이에틸스틸베스트롤

개념체크 3.3

1. c

2. b

3. b

4. 두 번째

5. 신생아행동평가척도(NBAS), 뇌손상

6. 겸자, 진공적출기

7. b

8. a

3장 연습문제

1. c

2. b

3. a

4. c

5. b

6. c

7. a

8. c

9. c

4장

개념체크 4.1

1. c

2. b

3. c

4. e

5. f

6. a

7. 감각

8. 지각

9. 원시적

10. 생존

개념체크 4.2

1. a

2. b

3. c

4. 낮은 수준의

5. 아주 잘

6. 매우 예민한

7. a

8. d

개념체크 4.3

1. T

2. F

3. T

4. c

5. a

6. c

7. c

8. a

9. b

4장 연습문제

1. c

2. b

3. c

4. d

5. b

6. c

7. b

8. c

9. a

10. d

5장

개념체크 5.1

1. b

2. c

3. b

4. a

5. b

6. X

7. O

8. X

9. O

개념체크 5.2

1. X

2. O

3. O

4. X

5. X

6. b

7. c

8. b

9. c

개념체크 5.3

1. O

2. b

3. d

4. c

5. a

5장 연습문제

1. a

2. c

3. b

4. c

5. a

6. d

7. c

6장

개념체크 6.1

1. d

2. b

3. a

4. d

5. c

6. f

7. b

8. a

9. e

개념체크 6.2

1. d
2. b
3. a
4. a
5. c
6. f
7. a
8. e
9. b
10. d

개념체크 6.3

1. d
2. c
3. d
4. d
5. d
6. a
7. c
8. f
9. b
10. e

개념체크 6.4

1. d
2. a
3. c
4. b
5. d
6. f
7. e
8. c
9. a

6장 연습문제

1. a
2. a
3. c
4. a
5. d
6. d

7. b
8. d
9. b
10. a

7장

개념체크 7.1

1. C
2. F
3. B
4. A
5. E
6. D

개념체크 7.2

1. B
2. C
3. A
4. A
5. E
6. C
7. F
8. D
9. B

개념체크 7.3

1. A
2. C
3. B
4. D
5. C
6. F
7. A
8. B
9. E

개념체크 7.4

1. C
2. D

7장 연습문제

1. A

2. C
3. D
4. B
5. D
6. C
7. B
8. B

8장

개념체크 8.1

1. B
2. C
3. A
4. B
5. D
6. C

개념체크 8.2

1. A
2. D
3. C
4. D
5. C
6. X
7. O

개념체크 8.3

1. B
2. B
3. B
4. A
5. O
6. X

8장 연습문제

1. D
2. C
3. C
4. B
5. A
6. C
7. A

8. B
9. C

9장

개념체크 9.1

1. B
2. A
3. D
4. E
5. C
6. D
7. A
8. B
9. D

개념체크 9.2

1. 과잉확장
2. 통사적 자동처리
3. 일어문
4. A
5. B
6. C
7. B

개념체크 9.3

1. A
2. B
3. D
4. D
5. X
6. O

9장 연습문제

1. C
2. C
3. A
4. C
5. C
6. D
7. A
8. A
9. A

10. A

10장

개념체크 10.1

1. a
2. b
3. X
4. X
5. 자기인식 혹은 자기평가
6. 정서 표현
7. 정서적 자기조절
8. 죄책감, 수치심

개념체크 10.2

1. b
2. c
3. a
4. c
5. b
6. d
7. 낯선이 불안
8. 동시적 일과

개념체크 10.3

1. c
2. b
3. d
4. O
5. X
6. 안전
7. 회피
8. 해체/혼란
9. 저항

10장 연습문제

1. d
2. c
3. b
4. c
5. c
6. d
7. c

8. a
9. d

11장

개념체크 11.1

1. c
2. b
3. a
4. X
5. X
6. b

개념체크 11.2

1. b
2. d
3. c
4. a
5. O
6. 증가
7. 본질

개념체크 11.3

1. b
2. a
3. c
4. O
5. 행동적 비교
6. 심리적 비교
7. 심리적 구성개념

11장 연습문제

1. a
2. d
3. b
4. a
5. b
6. d
7. a
8. c
9. c
10. b

12장

개념체크 12.1

1. O
2. O
3. X
4. 성 강화
5. 성역할 고정관념
6. a
7. c
8. b
9. c
10. a

개념체크 12.2

1. O
2. X
3. a
4. b
5. Money와 Ehrhardt의 생물사회적 이론
6. 사회학습이론
7. 프로이드 계열

12장 연습문제

1. d
2. c
3. a
4. b
5. a
6. b
7. b
8. a
9. d

13장

개념체크 13.1

1. c
2. b
3. a
4. O
5. X
6. c
7. 무시, 강화
8. 수동적, 도발적

개념체크 13.2

1. b
2. a
3. O
4. X
5. X
6. 쾌락적
7. 정서적 설명

개념체크 13.3

1. b
2. a
3. c
4. X
5. X
6. X
7. 정의, 배려, 배려

13장 연습문제

1. a
2. c
3. d
4. b
5. a
6. c
7. a
8. c
9. d
10. b

14장

개념체크 14.1

1. 핵가족
2. 확대가족
3. 사회화
4. 공동−양육

개념체크 14.2

1. X

2. X
3. O
4. 독재적
5. 권위적
6. 독재적
7. d
8. a
9. c

개념체크 14.3

1. O
2. X
3. X
4. O
5. 진정한 어머니 ; 낳아준 사람들
6. 인공수정
7. 이혼
8. c
9. d

14장 연습문제

1. c
2. a
3. b
4. a
5. d
6. c
7. c
8. d
9. b
10. d

15장

개념체크 15.1

1. O
2. O
3. X
4. 혼자; 병행; 연합; 협동
5. 거부된
6. d
7. b

개념체크 15.2

1. X
2. X
3. 나쁜 세상 신념
4. 둔감화
5. 비만
6. a

7. d
8. d

15장 연습문제

1. c
2. d
3. c

4. b
5. a
6. b
7. d
8. d
9. b
10. d

찾아보기

참고문헌

[본 QR코드를 스캔하시면, 발달심리학(제9판)의 참고문헌을 참고하실 수 있습니다.]